CB070540

# EDIFICAÇÕES SUSTENTÁVEIS

**Charles J. Kibert**, PhD em Engenharia, é Diretor do Powell Center for Construction and Environment da University of Florida e professor da M.E. Rinker Sr. School of Building Construction, onde dirige e leciona o curso de Construção Sustentável e contribui para a educação continuada dos profissionais. É cofundador e presidente da Cross Creek Initiative, uma *joint-venture* sem fins lucrativos entre o setor da edificação sustentável e a universidade que busca levar os princípios de sustentabilidade à construção civil. Foi membro do Comitê de Currículo e Acreditação do U.S. Green Building Council e hoje participa do Grupo de Trabalho sobre o Meio Ambiente Construído com Consumo de Energia Líquido Zero do iiSBE e é membro do comitê diretor da Green Building Initiative.

K46e    Kibert, Charles J.
          Edificações sustentáveis : projeto, construção e operação / Charles J. Kibert ; tradução: Alexandre Salvaterra ; revisão técnica: Marcelo Roberto Ventura Dias de Mattos Bezerra. – 4.ed. – Porto Alegre : Bookman, 2020.
          xiv, 553 p. il. ; 28 cm.

          ISBN 978-85-8260-525-7

          1. Arquitetura. 2. Edificação. 3. Sustentabilidade. 4. Ilustrações. I. Título.

          CDU 72.02

Catalogação na publicação: Karin Lorien Menoncin – CRB 10/2147

# CHARLES J. KIBERT

## 4ª EDIÇÃO
# EDIFICAÇÕES SUSTENTÁVEIS
### PROJETO, CONSTRUÇÃO E OPERAÇÃO

**Tradução:**
Alexandre Salvaterra

**Revisão técnica:**
Marcelo Roberto Ventura Dias de Mattos Bezerra
Doutor em Design pela PUC-Rio
Arquiteto pela Universidade Santa Úrsula
Professor do Departamento de Arquitetura e Urbanismo, PUC-Rio
Professor do Departamento de Engenharia Civil e Ambiental, PUC-Rio

bookman

Porto Alegre
2020

Obra originalmente publicada sob o título *Sustainable Construction: Green Building Design and Delivery*, 4th Edition
ISBN 9781119855174 / 1119855172

All Rights Reserved. This translation publsihed under license wtih the original publisher John Wiley & Sons, Inc.
Copyright © 2016, John Wiley & Sons, Inc.

Gerente editorial: *Arysinha Jacques Affonso*

**Colaboraram nesta edição:**

Editora: *Denise Weber Nowaczyk*

Capa: *Márcio Monticelli* (arte sobre capa original)

Preparação de original: *Amanda Jansson Breitsameter*

Projeto gráfico e editoração: *Matriz Visual*

Reservados todos os direitos de publicação, em língua portuguesa, à
BOOKMAN EDITORA LTDA., uma empresa do GRUPO A EDUCAÇÃO S.A.
Av. Jerônimo de Ornelas, 670 – Santana
90040-340 Porto Alegre RS
Fone: (51) 3027-7000   Fax: (51) 3027-7070

Unidade São Paulo
Rua Doutor Cesário Mota Jr., 63 – Vila Buarque
01221-020 São Paulo SP
Fone: (11) 3221-9033

SAC 0800 703-3444 – www.grupoa.com.br

É proibida a duplicação ou reprodução deste volume, no todo ou em parte, sob quaisquer
formas ou por quaisquer meios (eletrônico, mecânico, gravação, fotocópia, distribuição na Web
e outros), sem permissão expressa da Editora.

IMPRESSO NO BRASIL
*PRINTED IN BRAZIL*

*Dedico esta obra a Charles, Nicole e Alina
e à memória de dois amigos e grandes promotores da sustentabilidade,
Ray Anderson e Gisela Bosch.*

# Prefácio

Os significativos acréscimos desta quarta edição de *Edificações sustentáveis: projeto, construção e operação* incluem revisões nos capítulos sobre LEED e Green Globes, baseando-se na mudança de ambos ao longo dos últimos anos. A versão 4 do LEED é atualmente o principal sistema de certificação de edificações oferecido pela US Green Building Council (USGBC) para projetos, e sua recente ampliação é tratada em detalhes. Como o USGBC também permite que os projetos optem pela versão 3 do LEED e a familiaridade com ambos os sistemas é necessária para dar flexibilidade a proprietários e equipes de projeto, o LEED v3 é apresentado no Apêndice A. A Green Globes também mudou: a versão 2 desse importante sistema de certificação é detalhada neste livro. As informações sobre outros sistemas de avaliação, como Green Star, Comprehensive Assesment System for Building Environmental Efficiency, Building Research Establishment Environmental Assessment Method e Deutsche Gesellschaft für Nachhaltiges Bauen também foram atualizadas.

Além das atualizações sobre os principais sistemas de certificação de edificações, um capítulo sobre cálculo de carbono atende ao crescente interesse na redução da pegada de carbono de um ambiente construído sob a perspectiva da edificação ecológica e esclarece a contribuição das edificações para as mudanças climáticas.

Uma questão importante que surge é a transparência, pois ela tem sido exigida em diversas questões de desempenho, incluindo a disponibilização de informações sobre as matérias-primas dos componentes de edificação e seus riscos para a saúde humana e os ecossistemas. A análise de riscos, as declarações de produtos sobre a saúde e outras abordagens estão surgindo para atender a essa demanda, e os fabricantes estão aderindo à ideia de serem mais transparentes sobre o conteúdo de seus produtos. Ademais, a maioria das metrópoles está exigindo transparência acerca do desempenho energético das construções. Na cidade de Nova York, por exemplo, proprietários de prédios são obrigados a fornecer anualmente informações sobre suas edificações. Essa exigência se desdobra com a mudança nas estratégias do sistema de avaliação que explicitamente confere créditos por relatar dados de energia e água. A questão da transparência é descrita e discutida em diversas partes desta quarta edição.

Um dos acréscimos é a cobertura do rápido crescimento quantitativo e qualitativo de arranha-céus sustentáveis ao redor do mundo. Ken Yeang, o renomado arquiteto malaio, elaborou esse conceito pela primeira vez em seu livro de 1996, *The Green Skycraper: The Basis for Designing Sustainable Intensive Buildings*, e seus dois outros volumes sobre o tema, *Eco-Skyscrapers* (2007) e *Eco-Skyscrapers, Volume 2* (2011). Nesta obra, abordamos arranha-céus em dois capítulos. No Capítulo 1, um dos primeiros arranha-céus sustentáveis do mundo, a Torre Pentamina Energy, localizada em Jacarta, na Indonésia, é descrita em detalhes por representar talvez a última geração em projetos de grandes edificações. Esse projeto é especialmente notável por ser o primeiro arranha-céu autossuficiente em energia e representar o "estado da arte" no desempenho de arranha-céus. No Capítulo 16, dois conjuntos de arranha-céus – um grupo na cidade de Nova York e uma seleção de projetos ao redor do mundo – são descritos e comparados. Eu gostaria de expressar minha gratidão à equipe de arquitetos e engenheiros de Skidmore, Owings & Merrill (SOM), que projetaram a Torre Pentamina Energy. Entre eles estão Gabriele Pascolini, Sergio Sabada, Luke Leung, Scott Duncan, David Kosterno, Stephen Ray, Elyssa Cohen e Jonathan Stein. Apesar de extremamente ocupados com seus trabalhos diários em importantes projetos de arranha-céus ao redor do mundo, eles cederam generosamente seu tempo e suas pesquisas para me auxiliar. Também gostaria de agradecer à equipe do HOP que projetou o University of Florida Research and Academic Center no Lago Nona, Orlando, especificamente Van Phrasavath e Mandy Weitknecht. Frank Javaheri, gerente de projeto da University of Florida, também foi muito generoso em ajudar a conseguir acesso a informações e documentos.

Esta quarta edição contém muito mais ilustrações do que a terceira, e um alto número de organizações e companhias gentilmente permitiram a publicação de seu conteúdo. Obrigado a todos os colaboradores por esses materiais inestimáveis.

Agradeço a Paul Drougas e Margaret Cummings, da John Wiley & Sons, por mais uma vez me guiarem pelos estágios iniciais do processo de publicação e a Mike New, da John Wiley & Sons, por me manter na linha. Esta edição não teria sido possível sem as inestimáveis contribuições de Tori Reszetar e Alina Kibert, que muito se dedicaram para que eu pudesse produzir um resultado abrangente e de qualidade. Devo muito a eles por sua dedicação e trabalho duro.

Charles J. Kibert
Gainesville, Flórida

# Sumário

## Capítulo 1
### Introdução e visão geral 1

O novo cenário para as edificações ecológicas 1
As raízes da construção sustentável 5
Desenvolvimento sustentável e construção sustentável 8
O vocabulário do desenvolvimento e da construção sustentáveis 9
Projeto sustentável ou ecológico 12
Fundamentos da edificação ecológica de alto desempenho 14
Diretrizes estaduais e municipais para edificações de alto desempenho 14
Progresso e obstáculos da edificação ecológica 16
Tendências das edificações sustentáveis de alto desempenho 17
Organização do livro 24
Resumo e conclusões 34
Notas 34
Fontes de consulta 35

## Parte I
### Fundamentos de edificações sustentáveis 37

## Capítulo 2
### Precedentes históricos 40

As forças condutoras da construção sustentável 43
Ética e sustentabilidade 44
Conceitos básicos e vocabulário 54
As principais preocupações ambientais e de recursos 62
O movimento da edificação sustentável 69
Resumo e conclusões 76
Notas 80
Fontes de consulta 82

## Capítulo 3
### O projeto ecológico 84

Projeto *versus* projeto ecológico 85
O projeto ecológico contemporâneo 93
As publicações-chave da edificação sustentável: início da década de 1990 94

Ideias-chave sobre o projeto ecológico 96
Desenvolvendo o conceito de projeto ecológico 100
A termodinâmica: limites na reciclagem e na dissipação de materiais 111
Resumo e conclusões 120
Notas 120
Fontes de consulta 120

## Parte II
## Avaliação e certificação de edificações sustentáveis de alto desempenho 123

### Capítulo 4
### Avaliação e certificação de edificações sustentáveis 127

O propósito dos sistemas de avaliação e certificação de edificações sustentáveis 127
Os principais sistemas de certificação de edificações empregados nos Estados Unidos 130
Sistemas internacionais de certificação de edificações 133
Resumo e conclusões 149
Notas 150
Fontes de consulta 150

### Capítulo 5
### O sistema de certificação de edificações LEED, do U.S. Green Building Council 151

Breve história do LEED 152
Estrutura dos sistemas de certificação de edificações LEED 154
Credenciais do LEED 156
Estrutura e processo do LEED v4 157
O sistema LEED de certificação de projeto e construção de edificações 162
Resumo e conclusões 184

### Capítulo 6
### O sistema de certificação de edificações Green Globes 185

Ferramentas de certificação Green Globes 186
Estrutura do Green Globes para construções novas 188
O processo de avaliação e certificação Green Globes 200
Credenciais do profissional Green Globes 202
Resumo e conclusões 208

# Parte III

## O projeto de edificações sustentáveis — 209

### Capítulo 7

#### O processo de projeto de edificações ecológicas — 211

Sistemas de entrega de prédios convencionais *versus* sistemas de entrega de edificações sustentáveis   211
A execução do projeto de uma edificação sustentável   215
O processo de projeto integrado – IPD   219
Papel da *charrette* no processo de projeto   223
Exigências de documentação das edificações sustentáveis   225
Resumo e conclusões   231
Notas   232

### Capítulo 8

#### O terreno e o paisagismo sustentáveis — 233

Abordagens ao uso do solo e ao paisagismo em edificações ecológicas   234
Questões de uso do solo   235
Paisagismo sustentável   240
Melhorando os ecossistemas   246
Gestão de águas pluviais   247
Empreendimentos de baixo impacto   248
Atenuação da ilha de calor urbana   252
Como reduzir a invasão e a poluição luminosas   253
Certificação de terrenos sustentáveis: The Sustainable Sites Initiative (SITES)   254
Resumo e conclusões   261
Notas   261
Fontes de consulta   262

### Capítulo 9

#### Estratégias de edificações com baixo consumo energético — 263

Questões energéticas das edificações   264
Estratégia de projeto energético para uma edificação de alto desempenho   268
Estratégia de projeto passivo   271
Vedações externas da edificação   279
Redução das cargas térmicas internas   284
Sistemas ativos ou mecânicos   287
Sistemas de aquecimento de água   293
Sistemas a energia elétrica   294
Estratégias inovadoras para a otimização de energia   299
Sistemas de energia renovável   303
Células de combustível   306
Edifícios inteligentes e sistemas de automação predial   306
Os produtos químicos que destroem o ozônio e estão presentes nos sistemas de climatização   308
Resumo e conclusões   317
Fontes de consulta   318

## Capítulo 10

### O ciclo hidrológico do ambiente construído — 320

O esgotamento dos recursos hídricos globais 321
Distribuição da água e falta de água nos Estados Unidos 321
A terminologia do ciclo hidrológico 325
A estratégia do ciclo hidrológico das edificações de alto desempenho 327
Como projetar o ciclo hidrológico da edificação de alto desempenho 342
Regras práticas para economia de água (heurística) 345
Gestão de águas pluviais 348
Eficiência da água no tratamento paisagístico 355
Resumo e conclusões 359
Notas 359
Fontes de consulta 360

## Capítulo 11

### Fechando os ciclos de materiais — 361

O desafio da seleção de materiais e produtos de construção 362
Distinção entre produtos de construção sustentáveis e materiais de construção sustentáveis 364
A análise do ciclo de vida dos materiais e produtos de construção 372
Declarações de produto ambiental 375
Sistemas de certificação de materiais e produtos 377
Materiais e produtos de construção importantes e emergentes 379
O projeto para desconstrução ou desmontagem futura 384
Resumo e conclusões 392
Notas 392
Fontes de consulta 393

## Capítulo 12

### A pegada de carbono do ambiente construído — 394

Os impactos humanos sobre o ciclo de carbono biogeoquímico 395
As mudanças climáticas e o ciclo do carbono 397
Mitigação das mudanças climáticas 401
Como definir a pegada de carbono do ambiente construído 404
Como reduzir a pegada de carbono do ambiente construído 411
Notas 412
Fontes de consulta 412

## Capítulo 13

### A qualidade do ambiente interno — 413

A qualidade do ambiente interno: as questões 413
Projeto integrado da qualidade do ambiente interno 422
Como abordar os principais componentes de um projeto integrado de qualidade do ambiente interno 425
Projeto do sistema de climatização 442
Emissões dos materiais de construção 444
Aglomerado e compensado 448

Benefícios econômicos de uma boa qualidade do ambiente interno   451
Saúde, bem-estar e produtividade   452
Resumo e conclusões   455
Notas   455
Fontes de consulta   456

## Parte IV

## Implementação do projeto da edificação sustentável     457

### Capítulo 14

### Operações de construção e comissionamento     459

Planejamento da proteção do terreno   459
Gerenciamento da qualidade do ar do interior durante a construção   463
Gestão dos materiais de construção   467
Gestão de resíduos de construção e demolição   470
Comissionamento   472
Resumo e conclusões   480
Notas   481
Fontes de consulta   481

### Capítulo 15

### Aspectos econômicos das edificações sustentáveis     482

Abordagem geral   482
A justificativa comercial dos edifícios sustentáveis de alto desempenho   485
Aspectos econômicos da edificação sustentável   487
Medição dos benefícios das edificações sustentáveis   488
Gestão do custo inicial   496
Criando um túnel através da barreira do custo   499
Resumo e conclusões   500
Notas   501
Fontes de consulta   501

### Capítulo 16

### A construção sustentável de última geração     502

A resiliência   502
O "estado da arte" nas edificações sustentáveis de alto desempenho: estudos de caso   505
Articulando metas de desempenho para os futuros prédios sustentáveis   509
Os desafios   510
Renovação do projeto ecológico   517
A última geração   520
Resumo e conclusões   534
Notas   534
Fontes de consulta   535

**Apêndice A**

**Guia de consulta rápida para o LEED 3.0** 537

**Apêndice B**

**Conversões de unidades** 541

**Glossário** 543

**Índice** 550

# Introdução e visão geral

No último quarto de século após os primeiros esforços significativos para aplicar o paradigma da *sustentabilidade* para o ambiente construído no início dos anos 1990, o *movimento da construção sustentável* ganhou importante força e ímpeto. Em alguns países – como nos Estados Unidos –, há crescente evidência de que essa abordagem ética e responsável está dominando o mercado para prédios comerciais e institucionais, incluindo grandes reformas. Nesse período, mais de 69 mil projetos de prédios comerciais foram registrados para a certificação independente de edificações sustentáveis do US Green Building Council (USGBC), a maior organização norte-americana para sustentabilidade em ambientes construídos, revelando a intenção da equipe de projeto de alcançar o status de uma edificação ecológica oficialmente reconhecida ou certificada. A ferramenta utilizada pelo USGBC para esse processo é o LEED (Leadership in Energy and Environmental Design). Até o momento, 27 mil projetos comerciais foram certificados com o LEED. Em nenhum lugar o direcionamento para construções sustentáveis foi tão evidente quanto nas instituições de ensino superior norte-americanas. A Harvard University exibe com orgulho 93 edifícios de acordo com as exigências do USGBC, incluindo diversos projetos com o mais alto nível de avaliação e 198 mil m² de laboratórios, dormitórios, bibliotecas, salas de aula e escritórios. Outros 27 projetos estão registrados e em busca de reconhecimento oficial da certificação LEED. O movimento de construção sustentável agora tem alcance internacional, com mais de 70 conselhos de edificações sustentáveis estabelecendo metas de desempenho ambiciosas para ambientes construídos em seus respectivos países. Além de promover edificações sustentáveis, esses conselhos desenvolvem e supervisionam sistemas de certificação que fornecem classificações para construções baseadas em uma avaliação holística de seu desempenho perante uma ampla matriz de exigências ambientais, econômicas e sociais. O resultado da aplicação de abordagens de edificação sustentável para criar um ambiente construído responsável é, mais comumente, chamado de *edificação ecológica de alto desempenho* ou simplesmente *edificação ecológica*.

## O NOVO CENÁRIO PARA AS EDIFICAÇÕES ECOLÓGICAS

Há muitos sinais de que o movimento de edificações ecológicas foi permanentemente adotado como prática padrão por proprietários, projetistas e outros envolvidos. Dentre esses, há quatro indicadores-chave que ilustram essa mudança. Primeiro, um levantamento da atividade de projeto e construção feito por McGraw-Hill Construction (2013) apurou que, pela primeira vez, a maioria das empresas envolvidas em projeto e construção esperava que mais de 60% de seus trabalhos se direcionassem para edificações sustentáveis em 2015. África do Sul, Cingapura, Brasil, países europeus e Estados Unidos relataram esse mesmo resultado: edificações ecológicas não apenas dominam o mercado de construção, mas também continuam a crescer em participação no setor. Esse mesmo relatório sugere que, ao redor do mundo, o ritmo das edificações sustentáveis está se acelerando e se tornando uma oportunidade de negócio no longo prazo para projetistas e construtores. O mercado de edificações sustentáveis está crescendo internacionalmente e não de forma isolada em uma região ou cultura. De acordo com McGraw-Hill Construction, arquitetos e engenheiros ao redor do mundo estão tendendo ao desenvolvimento de projetos e obras de edificações sustentáveis. Entre 2012 e 2015, o número de projetistas e consultores do setor da construção com perspectivas de que 60% de seus trabalhos fossem sustentáveis mais do que triplicou na África do Sul; mais do que dobrou em países como Alemanha, Noruega e Brasil; e cresceu entre 33% e 68% nos Estados Unidos, em Cingapura, na Inglaterra e na Austrália. Ao longo do tempo, as razões para o rápido crescimento na atividade de edificações ecológicas de alto desempenho foram alteradas de maneira radical. Em 2008, quando um levantamento similar foi feito, a maioria dos respondentes sentia que a principal razão do seu envolvimento era estar fazendo a coisa certa, simplesmente tentando ter um impacto positivo. Passados apenas seis anos até 2014, as razões mudaram significativamente. As motivações mais citadas para edificações ecológicas ao redor do mundo foram as demandas de clientes e de mercado, custos de operação mais baixos, relações públicas e promoção das marcas. A edificação ecológica tornou-se simplesmente uma questão de fazer bons negócios e popularizou-se no setor público e no privado. Apesar de os entrevistados ainda indicarem que estão interessados em fazer a coisa certa, essa razão caiu do topo da lista em 2008 para a quinta posição no período de quatro anos entre as pesquisas.

Um segundo indicativo de que o movimento de edificação ecológica é irreversível ocorreu no primeiro Fórum para Comunidades Sustentáveis e Edificações Ecológicas do mundo árabe, no fim de 2014. Mustafa Madbouly, ministro egípcio de desenvolvimento habitacional e urbano, disse ao público: "As mudanças climáticas nos forçam a uma séria discussão sobre edificações ecológicas e promoção da sustentabilidade". De acordo com o Programa de Assentamento Humano das Nações Unidas (UNHSP), as cidades do mundo árabe precisam introduzir padrões mais intensos para edificações ecológicas e promover comunidades sustentáveis para enfrentarem as mudanças climáticas. O UNHSP estima que 56% da população do mundo árabe estejam concentrados em cidades e centros urbanos. Esse número quadriplicou entre 1990 e 2010, com expectativa de crescimento de 75% até 2050. Em resumo, aplicar os princípios da sustentabilidade para ambientes construídos é essencial não apenas para o bem-estar da população da região, mas também para sua sobrevivência. De acordo com o Banco Mundial, as ondas de calor extremas sem precedentes causadas pelas mudanças climáticas podem afetar de 70 a 80% do território do Oriente Médio e Norte da África.[1] Atualmente as edificações ecológicas e as mudanças climáticas estão intrinsecamente conectadas, e a principal estratégia para abordar os ajustes necessários podem ser revisões no projeto e na operação do ambiente construído e na infraestrutura para reduzir drasticamente as emissões de carbono.

Terceiro, nos Estados Unidos as atividades de construção sustentável continuam a se expandir, algumas indicando a contínua evolução do pensar sobre como alcançar altos padrões de eficiência em ambientes construídos e, ao mesmo tempo, promover a saúde humana e proteger os sistemas ecológicos. O estado de Maryland e sua maior cidade, Baltimore, são um exemplo contemporâneo de como as estratégias estão se aprimorando para incorporar, no longo prazo, a sustentabilidade em ambientes construídos. Em 2007, Maryland e Baltimore, a 26ª cidade mais populosa dos Estados Unidos, adotaram o sistema de certificação LEED do USGBC, exigindo que a maioria das novas construções fosse certificada. Na época, essa intervenção foi considerada inovadora e mobilizou esforços de diversos estados e municípios do país para promover a criação de um conjunto mais elaborado de edificações. Baltimore, juntamente com 176 outras jurisdições americanas, exigiu edificações ecológicas e contribuiu para sua implementação com uma variedade de incentivos, incluindo agilidade e redução de taxas no licenciamento e, em alguns casos, gerando também subsídios e impostos. Em 2014, em um movimento que provavelmente se tornará mais comum, tanto Maryland quanto Baltimore repeliram as leis e regulações que exigiam a certificação LEED de avaliação e, em vez disso, adotaram o International Green Construction Code (IgCC) como modelo para seus códigos de edificação. Um código de construção ou edificação como o IgCC, diferentemente de um sistema de avaliação voluntário como o LEED, *exige* estratégias ecológicas para edificações. Essa série de eventos marca uma mudança significativa na estratégia e na filosofia porque indica uma mudança de sistemas de certificação independentes para a popularização de edificações ecológicas pelo uso de normas e códigos de edificações fiscalizados pelas prefeituras.

O quarto sinal da mudança de cenário para edificações ecológicas de alto desempenho é o fato de os maiores gigantes da tecnologia, Apple e Google, e de uma variedade de outras empresas terem anunciado grandes projetos que indicam que estão adotando edificações ecológicas de alto desempenho. O Campus 2 da Apple (veja a Figura 1.1), com conclusão estimada para o final de 2016, irá acomodar 14.200 empregados. Em 2006, no primeiro anúncio do novo projeto, Steve Jobs o descreveu como "o melhor prédio de escritórios do mundo". Este projeto de arquitetura de última geração é do renomado escritório britânico Foster + Partners, cujo fundador e presidente, *sir* Norman Foster, inspirou-se em uma praça de Londres cercada por casas para projetar o novo conceito. Conforme foi tomando forma, o prédio tornou-se um círculo cercado por espaços verdes, o inverso da praça londrina. Localizada em um terreno de aproximadamente 40,5 hectares em Cupertino, Califórnia, a edificação de 260 mil m² está situada em meio a sete mil ameixeiras, cerejeiras, macieiras e pés de damasco, uma característica emblemática para uma área comercial. Apenas 20% do terreno foram afetados pela construção, resultando em um abundante espaço verde. Um programa de Administração da Demanda de Transporte da Apple enfatiza o uso de bicicletas e ônibus diretos para transportar seus empregados para as duas redes públicas de trânsito da região da Baía de São Francisco. As alternativas do programa de transporte para o Campus 2 da Apple incluem ciclovias próximas ao *campus* separadas do tráfego de automóveis e bem dimensionadas para a circulação das bicicletas em sentidos opostos. Postos de abastecimento para automóveis híbridos e elétricos atendem 300 veículos elétricos por dia, e o sistema pode ser expandido conforme a necessidade. A estratégia de energia para o novo prédio de escritórios da Apple foi formada em torno do conceito de *autossuficiência*, com foco no projeto passivo para otimizar a iluminação, o resfriamento e a ventilação naturais. O resultado é uma edificação que gera mais energia de recursos renováveis do que consome. A eficiência no consumo de energia é importante para a estratégia de autossuficiência em energia, e a iluminação e os outros sistemas com consumo energéticos foram selecionados

**FIGURA 1.1** O Campus 2 da Apple é uma edificação projetada para ser autossuficiente em energia, gerando toda a eletricidade necessária com painéis fotovoltaicos localizados em sua cobertura circular. As muitas funcionalidades de projeto passivo permitem tirar proveito do clima local favorável, uma vez que o resfriamento só será exigido em 25% dos dias do ano. (*Fonte*: Cidade de Cupertino, setembro de 2013)

para um gasto mínimo. A usina de energia central contém células de combustível, resfriadores, usinas de energia e depósitos de água quente e condensada. Um sistema solar central com baixas emissões de carbono de oito megawatts foi instalado na cobertura, assegurando que o *campus* funcione inteiramente com energia renovável.

Outra gigante da tecnologia com ambiciosos planos de edificações ecológicas de alto desempenho é a Google. No início de 2015, como parte de um enorme plano de expansão, a Google anunciou um projeto radical de ampliação para o Mountain View, na Califórnia, sede do então denominado Googleplex. O projeto inovador incluía grandes estruturas em forma de tenda com marquises de vidro translúcido flutuando sobre edifícios modulares que poderiam ser reconfigurados conforme as mudanças de projetos e das prioridades da empresa. A área sob a marquise de vidro incluía passeios para pedestres e ciclistas ao longo das campinas e dos arroios que conectam o local à Baía de São Francisco. A nova diretriz do projeto feita pela parceria de sucesso entre o arquiteto dinamarquês Bjarke Ingels e a firma de projetos de Londres Heatherwick Studio era ecologicamente positiva e visava aliar um projeto passivo radical e a integração com a natureza às redes de transportes locais. No entanto, em meados de 2015, a prefeitura da cidade de Mountain View aprovou apenas um quarto desse plano de expansão, com o restante da gleba sendo cedida a outra empresa de tecnologia, o LinkedIn. Apesar desse contratempo, a Google, como muitas outras empresas de tecnologia, comprometeu-se a transformar em ecológicos seus prédios e sua infraestrutura. Um dos compromissos é o de investir em energias renováveis, com a empresa reservando a quantia de 145 milhões de dólares para financiar a usina norte da SunEdison de Los Angeles. Esse foi um dos muitos projetos renováveis nos quais a Google investiu mais de um bilhão e meio de dólares em 2015.

Outras empresas de tecnologia estão seguindo esse caminho de investimentos em edificações ecológicas de alto desempenho e arquitetonicamente significativas. A Hewlett-Packard contratou o renomado arquiteto Frank Gehry para projetar a ampliação do seu *campus* de Menlo Park, na Califórnia. É evidente que o comportamento dessas empresas de tecnologia é parte de um modelo emergente entre empresas iniciantes, que geralmente nascem em dormitórios de faculdades, depósitos, garagens e salas de estar e, conforme amadurecem, alugam escritórios em distritos industriais. Quando se tornam bem-sucedidas e passam a ganhar muito dinheiro, tendem a construir monumentos icônicos. Todavia, levadas pelo desejo de deixar sua marca investindo em famosos edifícios-sede projetados por arquitetos renomados, essas empresas têm trabalhado para se manterem ecoconscientes e atuarem como agentes de mudança, conduzindo a sociedade para um comportamento mais sustentável, particularmente no que diz respeito ao ambiente construído.

Essas tendências, que marcam o atual estágio das edificações ecológicas de alto desempenho ao redor do mundo, indicam a maturidade do movimento. O primeiro desses edifícios surgiu por volta de 1990, e o movimento agora está se popularizando, como evidenciado pela incorporação dos sistemas de classificação de edificações de alto desempenho, como o LEED, em normas e códigos de licenciamentos. Desde sua versão piloto, em 1988, o LEED tem sido trabalhado com eficiência energética de edificações por meio da especificação de melhorias, além das exigências feitas por essas normas para obter pontos rumo à certificação. A principal norma de energia nos Estados Unidos é a 90.1, *Energy Standard for Buildings Except Low-Rise Residential Buildings*, da ASHRAE - American Society of Heating, Refrigerating and Air-Conditioning Engineers. Desde 1998, o padrão de consumo de energia para os prédios dos Estados Unidos foi reduzido em mais de 50%, e cada nova versão da norma ASHRAE 90.1 traz cortes adicionais. O resultado é que vem se tornando mais difícil usar sistemas de certificações ecológicos para reduções de energia adicionais, uma vez que adotar a ASHRAE 90.1 já resulta em prédios altamente eficientes. Mesmo assim, muitas questões ainda requerem atenção, como a restauração de sistemas naturais, o planejamento urbano, a infraestrutura, os sistemas de energia renovável, a qualidade geral do ambiente interno e a gestão de águas pluviais. Por sua vez, o movimento das edificações ecológicas está sendo bem-sucedido ao criar, em pouco tempo, mudanças drásticas no pensamento. Sua presença contínua agora é necessária tanto para promover as edificações de última geração quanto para assegurar o sucesso de seus esforços no longo prazo.

## AS RAÍZES DA CONSTRUÇÃO SUSTENTÁVEL

O movimento contemporâneo pelas edificações de alto desempenho foi impulsionado pela busca de respostas para duas perguntas importantes: O que é uma edificação ecológica de alto desempenho? Como determinamos se uma edificação atende às exigências dessa definição? A primeira questão sem dúvida é importante – ter um entendimento geral do que compreende uma edificação ecológica é essencial para agregar os esforços em torno dessa ideia. A resposta para a segunda questão é implementar uma *certificação de edificações* ou *sistema de avaliação de prédios* que forneça critérios detalhados e um sistema de notas para esses edifícios avançados. O divisor de águas em tal pensamento e abordagem ocorreu pela primeira vez em 1989 no Reino Unido, com a criação de um sistema de certificação de edificações conhecido como *BREEAM* (Building Research Establishment Environmental Assesment Method). O BREEAM foi um sucesso imediato ao propor tanto uma definição padronizada para edificações ecológicas quanto meios de avaliação de desempenho em contraponto às exigências do sistema de certificação de edificações. O BREEAM representa o primeiro esforço bem-sucedido para avaliar edificações com grande variedade de fatores que, além do desempenho de energia, inclui consumo de água, qualidade do ambiente interno, localização, materiais utilizados, impactos ambientais e contribuição para o sistema de saúde ecológico, para citar apenas algumas categorias gerais que podem ser incluídas em uma avaliação. Dizer que o BREEAM é um sucesso seria o mínimo, porque mais de um milhão de edifícios já foram registrados para certificação, com cerca de 200 mil aprovados pelo processo de certificação. Posteriormente, Canadá e Hong Kong adotaram o BREEAM como plataforma para seus sistemas nacionais de avaliação de edificações e, com isso, forneceram a seus setores de construção uma abordagem aceita de construções ecológicas. Nos Estados Unidos, o USGBC desenvolveu um sistema americano de certificação de edificações denominado LEED. Em 2000, quando foi lançado como um sistema totalmente testado, o LEED rapidamente dominou o mercado de certificação independente de edificações sustentáveis. Sistemas similares foram desenvolvidos em outros grandes países, como o *CASBEE* (Comprehensive Assessment System for Building Environmental Efficiency) no Japão (2004) e o Green Star na Austrália (2006). Na Alemanha, país que sempre teve uma forte tradição de edifícios de alto desempenho, o Conselho Alemão de Edificações Ecológicas, em colaboração com o governo alemão, desenvolveu, em 2009, o sistema de avaliação *DGNB* (Deutsche Gesellschaft fur Nachhaltiges Bauen), talvez o sistema de avaliação de edificações mais avançado. BREEAM, LEED, CASBEE, Green Star e DGNB representam a última geração dos sistemas de avaliação de edificações sustentáveis de alto desempenho da atualidade, tanto por definirem o conceito de alto desempenho quanto por fornecerem um sistema de pontuação para indicar o sucesso do projeto em alcançar seus objetivos de sustentabilidade.

Nos Estados Unidos, o movimento da edificação sustentável é comumente considerado o mais bem-sucedido de todos os movimentos ambientais americanos. Isso serve como um molde para engajar e mobilizar uma grande variedade de entusiastas a fim de alcançar uma importante meta de sustentabilidade, nesse caso otimizando drasticamente a eficiência, a saúde e o desempenho do ambiente construído. O movimento da edificação ecológica fornece um modelo para outros setores econômicos sobre como criar uma abordagem consensual e voltada para o mercado que seja de rápida aderência, além de grande impacto. Esse movimento se tornou uma força por si só e, como resultado, está compelindo profissionais envolvidos em todas as fases dos projetos de edificação, construção, operação, financiamento, seguros e políticas públicas para repensar fundamentalmente a natureza do ambiente construído.

Na segunda década do século XXI, as circunstâncias mudaram significativamente em relação ao surgimento do movimento da construção sustentável. Em 1990, a população global era 5,2 bilhões, a consciência pública sobre as mudanças climáticas estava apenas começando e os Estados Unidos recém tinham se tornado a superpotência do combustível, com os americanos pagando apenas 1,12 dólar por um galão de gasolina. Passado quase um quarto de século, a população mundial já está em quase 7,4 bilhões, os efeitos das mudanças climáticas vêm se tornando evidentes numa velocidade maior do que esperado, o sistema econômico global ainda sofre com a crise econômica na Europa e o Japão ainda se recupera dos impactos de um maremoto e de um desastre nuclear. Os preços da gasolina têm oscilado muito devido à recente abundância de petróleo produzida pelo fraturamento hidráulico, mas ainda são cerca do dobro do que eram 1990. A convergência entre crise financeira, mudanças climáticas e o crescente número de conflitos produziu uma sensação de incerteza que afeta governos e instituições ao redor do mundo. O que ainda não é frequentemente reconhecido é que todos esses problemas estão interligados e que população e consumo seguem sendo os dois espinhos do dilema que confronta a humanidade. Pressões populares, o consumo crescente dos países ricos, o compreensível desejo por uma boa qualidade de vida para os cinco bilhões de pessoas vivendo abaixo da linha da pobreza no planeta e o esgotamento das fontes finitas e não renováveis são fatores que contribuem para a grande quantidade de crises ambientais, sociais e financeiras que caracterizam a vida contemporânea no início do século XXI (veja a Figura 1.2).

Essas mudanças estão afetando o ambiente construído de maneiras significativas. Primeiramente, há uma crescente demanda por edifícios eficientes em recursos, que usem minimamente energia e água e cujo conteúdo material tenha valor para as populações futuras. Em 2000, um edifício de escritórios típico nos Estados Unidos consumia cerca de 300 kWh/m$^2$/ano. Atualmente, os edifícios de alto desempenho reduziram o consumo para 100 kWh/m$^2$/ano.[2] Na Alemanha, os perfis de energia dos edifícios de alto desempenho são ainda mais extraordinários, na faixa de 50 kWh/m$^2$/ano. É importante reconhecer que níveis de consumo de energia reduzidos geralmente causam uma redução proporcional nos impactos das mudanças climáticas. Reduções no consumo de água em edifícios de alto desempenho também são notáveis. Um edifício de alto desempenho nos Estados Unidos pode reduzir o consumo de água potável em 50% simplesmente ao optar por aparelhos sanitários mais eficientes disponíveis no mercado. Ao usar fontes alternativas, como águas pluviais e servidas, o consumo de água potável pode ser reduzido dos 50% para um quarto do que é convencionalmente estipulado para um sistema hidrossanitário de um edifício. Isso também é chamado de uma redução de Fator 4 no uso de água potável. Reduções de impacto igualmente expressivas estão surgindo em consumo de materiais e produção de lixo.

Segundo, tornou-se claro com o passar do tempo que a localização do edifício é fator-chave na redução do consumo energético porque o transporte de energia pode aumentar em duas vezes a energia operacional do edifício (Wilson e Navarro, 2007). Esse significativo nível de energia gasto para o transporte pendular de seus usuários não causa apenas impactos ambientais, mas também representa um importante custo para os empregadores que realizam o transporte diário. Fica claro que quanto mais baixo for o consumo de energia do edifício, melhor é a proporção de energia utilizada no transporte pendular. Por exemplo, um prédio que consome 300 kWh/m²/ano de energia operacional e 200 kWh/m²/ano de energia de transporte pendular por seus ocupantes tem 40% de seu total de energia destinado ao transporte. Um edifício de alto desempenho na mesma localiza-

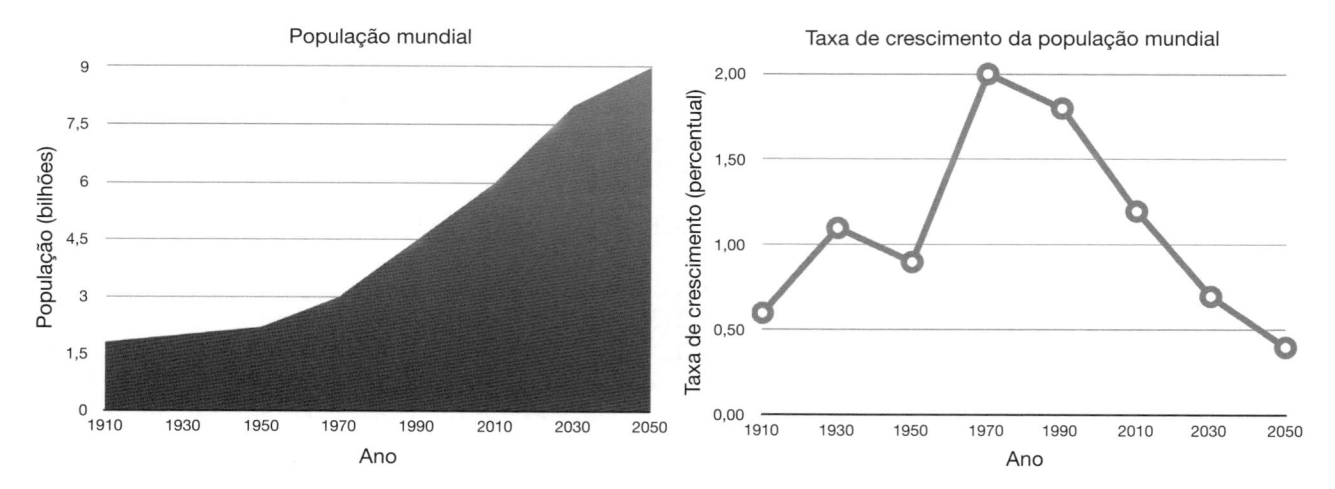

**FIGURA 1.2** A população mundial continua aumentando, mas a taxa de crescimento está caindo, de aproximadamente 1,2%, em 2012, para 0,5% estimado para 2050. (*Fonte*: US Census Bureau, International Database, junho de 2011)

ção, com um perfil de consumo energético de 100 kWh/m²/ano e o mesmo consumo de energia com transporte pendular de 200 kWh/m²/ano, teria 67% de sua energia total consumida pelo transporte. Em suma, é evidente que vale reduzir a energia de transporte juntamente com o consumo de energia do edifício para se obter um impacto expressivo no consumo de energia total (Figura 1.3).

Terceiro, a ameaça das mudanças climáticas é imensa e deve ser abordada durante todo o ciclo de vida do edifício, incluindo a energia gasta para produzir seus materiais e produtos e construir o edifício, geralmente chamada de *energia incorporada*. A energia gasta em materiais e construção é significativa, chegando a quase 20% do total do ciclo de energia da edificação. Além disso, uma considerável energia adicional é investida durante as atividades de manutenção e renovação no ciclo de vida útil do prédio, algumas vezes excedendo a energia incorporada dos materiais de construção. Talvez o esforço mais notável para abordar a contribuição do ambiente construído para as mudanças climáticas seja o *Architecture 2030 Challenge*, cuja meta é atingir uma redução impressionante nas emissões dos gases de efeito estufa nos ambientes construídos modificando a maneira com que prédios e demais empreendimentos imobiliários são planejados, projetados e construídos.[3] O 2030 Challenge convoca a comunidade internacional da arquitetura e construção a adotar as seguintes metas:

- Todos os novos edifícios, empreendimentos imobiliários e grandes reformas devem ser projetados para atingir um nível de uso 70% abaixo da média para aquele tipo de edifício na região (ou país) de combustíveis fósseis, de emissão de gases de efeito estufa e de desempenho energético.

- No mínimo, uma quantidade equivalente à da área de edificações construídas deve ser reformada anualmente para atingir um nível de uso 70% abaixo da média para aquele tipo de edifício na região (ou país) de combustíveis fósseis, de emissão de gases de efeito estufa e

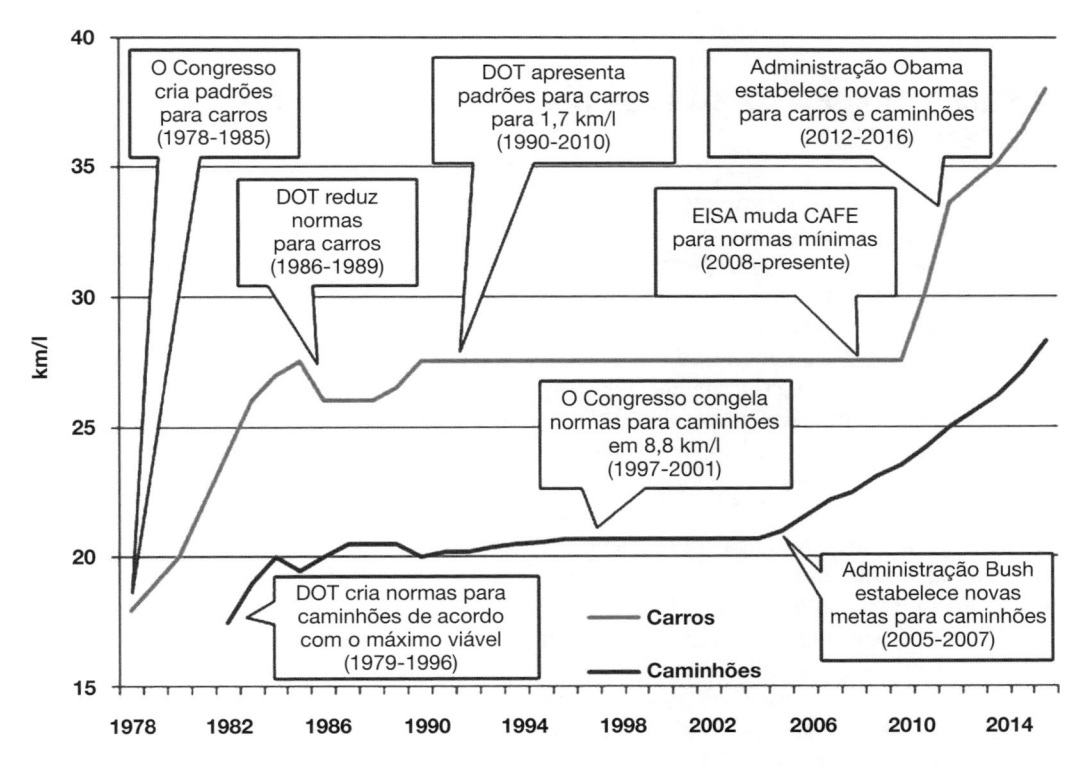

**FIGURA 1.3** A eficiência do consumo de combustível nos veículos dos Estados Unidos foi esquecida por décadas antes de normas federais demandarem, devido a crises de energia na década de 1970, melhoras significativas no desempenho do combustível. Exigências mais recentes aumentaram muito o rendimento de quilômetros por litro de automóveis e de caminhões. (*Fonte*: Center for Climate and Energy Solutions)

de desempenho energético. Todos os edifícios novos e as grandes reformas devem reduzir o consumo de carbono em 80% até 2020, 90% até 2025 e se tornarem neutros em consumo de carbono até 2030 (ou seja, não mais utilizarem a energia de combustíveis fósseis para operação).[4]

O *2030 Challenge for Product* aborda as emissões de gases de efeito estufa de materiais e produtos de construção e estipula a meta de reduzir ao máximo a pegada de carbono equivalente para 35% abaixo da média da categoria do produto em 2015 e para 50% abaixo da média da categoria do produto em 2030.

O conceito emergente de autossuficiência em energia – que, em sua forma mais simples, significa que os edifícios gerem tanta energia de fontes renováveis quanto consumam no período de um ano – também contribui paras as metas do 2030 Challenge. Cada unidade de energia gerada por fontes renováveis que substitui energia gerada a partir de combustíveis fósseis resulta em menor impacto nas mudanças climáticas. Um prédio com autossuficiência em energia, na prática, não causa impactos nas mudanças climáticas devido à energia para sua operação. Fica evidente que influenciar o consumo de energia e mudanças climáticas requer uma abordagem holística de todas as formas de consumo de energia, incluindo as energias para operação, materializada e para o transporte pendular.

Em resumo, os projetos de edifícios de alto desempenho estão tratando atualmente de três desafios emergentes: (1) a demanda por edifícios de alta eficiência ou *hipereficientes*, (2) a análise da localização do edifício para minimizar o consumo de energia com transporte e (3) os desafios das mudanças climáticas. A esses desafios juntam-se questões como qualidade do ambiente interno, proteção de ecossistemas e biodiversidade e riscos associados a materiais de construção. Os sistemas de certificação como o LEED estão sendo afetados por essas mudanças, assim como a definição inicial de edificações ecológicas. Com o passar do tempo e quanto mais aprendemos sobre o futuro e seus desafios, o projeto, a construção e a operação do ambiente construído irão se adaptar para atender a esse cenário do futuro em mudança.

## DESENVOLVIMENTO SUSTENTÁVEL E CONSTRUÇÃO SUSTENTÁVEL

O principal impulso por trás do movimento por edificações ecológicas de alto desempenho é o paradigma do desenvolvimento sustentável, que está mudando não apenas estruturas físicas, mas também o funcionamento das empresas e organizações que ocupam o ambiente construído, assim como os corações e as mentes dos indivíduos que o habitam.[5] Como resultado, a transparência e a obrigatoriedade de prestar contas estão se tornando palavras de ordem do mundo corporativo de hoje. A maior consciência empresarial tem adotado os relatórios abrangentes de sustentabilidade como o novo padrão para a transparência das empresas. O termo *transparência empresarial* refere-se à completa abertura das companhias sobre todas as transações financeiras e todas as decisões que afetam seus empregados e as comunidades nas quais operam. Grandes empresas, como Dupont, Ford Motor Company e Hewlett-Packward, agora adotam relatórios sobre resultados triplos,[6] que envolvem a mudança do foco empresarial de meros resultados financeiros para um padrão mais abrangente que inclui impactos ambientais e sociais. Ao adotar os princípios embasadores da sustentabilidade em seus relatórios anuais, as corporações reconhecem seus impactos ambientais e sociais e asseguram melhorias em todas as áreas.

Além disso, outras grandes forças, como as mudanças climáticas e o rápido esvaziamento das reservas de petróleo do mundo, ameaçam as economias nacionais e a qualidade de vida em países em desenvolvimento. Ambos estão ligados à nossa dependência de combustíveis fósseis, especialmente petróleo. As mudanças climáticas, causadas pelo menos parcialmente pelo crescimento das concentrações de dióxido de carbono ($CO_2$), metano e outros gases lançados pelos seres humanos na atmosfera terrestre, são, segundo muitas instituições científicas ilustres e cientistas vencedores do Prêmio Nobel, algo que afetará profundamente nossos regimes de temperatura futuros e padrões climáticos.[7] Muitos dos ambientes construídos atuais ainda existirão durante a era da elevação das temperaturas e dos níveis do mar; no entanto, pouco se tem levado em consideração sobre como a atividade humana e as edificações podem se adaptar às prováveis alterações climáticas significativas. Os aumentos na temperatura global agora devem ser considerados quando formulamos premissas sobre projeto passivo, vedações externas, seleção de materiais e tipos de equipamentos necessários para lidar com níveis superiores de energia na atmosfera.

O estado da economia global e o consumo continuam afetando significativamente o ambiente do planeta. A economia chinesa cresceu num índice oficial de 7% em 2015, e há previsões de que continuará a crescer neste ou acima deste patamar por mais alguns anos. A China produziu aproximadamente dois milhões de automóveis em 2000, seis milhões em 2005 e 14 milhões em 2015. As efervescentes indústrias chinesas estão em competição acirrada com as dos Estados Unidos e outras grandes economias por petróleo e outros recursos básicos, como aço e cimento. O rápido crescimento econômico da China e da Índia e as preocupações sobre a contribuição do consumo dos combustíveis fósseis para as mudanças climáticas inevitavelmente forçarão o aumento no preço da gasolina e de outras fontes de energia derivadas de fósseis nas próximas décadas. Atualmente, não há opções tecnológicas previsíveis para uma substituição em grande escala de combustíveis fósseis. Alternativas como hidrogênio, combustíveis derivados de carvão mineral e areias de alcatrão parecem ser proibitivamente caras. Os custos operacionais de edifícios que são aquecidos e resfriados usando óleo combustível e gás natural irão provavelmente aumentar, assim como os meios de transportes pessoal e comercial que dependem dos combustíveis fósseis. É urgente uma mudança rumo a edifícios e transporte hipereficientes.

## O VOCABULÁRIO DO DESENVOLVIMENTO E DA CONSTRUÇÃO SUSTENTÁVEIS

Um vocabulário único está surgindo para descrever os conceitos relativos à sustentabilidade e às mudanças no ambiente global. Termos como *Fator 4*, *Fator 10*, *pegada ecológica*, *mochila ecológica*, *biomimetismo*, *passo natural*, *ecoeficiência*, *economia ecológica*, *biofilia* e *princípio da precaução* descrevem os abrangentes conceitos filosóficos e científicos que se aplicam ao dinâmico paradigma rumo à sustentabilidade. Termos complementares como *edificação ecológica*, *certificação de edificações*, *projeto ecológico*, *avaliação do ciclo de vida*, *custo do ciclo de vida*, *edifício de alto desempenho* e charrete se relacionam a técnicas específicas na certificação e aplicação dos princípios da sustentabilidade no ambiente construído.

O movimento do desenvolvimento sustentável vem tornando-se mundialmente conhecido há quase 25 anos e causando mudanças significativas em sistemas de edificação num período relativamente curto. A construção sustentável, uma divisão do desenvolvimento sustentável, aborda o papel do ambiente construído para contribuir para a visão abrangente da sustentabilidade. O vocabulário-chave desse movimento relativamente novo é discutido nas seções seguintes e no Capítulo 2. Além disso, um glossário de termos-chave foi incluído ao final deste livro.

### Construção sustentável

Os termos *de alto desempenho*, *ecológica* ou *sustentável* normalmente são utilizados como sinônimos; contudo, o termo *construção sustentável* aborda de modo mais abrangente as questões ecológicas, sociais e econômicas de uma edificação no contexto de sua comunidade. Em 1994, a Força-Tarefa 16 do Conseil International du Bâtiment, uma organização em rede internacional de pesquisa de construção, definiu construção sustentável como "a criação e operação de um ambiente construído saudável baseado na eficiência de recursos e no projeto ecológico".[8] A Força-Tarefa 16 articulou sete Princípios da Construção Sustentável que, em uma situação ideal, devem contribuir para a tomada de decisões durante cada fase do processo de projeto e construção, continuando ao longo de todo o ciclo de vida do edifício (veja a Tabela 1.1; veja também Kibert, 1994). Esses fatores também se aplicam à avaliação dos componentes e de outros recursos necessários para a construção (veja a Figura 1.4). Os Princípios da Construção Sustentável se aplicam ao longo de todo o ciclo de vida da construção, do planejamento ao descarte (aqui denominado de *desconstrução* em preferência a *demolição*). Além disso, os princípios se aplicam aos recursos necessários para gerar e operar o ambiente construído durante todo o seu ciclo de vida: terreno, materiais, água, energia e ecossistemas.

### Edificação ecológica

O termo *edificação ecológica* se refere à qualidade e às características do edifício planejado utilizando os princípios e as metodologias da edificação sustentável. Edificações ecológicas podem ser definidas como "instalações saudáveis projetadas e construídas de maneira eficiente em recursos, usando princípios ecologicamente corretos" (Kibert, 1994). Da mesma forma, *projeto ecológico*, *projeto ecologicamente sustentável* e *projeto verde* são termos que descrevem a aplicação dos princípios da sustentabilidade para projetos de edificação. Apesar da prevalência do uso desses termos, edificações comerciais verdadeiramente sustentáveis, com sistemas de energia renovável, ciclos fechados de materiais e completa integração à paisagem, são raras ou não existentes. A maioria das edificações ecológicas existentes apresenta aperfeiçoamentos mínimos em vez de um distanciamento radical dos métodos de construção tradicionais. Não obstante, esse processo de tentativa e erro, juntamente à incorporação gradual dos princípios da sustentabilidade, continua a promover a evolução da indústria em direção à meta final de atingir uma completa sustentabilidade ao longo de todas as fases do ciclo de vida do ambiente construído.

**TABELA 1.1**

**Princípios da construção sustentável**

1. Reduzir o consumo de recursos (reduzir)
2. Reutilizar recursos (reutilizar)
3. Utilizar fontes recicláveis (reciclar)
4. Proteger a natureza (natureza)
5. Eliminar componentes tóxicos (tóxicos)
6. Aplicar o custo de ciclo de vida (economia)
7. Focar a qualidade (qualidade)

*Fonte:* Kibert (1994)

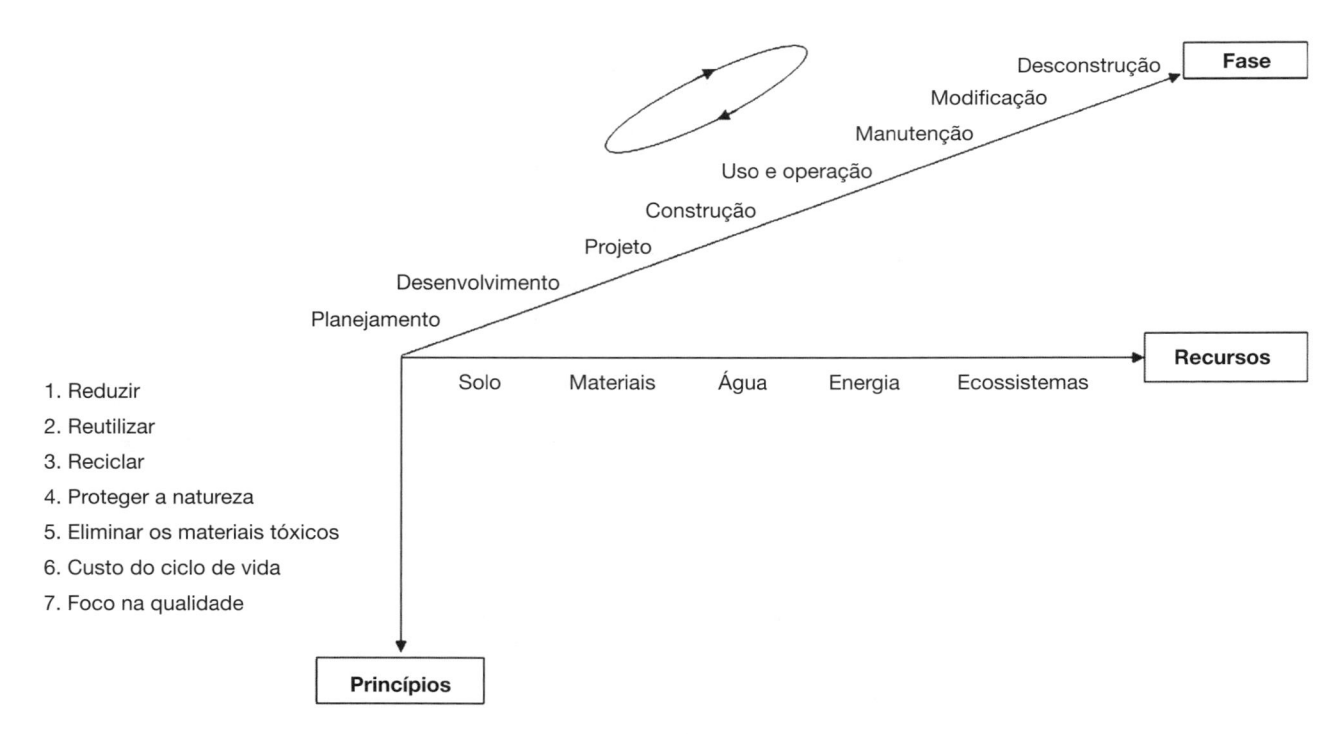

**FIGURA 1.4** Estrutura da Construção Sustentável desenvolvida em 1995 pela Força-Tarefa 16 do CIB (Construção Sustentável) para a proposta de articulação da contribuição potencial do ambiente construído para a realização do desenvolvimento sustentável. (Ilustração por cortesia de Bilge Çelik)

## Edificações de alto desempenho, pensamento sistêmico e o projeto do edifício como um todo

O termo *edificação de alto desempenho* se popularizou recentemente nos Estados Unidos como sinônimo de edificação ecológica. De acordo com o Office of Energy Efficiency and Renewable do Departamento de Energia dos Estados Unidos, uma edificação comercial de alto desempenho "vale-se do projeto do edifício como um todo para obter energia, economia e desempenho ambiental que é substancialmente melhor do que a prática convencional". Essa abordagem requer que a equipe de projeto colabore totalmente desde o início do projeto num processo comumente chamado de *projeto integrado*.

O *projeto da edificação como um todo*,[9] ou projeto integrado, leva em consideração o terreno, a energia, os materiais, a qualidade do ar interior e os recursos naturais, assim como a inter-relação desses fatores entre si. Nesse processo, uma equipe colaborativa de arquitetos, engenheiros, usuários do edifício, proprietários e especialistas em qualidade do ar interior, materiais e eficiência dos sistemas de uso de energia e de água consideram a estrutura e os sistemas da edificação holisticamente, examinando como eles funcionam melhor em conjunto para racionar energia e reduzir o impacto ambiental. Um exemplo comum de pensamento sistêmico é a estratégia de iluminação natural avançada, que reduz o uso de dispositivos de iluminação durante os horários com luz natural, reduzindo picos de carga de resfriamento durante o dia e viabilizando uma redução no dimensionamento do sistema de resfriamento mecânico. Isso, por sua vez, resulta em menos investimento de capital e custos de energia ao longo do ciclo de vida do edifício.

De acordo com o Rocky Mountain Institute (RMI), uma respeitada organização sem fins lucrativos especializada em questões de energia e edificação, o pensamento sistêmico é ativamente considerado e, por meio dele, são procuradas soluções para abordar múltiplos problemas. O pensamento sistêmico é frequentemente promovido como uma técnica economizadora de custos que permite que capital adicional seja investido em tecnologias ou sistemas para edificações. O RMI cita o empreendedor Michael Corbett, que aplicou tal conceito em 240 unidades do loteamento Village Homes em Davis, na Califórnia, finalizado em 1981. O Village Homes foi um dos primeiros empreendimentos da era moderna a criar uma comunidade habitacional ambientalmente sensível em escala humana. O resultado de se projetar ruas mais estreitas reduziu o escoamento de água da chuva da superfície. Valetas de infiltração simples e bacias de detenção *in loco* resolveram a questão das águas da chuva sem a necessidade de infraestrutura convencional. Os 200 mil dólares economizados foram usados para a construção de parques públicos, caminhos de pedestres, jardins e outras instalações que melhoraram a qualidade da comunidade. Outro exemplo de pensamento sistêmico é o Edifício Solaire, uma luxuosa torre residencial de 27 pavimentos no Battery Park, na cidade de Nova York (veja a Figura 1.5), que, em 2003, quando finalizado, foi a primeira torre residencial ecológica nos Estados Unidos. A fachada do Edifício Solaire contém células fotovoltaicas que convertem a luz solar em eletricidade, e a edificação utiliza 35% menos energia em comparação a um edifício residencial tradicional. O Edifício Solaire fornece aos seus moradores luz natural abundante e ar no interior de excelente qualidade. O prédio coleta água pluvial em um reservatório no pavimento de subsolo para irrigação dos terraços-jardins. A água servida é processada para reúso nas torres de resfriamento do sistema de ar-condicionado ou para a descarga de bacias sanitárias. Os terraços-jardins não apenas criam uma bela paisagem urbana, mas também auxiliam no isolamento térmico do edifício, reduzindo cargas de calefação e resfriamento. Essa interligação de muitas das medidas das edificações ecológicas no Edifício Solaire

**FIGURA 1.5** O Edifício Solaire, uma torre residencial de 27 pavimentos localizada junto ao Hudson River na cidade de Nova York, construída em 2003, foi o primeiro edifício residencial de grande quantidade de andares nos Estados Unidos especificamente projetado para ser ambientalmente responsável. (Fotografia por cortesia da Albanese Development Corporation)

indica que a equipe de projeto selecionou cuidadosamente estratégias com múltiplos níveis de benefícios, o que é a essência do pensamento sistêmico[10].

## PROJETO SUSTENTÁVEL OU ECOLÓGICO

A questão do projeto consciente em termos de recursos é fundamental para as edificações sustentáveis, que, em última análise, visam minimizar o consumo de recursos naturais e o impacto resultante nos sistemas ecológicos. A edificação sustentável considera a função e a potencial interface com os ecossistemas para fornecer serviços de uma maneira sinérgica. Quanto à seleção de materiais, os ciclos fechados de materiais e a eliminação de resíduos sólidos e líquidos e de gases emitidos são os principais objetivos da sustentabilidade. Um *ciclo fechado* descreve o processo de manter materiais em uso produtivo por meio do reúso e da reciclagem em vez de descartá-los como resíduos ao fim do ciclo de uso do produto ou edificação. Produtos com ciclo fechado são facilmente desmontados, e seus componentes podem ser reciclados. Como a reciclagem não é muito eficiente sob o ponto de vista da termodinâmica, a dissipação dos resíduos na biosfera é inevitável. Consequentemente, os materiais reciclados devem ser não tóxicos para os sistemas biológicos. Os materiais de construção mais utilizados não são completamente recicláveis, mas são *reutilizáveis* para uso de valor inferior, como para aterro ou subpavimentação de ruas. Felizmente, agregados, concreto, materiais de aterro, blocos, tijolos, argamassa, azulejos, granitina e materiais de baixa tecnologia são compostos de substâncias inertes com baixa toxicidade ecológica. Nos Estados Unidos, os 145 milhões de toneladas de resíduo de construção e demolição produzidos anualmente correspondem a cerca de um terço do total da produção de lixo sólido, consumindo parte do espaço dos limitados aterros sanitários, ameaçando o abastecimento de água e elevando os custos da construção. Como parte do sistema de entrega da edificação ecológica, produtos fabricados são avaliados por seus impactos no ciclo de vida, incluindo o consumo de energia e as emissões durante a extração de matérias-primas, transporte, fabricação de produtos e instalação durante a construção, impactos operacionais e efeitos do descarte.

### Recursos do solo

O *uso sustentável do solo* baseia-se no princípio de que o solo, particularmente quando virgem ou agrícola (não urbanizado), é um recurso precioso e finito, e sua ocupação por edificações deveria ser minimizada. Um planejamento efetivo é essencial para criar formas urbanas eficientes e minimizar a urbanização dispersa que leva à demasiada dependência de automóveis para o transporte, ao consumo excessivo de combustíveis fósseis e aos elevados níveis de poluição. Como outros recursos, o solo é reciclável e deve ser restaurado para o uso produtivo sempre que possível. A reciclagem de áreas degradadas, como zonas anteriormente industriais (terrenos descontaminados) e áreas urbanas decadentes (terrenos subutilizados), para o uso produtivo facilita a conservação de terrenos e promove a revitalização econômica e social de áreas danificadas.

### Energia e atmosfera (EA)

A conservação de energia é mais bem abordada mediante um projeto de edificação efetivo, que integra três enfoques gerais: (1) implementação total do projeto passivo, (2) projeto de vedações externas extremamente resistentes à condução, convecção e radiação e (3) emprego de recursos energéticos renováveis. O projeto passivo usa a geometria, a orientação e o volume do edifício para condicionar termicamente a edificação com sistemas naturais e climatológicos, como a *insolação* do terreno (ou radiação solar incidente), o efeito chaminé, os ventos dominantes, a topografia local, o microclima e o paisagismo. Considerando-se que os prédios dos Estados Unidos consomem 40% da energia doméstica primária,[11] o aumento da eficiência energética e o uso de fontes de energia renováveis podem diminuir consideravelmente as emissões de $CO_2$ e atenuar as mudanças climáticas.

## O problema da água

A disponibilidade da água potável é um fator condicionante para o desenvolvimento e a construção em muitas áreas do mundo. Na próspera região de Sun Belt e nas regiões do oeste dos Estados Unidos, as demandas por água ameaçam ultrapassar rapidamente o abastecimento natural, mesmo em condições normais e livres de seca.[12] A Califórnia está vivendo uma seca histórica que ameaça não somente a região agrícola mais produtiva do mundo, mas também a economia do estado e talvez do país. Alterações climáticas e padrões erráticos de tempo precipitados pelo aquecimento global ameaçam de forma extrema a disponibilidade do mais precioso recurso. Levando-se em conta que apenas uma pequena porção do ciclo hidrológico da Terra produz água potável, proteger os lençóis freáticos existentes e as reservas de água é cada vez mais crucial. Uma vez contaminada a água, é extremamente difícil, quando não impossível, recuperá-la. Técnicas de conservação da água incluem uso de aparelhos sanitários de baixa vazão, reciclagem, aproveitamento das águas pluviais e xerojardinagem, um método de paisagismo que utiliza plantas resistentes à seca e técnicas de conservação de recursos.[13] Estratégias inovadoras para o processamento de águas servidas e gestão de águas pluviais também são necessárias para abordar o ciclo completo hidrológico da edificação.

## Ecossistemas: o recurso esquecido

A edificação sustentável considera o papel e o potencial da interface dos ecossistemas em fornecer serviços de maneira sinérgica. A integração dos ecossistemas ao ambiente construído pode ter um importante papel no projeto consciente para o consumo de recursos. Tal integração pode substituir sistemas fabricados convencionalmente e tecnologias complexas no controle de cargas externas às edificações, no processamento de lixo, na absorção de águas pluviais, no cultivo de alimentos e na geração de beleza natural, algumas vezes chamada de *amenidade ambiental*. Por exemplo, o Lewis Center for Environmental Studies do Oberlin College, em Oberlin, Ohio, usa um sistema natural dentro do prédio, chamado de "Máquina Viva", para decompor o lixo dos usuários do edifício; o efluente, então, desemboca em um campo de despejo reconstruído (veja a Figura 1.6). O campo de despejo também funciona como um sistema de retenção pluvial, permitindo que as descargas de águas pluviais sejam armazenadas e, dessa forma, reduzindo os danos

**FIGURA 1.6** The Lewis Center for Environmental Studies do Oberlin College, em Oberlin, Ohio, foi projetado por uma equipe liderada por William McDonough, prestigiado arquiteto de edificações ecológicas, e que incluiu John Todd, desenvolvedor da Máquina Viva. Além do extraordinário projeto da estratégia hidrológica de edificação, o arranjo de painéis fotovoltaicos o torna um edifício autossuficiente em energia. (Fotografia por cortesia do Oberlin College)

causados pelas chuvas. O campo de despejo reconstruído também fornece *amenidade ambiental* na forma da fauna e flora nativas de Ohio.[14]

## FUNDAMENTOS DA EDIFICAÇÃO ECOLÓGICA DE ALTO DESEMPENHO

As edificações ecológicas de alto desempenho reúnem as melhores características dos métodos convencionais de construção às crescentes estratégias de alto desempenho. Estas edificações estão alcançando rápida penetração no mercado americano por três razões primárias:

1. *A edificação sustentável fornece uma resposta prática e ética às questões de impacto ambiental e consumo de recursos.* Premissas sustentáveis abrangem todo o ciclo de vida da edificação e seus componentes, desde a extração de materiais, descarte e fim de sua vida útil. As condições e os processos industriais são considerados, juntamente ao desempenho propriamente dito de seus produtos na edificação concluída. O projeto de edificação ecológica de alto desempenho se apoia em recursos renováveis para sistemas de energia; reciclagem e reúso de água e materiais; integração de espécies nativas e adaptadas para o tratamento paisagístico; ventilação, aquecimento e resfriamento passivos e outras estratégias para minimizar o impacto ambiental e o consumo de recursos.

2. *As edificações ecológicas quase sempre fazem sentido em termos econômicos e de custo do ciclo de vida, embora possam ser mais caras de forma geral ou pelos custos iniciais.* Sistemas sofisticados de iluminação que conservam energia e de condicionamento de ar com respostas excepcionais para ambientes interiores e exteriores custarão mais do que os equivalentes convencionais e compatíveis com códigos de obras. Sistemas de aproveitamento de águas pluviais que coletam e armazenam água para usos não potáveis exigirão componentes de filtração, assim como tubulações, bombas, controles e tanques de armazenamento adicionais. No entanto, a maioria dos principais sistemas de edificação ecológicos recupera o investimento original em um prazo relativamente curto. Com a elevação dos preços da energia e da água devido à crescente demanda e ao abastecimento cada vez menor, o período de retorno será reduzido (Kats, 2003).[15]

3. *O projeto sustentável reconhece o efeito potencial da edificação na saúde dos usuários, incluindo o período de sua operação.* Um relatório de 2012 da Global Indoor Health Network indica que, globalmente, cerca de 50% de todas as doenças são causados por poluição do ar interior.[16] Estima-se que os custos diretos e indiretos das doenças relacionadas a edificações, incluindo a perda de produção laboral, ultrapasse 150 bilhões de dólares por ano (Zabarsky, 2002). Métodos de edificação tradicionais prestam pouca atenção à *síndrome da edificação doente* e às diversas sensibilidades químicas até serem processados por ações judiciais. Em contraste, as edificações ecológicas são projetadas para promover a saúde dos usuários, ao incluírem medidas como proteção dos dutos durante a instalação para evitar a contaminação no período da construção, especificação de acabamentos com reduzidos ou nenhum composto orgânico volátil para prevenção de emissões de gases químicos potencialmente nocivos à saúde, dimensionamento mais preciso dos componentes de aquecimento e resfriamento para promover a desumidificação e, dessa forma, reduzir o mofo e uso de radiação ultravioleta para eliminar o mofo e as bactérias dos sistemas de ventilação.[17]

## DIRETRIZES ESTADUAIS E MUNICIPAIS PARA EDIFICAÇÕES DE ALTO DESEMPENHO

No início do movimento de edificações ecológicas, uma série de governos estaduais e municipais tomou a iniciativa de articular orientações para facilitar projetos de edificações de alto desempenho. O Green Government Council do Governo da Pensilvânia (GGGC) usou uma terminologia

**TABELA 1.2**

**A edificação ecológica segundo a definição do GGGC do Governo da Pensilvânia**

Um projeto criado via cooperação entre proprietários de edifícios, administradores prediais, usuários, projetistas e profissionais de edificação mediante a abordagem do trabalho colaborativo e em equipe.

Um projeto que integra as comunidades municipais e regionais em todos os estágios do processo, incluindo projeto, execução e ocupação.

Um projeto que conceitua um número de sistemas que, quando integrados, podem trazer eficiência à operação mecânica e ao desempenho humano.

Um projeto que considera os verdadeiros custos do impacto de uma edificação no ambiente local e regional.

Um projeto que considera os custos do ciclo de vida de um produto ou sistema. Esses são custos associados à fabricação, à operação, à manutenção e ao descarte.

Uma edificação que propicia oportunidades de interação com o ambiente natural e considera questões contextuais como clima, orientação e outras influências.

Uma edificação que utiliza recursos com eficiência e maximiza o uso de materiais de construção locais.

Um projeto que minimiza os resíduos da demolição e da construção e usa produtos que minimizam os resíduos em sua produção ou em seu descarte.

Uma edificação que é eficiente em eletricidade e recursos.

Uma edificação que pode ser facilmente reconfigurada e reutilizada.

Uma edificação com ambientes internos saudáveis.

Um projeto que usa tecnologias apropriadas, incluindo produtos e sistemas naturais e de baixa tecnologia, antes de aplicar soluções complexas ou de recursos intensivos.

Uma edificação que inclui operações ambientalmente seguras e de manutenção.

Um projeto que educa os ocupantes e usuários das edificações sobre suas filosofias, estratégias e controles incluídos no projeto, na execução e na manutenção.

*Fonte:* GGGC do Governo da Pensilvânia (1999)

mista, porém apropriada, em suas "Diretrizes para Criação de Edificações de Alto Desempenho". A extensa, porém didática, definição de edificação ecológica de alto desempenho (veja a Tabela 1.2) focava muito o envolvimento colaborativo de interessados, assim como as especificações físicas da edificação.

Orientações semelhantes foram fornecidas pelo Departamento de Projetos e Edificações da Cidade de Nova York em suas "Diretrizes de Edificações de Alto Desempenho", nas quais o produto final, a edificação, é raramente mencionado, e a ênfase é na grande colaboração dos participantes (veja a Tabela 1.3). As "High Performance Guidelines: Triangle Region Public Facilities", publicadas pelo Conselho dos Governos do Triângulo J na Carolina do Norte em 2001, focavam três princípios:

1. *Sustentabilidade*, que é um enfoque de longo prazo que equilibra a economia, a equidade e os impactos ambientais.
2. *Uma abordagem integrada*, que envolve uma equipe multidisciplinar desde o início do projeto para trabalhar colaborativamente ao longo do processo.
3. *Retorno e a coleta de dados*, que quantifica o imóvel finalizado e seu processo de criação e serve para gerar melhorias em projetos futuros.

Assim como outras diretrizes estaduais e municipais, as "Diretrizes para o Alto Desempenho" da Carolina do Norte enfatizaram a colaboração e o processo, em vez de apenas as características físicas da edificação concluída. Historicamente, os proprietários de edificações supunham serem naturalmente beneficiados por essa abordagem integrada. No entanto, na prática, a falta de coordenação entre projetistas e seus consultores frequentemente resultava em prédios difíceis de construir. Agora o movimento de edificação ecológica começa a enfatizar que a forte coordenação e colaboração são os verdadeiros fundamentos de uma edificação de alta qualidade. Essa filosofia promete influenciar toda a indústria da edificação e, por fim, aumentar a confiança nos profissionais de projeto e construção.

**TABELA 1.3**

**Metas para edificações de alto desempenho de acordo com o departamento de projeto e construção da cidade de Nova York**

Elevar as expectativas para o desempenho da instalação entre os vários envolvidos.

Garantir que as práticas de orçamento e execução resultem em investimentos que façam sentido econômica e ambientalmente.

Popularizar essas práticas aperfeiçoadas mediante (1) esforços abrangentes para projetos pilotos de edificações de alto desempenho e (2) uso gradual de estratégias individuais de alto desempenho em projetos de escopo limitado.

Criar parcerias no processo de projeto e execução em prol das metas ambientais e econômicas.

Economizar o dinheiro dos contribuintes mediante redução de gastos em energia e materiais, resíduos, descartes e contas de edifícios e instalações públicas.

Melhorar conforto, saúde e bem-estar dos usuários e visitantes de edifícios.

Projetar edificações com desempenho aperfeiçoado, que possam ser operadas e mantidas dentro dos limites dos recursos existentes.

Estimular a comercialização de produtos e tecnologias sustentáveis.

*Fonte:* Extraída de "High-Performance Building Guidelines" (1999)

## PROGRESSO E OBSTÁCULOS DA EDIFICAÇÃO ECOLÓGICA

Até recentemente considerado um movimento secundário, o conceito de edificação ecológica ganhou, no início do século XXI, aceitação no setor da construção e continua a influenciar o projeto, a execução, a operação, o empreendimento e o mercado imobiliário. O conhecimento detalhado das opções e dos procedimentos envolvidos na "edificação ecológica" tem valor indescritível para qualquer organização que preste ou contrate serviços de construção. O número de prédios comerciais registrados com o USGBC para uma certificação LEED cresceu de poucas unidades em 1999 para mais de seis mil registradas e certificadas no final de 2006. Em 2015, o número de edificações registradas aumentou para mais de 69 mil, sendo mais 27 mil certificadas. A área de edificações comerciais certificadas pelo LEED cresceu de algumas centenas de metros quadrados em 1999 para 375 milhões em 2015. Governos federais e estaduais, diversas cidades e universidades e um crescente número de proprietários do setor privado da construção declararam como padrão a procura por materiais e métodos sustentáveis ou ecológicos.

Apesar do sucesso do LEED e do movimento da edificação ecológica nos Estados Unidos em geral, há muitos desafios quando se trata da implantação de princípios sustentáveis dentro de um setor extremamente tradicional como da construção. Apesar da argumentação dos defensores de edificações ecológicas de que o pensamento sistêmico deve sustentar a fase de projeto da nova classe de edificações, os processos convencionais de projeto e construção são muito difíceis de serem alterados em larga escala. Impedimentos adicionais também podem se aplicar. Por exemplo, a maioria das jurisdições ainda não permite a substituição da infraestrutura de controle de água pluvial pelo uso de sistemas naturais. Sistemas de iluminação natural não eliminam a necessidade de um sistema inteiro de iluminação elétrica, uma vez que as edificações geralmente devem funcionar à noite. Aberturas com vidro especial de baixa emissividade, clarabóias, prateleiras de luz e outros acessórios elevam o custo do projeto. Controles que ajustam a iluminação para compensar as variações de iluminação natural disponível e sensores de presença que apagam ou acendem as luzes geram despesas e complexidades adicionais. Sistemas de captação de águas pluviais exigem tubulações à parte, reservatórios ou cisternas, controles, bombas e válvulas, gerando custos e complexidade.

Os materiais de edificação ecológicos custam, em geral, substancialmente mais do que os materiais utilizados normalmente. Um substituto ecológico para chapas de madeira compensada são as chapas de fibra de trigo compensadas, que podem custar até quatro vezes mais do que as primeiras. Os custos adicionais e associados ao cumprimento das normas e à certificação de edificações ecológicas geralmente exigem de proprietários e investidores um orçamento bem maior. O risco é que, durante o curso do gerenciamento da construção, quando os custos podem ser mantidos sob controle, a linha de itens sustentáveis seja a primeira a ser considerada "uma engenharia de valor" separada do projeto. Para evitar isso, é essencial que a equipe de projeto e o proprietário da edificação entendam claramente que metas e princípios de sustentabilidade são primordiais e que o custo do ciclo de vida deve ser o padrão aplicável ao avaliar o verdadeiro custo de um sistema, mesmo que este não garanta que certas medidas serão de melhor relação custo/benefício no curto ou longo prazo. Em lugares onde a água é artificialmente barata, sistemas que usam águas pluviais ou águas servidas são difíceis de serem justificados financeiramente, mesmo nas condições mais favoráveis. Finalmente, materiais não agressivos ao meio ambiente, porém mais caros, talvez jamais se paguem em termos de custo de ciclo de vida. Um resumo das tendências e barreiras para as edificações ecológicas é apresentado na Tabela 1.4. Este resumo foi gerado pelo Green Building Roundtable, um fórum organizado pelo USGBC para membros do Comitê do Senado Americano para Meio Ambiente e Obras Públicas em abril de 2002, e, em grande parte, ainda se aplica atualmente.

## TENDÊNCIAS DAS EDIFICAÇÕES SUSTENTÁVEIS DE ALTO DESEMPENHO

Apesar do movimento de edificações sustentáveis de alto desempenho ser relativamente novo, já houve grandes mudanças em relação ao aprendizado sobre os impactos dos prédios e seus efeitos na aceleração das mudanças climáticas. Há 15 anos, no início dessa revolução, o uso de *charrettes* era um conceito de certa forma recente, assim como o projeto integrado, o comissionamento (a terceirização de realização de testes de sistemas prediais), os sistemas de entrega de projeto/construção e o pagamento de honorários com base no desempenho do prédio. Todos esses temas sobre edificações ecológicas são, agora, corriqueiros, e profissionais da construção civil estão familiarizados com suas aplicações potenciais.

**TABELA 1.4**

**Tendências e barreiras para as edificações ecológicas nos Estados Unidos**

**Tendências**

1. Rápida penetração do sistema de certificação de edificações sustentáveis e crescimento no número de membros do USGBC
2. Forte liderança federal
3. Incentivos públicos e privados
4. Expansão de programas estaduais e municipais de edificações ecológicas
5. Profissionais da indústria agindo para educar os membros e integrar melhores práticas
6. Corporações norte-americanas capitalizando benefícios de edificações ecológicas
7. Avanços na tecnologia de edificações ecológicas

**Barreiras**

1. Falta de incentivos financeiros
    a. Falta de análise e uso do custo do ciclo de vida
    b. Custos iniciais perceptivelmente elevados
    c. Separação no orçamento entre custos de capital e operacionais
    d. Sustentabilidade e segurança percebidos como onerosos
    e. Financiamento inadequado para instalações de escolas públicas
2. Pesquisas insuficientes
    a. Financiamento insuficiente das pesquisas
    b. Pesquisas insuficientes sobre ambientes internos, produtividade e saúde
    c. Múltiplas jurisdições de pesquisa

*Fonte:* Adaptada de USGBC. 2003. *Building Momentum: National Trends and Prospects for High-Performance Green Buildings.* Disponível em www.usgbc.org/Docs/Resources/ 043003_hpgb_whitepaper.pdf.

Muita coisa mudou em um curto período. Desde 2008, os preços da eletricidade estão erráticos. O fraturamento hidráulico produziu um rápido crescimento nas reservas de petróleo e gás nos Estados Unidos. O resultado foi a queda igualmente acelerada nas tarifas de eletricidade, o que vem causando devastação nos mercados de energia renovável, a qual recém havia se tornado competitiva em relação à energia à base de combustíveis fósseis quando a tendência pela redução das reservas destes foi repentinamente invertida. Entretanto, no longo prazo, o problema ambiental mais significativo de nossa época, as mudanças climáticas, apenas será agravado pela energia barata. Dentro de várias décadas, o mundo enfrentará novamente os altos preços da eletricidade, além dos enormes e generalizados impactos nas mudanças climáticas. Essa é uma questão crítica para a edificação ecológica, assim como a tendência de edificações que produzem toda a energia que usam e que têm emissões líquidas de carbono zero, as quais se baseiam, respectivamente, em desempenho de energia elevado ou extremamente elevado. Outra grande mudança é a exigência de mais atenção à transparência para os produtos que constituem o ambiente construído. Uma ampla gama de novas ferramentas foi disponibilizada, como declarações de produto ambiental e/ou sobre os impactos à saúde de um produto, análises de risco e normas de múltiplos atributos. Estes são mais indicativos da amplitude da influência do movimento de edificações ecológicas nas atividades convencionais dos fabricantes e fornecedores de produtos para os ambientes construídos.

Novas tecnologias, como sistemas fotovoltaicos de alta eficiência e a modelagem de informações sobre a edificação (BIM), estão influenciando as estratégias das atividades de projeto e colaboração. Há crescentes evidências de que as mudanças climáticas estão ocorrendo muito mais rapidamente do que previam os modelos mais pessimistas. Algumas ideias fundamentais acerca da certificação de edificações mudaram, e há um ímpeto significativo em integrar a análise do ciclo de vida ainda mais profundamente à avaliação do projeto. Os impactos da localização da edificação estão sendo considerados desde que se revelou que a eletricidade e o carbono associados ao transporte já têm quase os níveis resultantes da execução e operação do ambiente construído. As próximas seções abordam mais detalhadamente essas tendências emergentes e apresentam algumas ideias sobre como elas estão afetando as edificações sustentáveis de alto desempenho.

## Transparência

O termo *transparência*, quando associado ao movimento da edificação ecológica, baseia-se na abertura de informações sobre (1) o desempenho energético e de água da edificação e (2) os impactos dos materiais e produtos que a compõem. A transparência quanto aos produtos de construção exige que os fabricantes revelem as matérias-primas dos produtos para que as equipes de projeto tenham informações se há riscos de toxicidade com os produtos químicos que os compõem. Organizações sem fins lucrativos e associações de diferentes setores econômicos estão criando diversas ferramentas para atender à demanda por esse movimento relativamente recente. A tendência em direção à transparência de produto e à transparência total é parte de uma tendência maior em sustentabilidade corporativa na qual grandes companhias, como Walmart e Target, estão exigindo que seus fornecedores revelem os componentes e eliminem gradualmente em seus produtos determinados componentes químicos com os quais devamos nos preocupar. As declarações de produto saudável, que se tornaram ferramentas relativamente populares em 2012, são uma estratégia para atender à demanda por transparência. Esses certificados relatam os materiais ou ingredientes contidos em um componente de edificação e os efeitos à saúde associados a ele. O conteúdo e formato desses relatórios são administrados pelo Healthy Product Declaration Open Standard™. As declarações de produto saudável possuem um formato normatizado que permite aos usuários se familiarizem com a localização das informações dos elementos-chave. Esse é um sistema voluntário e que pode ser usado por fabricantes para informar sobre os componentes do produto julgados úteis para o mercado. O sistema é projetado para ser flexível e permitir que fabricantes abordem questões de propriedade intelectual ou problemas de comunicação na rede de suprimento, caracterizando o nível de transparência que podem alcançar. Em suma, as declarações de produto saudável não obrigam o fabricante a revelar informações patenteadas ou de comércio competitivo.

Uma ferramenta complementar relacionada à transparência é a declaração de produto ambiental (EPD). Enquanto as declarações de produto saudável são projetadas para revelar os impactos na saúde humana, as declarações de produto ambiental (EPDs) fornecem informações detalhadas sobre os impactos ambientais dos produtos. As EPDs são avaliações do ciclo de vida feitas por terceiros e utilizam uma metodologia descrita por normas internacionais, como a ISO 14025. Assim como as declarações de produto saudável, as EPDs têm um formato padronizado que as tornam fáceis de serem utilizadas por equipes de projeto e outros envolvidos. Alguns dos impactos relatados pelas declarações de produto ambiental (EPD) incluem o potencial de aquecimento global e de destruição de ozônio e a eutroficação. Apesar de tais ferramentas fornecerem grandes quantidades de informações sobre os produtos, sua real utilidade ainda está sendo debatida. A essência do debate refere-se à utilização para definição de quais produtos são melhores do ponto de vista ambiental e da saúde e se as equipes de projeto têm conhecimento e recursos para utilizar corretamente essas ferramentas. As declarações de produto saudável geralmente são categorizadas como *ferramentas de risco* por adotarem uma lista de produtos tóxicos para analisar produtos químicos quanto a possíveis problemas. Uma alternativa aos métodos nocivos são os RBAs; tais avaliações incluem na norma de análise abordagens toxicológicas envolvendo cenários doses e níveis de exposição.

Outro tipo de transparência que está surgindo rapidamente são as informações sobre o desempenho da edificação. Nos Estados Unidos, grandes cidades estão liderando os esforços para tornar públicos os dados sobre o consumo energético e de água das edificações. De forma geral, essas cidades exigem não apenas a revelação dos dados de desempenho, mas também esforços para reduzir o consumo energético. No Dia da Terra de 2009, o prefeito de Nova York Michael Bloomberg anunciou o plano Greener, Greater Buildings Plan (GGBP) da cidade, que exige o uso de *benchmarks* e a disponibilização pública dos dados sobre o desempenho energético e o consumo de água das edificações, auditorias energéticas periódicas e conferências do desempenho dos prédios conhecidas como *retrocomissionamentos*, melhorias na iluminação; uso de medidores individuais nas grandes unidades de um imóvel e melhorias no código de energia das edificações daquela cidade. Oitenta por cento da pegada de carbono da cidade de Nova York estão espontaneamente ligados às operações dos prédios, e o GGBP foi elaborado para reduzir as emissões de gases de efeito estufa da cidade em 30% até 2030.

Em abril de 2015, a cidade de Atlanta, na Geórgia, tornou-se a primeira cidade sulista dos Estados Unidos a aprovar uma lei exigindo e relatando os dados de consumo energético nas edificações comerciais da cidade. Em Atlanta, a meta é uma redução de 20% no consumo energético de edificações comerciais, a criação anual de mais de mil empregos nos primeiros anos e o corte pela metade, até 2030, das emissões de carbono em relação aos níveis de 2013. A Atlanta Commercial Buildings Energy Efficiency Ordinance também encoraja auditorias de energia periódicas e melhorias para as funções e os equipamentos existentes na edificação (por exemplo, retrocomissionamento).

Uma discussão mais extensa sobre a transparência dos produtos de construção pode ser encontrada no Capítulo 11; ideias adicionais sobre relatórios energéticos estão incluídas no Capítulo 9.

## Responsabilização pelo carbono

De acordo com quase todos os estudos e relatórios, as mudanças climáticas parecem estar acelerando e se alinhando com os piores cenários imaginados pelos cientistas. Um evento imprevisto que está aumentando rapidamente os níveis de $CO_2$ atmosférico, a principal causa das mudanças climáticas, são as secas, que acarretam, dentre outros, a morte de árvores das florestas tropicais. Pesquisadores calculam que milhões de árvores morreram em 2010 na Amazônia devido ao que vem sendo chamado de a seca "a cada 100 anos". O resultado é que a Amazônia está absorvendo muito menos $CO_2$ da atmosfera, e as árvores mortas estão lançando todo o carbono que acumularam por 300 ou mais anos. A seca generalizada de 2010 seguiu uma estiagem semelhante em 2005 (outra seca "a cada 100 anos"), que, por si só, lançou cinco bilhões de toneladas adicionais de $CO_2$ na atmosfera (veja Lewis *et al.*, 2011). Em comparação, os Estados Unidos, o segundo maior produtor de $CO_2$ do mundo, ficando atrás apenas da China, emitiu 5,4 bilhões de toneladas de $CO_2$ pelo uso de combustíveis fósseis em 2009. As duas secas adicionaram uma estimativa de 13 bilhões de toneladas ao carbono atmosférico e provavelmente aceleraram o aquecimento global.

No último grande relatório feito pelo IPCC, Painel Intergovernamental Sobre Mudanças Climáticas, em 2007, as elevações do nível dos mares estimadas eram de apenas 18 a 45 centímetros até 2100. Contudo, apenas quatro anos depois, em 2011, um estudo apresentado pelo Programa Internacional de Monitoramento e Avaliação do Ártico descobriu que os ciclos de retroalimentação já estão acelerando o aquecimento nas regiões próximas ao polo norte, o que fará aumentar rapidamente o índice de derretimento das geleiras. Como resultado, o painel agora estima que os níveis do mar podem aumentar mais de 1,7 m até o final do século. A única conclusão possível por meio da observação dos vários ciclos de retroalimentação positiva influenciando as mudanças climáticas é que todos os indicadores apontam para uma taxa de mudança muito mais alta do que a prevista.

O resultado dessas mudanças alarmantes é que os lançamentos de $CO_2$ na atmosfera estão se tornando uma questão cada vez mais séria. Governos ao redor do mundo estão fazendo planos para reduzir as emissões de carbono, que envolvem o monitoramento ou a responsabilização por carbono, visando a limitá-las. O ambiente construído, com grandes quantidades da *energia incorporada*[18] e associada à operação e ao transporte, é um alvo perfeito para o controle das emissões globais de carbono. É provável que projetos que demonstrem reduções significativas no total de emissões de carbono sejam muito mais bem recebidos que aqueles com pegada de carbono relativamente alta, que podem, em tese, ser banidos. Conceitos novos, *como edificações de baixo carbono, neutras em carbono* ou *carbono zero*, estão surgindo, em um esforço para começar a lidar com as grandes quantidades de emissões de carbono associadas ao ambiente construído. Cerca de 40% de todas as emissões de carbono estão associados à execução e operação de edificações, e é provável que outros 20% possam ser atribuídos ao transporte. Talvez em nenhum lugar do mundo haja mais interesse e progresso em edificações de baixo carbono do que no Reino Unido. A Carbon Trust foi fundada pelo governo como uma organização sem fins lucrativos para assumir o estímulo de propostas para a emissão de carbono, contribuindo para atingir as metas de emissão do Reino Unido, desenvolver negócios com baixas emissões e aumentar a segurança energética e os empregos relacionados visando a uma economia competitiva de baixo consumo de carbono. Podemos esperar que o controle nas emissões de carbono e outras medidas para atenuar seus impactos torne uma característica ainda mais proeminente de edificações ecológicas de alto desempenho. O Capítulo 12 fornece detalhes sobre como contabilizar a pegada de carbono no ambiente construído.

### Edificações autossuficientes em energia

No início dos anos 1990, William McDonough, conhecido pensador e arquiteto das edificações ecológicas, sugeriu que os prédios deveriam, entre outros atributos, "viver de energia solar". Hoje, o que parecia uma previsão ousada está se tornando realidade por conta da combinação entre edificações de alto desempenho e alta eficiência e tecnologias de energia renovável e de baixo custo, que estão possibilitando edificações que, de fato, precisam apenas de energia solar. Essas são comumente conhecidas como edificações autossuficientes em energia. Em geral, são prédios conectados à rede pública que exportam o excesso de energia produzido durante o dia e importam energia à noite, havendo assim um equilíbrio energético ao longo do ano. Como resultado, edificações autossuficientes em energia não têm gastos com energia ao final de um ano, com o bônus de serem consideradas neutras em carbono em termos de sua energia operacional.

Um excelente exemplo de edificação autossuficiente em energia é o Centro de Pesquisas (RSF), projetado e construído para o National Renewable Energy Laboratory (NREL) em Golden, Colorado. O RSF, concluído em 2011, é um prédio de quatro pavimentos e 20.450 m² com sistema fotovoltaico *in loco*. É interessante notar que um estudo de 2007 da NREL concluiu que edificações de um pavimento podem se tornar autossuficientes em energia se apenas a cobertura da edificação for utilizada para o sistema fotovoltaico, sendo extremamente difícil edificações de dois pavimentos atingirem essa meta (Griffith *et al.*, 2007). É evidente que muito foi aprendido em pouco tempo pelo fato de o RSF possuir quatro pavimentos, duas vezes o limite sugerido pela pesquisa da própria NREL. A Intensidade do Uso Energético (EUI) do RSF é de apenas 101 kWh/m²/ano, tornando-a uma edificação com baixíssimo consumo de energia, com potencial para gerar energia fotovoltaica suficiente para atender às suas necessidades energéticas anuais (veja a Figura 1.7A-D). As lajes de piso relativamente estreitas do prédio, de somente 19,4 m de largura, possibilitam iluminação e ventilação natural para seus 800 usuários, e 100% dos postos de trabalhos são iluminados. A orientação e a geometria do prédio minimizam a necessidade de aberturas envidraçadas a leste e oeste. Vidraças norte e sul têm dimensionamento e sombreamento ideais para fornecer iluminação natural enquanto minimizam perdas e ganhos térmicos. O edifício utiliza janelas com caixilhos móveis e vidros triplos e persianas conforme cada orientação solar. As janelas de abrir podem ser manuseadas pelos usuários para fornecer ventilação e resfriamento natural ao prédio. Janelas eletrocrômicas, que podem ser escurecidas usando uma pequena quantidade de corrente elétrica, são utilizadas no lado oeste da edificação para controlar

**FIGURA 1.7** (A) O Centro de Pesquisas do NREL em Golden, Colorado, é uma edificação com consumo líquido zero de energia de quatro pavimentos que combina um projeto de baixa energia incorporada com células fotovoltaicas de alta eficiência para produzir toda a eletricidade necessária durante um ano. (*Fonte*: National Renewable Energy Laboratory – NREL)

**FIGURA 1.7** (B) Vista térrea da entrada de ar da edificação que conduz o ar exterior ao labirinto de massa termoacumuladora no piso técnico do Centro de Pesquisas do NREL. (*Fonte*: National Renewable Energy Laboratory – NREL)

**FIGURA 1.7** (C) O sistema de iluminação natural do Centro de Pesquisa do NREL foi projetado utilizando simulação extensiva. Recursos de proteção solar foram cuidadosamente colocados no exterior e interior para administrar tanto a luz solar direta quanto a indireta, distribuindo-a igualmente para criar um ambiente de trabalho claro e agradável. (*Fonte*: National Renewable Energy Laboratory – NREL)

**FIGURA 1.7** (D) A fenestração do Centro de Pesquisas NREL foi projetada para fornecer excelente luz solar enquanto controla o ganho térmico solar e o ofuscamento indesejados por meio do uso de recursos de proteção solar, janelas recuadas e vidros eletrocrômicos. As janelas móveis permitem que os usuários controlem seus níveis de confortos e obtenham ar fresco. (*Fonte*: National Renewable Energy Laboratory – NREL)

o ofuscamento e os ganhos térmicos. O RSF tem aproximadamente 67 quilômetros de tubulações radiantes embutidas em todos os andares do edifício para fornecer água para o resfriamento e aquecimento radiantes à maioria dos espaços de trabalho. Esse sistema radiante fornece condicionamento térmico com uma fração dos custos de energia dos sistemas de ar forçado empregados na maioria dos edifícios de escritórios. Um labirinto de massa termoacumuladora embaixo do RSF armazena calor e frio em sua estrutura de concreto e é integrado ao sistema de recuperação energética do edifício. O ar externo é aquecido por um sistema coletor solar localizado na fachada do edifício. Aproximadamente 1,6 MV de células fotovoltaicas do próprio local está sendo instalado e dedicado ao uso do RSF. A energia fotovoltaica da cobertura será adquirida por meio de um contrato de compra de eletricidade, e a energia fotovoltaica de estacionamentos adjacentes será adquirida pelos edifícios mediante contrato com serviços públicos locais. O RSF foi certificado com o nível platina do LEED em reconhecimento ao sucesso de seu projeto integrado e da abordagem holística de sua equipe de projeto.

Neste momento, a implementação da autossuficiência em energia é uma política nacional, e o Departamento de Energia dos Estados Unidos possui programas que visam a que todos os novos edifícios tenham consumo líquido zero de energia em 2050. Em algumas cidades, como Austin, Texas, há a exigência de que todas as novas residências sejam autossuficientes até 2015. O selo de energia do ASHRAE, conhecido como Energy Quotient, reserva sua classificação mais alta para edificações autossuficientes em energia. Essa nova e importante tendência parece ser muito forte e deverá influenciar a evolução da edificação ecológica.

## Building Information Modeling (BIM)

O surgimento do BIM como uma ferramenta de projeto e visualização é uma importante tendência no setor da construção. Esse modelo tridimensional fornece aos proprietários uma representação muito melhor de seus projetos, aprimora a qualidade tanto do projeto quando da execução e torna esse último processo mais rápido. O BIM viabiliza e facilita o manejo de projetos complexos com muitas exigências de informação. Um dos atributos dos projetos de edificação ecológica de alto desempenho é sua dependência em modelos e exigências de especificação adicionais e a necessidade de acompanhar diversos aspectos do processo de execução, como a gestão de lixo, a proteção da qualidade do ar interior durante a execução e o controle de erosão e sedimentação. Além disso, as quantidades de materiais reciclados, as emissões de materiais e outros dados devem ser coletados para a certificação de edificação ecológica. O BIM aceita *plug-ins* que podem modelar a eletricidade, simular a iluminação natural e fornecer uma plataforma para os dados exigidos pelas entidades de certificação. Um *software* de BIM torna relativamente fácil selecionar o terreno ideal e projetar a orientação para otimizar a geração de energia renovável e iluminação natural e reduzir o consumo energético. O BIM é uma ferramenta importante e potencialmente poderosa que pode estimular a adoção de edificações ecológicas com custos mais baixos. Apesar de ser não imprescindível para a certificação de um prédio ecológico, facilita e desonera o processo ao fornecer uma matriz única de informações.

## Análise do ciclo de vida

Embora seja um conceito maduro, a análise do ciclo de vida está crescendo em importância ao permitir a quantificação dos impactos ambientais gerados pelas decisões de projeto e que afetam toda a sua vida útil. No passado, a análise do ciclo de vida era usada para comparar os produtos e os conjuntos de componentes de uma edificação, o que fornece alguma indicação sobre como melhorar a tomada de decisões, mas não fornece informações sobre os efeitos resultantes no longo prazo da execução do projeto. Com o surgimento do sistema alemão de certificação DGNB, o desempenho ambiental de toda a edificação – incluindo materiais, execução, operação, descarte e impactos de transporte – pode ser quantificado e comparado a linhas de base que vêm sendo compiladas para permitir essas comparações. Os projetistas podem rapidamente acessar uma grande variedade de sistemas, materiais e terrenos e compará-los às normas para o tipo de edificação que está sendo considerado. Por exemplo, os potenciais de aquecimento global e esgotamento de ozônio para várias alternativas por unidade de área de edificação podem ser comparados para encontrar o resultado que seja menos nocivo. O sistema australiano de certificação Green Star considera a energia não em unidades energéticas, mas em $CO_2$ equivalentes para focar o impacto às mudanças climáticas. A análise do ciclo de vida permite às equipes de projeto avaliar rapidamente as estratégias de energia para identificar uma que melhore as linhas de base estabelecidas para o carbono ou outros parâmetros. Na América do Norte, a análise do custo de vida é exigida até certo ponto no sistema de certificação Green Globes, sendo parte do ANSI/GBI 01-2016, o Protocolo de Análise de Edificação Sustentável para Edificações Comerciais, uma norma baseada neste sistema de certificação e promulgada pelo ANSI e pelo GBI. A análise do custo de vida também foi incluída como um crédito piloto no sistema LEED e aparece na versão 3.0. O estado da Califórnia também incluiu a análise do custo de vida como uma medida voluntária em sua versão de 2007 do Código de Normas para Edificações Ecológicas. No futuro, enquanto os governos lutarem para lidar com as reduções das emissões de gases do efeito estufa porque os efeitos das mudanças climáticas estarão causando problemas econômicos e deslocamentos sociais, é provável que a análise do custo de vida se torne um item obrigatório na avaliação de projetos de edificação.

## ORGANIZAÇÃO DO LIVRO

Este livro descreve o sistema de entrega de edificações de alto desempenho, um sistema que está crescendo rapidamente e satisfaz aos proprietários ao abordar considerações de sustentabilidade sobre economia, meio ambiente e impacto social, do projeto até o fim do ciclo de vida da edificação. Um sistema de entrega de edificação é o processo utilizado por proprietários de edifícios para assegurar que as construções estejam sendo projetadas, executadas e entregues para operação de maneira econômica e conforme suas necessidades específicas. Este livro examina o projeto e a execução de edificações ecológicas de última geração nos Estados Unidos, considerando suas tradições de projeto e construção, seus produtos, serviços, códigos de edificação, entre outros. As melhores práticas, tecnologias e abordagens de outros países são usadas para ilustrar técnicas alternativas. Apesar de inicialmente pensadas para o público norte-americano, as abordagens gerais descritas podem ser aplicadas para a maioria dos esforços de edificação sustentável no mundo todo.

Muito mais do que os sistemas convencionais de entrega de edificação, os sistemas de entrega de edificações ecológicas de alto desempenho exigem colaboração mútua entre proprietários de edifícios, investidores, arquitetos, engenheiros, administradores prediais, elaboradores de códigos para edificações, bancos e corretores de imóveis. Novos sistemas de certificação com exigências particulares devem ser considerados. Este livro foca principalmente soluções práticas para os desafios logísticos e regulatórios que se apresentam na implementação de princípios da edificação sustentável, investigando experiências prévias e a teoria. O programa de certificação do USGBC é tratado em detalhes. Outras normas alternativas ou complementares, como o sistema de certificação Green Globes do GBI, o programa Energy Star do governo federal norte-americano e o programa de certificação de edificações do Reino Unido, o BREEAM, são discutidos. A análise econômica e a aplicação da análise do custo de ciclo de vida, que proporcionam uma avaliação mais abrangente dos benefícios econômicos da edificação ecológica, também são consideradas.

Após a Introdução, o livro está organizado em quatro partes, cada uma descrevendo um aspecto desse crescente sistema de entrega de edificações. A Parte I, Fundamentos de Edificações Sustentáveis, aborda as origens e a história das edificações sustentáveis, os conceitos básicos, os princípios éticos e o projeto ecológico. A Parte II, Avaliação e Certificação de Edificações Sustentáveis de Alto Desempenho, aborda a importante questão da avaliação e certificação de edificações ecológicas, com ênfase nos dois grandes sistemas de certificação norte-americanos, o LEED e o Golden Globes. A Parte III, O Projeto de Edificações Sustentáveis, examina detalhadamente muitos subsistemas importantes dos edifícios ecológicos: implantação e tratamento paisagístico, energia e atmosfera, responsabilização pelo carbono, ciclo hidrológico do edifício, seleção de materiais e qualidade do ambiente interior. A Parte IV, Implementação do Projeto da Edificação Sustentável, aborda as pautas das operações de execução, terceirização da testagem dos sistemas prediais (comissionamento), questões econômicas e futuros rumos da edificação sustentável. Complementando esse conteúdo, são fornecidos um guia de consulta rápida do LEED 3.0, uma tabela de conversão de unidades e um glossário ao final do livro. No site grupoa.com.br constam informações referentes aos sistemas de certificação SITES e WELL (em inglês).

## ESTUDO DE CASO

### A TORRE PERTAMINA ENERGY: PIONEIRA NO PROJETO DE ARRANHA-CÉUS

É provável que a população mundial cresça dos sete bilhões atuais para nove bilhões até 2050, com aproximadamente 70% da população vivendo em cidades. Áreas urbanas densamente populosas são a antítese do pós-Segunda Guerra, que foi marcado pela dispersão suburbana e migração para fora das cidades que dominaram o planejamento urbano por mais de 60 anos. Atualmente, a economia e as mudanças nas atitudes das pessoas relacionadas ao estilo de vida ditam um retorno para as metrópoles ao redor do mundo. Para atender à demanda por ambientes construídos, ecossistemas inteiros de arranha-céus estão surgindo nas áreas urbanas mais dinâmicas do mundo e contribuindo para o surgimento de uma nova forma urbana comumente chamada de cidade vertical. A tendência de construir mais cidades verticais é determinada pelo crescimento da população global, da urbanização e da economia. Antony Wood, o diretor executivo do Council on Tall Buildings and Urban Habitat (CTBUH), uma organização sem fins lucrativos que acompanha os arranha-céus, chama isso de **urbanismo vertical sustentável**. Em nenhum lugar do mundo essa tendência a urbanismo vertical é maior do que na China, que possui um terço dos maiores edifícios, com mais de 150 m, do mundo. Até 2020, a China exibirá seis dos dez maiores edifícios do mundo. Em 2014, a China dominou o crescimento de arranha-céus, com 58 de 97 prédios concluídos em cidades chinesas. Em seu livro, *Vertical City: A Solution for Sustainable Living*, os arquitetos Kenneth King e Kellogg Wong descrevem um futuro no qual as cidades tornam-se uma complexa matriz de arranha-céus, infraestruturas e serviços que incluem tudo que é necessário para uma qualidade mais elevada de vida. Espaços para parques, estádios esportivos, bibliotecas, teatros, restaurantes, *shoppings* e até mesmo hospitais são incluídos, juntamente a escritórios e espaços de trabalho para empresas.

A chave para a cidade vertical é o arranha-céu, e seu projeto está sendo transformado por arquitetos e empreendedores extremamente criativos que estão ajudando a impulsionar a mudança para um ambiente construído mais alto e denso. A velocidade de execução, os objetivos e a abordagem de construção de arranha-céus estão mudando e evoluindo rapidamente. Imediatamente após os ataques de 11 de setembro na cidade de Nova York em 2001, muitos especialistas previram que os arranha-céus típicos se tornariam obsoletos por serem, obviamente, alvos para terroristas. No entanto, no período desde os eventos de 2001, tem havido um crescimento significativo no ritmo de construções de arranha-céus e uma corrida para projetar e executar edifícios ainda mais altos. Entre 1930 e 2001, a altura máxima dos arranha-céus era 74 m. Contudo, desde 2001, devido ao desenvolvimento de novos materiais, sistemas estruturais e ferramentas de projetos, a altura máxima passou para 398 m, e surgiu uma nova categoria de arranha-céus, *o arranha céu superalto*, uma classificação para edifícios com altura superior a 300 m.

Antes da metade dos anos 1990, os arranha-céus eram projetados para sediar escritórios. Todavia, os arranha-céus desde então têm muitos hotéis, condomínios, *shoppings*, restaurantes, teatros e outros elementos de um típico centro de cidade, mas organizados verticalmente. O projeto de arranha-céus está mudando gradualmente para enfatizar as relações das edificações com as pessoas e o ambiente. Em vez de ter cada metro quadrado de sua área comercializado, um significativo espaço está sendo reservado para a criação de uma experiência positiva para os usuários, tanto em termos de espaços ecologicamente sustentáveis quanto de iluminação natural extensiva. Os arranha-céus aprimoram a experiência de viver e trabalhar na cidade e frequentemente contêm escritórios e apartamentos somados às atrações encontradas em diversas quadras típicas de uma metrópole. Em 2000, apenas cinco dos 20 edifícios mais altos do mundo eram de uso misto. Até 2020, todos os mais altos, *com a exceção* de cinco, serão de uso misto. Fica evidente que os arquitetos estão respondendo à demanda por verticalidade ao criar formas novas e poderosas, gigantes em escala, que chamam atenção pela mudança no perfil das maiores cidades do mundo. Torres que antes eram edifícios pesados e repetitivos estão se tornando muito mais diversas, integradas e conectadas.

Os projetistas de arranha-céus encaram grandes desafios; dentre eles estão as enormes forças resultantes dos gigantescos volumes dos materiais utilizados, que aumentam significativamente com a altura. Entretanto, avanços nos materiais, como concreto e aço extremamente resistentes e ferramentas de projetos mais precisas e associadas a computadores mais rápidos, estão resultando em edificações muito mais leves que suas antecessoras. Por exemplo, o maior edifício do mundo atualmente, o Burj Khalifa em Dubai, nos Emirados Árabes Unidos, que possui mais de 828 m de altura, pesa a metade do Empire State Building, de 381 m. Os novos arranha-céus geralmente incluem concreto de altíssima resistência à compressão que contém microfibras leves em vez de armadura de aço, reduzindo consideravelmente o peso. As estruturas de concreto também podem ser mais esbeltas. Ao contrário do aço, o concreto não exige proteção contra incêndio. Projetar para resistir às forças dos ventos também pode ser um grande desafio, porque ventos acima de 323 m em relação ao nível do solo podem alcançar a velocidade de 160 km/h, criando forças complexas, como emissões de vórtices, que puxam as estruturas para direções aleatórias. A enorme potência dos computadores e os modelos estruturais aperfeiçoados atuais eliminaram a necessidade dos engenheiros de projetar edificações com grandes fatores de segurança, porque conseguem modelar com precisão as forças externas e o comportamento dos materiais. Serviços de impressão tridimensional também contribuíram para a habilidade dos engenheiros de testar rapidamente uma ampla gama de configurações estruturais em túneis aerodinâmicos especializados e determinar a melhor abordagem de minimização das cargas de vento. O resultado disso é a otimização da quantidade de materiais necessários para sustentar um arranha-céu.

Paralela ao crescimento em arranha-céus há uma mudança acelerada nos projetos de arranha-céus de alto desempenho ou ecologicamente sustentáveis. Em 2015, o USGBC anunciou que havia um recorde de cinco arranha-céus icônicos sendo projetados ao redor do mundo para certificação com o sistema LEED. O resultado é que muitas das funcionalidades encontradas em edificações ecológicas menores, como altos níveis de eficiência no consumo de energia, baixos resíduos durante a execução, luz natural abundante, neutralidade em carbono e mesmo autossuficiência energética, estavam sendo empregadas em arranha-céus. Talvez o mais importante dos novos arranha-céus projetados pelas melhores firmas de arquitetura do mundo seja a Torre Pertamina Energy, em Jacarta, na Indonésia, pelo escritório SOM, Skidmore, Owings & Merril, considerado uma das melhores equipes de projeto da categoria de edificações superaltas. Uma edificação de 99 pavimentos e 530 m, a Torre Pertamina Energy oferece uma base para o projeto de edificações sustentáveis de alto desempenho (veja a Figura 1.8). Como resultado de sua experiência única com arranha-céus e, em particular, com arranha-céus sustentáveis, o escritório SOM desenvolveu um modelo bem pensado para o projeto de arranha-céus de alto desempenho, que o escritório testou em uma variedade de projetos. Entre os projetos que contribuíram para a evolução da estratégia do SOM está a Torre Pearl River em Guangzhou, na China, um edifício de 72 pavimentos e 309 m concluído em 2011. A edificação de 213.700 mil m² auxiliou no avanço do "estado da arte" para projetos sustentáveis ao incorporar e testar as últimas tecnologias ecologicamente sustentáveis e os progressos da engenharia. Seu formato *sui generis* direciona os ventos para um par de aberturas em seus pavimentos técnicos, onde os ventos dominantes acionam turbinas eólicas verticais que geram energia para o edifício. Outros elementos sustentáveis incluem painéis fotovoltaicos, fachada ventilada, sistema de tetos resfriados, ventilação sob o piso e aproveitamento da iluminação natural. As muitas lições aprendidas em seu projeto e execução ajudaram o escritório SOM a refinar seu processo de projetos de arranha-céus sustentáveis, aplicando a experiência adquirida na Torre Pearl River e em outros projetos sustentáveis, como na Torre Pertamina Energy, que foi projetada com foco em alto desempenho e sustentabilidade. Essa torre é o primeiro arranha-céu que gera mais energia do que consome – ou seja, as fontes de conversão de energia renovável *in loco* fornecem mais de 100% da energia necessária para operar o edifício. Na verdade, essa edificação foi projetada com energia sendo o critério central para medir o sucesso de seu desempenho. Como resultado, o sistema autônomo de energia renovável da Torre Pertamina Energy excede em aproximadamente 6% seu consumo de energia anual. Esse desempenho

**FIGURA 1.8** Representação da Torre Pertamina Energy, a primeira edificação do mundo que gera mais energia do que consome e é uma edificação exemplar de alto desempenho. (*Fonte*: SMILODON)

marcante foi atingido ao se reduzir a demanda energética mediante combinação de estratégias ativas e passivas. As estratégias de projeto passivas incluem uma fachada de alto desempenho que permite a entrada de luz natural enquanto simultaneamente minimiza as cargas de resfriamento mediante vidraças otimizadas e brises especialmente projetados. A iluminação natural é importante, não apenas para a redução do consumo de energia, mas também por seus benefícios positivos para a saúde humana. As estratégias passivas incluem um sistema de ventilação e condicionamento de ar e luminárias com LEDs, ambos de alta eficiência, sensores de presença que dimerizam ou apagam luminárias automaticamente, um sistema de ventilação controlada pela demanda que oferece a quantidade exata de ar fresco exterior para atender às necessidades dos usuários, um sistema regenerativo que recupera energia durante o ciclo de frenagem dos elevadores e rodas de entalpia duplas nas unidades de manejo do ar que recuperam a energia residual dos demais locais.

A equipe de projeto utilizou um processo de cinco etapas para projetar a Torre Pertamina Energy. A Etapa 1 foi projetar um edifício convencional para servir de base para testar ideias e hipóteses. A Etapa 2 foi integrar estratégias passivas para reduzir a demanda de energia do projeto. A Etapa 3 focou medidas para aumentar a eficiência e reduzir a demanda de energia mediante a integração de estratégias ativas. Na Etapa 4, uma central de energia foi projetada para atender às exigências do edifício. A Etapa 5 foi integrar à edificação as energias renováveis geradas *in loco*. Esse processo de cinco passos será seguindo durante a fase de manutenção operacional, que começa com o processo de comissionamento e avaliação pós-ocupação para otimizar o desempenho da edificação e, mais adiante, reduzir o consumo energético (veja a Figura 1.9).

Na Etapa 1 do desenvolvimento do projeto, a equipe de projeto calculou que o consumo de referência de energia da edificação seria provavelmente de 250 kWh/m²/ano. Neste caso, o objeto de referência é um edifício do mesmo tipo e tamanho da Torre Pertamina Energy que atenda somente aos requisitos mínimos do código de obras local. Esse nível de desempenho não é atípico para arranha-céus, que costumam ser mais intensivos em energia do que outros tipos de edificação. No entanto, espera-se de um arranha-céu de alto desempenho um consumo de energia bem menor devido ao processo de projeto integrado, que exige colaboração extensiva de todas as partes da equipe de projeto. No caso da Torre Pertamina Energy, a modelagem eletrônica da edificação efetiva indicou que uma economia energética de 60% de 100 kWh/m²/ano poderia ser atingida.

Na Etapa 2, é feita a incorporação de características de projeto passivo à edificação, incluindo estudos detalhados sobre como melhor integrar o projeto ao seu ambiente para otimizar as economias energéticas. A Torre Pertamina Energy é notável por seu formato arredondado e quinas recortadas nos lados leste e oeste, o resultado de um estudo paramétrico para determinar a forma que melhor poderia minimizar o consumo ener-

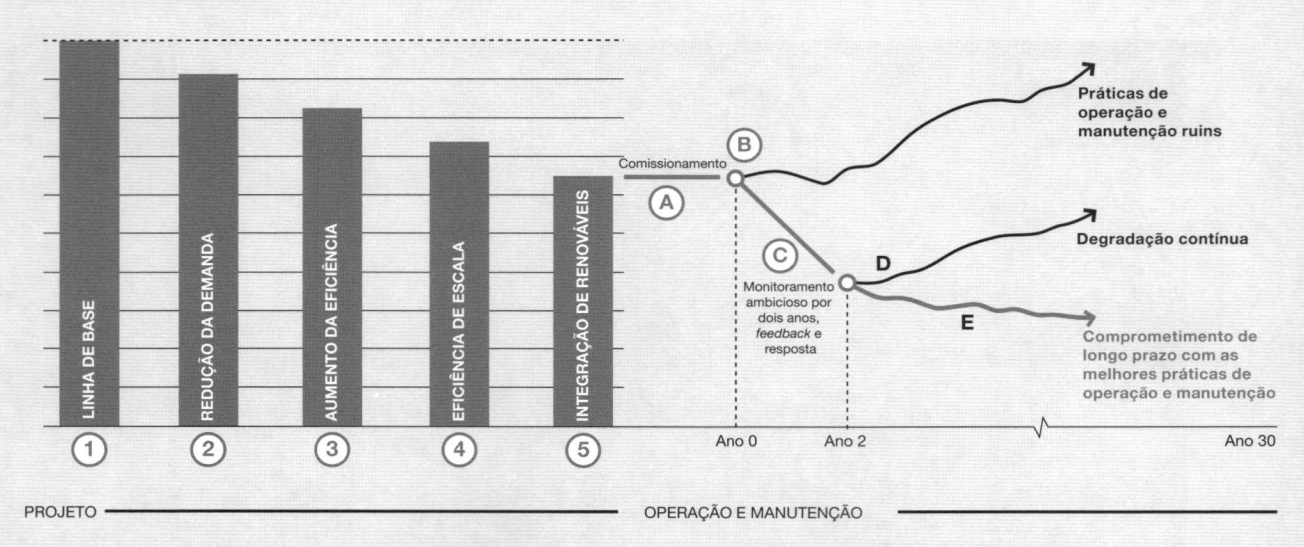

**FIGURA 1.9** O processo do projeto de cinco passos do escritório SOM foi aplicado à Torre Pertamina Energy. O período pós-ocupação é uma enorme oportunidade para lucrar com o projeto de alto desempenho da edificação, calibrando e melhorando o seu desempenho. (*Fonte*: SOM)

gético. A ideia foi estudar a relação da edificação com o seu ambiente para determinar quais formas e características produziriam a demanda mínima de energia. A análise da forma da laje de piso da edificação produziu alguns resultados significativos e úteis. Começando com um formato quadrado convencional como base para a laje de 3.400 m², os projetistas interagiram com uma variedade de outras opções. Para uma simples mudança no formato quadrado da base, esta foi girada em 90 graus, o que reduziu a demanda de pico de resfriamento em 8%. O arredondamento das quinas da planta baixa quadrada rotacionada proporcionou nova redução dos picos de resfriamento em 8% e também ofereceu economias totais de 9% no resfriamento ao ano. Ao alterar para o formato recortado e arredondado final, os picos de resfriamento foram reduzidos em 49% e o resfriamento anual caiu 30%, uma redução verdadeiramente significativa na demanda de energia (veja a Figura 1.10).

O projeto passivo inclui uma análise detalhada das oportunidades de aproveitamento da luz natural e da redução das cargas solares mediante o projeto da fachada. O edifício é localizado a aproximadamente seis graus ao sul do Equador. Nessa área, o percurso aparente do sol sobre a edificação é virtualmente simétrico ao longo de um ano. Durante os solstícios de inverno e verão, o sol é perfeitamente vertical e não gera sombras. A duração do dia não varia muito durante o ano e é sempre de aproximadamente 12 horas. A localização da edificação trouxe alguns desafios, mas também algumas oportunidades para o projeto passi-

vo. A equipe de projetistas SOM fez um grande número de cálculos e simulações para determinar a melhor estratégia para abordar o problema do ofuscamento e minimizar a carga térmica solar (veja a Figura 1.11) O resultado deste esforço foi um desenho de brises que envolve o edifício em cada andar, controlado o ofuscamento e as cargas solares (veja a Figura 1.12). Os brises são combinados com persianas automáticas controladas por sensores que as abrem e fecham de acordo com o movimento do sol. As extremidades leste e oeste dos edifícios são dotadas de brises verticais para conter a intensa radiação térmica solar gerada pelo movimento do sol (veja a Figura 1.13).

A Etapa 3 da estratégia de projeto inicia com uma análise dos equipamentos elétricos e de resfriamento da edificação e dos componentes que complementam as estratégias passivas. Por exemplo, um sistema interno e automatizado de sombreamento é utilizado para otimizar o aproveitamento de luz natural, minimizar a iluminação artificial e aproveitar ao máximo a vista. A iluminação com LEDs é utilizada em todo o edifício, juntamente com sensores de presença para minimizar o gasto energético com luz. A estratégia central para resfriar o edifício é o uso de vigas refrigeradas por um sistema de água ativas em cada piso nas zonas internas. Ventiladores de volume variável junto do perímetro atendem à carga térmica solar e fornecem controle adequado da umidade. A ventilação controlada pela demanda fornece o ar da ventilação necessário para a edificação de uma maneira precisa, baseada no número de usuários

**FIGURA 1.10** Ao otimizar o formato da laje de piso da Torre Pertamina Energy, a equipe de projeto conseguiu demonstrar os grandes picos e as economias de energia anuais. Note-se os recortes no formato bem à direita nas elevações leste e oeste da torre. A fachada, nos recortes, é dotada de brises verticais para bloquear o sol intenso do início da manhã e do final da tarde. (*Fonte*: SOM)

presentes. Sistemas de frenagem regenerativa são usados nos elevadores para recuperar a energia que seria dissipada como calor. O ar de exaustão que sai do edifício é usado para resfriar e secar o ar quente exterior mediante o uso de um sistema de recuperação de energia equipado com rodas de entalpia duplas localizadas na unidade externa de manejo de ar. O resultado líquido de todas as estratégias passivas e ativas é que a intensidade de uso de energia será 60% menor que o do nível de referência de 250 kWh/m²/ano, ou seja, será de apenas 100 kWh/m²/ano (veja a Figura 1.14).

As Etapas 4 e 5 da estratégia de projeto foram realizadas em conjunto e envolvem o projeto de um gerador central de energia e a integração de fontes de energia renovável *in loco*. Por conta da redução significativa de uso de energia, o edifício tem o potencial de ser projetado para ser autossuficiente em energia. Jacarta é localizada em uma área vulcânica muito ativa, tornando a energia geotérmica uma opção viável para geral eletricidade e fornecer energia térmica para uso no edifício (veja a Figura 1.15). Uma usina de conversão de energia geotérmica de ciclo binário foi planejada para ser utilizada com uma

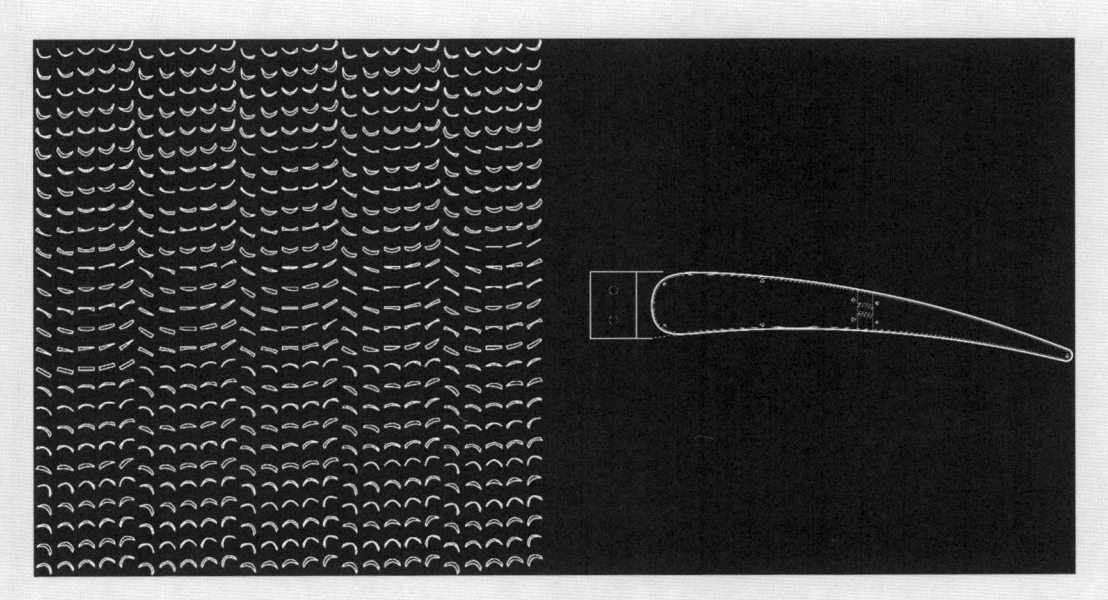

**FIGURA 1.11** A equipe de projeto do escritório SOM testou uma grande variedade de formatos de brises para determinar o corte transversal ideal que controlasse o ofuscamento e as cargas térmicas solares para uma edificação localizada na linha do Equador. O formato selecionado é mostrado no lado direito da ilustração. (*Fonte*: SOM)

**FIGURA 1.12** O sistema de brises horizontais finalmente selecionados envolve cada piso do edifício, terminando nos recortes leste e oeste. (*Fonte*: SOM)

unidade de cogeração de energia elétrica e térmica que pode prover 4,2 MW de eletricidade e satisfazer a 100% das necessidades anuais de energia elétrica do local. Resfriadores centrífugos de alta eficiência que utilizam a energia elétrica sustentável produzida pela turbina de ciclo binário serão acoplados aos campos geotérmicos e utilizados para o resfriamento da torre. Um tanque de reserva de energia térmica será acoplado ao sistema para que os resfriadores possam carregá-los durante as horas de baixa demanda de resfriamento para uso quando o pico de resfriamento for necessário, mantendo, assim, uma demanda constante na turbina geotérmica que corresponde ao perfil de disponibilidade, durante 24 horas por dia e sete dias por semana, do recurso renovável (veja a Figura 1.16).

Além da energia geotérmica, a Torre Pertamina Energy irá coletar energia de duas outras fontes renováveis: os ventos dominantes e o sol. Painéis fotovoltaicos que convertem radiação solar em eletricidade cobrirão 1.750 m² da parte inferior da fachada com painéis de silício monocristalino de última geração. Energia adicional será fornecida por aerogeradores de eixo vertical integrados no topo do edifício e localizados a uma altura de 30 m para tirar proveito do efeito Venturi. O projeto do topo do edifício foi desenvolvido a partir de um abrangente estudo da dinâmica de fluidos computacional para analisar minuciosamente o comportamento do vento nesta altura (veja as Figuras

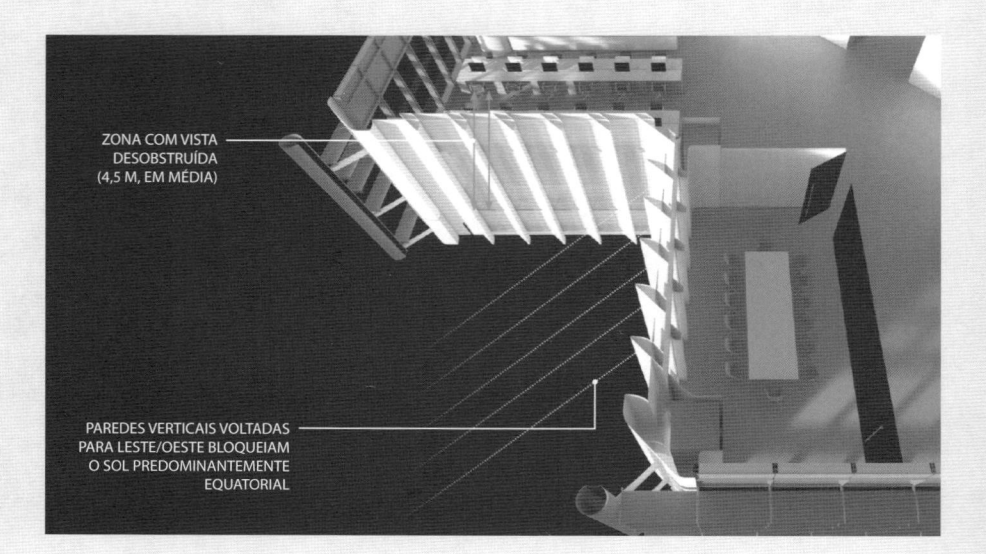

**FIGURA 1.13** O sistema de brises externos fixados nos lados norte e sul da edificação, terminando nos recortes dos lados leste e oeste da laje de piso, onde brises verticais bloqueiam o calor intenso da manhã e da tarde. (*Fonte*: SOM)

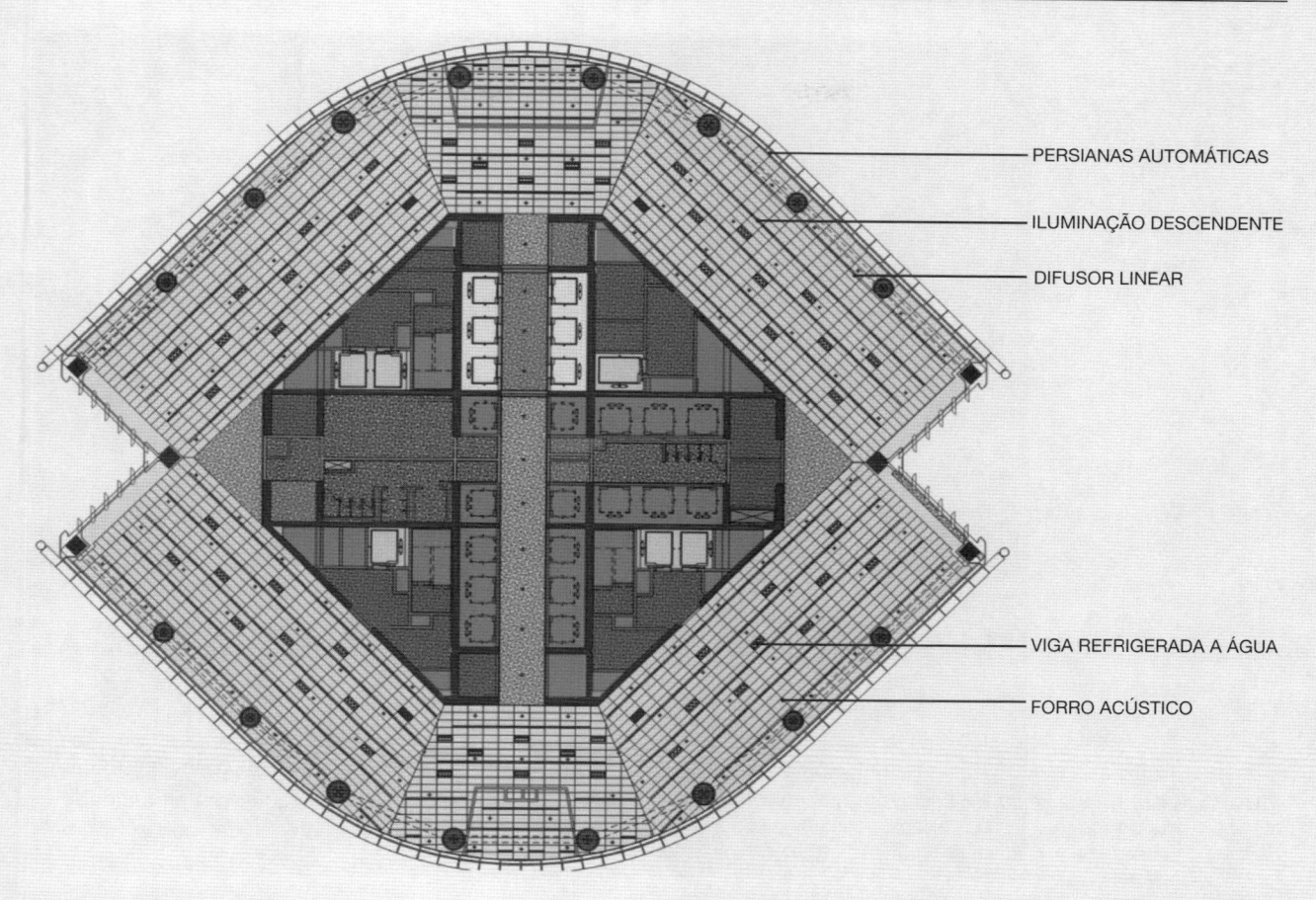

**FIGURA 1.14** Uma combinação de brises externos e internos e persianas é utilizada para controlar a energia térmica solar e otimizar a iluminação natural durante o dia. Três grupos de vigas refrigeradas a água fornecem resfriamento interno, e unidades de radiação periféricas são empregadas para atender às cargas de vedações e fornecer ar fresco externo para ventilação. (*Fonte*: SOM)

1.17 e 1.18). Em resumo, uma quantidade superior a 100% da demanda de energia da edificação será suprida por uma combinação de fontes de energia geotérmica, eólica e solar.

A Torre Pertamina Energy representa um significativo avanço no projeto de arranha-céus superaltos. O EUI de projeto de 100 kWh/m²/ano representa uma grande redução em consumo de energia – somente 40% dos 250 kWh/m²/ano de um edifício desse tipo convencional, projetado de acordo com os requisitos do código de obras. É provável que seja o primeiro arranha-céu realmente autossustentável em energia devido à estratégia de tirar partido do potencial geotérmico de sua localização na Indonésia. Esta torre também terá características ambientais internas superiores, como um excelente conforto térmico, vistas e iluminação natural sem ofuscamento. O projeto da Pertamina Energy será o primeiro a demonstrar que a autossuficiência energética é viável em edifícios muito altos se uma equipe experiente empregar uma estratégia de projeto disciplinada que use as experiências prévias.

**32** Edificações sustentáveis

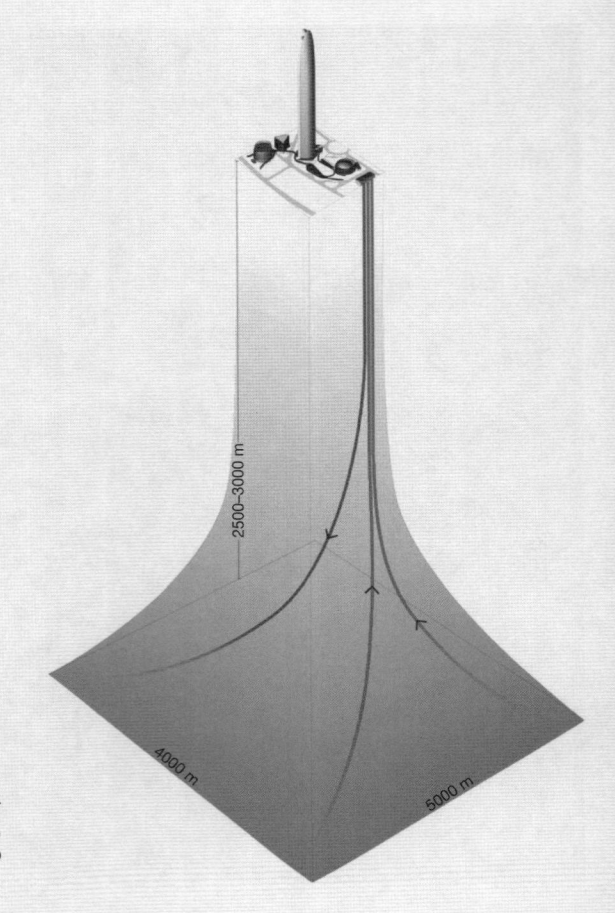

**FIGURA 1.15** A Torre Pertamina Energy irá tirar partido do campo geotérmico localizado sob a edificação e usará trocadores de calor para extrair, da fonte de energia de 150°C, energia para a geração de eletricidade e o resfriamento. (*Fonte*: SOM)

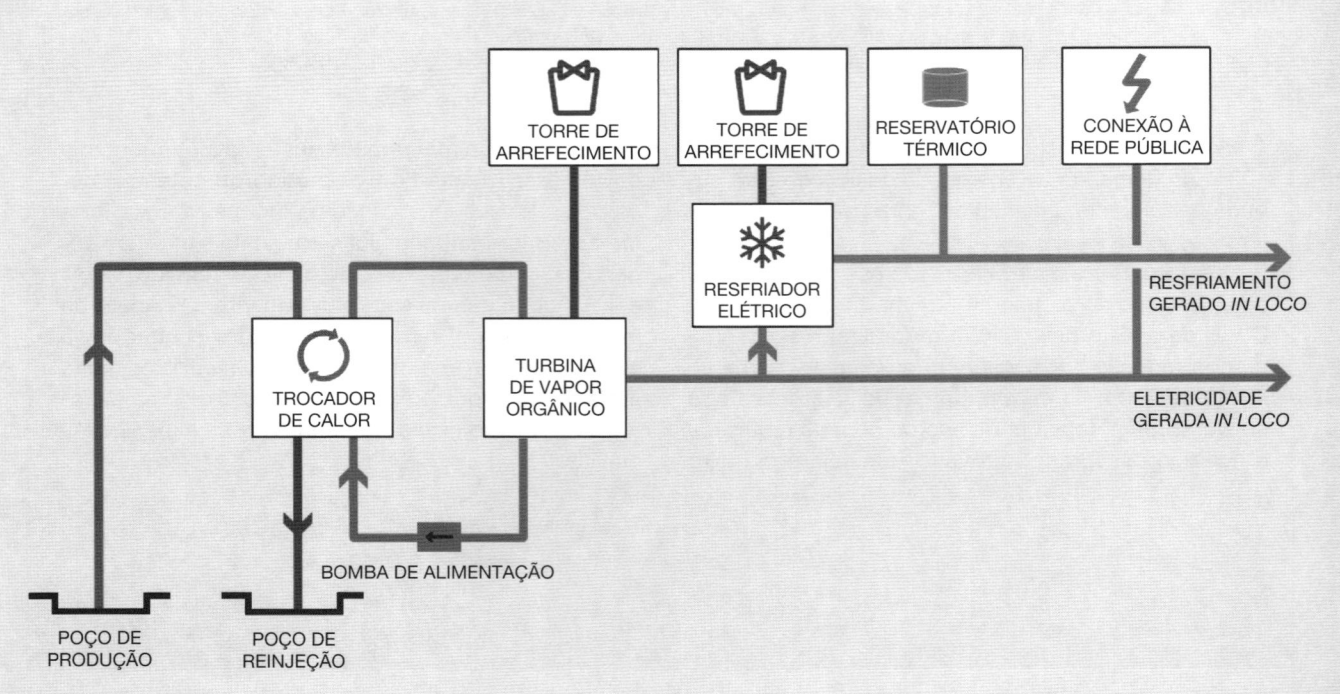

**FIGURA 1.16** O sistema de energia geotérmica utilizará uma turbina de vapor orgânico de 4,1 MW para gerar eletricidade, resfriadores elétricos para gerar água refrigerada e um sistema de reservatório térmico que será carregado durante períodos de baixa demanda para atender aos picos de altas demandas. (*Fonte*: SOM)

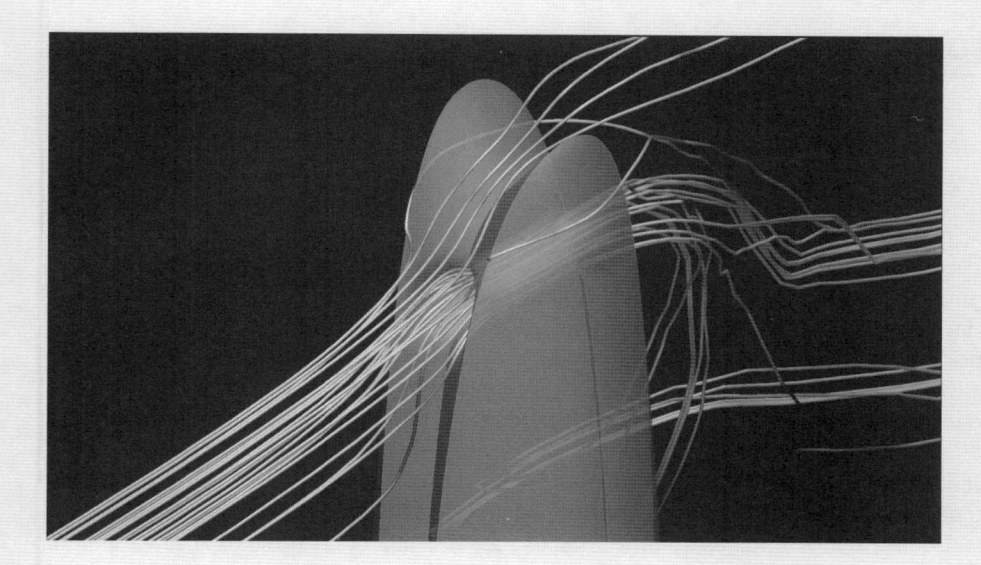

**FIGURA 1.17** Ventos muito altos em relação ao solo são uma oportunidade para integrar turbinas eólicas aos arranha-céus. Uma abertura no topo da Torre Pertamina Energy é usada para capturar a energia do vento dominante e convertê-la em eletricidade usando aerogeradores de eixo vertical. A dinâmica de fluídos computacional foi usada para exemplificar o comportamento do vento ao redor do edifício e projetar o sistema de energia eólica. (*Fonte*: SOM)

**FIGURA 1.18** A abertura no topo do edifício fornece uma plataforma para diversos aerogeradores de eixo vertical, resultando em importante energia renovável para a torre. (*Fonte*: SOM)

## RESUMO E CONCLUSÕES

O rápido desenvolvimento e o crescimento exponencial do movimento da edificação ecológica talvez o transforme no maior sucesso dos movimentos ambientais atuais dos Estados Unidos. Em contraste com muitas outras áreas do ambientalismo que estão estagnando, a edificação sustentável está comprovadamente gerando grandes benefícios ambientais e vantagens econômicas. No entanto, apesar desse progresso, restam grandes obstáculos causados pela inércia dos profissionais e do setor da construção, juntamente à dificuldade de mudar os códigos de obras. Profissionais do setor, tanto de projeto como de construção, geralmente demoram a aceitar mudanças e tendem a ter aversão a riscos. Da mesma forma, os códigos de obras são difíceis de mudar por sua própria natureza, e se mostra considerável a cautela por possíveis responsabilidades e litígios judiciais sobre o desempenho de novos produtos e sistemas. Além disso, o benefício ambiental ou econômico de algumas estratégias sustentáveis ainda não foi cientificamente quantificado, apesar dos benefícios geralmente intuitivos. Finalmente, a falta de uma visão coletiva e orientações sobre futuras edificações sustentáveis, incluindo seu projeto, componentes, sistemas e materiais, pode afetar o rápido progresso atual.

Apesar dessas dificuldades, o consistente movimento de edificação ecológica norte-americano continua a ganhar força, e milhares de profissionais da construção e de projetos o adotaram em suas práticas usuais. Inúmeros produtos e ferramentas inovadores são vendidos todos os anos e, em geral, esse movimento beneficia imensamente a energia e a criatividade. Como outros processos, a edificação sustentável deve um dia se tornar tão comum que sua terminologia tão peculiar será desnecessária. Nesse ponto, o movimento da edificação sustentável terá atingido o seu propósito: abandonar premissas humanas fundamentais que criam resíduos e ineficiência em prol de um novo paradigma de comportamento responsável que contribua para gerações presentes e futuras.

## NOTAS

1. Estatísticas da UNHSP e do Banco Mundial como são citadas em Zayed (2014).
2. Os dados de consumo energético para edificações nos Estados Unidos se referem a energia medida ou obtida na rede pública.
3. O programa Desafio para a Arquitetura de 2030 foi lançado por Ed Mazria em 2002. Um esforço paralelo conhecido como Desafio para Produtos de 2030 foi iniciado em 2011 para reduzir as contribuições dos materiais de construção para as mudanças climáticas.
4. O Desafio 2030 é descrito no site http://architecture2030.org/2030_challenges/2030-challenge/.
5. A origem da palavra *sustentabilidade* é controversa. Nos Estados Unidos, sustentabilidade foi definida pela primeira vez por Lester Brown, um conhecido ambientalista norte-americano que por muitos anos esteve no comando do Worldwatch Institute. Em "Building a Sustainable Society", ele definiu uma sociedade sustentável como "aquela que pode satisfazer às suas necessidades sem diminuir as chances das gerações futuras". Em 1987, a Comissão de Brundtland, liderada pelo então primeiro-ministro da Noruega, Gro Harlem Brundtland, adaptou a definição de Brown, definindo desenvolvimento sustentável como "atender às demandas do presente sem comprometer a habilidade das gerações futuras de atender às suas." Desenvolvimento sustentável, ou sustentabilidade, sugere fortemente um apelo à justiça entre gerações e a constatação de que a população atual está meramente pegando emprestado recursos e condições ambientais de gerações futuras. Em 1987, o relatório da Comissão de Brundtland foi publicado em um livro, *Our Common Future*, pela UN World Commission on Environment and Development.
6. O World Business Council for Sustainable Development (WBCSD) promove relatórios de desenvolvimento sustentável para as companhias internacionais de seus 170 membros. O WBCSD é comprometido com desenvolvimento sustentável pelos três pilares da sustentabilidade: crescimento econômico, equilíbrio ecológico e progresso social. Seu site é www.wbcsd.org.
7. Em novembro de 1992, mais de 1.700 dos mais prestigiados cientistas do mundo, incluindo a maioria dos Prêmios Nobel de Ciências, publicaram o "World Scientists' Warning to Humanity". O prefácio desse alerta declarou: "os seres humanos e o mundo estão em curso de colisão. As atividades humanas causam desarmonia e danos enormes e frequentemente irreversíveis ao ambiente e aos recursos essenciais. Se não forem reconsideradas, muitas de nossas práticas atuais colocarão em sérios riscos o futuro que desejamos

para a sociedade humana, para a flora e para a fauna, e podem deturpar os seres vivos de forma que será impossível sustentar a vida da maneira que conhecemos. Mudanças fundamentais são urgentes se quisermos evitar a colisão que o nosso curso presente acarretará". O restante desse alerta aborda questões específicas, estando o aquecimento global entre elas, e exige mudanças drásticas, em especial nos países desenvolvidos de alto consumo, particularmente os Estados Unidos.

8. Na primeira Conferência Internacional sobre Edificação Sustentável, ocorrida em Tampa, na Flórida, em novembro de 1994, a Força-Tarefa 16 (Construção Sustentável) do CIB formalmente definiu o conceito de edificação sustentável e articulou seis princípios, posteriormente corrigidos para sete.
9. *The Whole Building Design Guide* pode ser encontrado em www.wbdg.org.
10. Informações detalhadas sobre o Edifício Solaire podem ser encontradas em www.thesolaire.com.
11. A energia primária corresponde àquela em seu estado bruto. O valor energético do carvão mineral ou óleo combustível queimado por uma usina de energia é energia primária. A eletricidade gerada é a energia comprada ou medida. Em uma usina de conversão de energia 40% eficiente, 1 kWh de energia gerada exige 2,5 kWh de energia primária.
12. Uma descrição dos diversos problemas de recursos de água que começam a surgir mesmo na Flórida, com água abundante, pode ser encontrada na edição de maio/junho de 2003 da Coastal Services, uma publicação *on-line* do National Oceanic and Atmospheric Administration Coastal Services Center, disponível em www.csc.noaa.gov/magazine/2003/03/florida.html. Uma visão geral similar dos problemas da água no leste dos Estados Unidos pode ser encontrada em Young (2004).
13. Uma visão geral de xerojardinagem e seus sete princípios básicos pode ser encontrada em http://aggie-horticulture.tamu.edu/extension/xeriscape/xeriscape.html.
14. O Adam Joseph Lewis Center for Environmental Studies no Oberlin College foi projetado por uma equipe de arquitetos extremamente respeitada, somados a engenheiros e consultores, e é um exemplo de última geração de edificações ecológicas nos Estados Unidos. Um site informativo, www.oberlin.edu/envs/ajlc, mostra o desempenho em tempo real do edifício e do seu sistema fotovoltaico.
15. "The Cost and Benefits of Green Buildings", um relatório de 2003 para a California's Sustainable Buildings Task Force, descreve em detalhes os benefícios financeiros e econômicos das edificações sustentáveis. O autor principal desse relatório é Greg Kats, da Capital E. Diversos outros relatórios desse autor sobre o mesmo tema estão disponíveis *on-line*. Veja as referências para mais informações.
16. Veja World Green Building Council (2015) para um relatório recente e detalhado sobre estratégias para a qualidade do ar interior em edificações sustentáveis.
17. De "Ultra-Violet Radiation Can Cure 'Sick Buildings'" (2003).
18. A energia incorporada de um produto diz respeito à energia necessária para a extração de materiais brutos, a fabricação do produto e a instalação na edificação incluindo a energia de transporte necessária para deslocar os materiais, compreendendo o produto desde sua extração à instalação.

## FONTES DE CONSULTA

Brown, Lester. 1981. *Building a Sustainable Society.* New York: W. W. Norton.

Campbell, C. J., and J. H. Laherrere. 1998. "The End of Cheap Oil." *Scientific American* 273(3): 78–83.

City of New York Department of Design and Construction. 1999. "High Performance Building Guidelines." Available at www.nyc.gov/html/ddc/downloads/pdf/guidelines.pdf.

Griffith, B., N. Long, P. Torcellini, and R. Judkoff. 2007. *Assessment of the Technical Potential for Achieving Net-Zero Energy Buildings in the Commercial Sector.* National Renewable Laboratory Technical Report NREL/TP-550–41957. Available at www.nrel.gov/docs/fy08osti/41957.pdf.

"High Performance Guidelines: Triangle Region Public Facilities," Version 2.0.2001. Available at www.tjcog.org/docs/regplan/susenerg/grbuild.pdf.

International Energy Agency (IEA). 2010. *World Energy Outlook 2010.* Paris: International Energy Agency. Available at www.iea.org.

Kats, Gregory H. 2003. *The Costs and Financial Benefits of Green Buildings.* A report developed for California's Sustainable Building Task Force. Available at www.cap-e.com.

———. 2006. "Greening America's Schools." Available at www.cap-e.com.

Kats, Gregory H., and Jeff Perlman. 2005. *National Review of Green Schools.* Report for the Massachusetts Technology Collaborative. Available at www.cap-e.com.

Kibert, Charles J. 1994. "Principles and a Model of Sustainable Construction." *Proceedings of the First International Conference on Sustainable Construction*, November 6–9, Tampa, FL, 1–9.

Lewis, Simon, Paulo M. Brando, Oliver L. Phillips, Geertje M. F. van der Heijden, and Daniel Nepstad. 2011. "The 2010 Amazon Drought." *Science* 331 (6017): 554.

McGraw-Hill. 2013. *World Green Building Trends: Business Benefits Driving New and Retrofit Market Opportunities in 60 Countries.* SmartMarket Report by McGraw-Hill Construction. Available at www.worldgbc.org/files/8613/6295/6420/World_Green_Building_Trends_SmartMarket_Report_2013.pdf.

Pennsylvania Governor's Green Government Council. 1999. "Guidelines for Creating High-Performance Green Buildings."Available at www.portal.state.pa.us/portal/server.pt/community/green_buildings/13834/high_performance_green_building_guide/588208.

"Ultra-violet light can cure 'sick buildings'." 2003. *New Scientist Online*, 28 November 2003. Available at www.newscientist.com/article/dn4427-ultraviolet-light-can-cure-sick-buildings/.

UN World Commission on Environment and Development. 1987. *Our Common Future.* Oxford: Oxford University Press.

US Green Building Council. 2003. *Building Momentum: National Trends and Prospects for High-Performance Green Buildings.* Washington, DC: US Green Building Council. Available at www.usgbc.org/Docs/Resources/ 043003_hpgb_whitepaper.pdf.

Wilson, Alex, with Rachel Navaro. 2007. "Driving to Green Buildings: The Transportation Energy Intensity of Buildings." *Environmental Building News* 16(9).

World Green Building Council. 2015. "Health, Wellbeing&Productivity in Offices: The Next Chapter in Green Building. Available at www.worldgbc.org/files/6314/1152/0821/WorldGBC__Health_Wellbeing__productivity_Full_Report.pdf

World Health Organization. 1983. "Indoor Air Pollutants: Exposure and Health Effect." *EURO Report and Studies*, No. 78.

Young, Samantha. 2004. *Las Vegas Review Journal*, March 10. Available at www.reviewjournal.com/lvrj_home/2004/Mar-10-Wed-2004/news/23401764.html.

Zabarsky, Marsha. 2002. "Sick Building Syndrome Gains a Growing Level of National Awareness." *Boston Business Journal* (August 16). Available at www.bizjournals.com/boston/stories/2002/08/19/focus9.html. Accessed on August 16, 2002.

Zayed, Dina. 2014. "Build Greener to Tackle Climate Change, Arab Cities Urged," Reuters US edition, *Green Business* (December 23). Available at www.reuters.com/article/us-egypt-climatechange-construction-idUSKBN0K11O020141223.

# Parte I
# Fundamentos de edificações sustentáveis

O objetivo deste livro é orientar os profissionais da construção e projeto ao longo do processo de desenvolvimento de edificações comerciais e institucionais sustentáveis de alto desempenho. Um prédio sustentável pode ser definido como um prédio que é projetado, construído, administrado e demolido de uma maneira eficiente em recursos, empregando abordagens ecologicamente sólidas e tendo tanto a saúde humana quanto a do ecossistema como objetivos. A ONG US Green Building Council (USGBC) definiu os parâmetros de uma edificação sustentável não residencial nos Estados Unidos por meio de um sistema de avaliação e certificação.[1] O sistema de certificação da entidade Leadership in Energy and Environmental Design (LEED) oferece orientação de projeto para a grande maioria das edificações norte-americanas que hoje são consideradas sustentáveis e vem sendo adotado em vários outros países, como Canadá, Espanha e Coreia do Sul. De 1998 até os dias de hoje, o número de edificações com certificação LEED tem praticamente dobrado a cada ano tanto em termos de número de unidades como em área. Em 2011, o valor dos prédios inscritos para certificação LEED já equivalia a 15% do valor total das edificações comerciais e institucionais dos Estados Unidos, e estimava-se que ele ultrapassaria a marca de 50% em 2016. Nos últimos anos, uma alternativa ao LEED, conhecida como Green Globes, tem concorrido com o LEED como ferramenta de avaliação e certificação de edificações sustentáveis de alto desempenho nos Estados Unidos.[2]

Este livro aborda a aplicação de sistemas de avaliação de edificações como o LEED e o Green Globes nos Estados Unidos, bem como vários sistemas de certificação utilizados em outros países. A Parte I aborda os precedentes e a história do movimento da construção sustentável, vários sistemas de certificação, o conceito de análise do ciclo de vida, e as estratégias de projeto de edificações sustentáveis. O objetivo é fornecer aos profissionais praticantes informações suficientes para implementar as técnicas necessárias para a criação de edificações sustentáveis de alto desempenho. Essa parte contém os seguintes capítulos:

Capítulo 2: Precedentes históricos
Capítulo 3: O projeto ecológico

O Capítulo 2 descreve o surgimento do movimento da edificação sustentável, sua evolução e crescimento rápidos ao longo da última década e as principais influências correntes. Este capítulo também cobre a escala sem precedentes da extração de recursos naturais, da geração de lixo e do consumo de energia associado à construção, e examina o recurso e os impactos ambientais do ambiente construído. Embora esta obra foque os Estados Unidos, o contexto, as organizações e as abordagens de outros países também são mencionados.

As estratégias de projeto genéricas das edificações sustentáveis são cobertas no Capítulo 3. Fundamentalmente, o projeto sustentável se baseia em um modelo ou uma metáfora ecológica que costuma ser chamada de projeto ecológico. As obras recentes de Sim Van der Ryn e Stuart Cowan, Ken Yang e David Orr, bem como os trabalhos mais antigos de R. Buckminster Fuller, Frank Lloyd Wright, Ian McHarg, Lewis Mumford, John Lyle e Richard Neutra também são analisadas nesse capítulo.

Apesar do impulso para a aplicação dos mais elevados ideais ecológicos no ambiente construído, a grande maioria dos projetistas contemporâneos não possui conhecimentos de ecologia adequados. Muitos prédios cujo projeto é dito "sustentável", na verdade, não o são, e urge uma maior participação de ecologistas e ecologistas industriais para que se reduza a distância entre o ideal de um projeto ecológico e sua expressão real. Para isso, os sistemas de certificação LEED e Green Globes provavelmente sejam o primeiro passo a ser dado para que alcancemos edificações verdadeiramente ecológicas. Os produtos, sistemas, técnicas e serviços necessários à criação de prédios em harmonia e sinergia com a natureza são raros. Os prédios geralmente são erguidos com componentes produzidos por uma variedade de fabricantes que prestaram pouca ou nenhuma atenção aos impactos ambientais de suas atividades. As instalações prediais, por sua vez, são executadas por uma mão de obra que, em sua maior parte, não têm consciência dos impactos de suas atividades ao ambiente construído e costumam resultar em uma quantidade assombrosa de resíduos. Os prédios convencionais são projetados por arquitetos e engenheiros que frequentemente também têm pouco ou nenhum treinamento em sustentabilidade. Apesar desses obstáculos, as edificações sustentáveis certificadas geralmente são superiores aos projetos convencionais em termos de consumo eficiente de energia e água, seleção de materiais, saúde do prédio, geração de dejetos e aproveitamento do terreno. O USBC criou um ambicioso programa de treinamento e publicidade para a disseminação de conceitos do LEED. Produtos de construção sustentável inovadores vêm se tornando cada vez mais comuns, facilitando o processo de seleção de materiais. Igualmente importante para o processo de edificação sustentável tem sido uma maior integração com o cliente, o projetista e o público em geral. Os novos projetos, em geral, são iniciados com uma *charrete*, que inclui profissionais da construção e do projeto, bem como membros da comunidade, os quais fazem sessões conjuntas de brainstorm para a elaboração do partido do projeto.

O próximo passo para a verdadeira construção sustentável será extrapolar as exigências mínimas dos sistemas de certificação contemporâneos, como o LEED e o Green Globes. Descrevemos a seguir algumas das características da construção sustentável do futuro.

- O ambiente construído adotaria práticas de construção com ciclo totalmente fechado, e toda a edificação (incluindo suas vedações, sistemas e interiores) seria composta de produtos totalmente desmontáveis, a fim de permitir a reciclagem imediata. Os resíduos ao longo de todo o ciclo de vida da edificação seriam passíveis de reciclagem biológica (compostagem) ou tecnológica. O prédio em si seria desconstrutível. Em outras palavras, seria economicamente possível desmontá-lo para o reúso e a reciclagem de seus materiais e componentes. Somente os materiais com valor futuro, sejam para os seres humanos, sejam para os sistemas biológicos, seriam incluídos nos prédios

- Os prédios teriam uma relação sinérgica com seu ambiente natural e se fundiriam ao entorno. As trocas de materiais na interface edificação–natureza beneficiariam ambas as partes. Os dejetos da edificação e os dos usuários seriam processados para fornecer nutrientes para os sistemas bióticos do entorno. As emissões tóxicas ou nocivas ao ar, água e solo seriam eliminadas.

- O ambiente construído incorporaria sistemas naturais de várias escalas, variando de prédios individuais a biorregiões. A integração subexplorada dos sistemas naturais com o ambiente construído tem um potencial assombroso de produzir habitats humanos superiores a baixo custo. O tratamento paisagístico forneceria sombra, alimentos, amenidades e coleta de água pluvial para o aproveitamento na infraestrutura construída. As bacias de detenção processariam água servida e água fluvial e frequentemente eliminaria a necessidade de infraestruturas enormes e caras. Atualmente a integração da natureza, que mal é abordada nos sistemas de certificação de edificações, é considerada sob a categoria genérica da inovação no projeto. O ideal seria que a integração entre os sistemas humanos e naturais seria a prática normal, e não fosse considerada como uma inovação.

- O consumo energético nas edificações seria reduzido por um fator de 10 ou mais em relação àquele dos prédios convencionais (os prédios com Fator 10).[3] Em vez do consumo de 292 kWh/m$^2$ ou mais, típico das edificações comerciais e institucionais da atualidade, as construções verdadeiramente ecológicas praticamente não consumiriam energia elétrica, ou seja, o consumo não passaria de 29 kWh/m$^2$. A fonte dessa energia seria o sol ou outras fontes derivadas do sol, como a energia eólica ou a biomassa. Outras alternativas energéticas, não diretamente solares, também seriam empregadas com formas de energia renovável derivadas de fontes naturais.

Em suma, o movimento da edificação sustentável avançou muito em pouco tempo. Seu crescimento exponencial promete sua longevidade, e numerosas organizações públicas e privadas sustentam sua agenda. É fantástico contemplar a possibilidade de estender os limites do projeto e da construção ecológicos à medida que os problemas ambientais globais se tornam gravíssimos e as soluções (e talvez a própria sobrevivência humana) exigem o abandono radical do pensamento convencional. A evolução de produtos, ferramentas, serviços e, em última análise, dos prédios com Fator 10, é urgente. Somente quando isso ocorrer, talvez possamos alterar a trajetória da qualidade de vida humana – que passa de um desastre ao outro – e finalmente passar a existir dentro da real capacidade de carregamento da natureza. Embora a humanidade já esteja a meio-caminho dessa corrida, ainda não foi dada uma resposta à pergunta definitiva: Conseguiremos mudar o ambiente construído a tempo de salvar tanto a natureza quanto a nós próprios?

## NOTAS

1. O USGBC (www.usgbc.org) é o atual líder norte-americano na promoção de edificações sustentáveis comerciais e institucionais. Tornar sustentável a construção de moradias unifamiliares e o uso fundiário é uma questão bem mais descentralizada e varia de estado para estado. Um exemplo de organização líder nessas mudanças no nível estadual é a Florida Green Building Coalition (FGBC) (www.floridagreenbuilding.org). O Florida Green Residential Standard e o Florida Green Development Standard podem ser baixados no site da FGBC.

2. A gênese do Green Globes foi o Building Research Establishment Environmental Assessment Method (BREEAM), desenvolvido no Reino Unido no início da década de 1990, levado para o Canadá em 1996 e posteriormente desenvolvido como uma ferramenta de avaliação e certificação de sustentabilidade. Em 2004, a Green Building Initiative (GBI) tornou-se a primeira organização de edificações sustentáveis a ser reconhecida como uma desenvolvedora de normas pelo Ameican National Standards Institute (ANSI) e começou o processo de estabelecimento do Green Globes como uma norma oficial do ANSI. O comitê técnico GBI ANSI foi formado no início de 2006, e a norma ANSI/GBI 01, baseada no Green Globes, foi publicada em 2010.

3. O Fator 10, um conceito desenvolvido pelo Instituto Wuppertal, da cidade alemã homônima (www.wupperinst.org), sugere que o desenvolvimento sustentável de longo prazo somente pode ser alcançado com a redução do consumo de recursos (energia, água e materiais) a 10% dos níveis atuais. Outro conceito, o Fator 4, sugere que atualmente haja tecnologia disponível para a redução imediata de 75% do consumo de recursos. O livro *Factor Four: Doubling Wealth, Halving Resource Use*, de Ernst von Weizsäcker, Amory Lovins e L. Hunter Lovins (Londres, Earthscan, 1997) popularizou esse conceito.

# 2 Precedentes históricos

Em 9 de maio de 2013, pela primeira vez nos 200 mil anos de existência da espécie de primatas bípedes conhecidos como seres humanos, ocorreu um evento marcante que agora ameaça nosso futuro na Terra. Nessa data, o Observatório de Mauna Loa, no Havaí, registrou que, pela primeira vez na história da humanidade, os níveis de dióxido de carbono ($CO_2$) excederam 400 ppm (partes por milhão), um acontecimento que havia ocorrido pela última vez cerca de 800 mil anos atrás. Na era pré-industrial – isto é, antes de 1760 –, as concentrações médias de $CO_2$ eram de 280 ppm e aumentaram lentamente para 310 ppm até 1958, o ano em que os instrumentos do observatório começaram as medições (veja a Tabela 2.1). Em 2014, os níveis de $CO_2$ atingiram 400 ppm, e se espera que continuem a crescer, a não ser que uma ação drástica seja tomada pelas nações do mundo para limitar as emissões de gás de efeito estufa de seus sistemas de geração de eletricidade, suas indústrias e seus sistemas de transporte (veja as Figuras 2.1 a 2.5).

As atividades humanas têm sido identificadas como a causa da mudança do ciclo de carbono da Terra, que está capturando a energia do sol na atmosfera e nos oceanos, com prováveis consequências para todas as formas de vida.[1] A doutora Carmen Boening, cientista do Grupo de Física Climática do Laboratório de Propulsão a Jato da NASA, assim descreveu este evento:

> Atingir a marca de 400 ppm deve servir de lembrete de que os níveis de $CO_2$ dos últimos tempos têm disparado em uma proporção alarmante devido às atividades humanas. Níveis tão altos foram atingidos apenas durante o período Plioceno, quando as temperaturas e os níveis do mar eram mais elevados. Contudo, o clima da Terra nunca teve de lidar com uma mudança tão drástica quanto o aumento atual, que pode, portanto, causar implicações inesperadas para nosso ambiente.[2]

As mudanças climáticas, a questão ambiental hoje dominante, são apenas um dos muitos impactos antropogênicos que atingem tanto o planeta quanto seus habitantes, seres humanos ou não. Eutroficação, acidificação, desmatamento, perda da biodiversidade e atividades do extrativismo (p.ex., mineração) estão forçando as nações a mudarem para modelos mais limpos e menos agressivos, ou irão enfrentar uma variedade de consequências negativas, com as ameaças às fontes de água e alimentos. Como o setor da construção é o que mais consome recursos e energia, evidentemente deve ser submetido a uma transformação significativa.

**TABELA 2.1**

**Desde 1958, as concentrações atmosféricas de $CO_2$ vêm aumentando pelo menos 11 vezes mais rapidamente do que no período de 1760 a 1958**

| Período | Anos | Início $CO_2$ (ppm) | Fim $CO_2$ (ppm) | Aumento de $CO_2$ (ppm) | Aumento em ppm/ano | Fator de aumento |
|---|---|---|---|---|---|---|
| 1760–1958 | 198 | 280 | 310 | 30 | 0,15 | – |
| 1958–2015 | 57 | 310 | 400 | 90 | 1,60 | 11 |

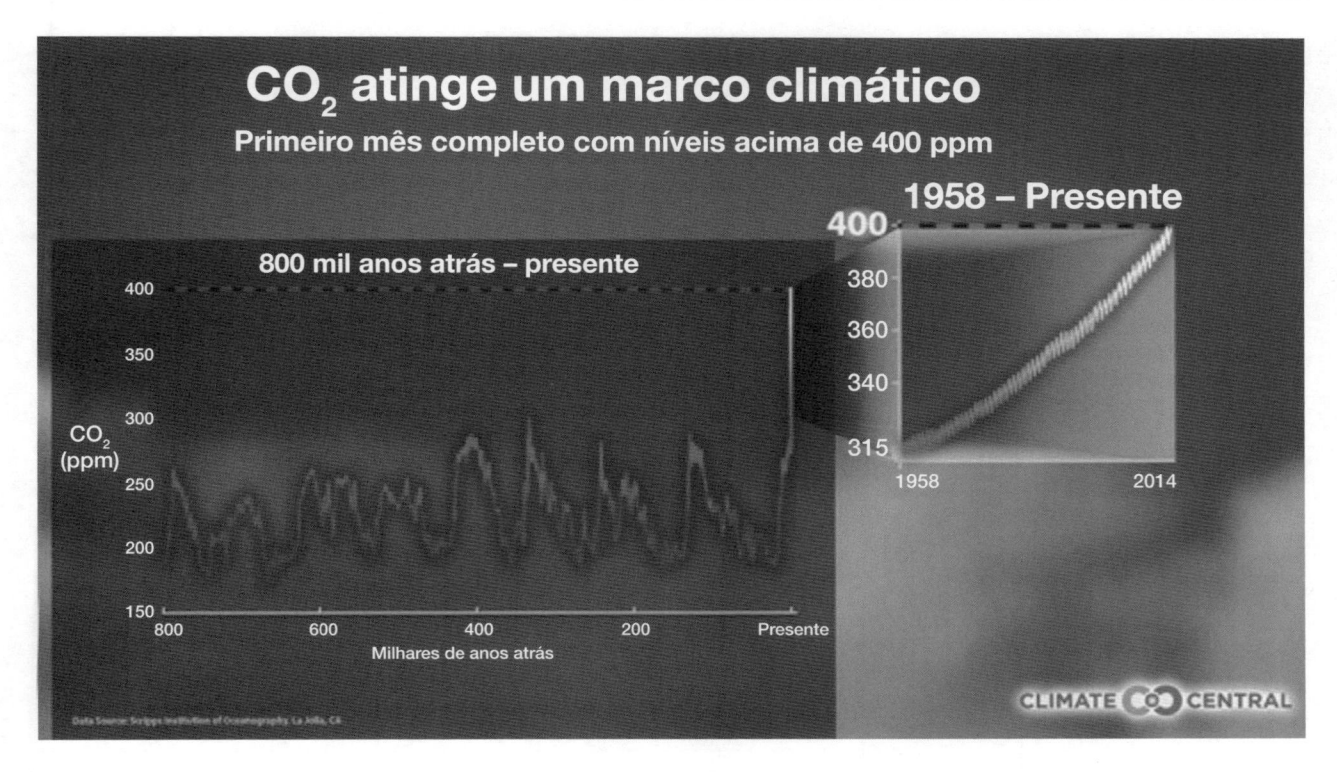

**FIGURA 2.1** Anúncio da Central Climática da Internet de que as concentrações de $CO_2$ de 400 ppm foram excedidas pela primeira vez. Na taxa de crescimento atual, o nível de $CO_2$ atmosférico atingirá 500 ppm até 2065. (*Fonte*: Geoff Grant, Central Climática)

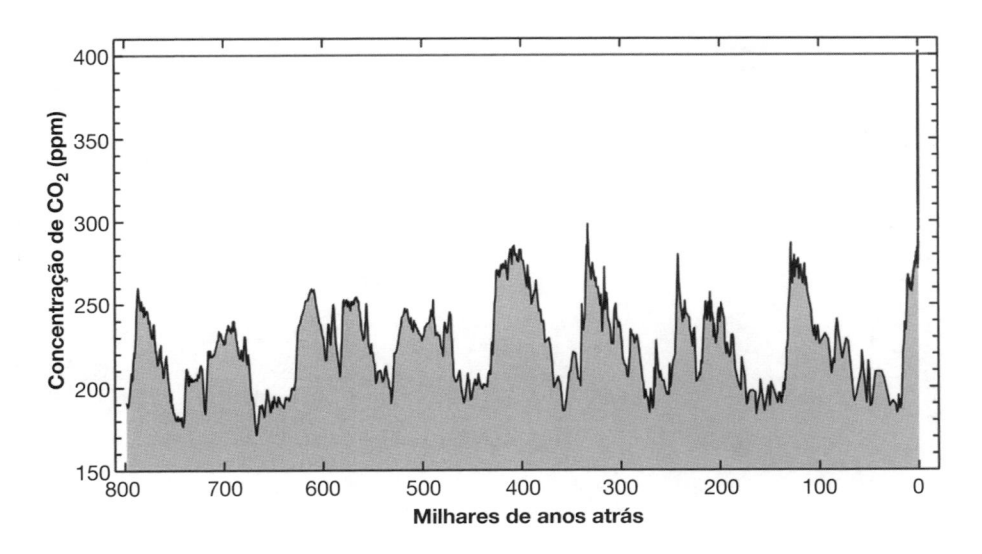

**FIGURA 2.2** Concentração de $CO_2$ na atmosfera terrestre do presente (Ano 0) a 800 mil anos atrás, a última vez que as concentrações de pelo menos 400 ppm foram registradas. (Cortesia do Instituto de Oceanografia Scripps)

**42** PARTE I  Fundamentos de edificações sustentáveis

**FIGURA 2.3** Concentração de $CO_2$ na atmosfera terrestre do ano de 1700 até o presente, mostrando o aumento nos níveis de aproximadamente 280 ppm a 400 ppm. Note também a aceleração nos níveis de $CO_2$ desde 1950. (Cortesia do Instituto de Oceanografia Scripps)

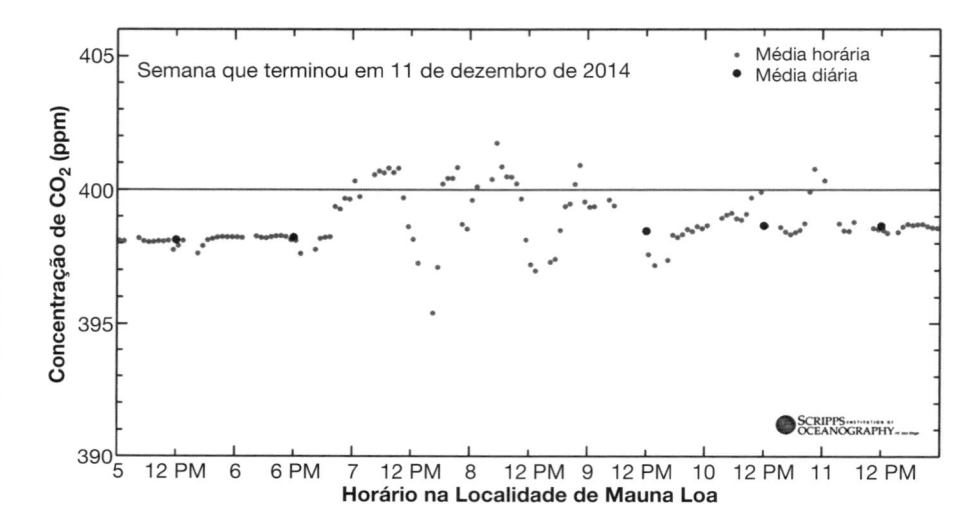

**FIGURA 2.4** As concentrações de $CO_2$ medidas na semana que terminou em 11 de dezembro de 2014, em Mauna Loa, excederam 400 ppm durante partes do dia. Esse tem sido o caso desde 9 de maio de 2013, quando as primeiras concentrações de 400 ppm foram detectadas. (Cortesia do Instituto de Oceanografia Scripps)

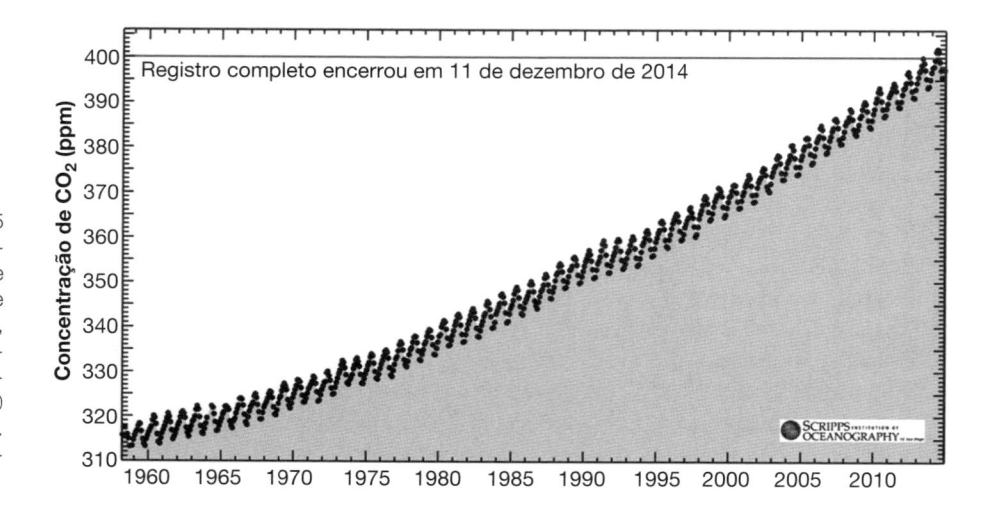

**FIGURA 2.5** Nos últimos 55 anos (desde 1960), as concentrações de $CO_2$ na atmosfera terrestre aumentaram de aproximadamente 310 ppm para mais de 400 ppm, ou seja, em 90 ppm. Para comparação, essas concentrações aumentaram apenas 30 ppm nos 210 anos antes da Revolução Industrial. (Cortesia do Instituto de Oceanografia Scripps)

## AS FORÇAS CONDUTORAS DA CONSTRUÇÃO SUSTENTÁVEL

A *construção sustentável* é a resposta do setor da construção[3] às rápidas mudanças negativas no ambiente da Terra e em seus ecossistemas. Três grandes fatores estão motivando o setor da construção a desenvolver uma resposta ética a uma série de categorias de impactos. Em primeiro lugar, há crescentes evidências da destruição acelerada dos ecossistemas planetários, da alteração dos ciclos biogeoquímicos globais e dos grandes aumentos da população e do consumo.

Os problemas causados pelos seres humanos, como as mudanças climáticas, o esgotamento de grandes áreas de pesca, o desmatamento e a desertificação, são as principais causas do que alguns ambientalistas chamam de *A Sexta Extinção*, em referência à massiva destruição da vida e da biodiversidade do planeta causada pela espécie humana.[4]

Em segundo lugar, a crescente demanda por recursos naturais tanto por países desenvolvidos quando em desenvolvimento, como o chamado BRICS (Brasil, Rússia, Índia, China e África do Sul), está causando falta de abastecimento e preços mais elevados para materiais e produtos agrícolas. A China acrescenta 8 milhões de pessoas todos os anos à sua população de 1,4 bilhão, e sua economia está se expandindo em um índice de 7,0% anuais. A turbulência econômica mundial de 2016 causada pela superprodução chinesa causará provavelmente impactos a esse índice de crescimento. Em geral, o crescimento econômico e a melhoria no padrão de vida chineses têm aumentado a demanda por itens como carne e grãos, assim como seus preços. As consequências negativas da rápida expansão urbana na China têm incluído falta de água e o aumento da desertificação, levando ao crescimento do Deserto de Gobi em 10.400 km² por ano.

A crescente economia chinesa tem um enorme apetite por materiais, o que está contribuindo para a falta de abastecimento e elevando os preços ao redor do mundo. A China produziu mais de 46% do aço mundial em 2014 e está aumentando sua produção em um índice prodigioso, de aproximadamente 11 milhões de toneladas por mês em 2011 para 60 milhões de toneladas por mês em 2014, um índice de crescimento anual de 720 milhões de toneladas e que cresce rapidamente. Em comparação, a produção de aço nos Estados Unidos tem se mantido relativamente estável nos últimos 10 anos, totalizando 81 milhões de toneladas em 2014, uma pequena fração do nível de produção chinês. A demanda chinesa por combustíveis fósseis está crescendo a um índice de 30% por ano. Os preços do cobre aumentaram em 10 vezes em uma década. O setor industrial está sofrendo com preços mais altos virtualmente em todas as *commodities* empregadas no sistema de produção. Terras-raras, como seu nome sugere, não são materiais abundantes, porém elementos indispensáveis, como lantânio, neodímio e európio, os quais são essenciais para ímãs, motores e baterias utilizados em carros elétricos, geradores eólicos, HDs, telefones celulares e outros produtos de alta tecnologia. Seu baixo abastecimento está afetando as indústrias do mundo todo. Depois que os preços dispararam significativamente em 2011 e 2012, as avaliações recentes das Terras-raras estabilizaram.[5] Em suma, os preços dos materiais e recursos de energia não renováveis estão em uma forte ascensão que não mostra sinais de abatimento. O setor da construção, um grande consumidor desses recursos, precisa mudar a fim de se manter saudável e viável.

Em terceiro lugar, o movimento da edificação sustentável está coincidindo com transformações similares na indústria de manufatura, no turismo, na agricultura, na medicina e no setor público, que têm adotado diversas estratégias visando a tornar suas atividades sustentáveis. Desde o redesenho de processos inteiros à implementação de esforços administrativos, como adoção de políticas de abastecimento sustentável, novos conceitos e estratégias estão surgindo para tratar o ambiente, os sistemas ecológicos e o bem-estar humano como tendo igual importância para o desempenho econômico. Por exemplo, a Xerox Corporation anunciou o objetivo ambiental estratégico de criar "produtos e instalações livres de resíduos para locais de trabalho livres de resíduos". A Xerox criou o DocuColor iGen4 EXP Press, que usa tintas secas não tóxicas e tem uma eficiência de transferência de quase 100%. Até 97% das peças dos equipamentos e 80% dos resíduos gerados pela empresa podem ser reutilizados ou reciclados. Além disso, ao reaproveitar máquinas copiadoras ao final de sua vida útil, recuperando componentes para utilização e reciclagem e instituindo processos de refabricação sofisticados, a Xerox conserva materiais e energia, reduzindo drasticamente os resíduos e limitando sua possível responsabilidade pela eliminação de materiais nocivos à saúde.[6]

No setor automotivo, a diretriz europeia sobre veículos no final de seu ciclo de vida está vigente desde a década de 2000 (veja a Figura 2.6). Essa legislação exige que os fabricantes aceitem o retor-

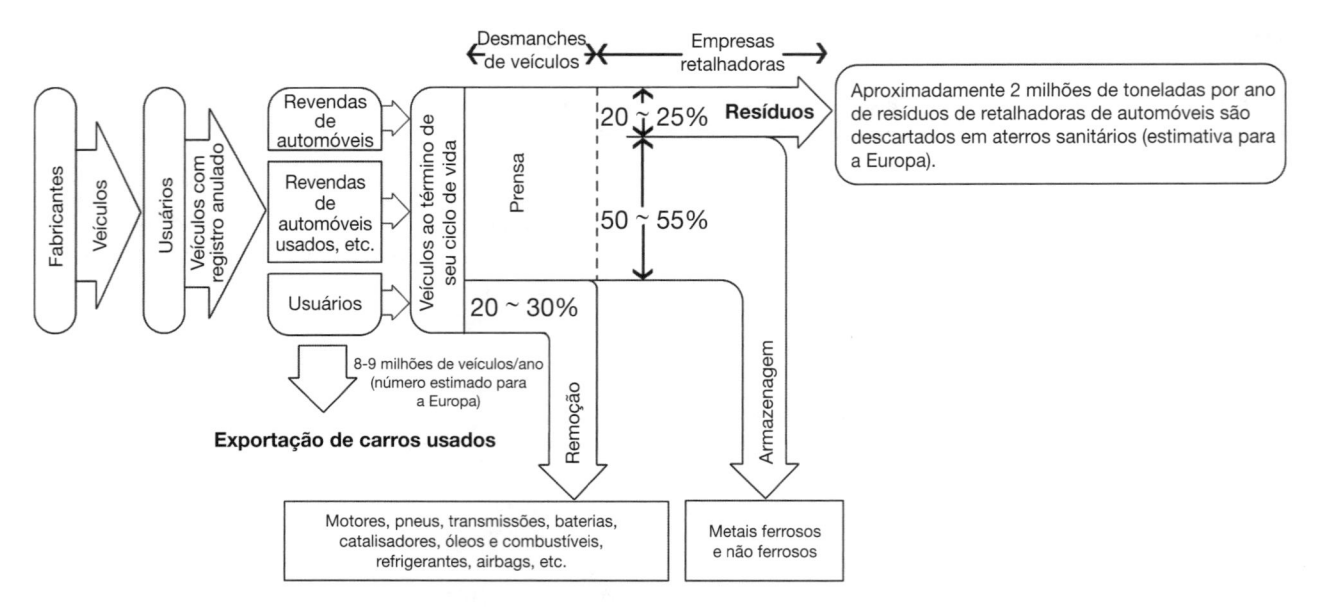

**FIGURA 2.6** A diretriz europeia sobre veículos no final de seu ciclo de vida exige que os fabricantes recebam os veículos ao fim de seu ciclo de vida útil, sem despesas para o consumidor. Este diagrama mostra a reciclagem extensiva de veículos retornados e a excepcional redução de resíduos na produção de automóveis.

no dos veículos ao fim de sua vida útil, sem custos para o consumidor. A medida exige a reciclagem extensiva dos veículos retornados e minimiza o uso de materiais nocivos à saúde na produção de automóveis. Motivada por esforços europeus, a Ford Motor Company está utilizando a experiência da engenharia europeia em seu centro de pesquisas em Aachen, na Alemanha, para desenvolver tecnologias de reciclagem que irão elevar a taxa de recuperação de materiais reciclados acima de seus atuais níveis de 80 a 85%. Geralmente a atividade da construção é vista como um setor econômico que gera muitos dejetos, e esforços para aumentar a reutilização e a reciclagem de materiais de construção estão surgindo como parte do movimento das edificações sustentáveis de alto desempenho (veja a Figura 2.7). A indústria automotiva europeia, apesar de ser um setor econômico diferente, fornece amplas lições para a redução de resíduos e ciclos de materiais fechados na construção.

Este capítulo descreve o efeito dessas três forças no movimento da edificação sustentável e sua influência na definição de novos rumos para o projeto e a construção do ambiente construído. São expostos os argumentos éticos que apoiam a sustentabilidade e, por extensão, a construção sustentável. Seu vocabulário relativamente novo é explorado, associado a vários esforços que visam a reduzir o impacto ambiental dos seres humanos, aumentar a eficiência de recursos e enfrentar eticamente os dilemas do crescimento populacional e do consumo de recursos. Por fim, o capítulo cobre a história do movimento da edificação sustentável nos Estados Unidos, reforçando que uma compreensão de suas raízes é necessária para entender sua evolução e seu estágio atuais.

## ÉTICA E SUSTENTABILIDADE

No contexto do desenvolvimento e da construção sustentáveis, a ideia de ética pode ser ampliada para abranger uma enorme gama de interesses que não são usualmente considerados. A *ética* trata das relações entre as pessoas ao inserir normas de conduta que geralmente estão de acordo ao ditar o bom comportamento entre os cidadãos. Por abordar relações entre as gerações, o desenvolvimento sustentável exige um conjunto de princípios éticos mais extensivo para guiar o comportamento, exigindo o que algumas vezes é chamado de *justiça entre gerações*. A definição clássica de desenvolvimento sustentável, do relatório de Brundtland, mais comumente conhecido como Nosso Futuro Comum (Comissão Mundial sobre Meio Ambiente e Desenvolvimento da ONU [WECD] 1987), é "atender às demandas do presente sem comprometer a habilidade das gerações futuras de atender às suas".

**FIGURA 2.7** O sistema estrutural do Rinker Hall, uma edificação certificada LEED na University of Florida em Gainesville, é composto por aço. O aço é um excelente material devido ao seu conteúdo reciclado – quase 100% para alguns componentes de edificação – e é prontamente desconstruível e reciclável. O Rinker Hall é a única edificação entre as milhares certificadas pelo US Green Building Council a conquistar um crédito de inovação pela possibilidade de desconstrução. Apesar de alguns considerarem metais como aço materiais de construção "ecológicos", sua energia incorporada, isto é, a energia necessária para a extração de recursos, fabricação e transporte, é demasiadamente elevada e resulta no consumo de combustíveis fósseis, na produção de gases de aquecimento global e na poluição do ar. Consequentemente, há controvérsias se o aço pode realmente ser considerado um material de edificação ecológica, e isso depende dos critérios usados na avaliação. De todos os desafios para a criação de edificações sustentáveis de alto desempenho, identificar ou criar materiais e produtos de construção verdadeiramente não nocivos ao meio ambiente é a tarefa mais árdua para os profissionais do setor da construção.

É evidente que considerações *atemporais* – a responsabilidade de uma geração para com as futuras gerações, assim como os direitos das futuras gerações perante a população contemporânea – são conceitos fundamentais do desenvolvimento sustentável. O resultado das considerações atemporais dentro de uma geração a respeito da moralidade e da justiça deve ser um conceito expandido de ética que se estende não somente às gerações futuras, mas também ao ambiente do mundo vivo não humano e, talvez, ao ambiente não vivo, porque a alteração ou a destruição desses sistemas afeta a qualidade de vida das gerações futuras ao reduzir suas escolhas. Hoje, o resultado da destruição da biodiversidade, por exemplo, é a remoção de importantes informações para as populações futuras, que poderiam ser a base para a biomedicina, sem mencionar a remoção de ao menos uma porção da *amenidade ambiental*, ou o bem-estar que a natureza fornece por conta de seus muitos efeitos positivos nos seres humanos. É evidente que as escolhas de uma dada população com o tempo afetarão diretamente a quantidade e a qualidade dos recursos remanescentes para os futuros habitantes da Terra, impactarão a qualidade do ambiente que estes terão e afetarão suas experiências com o mundo físico. Com esse pensamento, o propósito desta seção é expandir os fundamentos da ética clássica para fornecer um conjunto de princípios sólido que possa abordar questões de equidade entre gerações.

## Os desafios éticos

Os seres humanos são únicos dentre todas as espécies no que diz respeito ao controle de seu destino. Gary Peterson (2002), um ecologista, articulou isso muito bem ao declarar:

> Os humanos, individualmente ou em grupo, podem se antecipar e se preparar para o futuro em um nível muito superior ao dos sistemas ecológicos. As pessoas usam modelos mentais de complexidade e abran-

gência variáveis para construir visões do futuro. As pessoas desenvolveram maneiras elaboradas de trocar, influenciar e atualizar esses modelos. Isso cria dinâmicas complicadas baseadas em acesso à informação, habilidade de organizar e poder. Em contraste, a organização dos sistemas ecológicos é um produto do reforço mútuo de muitas estruturas e processos em interação que surgiram ao longo de grandes períodos. De maneira similar, o comportamento de plantas e animais é produto de uma bem-sucedida experimentação evolutiva que ocorreu no passado. Consequentemente, o arranjo e o comportamento dos sistemas naturais se baseiam no que aconteceu no passado em vez de na expectativa do futuro. A diferença entre sistemas humanos baseados na visão do futuro e sistemas naturais voltados para o passado é fundamental. Significa que entender o papel das pessoas nos sistemas ecológicos exige não apenas compreender como elas agiram no passado, mas também como pensam sobre o futuro. (p.138)

Seguindo essa linha de raciocínio, os seres humanos são suscetíveis a criarem materiais e a desenvolverem processos que não foram gerados de uma forma natural e que não possuem precedentes na natureza. Surge, então, a questão: quais limites a sociedade deveria impor ao desenvolvimento de novos materiais, produtos e processos? Os debates atuais sobre organismos modificados geneticamente (GMOs) e por clonagem são indicativos da incerteza acerca dos resultados dos "remendos" humanos com os projetos da vida, para não mencionar a criação de materiais que possuem impactos incertos no longo prazo. Outros grandes desenvolvimentos como biotecnologia, engenharia genética, nanotecnologia, robótica e energia nuclear, para citar somente alguns, apresentam desafios fundamentais para a sociedade humana. As decisões sobre implementar tecnologias sem precedentes na natureza e com impactos potencialmente irreversíveis e negativos devem ser cuidadosamente consideradas, especialmente porque, uma vez desenvolvida, é extremamente difícil reverter o curso da tecnologia se identificadas consequências negativas. As decisões sobre como avançar devem ser baseadas em (1) um parâmetro ético que represente o todo das atitudes morais da sociedade em relação à vida e às gerações futuras, (2) uma compreensão dos riscos e uma disposição em aceitá-los e (3) os custos econômicos da implementação e impactos resultantes.[7]

## A justiça entre gerações e a cadeia de obrigação

Há uma assimetria de poder entre as gerações presentes e futuras porque, enquanto hoje as pessoas podem fazer escolhas que provavelmente afetarão as outras em 100 ou 200 anos – por exemplo, ignorar os impactos das mudanças climáticas no longo prazo – o mesmo não pode ser dito sobre as gerações futuras. Simplesmente não há como as gerações futuras afetarem o passado.[8] As gerações atuais podem afetar a saúde e a qualidade de vida dessas gerações remotas. Dessa mesma forma, as escolhas das gerações atuais afetarão diretamente a qualidade e a quantidades dos recursos remanescentes para os futuros habitantes da Terra e a respectiva qualidade ambiental. Esse conceito de obrigação que ultrapassa os limites temporais é chamado de *justiça entre gerações*. Além disso, o conceito de justiça entre gerações sugere uma *cadeia de obrigação* entre gerações que se estende de hoje até o futuro distante. Richard Howarth (1992) expressou essa obrigação ao afirmar que "a não ser que asseguremos condições favoráveis para o bem-estar das futuras gerações, prejudicaremos nossos filhos, no sentido de que eles serão incapazes de cumprir suas obrigações com os filhos e, ao mesmo tempo, viverem de modo agradável" (p. 133).

Howarth também sugeriu que as ações e decisões da geração atual afetam não somente o bem-estar, mas também a composição das gerações futuras. Ele argumentou que, ao criarmos condições que mudam a disponibilidade de recursos ou que deturpam o ambiente, as populações futuras terão composições diferentes das que teriam se a base de recursos e as condições ambientais fossem passadas de uma geração a outra sem alterações. Por exemplo, mutações causadas por radiação ultravioleta excessiva através uma camada de ozônio deteriorada pelas atividades humanas ou por produtos químicos e sintéticos químicos tóxicos usados sem a proteção necessária certamente resultarão em pessoas e condições diferentes. Consequentemente, a cadeia de obrigações que embasa o conceito-chave sustentável da justiça entre gerações inclui a responsabilidade dos pais no sentido de possibilitar que suas obrigações morais sejam passadas para seus filhos e além. Evidentemente, isso incluiria a educação das crianças sobre essas obrigações e suas bases.

## Equidade distributiva

Há uma obrigação de assegurar a distribuição justa dos recursos entre as pessoas para que as perspectivas de vida de todos sejam atendidas. Essa distribuição pode ser chamada de *equidade distributiva* ou *justiça distributiva* e se refere ao direito de todas as pessoas a uma parcela igual de recursos, incluindo bens e serviços como materiais, terra, energia, água e alta qualidade ambiental (veja a Figura 2.8). A equidade distributiva é baseada nos princípios de justiça e na premissa razoável de que todos os indivíduos em determinada geração são iguais e que uma distribuição uniforme dos recursos deve ser uma consequência da *equidade entre as gerações*. O princípio da equidade distributiva pode ser estendido às relações entre as gerações porque cada geração tem a responsabilidade moral de prover a seus sucessores, o que recebe o nome de *equidade intergeracional* ou *entre gerações*. Assim, a equidade distributiva também fundamenta o conceito de cadeia de obrigações. O conceito de equidade distributiva é complexo e os princípios que o embasam são: (1) princípios da diferença, (2) princípios da base de recursos, (3) princípios do bem-estar, (4) princípios do deserto, (5) princípios libertários e (6) princípios feministas.

## O princípio da precaução

O *princípio da precaução* exige o exercício da atenção ao tomar decisões que possam adversamente afetar a natureza, os ecossistemas naturais e os ciclos biogeoquímicos globais. De acordo com o Center for Community Action and Environmental Justice (CCAEJ), o princípio da precaução afirma que "quando uma atividade apresenta ameaças à saúde humana ou ao ambiente, medidas de precaução devem ser tomadas, mesmo se algumas relações de causa e efeito não estiverem plenamente comprovadas pela ciência". As mudanças climáticas globais são um excelente exemplo dessa necessidade de se agir com cuidado. Apesar dos incessantes debates sobre os efeitos das emissões de carbono provocadas pelo homem nos regimes futuros de temperatura planetária, os resultados potencialmente catastróficos deveriam motivar a humanidade a se comportar de maneira cautelosa e limitar as emissões de gases que contêm carbono, como metano e $CO_2$. Em seu site (www.ccaej.org), o CCAEJ lista os quatro dogmas do princípio da precaução:

1. As pessoas têm o dever de tomar medidas antecipadas para a prevenção de danos.
2. É dos proponentes, e não do público geral, o dever de provar que uma nova tecnologia, processo, atividade ou produto químico é inofensiva.

**FIGURA 2.8** Um dos desafios da sustentabilidade é aumentar a prosperidade para os bilhões que mal conseguem sobreviver diariamente. O princípio da equidade distribucional exige que os recursos da Terra sejam distribuídos de maneira mais justa, de modo que todos possam desfrutar uma qualidade de vida ao menos decente. (Wikipedia Commons)

3. Antes de utilizar uma nova tecnologia, processo ou produto químico ou iniciar uma nova atividade, as pessoas têm a obrigação de examinar a ampla gama de alternativas, incluindo a de não adotar a novidade.
4. As decisões que aplicam o princípio da precaução devem ser abertas, bem embasadas, democráticas e devem incluir as partes afetadas.

Como exemplo, o perigo hipotético da *nanotecnologia* é a criação da chamada gosma cinza. A nanotecnologia é uma estratégia para a construção de máquinas no nível submicrométrico – isso é, em uma escala atômica. K. Eric Drexler (1987) sugeriu que uma das características marcantes da nanotecnologia será a habilidade dessas máquinas invisíveis de replicarem a si mesmas, com grandes benefícios potenciais à humanidade, mas com o perigo associado de que a réplica gere uma conversão descontrolada de matéria em máquinas. Drexler alertou que "não podemos arcar com certos tipos de acidentes com montadores replicantes", o que equivale dizer que "não podemos aceitar o uso irresponsável de tecnologias poderosas". As exigências da termodinâmica e da energia limitarão os efeitos do processo de conversão em gosma cinza, mas ainda assim pode ocorrer um estrago considerável. Esse tipo de cenário exige que o princípio da precaução seja considerado, mesmo que todas as consequências das máquinas autorreplicantes não sejam conhecidas, em função de seu potencial resultado catastrófico, se Drexler estiver certo. Preocupações similares existem no que diz respeito às engenharias energética e nuclear, pois elas têm alta probabilidade de colocar as futuras gerações em risco. Evidentemente, o princípio da precaução deve ser aplicado em cada um desses cenários para eliminar ao máximo possível os riscos para as populações futuras, humanas ou não, das consequências das tecnologias que não são totalmente compreendidas.

Apesar da sabedoria de exercitar a cautela ao tratar de questões complexas que possam ter efeitos desconhecidos e de longo alcance, o princípio da precaução é controverso e, às vezes, percebido como uma ameaça ao progresso, uma vez que desconsidera as consequências negativas de sua aplicação. Por exemplo, recusar o uso de novas drogas porque a sociedade não provou totalmente seus efeitos na natureza e nas pessoas pode eliminar precipitadamente opções para o progresso da saúde humana. Não obstante, as consequências da não aplicação do princípio da precaução estão se tornando aparentes em diversas áreas. Em particular, a crença de que o uso difundido de produtos químicos que simulam o estrogênio cause danos ao sistema reprodutivo de espécies animais e, provavelmente, dos seres humanos. Com essas preocupações em mente, a National Science Foundation desenvolveu em 1999 a Biocomplexity in the Environment Priority Area para tratar da interação das atividades humanas com o ambiente, as mudanças climáticas e a biodiversidade.[9] Por fim, o debate em torno da aplicação do princípio da precaução focou os impactos ambientais da tecnologia e pressionou tecnólogos a reconhecer as consequências potenciais dos seus esforços nos humanos e na natureza.

## O princípio da reversibilidade

Tomar decisões que possam ser desfeitas por gerações futuras é o fundamento do *princípio da reversibilidade*. O renomado escritor de ficção científica Arthur C. Clarke (1965, citado em Goodin, 1983) propôs uma regra que descreve bem esse princípio: "não faça o irrevogável". A ideia central desse princípio é pedir que uma gama maior de opções seja considerada na tomada de decisões. Abordar a questão das escolhas energéticas é um exemplo excelente porque uma economia global em rápido crescimento enfrenta gigantes faltas de reserva de energia, exacerbadas pelo esgotamento das reservas finitas de petróleo. Nos Estados Unidos, a tendência é reconsiderar as usinas nucleares como uma grande fonte de energia, porque elas provavelmente podem gerar eletricidade num custo aceitável e ainda serem uma fonte de energia térmica para produzir hidrogênio a partir da água para o uso em células de combustível. O princípio da reversibilidade deve forçar a sociedade atual a se perguntar se a energia nuclear é uma opção reversível para uma sociedade futura. Duas questões imediatamente surgem dessa reflexão. A primeira é: A tecnologia é suficientemente segura para o uso geral? O setor nuclear sugere que nas duas últimas décadas de um hiato nacional de construção de novas usinas, a tecnologia avançou ao ponto de o risco de um acidente como os de Chernobyl,

Three Mile Island ou Fukushima Daiichi poderem ser eliminados. A segunda questão é: Como uma sociedade futura lidaria com os resíduos nucleares dessas usinas? Converter os resíduos em materiais inofensivos mediante uma nova tecnologia é extremamente improvável, e as usinas nucleares construídas hoje podem forçar as gerações futuras a terem de estocar os radionuclídeos das varetas de combustível consumidas e a correrem os riscos decorrentes. Algumas questões sobre esse mesmo assunto resultariam da consequência de considerar que, se o abastecimento de resíduos radioativos por períodos na faixa de 10 mil anos é viável, quais são as opções de armazenagem? (Veja a Figura 2.9.) Ao abordar essa questão, Gene I. Rochlin (1978) sugeriu que há duas opções. Uma é depositar os resíduos no fundo de uma formação rochosa sólida, onde possam ser recuperados se, por exemplo, vazamentos nos contêineres de armazenamento forem detectados. Uma segunda opção é depositá-los em locais inacessíveis – por exemplo, no fundo do oceano, onde as placas continentais móveis possam gradualmente cobrir os resíduos. A primeira opção permite às gerações futuras acesso aos resíduos para tomar ações corretivas, enquanto a segunda não permite essa opção.

O princípio da reversibilidade está relacionado ao princípio da precaução porque se apoia em critérios que devem ser observados antes da adoção de uma nova tecnologia. É menos rigoroso em alguns aspectos porque sugere a reversibilidade como critério primário para a tomada de uma decisão que empregue a tecnologia; já o princípio da precaução exige que uma tecnologia não seja implementada se seus efeitos não forem totalmente entendidos e se os riscos forem inaceitáveis.

## O princípio do poluidor-pagador e responsabilidade do produtor

A premissa fundamental dos princípios da precaução e da reversibilidade é que os responsáveis pela adoção das tecnologias devem estar preparados para tratar das consequências de sua implementação. O princípio da precaução sugere que tecnólogos devem demonstrar a eficácia de seus produtos e processos antes de permitir que causem impactos à biosfera. O princípio da reversibilidade permite a implementação mesmo que com algum nível de risco, contanto que qualquer efeito negativo seja revertido. O *princípio do poluidor-pagador* aborda as tecnologias existentes que não foram temas desses outros princípios e coloca o ônus de mitigar os danos e consequências nos indivíduos causadores dos impactos. O princípio do poluidor-pagador tem origem na Organização para

**FIGURA 2.9** As reservas de lixo nuclear são um problema desafiador para os Estados Unidos e outros países com energia nuclear ou bombas atômicas e ilustra a aplicação potencial dos princípios da precaução e da reversibilidade. O Departamento Norte-Americano de Energia construiu o Exploratory Studies Facility no subsolo da Montanha Yucca, em Nevada, para determinar se a localização seria adequada como um repositório de lixo nuclear geológico profundo. O projeto foi suspenso indefinidamente em 2009, e os Estados Unidos ainda não encontraram uma solução aceitável para as crescentes pilhas de lixo nuclear depositadas no reator nuclear e em fábricas de bombas atômicas espalhadas pelo país. (*Fonte*: Departamento Norte-Americano de Energia)

Cooperação e Desenvolvimento Econômico de 1973 e se baseia na premissa de que os poluidores devem pagar pelos custos de lidar com a poluição pela qual são responsáveis. Historicamente, o princípio do poluidor-pagador tem focado a responsabilização retrospectiva pela poluição, podendo ser citado como exemplo uma indústria que polui tendo de pagar pelos custos da limpeza por ela provocada.

Mais recentemente, o foco do princípio do poluidor-pagador está sendo desviado para evitar a poluição e abordar os impactos ambientais mais amplos por meio da responsabilidade do produtor. A responsabilidade do produtor é um exemplo da versão estendida do princípio do poluidor-pagador, uma vez que se aplica à gestão de resíduos e recursos, fazendo a responsabilidade pelo impacto ambiental associado a um produto recair sobre seus fabricantes. A responsabilidade do produtor visa tratar de todo o ciclo de vida dos problemas ambientais do processo de produção, da minimização inicial do uso de recursos, passando pela vida útil estendida do produto até a recuperação e reciclagem quando descartados como resíduos. A responsabilidade do produtor está sendo cada vez mais usada ao redor do mundo para tratar dos impactos ambientais de determinados produtos. A União Europeia tem adotado a responsabilidade do produtor nas diretrizes de empacotamento de produtos e resíduos, descarte de eletrônicos e equipamentos elétricos, e valores limites de emissão.

## Protegendo os vulneráveis

Existem populações, incluindo aquelas do mundo animal, que são vulneráveis às ações de grupos da espécie humana, devido à destruição dos ecossistemas à guisa do desenvolvimento, à introdução de tecnologia (incluindo substâncias tóxicas, disruptores endócrinos e organismos geneticamente modificados) e a padrões gerais de conduta (guerra, desmatamento, erosão do solo, eutroficação, desertificação, chuva ácida e outros). Os grupos, desprovidos de poder devido às estruturas econômicas e governamentais, são vulneráveis às decisões daqueles que detêm o poder financeiro ou de influência. Esse arranjo de poder assimétrico é liderado pela obrigação moral. Aqueles que estão no poder têm uma obrigação especial de *proteger os vulneráveis*, os quais são dependentes deles. Em uma família, a dependência das crianças por seus pais lhes dá direitos. As gerações futuras também são vulneráveis por estarem sujeitas aos efeitos das decisões que tomamos hoje. Em uma sociedade tecnológica, muitos grupos da população humana e certamente do mundo animal podem ser expostos a danos provocados pelas ações de indivíduos ou companhias desenvolvedoras de pesquisas médicas, ou quando governos encarregados de sua proteção falham na responsabilidade relacionada à poluição, ao uso de substâncias tóxicas e a uma grande variedade de ações mal controladas. Problemas éticos não são incomuns quando o assunto são populações vulneráveis, como prisioneiros, pessoas com deficiências mentais, mulheres e populações em países subdesenvolvidos. E, como observado anteriormente, as consequências para as gerações futuras das ações de hoje só recentemente foram consideradas. As pessoas do futuro certamente estão vulneráveis às nossas ações, e tanto sua existência quanto sua qualidade de vida podem estar comprometidas por pensamentos e decisões no curto prazo baseadas exclusivamente no conforto e na riqueza de populações passadas. O princípio ético de proteção aos vulneráveis impõe uma grande responsabilidade à população atual da Terra, o que se torna ainda mais difícil devido ao ascendente nível de pobreza global.

## Protegendo os direitos do mundo não humano

O *mundo não humano* diz respeito à flora e à fauna e pode ser ampliado para incluir bactérias, vírus, fungos e outros organismos vivos. O princípio de proteção a esse *mundo* é uma extensão do princípio de proteção aos vulneráveis, particularmente animais, mas também plantas que estão em risco de extinção. Os direitos animais mantêm esse princípio. A porção não viva da Terra é essencial para sustentar a vida, e uma série de princípios de sustentabilidade deveria abordar as necessidades de proteção desse elemento-chave do sistema de apoio à vida. Alguns podem pontuar que a ética deveria exigir que as características de belos lugares, como o Grande Cânion, sejam protegidas perpetuamente. Esse princípio é importante porque os seres humanos se desconectaram tanto do mundo vivo quanto do não vivo, porém, na realidade, somos totalmente dependentes destes para a nossa sobrevivência. A *hipótese da biofilia*, descrita mais adiante neste capítulo, estabelece que os humanos anseiam por uma conexão com a natureza e que nossa saúde, ao menos parcialmente, depende de nos conectar com a natureza rotineiramente. A engenhosidade humana em forma de tecnologia está causando o efeito totalmente oposto. Como observou Andrew J. Angyal (2003):

> Esse mito destrutivo de uma país das maravilhas tecnológico, onde a natureza se dobra para todos os caprichos humanos, está transformando a Terra em um território devastado e ameaçando a sobrevivência humana. As tradições espirituais ocidentais não têm sido capazes de barrar essas tendências letais, mas as encorajaram como parte do plano de Deus para a dominação humana na Terra, e essas tradições têm entendido o destino humano como se envolvesse primariamente uma redenção espiritual celestial... Com sua preocupação com a redenção e sua negligência pela criação, as tradições religiosas modernas não são capazes de oferecer uma espiritualidade adequada para que percebamos o divino na vida ordinária ou no mundo natural.

Thomas Berry (2002) descreveu 10 preceitos baseados na natureza derivando seus direitos da lei universal, e não da lei humana, o que fornece um sistema ético para os direitos do mundo não humano:

1. Os direitos têm origem onde a existência se origina. Aquilo que determina a existência, determina os direitos.
2. Uma vez que não tem contexto além da existência na ordem dos fenômenos, o universo é autorreferente em sua existência e autonormativo em suas atividades. Também é o referente principal na existência e nas atividades de todas as formas de vida derivadas.
3. O universo é uma comunhão de sujeitos, não uma coleção de objetos. Como sujeitos, os membros que compõem o universo são capazes de ter direitos.
4. O mundo natural no planeta Terra obtém seus direitos da mesma fonte que os humanos: do universo que os trouxe à vida.
5. Todo componente da comunidade da Terra tem três direitos: o de ser, o de habitar e o de cumprir seu papel nos processos em eterna renovação da comunidade da Terra.
6. Todos os direitos são específicos e limitados às espécies. Os rios têm direitos de rios. Os pássaros têm direitos de pássaros. Os insetos têm direitos de insetos. A diferença nos direitos é qualitativa, não quantitativa. Os direitos de um inseto não teriam valor para uma árvore ou um peixe.
7. Os direitos humanos não anulam os direitos de outros seres de existirem em seu estado natural. Os direitos de propriedade humana não são absolutos. Os direitos de propriedade são simplesmente uma relação especial entre um ser humano em particular, que é o "proprietário", e uma peça em particular, que é "propriedade", então ambos podem cumprir seus papéis na grande comunidade da existência.
8. Uma vez que as espécies existem somente na forma de indivíduos, os direitos se referem a indivíduos e a seus agrupamentos naturais de indivíduos em cardumes, manadas, matilhas, não simplesmente numa forma geral de espécie.
9. Esses direitos, como apresentados aqui, baseiam-se em relações intrínsecas que os vários componentes da Terra têm entre si. O planeta Terra é uma comunidade única com relações de interdependência. Nenhum ser vivo alimenta a si mesmo. Cada componente da comunidade da Terra é imediata ou indiretamente dependente de todos os outros membros da comunidade para a alimentação e assistência necessárias para sua própria sobrevivência. Essa alimentação mútua, que inclui as relações de predador-presa, é parte do papel que cada componente da Terra tem dentro de uma comunidade de existência abrangente.
10. De uma maneira especial, os seres humanos não apenas têm a necessidade, mas também o direito de acessar o mundo natural para satisfazer não só à necessidade física humana, mas também ao encanto do qual a inteligência humana precisa, à beleza da qual a imaginação humana precisa e à intimidade da qual as emoções humanas precisam.

Evidentemente, colocar a natureza em pé de igualdade com os humanos é um salto difícil para muitas pessoas, mas proteger vigorosamente a natureza está entre os maiores interesses da humanidade. Na verdade, a simples proteção à natureza não atende aos imperativos do princípio de proteção aos direitos do mundo não humano. Ao contrário, os humanos deveriam considerar a restauração da natureza em todas as atividades, consertando os erros do passado e, no processo, restaurando o elo danificado entre humanos e natureza (Figura 2.10).

### Respeito à natureza e ética territorial

O *respeito à natureza* provém do conhecimento dos direitos do mundo não humano descritos nas seções anteriores. Uma ética de respeito à natureza se baseia nos conceitos fundamentais de que (1) os seres humanos são membros da comunidade da vida na Terra, (2) todas as espécies são interligadas por uma teia da vida, (3) cada espécie é o centro teleológico da vida almejando o bem de sua própria maneira e (4) os seres humanos não são superiores a outras espécies. Esse último conceito é baseado nos outros três e modifica o foco do *antropocentrismo*, ou um ponto de vista centrado no humano, para uma visão *biocêntrica* (Taylor, 1981).

Os seres humanos são parte precisamente do mesmo processo evolucionário que todas as outras espécies. Todas as outras espécies hoje existentes enfrentaram os mesmos desafios de sobrevivência que os humanos. As mesmas leis biológicas que governam as outras espécies – por exemplo, as leis da genética, da seleção natural e da adaptação – se aplicam a todas as criaturas vivas. A Terra não depende dos humanos para sua existência. Ao contrário, os humanos são a única espécie que já ameaçou a existência da Terra em si. Como retardatários relativos, os humanos apareceram em um planeta que continha vida há 600 milhões de anos. Os seres humanos não apenas têm que dividir o planeta com outras espécies, mas são totalmente dependentes destas para sobreviver. Com seu comportamento, os seres humanos ameaçam a sanidade e a saúde dos ecossistemas. A tecnologia resulta no lançamento de elementos químicos tóxicos, materiais radioativos e disruptores endócrinos. O desflorestamento e a agricultura destroem biologicamente as florestas densas e diversas. As emissões poluem o solo, a água e o ar. Ao contrário das extinções naturais do passado das quais a Terra se recuperou, a atual extinção induzida pelos humanos está causando ruptura, destruição e alteração em um nível tão alto que, mesmo que a espécie humana provoque sua própria extinção, o planeta talvez nunca se recupere. Uma ética baseada em biocentrismo pode resultar nos humanos reconhecendo que a integridade de toda a biosfera pode beneficiar todas as comunidades da vida, humanas e não humanas. É discutível se este conceito, de que os humanos não podem sobreviver sem os ecossistemas dos quais dependem, pode ser considerado meramente ético, por também ser

**FIGURA 2.10** A proteção aos direitos das formas de vida não humanas é importante não apenas em razão de cada espécie ou organismo ser um nó na teia da vida, mas também porque cada espécie é um *centro teleológico de vida*, o que significa que cada organismo tem um propósito e uma razão de ser e é, portanto, inerentemente bom ou valioso.

um fato biológico. No entanto, os seres humanos possuem a capacidade de agir e mudar o comportamento baseados em aprendizado – nesse caso, a consciência da relação causal entre comportamento e sobrevivência de outras espécies. Uma ética de respeito à natureza consiste não apenas na consciência dessa relação causal, mas também na adoção de comportamentos que respeitem os direitos das espécies não humanas de existir e de prosperar.

Além do respeito aos direitos de sobrevivência de outras espécies, como consequência de uma observação cuidadosa e da aplicação de princípios e método científicos, os seres humanos entendem as qualidades únicas e os aspectos de outros organismos. Essas observações permitem que nós, seres humanos, vejamos esses organismos como centros teleológicos da vida únicos, cada um lutando para sobreviver e realizar seu bem à sua própria maneira. Isso não significa que os organismos precisem ter a característica da consciência, isto é, consciência individual, para serem "bons", porque cada um é orientado para os mesmos fins: autopreservação e bem-estar. O conceito ético aqui é porque cada espécie é um centro teleológico de vida, e seu universo ou mundo pode ser visto da perspectiva de sua vida. Consequentemente, pode-se dizer que acontecimentos bons (buscar o bem), maus (ser ferido ou morto) ou indiferentes (nadar no oceano) ocorrem na vida de cada espécie, como no caso dos seres humanos. Ter respeito pela natureza significa que os seres humanos podem ver os acontecimentos da vida de espécies não humanas de uma forma muito semelhante àquela como veem os de outros seres humanos.

Aldo Leopold (1949) sugeriu que deveria haver uma relação ética com a Terra e essa relação deveria ser baseada em amor, respeito e admiração. Além disso, essa relação ética, chamada de *ética da terra*, deveria existir não apenas por seu valor econômico, mas também baseada em valor no sentido filosófico (veja a Figura 2.11). A ética da terra faz sentido por causa da relação estreita e interdependência dos seres humanos com a terra, a qual fornece alimento e amenidades e contribui para a boa qualidade do ar e da água. Os seres humanos passaram a se desconectar da terra devido

**FIGURA 2.11** Aldo Leopold defendeu uma relação entre os seres humanos e a terra que ele chamava de ética da terra. (Foto por cortesia da Fundação Aldo Leopold)

ao desenvolvimento tecnológico que lhes deu uma aparente (mas não real) independência da terra. Substitutos para material natural (por exemplo, poliéster no lugar de algodão) aumentam a noção de que a terra não é essencial para a sobrevivência e que a tecnologia pode fornecer substitutos adequados. A mecanização rural também tende a separar o fazendeiro da terra, resultando em menos cuidado e atenção prestados a um recurso essencial.

## CONCEITOS BÁSICOS E VOCABULÁRIO

Apesar de provavelmente ser o maior sucesso do movimento ambiental contemporâneo norte-americano, a construção sustentável é apenas uma parte de uma transformação maior ganhando espaço por meia uma vasta gama de atividades em diversos setores econômicos. Ideias progressistas articuladas com um novo vocabulário servem como uma fundação intelectual para essa evolução. As ideias mais notáveis e importantes incluem os conceitos de desenvolvimento sustentável, ecologia industrial, ecologia da construção, biomimetismo, projeto para o ambiente, economia ecológica, pegada ecológica, capacidade de carregamento, mochila ecológica, energia incorporada, hipótese da biofilia, ecoeficiência, Passo Natural, análise e avaliação do custo do ciclo de vida, princípio da precaução, Fator 4 e Fator 10. Esses conceitos são descritos brevemente nas seções seguintes.

### Desenvolvimento sustentável

*Desenvolvimento sustentável* ou *sustentabilidade* é o princípio fundador base de vários esforços para assegurar uma qualidade de vida decente para as gerações futuras. *Nosso Futuro Comum* (UN WECD, 1987) definiu o desenvolvimento sustentável como aquele que "atende às necessidades do presente sem comprometer a capacidade das gerações futuras de atender às suas" (p. 8) (veja a Figura 2.12). Essa definição clássica implica que o ambiente e a qualidade da vida humana são importantes como desempenho econômico e que os sistemas humanos, natural e econômico são interdependentes. Envolve também a justiça entre gerações, enfatiza a responsabilidade da população atual pelo bem-estar de milhões que ainda não nasceram e sugere que estejamos tomando emprestado das futuras gerações o planeta, seus recursos, sua função ambiental e qualidade de vida. A justiça entre gerações levanta a questão do quão longe no futuro devemos considerar o impacto de nossas ações. Apesar de não existir uma resposta clara para essa importante questão, a filosofia dos nativos americanos de pensar sete gerações ou 200 anos à frente é instrutiva. Se em dois séculos poucos edifícios contemporâneos estarão de pé, devemos nos perguntar se nosso estoque atual de materiais fornecerá recursos recicláveis para as futuras gerações ou poderá onerá-las com enormes e complicados problemas de descarte de resíduos. Essa questão, oriunda da filosofia da sustentabilidade, marca a bifurcação na estrada dos nossos atuais processos industriais. Aqueles indivíduos que continuarem fazendo negócios de modo convencional verão o meio ambiente como uma fonte infinita de materiais e energia e um repositório de resíduos. Em contraste, aqueles em uma estrada ética menos explorada considerarão a qualidade da vida de nossos descendentes e questionarão se estamos roubando para sempre ou apenas pegando emprestado temporariamente o capital ambiental das futuras gerações. O âmago da filosofia do movimento da edificação ecológica é a decisão de seguir no último caminho.

**FIGURA 2.12** A publicação de *Nosso Futuro Comum* em 1987 geralmente é considerada o marco do início do movimento contemporâneo da edificação sustentável.

### Ecologia industrial

A ciência da *ecologia industrial*, surgida no final da década de 1980,[10] estuda as interações e inter-relações físicas, químicas e biológicas dentro dos sistemas industrial e ecológico e entre eles (Garner e Keoleian, 1995).

As aplicações da ecologia industrial incluem estratégias de identificação e implementação para sistemas industriais para melhor replicar os ecossistemas ecológicos harmônicos e sustentáveis. O primeiro grande esforço da ecologia industrial foi reduzir a quantidade de resíduos gerados pelos processos tradicionais de fabricação, dos quais se estima que apenas 6% dos recursos extraídos terminam como produtos finais.[11] O primeiro exemplo conhecido do processo resultante, chamado de *simbiose industrial*, é o complexo industrial em Kalundborg, na Dinamarca, onde a energia térmica, os resíduos e a água residual são divididos entre cinco grandes parceiros:

1. A *usina elétrica Asnaes*, a maior usina termoelétrica a carvão da Dinamarca, com uma capacidade de 1.500 megawatts.
2. A *refinaria de Statoil*, maior da Dinamarca, com capacidade atual de 4,4 milhões de toneladas por ano.
3. A *Gyproc*, fábrica de chapas de gesso acartonado produtora de 14 milhões de m² de placas de revestimento de parede anualmente (equivalente ao necessário para construir seis vezes a quantidade de casas de uma cidade do tamanho de Kalundborg).
4. A *Novo Nordisk*, companhia biotecnológica, com vendas anuais de mais de $2 bilhões, que fabrica enzimas industriais e farmacêuticas, e 40% do fornecimento mundial de insulina.
5. O *sistema de calefação da cidade de Kalundborg*, que fornece aquecimento para 20 mil moradores e água para suas casas e indústrias.

O complexo de Kalundborg (diagramado na Figura 2.13) foi o primeiro distrito industrial ecológico do mundo; desde seu início, complexos de troca de resíduos similares foram criados ao redor do mundo.[12] Desde a década de 1990, o conceito de ecologia industrial se expandiu para englobar questões de projeto de ambiente e de produto, ciclos fechados de materiais, reciclagem e outras práticas ambientalmente conscientes. A ecologia industrial é uma abordagem abrangente para implementar o comportamento sustentável neste setor.

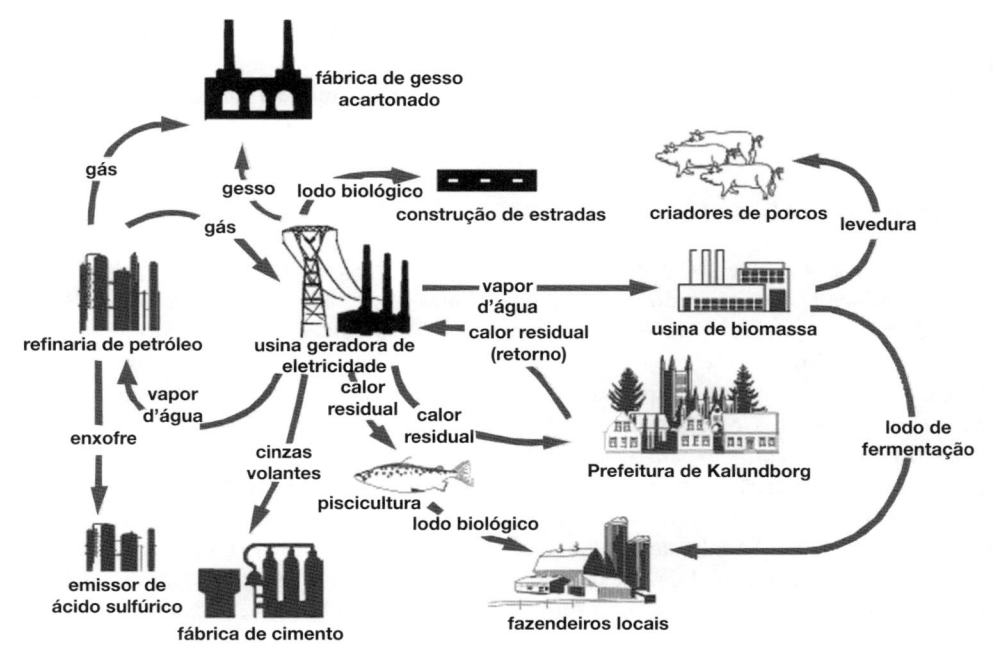

**FIGURA 2.13** O complexo industrial de Kalundborg, na Dinamarca, troca energia, água e materiais entre seus membros (companhias e organizações), demonstrando a simbiose industrial, um dos conceitos básicos da ecologia industrial (*Fonte*: Ecodecision (primavera de 1996): 20)

## Ecologia da construção

A *ecologia da construção* é uma subcategoria da ecologia industrial que se aplica especificamente ao ambiente construído. Adota os princípios da ecologia industrial combinados com a teoria ecológica que difere as edificações de outros produtos industriais, como automóveis, refrigeradores e máquinas copiadoras. Também contribui para o projeto e a execução do ambiente construído que (1) inclua sistema integrado de materiais de ciclo fechado com sistemas ecoindustriais e naturais, (2) dependa exclusivamente de fontes de energia renovável e (3) promova a preservação das funções do sistema natural. A aplicação desses princípios deve resultar em edificações que:

1. Sejam prontamente desconstruíveis ao fim de suas vidas úteis.
2. Tenham componentes que sejam separáveis da edificação para facilitar a substituição.
3. Sejam compostos por produtos projetados para reciclagem.
4. Sejam construídos usando seus principais componentes estruturais de materiais recicláveis.
5. Tenham "metabolismos" lentos devido à sua durabilidade e adaptabilidade.
6. Promovam a saúde de seus usuários.[13]

## Biomimetismo

O termo *biomimetismo* foi popularizado por Janine Benyus em seu livro *Biomimicry: Innovation Inspired by Nature* (1997) e desde então tem recebido atenção como um conceito que demonstra a aplicação direta de conceitos ecológicos para a produção de objetos industriais.[14] De acordo com Benyus, o biomimetismo é a "imitação consciente do gênio da natureza" e sugere que a maior parte do que precisamos saber sobre o uso de energia e materiais foi desenvolvida pelos sistemas naturais durante quase quatro bilhões de anos de tentativas e erros. O biomimetismo defende a possibilidade de criação de materiais fortes, resistentes e inteligentes a partir de materiais de ocorrência natural, em temperaturas ambiente, sem resíduos e usando a energia solar no processo de fabricação. Por exemplo, a natureza produz conchas fortes, elegantes, funcionais e bonitas em temperaturas ambientes na água do mar, as quais, ao final de suas vidas úteis no *habitat* aquático, se decompõem e fornecem recursos futuros de uma maneira livre de resíduos. Em contraposição, a produção de telhas de argila cerâmica exige temperaturas de cozimento de 1.482°C e a extração e o transporte de argila e de fontes de energia, o que resulta em emissões e resíduos, sendo o contrário de suas contrapartes naturais, pois essas telhas não se degradam em produtos úteis, mas são ao final de suas vidas úteis descartadas em aterros sanitários.

A questão do biomimetismo e sua aplicação ao ambiente construído na forma de projeto biomimético são abordadas em mais detalhes no Capítulo 3.

## Projeto para o ambiente

O *projeto para o meio ambiente,* às vezes chamado de *projeto ecológico,* é uma prática que integra considerações ambientais aos procedimentos de engenharia de produto e processo considerando todo o ciclo de vida do produto (Keoleian e Mereney, 1994). O conceito relacionado de projeto inicial defende o investimento de esforços maiores durante esta fase para assegurar a recuperação, a reutilização e/ou a reciclagem dos componentes do produto. Apesar de o projeto para o ambiente tipicamente descrever o processo de desenho de produtos que possam ser desmontados e reciclados, dependendo do contexto, o projeto para o meio ambiente pode abarcar o projeto para desmontagem futura, reciclagem, reutilização, refabricação e outras estratégias. A aplicação do projeto para o meio ambiente ao projeto de edificação sugere que, a fim de ser considerado ecológico, deve haver um esforço significativo no desenho do produto para permitir a reutilização e a reciclagem de seus componentes. Um sistema de janela, por exemplo, projetado usando estratégias de projeto para o meio ambiente deve ser de fácil remoção do edifício e desmontável em seus componentes básicos de metal, vidro e plástico. Além disso, os materiais devem possuir e manter seu valor visando a motivar o sistema industrial a mantê-los em uso produtivo. Quando aplicado ao ambiente construído, o projeto para o meio ambiente sugere que edificações inteiras devam ser projetadas para serem desmontadas ou desconstruídas a fim de recuperar os componentes para posterior desmontagem, reutilização e reciclagem.

## Economia ecológica

A economia contemporânea ou neoclássica falha ao considerar ou abordar os problemas das limitações de recursos ou do impacto ambiental de resíduos e substâncias tóxicas nos sistemas ecológicos produtivos. Em contraste, a economia ecológica sugere que os sistemas naturais e saudáveis e os bens e serviços que provêm da natureza são essenciais para o sucesso econômico. A *economia ecológica* é uma exigência fundamental do desenvolvimento sustentável que aborda especificamente a relação entre as economias humanas e os ecossistemas naturais. Uma vez que a economia humana é estabelecida no ecossistema maior e depende dele para a troca de matéria e energia, ambos devem evoluir em conjunto. A filosofia da economia ecológica se contrapõe à propensão humana de degradar os ecossistemas de forma irresponsável ou deliberada ao extrair energia e matéria de alta qualidade que no fim são transformadas em resíduos e calor desnecessários e de baixa qualidade. A economia ecológica valoriza a possibilidade de fornecer bens, energia, serviços e amenidades que a natureza oferece, assim como as contribuições culturais e morais para a humanidade.[15] A valorização da natureza – isto é, atribuir um valor monetário a seus bens e serviços –, apesar de antitética para alguns, é essencial para apreciar e compreender o valor das fontes e dos serviços do sistema natural na economia humana.

Infelizmente, existem obstáculos à substituição da estratégia míope da economia neoclássica contemporânea pela economia ecológica das contribuições e limitações dos sistemas naturais. Nosso limitado conhecimento atual sobre sistemas naturais não lineares e complexos, assim como a dificuldade em representar com precisão sistemas em modelos econômicos relevantes, apresenta desafios. Todavia, a economia ecológica ilumina a ciência sombria da economia tradicional e fornece uma estrutura mais abrangente para a aplicação dos princípios econômicos na era de transformação e evolução do desenvolvimento sustentável.

## Capacidade de carregamento

O termo *capacidade de carregamento* define os limites da capacidade de um terreno específico de contemplar as pessoas e suas atividades. De acordo com a Carrying Capacity Network (www.carryingcapacity.org),

> A capacidade de carregamento é o número de pessoas que pode ser suportado em uma determinada área nos limites dos recursos naturais e sem degradar os ambientes naturais social, cultural e econômico das gerações presentes e futuras. A capacidade de carregamento de uma área qualquer não é fixa. Pode ser alterada pelo avanço de tecnologias, mas, na maioria das vezes, é modificada para pior pelas pressões que acompanham um crescimento populacional. Conforme o ambiente é degradado, a capacidade de carregamento de fato é reduzida, tornando um ambiente incapaz de sustentar as pessoas que antes viviam na mesma área em uma base sustentável. Nenhuma população pode viver além da capacidade de carregamento do ambiente por muito tempo.

A capacidade de carregamento foca a relação entre a área do terreno e o crescimento populacional humano e sugere o ponto no qual o sistema pode entrar em colapso. São muitos os debates sobre a capacidade de carregamento do planeta em geral e dos Estados Unidos em particular. Apesar de os Estados Unidos poderem carregar 1 bilhão de pessoas com recursos adequados, é questionável que uma população dessa magnitude seja recomendável. O conceito de capacidade de carregamento também está relacionado ao princípio da precaução, discutido anteriormente nesse capítulo.

**Nossa pegada ecológica global**

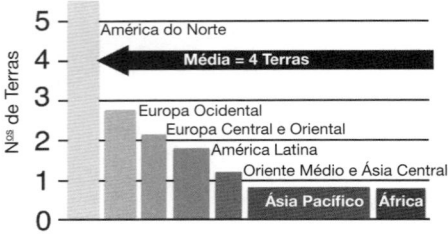

**FIGURA 2.14** A pegada ecológica com frequência expressa o número de equivalentes da Terra que seria necessário para sustentar o planeta com vários níveis de consumo. Se os 7,3 bilhões de pessoas do planeta consumissem na mesma proporção que um norte-americano médio, seriam necessários seis planetas para suportá-los. Há apenas um planeta Terra. Assim, é provável que, em algum momento da década de 1980, a população e seu consumo tenham excedido a capacidade do planeta de suportar a pessoa média. É evidente que os recursos estão sendo esgotados em uma proporção acelerada e insustentável. O gráfico indica que, exceto pela Ásia-Pacífico e pela África, cujas populações estão vivendo dentro dos limites suportados pela Terra, todas as outras regiões estão consumindo além da capacidade do planeta de fornecer recursos adequados. (Adaptado de 8020vision.com)

**TABELA 2.2**

**Mochila ecológica\* de alguns materiais bem conhecidos**

| Material | Mochila ecológica |
| --- | --- |
| Borracha | 5 |
| Alumínio | 85 |
| Alumínio reciclado | 4 |
| Aço | 21 |
| Aço reciclado | 5 |
| Platina | 350 mil |
| Ouro | 540 mil |
| Diamante | 53 milhões |

\*A mochila indica quantas unidades de massa precisam ser deslocadas para produzir uma unidade de massa do material. Por exemplo, 1 kg de alumínio de bauxita exige o deslocamento de 85 kg de materiais, comparado com o deslocamento de apenas 4 kg para produzir 1 kg de alumínio reciclado.

## Pegada ecológica

No livro *Our Ecological Footprint*, Mathis Wackernagel e William Rees (1996) propõem que uma *pegada ecológica*, se referindo à área de solo necessária para suportar uma certa população ou atividade, poderia servir como uma medida de apoio para o consumo total de recursos, permitindo assim uma comparação simples do consumo de recursos de vários estilos de vida. A pegada ecológica é o inverso da capacidade de carregamento e representa a quantidade de solo necessária para sustentar determinada população. Um cálculo de pegada ecológica indica que, por exemplo, os holandeses precisam de uma área 15 vezes maior que a dos Países Baixos para suportar sua população. A população de Londres exige uma área de Terra 125 vezes maior que sua pegada física. Se todos desfrutassem o estilo de vida norte-americano, seriam necessários mais de cinco planetas Terra (Figura 2.14), devido ao estilo de vida cada vez mais consumista nos Estados Unidos e à fervilhante população mundial, que ultrapassava os sete bilhões no momento em que esse texto foi escrito. O problema final que deve ser resolvido, especialmente no contexto do desenvolvimento sustentável, é como todas as pessoas podem ter uma qualidade de vida decente sem destruir os sistemas planetários que sustentam a vida em si. Uma solução parcial exige que países desenvolvidos diminuam drasticamente seu consumo e assegurem que países em desenvolvimento recebam recursos suficientes para mais do que a mera sobrevivência. Tal divisão de recursos constitui a ideia central da formulação original de desenvolvimento sustentável, que valoriza transformar o mundo em desenvolvimento de mera sobrevivência para a capacidade de sustentar uma qualidade de vida razoável. Como William Rees observou no prefácio de *Our Ecological Footprint*, "em um planeta finito em capacidade de carregamento humano, uma sociedade movida principalmente por individualismo egoísta tem todo o potencial de sustentabilidade de um punhado de escorpiões raivosos em uma garrafa" (p. xi).

## A mochila ecológica e a intensidade de materiais por unidade de serviço

O termo *mochila ecológica*, cunhado por Friedrich Schmidt-Bleek, que fez parte do Instituto Wuppertal, em Wuppertal, na Alemanha, tenta quantificar a massa dos materiais que podem ser deslocados a fim de extrair um recurso específico. Este conceito foi desenvolvido para demonstrar que a prosperidade atribuída a certas atividades humanas só tem sido atingida devido à destruição de recursos naturais mediante escavação, mineração, canalização de rios e lagos e processamento de gigatoneladas (bilhões de toneladas) de materiais para extração de recursos diluídos. Schmidt-Bleek sugeriu que, uma vez que essas atividades são responsáveis por danos ambientais significativos, pode-se dizer que materiais extraídos carregam uma "mochila", ou carga de extração. Por exemplo, os 10 gramas de ouro contidos em uma típica aliança de casamento pequena são extraídos e concentrados de 272 toneladas de matéria-prima.

A Agência Ambiental Europeia define a *mochila ecológica* como a entrada de material de um produto ou serviço menos o peso do produto em si.[16] A entrada de material é definida como a quantidade total (em libras ou quilos), ao longo do ciclo de vida, de um material natural fisicamente deslocado a fim de gerar um produto em particular (veja a Tabela 2.2).[17] O estresse ambiental causado por uma atividade é proporcional à quantidade de materiais movidos. Quanto maior é a massa movida, mais alto é o impacto ambiental. O conceito de mochila ecológica foca esses grandes deslocamentos de terra e rochas em vez de quantidades mínimas de materiais tóxicos. São as grandes transformações no solo ocasionadas por crescentes demandas de materiais que, associadas ao esgotamento de depósitos de materiais ricos, vêm sendo historicamente negligenciadas por ambientalistas e elaboradores de políticas públicas.

A *intensidade de materiais por unidade de serviço* (MIPS) é outro conceito criado por Schmidt-Bleek para ajudar a entender a eficiência com a qual os materiais são utilizados. A MIPS mede quanto serviço um produto entrega. Quanto mais elaborado ou melhor o serviço, mais baixo é o valor de MIPS. A MIPS é também um indicador de produtividade do recurso ou ecoeficiência, e se diz que produtos com melhores serviços possuem ecoeficiência e produtividade de recursos melhores.

## A hipótese da biofilia

E. O. Wilson, o eminente entomologista da Harvard University, sugere que os seres humanos têm necessidade e desejo de estarem conectados à natureza e aos seres vivos. Ele cunhou o termo *hipótese da biofilia* para propor este conceito de que seres humanos têm uma afinidade pela natureza e "tendem a focar a vida e os processos relacionados a ela". A hipótese da biofilia expressa a existência de uma necessidade humana geneticamente fundamental e de tendência à afiliação com a vida e seus processos relacionados. Vários estudos têm mostrado que, mesmo a mínima conexão com a natureza, como olhar para a rua através de uma janela, aumenta a produtividade e a saúde no ambiente de trabalho, promove a cura de pacientes hospitalizados e reduz a frequência de enfermidades em prisões. Detentos cujas celas têm vista para plantações e florestas necessitam de menos serviços de cuidados à saúde do que aqueles em celas voltadas para o pátio da prisão (citado em Kahn, 1997).

No livro *The Biophilia Hypothesis*, os autores Wilson e Stephen Kellert (1993), professor na Escola de Estudos Florestais e Ambientais na Yale University, reúnem artigos de terceiros tanto para apoiar quanto para refutar essa hipótese. Kellert declarou que para edificações ecológicas se tornarem de fato bem-sucedidas precisam estar relacionadas a processos naturais e precisam auxiliar os seres humanos a encontrar significado e satisfação. Kellert sugeriu que há nove valores de biofilia que oferecem um modelo genérico de projeto para a construção sustentável:

1. O valor utilitário enfatiza o benefício material que os seres humanos obtêm da exploração da natureza para satisfazer a várias necessidades e desejos.
2. O valor naturalista enfatiza as muitas satisfações que as pessoas obtêm da experiência direta da natureza e vida silvestre.
3. O valor ecológico-científico enfatiza o estudo sistemático dos padrões biofísicos, das estruturas e das funções da natureza.
4. O valor estético enfatiza a resposta emocional primária do prazer intenso da beleza física da natureza.
5. O valor simbólico enfatiza a tendência de os seres humanos usarem a natureza para comunicação e pensamento.
6. O valor humanista enfatiza a capacidade dos seres humanos de cuidarem e se tornarem íntimos dos animais.
7. O valor moralista enfatiza as condutas certas e erradas em relação ao mundo não humano.
8. O valor dominionista enfatiza o desejo de subjugar e controlar a natureza.
9. O valor negativista enfatiza os sentimentos de aversão, medo e desprazer que os seres humanos têm pela natureza. (p. 59)

O surgimento de evidências anedóticas sobre os efeitos da iluminação natural e vistas para a rua indica que a saúde, a produtividade e o bem-estar humanos são promovidos pelo acesso à luz natural e a vistas da vegetação. Centenas de estudos demonstraram que a redução de estresse resulta da conexão dos seres humanos com a natureza. Consequentemente, a facilitação da capacidade humana de interagir com a natureza, mesmo que à distância, de dentro de um edifício, surge como uma questão a ser considerada na criação de edificações ecológicas de alto desempenho.

**TABELA 2.3**

**Sete elementos de ecoeficiência conforme definição do WBCSD**

1. Redução das necessidades materiais de bens e serviços
2. Redução da demanda energética de bens e serviços
3. Redução da dispersão tóxica
4. Aprimoramento da possibilidade de reciclagem de materiais
5. Otimização do uso sustentável de recursos renováveis
6. Extensão da durabilidade dos produtos
7. Aumento da intensidade dos serviços de bens e serviços

## Ecoeficiência

Criado pelo Conselho Empresarial para o Desenvolvimento Sustentável (WBCSD) em 1992, o conceito de *ecoeficiência* inclui os impactos ambientais e custos como fator no cálculo de eficiência de trabalho. O WBCSD considera o termo *ecoeficiência* como a entrega de bens e serviços com preços competitivos que satisfaçam às necessidades humanas e aprimorem a qualidade de vida enquanto progressivamente reduzem os impactos ecológicos e a intensidade de recursos mediante os ciclos de vida dos produtos a um nível proporcional à capacidade de carregamento estimada da Terra. O WBCSD (1996) articulou sete elementos de ecoeficiência (veja a Tabela 2.3).

Além disso, o WBCSD identificou quatro aspectos de ecoeficiência que a tornam um elemento estratégico indispensável na economia contemporânea baseada em conhecimento.

1. Desmaterialização: as companhias estão desenvolvendo formas de substituir fluxos de conhecimento por fluxos materiais.
2. Ciclos de produto fechados: os desenhos biológicos da natureza fornecem um molde para a sustentabilidade.
3. Ampliação dos serviços: o mundo está mudando de uma economia orientada pelo abastecimento para uma economia orientada pela demanda.
4. Ampliação funcional: as companhias estão fabricando produtos mais inteligentes, com funcionalidades novas e melhorias, e vendendo serviços para agregar valor funcional dos produtos.

O WBCSD sugeriu que os negócios podem atingir ganhos em ecoeficiência mediante:

- Processos otimizados: mudança de soluções caras de "final de tubo" para estratégias que previnam a poluição em primeiro lugar.
- Reciclagem de resíduos: uso dos subprodutos e resíduos de uma indústria como matéria-prima e recursos para outra, gerando assim resíduo zero.
- Ecoinovação: fabricação "mais inteligente" mediante uso de novos conhecimentos para tornar produtos antigos mais eficientes em recursos para produção e uso.
- Novos serviços: por exemplo, aluguel de produtos em vez de compra, o que muda as percepções das companhias, acelerando uma mudança na reciclagem e na durabilidade do produto.
- Redes e organizações virtuais: divisão de recursos para aumentar o uso efetivo de bens físicos.

Como um conceito, a ecoeficiência descreve a maioria dos princípios basilares que sustentam o conceito de desenvolvimento sustentável. Sua promoção pelo WBCSD, essencialmente uma associação de grandes corporações, é um sinal positivo de que a comunidade de empresários começa a levar a sustentabilidade a sério.

## O Passo Natural

Desenvolvido pelo oncologista sueco Karl-Henrik Robèrt em 1989, o Passo Natural (www.naturalstep.org) confere um parâmetro para a consideração dos efeitos da seleção de materiais na saúde humana. Robèrt sugeriu que muitos problemas da saúde humana, em particular os infantis, resultam dos materiais que usamos no nosso cotidiano. A extração de recursos como combustíveis fósseis e minérios de metal da crosta do planeta produz carcinogênicos e resulta em metais pesados entrando na biosfera superficial da Terra. A abundância de substâncias sintéticas quimicamente produzidas que não possuem modelos na natureza tem efeitos deletérios similares na saúde. O Passo Natural articula as quatro condições dos sistemas (listadas a seguir), ou princípios básicos, que devem ser seguidas para eliminar os efeitos das práticas materiais na nossa saúde. (Sua aplicação potencial em projetos de construção é descrita em mais detalhes no Capítulo 11.)

1. Para que uma sociedade seja sustentável, as funções e a diversidade da natureza não são sistematicamente sujeitas a concentrações crescentes de substâncias extraídas da crosta terrestre.
2. Para que uma sociedade seja sustentável, as funções e a diversidade da natureza não são sistematicamente sujeitas a concentrações crescentes de substâncias produzidas pela sociedade.
3. Para que uma sociedade seja sustentável, as funções e a diversidade da natureza não são sistematicamente empobrecidas pelo cultivo excessivo de outras formas de manipulação do ecossistema.
4. Em uma sociedade sustentável, os recursos são utilizados de forma justa e eficiente de modo a atender globalmente às necessidades humanas básicas.

## Análise do custo do ciclo de vida

A *análise do custo do ciclo de vida* é um método para determinar os impactos ambientais sobre o ambiente e os recursos causados por um material, produto ou mesmo uma edificação inteira ao longo de sua vida. Toda a energia, a água e os recursos materiais, assim como as emissões no ar, na água e na terra, são tabulados ao longo do ciclo de vida. O ciclo de vida, ou o período considerado nessa avaliação, pode incluir a extração de recursos, o processo de fabricação, a instalação em um edifício e o descarte final do produto. A análise também considera os recursos necessários para transportar os componentes da extração até o descarte. Trata-se de uma estratégia importante e ampla que examina todos os impactos das decisões de seleção de material, em vez de simplesmente o desempenho de um item na edificação. A análise e as ferramentas são descritas em mais detalhes no Capítulo 11.

## Avaliação do custo do ciclo de vida

A capacidade de modelar o desempenho financeiro de uma edificação ao longo de seu ciclo de vida é necessária para justificar as medidas que exigem grande investimento de capital inicial, mas que geram custos operacionais significativamente mais baixos ao longo do tempo. Ao usar a *avaliação do custo do ciclo de vida*, é desenvolvida uma análise de custo/benefício para cada ano da provável vida útil do prédio. O valor atual dos benefícios líquidos de cada ano é determinado adotando-se uma taxa de desconto apropriada. Os benefícios líquidos para cada ano são tabulados para calcular o valor atual total de uma característica particular. Por exemplo, o retorno financeiro da instalação de um sistema fotovoltaico pode ser determinado pelo amortecimento dos custos do sistema ao longo de sua vida provável; o valor da energia gerada a cada ano pode então ser calculado para determinar o benefício líquido anual. A aplicação da avaliação pode determinar se o retorno por esse sistema atende aos critérios econômicos do proprietário. A avaliação também pode ser combinada aos resultados da análise dos custos de vida para pesar em conjunto os impactos ambientais e financeiros de um sistema em particular. A avaliação do custo do ciclo de vida é abordada em mais detalhes no Capítulo 14.

## Energia incorporada

A *energia incorporada* se refere ao total energético consumido na aquisição e no processamento de uma matéria-prima, incluindo a fabricação, o transporte e a instalação final. Os produtos com mais energia incorporada geralmente geram impacto ambiental mais alto devido às emissões e aos gases de efeito estufa associados ao consumo de energia. No entanto, outro cálculo, que divide a energia incorporada pelo tempo de uso do produto, gera um indicador mais realista do impacto ambiental. Produtos mais duráveis terão uma energia incorporada mais baixa pelo tempo em uso. Por exemplo, um produto com energia incorporada alta, como o alumínio, pode ter uma energia incorporada muito baixa por tempo devido à sua durabilidade extremamente alta. Além disso, certos produtos têm energia incorporada relativamente baixa quando reciclados. O alumínio reciclado tem apenas 10% da energia incorporada do alumínio composto de minério de bauxita. Da mesma forma, o aço reciclado tem aproximadamente 20% da energia incorporada do aço fabricado com minério. Uma lista das energias incorporadas típicas dos materiais de construção mais adotados é apresentada na Tabela 2.4.

## Fator 4, Fator 5 e Fator 10

Os conceitos de *Fator 4* e *Fator 10* fornecem um conjunto de diretrizes para comparar opções de projeto e avaliar o desempenho de edifícios e seus sistemas componentes. A noção de Fator 4 foi sugerida pela primeira vez no livro *Factor Four: Doubling Wealth, Halving Resource Use*, escrito em 1997 por Ernst von Weizsäcker, Amory Lovins e L. Hunter Lovins (veja a Figura 2.15).[18]

O Fator 4 sugere que, para a humanidade viver de forma sustentável hoje, deve reduzir rapidamente o consumo de recursos para um quarto dos níveis atuais. Felizmente, já existe a tecnologia para reduções em consumo de recursos do Fator 4, exigindo somente a priorização e a implementação de políticas públicas. Uma abordagem paralela surgiu da hipótese de Friedrich Schmidt-Bleek segundo a qual, a fim de alcançar a sustentabilidade de longo prazo, o consumo de recursos deve ser reduzido a um fator de 10 (veja www.factor10-institute.org). Um exemplo da aplicação desse princípio ao ambiente construído é fornecido por Lee Eng Lock, um engenheiro chinês de Cingapura que tem desafiado muitos pressupostos fundamentais de engenheiros mecânicos em seus projetos e layouts de sistemas. Em vez de aumentar o tamanho de resfriadores, circuladores de ar, bombas e outros equipamentos, Lock assegura que estes têm o tamanho exato para sua função. Essa abordagem de bom senso apresenta o mesmo resfriamento e conforto enquanto usa somente 10% da energia de projetos convencionais, realizando assim uma redução de fator 10 em energia.[19] O conceito de Fator 10 tem tido um efeito significativo no mundo inteiro e agora está sendo implementado pela União Europeia. O conceito de Fator 4 foi revisado em 2009 por Ernst von Weizsäcker e diversos colegas australianos que concluíram que há um potencial fator 5 de disponibilidade de melhoramentos de eficiência em setores inteiros da economia, sem perder a qualidade do serviço ou o bem-estar.

**FIGURA 2.15** O conceito de Fator 4 surgiu no livro *Factor Four: Doubling Wealth, Halving Resource Use*, de Ernst von Weizsäcker, Amory Lovins e L. Hunter Lovins.

## AS PRINCIPAIS PREOCUPAÇÕES AMBIENTAIS E DE RECURSOS

As preocupações com a degradação ambiental, a falta de abastecimento de recursos e os impactos na saúde humana estão promovendo uma aceitação geral da edificação ecológica, cujo objetivo final é a atenuação das enormes pressões nos ecossistemas planetários causados pelas atividades humanas. As principais questões ambientais a serem abordadas pelos métodos de construção sustentável estão na Tabela 2.5, sendo algumas abordadas mais detalhadamente nas seções seguintes.

### As mudanças climáticas

Além de provocarem as mudanças climáticas, certos produtos químicos adotados na construção de prédios e nas operações de suas instalações estão tornando mais fina a camada de ozônio, camada esta protetora da atmosfera composta por três moléculas de oxigênio ($O_3$), localizada a 16–40 km acima da Terra e com a função de atenuar a radiação ultravioleta nociva. Em 1985, os cientistas descobriram um enorme buraco do tamanho dos Estados Unidos continental na camada de ozônio acima da Antártida. Em 1999, o tamanho desse buraco havia dobrado. O esgotamento do ozônio é causado

**TABELA 2.4**

Energia incorporada de materiais de construção mais adotados

| Material | Energia incorporada, BTU/lb | Energia incorporada MJ/kg | MJ/m³ |
|---|---|---|---|
| Agregado | 43 | 0,1 | 150 |
| Concreto (30 MPa) | 559 | 1,3 | 3.180 |
| Madeira serrada | 1.075 | 2,5 | 1.380 |
| Tijolo | 1.075 | 2,5 | 5.170 |
| Isolamento de celulose | 1.419 | 3,3 | 112 |
| Isolamento de lã mineral | 6.277 | 14,6 | 139 |
| Isolamento de fibra de vidro | 13.026 | 30,3 | 970 |
| Isolamento de poliestireno | 50.298 | 117,0 | 3.770 |
| Placa de revestimento de gesso | 2.622 | 6,1 | 5.890 |
| Aglomerado | 3.439 | 8,0 | 4.400 |
| Compensado | 4.471 | 10,4 | 5.720 |
| Alumínio | 97.587 | 227,0 | 515.700 |
| Alumínio (reciclado) | 3.482 | 8,1 | 21.870 |
| Aço | 13.757 | 32,0 | 251.200 |
| Aço (reciclado) | 3.826 | 8,9 | 37.210 |
| Zinco | 21.925 | 51,0 | 371.280 |
| Cobre | 30.351 | 70,6 | 631.164 |
| Cloreto de polivinila (PVC) | 30.093 | 70,0 | 93.620 |
| Linóleo | 49.868 | 116,0 | 150.930 |
| Carpete (sintético) | 63.625 | 148,0 | 84.900 |
| Tinta | 40.110 | 93,3 | 117.500 |
| Telha chata asfáltica | 3.869 | 9,0 | 4.930 |

*Fonte:* site *Canadian Architect*, www.cdnarchitect.com
*Nota:* MJ/kg = megajaules por quilo de material
MJ/m³ = megajaules por metro cúbico de material

pela interação de halógenos – gases que contêm cloro e bromo, como clorofluorcarbonos (CFCs), empregados na refrigeração – e espumas e halons usados para a supressão de fogo. A Tabela 2.6 fornece um sumário dos principais contribuintes para a destruição da camada de ozônio. Em um dos poucos exemplos bem-sucedidos de cooperação ambiental internacional, o Protocolo de Montreal da ONU de 1987, gerou um acordo internacional com o objetivo de, a partir de certo momento, deter a produção de produtos químicos que destroem a camada de ozônio. Considerando que o Protocolo de Montreal seja fielmente seguido pela comunidade internacional, estima-se que a camada de ozônio esteja totalmente restaurada até 2050.

## Desmatamento, desertificação e erosão do solo

Estima-se que as florestas naturais contenham a metade da diversidade biológica do planeta, possuindo o maior nível de biodiversidade em comparação a qualquer outro ecossistema. Lamentavelmente, o *desmatamento* está ocorrendo em um ritmo rápido, com 0,8 ha de florestas desaparecendo a cada segundo (veja www.rainforest-alliance.org) e florestas de zonas temperadas perdendo cerca de quatro milhões de hectares por ano. Apesar de cerca de um terço da área total de solo do mundo ser de mata, aproximadamente metade das florestas da Terra já desapareceu. Nos Estados Unidos, resta somente de 1 a 2% da cobertura florestal originária. Esse padrão de remoção

**TABELA 2.5**

Importantes questões ambientais conectadas ao projeto e à construção do ambiente construído

| |
|---|
| Mudanças climáticas |
| Destruição do ozônio |
| Erosão do solo |
| Desertificação |
| Desmatamento |
| Eutroficação |
| Acidificação |
| Perda da biodiversidade |
| Poluição do solo, da água e do ar |
| Dispersão de substâncias tóxicas |
| Esgotamento das áreas de pesca |

**TABELA 2.6**

Gases utilizados para as funções típicas de uma edificação

| Gás halogênio* | Tempo de vida (anos)† | Emissões globais (milhares de toneladas/ano) | Potencial de destruição de ozônio (ODP)†† |
|---|---|---|---|
| **Cloro** | | | |
| CFC-12 | 100 | 130–160 | 1 |
| CFC-113 | 85 | 10–25 | 1 |
| CFC-11 | 45 | 70–110 | 1 |
| HCFCs | 1–26 | 340–370 | 0,02–0,12 |
| **Bromo** | | | |
| Halon 1301 | 65 | ~3 | 12 |
| Halon 1211 | 16 | ~10 | 6 |

*Fonte:* Extraída de "Twenty Questions and Answers about the Ozone Layer" (2002) em www.esrl.noaa.gov/csd/assessments/ozone/2010/twentyquestions/

*Os gases com cloro são empregados em refrigerantes. Os gases com bromo, em sistemas de combate a incêndio.

†O tempo de vida diz respeito à duração dos gases na atmosfera.

†† ODP é o impacto do esgotamento de ozônio de um gás. O ODP de CFC-11 é definido como 1. Com um ODP de 12, halom 1301 destrói o ozônio numa proporção 12 vezes maior do que aquela do CFC-11.

das florestas em larga escala, conhecido como *desmatamento*, gera consequências ambientais negativas, como perda de biodiversidade, aquecimento global, erosão do solo e desertificação (veja a Figura 2.16).

O desmatamento prejudica a capacidade das florestas de "sequestrarem" as grandes quantidades de $CO_2$ armazenadas na massa das árvores, sendo o gás liberado na atmosfera na forma de compostos gasosos que contribuem para a aceleração das mudanças climáticas. Entre 1850 e 1990, o desmatamento mundial gerou 122 bilhões de toneladas de carbono. Atualmente, devido ao desmatamento, são lançadas aproximadamente 1,6 bilhão de toneladas de carbono ao ano, enquanto a queima de combustíveis fósseis como petróleo, carvão mineral e gás lança cerca de 6 bilhões de toneladas ao ano. As árvores e seus sistemas de raízes são necessários para prevenir a erosão do solo, os deslizamentos e as avalanches; portanto, sua remoção contribui também para a perda do solo e modifica a proporção com que a água penetra a bacia hidrográfica. As reservas de água doce das florestas são uma importante fonte de oxigênio que favorece a biodiversidade. Especialmente em florestas tropicais, o desmatamento em larga escala afeta o albedo, ou refletividade da Terra,

**FIGURA 2.16** O desmatamento, como ilustrado nesta fotografia do norte da Flórida, destrói o *habitat* animal, causa a erosão do solo e afeta a biodiversidade. As normas de edificação ecológica requerem o uso de produtos de madeira de florestas controladas sustentavelmente. (Fotografia por cortesia de M. R. Moretti)

alterando sua temperatura e energia da superfície, o nível da evaporação da água da superfície e, finalmente, os padrões e a quantidade das chuvas.

O desmatamento também causa a erosão do solo, um fator-chave para sua degradação. Mais de 1,8 bilhão de toneladas da camada do solo são perdidas anualmente devido à agricultura humana e plantações de árvores para fins industriais. Mais de 2 bilhões de hectares, uma área igual à dos Estados Unidos e do México juntas, hoje são considerados degradados, de acordo com a *Global Environmental Outlook 2002 Report* (www.unep.org/geo/geo3). Em regiões áridas e semiáridas, a degradação resulta em *desertificação*, ou a destruição da cobertura natural que evita a formação de desertos. A Convenção das Nações Unidas de Combate à Desertificação (www.unccd.int), formada em 1996 e ratificada por 179 países, relata que mais de 250 milhões de pessoas são diretamente afetadas pela desertificação. Além disso, os solos áridos suscetíveis à desertificação cobrem 40% da superfície da Terra, colocando em risco mais de 1,1 bilhão de pessoas em mais de 100 países que dependem dessas terras para sobreviver. A China, com uma economia e uma população crescendo rapidamente, perde cerca de 121 mil hectares a cada ano para dunas de areias móveis (veja a Figura 2.17).

## Eutroficação e acidificação

Duas condições ambientais que com frequência ameaçam as reservas de água são a eutroficação e a acidificação. A *eutroficação* diz respeito ao carregamento excessivo de corpos de água com nutrientes de fertilizantes agrícolas e de áreas ajardinadas, escoamentos urbanos, descargas de esgoto e barrancos de córrego erodidos (veja a Figura 2.18). O abastecimento excessivo de nutrientes favorece o crescimento ou a superpopulação de algas, o que bloqueia a luz solar e causa a morte de gramíneas aquáticas. A decomposição das algas esgota o oxigênio dissolvido necessário para a sobrevivência de espécies aquáticas, como peixes e caranguejos.

Em determinado momento, a decomposição em um corpo de água completamente livre de oxigênio, ou *anóxico*, pode lançar sulfeto de hidrogênio, envenenando os organismos e tornando sem vida o leito de um lago ou mar. A eutroficação levou à degradação de inúmeras vias navegáveis ao redor do mundo. Por exemplo, no mar Báltico, as grandes explosões no número de algas, agora usuais após os verões excepcionalmente quentes, reduziram a visibilidade da água para entre 3,0 e 4,6 metros de profundidade.

A *acidificação* é o processo no qual a poluição do ar na forma de amônia, dióxido de enxofre e óxidos de nitrogênio, lançados principalmente na atmosfera por meio da queima de combustíveis

**FIGURA 2.17** A desertificação no sul do Níger está consumindo não apenas o solo, mas também as aldeias locais. (Wikipedia Commons)

**FIGURA 2.18** Escoamento superficial da água na zona urbana e rural, sistemas sépticos com vazamentos, descargas de esgoto, leitos de córregos erodidos e fontes similares podem aumentar o fluxo de nutrientes e substâncias orgânicas em sistemas aquáticos. O resultado é uma estimulação excessiva do crescimento das algas, causando a eutroficação que interfere no uso recreativo de lagos e estuários e afeta adversamente a saúde e a diversidade de populações de peixes e animais nativos. (Fotografia por cortesia de M. R. Moretti)

fósseis, é convertida em ácidos. A chuva ácida resultante é conhecida por seus danos a florestas e lagos. Menos óbvio é o dano causado pela chuva ácida aos ecossistemas de água doce e litorâneos, solos e mesmo a monumentos históricos. A acidez da chuva poluída remove os minerais do solo, causando a liberação de metais pesados que são nocivos aos micro-organismos e afetam a cadeia alimentar. Muitas espécies de peixes, animais e outras formas de vida aquáticas são sensíveis à acidez da água. As diretrizes europeias que forçam a instalação de sistemas de dessulfurização e desencorajam o uso de carvão mineral como combustível fóssil reduziram a frequência de chuva ácida na Europa na década de 1990. Um levantamento de 1999 sobre as florestas europeias apontou que cerca de 25% de todas as árvores já haviam sido danificados, em grande parte devido aos defeitos da acidificação.[20]

## Perda da biodiversidade

A *biodiversidade* diz respeito à variedade e à variabilidade dos organismos vivos e dos ecossistemas nos quais eles ocorrem. O conceito de biodiversidade engloba o número de diferentes organismos, suas frequências relativas e organização em muitos níveis, que variam de ecossistemas completos a estruturas bioquímicas que formam a base molecular da hereditariedade. Assim, a biodiversidade expressa a amplitude da vida no planeta, levando em conta as abundâncias relativas dos ecossistemas, das espécies e dos genes. A biodiversidade das espécies é o nível da biodiversidade mais frequentemente discutido. Estima-se que 1,7 milhão de espécies já foram descritas, de um total estimado dos entre 5 e 100 milhões existentes. No entanto, o desmatamento e as mudanças climáticas estão causando uma extinção tão rápida de tantas espécies que alguns biólogos estão prevendo uma perda de 20% das espécies existentes ao longo dos próximos 20 anos.

O desmatamento é particularmente devastador, especialmente para as florestas tropicais, que correspondem a apenas 6% do território mundial, mas contêm mais de 500 mil de suas espécies. A preservação e a proteção à biodiversidade são importantes para a humanidade, uma vez que diversos ecossistemas fornecem numerosos serviços e recursos, como proteção e formação dos recursos da água e do solo, reservas e ciclagem de nutrientes, atenuamento e diminuição da poluição, recursos alimentares e medicinais, produtos de madeira, *habitats* aquáticos e muitas aplicações ainda desconhecidas.[21] Uma vez perdidas, as espécies não podem ser substituídas pela tecnologia humana, e fontes potenciais de novos alimentos, medicamentos e outras tecnologias talvez jamais sejam descobertas.

Além disso, a destruição dos ecossistemas contribui para o surgimento e a dispersão de doenças infecciosas ao interferir no controle natural dos vetores de doenças. Por exemplo, a fragmentação das florestas norte-americanas resultou na eliminação dos predadores do camundongo-de-

-patas-brancas, o maior condutor da doença de Lyme, que hoje é a principal doença infecciosa transmitida por vetor nos Estados Unidos. Por fim, a extinção das espécies impede a descoberta de medicamentos que podem ser úteis, como a aspirina, a morfina, a vincristina, o taxol, o digitalis e a maioria dos antibióticos, todos derivados de modelos naturais.[22]

## Substâncias tóxicas e disruptores endócrinos

Um subproduto perigoso da propensão humana à invenção tem sido a criação de um grande número de compostos químicos que não possuem análogos na natureza e geralmente afetam toxicamente os sistemas biológicos. Uma *substância tóxica* é um produto químico que pode causar morte, doenças, anormalidades comportamentais, câncer, mutações genéticas, mau funcionamento fisiológico ou reprodutivo ou deformidades físicas em qualquer organismo ou seus descendentes, ou que pode se tornar venenoso após a concentração na cadeia alimentar ou em combinação com outras substâncias.[23] Substâncias tóxicas podem ser cancerígenas ou mutagênicas e afetar os sistemas de desenvolvimento reprodutivo, neurológico ou respiratório. As substâncias combustíveis ou corrosivas também são classificadas como tóxicas. Além disso, as *toxinas* são venenos biológicos que são subprodutos dos organismos vivos. Uma toxina pode ser obtida naturalmente – isto é, das secreções de vários organismos – ou pode ser sintetizada.

A quantidade de produtos químicos produzidos sinteticamente nos Estados Unidos cresceu de 0,9 milhão de toneladas por ano em 1940 para mais de 765 milhões de toneladas em 2014, correspondendo a 2,4 toneladas *per capita*. A indústria de produtos químicos representa 25% do produto interno bruto dos Estados Unidos e 12% das exportações. E, apesar do fato de, em 2014, aproximadamente 91 milhões dos produtos químicos disponíveis comercialmente estarem classificados pelo Chemical Abstracts Service, a National Academy of Sciences declarou que existiam informações adequadas para avaliar os riscos à saúde pública para apenas 2% desses produtos. Todos os anos, mais de 6 mil novos componentes químicos são desenvolvidos; no entanto, exige-se da indústria o relatório dos lançamentos no meio ambiente de somente 320 substâncias. Mais de 1,4 bilhão de quilos de produtos químicos tóxicos são lançados no meio ambiente anualmente, com a produção de lixo nocivo descartado oficial chegando a 635 trilhões de quilos anuais. Anualmente, a indústria norte-americana produz cerca de 5,4 kg de resíduos tóxicos *per capita* (www.ccaej.org). Desde 1987, as indústrias são obrigadas a enviar relatórios do lançamento de certos produtos químicos ao governo mediante o Toxics Release Inventory, porém esse inventário não abrange todos os produtos químicos, nem todas as indústrias – apenas as maiores fábricas têm essa obrigação. Um relatório realizado por Dutzik, Bouamann & Purvis (2003) para o US Public Interest Research Group Education Fund descobriu que as seguintes quantidades de elementos químicos foram lançadas na atmosfera em 2000:

- Elementos químicos causadores de câncer: 45,4 milhões de kg, sendo o diclorometano o mais frequente
- Elementos químicos como o tolueno, associados a problemas de desenvolvimento: 63 milhões de kg
- Elementos químicos como o dissulfeto de carbono, associado a transtornos reprodutivos: 23 milhões de kg
- Agentes tóxicos respiratórios: 0,8 bilhão de kg, mais frequentemente aerossóis de ácido hidroclórico
- Dioxinas: 7 kg
- Substâncias tóxicas persistentes: chumbo (125 mil kg), composto de chumbo (0,6 milhão kg), mercúrio (13.600 kg) e compostos do chumbo (62 mil kg)

Durante as últimas décadas, tornaram-se aparentes os danos causados por muitos elementos químicos aos sistemas hormonais de animais e seres humanos. Os *elementos químicos disruptores endócrinos* interferem nos hormônios produzidos pelo sistema endócrino, uma rede complexa de glândulas e hormônios que regula o desenvolvimento e a função dos órgãos, crescimento físico, o desenvolvimento e a maturação. Alguns elementos químicos disruptores endócrinos são a dioxina, o bifenil policlorado, o diclorodifeniltricloretano e vários pesticidas e plasticizantes. Os elementos químicos disruptores endócrinos estão sendo relacionados à ocorrência de glândulas da tireoide anormais no papo de águias, andorinhas e gaivotas encontradas na cadeia alimentar de peixes e pássaros dos Grandes Lagos dos Estados Unidos. Os elementos químicos disruptores endócrinos contribuíram para o aparecimento de jacarés com órgãos reprodutores cada vez menores e são culpados pela queda nas populações de jacarés no lago Apopka, na Flórida. O exemplo mais notório ocorrido na população humana foi o uso de diethylstilbestrol (DES), um estrogênio sintético prescrito até 1971 para a prevenção de abortos em mulheres grávidas. Desde então, é associado a numerosos problemas de saúde nos filhos expostos à droga no útero, incluindo complicações reprodutivas e infertilidade nas filhas de pacientes que consumiram diethylstilbestrol.[24] Apesar de o slogan da indústria norte-americana nos anos de 1950 – "uma vida melhor por meio da química" – ainda valer, o preço inesperadamente alto disso ainda está sendo pago.

## O exaurimento das reservas de metal

O exaurimento dos recursos-chave necessários para sustentar as exigências de energia e materiais das sociedades desenvolvidas do mundo atual é uma ameaça à alta qualidade de vida usufruída pelos norte-americanos, europeus, japoneses e membros de outras sociedades industrializadas modernas. O exaurimento das reservas de petróleo é tratado no Capítulo 1 deste livro. Apesar da produção de petróleo supostamente ter atingido seu pico por volta de 2008, o advento da tecnologia do fraturamento para a extração de petróleo e gás aumentou temporariamente a produção e reduziu os preços. A Terra é um recurso finito, e o crescente consumo provavelmente resultará em uma era de preços de produtos feitos à base de petróleo muitos mais altos, dentre eles a gasolina, o óleo diesel e os polímeros feitos à base de petróleo. Um cenário parecido está exaurindo outros recursos-chave, em particular os metais. Um estudo feito por Gordon, Bertram e Graedel (2006) sobre o abastecimento e o uso de cobre, zinco e outros metais determinou que as reservas desses recursos – mesmo se reciclados – talvez não consigam atender às necessidades da população global. Mesmo a extração total de metais da crosta terrestre e os programas de reciclagem extensivos podem não atender às demandas futuras se todos os países tentarem obter os mesmos padrões de vida usufruídos por nações desenvolvidas. Gordon *et al.* basearam seu estudo nos metais remanescentes na Terra, em uso pelas pessoas e perdidos em aterros sanitários. Usando as reservas de cobre na América do Norte como ponto de partida, eles traçaram a evolução da mineração, do uso e da perda de cobre durante o século XX. Então aplicaram suas descobertas e dados adicionais a uma estimativa da demanda global por cobre e outros metais em um cenário no qual todas as nações fossem completamente desenvolvidas e usassem tecnologias modernas. O estudo descobriu que todo o cobre em minério, além daquele atualmente em uso, seriam necessários para trazer o mundo ao nível das nações desenvolvidas em transmissão de energia, construção e outros serviços e produtos que dependem desse metal. Globalmente, os pesquisadores estimam que 26% do cobre que pode ser extraído da crosta terrestre estão, agora, perdidos em resíduos não reciclados, assim como aproximadamente 19% do zinco. Curiosamente, os pesquisadores disseram que os preços atuais não refletem essas perdas porque as reservas ainda são grandes o suficiente para atender à demanda, e novos métodos ajudaram as minas a produzirem materiais de forma mais eficiente. Apesar de o cobre e o zinco não correrem risco de exaurimento em um futuro imediato, os pesquisadores acreditam que metais escassos, como a platina, correm riscos neste século porque não há um substituto adequado para seu uso em dispositivos como conversores catalíticos e células de combustível a hidrogênio. E como o total de uso de metais continua a crescer, mesmo os mais abundantes podem enfrentar riscos de exaurimento semelhantes em um futuro não distante. O impacto nos preços dos metais devido a uma combinação de demanda e esvaziamento de estoques tem sido enorme. Entre 2002 e 2012, o preço do cobre aumentou 500%; e o níquel, o latão e o aço inoxidável, em cerca de 250%. Apesar dos preços mais elevados, as boas-novas são de que há uma ênfase na reciclagem, usando apenas a quantidade necessária de metais e assegurando que todos os dejetos de uma indústria sejam recuperados durante a fabricação.[25]

## O MOVIMENTO DA EDIFICAÇÃO SUSTENTÁVEL

Mais do que qualquer movimento humano, o ambiente construído causa impactos diretos, complexos e duradouros na biosfera. Nos Estados Unidos, a produção e a fabricação de componentes de edificação, em conjunto com o processo de construção em si, envolvem a extração e a movimentação anuais de 5,4 bilhões de toneladas de materiais básicos. O setor da construção, representando cerca de 8% do PIB norte-americano, consome 40% dos materiais extraídos no país. Estimativas sugerem que quase 90% de todos os materiais já extraídos encontram-se nas edificações e infraestruturas existentes. Os resíduos de construção são gerados numa proporção de cerca de 0,45 tonelada por pessoa a cada ano nos Estados Unidos, ou cerca de 24–49 kg/m² de uma nova construção. Os resíduos de reformas ocorrem em um nível de 344–489 kg/m². O processo de demolição resulta em quantidades de resíduos realmente impressionantes, com pouco ou nenhum reúso ou reciclagem (veja a Figura 2.19). Dos aproximados 132 milhões de toneladas de resíduos de construção e demolição gerados nos Estados Unidos anualmente, 92% são de demolição, e o restante provém de atividades de construção. Além das enormes quantidades de resíduos resultantes das atividades de ambiente construído, práticas questionáveis de desenvolvimento e planejamento urbano também geram consequências de longo alcance. Uma vez que o transporte consome cerca de 40% do consumo de energia primária nos Estados Unidos, a distribuição do ambiente construído e a consequente necessidade de depender de automóveis para circulação entre trabalho, casa, escola/faculdade e compras resulta em um consumo de energia, poluição do ar e geração de $CO_2$ desproporcionais, que contribuem para o aquecimento global.

O movimento da edificação ecológica é a resposta do setor da construção aos impactos ambientais e aos recursos do ambiente construído. Como citado no Capítulo 1, o termo *edificação ecológica* se refere à qualidade e às características da verdadeira edificação com princípios e metodologias da construção sustentável. No contexto das edificações ecológicas, a *eficiência de recursos* significa altos níveis de eficiência energética e de uso da água, uso apropriado do terreno e do

**FIGURA 2.19** Estima-se que os resíduos anuais gerados por construção e demolição nos Estados Unidos sejam de aproximadamente 145 milhões de toneladas, ou cerca de 0,45 tonelada *per capita*. Geralmente, os edifícios não são projetados para serem desmontados. O resultado disso é que apenas uma pequena percentagem dos materiais de demolição pode ser reciclada. A demolição parcial da biblioteca da Faculdade de Direito Levin da University of Florida, em Gainesville, em meados de 2004, ilustra a quantidade de resíduos tipicamente gerada em projetos de reforma: entre 344 e 489 kg por m². (Fotografia por cortesia de M. R. Moretti)

tratamento paisagístico, uso de materiais ambientalmente sustentáveis e minimização dos efeitos do ciclo de vida do projeto e da operação da edificação.

## Organizações de edificação sustentável – Estados Unidos

As organizações-chave dos Estados Unidos na promoção de práticas de construção sustentável incluem o US Green Building Council, a Green Building Initiative, o Departamento de Energia, a Agência de Proteção Ambiental, a National Association of Home Builders, o Departamento de Defesa, dentre outras agências públicas e organizações sem fins lucrativos. O setor privado tem sido liderado por diversos fabricantes. Em particular, o falecido Ray Anderson, fundador e antigo presidente da InterfaceFLOR, conduziu a transição de um tradicional fabricante de carpete em placas para uma empresa com filosofia corporativa baseada em ecologia industrial (veja a Figura 2.20). Os esforços de Anderson para mover a Interface em rumo à sustentabilidade incitou uma competição entre outras fábricas, dentre elas a Milliken & Collins & Aikman, para a produção de carpete em placas "sustentável". Em relação à construção comercial, a principal organização de edificação sustentável é o USGBC, localizado em Washington, DC. Uma organização relativamente nova, a Green Building Initiative (GBI), cujo edifício-sede fica em Portland, Oregon, adquiriu em 2004 os direitos de uma norma de certificação para edificações canadense Green Globes. A GBI adaptou o Green Globes ao mercado norte-americano e o oferece como uma alternativa aos sistemas de certificação LEED.

O empreendimento de conjuntos habitacionais e casas é feito por diversas entidades, muitas das quais precedem o USGBC e surgiram de modo independente com o apoio de outras organizações e prefeituras. A cidade de Boulder, no Colorado, adotou em 1998 uma atitude agressiva a respeito da edificação sustentável ao aprovar uma legislação exigindo medidas específicas. A Pensilvânia estabeleceu o Green Government Council em parte para tratar da implementação dos princípios da edificação sustentável no estado. A cidade de Austin, no Texas, é talvez a mais conhecida por seus esforços em edificação sustentável, tendo recebido um prêmio na primeira Conferência

**FIGURA 2.20** Ray Anderson, fundador e antigo presidente da InterfaceFLOR, foi considerado um dos grandes líderes do movimento da edificação sustentável norte-americano. Sua crença eterna de que a sustentabilidade era um imperativo ético apoiava suas fortes ações para deixar de ser um grande fornecedor de produtos de edificação que trabalhava de modo convencional para se tornar a companhia mais sustentável da Terra. (Fotografia por cortesia de Interface, Inc.; © Lynne Siller)

sobre o Desenvolvimento Sustentável da ONU no Rio de Janeiro, Brasil, em 1992. Movimentos locais de edificação residencial sustentável surgiram em Denver, Colorado; Condado de Kitsap, Washington; Condado de Clark, Washington; Baltimore, Maryland, com a associação de construtores suburbanos; e mais recentemente, em Atlanta, Geórgia, com o programa Earthcraft Houses.

A National Association of Home Builders dos Estados Unidos agora fornece orientações para seus 800 afiliados estaduais e municipais para auxiliar na implementação de programas de edificação sustentável. Informações confiáveis e independentes e análises críticas são publicadas pela BuildingGreen, Inc., em sua publicação mensal, a *Environmental Building News*. A BuildingGreen também publica a *GreenSpec*, um diretório de produtos relativos às necessidades de edificações de alto desempenho, e fornece o Green Building Advisor, um *software* para projetos de edificação sustentável.

## Organizações de edificação sustentável – internacionais

O movimento internacional da edificação sustentável atingiu a maioridade no início dos anos 1990, em grande parte devido aos grupos de trabalho dentro do Conseil International du Bâtiment (CIB), uma organização de redes de pesquisa sobre construção de Roterdã, Países Baixos, e a International Union of Laboratories and Experts in Construction Materials, Systems, and Structures, de Bagneux, França. Em 1992, o Grupo de Trabalho 8 da CIB (Certificação de Edificações) deu um impulso internacional ao desenvolvimento e à implementação de ferramentas e normas de certificação de edificação. O Grupo de Trabalho 16 da CIB (Construção Sustentável) ajudou a consolidar as normas internacionais para aplicação dos princípios sustentáveis no ambiente construído. E a relativamente nova International Initiative for a Sustainable Built Environment (iiSBE; www.iisbe.org) fornece uma câmera de compensação para uma gama extensiva de informações sobre a edificação ecológica. A iiSBE também organiza o desafio anual da edificação ecológica e a conferência da edificação sustentável e facilita a certificação internacional de edificações sustentáveis com seu principal método de certificação, o Sustainable Building Tool, que é usado nas conferências bianuais para certificar ou avaliar edificações novas e exemplares ao redor do mundo.

## História do movimento da edificação sustentável norte-americano

O movimento da edificação sustentável possui uma longa história nos Estados Unidos, com suas raízes filosóficas remontando ao início do século XIX. Em seguida, se desenvolveu em colaboração com o movimento ambiental do país e, desde 1990, vem ressurgindo. Datas importantes incluem o ano de 1970, quando o primeiro Dia da Terra foi celebrado e a Agência de Proteção Ambiental dos Estados Unidos foi criada – ambos eventos marcantes de uma grande mudança filosófica. Outros eventos incluem a publicação do livro *Primavera Silenciosa*, de Rachel Carson, um divisor de águas para o movimento, em 1962, e os esforços de ambientalistas pioneiros como Barry Commoner, Lester Brown, Denis Hayes e Donella Meadows. As preocupações quanto à disponibilidade de recursos, em particular a dependência de combustíveis fósseis, cresceram com as crises do petróleo no início dos anos 1970, que resultaram do conflito árabe-israelense da época. Esse fato intensificou o interesse público em eficiência energética, tecnologias solares, casas e edifícios comerciais reformados com isolamento térmico e sistemas de recuperação de energia. Como resultado, o governo federal passou a fornecer créditos tributários para serem investidos em energia solar, desenvolvimento financiado e testagem de tecnologias inovadoras, que variam de condicionamento do ar solar a baterias de energia com sais eutéticos. No final da década de 1970, diversas novas normas de eficiência foram incorporadas aos códigos modelos de energia adotados pelos estados. No entanto, após essa explosão de atividades, o interesse na conservação energética reduziu quando da queda dos valores da energia.

O início da década de 1990 viu um interesse renovado em conservação de energia e recursos devido a questões ambientais mais complexas, como o exaurimento de ozônio, as mudanças climáticas globais e a destruição de importantes áreas de pesca. Três eventos entre o final da década de 1980 e início da de 1990 reforçaram o foco para problemas associados aos impactos ambientais globais: em 1987, a publicação de *Nosso Futuro Comum*; em 1989, o encontro do American Institute of Architects (AIA), no qual foi estabelecido seu Comitê do Meio Ambiente; e, em 1992, a Conferência das Nações Unidas sobre Desenvolvimento Sustentável, mais conhecida como a Conferência do Rio.

O recente ressurgimento norte-americano na construção sustentável foi precipitado em 1993 pelo vínculo entre a União Internacional de Arquitetos (UIA) e a AIA, conhecidos como "Arquitetura na Encruzilhada". O Congresso Mundial de Arquitetos da UIA/AIA promulgou a Declaração de Interdependência para um Futuro Sustentável, que articulou um código de princípios e práticas para facilitar o desenvolvimento sustentável (veja a Figura 2.21).

Apesar de muitos edifícios eficientes em energia terem surgido antes da crise do petróleo da década de 1970, as primeiras edificações norte-americanas que consideraram uma ampla gama de questões ambientais e de recursos não surgiram até 1980. Os primeiros exemplos de edificações sustentáveis foram resultado de grandes organizações ambientais dos Estados Unidos terem exigido estratégias holísticas para o projeto de seus edifícios de escritórios. Em 1985, William

**FIGURA 2.21** A Declaração de Interdependência para um Futuro Sustentável, promulgada pelo Congresso Mundial de Arquitetos UIA/AIA durante uma reunião em Chicago, Illinois, em 1993, foi um evento importante na história do movimento da edificação sustentável de alto desempenho. (*Fonte*: União Internacional dos Arquitetos e American Institute of Architects)

---

DECLARAÇÃO DE INTERDEPENDÊNCIA PARA UM FUTURO SUSTENTÁVEL

CONGRESSO MUNDIAL DE ARQUITETOS DA UIA/AIA

CHICAGO, 18-21 DE JUNHO DE 1993

RECONHECENDO QUE:
Uma sociedade sustentável restaura, preserva e aprimora a natureza e a cultura para o benefício da vida presente e futura; ■ um ambiente diverso e saudável é intrinsecamente valioso e essencial a uma sociedade saudável; ■ a sociedade atual está degradando seriamente o meio ambiente e não é sustentável.

Somos ecologicamente interdependentes do ambiente natural total; ■ somos social, cultural e economicamente interdependentes de toda a humanidade; ■ a sustentabilidade, no contexto dessa interdependência, exige parceria, equidade e equilíbrio entre todas as partes.

A edificação e o ambiente construído desempenham um papel fundamental no impacto dos seres humanos sobre o ambiente natural e a qualidade da vida; ■ um projeto sustentável envolve a consideração da eficiência em recursos e energia, edificações e materiais saudáveis, o uso do solo sensível à sociedade e à ecologia e uma sensibilidade estética que inspira, afirma e enobrece; ■ um projeto sustentável pode reduzir significativamente os impactos humanos adversos ao ambiente natural e, simultaneamente, melhorar a qualidade de vida e o bem-estar econômico.

COMPROMETEMO-NOS,
Como membros das profissões de projeto de arquitetura e edificação do mundo inteiro, seja individualmente, seja por meio de nossas organizações profissionais, a:
■ colocar a sustentabilidade ambiental e social no centro de nossas práticas e responsabilidades profissionais;
■ desenvolver e melhorar continuamente práticas, procedimentos, produtos, currículos, serviços e padrões que permitirão a implementação do projeto sustentável;
■ educar nossos colegas profissionais, a indústria da edificação, clientes, estudantes e o público em geral sobre a importância crítica e as grandes oportunidades do projeto sustentável;
■ estabelecer políticas, regulamentos e práticas de governo e de negócios que garantam que o projeto sustentável se torne a prática normal; e
■ trazer todos os elementos existentes e futuros do ambiente construído – em seu projeto, produção, uso e eventual reúso – aos padrões de projeto sustentável.

**Olfemi Majekodunmi**
Presidente,
**American Institute of Architects**

**Susan A. Maxman**
Presidente,
**União Internacional de Arquitetos**

McDonough foi contratado pelo Fundo de Defesa Ambiental dos Estados Unidos para projetar seus escritórios de Nova York. O projeto trazia a combinação de materiais naturais, iluminação natural e excelente qualidade do ar interior, em uma solução ecológica para o chamado problema da edificação doente, então uma endemia. Em 1989, a Croxton Collaborative, uma firma de projetos fundada por Randy Croxton, projetou os escritórios do Conselho de Defesa de Recursos Naturais no Bairro de Flatiron da cidade de Nova York. Nesse projeto, as tecnologias de iluminação natural e de conservação de energia foram empregadas para reduzir o consumo de energia em dois terços em comparação a edificações tradicionais. A reforma de 1992 da Audubon House, também em Nova York, representou significativo esforço no movimento da edificação sustentável contemporâneo (veja a Figura 2.22). A organização buscava refletir seus valores como líder do movimento ambiental e orientou o arquiteto Randy Croxton a projetar o edifício de forma a contribuir com o meio ambiente e ser o mais eficiente em energia possível. Para atingir esse objetivo, a colaboração extensiva exigida pelos vários membros da equipe de edificação forneceu um modelo de cooperação que se tornou atualmente um modelo no processo de edificação sustentável contemporâneo nos Estados Unidos.[26]

O primeiro projeto de edificação sustentável com grande publicidade nos Estados Unidos, o "Greening of the White House", teve início em 1993 e incluía a reforma do edifício de escritórios Old Executive, uma edificação de 55.700 m² em frente à Casa Branca (veja a Figura 2.23). A participação de diversos arquitetos, engenheiros, oficiais do governo e ambientalistas nesse projeto atraiu atenção nacional e resultou em economias energéticas expressivas (cerca de 300 mil dólares por ano), redução de emissões em 767 toneladas de carbono por ano e reduções significativas de custos relacionados à água e a resíduos sólidos. O sucesso do projeto da Casa Branca acelerou os esforços de sustentabilidade do governo federal e incitou o Serviço Postal, o Pentágono e o Departamento Norte-Americano de Energia e Administração de Serviços Gerais a abordar questões de sustentabilidade dentro de suas organizações. O Serviço Nacional de Parques

**FIGURA 2.22** (A) A Audubon House na cidade de Nova York foi projetada pela Croxton Collaborative para o edifício-sede da Audubon Society. Este é um dos projetos que marca o início do movimento da edificação sustentável contemporâneo norte-americano. (B) A iluminação zenital em uma escrivaninha na Audubon House. (Fotografias por cortesia da Croxton Collaborative Architects, P.C.)

**FIGURA 2.23** O projeto "Greening of the White House" foi o primeiro projeto com grande publicidade de edificação sustentável do governo federal. (Ilustração por cortesia de View by View, Inc.)

dos Estados Unidos também abriu fábricas sustentáveis em diversos parques nacionais: Grande Cânion, Yellowstone e Denali. O Comando de Engenharia das Instalações Navais, o segmento de construção da Marinha norte-americana, iniciou uma série de oito projetos-piloto para abordar as pautas da sustentabilidade e de conservação de energia. O visível esforço em seu edifício-sede de 14.500 m² e 150 anos no Estaleiro da Marinha de Washington reduziu o consumo de energia em 35% e resultou em uma economia anual de 58 mil dólares.[27]

Diversos guias importantes para a edificação ecológica ou o projeto sustentável apareceram do início para a metade da década de 1990. O *Environmental Building News*, publicado pela primeira vez em 1992, permanece um guia independente e de credibilidade para a construção sustentável.[28] Em 1994, a AIA publicou pela primeira vez seu *Environmental Resource Guide*, um guia detalhado sobre as implicações ambientais e de recursos dos materiais de construção; uma versão mais detalhada, editada por Joseph Demkin, foi lançada em 1996. O *Guiding Principles of Sustainable Design,* produzido pelo Serviço de Parques Nacionais em 1994, fornece uma das primeiras introduções sobre edificação sustentável.[29] Da mesma forma, o *Sustainable Building Technical Manual* foi desenvolvido e publicado em conjunto pelos Departamentos Norte-Americano de Energia e de Tecnologia Pública em 1996.[30] O *Primer on Sustainable Building*, do Rocky Mountain Institute, publicado em 1995, também contribuiu para o entendimento público da construção sustentável.

Outros esforços e organizações internacionais interagiram e influenciaram o movimento norte-americano durante esse período. O sistema de certificação britânico, o Building Research Establishment Environmental Assessment Method (BREEAM), foi desenvolvido em 1992. Como previamente mencionado, o CIB criou os Grupo de Trabalho 8 e 16 em 1992, que organizaram conferências internacionais influentes em 1994 no Reino Unido e em Tampa, na Flórida. Como também já citado, o USGBC foi criado em 1993 e organizou sua primeira grande reunião em março de 1994.[31] As primeiras articulações dessa organização para a norma LEED apareceram nessa época, juntamente aos padrões de edificação ecológica desenvolvidos pela American Society for Testing and Materials (ASTM). As normas da ASTM foram posteriormente deixadas de lado em favor da norma de certificação LEED.

O desenvolvimento do sistema de certificação LEED levou quatro anos e culminou em uma versão-teste em 1998: LEED 1.0. Essa versão foi de enorme sucesso, e o Federal Energy Management Program patrocinou um esforço piloto para testar suas premissas. Dezoito projetos, compreendendo mais de 93 mil m², foram avaliados na fase beta. Uma versão bem mais aperfeiçoada, LEED 2.0, foi lançada em 2000 com um máximo de 69 créditos e quatro níveis de certificação de edificações: platina, ouro, prata e bronze. Uma nova versão foi publicada em 2003, evolução da anterior, denominada LEED for New Construction version 2.1 (LEED-NC 2.1). A denominação do nível mais baixo de certificação, "bronze", foi alterada para "certificado". Em 2005, houve novos aprefeiçoamentos, como a transferência do sistema de certificação para uma plataforma *on-line*, com o lançamento do LEED-NC 2.2. Grandes revisões do LEED aconteceram em 2009 (LEED v3) e 2013 (LEED v4), incluindo uma mudança da quantidade de pontos dos créditos e a reestruturação do sistema de certificação. O sistema de certificação LEED é tratado mais detalhadamente no Capítulo 5.

Novas estratégias, incluindo o Green Globes for New Construction e Green Globes for Existing Buildings do GBI, assim como o 700 National Green Building Standard™, do International Code Council (ICC), reforçam o grande crescimento da edificação ecológica ao disponibilizar uma variedade de estratégias de certificação e criar uma competição para melhorar os sistemas de certificação.

As primeiras normas de edificação ecológica, que se distinguem dos sistemas de certificação como o LEED, começaram a surgir em 2010. A American Society of Heating, Refrigerating and Air-Conditioning Engineers (ASHRAE) lançou o ASHRAE 189.1-2009, *Standard for the Design of High-Performance Green Buildings Except Low-Rise Residential Buildings*. A versão mais recente dessa norma é a ASHRAE 189.1-2014. Se essa norma for adotada por um corpo de códigos – por exemplo, o Standard Building Code –, pode se tornar obrigatória, tornando as normas de edificação sustentável uma prática efetiva.[32] Outra norma semelhante foi lançada pelo American National Standards Institute (ANSI) e o GBI na forma de ANSI/GBI 01-2010, *Green Building Assessment Protocol for Commercial Buildings*, derivado do sistema Green Globes de certificação para projetos ambientais e novas construções,[33] sendo sua versão mais recente a ANSI-GB 01-2016.

O The International Green Construction Code (IgCC) também foi lançado em 2010 e revisado em 2012. De acordo com o International Code Council, o IgCC trata do uso do terreno e do solo, incluindo como parte do processo a preservação de recursos naturais e materiais. O código visa a melhorar a qualidade do ar do interior e apoiar o uso de equipamentos eficientes em energia, sistemas de energia renovável, conservação de recursos de água, sistemas de coleta e distribuição de águas pluviais e a recuperação de águas usadas ou águas servidas. O IgCC enfatiza o desempenho da edificação, incluindo características como a exigência de verificação de desempenho do sistema da edificação, em conjunto com a educação do proprietário, para assegurar que melhores práticas de eficiência de energia estão sendo aplicadas. O IgCC faz referência ao ASHRAE 189.1 como uma opção de atendimento de jurisdição alternativa dentro do IgCC. Os governos norte-americanos e de outros países podem adotar imediatamente o código para reduzir o uso energético e a pegada de carbono da sua jurisdição.

## Novas diretrizes em edificações sustentáveis de alto desempenho

Talvez o desenvolvimento recente mais interessante em edificações de alto desempenho nos Estados Unidos seja o surgimento de dois movimentos com a mesma abordagem básica, isto é, ambos exigem uma transformação radical das exigências para edificações sustentáveis. O primeiro desses movimentos é o Living Building Challenge (LBC), do Cascadia Green Building Council, fundado para representar o US Green Building Council no noroeste dos Estados Unidos e em Vancouver, no Canadá. O LBC é exatamente o que o nome sugere, um conjunto ousado de 20 pré-requisitos que um projeto de edificação deve cumprir para obter a certificação do International Living Future Institute. Ao contrário de outros sistemas de certificação de edificações sustentáveis como o LEED, que baseia a classificação em um sistema de pontos, no LBC há somente exigências obrigatórias. Também diferentemente do LEED, que possui diversos níveis de certificação que variam do certificado à platina, o LBC fornece certificação ou renovação de certificação. Exige-se que a edificação seja de consumo líquido de energia e de água zero e não tóxica, forneça meios para a restauração do *habitat* do entorno e adote agricultura urbana. Os 20 imperativos do LBC, os quais devem ser incluídos sem exceção, vão muito além das normas de eficiência que geralmente definem um projeto como "sustentável". Os dois primeiros projetos a obter, no final de 2010, a certificação LBC total foram o Omega Center for Sustainable Living, em Rhinebeck, Nova York, e o Tyson Living Learning Center, em Eureka, Missouri (veja as Figuras 2.24 e 2.25). O segundo projeto é um bom exemplo das escolhas para atender às exigências do LBC. Apesar de ter alcançado o desempenho de consumo líquido de energia zero ao final de seu primeiro ano em operação, produzindo quase 3.800 quilowatts (kWh) de eletricidade além do necessário, o Tyson Living Learning Center passou

**FIGURA 2.24** O Omega Center for Sustainable Living em Rhinebeck, Nova York, foi um dos primeiros projetos a conquistar a certificação Living Building Challenge, no final de 2010. (© Omega Institute for Holistic Studies)

**FIGURA 2.25** O Tyson Living Learning Center em Eureka, Missouri. Cálculos iniciais errados resultaram em um prédio que não atingiu seus objetivos de desempenho energético. Devido às exigências de sustentabilidade ambiciosas do Living Building Challenge, os ajustes pós-construção foram o acréscimo de isolamento em diversas áreas, a modificação das janelas com proteção contra tempestades e o ajuste do sistema de climatização. Esses melhoramentos levaram o projeto a atingir o desempenho de consumo líquido de energia zero desejado ao fim do seu primeiro ano em operação. (*Fonte*: David Kilper, WUSTL)

por alguns ajustes para se tornar autossuficiente em energia, porque a edificação usava mais energia do que o calculado. Quando o comissionamento foi concluído, o comportamento dinâmico da edificação indicou que ela não atingira o desempenho de consumo líquido de energia zero, com a equipe tendo as opções de incluir mais painéis fotovoltaicos à edificação ou propor outra solução. Ao escolher a última, a equipe de projeto adicionou isolamento em diversas áreas, modificou as janelas com proteção contra tempestades e ajustou os sistemas de calefação, ventilação e condicionamento do ar para melhorar o desempenho energético da edificação. Aproximadamente 82 projetos almejavam a certificação LBC no início de 2016. A Living Building Challenge é tratada em mais detalhes no Capítulo 4.

Da mesma forma, o *Architecture 2030*, criado pelo arquiteto Edward Mazria em 2002, em resposta à crise das mudanças climáticas globais, tem a missão de transformar rapidamente o ambiente construído para alcançar grandes reduções nas emissões de gases de efeito estufa ao modificar a forma como as edificações são planejadas, projetadas e executadas. O Architecture 2030 Challenge exige reduções rápidas no consumo energético das edificações e em suas emissões de gases de efeito estufa associadas para que até o ano de 2030 todas as novas edificações sejam neutras em carbono. Nos Estados Unidos, diversas prefeituras adotaram os objetivos do Architecture 2030. Em julho de 2006, o Condado de Sarasota, na Flórida, foi o primeiro condado a adotar formalmente o Architecture 2030 Challenge como política. Em fevereiro de 2007, duas leis foram aprovadas na Califórnia duplicando os objetivos de reduções no consumo de energia do Architecture 2030 Challenge para novas edificações residenciais e não residenciais.

## RESUMO E CONCLUSÕES

Os problemas ambientais estão ameaçando cada vez mais o suprimento de alimentos, a qualidade da água e do ar e a sobrevivência dos ecossistemas dos quais a humanidade depende para uma grande variedade de bens e serviços. Como ela usa quantidades enormes de recursos e substitui os sistemas naturais por artefatos humanos, o setor econômico do ambiente construído tem impactos ambientais desproporcionais sobre o planeta. Como consequência, o setor da construção tem a obrigação de agir de modo proativo e abandonar rapidamente as práticas perdulárias e nocivas em prol de um novo paradigma, no qual a construção e a natureza trabalhem em sinergia. Esse novo modelo de construção sustentável é chamado de edificação sustentável de alto desempenho.

O movimento da edificação sustentável ou ecológica é relativamente recente e está crescendo nos Estados Unidos em ritmo exponencial. O sistema de certificação de edificações LEED, do USGBC, tem se destacado, articulando os parâmetros das edificações ecológicas dos Estados Unidos e de vários outros países. Esforços paralelos em outros setores econômicos estão ocorrendo simultaneamente, uma vez que os fabricantes tentam projetar e fornecer produtos com baixo impacto

**CAPÍTULO 2** Precedentes históricos **77**

ambiental. Os conceitos de ciclos de material fechados, uso eficiente de recursos e redesenho de produtos e prédios para replicar os sistemas naturais são indispensáveis para preservar a qualidade de vida da humanidade, assim como o reconhecimento constante de que a natureza é a fonte dessa qualidade.

## ESTUDO DE CASO

### OWP 11, STUTTGART, ALEMANHA

O Drees & Sommer (DS) Group é uma grande firma internacional com sede em Stuttgart, Alemanha, com 32 escritórios e 1.125 funcionários ao redor do mundo. Há 40 anos, a DS tem fornecido uma ampla gama de serviços de administração de projetos, consultoria de mercado imobiliário e engenharia para investidores e proprietários de setores públicos e privados, em todos os aspectos imobiliários. A DS chama sua estratégia de negócios de "jeito azul" por combinar os serviços tradicionais oferecidos por companhias de engenharia que oferecem serviços completos, como economia, funcionalidade e qualidade de processo com considerações sobre ecologia, arquitetura e conforto humano. Com esta estratégia, a DS demonstra uma filosofia de assegurar sucesso ao cliente ao pensar e agir de uma maneira integrada e sustentável e a evidencia em seu próprio edifício de escritórios, comumente chamado de OWP 11, em Stuttgart, que, por seu projeto e desempenho exemplares, conquistou a certificação de ouro German Sustainable Building Council (Deutsche Gesellschaft für Nachhaltiges Bauen; DGNB) (veja o Capítulo 4 para mais informações sobre o DGNB).

O OWP 11 consiste na renovação e ampliação de um prédio existente localizado em um terreno com um formato irregular. A principal característica do exterior da edificação é uma fachada de metal voltada para o norte em direção à rua Pascalstrasse, realçando a natureza de alta-tecnologia da maioria dos negócios da companhia (veja a Figura 2.26). O saguão é o elemento essencial no interior e funciona sem dominar o conjunto de dois edifícios que conecta (veja a Figura 2.27). O pátio e os jardins compartilhados são integrados como um elemento-chave do projeto arquitetônico geral. O DS Group prestou atenção especial à interação de sua mão de obra nas novas instalações. Para assegurar que encontros inesperados e casuais de colegas estimulassem a criação de novas ideias, a edificação otimiza o potencial dessas interações. Além disso, a empresa estava ciente de que a autoestima do funcionário tem muito a ver com o lugar em que seus escritórios estão localizados dentro do edifício: aqueles localizados perto de áreas de tráfego de pedestres sentem-se mais próximos da ação e importantes. O tráfego de pedestres e a movimentação dos trabalhadores pelo edifício agem

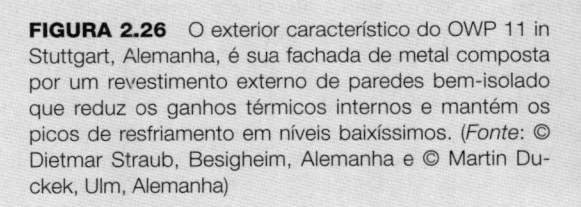

**FIGURA 2.26** O exterior característico do OWP 11 in Stuttgart, Alemanha, é sua fachada de metal composta por um revestimento externo de paredes bem-isolado que reduz os ganhos térmicos internos e mantém os picos de resfriamento em níveis baixíssimos. (*Fonte:* © Dietmar Straub, Besigheim, Alemanha e © Martin Duckek, Ulm, Alemanha)

**FIGURA 2.27** O saguão do edifício liga a ala nova à antiga e fornece uma entrada e um corredor de circulação espetaculares para o OWP 11. (*Fonte*: © Dietmar Straub, Besigheim, Alemanha e © Martin Duckek, Ulm, Alemanha)

como uma espécie de "onda cerebral", o que enriquece a comunicação e a interação, aumentando as oportunidades de inovação e novas ideias. Como resultado, o projeto da edificação otimiza o posicionamento dos escritórios junto a passarelas de pedestres, ao mesmo tempo que permite aos trabalhadores oportunidade de atuarem em áreas silenciosas quando for apropriado (veja a Figura 2.28).

A Etapa 1 para a economia de energia foi reduzir as cargas de calefação e resfriamento, o que foi viabilizado por um isolamento térmico ideal na edificação e uma proteção solar externa controlada pela demanda em uma combinação de persianas exteriores acionadas por computador e persianas interiores controladas manualmente. O edifício é muito bem isolado termicamente, com uma camada de fibra mineral de 16 a 27 cm nas paredes. As janelas de alumínio possuem vidraças triplas de baixa emissividade, sendo o valor-U – a condutância térmica dessas aberturas – particularmente baixo, cerca de 20% inferior que as estruturas comercialmente disponíveis. Durante as estações mais quentes, as janelas de abrir controladas pelos funcionários do escritório são usadas para ventilar os espaços de trabalho. Durante a estação de calefação, o ar fresco é bombeado para dentro da edificação por um sistema de ventilação mecânico com recuperação de calor.

A Etapa 2 para a economia de energia foi aquecer e resfriar a edificação com o mínimo possível de diferença de temperatura entre a exigida para o cômodo e os elementos de calefação e resfriamento. No OWP 11, o isolamento térmico resultou em cargas de aquecimento e resfriamento tão baixas que uma calefação eficiente em energia e de baixa temperatura (abaixo de 32°C) e um resfriamento de alta temperatura (18°C) puderam ser empregados (veja a Figura 2.29). Como essa estratégia exige grandes superfícies de transferência térmica, não poderiam ser empregados radiadores normais. Em vez disso, nas áreas de escritório foi instalado um sistema de calefação e resfriamento em tubos que transportam água quente ou fria, dependendo da estação, embutidos nas lajes de concreto armado. Os pisos fornecem calefação no inverno e resfriamento no verão de modo extremamente efetivo e econômico. A única desvantagem desta solução é que a elevada inércia térmica da estrutura não permite que a temperatura ambiente possa ser alterada rapidamente. Os engenheiros da DS, em colaboração com os consultores da Zent-Frenger, solucionaram esse possível problema utilizando um sistema complementar que responde rapidamente às oscilações climáticas. O sistema de calefação e resfriamento inserido nas lajes de concreto armado cobre as cargas de base e é suplementado por elementos de calefação adicionais de resposta rápida, permitindo a regulagem individual da temperatura dos ambientes. Este sistema é composto

**FIGURA 2.28** Os espaços de trabalho do OWP 11 equilibram o desejo de estar no centro das ações com a necessidade de espaços silenciosos para o trabalho produtivo. Cabe notar que não há iluminação geral no espaço; todas as necessidades lumínicas são atendidas por um sistema de iluminação indireta montado no piso. (*Fonte*: © Dietmar Straub, Besigheim, Alemanha e © Martin Duckek, Ulm, Alemanha)

**FIGURA 2.29** (A) Os elementos de calefação na periferia das lajes sendo instalados nas fôrmas de concreto. (B) A instalação técnica na laje de concreto armado antes da concretagem. (C) Os tubos de calefação, resfriamento e ventilação embutidos nas lajes, entre a armadura. (*Fonte*: (C) Dietmar Straub, Besigheim, Alemanha, e (C) Martin Duckek, Ulm, Alemanha)

de uma laje pré-fabricada de 4 cm de espessura com uma mistura de concreto excelente condutora de calor e com isolamento térmico na parte superior. Esses elementos de calefação de resposta rápida contêm uma rede de fornecimento de água separada e foram distribuídos paralelamente à fachada. Um controle simples permite aos usuários regular a temperatura de suas salas, aquecê-las ou resfriá-las, de modo responsivo às variações climáticas.

A etapa 3 foi o uso de fontes energéticas alternativas possibilitadas pelas reduzidas diferenças de temperatura necessárias para calefação e resfriamento, como descrito na etapa 2. A energia geotérmica é obtida da rocha sob o prédio, usando-se trocadores de calor com o solo. Foram executados 18 furos de 20 cm de diâmetro e 55 m de profundidade com 6 m de afastamento entre si, sendo que a esta profundidade, a temperatura do solo ao longo do ano é de 11° a 12°C. Foram inseridos tubos de plástico nos furos, e uma mistura de água com glicol circula no sistema. Na estação de uso da calefação, o sistema é inicialmente aquecido em 3° a 5°C e então sua temperatura é elevada por uma bomba de calor a eletricidade, chegando a 32°C. A carga de calefação exige energia primária de 21 kWh por $m^2$ por ano (kWh/$m^2$/ano). Um edifício de escritórios convencional na Alemanha consumiria 130 kWh/$m^2$/ano, um valor seis vezes superior. Durante o verão, a solução de glicol e água, após passar pelos trocadores de calor geotérmico, é bombeada a uma temperatura entre 12° e 15°C, e então elevada à temperatura de 18°C por um trocador de calor. A única energia elétrica necessária para esses processos de resfriamento é utilizada para bombear o fluido de troca térmica e a água fria no circuito de resfriamento do prédio. Assim, em um dia de verão extremamente quente, o edifício inteiro pode ser resfriado a um custo diário entre 1,50 e 2,00 euros. A necessidade de energia primária total para o controle climático – ou seja, para o sistema de climatização – é de cerca de 36 kWh/$m^2$/ano, menos de um quinto da demanda energética de um edifício de escritórios convencional com calefação a óleo e resfriamento acionado por compressor.

Os prédios alemães são obrigados a exibir um "passaporte energético" em um local público, indicando o consumo energético primário das instalações (veja a Figura 2.30). O passaporte do OWP 11 apresenta um consumo de apenas 76,9 kWh/$m^2$/ano de energia primária. Em comparação, os melhores prédios dos Estados Unidos consomem cerca de 100 kWh/$m^2$/ano de energia *in loco* (ou secundária). A *energia primária* é aquela consumida na usina de geração para produzir a energia secundária. Em um prédio apenas com energia elétrica, a energia primária equivale a cerca de três vezes a energia secundária. Com resultado, 100 kWh/$m^2$/ano de energia secundária (ou medida no prédio) é mais do que 300 kWh/$m^2$/de energia primária. Portanto, o OWP11 e outros prédios alemães similares consomem apenas uma fração mínima da energia gasta pelos melhores prédios dos Estados Unidos.

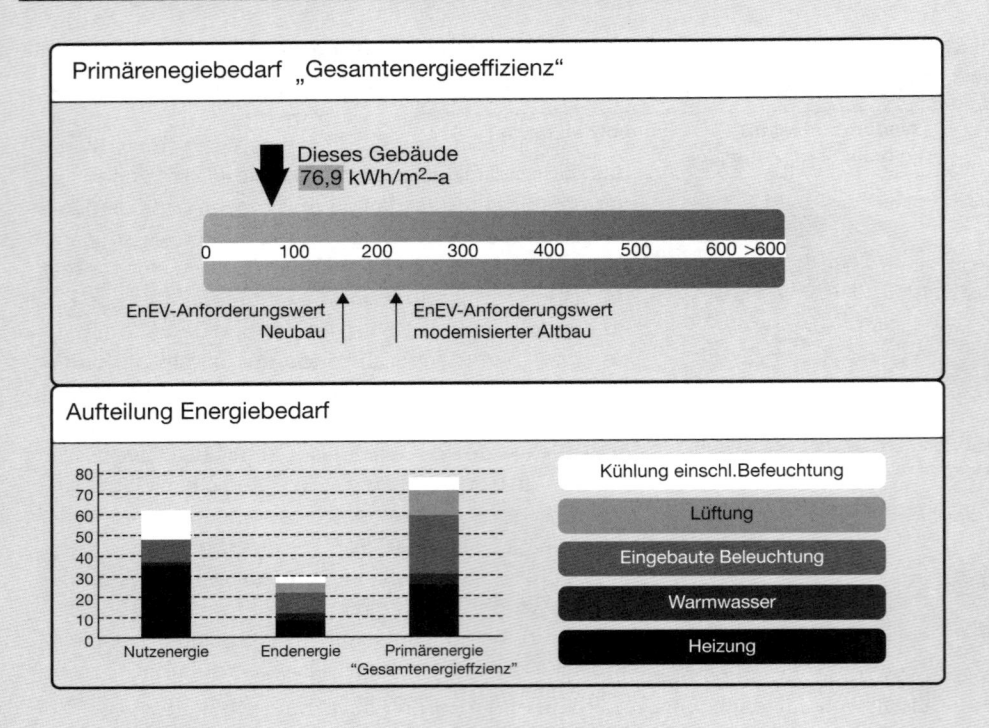

**FIGURA 2.30** O *Energieausweis*, ou passaporte de energia, do OWP 11 indica um consumo de energia primária de apenas 76,9 kWh/m²/ano, muito abaixo do limite exigido pelo código de energia da Alemanha para novas construções (cerca de 160 kWh/m²/ano). (*Fonte*: © Dietmar Straub, Besigheim, Alemanha, e © Martin Duckek, Ulm, Alemanha)

## NOTAS

1. O Observatório Scripps tem um site descrevendo a Curva de Keeling, o registro das concentrações de $CO_2$ ao longo do tempo. Seu nome homenageia a família Keeling, que iniciou o registro das concentrações de $CO_2$ em Mauna Loa em 1954. A Curva de Keeling ao longo de vária eras pode ser encontrada em https://scripps.ucsd.edu/programs/keelingcurve/.

2. A NASA fornece informações sobre as mudanças climáticas no site NASA Vital Signs – Climate Change, http://climate.nasa.gov/400ppmquotes/. A citação da Dra. Carmen Boening é desse site.

3. O setor da construção é definido como as empresas e os profissionais que planejam, projetam, constroem e fazem o comissionamento do ambiente construído. Inclui arquitetos, paisagistas, arquitetos de interiores, engenheiros, planejadores urbanos, gerentes da construção, subempreiteiros, empreiteiros e empresas de demolição.

4. As cinco extinções anteriores foram a ordoviciana (440 milhões de anos atrás), devoniana (365 milhões de anos atrás), permiana (245 milhões de anos atrás), triássica (210 milhões de anos atrás) e a cretácea (66 milhões de anos atrás). A sexta extinção, ainda sem nome, não está sendo provocada por grandes fenômenos geológicos, como foi o caso das cinco anteriores, mas pelas atividades de apenas uma das milhões de espécies que habitam o planeta, os seres humanos.

5. Há 17 terras-raras, e 97% de sua produção global encontra-se na China, o que confere a esse país uma influência enorme sobre as indústrias de alta tecnologia do mundo inteiro. Veja IBT (2011).

6. As atividades da Xerox para redesenhar sua linha de produtos e adotar a sustentabilidade como filosofia da companhia são descritas por Maslennikova e Foley (2000).

7. Para uma discussão mais detalhada sobre a ética na sustentabilidade, veja Kibert *et al.* (2011).

8. A noção de "gerações remotas" é da Stanford Encyclopedia of Philosophy (2003 e 2008).

9. Uma descrição da Biocomplexity in the Environment Priority Area da National Science Foundation pode ser encontrada em www.nsf.gov/news/priority_areas/biocomplexity/index.jsp.

10. O termo ecologia industrial foi empregado pela primeira vez na imprensa científica popular em Frosch e Gallopoulos (1989) e marcou o início de sua difusão para descrever uma ampla variedade de abordagens responsivas ambientalmente à produção industrial.

11. Robert Ayres tem escrito muito sobre o tema dos fluxos dos materiais industriais. Mais informações sobre o problema da enorme quantidade de lixo podem ser encontradas em Ayres (1989).

12. Um excelente resumo da ecologia industrial como um todo e da usina de Kalundborg especificamente pode ser encontrado no site de Indigo Development, www.indigodev.com. Várias referências e manuais excelentes também estão disponíveis no site. Indigo Development, fundada por Ernie Lowe, dedica-se à promoção do desenvolvimento da ecologia industrial, à qual o autor se refere como "uma estrutura interdisciplinar para o desenho e a operação de sistemas industriais como sistemas vivos que são interdependentes dos sistemas naturais".

13. A ecologia da construção é definida no contexto da ecologia industrial e da construção sustentável em Kibert, Sendzimir e Guy (2002).

14. Além do livro de Janine Benyus sobre o biomimetismo, um site útil que fornece uma ideia geral do conceito é www.biomimicry.net.

15. Um excelente panorama rápido da economia ecológica de Stephen Farber, da Graduate School of Public and International Affairs, University of Pittsburgh, pode ser encontrado em www.fs.fed.us/eco/s21pre.htm.

16. A Agência Ambiental Europeia tem um excelente glossário *on-line* sobre termos ambientais em http://glossary.eea.europa.eu/.

17. As quantidades da mochila ecológica são derivadas de inúmeras fontes *on-line* ou impressas. Uma boa descrição do conceito, junto com um diagrama que mostra as mochilas ecológicas relativas de uma variedade de materiais, pode ser encontrada em von Weizsäcker, Lovins e Lovins (1997).

18. O livro *Factor Four: Doubling Wealth, Halving Resource Use* foi escrito como um relatório ao Clube de Roma e como continuação do livro *The Limits to Growth*, escrito por Donella Meadows, Dennis Meadows, Jorgen Randers e William Behrens III, que foi o relatório original feito para o clube. *The Limits to Growth* afirmava que o crescimento exponencial da população e o sistema industrial como um todo levariam à interrupção do crescimento no planeta dentro de um século como resultado dos impactos ambientais e da falta de recursos.

19. De acordo com os autores de Factor Four, os ventiladores Lee Eng Lock consomem 0,061 kW/t para o resfriamento versus 0,60 kW/t dos equipamentos convencionais. De modo similar, suas bombas de água fria usam 0,018 kW/ton *versus* 0,16 kW/t das convencionais; suas bombas de condensação de água, 0,018 kW/ t *versus* 0,14 kW/t; e suas torres de arrefecimento, 0,012 kW/t *versus* 0,10 kW/t.

20. Um grupo de ONGs suecas mantém um site que promove o conhecimento sobre os efeitos da chuva ácida: www.acidrain.org.

21. Veja "Global Environmental Problems: Implications for U.S. Policy" (2003). Disponível em https://tforsgren.ipage.com/gyi/Lesson%20File/2Environment/environment.pdf.

22. Extraído de "The Loss of Biodiversity and Its Negative Effects on Human Health" (2004), do site dos Students for Environmental Awareness in Medicine, Seamglobal.com/lossofbiodiversity.html.

23. A definição de substâncias tóxicas foi adaptada da definição oferecida pelo site Great Lakes, da Environment Canada, www.on.ec.gc.ca/water/raps.

24. Informações sobre os disruptores endócrinos podem ser encontradas no site do National Resources Defense Council (NRDC), www.nrdc.org/health/effects/qendoc.asp.

25. De "Materials Prices Dictate Creative Engineering" (2006).

26. A história do processo de projeto da Audubon House é contada por Croxton Collaborative e a National Audubon Society (1992).

27. Um excelente panorama da história do movimento da edificação ecológica dos Estados Unidos pode ser encontrado em "White Paper on Sustainability" (2003). Essa publicação também contém outras informações históricas relevantes sobre o movimento e sugere um plano de ação para ajudar a melhorar e garantir a qualidade e os resultados de um projeto e construção de prédios sustentáveis. Disponível em http://archive.epa.gov/greenbuilding/web/pdf/bdcwhitepaperr2.pdf.

28. BuildingGreen, Inc., publica *Environmental Building News* e oferece uma variedade de outros produtos úteis, como o diretório GreenSpec, sendo que todas as publicações estão disponíveis para assinatura em www.buildinggreen.com.

29. O atual National Park Service Sustainable Building Implementation Plan está disponível em www.nps.gov/sustainability/sustainable/implementation.html.
30. O "Sustainable Building Technical Manual" está disponível em http://smartcommunities.ncat.org/pdf/sbt.pdf.
31. Os precursores do USGBC foram David Gottfried e Michael Italiano, e seu primeiro presidente foi Rick Fedrizzi, que, na época, atuava junto à Carrier Corporation. Os principais palestrantes do primeiro encontro anual foram Paul Hawken, que recém havia concluído o revolucionário livro *Ecology of Commerce*, e William McDonough, uma das principais figuras do movimento pela edificação ecológica nos Estados Unidos e autor dos Princípios de Hanover.
32. Como descreve a ASHRAE, a norma ASHRAE 189.1-2009 fornece um "pacote de sustentabilidade de edificações completo" àqueles que almejam projetar, construir e operar edifícios ecológicos. Desde a implantação e o consumo energético até a reciclagem, essa norma estabelece as bases para as edificações ecológicas ao abordar a sustentabilidade do terreno, a eficiência no consumo de água, a eficiência energética, a qualidade do ambiente interno, e o impacto da edificação na atmosfera, nos materiais e nos recursos. A ASHRAE 189.1-2009 serve como uma opção de cumprimento à Public Version 2.0 do International Green Construction Code, publicado pelo International Code Council, nos Estados Unidos. O IgCC regula a construção e a reforma de prédios comerciais.
33. Conforme o GBI, a norma ANSI/GBI 01-2010 foi desenvolvida de acordo com as diretrizes do ANSI, extremamente respeitáveis e baseadas em consensos e que estão entre as normas mais famosas em termos do desenvolvimento de consensos e garantem um processo equilibrado, transparente e inclusivo. Uma variedade de envolvidos, incluindo especialistas em sustentabilidade, arquitetos, engenheiros, ONGs ambientais e grupos industriais, participaram de sua elaboração. A versão atual dessa norma é a ANSI/GBI 01-2010.

## FONTES DE CONSULTA

Angyal, Andrew J. 2003. "Thomas Berry's Earth Spirituality and the 'Great Work.'" *Ecozoic Reader* 3: 35–44.

Ausubel, J. H., and H. E. Sladovich, eds. 1989. *Technology and the Environment*. Washington, DC: National Academy Press.

Ayres, Robert U. 1989. "Industrial Metabolism." In *Technology and the Environment*, edited by J. H. Ausubel and H. E. Sladovich, 23–49. Washington, DC: National Academy Press.

Benyus, Janine. 1997. *Biomimicry: Innovation Inspired by Nature*. New York: William Morrow.

Berry, Thomas. 2002. "Rights of the Earth: Earth Democracy." *Resurgence* 214: 28–29.

Browning, William, Catherine Ryan, and Joseph Clancy. 2014. *14 Patterns of Biophilic Design: Improving Health & Well-being in the Built Environment*. New York: Terrapin Green LLC. Available at www.terrapinbrightgreen.com/reports/14-patterns/

Croxton Collaborative and the National Audubon Society. 1992. *Audubon House: Building the Environmentally Responsible, Energy Efficient Office*. New York: John Wiley & Sons.

Demkin, Joseph, ed. 1996. *Environmental Resource Guide*. New York: John Wiley & Sons.

Drexler, K. Eric. 1987. *Engines of Creation*. New York: Anchor Books.

Dutzik, Tony, Jeremiah Bouamann, and Mehgan Purvis. 2003. "Toxic Releases and Health: A Review of Pollution Data and Current Knowledge on the Health Effects of Toxic Chemicals." Written for the US PIRG Education Fund. Available at www.uspirg.org/reports/toxics03/toxicreleases1_03report.pdf

Frosch, Robert, and Nicholas Gallopoulos. 1989. "Strategies for Manufacturing." *Scientific American* (September): 144–152.

Garner, Andy, and Gregory Keoleian. 1995. *Industrial Ecology: An Introduction*. Ann Arbor: National Pollution Prevention Center in Higher Education, University of Michigan.

Goodin, Robert E. 1983. "Ethical Principles for Environmental Protection." In *Environmental Philosophy*, R. Elliot and A. Gare, eds. London: Open University Press.

Gordon, R. B., M. Bertram, and T. E. Graedel. 2006. "Metal Stocks and Sustainability." *Proceedings of the National Academy of Sciences* 103 (5): 1209–1214.

Howarth, Richard B. 1992. "Intergenerational Justice and the Chain of Obligation." *Environmental Values* 1: 133–140.

Intergovernmental Panel on Climate Change. 2015. *Climate Change 2015 Synthesis Report: Fifth Synthesis Report*. Available at http://ar5-syr.ipcc.ch.

Jacob, Jijo. 2011. "Rising Rare Earth Prices Cripple Japan's June Imports." *International Business Times* (June 17). Available at www.ibtimes.com/rising-rare-earth-prices-cripple-japans-june-imports-819637.

Kahn, Peter H., Jr. 1997. "Developmental Psychology and the Biophilia Hypothesis: Children's Affiliations with Nature." *Developmental Review* 17: 1–61.

Kellert, Stephen R., and E. O. Wilson, eds. 1993. *The Biophilia Hypothesis*. Washington, DC: Island Press.

Keoleian, Gregory, and D. Menerey. 1994. "Sustainable Development by Design." *Air and Waste* 44: 645–668.

Kibert, Charles J., ed. 1999. *Reshaping the Built Environment: Ecology, Ethics, and Economics.* Washington, DC: Island Press.

Kibert, Charles J., Martha Monroe, Anna Peterson, Richard Plate, and Leslie Thiele. 2011. *Working toward Sustainability: Ethical Decision Making in a Technological World.* Hoboken, NJ: John Wiley & Sons.

Kibert, Charles J., Jan Sendzimir, and G. Bradley Guy, eds. 2002. *Construction Ecology: Nature as the Basis for Green Buildings.* London: Spon Press.

Leopold, Aldo. 1949. *A Sand County Almanac.* New York: Oxford University Press.

Lopez Barnett, Dianna, and William D. Browning. 1995. *A Primer on Sustainable Building.* Snowmass, CO: Rocky Mountain Institute.

Maslennikova, Irina, and David Foley. 2000. "Xerox's Approach to Sustainability." *Interfaces* 30 (3): 226–233.

"Materials Prices Dictate Creative Engineering." 2006. *Engineeringtalk.* Available at www.engineeringtalk.com/news/lag/lag102.html.

Meadows, Donella H., Dennis I. Meadows, Jorgen Randers, and William W. Behrens III. 1972. *The Limits to Growth.* New York: Universe Books.

Peterson, Garry. 2002. "Ecology of Construction." In *Construction Ecology: Nature as the Basis for Green Buildings*, Charles J. Kibert, Jan Sendzimir, and Bradley Guy, eds. London: Spon Press.

Rochlin, Gene I. 1978. "Nuclear Waste Disposal: Two Social Criteria." *Science* 195: 23–31.

*Stanford Encyclopedia of Philosophy.* 2003 (revised 2008). "Intergenerational Justice." Available at http://plato.stanford.edu/entries/justice-intergenerational/.

Taylor, Paul W. 1981. "The Ethics of Respect for Nature." *Environmental Ethics* 3: 206–218.

UN Environmental Programme. 2002. *Global Environmental Outlook 2002 Report* (GEO-3). Available at www.unep.org/geo/geo3.

UN World Commission on Environment and Development. 1987. *Our Common Future.* Oxford: Oxford University Press.

US Department of Energy and the Public Technology, Inc., Initiative. 1996. *Sustainable Building Technical Manual.* Available at http://smartcommunities.ncat.org/pdf/sbt.pdf.

von Weizsäcker, Ernst, K. Hargroves, M. Smith, C. Desha, and P. Stasinopoulos. 2009. *Factor 5: Transforming the Global Economy through 80% Increase in Resource Productivity.* London: Earthscan.

von Weizsäcker, Ernst, Amory Lovins, and L. Hunter Lovins. 1997. *Factor Four: Doubling Wealth, Halving Resource Use.* London: Earthscan.

Wackernagel, Mathis, and William Rees. 1996. *Our Ecological Footprint.* Gabriola Island, BC: New Society.

Watson Institute for International Studies, Brown University. 2003. "Global Environmental Problems: Implications for U.S. Policy." Available at www.choices.edu.

"White Paper on Sustainability: A Report on the Green Building Movement." 2003. *Building Design and Construction.* Available at http://archive.epa.gov/greenbuilding/web/pdf/bdcwhitepaperr2.pdf.

World Business Council for Sustainable Development. 1996. "Eco-Efficient Leadership for Improved Economic and Environmental Performance." Available at http://oldwww.wbcsd.org/DocRoot/DlFMcUZj32ZOMj5xNMXq/eeleadership.pdf.

# 3 O projeto ecológico

Em seu livro icônico, *Ecological Design* (1996), Sim Van der Ryn e Stuart Cowan definiram *projeto ecológico* como "qualquer forma de projeto que minimize os impactos ambientais destrutivos por meio de sua própria integração com os processos vivos" (p. 18). Embora um projeto baseado na ecologia e na natureza devesse ser fundamental à elaboração de um prédio sustentável, o projeto ecológico está em suas primeiras etapas de evolução, e muito tempo e experiência serão necessários até que se consolide uma versão consistente. Enquanto isso não ocorre, os projetistas em muitos casos deverão usar bom senso para tomada de decisões e considerar as inúmeras alternativas disponíveis. A habilidade de minimizar os impactos diretos do projeto no terreno devido às operações de implantação e construção e ao paisagismo, como a remoção de árvores e a alteração de *habitats* naturais, requer um nível bastante alto de entendimento das opções disponíveis, especialmente no contexto da sustentabilidade. O desenvolvimento de uma proposta de baixo consumo energético exige um significativo nível de conhecimento e experiência na otimização do potencial para calefação, resfriamento, iluminação e ventilação passivas; no entendimento da melhor orientação e volumetria para o armazenamento e a liberação de energia em uma escala de tempo compatível com a operação do prédio; e no conhecimento dos inúmeros problemas energéticos que devem ser considerados quando se usa uma estratégia – por exemplo, os ganhos térmicos solares extras decorrentes do uso da iluminação natural. Durante a seleção de materiais e produtos de construção, as melhores escolhas às vezes não são óbvias. Além das implicações ambientais, o desempenho e os critérios de custos devem ser abordados nesse processo. Essas são apenas algumas das muitas decisões que uma equipe de projeto deve tomar e que são muito mais bem fundamentadas quando se tem conhecimento e experiência em projetos ecológicos aplicados às edificações sustentáveis de alto desempenho.

Um dos resultados do movimento da edificação sustentável são os sistemas de certificação, como o Leadership in Energy and Environmental Design (LEED) e o Green Globes, nos Estados Unidos, e o Building Research Establishment Environmental Assessment Method (BREEAM), no Reino Unido. Esses sistemas permitem que uma equipe de projeto utilize uma lista de verificação de medidas que, se seguida corretamente, gera uma edificação sustentável, ao menos sob o ponto de vista do proponente daquele sistema de certificação, sem a necessidade de um prévio e profundo conhecimento sobre o projeto ecológico que está sendo exigido. O resultado proposto é que a equipe de projeto, sem nunca ter estudado ou ponderado as diversas e complexas questões do impacto ambiental do setor da construção, possa projetar e construir uma edificação de alto desempenho. O uso de um sistema de certificação padronizado como diretriz para o projeto sustentável é, certamente, um fator positivo que acelerou a adoção desse tipo de edifício no mercado. Ainda assim, simplesmente aderir a um conjunto de categorias e itens sem um pensamento mais profundo pode resultar em estereótipos que geram estagnação na arte da edificação ecológica no lugar de promovê-la. O comprometimento com uma estratégia de projeto que se baseia no entendimento dos sistemas naturais e no comportamento dos ecossistemas e que se interessa pela conservação de recursos resultará, sem dúvida, em uma edificação de alto desempenho com maior valor estético e econômico. Edificações de desempenho realmente excepcionais, além dos pontos e das certificações, exigem uma integração com a natureza que não pode ser alcançada com uma simples lista de verificação.

Ao longo da curta história do movimento da edificação sustentável, diversas estratégias de projeto vêm sendo articuladas, incluindo *o projeto ecológico, o projeto ambiental, o projeto verde, o projeto sustentável* e *o projeto ecologicamente sustentável*. Essencialmente, cada estratégia busca reconhecer, facilitar e/ou preservar a inter-relação entre os componentes do sistema natural e os prédios. Como resultado, uma série de dúvidas e problemas surgiu:

- O que a natureza e a ecologia podem ensinar que possa ser aplicado à edificação?
- A ecologia deveria servir como *modelo* ou como *metáfora* para um ambiente construído sustentável?
- Como os sistemas naturais podem ser incorporados diretamente para melhorar o funcionamento do ambiente construído?
- Como a interface ser humano e natureza pode ser melhor gerenciada para gerar benefícios a ambos?
- Em que momento a metáfora do sistema natural se perde, e, quando isso ocorrer, quais são as estratégias alternativas?

**FIGURA 3.1** O Prédio Federal, em San Francisco, na Califórnia, é um exemplo de projeto ecológico que tira partido das características naturais do local, como ventos dominantes e luz do sol, para fornecer resfriamento e iluminação natural. Uma análise detalhada das correntes de ar naturais induzidas por ventos e processos térmicos foi realizada usando um sofisticado modelo de dinâmica dos fluidos computacionais. (Ilustração por cortesia de Morphosis Architects)

Ainda que as respostas a essas perguntas desafiadoras sejam cruciais para a evolução da construção sustentável, encontrá-las não é uma tarefa fácil. É evidente que o movimento da edificação sustentável exige mais consideração e entendimento sobre os impactos humanos e ambientais do ambiente construído, assim como a inclusão das lições da natureza para o processo de construção. A incrível falta de entendimento sobre ecologia entre os profissionais de projeto e construção é menos surpreendente quando se identifica que o movimento da edificação sustentável não foi criado por ecologistas, mas por profissionais da construção e elaboradores de políticas públicas que conhecem a dinâmica disciplina da ecologia muito superficialmente. Mesmo assim, sem um entendimento melhor de ecologia e da teoria ecológica, o desenvolvimento das edificações sustentáveis pode parecer apenas um capricho, resultando em edificações meramente intuitivas que são "verdes" apenas no nome (veja a Figura 3.1). Com isso em mente, este capítulo revisa os princípios fundamentais do projeto ecológico ou sustentável, explorando a filosofia e os fundamentos dos profissionais e acadêmicos que fazem dessas questões o foco de suas carreiras. Uma visão geral da história e dos esforços atuais para conectar o pensamento ecológico às edificações fornece um ponto de partida; porém, mais estudos detalhados de ecologia, ecologia industrial e áreas afins são recomendados.

## PROJETO VERSUS PROJETO ECOLÓGICO

De acordo com Van der Ryn e Cowan (1996), o *projeto*, em sua forma mais simples, pode ser definido como "a configuração intencional da matéria, da energia e do processo para atender a uma finalidade ou desejo funcional" (p. 8). Essa definição abrangente significa que, literalmente, somos todos projetistas, porque todos usamos recursos para conseguir algo; consequentemente, a responsabilidade pelo projeto não recai somente sobre os chamados profissionais de projeto, dentre os quais aqueles de maior destaque são os arquitetos. O mundo que projetamos coletivamente é, na realidade, bastante simples em relação ao projetado pela natureza, pois usamos um número limitado de modelos e referências para criar uma paisagem urbana e industrial empobrecida, em grande parte destituída de imaginação e criatividade. É evidente que essa paisagem artificial projetada geralmente substitui a natural com produtos tóxicos e que não podem ser reciclados, produzidos mediante processos industriais destrutivos implementados sem levar em conta as consequências para sistemas ecológicos ou humanos. Costuma-se dizer que os problemas ambientais que enfrentamos atualmente, como as mudanças climáticas e a perda de biodiversidade, são reflexo de uma falha no projeto. A desconexão entre o projeto humano e a natureza é, precisamente, o problema que a edificação de alto desempenho, por intermédio da aplicação do projeto ecológico, procura corrigir.

Em contraposição à sua definição de projeto, Van der Ryn e Cowan definiram o *projeto ecológico* como aquele que transforma a matéria e a energia utilizando processos compatíveis e sinérgicos com a natureza e modelados conforme sistemas naturais. Assim, no lugar de um projeto que destrua as paisagens e a natureza, o projeto ecológico no contexto do ambiente construído busca soluções que integram edificações criadas pelos humanos à natureza de uma maneira simbiótica, que simulam o comportamento dos sistemas naturais e que não trazem danos aos humanos e não humanos em sua produção, seu uso e seu descarte. Para alguns, o conceito de projeto ecológico seria algo ainda mais amplo: o do projeto sustentável, que abordaria os efeitos finais triplos da criação de edificações: os impactos ambientais, as consequências sociais e o desempenho econômico. De forma clara, todos os participantes do processo precisam ter conhecimento sobre o grande contexto e os impactos do projeto de edificação e construção. O projeto ecológico foca a interface ser humano-natureza e utiliza a natureza em substituição à máquina e sua metáfora.

O problema-chave do projeto ecológico é a falta de conhecimento, experiência e entendimento sobre como aplicar a ecologia ao projeto. Para complicar a questão, há diversas abordagens gerais sobre ecologia, mesmo entre os ecologistas. A ecologia dos sistemas, por exemplo, foca os fluxos de energia, enquanto os representantes da administração adaptativa estudam processos.[1] A natureza opera ao longo de escalas e horizontes de tempo que são virtualmente inimagináveis para projetistas humanos, que continuam batalhando para aplicar em suas atividades até mesmo conceitos ecológicos relativamente simples como resiliência e adaptabilidade. Uma falha ainda maior é o fato de profissionais da construção terem pouco (ou nenhum) conhecimento prévio ou educação sobre ecologia; por esse motivo, qualquer aplicação chamada de projeto ecológico ou sustentável provavelmente é considerada superficial ou mesmo banal. Um fato igualmente problemático é que um enorme legado de projeto orientado por máquina está em vigor sob a forma de prédios e infraestrutura, e os produtos industriais para edificações ainda estão sendo criados baseados em conceitos, estratégias de projeto e processos criados durante a Revolução Industrial. Desse modo, os projetistas ecológicos contemporâneos estão envolvidos em uma batalha de diversas frentes em sua tentativa de mudança para um pensamento que possa reconectar os seres humanos e a natureza. Essas quatro "frentes" podem ser descritas como:

1. Entender a ecologia e sua aplicabilidade ao ambiente construído
2. Determinar de que forma usar a natureza como modelo e/ou metáfora para o projeto
3. Lidar com um sistema de produção industrial que opere usando o pensamento convencional
4. Reverter, no mínimo, dois séculos de projeto que utilizaram a máquina como seu modelo e metáfora

A estratégia clássica do projeto de edificação tem sido utilizada pelo arquiteto para definir e conduzir seus esforços, com a participação do proprietário do edifício, mas com contribuição insuficiente de outras entidades afetadas pelo projeto. O projeto ecológico contemporâneo muda esse pensamento radicalmente, ao envolver uma grande variedade de interessados no processo desde o início. O ponto-chave do projeto ecológico é contar com a quantidade máxima de contribuição de tantos envolvidos quantos for possível.

## Os benefícios do projeto ecológico

Para que as edificações sustentáveis se tornem bem-sucedidas, os benefícios devem ser conhecidos por aqueles que adquirirem instalações e serviços de construção. Como a sustentabilidade aborda um amplo conjunto de questões ambientais, econômicas e sociais, os benefícios podem ser muito grandes. Uma lista desses benefícios publicada pelo Programa Federal de Gestão de Energia dos Estados Unidos fornece uma visão geral do que uma mudança para o projeto sustentável promete (veja a Tabela 3.1).

**TABELA 3.1**

**Benefícios do projeto sustentável**

| | Econômicos | Sociais | Ambientais |
|---|---|---|---|
| **Implantação** | Custos reduzidos para a preparação do terreno, dos estacionamentos e das vias | Estética apurada, mais opções de transporte para usuários | Preservação do solo, redução do uso de recursos, proteção dos recursos ecológicos, conservação da água e do solo, restauração de terrenos contaminados, redução do consumo energético, menos poluição do ar |
| **Eficiência em água** | Redução nos custos iniciais e nos gastos anuais com água e esgoto | Preservação dos recursos da água para gerações futuras e para uso rural e recreativo, diminuição do número de estações de tratamento de água | Menor uso de água potável e redução de lançamento de esgoto em vias navegáveis, menos tensões em ecossistemas aquáticos de áreas com escassez de água, preservação dos recursos da água para a vida silvestre e a agricultura |
| **Eficiência energética** | Custos iniciais mais baixos, custos de combustíveis mais baixos, demanda da energia no pico reduzida, demanda por nova infraestrutura energética reduzida | Melhoria das condições de conforto para os usuários, diminuição do número de usinas de geração de energia e de linhas de transmissão | Menor uso de combustíveis fósseis e eletricidade, menor poluição do ar e emissões de dióxido de carbono, redução dos impactos da produção e distribuição de combustíveis fósseis |
| **Materiais e recursos** | Redução dos custos iniciais de materiais de reúso ou reciclados, custos de descarte de lixo mais baixos, custos de substituição para materiais duráveis reduzidos, necessidade de novos aterros sanitários reduzida | Diminuição da quantidade de aterros sanitários, melhores mercados para produtos preferíveis ambientalmente, redução do trânsito devido ao uso de materiais da localidade e região | Redução das tensões em aterros sanitários, redução do uso de recursos virgens, florestas mais bem administradas, poluição, energia e transporte menores, crescimento nos mercados de reciclagem |
| **Qualidade ambiental do interior** | Produtividade mais alta, incidência de absentismo mais baixa, rotatividade do pessoal reduzida, custos de seguros mais baixos, menos litígios | Redução de impactos à saúde, melhoria no conforto e na satisfação dos usuários e na produtividade individual | Melhor qualidade do ar do interior, incluindo redução nas emissões de compostos orgânicos voláteis, dióxido de carbono e monóxido de carbono |
| **Comissionamento; operações e manutenção** | Menores custos de energia, reclamações do proprietário/ocupantes reduzidas, ciclo de vida mais longo do prédio e do equipamento | Melhoria na produtividade, satisfação, saúde e segurança do usuário | Consumo de energia mais baixo, redução na poluição do ar e outras emissões |

*Fonte:* extraído de Office of Energy Efficiency and Renewable Energy, 2003, *The Business Case for Sustainable Design in Federal Facilities* (Washington, DC: Programa Federal de Gestão de Energia, Departamento de Energia dos Estados Unidos). Disponível em http://evanmills.lbl.gov/pubs/pdf/bcsddoc.pdf.

Apesar de relativamente novo, o movimento da edificação ecológica tem suas origens no trabalho e nas ideias de várias gerações anteriores de arquitetos e projetistas que remontam ao final do século XIX. No contexto norte-americano, diversas figuras-chave estão na base do que se conhece hoje como projeto ecológico ou sustentável. Dentre esses nomes estão R. Buckminster Fuller, Frank Lloyd Wright, Richard Neutra, Lewis Mumford, Ian McHarg, Malcolm Wells e John Lyle.

A seguir apresentamos brevemente cada um desses pensadores. A próxima seção, "O Projeto Ecológico Contemporâneo", traz a síntese dessa ideia basilar como um processo coerente para o projeto de edificação sustentável. Para articular o pensamento atual, descreveremos os esforços de William McDonough, Ken Yeang, Sim Van der Ryn, Stuart Cowan e David Orr.

## R. Buckminster Fuller

Talvez mais do que qualquer outro, R. Buckminster Fuller (1895–1983) lançou as bases da revolução da edificação ecológica nos Estados Unidos (veja a Figura 3.2). Sua lista de realizações é extensa; entre as quais destacamos o projeto da Casa Dymaxion autônoma na década de 1920, uma das quais foi construída em Wichita, Kansas, em 1946; o projeto do carro de alumínio Dymaxion em 1933; e,

**FIGURA 3.2** O selo R. Buckminster Fuller foi lançado pelo Serviço Postal dos Estados Unidos em 2004 para celebrar o 50º aniversário da cúpula geodésica de Fuller, conhecida como a estrutura mais leve, resistente e econômica já imaginada. (Stamp Designs © 2004 Serviço Postal dos Estados Unidos. Reproduzido com permissão. Todos os direitos reservados)

é claro, a criação da cúpula geodésica na década de 1950 (veja a Figura 3.3). Fuller já foi chamado de inventor, arquiteto, engenheiro, matemático, poeta e cosmologista. Todavia, ele era, acima de tudo, um ecologista. Seus projetos enfatizavam a conservação de recursos: o uso da energia renovável do sol e vento, o uso de materiais leves e efêmeros, como bambu, papel e madeira, e o conceito do projeto para a desconstrução. Sua cúpula geodésica já foi chamada de a estrutura mais leve, resistente e econômica construída até hoje.

Atribui-se a Fuller a origem do termo *Espaçonave Terra* para descrever o quanto os seres humanos são dependentes do planeta e de seus ecossistemas para sobreviver e como o lixo que criamos acaba na biosfera, ameaçando toda a humanidade. Seu Mapa Dymaxion e Jogo do Mundo foram projetados para permitir que os jogadores conservem as reservas do mundo e criem estratégias para resolver os problemas da Terra ao relacionar as necessidades humanas com os recursos do planeta. Fuller entendia o problema dos recursos renováveis e não renováveis, e sua pesquisa mostrou que os primeiros poderiam atender a todas as necessidades energéticas. Nos Estados Unidos, ele mostrou que, em meados dos anos 1930, a energia eólica por si seria suficiente para fornecer três vezes e meia do total de energia de que o país necessitava.[2] Seu trabalho influenciou muitos dos participantes do atual movimento da edificação sustentável, e por esse motivo ele muitas vezes é chamado de "o pai do projeto ambiental".

Fuller foi também um autor prolífico; foram 28 livros, dentre os quais *Manual de Exploração para a Espaçonave Terra* (1969), no qual ele imagina os seres humanos como a tripulação do planeta, obrigados a viverem um destino compartilhado em uma pequena espaçonave num universo infinito. A pergunta feita para seus colegas planetários era: como podemos contribuir para o funcionamento seguro da Espaçonave Terra? Nesse livro, ele descreveu muitos dos seus conceitos básicos, como *sinergia* e *efemeralização*. Outra obra notável escrita por Fuller foi *Caminho Crítico* (1981), na qual ele explora temas sociais, tornando-se um dos primeiros indivíduos a ligar questões ambientais, econômicas e humanas, o que muitos anos mais tarde foi chamado por Lester Brown de sustentabilidade. Em Caminho Crítico, Fuller analisou como a humanidade se encontrava nos limites dos recursos planetários e enfrentava crises ambientais, políticas, econômicas e éticas. Fuller, conhecido como "o gênio amigo do planeta", foi um membro extraordinário da "tripulação" da Terra.

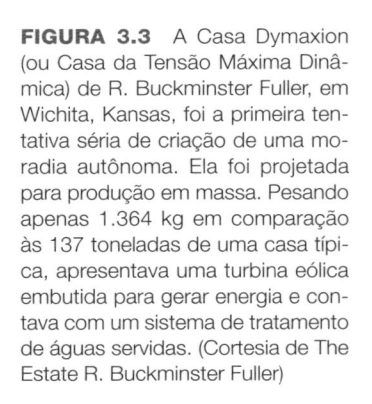

**FIGURA 3.3** A Casa Dymaxion (ou Casa da Tensão Máxima Dinâmica) de R. Buckminster Fuller, em Wichita, Kansas, foi a primeira tentativa séria de criação de uma moradia autônoma. Ela foi projetada para produção em massa. Pesando apenas 1.364 kg em comparação às 137 toneladas de uma casa típica, apresentava uma turbina eólica embutida para gerar energia e contava com um sistema de tratamento de águas servidas. (Cortesia de The Estate R. Buckminster Fuller)

## Frank Lloyd Wright

Frank Lloyd Wright (1867–1958) é uma figura importante da arquitetura (veja a Figura 3.4). O que poucos sabem é que suas ideias sobre natureza e edificação são a base de alguns dos primeiros fundamentos do movimento contemporâneo da edificação sustentável de alto desempenho. Seu contato precoce com a natureza teve um efeito profundo tanto em sua vida quanto em sua arquitetura. Com a orientação de sua mãe, que empregou o treinamento de Friedrich Froebel baseado na natureza, ele aprendeu sobre as formas e geometrias naturais. Sua arquitetura reflete essa influência, baseando-se na estrutura básica da natureza. O objetivo de Wright era criar edifícios que fossem, como ele dizia, integrados ao terreno, ao ambiente, à vida dos ocupantes e à natureza dos materiais. Ele também introduziu o termo *arquitetura orgânica* ao vocabulário do projeto para refletir, ao menos em parte, como seu pensamento evoluiu daquele de seu mentor, Louis Sullivan. O mantra de Sullivan, "a forma segue a função", foi modificado por Wright para "forma e função são uma coisa só", uma mudança inspirada por suas observações da natureza. Wright preferia uma abordagem que se baseasse na natureza em vez de imitá-la. A natureza é um conjunto integrado, com projeto bem resolvido. Todavia, as pessoas filtram e reinterpretam os princípios naturais, e os resultados são como a natureza, mas não precisamente iguais a ela. Ele defendeu um resultado similar para a arquitetura, ao integrar os espaços a um conjunto coerente e fundir o terreno, a edificação e o contexto em uma única ideia (veja a Figura 3.5). O projeto da edificação deveria ser trabalhado cuidadosamente a fim de se tornar um conjunto orgânico. Todos os elementos da edificação deveriam ser projetados como parte desse conjunto orgânico: janelas, portas, cadeiras, pisos, coberturas, paredes e forma espacial – todos relacionados entre si, inspirando-se na ordem da natureza. Os materiais e os motivos se repetem ao longo de todo a construção, e as geometrias são selecionadas por sua compatibilidade com um tema central que também se baseia na natureza. As ideias e os livros provocativos de Wright sobre arquitetura orgânica são basilares para a revolução verde atual, e a frequente referência que se faz a ele como "o primeiro arquiteto ecológico da América" certamente é merecida.

**FIGURA 3.4** Frank Lloyd Wright (1867–1958), mediante sua fusão de terreno, solo e contexto, criou alguns dos primeiros fundamentos do movimento contemporâneo da edificação sustentável de alto desempenho. (*Fonte*: Biblioteca do Congresso dos Estados Unidos)

## Richard Neutra

Richard Neutra (1892–1970), um aluno de Frank Lloyd Wright, reconheceu quão problemáticos são os produtos criados pelos seres humanos em comparação aos extraídos da natureza (veja a Figura 3.6). Ele notou que os artefatos humanos eram estáticos e que não podiam se autorregenerar ou se autoajustar, ao contrário das criações da natureza, que são dinâmicas e autorreplicantes. Ele observou que a forma e a função da natureza surgem simultaneamente, enquanto os humanos devem, em primeiro lugar, criar a forma de um edifício e, somente após isso, colocá-lo em funcionamento. Foi um dos primeiros proponentes do conceito de *biofilia*, que é a necessidade ou o desejo

**FIGURA 3.5** A Taliesin Oeste, em Scottsdale, Arizona, projetada por Frank Lloyd Wright, ilustra a arquitetura orgânica. (*Fonte*: Registro Nacional de Lugares Históricos dos Estados Unidos)

**FIGURA 3.7** Neutra explorou a relação de saúde entre natureza e edificação, como evidenciada na Casa Saúde de Los Angeles, Califórnia. (*Fonte*: Registro Nacional de Lugares Históricos)

**FIGURA 3.6** Richard Neutra (1892–1970) reconheceu a necessidade humana de se conectar com a natureza e foi um dos precursores do conceito de biofilia. (Fotografia por cortesia de J. Paul Getty Trust)

dos seres humanos de se conectarem com a natureza, um conceito que recentemente vem sendo difundido por E. O. Wilson e Stephen Kellert (1996).

Neutra defendia a estreita conexão dos espaços de moradia ao "mundo verde dos orgânicos". Segundo ele, imitar a natureza não se trata de uma simples adulação por parte dos seres humanos, mas, sim, copiar os sistemas que funcionam de uma maneira extraordinariamente bem-sucedida. Ele foi também um dos primeiros arquitetos a reconhecer a conexão entre a saúde humana e a natureza e a necessidade de levar essa relação em conta durante o projeto de edificação. Ao projetar um edifício que ficou conhecido como Casa Saúde, uma residência em Los Angeles para o Dr. P. M. Lovell, um naturopata, praticante da medicina integrada, Neutra explorou a relação de saúde entre a natureza e a edificação (veja a Figura 3.7). Nas edificações sustentáveis atuais, as questões de saúde são de suma importância, com as conexões entre saúde e natureza novamente exploradas em uma ampla variedade de experimentos de construção.

## Lewis Mumford

Lewis Mumford (1895–1990) ficou conhecido por seus livros sobre cidades, arquitetura, tecnologia, literatura e vida moderna (veja a Figura 3.8). Seu vínculo duradouro com o ambiente construído foi forjado por seu trabalho de mais de 30 anos como crítico de arquitetura para o *New Yorker*. Ele também foi um dos cofundadores da Associação de Planejamento Regional da América, que defendia empreendimentos em escala limitada e a região como importantes para o planejamento urbano. Em 1931, escreveu *The Brown Decades*, no qual detalhava os feitos arquitetônicos de Henry Hobson Richardson, Louis Sullivan e Frank Lloyd Wright. Mumford era, em particular, um crítico da tecnologia, e em *The Myth of the Machine*, escrito em 1967, argumentou que o desenvolvimento das máquinas ameaçava a humanidade em si e citou, por exemplo, o projeto de armas nucleares. Em *Values for Survival*, de 1946, ele defendeu a restauração do propósito humano orgânico e que a humanidade exerça "sua primazia acima de suas necessidades biológicas e pressões tecnológicas" e "se baseie livremente em compostos de diversas culturas prévias". Mumford pregou

**FIGURA 3.8** Lewis Mumford (1895–1990) foi um crítico de arquitetura e defensor da importância da consciência ecológica acima da tecnologia. (Cortesia do The Estate of Lewis and Sophia Mumford)

a implementação de ecotécnicas, tecnologias que se baseiam em fontes locais de energia e materiais nativos cuja variedade e trabalho artesanal agreguem consciência ecológica, assim como beleza e estética. Suas conclusões foram baseadas em como as cidades pré-industriais que respeitavam a natureza tornaram-se metrópoles pós-Revolução Industrial que se dispersaram e destruíram as formas urbanas compactas, desperdiçaram recursos e, virtualmente, não tinham conexão com a natureza.

## Ian McHarg

A falta de conexão entre os prédios e a natureza durante a Era Industrial também foi notada e articulada por Ian McHarg (1920–2001), particularmente a falta de um esforço multidisciplinar para criar um ambiente construído responsivo com a natureza. McHarg execrava a falta de consideração ambiental e de interesse por parte dos cientistas durante o planejamento, assim como a ausência de consideração pela vida em si em várias áreas da ciência, como geologia, meteorologia, hidrologia e ciência do solo (veja a Figura 3.9). Segundo McHarg, a compartimentalização e a especialização das disciplinas criaram condições que no presente podem tornar o projeto ecológico difícil ou impossível de ser realizado.

Seu livro de 1969, *Design with Nature*, é um clássico moderno, especialmente para a disciplina de edificação ecológica. McHarg exigiu o planejamento ambiental no nível local e defendeu que, ao se planejar o ambiente construído, tudo no ambiente deve ser levado em conta (os seres humanos, as pedras, os solos, as plantas, os animais e os ecossistemas). Ele foi uma das primeiras pessoas a descobrir que a melhor forma de preservar o espaço externo é sustentando áreas urbanas que contenham recursos existentes (como sistemas de esgoto e vias urbanas) para lidar com o crescimento urbano. Ele também notou que é essencial que tenhamos uma educação ambiental a fim de tomarmos decisões mais bem embasadas quando o assunto for crescimento e desenvolvimento.

**FIGURA 3.9** Ian McHarg (1920–2001) foi um defensor do planejamento para um ambiente construído responsivo com a natureza. (*Fonte*: The Japan Prize Foundation)

## Malcolm Wells

Malcolm Wells (1926–2009) ficou conhecido pelas críticas aos arquitetos que não tomavam ciência ou se importavam com os fundamentos biológicos tanto da vida quanto da arte. Em sua obra de 1981, *Gentle Architecture*, ele fez a pergunta-chave: "Por que quase todo arquiteto é capaz de reconhecer e apreciar a beleza de um mundo natural, mas ainda assim fracassa ao incorporá-la ao seu trabalho?" (p. 41) (veja a Figura 3.10). A solução de Wells era simples, porém efetiva: deixar a superfície do planeta em paz e tornar o ambiente construído subterrâneo, assim a superfície da Terra pode continuar fornecendo serviços sem obstáculos, como mostra o ateliê de arte Wells na Figura 3.11. A estratégia de Wells era a de "pisar gentilmente na Terra", minimizando o uso de asfalto e concreto, dando lugar a recursos naturais da localidade e energia solar como os principais recursos para o ambiente construído. Ele é conhecido como "o pai da arquitetura gentil", ou da arquitetura protegida pela Terra, e, apesar de suas afirmações de que sua obra não teve o efeito que ele esperava, suas ideias influenciaram significativamente o movimento da edificação sustentável atual. Ele sugeriu que os prédios devem consumir seu próprio lixo, se manterem, fornecer *habitat* animal, moderar seu próprio clima e acompanhar o ritmo da natureza – todas essas noções são apresentadas com frequência nos fóruns sobre construção verde que vêm crescendo por todo os Estados Unidos.

**FIGURA 3.10** Malcolm Wells (1926–2009) influenciou de maneira significativa o movimento da edificação sustentável atual mediante sua abordagem de "pise gentilmente na Terra". (Fotografia por cortesia de Karen Wells)

## John Lyle

A paisagem talvez seja a questão mais negligenciada e subestimada no campo do projeto ecológico, mas um homem, John Lyle (1934–1998), alcançou o objetivo de criar paisagens regenerativas. Em

**FIGURA 3.11** A galeria de arte subterrânea de Karen Wells (esposa de Malcolm Wells). (Fotografia por cortesia de Karen Wells)

seu texto clássico, *Design for Human Ecosystems*, publicado originalmente em 1985, ele explora métodos para projetar paisagens que funcionem de acordo com as formas sustentáveis dos ecossistemas naturais (veja as Figuras 3.12 e 3.13). O livro traz um parâmetro para se pensar e entender o projeto ecológico, com destaque para os ricos exemplos em escala real que dão vida às suas ideias-chave. Lyle acompanhou o crescimento histórico das abordagens de projeto que envolvem processos naturais e apresentou uma introdução aos princípios, aos métodos e às técnicas que podem ser usados para configurar a paisagem, o uso do solo e os recursos naturais de maneira sustentável e ecologicamente sensível. Ele articulou os problemas inerentes às infraestruturas artificiais e impostas, que fazem parte de um sistema industrial linear no qual materiais extraídos da natureza e da Terra terminam como resíduo desnecessário.

**FIGURA 3.12** John Lyle (1934–1998) promoveu a criação de paisagens regenerativas mediante o projeto ecológico. (Fotografia por cortesia do Lyle Center for Regenerative Studies, California State Polytechnic University, Pomona)

**FIGURA 3.13** O Center for Regenerative Studies da California State Polytechnic University em Pomona. (Fotografia por cortesia do Lyle Center for Regenerative Studies, California State Polytechnic University, Pomona)

Ao contrário de seu correspondente natural, a paisagem urbana não produz alimentos, não armazena, processa ou trata as águas pluviais, nem fornece *habitats* diversos para a vida silvestre. Também não é parte de um sistema ecológico e não contribui para a diversidade biológica. Além disso, a paisagem artificial não é sustentável por ser extremamente dependente de combustíveis fósseis, produtos químicos e grandes quantidades de água para sua manutenção. Em contraste, a paisagem regenerativa de Lyle caracteriza-se por sua localização, fecundidade, diversidade e continuidade. Uma paisagem regenerativa cresce a partir de um local específico (localidade), de uma maneira única para aquele lugar, é fértil e cresce e se renova continuamente mediante reprodução, o cerne da regeneração (fecundidade). A paisagem regenerativa é composta por uma grande quantidade de plantas e organismos, cada um ocupando um nicho em seu ambiente (diversidade), não é fragmentada; se modificando gradualmente no espaço e no tempo (continuidade).

## O PROJETO ECOLÓGICO CONTEMPORÂNEO

A influência desses arquitetos, projetistas e filósofos no movimento da edificação sustentável atual tem sido profunda. Além de estabelecerem os fundamentos do projeto ecológico, influenciaram muitos dos profissionais que atuam hoje. Mesmo que o projeto ecológico ainda esteja se desenvolvendo, o movimento da edificação sustentável se dedica para refinar seu significado e explorar detalhadamente a conexão entre ecologia e o ambiente construído. O movimento da edificação sustentável atualmente se apoia nas ideias e no trabalho de figuras como Fuller, Wright, Neutra, Mumford, Lyle e McHarg. O capital intelectual e a produção profissional de milhares de indivíduos, organizações e companhias podem ser acrescentados às poucas vozes defensoras do projeto ecológico antes de 1990.

O processo de descoberta e implementação do projeto ecológico será uma jornada longa, porém emocionante enquanto o projeto, as práticas, os materiais, os métodos e as tecnologias se adaptam a um mundo que realmente pede por uma abordagem refinada para o ambiente construído.

Talvez o primeiro passo para descrever em que momento está o projeto ecológico atualmente seja entender a terminologia associada a esse conceito. Em um artigo publicado em 2002 no site da Society of Building Science Educators (www.sbse.org), Christopher Theis, professor de arquitetura da Louisiana State University, sugeriu que inicialmente devamos lidar com os diversos conjuntos distintos de nomenclatura que permeiam a comunidade da construção. Uma variedade de termos, incluindo aqueles já apresentados neste livro, está sendo usada para descrever a abordagem de edificações de alto desempenho: projeto sustentável, projeto verde, projeto ecológico e projeto ecologicamente sustentável. Theis defendeu o uso do termo *ecológico* para descrever a estratégia de projeto necessária para criar uma edificação sustentável de alto desempenho. Apesar do uso da palavra *sustentável* para descrever essas estratégias de projeto possa ser mais abrangente, há níveis de complexidade que não são solucionáveis ao projetar um prédio, porque é necessário levar em conta três importantes aspectos da sustentabilidade: o social, o econômico e o ambiental. Esse é um trabalho quase impossível para a equipe de projeto cuja tarefa é abraçar os projetos encomendados por um proprietário ou cliente e atender às exigências especificadas em seus contratos. Isso não significa que a equipe de projeto deva esquecer as questões de sustentabilidade; eles devem considerar ao máximo as ramificações de todas as suas decisões referentes ao tema. A equipe de projeto pode, de fato, exercer uma influência poderosa sobre os proprietários ao educá-los sobre essas questões amplas de forma direta, articulando sua filosofia, e indireta, em sua abordagem do projeto de construção.

Quanto ao projeto ecológico em si, Peter Wheelwright, diretor do Departamento de Arquitetura da Parsons School of Design, descreveu duas abordagens, em geral contraditórias e conflitantes, aplicadas atualmente em escolas de arquitetura: a orgânica, que combina uma agenda social ativista com uma ética de projeto "wrightiana", e a tecnológica, que é "futurista na orientação e científica no método". De fato, ambas coexistem, com projetistas buscando criar soluções que se baseiem na natureza, mas ainda assim aplicando a tecnologia apropriada.

## AS PUBLICAÇÕES-CHAVE DA EDIFICAÇÃO SUSTENTÁVEL: INÍCIO DA DÉCADA DE 1990

O início da década de 1990 marcou os primórdios do movimento da edificação sustentável nos Estados Unidos. Três publicações dessa época forneceram uma articulação inicial do projeto de edificação sustentável: os princípios de Hanover em 1992, *The Local Government Sustainable Buildings Guidebook* em 1993 e *The Sustainable Building Technical Manual* em 1996. Além desses, em 1992 foi lançada a *Environmental Building News*, a primeira e, até este momento, mais importante publicação sobre questões de edificação ecológica que apresentava uma lista de verificação para o projeto verde. A seguir, cada uma dessas publicações-chave será analisada brevemente.

### Os princípios de Hannover

Em 1992, Jobst Fiedler, prefeito de Hannover, na Alemanha, contratou William McDonough, uma das figuras mais importantes para o surgimento de edificações verdes, para trabalhar com a cidade no desenvolvimento de um conjunto de princípios de projeto sustentável para a Feira Mundial de Hannover de 2000 (veja as Figuras 3.14 e 3.15). Os princípios não pretendiam servir como um manual para o projeto ecológico, mas sim como um fundamento. Uma das contribuições oriundas dessa tentativa relativamente precoce de articular princípios para o movimento da edificação sustentável foi uma definição de projeto sustentável como a "concepção e a realização da expressão ecológica, econômica e eticamente responsável como parte da matriz da natureza em desenvolvimento". Esses princípios, frequentemente chamados de os princípios de Hannover, são listados na Tabela 3.2.

**FIGURA 3.14** Em 2000, William McDonough desenvolveu os princípios do projeto sustentável frequentemente chamados de os princípios de Hannover. (*Fonte*: Boise State University)

### *The Local Government Sustainable Buildings Guidebook* e *The Sustainable Building Technical Manual*

Na década de 1990, diversas publicações tentaram criar uma diretriz para a atual era do projeto ecológico, determinadas especialmente pelo surgimento do sistema de certificação de edificação LEED. Duas das primeiras publicações sobre o tema foram produzidas pela Public Technology, Inc.: *The Local Government Sustainable Buildings Guidebook*, em 1993, e *The Sustainable Building Technical Manual*, em 1996. Na época de sua publicação, o US Green Building

**TABELA 3.2**

**Os princípios de Hannover**

1. Insistir para que os direitos da humanidade e da natureza coexistam.
2. Reconhecer a interdependência.
3. Respeitar as relações entre o espírito e a matéria.
4. Aceitar a responsabilidade pelas consequências do projeto.
5. Criar objetos seguros com valor duradouro.
6. Eliminar o conceito de resíduo.
7. Basear-se em fluxos de energia naturais.
8. Entender as limitações do projeto.
9. Buscar constantes melhorias mediante o compartilhamento de conhecimento.

**FIGURA 3.15** Pavilhão dos Países Baixos na Feira Mundial de Hannover de 2000. (Hans Werlemann)

*Fonte*: extraído de Public Technology, 1996. *The Sustainable Building Technical Manual: Green Design, Construction and Operations* (Prefeitura de Washington, DC: autora). Disponível em www.usgbc.org.

**TABELA 3.3**

**Considerações de projeto e práticas para edificações sustentáveis**

Os recursos devem ser usados somente na velocidade na qual se regeneram naturalmente e devem ser descartados somente na velocidade na qual os ecossistemas locais podem absorvê-los.

Os recursos de energia e materiais devem ser entendidos como parte de um ciclo humano/natural equilibrado. Os resíduos ocorrem somente até o ponto em que são incorporados de volta àquele ciclo e usados para a geração de mais recursos.

O planejamento do terreno deve incorporar recursos disponíveis naturalmente no local, como energia solar e eólica, sombreamento e drenagem.

Materiais eficientes em recursos devem ser utilizados na construção do prédio e em equipamentos para amenizar os impactos locais e globais.

A energia e os resíduos de materiais devem ser minimizados ao longo de todo o ciclo de vida da edificação, desde o projeto até o reúso ou a demolição.

As vedações externas do prédio devem ser projetadas para funcionarem com eficiência de energia.

As estratégias de materiais e projeto devem almejar uma excelente qualidade ambiental interior total, na qual a qualidade do ar do interior seja o componente mais importante.

O projeto deve otimizar a produtividade e a saúde do usuário.

Os sistemas de manutenção e operação devem oferecer suporte para a redução de resíduos e para a reciclagem.

Os sistemas e a localização devem otimizar as opções de transporte pendular dos empregados e dos clientes e minimizar o uso de veículos com apenas um usuário. Isso inclui o uso de modalidades de trabalho alternativas, como trabalho à distância ou teleconferência.

A água deve ser gerenciada como um recurso finito.

*Fonte:* extraído de Public Technology, 1993, *The Local Government Sustainable Buildings Guidebook* (Prefeitura de Washington, DC: autora).

Council (USGBC) era uma organização muito recente e os primeiros esboços da norma LEED estavam apenas começando a surgir em seus comitês.

O *The Local Government Sustainable Buildings Guidebook* trouxe algumas das primeiras ideias sobre o movimento da edificação sustentável norte-americano. Alguns princípios orientadores citados no guia são apresentados na Tabela 3.3.

Em contraste a esse guia, o *The Sustainable Building Technical Manual* foi, em essência, uma medida paliativa para atender ao interesse sobre edificação verde, que cresceu rapidamente. O manual fornece uma lista das áreas que deveriam ser consideradas ao projetar uma edificação sustentável. Essas informações são resumidas na Tabela 3.4. O manual enfatizava a necessidade de uma abordagem integrada e holística para o projeto, com a edificação sendo tratada como um sistema em vez de uma soma de partes. O manual marcou uma das primeiras declarações públicas sobre esse aspecto-chave da edificação sustentável. Como citado anteriormente, a noção de abordagem de sistemas surgiu como um dos temas dominantes da edificação ecológica, mesmo que, na prática, seja difícil alcançá-la devido à grande quantidade de informações sendo processadas, os muitos atores envolvidos e as mesmas dificuldades na comunicação que ocorrem no projeto convencional.

## *Environmental Building News*

A publicação de maior destaque sobre edificações sustentáveis nos Estados Unidos é o *Environmental Building News*, um periódico mensal dedicado aos prédios de alto desempenho. Periodicamente, incluiu listas de verificação sobre vários temas relacionados à edificação ecológica, dentre as quais uma para projeto ambientalmente responsável. Apesar de não ser visto como tendo uma abordagem filosófica, o *Environmental Building News* oferece uma visão geral das questões mais importantes que devem ser consideradas ao projetar esse tipo de edificação. A Tabela 3.5 apresenta essa lista de verificação.

**TABELA 3.4**

**Visão geral dos problemas do projeto de edificação conforme o *The Sustainable Building Technical Manual***

**Projeto Solar Passivo**

Iluminação natural

Vedações externas da edificação

Energia renovável

**Sistemas de edificação e qualidade ambiental do interior**

Sistemas de climatização, elétrico e hidrossanitário

Qualidade do ar do interior

Acústica

Terceirização da testagem dos sistemas prediais (comissionamento)

**Materiais e especificações**

Materiais

Especificações

*Fonte:* extraído de Public Technology, 1996, *The Sustainable Building Technical Manual: Green Design, Construction and Operations* (Prefeitura de Washington, DC: autora). Disponível em www.usgbc.org.

### TABELA 3.5
**Lista de verificação do *Environmental Building News* para o projeto ambientalmente responsável**

Menor é melhor. Otimize o uso do espaço interior mediante um projeto cuidadoso, assim o tamanho do prédio como um todo – e os recursos utilizados em sua construção e operação – serão mínimos.

Projete uma edificação eficiente em energia. Utilize níveis elevados de isolamento, janelas de alto desempenho e construção estanque. Em climas meridionais, escolha aberturas com ganhos térmicos solares baixos.

Projete os prédios para operarem com energia renovável. Calefação solar passiva e iluminação e resfriamento naturais podem ser incorporados à maioria das edificações com uma melhor relação custo/benefício. Também considere o uso de aquecedores de água de passagem e fotovoltaicos – ou projete os prédios para instalações solares futuras.

Otimize o uso de materiais. Minimize os resíduos projetando pés-direitos e dimensões prediais convencionais. Evite os resíduos gerados pelo superdimensionamento estrutural (utilize técnicas estruturais avançadas/engenharia otimizada). Simplifique a geometria do prédio.

Projete um paisagismo eficiente em água e de baixa manutenção. Gramados convencionais têm impacto alto devido ao consumo de água e pesticidas e à poluição gerada pelos cortes. Trate a paisagem com plantas nativas resistentes à seca e coberturas vegetais perenes.

Facilite a reciclagem de lixo pelos usuários. Inclua depósitos e o processamento de recicláveis – latas para reciclagem próximas à cozinha, receptáculos para compostagem sob a pia e similares.

Analise a viabilidade do uso de águas servidas. As águas de pias, chuveiros ou lavagem de roupa (águas servidas) podem ser reaproveitadas para a irrigação de algumas áreas. Caso os códigos vigentes proíbam o reaproveitamento de águas servidas, considere projetar as instalações hidrossanitárias para facilitar futuras adaptações.

Projete visando à durabilidade. Para que os impactos ambientais da edificação se ampliem por um período mais longo possível, a estrutura deve ser durável. Um prédio com um estilo durável ("arquitetura atemporal") tem mais chances de funcionar por um longo tempo.

Evite possíveis ameaças à saúde – radônio, fungos, pesticidas. Siga as práticas recomendadas para minimizar a entrada de radônio na edificação e crie meios para uma mitigação futura, se necessário. Forneça detalhamento para evitar problemas com umidade, que pode causar fungos e mofo. Projete um detalhamento resistente a insetos para dar prioridade ao uso mínimo de pesticida.

*Fonte:* www.buildinggreen.com (assinatura paga exigida).

## IDEIAS-CHAVE SOBRE O PROJETO ECOLÓGICO

Além das publicações anteriormente descritas, dois livros icônicos sobre projeto ecológico contemporâneo foram publicados em meados da década de 1990: *Designing with Nature*, escrito em 1995 por Ken Yeang, um arquiteto malaio, e *Ecological Design*, de autoria de Sim Van der Ryn e Stuart Cowan em 1996. Apesar de existirem diversos outros volumes sobre o tema do projeto de edificações que emprega a metáfora ou o modelo da natureza, essas duas obras são particularmente notáveis por seu pensamento profundo sobre o projeto ecológico.

### *Designing With Nature:* Ken Yeang

*Designing with Nature* foi, talvez, a primeira publicação a tentar lidar com o grande desafio de aplicar a ecologia diretamente à arquitetura. Ken Yeang (veja as Figuras 3.16 e 3.17) usou os termos *arquitetura verde* e *arquitetura sustentável* como sinônimos, definindo-os como "projetar com a natureza e projetar com a natureza de uma forma ambientalmente responsável". Yeang (1995, Capítulo 1) abordou esse problema ao fazer diversas suposições importantes:

- O ambiente deve ser mantido biologicamente viável para as pessoas.
- A degradação ambiental pelas pessoas é inaceitável.
- A destruição dos ecossistemas pelos seres humanos deve ser minimizada.
- Os recursos naturais são limitados.

**FIGURA 3.16** Ken Yeang desenvolveu princípios para aplicar a ecologia diretamente à arquitetura. (Fotografia por cortesia de Ken Yeang)

**FIGURA 3.17** A Biblioteca Nacional de Cingapura, projetada por Ken Yeang. (Fotografia por cortesia de Ken Yeang)

- As pessoas fazem parte de um sistema fechado maior.
- Os processos do sistema natural devem ser considerados no planejamento e no projeto.
- Os sistemas humanos e naturais estão inter-relacionados e são, essencialmente, um só sistema.
- Qualquer mudança no sistema afeta todo o restante.

Yeang também sugeriu diversas premissas ou bases para o projeto ecológico (veja a Tabela 3.6).

Para a implementação efetiva do projeto ecológico, Yeang sugeriu que há três passos importantes:

1. Definir o programa da edificação como uma declaração de impacto ecológico (análise).
2. Produzir uma solução de projeto que compreenda as interações ambientais prováveis (síntese).

**TABELA 3.6**

**Bases para o projeto ecológico conforme sugeridas por Ken Yeang**

1. O projeto deve ser integrado não somente ao ambiente, mas também aos ecossistemas presentes.
2. Pelo fato de a Terra ser essencialmente um sistema fechado, matéria, energia e ecossistemas devem ser conservados, e a capacidade de assimilação de resíduos da biosfera deve ser considerada.
3. O contexto do ecossistema, isto é, sua relação com outros ecossistemas, deve ser considerado.
4. Os projetistas devem analisar e utilizar cada terreno considerando suas estruturas físicas e naturais para otimizar o projeto.
5. O impacto do projeto deve ser considerado ao longo de todo o seu ciclo de vida.
6. Os prédios substituem os ecossistemas, e os impactos entre a matéria e a energia devem ser considerados.
7. Devido aos impactos complexos dos ambientes construídos na natureza, o projeto deve ser abordado holisticamente, e não de uma maneira fragmentada.
8. A capacidade assimilativa limitada dos ecossistemas para os resíduos antropogênicos deve ser levada em conta no projeto.
9. O projeto deve ser responsivo e previdente, e resultar o máximo possível em efeitos benéficos para os ecossistemas naturais.

*Fonte:* adaptado de Ken Yeang, 1995, *Designing with Nature: The Ecological Basis for Architectural Design* (New York: McGraw-Hill), Capítulo 1.

3. Determinar o desempenho da solução de projeto pelas entradas e saídas ao longo de todo o ciclo de vida (estimativa).

Yeang segue com os esforços para desenvolver seu conceito de projeto ecológico, e é particularmente reconhecido por seu trabalho em edificações altas sustentáveis (arranha-céus). Este autor tem escrito diversos outros livros e, em 2008, publicou um trabalho atualizado sobre o tema geral do projeto ecológico chamado *EcoDesign: A Manual for Ecological Design*. Também escreveu muito sobre como construir arranha-céus sustentáveis em *The Green Skyscraper: The Basis for Designing Sustainable Intensive Buildings* (1999), *Eco Skyscrapers* (2007), e *Eco Skyscrapers*, Volume 2 (2011).

## *Ecological Design:* Sim Van der Ryn e Stuart Cowan

Sim Van der Ryn e Stuart Cowan também analisaram profundamente o projeto verde em seu livro. Eles escreveram *Ecological Design* para apresentar um contexto para esse tipo de projeto em vez de detalhes específicos. A principal característica do livro é a articulação de cinco princípios de projeto ecológico:

1. *As soluções surgem no próprio local*. Cada localidade tem suas próprias características e recursos: por esse motivo, as soluções de projeto serão, consequentemente, distintas. As soluções também devem tirar vantagem do estilo local, seja a arquitetura com adobe do Novo México ou dos brancos pobres da Flórida. A sustentabilidade deve ser inserida no processo para que as escolhas sejam feitas com base em como o projeto pode interagir com os ecossistemas locais e, preferencialmente, melhorar as condições já existentes – por exemplo, recuperando e limpando terrenos industriais contaminados para usos produtivos.

2. *A responsabilidade ecológica influencia o projeto*. Para que o projeto seja verdadeiramente ecológico, os impactos de todas as decisões devem ser levados em conta. Dentre eles destacam-se os efeitos do consumo energético e de água; os resíduos sólidos, líquidos e gasosos; e o uso e os resíduos de materiais tóxicos. Além disso, a seleção de materiais deve contribuir para que o projeto de instalações minimize o consumo de recursos e os efeitos ambientais. A respeito da seleção de materiais, a análise do ciclo de vida é apropriada para determinar o consumo de recursos total e as emissões ao longo de todo o ciclo de vida da edificação e para encontrar a solução com mínimo impacto total.

3. *Projete com a natureza*. O projeto ecológico deve fomentar a colaboração com os sistemas naturais e resultar em edificações que evoluam junto à natureza. Prédios devem simular a natureza, onde não existem resíduos, uma vez que os resíduos equivalem a alimentos. As edificações são um estágio em um sistema industrial complexo que deve ser reprojetado com essa estratégia em mente para assegurar que os resíduos, sejam minimizados e ocorra um comportamento de ciclo fechado em vez da geração de resíduos em grande escala. Uma relação sinérgica com a natureza é recomendável, com a energia e a matéria fluindo pela interface seres humanos-natureza sendo benéficas aos dois subsistemas: humano e natural. Os sistemas de calefação e resfriamento dos prédios devem ser acompanhados de tratamento paisagístico, os resíduos devem ser processados por áreas de manancial, as árvores devem consumir vastas quantidades de água da chuva e o lixo gerado pelos usuários deve fornecer nutrientes para a paisagem.

4. *Somos todos projetistas*. O processo participativo está surgindo como um ingrediente-chave do projeto ecológico; isto é, incluir a participação da grande variedade de pessoas afetadas pela edificação gerar resultados mais criativos e interessantes. As escolas de arquitetura precisam ser revigoradas e reorientadas para ensinar a construção de uma forma holística e incluir o projeto ecológico na base curricular. Uma nova disciplina de projeto ecológico deveria ser criada para tratar não apenas questões que podem se relacionar ao ambiente construído, mas também assuntos como projeto de produto industrial e a cadeia de fornecimento de materiais.

5. *Dê visibilidade à natureza*. Devido à perda da sua conexão com a natureza, os seres humanos negligenciam detalhes simples como de onde vêm a água e os alimentos e como eles são

processados e disponibilizados para o consumo. O projeto ecológico deve revelar a natureza e seus funcionamentos o máximo possível, celebrar o local e reverter a tendência de lugares desvinculados da natureza para espaços urbanos com vida e vitalidade. Os sistemas de drenagem, normalmente ocultos, podem ser aparentes. As áreas de descarte de lixo, esgotos cloacais, estações de tratamento de esgoto e aterros sanitários devem se localizar nas proximidades dos geradores de resíduos para expor os seres humanos às consequências de um comportamento destrutivo. Em prova do que aqui afirmado, o comportamento complexo e elegante dos sistemas naturais na forma de áreas de manancial que tratam o efluente pode servir para educar as pessoas sobre a integração com a natureza. Como parte do processo de construção e projeto, as estratégias regenerativas defendidas por John Lyle podem ser empregadas para restaurar áreas danificadas pelas atividades humanas.

Van der Ryn (veja a Figura 3.18) e Cowan disponibilizam uma estrutura para que os projetistas – isto é, qualquer pessoa – possam criar um processo baseado na natureza e na ecologia que seja flexível, adaptável e útil para o projeto de construção e o lugar. Novamente, seu esquema não traz detalhes de como realizar esse processo, pois isso tornaria esses detalhes imensos em escopo e volume. Em vez disso, fornecem um embasamento filosófico forte para o projeto de edificações sustentáveis de alto desempenho que, se seguido à risca, produzirá estruturas executadas pelos seres humanos que cooperam em vez de competir com a natureza.

## *The Nature of Design: Ecology, Culture, and Human Intention:* David Orr

Em 2002, David Orr abordou o projeto ecológico em seu livro *The Nature of Design: Ecology, Culture, and Human Intention*. Orr trata do projeto ecológico de um ponto de vista muito mais amplo, abordando todo o conjunto de interações humanas com a natureza, incluindo o modo como adquirimos e utilizamos alimento, energia e materiais e o que fazemos para viver (veja a Figura 3.19). Embora não seja um profissional da disciplina do ambiente construído, Orr impactou de maneira significativa o movimento da edificação sustentável atual devido à sua habilidade de elucidar claramente uma visão sobre o projeto ecológico. Orr amplia nossas ideias ao comparar tal tipo de projeto ao Iluminismo do século XVIII, em conexões com política e ética. Ele descreve o projeto ecológico como um campo emergente que busca recalibrar o comportamento humano para, na prática, sincronizá-lo com a natureza e conectar as pessoas, os lugares, as ecologias e as futuras gerações de formas que sejam justas, resilientes, seguras e belas. De acordo com Orr, mudar o comportamento tanto dos setores públicos quanto dos privados é muito necessário para transformar nossos padrões de produção e consumo.

**FIGURA 3.18** Sim Van der Ryn é considerado um dos pioneiros na aplicação de princípios tanto de ecologia quanto de ecologia social à arquitetura. (Fotografia por cortesia de Sim Van de Ryn)

Além de seu trabalho como autor e defensor da alfabetização ambiental, Orr levantou fundos para o que talvez seja o projeto de edificação sustentável mais importante do final da década de 1990: o Lewis Center for Environmental Studies da Oberlin College em Oberlin, Ohio (veja as Figuras 3.20 e 3.21). O Lewis Center foi projetado por um time de elite de arquitetos e outros profissionais do setor da construção, dentre eles William McDonough, um dos arquitetos de prestígio da edificação sustentável, e John Todd, criador da Living Machine, um sistema de tratamento de resíduos que utiliza processos naturais para separar os componentes do fluxo de águas servidas do prédio. Orr via as edificações como contribuintes para uma pedagogia de alfabetização ambiental e cita inúmeros exemplos de como os projetistas podem criar estruturas que ensinam ao mesmo tempo que funcionam. Em sua visão, essas edificações podem ensinar sobre conservação de energia, reciclagem de materiais, integração com a natureza e contribuição com seu entorno, em vez de sua degradação. Em virtude de seu projeto, a paisagem ao redor do Lewis Center auxilia na aquisição de competência ecológica em horticultura, jardinagem, agricultura de sistemas naturais, silvicultura e aquicultura, assim como técnicas de preservação da biodiversidade e restauração ecológica. Como observado por Orr, os EUA precisam de um esforço nacional que envolva os estudantes de

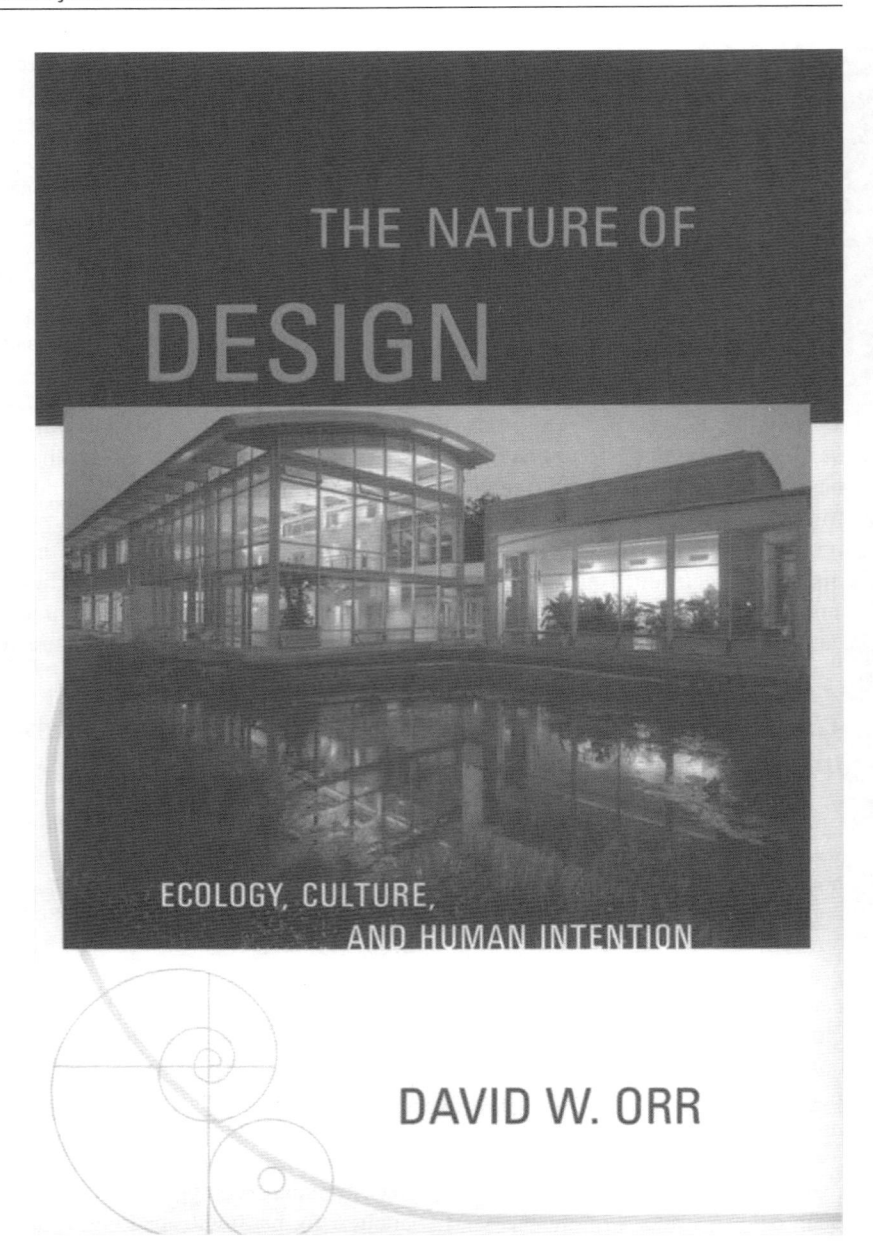

**FIGURA 3.19** Em seu livro *The Nature of Design: Ecology, Culture, and Human Intention*, David Orr abordou o conjunto de interações humanas com a natureza, incluindo o modo como adquirimos e utilizamos alimentos, energia e materiais e o que fazemos para viver.

todas as disciplinas do projeto ecológico, porque o atual sistema de produção e consumo é pessimamente projetado. Este talvez seja nosso desafio-chave: compreender como a natureza pode influenciar todas as modalidades de projeto, construção e projeto urbano.

## DESENVOLVENDO O CONCEITO DE PROJETO ECOLÓGICO

No futuro, a construção sustentável exigirá uma compreensão mais profunda do projeto ecológico e do que pode e não pode ser alcançado pela sua aplicação. O projeto ecológico, essencialmente, baseia-se na observação da química e do comportamento do mundo natural vivo. O ambiente construído, evidentemente, não é vivo nem natural, e apesar da noção do forte papel da ecologia estar associada ao conceito de edificações verdes de alto desempenho, a natureza exata dessa relação ainda não foi definida. Esta seção apresenta uma grande variedade de hipóteses sobre o projeto eco-

**FIGURA 3.20** O The Lewis Center for Environmental Studies no Oberlin College, em Oberlin, Ohio, foi construído e projetado no final da década de 1990 por uma equipe de elite de arquitetos e outros profissionais do setor da construção, dentre eles William McDonough e John Todd, criador da Living Machine, um sistema de tratamento de resíduos que utiliza processos naturais para separar os componentes do fluxo de águas servidas do prédio. (Cortesia do Oberlin College)

lógico para dar suporte à discussão sobre a relação entre ecologia e projeto. Nove das hipóteses mais importantes sugeridas por projetistas, ecologistas industriais e outros são listadas a seguir:

1. Regras gerais de gestão de sustentabilidade (Barbier, 1989; Daly, 1990)
2. Princípios de projeto para ecologia industrial (Kay, 2002)
3. As regras de ouro para o ecoprojeto (Bringezu, 2002)
4. Gestão adaptativa (Peterson, 2002)
5. Biomimetismo (Benyus, 1997; descrito brevemente no Capítulo 2)
6. Fator 4 e Fator 10 (von Weizsäcker, Lovins e Lovins, 1997; descritos brevemente no Capítulo 2)
7. Análise do berço-ao-berço (McDonough e Braungart, 2002)
8. O Passo Ideal (Robèrt, 1989; descrito no Capítulo 2 e no Capítulo 11) (veja a Figura 3.22)
9. Capitalismo natural (Hawken, Lovins e Lovins, 1999)

Nas próximas seções, estas importantes contribuições são apresentadas como pilares para um futuro mais sólido e uma versão mais refinada do projeto ecológico que podem servir tanto como base filosófica quanto como base teórica para a construção sustentável.

**FIGURA 3.21** David Orr ampliou nossas ideias sobre o projeto ecológico ao compará-lo ao Iluminismo do século XVIII, com suas conexões com política e ética, definindo-o como um campo emergente que busca recalibrar o comportamento humano para sincronizá-lo com a natureza e conectar as pessoas, os lugares, as ecologias e as futuras gerações de forma que sejam justas, resilientes, seguras e belas. (Fotografia por cortesia de David Orr)

## Regras gerais de gestão para a sustentabilidade

Herman Daly (1990; veja a Figura 3.23), o fundador da economia ecológica, e Edward Barbier (1989), um economista da área, formularam diversas regras pragmáticas para "administrar" a sustentabilidade. De acordo com a primeira regra, o uso de recursos renováveis não deve exceder o índice de regeneração. A fim de operacionalizar essa demanda, é preciso considerar que a utilização de materiais renováveis, tanto natural quanto tecnicamente, sempre exige alguns insumos de não renováveis (por exemplo, o uso de fertilizante mineral para a perda de nutrientes devido à lixiviação na agricultura; as exi-

**FIGURA 3.22** Karl Henrik Robèrt desenvolveu na Suécia o parâmetro Natural Step, uma série de princípios de gestão bem testados para auxiliar a indústria no uso e no apoio à sustentabilidade. (Fotografia por cortesia de Karl Henrik Robèrt)

**FIGURA 3.23** No início da década de 1970, Herman Daly, comumente chamado de "o pai da economia ecológica", liderou os esforços para desenvolver esse campo, que muitas vezes é considerado a ciência da sustentabilidade. O surgimento da economia ecológica também deu suporte ao desenvolvimento das Regras Gerais de Gestão de Sustentabilidade. (Fotografia por cortesia de Herman Daly)

gências de materiais e energia em processos de reciclagem). Como consequência, o ciclo de vida total dos produtos tem de ser checado quanto à utilização de recursos renováveis e não renováveis. Os primeiros deverão se distinguir de acordo com os critérios de modalidades sustentáveis de produção na agricultura, silvicultura e pesca. Um exemplo no setor de construção poderia ser a origem de produtos de madeira por meio do cultivo sustentável.

A segunda regra estabelece que recursos não renováveis somente podem ser utilizados se substitutos físicos ou funcionais forem providenciados – por exemplo, investindo nos sistemas de energia solar com base nos ganhos obtidos em comparação ao uso de combustíveis fósseis. Nesse caso, a premissa básica é que o capital feito pelo homem (antropogênico) talvez possa ser substituído pelo capital natural (sustentabilidade fraca). A exigência fundamental de uma perspectiva econômica é que a soma dos capitais natural e antropogênico não seja reduzida. Contudo, de uma perspectiva dos sistemas naturais, pode-se argumentar que há requisitos mínimos da natureza que não podem ser exauridos sem causar risco às funções de suporte à vida. Portanto, o capital antropogênico não pode ser substituído (permanentemente) por capital natural (sustentabilidade forte). Sob essa premissa, a segunda regra poderia exigir a minimização do uso de recursos não renováveis.

A terceira regra estabelece que a liberação de resíduos não deveria exceder a capacidade de absorção da natureza. Essa regra pode ser operacionalizada ao se fazer a comparação das cargas críticas de compartimentos de água, solo e ar com os índices dos níveis de emissão reais. Após medidas bem-sucedidas para a redução de problemas de poluição terem sido aplicadas, a estratégia "após o fim do tubo" para limitar as cargas críticas limite também é importante. A implementação da terceira regra normalmente se baseia em análises de substâncias específicas. Essa abordagem tem algumas limitações. De forma geral, devemos reconhecer que temos ciência apenas da ponta do *iceberg* no que diz respeito aos possíveis impactos futuros de todos os materiais e substâncias liberadas no meio ambiente. Muitas funções naturais reagem de uma maneira não linear. As interações complexas de substâncias naturais como dióxido de carbono, sem mencionar os milhares de produtos químicos sintéticos, não podem ser totalmente previstas.

Com base em experiências prévias, sabemos que os efeitos de determinadas emissões se tornam óbvios após a liberação e as mudanças ambientais ocorrerem. Há um enorme tempo de resposta entre a descoberta científica, a percepção pública e a reação política. Dessa forma, as chances para uma gestão de materiais abrangente e cautelosa são extremamente limitadas. Uma implementação efetiva e duradoura da terceira regra deveria ser iniciada "antes do final do tubo", visando a minimizar o possível impacto ambiental dos fluxos de material antropogênico. Esse possível impacto geralmente é determinado pelo volume do fluxo vezes os impactos específicos por unidade do fluxo. O segundo termo é desconhecido para a maioria dos materiais liberados no meio ambiente. O primeiro termo, que é o volume ou peso utilizado ou lançado durante um período determinado, pode ser disponibilizado para quase todo material com o qual se está lidando. Pode ser usado para indicar um possível impacto ambiental genérico. Enquanto informações detalhadas sobre impactos específicos estiverem faltando, pode-se presumir que o possível impacto cresce com o volume de fluxo de material. O volume total das saídas da *antroposfera* (ou *tecnosfera*), que é a porção da Terra afetada pelas atividades humanas na biosfera, onde há a vida, pode ser reduzido quando as entradas de entradas na antroposfera diminuírem. Reduzir essas entradas é especialmente importante devido ao fluxo em larga escala dos materiais de construção, que são extraídos da biosfera e então retidos dentro da antroposfera por períodos que vão de décadas a séculos. Partindo de uma situação na qual a capacidade de assimilação da natureza é sobrecarregada por uma variedade de substâncias conhecidas, a implementação definitiva da terceira regra exige uma redução das entradas de recursos da biosfera para a antroposfera para baixar sua rotatividade e saída definitiva ao meio ambiente.

Outra regra que ainda não recebeu atenção suficiente pode ser derivada da relação de entradas e saídas na antroposfera. Atualmente, a entrada de recursos excede a saída de resíduos e emissões tanto em países industrializados quanto em desenvolvimento. Consequentemente, as economias desses países estão crescendo fisicamente (em termos de novas edificações e infraestrutura). Portanto, as reservas de materiais na antroposfera estão aumentando. Na Alemanha, por exemplo, a taxa de ampliação líquida das reservas era de cerca de 9,1 toneladas *per capita* anualmente em meados da década de 1990. Associado a esse acúmulo de reservas, está um crescimento das áreas de solo urbanizado e uma consequente redução de terras protegidas por motivos ecológicos. Devido ao espaço limitado em nosso planeta, esse desenvolvimento não pode continuar infinitamente. Assim, deve-se esperar um fluxo de equilíbrio entre as entradas e as saídas. Mesmo assim, uma questão surge naturalmente: quando a economia irá parar de crescer fisicamente e a que nível?

## Princípios de projeto para a ecologia industrial

James Kay (2002), falecido ecologista da University of Waterloo, propôs uma série de princípios que determinariam o sistema de produção-consumo. Estes princípios se baseiam na premissa de que todos os sistemas sintéticos deveriam contribuir para a sobrevivência dos sistemas naturais.

1. *Interface*. A interface entre sistemas sociais e ecossistemas naturais reflete a capacidade limitada destes de fornecer energia e absorver resíduos antes que seu potencial de sobrevivência seja alterado significativamente e o fato de que esses ecossistemas devem ser preservados.
2. *Biônica*. O comportamento de sistemas sociais de larga escala deve ser o mais semelhante possível àquele exibido pelos sistemas naturais.
3. *Biotecnologia apropriada*. Sempre que for viável, a função do sistema social deve ser realizada por um subsistema da biosfera natural.
4. *Recursos não renováveis*. Os recursos não renováveis são empregados somente como despesas de capital para que os recursos renováveis se tornem de uso convencional.

Os princípios da interface e da biotecnologia apropriada estão relacionados ao projeto ecológico intermediado, uma vez que exigem que os sistemas naturais estabeleçam uma interface com os sistemas humanos de maneira sinérgica que beneficie a ambos. Os sistemas naturais poderiam fornecer serviços que, de outra forma, seriam desempenhados por sistemas artificiais caros, como o controle de águas pluviais e o processamento de resíduos. O princípio da biônica se relaciona estreitamente com o projeto ecológico forte para funções em larga escala. O princípio dos recursos não renováveis tem suas raízes na economia ecológica, no qual o investimento limitado durante a transição para recursos renováveis é um princípio-chave. Na prática, os princípios de projeto de Kay são compostos por vários níveis de diversos tipos de projeto ecológico, e ele não afirma que uma versão seja preferível às outras.

**FIGURA 3.24** Stefan Bringezu propôs as Regras de Ouro para o Projeto Ecológico para auxiliar os projetistas e planejadores na criação de um ambiente construído ambientalmente sustentável. (Fotografia por cortesia de Stefan Bringezu)

## As regras de ouro para o projeto ecológico

Para auxiliar os engenheiros, arquitetos e planejadores na criação de um ambiente construído ambientalmente sustentável, Stefan Bringezu, (2002; veja a Figura 3.24), do Instituto Wuppertal, sugeriu cinco "regras de ouro para o projeto ecológico":

1. Os impactos possíveis ao meio ambiente devem ser considerados com base no ciclo de vida (do berço-ao-berço).
2. A intensidade do uso de processos, produtos e serviços deve ser otimizada.
3. A intensidade do uso de recursos (materiais, energia e solo) deve ser minimizada.
4. Materiais nocivos à saúde devem ser eliminados.
5. A entrada de recursos deve ser transferida para os renováveis.

A primeira regra de ouro tem como objetivo evitar a transferência de problemas entre diferentes processos e atores. Por exemplo, se as exigências energéticas para calefação e resfriamento durante a fase de uso das edificações não forem consideradas durante o planejamento, as opções com potencial mais alto para eficiência de energia serão negligenciadas. Se apenas as entradas diretas de materiais para a construção forem levadas em conta, não será possível saber o fardo ambiental associado aos fluxos correntes.

A segunda regra de ouro reflete o fato de que a maioria dos componentes da edificação não é utilizada na maior parte do tempo. Durante um período considerável, casas, escritórios e prédios públicos estão praticamente desocupados. Apesar disso, os custos econômicos, ambientais e provavelmente sociais são pagos para a manutenção. A multifuncionalidade e os modelos de uso mais flexíveis podem reduzir a demanda por construções adicionais e contribuir para custos mais baixos para os usuários. O modelo de compartilhamento de carro também pode ser aplicado à construção, e os empregados que trabalham só um turno já dividem o mesmo escritório. E ainda há potencial para um uso mais eficiente do prédio por mais tempo do que as horas de trabalho normais. A terceira regra de ouro pode ser determinada pela meta dos Fatores 4 a 10 para as exigências de materiais, incluindo os sistemas dissipadores de energia, e deveria ser aplicada a produtos e serviços médios. Para que esses objetivos sejam alcançados, é essencial investir em maior poder intelectual na busca de alternativas para fornecer os serviços e as funções que os usuários procuram. A quarta regra de ouro exige a eliminação de substâncias nocivas à saúde. Levada ao pé da letra, essa é uma regra muito sensata, porém de difícil implementação sob a perspectiva da economia atual. O uso de energia nuclear viola essa regra, e nanomáquinas autorreplicantes ou organismos geneticamente modificados também podem ser considerados uma ameaça de acordo com alguns critérios. A quinta e última regra de ouro é uma releitura de um conceito-chave da economia ecológica; isto é, as reservas de recursos não renováveis obviamente diminuirão conforme forem sendo consumidas. Por exemplo, estudos recentes sobre o consumo de cobre nos Estados Unidos mostram que apenas um terço das reservas originais de minério de cobre ainda existe. A lógica é que, à medida que esses recursos desaparecem, uma mudança para os renováveis deve ocorrer e que, na verdade, o consumo dos não renováveis deve dar suporte ao desenvolvimento das fontes dos renováveis. No caso do cobre, pode não ser fácil desenvolver um material renovável para substituí-lo.

## Gestão adaptativa

A ecologia, assim como outras áreas, possui escolas distintas. Uma delas é a gestão adaptativa, articulada por Gary Peterson (2002), que a descreveu como uma estratégia de gestão que defende que o funcionamento dos ecossistemas nunca será totalmente compreendido. Como Peterson observou, os ecossistemas estão em mudança contínua devido a forças internas e externas. Internamente, essas mudanças se dão pelo crescimento e a morte de organismos individuais, assim como por flutuações no tamanho da população, extinção local e evolução de características das espécies. Eles também são modificados por eventos externos, como a imigração de espécies, alterações na frequência de perturbações e mudanças na diversidade e na quantidade de nutrientes entrando nos ecossistemas. Para enfrentar essas modificações, a gestão deve se adaptar constantemente, ela se torna adaptativa quando identifica incertezas na compreensão ecológica-humana e, então, usa a intervenção como uma ferramenta de gestão para estrategicamente testar as hipóteses alternativas que essas incertezas deixam implícitas. Como consequência, basear o projeto de sistemas humanos nas funções dos ecossistemas significa criar materiais, produtos e processos utilizando modelos que não são de total entendimento. Evidentemente, isso significa que talvez seja impossível implementar um projeto ecológico forte em aplicações que não sejam unidimensionais e triviais.

Os adeptos a essa linha de pensamento também são responsáveis pela pergunta fundamental e crucial: "por que os sistemas de pessoas e natureza não são apenas ecossistemas?" (Wesley *et al.*, 2002). Como foi observado na discussão sobre ética e sustentabilidade do Capítulo 2, as características que tornam a espécie humana a única do planeta que pensa e olha para o futuro podem resultar em seres humanos pensando em si como "à parte" da natureza em vez de "uma parte" dela. Junto com a capacidade humana de interferir nas leis da física e da natureza e criar materiais e produtos sem precedentes naturais, o desafio é como tratar dos resultados dessas invenções.

## Biomimetismo

Janine Benyus (1997) descreveu o biomimetismo como a emulação consciente do gênio da vida (veja a Figura 3.25). Em sua popular obra sobre o tema, ela afirmou: "Fazer as coisas da 'maneira da natureza' tem o potencial de mudar a forma como cultivamos alimentos, fabricamos materiais, coletamos energia, nos medicamos, guardamos informações e conduzimos nossos negócios" (p. 2). Ela foi adiante: "Em um mundo biomimético, fabricaríamos da mesma forma que os animais e as plantas, usando luz solar e compostos simples para produzir fibras, cerâmica, plásticos e produtos químicos totalmente biodegradáveis" (p. 2). As fazendas seriam modeladas conforme os prados, as novas drogas se baseariam na química das plantas e dos animais e até mesmo os computadores usariam estruturas feitas de carbono em vez das atuais, de silício (veja a Figura 3.26). Os proponentes do biomimetismo destacam os 3,8 bilhões de anos de pesquisa investidos pela natureza para desenvolver uma vasta gama de materiais e processos que beneficiariam os seres humanos. Benyus também propôs 10 lições para as corporações, que se baseiam na emulação da natureza como o modelo para sistemas projetados por seres humanos:

1. Use o lixo como um recurso.
2. Diversifique e coopere a fim de usar o *habitat* de forma plena.
3. Colete e use a energia de modo eficiente.
4. Otimize, em vez de maximizar.
5. Use os materiais com moderação.
6. Não "suje seu ninho".
7. Não esgote os recursos.
8. Mantenha-se em equilíbrio com a biosfera.
9. Baseie-se em informações.
10. Obtenha os materiais no local. (pp. 253–254)

**FIGURA 3.25** Janine Benyus descreveu o biomimetismo como a emulação consciente do gênio da vida e, baseada nisso, esboçou 10 lições para as corporações utilizarem como o modelo para sistemas projetados por seres humanos. (Mark Bryant Photography, 2011)

Benyus também sugeriu "quatro passos para um futuro biomimético" (pp. 287–292):

1. *Silenciar-se.* Deixe-se envolver pela natureza.
2. *Escutar.* Entreviste a flora e a fauna de nosso próprio planeta.

**3.** *Repercutir.* Incentive biólogos e engenheiros a colaborar e usar a natureza como modelo e medida.

**4.** *Proteger o ambiente.* Preserve a diversidade e o gênio da vida.

Quanto ao passo 3, repercutir, Benyus formulou 10 perguntas para testar a inovação ou a tecnologia antes de sua aceitabilidade (Benyus, 1997, pp. 291–292). De acordo com Benyus, a resposta a todas as questões deve ser afirmativa:

1. A inovação/tecnologia funciona empregando luz natural?
2. A inovação/tecnologia utiliza somente a energia necessária?
3. A inovação/tecnologia ajusta a forma à função?
4. A inovação/tecnologia recicla tudo?
5. A inovação/tecnologia recompensa a cooperação?
6. A inovação/tecnologia se baseia na diversidade?
7. A inovação/tecnologia utiliza competências da localidade?
8. A inovação/tecnologia limita os excessos?
9. A inovação/tecnologia aproveita a energia dos limites?
10. A inovação/tecnologia é bela?

No que diz respeito aos materiais, Benyus afirmou que a natureza conta com quatro estratégias:

1. Processos de fabricação não agressivos à vida
2. Uma hierarquia de estruturas ordenada
3. Automontagem
4. Modelagem baseada em cristais com proteínas (p. 96)

Como ela ressaltou, a natureza produz uma vasta gama de materiais complexos e funcionais: a madrepérola (duas vezes mais resistente do que cerâmica de alta tecnologia), a seda (cinco vezes mais forte do que o aço), o adesivo dos mexilhões (funciona debaixo d'água), dentre muitos outros materiais naturais com um desempenho extraordinário. Todos são criados a partir do ambiente local e, ao final de sua vida útil, se biodegradam, retornando ao ambiente de uma maneira inofensiva.

O biomimetismo tem muitos pontos negativos quando aplicado ao projeto de produtos e materiais na esfera humana. A natureza fabrica seus produtos em uma taxa de evolução própria que depende da informação e dos recursos da localidade. Em contraposição, os seres humanos aprenderam a fazer isso em um ritmo incrivelmente rápido e, ao longo do tempo, a desmaterializar e desenergizar seus sistemas de produção. Os humanos podem aplicar as observações que fazem da natureza e dos fenômenos naturais à criação de toda a sorte de produtos, nem todos benéficos. O ponto forte do biomimetismo é que ele nos oferece uma apreciação mais profunda dos projetos sofisticados da natureza e instruções de como projetar sistemas que conservem materiais e energia, que, em grande parte, fecham os ciclos dos materiais, utilizam energia renovável e pertencem a nichos de ecossistemas complexos. Provavelmente tem mais valor como professor do que como fornecedor de informações específicas sobre a composição química e a estrutura dos materiais, e, levando em conta esse aspecto, deveria ser parte da "caixa de ferramentas" do projeto ecológico.

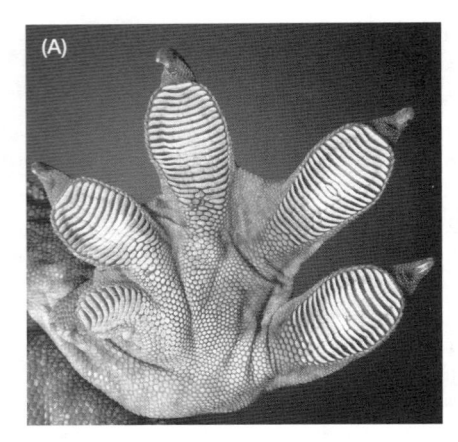

**FIGURA 3.26** O "Stickybot" (A) é um projeto biomimético desenvolvido na Stanford University que possui "pés" adesivos que simulam as cerdas de uma pata de lagartixa (B), o que possibilita a subida em superfícies verticais. (Fotografias por cortesia de (A) Mark Cutkosky, Stanford University e (B) Ali Dhinojwala, University of Akron)

## Projeto biofílico

Recentemente, a noção da hipótese da biofilia se transformou no conceito de *projeto biofílico*. Ao introduzir a ampla variedade de padrões naturais existentes ao ambiente construído, os projetistas conseguem, ao menos parcialmente, conectar os usuários e transeuntes humanos à natureza (veja as Figuras 3.27A e 3.27B). Acredita-se que essa estratégia que simula a conexão com a natureza pode gerar efeitos positivos à saúde ao reduzir o estresse, especialmente em ambientes urbanos.

**FIGURA 3.27** (A) O prédio O Coração da Escola, no *campus* Green School em Bali, na Indonésia, é um exemplo das possibilidades de se utilizar o bambu como material de construção para edificações criativas e sustentáveis. Isso reflete o princípio 9 dos *14 Padrões do Projeto Biofílico*, Conexão Material com a natureza. (Foto por cortesia da Green School de Bali)

**FIGURA 3.27** (B) A estrutura da cobertura da Galeria e Átrio Allen Lambert, em Brookfield Place, ilustra o princípio 10, Ordem e complexidade. (Foto por cortesia de Reto Fetz)

Uma síntese recente de várias abordagens ao desenho biofílico, *14 Padrões do Projeto Biofílico: Melhorando a Saúde & O Bem-Estar no Ambiente Construído*, descreve três grupos de padrões que podem ser utilizados para promover um senso de bem-estar no ambiente construído (veja a Tabela 3.7).

## Projeto do berço-ao-berço

O conceito de projeto do berço-ao-berço descreve as estratégias que contrastam com a abordagem ou mentalidade do berço-ao-túmulo (veja a Figura 3.28). Esse conceito se popularizou a partir da obra *Cradle to Cradle: Remaking the Way We Make Things* (2002), de William McDonough e Mi-

**TABELA 3.7**

**Os 14 padrões do projeto biofílico**

**A natureza nos padrões espaciais**

A natureza no espaço aborda a presença direta, física e efêmera da natureza em um espaço ou lugar. Isso inclui a vida das plantas, da água e dos animais, assim como brisas, sons, aromas e outros elementos naturais. Exemplos comuns incluem plantas em vasos, floreiras, alimentadores de pássaros, jardins de borboletas, jogos de água, fontes, aquários, jardins em pátios internos e paredes ou coberturas verdes.

1. *Conexão visual com a natureza.* Uma vista para elementos e processos naturais e sistemas vivos.
2. *Conexão não visual com a natureza.* Estímulos auditivos, táteis, olfativos ou gustativos que causam uma referência deliberada e positiva à natureza, aos sistemas vivos ou aos processos naturais.
3. *Estímulos sensoriais não rítmicos.* Conexões estocásticas e efêmeras com a natureza que podem ser analisadas estatisticamente, mas não previstas com precisão.
4. *Variabilidade térmica e de correntes de ar.* Mudanças sutis na temperatura do ar, na umidade relativa do ar, nas correntes de ar sobre a pele e nas temperaturas superficiais que imitam os ambientes naturais.
5. *Presença de água.* Uma condição que aprimora a experiência de um lugar por meio da visão, da audição ou do toque na água.
6. *Luz dinâmica e difusa.* Intensidades de luz e sombra que variam gradualmente e que mudam com o passar do tempo para criar condições da natureza.
7. *Conexão com sistemas naturais.* Familiarização com os processos naturais, especialmente as mudanças sazonais e temporais que caracterizam um ecossistema saudável.

**Padrões naturais análogos**

Os padrões análogos aos naturais são relativos às evocações orgânicas, não vivas e indiretas da natureza. Objetos, materiais, cores, formatos, sequências e padrões encontrados na natureza podem se manifestar em obras de arte, ornamentos, móveis, decorações e tecidos no ambiente construído. O mimetismo das conchas e das folhas, móveis com formatos orgânicos e materiais naturais que foram processados ou extensivamente alterados são exemplos desses padrões.

8. *Formas e padrões biomórficos.* Referências simbólicas a arranjos hachurados, texturizados, numéricos ou que formam desenhos e são persistenteas na natureza.
9. *Conexão material com a natureza.* Materiais e elementos da natureza que, por meio de processos simples, refletem a ecologia e a geologia locais e criam um senso de lugar distinto.
10. *Ordem e complexidade.* Informações sensoriais ricas que seguem uma hierarquia espacial semelhante àquela encontrada na natureza.

**A natureza dos padrões do espaço**

A natureza dos padrões do espaço trata das configurações espaciais na natureza. Isso inclui o nosso desejo inato ou adquirido de enxergar além dos nossos contextos imediatos, nosso fascínio pelo que é ligeiramente perigoso ou desconhecido, pelas visões obscuras e momentos reveladores e, às vezes, até mesmo as características que provocam fobia quando possuem algum elemento de segurança confiável.

11. *Vista.* Uma vista à distância que seja desobstruída, para o controle social e o planejamento.
12. *Refúgio.* Um lugar para se recolher das condições ambientais ou do fluxo principal de atividades.
13. *Mistério.* A promessa de mais informações, alcançada por meio de vistas parcialmente obscuras ou outros dispositivos sensoriais que instigam o indivíduo a mergulhar de forma mais profunda no ambiente.
14. *Risco/Ameaça.* Uma ameaça identificável associada a uma proteção confiável.

*Fonte:* William Browning, Catherine Ryan e Joseph Clancy, 2014, *14 Patterns of Biophilic Design: Improving Health & Well-being in the Built Environment*, Terrapin Green LLC. Disponível em www.terrapinbrightgreen.com/reports/14- patterns/.

**Estratégia de Melhoria Contínua**

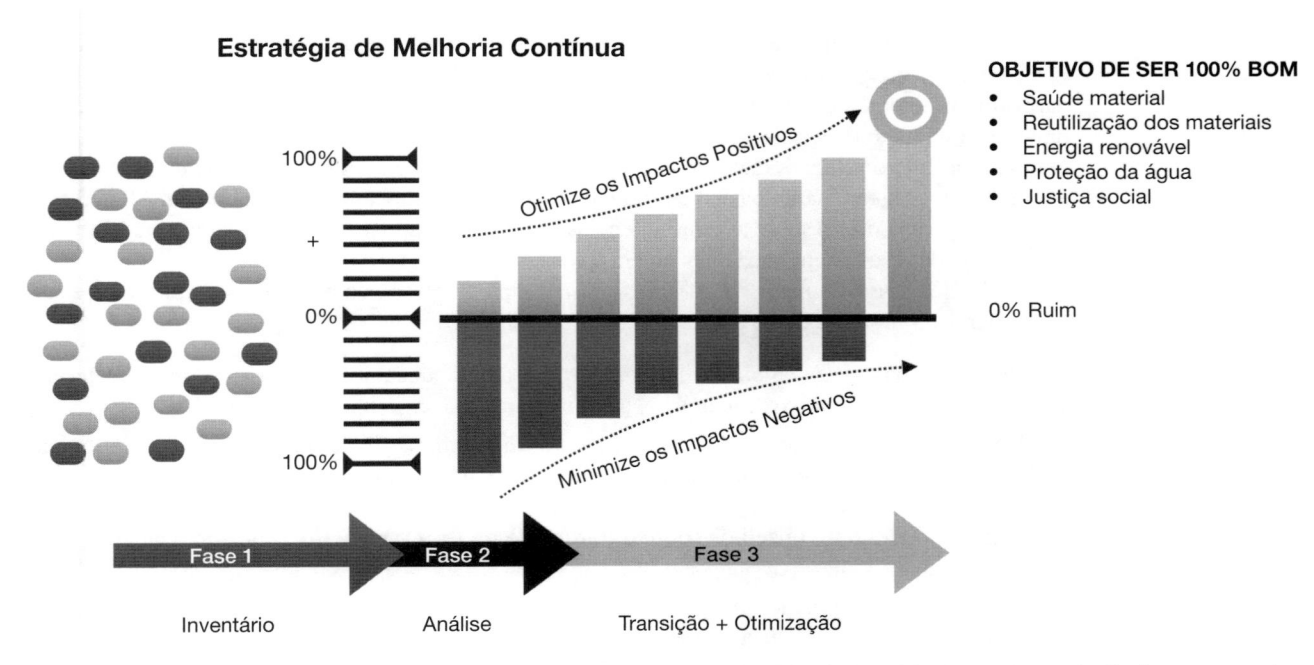

**OBJETIVO DE SER 100% BOM**
- Saúde material
- Reutilização dos materiais
- Energia renovável
- Proteção da água
- Justiça social

**FIGURA 3.28** A estratégia do berço-ao-berço visa a anular os impactos negativos dos produtos ao remover substâncias comprovadamente problemáticas e substituí-las por materiais sustentáveis. (Fotografia modificada de McDonough Braungart Design Chemistry, LLC)

chael Braungart. Ao apresentar as bases para o conceito do berço-ao-berço, eles sugeriram que as pessoas e as indústrias deveriam se dedicar a criar:

- Prédios que, assim como as árvores, produzam mais energia do que consomem e filtrem suas próprias águas servidas
- Fábricas que produzam efluentes que possam ser utilizados como água potável
- Produtos que, ao fim de sua vida útil, não se tornem resíduos desnecessários, mas que possam ser lançados no solo para se decomporem e se tornarem nutrientes ou alimentos para plantas e animais ou, como alternativa, que possam retornar para ciclos industriais e fornecer matéria-prima de alta qualidade para produtos novos
- Investimentos de milhões, mesmo trilhões de dólares materiais extraídos para finalidades humanas ou naturais a cada ano
- Um mundo abundante, não limitado, poluído e com resíduos

McDonough e Braungart (2002) sugeriram que a solução é seguir o modelo da natureza de eco-efetividade. Isso implica separar os materiais utilizados nas atividades humanas em substâncias biológicas (que podem retornar ao ecossistema natural, no qual podem servir como nutrientes e beneficiar outros seres) e substâncias técnicas (que podem, com o projeto apropriado, ser 100% recoletadas e recicladas ou, até mesmo, *upcycled* (aperfeiçoados com a reciclagem), produzindo, em um segundo uso, produtos de valor mais alto que os de uso original, como resíduo zero). Carpetes e calçados, por exemplo, podem ser feitos com duas camadas – uma camada exterior biológica que se desgasta ao longo do tempo, cujas fibras podem servir como nutrientes ou adubo para o solo, e uma camada técnica interna muito mais durável que, após sua longa vida, pode ser 100% reciclável e gerar outro produto idêntico. Um nutriente biológico é um material ou produto projetado para retornar ao ciclo biológico. De acordo com McDonough e Braungart, as embalagens, por exemplo, podem ser projetadas como nutrientes biológicos, assim, ao fim de sua utilização, podem ser lançadas no solo ou na pilha de compostagem. Um nutriente técnico é um material ou produto projetado para retornar ao ciclo técnico, o metabolismo industrial de onde veio. Os autores também definiram uma classe de materiais a qual se referem como *não comerciáveis*, que não são nutrientes técnicos nem biológicos.

A estratégia do berço-ao-berço tem inúmeras deficiências que dificultam sua implementação. O termo *nutrientes biológicos*, por exemplo, não é fácil de definir. Um biopolímero, produzido a partir do milho ou da celulose e biodegradável, pode ser considerado um nutriente biológico? Um material sintético biodegradável é um nutriente biológico ou técnico? A verdade é que biomateriais como biopolímero utilizam materiais naturais como estoque de abastecimento, o que pode causar alterações no abastecimento básico e produzir materiais sem precedentes na natureza. Além disso, ainda não se sabe muito sobre as consequências da sua biodegradação; não foi determinado se esse processo pode resultar em nutrientes ou em lixo.

McDonough e Braungart (2002) sugeriram a implementação de mudanças em produtos e sistemas, tendo como base cinco passos de eco-efetividade:

**Passo 1.** *Livre-se de culpados assumidos.* Isso inclui substâncias X (por exemplo, materiais que são bioacumulativos): mercúrio, cádmio, chumbo e cloreto de polivinila (PVC).

**Passo 2.** *Siga preferências pessoais bem fundamentadas.* Prefira a inteligência ecológica, se assegurando de que um produto ou substância não contém ou dá suporte a outras substâncias ou práticas que sejam abertamente nocivas à saúde humana e ambiental. Esse passo também inclui dar conselhos sobre o porquê de preferir o respeito, o prazer, a celebração e a diversão.

**Passo 3.** *Crie uma lista "passiva positiva" sobre os danos que podem ocorrer na fabricação ou no uso.* Essa será a lista X, incluindo as substâncias X listadas no passo 1. Nesta lista estarão substâncias cancerígenas ou problemáticas segundo a definição da Agência Internacional de Pesquisa sobre o Câncer e a lista alemã de Concentração Máxima no Local de Trabalho (MAK). A MAK define duas listas de substâncias: a lista cinza e a lista P. A cinza inclui substâncias problemáticas sem urgência de eliminação gradual. A lista P consiste em substâncias benignas.

**Passo 4.** *Ative a lista positiva.* Reprojete os produtos tendo como foco a lista de substâncias P.

**Passo 5.** *Reinvente.* Reinvente totalmente os produtos, como um automóvel que seja um "nutriveículo".

Dave Pollard descreveu esse processo de forma mais elegante em seu *blog*:[3]

1. Liberte-se da necessidade de usar substâncias prejudiciais (por exemplo, PVC, chumbo, cádmio e mercúrio).
2. Comece a tomar decisões de projeto bem fundamentadas (materiais e processos que sejam ecologicamente inteligentes e respeitem todos os envolvidos e que forneçam prazer e deleite).
3. Inclua uma triagem de substâncias: (a) eliminação gradual de toxinas conhecidas ou suspeitas, (b) pesquisa por alternativas às substâncias problemáticas e (c) substituição por substâncias "reconhecidamente positivas".
4. Comece um reprojeto abrangente que utilize apenas "elementos reconhecidamente conhecidos", separe materiais em biológicos e técnicos e se assegure de que haja resíduo zero em todos os processos e produtos.
5. Reinvente processos e indústrias inteiros para que passem a produzir "positivos líquidos" – atividades e produtos que realmente tragam melhorias ao meio ambiente.

O conceito do berço-ao-berço fornece um parâmetro interessante para o projeto de materiais e produtos e trata com atenção a questão do lixo e da proliferação de substâncias tóxicas utilizadas nos sistemas de produção. Sem dúvida, esses são assuntos importantes que merecem atenção significativa durante a seleção de sistemas de edificação e produtos para um ambiente construído de alto desempenho. Um processo de certificação do berço-ao-berço está sendo desenvolvido por McDonough e Braungart, e diversos produtos, como a cadeira Herman Miller Mirra, tiveram uma análise positiva (veja a Figura 3.29).

É importante observar que a estratégia geral utilizada pelo projeto do berço-ao-berço é conhecida como uma análise baseada na saúde e foca componentes reconhecidamente tóxicos. Mais

**FIGURA 3.29** A cadeira Herman Miller Mirra, certificada pelo Cradle to Cradle Products Innovation Institute, é fabricada a partir de conteúdo reciclado, e 96% dos seus componentes podem ser facilmente aproveitados na reciclagem. (Fotografia por cortesia de Herman Miller)

recentemente, a análise baseada na saúde vem sendo desafiada por uma abordagem recém-criada, a análise baseada nos riscos, que é mais científica do que a anterior e trata das concentrações e doses de materiais utilizados em produtos e suas transformações no processo de fabricação. O Capítulo 11, sobre materiais, trata dessa questão em mais detalhes.

## A TERMODINÂMICA: LIMITES NA RECICLAGEM E NA DISSIPAÇÃO DE MATERIAIS

Uma das noções sugeridas repetidamente por McDonough é a de que os projetos feitos por seres humanos devem se comportar como os sistemas naturais. "Na natureza, não há lixo", diz um de seus princípios mais difundidos, que sugere que os sistemas humanos devem ser projetados para eliminar o conceito de lixo. A verdade é que a criação de sistemas de resíduo zero não é possível devido às leis da física, mais especificamente as da termodinâmica. Nicholas Georgescu Roegen (1971, 1979) trabalhou com as implicações da lei da entropia e da segunda lei da termodinâmica para uma análise econômica. Ele descreveu a diferença importante entre os fatores de produção primários (energia e materiais) e os agentes (capital e mão de obra) que transformam esses materiais em bens e serviços. Os agentes são produzidos e sustentados por um fluxo de energia e materiais que chega no processo de produção na forma de entradas de alta qualidade e baixa entropia e, no fim, saem como resíduos de baixa qualidade e alta entropia. Esse processo restringe o grau com que os agentes de produção (capital e mão de obra) podem ser substituídos por reservas e fluxos de energia esgotados ou de qualidade inferior e entradas de materiais do meio ambiente. A termodinâmica pode nos orientar quanto aos limites finais. Nela há quantidades mínimas de energia e materiais que são irredutíveis para produzir uma unidade de saída que uma mudança técnica não pode alterar. Em setores amplamente voltados para o processamento e/ou a fabricação de materiais, as mudanças técnicas estão sujeitas a retornos cada vez menores conforme se aproximam desses mínimos da termodinâmica. Matthias Ruth (1995) usou a termodinâmica equilibrada e não equilibrada para descrever a relação materiais-energia-informação na biosfera e nos sistemas econômicos. Além de esclarecer os limites para as conversões de materiais e energia nos sistemas econômicos, as análises termodinâmicas de fluxos de energia e materiais, em particular no caso dos efluentes, podem fornecer informações sobre esgotamento e degradação que não se refletem nos preços do mercado.

Quais são as implicações das leis da termodinâmica e da entropia para a reciclagem de materiais? Georgescu-Roegen (1971) argumentou que os materiais se dissipam no uso assim como a energia, logo, sua reciclagem completa é impossível. Ele elevou essa observação à quarta lei da termodinâmica – ou lei da entropia da matéria –, descrevendo a degradação do estado da matéria de organização. Para Georgescu-Roegen, o objetivo final é que, devido à sua dissipação e à frequente queda na qualidade da utilização de recursos, os materiais talvez se tornem mais importantes do que a energia. Entretanto, sua quarta lei vem sendo criticada por diversos analistas, tanto na área da economia quanto da física.

Um artigo de Reuter, van Schaik, Ignatenko e de Haan (2005) abordou a dissipação de materiais na reciclagem ao examinar a viabilidade técnica de um mandato da União Europeia para que 95% dos veículos ao fim de sua vida útil fossem reciclados em 2015 (veja a Figura 3.30), com uma meta intermediária de 85% em 2006. Uma das conclusões foi de que, enquanto a meta de 85% pode ser alcançada, as restrições básicas da termodinâmica tornam a de 95% virtualmente impossível. Como consequência, ao menos 5% da massa de automóveis se dissipam na biosfera. Essa é uma realidade de todas as atividades de reciclagem; os materiais que passam por esses processos se dissipam em concentrações básicas, conforme a segunda e, talvez, a quarta lei da termodinâmica (de acordo com Georgescu-Roegen [1971]). Na verdade, a dissipação de materiais no processo de reciclagem suscita diversas questões; como: quais são os impactos ecológicos e na saúde da reciclagem se praticados e concebidos para um futuro sustentável?

Um relatório do US Geological Survey de 1998 elaborado por Michael Fenton indicou alguns dos problemas práticos das chamadas estratégias do berço-ao-berço. Os refugos de aço e ferro, que têm uma demanda alta, não são reciclados em uma taxa expressiva. O relatório de Fenton descreveu que em 1998 foram geradas aproximadamente 75 milhões de toneladas de refugos de aço e ferro. A eficiência e o índice de reciclagem foram de 52% e 41%, respectivamente.

Em suma, são perdidos materiais nos processos de reciclagem e, devido à entropia, as substâncias que ocorrem naturalmente tentarão retornar a concentrações básicas (ou, no caso dos materiais sintéticos, a concentrações muito baixas). Assim como outras estratégias, a do berço-ao-berço não aborda essa questão potencialmente complicada ao sugerir que nutrientes técnicos devem ser reciclados. Novamente, a reciclagem, assim como a maioria das questões envolvidas em ciclos de melhoria de matéria, deve ser tratada levando em conta a ética, os riscos e a economia.

**FIGURA 3.30** Um automóvel Mercedes Benz pode ser rapidamente desmontado para reciclagem após o término da vida útil do veículo. (Fotografia por cortesia de Mercedes Benz GmbH, Stuttgart, Alemanha)

## Capitalismo natural

O conceito de capitalismo natural foi articulado por Hawken, Lovins e Lovins (1999) no livro que leva o mesmo título. Sua implementação envolve quatro estratégias centrais na prática de negócios:

**Estratégia 1.** *Produtividade radical dos recursos.* Aumentar drasticamente a produtividade dos recursos naturais.

**Estratégia 2.** *Reprojeto ecológico.* Mudar para modelos inspirados na biologia.

**Estratégia 3.** *Economia de serviço e fluxo.* Passar para modelos de negócios baseados em soluções.

**Estratégia 4.** *Investimento em capital natural.* Reinvestir no capitalismo natural.

Cada uma dessas estratégias repercutiu no outro conjunto de princípios e abordagens citado anteriormente. No que diz respeito à Estratégia 1, a produtividade dos recursos naturais pode certamente ser maior. Todavia, os recursos renováveis naturais têm um papel pequeno na criação de prédios; a maior parte do processo é feita utilizando materiais projetados por seres humanos. Hawken *et al.* (1999) afirmou que o sistema de fabricação industrial converte em lixo 94% dos materiais extraídos, com apenas 6% se tornando produtos. Não se sabe se esses números são precisos ou se refletem a realidade. O objetivo máximo é reduzir a extração de recursos, o que pode ser realizado de três maneiras:

1. Desmaterialização de produtos
2. Aumento do índice de reciclagem dos produtos ao final do seu ciclo de vida
3. Aumento da durabilidade dos produtos

Se o sistema industrial duplicasse cada um desses fatores, um aumento no Fator 8 de produtividade de recursos ocorreria; além disso, cada um desses deles é possível de ser atingido no curto prazo.

A Estratégia 2, para modelos inspirados biologicamente, também muitas vezes é repetida e foca sistemas de desenvolvimento com comportamento de ciclo fechado. Entretanto, como pontuado por Reuter *et al.* (2005), as leis da termodinâmica e a eficiência de separação determinam que ciclos fechados não são definitivamente fechados; alguma fração dos materiais sendo reciclados se dissipará no meio ambiente e, em última análise, após muitos ciclos de reciclagem, os materiais irão, para todos os propósitos práticos, se dissipar totalmente.

A Estratégia 3, para uma economia de serviço e fluxo, é uma proposta adotada inúmeras vezes desde a década passada e que recebe pouca atenção. Fazer os fabricantes se responsabilizarem pelos componentes prediais, assim como pelo seu reúso e pela sua reciclagem, é mais fácil no papel do que na prática. No entanto, manter a ligação entre o fabricante e o produto, mesmo após décadas de uso, pode ser extremamente difícil, e o sistema de logística que deveria ser exigido para o desmonte dos prédios e o retorno dos materiais para seus criadores seria muito complicado.

A Estratégia 4, reinvestir em capital natural, é um ponto importante, e pode-se reforçar sua implementação no contexto do ambiente construído. Na verdade, é possível restaurar terrenos danificados e assegurar que o valor ecológico líquido de muitos deles é maior do que antes das alterações causadas pela edificação.

## Materiais biológicos, biomateriais e outros materiais derivados da natureza

Uma das mudanças defendidas por muitas das estratégias descritas anteriormente é a transferência de recursos não renováveis para renováveis. O capitalismo natural, o Passo Natural e o projeto do berço-ao-berço, por exemplo, sugerem que essa mudança é fundamental para a sustentabilidade como um todo. Essa transferência sugere uma mudança no setor de materiais para materiais biológicos, biomateriais e outros materiais derivados da natureza. Materiais biológicos e biomateriais são duas classes distintas. Os *materiais biológicos* são obtidos a partir de sistemas naturais como madeira, cânhamo e bambu, enquanto *biomateriais* são feitos com propriedades químicas, físicas, mecânicas "inteligentes" ou inovadoras, produzidas por meio de processos que empregam ou imitam os fenômenos naturais.[4] Há diversas novas classes de biopolímeros dentre os biomateriais, como o ácido polilático e o polihidroxialcanoato. As moléculas de cadeia longa sintetizadas por organismos vivos, como as proteínas, a celulose e o amido, são consideradas biopolímeros naturais. Os biopolímeros sintéticos podem ser criados a partir de fontes naturais renováveis, geralmente são biodegradáveis e sua produção não é tóxica. Estes também podem ser produzidos pelos sistemas biológicos (por exemplo, micro-organismos, plantas e animais) ou sintetizados quimicamente a partir de materiais de início biológico (como açúcares, amidos e gorduras ou óleos naturais). Os biopolímeros são uma alternativa aos polímeros à base de petróleo (plásticos tradicionais). Os (bio)poliésteres têm propriedades semelhantes àquelas dos poliésteres tradicionais. Os polímeros à base de amido geralmente são uma mistura de amido e outros plásticos (como o polietileno), o que aprimora suas propriedades ambientais.

Os materiais biológicos, como a polpa de madeira e o algodão, podem apresentar problemas ambientais. Práticas inseguras de agricultura e silvicultura podem transformar rapidamente um terreno fértil em uma área propensa a desastres naturais. Como os recursos biológicos são renováveis, há uma tendência de tratá-los como se fossem ilimitados; o que está bem longe de ser verdade. Se forem cultivadas com cautela, as plantações podem ser perpétuas. Mas se o terreno for utilizado além da sua capacidade de carregamento ou danificado de outras formas, podem ocorrer danos permanentes (Hayes, 1978).

Uma mudança generalizada para materiais biológicos, tanto para energia quanto para materiais, tem outras implicações devido às grandes quantidades de terrenos que podem ser exigidas para o fornecimento de etanol, materiais biológicos e o estoque de abastecimento de materiais como biopolímeros. Está surgindo um debate ético sobre a destinação de muitas áreas agropecuárias para produção de alimentos e sobre como as mudanças para esses outros usos causam aumento nos preços dos alimentos, afetando a população pobre de todos os países.

O fato de esses materiais serem biodegradáveis e compostáveis significa que são recicláveis por uma rota biológica. No entanto, há muitas incertezas quanto à qualidade e à utilidade de materiais degradados e à logística do uso efetivo desses nutrientes de qualidade desconhecida na agricultura ou no suporte dos sistemas naturais.

Por fim, há pouca evidência de que materiais biologicamente derivados podem substituir os sintéticos que são comuns na construção, especialmente os materiais estruturais como aço e concreto, sem mencionar as fiações de cobre e alumínio, os vidros e a ampla variedade de polímeros usados em uma série de aplicações.

## ESTUDO DE CASO

### KROON HALL, YALE UNIVERSITY, NEW HAVEN, CONNECTICUT

Dez anos após o início da revolução da edificação sustentável nos Estados Unidos, há inúmeros exemplos de prédios de alto desempenho espetaculares, muitos destes certificados com o LEED Platina do USGBC, seu nível mais alto. Embora seja difícil selecionar o melhor dentro desse grupo, o Kroon Hall, na Yale University em New Haven, Connecticut, certamente poderia ser um forte candidato. O prédio de 33,5 milhões de dólares acomoda a Faculdade de Estudos Florestais e Ambientais da Yale University, lar de ícones como Tom Graedel e Stephen Kellert, líderes e pensadores provocativos do movimento sustentável contemporâneo. O Kroon Hall está localizado no terreno que antes incluía uma usina elétrica desativada, um estacionamento abandonado e uma rede de ruas de acesso que vem sendo transformada em um local de grande visibilidade para estudos do meio ambiente no campus da Yale's Science Hill. Plantas nativas, árvores para sombra e caminhos para pedestres foram implementados para criar um paisagismo de parque no local no qual anteriormente havia um terreno abandonado (veja as Figuras 3.31A–E).

CAPÍTULO 3 O projeto ecológico 115

**FIGURA 3.31** (A) O Kroon Hall na Yale University em New Haven, Connecticut, está localizado em uma antiga área industrial que incluía uma usina elétrica desativada, um estacionamento abandonado e uma rede de ruas de acesso. Um sistema de painéis fotovoltaicos de 100-kilowatt (kW) na cobertura fornece cerca de 25% da eletricidade necessária para a operação do prédio. (Robert Benson Photography)

ANTES

**FIGURA 3.31** (B–C) A antiga área industrial foi transformada em um local atrativo para os estudos das ciências ambientais. O novo paisagismo ao redor do Kroon Hall conecta os sistemas ecológicos com a pesquisa e as missões educacionais que a Faculdade de Estudos Ambientais da Yale oferece a seus alunos. (B: Michael Taylor, Hopkins Architects Partnership; C: © OLIN)

**FIGURA 3.31** (D) O lado sul da edificação é recuado, e os brises horizontais sobre as janelas são integrados à fachada do prédio para controlar o ofuscamento e as cargas térmicas e otimizar a iluminação natural. (Fotografia de Morley Von Sternberg)

**FIGURA 3.31** (E) A estratégia de iluminação natural para o Kroon Hall produz resultados espetaculares e cria uma conexão prazerosa com o exterior. (Robert Benson Photography)

De acordo com a Hopkins Architects, firma londrina responsável por diversos outros prédios de alto desempenho notáveis ao redor do mundo, a semelhança com um celeiro elegante da Nova Inglaterra não foi intencional, mas o projeto certamente se adapta ao caráter do contexto dos arredores. A edificação tem planta estreita e uma orientação leste–oeste que otimiza as oportunidades de geração de iluminação natural e energias renováveis ao mesmo tempo que possibilita a calefação e o resfriamento passivos. Para maximizar a iluminação natural, a equipe de projeto decidiu localizar o prédio no meio da quadra em vez de em sua extremidade, a fim de evitar o sombreamento gerado pelas edificações adjacentes. O arenito Breyer Hill é usado nas fachadas norte e sul, e a abóbada é suportada por vigas de madeira laminada e colada. O uso inteligente de brises horizontais ao longo da fachada sul permite ganhos térmicos pela incidência do sol no inverno enquanto bloqueia os ganhos térmicos e o ofuscamento no verão. Os painéis de tímpano, unidades de vidro isolante de baixa emissividade no exterior, uma câmara de ar de 8 cm e um espaço de 6 cm com isolamento térmico de aerogel translúcido são parte da fachada do prédio. Esses painéis extraordinários transmitem 20% da luz visível e oferecem um valor de isolamento no centro de mais de R-20. O valor médio do isolamento da fachada-cortina é de cerca de R-8, aproximadamente quatro vezes melhor do que o de uma fachada-cortina convencional.

O Kroon Hall foi projetado para consumir 50% da energia de um prédio acadêmico convencional e reduzir as emissões de gás de efeito estufa em 62%. O condicionamento térmico do prédio é constituído de um sistema de ventilação por deslocamento de ar que introduz o ar através do piso em uma velocidade baixa, o que torna os ambientes muito silenciosos. Ventiladores de baixa velocidade no pavimento subsolo circulam o ar de forma quase imperceptível e utilizam relativamente pouca energia. Um conjunto de painéis fotovoltaicos de 100 kW na cobertura fornece 25% da eletricidade necessária para a edificação; o restante da energia necessária é adquirido de fontes renováveis para auxiliar a atingir o objetivo de neutralidade em carbono. Quatro painéis de aquecimento solar estão localizados na fachada sul para contribuir com o fornecimento de água quente para o edifício. A calefação e o resfriamento são viabilizados por bombas de calor geotérmico submersas conectadas a quatro poços de 484 m de profundidade, localizados próximo ao prédio. Durante o outono e a primavera, os sistemas mecânicos da edificação são desligados, e luzes codificadas por cores são usadas para incitar os usuários do prédio a abrirem as janelas para resfriamento e ventilação. Outras estratégias para a redução do consumo de energia incluem resfriamento por evaporação, janelas com caixilhos móveis e blocos de concreto aparente que servem como dissipadores de energia tanto para anteparar as mudanças de temperatura quanto para reduzir o consumo de energia.

Um sistema de captação de águas pluviais conduz a água da cobertura até um pátio interno onde plantas aquáticas sedimentam e filtram a contaminação; a água é usada para a irrigação dos jardins e para as descargas das bacias sanitárias. A estratégia do ciclo de vida hidrológico do prédio, que inclui a implementação de um sistema de captação de águas pluviais, prevê a economia de mais de 2,3 milhões de litros de água potável por ano. Mictórios sem uso de água e torneiras de baixo fluxo em conjunto com bacias sanitárias que utilizam águas da chuva para as descargas resultam em uma redução de 81% do total do consumo de água potável da edificação. Para reduzir o escoamento superficial das águas pluviais, uma cobertura verde foi instalada em uma das galerias e asfalto poroso usado em todos os passeios de pedestres da área. A cobertura verde também reduz a carga de resfriamento do prédio e limita o efeito ilha de calor urbana ao mesmo tempo que fornece vista agradável para os usuários e visitantes.

Apesar de não ser essa a meta principal da equipe de projeto, o Kroon Hall conquistou a certificação LEED Platina do USGBC. A possibilidade da criação de estratégias ecológicas de uma maneira inteligente e rica foi fruto de um excelente processo de projeto integrado da equipe. Como resultado, o Kroon Hall se tornou um exemplo não apenas de edificação sustentável de alto desempenho, mas também de arquitetura.

## Síntese

Após um conjunto de princípios e estratégias que descrevem como criar um ambiente construído sustentável e ambientalmente seguro ter sido examinado, e a orientação da espécie humana em direção ao futuro ser levada em conta, o desenvolvimento e a distribuição de novos materiais e produtos provavelmente serão baseados na ética, nos riscos e na economia. Sem dúvida, vem-se aprendendo muitas lições sobre a introdução de toxinas e de simuladores de estrogênio no meio ambiente; os impactos das emissões nos sistemas humanos e naturais; os efeitos da extração nas comunidades humanas e ambientais; os impactos do lixo e todos os outros pontos negativos do sistema de produção que são bem conhecidos. Mudar o sistema de tomada de decisões, controlando todas as substâncias para uma vasta gama de impactos, é muito necessário para assegurar que os riscos à natureza e aos humanos sejam minimizados. É certo que os materiais e processos naturais fornecem inspiração para materiais e produtos antropogênicos, e o comportamento dos sistemas naturais pode influenciar os sistemas humanos. Porém, muitos materiais e produtos inovadores continuarão sendo produzidos, e é necessária uma estratégia sistemática para examinar a extração, a produção, o uso, a reciclagem e o descarte desses recursos. Isso pode incluir a análise do ciclo de vida, mas com a aplicação de toxicologia e de outros filtros para produzir um entendimento pleno dos riscos associados ao ciclo de vida completo dos materiais. Além da questão dos materiais está a responsabilidade pelos produtos e a garantia do seu potencial de desmontagem. No contexto do ambiente construído, outro nível de desmontagem, da edificação inteira, deve ser considerado para os ciclos fechados de materiais. A economia, sustentada pela política na forma de impostos que penalizam os comportamentos negativos nos sistemas de produção e consumo, também ajudará a ditar o futuro. Na análise final, a ética terá de direcionar o sistema de tomada decisões e a forma como os seres humanos usam o conhecimento sobre os possíveis impactos negativos e, em condições ideais, exigir o controle detalhado de todos os novos produtos químicos e processos para garantir que seus efeitos sejam bem compreendidos. O conhecimento sobre esses efeitos permitiria uma análise dos riscos e a decisão definitiva sobre se os benefícios superam os custos.

### PONTO PARA REFLEXÃO: O PROJETO REGENERATIVO

Bill Reed, um arquiteto e pensador internacionalmente conhecido, sugere que estamos no início de uma mudança de pensamento sobre o projeto de sistemas humanos que posteriormente precisarão se tornar restaurativos e regenerativos. Ele diz também que estamos enfrentando a necessidade de ajudar, de fato, a recuperar a natureza após os enormes danos causados pelas atividades humanas ao longo dos séculos. O trabalho de Bill com o Regenesis Group é levar o planejamento da edificação e da comunidade à total integração e coevolução com os sistemas vivos – mediante um processo de projeto que seja integrado com os sistemas vivos. A proposta desse trabalho é melhorar a qualidade das vidas física, social e espiritual dos nossos ambientes vivos.

**Projeto e desenvolvimento regenerativos: trabalhando com o todo**

*Bill Reed, AIA, LEED, Hon. FIGP, Integrative Design Collaborative*

A regeneração é uma prática filosófica e um processo. Seu sucesso significa a evolução e o desenvolvimento contínuos de novos potenciais. Sua definição no dicionário aborda tanto a ação quanto a origem desse novo potencial para (1) criar por meio de um novo ponto de vista e para (2) nascer de um novo espírito.

Em termos práticos, a regeneração significa contribuir para processos de geração de valores dos sistemas vivos dos quais fazemos parte. Sem a agregação de valores – com consciência sobre os processos da vida constantes, cocriativos e emergentes –, a vida se encaminha para um estado de degeneração. É imperativo para qualquer processo de projeto desenvolver intencionalmente o entendimento necessário para participar do aperfeiçoamento da resiliência das relações vivas como ecossistemas, sistemas sociais humanos, negócios, famílias e assim por diante. Sem um processo contínuo de agregar valor aos sistemas vivos, a sustentabilidade não é possível.

A fim de entender a regeneração no contexto do movimento da sustentabilidade, é necessário compreender que a prática de almejar as condições de conservação zero ou neutras – embora sejam metas dignas e necessárias – não abordará o que se exige para uma condição sustentável (mesmo se for possível atingir esse nível de perfeição). Ter dano zero não é o mesmo que entender nossas interações com as complexidades da vida e como evitar as consequências inevitáveis e imprevisíveis das nossas ações. O dano zero também não se trata de como participar continuamente da dança da evolução – a condição inicial para acompanhar o jogo da vida.

Há algumas razões que nos levam a abordar a sustentabilidade dessa perspectiva zero: essas metas são vistas principalmente de uma perspectiva técnica; percebemos a vida como um processo mecânico de componentes interativos em vez de entender que ambientes vivos inteiros são melhores do que a soma de suas partes; os seres humanos são vistos como doadores, não como participantes; e o meio ambiente é visto como algo que não somos.

Há uma distinção entre pensamento ambiental e ecológico. Por definição, um ambiente é o contexto dentro do qual algo existe. O ambiente contém um "nós" e um "não nós" em seu significado. A ecologia, em contraste, vê todos os aspectos como parte de um todo dinâmico em funcionamento – tudo é "nós".

Há uma necessidade de preencher um vão significativo no trabalho de nossa cultura rumo à conquista de condições sustentáveis. O vão: o desenvolvimento de um estado de consciência que tenha a capacidade de considerar a vida, todas elas como uma entidade viva que trabalha como um todo, integrado e em desenvolvimento em um sistema vivo. O todo, de uma perspectiva dos sistemas vivos, inclui tudo, todos os processos e toda dimensão de consciência e existência – sejamos capazes de perceber essas coisas ou não.

Em uma cultura reducionista, é difícil compreender, em primeiro lugar, que trabalhar com a complexidade de um sistema vivo é possível; em segundo, como isso pode ser abordado sem ser reduzido a partes fáceis de trabalhar. É aqui que o trabalho com entendimento de padrões entra em jogo. Para profissionais acostumados a trabalhar com padrões, é realmente fácil acessar padrões vivos e alcançar conclusões definitivas desses padrões distintos que não sejam uma tentativa de dar sentido a milhares de partes.

Somos bastante bons quando isso diz respeito a avaliar uma pessoa em sua totalidade: sabemos intuitivamente que não poderemos entender a natureza (ou essência) distinta de um amigo se houver apenas alguns de seus órgãos ou ossos disponíveis para inspeção. Mesmo que todas as partes componentes dele ou dela estejam disponíveis, toda a sequência genética, é óbvio que a natureza da pessoa apenas pode ser descrita de forma mecânica, se é que isso é possível. Ainda assim, se observarmos, poderemos descrever a singularidade dos indivíduos. Fazemos isso ao observar os padrões de como estes, como uma entidade inteira, são em relação a outras entidades – amigos, colegas, membros da família, sua comunidade, um cão na rua e assim por diante. Isso é como eles são nas relações, que valores atribuem à relação, o papel que desempenham e que começa a triangular "quem" são, não apenas "o que" são.

Os profissionais frequentemente interpretam erroneamente os "fluxos" de um sistema como o indicador da relação. Os fluxos de água, energia, *habitat* e sol certamente são importantes; ainda assim, se continuarmos a usar as relações humanas de forma análoga, não descreveríamos nossa relação com um amigo apenas em termos de fluxos. Os aspectos do relacionamento são energéticos, muitas vezes invisíveis e cheios de trocas extremamente complexas e nuances.

Um sistema vivo – lugar, bacia hidrográfica ou comunidade – é um "ser" ou "organismo". É necessário se relacionar com ele; caso contrário, haverá abusos, negligências ou intervenções equivocadas. Essa natureza de relação é o grande salto para a indústria do projeto e da construção. O solo não é simplesmente a terra sobre a qual construímos. Vários povos aborígenes tinham essa compreensão; tudo no tempo e no espaço, incluindo a consciência de "quem" são, fazem parte do todo intrinsecamente.

O termo *navajo* para montanha se refere a "um conjunto inteiro de relações e o movimento constante inerente às montanhas". Essas relações incluem os ciclos da vida dos animais e das plantas que crescem em diferentes elevações, os padrões climáticos afetados pela montanha, assim como a experiência humana de estar com ela.

Todos esses processos formam a inter-relação dinâmica e os processos cinéticos que regeneram e transformam a vida. Uma vez que essa noção da montanha não é separada do processo cósmico inteiro, alguém pode vir a conhecer verdadeiramente a montanha apenas aprendendo sobre a "dinâmica cinética do todo". Nada disso quer dizer que trabalhar com pedaços e partes com medidas quantitativas seja errado. É apenas o lugar errado para se começar. Como Wendell Berry observa, "uma boa solução é boa porque está em harmonia com os padrões mais genéricos, resolve mais de um problema não criando outros". Ele explica que a saúde tem mais valor do que qualquer cura, e a coerência de padrões, mais valor do que quase qualquer solução produzida de forma fragmentada ou isolada. A adoção de uma ou duas tecnologias verdes ou regenerativas em uma prática de edificação sustentável sem a compreensão dos princípios fundamentais que tornam aquela estratégia completamente regenerativa não é tão efetiva e, na pior das hipóteses, traz consequências imprevisíveis e improdutivas.

As práticas de medicina ocidental e oriental podem ser uma comparação útil. Nenhuma é certa ou errada por si só. O projeto verde, se praticado de uma maneira mecânica, pode ser comparado a trabalhar no coração ou no sistema intestinal, curando a questão em particular, mas não tratando a natureza sistêmica geral da causa, se é alimentação, ambiente, estresse ou genética. O projeto integrativo, um processo organizado para encontrar sinergias entre os sistemas vivos e prediais, tem uma analogia na medicina integrativa – a união de especialistas para fazer um diagnóstico e tratar de causas e efeitos relativamente complexos. A regeneração pode ser comparada à naturopatia e à medicina oriental – terapia sacro craniana, acupuntura e assim por diante. Essas práticas começam com os padrões energéticos do corpo inteiro. Na prática, todas essas práticas deveriam entrar em jogo. Ainda assim, é sempre melhor começar com a natureza das influências ambientais maiores e as inter-relações antes de aliviar o sintoma e fazer cortes no corpo.

Da perspectiva da arquitetura e do planejamento, nossa responsabilidade não é projetar "coisas", mas apoiar positivamente os processos humanos e naturais a fim de alcançar uma qualidade de vida no longo prazo – isto é, a evolução com o corolário necessário do potencial positivo para a vida toda.

- Isso significa que o ato de criar um prédio não é uma conclusão, mas um início e um catalisador para mudanças positivas.
- Isso insere e conecta o prédio em um ecossistema maior e se preocupa com uma abordagem geral de sistemas para o projeto.
- Isso considera o "lugar" – uma expressão de ecologias integradas do clima, dos recursos e da cultura – crucial para moldar o desenvolvimento dos prédios, dos seres humanos e da natureza.

Há projetos e práticas políticas vigentes que abordam essa natureza de inter-relação com os lugares que habitamos. Os ecossistemas vêm apresentando uma recuperação em sua saúde e demonstrando até mesmo níveis mais altos de potencial do que o previsto – os desertos se transformando em jardins de cultivo de alimentos com consumo mínimo de água; a água retornando ao deserto mediante técnicas de diminuição de seus fluxos e plantações apropriadas; os ecossistemas danificados, com pouca diversidade e desertificados totalmente recuperados junto com o aumento dos *habitats* de plantas e animais ao replicar padrões de *habitat* animal do período pré-industrial; áreas urbanas retornando à civilização e à alta qualidade de vida ao prestarem mais atenção à natureza dos padrões humanos e naturais de cada lugar em particular. Os exemplos incluem o trabalho de Jane Jacobs em bairros da cidade de Nova York, como observado em *Morte e vida das grandes cidades*, no qual ela utiliza o termo *regeneração* para suas realizações. O trabalho de Alan Savory na criação de uma nova saúde para ecossistemas danificados é outro exemplo. O Regenesis, em Santa Fe, no Novo México, analisa o todo socioecológico e usa esses "setores" como um sistema inteiro de evolução saudável.

Há muitas histórias positivas ao redor do mundo sobre o projeto regenerativo. Frequentemente, vemos a primeira faísca da nova saúde e integridade na natureza e no *habitat* humano aparecer dentro de um período de 18 meses – o qualificador é se compreendemos que cada lugar (bairro, cidade, região) tem um padrão de vida e que esses lugares são, ao mesmo tempo, únicos e articulados uns com os outros, que a menor unidade de projeto de base local é a bacia hidrográfica (a água promove a saúde do solo e, portanto, a vida), que os seres humanos são a própria natureza e não algo à parte, e que se conscientizar sobre a necessidade de ter uma relação de cuidado com toda a vida é a base de uma coexistência positiva e próspera – e, assim, nos move rumo à dimensão da verdadeira coevolução.

## RESUMO E CONCLUSÕES

Sem dúvida, há em marcha uma mudança no projeto de edificações dos Estados Unidos. Em 2005, apenas 2% das novas construções não residenciais eram edificações verdes; em 2008, esse número aumentou para 12% e, em 2010, estava entre 28 e 35%. Em 2015, estima-se que de 40 a 48% das novas construções não residenciais por valor eram sustentáveis, equivalendo de 120 a 145 bilhões de dólares no mercado. Estima-se que no período de quatro anos, entre 2009 a 2013, a edificação verde contribuiu com 7,9 milhões de empregos nos Estados Unidos e injetou 554 milhões de dólares na economia do país (McGraw-Hill Construction, 2010). Pode-se dizer, no mínimo, que as edificações sustentáveis de alto desempenho têm sido um sucesso extraordinário. Se podemos considerar que os sistemas de certificação como o LEED estão tornando o projeto de construção ambientalmente saudável e eficiente em recursos, é outra questão. Com certeza, considerando a rápida deterioração da frágil saúde do nosso planeta, qualquer medida que ajude a reduzir a destruição dos seus sistemas ecológicos, que minimize o lixo e utilize recursos de forma mais efetiva são úteis.

No mínimo, podemos dizer que as edificações sustentáveis de alto desempenho estão abordando com profundidade o impacto desproporcional do ambiente construído na Terra. Em particular, esse movimento torna os profissionais do projeto e da construção mais conscientes quanto a suas responsabilidades éticas ao fornecer prédios de alta qualidade e saudáveis com potencial para complementar e trabalhar sinergicamente com a natureza.

## NOTAS

1. Por coincidência, o fundador dos sistemas de ecologia, Howard T. Odum (1924–2002), e o fundador da gestão adaptativa, Crawford "Buzz" Holling (1930), trabalharam juntos na University of Florida por muitos anos nas duas últimas décadas do século XX. O livro de Odum, *Systems Ecology* (1983), e o de Holling, *Adaptive Environmental Assessment and Management* (1978), são marcos históricos que redefiniram a maneira como os cientistas pensam sobre os sistemas ecológicos.
2. Baseado em informações do site do Instituto Buckminster Fuller, www.bfi.org.
3. De uma postagem no *blog* de David Pollard, *How to Save the World*, "Sustainability, Cradle-to-Cradle", de 12 de fevereiro de 2006. Disponível em http://howtosavetheworld.ca/2006/02/12/ sustainability-cradle-to-cradle/.
4. Conforme descrito no site do Departamento de Agricultura dos Estados Unidos, http://agclass.nal.usda.gov/glossary.shtml.

## FONTES DE CONSULTA

Barbier, E. B. 1989. *Economics, Natural Resource Scarcity and Development: Conventional and Alternative Views*. London: Earthscan.

Benyus, J. 1997. *Biomimicry: Innovation Inspired by Nature*. New York: William Morrow.

Bringezu, Stefan. 2002. "Construction Ecology and Metabolism." In *Construction Ecology: Nature as the Basis for Green Building*, C. J. Kibert, J. Sendzimir, and G. B. Guy, eds., 196–219. London: Spon Press.

Browning, William, Catherine Ryan, and Joseph Clancy. 2014. *14 Patterns of Biophilic Design: Improving Health & Well-being in the Built Environment*. New York: Terrapin Green LLC. Available at www.terrapinbrightgreen.com/reports/14-patterns/.

Daly, H. E. 1990. "Towards Some Operational Principles of Sustainable Development." *Ecological Economics* 2: 1–6.

Fenton, M. D. 1998. *Iron and Steel Recycling in the United States in 1998*. US Geological Survey Open File Report 01-224.

Fuller, R. Buckminster. 1969. *Operating Manual for Spaceship Earth*. Carbondale: Southern Illinois University Press.

———. 1981. *Critical Path*. New York: St. Martin's Press.

Georgescu-Roegen, N. 1971. *The Entropy Law and the Economic Process*. Cambridge, MA: Harvard University Press.

———. 1979. "Energy Analysis and Economic Valuation." *Southern Economic Journal* 45: 1023–1058.

Hawken, P., A. Lovins, and H. Lovins. 1999. *Natural Capitalism*. New York: Little, Brown.

Hayes, D. 1978. *Repair, Reuse, Recycling: First Steps Toward a Sustainable Society*. Worldwatch Paper 23, Worldwatch Institute, Washington, DC.

Holling, Crawford S. 1978. *Adaptive Environmental Assessment and Management*. London: John Wiley & Sons.

Jacobs, Jane. 1961. *The Death and Life of Great American Cities*. New York: Random House.

Kay, James. 2002. "Complexity Theory, Exergy, and Industrial Ecology." In *Construction Ecology: Nature as the Basis for Green Building*, C. J. Kibert, J. Sendzimir, and G. B. Guy, eds., pp. 72–107. London: Spon Press.

Lyle, John Tillman. 1985. *Design for Human Ecosystems: Landscape, Land Use, and Natural Resources*. New York: Van Nostrand Reinhold. (Republished by Island Press, 1999.)

———. 1994. *Regenerative Design for Sustainable Development*. New York: John Wiley & Sons.

McDonough, William. 1992. *The Hannover Principles: Design for Sustainability*. Charlottesville, VA: William McDonough and Partners. Available at www.mcdonough.com/wp-content/uploads/2013/03/Hannover-Principles-1992.pdf.

McDonough, William, and Michael Braungart. 2002. *Cradle to Cradle: Remaking the Way We Make Things*. New York: North Point Press.

McGraw-Hill Construction. 2010. Green *Outlook 2011: Green Trends Driving Growth*. New York: Author. Available at http://aiacc.org/wp-content/uploads/2011/06/greenoutlook2011.pdf.

McHarg, Ian. 1969. *Design with Nature*. Garden City, NY: Natural History Press.

Mumford, Lewis. 1946. *Values for Survival: Essays, Addresses, and Letters on Politics and Education*. New York: Harcourt, Brace.

———. 1955. The *Brown Decades: A Study of the Arts in America*. New York: Dover Press.

———. 1967. *The Myth of the Machine*. New York: Harcourt, Brace & World.

Odum, Howard T. 1983. *Systems Ecology*. New York: John Wiley & Sons.

Office of Energy Efficiency and Renewable Energy. 2003. *The Business Case for Sustainable Design in Federal Facilities*. Washington, DC: Federal Energy Management Program, US Department of Energy. Available at www1.eere.energy.gov/femp/pdfs/bcsddoc.pdf

Orr, David W. 2002. *The Nature of Design: Ecology, Culture, and Human Intention*. New York: Oxford University Press.

———. 2009. *Climate Collapse*. New York: Oxford University Press.

Pearce, David W., and R. Kerry Turner. 1990. *Economics of Natural Resources and the Environment*. Hemel Hempstead, UK: Harvester Wheatsheaf.

Peterson, Garry. 2002. "Using Ecological Dynamics to Move Toward an Adaptive Architecture." In *Construction Ecology: Nature as the Basis for Green Building*, C. J. Kibert, J. Sendzimir, and G. B. Guy, eds., pp. 127–150. London: Spon Press.

Public Technology. 1993. *The Local Government Sustainable Buildings Guidebook*. Washington, DC: Public Technology.

———. 1996. *The Sustainable Building Technical Manual: Green Design, Construction and Operations*. Washington, DC. Available at www.usgbc.org.

Reuter, M. A., A. van Schaik, O. Ignatenko, and G. J. de Haan. 2005. "Fundamental Limits for the Recycling of End of Life Vehicles." *Minerals Engineering* 19 (5): 433–449.

Ruth, M. 1995. "Thermodynamic Implications for Natural Resource Extraction and Technical Change in U.S. Copper Mining." *Environmental and Resource Economics* 6: 187–206.

Savory, Allan. 1983. "The Savory Grazing Method or Holistic Resource Management." *Rangelands* 5 (4): 155–159.

Theis, Christopher C. 2002. "Prospects for Ecological Design Education." Society of Building Science Educators. Available at www.sbse.org/retreat/retreat2002/docs/ctheis_prospects.pdf.

Van der Ryn, Sim, and Stuart Cowan. 1996. *Ecological Design*. Washington, DC: Island Press.

von Weizsäcker, Ernst, Amory Lovins, and L. Hunter Lovins. 1997. *Factor Four: Doubling Wealth, Halving Resource Use*. London: Earthscan.

Wells, Malcolm. 1981. *Gentle Architecture*. New York: McGraw-Hill.

Westley, F., S. Carpenter, W. Brock, C. S. Hollins, and L. H. Gunderson. 2002. "Why Systems of People and Nature Are Not Just Social and Ecological Systems." In *Panarchy*, L. H. Gunderson and C. S. Holling, eds., pp. 103–119. Covelo, Ca: Island Press.

Wheelwright, Peter M. 2000a. "Environment, Technology and Form: Reaction." Paper presented to the Architecture League of New York in response to the symposium Environment, Technology, and Form.

———. 2000b. "Texts and Lumps: Thoughts on Science and Sustainability." *ACSA News* (December), 5–6.

Wilson, E. O., and Stephen Kellert, eds. 1993. *The Biophilia Hypothesis*. Washington, DC: Island Press.

Yeang, Ken. 1995. *Designing with Nature: The Ecological Basis for Architectural Design*. New York: McGraw-Hill.

———. 1996. *The Skyscraper Bioclimatically Considered: A Design Primer*. London: Academy Editors.

———. 1999. *The Green Skyscraper: The Basis for Designing Sustainable Intensive Buildings*. Munich: Prestel.

———. 2007. *Eco Skyscrapers*. Mulgrave, Australia: Images.

———. 2008. *EcoDesign: A Manual for Ecological Design*. London: John Wiley & Sons.

———. 2009. *Ecomasterplanning*. London: John Wiley & Sons.

———. 2011. *Eco Skyscrapers*, vol. 2. Mulgrave, Australia: Images.

Yeang, Ken, and Arthur Spector, eds. 2011. *Green Design: From Theory to Practice*. London: Black Dog.

# Parte II

# Avaliação e certificação de edificações sustentáveis de alto desempenho

Atualmente, os prédios sustentáveis de alto desempenho são definidos por sistemas que os classificam e os certificam. Essas ferramentas simplesmente aferem uma pontuação a um projeto de edificação com base na sua adequação à abordagem filosófica geral desenvolvida pelos projetistas dos sistemas. Como resultado, um sistema de certificação oferece uma definição padronizada do que seria uma edificação sustentável ou ecológica para o país que o utiliza. Nos Estados Unidos, por exemplo, o sistema LEED (Leadership in Energy and Environmental Design), suas categorias e seus pontos para os vários atributos definem o prédio sustentável para o mercado norte-americano público e privado. Uma das vantagens de se contar com os sistemas e certificação para tal propósito é que são padronizados os limites de um prédio sustentável de alto desempenho, quais seriam seus atributos importantes e como se mediria o desempenho do projeto em relação a uma ampla variedade de categorias. Contudo, uma desvantagem significativa desses sistemas de certificação é que cada um deles é apenas uma visão daquilo que seria uma edificação sustentável para aquela instituição; muitas vezes, em virtude das limitações orçamentárias, tais sistemas deixam muito a desejar. Por exemplo, muitos sistemas de certificação se baseiam em modelagens de energia para a previsão do consumo energético em vez de utilizarem dados energéticos reais como parâmetro. Como resultado, às vezes surgem relatórios constrangedores afirmando que o consumo real de energia de um prédio, na verdade, é muito mais alto do que fora originariamente estimado pela modelagem. A justificativa para não usar dados reais de consumo energético é que a coleta dessas informações leva tempo (em geral pelo menos um ano), e o custo de tal esforço é elevado. Outro problema associado ao excesso de dependência pelos sistemas de certificação de edificações é que as equipes de projeto correm o risco de perder a capacidade de pensar de maneira criativa, passando, em vez disso, a usar um "cérebro de LEED". Por mais inteligente e útil que esse e outros sistemas possam ser, são bastante falhos no que tange a um amplo espectro de questões importantes.

As classificações ou níveis de certificação variam de um sistema de certificação para o outro. O LEED, por exemplo, apresenta quatro níveis: Platina (Platinum), Ouro (Gold), Prata (Silver) e Certificada (Certified) (da mais alta à mais baixa). De modo similar, o sistema Green Globes atribui entre uma e quatro estrelas verdes, e o sistema Green Star, empregado na Austrália, Nova Zelândia e África do Sul, atribui entre uma e seis estrelas verdes. No Green Star, entretanto, somente os projetos que recebem de quatro a seis estrelas são reconhecidos, sendo projetos de uma a três estrelas verdes não certificados. No Japão, o Comprehensive Assesssment for Building Environmental Efficiency (CASBEE) propõe que uma razão entre os benefícios ambientais e as cargas ambientais equivalente a três ou mais leve a qualidade do projeto ao alto nível. A maioria dos sistemas de avaliação e certificação tem categorias iguais, como energia, água e qualidade do ambiente interno, para a classificação do prédio. Alguns têm uma categoria de gestão para classificar a etapa de projeto, enquanto outros não considerem que esse aspecto deva receber pontos. É claro que não há uma única abordagem à avaliação das edificações, embora ultimamente pareça estar havendo um consenso quanto à necessidade da inclusão da análise do ciclo de vida dos materiais e impactos operacionais de um prédio.

Esta parte do livro aborda o tema geral da certificação de edificações e os principais sistemas internacionais, além dos mais importantes em uso nos Estados Unidos. Os capítulos cobertos por esta parte do livro são:

Capítulo 4: Avaliação e certificação de edificações sustentáveis
Capítulo 5: O sistema de certificação de edificações LEED, do U.S. Green Building Council
Capítulo 6: O sistema de certificação de edificações Green Globes

O Capítulo 4 traz uma apresentação geral da avaliação e certificação de edificações e cobre as principais questões relevantes a essa avaliação. Os dois principais sistemas utilizados nos Estados Unidos, o LEED e o Green Globes, são descritos sucintamente. O Living Building Challenge, um sistema de certificação realmente desafiador adotado nos Estados Unidos e no Canadá, faz exigências rigorosas para uma ampla variedade de atributos de sustentabilidade e é tratado com certo detalhamento, pois nos sugere como poderão ser os sistemas de certificação do futuro. Além disso, este capítulo apresenta, em termos gerais, as certificações de edificações utilizadas no Reino Unido, Japão, na Austrália e Alemanha.

O Capítulo 5 foca o sistema LEED e inclui uma descrição detalhada do LEED versão 4 (LEED v4), a versão atual, descrevendo a história e o desenvolvimento do LEED, a estrutura dos diversos sistemas de certificação, a estrutura dos principais sistemas LEED e todos os créditos que estão disponíveis para os projetos que buscam certificação de acordo com um dos sistemas da categoria LEED, o Projeto e Construção de Edifícios – Building Design and Construction (LEED-BD&C). A importância de se ter pessoas especialmente treinadas e com experiência na aplicação do LEED em projetos também é discutida nesse capítulo. Para o sistema de certificação LEED, a credencial LEED AP (Accredited Professional) é conferida a profissionais que tiveram o treinamento adequado sobre edificações sustentáveis e o sistema LEED e que, além disso, foram aprovados em um exame sobre esses tópicos. Green Associate (GA) é outra credencial oferecida pelo US Green Building Council e é pré-requisito para se tornar um LEED AP. A credencial GA identifica os profissionais que foram aprovados em um exame sobre fundamentos de edificações sustentáveis. Como tanto as versões LEED v4 como LEED v3 estarão disponíveis para equipes de projeto nos próximos anos, o Apêndice A oferece informações sobre o LEED v3.

O Capítulo 6 trata do sistema de certificação Green Globes, que é promovido pela Green Building Iniciative, de Portland, Oregon, nos Estados Unidos. A história, a estrutura e os créditos disponíveis no Green Globes são apresentados nesse capítulo. Similar ao LEED, o Green Globes oferece um programa estruturado para envolver em projetos profissionais credenciados como proficientes na aplicação do Green Globes para projetos de edificação. Esse programa inclui dois níveis de acreditação: o Green Globes Professional (GGP) e o Green Globes Assesssor (GGA). Similar ao

LEED AP, o primeiro é qualificado para auxiliar as equipes de projeto a usar o sistema de avaliação e certificação de edificações Green Globes. Por outro lado, o papel do GGA não tem nenhum equivalente no LEED, pois o GGA oferece uma verificação feita por terceiros de que o projeto atendeu às exigências do GBI para a certificação Green Globes.

Os sistemas de certificação estão se desenvolvendo, e as várias plataformas, como LEED, CASBEE e Green Star, aprendem umas com as outras e adotam as práticas que vêm surgindo como as mais úteis e mais bem recebidas pela comunidade internacional.

# Avaliação e certificação de edificações sustentáveis

# 4

Antes do advento dos *sistemas de avaliação* ou *certificação de edificações sustentáveis*, os prédios ecologicamente saudáveis eram conceitualizados por equipes de arquitetos e engenheiros que se baseavam em sua interpretação coletiva do que seria uma edificação sustentável. Além do entendimento de que as edificações sustentáveis devem ser eficientes em termos do consumo de recursos e não agressivos ao meio ambiente, não existiam critérios específicos para se avaliar e comparar qualidades de projetos sustentáveis. Em 1990, o Building Research Establishment (BRE), a organização britânica de pesquisa sobre edificação, desenvolveu o BRE Environmental Assessment Method (BREEAM), considerado o primeiro sistema de avaliação de edificações. O BREEAM, de maneira similar a seus correlatos de outros países, classifica o desempenho de um prédio com base em um conjunto de critérios (veja www.breeam.org). Os sistemas de avaliação, em geral, são organizados em categorias, como energia, água e materiais, e atribuem pontos para os critérios que forem atendidos pela equipe de projeto. Esses sistemas de avaliação também certificam, muitas vezes usando um terceiro, que o projeto atendeu a determinados níveis de desempenho. Em 1998, o US Green Building Council (USGBC) lançou seu sistema de avaliação de construções novas, o *Leadership in Energy and Environmental Design* (LEED). Hoje há diversas versões do LEED de acordo com os tipos de edificação e suas circunstâncias. Por exemplo, há tipologias do LEED disponíveis para escolas, hospitais e similares, lojas, entre muitos outros. O LEED emprega um sistema de pontuação, conferindo a certificação Platina, Ouro, Prata ou Certificada, conforme a pontuação obtida nas várias categorias. Além do LEED, há dois outros sistemas nos Estados Unidos: o Green Globes e o Living Building Challenge.

O termo genérico para uma ferramenta como o LEED e seus similares aplicados em outros países é *sistema de certificação de edificações sustentáveis*. O sistema de certificação japonês, o *Comprehensive Assessment System for Building Environmental Efficiency* (CASBEE), foi desenvolvido pelo Japan Sustainable Building Consortium.[1] Na Austrália, o *Green Star* é o sistema promovido pelo Green Building Council of Australia (GBCA) (www.gbcaus.org) e já está disponível de modo pleno para diversos tipos de edificação, incluindo escritórios novos ou pré-existentes, bem como para espaços interiores. Um dos sistemas de avaliação e certificação mais recentes é o alemão Deutsche Gesellschaft für Nachhaltiges Bauen/Bewertungssystem Nachhaltiges Bauen für Bundesgebäude (DGNB/BNB), que foi desenvolvido pelo Conselho Alemão de Edificação Sustentável.

## O PROPÓSITO DOS SISTEMAS DE AVALIAÇÃO E CERTIFICAÇÃO DE EDIFICAÇÕES SUSTENTÁVEIS

Os sistemas de avaliação e certificação conferem uma pontuação ou classificação aos impactos sobre o meio ambiente, os recursos naturais e a saúde humana decorrentes do projeto, da construção e da operação de um prédio, tendo como referência os critérios pré-estabelecidos por cada sistema. Esta determinação às vezes é complicada, pois cada um dos aspectos do desempenho de um prédio pode ter diferentes unidades de medida com escalas físicas distintas. Os efeitos ambientais podem ser avaliados nas escalas local (municipal), regional, nacional e global. Os impactos nos recursos naturais podem ser medidos em termos de massa, energia, volume, partes por milhão, densidade e área. A saúde de uma edificação pode ser inferida por meio da presença ou ausência de substâncias químicas e biológicas no ar dos ambientes internos, bem como pela saúde e o bem-estar dos usuários. Contudo, a comparação de conjuntos de dados sobre diferentes características de uma edificação acarreta outras complicações.

O *tempo* é outra dimensão importante na avaliação de um prédio. Um edifício que é certificado como de alto desempenho no início de seu ciclo de vida pode, a partir de determinado momento, ter um desempenho ruim, se não houver um programa de monitoramento e avaliação contínuo. Além disso, se, durante uma manutenção, reforma ou renovação, os sistemas novos ou que forem substituídos não atenderem às exigências rigorosas do prédio original, poderia ser questionado se sua certificação de sustentabilidade deveria ser mantida. Por exemplo, se os componentes de um grande sistema mecânico como um resfriador forem substituídos por outros menos eficientes, talvez seja difícil justificar por que o prédio ainda deveria ser considerado como sustentável. Embora essa perda da certificação original em virtude da piora do desempenho faça sentido e provavelmente seja desejável, ainda não ocorre. Ou seja, atualmente as edificações sustentáveis mantêm sua certificação, sejam quais forem as condições futuras. Para lidar com esse problema, os vários sistemas de certificação, como o LEED norte-americano e o BREEAM britânico, possuem o que costuma ser chamado de *ferramentas de classificação para edificações existentes*, que analisam o desempenho de um prédio periodicamente. Embora ainda não seja obrigatória, a mudança para a recertificação contínua está se popularizando na medida em que os proprietários se dão conta dos benefícios de manterem em altos níveis a qualidade e o desempenho de um prédio.

Outro fenômeno relacionado aos sistemas de certificação é o aumento da especialização dessas ferramentas a fim de relacioná-las de modo mais direto com a função do prédio. Assim, a maioria dos sistemas atuais tem ferramentas de avaliação específicas para edifícios de escritório, escolas, hospitais e clínicas de saúde, entre outras tipologias cujo número é cada vez maior. Hoje há sistemas de certificação específicos para a avaliação das áreas nas quais se pretende construir grupos de prédios, sejam residenciais, comerciais ou institucionais. Por exemplo, o LEED for Neighborhood Development (LEED-ND) – LEED Bairros – é uma ferramenta para a classificação de uma área a ser loteada ou urbanizada com uma combinação de prédios residenciais e não residenciais.

E qual seria o objetivo de se considerar o uso de um sistema ou padrão de certificação de sustentabilidade em um projeto? Em geral, os sistemas de certificação de edificações sustentáveis são criados a fim de promover prédios de alto desempenho. Alguns, como o LEED, foram especialmente desenvolvidos para fomentar a demanda do mercado de construções sustentáveis. Os sistemas de certificação sustentável geralmente fornecem um certificado e/ou uma placa que indica o nível de desempenho do prédio. A placa geralmente é fixada no prédio, tornando público seu desempenho em termos de sustentabilidade. Já está comprovado que uma certificação de sustentabilidade superior aumenta o valor de mercado de um imóvel e reflete em custos operacionais inferiores e benefícios à saúde e produtividade de seus usuários. A concorrência entre os proprietários, investidores e incorporadores em busca de certificações superiores tem resultado no desenvolvimento de um significativo estoque de imóveis de alta qualidade e alto desempenho. Os sistemas de certificação também podem facilitar o cumprimento de objetivos políticos que sem esse recurso seriam difíceis, como a exigência de níveis nacionais estabelecidos pelo Protocolo de Quioto[2] sobre as mudanças climáticas e que exigem a redução significativa do consumo de combustíveis fósseis.

As organizações que desenvolvem sistemas de avaliação e certificação de edificações sustentáveis costumam enfrentar dois grandes desafios: usar um valor numérico simples para descrever o desempenho global de um prédio ou empregar uma variedade de informações numéricas e qualitativas para o mesmo fim. A vantagem do uso de um número que represente uma pontuação total para o prédio é a facilidade para se entender. Contudo, para usar um número único, o sistema deve de algum modo converter as inúmeras unidades que descrevem os impactos ambientais e do uso de recursos naturais por parte da edificação (como o consumo de energia e de água, a área de ocupação do terreno, o consumo de materiais e os dejetos gerados) e as condições resultantes do projeto (como a saúde da edificação, os sistemas de reciclagem instalados no prédio, a desconstrutibilidade e o percentual de produtos obtidos na região) em uma série de números que possam ser somados a fim de produzir uma pontuação geral. Essa abordagem é, no mínimo, difícil e arbitrária. Paradoxalmente, no entanto, a simplicidade do uso de uma nota única é tanto sua vantagem como sua desvantagem. O sistema de certificação LEED gera um valor numérico que determina a avaliação ou certificação do prédio com base na reunião dos pontos obtidos em várias categorias de impacto, que então são somados para que se tenha a nota ou pontuação final.

Uma alternativa é o sistema de certificação utilizar uma gama de números ou informações gráficas que representem o desempenho de um prédio nas principais áreas, como as cargas ambientais ou o consumo de energia e água, em comparação com aquele de uma construção convencional. Embora essa abordagem gere informações mais detalhadas, sua complexidade dificulta a comparação dos prédios, dependendo da variedade de fatores considerada. O Sustainable Building Tool (SBTool), um sistema empregado nas conferências do Green Building Challenge para a comparação do desempenho de edificações em vários países, é um exemplo de metodologia que usa uma quantidade relativamente grande de informações para avaliar os méritos do projeto de um prédio.[3]

Este capítulo descreve sucintamente os dois principais sistemas de certificação dos Estados Unidos, LEED e Green Globes, bem como um sistema emergente, o Living Building Challenge. O LEED será descrito com muitos mais detalhes no Capítulo 5, e o Green Globes será tratado com profundidade no Capítulo 6. Há mais de 60 sistemas de certificação de edificações ao redor do mundo (veja a Figura 4.1).

Este capítulo também fornece informações sobre outros importantes padrões ou sistemas de avaliação e certificação de edificações de várias partes do mundo, como o BREEAM (Reino Unido), o CASBEE (Japão), o Green Star (Austrália, Nova Zelândia e África do Sul), o DGNB/BNB (Alemanha) e o Selo de Avaliação de Edifício Ecológico (GBEL) (China). Estão surgindo vários grupos de sistemas de certificação (Tabela 4.1), alguns usando o LEED e outros o BREEAM como plataforma. Na verdade, boa parte do LEED é similar ao BREEAM, implementado em 1989, que antecedeu o LEED em quase 10 anos. O Green Star, lançado em 2003, com pontos em comum tanto com o LEED como com o BREEAM, tem se destacado como uma plataforma única em termos de abordagens inovadoras à avaliação de edificações de alto desempenho. Está claro que a linhagem dos principais sistemas de avaliação e certificação de edificações começou com o BREEAM, que lançou os fundamentos tanto para o LEED como para o Green Star. Cada um desses três sistemas serviu de base para diversos outros sistemas de certificação. O CASBEE é de 2001 e atualmente só é empregado no Japão, tendo pouco em comum com o LEED. O sistema alemão DGNB/BNB (2006) também é único e está emergindo como uma nova plataforma potencial para os sistemas de certificação de outros países, como a Dinamarca. Na China, o Selo de Avaliação de Edifício Ecológico (GBEL) é um sistema de certificação nacional e voluntário administrado pelo Ministério da Habitação e do

| País | Sistema de certificação | País | Sistema de certificação |
|---|---|---|---|
| Peru | EDGE | Austrália | Nabers/Green Star/BASIX (in NSW only) |
| Filipinas | BERDE/Philippine Green Building Council | Brasil | AQUA/LEED Brasil/EDGE |
| Portugal | Linder A/SBToolPT® | Canadá | LEED Canada/Green Globes/Built Green Canada |
| Catar | Qatar Sustainability Assessment System (QSAS) | China | GBEL |
| Taiwan | Green Building Label | Colômbia | EDGE |
| Arábia Saudita | Saudi Arabia Accredited Fronds (Sa'af) | Egito | Green Pyramid Rating System (GPRS) |
| Cingapura | Green Mark | Finlândia | PromisE |
| África do Sul | Green Star SA/Edge | França | HQE |
| Espanha | Verde | Alemanha | DGNB/CEPHEUS |
| Suíça | Menergie | Hong Kong | BEAM Plus |
| Estados Unidos | LEED/Living Building Challenge/Green Globes/Build it Green/NAHB NGBS/International Green Construction Code (IGCC)/Energy Star | Índia | Indian Green Building Council (IGBC)/Green Building Construction India (GBCIndia)/ GRIHA/EDGE |
| Reino Unido | BREEAM | Indonésia | Green Building Construction Indonesia (GBCI)/Greenship/EDGE |
| Emirados Árabes Unidos | Esitdama | Itália | Protocollo Itaca/Green Building Council Italia |
| Turquia | CEDBIK | Japão | CASBEE |
| Tailândia | TREES | Coreia do Sul | Green Building Certification Criteria/Korea Green Building Council |
| Vietnã | LOTUS Rating Tools/EDGE | Malásia | GBI Malaysia |
| República Tcheca | SBToolCZ | México | LEED Mexico |
| | | Países Baixos | BREEAM Netherlands |
| | | Nova Zelândia | Green Star NZ |
| | | Paquistão | Pakistan Green Building Council |

**FIGURA 4.1** Nome de alguns dos sistemas de certificação de edificações sustentáveis atualmente em vigor em mais de 60 países.

**TABELA 4.1**

Data de lançamento e níveis de certificação dos principais sistemas internacionais de avaliação e certificação de edificações sustentáveis

| País | Sistema de certificação | Data de lançamento | Níveis de certificação |
|---|---|---|---|
| Reino Unido | BREEAM | 1989 | Excepcional |
| | | | Excelente |
| | | | Muito boa |
| | | | Boa |
| | | | Aprovada |
| | | | Não classificada |
| Estados Unidos | LEED | 1998 | Platina |
| | | | Ouro |
| | | | Prata |
| | | | Certificada |
| Estados Unidos | Green Globes | 2005 | 4 Globos Verdes |
| | | | 3 Globos Verdes |
| | | | 2 Globos Verdes |
| | | | 1 Globos Verdes |
| Japão | CASBEE | 2001 | S (Excelente) |
| | | | A (Muito boa) |
| | | | B+ (Boa) |
| | | | B– (Um pouco fraca) |
| | | | C (Fraca) |
| Austrália | Green Star | 2003 | 6 Estrelas |
| | | | 5 Estrelas |
| | | | 4 Estrelas* |
| Alemanha | DGNB/BNB | 2006 | Ouro |
| | | | Prata |
| | | | Bronze |
| China | GBEL | 2007 | 3 Estrelas |
| | | | 2 Estrelas |
| | | | 1 Estrela |

*O Green Star não atribui uma, duas ou três estrelas aos projetos.

Desenvolvimento Urbano e Rural. O GBEL é um programa de certificação de edificações que avalia os projetos com base em seis categorias: terreno, energia, água, eficiência no uso de recursos e materiais, qualidade dos ambientes internos e administração operacional. O programa utiliza um sistema de certificação com até três estrelas, sendo Três Estrelas o nível de classificação mais alto.

## OS PRINCIPAIS SISTEMAS DE CERTIFICAÇÃO DE EDIFICAÇÕES EMPREGADOS NOS ESTADOS UNIDOS

São dois os principais sistemas de certificação utilizados nos Estados Unidos, o LEED e o Green Globes, além de um sistema que está se popularizando, o Living Building Challenge. O LEED e o Green Globes serão descritos com mais detalhes nos Capítulos 5 e 6, respectivamente, enquanto o Living Building Challenge (http://living-future.org/lbc/about) será abordado neste capítulo. Ainda que o LEED seja o sistema de certificação mais frequente dos Estados Unidos, o Green Globes está ganhando força como alternativa e sendo adotado em larga escala, por exemplo, pelo Departamento de Questões dos Veteranos de Guerra norte-americano para avaliar o desempenho de seus hospitais existentes que passam por reformas. O Living Building Challenge é, como sugere o nome, um desafio de certificação significativo, pois leva o padrão de edificações de alto desempenho a outro nível, exigindo, pela primeira vez, que os projetos de edificações possam demonstrar que geram toda a sua energia necessária a partir de recursos renováveis do próprio terreno. Essa exigência representa apenas um dos difíceis objetivos que o Living Building Challenge impõe aos proprietários e às equipes de projeto. O Living Building Challenge será descrito com mais detalhes na seção a seguir.

## O Living Building Challenge

O mais rigoroso de todos os sistemas de certificação de edificações norte-americanos é o *Living Building Challenge*, que surgiu em 2005 como um desdobramento dos programas do Cascadia Green Building Council no noroeste dos Estados Unidos e no oeste do Canadá. Sua intenção era elevar as exigências das vedações externas dos prédios de alto desempenho a um nível muito mais profundo do que o LEED e outros sistemas costumam adotar. O Cascadia Green Building Council é diferenciado entre os conselhos de edificações sustentáveis da América do Norte, pois representa ao mesmo tempo o USGBC (Estados Unidos) e o Canada Green Building Council. Hoje há mais de 200 edificações registradas aguardando a certificação Living Building Challenge, tendo apenas seis concluído o processo.

O Living Building Challenge baseia-se em um pequeno número de conceitos que, porém, são muito poderosos. Dentre esses conceitos está a ideia de que um prédio deve gerar toda a energia que consome, fornecer toda a água necessária e processar todo o seu esgoto. Um dos últimos projetos que passou pela certificação Living Building Challenge foi o Bullitt Center, um novo edifício de escritórios localizado no bairro Capitol de Seattle, Washington, certificado em 2015 (veja as Figuras 4.2 e 4.3). O Bullitt Center sedia o Cascadia Green Building Council em Seattle e servirá como um exemplo das mais modernas edificações de alto desempenho do noroeste do Pacífico. Esse prédio consome menos de um terço da energia de uma edificação de mesmas características e disponibiliza, entre outras facilidades, um bicicletário, mas não estacionamento para automóveis. O sistema de geração de energia solar instalado *in loco* atende a toda a demanda energética do prédio e ainda assim seu período de retorno do investimento é de oito a 10 anos. Não foram utilizados materiais de construção considerados nocivos à saúde, como os que contêm cloreto de polivinila (PVC), mercúrio, cádmio e outras 360 substâncias. As peças de madeira empregadas na estrutura de seis pavimentos foram obtidas em florestas certificadas como sustentáveis pelo Forest Stewardship Council. Todos os elementos de aço, concreto, madeira e outros materiais pesados foram obtidos em um raio de 480 km, a fim de reduzir a pegada de carbono do prédio. As exigências

**FIGURA 4.2** O Bullitt Center, em Seattle, Washington, é a sede do Cascadia Green Building Council e está sendo projetado para obter a certificação Living Building Challenge. Entre seus outros propósitos, está o de ser um modelo para futuras edificações comerciais de baixo impacto ambiental e construção responsável. (Cortesia de Miller Hull Partnership)

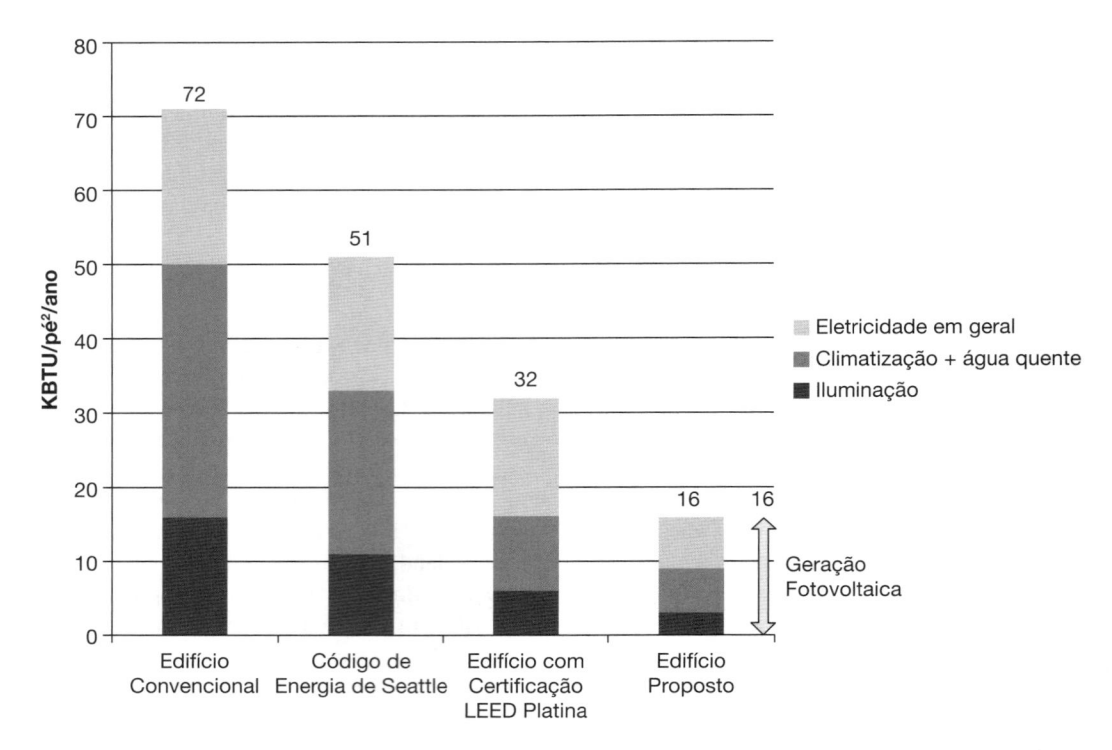

**FIGURA 4.3** Tornar o Bullitt Center um edifício com consumo de energia líquida zero implicou uma profunda reanálise do consumo de energia da edificação. O consumo foi reduzido cerca de 227–250 Kwh/m²/ano, para que o prédio ficasse dentro de um padrão de consumo energético que pudesse ser atendido pela capacidade do sistema fotovoltaico, uma redução superior à do Fator 4. Até mesmo o mais ambicioso edifício com certificação LEED Platina provavelmente gastaria o dobro da energia do que foi proposto para este projeto.

mais rigorosas do Living Building Challenge foram atendidas graças à colaboração entre o escritório de arquitetura Miller Hull Partnership e o Integrated Design Lab, uma unidade do Departmento de Arquitetura da University of Washington. Três anos de *brainstorming* resultaram em um projeto inovador, que não apenas conseguiu atender às exigências do Living Building Challenge mas também se tornou econômico, apesar de seu custo inicial mais elevado.

O Living Building Challenge 3.0, a versão mais recente, baseia-se em sete áreas de desempenho (ou *pétalas*, como descrito pela certificação): Lugar, Água, Energia, Saúde e Felicidade, Materiais, Equidade e Beleza. Dentro das sete pétalas, há 20 *imperativos* com orientações específicas para que se obtenha a certificação (veja a Tabela 4.2). Ao contrário de outros sistemas, o Living Building Challenge exige, para que o projeto obtenha a pontuação necessária à certificação, que sejam atendidos todos os imperativos, e não apenas um número suficiente deles. Além disso, a certificação Living Building Challenge é conferida apenas após 12 meses de uma operação que demonstre que o prédio efetivamente atingiu suas metas de desempenho. Todos os imperativos do Living Building Challenge são muito rigorosos. Por exemplo, o imperativo 05 da Pétala da Água (sobre o fluxo ecológico de água) exige que 100% das águas pluviais coletadas e do esgoto do prédio sejam geridos *in loco*, para atender às demandas internas do projeto, ou lançados em terrenos adjacentes, para serem administrados por meio de um fluxo superficial aceitável em termos do tempo, da recarga do lençol freático, do uso agrícola ou do reúso de um prédio contíguo. Os imperativos da Pétala da Equidade são únicos e exigentes, demandando várias medidas que promovam a justiça social e a equidade e preservem os direitos da natureza. A Pétala da Beleza também é única ao demandar que o projeto gere um objeto de beleza e inspire e eduque a comunidade.

Um dos resultados do Living Building Challenge tem sido o estímulo do interesse por edificações de alto desempenho realmente avançadas (Figura 4.4) e o aumento significativo do padrão dos edifícios sustentáveis de alto desempenho. Tem havido um interesse renovável no movimento de edificações sustentáveis de alto desempenho a fim de reduzir radicalmente os impactos do meio ambiente construído tanto nos seres humanos como nos sistemas naturais.

## SISTEMAS INTERNACIONAIS DE CERTIFICAÇÃO DE EDIFICAÇÕES

Vários sistemas de certificação importantes são empregados em outros países e oferecem outras perspectivas sobre como abordar o problema de determinar o quanto um projeto seria realmente não agressivo ao meio ambiente. Nas seções a seguir, serão descritos cinco sistemas de certificação de edificações: BREEAM (Reino Unido), CASBEE (Japão), Green Star (Austrália), DGNB/BNB (Alemanha) e GBEL (China). Também será descrito o SBTool, um método de avaliação de edificações que é utilizado por países que participam da série de conferências do Green Building Challenge sobre como comparar prédios por meio de uma abordagem única.

## BREEAM (Reino Unido)

*BREEAM* é o acrônimo do sistema de certificação *Building Research Establishment Environmental Assessment Method*. Esse sistema foi elaborado para descrever o desempenho ambiental de um prédio. Lançado em 1989 no Reino Unido, é considerado o primeiro sistema de avaliação de edificações e serviu como base para muitos outros sistemas, como o LEED. Atualmente, há mais de 200 mil prédios

**TABELA 4.2**

**Sete Categorias (Pétalas) e 20 Imperativos do Living Building Challenge**

| Pétala | Imperativo |
|---|---|
| Lugar | 1. Limites ao Crescimento |
| | 2. Agricultura Urbana |
| | 3. Trocas com o *Habitat* |
| | 4. Vida com Energia Humana |
| Água | 5. Geração de Água Líquida Positiva |
| Energia | 6. Geração de Energia Líquida Positiva |
| Saúde e Felicidade | 7. Meio Ambiente Civilizado |
| | 8. Ambiente Interno Saudável |
| | 9. Meio Ambiente Biofílico |
| Materiais | 10. Lista Vermelha |
| | 11. Pegada de Carbono Incorporada |
| | 12. Indústria Responsável |
| | 13. Fontes de Economia Vivas |
| | 14. Geração de Lixo Líquida Positiva |
| Equidade | 15. Escala Humana e Lugares Humanos |
| | 16. Acesso Universal à Natureza e ao Lugar |
| | 17. Investimento Equitativo |
| | 18. Organizações Justas |
| Beleza | 19. Beleza e Espírito |
| | 20. Inspiração e Educação |

**FIGURA 4.4** Entre as ideias inovadoras que emergem como resultado do Living Building Challenge está um prédio não conectado à rede pública de energia elétrica que foi projetado por Mithun para obter a certificação Living Building Challenge do Canadá. De acordo com esse sistema, a edificação precisa ser totalmente autossuficiente em energia e água. Este projeto inclui estufas, jardins na cobertura, uma criação de galinhas e hortas. Este sistema integrado de agricultura urbana atende a outra importante exigência do Living Building Challenge. (Representação artística de Mithun)

com certificação BREEAM, 20 vezes o número de prédios do LEED, além de um milhão de outros candidatos registrados, aguardando o recebimento da certificação. Ele serve para a certificação de qualquer tipo de edificação e possui vários sistemas específicos desenvolvidos para cada tipologia. O BREEAM também é utilizado em formatos adaptados a outros países, como os Países Baixos, a Noruega, a Suécia e a Espanha.

Atualmente o BREEAM possui seis diferentes *esquemas*, que podem ser aplicados para a avaliação e certificação de praticamente todos os tipos de prédio, inclusive moradias (veja a Tabela 4.3).

O *BREEAM UK Construções Novas*, um de seus sistemas de certificação específicos para um tipo de prédio, consiste em 49 itens de avaliação individual distribuídos em nove categorias ambientais, além de uma décima intitulada Inovação. Cada tópico aborda um problema ou impacto ambiental específico relacionado ao prédio e totaliza vários créditos. Os créditos BREEAM são conferidos quando uma edificação demonstra que atende aos níveis de desempenho das melhores práticas que foram definidos por aquele tópico. Eles indicam, por exemplo, se foi atenuado um impacto ou, no caso da saúde e do bem-estar, se foi tratada uma questão específica relacionada aos usuários, como um bom nível de conforto térmico, iluminação natural ou desempenho acústico. A Tabela 4.4 mostra os níveis de certificação conferidos pelo BREEAM para um projeto. Já a Tabela 4.5 indica os pesos relativos por seção ambiental do BREEAM e um exemplo de cálculo para um prédio hipotético. O nível percentual mínimo para cada certificação é um exemplo de cálculo e indica as seções do BREEAM e os créditos disponíveis para cada uma delas. Um Avaliador BREEAM deve determinar a certificação BREEAM por meio do uso das calculadoras e ferramentas de análise apropriadas.

**TABELA 4.3**

**Aplicabilidade dos esquemas BREEAM**

| Esquemas-padrão do BREEAM | Tipo de projeto |
| --- | --- |
| BREEM UK Construções Novas | Todas as edificações novas, exceto moradias |
| BREEAM UK Comunidades | Fase de elaboração do plano diretor de um empreendimento |
| BREEAM Edificações em uso | Edificações já construídas que não são de uso residencial |
| EcoHomes | Habitação popular nova ou reformada |
| Códigos para Moradias Sustentáveis | Moradias novas |
| BREEAM UK Reformas | Projetos de reforma de edificações residenciais ou não residenciais |

**TABELA 4.4**

**Níveis de certificação BREEAM**

| Certificação BREEAM | Percentual de pontos obtidos | Desempenho |
| --- | --- | --- |
| Excepcional | 85% | Menos de 1% das novas edificações de uso não residencial do Reino Unido (inovadora) |
| Excelente | 70% | As 10% melhores novas edificações de uso não residencial do Reino Unido (melhores práticas) |
| Muito boa | 55% | As 25% melhores novas edificações de uso não residencial do Reino Unido (melhores práticas avançadas) |
| Boa | 45% | As 50% melhores novas edificações de uso não residencial do Reino Unido (melhores práticas intermediárias) |
| Aprovada | 30% | As 75% melhores novas edificações de uso não residencial do Reino Unido (melhores práticas básicas) |
| Não classificada | Menos de 30% | |

**TABELA 4.5**

Pesos por seção ambiental do BREEAM e exemplo de cálculo para certificação

| Pesos por seção ambiental | | Exemplo de pontos e cálculo para certificação | | | |
|---|---|---|---|---|---|
| Seção do BREEAM | Peso percentual | Créditos obtidos | Créditos possíveis | Percentual de créditos obtidos | Pontos da seção |
| Gestão | 12,0% | 10 | 22 | 45,45% | 5,45% |
| Saúde e Bem-Estar | 15,0% | 8 | 10 | 80,00% | 12,00% |
| Energia | 19,0% | 16 | 30 | 53,33% | 10,13% |
| Transporte | 8,0% | 5 | 9 | 55,56% | 4,44% |
| Água | 6,0% | 5 | 9 | 55,56% | 3,33% |
| Materiais | 12,5% | 6 | 12 | 50,00% | 6,25% |
| Lixo | 7,5% | 3 | 7 | 42,86% | 3,21% |
| Uso do Solo e Ecologia | 10,0% | 5 | 10 | 50,00% | 5,00% |
| Poluição | 10,0% | 5 | 13 | 38,50% | 3,85% |
| Inovação | 10,0% | 2 | 10 | 20,00% | 2,00% |
| | | **Pontuação final do BREEAM:** | | | 55,66% |
| | | **Certificação BREEAM:** | | | **MUITO BOA** |

## ESTUDO DE CASO

### BREEAM: DEPÓSITO DA AHVLA, WEYBRIDGE, REINO UNIDO

Um depósito com dois pavimentos foi projetado e construído para substituir outro pertencente ao *campus* da Agência de Saúde Animal e Laboratórios Veterinários dos Estados Unidos (AHVLA), perto de Weybridge, Reino Unido (veja a Figura 4.5). Por motivos de carregamento estrutural e acessibilidade, as principais áreas de armazenamento e carga e descarga estão localizadas no pavimento térreo, enquanto o escritório, os armários com chave e os banheiros se encontram no segundo nível. O prédio foi projetado para um uso compacto e econômico do espaço e dos fluxos de circulação, tudo dentro de um volume retangular. Esse formato resulta tanto em um volume reduzido de espaços que requerem calefação dentro do prédio (e diminui a demanda de energia) como em uma área de superfícies externas por meio das quais possa haver perdas térmicas. O depósito foi encomendado pelo Departamento de Questões Ambientais, Alimentares e Rurais dos Estados Unidos, como parte de um projeto de renovação mais amplo do campus. O projeto foi certificado pelo BREEAM de acordo com a política do Departamento de buscar as mais elevadas metas ambientais para seus imóveis.

### Informações básicas

- Certificação BREEAM: Excelente
- Pontuação: 83,76%
- Área construída: 1.500 m$^2$
- Versão do BREEAM: Industrial 2006

### Resumo das características ambientais

- Aerogeradores de eixo vertical instalados na cobertura
- Caldeira alimentada por biocombustível
- Vedações externas compactas e bom isolamento térmico
- Proteção solar
- Escoamento superficial da água da cobertura por meio de uma cascata com "represa" (dentro dos tubos de queda tradicionais) que leva a um depósito subterrâneo e ao tanque reservatório (devido ao lençol freático ser alto)
- Captação de águas pluviais e reúso na descarga de vasos sanitários

**FIGURA 4.5** A sede da AHVLA, localizada em Weybridge, Reino Unido, alcançou a certificação Excelente do BREEAM. (*Fonte*: Agência de Saúde Animal e Laboratórios Veterinários dos Estados Unidos)

- Bom isolamento térmico e estanqueidade ao ar. A localização do terreno junto à autoestrada M25, grande emissora de ruídos, resultou na estratégia de amortecer os sons por meio das vedações externas, combinando paredes externas e cobertura extremamente isoladas. A natureza do prédio exigiu uma fachada frontal praticamente desprovida de janelas, o que também ofereceu oportunidades para que obtivesse bom desempenho térmico e vedação ao ar.

## A certificação BREEAM

O depósito teve um ótimo desempenho em todas as categorias, mas as que mais se destacaram foram:

- Água e sua gestão: 100% dos créditos disponíveis
- Poluição: 92,31%
- Saúde e Bem-Estar: 85,71%
- Energia: 83,33%

## Instalações prediais

- Aquecedor de água a biocombustível – abastecido com óleo de semente de colza, que apresenta baixo fator de emissões de dióxido de carbono
- Aerogeradores de eixo vertical de 436 kW – enviando eletricidade à rede do prédio sempre que o consumo de energia é inferior à geração
- Tubos solares – complementando de modo passivo a iluminação das áreas internas com radiação infravermelha controlada
- Calefação solar para complementar o sistema de aquecimento de água sob baixa temperatura

## Estratégia de sustentabilidade

O cliente estabeleceu os objetivos para este projeto desde as primeiras reuniões para a elaboração do programa de necessidades e foi enfático ao exigir uma estratégia de sustentabilidade mais ambiciosa possível. Como parte das iniciativas anteriores do Departamento de Questões Ambientais, Alimentares e Rurais dos Estados Unidos, a equipe de projeto analisou mais de 30 opções possíveis para a melhoria da sustentabilidade ecológica que poderiam ser aplicadas ao empreendimento. A equipe conseguiu rapidamente analisar e incorporar os elementos mais apropriados ao novo depósito durante as etapas de elaboração do programa e desenvolvimento do projeto, assim esses elementos foram totalmente integrados ao prédio, em vez de serem agregados posteriormente. Esta abordagem também permitiu a sinergia máxima entre elementos que se complementam (por exemplo, armazenamento de água, atenuação dos efeitos da água da chuva, redução da drenagem superficial e do solo e otimização do uso da área do terreno), aprimorando os vários elementos avaliados pelo BREEAM.

## CASBEE (Japão)

O *Comprehensive Assessment System for Building Environmental Efficiency* é o sistema japonês de certificação de edificações desenvolvido pelo *Japan Sustainable Building* Consortium, que é formado por entidades acadêmicas, industriais e governamentais, especificamente para as idiossincrasias culturais, sociais e políticas nipônicas. O conceito-chave do CASBEE é *a eficiência ambiental da edificação* (BEE), que descreve a *eficiência ecológica* ou *ecoeficiência* do ambiente construído. O The World Business Council for Sustainable Development define ecoeficiência como maximizar o valor econômico ao mesmo tempo que se minimizam os impactos ambientais. De maneira similar, o CASBEE define a eficiência ambiental da edificação como a maximização da relação entre a qualidade do prédio e os carregamentos ambientais.

A *qualidade de uma edificação* (Q) é descrita pelo CASBEE como as amenidades oferecidas a seus usuários e consiste em várias quantidades:

$Q_1$: Ambiente interno
$Q_2$: Qualidade do serviço
$Q_3$: Ambiente externo no terreno
Q: Qualidade total
$Q = Q_1 + Q_2 + Q_3$

Da mesma maneira, há vários *carregamentos ambientais* (L) no CASBEE:

$L_1$: Energia
$L_2$: Recursos e materiais
$L_3$: Ambiente fora do terreno
L: Carregamento total
$L = L_1 + L_2 + L_3$

Como já observado, a eficiência ambiental da edificação (BEE) é simplesmente a relação entre a qualidade da edificação e suas cargas ambientais. O cálculo do valor da eficiência ambiental da edificação (BEE) resulta em um número, geralmente na faixa de 0,5 a 3,0, que corresponde a uma classe de edificação, que vai da classe S (a mais alta, para uma classificação de BEE a partir de 3,0) às classes A (BEE de 1,5 a 3,0), B¹ (BEE de 1,0 a 1,5), B² (BEE de 0,5 a 1,0) e C (BEE inferior a 0,5). A relação entre a qualidade (Q) e o carregamento (L) no CASBEE e os conceitos que representam a pontuação de BEE estão registrados por meio de um diagrama na Figura 4.6. É evidente que o desejável é que a eficiência ambiental da edificação seja a mais alta possível. Embora o valor da eficiência ambiental (BEE) seja conceitualmente simples, pois se baseia em um raciocínio matemático simples, exige a coleta de muitos dados e a elaboração de vários cálculos. Para o exemplo mostrado na Figura 4.6, o valor de BEE é 1,4, baseado em uma qualidade de edificação (Q) com valor 59 e em um carregamento ambiental (L) com valor 41.

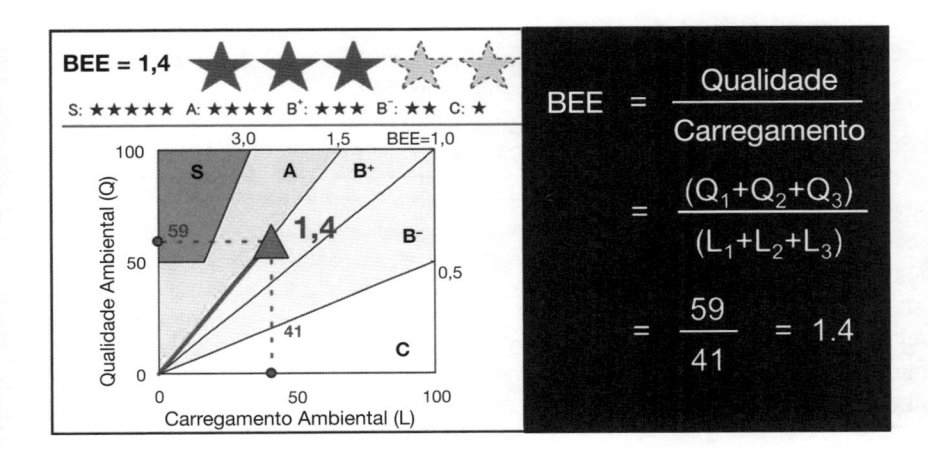

**FIGURA 4.6** O valor da eficiência ambiental da edificação (BEE) é calculado encontrando-se a interseção entre Q (qualidade da edificação) e L (carregamentos da edificação). Notas elevadas (S e A) são obtidas por edificações com altos desempenhos e qualidade ambiental e baixos carregamentos ambientais. O consumo mais alto de recursos e produtos de qualidade ambiental inferior produzem notas abaixo do padrão (B² ou C). (*Fonte*: Japan Sustainable Building Consortium)

O CASBEE vem sendo aprimorado desde seu surgimento, em 2004, e hoje compõe uma família de sistemas de certificação, como mostram a Figura 4.7 e a Tabela 4.6. Cada sistema de certificação CASBEE produz uma pontuação e uma classificação de uma a cinco estrelas para o prédio, de acordo com seu valor de BEE, como indica a Tabela 4.7.

Um uso interessante da abordagem BEE existente no CASBEE é para projetos de reforma. Usando-se o sistema de certificação de edificações CASBEE-Reformas (CASBEE-RN), o valor de BEE pode ser calculado antes e depois das reformas. No exemplo apresentado na Figura 4.8, o prédio tinha um valor BEE de 0,6 antes da reforma e um valor BEE de 1,4 após, elevando sua classificação de B$^2$ para B$^1$.

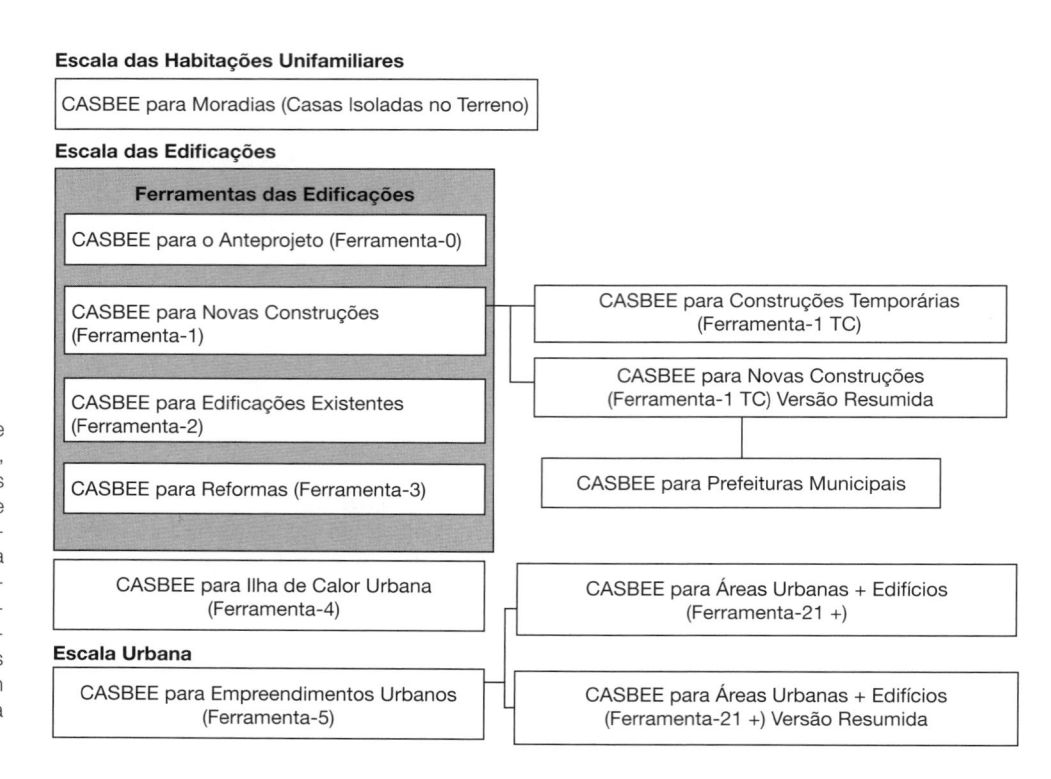

**FIGURA 4.7** A família de ferramentas do CASBEE, indicando os níveis e as avaliações das etapas de construção que fazem parte do sistema. Este sistema de avaliação pode ser aplicado a moradias unifamiliares, edifícios e na escala urbana, não somente a novas construções, mas também a edificações existentes e a reformas.

**Escala das Habitações Unifamiliares**
- CASBEE para Moradias (Casas Isoladas no Terreno)

**Escala das Edificações**

*Ferramentas das Edificações*
- CASBEE para o Anteprojeto (Ferramenta-0)
- CASBEE para Novas Construções (Ferramenta-1)
  - CASBEE para Construções Temporárias (Ferramenta-1 TC)
  - CASBEE para Novas Construções (Ferramenta-1 TC) Versão Resumida
- CASBEE para Edificações Existentes (Ferramenta-2)
- CASBEE para Reformas (Ferramenta-3)
  - CASBEE para Prefeituras Municipais

- CASBEE para Ilha de Calor Urbana (Ferramenta-4)
  - CASBEE para Áreas Urbanas + Edifícios (Ferramenta-21 +)

**Escala Urbana**
- CASBEE para Empreendimentos Urbanos (Ferramenta-5)
  - CASBEE para Áreas Urbanas + Edifícios (Ferramenta-21 +) Versão Resumida

**TABELA 4.6**

**Sistemas de certificação de edificações CASBEE**

| Nome do sistema de certificação de edificações CASBEE | Acrônimo | Versão mais recente |
|---|---|---|
| Construções Novas | CASBEE-NC | 2014 |
| Construções Temporárias | CASBEE-NC/TC | 2005 |
| Edifícios Existentes | CASBEE-EB | 2010 |
| Reformas | CASBEE-RN | 2010 |
| Efeito de Ilha Térmica | CASBEE-HI | 2010 |
| Casa Isolada no Terreno | CASBEE-DH | 2010 |
| Empreendimentos Urbanos | CASBEE-UD | 2014 |
| Terrenos | CASBEE-S | 2010 |
| Construções Novas – Unidade Interna | CASBEE-NC/T | 2010 |

**TABELA 4.7**

**Sistema de classificação CASBEE com base no valor da eficiência ambiental da edificação (BEE)**

| Classificação CASBEE | Estrelas | Valor de BEE |
|---|---|---|
| S (Excelente) | ★★★★★ | Acima de 3,0 |
| A (Muito boa) | ★★★★ | Menos de 3,0 e mais de 1,5 |
| B$^1$ (Boa) | ★★★ | Menos de 1,5 e mais de 1,0 |
| B$^2$ (Um pouco fraca) | ★★ | Menos de 1,0 e mais de 0,5 |
| C (Fraca) | ★ | Menos de 0,5 |

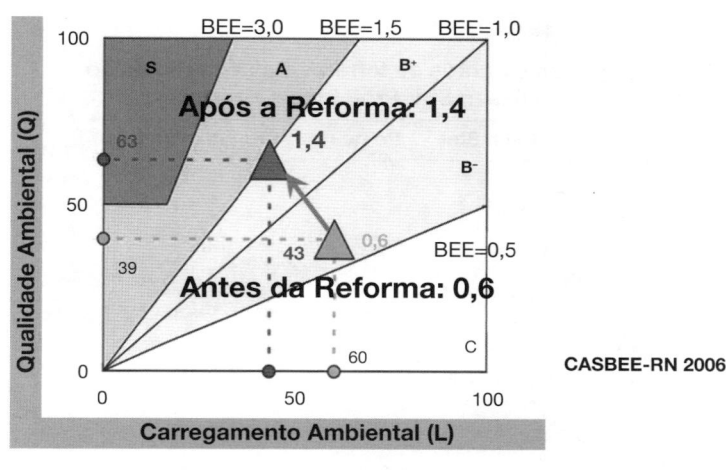

Δ BEE – 1,4 – 0,6 = 0,8
Classificação B– → Classificação B+

**FIGURA 4.8** O valor da eficiência ambiental da edificação (BEE) pode ser empregado para o estabelecimento de metas de melhoria do desempenho de prédios existentes. O imóvel representado por este gráfico aumentou seu valor BEE de 0,6 para 1,4. (*Fonte*: Japan Sustainable Building Consortium)

## Green Star (Austrália)

*Green Star* é o principal sistema de certificação de edificações sustentáveis da Austrália e, em muitos pontos, é similar ao BREEAM e ao LEED, em sua abordagem e em sua estrutura. O Green Building Council of Australia (GBCA) desenvolveu a ferramenta de certificação Green Star Office em 2002, e hoje sua variedade de ferramentas adicionais cobrem uma ampla gama de tipos de edificação (veja a Tabela 4.8). O Green Star também foi adotado pela Nova Zelândia e África do Sul como a plataforma de seus sistemas nacionais de certificação de edificações.

O Green Star confere de uma a seis estrelas verdes, mas apenas as edificações que obtêm entre quatro e seis estrelas são consideradas como de alto desempenho. O GBCA descreve os três níveis de desempenho mais elevados da seguinte maneira:

> *Uma certificação Green Star 4 Estrelas* (pontuação entre 45 e 59) significa "a melhor prática" em projetos e/ou construções ambientalmente sustentáveis.
> *Uma certificação Green Star 5 Estrelas* (pontuação entre 60 e 74) significa "excelência australiana" em projetos e/ou construções ambientalmente sustentáveis.
> *Uma certificação Green Star 6 Estrelas* (pontuação entre 75 e 100) significa "liderança mundial" em projetos e/ou construções ambientalmente sustentáveis.

Esse sistema de certificação analisa nove categorias, e o número de estrelas verdes atribuído ao projeto se baseia no percentual obtido dos pontos totais disponíveis. A Tabela 4.9 mostra os pontos e percentuais da pontuação total para cada uma das nove categorias do Green Star Office v3.

Cada categoria tem vários tópicos associados, como indica a Tabela 4.10 aplicável ao sistema *Green Star Projetado* e *Executado*. Há vários *requisitos condicionais* no Green Star, um na categoria Energia e outro na Uso do Solo e Ecologia, sendo similares ao do sistema de certificação LEED, do USGBC.

Como todos os sistemas de certificação por terceiros, a certificação Green Star é um processo formal que envolve o uso em um projeto de uma das ferramentas de avaliação disponíveis (por exemplo, Green Star Office v3) para orientar o processo de projeto ou construção. Durante esse processo, são reunidos documentos que serão utilizados nas duas fases de avaliação. O GBCA contrata um painel de avaliadores independentes e certificados a fim de validar que a documentação de todos os créditos reivindicados siga as exigências de cumprimento dos padrões para cada ferramenta. As equipes de projeto são notificadas sobre a pontuação obtida com base na recomendação do painel de avaliação e, sempre que for o caso, de quaisquer créditos por inovação que

**TABELA 4.8**

**Ferramentas de certificação do Green Star**

| Ferramentas de certificação do Green Star | Status |
|---|---|
| Comunidades | Ativo |
| Projetado e executado | Ativo |
| Desempenho | Ativo |

**TABELA 4.9**

**Categorias e pontos da ferramenta de certificação do sistema Green Star Projetado e Executado**

| Categoria Green Star | Pontos | Percentual do total |
|---|---|---|
| Administração | 12 | 8,1% |
| Ambiente Interno | 27 | 18,2% |
| Energia | 29 | 19,6% |
| Transporte | 11 | 7,4% |
| Água | 12 | 8,1% |
| Materiais | 25 | 17,0% |
| Uso do Solo e Ecologia | 8 | 5,4% |
| Emissões | 19 | 12,8% |
| Inovação | 5 | 3,4% |
| **Total** | **148** | **100,0%** |

**TABELA 4.10**

**Tópicos do sistema Green Star Projetado e Executado**

**1. Administração**
Man-1 Profissional Acreditado pelo Green Star
Man-2 Cláusulas de Comissionamento
Man-3 Calibragem da Edificação
Man-4 Agente de Comissionamento Independente
Man-5 Guia do Usuário da Edificação
Man-6 Gestão Ambiental
Man-7 Gestão de Lixo

**2. Ambiente Interno**
IEQ-1 Taxas de Ventilação
IEQ-2 Qualidade do Ar do Interior
IEQ-3 Monitoramento e Controle do Dióxido de Carbono
IEQ-4 Iluminação Natural
IEQ-5 Controle do Ofuscamento da Iluminação Natural
IEQ-6 Reatores de Alta Frequência
IEQ-7 Níveis de Iluminação Elétrica
IEQ-8 Vistas Externas
IEQ-9 Conforto Térmico
IEQ-10 Conforto Individual
IEQ-11 Materiais Nocivos
IEQ-12 Níveis de Ruído no Interior
IEQ-13 Compostos Orgânicos Voláteis
IEQ-14 Minimização de Formaldeído
IEQ-15 Prevenção de Mofo
IEQ-16 Respiro de Exaustão do Inquilino

**3. Energia**
Ene-Pré-requisito
Ene-1 Emissões de Gases de Efeito Estufa
Ene-2 Medidores Individuais de Energia
Ene-3 Iluminação
Ene-4 Zoneamento da Iluminação
Ene-5 Redução da Demanda de Pico de Energia

**4. Transporte**
Tra-1 Disponibilização de Estacionamento para Automóveis
Tra-2 Transporte Eficiente em Combustível
Tra-3 Facilidades para Ciclistas
Tra-4 Transporte Pendular de Massa

**5. Água**
Wat-1 Amenidades com Água para os Usuários
Wat-2 Hidrômetros
Wat-3 Irrigação do Terreno
Wat-4 Água para Atenuação do Calor
Wat-5 Consumo do Sistema Hidráulico de Combate a Incêndio

**6. Materiais**
Mat-1 Reserva de Água Reciclada
Mat-2 Reúso da Edificação
Mat-3 Materiais Reutilizados
Mat-4 Envelope (fachadas e cobertura) e Núcleo ou Arquitetura de Interiores Integrada
Mat-5 Concreto
Mat-6 Aço
Mat-7 Minimização do Uso de PVC ou PVC
Mat-8 Madeiras Sustentáveis ou Madeira
Mat-9 Projeto para Desmontagem Futura
Mat-10 Desmaterialização

**7. Uso do Solo e Ecologia**
Eco-Pré-requisito
Eco-1 Camada Superficial do Solo
Eco-2 Reúso do Terreno
Eco-3 Solo Contaminado Recuperado
Eco-4 Mudança do Valor Ecológico

*(continua)*

**TABELA 4.10**

**Tópicos do sistema Green Star Projetado e Executado (*continuação*)**

| 7. Uso do Solo e Ecologia | Emi-3 Vazamentos de Refrigerantes |
|---|---|
| Eco-Pré-requisito | Emi-4 Isolantes que Destroem o Ozônio |
| Eco-1 Camada Superficial do Solo | Emi-5 Poluição dos Cursos de Água ou da Água Pluvial |
| Eco-2 Reúso do Terreno | Emi-6 Descarga no Coletor Público |
| Eco-3 Solo Contaminado Recuperado | Emi-7 Poluição Luminosa |
| Eco-4 Mudança do Valor Ecológico | Emi-8 *Legionella* |
| **8. Emissões** | **9. Inovação** |
| Emi-1 Refrigerantes que Destroem o Ozônio | Inn-1 Estratégias e Tecnologias Inovadoras |
| Emi-2 Refrigerantes que São Gases de Efeito Estufa | Inn-2 *Benchmarks* que Excedem a Certificação Green Star |

tiverem sido concedidos pelo GBCA. Se forem atribuídos pontos que permitam uma certificação, o projeto receberá um certificado emoldurado, uma declaração por escrito e os logotipos Green Star correspondentes.

## ESTUDO DE CASO

### CERTIFICAÇÃO GREEN STAR

Uma das edificações que obtiveram o mais alto nível de certificação australiano Green Star (seis estrelas) é o prédio localizado na 1 Bligh Street, em Sydney, Austrália, uma propriedade conjunta de DEXUS Property Group, DWPF, e Cbus Property (veja a Figura 4.9). O prédio de 28 pavimentos é o primeiro edifício da Austrália com fachada dupla que também conta com um átrio do térreo à cobertura ventilado naturalmente que ajuda a otimizar a iluminação diurna em cada pavimento de escritório. A fachada dupla tem persianas por dentro e brises horizontais por fora, que se ajustam automaticamente conforme a orientação solar (veja a Figura 4.10). Esse sistema conserva a energia, elimina o ofuscamento celeste e otimiza o conforto dos usuários. O átrio ímpar, do térreo à cobertura, e as lajes de formato elíptico permitem que 74% da área de piso do prédio fiquem a, no máximo, oito metros de distância de uma das fachadas ou do átrio, gerando grande quantidade de luz natural no interior e vistas espetaculares em todas as direções. Seu desempenho energético é excepcional, com uma redução de 42% nas emissões de dióxido de carbono em relação a uma torre de escritórios convencional de tamanho similar.

Os 500 $m^2$ de painéis solares instalados na cobertura coletam energia solar para o resfriador de absorção dos sistemas de refrigeração, um sistema híbrido com volume de ar variável e uma tecnologia de condicionamento de ar com tubos de arrefecimento de água fria.

A água é um recurso crucial em qualquer lugar do mundo, mas isso é especialmente verdade na Austrália, que há uma década sofre com uma estiagem. Projetos novos, como o do Edifício 1 Bligh Street, oferecem uma oportunidade de demonstrar como podemos efetivamente minimizar o consumo de água potável. Possui o primeiro sistema de reciclagem de águas negras de um prédio de escritórios alto na Austrália, o que lhe permitirá economizar 100 mil litros de água potável por dia, o equivalente ao que se precisaria para encher uma piscina de dimensões olímpicas a cada duas semanas. As águas servidas são recuperadas do prédio e dos coletores ao redor dele, são processadas e então distribuídas pelo edifício para fins não potáveis: 75 mil litros são destinados às torres de arrefecimento, e 25 mil litros são utilizados na descarga das bacias sanitárias. Esse sistema de reciclagem oferece 100% da água necessária para a descarga das bacias

**FIGURA 4.9** (A) O edifício localizado na 1 Bligh Street, em Sydney, Austrália, é um dos edifícios mais avançados do mundo, com fachada dupla, sistema solar de condicionamento do ar e um sistema de reciclagem de águas negras. (B) O átrio de 28 pavimentos de altura é ventilado naturalmente e ajuda a fornecer uma iluminação natural espetacular a todos os pavimentos. (Imagens fornecidas por cortesia da empresa ingenhoven + architectus [Sydney])

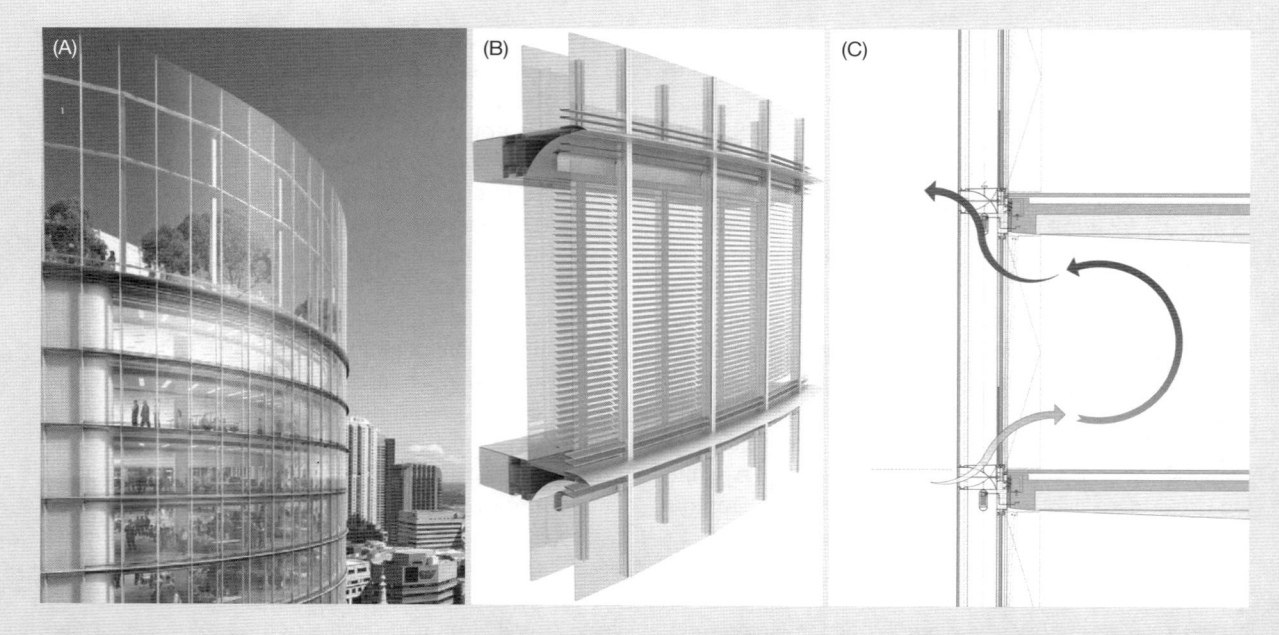

**FIGURA 4.10** (A–B) A fachada dupla do Edifício 1 Bligh Street tem um sistema de persianas automáticas que distribuem a luz natural no interior ou otimizam a combinação entre luz diurna e transmissão de calor e, ao mesmo tempo, protegem os usuários do ofuscamento. (C) Detalhe do movimento do ar através da fachada. (Imagens fornecidas por cortesia de ingenhoven + architectus [Sydney])

sanitárias e 90% da água consumida pelas torres de arrefecimento. A meta da cidade de Sydney é atender a pelo menos 15% da demanda com água reciclada. O Edifício One Bligh Street é um exemplo importante, pois emprega uma nova tecnologia de reciclagem de águas negras.

O uso de um concreto de alta resistência com fórmula especial reduz o número de pilares e, consequentemente, minimiza a quantidade de material empregado. A madeira e o compensado utilizados na estrutura foram reciclados ou obtidos em fontes certificadas pelo Forest Stewardship Council (FSC). O aço utilizado no projeto apresenta mais de 50% de conteúdo reciclado. Mais de 80% de todos os produtos de PVC foram substituídos por materiais sem este plástico. Mais de 37 mil toneladas dos resíduos gerados pela construção (94% do total) foram recicladas.

## DGNB/BNB (Alemanha)

A Alemanha possui um longo histórico de projetos de edifícios de alto desempenho, mas os esforços no sentido de desenvolver um programa próprio de certificação de edificações são recentes. Os primeiros passos para o desenvolvimento de um sistema de avaliação e certificação de edificações surgiu em 2001, com a elaboração do *Manual Técnico de Edificações Sustentáveis* alemão. Isso foi a gênese de um esforço que culminou na constituição do Conselho da Edificação Sustentável Alemã (DGNB [Deutsche Gesellschaft für Nachhaltiges Bauen]) em 2007 e no surgimento de um sistema de certificação formal.

Há dois sistemas de certificação de edificações sustentáveis na Alemanha. O primeiro é o DGNB, direcionado a prédios comerciais, não residenciais. O outro sistema de certificação é o BNB (Bewertungssystem Nachhaltiges Bauen für Bundesgebäude, ou Sistema de Avaliação de Construções Sustentáveis para Edifícios Governamentais), que é utilizado apenas para certificar prédios governamentais. A administração dos dois sistemas é feita por diferentes organizações, que cooperam para garantir uma uniformidade na aplicação dos esquemas.

O DGNB/BNB é o mais recente dos grandes sistemas de certificação de edificações e difere significativamente daqueles adotados por outros países. Na maioria dos outros sistemas de certificação, como LEED, BREEAM e Green Star, as categorias que os empreendedores consideram importantes são pontos de partida para a criação do sistema de avaliação e certificação de prédios. Por exemplo, no LEED, há seis categorias consideradas importantes: Terrenos Sustentáveis, Eficiência em Água, Energia e Atmosfera, Materiais e Recursos, Qualidade Ambiental do Interior e Inovação no Projeto. Essas categorias foram então subdivididas em tópicos. Por exemplo, para a categoria Energia e Atmosfera do LEED: consumo de energia, energia renovável, comissionamento da edificação e impactos dos gases refrigerantes são as questões que podem receber pontos que podem contribuir para a certificação. Essa abordagem às vezes é chamada de *estratégia bottom-up,* ou de baixo para cima. Em contraposição, o DGNB/BNB foi desenvolvido usando-se uma estratégia inversa (*top-down,* ou de cima para baixo), ou seja, os autores do DGNB/BNB basearam a alocação de pontos nos três principais tópicos em termos de sustentabilidade: Ecologia, Economia e Sociedade/Cultura (veja a Figura 4.11). As perguntas feitas antes da criação do sistema de avaliação e certificação foram: Quais são as questões de sustentabilidade relevantes para a construção? O que deve ser protegido? Como garantir isso? Como indica a Figura 4.12, as três principais áreas de sustentabilidade foram utilizadas como a base para organizar o sistema de certificação DGNB/BNB, mas também foram consideradas outras três: Qualidade Técnica, Qualidade dos Processos e Perfil de Localização do Projeto. As três principais áreas de sustentabilidade foram consideradas tendo a mesma importância que a Qualidade Técnica, com cada uma recebendo 22,5% dos pontos disponíveis de um total de 90%. Os 10% de pontos restantes foram atribuídos à Qualidade dos Processos, que inclui questões como Projeto Integrado, Comissionamento e Garantia de Qualidade.

**FIGURA 4.11** Os criadores da certificação DGNB/BNB usaram uma abordagem *top-down* (de cima para baixo) ao elaborá-la, usando os três pilares da sustentabilidade como os principais pontos de avaliação (ecologia, economia e sociedade/cultura). O processo de desenvolvimento do sistema de certificação considerou o que deveria ser protegido e as metas específicas.

| | Edificação Sustentável | | |
|---|---|---|---|
| | **Ecologia** | **Economia** | **Sociedade Cultura** |
| **BENS A SEREM PROTEGIDOS** | Proteção dos recursos naturais Ambiente global e local | Capital/valores | Saúde Satisfação dos usuários Funcionalidade Valor cultural |
| **METAS DE PROTEÇÃO** | • Proteção dos recursos naturais<br>• Proteção do ecossistema | • Minimização dos custos do ciclo de vida<br>• Melhoria da viabilidade econômica<br>• Conservação do capital/valor | • Proteção da saúde, segurança e bem-estar<br>• Verificação da funcionalidade<br>• Verificação da qualidade do projeto e de seu valor urbano |

O resultado da avaliação do projeto é a entrega de um certificado. Como indicado na Figura 4.13, há três níveis de certificação: ouro, que corresponde a uma pontuação mínima de 80%; prata, que exige pelo menos 65% dos pontos disponíveis; e bronze, que exige, no mínimo, 50% dos pontos. O resultado dessa abordagem é um sistema de certificação muito lógico e completo que aborda uma ampla variedade de fatores e, ao mesmo tempo, oferece uma abordagem equilibrada à avaliação do desempenho de um prédio. Na seção sobre o impacto ambiental, há um uso extensivo da análise do ciclo de vida (mais do que ocorre em qualquer outro sistema de certificação contemporâneo), e foram estabelecidos padrões para comparação dos impactos por metro quadrado de edificação, a fim de determinar o número de pontos que serão atribuídos a cada fator sendo avaliado. Os edifícios de escritórios de alto desempenho na Alemanha geralmente consomem cerca de 100

**FIGURA 4.12** As três principais áreas de avaliação da sustentabilidade (qualidade ecológica, economicidade e qualidade sociocultural e funcional) recebem, cada uma, 22,5% dos pontos possíveis na certificação DGNB/BNB. A qualidade técnica também corresponde a 22,5% da pontuação, e os 10% restantes são alocados à qualidade dos processos. A declaração do perfil de localização é uma exigência administrativa que deve ser cumprida para a certificação.

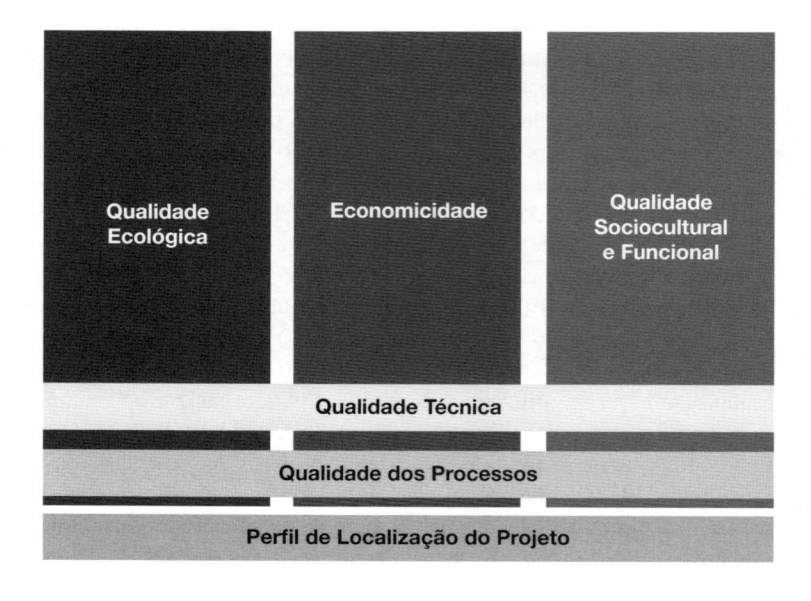

| Qualidade Ecológica | Economicidade | Qualidade Sociocultural e Funcional |
|---|---|---|
| **Qualidade Técnica** | | |
| **Qualidade dos Processos** | | |
| **Perfil de Localização do Projeto** | | |

kWh/m²/ano de energia primária, um valor que não se obtém sem reduções significativas no consumo energético de sistemas de refrigeração mecânica convencional. Deve-se observar que, para fins comparativos, esse valor inclui todos os principais sistemas prediais, exceto a carga de equipamentos elétricos. Esse nível de consumo energético tão baixo é impressionante e somente pode ser obtido com um processo de projeto integrado e dando-se muita liberdade aos arquitetos e engenheiros, de modo que possam usar abordagens criativas para desenvolver esse tipo de projeto avançado. Outro fator significativo que difere o projeto dessas edificações em relação, por exemplo, àquelas dos Estados Unidos, é que os usuários dos prédios alemães estão dispostos a aceitar uma zona de conforto significativamente mais ampla. Devido à natureza dos prédios com ventilação natural, as temperaturas são difíceis de se manter dentro de faixas muito estreitas. Contudo, os projetistas alemães têm demonstrado que podem manter as temperaturas dentro de uma zona de conforto razoável, com um número muito pequeno de dias por ano em que a temperatura sairá dessa faixa.

Um exemplo de prédio com certificação DGNB, o Theaterhaus de Stuttgart, Alemanha, será tratado em detalhes no Capítulo 7.

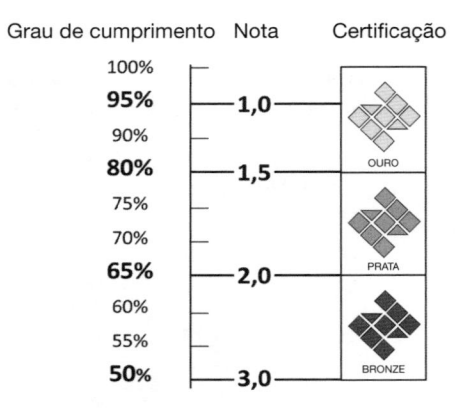

**FIGURA 4.13** O DGNS fornece três níveis de certificação (ouro, prata e bronze) e uma nota baseada na porcentagem de pontos atingida.

## SBTool

SBTool é uma sofisticada ferramenta de avaliação e certificação de edificações desenvolvida para o Biannual International Green Building Challenge, que ocorreu em 1998 (Paris, França), 2000 (Maastricht, Países Baixos), 2002 (Oslo, Noruega), 2005 (Tóquio, Japão), 2008 (Melbourne, Austrália), 2011 (Helsinque, Finlândia) e 2014 (Barcelona, Espanha). O SBTool oferece uma base padronizada para comparações entre uma ampla variedade de prédios sendo avaliados no Green Building Challenge. Exige um conjunto amplo de informações não somente sobre o prédio sob análise, mas também sobre um prédio de referência (*benchmark*) que servirá para comparar o nível de desempenho da edificação sustentável em relação à norma. O SBTool exige que o agente que usar o sistema estabeleça valores e pesos de referência para os vários impactos. A ferramenta é implementada na forma de uma planilha eletrônica (Excel) que pode ser baixada do site da International Initiative for a Sustainable Built Environment (iiSBE). O resultado da ferramenta SBTool é uma avaliação do prédio em sete categorias: Consumo de Recursos, Carregamentos Ambientais, Qualidade do Ambiente Interno, Qualidade das Instalações, Economia, Administração e Transporte Pendular.

### Ponto para reflexão: avaliar e certificar edificações

Ray Cole pode ser considerado o principal especialista internacional sobre o tema da avaliação de edificações e, há cerca de 20 anos, pesquisa e escreve sobre o tema. No artigo a seguir, discute o papel dos métodos de avaliação e certificação de desempenho e defende sua utilidade para atender às necessidades sociais globais. Ele também chama a atenção para o projeto regenerativo e sua influência no local como um importante tema para avaliação, uma vez que amarra muitos dos importantes aspectos-chave da construção sustentável, como o pensamento sistêmico, o envolvimento da comunidade e o respeito pelo local.

## A mudança da ênfase na avaliação de desempenho das edificações sustentáveis

*Raymond J. Cole, Escola de Arquitetura e Paisagismo, Universidade da Colúmbia Britânica, Canadá*

A expressão *edificação sustentável* tem sido empregada de modo bastante consistente ao longo das últimas duas décadas para descrever aqueles prédios que apresentam um desempenho ambiental superior ao dos edifícios convencionais, e o termo *métodos de avaliação do desempenho das edificações sustentáveis* é utilizado para descrever abordagens que permitem uma medição objetiva de seus pontos fortes em questões ambientais. A ênfase no projeto sustentável tem sido principalmente dirigida à criação de prédios que "provoquem menos danos", ou, de modo mais genérico, que desempenhem um papel crucial na redução das consequências degradantes da atividade humana sobre a saúde e integridade dos sistemas ecológicos (McDonough e Braungart, 2000; Reed, 2007).

Os métodos de avaliação de desempenho, sem dúvida, têm sido muito úteis na prática de projeto e construção das edificações sustentáveis correntes e têm influenciado profundamente as muitas considerações vistas como importantes nos projetos. Hoje já fazem parte do jargão profissional do projeto, da construção e da operação de edificações. Uma vez que os principais sistemas de certificação já são "marcas" globais com um considerável suporte organizacional, continuarão a ter um papel dominante no futuro próximo. Embora a manutenção dessas marcas possa limitar o tipo e a profundidade das mudanças que podem ser feitas em sua estrutura e conteúdo, não há dúvida de que elas devem evoluir em termos de escopo e ênfase. De fato, embora as ferramentas de avaliação e certificação do desempenho de edificações ecológicas tenham inicialmente sido concebidas para envolver o setor de construção, encorajar a adoção generalizada de práticas sustentáveis e "transformar o mercado", seu escopo e aplicação vêm expandindo continuamente. Enquanto as versões iniciais estavam voltadas para a construção de prédios novos – frequentemente edifícios de escritórios –, foram seguidas de versões para outras tipologias (hotéis, fábricas, moradias, etc.) e situações (interiores comerciais, edifícios existentes, reformas, etc.). O sistema de certificação japonês CASBEE tem versões que abordam especificamente a análise de imóveis por meio do mapeamento dos critérios de desempenho em relação ao aumento da receita bruta, diminuição de custos e riscos e melhoria da imagem. O foco dessas modificações sempre foi o desempenho individual de prédios. Com seu amadurecimento, o escopo dos sistemas de certificação foi ampliado em escala, passando a incluir comunidades, desenho urbano e planejamento da infraestrutura, como exemplificam LEED-ND, BREEAM Communities e CASBEE Urban Design (veja Japan Sustainable Building Consortium, 2010). Essa mudança de escala talvez seja o mais significativo avanço ao longo da última década e pode indicar o aumento da necessidade de se redefinir os limites espaciais e temporais e a conexão mais explícita entre o desempenho ambiental dos prédios, seus contextos físicos e ecológicos e suas infraestruturas. Ainda que o desempenho de edificações individuais continue sendo importante, a escala e ênfase parece estar mudando para o que é considerado significativo, abrangente e viável para que a sociedade se envolva na adoção de mudanças positivas.

Os métodos atuais de avaliação ambiental de edificações apresentam várias características distintas. Os critérios são tecnicamente consistentes e se baseiam em valores quantificáveis, mensuráveis e comparáveis entre si e que, em conjunto, são considerados capazes de julgar de maneira precisa e clara o desempenho global das edificações sustentáveis; o sucesso geral de um prédio é medido pela soma dos pontos ponderados (de forma implícita ou explícita) obtidos nos tópicos de desempenho individual. Além do mais, a necessidade de se avaliar de modo claro e inequívoco e de se evitar a contagem dupla tem exigido que os critérios de desempenho se mantenham simples. Contudo, a lista bastante singela de exigências de desempenho e pontuação inibe a capacidade de ver seus funcionamentos como parte de um sistema integrado tanto internamente como no contexto em que se inserem. Reed (2007) caracteriza esse atributo do projeto sustentável e das ferramentas de certificações associadas ao mesmo como indicativo de um legado de pensamento reducionista e fragmentado.

Na América do Norte, o Living Building Challenge, lançado em agosto de 2006, é visto como uma exigente meta de desempenho complementar agregada ao sistema de certificação LEED (veja International Living Building Institute 2010). Todos os seus 20 "imperativos" devem ser atendidos para que se obtenha a certificação "Living Building" (edificação viva). Isso contrasta com o LEED, no qual, particularmente nos níveis Certificada, Prata e Ouro, é possível a seleção de créditos para que se obtenha o nível de desempenho geral necessário. Ainda assim, de modo similar ao LEED, sua estrutura é simplesmente uma lista de requisitos de desempenho inseridos dentro de sete categorias abrangentes. Os requisitos de desempenho bastante exigentes dos critérios do Living Building Challenge estão, contudo, desafiando muitas normas e convenções e contribuindo para projetos com mais sinergia. De modo similar ao LEED e aos principais sistemas de certificação, que têm se expandido da escala das edificações individuais às comunidades, o Living Building Challenge vem evoluindo a fim de permitir "saltos de escala", ao reconhecer que diferentes questões de desempenho são mais fáceis ou apropriadas em determinadas escalas, que podem variar de prédios individuais a regiões inteiras.

O termo *edificação sustentável* é frequentemente empregado como sinônimo de edificação ecológica ou verde, embora o primeiro também envolva o aumento da variedade de considerações para incluir questões sociais e econômicas mais abrangentes. Dessa maneira, vêm sendo introduzidos os métodos de avaliação de "sustentabilidade"– como o Sustainable Project Assessment Routine da firma de arquitetura Arup (SpeAR; www.arup.com/Projects/SPeAR.aspx), da SBTool iiSBE (www.iisbe.org), o South African Green Star SA Rating System (www.gbcsa.org.za/green-star-sa-rating-system/) e o Certificate Program do GSBC, que explicitamente reconhecem essa variedade expandida de questões de desempenho. Assim como nos métodos de avaliação de edificações ecológicas ou verdes, as ferramentas de sustentabilidade têm estruturas reconhecíveis que transmitem seu escopo, estrutura e organização, mas essas costumam ser apresentadas de modo gráfico. Enquanto o SPeAR, o SBTool e o Sustainable Building Assessment Tool inserem as questões de desempenho dentro de um círculo segmentado pelas principais áreas de desempenho, o German Certificate Program distingue as três categorias de qualidade em termos de sustentabilidade dos critérios técnicos e de processo que as permeiam e, então, apresenta o resultado em um formato circular. A representação dos critérios por meio de uma estrutura circular, em vez do formato de lista comum a tantas ferramentas de avaliação de edificações, parece evocar relações em potencial e sinergias entre os vários critérios de desempenho. Contudo, como ocorre com os sistemas de avaliação e certificação de edificações ecológicas atuais, os critérios ainda permanecem separados, e as pontuações ponderadas continuam sendo meramente agregadas.

A expansão dessa estrutura a fim de incluir considerações sociais, culturais, ecológicas e econômicas transfere a avaliação a áreas nas quais há maior dificuldade e menos consenso quanto aos métodos de medição de desempenho. Talvez ainda mais significativo do que isso seja o fato de que as edificações isoladamente não têm como serem sustentáveis e apenas podem ser projetadas de modo a apoiar padrões de vida sustentáveis (Gibberd, 2005). Essa responsabilidade claramente transfere o foco do desempenho da edificação ao contexto mais amplo no qual ela se insere. Em vez do esforço apenas no sentido de entender o desempenho de um prédio individual, a contribuição potencial que um edifício traz à saúde social, ecológica e econômica do lugar no qual funciona poderá assumir uma significância igual ou maior.

Hoje as várias tendências históricas que estiveram latentes ou se desenvolvendo paralelamente ao discurso e à prática da edificação sustentável ao dos últimos 40 anos estão convergindo sob o termo genérico do projeto e empreendimento regenerativo e, com isso, acarretando a reestruturação das abordagens de discussão e avaliação do desempenho. Embora muitos de seus princípios fundamentais – pensamento nos sistemas, envolvimento da comunidade, respeito pelo lugar – há muito tenham presença individual no projeto de arquitetura, o projeto regenerativo começa a vinculá-los de uma maneira cogente. O projeto regenerativo relaciona-se às abordagens que dão apoio à coevolução dos sistemas humanos e naturais em uma relação de parceria. Dentro do empreendimento regenerativo, os projetos construídos, os processos dos envolvidos e a ocupação do espaço focam coletivamente o aprimoramento da vida em todas as suas manifestações – humanas, das outras espécies, dos sistemas ecológicos – mediante uma duradoura responsabilidade de proteção ambiental (du Plessis, 2012; Pedersen Zari e Jenkin, 2008; Mang e Reed, 2012). A regeneração, contrastando com a ênfase em "fazer menos mal à natureza" que tem dominado a prática de edificação ecológica recente – e ainda é a ênfase da maioria dos métodos de certificação ambiental –, traz a mensagem positiva de considerar o ato de edificar como aquele que pode dar um retorno maior do que recebe e, portanto, gerar capital social e natural ao longo do tempo. Essa estratégia exige que o projeto reconheça os atributos únicos do "lugar", respondendo a eles e assegurando o envolvimento permanente dos interessados, a fim de garantir o sucesso futuro da intervenção.

A estrutura e ênfase das atuais ferramentas de certificação de edificações sustentáveis pouco nos ajuda a entender os ecossistemas locais e seus processos e a interagir com eles, ou de modo mais geral, a compreender o pensamento sistêmico enfatizado pelo projeto regenerativo. O projeto regenerativo exige uma reconceitualização fundamental do ato de projetar uma edificação, principalmente em termos de imaginar, formular e permitir seu papel dentro de um contexto mais amplo (Mang e Reed, 2012). Portanto, talvez fosse apropriado que a representação do projeto regenerativo nas ferramentas de apoio refletisse essa interação. Na verdade, à medida que a noção de projeto e empreendimento regenerativo ganha cada vez mais força, estima-se que haverá uma demanda proporcional por ferramentas de apoio que possam auxiliar os profissionais que desejam se envolver com essa estratégia. Isso poderia ser considerado como um passo necessário tanto para aprimorar as bases teóricas do projeto regenerativo como para aprofundar uma discussão e prática mais ampla (Cole et al., 2012).

Capra (1996) ilustrou como as abordagens reducionistas à pesquisa científica, que foram dominantes nos últimos séculos, estão gradualmente sucumbindo à natureza holística das disciplinas da biologia e ecologia, e como a metáfora da máquina está sendo substituída pela das redes. Essa abordagem sistêmica e holística sem dúvida orientará em todas as escalas as futuras iniciativas e estratégias relacionadas à edificação e terá consequências inequívocas para o escopo e a ênfase dos métodos atuais de certificação ou para o desenvolvimento de estratégias complementares de descrição e avaliação do que seria o bom desempenho de um prédio.

Está surgindo um conjunto de ferramentas e estruturas voltadas para a representação das prioridades e ênfases do projeto regenerativo. Por exemplo, a estrutura de projeto regenerativo conceitual – REGEN – proposta pela firma de arquitetura norte-americana Berkebile Nelson Immenschuh McDowell para o USGBC (Svec, Berkebile e Todd, 2012); os LENSES (ambientes vivos em sistemas naturais, sociais e econômicos), criados pelo Institute for the Built Environment da Colorado State University a fim de ajudar as comunidades e as equipes de projeto a criar lugares onde os sistemas naturais, sociais e econômicos possam surgir e prosperar mutuamente (Plaut, Dunbar, Wackerman e Hodgin, 2012); a estrutura Sustainable Design Initiative desenvolvida por Perkins + Will, que estabelece as estratégias de projeto relacionadas aos recursos dentro de ciclos – da natureza e de volta a ela – diferenciando entre as abordagens que são executadas principalmente dentro dos limites físicos do terreno e, acima de tudo, dentro da esfera de ação da equipe de projeto e do proprietário, e aquelas que se estendem além dos limites do lote e devem ser negociadas com terceiros para que possam ser implementadas e bem-sucedidas (Cole et al., 2012). Essas abordagens podem ter um papel necessário e complementar nos métodos atuais de certificação de edificações ecológicas. Os sistemas de certificação de edificações ecológicas foram concebidos para oferecer uma medição do desempenho, mas também são utilizados para orientar o projeto por meio da comunicação daquelas que são consideradas questões ambientais prioritárias. Plaut et al. (2012) argumentam que eles "oferecem pouca orientação para guiar as pessoas na criação, implementação e operação de projetos", focam a "medição do desempenho de um resultado ou produto final" e podem ser descritos como "baseados no produto". Em contraposição, os LENSES e as outras estruturas regenerativas podem ser descritos como aquilo que Plaut et al. chamam de "baseados nos processos" e estão principalmente voltados para orientar o projeto. Além disso, enquanto as ferramentas baseads no produto mantêm os requisitos de desempenho ambiental separados entre si, a organização gráfica das ferramentas de projeto regenerativo emergentes expande as questões a fim de incluir os sistemas e processos sociais, culturais, econômicos e ecológicos, sem deixar de enfatizar as relações entre eles. Em suma, elas reconhecem o ambiente construído como um complexo sistema socioecológico e tentam oferecer orientações aos projetistas e outros envolvidos, ao inserir os projetos dentro desse ambiente.

Assim, além de criar novos recursos, surgem outras implicações potenciais da mudança do projeto ecológico para o regenerativo e para o desenvolvimento de ferramentas de certificação associadas. Primeiro: reestabelecendo as práticas de projeto regionalizadas. A diversidade e a riqueza da arquitetura evidenciadas na maneira pela qual as práticas locais e vernaculares ofereciam soluções específicas para cada região, mas estão praticamente ausentes na prática da arquitetura convencional. A ênfase central no lugar, dentro do qual o projeto regenerativo oferece a estrutura necessária por meio da qual esse conhecimento coletivo pode ser redescoberto e reinterpretado em um contexto contemporâneo. Segundo: estabelecendo um consenso entre os diversos interessados na produção e no uso de uma edificação, algo que geralmente vem sendo negligenciado em outras abordagens de projeto. Embora o processo de projeto integrado tenha sido um complemento de enorme valor ao projeto sustentável, o diálogo mais expandido que é crucial para o projeto e empreendimento regenerativo tem a capacidade de envolver e manter o comprometimento dos interessados. Terceiro: mude as responsabilidades e habilidades dos projetistas. Enquanto o projeto sustentável tem exigido que os membros da equipe de projeto se familiarizem com uma variedade de estratégias ambientais, tornando pouco claras as fronteiras entre as competências e os deveres profissionais, o projeto regenerativo direcionará os projetistas a se posicionarem dentro de um contexto sistêmico e holístico. Além de ter o potencial de reestruturar o que constitui a natureza do projeto e o papel dos projetistas, essas e outras mudanças identificadas anteriormente (reducionista *versus* holístico, produto *versus* processos, edificação *versus* contexto) têm profundas consequências no que constitui "desempenho" e no que constitui "avaliação".

### Agradecimento

As questões e ideias apresentadas neste artigo foram retiradas de *Building Research and Information Special Issue: Regenerative Design – Theory and Practice*, publicado em 2012 em *Building Research and Information*, Raymond J. Cole, editor convidado.

## RESUMO E CONCLUSÕES

O movimento das edificações de alto desempenho no mundo inteiro está sendo impulsionado pelo sucesso dos métodos de certificação, em particular pelo LEED nos Estados Unidos e pelo BREEAM no Reino Unido, sendo que os dois métodos reúnem complexos conjuntos de dados quantitativos e qualitativos, gerando escores que indicam o desempenho de um prédio de acordo com o sistema de soma e ponderação neles embutido. Os novos sistemas, como o Green Globes, do GBI, e o Living Building Challenge, podem contribuir para tornar ainda mais generalizado o movimento da sustentabilidade na edificação e seus conceitos e estratégias coletivos. Ao redor do mundo, há uma diversidade de sistemas e métodos de certificação de edificações ecológicas, como o CASBEE japonês, o Green Star australiano e o DGNB alemão. Também existem mais de 40 conselhos de edificações sustentáveis distribuídos por todos os continentes promovendo essa nova maneira de construir suas ferramentas de avaliação e certificação. Muitas delas, como o Green Mark, em Cingapura, são produtos locais e não se baseiam diretamente em outros importantes sistemas de certificação. Além de criarem uma atmosfera competitiva que leva à promoção de edificações sustentáveis de alto desempenho, esses sistemas de certificação também trazem as definições da edificação sustentáveis para seus países e promovem um vocabulário comum, algo essencial para popularizar os prédios ecológicos no mundo inteiro.

## NOTAS

1. Uma descrição detalhada pode ser encontrada no *site* do consórcio: http://www.ibec.or.jp/CASBEE/english/index.htm
2. Entre 1º e 11 de dezembro de 1997, mais de 160 nações se reuniram em Quioto, Japão, para negociar os limites obrigatórios da emissão dos gases de efeito estufa nos países desenvolvidos, conforme os objetivos da Convenção-Quadro das Nações Unidas sobre Mudanças Climáticas de 1992. O resultado do encontro foi o Protocolo de Quioto, no qual as nações desenvolvidas concordaram em limitar suas emissões de gases de efeito estufa aos níveis de 1990. Os Estados Unidos concordaram em reduzir em 7% suas emissões dos níveis de 1990 durante o período entre 2008 e 2012. Após vários encontros adicionais da comunidade global, entre 1992 e 2015, os esforços culminaram na Reunião de Cúpula sobre o Clima (COP 21) de Paris, em dezembro de 2015. Mais de 150 países se comprometeram a limitar o aquecimento global a menos de 2°C por meio do uso de uma variedade de estratégias, que incluíam a criação de um fundo de 100 bilhões de dólares para apoiar os esforços dos países em desenvolvimento.
3. A SBTool, desenvolvida pelo Natural Resources Canada em colaboração com inúmeros profissionais e acadêmicos do mundo inteiro, tem sido utilizada pelo Green Building Challenge para comparar os prédios de alto desempenho com aqueles típicos de cada categoria, como, por exemplo, os edifícios escolares. A ferramenta consiste em uma planilha do Excel. A versão mais recente está disponível para pesquisas e uso acadêmico em www.iisbe.org/sbmethod.

## FONTES DE CONSULTA

Capra, F.1996. *The Web of Life: A New Scientific Understanding of Living Systems*. New York: Anchor Books.

Cole, R. J., P. Busby, R. Guenther, L. Briney, A. Blaviesciunaite, and T. Alencar. 2012. "A Regenerative Design Framework: Setting New Aspirations and Initiating New Discussions." *Building Research and Information* 40(1): 95–111.

du Plessis, C. 2012. "Toward a Regenerative Design Paradigm for the Built Environment." *Building Research and Information* 40(1): 9–22.

Gibberd, J. T. 2005. "Assessing Sustainable Buildings in Developing Countries—The Sustainable Building Assessment Tool (SBAT) and the Sustainable Building Lifecycle (SBL)." Proceedings of the 2005 World Sustainable Building Conference, Tokyo, September 27–29.

International Living Future Institute. 2010. *Living Building Challenge Version 2.0*. http://ilbi.org/.

Japan Sustainable Building Consortium. 2010. *Comprehensive Assessment System for Built Environment Efficiency (CASBEE) Property Appraisal Manual*. Tokyo: Japan Sustainable Building Consortium. Available at www.ibec.or.jp/CASBEE/english/document/CASBEE_property_brochure.pdf.

Mang, P., and W. Reed. 2012. "Designing from Place: Applying the Ecological Worldview and Regenerative Paradigm." *Building Research and Information* 40(1): 23–38.

McDonough, W., and M. Braungart. 2002. *Cradle to Cradle: Remaking the Way We Make*. New York: North Point Press.

Pedersen Zari, M., and S. Jenkin. 2008. *Value Case for a Sustainable Built Environment— Towards Regenerative Development*. Wellington, New Zealand: Ministry for the Environment.

Plaut, J. M., B. Dunbar, A. Wackerman, and S. Hodgin. 2012. "LENSES: A Visionary Framework for Building Dialogue, Guiding Process, and Redefining Success." *Building Research and Information* 40(1): 112–122.

Reed, W. 2007. "Shifting from 'Sustainability' to Regeneration." *Building Research and Information* 35(6): 674–680.

Svec, P., R. Berkebile, and J. A. Todd. 2012. "REGEN: Toward a Tool for Regenerative Thinking." *Building Research and Information* 40(1): 81–94.

# O sistema de certificação de edificações LEED, do U.S. Green Building Council*

# 5

Os *sistemas de avaliação e certificação de edificações* são muito utilizados para analisar o desempenho de um projeto com base em um conjunto específico de critérios ecológicos ou sustentáveis. O Capítulo 4 aborda em detalhes esse tópico e cobre os sistemas internacionais mais comuns para esse fim. Nos Estados Unidos, há três grandes sistemas de uso frequente. O sistema mais conhecido e aplicado é o *Leadership in Energy and Environmental Design* – LEED, que será descrito em detalhes neste capítulo. O sistema LEED cobre vários sistemas de certificação que foram desenvolvidos para tipos de edifício específicos. Além de seu uso generalizado nos Estados Unidos, o LEED vem sendo aplicado em projetos de 150 países. O Green Globes, sistema cuja aplicação está crescendo rapidamente, será descrito no Capítulo 6. O terceiro sistema principal, o Living Building Challenge (veja o Capítulo 4), atualmente não está sendo aplicado a um elevado número de projetos, mas está estimulando significativamente a melhoria dos demais sistemas de certificação.

O LEED oferece várias ferramentas de certificação que podem ser utilizadas para avaliar diferentes tipos de projeto, como edifícios de escritórios, escolas, centros de tecnologia da informação e comunicação e hospitais. Outras variantes do LEED foram criadas para pontuar o desempenho de interiores reformados, habitações e bairros e para a operação e manutenção de edificações construídas anteriormente. O sucesso do sistema LEED pode ser creditado a seu processo de elaboração longo e cuidadoso, que durou três anos (1995–1998) e criou um método pelo qual um prédio é analisado segundo critérios que determinam a pontuação do projeto em termos de sustentabilidade. As primeiras tentativas de formulação de um sistema de avaliação e certificação de edificações, que remontam a 1993, foram conduzidas sob a égide da estrutura de normas da American Society for Testing and Materials (ASTM). Em 1995, esse esforço inicial para o desenvolvimento de um sistema de certificação foi passado ao então recém-criado U.S. Green Building Council (USGBC). Em 1998, foi lançada uma versão piloto do LEED para testagem beta, e a primeira versão operacional para o mercado foi publicada em 2000. Talvez a mais importante decisão dos membros do USGBC que desenvolveram o LEED (e que garantiu seu sucesso) foi a de que a demanda por edificações sustentáveis deveria ser voltada para o mercado, e não exigida por normas legais, ou seja, os proprietários das edificações seriam os juízes finais do sucesso do programa. Para os edifícios sustentáveis comerciais, isso significaria que eles teriam de se diferenciar no mercado por meio de um valor de revenda mais elevado do que aquele atribuído a prédios convencionais comparáveis.

Uma segunda decisão importante tomada na orientação do desenvolvimento do LEED foi empregar, durante sua formulação, um processo amplo e baseado em consensos. Os sistemas de certificação de edificações costumam ser criados por organizações de pesquisa em edificação ou construção, como o Building Research Establishment, no Reino Unido. O esquema então é "vendido" ao mercado imobiliário respectivo como uma ferramenta desenvolvida por uma instituição confiável e que ajudará a atender à demanda pública por um comportamento mais responsável em termos ambientais por parte da indústria da construção civil. O USGBC, contudo, era (e continua sendo) uma ONG que compreende uma ampla variedade de colaboradores da indústria, universidade e

---

*N. de R.T.: As terminologias utilizadas nesta tradução estão baseadas na versão em português disponível em https://www.usgbc.org/resources/leed-v4-bdc-rating-system-portuguese, acessado em outubro de 2017.

governo. O LEED foi o resultado dessa colaboração após um longo processo que visou produzir um sistema de certificação de edificações que atendesse às necessidades de uma ampla variedade de participantes na indústria da edificação. O envolvimento de tantos colaboradores garantiu sua aceitação após o término do desenvolvimento do sistema. Além disso, o Departamento de Energia dos Estados Unidos disponibilizou fundos importantíssimos na forma de subsídios para apoiar a criação do LEED. Os produtos de certificação LEED continuam desfrutando muito sucesso, graças a seu processo de desenvolvimento colaborativo e baseado em consensos.

## BREVE HISTÓRIA DO LEED

Conforme dito anteriormente, o LEED foi desenvolvido pelo USGBC em um processo de três anos, entre 1995 e 1998 (veja a Tabela 5.1). A primeira versão, conhecida como LEED 1.0, foi lançada em 1998 na forma de versão beta ou de teste. Vinte edificações passaram pelo LEED 1.0 e obtiveram a certificação *Platinum* (platina), *Gold* (ouro), *Silver* (prata) ou *Bronze*. A designação Bronze posteriormente passou a se chamar *Certified* (certificada). Em 2000, foi lançado o LEED 2.0, com mudanças radicais em relação ao LEED 1.0, passando a oferecer a um mercado de edificações comerciais e institucionais mais amplo um sistema de certificação final e operacional. O LEED-NC 2.1, a edição seguinte, surgiu em 2002 e começou o processo de criação de produtos de certificação para tipologias específicas de edifícios. Por exemplo, no caso da versão para New Construction (Construções Novas), o descritor NC foi anexado ao título. O LEED-NC 2.1 era praticamente idêntico ao LEED 2.0, exceto quanto ao fato de que suas exigências de documentação eram bem mais simples. O LEED-NC 2.2, lançado em 2005, retirou a necessidade de se anexar documentos manualmente e passou a usar um portal na Internet para isso, o USGBC LEED-Online. No LEED v3, também conhecido como LEED 2009, em virtude do ano de seu lançamento, houve várias mudanças profundas em sua estrutura e em todas as suas ferramentas de avaliação. Nessa versão, pela primeira vez, pontos adicionais, chamados de *Regional Priority (RP) Credits* (Créditos para Prioridade Regional), passaram a ser atribuídos aos projetos que focaram questões regionais estabelecidas pelos capítulos locais do USGBC. Foi lançada uma nova versão do LEED-Online para facilitar a comunicação entre as equipes de projeto e as entidades certificadoras. O LEED-Online permite às equipes de projeto gerenciar os detalhes do projeto e carregar os arquivos de apoio que são necessários para a obtenção dos créditos almejados. A versão mais recente, o LEED v4, foi lançada em novembro de 2013 e atende a uma variedade maior de tipologias de edificação, incluindo centros de dados, hotéis, depósitos e centros de distribuição. Essa nova versão adota as últimas normas da American Society of Heating, Refrigerating and Air-Conditioning Engineers (ASHRAE) e reformula a estrutura geral e o conteúdo do sistema de certificação LEED. O Apêndice A oferece um guia de consulta rápida para o LEED v3.

**TABELA 5.1**

**Vigência das versões do LEED**

| Versão | Vigência |
|---|---|
| 1.0 | 1998–2000* |
| 2.0 | 2000–2002 |
| 2.1 | 2002–2005 |
| 2.2 | 2005–2009 |
| 3‡ | 2009–2016†* |
| 4 | 2013–†* |

*LEED v1.0 foi uma versão beta testada em um grupo selecionado de edificações.
†*Entre novembro de 2013 e outubro de 2016, as equipes de projeto podiam optar entre o uso do LEED v3 e o do LEED v4, portanto a sobreposição.
‡ O LEED v3 também era chamado de LEED 2009, por ter sido lançado naquele ano.

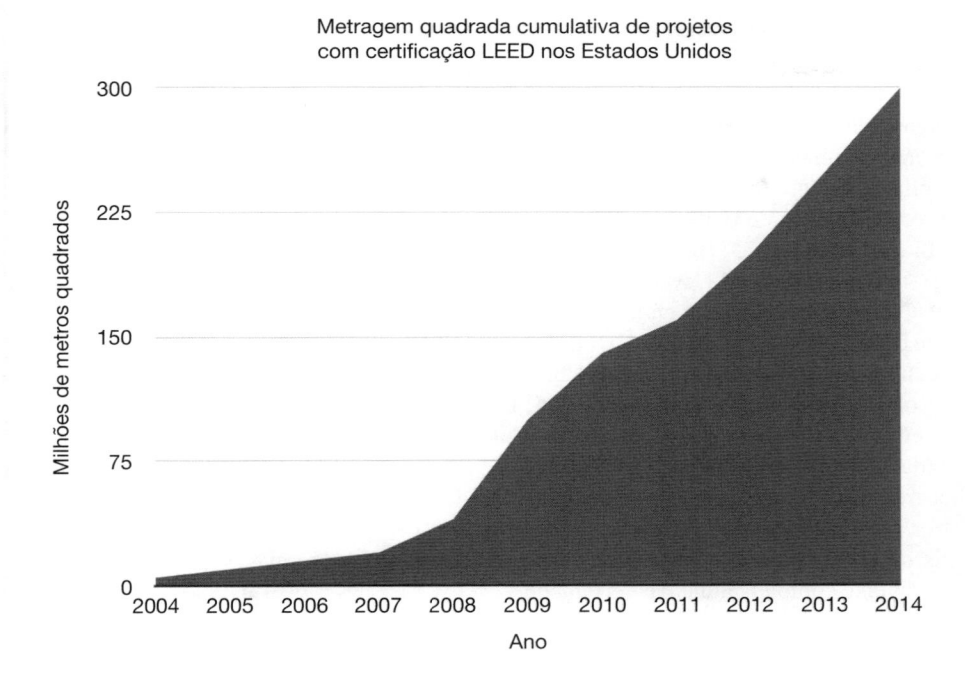

**FIGURA 5.1** Metragem quadrada acumulada de projetos com certificação LEED até 2014. Em março de 2014, o USGBC anunciou que a área construída de edificações comerciais com certificação LEED já havia superado 310 milhões de metros quadrados.

A popularidade da certificação LEED vem crescendo continuamente desde seu surgimento em 1998. Até 2010, já havia o total acumulado de quase 150 milhões de metros quadrados de projetos de construção comercial certificados pelo LEED. Em 2011, esse montante era de cerca de 170 milhões de metros quadrados e, no início de 2014, de aproximadamente 310 milhões de metros quadrados (veja a Figura 5.1). A maioria de projetos com certificação LEED é para novas construções dos setores público e privado. A Figura 5.2 representa o crescimento cumulativo dos projetos certificados pelo LEED desde a testagem beta do LEED 1.0, em 1998. O total de projetos certificados pelo LEED aumentou muito, alcançando 57.800 em 2014.

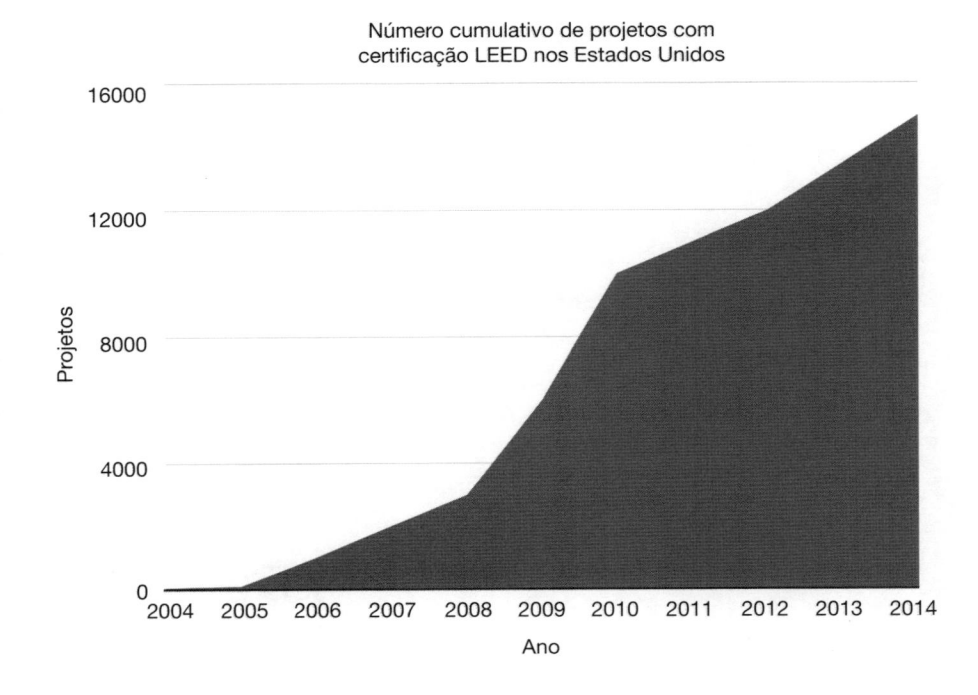

**FIGURA 5.2** Número total de projetos com certificação LEED nos Estados Unidos até 2014.

## ESTRUTURA DOS SISTEMAS DE CERTIFICAÇÃO DE EDIFICAÇÕES LEED

Embora as referências ao LEED sejam feitas no singular, na verdade não se trata de apenas um sistema de certificação, mas de uma suíte de sistemas, como indica a Figura 5.3. O LEED é organizado ao redor de cinco principais agrupamentos ou sistemas de certificação: (1) Building Design and Construction (Projeto e Construção de Edifícios – BD+C); (2) Interior Design and Construction (Projeto e Construção de Interior – ID+C); (3) Building Operations and Maintenance (Operações e Manutenção Predial – O+M); (4) Neighborhood Development (Desenvolvimento de Bairros – ND) e (5) Homes (Moradias – H). Cada sistema tem uma ou mais ferramentas de certificação para tipos específicos de edificação. Neste capítulo, o foco será no LEED: BD+C, que aborda oito das principais tipologias: (1) New Construction (Nova Construção – NC); (2) Core and Shell (Envoltória e Núcleo Central – CS); (3) Schools (Escolas); (4) Retail (Lojas de Varejo); (5) Data Centers (Data Centers); (6) Warehouses and Distribution Centers (Galpões e Centros de Distribuição); (7) Hospitality (Hospedagem) e (8) Healthcare (Unidades de Saúde). Dentro do sistema LEED: ID+C, a ferramenta Commercial Interiors (Interiores Comerciais – CI) também é descrita em detalhes. O LEED: O+M (Operações + Manutenção) é aplicável a prédios de uso comercial que envolvem operações de edificação, pequenas modificações espaciais, sistemas e processos, melhorias, pequenas ampliações e reformas (veja a Tabela 5.2).

Em geral, a sintaxe completa atual das ferramentas é:

LEED {Sistema}: {Ferramenta}

Por exemplo, a nomenclatura para a ferramenta Building Operations and Maintenance (Operações e Manutenção Predial) dos centros de dados é LEED O+M: Data Centers.

Somente uma certificação LEED pode ser conferida a um prédio como um todo, e o sistema empregado depende do uso da maior parte da edificação. Por exemplo, para aplicar LEED BD+C: New Construction (Nova Construção) a um projeto, o proprietário deverá ocupar mais de 50% do prédio. Se os espaços alugados ocuparem mais de 50% do prédio, então a ferramenta LEED BD+C: CS deverá ser utilizada para que os proprietários e empreendedores ofereçam aos inquilinos vedações externas que compõem o projeto sustentável.

O LEED BD+C: CS cobre os elementos internos de uma edificação, incluindo sua estrutura, sua "pele" (vedações externas) e os sistemas de calefação, refrigeração, ventilação e condicionamento de ar. Se os inquilinos estiverem interessados em projetos de melhoria de espaços internos, deverão usar a ferramenta de certificação LEED ID+C: CI para ajudar a tornar seus espaços mais

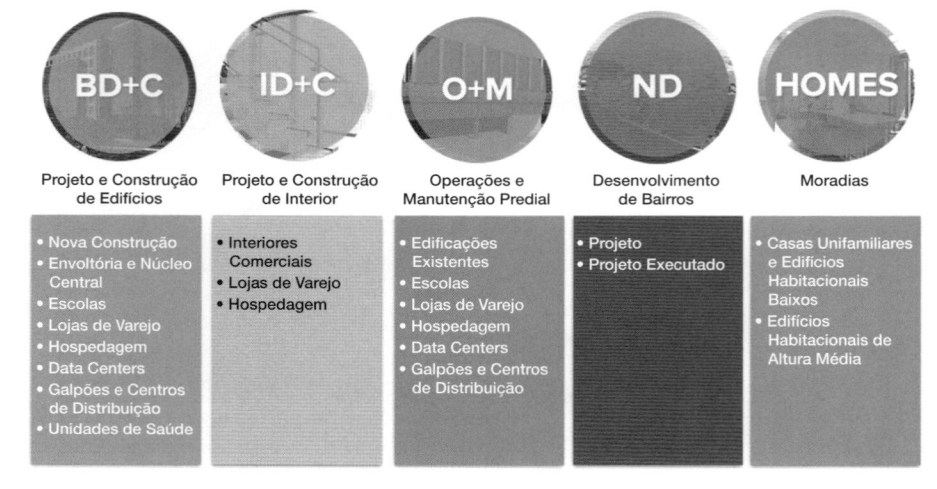

**FIGURA 5.3** Os vários produtos de certificação de edificações LEED abordam uma ampla gama de tipologias de edificação. A fim de determinar qual produto de certificação é mais adequado ao projeto de alto desempenho, a equipe deverá identificar o tipo de construção e o uso do espaço.

### Sistema de Certificação LEED

**BD+C** — Projeto e Construção de Edifícios
- Nova Construção
- Envoltória e Núcleo Central
- Escolas
- Lojas de Varejo
- Hospedagem
- Data Centers
- Galpões e Centros de Distribuição
- Unidades de Saúde

**ID+C** — Projeto e Construção de Interior
- Interiores Comerciais
- Lojas de Varejo
- Hospedagem

**O+M** — Operações e Manutenção Predial
- Edificações Existentes
- Escolas
- Lojas de Varejo
- Hospedagem
- Data Centers
- Galpões e Centros de Distribuição

**ND** — Desenvolvimento de Bairros
- Projeto
- Projeto Executado

**HOMES** — Moradias
- Casas Unifamiliares e Edifícios Habitacionais Baixos
- Edifícios Habitacionais de Altura Média

**TABELA 5.2**

**Sistemas de certificação LEED e suas ferramentas associadas**

| Sistema de certificação | Ferramentas associadas |
|---|---|
| Building Design and Construction (Projeto e Construção de Edifícios – BD+C) | New Construction and Major Renovation (Nova Construção e Grandes Reformas – NC) |
| | Core and Shell (Envoltória e Núcleo Central – CS) |
| | Schools (Escolas – S) |
| | Retail (Lojas de Varejo) |
| | Hospitality (Hospedagem) |
| | Data Centers (Data Centers) |
| | Warehouses & Distribution Centers (Galpões e Centros de Distribuição) |
| | Healthcare (Unidades de Saúde) |
| Interior Design and Construction (Projeto e Construção de Interior – ID+C) | Commercial Interiors (Interiores Comerciais – CI) |
| | Retail (Lojas de Varejo) |
| | Hospitality (Hospedagem) |
| Building Operations and Maintenance (Operações e Manutenção Predial – O+M) | Existing Buildings (Edificações Existentes – EB) |
| | Schools (Escolas) |
| | Retail (Lojas de Varejo) |
| | Data Centers (Data Centers) |
| | Warehouses and Distribution Centers (Galpões e Centros de Distribuição) |
| Neighborhood Development (Desenvolvimento de Bairros – ND) | Plan (Projeto) |
| | Built Project (Projeto Executado) |
| Homes (Moradias – H) | Homes and Multifamily Lowrise (Casas Unifamiliares e Edifícios Habitacionais Baixos) |
| | Multifamily Midrise (Edifícios Multifamiliares de Altura Média) |

sustentáveis. LEED BD+C: CS e LEED ID+C: CI foram projetados para serem complementares, com a primeira ferramenta (Core and Shell – Envoltória e Núcleo Central) abordando a edificação, e a segunda (Commercial Interiors – Interiores Comerciais), os espaços dos inquilinos. Quando ambos são aplicados a um projeto, o prédio de alto desempenho em geral seria equivalente a um projeto LEED BD+C: New Construction (Nova Construção).

Os diversos sistemas de certificação LEED podem ser aplicados a certos tipos de projeto inúmeras vezes, ao longo de sua evolução. Por exemplo, em projetos de lojas, a ferramenta LEED BD+C: Retail pode ser aplicada a prédios novos; a ferramenta LEED ID+C: Retail pode orientar a ocupação de seus interiores; e, no caso de prédios comerciais existentes, a LEED O+M: Retail pode ser empregada para manter o desempenho da edificação ao longo do tempo. Em geral, as ferramentas Retail (Lojas de Varejo) são utilizadas para orientar e distinguir projetos de edificações de alto desempenho, inclusive bancos, restaurantes, minimercados e lojas de eletrodomésticos ou eletrônicos e hipermercados (veja a Tabela 5.3).

O LEED BD+C: Schools (Escolas) é similar ao LEED BD+C New Construction (Nova Construção), mas foca escolas de ensino fundamental, ao abordar questões com a acústica da sala de

**TABELA 5.3**

**Sistema de certificação LEED aplicado a certos tipos de projetos e em diferentes fases de evolução**

| | Tipo de projeto | | |
|---|---|---|---|
| Fase | Escolas | Lojas | Edifícios Comerciais |
| Nova Construção | LEED BD+C: Schools | LEED BD+C: Retail | LEED BD+C: New Construction |
| Arquitetura de interiores | — | LEED ID+C: Retail | LEED ID+C: Commercial Interiors |
| Operações | LEED O+M: Schools | LEED O+M: Retail | LEED O+M: Existing Buildings |

aula, o plano diretor, a prevenção de mofo e a análise de impacto ambiental. O LEED BD+C: Healthcare (Unidades de Saúde) pode ser aplicado a instalações para internação de pacientes, atendimentos de pacientes externos, consultórios médicos, unidades de tratamento intensivo e centros de ensino e centros de pesquisa de medicina. O LEED: Homes (Moradias) foca casas unifamiliares e edifícios habitacionais baixos (com menos de quatro pavimentos), casas populares e casas pré-fabricadas e modulares. O LEED for ND (LEED para Desenvolvimento de Bairros – ND) é utilizado em projetos de desenvolvimento urbano de bairros, distritos e empreendimentos de uso misto maiores. O LEED for Existing Buildings (Edifícios Existentes – EB): Operations and Maintenance (Operações e Manutenção Prediais) pode ser aplicável a edificações que envolvem operações prediais, pequenas reformas espaciais, sistemas e processos, modernizações, pequenas ampliações e alterações.

## CREDENCIAIS DO LEED

O USGBC desenvolveu um sistema de credenciamento para identificar os profissionais que tenham conhecimentos sobre as práticas de edificações sustentáveis e que dão suporte à transformação do mercado. A Figura 5.4 ilustra essas várias credenciais, que podem ser obtidas por meio de uma combinação de experiência profissional e realização de um exame. Essas credenciais incluem o LEED Green Associate (LEED GA – Associado), LEED Accredited Professional (LEED AP – Profissional Acreditado), com suas especializações, e o LEED Accredited Professional Fellow (LEED AP – Profissional Acreditado Membro). A credencial LEED GA é a básica e pode ser obtida por qualquer pessoa que esteja envolvida com edificações ou o meio ambiente. Porém, os profissionais com credencial LEED GA devem ter conhecimentos básicos sobre os sistemas de certificação, o processo de documentação LEED, os princípios do projeto sustentável, a terminologia padrão e os recursos do LEED que estão disponíveis para a identificação das estratégias de sustentabilidade. Para uma pessoa se candidatar ao exame GA, não é necessária qualquer experiência prática. Os sistemas de certificação LEED oferecem um ponto se a equipe de projeto contar com um LEED AP, mas não se for um LEED GA.

Para os profissionais do setor, existe a opção de se tornar um LEED AP com um exame especializado. Neste caso, a experiência com projetos LEED é altamente recomendada. A especialização, neste contexto, deve ser no mesmo sistema de certificação ao qual o indivíduo esteja se candidatando (veja a Figura 5.4). Um profissional LEED AP pode escolher entre cinco especializações ao prestar o exame LEED AP: um LEED AP com especialização BD+C pode gerenciar projetos que estejam utilizando uma das ferramentas do sistema de certificação LEED BD+C; um LEED AP com especialização ID+C pode gerenciar projetos de interiores para prédios de escritórios,

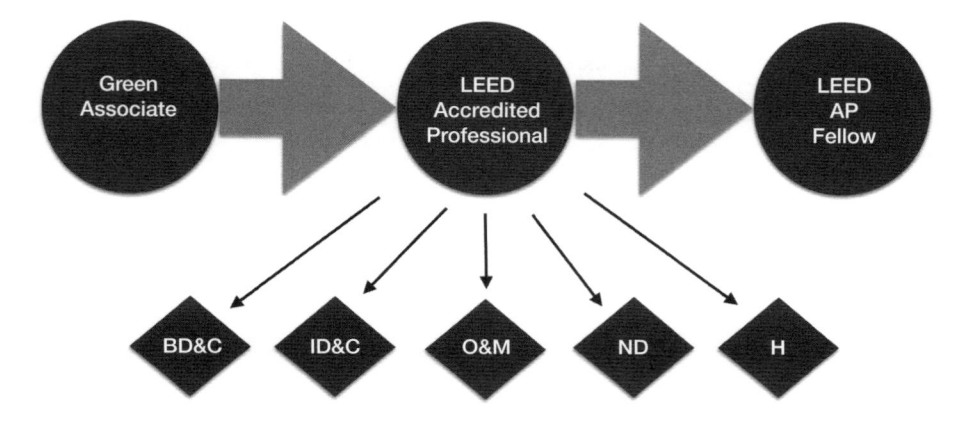

**FIGURA 5.4** As credenciais LEED disponíveis incluem a inicial (Green Associate), as cinco designações especializadas LEED AP e a LEED AP Fellow.

comerciais e hotéis; outras especializações LEED AP incluem o LEED AP O+M (Operações e Manutenção), Homes (LEED AP – Moradias) e o LEED AP ND (Desenvolvimento de Bairros).

Os profissionais LEED AP precisam ter conhecimentos profundos nas práticas de edificações sustentáveis e devem se especializar em um dos tipos particulares de sistema de certificação descrito anteriormente – como o LEED BD+C. O teste LEED AP se divide em duas sessões: (1) conhecimentos gerais sobre edificação sustentável e os sistemas de certificação LEED e (2) conhecimentos avançados dos sistemas de certificação de edificações para o qual a especialização está sendo testada. Os profissionais com as credenciais LEED GA e LEED AP, para que mantenham seu *status*, devem pagar uma taxa de manutenção de 50 dólares a cada dois anos e participar do Credential Maintenance Program (CMP). O CMP é um sistema estruturado para a ampliação dos conhecimentos e da base de experiências dos LEED Professionals. Os profissionais LEED APs também devem fazer pelo menos 30 horas de curso a cada dois anos, e seis dessas horas devem ser especificamente sobre o LEED. Os profissionais LEED GAs devem ter 15 horas de curso a cada dois anos, incluindo três horas específicas sobre o LEED.

A credencial profissional mais prestigiada dentro do sistema USGBC é a LEED AP Fellow. O LEED Fellow Program foi desenvolvido para honrar e reconhecer os LEED APs mais destacados, que têm contribuído de forma significativa com o campo da edificação ecológica e com a sustentabilidade em um nível regional, nacional e internacional. A fim de se tornar um LEED Fellow, o indivíduo deve ser nomeado por outro LEED AP especializado e que tenha, no mínimo, 10 anos de experiência no campo da edificação sustentável. O candidato também deve ser um LEED AP especializado e com pelo menos 10 anos de experiência no campo da edificação sustentável. Além disso, deve ter mantido sua credencial LEED AP por, no mínimo, oito anos seguidos. O candidato é avaliado em quatro de cinco elementos de domínio: proficiência técnica, educação e mentoria, liderança, comprometimento e serviço e influência.

## ESTRUTURA E PROCESSO DO LEED v4

O LEED v4 é a versão mais recente do sistema de certificação de edificações do USGBC e pode ser aplicado a uma ampla variedade de tipologias de edificação novas ou existentes. Ele se estrutura em três requisitos programáticos mínimos (MPRs) e um escore máximo de 110 pontos divididos em 10 categorias. A estrutura de cada categoria e alocação dos pontos diferem significativamente entre as versões LEED v3 e LEED v4. A Tabela 5.4 compara projetos LEED BD+C: New Construction (Nova Construção) para essas duas versões recentes. A fim de que uma edificação possa receber a certificação LEED, devem ter sido atendidos os requisitos para todos os MPRs e todos os pré-requisitos. A Tabela 5.5 apresenta informações adicionais sobre os MPRs e os pré-requisitos. Listas desses requisitos para o LEED v4 são apresentadas nas Tabelas 5.5 e 5.6.

O número de pontos disponível em cada categoria foi estabelecido pelos desenvolvedores do LEED BD+C: NC v4 a fim de indicar o peso que eles atribuíram às principais questões abordadas por esse sistema de certificação. Como resultado, a distribuição de pontos em cada categoria é arbitrária, ou seja, se baseia no julgamento e na opinião dos profissionais especializados que desenvolveram o sistema. Poder-se-ia afirmar que a categoria Energy and Atmosphere (Energia e Atmosfera – EA) (26 pontos) é mais importante do que a Sustainable Sites (Terrenos Sustentáveis – SS) (13 pontos) e tem mais do que o dobro da importância da Materials and Resources (Materiais e Recursos – MR) (10 pontos). O desafio da distribuição de pontos entre várias categorias ilustra algumas das armadilhas inerentes a um sistema de avaliação e certificação que tenta reduzir fatores complexos a simples valores numéricos. Ainda assim, o sistema nos oferece uma abordagem lógica e racional (ainda que arbitrária) para a produção de escores numéricos em cada categoria. É importante que tenhamos em mente que o LEED foi desenvolvido usando-se um extenso processo colaborativo e, portanto, o resultado desse trabalho intelectual feito em grupo provavelmente se reflete na ponderação dos pontos e das categorias. Enfim, apesar de sua simplicidade relativa, o sistema funciona bem ao compilar informações complexas e convertê-las em uma pontuação e nível de certificação únicas. O escore total calculado por meio da soma dos pontos obtidos em cada categoria resulta em uma certificação (veja a Tabela 5.7). A certificação *Platinum* é bastante difícil de ser alcançada, e a *Silver* representa uma avaliação positiva e um resultado digno de nota.

**TABELA 5.4**

**Alocação das categorias do LEED para o LEED BD+C: NC v3 e v4**

| Categorias LEED BD+C: NC v3 | Pontuação máxima | Categorias LEED BD+C: NC v4 | Pontuação máxima |
|---|---|---|---|
| 1 Sustainable Sites (Terrenos Sustentáveis – SS) | 26 | 1 Integrative Process (Processo Integrado – IP) | 3 |
| 2 Water Efficiency (Uso Racional da Água – WE) | 10 | 2 Location and Transportation (Localização e Transporte – LT) | 16 |
| 3 Energy and Atmosphere (Energia e Atmosfera – EA) | 35 | 3 Sustainable Sites (Terrenos Sustentáveis – SS) | 13 |
| 4 Materials and Resources (Materiais e Recursos – MR) | 14 | 4 Water Efficiency (Uso Racional da Água – WE) | 11 |
| 5 Indoor Environmental Quality (Qualidade do Ambiente Interno – EQ) | 15 | 5 Energy and Atmosphere (Energia e Atmosfera – EA) | 26 |
| 6 Innovation and Design (Inovação e Projeto – ID) | 6 | 6 Materials and Resources (Materiais e Recursos – MR) | 10 |
| 7 Regional Priority (Prioridade Regional – RP) | 4 | 7 Indoor Environmental Quality (Qualidade do Ambiente Interno – EQ) | 14 |
| | | 8 Performance (Desempenho – PF) | 7 |
| | | 9 Innovation (Inovação – IN) | 6 |
| | | 10 Regional Priority (Prioridade Regional – RP) | 4 |
| **Total de pontos possíveis** | **110** | **Total de pontos possíveis** | **110** |

**TABELA 5.5**

**Requisitos mínimos do programa LEED BD+C v4**

A edificação:

1 Deve estar em uma localização permanente e em um terreno existente.
2 Deve ter limites razoáveis para o LEED.
3 Deve estar adequada às exigências de tamanho para o projeto.

**TABELA 5.7**

**Pontuação necessária para cada certificação do LEED v4**

| Certificação | Pontuação necessária |
|---|---|
| Platinum (Platina) | 80–110 |
| Gold (Ouro) | 60–79 |
| Silver (Prata) | 50–59 |
| Certified (Certificada) | 40–49 |
| Sem certificação | 39 ou menos |

**TABELA 5.6**

**Todos os pré-requisitos listados no LEED BD+C: NC v4**

| Pré-requisito | Nome do pré-requisito |
|---|---|
| 1. Sustainable Sites (Terrenos Sustentáveis – SS) | Construction Activity Pollution Prevention (Prevenção da Poluição na Atividade da Construção) |
| 2. Water Efficiency (Uso Racional da Água – WE) | Outdoor Water Use Reduction (Redução do Uso de Água no Exterior) |
| 3. WE | Indoor Water Use Reduction (Redução do Uso de Água no Interior) |
| 4. WE | Building-Level Water Metering (Medição de Água do Edifício) |
| 5. Energy and Atmosphere (Energia e Atmosfera – EA) | Fundamental Commissioning and Verification (Comissionamento Fundamental e Verificação) |
| 6. EA | Minimum Energy Performance (Desempenho Mínimo de Energia) |
| 7. EA | Building-Level Energy Metering (Medição de Água do Edifício) |
| 8. EA | Fundamental Refrigerant Management (Gerenciamento Fundamental de Gases Refrigerantes) |
| 9. Materials and Resources (Materiais e Recursos – MR) | Storage and Collection of Recyclables (Depósito e Coleta de Materiais Recicláveis) |
| 10. MR | Construction/Demolition Waste Management Planning (Plano de Gerenciamento da Construção e Resíduos de Demolição) |
| 11. Indoor Environmental Quality (Qualidade do Ambiente Interno – EQ) | Minimum Indoor Air Quality Performance (Desempenho Mínimo da Qualidade do Ar Interior) |
| 12. EQ | Environmental Tobacco Smoke Control (Controle Ambiental da Fumaça de Tabaco) |

## A relação entre o Green Building Certification Institute, o USGBC e o LEED

Até 2008, o USGBC administrava a certificação das edificações e o credenciamento dos profissionais. Naquele ano foi fundado o Green Building Certification Institute (GBCI) para fornecer certificações independentes a serem reconhecidas pelo American National Standards Institute (ANSI). O GBCI é o responsável pela gestão de todos os aspectos de credenciamento dos profissionais LEED, inclusive a elaboração e realização de exames, o registro e a manutenção de credenciais, garantindo a excelência continuada e que profissionais LEED sejam proficientes em suas áreas. Além disso, o GBCI é responsável pela gestão do programa de certificação LEED de projetos, ao conduzir revisões técnicas e analisar os pedidos, verificando e avaliando os projetos com base em seu sucesso no atendimento dos requisitos dos vários sistemas de certificação LEED. Os documentos dos projetos são entregues por meio do portal da Internet LEED-Online, que será discutido posteriormente neste capítulo.

O USGBC mantém a responsabilidade de criar e implementar novas versões do sistema de certificação LEED, ao incluir novas tecnologias, sistemas e estratégias de edificações sustentáveis nos requisitos mais recentes. Isso inclui o estabelecimento de novos guias de consulta e recursos educacionais e a explicação dos requisitos para certificação e acreditação, entre outras responsabilidades. O GBCI julga tanto a certificação de edificações como a acreditação dos profissionais LEED GA e AP, ambos com base nas regras criadas pelo USGBC. O relacionamento entre o USGBC e o GBCI está representado na Figura 5.5.

## O processo de certificação LEED

Uma edificação, antes de ser certificada, é chamada de *projeto registrado no LEED*. Alcançar um nível de certificação exige um esforço significativo por parte dos profissionais da equipe de projeto, desde as etapas de projeto até o término da execução da obra, para que todas as etapas do processo de certificação sejam concluídas com sucesso. Esses seis passos incluem:

1. Garantir que a edificação possa ser certificada.
2. Registrar o projeto no GBCI.
3. Garantir que o projeto atenda aos requisitos de projeto mínimos (MPRs) e pré-requisitos e possa alcançar o número mínimo de pontos necessário para o nível de certificação LEED e obter os documentos comprobatórios.
4. Entregar os documentos exigidos pelo LEED-Online.
5. Caso necessário, recorrer contra os pontos negados pelo GBCI.
6. Receber a notificação final do GBCI de que o projeto obteve a certificação LEED.

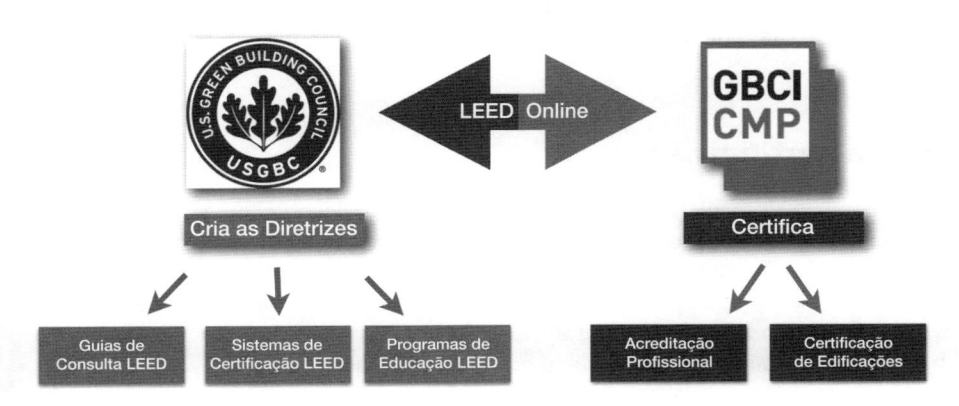

**FIGURA 5.5** O relacionamento entre o USGBC e o GBCI e seus papéis respectivos no sistema LEED de certificação de edificações. O USGBC desenvolve os requisitos para a certificação LEED e o GBCI certifica que eles foram atendidos. O GBCI também é responsável pela testagem e educação continuada dos profissionais LEED AP.

## LEED-Online

Com o passar do tempo, o sistema LEED deixou de exigir versões impressas dos documentos necessários para a certificação e passou a usar um sistema baseado na Internet conhecido como LEED-Online. As equipes de projeto podem entregar toda a documentação *on-line*, com um formato fácil de ser utilizado. O LEED-Online armazena todas as informações, os recursos e as ferramentas de suporte do LEED em um local centralizado. Ele permite às equipes de projeto carregar os gabaritos dos créditos, acompanhar as Credit Interpretation Rulings (Decisões sobre interpretação créditos – CIRs), visualizar as respostas a questões documentadas e apresentadas por equipes de projeto anteriores, gerenciar detalhes-chave dos projetos, contatar o departamento de atendimento ao cliente e se comunicar com os avaliadores ao longo de todo o processo de projeto e construção.

## Registro

A primeira etapa da certificação LEED é o registro do projeto. Os projetos são registrados acessando-se a página LEED Registration do site do USGBC (www.usgbc.org), na qual são inseridas as informações sobre o projeto e efetivado o pagamento da taxa de registro. Encoraja-se que o registro seja feito já nas primeiras etapas da elaboração do projeto, o que otimiza as chances de obtenção do certificado. O registro estabelece um contato com o USGBC e oferece acesso a informações essenciais, ferramentas de *software* e meios de comunicação. Imediatamente após o registro no LEED-Online, é designado um Project Team Administrator (Administrador da Equipe de Projeto), que convida os membros da equipe de projeto a também se registrarem e, então, atribui papéis a cada um. Entre as funções típicas, estão as de arquiteto, paisagista, engenheiro civil, proprietário, construtor, etc. O sistema também permite ao Project Team Administrator criar papéis especiais para um projeto, caso necessário. O Project Team Administrator desenvolve uma descrição do projeto, atribui responsabilidades para os créditos do LEED aos membros da equipe e, então, monitora a entrega dos documentos necessários para dar suporte a esses créditos. O Project Team Administrator deve ser um LEED AP, e é o membro da equipe de projeto que se encarregará de conduzir o projeto ao longo do processo de certificação. Uma vez que o projeto está registrado e as responsabilidades estão distribuídas, a equipe começa a preparar os documentos exigidos pelos pré-requisitos e requisitos de solicitação de crédito.

## Decisões sobre a interpretação de créditos (CIRs)

Se uma equipe de projeto enfrentar dificuldades ao solicitar um pré-requisito ou crédito do LEED em um projeto específico, o USGBC encoraja-a a inicialmente resolver o problema por si própria, e apenas contatar o GBCI em último caso. O sistema CIR garante que as decisões sejam consistentes e estejam disponíveis a outros projetos. Caso haja um ponto obscuro sobre o qual a equipe de projeto solicite esclarecimento, pode ser efetivada uma consulta pelo LEED-Online recebendo uma decisão do USGBC sobre a interpretação oficial da situação. Essa resposta dada pelo USGBC é chamada de CIR. Todas as CIRs ficam arquivadas em um banco de dados acessível pelo LEED-Online e podem ser utilizadas como precedentes para a abordagem de situações encontradas pela equipe de projeto.

## Documentos e certificação

Para que possa obter qualquer nível de certificação LEED, o projeto deve atender a todos os requisitos mínimos de projeto (MPRs, preencher todos os pré-requisitos e atingir a pontuação mínima). Para projetos LEED BD+C, a equipe de projeto tem a opção de dividir seu processo de avaliação em dois, a avaliação do projeto e a avaliação da construção, um sistema conhecido como *split review* (revisão dividida). A vantagem da *split review* é que permite à equipe de projeto entender se o projeto está bem-encaminhado para a obtenção do nível de certificação LEED previsto. O LEED-

-Online especifica quais pontos se referem a créditos da fase de projeto e quais a créditos da fase de construção, e, para revisão, a equipe de projeto deve fornecer a documentação completa dos créditos da fase de projeto. O GBCI responderá então com a Preliminary Design Review (Análise Preliminar do Projeto), indicando quais créditos são "Anticipated" (Previstos), "Pending" (Pendentes) ou "Denied" (Negados) e quais documentos foram "Approved" (Aprovado) ou "Not Approved" (Não Aprovado). A equipe de projeto tem então a opção de aceitar os resultados da Preliminary Design Review como definitivos ou apresentar uma resposta. Se a equipe de projeto determinar que uma resposta é necessária, apresentará de modo claro para a Preliminary Design Review junto com a documentação pertinente dentro de 25 dias úteis. O GBCI revisará então os documentos entregues junto com a resposta da equipe e, dentro de 25 dias úteis, tomará uma decisão por meio da Final Design Review (Análise Final do Projeto). A Final Design Review classificará cada crédito como "Anticipated", "Pending" ou "Denied". Durante esse período, nenhum ponto será conferido ao projeto. Quando o projeto estiver perto do término, a equipe de projeto poderá então submeter os créditos remanescentes para a Preliminary Construction Review. A estrutura dessa revisão é a mesma da Preliminary Design Review. Se os membros da equipe de projeto considerarem que deveriam receber um crédito especial seja na Final Design Review ou na Final Construction Review, poderão recorrer.

## Entrega da certificação

Uma vez notificada sobre a certificação LEED, a equipe de projeto tem 30 dias para aceitar a certificação conferida (Platinum, Gold, Silver ou Certified) ou recorrer. Uma vez aceito o nível para projeto, ou se a equipe de projeto não houver recorrido quanto ao nível de certificação obtido dentro de 30 dias, a certificação LEED é definitiva. O GBCI passará a se referir ao projeto como uma edificação certificada pelo LEED, e a equipe de projeto receberá uma carta e um comprovante especificando o nível de certificação LEED. Embora no passado os projetos certificados pelo LEED recebessem placas do USGBC, atualmente elas apenas podem ser adquiridas *on-line* por um fornecedor exclusivo (veja www.greenplaque.com) (Figura 5.6). A placa mostra o ano e o nível de certificação LEED e geralmente é exibida no exterior e no interior de uma edificação de alto desempenho.

**FIGURA 5.6** A placa de certificação do USGBC é feita com vidro reciclado. (Fotografia por cortesia de Torii Mor Winery)

## Recursos

Se a equipe de projeto entender que existem razões suficientes para recorrer quanto a um crédito negado pela Final LEED Review, tem a opção de fazê-lo. A taxa cobrada é de 500 dólares por crédito recorrido. A análise da documentação referente aos créditos recorridos é feita em 25 dias úteis, quando então um Appeal LEED Review (Recurso para Revisão do LEED) será enviado ao requerente. Todos os pedidos de recurso são enviados por meio do LEED-Online e julgados por uma equipe de revisores diferente daquela que avaliou a certificação do projeto.

## Taxas para registro e certificação no LEED

Uma taxa para registro deve ser paga para todos os projetos candidatos à certificação LEED como parte do processo. Quando a equipe de projeto está preparada para iniciar o processo de revisão, também deve ser paga uma taxa para certificação, antes que o GBCI se envolva. Como já foi dito, a equipe de projeto tem a opção de enviar todos os documentos na conclusão do processo de construção, ou em duas fases: (1) na revisão do projeto, na qual todos os créditos que foram totalmente atendidos pela equipe de projeto são apresentados para revisão; e (2) na revisão da etapa de construção, na qual todos os créditos remanescentes são revistos. A vantagem do sistema de revisão em duas fases é que ele acelera o processo de certificação e permite à equipe de projeto recorrer, se for o caso, quanto à não concessão de algum crédito ainda nas etapas iniciais do processo.

## O SISTEMA LEED DE CERTIFICAÇÃO DE PROJETO E CONSTRUÇÃO DE EDIFICAÇÕES

Conforme explicado anteriormente, o LEED, na verdade, se refere a uma ampla variedade de ferramentas de análise e certificação de edificações sustentáveis que se organizam em cinco sistemas: (1) Building Design and Construction (Projeto e Construção de Edifícios – BD+C), (2) Interior Design and Construction (Projeto e Construção de Interior - ID+C), (3) Building Operations and Maintenance (Operações e Manutenção Predial – O+M), (4) Neighborhood Development (Desenvolvimento de Bairros – ND) e (5) Homes (Moradias – H). Nesta seção, será descrito o sistema de certificação mais utilizado: o LEED BD+C. O sistema LEED BD+C contém oito ferramentas de certificação: New Construction (Nova Construção), Core and Shell (Envoltória e Núcleo Central), Schools (Escolas), Retail (Lojas de Varejo), Data Centers (Data Centers), Warehouses and Distribution Centers (Galpões e Centros de Distribuição), Hospitality (Hospedagem) e Healthcare (Unidades de Saúde). Os pré-requisitos e créditos listados nas Tabelas 5.8 a 5.10 se aplicam a essas ferramentas dentro do sistema LEED BD+C: (1) New Construction and Major Renovation (Nova Construção e Grandes Reformas), (2) Core and Shell (Envoltória e Núcleo Central) e (3) Schools (Escolas). Esses três tipos de projetos representam as ferramentas LEED mais utilizadas. Para os demais tipos de projetos LEED BD+C, como Healthcare, Data Centers, Warehouses and Distribution Centers, Hospitality e Retail, além dos projetos aos quais se aplicariam outros sistemas de certificação LEED, como o LEED O+M ou LEED ID+C, a equipe de projeto deverá consultar os manuais técnicos apropriados para cada tipo específico de projeto. O leiaute do LEED BD+C com respeito aos créditos e pontos para projetos do NC, CS e S é mostrado na Tabela 5.8. Para todos os outros tipos de projeto BD+C, deverá ser consultado o Technical Manual do LEED v4.

### Integrated Project Planning and Design (Planejamento e projeto integrados)

Uma das peculiaridades da última versão do LEED é que o primeiro crédito listado no LEED v4, Integrative Process (Processo Integrado – IP), não é identificado como pertencente a uma das cate-

**TABELA 5.8**

**Pontos atribuídos a projetos do LEED BD+C**

| Nome da Categoria ou Crédito | New Construction (Nova Construção – NC) | Core and Shell (Envoltória e Núcleo Central – CS) | Schools (Escolas – S) |
|---|---|---|---|
| Integrated Project Planning and Design (Planejamento e Projeto Integrados) | 1 | 1 | 1 |
| Location and Transportation (Localização e Transporte – LT) | 16 | 20 | 15 |
| Sustainable Sites (Terrenos Sustentáveis – SS) | 10 | 11 | 12 |
| Water Efficiency (Uso Racional da Água – WE) | 11 | 11 | 12 |
| Energy and Atmosphere (Energia e Atmosfera – EA) | 33 | 33 | 31 |
| Materials and Resources (Materiais e Recursos – MR) | 13 | 14 | 13 |
| Indoor Environmental Quality (Qualidade do Ambiente Interno – IEQ) | 16 | 10 | 16 |
| Innovation and Design (Inovação e Projeto – ID) | 6 | 6 | 6 |
| Regional Priority (Prioridade Regional – RP) | 4 | 4 | 4 |
| Total de Pontos Disponíveis | 110 | 110 | 110 |
| Certified (Certificado) | 40–49 | 40–49 | 40–49 |
| Silver (Prata) | 50–59 | 50–59 | 50–59 |
| Gold (Ouro) | 60–79 | 60–79 | 60–79 |
| Platinum (Platina) | >60 | >60 | >60 |

gorias principais, mas fica isolado (veja a Tabela 5.9). Esse crédito aborda a questão da colaboração entre os membros da equipe de projeto que visa à melhoria dos aspectos de sustentabilidade do projeto. Todos os demais créditos são agrupados em categorias específicas, como Location and Transportation (Localização e Transporte – LT) ou Energy and Atmosphere (Energia e Atmosfera – EA).

Exige-se que a equipe de projeto trabalhe de modo colaborativo a fim de reduzir o consumo de água e energia e para documentar os esforços feitos em prol da melhoria do desempenho da edificação quando comparada a um prédio convencional. Já no lançamento do partido, deverá ser criada uma tabela preliminar com a estimativa do consumo de energia da edificação, a fim de explorar a redução das cargas energéticas, e que inclua uma avaliação dos sistemas energéticos passivos e uma análise dos níveis lumínicos, do conforto térmico e das cargas elétricas. Os condicionantes determinados por questões programáticas e operacionais também devem ser incluídos nessa análise. Uma avaliação similar da redução do consumo de água no interior e no exterior e nos processos também é necessária. Essas avaliações devem ser incluídas tanto nas Exigências de Projeto do Proprietário (OPR) quanto nas Bases de Projeto (BOD) a fim de garantir sua inclusão no projeto executivo.

## Location and transportation (Localização e transporte)

A categoria *Location and Transportation* (*LT*) é uma novidade, que surgiu pela primeira vez no LEED v4, e foca a localização do prédio em relação a um terreno ecologicamente sensível e no acesso ao transporte público. A Tabela 5.10 lista os seis créditos LT que se aplicam aos projetos que se candidatam à certificação LEED BD+C: NC, LEED BD+C: CS e LEED BD+C: S.

Se o projeto estiver localizado em uma área que anteriormente recebeu a certificação LEED ND, o projeto receberá alguns pontos adicionais cujo número dependerá do nível de certificação obtido

**TABELA 5.9**

**Pontos atribuídos à categoria Planejamento e Projeto Integrados no LEED BD+C**

| Nome da Categoria ou Crédito | New Construction (Nova Construção) | Core and Shell (Envoltória e Núcleo Central) | Schools (Escolas) |
|---|---|---|---|
| Integrated Project Planning and Design (Planejamento e Projeto Integrados) | 1 | 1 | 1 |

*Fonte:* Integrative Process

**TABELA 5.10**

**Pontos referentes à categoria Localização e Transporte do LEED BD+C**

| Nome da Categoria ou Crédito | New Construction (Nova Construção) | Core and Shell (Envoltória e Núcleo Central) | Schools (Escolas) |
|---|---|---|---|
| Location and Transportation (Localização e Transporte – LT) | 16 | 20 | 15 |
| LEED for Neighborhood Development (LEED para o Desenvolvimento de Bairros)* | 16 | 20 | 15 |
| Sensitive Land Protection (Proteção de Áreas Sensíveis) | 1 | 2 | 1 |
| High-Priority Site (Local de Alta Prioridade) | 2 | 3 | 2 |
| Surrounding Density and Diverse Uses (Densidade do Entorno e Usos Diversos) | 5 | 6 | 5 |
| Access to Quality Transit (Acesso a Transporte de Qualidade) | 5 | 6 | 4 |
| Bicycle Facilities (Instalações para Bicicletas) | 1 | 1 | 1 |
| Reduced Parking Footprint (Área de Projeção do Estacionamento Reduzida) | 1 | 1 | 1 |
| Green Vehicles (Veículos Verdes) | 1 | 1 | 1 |

*Um projeto inserido dentro dos limites espaciais de uma área com certificação LEED-ND pode optar por receber todos os pontos LT em virtude dessa certificação.
*Fonte:* LEED-ND Location

(C*ertified*, *Silver*, *Gold* ou *Platinum*). Contudo, se a equipe de projeto solicitar esses créditos, o projeto não poderá se candidatar a outros créditos, sendo esse caminho alternativo para o resto da categoria LT.

### Crédito LT: Sensitive Land Protection (Proteção de Áreas Sensíveis)

Os projetos LEED BD+C que não se localizam em áreas sensíveis podem pontuar por evitar impactos que, de outra maneira, talvez ocorressem. Os terrenos sensíveis incluem terras agrícolas produtivas, planícies aluviais, *habitats* de espécies criticamente ameaçadas, em perigo ou vulneráveis ou muito próximas a áreas de mananciais e corpos de água.

### Crédito LT: High-Priority Site (Local de Alta Prioridade)

Localizar o projeto em áreas que dão suporte ao desenvolvimento de uma comunidade pode pontuar, se atenderem aos requisitos desse crédito. Há três opções para o crédito:

*Opção 1 (Historic District – Distrito Histórico).* Aborda projetos inseridos dentro de bairros históricos.

*Opção 2 (Priority Designation – Designação Prioritária).* Nos Estados Unidos, inclui diversas possibilidades adicionais, como as Zonas de Empoderamento Federal, os terrenos de Empreendimentos Federais ou de Comunidades Renováveis, certos terrenos de Habitação e Desenvolvimento Urbano do Departamento do Tesouro e certos sítios designados como de baixa renda pelo Departamento do Tesouro ou programas municipais equivalentes aos programas federais.

*Opção 3 (Brownfield Remediation – Remediação de Terreno Contaminado).* Confere pontos a um projeto localizado em um terreno urbano descontaminado.

### Crédito LT: Surrounding Density and Diverse Uses (Densidade do Entorno e Usos Diversos)

Localizar um projeto em um ambiente urbano denso pode resultar em pontos.

*Opção 1 (Surrounding Density – Densidade do Entorno).* Os pontos obtidos aumentam à medida que aumenta a densidade média a uma distância de 400 m do projeto.

*Opção 2 (Diverse Uses – Usos Diversos).* Um projeto localizado perto de áreas de diversos usos públicos como escolas, restaurantes, lavanderias e outros serviços pode receber pontos dessa opção. A ideia é promover o desenvolvimento urbano em áreas com infraestrutura existente, pela permeabilidade ao pedestre e eficiência dos meios de transporte públicos.

### Crédito LT: Access to Quality Transit (Acesso a Transporte de Qualidade)

Os projetos localizados em um raio máximo de 400 m de pontos de ônibus, bonde ou pontos de sistemas de automóveis compartilhados ou de 800 m de distância de estações de trem podem receber créditos se atenderem a níveis de serviço diário específicos. Os projetos de escolas têm uma opção se percentuais específicos de alunos morarem dentro de um raio de 600 m da escola e houver fácil acesso para pedestres.

### Crédito LT: Bicycle Facilities (Instalações para Bicicletas)

Se o projeto promover o uso de bicicletas, esse crédito será conferido. O bicicletário ou uma entrada funcional ao projeto deve estar dentro de um raio de 200 m e ter acesso a pé ou de bicicleta a uma rede de ciclovias ou ciclofaixas com conexões a diversos usos como escolas, centros de trabalho ou locais de transporte de massa.

### Crédito LT: Reduced Parking Footprint (Área de Projeção do Estacionamento Reduzida)

O objetivo desse crédito é minimizar o consumo de recursos e de solo para o estacionamento. Os projetos não podem oferecer áreas de estacionamento que excedam às exigências dos códigos de edificação locais. Se não houver um índice estabelecido pela legislação local, serão empregadas metas específicas.

### Crédito LE: Green Vehicles (Veículos Verdes)

Se o projeto reservar, no mínimo, 5% das vagas de estacionamento para veículos sustentáveis receberá pontos por esse crédito. Nos Estados Unidos, os veículos sustentáveis são definidos como aqueles que obtiverem uma pontuação mínima de 45 de acordo com a avaliação anual de automóveis eficientes em energia do Conselho Norte-Americano para Economia Eficiente em Energia.

## Terrenos sustentáveis

A categoria SS aborda as questões dos impactos de construção sobre o terreno, o *habitat* animal, a gestão de águas pluviais, o efeito de ilha de calor urbana e a redução da poluição luminosa (veja a Tabela 5.11). Observe que dois créditos de pré-requisito SS devem ser obtidos para a certificação de um prédio. Nenhum ponto será concedido para esses ou outros pré-requisitos, mas todos devem ser garantidos.

### Pré-requisto SS: Construction Activity Pollution Prevention (Prevenção da Poluição na Atividade da Construção)

Um dos pré-requisitos ou requisitos mandatórios para a certificação LEED é que deve ser minimizada a poluição causada pelas atividades de construção, na forma de pó aerotransportado, erosão do solo e sedimentação dos corpos de água. Um plano para o controle da erosão e sedimentação deve ser desenvolvido, implementado e documentado e estar de acordo com licenças das agências de proteção ambiental ou as normas locais.

### Pré-requisito SS: Environmental Site Assessment (Avaliação Ambiental do Terreno)

O segundo pré-requisito ou requisito mandatório da categoria SS se aplica somente a projetos de escolas (S), para o qual, nos Estados Unidos, se deve atender à Phase I Environmental Site Assessment da norma Standard E-1527-05 da ASTM, a fim de averiguar a contaminação ambiental do terreno. Caso se identifique que o terreno realmente está poluído, deve-se realizar a Phase II Environmental Site Assessment da norma Standard E1903-11 da ASTM. Se o terreno estiver contaminado,

**TABELA 5.11**

**Pontos atribuídos à categoria SS do LEED BD+C**

| Nome da Categoria ou Crédito | New Construction (Nova Construção) | Core and Shell (Envoltória e Núcleo Central) | Schools (Escolas) |
|---|---|---|---|
| Sustainable Sites (Terrenos Sustentáveis – SS) | 10 | 11 | 12 |
| Construction Activity Pollution Prevention (Prevenção da Poluição na Atividade da Construção) | P | P | P |
| Environmental Site Assessment (Avaliação Ambiental do Terreno) | n/a | n/a | P |
| Site Assessment (Avaliação do Terreno) | 1 | 1 | 1 |
| Site Development-Protect or Restore Habitat (Desenvolvimento do Terreno – Proteção ou Restauração do *Habitat*) | 2 | 2 | 2 |
| Open Space (Espaço Aberto) | 1 | 1 | 1 |
| Rainwater Management (Gestão de Águas Pluviais) | 3 | 3 | 3 |
| Heat Island Reduction (Redução de Ilhas de Calor) | 2 | 2 | 2 |
| Light Pollution Reduction (Redução da Poluição Luminosa) | 1 | 1 | 1 |
| Site Master Plan (Plano Diretor do Terreno) | n/a | n/a | 1 |
| Tenant Design and Construction Guidelines (Projeto do Inquilino e Diretrizes de Construção) | n/a | 1 | n/a |
| Joint Use of Facilities (Uso Conjunto das Instalações) | n/a | n/a | 1 |

P = Pré-requisito para o sistema de certificação
n/a = Não se aplica ao sistema de certificação

deverá ser recuperado de acordo com as mais rigorosas normas federais, estaduais ou municipais. Caso haja normas estaduais ou municipais equivalentes a avaliações ambientais federais, poderão ser utilizadas em lugar dessas.

### Crédito SS: Site Assessment (Avaliação do Terreno)

Quando a análise do terreno for um requisito mandatório para os projetos da categoria S, NC e CS, os membros da equipe de projeto podem trazer pontos para a certificação, se eles atenderem aos requisitos do crédito. Para a obtenção dos pontos associados a esse crédito, nos Estados Unidos, deverá ser feita a análise Phase I Environmental Site Assessment da norma Standard E-1527-05 da ASTM, a fim de conferir se o terreno está contaminado. Uma vez confirmada a contaminação, deverá ser conduzida a Phase II Environmental Site Assessment da norma Standard E1903-11 da ASTM. Se o terreno estiver contaminado, ele deverá ser remediado de acordo com as mais rigorosas normas federais, estaduais ou municipais. Caso haja normas estaduais ou municipais equivalentes a avaliações ambientais federais, elas poderão ser utilizadas em lugar dessas.

### Crédito SS: Site Development – Protect or Restore Habitat (Desenvolvimento do Terreno – Proteção ou Restauração do Habitat)

Esse crédito SS aborda a proteção da ecologia existente no lote ou a restauração de sistemas naturais degradados. É necessária uma análise detalhada das condições do terreno, e ela deve incluir o levantamento de seus seguintes atributos do sítio: topografia, hidrologia, clima, vegetação, solos, uso humano e efeitos na saúde humana. Esse estudo deve detalhar como esses atributos influenciaram o projeto, explicando-se se algumas dessas categorias e condições não foram levadas em consideração no processo do projeto.

### Crédito SS: Open Space (Espaço Aberto)

A equipe de projeto deve documentar se os espaços externos equivalentes a, no mínimo, 30% da área do terreno foram destinados a propósitos ambientais e humanos. Pelo menos 25% dessa área devem ter cobertura vegetal, mas ela pode incluir elementos voltados para os pedestres, elementos de recreação, jardins, jardins comunitários e *habitats* para a fauna. Em certos casos, quando a densidade humana é muito elevada (com coeficiente de ocupação do terreno de 1,5 ou mais), uma cobertura verde e acessível pode ser utilizada para atender à exigência de 25% de espaços com vegetação.

### Crédito SS: Rainwater Management (Gestão de Águas Pluviais)

O volume de escoamento superficial da água da chuva deve ser reduzido, e a qualidade dessa água, aumentada a fim de emular o comportamento hidráulico histórico normal para o terreno. Em geral, um empreendimento com baixo impacto ambiental e uma infraestrutura sustentável serão empregados para o alcance desses objetivos. Há várias opções baseadas no percentil de eventos pluviais ou nas condições de cobertura natural do solo.

### Crédito SS: Heat Island Reduction (Redução das Ilhas de Calor)

O aumento da área do ambiente construído tende a aumentar o efeito de ilha de calor que acarreta o surgimento de microclimas em áreas urbanas, afetando tanto os seres humanos como a vida selvagem. A equipe de projeto deverá usar abordagens que minimizem esse fenômeno, seja em áreas horizontais, como nos estacionamentos e passeios ("áreas que não são de cobertura", na nomenclatura do LEED), seja nas coberturas do prédio. Uma medida comum do nível de reflexão da energia térmica solar de um material e, consequentemente, sua contribuição para reduzir o efeito de ilha de calor, é o índice de refletância (SRI), cujo valor varia entre 0 e 100. Um valor 0 significaria que o material absorve toda a energia térmica solar que incide sobre ele, e 100 indicaria que ele reflete toda essa energia. Uma superfície de asfalto escuro teria SRI de 4, ao passo que, em uma pintada com tinta branca, esse valor seria 79. As áreas que não são de cobertura poderiam ser tratadas com o uso da vegetação, sombreamento de arranjos de painéis fotovoltaicos e/ou materiais que mantenham um SRI de pelo menos 28 por três anos. Se não estiverem disponíveis dados para três anos, será mais seguro usar um SRI de 33. Em áreas de cobertura, o SRI deve ter valor inicial de, no mínimo, 82 para uma cobertura em vertente com baixo caimento e, após três anos, valor de pelo menos 64. Nas coberturas em vertente com grande caimento, o SRI deve ter valor inicial de, no mínimo, 39, e valor de pelo menos 32 após três anos.

### Crédito SS: Light Pollution Reduction (Redução da Poluição Luminosa)

Os objetivos atribuídos ao crédito da poluição visual são aumentar a visibilidade celeste durante a noite, aumentar a visibilidade noturna e prevenir que o excesso de iluminação prejudique tanto a fauna como as pessoas. Para isso, é utilizada uma estrutura conhecida como BUG (*backling, uplight and glare* – ou seja, iluminação posterior, iluminação ascendente e ofuscamento). A estratégia de iluminação utilizada é uma função do local em que o projeto se localiza, sendo que os esforços mais rigorosos para controlar a poluição luminosa são perto de grandes áreas naturais e rurais e os menos rigorosos, nas áreas urbanas. A estratégia de iluminação também se aplica à iluminação de placas e letreiros externos e à luz excessiva gerada por luminárias nos interiores das edificações.

### Crédito SS: Site Master Plan (Plano Diretor do Terreno)

Se for planejado o desenvolvimento futuro de uma área, os projetos de escolas poderão resultar em pontos desse crédito com a elaboração de um plano diretor que abranja a ampliação dos prédios escolares e outras facilidades, como estacionamentos, pisos externos e utilidades públicas. Além do plano diretor, o crédito exige que o projeto atinja quatro dos seis créditos LT e SS, como Heat Island Reduction e Light Pollution Reduction.

### Crédito SS: Tenant Design and Construction Guidelines (Projeto do Inquilino e Diretrizes de Construção)

Os projetos CS podem receber pontos se informarem os usuários sobre o que se pode obter com a implementação das características de projeto e construção sustentáveis, como a redução do consumo de energia e água e a melhoria da qualidade do ambiente interno.

### Crédito SS: Joint Use of Facilities (Uso Conjunto das Instalações)

Os projetos de escola podem ganhar um ponto pela colaboração com a comunidade, ao compartilharem três tipos de facilidades, como o próprio prédio escolar, a cafeteria e as áreas de recreação, para o uso em eventos comunitários. Outra opção é compartilhar pelo menos dois tipos de espaços escolares com o público geral ou, por meio de contrato, com entidades específicas, como a polícia ou os prestadores de serviços de saúde. Exemplos desses locais seriam a biblioteca e o estacionamento. Uma terceira opção para o crédito é compartilhar pelo menos dois espaços que pertençam a outras organizações – por exemplo, uma piscina ou ginásio de um clube, um auditório ou um estádio.

## Uso racional da água

A redução do consumo de água potável nos interiores e exteriores das edificações está se tornando uma questão cada vez mais importantes uma vez que as secas têm persistido no mundo inteiro. A categoria Water Efficiency (Uso Racional da Água – WE) aborda o consumo de água em ambos os tipos de usos (interiores e exteriores) e tem dois pré-requisitos que se referem especificamente a essas duas grandes demandas (veja a Tabela 5.12). Nos últimos tempos, a medição do consumo de água tanto no nível dos prédios como nos usos muito dispendiosos tem se tornado mais importante, pois nos oferece uma compreensão melhor de onde a água está sendo consumida e para que fins. Como resultado, a medição do consumo de água hoje é coberta por dois créditos de WE.

### Pré-requisto WE: Outdoor Water Use Reduction (Redução do Uso de Água no Exterior)

O primeiro pré-requisito WE requer um tratamento paisagístico que não exija um sistema de irrigação permanente além daquele de um período de dois anos, no qual se disponibiliza um sistema de irrigação que representa 30% de redução àquilo que um prédio convencional consome em seu

**TABELA 5.12**

**Pontos atribuídos à categoria BD+C Water Efficiency do LEED**

| Nome da Categoria ou Crédito | New Construction (Nova Construção) | Core and Shell (Envoltória e Núcleo Central) | Schools (Escolas) |
|---|---|---|---|
| Water Efficiency (Uso Racional da Água – WE) | 11 | 11 | 12 |
| Outdoor Water Use Reduction (Redução do Uso de Água no Exterior) | P | P | P |
| Indoor Water Use Reduction (Redução do Uso de Água no Interior) | P | P | P |
| Building-Level Water Metering (Medição de Água do Edifício) | P | P | P |
| Outdoor Water Use Reduction (Redução do Uso de Água no Exterior) | 2 | 2 | 2 |
| Indoor Water Use Reduction (Redução do Uso de Água no Interior) | 6 | 6 | 7 |
| Cooling Tower Water Use (Uso de Água de Torre de Resfriamento) | 2 | 2 | 2 |
| Water Metering (Medição de Água) | 1 | 1 | 1 |

P = Pré-requisito para o sistema de certificação

mês de pico. A ferramenta WaterSense Water Budget Tool da Agência de Proteção Ambiental dos Estados Unidos (www3.epa.gov/watersense/water_budget/) deve ser utilizada para calcular a efetividade de uma estratégia de seleção e agrupamento de espécies vegetais para um projeto de sistema de irrigação.

### Pré-requisito WE: Indoor Water Use Reduction (Redução do Uso de Água no Interior)

O uso interno de água potável deve ser reduzido em pelo menos 20% em relação a uma linha de base calculada a partir das exigências dos códigos de edificações para os aparelhos sanitários. A redução do consumo interno se aplica também a eletrodomésticos (como máquinas de lavar pratos e lavadoras de roupa) e à água utilizada para processos como os de resfriamento feitos, por exemplo, por torres de arrefecimento e trocadores de calor.

### Pré-requisito WE: Building-Level Water Metering (Medição de Água do Edifício)

Todos os prédios devem ser dotados de medidores que determinem o consumo mensal e anual de água. Os medidores podem fornecer dados automáticos ou permitir leituras manuais.

### Crédito WE: Outdoor Water Use Reduction (Redução do Uso de Água no Exterior)

Similar ao pré-requisito WE Outdoor Water Use Reduction (Redução do Uso de Água no Exterior), este crédito exige um tratamento paisagístico que não obrigue ao uso de um sistema de irrigação permanente além daquele utilizado para uma rega bienal (para secas eventuais), ou jardins que tenham um sistema de irrigação que represente uma redução de 50% no consumo em relação à linha de base calculada para o mês com maior quantidade de regas. A ferramenta WaterSense Water Budget Tool da Agência de Proteção Ambiental dos Estados Unidos deve ser utilizada para calcular a efetividade da seleção e do agrupamento das espécies vegetais e do projeto do sistema de irrigação.

### Crédito WE: Indoor Water Use Reduction (Redução do Uso de Água no Interior)

O número de pontos ganhos pode aumentar com reduções maiores em relação à linha de base, ou seja, reduzindo-se o consumo entre 25 e 50%. Requisitos adicionais de desempenho são especificados para máquinas de lavar roupas comerciais e equipamentos de cozinhas profissionais.

### Crédito WE: Cooling Tower Water Use (Uso de Água de Torre de Resfriamento)

Os projetos com torres de arrefecimento podem receber créditos pela conservação de água, se também controlarem os contaminantes aquáticos dos condensadores.

### Crédito WE: Water Metering (Medição de Água)

O uso de hidrômetros adicionais para dois ou mais subsistemas de água, como os de irrigação, água quente para consumo doméstico, aparelhos sanitários, caldeiras, reaproveitamento ou tratamento de água, também pode resultar em ganhos de pontos neste crédito.

## Energia e atmosfera

A categoria EA do LEED: BD+C aborda as questões energéticas das edificações de alto desempenho. Ela também cobre vários temas que conectam os sistemas de edificação aos impactos ambientais no ar e na atmosfera – por exemplo, a eliminação de hidroclorofluorcarbonetos, que, devido a sua presença em resfriadores e outros equipamentos mecânicos, estão relacionados com as mudanças climáticas e o exaurimento da camada de ozônio (veja a Tabela 5.13). As seções a seguir discutem os créditos do LEED v4 e as exigências de apresentação de documentos na categoria EA. Observe que os quatro pré-requisitos não resultam em pontos, mas todos eles devem ser atendidos para que um prédio possa ser certificado.

### Pré-requisito EA: Fundamental Commissioning and Verification (Comissionamento Fundamental e Verificação)

Para todos os projetos dos tipos NC, CS e S, os sistemas mecânicos, elétricos, hidrossanitários e de energias renováveis devem ser avaliados e testados por uma autoridade comissionante, de acordo com as diretrizes ASHRAE Guideline 0-2005 e ASHRAE Guideline 1.1-2007 em relação a seus desempenhos em termos de energia, consumo de água, qualidade do ambiente interno e durabilidade. O OPR e o BOD devem incluir os requisitos das vedações externas do prédio, de acordo com as orientações do National Institute of Building Sciences Guideline 3-2012 for Exterior Enclosures. A autoridade comissionante deve revisar o OPR e o BOD e compará-los em relação ao projeto, para verificar se são consistentes. Além disso, ela deve desenvolver um plano de comissionamento, desenvolver listas de conferência de construção, elaborar um procedimento de testagem para os sistemas, verificar a execução de testes, manter registros de atividades, descobertas e recomendações e preparar um relatório final de comissionamento. Todos os resultados devem ser enviados direta-

**TABELA 5.13**

**Pontos atribuídos à categoria LEED BD+C Energy and Atmosphere**

| Nome da Categoria ou Crédito | New Construction (Nova Construção) | Core and Shell (Envoltória e Núcleo Central) | Schools (Escolas) |
|---|---|---|---|
| Energy and Atmosphere (Energia e Atmosfera – EA) | 33 | 33 | 31 |
| Fundamental Commissioning and Verification (Comissionamento Fundamental e Verificação) | P | P | P |
| Minimum Energy Performance (Desempenho Mínimo de Energia) | P | P | P |
| Building-Level Energy Metering (Medição de Energia do Edifício) | P | P | P |
| Fundamental Refrigerant Management (Gerenciamento Fundamental de Gases Refrigerantes) | P | P | P |
| Enhanced Commissioning (Comissionamento Avançado) | 6 | 6 | 6 |
| Optimize Energy Performance (Otimização do Desempenho Energético) | 18 | 18 | 16 |
| Advanced Energy Metering (Medição Avançada de Energia) | 1 | 1 | 1 |
| Demand Response (Resposta à Demanda) | 2 | 2 | 2 |
| Renewable Energy Production (Produção de Energia Renovável) | 3 | 3 | 3 |
| Enhanced Refrigerant Management (Gerenciamento Avançado de Gases Refrigerantes) | 1 | 1 | 1 |
| Green Power and Carbon Offsets (Energia Sustentável e Compensações de Carbono) | 2 | 2 | 2 |

P = Pré-requisito para o sistema de certificação

mente ao proprietário da edificação. A autoridade comissionante também é responsável por elaborar um plano de operação e manutenção das instalações, a fim de permitir a eficiência ideal do prédio.

### Pré-requisito EA: Minimum Energy Performance (Desempenho Mínimo de Energia)

Existem três opções disponíveis para que se atenda a esse pré-requisito:

*Opção 1.* Uma simulação energética da totalidade do prédio deve ser feita para orientar projetos do tipo NC, CS e S. O projeto deve resultar em economias de energia de pelo menos 5% em relação ao edifício de referência para construções novas (NC ou S), 3% para grandes reformas (NC ou S) e 2% para projetos CS. As simulações tanto da edificação de referência quanto da projetada devem atender aos requisitos da norma ANSI/ASHRAE/IESNA Standard 90.1-2010.

*Opção 2.* Em vez da simulação energética, certas classes de edificações podem aplicar as diretrizes ASHRAE 50% Design Guides da seguinte maneira:

(1) ASHRAE 50% Design Guide for Small to Medium Office Buildings, para prédios de escritórios com menos de 9.290 $m^2$.

(2) ASHRAE 50% Design Guide for K-12 School Buildings (para escolas de ensino fundamental)

Essas diretrizes de projeto prescritivas descrevem como se podem obter economias de 50% no consumo de energia em relação ao edifício de referência ASHRAE Standard 90.1, mas sem a necessidade de se fazerem simulações. Também há disponíveis versões dessas diretrizes para lojas de tamanho médio e hipermercados e hospitais grandes, com mais de 9.290 $m^2$.

*Opção 3.* O projeto pode aplicar seções específicas do guia prescritivo Advanced Building Core Performance Guide em qualquer edificação que tenha menos de 9.290 $m^2$.

### Pré-requisito EA: Building-Level Energy Metering (Medição de Energia do Edifício)

Medidores individuais ou coletivos podem ser adicionados a fim de determinar o consumo total de energia, conforme se deseje. Esses equipamentos podem pertencer aos proprietários da edificação ou às unidades. Os dados energéticos devem ser acompanhados ao menos uma vez por mês e serem enviados ao USGBC pelo período de cinco anos, ou até que mude o proprietário ou locatário do prédio.

### Pré-requisito EA: Fundamental Refrigerant Management (Gerenciamento Fundamental de Gases Refrigerantes)

Como já foi dito, os clorofluorcarbonetos (CFCs) são substâncias que destroem a camada de ozônio da atmosfera e há muito tempo vêm sendo utilizados em condicionadores de ar nas edificações. O pré-requisito EA visa à eliminação dos CFCs dos prédios e, consequentemente, à proteção da camada de ozônio. Ele proíbe totalmente o uso de CFCs em novos sistemas de climatização de edificações. Caso se queira reutilizar equipamentos existentes, deverá ser apresentado um plano para eliminação gradual de todos os CFCs antes do término do projeto. Pequenos sistemas de climatização existentes, como geladeiras comuns ou bebedouros de água que contenham até 225 g de refrigerante, são isentos desse requisito.

### Crédito EA: Enhanced Commissioning (Comissionamento Avançado)

Este crédito aborda a melhoria do nível de comissionamento, visando à inclusão de sistemas de energia predial (Opção 1) e ao comissionamento das vedações externas (Opção 2).

O comissionamento aprimorado agrega vários requisitos adicionais à categoria Fundamental Building Commissioning e pode ser feito de dois modos.

*Opção 1.*

*Modo 1.* Os requisitos incluem a revisão do projeto dos sistemas energéticos, a revisão dos documentos apresentados pelos empreiteiros, a criação de um manual de sistemas para os operadores do prédio, a verificação do treinamento desses operadores, uma nova conferência da operação do prédio em até 10 meses após a ocupação (a fim de verificar o desempenho) e a elaboração de um plano de comissionamento contínuo.

*Modo 2.* O projeto pode receber pontos adicionais se desenvolver um procedimento de monitoria que inclua os pontos dos dados que serão medidos e avaliados para a análise do desempenho dos sistemas de energia e água.

*Opção 2.* Essa opção envolve o comissionamento das vedações externas, e os requisitos incluem a revisão dos documentos apresentados pelos empreiteiros, a criação de um manual de sistemas para os operadores do prédio, a verificação do treinamento desses operadores, uma nova conferência da operação do prédio em até 10 meses após a ocupação (a fim de verificar o desempenho) e a elaboração de um plano de comissionamento contínuo.

### Crédito EA: Optimize Energy Performance (Otimização do Desempenho Energético)

O projeto e a execução de um prédio eficiente em energia são importantes tanto por razões de sustentabilidade como para que se obtenha uma certificação LEED. Uma vez que Optimize Energy Performance equivale a mais da metade dos créditos EA, ele é de longe o crédito mais importante da categoria – e, na verdade, de todo o sistema de certificação LEED. ASHRAE 90.1-2010 é a base para se comparar o funcionamento de uma edificação de alto desempenho em relação ao prédio de referência (isto é, aquele que apenas atende às exigências mínimas da norma). Para que a edificação possa obter a certificação LEED, a equipe de projeto deve garantir que as exigências da norma ASHRAE 90.1-2010 sejam significativamente superadas. Os componentes de uma edificação típica relacionados ao consumo de energia são suas vedações externas (ou seja, seu fechamento: paredes, coberturas, pisos, janelas e portas); seus equipamentos de climatização; seu sistema de distribuição de eletricidade (tomadas, etc.); seu sistema de iluminação; e seus equipamentos, como bombas, equipamentos eletrônicos, refrigeradores e elevadores.

O crédito EA 1 (EAc1) tem três opções para o recebimento de pontos para a certificação LEED, como será descrito a seguir. Para que possa ser certificado, um prédio deve obter, no mínimo, dois pontos EAc1.

*Opção 1. Simulação energética do prédio inteiro* (1–18 pontos para projetos NC e CS e 1–16 pontos para projetos S). O projeto pode ganhar pontos se for feita uma simulação energética do prédio inteiro de acordo com a norma ASHRAE 90.1-2010, usando-se o método de classificação do desempenho descrito no Apêndice G. A Tabela 5.14 mostra o relacionamento entre as economias de energia e os pontos obtidos de acordo com a Opção 1.

O prédio deve ser projetado, no mínimo, para atender às provisões da norma ASHRAE 90.1-2010. O projeto proposto deve incluir todos os custos energéticos da proposta e ser comparado ao prédio de referência, conforme descreve o Apêndice G dessa norma. A geração de energia renovável *in loco* está incluída na modelagem para mostrar uma redução da demanda de energia de fontes externas.

*Opção 2. Caminho do Cumprimento Prescritivo: ASHRAE 50% Advanced Energy Design Guide* (1–6 pontos). Como foi previsto para o pré-requisito Energy Performance descrito anteriormente, os projetos podem usar as orientações do ASHRAE 50 Percent Advanced Energy Design Guide for Small to Medium Office Buildings ou do ASHRAE 50 Percent Advanced Energy Design Guide K-12 School Buildings em vez da simulação energética. O número de pontos ganhos varia entre um e seis, com base no número dos componentes da edificação (vedações externas, vidraças, iluminação interna, iluminação externa e cargas de eletrodomésticos) que seguem as recomendações desses guias.

### Crédito EA: Advanced Energy Metering (Medição Avançada de Energia)

Uma importante estratégia para reduzir o dispêndio energético é a medição do consumo de energia, que dá suporte à gestão desse recurso. Este crédito exige a instalação de medidores de energia avançados para todo o prédio e de medidores individuais para os usos que consumirem 10% ou mais da energia total. Os medidores devem ser de instalação permanente e medir tanto o consumo

**TABELA 5.14**

Pontos obtidos *versus* economias percentuais de energia em relação ao edifício de referência

| New Construction (Nova Construção – NC) | Major Renovation (Grandes Reformas) | Core and Shell (Envoltória e Núcleo Central – CS) | Pontos NC e CS | Pontos S |
|---|---|---|---|---|
| 6% | 4% | 3% | 1 | 1 |
| 8% | 6% | 5% | 2 | 2 |
| 10% | 8% | 7% | 3 | 3 |
| 12% | 10% | 9% | 4 | 4 |
| 14% | 12% | 11% | 5 | 5 |
| 16% | 14% | 13% | 6 | 6 |
| 18% | 16% | 15% | 7 | 7 |
| 20% | 18% | 17% | 8 | 8 |
| 22% | 20% | 19% | 9 | 9 |
| 24% | 22% | 21% | 10 | 10 |
| 26% | 24% | 23% | 11 | 11 |
| 29% | 27% | 26% | 12 | 12 |
| 18% | 16% | 15% | 7 | 7 |
| 20% | 18% | 17% | 8 | 8 |
| 22% | 20% | 19% | 9 | 9 |
| 24% | 22% | 21% | 10 | 10 |
| 26% | 24% | 23% | 11 | 11 |
| 29% | 27% | 26% | 12 | 12 |
| 32% | 30% | 29% | 13 | 13 |
| 35% | 33% | 32% | 14 | 14 |
| 38% | 36% | 35% | 15 | 15 |
| 42% | 40% | 39% | 16 | 16 |
| 46% | 44% | 43% | 17 | — |
| 50% | 48% | 47% | 18 | — |

de energia como o seu pico, que são chamados de *demanda de energia*. Deve haver um sistema de coleta de dados, e ele deve ter acesso remoto, armazenar 36 meses de dados e poder relatar o uso energético horário, diário, mensal e anual. Nos projetos CS, as exigências são levemente distintas, uma vez que o prédio inteiro deve ter seu consumo energético medido, e também devem ser previstos sistemas de medição para cada uma das unidades da edificação.

### Crédito EA: Demand Response (Resposta à Demanda)

Permitir que o imóvel participe de programas de resposta à demanda nos quais há sistemas de venda do excesso da energia gerada *in loco* pode resultar no ganho de pontos nesse crédito. Se a concessionária de energia tiver um programa de resposta à demanda, a propriedade deverá estar inscrita no programa há, pelo menos, um ano. Contudo, se a concessionária não tiver esse tipo de programa, deverão ser instalados medidores e sistemas para desviar ao menos 10% da demanda elétrica de pico estimada para o prédio.

### Crédito EA: Renewable Energy Production (Produção de Energia Renovável)

O LEED encoraja o consumo de energia renovável em vez da não renovável nas edificações e oferece pontos para os sistemas de geração de energia recuperada ou gerada *in loco*. Os sistemas de energia renovável aceitos para este crédito incluem os sistemas de calefação solar, fotovoltaicos, ativos, de geração de eletricidade por biocombustível, geotérmicos (calefação ou eletricidade), hidrelétricos de baixo impacto ambiental, eólicos e de eletricidade gerada por energia cinética das ondas ou marés. A fim de receber pontos, os projetos que usam sistemas renováveis devem calcular o desempenho do projeto expressando a energia produzida como um percentual do custo energético anual do prédio. Os gastos anuais do prédio com energia são calculados usando-se uma simulação energética ou as informações do banco de dados US Department of Energy Commercial Buildings Energy Consumption Survey. A Tabela 5.15 indica o relacionamento entre a geração de energia renovável e o número de pontos atribuídos.

### Crédito EA: Enhanced Refrigerant Management (Gerenciamento Avançado de Gases Refrigerantes)

O pré-requisto EA Fundamental Refrigerant Management veda totalmente o uso de refrigerantes com CFC nos equipamentos de climatização e refrigeração de prédios novos. Este crédito apresenta medidas que ajudam a reduzir o uso nas edificações de produtos frigorígenos que destroem a camada de ozônio e aborda os impactos dessas substâncias nas mudanças climáticas. Há duas opções:

*Opção 1.* Não utilize refrigerantes.

*Opção 2.* Selecione refrigerantes que minimizam as contribuições ao potencial de destruição do ozônio ao clico de vida e ao potencial de aquecimento global direto ao ciclo de vida. A fim de considerar o risco potencial de vários frigorígenos, usa-se uma fórmula para quantificar o impacto combinado no projeto da edificação.

### Crédito EA: Green Power and Carbon Offsets (Energia Sustentável e Compensações de Carbono)

Outra abordagem ao uso da energia renovável em um prédio é contratar a compra de energia de uma concessionária que a gere com fontes renováveis. Este crédito exige que o proprietário da edificação tenha um contrato de, no mínimo, cinco anos para recursos qualificados que ofereçam 50% (um ponto) ou 100% (dois pontos) das necessidades energéticas do projeto obtidos com energias sustentáveis, compensações de carbono ou certificados de energia renovável (RECs). A fonte de energia renovável precisa estar conectada a partir de 1º de janeiro de 2005. A energia sustentável e os certificados de energia renovável devem ter certificação Green-e ou equivalente e podem ser utilizados para mitigar somente o consumo de eletricidade do projeto. As compensações de carbono podem ser empregadas para atenuar os impactos de qualquer fonte energética.

## Materiais e recursos (MR)

A categoria MR trata da minimização dos impactos dos materiais na cadeia de suprimentos para a construção. Pela primeira vez, o LEED v4 atribui pontos para o uso da análise do ciclo de vida e das Declarações de Produto Ambiental. Ele também considera as medidas adicionais de transparência por parte dos fabricantes para estimular a redução de sua contribuição aos impactos ao ambiente e à saúde humana (veja a Tabela 5.16).

### Pré-requisto MR: Storage and Collection of Recyclables (Depósito e Coleta de Materiais Recicláveis)

Uma área de acesso fácil deve ser reservada para separação, coleta e armazenagem de materiais recicláveis, que devem ser, no mínimo, papel, papelão corrugado, vidro, plástico e metal. Essa área

**TABELA 5.15**

**Pontos atribuídos para o percentual de energia renovável de cada tipo**

| Percentual de Energia Renovável | Pontos para New Construction (Nova Construção) e Schools (Escolas) | Pontos para Core and Shell (Envoltória e Núcleo Central) |
|---|---|---|
| 1% | 1 | 1 |
| 3% | – | 2 |
| 5% | 2 | 3 |
| 10% | 3 | – |

**TABELA 5.16**

**Pontos atribuídos a LEED BD+C Materials and Resources (Materiais e Recursos)**

| Nome da Categoria ou Crédito | New Construction (Nova Construção) | Pontos para Core and Shell (Envoltória e Núcleo Central) | Schools (Escolas) |
|---|---|---|---|
| Materials and Resources (Materiais e Recursos – MR) | 13 | 14 | 13 |
| Storage and Collection of Recyclables (Depósito e Coleta de Materiais Recicláveis) | P | P | P |
| Construction/Demolition Waste Management Planning (Plano de Gerenciamento da Construção e Resíduos de Demolição) | P | P | P |
| Building Life-Cycle Impact Reduction (Redução do Impacto do Ciclo de Vida do Edifício) | 5 | 6 | 5 |
| Building Product Disclosure and Optimization – Environmental Declarations (Divulgação e Otimização de Produto de Edifício – Declarações Ambientais) | 2 | 2 | 2 |
| Building Product Disclosure and Optimization – Sourcing of Raw Materials (Divulgação e Otimização de Produto de Edifício – Origens de Matéria-Prima) | 2 | 2 | 2 |
| Building Product Disclosure and Optimization – Material Ingredients (Divulgação e Otimização de Produto de Edifício – Ingredientes do Material) | 2 | 2 | 2 |
| Construction/Demolition Waste Management (Gerenciamento da Construção e Resíduos de Demolição) | 2 | 2 | 2 |

P = Pré-requisito do sistema de classificação

também deve ter espaço para o descarte adequado de, pelo menos, dois dos seguintes itens elétricos: pilhas e baterias, lâmpadas que contêm mercúrio e lixo eletrônico.

### Pré-requisto MR: Construction and Demolition Waste Planning (Plano de Gerenciamento da Construção e Resíduos de Demolição)

Exige-se que o projeto desenvolva e coloque em prática um plano de gestão do lixo de construção e demolição que identifique, pelo menos, cinco materiais que não irão para aterros sanitários e faça uma estimativa do percentual do total do lixo de construção e demolição que tais materiais representam. O plano também deve especificar como o lixo será separado ou como o lixo misturado ou misto será manuseado por um centro de reciclagem. Deve ser gerado um relatório de progresso diário que aborde todas as fontes de lixo e inclua o total de lixo gerado e as taxas de descarte e redirecionamento.

### Crédito MR: Building Life-Cycle Impact Reduction (Redução do Impacto do Ciclo de Vida do Edifício)

O projeto deve demonstrar uma estratégia de minimização dos impactos ambientais dos materiais utilizados pelo prédio, seja por meio do reúso de recursos existentes no local, seja por uma análise do ciclo de vida. Há quatro opções disponíveis:

*Opção 1. Reúso de Edificação Histórica.* Trata-se do reúso de um prédio histórico, mantendo sua estrutura, suas vedações externas ou seus elementos internos não estruturais. Para que se qualifique, a edificação deve ser tombada por uma entidade municipal, estadual ou nacional.

*Opção 2. Reforma de um Prédio Abandonado ou Degradado.* Renovar uma edificação abandonada ou degradada, mantendo-se, pelo menos, 50% de seus elementos externos e internos. O prédio deve ser recuperado, no mínimo, em um grau no qual se torne possível uma ocupação produtiva.

*Opção 3. Reúso de Prédio ou Materiais.* Reúso ou aproveitamento de materiais de demolição oriundos do sítio ou de fora dele. Incluem-se os elementos estruturais, como pisos e coberturas com tabuados de madeira, materiais de vedação externa e elementos internos de instalação permanentes, como paredes e portas. A Tabela 5.17 lista o número de pontos ganhos para cada percentual de área reusada nessa opção.

**TABELA 5.17**

Pontos conferidos para cada percentual de área construída reusada

| Percentual de área construída reusada | Pontos para New Construction (Nova Construção) e Schools (Escolas) | Pontos para Core and Shell (Envoltória e Núcleo Central) |
|---|---|---|
| 25% | 2 | 2 |
| 50% | 3 | 3 |
| 75% | 4 | 5 |

*Opção 4. Análise do Ciclo de Vida de Toda a Edificação.* Faça uma análise do ciclo de vida de acordo com a norma ISO 14044 e selecione os materiais e produtos que demonstrem 10% de redução nos impactos em relação ao edifício de referência. O edifício de referência deve ser bastante semelhante ao prédio projetado em termos de tamanho, função e orientação, e ambos devem ter seus desempenhos energéticos descritos conforme o pré-requisito EA Minimum Energy Performance. São necessárias reduções de, pelo menos, três das seguintes medidas de impacto ambiental (potencial de aquecimento global, potencial de destruição do ozônio estratosférico, acidificação, eutroficação, formação de ozônio troposférico e destruição de recursos energéticos não renováveis) em virtude dos materiais ou do processo de seleção dos produtos.

### Crédito MR: Product Disclosure and Optimization – Environmental Product Declarations (Divulgação e Otimização de Produto do Edifício – Declarações Ambientais de Produtos)

Declarações Ambientais de Produto (EPDs) são análises de ciclo de vida de produtos feitas de acordo com o formato especificado pela ISO 14044. Os Padrões de Atributos Múltiplos são normas que especificam os atributos sustentáveis múltiplos dos produtos. Este crédito oferece duas opções que podem ser utilizadas para que o projeto ganhe dois pontos.

*Opção 1. EPDs.* Pelo menos 20 produtos diferentes devem: (1) ter uma declaração específica para o produto conforme a ISO 14044; (2) ter uma EPD que atenda à ISO e apresente informações sobre os impactos; ou (3) estar de acordo com outras estruturas de EDP aprovadas pelo USGBC.

*Opção 2. Otimização de Atributos Múltiplos.* Use produtos que atendam a um dos seguintes critérios, para, no mínimo 50% por custo do valor total dos produtos de instalação permanente: (1) produtos certificados por terceiros que tenham impactos abaixo da média da indústria para três das seis medidas de impacto ambiental (potencial de aquecimento global, potencial de destruição do ozônio estratosférico, acidificação, eutroficação, formação de ozônio troposférico e destruição de recursos energéticos não renováveis); ou (2) atendam a outra estrutura de atributos múltiplos aprovada pelo USGBC.

### Crédito MR: Product Disclosure and Optimization – Sourcing of Raw Materials (Divulgação e Otimização de Produto de Edifício – Origens de Matéria-Prima)

*Opção 1. Relatório das Fontes de Matéria-Prima e Extração.* Use no mínimo, 20 produtos de, pelo menos, cinco fabricantes diferentes que tenham relatório sobre suas matérias-primas demonstrando procedimentos de extrativismo ambientalmente responsáveis. Esses relatórios podem ser uma combinação de declarações do próprio fabricante e de relatórios de responsabilidade social corporativa feitos por terceiros (CSRs) que contenham informações sobre os impactos da extração das matérias-primas. Os CSRs devem utilizar uma das estruturas aceitáveis, como o UN Global Compact ou a Global Reporting Initiative.

*Opção 2. Práticas de Extrativismo Líderes.* Utilize produtos que atendam a critérios de extrativismo responsável de um dos seguintes em pelo menos 25% do valor total daqueles de instalação permanente: responsabilidade do produtor estendida, certificação do Forestry Stewardship Council (FSC), reúso de materiais, conteúdo reciclável ou programa aprovado pelo USGBC.

### Crédito MR: Product Disclosure and Optimization – Material Ingredients (Divulgação e Otimização de Produto de Edifício – Ingredientes do Material)

*Opção 1. Relatório dos Ingredientes dos Materiais.* Use, no mínimo, 20 materiais dos fabricantes que utilizam um dos seguintes programas que indicam o inventário químico do produto com, pelo menos, uma precisão de 0,1% ou mil partes por milhão: Inventário do Fabricante, Declaração de Produto Saudável, Análise do Berço-ao-Berço ou programa aprovado pelo USGBC.

*Opção 2. Otimização dos Ingredientes do Material.* Use um dos seguintes percursos de otimização dos ingredientes do material para, pelo menos, 25% do valor total dos produtos de instalação permanente: GreenScreen v1.2 Benchmark, Certificação Berço-ao-Berço, REACH Optimization ou um programa aprovado pelo USGBC.

*Opção 3. Otimização da Cadeia de Suprimento do Fabricante do Produto.* Use produtos que correspondam, pelo menos, a 25% por custo do valor total daqueles de instalação permanente obtidos de fabricantes envolvidos em programas robustos, de segurança validada, de proteção à saúde, com controle de riscos ou de materiais nocivos que documentam, no mínimo, 99% por peso dos ingredientes do produto ou do material. Os produtos também devem ser obtidos de fabricantes com verificação de um terceiro independente que verifique se vários critérios especificados foram atendidos conforme os programas de segurança, saúde, controle de riscos ou de materiais nocivos.

### Crédito MR: Construction and Demolition Waste Management (Gerenciamento da Construção e Resíduos de Demolição)

O projeto deve reciclar e/ou usar materiais de construção e demolição que não sejam nocivos e medir os resultados por meio do uso consistente de unidades de peso ou volume. São incluídos os refugos de madeira utilizados como biocombustível, mas são excluídos o solo escavado, os detritos da limpeza do terreno e a cobertura vegetal retirada diariamente. As duas opções disponíveis para esse crédito são descritas a seguir.

*Opção 1. Redirecionamento de Três Fluxos de Materiais e 50% de seu Volume.* Redirecione, pelo menos, 50% do total dos resíduos de construção e demolição de, no mínimo, três materiais.

*Opção 2. Redução do Lixo Total.* Gere, no máximo, 12,2 kg/m$^2$ de lixo.

## Qualidade do ambiente interno

A categoria Environmental Quality (EQ) foca muito a qualidade do ar dos interiores e inclui várias outras questões do ambiente interno, como o desempenho acústico, a qualidade da iluminação, a iluminação natural e as vistas e o conforto térmico (veja a Tabela 5.18).

### Pré-requisito EQ: Minimum Indoor Air Quality Performance (Desempenho Mínimo da Qualidade do Ar Interior)

Os prédios ou seus recintos que têm ventilação mecânica devem atender às exigências do procedimento de taxa de ventilação da norma ASHRAE Standard 62.1-2010 ou de um equivalente local mais rigoroso. Caso a localização esteja fora dos Estados Unidos, o sistema de ventilação deverá atender aos requisitos da norma do European Committee for Standardization (CEN), EN 15251-2007, Indoor Environmental Quality. De maneira similar, para edificações com ventilação natural, deve-se seguir o procedimento especificado na norma ASHRAE 62.1-2010. Para a ventilação mecânica, o fluxo de ar do exterior deve ser monitorado por medições do fluxo de ar direto. No caso da ventilação natural, é necessária a medição do fluxo de ar direto ou das concentrações de dióxido de carbono ($CO_2$).

### Pré-requisito EQ: Environmental Tobacco Smoke Control (Controle Ambiental da Fumaça de Tabaco)

O fumo deve ser proibido dentro do prédio e em seu exterior, exceto em áreas reservadas que fiquem, no mínimo, a 7,6 m de distância de qualquer tomada de ar. As entradas do prédio devem ter

**TABELA 5.18**

Pontos atribuídos à categoria LEED BD+C Indoor Environmental Quality (Qualidade do Ambiente Interno)

| Nome da Categoria ou Crédito | New Construction (Nova Construção) | Core and Shell (Envoltória e Núcleo Central) | Schools (Escolas) |
|---|---|---|---|
| Indoor Environmental Quality (Qualidade do Ambiente Interno – EQ) | 16 | 10 | 16 |
| Minimum IAQ Performance (Desempenho Mínimo da Qualidade do Ar do Interior) | P | P | P |
| Environmental Tobacco Smoke Control (Controle Ambiental da Fumaça de Tabaco) | P | P | P |
| Enhanced IAQ Strategies (Estratégias Avançadas de Qualidade do Ar do Interior) | 2 | 2 | 2 |
| Low-Emitting Materials (Materiais de Baixa Emissão) | 3 | 3 | 3 |
| Construction IAQ Management Plan (Plano de Gerenciamento da Qualidade do Ar Interior na Construção) | 1 | 1 | 1 |
| IAQ Assessment (Avaliação da Qualidade do Ar Interior) | 2 | n/a | 2 |
| Thermal Comfort (Conforto Térmico) | 1 | n/a | 1 |
| Interior Lighting (Iluminação Interior) | 2 | n/a | 2 |
| Daylight (Luz natural) | 3 | 3 | 3 |
| Quality Views (Vistas de Qualidade) | 1 | 1 | 1 |
| Acoustic Performance (Desempenho Acústico) | 1 | n/a | 1 |

P = Pré-requisito para o sistema de certificação
n/a = Não se aplica ao sistema de certificação

placas indicando a proibição do fumo. Nas edificações residenciais, o fumo será proibido em todas as áreas de uso comum, e deve-se prevenir vazamentos de ar excessivos entre as unidades por meio do uso de faixas de vedação e da selagem cuidadosa de todas as perfurações entre as unidades.

### Requisito EQ: Minimum Acoustic Performance (Desempenho Mínimo Acústico)

No projeto de escolas, deve-se alcançar um nível de ruído de fundo máximo de 40 decibéis (dBA) para os sistemas de climatização nas salas de aula e em outros espaços de aprendizado importantes. A norma ANSI Standard S12.60–2010, Parte 1, Anexo A.1; as aplicações de 2011 para climatização do manual ASHRAE, Capítulo 48, "Sound and Vibration Control"; e norma AHRI Standard 885–2008 apresentam as melhores práticas para prevenir a transmissão de ruídos e sons gerados por equipamentos e componentes de climatização. Em locais muito barulhentos (aqueles com níveis sonoros superiores a 60 dBA em horários de pico), deve ser utilizado um tratamento acústico e outras medidas utilizadas para minimizar a intrusão de ruídos de fontes internas e controlar a transmissão sonora entre salas de aula e outros espaços de ensino importantes.

### Crédito EQ: Enhanced Indoor Air Quality Strategies (Estratégias Avançadas de Qualidade do Ar do Interior)

Há duas opções para se obter os pontos por medidas adicionais para a melhoria da qualidade do ar no interior:

*Opção 1.* Medidas como sistemas de entrada, prevenção da contaminação cruzada em interiores e filtração do ar. Os sistemas de acesso ao prédio devem ser permanentes e precisam ter, no mínimo, 3 m de profundidade para capturar a sujeira e os particulados que entram, geralmente trazidos pelos calçados dos usuários e visitantes. Grelhas, grades e materiais perfurados podem ser utilizados para isso. As medidas de prevenção da contaminação cruzada devem ser empregadas sempre que houver o risco da presença de gases ou produtos químicos perigosos. Essas áreas devem ter sistemas de pressão negativa, portas automáticas, divisórias de vedação do piso ao teto e exaustão segura para o exterior. Os sistemas que insuflam ar externo aos espaços de permanência prolongada devem ser equipados com filtros com Valor de Registro de Eficiência

Mínima (MERV) 13 ou superior, conforme a norma ASHRAE Standard 52.2-2007, que especifica como testar os filtros de ar, ou, se estiverem na Europa, com filtros da Classe F7 ou superior, como especifica a norma CEN Standard EN 779-2002, o equivalente europeu da ASHRAE 52.2.

*Opção 2.* Um conjunto alternativo de exigências inclui a prevenção da contaminação externa, o aumento da ventilação, o monitoramento dos níveis de $CO_2$ e um maior controle e monitoramento. O uso de estratégias de projeto avançadas, como o emprego da modelagem dinâmica de fluidos computacional, pode resultar em entradas que evitam naturalmente a passagem de poluentes para dentro do prédio. O monitoramento das concentrações de $CO_2$ em espaços de ocupação densa e a indicação dos níveis e o alerta aos usuários quando se excedem limites estabelecidos podem auxiliar a garantir a qualidade do ar no interior.

### Crédito EQ: Low-Emitting Materials (Materiais de Baixa Emissão)

Este crédito cobre as emissões de compostos orgânicos voláteis (COVs) no ar do interior, o conteúdo de COVs nos materiais e os meios de testagem dos níveis de COVs nos interiores. São cobertas sete categorias de materiais: (1) tintas e revestimentos de interior aplicados *in loco*, (2) adesivos e vedantes de interior aplicados *in loco*, (3) pisos, (4) madeiras compósitas, (5) isolantes acústicos, (6) móveis e (7) produtos de uso externo (apenas em projetos de escolas). A linha divisória entre os espaços internos e externos é a barreira de vedação, que pode ser, por exemplo, uma membrana de impermeabilização ou uma barreira estanque ao ar ou à água. Nos projetos de escolas, há restrições quanto ao conteúdo de COVs de algumas classes de materiais para uso no exterior, como tintas e elementos de cobertura.

### Crédito EQ: Construction Indoor Air Quality Management Plan (Plano de Gerenciamento da Qualidade do Ar Interior na Construção)

A qualidade do ar durante a construção e os inúmeros contaminantes em potencial que resultam de serviços de lixamento, pintura e acabamento podem representar riscos à saúde dos futuros usuários de uma edificação. Para prevenir que essas ameaças surjam, são necessárias várias medidas. Em primeiro lugar, a adoção de medidas de controle para proteger os componentes do sistema de climatização, conforme especificam as diretrizes da Sheet Metal and Air Conditioning Contractors National Association *IAQ Guidelines for Occupied Buildings under Construction*, 2ª edição, 2007. Em segundo, todos os materiais absorventes que serão utilizados na construção devem ser armazenados de modo que os proteja dos danos provocados pela umidade. Em terceiro lugar, os equipamentos de distribuição de ar devem operar somente com filtros MERV 8 ou superiores instalados em todas as grades de retorno de ar e entradas dos dutos de transferência. Esses filtros também devem ser substituídos ou removidos logo antes da ocupação. Por fim, é proibido o uso de qualquer tipo de tabaco dentro do prédio ou a uma distância inferior a 7,6 m dele.

### Crédito EQ: Indoor Air Quality Assessment (Avaliação da Qualidade do Ar Interior)

*Opção 1.* Logo antes da ocupação, mas após a instalação de todos os acabamentos no interior e dos novos filtros, o prédio deve ser arejado com 315 litros de ar do exterior por metro quadrado. O arejamento também pode ocorrer durante a ocupação, mas com a especificação das taxas de fluxo, das temperaturas internas e da duração desse procedimento.

*Opção 2.* Uma vez terminada a obra, mas antes da ocupação, faça um teste de referência da qualidade do ar do interior, determinando os níveis de formaldeídos, particulados, ozônio, COVs totais, monóxido de carbono e outros produtos químicos especificados.

### Crédito EQ: Thermal Comfort (Conforto Térmico)

*Opção 1.* Projete de acordo com a norma ASHRAE Standard 55-2010, Thermal Comfort Conditions for Human Occupancy.

*Opção 2.* Projete os sistemas de climatização e as vedações externas de modo que atendam às exigências das normas ISO 7730:2005, Ergonomics of the Thermal Environment e CEN Standard EN 15251:2007, Indoor Environmental Input Parameters for Design and Assessment of Energy Performance of Buildings.

### Crédito EQ: Interior Lighting (Iluminação Interior)

*Opção 1. Controle da iluminação.* Pelo menos 90% dos espaços de ocupação individual devem ter controles de iluminação que permitam aos usuários regular os níveis lumínicos de acordo com suas necessidades. Nos espaços de uso compartilhado, a iluminação deve ser ajustada para atender às necessidades do grupo, a iluminação para apresentações e projetores deve contar com controles separados, e os interruptores das luminárias devem estar dentro dos recintos em que estas se encontram.

*Opção 2. Qualidade da Iluminação.* Todos os espaços (com algumas poucas exceções) devem ser dotados de luminárias com luminância de, no mínimo, 2.500 pés-vela por $m^2$ a um ângulo entre 45 e 90 graus do nadir. Com algumas exceções, as lâmpadas devem ter índice de reprodução de cores de 80 ou mais. Para, pelo menos, 75% da carga ligada, devem ser utilizadas fontes de luz com vida média nominal mínima de 24 mil horas.

### Crédito EQ: Daylight (Luz Natural)

*Opção 1.* Use simulações de computador para demonstrar que a luz natural é suficiente para 55, 75 ou 90% dos espaços normalmente ocupados. Além disso, comprove que foi alcançada uma exposição à luz solar de 10% do ano.

*Opção 2.* Mostre, por meio de simulações computadorizadas, que os níveis de iluminância entre 300 e 3.000 lux são alcançados entre as 9h e as 15h nas áreas de piso de uso regular de 75 ou 90% dos espaços normalmente ocupados.

*Opção 3.* Use medidas diretas para demonstrar que níveis de iluminação entre 300 e 3.000 lux são alcançados para 75 ou 90% dos espaços normalmente ocupados.

### Crédito EQ: Quality Views (Vistas de Qualidade)

Ao ter uma linha de visão do exterior obtida por meio de vidraças em 75% de todos os espaços regularmente ocupados, os usuários se conectam com o ambiente externo, e o projeto pode receber pontos para esse crédito.

### Crédito EQ: Acoustic Performance (Desempenho Acústico)

As estratégias que promovem o projeto acústico de alta qualidade tratarão dos ruídos de fundo gerados pelo sistema de climatização, o isolamento de sons, o período de reverberação e o reforço e mascaramento de sons. Esse crédito exige classes de transmissão sonora mínimas entre os vários tipos de espaços internos, a minimização dos ruídos gerados pela climatização e a geração de períodos de reverberação apropriados, dependendo dos usos de cada recinto.

## Inovação

### Crédito IN: Innovation (Inovação)

O LEED v4 permite que se atribuam pontos para esse crédito por inovações (IN), pelo uso de um crédito-piloto da LEED Pilot Credit Library ou pelo desempenho exemplar. No contexto do LEED, inovação significa atingir um desempenho ambiental mensurável para uma estratégia que não seja especificamente abordada pelo sistema LEED. Por exemplo, um programa de limpeza sustentável implementado na operação do prédio poderia atender a esse requisito, pois essa estratégia não é abordada por nenhum dos créditos do LEED. A LEED Pilot Credit Library é um conjunto de créditos que estão sendo testados para possível inclusão nas futuras versões do LEED e que as equipes de projeto podem utilizar para obter mais pontos. Um desempenho exemplar resulta em pontos para créditos especificamente designados por outras categorias quando o projeto atinge o dobro da exigência para o crédito, ou alcança o nível percentual seguinte. Por exemplo, para o crédito MR que trata da gestão do lixo da construção, se a equipe de projeto conseguir tanto o redirecionamento do lixo como o alcance das metas de redução de lixo, um ponto adicional poderá ser alcançado pelo crédito IN (veja a Tabela 5.19).

**TABELA 5.19**

Pontos atribuídos à categoria LEED BD+C Innovation and Design (Inovação e projeto)

| Nome da Categoria ou do Crédito | New Construction (Nova Construção) | Core and Shell (Envoltória e Núcleo Central) | Schools (Escolas) |
|---|---|---|---|
| Innovation and Design (Inovação e Projeto – ID) (refere-se a abordagens inovadoras ainda não abordadas pelo LEED) | 6 | 6 | 6 |
| Innovation (Inovação) refere-se a um desempenho excepcional) | 5 | 5 | 5 |
| LEED Accredited Professional (Profissional Acreditado LEED) | 1 | 1 | 1 |

### Crédito ID: LEED Accredited Professional (Profissional Acreditado LEED – LEED AP)

A fim de facilitar a certificação LEED, um LEED AP especializado no sistema de avaliação deve ser um dos principais participantes da equipe de projeto.

## Prioridade regional

Em qualquer área do mundo na qual haja um projeto LEED, créditos extras podem ser obtidos conforme as prioridades do capítulo do USGBC daquela região. Essas prioridades se baseiam nos créditos existentes em cada categoria do LEED e são selecionadas a partir de informações fornecidas pelos conselhos regionais e capítulos do USGBC (veja a Tabela 5.20). A cada região são atribuídos seis créditos RP para obtenção como créditos adicionais, e a equipe de projeto pode ganhar quatro desses pontos. Os créditos RP estão listados no site do USGBC (www.usgbc.org) de acordo com o código postal.

**TABELA 5.20**

Pontos atribuídos à categoria LEED BD+C Regional Priority (Prioridade Regional)

| Nome da Categoria ou Crédito | New Construction (Nova Construção) | Core and Shell (Envoltória e Núcleo Central) | Schools (Escolas) |
|---|---|---|---|
| Regional Priority (Prioridade Regional) | 4 | 4 | 4 |
| Regional Priority Credits (Créditos de Prioridade Regional) | 4 | 4 | 4 |

## ESTUDO DE CASO

### UNIVERSITY OF FLORIDA RESEARCH AND ACADEMIC CENTER NO LAGO NONA, ORLANDO, FLÓRIDA

Os laboratórios representam um desafio significativo para as equipes de projeto e construção dedicadas ao planejamento de instalações de alto desempenho. Essas edificações costumam exigir níveis de ventilação elevados e devem abordar o risco da presença de produtos químicos e materiais potencialmente tóxicos, mas que não costumam estar presentes em edifícios comerciais. A University of Florida era o cliente para um novo centro acadêmico e de pesquisas localizado junto ao lago Nona, perto de Orlando, Flórida, e trabalhou junto com HOK Architects, firma de arquitetura, e AEI, uma firma de engenharia. O prédio de 44 milhões de dólares e 10.406 m² foi projetado com a colaboração direta dos cientistas e pesquisadores da University of Florida e do Sanford–Burnham Medical Research Institute (veja as Figuras 5.7 e 5.8).

O resultado almejado era que esse centro de pesquisa pudesse ser considerado um divisor de águas

**FIGURA 5.7** The University of Florida Research and Academic Center no Lago Nona, em Orlando, Flórida, é um centro de pesquisa de alto desempenho que obteve a certificação LEED *Platinum* do US Green Building Council por seu excepcional projeto ambiental e de consumo de energia. O anteparo de proteção solar, composto de uma tela metálica, é o elemento arquitetônico dominante da fachada do prédio. Embora seu formato e material tenham trazido inúmeros desafios para a fabricação e montagem, a tela foi bem instalada e funciona conforme o previsto. (Fotografia por cortesia de HOK Architects)

para a Medicina, ao aproveitar ao máximo os talentos extraordinários de equipes multidisciplinares de pesquisadores, médicos clínicos, professores e estudantes. O objetivo do centro seria desenvolver terapias que pudessem melhorar radicalmente a saúde dos pacientes. Um dos objetivos-chave da equipe de projeto era obter uma iluminação natural excepcional, que pudesse tanto melhorar a produtividade dos pesquisadores como contribuir para a redução do consumo de energia. Nos laboratórios de pesquisa, instalou-se uma parede de vidro ao longo do setor reservado das áreas de pesquisa a fim de oferecer vistas amplas e permitir o ingresso da luz diurna entre os laboratórios e a zona das salas de pesquisa (veja a Figura 5.9). As

**FIGURA 5.8** Vista sul do The University of Florida Research and Academic Center no Lago Nona, em Orlando, Flórida. (Fotografia por cortesia de HOK Architects)

**FIGURA 5.9** A estratégia de iluminação natural empregada no centro de pesquisas Lake Nona oferece níveis excelentes de luz natural, algo muitas vezes difícil de se obter em laboratórios de pesquisa. (Fotografia por cortesia de HOK Architects)

**FIGURA 5.10** Um sistema de cortinas de enrolar de acionamento manual ou motorizado controla o ofuscamento e a iluminação natural. Esses protetores solares instalados em salas de aula, laboratórios, escritórios e no auditório principal bloqueiam o sol, mas permitem a passagem da luz natural filtrada. Isso cria um ambiente de aprendizado mais confortável e prazeroso para os funcionários e alunos. A parede oeste do auditório é curva e exigiu medidas especiais para garantir que as cortinas fossem instaladas corretamente. (Fotografia por cortesia de HOK Architects)

áreas de pesquisa incluem dois pavimentos de laboratórios com plantas livres compostos de um enorme salão com grandes áreas de bancadas em ilhas dotadas de pias, armários e acessórios móveis com coifas e armários de segurança. Os laboratórios oferecem vistas de um bosque protegido, ao sul. Uma parede interna de vidro conecta visualmente os escritórios.

Um sistema motorizado de cortinas de enrolar foi instalado nas janelas de salas de aula, laboratórios, escritórios e no auditório principal, bloqueando o sol, mas permitindo a passagem da luz natural filtrada (veja a Figura 5.10). O resultado é um ambiente de ensino e aprendizado muito agradável para os funcionários e estudantes. Contudo, o elemento de arquitetura que se destaca nas elevações é um enorme painel de sombreamento, que destaca o prédio ao mesmo tempo que mitiga os ganhos térmicos da luz solar direta, uma necessidade na Flórida. O resultado dessa abordagem de proteção solar foi uma menor carga de resfriamento e, consequentemente, a redução do consumo de energia elétrica. A grande fachada-cortina do prédio foi protegida por esse anteparo composto de tela metálica. Desse modo, os usuários do prédio ao mesmo tempo desfrutam uma iluminação natural e vistas desobstruídas. Esse anteparo externo tem a forma de uma estrutura em forma de cúpula (veja a Figura 5.11) e é composto de 10 painéis trapezoidais que se curvam do topo da edificação até sua base, envolvendo o exterior e se apoiando em suportes intermediários. Contudo, há uma interrupção na área central do painel, revelando a fachada-cortina que está por trás. Esse anteparo tem 20,7 m de altura e chega a se afastar 5,5 m do prédio. O projeto desses painéis de sombreamento foi particularmente difícil em virtude dos critérios de projeto para ventos fortes da Flórida, que exigem que tais elementos suportem furacões que podem alcançar 150 mph. Algumas das outras características inovadoras que fazem desse prédio um laboratório sustentável de desempenho excepcionalmente elevado são o sistema de vigas refrigeradas a água fria, o sistema de recuperação de calor com bomba, o sistema solar doméstico de água quente e a proteção ecológica de terracota que oferece uma camada externa de isolamento para melhorar a eficiência energética e, ao mesmo tempo, evitar o excesso de umidade.

**FIGURA 5.11** A proteção solar metálica é o elemento arquitetônico mais importante da fachada do laboratório do University of Florida Research and Academic Center. Ela reduz o ofuscamento e os ganhos térmicos, ao mesmo tempo que permite a entrada da luz natural e o aproveitamento da vista na elevação oeste, normalmente problemática. (Fotografia por cortesia de HOK Architects)

O Center for Pharmacometrics and Systems Pharmacology, acomodado no Research and Academic Center da Faculdade de Farmácia da University of Florida está entre os primeiros centros acadêmicos do país a adotar sofisticados modelos matemáticos e simulações computadorizadas para replicar os testes clínicos necessários ao desenvolvimento de novos medicamentos. Esses testes simulados evitam que os pesquisadores invistam desnecessariamente em drogas cujo sucesso seja duvidoso. Como resultado, os recursos e esforços do centro de pesquisas podem ser mais bem direcionados para drogas que tenham o potencial de ajudar milhões de pessoas, e os medicamentos resultantes do processo costumam ser aprovados com mais rapidez pelo Food and Drug Administration dos Estados Unidos.

O Lake Nona Research and Academic Center também foi considerado um projeto excepcional pelo USGBC, que lhe conferiu o grau *platinum* de certificação com o uso do LEED v2.2 (veja a Tabela 5.21).

### TABELA 5.21

Pontos conferidos pela certificação LEED *Platinum* ao University of Florida Research and Academic Center no lago nona

| Crédito | Pontos Obtidos | Pontos Possíveis |
|---|---|---|
| **Sustainable Sites (Terrenos Sustentáveis)** | 14 | 14 |
| Pré-requisito: Construction Activity Pollution Prevention (Prevenção da Poluição na Atividade da Construção) | sim | sim |
| Site Selection (Seleção do Terreno) | 1 | 1 |
| Development Density and Community Connectivity (Densidade do Empreendimento e Conectividade com a Comunidade) | 0 | 1 |
| Brownfield Redevelopment (Recuperação de Terreno Contaminado) | 0 | 1 |
| Alternative Transportation (Transporte Alternativo) | 3 | 4 |
| Site Development (Desenvolvimento do Terreno) | 1 | 2 |
| Stormwater Design (Projeto de Gestão de Águas Pluviais) | 2 | 2 |
| Heat Island Effect (Efeito de Ilha Térmica) | 1 | 2 |
| Light Pollution Reduction (Redução da Poluição Luminosa) | 1 | 2 |
| **Water Efficiency (Uso Racional da Água)** | 4 | 5 |
| Water Efficient Landscaping (Paisagismo Eficiente em Água) | 2 | 2 |
| Innovative Wastewater Technologies (Tecnologias Inovadoras para Gestão de Águas Servidas) | 0 | 1 |
| Water Use Reduction (Redução do Uso de Água) | 2 | 1 |
| **Energy and Atmosphere (Energia e Atmosfera)** | 13 | 17 |
| Pré-requisito: Fundamental Commissioning of the Building Energy Systems (Comissionamento Fundamental dos Sistemas Energéticos do Prédio) | sim | sim |
| Pré-requisito: Minimum Energy Performance (Desempenho Mínimo de Energia) | sim | sim |
| Pré-requisito: Fundamental Refrigerant Management (Gerenciamento Fundamental de Gases Refrigerantes) | sim | sim |
| Optimize Energy Performance (Otimização do Desempenho Energético) | 9 | 10 |
| On-site Renewable Energy (Energias Renováveis Geradas *In loco*) | 0 | 3 |
| Enhanced Commissioning (Comissionamento Aprimorado) | 1 | 1 |
| Enhanced Refrigerant Management (Gestão Avançada dos Refrigerantes) | 1 | 1 |
| Measurement and Verification (Medição e Verificação) | 1 | 1 |
| Green Power (Energia Elétrica Sustentável) | 1 | 1 |
| **Materials and Resources (Materiais e Recursos)** | 7 | 13 |
| Pré-requisito: Storage & Collection of Recyclables (Depósito e Coleta de Materiais Recicláveis) | sim | sim |
| Building Reuse (Reúso da Edificação) | 0 | 3 |
| Construction Waste (Resíduos da Construção) | 2 | 2 |
| Material Reuse (Reúso de Materiais) | 0 | 2 |
| Recycled Content (Conteúdo Reciclado) | 2 | 2 |

*(continua)*

**TABELA 5.21**

Pontos conferidos pela certificação LEED *Platinum* ao University of Florida Research and Academic Center no lago nona (*continuação*)

| Crédito | Pontos Obtidos | Pontos Possíveis |
|---|---|---|
| Regional Materials (Materiais Regionais) | 2 | 2 |
| Rapidly Renewable Materials (Materiais de Renovação Rápida) | 0 | 1 |
| Certified Wood (Madeira Certificada) | 1 | 1 |
| **Indoor Environmental Quality (Qualidade do Ambiente Interno)** | **14** | **15** |
| Pré-requisito: Minimum IAQ Performance (Desempenho Mínimo da Qualidade do Ar Interior) | sim | sim |
| Pré-requisito: ETS Control (Controle ETS) | sim | sim |
| Outdoor Air Delivery Monitoring (Monitoramento da Entrega do Ar Exterior) | 1 | 1 |
| Increased Ventilation (Ventilação Aprimorada) | 1 | 1 |
| Construction IAQ Management Plan (Plano de Gerenciamento da Qualidade do Ar Interior na Construção) | 1 | 2 |
| Low-Emitting Materials (Materiais de Baixa Emissão) | 4 | 4 |
| Indoor Chemical and Pollutant Source Control (Controle na Fonte de Produtos Químicos e Poluentes no Interior) | 1 | 1 |
| Controllability of Systems (Controlabilidade dos Sistemas) | 2 | 2 |
| Thermal Comfort (Conforto Térmico) | 2 | 2 |
| Daylight and Views (Iluminação Natural e Vistas) | 2 | 2 |
| **Innovation (Inovação)** | **5** | **5** |
| Innovation and design (Inovação e Projeto) | 4 | 4 |
| LEED Accredited Professional (Profissional Acreditado LEED) | 1 | 1 |
| **TOTAL DE PONTOS (pelo menos 50 pontos para o LEED *Platinum*)** | **52** | **69** |

# RESUMO E CONCLUSÕES

O sistema de avaliação e certificação de edificações LEED é, na verdade, um conjunto de produtos de certificação que pode ser utilizado para orientar o projeto, a construção e operação de um prédio de alto desempenho ao longo de sua vida útil. A versão atual do sistema LEED é a v4. Os vários produtos de certificação LEED disponíveis oferecem uma ampla gama de opções, sendo que quase sempre haverá alguma aplicável a um tipo de projeto. O processo de certificação bem-sucedido resulta em um dos níveis oferecidos: *Platinum, Gold, Silver* ou *Certified*. Os profissionais do setor da construção que se envolvem com o projeto e a construção de edificações sustentáveis podem obter uma das diversas credenciais LEED: LEED Green Associate, LEED AP (Accredited Professional) ou LEED Fellow, a mais elevada. O número de projetos de edificação certificados pelo GGCI está crescendo exponencialmente nos Estados Unidos, e espera-se que, em breve, quase a metade de todos os novos prédios não residenciais seja ecologicamente sustentável e que a grande maioria deles se submeta ao processo de certificação LEED.

# O sistema de certificação de edificações Green Globes

# 6

Green Globes (www.thegbi.com) é um sistema de certificação de edificações originário do Reino Unido e do Canadá que vem sendo adotado nos Estados Unidos como uma alternativa ao sistema LEED – Leadership in Energy and Environmental Design, do US Green Building Council (USGBC). Ele resulta em uma classificação que varia entre um e quatro *green globes* (globos verdes) para um projeto, conforme o percentual de pontos máximos que o projeto alcance (veja a Figura 6.1). A Green Building Initiative (GBI), a proponente norte-americana do Green Globes, descreve esse sistema de certificação como uma ferramenta revolucionária de gestão da sustentabilidade ao incluir um protocolo de avaliação, um sistema de certificação e um guia para a adoção do projeto ecológico nos prédios comerciais. O protocolo de avaliação baseado na web preenchido pela equipe de projeto facilita o trabalho de verificação por terceiros. Foi elaborado para ser uma abordagem interativa, flexível e de baixo custo para avaliação e certificação de edificações projetadas ou já construídas.

O sistema de certificação Green Globes representa mais de 20 anos de pesquisa e aprimoramento elaborado por um alto número de organizações e especialistas do mundo inteiro. Sua origem foi o Building Research Establishment Environmental Assessment Method (BREEAM), do Reino Unido, que então foi importado pelo Canadá em 1996. No mesmo ano, a Canadian Standards Association publicou o BREEAM Canada for Existing Buildings. Em 2004, o GBI adquiriu os direitos de distribuição do Green Globes nos Estados Unidos. A missão da GBI é acelerar a adoção de práticas que resultem em prédios eficientes em energia, saudáveis e ecologicamente sustentáveis ao promover abordagens de edificação verdes e práticas. A GBI dedica-se ao refinamento contínuo do

| | | |
|---|---|---|
| 85–100% | ○○○○ | Certificação reservada para projetos de edificação selecionados que servem como líderes nacionais ou globais em desempenho energético e ambiental. O projeto apresenta práticas de projeto que podem ser adotadas e implementadas por outros. |
| 70–84% | ○○○ | Demonstra liderança em práticas de projeto ambiental e de consumo de energia e um comprometimento com a melhoria contínua e a liderança do setor da construção civil. |
| 55–69% | ○○ | Demonstra excelente progresso na obtenção de resultados eficientes em termos ecológicos por meio das melhores práticas correntes de projeto ambiental e de consumo de energia. |
| 35–54% | ○ | Demonstra ir além da conscientização e do comprometimento com sólidas práticas de projeto ambiental e de consumo de energia, demonstrando um bom progresso na redução dos impactos ambientais. |

**FIGURA 6.1** Os níveis de certificação Green Globes baseiam-se no percentual de pontos obtidos em relação ao máximo disponível. Para que se obtenha o nível mínimo de certificação (um globo verde), é preciso alcançar, no mínimo, 35% da pontuação disponível. (Diagrama por cortesia da Green Building Initiative, Inc.)

sistema, a fim de garantir que ele reflita a mudança de opiniões e os avanços contínuos na pesquisa e tecnologia, bem como envolva os múltiplos interessados em um processo aberto e transparente.

Em 2005, a GBI se tornou a primeira organização de edificações sustentáveis a ser acreditada como desenvolvedora de normas pelo American National Standards Institute (ANSI) e iniciou o processo de tornar o Green Globes o padrão oficial da ANSI. O comitê técnico GBI ANSI foi criado no início de 2006 para desenvolver um protocolo de projeto ambiental e avaliação para edificações comerciais novas. Este protocolo, aprovado em março de 2010, é o ANSI/GBI 01-2010, o *Green Building Assessment Protocol for Commercial Buildings*. Atualmente, contudo, está sendo atualizado e resultará em uma nova versão, o ANSI/GB01-2016, para refletir as últimas tendências na certificação de edificações sustentáveis.

## FERRAMENTAS DE CERTIFICAÇÃO GREEN GLOBES

O sistema de avaliação e certificação de edificações sustentáveis Green Globes consiste em três ferramentas principais:

1. Green Globes para Construções Novas (NC)
2. Green Globes para Edificações Existentes (EB)
3. Green Globes para Interiores Sustentáveis (SI)

De modo similar ao do sistema de certificação LEED, cada ferramenta Green Globes apresenta categorias às quais são atribuídos pontos. A Tabela 6.1 mostra as principais diferenças entre os sistemas Green Globes e LEED. O Green Globes tem 10 vezes mais pontos atribuídos a diferentes tópicos do que o LEED, assim, é significativamente mais detalhado que o LEED. O Green Globes não tem requisitos ou pré-requisitos obrigatórios, ao contrário do LEED, no qual essas exigências são inúmeras. O LEED permite que apenas produtos de madeira certificados pelo Forestry Stewardship Council (FSC) sejam considerados para a obtenção de pontos, enquanto o Green Globes tem cinco opções de madeira certificada. De modo similar, o LEED tem duas opções para a obtenção de pontos para o desempenho energético, enquanto o Green Globes tem quatro. Ao contrário do LEED, no qual não há visitas ao canteiro de obras por parte de membros da equipe de avaliação, um Avaliador Green Globes (GGA) é designado e faz a inspeção quando a obra está praticamente concluída e verifica as medidas documentadas pelo projeto. Em relação às pontuações, o Green Globes permite créditos não aplicáveis (NA) e créditos parciais, enquanto o LEED não prevê esta possibilidade. Como já comentado, os projetos do Green Globes ficam

**TABELA 6.1**

**Diferenças-chave entre os sistemas de certificação Green Globes e LEED**

| Característica do Programa | Green Globes | LEED |
|---|---|---|
| Total de pontos do programa | 1.000 | 110 |
| Crédito parcial | Sim | Não |
| Pré-requisitos | Não | Sim |
| Créditos não aplicáveis | Sim | Não |
| Desempenho energético | Quatro opções | Duas opções |
| Certificações de florestas cultivadas aceitas | 4 | 1 |
| Visita de um avaliador ao prédio | Sim | Não |
| Níveis de certificação | 4 globos | LEED Platinum |
|  | 3 globos | LEED Gold |
|  | 2 globos | LEED Silver |
|  | 1 globo | LEED Certified |

**TABELA 6.2**

**Descrição das categorias do Green Globes**

| Categoria | Descrição |
|---|---|
| Gestão do projeto/ambiental | Processo de projeto integrado, gestão ambiental, comissionamento |
| Terreno | Área de intervenção, impactos ecológicos, gestão de águas pluviais, paisagismo, poluição luminosa no exterior |
| Energia | Desempenho energético; demanda de energia; medição de energia; medição e verificação; vedações externas opacas; iluminação; sistemas e controles de climatização; equipamentos eficientes; energias renováveis; transporte eficiente em energia |
| Água | Consumo de água no interior e exterior da edificação; torres de arrefecimento; caldeiras e aquecedores de água; usos de água intensivos; tratamento; fontes alternativas; medição; irrigação |
| Materiais e recursos | Montagem da edificação; adaptações internas; reúso de materiais; plano de manutenção ao longo da vida útil do prédio; conservação de recursos; vedações externas |
| Emissões | Emissões do sistema de calefação; potencial de destruição de ozônio; potencial de aquecimento global |
| Ambiente interno | Ventilação; controle e medição na fonte; projeto e sistemas de iluminação; conforto térmico; conforto acústico |

sob a responsabilidade de um avaliador terceirizado que fará a verificação *in loco* e responderá às dúvidas sobre a certificação da equipe de projeto. De modo similar ao LEED, o Green Globes tem quatro níveis de certificação possíveis e confere entre um e quatro globos verdes aos prédios certificados.

A Tabela 6.2 lista as sete categorias do Green Globes e descreve as questões abordadas em cada uma delas. As categorias Gestão de Projeto e Emissões são únicas ao Green Globes, embora a versão 4 do LEED aborde o projeto integrado. *Grosso modo*, o sistema Green Globes é mais detalhado do que o LEED e aborda assuntos muito mais específicos. Por exemplo, o LEED BD+C: NC atribui pontos para 60 questões distintas, enquanto o GG NC confere quase 300 créditos. O Green Globes atualmente é composto de três ferramentas de avaliação e certificação:

1. Green Globes para Construções Novas (GG NC). Aplica-se a novas edificações que são projetadas para serem ocupadas, têm espaços climatizados, não estão ocupadas há mais de 18 meses após o pedido de certificação e têm pelo menos 37 $m^2$ de área bruta.

2. Green Globes para Edificações Existentes (GG EB). Aplica-se a edificações existentes e que tenham, no mínimo, 12 meses consecutivos de dados de consumo de energia e água para operação, espaços climatizados e, pelo menos, 37 $m^2$ de área.

3. Green Globes Interiores Sustentáveis (GG SI). Os espaços que podem se candidatar a essa certificação devem ser de uso permanente e projetados para serem ocupados, ser sujeitos a reformas periódicas em intervalos não inferiores a um ano, ser contíguos entre si dentro de limites únicos (ou seja, não se admitem grupos de escritórios com espaços não certificados entre eles) e ter, no mínimo, 37 $m^2$ de área.

A atribuição de pontos entre as categorias das quatro ferramentas do sistema Green Globes varia consideravelmente, pois apenas a GG NC apresenta a categoria Terreno. A categoria Gestão da modalidade GG EB é chamada de *Gestão Ambiental*; mas, para as ferramentas GG NC e SI, a denominação é *Gestão de Projeto*. A Tabela 6.3 mostra a distribuição de pontos para as quatro ferramentas de certificação Green Globes. Observe que o sistema se baseia em mil pontos, que podem ser reduzidos, no caso de situações que não se aplicam (NA). Por exemplo, muitos prédios na Flórida não possuem caldeiras e, portanto, os créditos relativos a caldeiras, nas categorias energia, água e emissões, seriam considerados créditos não aplicáveis.

**TABELA 6.3**

Alocação de pontos por categoria para cada uma das quatro ferramentas de certificação Green Globes

| Categoria | GG NC | GG CIEB | GG CIEB HC | GG SI |
|---|---|---|---|---|
| Gestão de projeto/ambiental | 50 | 100 | 97 | 70 |
| Terreno | 115 | — | — | — |
| Energia | 390 | 350 | 350 | 300 |
| Água | 110 | 80 | 78 | 90 |
| Materiais e recursos | 125 | 110 | 110 | |
| Emissões | 50 | 175 | 175 | 250 |
| Ambiente interno | 150 | 185 | 190 | 250 |
| Total | 1.000 | 1.000 | 1.000 | 1.000 |

## ESTRUTURA DO GREEN GLOBES PARA CONSTRUÇÕES NOVAS

O Green Globes oferece avaliação e certificação para novas edificações, grandes reformas, ampliações, prédios existentes e interiores. Diversas tipologias, como as de prédios públicos, educacionais, de saúde, industriais, residenciais multifamiliares, comerciais, de escritórios e corporativos, têm utilizado o sistema Green Globes NC (Construções Novas) ou o Green Globes EB (Edificações Existentes). Assim que o projeto se inscreve para a certificação Green Globes, será designado um facilitador para projetos sustentáveis (Green Design Facilitator – GDF) para iniciar uma análise interna do Green Globes com a equipe de projeto. O papel do facilitador é descrever em linhas gerais a estrutura básica de projeto sustentável para o trabalho por meio da resposta de uma sequência lógica de questões que orientem a equipe de projeto na integração dos elementos de sustentabilidade importantes (veja a Figura 6.2). O profissional mais adequado a cumprir esse papel de facilitador seria um Profissional Green Globes (GGP). Os GGPs são profissionais que recebem treinamento no nível de usuário do Green Globes e estão qualificados para oferecer apoio técnico e de gestão de projetos aos clientes que estão envolvidos no processo de avaliação e certificação do prédio. Eles também podem ajudar a equipe de projeto a desenvolver requisitos de desempenho de um projeto sustentável que sejam mensuráveis, a fim de atender aos objetivos gerais do projeto.

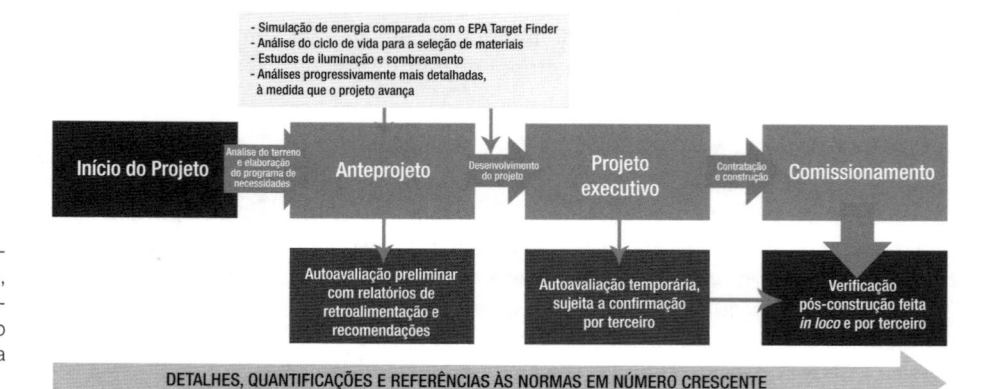

**FIGURA 6.2** Panorama do protocolo de certificação Green Globes, mostrando as atividades de avaliação em cada uma das etapas do projeto. (Diagrama por cortesia da Green Building Initiative, Inc.)

A Green Globes Construction Online Survey é o fundamento do processo de certificação. Contudo, para se beneficiar totalmente dos elementos do sistema de apoio ao projeto com agregação de valor – e para obter uma autoavaliação preliminar do prédio –, o projeto deverá ser registrado, e alguns questionários subsequentes precisarão ser respondidos. Contudo, um prédio não pode receber a certificação Green Globes antes da visita de avaliação final no terreno e do término do relatório de verificação.

A estrutura e a alocação de pontos do sistema Green Globes NC são mostrados na Tabela 6.4. Observe que neste sistema, embora se possam atingir 1.000, alguns pontos poderão ser indicados como "não aplicáveis" (NA) e isso reduzirá o total de pontos a ser alcançado. No estudo de caso a seguir, o projeto teve 58 pontos indicados como "não aplicáveis". Como resultado, os pontos que poderiam ser atingidos foram reduzidos de 1.000 para 942 pontos. Já o sistema de certificação LEED não permite que pontos sejam indicados como "não aplicáveis".

As seções a seguir apresentam mais detalhes sobre as categorias do Green Globes – Construções Novas e os pontos que são atribuídos a cada categoria.

**TABELA 6.4**

**Estrutura do sistema de certificação Green Globes – Construções Novas (Total de pontos disponíveis = 1.000)**

| Descrição | Total de pontos possíveis e disponíveis |
|---|---|
| **Seção 1: Gestão do Projeto** | |
| 1.1 Processo de Projeto Integrado | 9 |
| 1.2 Gestão Ambiental durante a Construção | 12 |
| 1.3 Comissionamento | 29 |
| Total da Categoria Gestão do Projeto | 50 |
| **Seção 2: Terreno** | |
| 2.1 Área de Intervenção | 30 |
| 2.2 Impactos Ecológicos | 32 |
| 2.3 Gestão de Águas Pluviais | 18 |
| 2.4 Paisagismo | 28 |
| 2.5 Poluição Luminosa no Exterior | 7 |
| Total da Categoria Terreno | 115 |
| **Seção 3: Energia** | |
| 3.1 Desempenho Energético | 100 |
| 3.2 Demanda de Energia | 35 |
| 3.3 Medidores, Medição e Verificação | 12 |
| 3.4 Vedações Externas Opacas | 31 |
| 3.5 Iluminação | 36 |
| 3.6 Sistemas e Controles de Climatização | 59 |
| 3.7 Outros Sistemas e Controles de Climatização | 32 |
| 3.8 Outros Equipamentos e Medidas Eficientes em Energia | 11 |
| 3.9 Energia Renovável | 50 |
| 3.10 Transporte Eficiente em Energia | 24 |
| Total da Categoria Energia | 390 |
| **Seção 4: Água** | |
| 4.1 Consumo de Água | 42 |
| 4.2 Torres de Arrefecimento | 9 |
| 4.3 Caldeiras e Aquecedores de Água | 4 |
| 4.4 Aplicações com Uso Intensivo de Água | 18 |
| 4.5 Tratamento da Água | 3 |

*(continua)*

**TABELA 6.4**

Estrutura do sistema de certificação Green Globes – Construções Novas (Total de pontos disponíveis = 1.000) (*continuação*)

| Descrição | Total de pontos possíveis e disponíveis |
|---|---|
| 4.6 Fontes de Água Alternativas | 5 |
| 4.7 Medição | 11 |
| 4.8 Irrigação | 18 |
| Total da Categoria Água | 110 |
| **Seção 5: Recursos** | |
| 5.1 Montagem do Prédio (núcleo e fechamento, incluindo as vedações externas) | 33 |
| 5.2 Arquitetura de Interiores (incluindo acabamentos, móveis e acessórios) | 16 |
| 5.3 Reúso de Edificações Existentes | 26 |
| 5.4 Lixo | 9 |
| 5.5 Plano de Vida das Instalações Prediais | 7 |
| 5.6 Conservação de Recursos | 6 |
| 5.7 Vedações Externas – Cobertura/Aberturas | 10 |
| 5.8 Vedações Externas – Fundações, Impermeabilização | 6 |
| 5.9 Vedações Externas – Revestimentos Externos | 5 |
| 5.10 Vedações Externas – Barreiras | 7 |
| Total da Categoria Recursos | 125 |
| **Seção 6: Emissões** | |
| 6.1 Calefação | 18 |
| 6.2 Resfriamento | 29 |
| 6.3 Equipamentos de Manutenção e Limpeza | 3 |
| Total da Categoria Emissões | 50 |
| **Seção 7: Ambiente Interno** | |
| 7.1 Ventilação | 37 |
| 7.2 Controle na Fonte e Medição de Poluentes no Interior | 46 |
| 7.3 Projeto e Sistemas de Iluminação | 30 |
| 7.4 Conforto Térmico | 18 |
| 7.5 Conforto Acústico | 29 |
| Total da Categoria Ambiente Interno | 160 |
| TOTAL GERAL | 1.000 |

## Seção 1: Gestão do Projeto (50 pontos)

A categoria Gestão do Projeto é exclusiva do Green Globes e aborda três tópicos principais: (1) o processo de projeto integrado (IDP), (2) a gestão ambiental durante a construção e (3) o comissionamento. O projeto integrado é um dos ingredientes mais importantes do projeto ecológico ou sustentável e é enfatizado em praticamente todas as versões mais recentes dos sistemas de certificação de edificações, inclusive no LEED v4. A gestão ambiental durante a construção cabe ao gerente de obra ou construtor e busca minimizar os impactos do projeto no meio ambiente em virtude das atividades de construção. O escopo do comissionamento da edificação está sendo expandido, deixando de considerar apenas as instalações prediais (climatização, instalações hidrossanitárias, instalações elétricas, prevenção e combate a incêndio, automação predial, sistemas de transporte interno, sistemas de comunicação) e passando a cobrir outros sistemas, como vedações externas do prédio, componentes estruturais e isolamento acústico.

| 1.1 Processo de Projeto Integrado (IDP) | 9 pontos |
|---|---|
| IDP durante as reuniões dos estudos preliminares, com pelo menos cinco disciplinas | 3 |
| IDP Metas de desempenho em termos de sustentabilidade (quantitativas) estabelecidas nos estudos preliminares | 1 |
| IDP Metas de desempenho em termos de sustentabilidade (métrica) estabelecidas nos estudos preliminares | 2 |
| IDP Reuniões de acompanhamento do progresso nas três etapas de projeto | 1,5 |
| IDP Reuniões de acompanhamento do progresso ao término das etapas-chave da construção | 1,5 |

| 1.2 Gestão Ambiental Durante a Construção | 12 pontos |
|---|---|
| Sistema de gestão ambiental (SEM) do construtor encarregado | 3 |
| Práticas de uso de diesel limpo por parte do construtor encarregado | 2 |
| Proteção dos materiais de construção orgânicos | 1 |
| Finalização das vedações externas do prédio antes da aplicação dos acabamentos e instalação do sistema de climatização | 1 |
| Qualidade do ar do interior durante a construção – 14 dias de ventilação ou resultados positivos da qualidade do ar do interior | 2 |
| Qualidade do ar do interior para prédios ocupados durante a construção | 3 |

| 1.3 Comissionamento | 29 pontos |
|---|---|
| **Pré-comissionamento** | |
| Programa de necessidades | 1 |
| Memorial descritivo | 1 |
| Exigências da autoridade de comissionamento | 1 |
| **Comissionamento do prédio inteiro** | |
| Climatização e controles | 4 |
| Vedações externas | 3 |
| Sistemas estruturais | 2 |
| Sistemas de prevenção e combate a incêndio | 2 |
| Instalações hidrossanitárias | 1 |
| Instalações elétricas | 1 |
| Instalações e controles de iluminação | 1 |
| Sistema de instalação predial | 1 |
| Elevadores e transporte horizontal | 1 |
| Sistemas de comunicação | 1 |
| Divisórias de teste de isolamento acústico | 1 |
| Comissionamento segundo o Anexo L do ASHRAE Guidline-2005 | 1 |
| Treinamento do operador do prédio segundo a diretriz ASHRAE Guideline 0-2005 | 1 |
| **Manual de operação e manutenção** | |
| Manual completo e didático | 6 |

## Seção 2: Terreno (115 pontos)

A categoria Terreno aborda questões como a perturbação da ecologia do local, a gestão de águas pluviais, estratégias de paisagismo apropriadas e a poluição luminosa no exterior do edifício. Para fins de construção, o reúso do solo é preferível ao uso de áreas virgens ou não urbanizadas.

| | |
|---|---:|
| **2.1 Área do empreendimento** | **30** |
| Uso de terrenos em áreas urbanizadas e urbanização dispersa | |
|     Localizada a, no máximo, 800 m de uma zona comercial | 5 |
|     O terreno é servido por utilidades com, pelo menos, um ano de idade | 5 |
| Terrenos virgens, terrenos contaminados recuperados e planícies aluviais | |
|     Trata-se de um terreno contaminado que foi recuperado ou faz parte do Superfund? | 10 |
|     Evitou-se um terreno sensível (fazenda, parque, bosque, prado, pântano) | 6 |
|     A edificação está em um terreno acima da planície aluvial sujeita a uma enchente a cada 100 anos | 4 |
| **2.2 Impactos na ecologia** | **32** |
| Distúrbios ao terreno e erosão | 5 |
|     Alternativa A: Plano de controle da erosão e sedimentação OU | |
|     Alternativa B: Especificações sobre o controle da erosão e da sedimentação | |
| Limitou-se a construção a 12 m do prédio e a 1,5 m das superfícies pavimentadas | 3 |
| Integração das árvores existentes ao projeto de paisagismo | |
|     Integração de árvores de grande porte (30 cm de diâmetro ou mais) | 2 |
|     Grupo de árvores existentes | 2 |
|     Preservou-se a vegetação rasteira | 1 |
| Preservação de árvores | 4 |
|     Plano de preservação de árvores feito por um arborista certificado OU | |
|     Especificação de árvores protegidas | |
| Efeito de ilha de calor urbana | |
|     Percentual da cobertura com vegetação ou índice de refletância solar (SRI) superior a 78 (inclinação baixa) ou 29 (inclinação alta) | 6 |
|     Área com cobertura vegetal: 40–55% = 2 pontos, 56–70% = 4, >70% = 6 | |
|     Percentual da pavimentação com SRI de pelo menos 25 (25–49% = 1 ponto, >50% = 2) | 2 |
|     Percentual de piso sombreado por árvores com 15 anos ou mais (25–49% = 2 pontos, >50% = 3) | 3 |
|     Percentual de fachadas leste e oeste com SRI alto (75% da área de paredes devem ter SRI >= 29) | 2 |
| Colisões de pássaros | |
|     Elementos nas esquadrias que não avançam mais de 27,5 cm | 1 |
|     Refletância foi evitada (em beirais, persianas, brises, etc.) | 1 |
| **2.3 Gestão de águas pluviais** | **18** |
| Plano de gestão de águas pluviais – O controle de erosão e enchentes atende às metas municipais | 5 |
| Plano de gestão de águas pluviais – Remoção total de sólidos suspensos de boa qualidade (80%) | 5 |
| Plano de gestão de águas pluviais – Retenção de 50% das precipitações anuais | 5 |
| As divisas do terreno ficam a mais de 30 m de um corpo de água natural | 3 |
| **2.4 Paisagismo** | **28** |
| Projeto de paisagismo e irrigação desenvolvido por um profissional | 6 |
| O projeto de paisagismo é adequado para a drenagem do tipo de solo e as condições de iluminação | 2 |
| O projeto de paisagismo é adequado aos condicionantes (sombreamento, utilidades, etc.) | 1 |
| Plantas tolerantes à seca, percentual (50–74% = 2 pontos; >=75% = 3) | 3 |
| Plantas nativas e não invasivas, percentual (50–74% = 2 pontos; >=75% = 4) | 4 |
| Gramado mínimo (somente até 6 m do prédio; 1,5 m de piso; retenção da água) | 3 |
| Pisos secos foram retirados para a vegetação | 1 |
| Raízes das plantas protegidas com palha | 1 |
| Plantas com necessidades de rega similares foram agrupadas juntas | 2 |
| Plantas espaçadas para permitir o crescimento de 5 anos | 1 |
| Mínimo de 15% das áreas pavimentadas são permeáveis | 4 |
| **2.5 Poluição luminosa no exterior da edificação** | **7** |
| Alternativa A: Desempenho no projeto de iluminação | |
|     O projeto de iluminação atende às exigências do IES Model Lighting Ordinance OU | |
| Alternativa B: Exigências de iluminação prescritivas | |

## Seção 3: energia (390 pontos)

A categoria Energia cobre o consumo energético, o controle da demanda energética, a medição do consumo energético, o desempenho das vedações externas, a energia da iluminação, os sistemas e controles de iluminação, os equipamentos eficientes em energia, a energia renovável e o transporte eficiente em energia

| | |
|---|---|
| **3.1 Desempenho energético** | **100** |
| Avaliação do desempenho energético: há quatro alternativas | |
| Alternativa A: Energy Star Target Finder | |
| Alternativa B: ANSI/ASHRAE/IESA Standard 90.1, Apêndice G | |
| Alternativa C: emissões de equivalentes a dióxido de carbono do prédio | |
| Alternativa D: coeficiente energético do prédio ASHRAE Building Energy Quotient (bEQ) | |
| **3.2 Demanda energética** | **35** |
| Redução passiva da demanda energética (massa termoacumuladora) | |
| 20% de paredes externas 5 BTU/ft$^2$/°F (paredes leves), 7 BTU/ft$^2$/°F (paredes pesadas) | 3 |
| 20% de paredes internas maciças 5 BTU/ft$^2$/°F (paredes leves), 7 BTU/ft$^2$/°F (paredes pesadas) | 3 |
| 50% de pleno de ar de recirculação 5 BTU/ft$^2$/°F (paredes leves), 7 BTU/ft$^2$/°F (paredes pesadas) | 3 |
| Termoacumulação capaz de reduzir a demanda de resfriamento no pico 31–40% = 4 pontos, 41–50% = 7, >50% = 10 | 10 |
| Redução da demanda de eletricidade | |
| Fator modelado de demanda mensal de eletricidade (Fator de demanda 75–79% = 4 pontos; 80–85% = 6; >85% = 8) | 8 |
| **Divisão da carga elétrica por fases** para reduzir a demanda energética de pico (15–19% = 4 pontos; 20–24% = 6; 25–30% = 7; >30% = 8) | 8 |
| **3.3 Medidores, medição e verificação** | **12** |
| Medidores | |
| Eletricidade | 1 |
| Combustível para calefação | 1 |
| Vapor de água | 1 |
| Outro | 1 |
| Medidores em equipamentos específicos (em edifícios com mais de 2 mil m$^2$) | 4 |
| Medição e verificação (em edifícios com mais de 2 mil m$^2$) | 4 |
| **3.4 Vedações externas opacas** | **31** |
| Resistência e transmitância térmica | |
| Atinge ou excede os valores-R exigidos para os elementos opacos | 10 |
| Orientação | |
| Razão de fenestrações norte ou sul em relação a leste ou oeste mais alta possível | 5 |
| Sistemas de fenestração | |
| Fatores-U das vidraças atendem às exigências | 8 |
| SHGC das vidraças atende às exigências | 8 |
| **3.5 Iluminação** | **36** |
| Densidade da energia total para iluminação | 10 |
| Controles automáticos para o desligamento da iluminação interna em todos os espaços | 3 |
| Controles de redução da luz – chaves duplas em espaços sem iluminação natural | 4 |
| Iluminação natural – as áreas de janela equivalem a 10% da área líquida do prédio | 3 |
| Abertura efetiva para fenestração vertical (0,10 ou mais) | 3 |
| Percentual da cobertura ocupado por claraboias | 2 |
| (Até 3% = 0,5 ponto; 3–4% = 1; 4–5% = 1,5; 5% ou mais = 2) | |

*(continua)*

| | |
|---|---|
| Controles de zonas com iluminação natural | |
|     Fotocélulas automáticas ou controles manuais em espaços pequenos | 3 |
|     Fotocélulas automáticas ou controles manuais em espaços grandes | 3 |
| Luminárias externas e controles | |
|     Média de lúmens por watt – pelo menos 60 | 1 |
|     Lâmpadas de LED utilizadas em toda a iluminação externa | 1 |
|     Conteúdo de mercúrio na lâmpada – lâmpadas fluorescentes compactas, abaixo de 4 mg; T8, 5 mg ou menos | 1 |
|     Lâmpadas externas controladas por fotocélulas ou temporizadores, com *backup* de 10 horas | 2 |
| **3.6 Sistemas e controles de climatização** | **59** |
| Sistema de automação predial em todos os sistemas que consomem energia | 10 |
| Equipamentos de resfriamento – a eficiência de base atende à norma ASHRAE 90.1-2010 | 5 |
| Equipamentos de resfriamento – a eficiência de base supera a norma ASHRAE 90.1-2010 | 8 |
| Torres de arrefecimento – ventiladores com velocidade dupla ou variável | 4 |
| Economizadores de água externos que usa somente o ar do exterior para a água de resfriamento | 4 |
| Bombas de calor – percentual que excede à norma ASHRAE 90.1-2010 (COP, HSPF) | 6 |
| Equipamento de calefação – percentual que excede à norma ASHRAE 90.1-2010 (AFUE, Et ou Ec) | 8 |
| 8 Recuperação da água condensada – sistema de calefação a vapor com recuperação de água condensada | 3 |
| Sifões de vapor – projeto assinado por um engenheiro profissional | 1 |
| Sifões de vapor – válvulas de isolamento que permitem a limpeza | 1 |
| Aquecedores de água de uso doméstico – atendem de modo eficiente à norma ASHRAE 90.1-2010 | 2 |
| Aquecedores de água de uso doméstico – ignitores elétricos e queimadores com baixas emissões de óxido nitroso ($NO_x$) | 1 |
| Controle de bombas de velocidade variável em um percentual da potência de bombeamento | 6 |
| **3.7 Outros sistemas e controles de climatização** | **32** |
| Minimize ou elimine o aquecimento e o resfriamento repetidos | 6 |
| Economizadores de ar | 1 |
| Controles para impedir a entrada do ar externo e a exaustão após certo horário | 1 |
| Registros com poucos vazamentos | 1 |
| Difusores e registros com pouca queda da pressão de fluxo (2,5 mm ou menos) | 0,5 |
| Critérios de ruído para o sistema de dutos de distribuição (35 ou menos) | 0,5 |
| Dutos de insuflamento e retorno com queda de pressão de, no máximo, 0,08 mm/m | 0,5 |
| Dutos flexíveis não superiores a 1,5 m | 0,5 |
| Dutos flexíveis utilizados somente junto a difusores e caixas com volume de ar variável (VAV) | 0,5 |
| Suportes duráveis foram empregados nos joelhos | 0,5 |
| Conexões dos dutos foram vedadas e testadas para certificar que não haja vazamentos excessivos 5% | 1 |
| Motores do sistema de climatização atendem ao NEMA Premium Energy Efficient Motor Program | 1 |
| Ventiladores de velocidade variável controlados pelo ponto de regulagem da pressão dos dutos ou pelo sistema de controles de emergência | 2 |
| Sensores de presença ou de níveis de $CO_2$ controlam as taxas de ventilação em espaços de ocupação variável | 4 |
| Sensores de $CO_2$ capazes de se manterem calibrados com uma precisão de 2% por um ano | 1 |
| O sistema do ventilador com recuperação de energia inclui: potência do ventilador controlada pela queda de pressão | 1 |
|     *Bypass* para operação do economizador | 2 |
|     Filtragem MERV 13 | 2 |
| Sistemas de fluxo de refrigerante variável (VRF) | 6 |
| **3.8 Outros equipamentos e medidas eficientes em energia** | **11** |
| Frenagem regenerativa nos elevadores | 3 |
| Escadas rolantes/esteiras rolantes reduzem sua velocidade ou param quando não há tráfego de pessoas | 2 |
| Outros equipamentos com o selo Energy Star: iluminação plug-in | 2 |
|     Motores | 2 |
|     Outros (refrigeradores, secadores de mão, computadores) | 2 |
| **3.9 Fontes de energia renovável** | **50** |

*(continua)*

| | |
|---|---:|
| Energia renovável *in loco*: estudo de viabilidade para uso da energia eólica, solar ou geotérmica | 9 |
| Estudo implementado (sim, 23; em parte, 11; energias renováveis não têm boa relação custo/benefício, N/A; não, 0) | 23 |
| Energia renovável gerada fora do terreno: certificados de energia renovável ou sustentável para o período de três anos | 18 |
| **3.10 Transporte eficiente em energia** | **24** |
| Terreno localizado a, no máximo, 400 m de uma parada de ônibus ou estação de trem ou metrô | 10 |
| Estacionamento de uso preferencial para usuários de esquemas de automóveis compartilhados e abrigos para se pegar pessoas que não estão dirigindo | 2 |
| Estações para recarga de veículos elétricos ou abastecimento com combustíveis alternativos no terreno ou próximo a ele | 5 |
| Terreno localizado a, no máximo, 400 m de uma ciclovia/ciclofaixa ou um passeio de uso múltiplo | 3 |
| Bicicletário protegido para, pelo menos, 5% dos usuários do escritório, ou 50% dos moradores | 3 |
| Índice de permeabilidade ao pedestre do prédio superior a 75% | 1 |

## Seção 4: água (110 pontos)

A categoria Água cobre questões como o consumo de água no interior e exterior do prédio, nas torres de arrefecimento e em caldeiras e aquecedores de água; a eficiência no consumo de água por parte de equipamentos especializados com máquinas de lavar pratos de uso comercial, lavanderias e equipamentos laboratoriais ou médicos; o uso de medidores gerais e individuais e a irrigação da paisagem.

| | |
|---|---:|
| **4.1 Consumo de água** | **42 pontos** |
| Consumo de água previsto em relação à calculadora do Green Globes | 24 |
| EPA WaterSense: banheiros | 2 |
|     Mictórios | 2 |
|     Duchas | 2 |
|     Torneiras de lavatórios residenciais | 2 |
|     Torneiras de pias de cozinha residenciais | 2 |
|     Torneiras de lavatórios não residenciais | 2 |
| Aparelhos sanitários não incluídos no EPA WaterSense utilizados na calculadora do Green Globes | 2 |
| Máquinas de lavar roupas com o selo Energy Star | 2 |
| Máquinas de lavar pratos com o selo Energy Star | 2 |
| **4.2 Torres de arrefecimento** | **9 pontos** |
| Redução do consumo de água | 2 |
| Qualidade mínima da água excedida em 20% | 1 |
| Medidores de vazão em linhas de compensação e descarga e controladores de condutância | 1 |
| Resfriamento a seco percentual | 3 |
| Torres de arrefecimento equipadas com eliminadores de deslocamento | 2 |
| **4.3 Caldeiras e aquecedores de água** | **4** |
| Potência ao freio igual ou superior a 50 (potência ao freio com medidor de compensação da caldeira) | 1 |
| Potência ao freio igual ou superior a 50, com retorno do condensador | 1 |
| Caldeiras têm controladores de condutividade | 1 |
| Caldeiras a vapor têm medidores de condutividade | 1 |
| **4.4 Aplicações intensivas em uso de água** | **18** |
| Equipamentos de serviços de alimentação comercial: | 1 |
|     Sem equipamentos refrigerados com água que não será reciclada | 1 |
|     Sem descarte de lixo alimentado a água | 1 |
|     Fornos combinados consumem 38 l/h, ou menos | 1 |
|     Válvulas de pré-enxague para o enxague de pratos consumem 5,7 l/min, no máximo | 1 |

*(continua)*

| | |
|---|---:|
| Cozedores de alimentos a vapor consomem 7,6 l/h, no máximo | 1 |
| Máquinas de lavar pratos consomem 22 l/ciclo, no máximo | 1 |
| Equipamentos médicos e laboratoriais – consumo de água | 5 |
| Equipamentos de lavagem de roupa – consumo de água | 4 |
| Elementos de água especiais – consumo de água | 3 |
| **4.5 Tratamento de água** | **3** |
| **4.6 Fontes de água alternativas** | **5** |
| Percentual da água para usos não potáveis utiliza fontes *in loco* ou recuperadas 5 | 5 |
| (> = 50% = 5 pontos; 25–50% = 3; 10–24% = 1; <10% = 0) | |
| **4.7 Medidores** | **11** |
| Hidrômetros específicos para usos intensivos no consumo de água (como cozinhas) | 3 |
| Água potável utilizada na irrigação é medida | 3 |
| Todos os hidrômetros estão conectados a um sistema de gestão de dados | 3 |
| Ciclos de água resfriada ou aquecida possuem hidrômetros de compensação | 2 |
| **4.8 Irrigação** | **18** |
| Percentual da área verde externa que não exige irrigação | 14 |
| (75–100% = 14; 50–74% = 11; 25–49% = 8; <25% = 0, NA) | |
| Os tubos de queda das calhas levam água diretamente a áreas plantadas | 1 |
| Irrigação por gotejamento ou com baixa vazão | 1 |
| Componentes de medição inteligentes (sensores de chuva, sensores de umidade do solo, etc.) | 1 |
| Controles de taxas de precipitação nos cabeçotes | 0,5 |
| Tubos flexíveis ou juntas oscilatórias nos cabeçotes de irrigação | 0,5 |

## Seção 5: recursos (125 pontos)

A categoria Recursos aborda os materiais empregados na construção e o lixo gerado no processo construtivo. Ela cobre o reúso da edificação (parcial ou total), o planejamento da vida das instalações prediais e a conservação de recursos. Também inclui a consideração de várias das melhores práticas, como o projeto das fundações, a impermeabilização, o detalhamento das vedações externas e o uso de barreiras ao ar e ao vapor.

| | |
|---|---:|
| **5.1 Composição do prédio (núcleo e fechamento, incluindo as vedações externas)** | **33** |
| Alternativa A: Alternativa do desempenho da composição do prédio (Athena ou análise do ciclo de vida) OU | |
| Alternativa B (alternativa prescritiva para montagem das edificações) | |
| **5.2 Montagem dos interiores (incluindo acabamentos, móveis e acessórios)** | **16** |
| Alternativa A: alternativa do desempenho para a montagem dos interiores | |
| Alternativa B: Alternativa prescritiva para a montagem dos interiores | |
| **5.3 Reúso de prédios pré-existentes** | **26** |
| Fachada reutilizada – percentual de área de parede, sem incluir aberturas | 6 |
| (> = 60% = 6 pontos; 51–60% = 5; 41–50% = 4; 31–40% = 3; 21–30% = 2; 10–20% = 1; <10% = 0) | |
| Sistemas estruturais reutilizados – por volume dos componentes estruturais | 6 |
| (> = 95% = 6 pontos; 81–95% = 5; 66–80% = 4; 41–65% = 3; 26–40% = 2; 10–25% = 1; <10% = 0) | |
| Elementos não estruturais – por área de forro, paredes internas, paredes de demolição | 6 |
| (> = 95% = 6 pontos; 81–95% = 5; 66–80% = 4; 41–65% = 3; 26–40% = 2; 10–25% = 1; <10% = 0) | |
| Reúso de móveis, equipamentos e acessórios | 4 |
| (> = 65% = 4 pontos; 41–65% = 3; 26–40% = 2; 10–25% = 1; <10% = 0) | |
| Exigência de projeto: aproveitar materiais reutilizados e de demolição obtidos fora do terreno | 4 |

*(continua)*

| | |
|---|---:|
| **5.4 Lixo** | **9** |
| Lixo da construção – % não enviado a aterros sanitários | 6 |
| (> = 75% = 6 pontos; 50–74% = 4; 25–49% = 2; <25% = 0) | |
| Reúso de materiais obtidos *in loco*, como madeira aproveitada para proteger as raízes das plantas ou de agregados reutilizados no concreto | 1 |
| Lixo operacional: | |
|     Fluxo operacional para o manuseio de lixo e o depósito de recicláveis | 0,5 |
|     Depósito para o lixo reciclável no ponto de serviço | 0,5 |
|     Depósito para a reciclagem de lixo no ponto de coleta | 0,5 |
|     Fluxo operacional para o manuseio e a reciclagem de dejetos para compostagem | 0,5 |
| **5.5 Plano preliminar de vida das instalações prediais** | **7** |
| Para o prédio | 2 |
| Para o sistema estrutural, as vedações externas e os materiais das superfícies secas do paisagismo que precisarem de substituição | 2 |
| Para sistemas de poliestireno expandido moldado que exigirão inspeções ou substituições | 2 |
| Cronograma para manutenção, reparos e substituição de cada componente predial | 1 |
| **5.6 Conservação de recursos** | **6** |
| Uso mínimo de matérias-primas | |
|     Produtos pré-fabricados, pré-montados ou modulados | 2 |
|     Uso mínimo de matérias-primas, em comparação com as práticas convencionais | 1 |
| Sistemas multifuncionais | |
|     Sistemas que desempenham funções múltiplas | 1 |
| Desconstrução e desmontagem | |
|     Projeto facilita a desconstrução e desmontagem | 2 |
| **5.7 Vedações externas – coberturas/aberturas** | **10** |
| Membranas e sistemas de impermeabilização de cobertura | |
|     Instaladas de acordo com as instruções escritas do fabricante | 1,5 |
|     Sistema de cobertura inspecionado *in loco* por terceiro | 1,5 |
| Rufos | |
|     Instalados conforme as melhores práticas prescritas pela indústria | 1,5 |
|     Instalados conforme os protocolos prescritos pela indústria | 1,5 |
| Aberturas nas paredes e cobertura | |
|     Projeto de gestão de acordo com as exigências de desempenho da indústria | 1 |
|     Instalados conforme as melhores práticas prescritas pela indústria | 1 |
|     Incluindo testes de penetração de água | 2 |
| **5.8 Vedações externas – fundações, impermeabilizações** | **6** |
| Sistemas de fundação | |
|     Radier com barreira à umidade conforme a norma ASTM E1745-11 | 0,5 |
|     Construídos com radier sobre barreira à umidade e lastro com quebra de capilaridade | 0,5 |
|     Inspeção *in loco* da barreira à umidade, de acordo com o protocolo da indústria | 1 |
|     Inclinação mínima de 5% em torno do prédio, por, pelo menos, 3,0 m | 0,5 |
|     Drenos da cobertura afastados, pelo menos, 0,9 m dos beirais | 0,5 |
|     Sistema de drenagem das fundações | 1 |
| Lajes sob paredes abaixo do nível do solo e sistemas horizontais acima dele | |
|     Membrana impermeável à água em todas as paredes e lajes dos recintos no subsolo | 1 |
|     Instaladas e testadas conforme as instruções escritas pelos fabricantes | 1 |

*(continua)*

| | |
|---|---:|
| **5.9 Vedações externas – revestimentos de fachada** | **5** |
| Sistemas de revestimentos de paredes externas | |
|     Revestimentos de fachada instalados conforme as normas do fabricante ou da indústria – EIFS OU | 1 |
|     Revestimentos de fachada instalados conforme as normas do fabricante ou da indústria – Paredes de vidro OU | |
|     Revestimentos de fachada instalados conforme as normas do fabricante ou da indústria – Paredes de alvenaria | |
|     Inspeção dos revestimentos de fachada conforme os protocolos da indústria – EIFS OU | 1 |
|     Inspeção dos revestimentos de fachada conforme os protocolos da indústria – Paredes de vidro OU | |
|     Inspeção dos revestimentos de fachada conforme os protocolos da indústria – Paredes de alvenaria | |
|     Juntas vedadas e inspecionadas *in loco* | 1 |
| Revestimento de proteção da fachada contra a chuva | |
|     Primeira e segunda linhas de defesa | 0,5 |
|     Câmara de ar instalada | 0,5 |
|     Sistema para drenagem de água incidental | 0,5 |
|     Sistemas aprovados pela AAMA 508-07 | 0,5 |
| **5.10 Vedações externas – barreiras** | **7** |
| Câmaras de ar | |
|     Juntas flexíveis entre a câmara de ar e os materiais adjacentes | 0,5 |
|     Projetadas a fim de resistir a pressões sem se deslocar | 0,5 |
|     Projetadas a fim de resistir a movimentos da estrutura sem se deslocar | 0,5 |
|     Detalhes das conexões da câmara de ar são mostrados | 0,5 |
|     Comprovou-se que a câmara de ar atende aos padrões | 2 |
| Barreiras ao vapor | |
|     Barreiras internas ao vapor para as zonas 4, 6, 7 e 8 e zonas marinhas 4 | 3 |

## Seção 6: emissões (50 pontos)

A categoria Emissões é exclusiva do Green Globes e aborda a seleção de equipamentos do sistema de calefação e resfriamento. Oferecem-se créditos para a instalação de equipamentos de calefação com baixas emissões, focando-se o óxido nitroso ($NO_x$) e o monóxido de carbono (CO). No caso dos equipamentos de resfriamento, o foco é a eliminação de substâncias com potencial de destruição do ozônio significativo (ODP) e GWP.

| | |
|---|---:|
| **6.1 Calefação** | **18** |
| Alternativa A: Calefação na escala do bairro – utilizada OU | |
| Alternativa B: Caldeiras e fornalhas de baixas emissões | |
|     (Emissões baixíssimas de $NO_x$ = 9 pontos [<=12 ppm]; baixas de $NO_x$ = 7 pontos [<= 30 ppm]; ou não se aplicam) | |
|     (Emissões baixíssimas de CO = 9 pontos [<= 50 ppm]; baixas de CO = 7 pontos [<= 100 ppm]; ou não se aplicam) | |
| **6.2 Resfriamento** | **29** |
| Potencial de destruição de ozônio (ODP) | 10 |
|     (Sem uso de refrigerantes ou com baixo ODP <= 0,005 = 10 pontos; <= 0,01 = 8; <= 0,015 = 6; <= 0,02 = 4; <= 0,025 = 2; <= 0,03 = 1) | |
| Potencial de aquecimento global (GWP) | |
|     (Sem uso de refrigerantes ou com GWP100 <= 100, ganham-se 10 pontos; <= 300, ganham-se 8 pontos; <= 500, ganham-se 6 pontos <= 700, ganham-se 5 pontos; <= 900, ganham-se 4 pontos; <= 1.100, ganham-se 3 pontos; <= 1.300, ganham-se 2 pontos; <= 1.500, ganha-se 1 ponto; > 1.500, não se ganham pontos) | 10 |
| Detecção de vazamentos | |
|     Sistemas comerciais de testagem remota de vazamentos da GreenChill | 3 |
|     Detecção de goteiras de refrigerante de, no máximo, 2% por ano | 3 |
|     Detecção de goteiras com alarme para alertar a operação predial | 3 |
| **6.3 Equipamentos de manutenção e limpeza** | **3** |
| Áreas reservadas para o armazenamento de produtos químicos com exaustão e paredes internas do piso ao teto | |

## Seção 7: ambiente interno (110 pontos)

A categoria Ambiente Interno compreende muitas das questões de qualidade do ambiente interno normalmente aceitas, como a ventilação, a iluminação elétrica e natural e a acústica. O Green Globes permite todas as opções de ventilação apresentadas pela norma ASHRAE Standard 62.1, enquanto o LEED apenas permite o procedimento da taxa de ventilação.

| 7.1 Ventilação | 37 |
|---|---|
| Taxa de ventilação | |
| Conforme as normas ASHRAE 62.1-2010, ICC 2009, IAPMO 2009 ou ASHRAE 170-2008 | 7 |
| OU conforme a norma ASHRAE 62.1-2007 = 5 | |
| Cronogramas de ventilação para todos os espaços de permanência prolongada | 4 |
| Trocas de ar | 8 |
| Alternativa A: Somente ventilação mecânica – Efetividade da distribuição de ar por zonas (Ez) >= 0,9 OU | |
| Alternativa B: Somente ventilação natural – Veja o *Reference Manual* OU | |
| Alternativa C: Sistema híbrido | |
| Entradas e saídas da ventilação dotadas de: | |
| Saídas da ventilação e tubos de ventilação do sistema hidrossanitário a, pelo menos, 6 m das entradas da ventilação | 1 |
| Entradas de ar a, pelo menos, 9 m das fontes de poluição | 1 |
| Entradas de ar protegidas com uma tela com aberturas de 7 mm ou menos | 1 |
| Filtro do circulador de ar conforme a norma ASHRAE 62.1-2010 | 2 |
| Entradas e saídas de ar dimensionadas conforme a norma ASHRAE 62.1-2012 | 1 |
| Condutos sem revestimento, exceto para o ar de transferência | 1 |
| Drenagem da cobertura não tem caimento no sentido das entradas de ar externo | 1 |
| Equipamentos de controle da ventilação e monitoramento do nível de $CO_2$ nos cômodos de permanência variável | 5 |
| Equipamentos de distribuição de ar dotados de filtros MERV 13 | 5 |
| **7.2 Controle na fonte e medição dos poluentes nos interiores** | **46** |
| Compostos orgânicos voláteis (VOC) | |
| Adesivos e vedantes com limites de VOC | 2,5 |
| Carpetes e cola para carpete – certificação Carpet and Rug Institute Green Label Plus | 2 |
| Tinta com limites de VOC | 3 |
| Pisos e contrapisos com limites de VOC | 2,5 |
| Goteiras, condensações e umidade | |
| Sistema de climatização consegue monitorar e controlar o ponto de orvalho | 4 |
| Acabamentos resistentes a mofo e umidade em áreas muito úmidas | 2 |
| Drenos no piso de todas as áreas possivelmente úmidas | 2 |
| Acesso para a manutenção do sistema de climatização | |
| Conforme normas ICC IMC 2009 e IAPMO UMC 2009 | 1 |
| Sistemas de distribuição instalados conforme normas ANSI/ASHRAE 62.1-2010 | 1 |
| Características arquitetônicas relativas ao acesso instaladas conforme o International Building Code | 1 |
| Portas e alçapões de acesso ao sistema de climatização são removíveis e abrem em 180° | 1 |
| Monitoramento da concentração de CO nas áreas fechadas que têm fontes de combustão | 4 |
| Torres de arrefecimento molhadas (nenhuma = 2; com eliminadores de desvio = 1; sem eliminadores de desvio = 0) | 2 |
| Sistemas domésticos de água quente (sem reservatório ou com temperatura acima de $-17,22°C$ = 2; com temperatura abaixo de $-17,22°C$ = 0) | 2 |
| Sistemas de umidificação e desumidificação | |
| Projeto das bandejas de drenagem | 3 |
| Controle de pragas e contaminantes | |
| Tomadas de ar interno com telas de 18 × 14 in | 0,5 |

*(continua)*

| | |
|---|---|
| Aberturas dotadas de proteção permanente (telas, vedações) | 0,5 |
| Proteção dos pássaros que ocupam o prédio | 0,5 |
| Saliências nas fachadas com menos de 2,5 cm, a fim de desestimular o pouso de pássaros | 0,5 |
| Depósito vedado para lixo alimentar/sólido de cozinha | 1 |
| Outros poluentes internos (tabaco, radônio) | |
| Fumo proibido no canteiro de obras ou a menos de 7,6 m de distância dele (com o uso de placas) | 1 |
| Placas proibindo o fumo nas entradas do prédio | 1 |
| Risco de radônio avaliado e adoção de medidas de atenuação | 5 |
| Remoção de amianto, se necessária, conforme todas as normas estaduais e federais | 1 |
| Ventilação e isolamento físico para atividades especiais | |
| Ventilação separada para áreas que geram poluentes | 1 |
| Áreas separadas mantêm a pressão negativa de 5,0 pascais, em média | 1 |
| **7.3 Projeto e sistemas de iluminação** | **30** |
| Iluminação natural | |
| Percentual de áreas de piso para tarefas visuais críticas alcança um coeficiente de luz diurna igual a 2 | 7 |
| Percentual de planos de trabalho com vistas para o exterior a, no máximo, 7,6 m de uma janela | |
| Elementos de sombreamento nas elevações sul, oeste e leste | 1 |
| Elementos de sombreamento para eliminar a insolação direta nos planos de trabalho | 1 |
| Fotossensores para manter níveis de iluminação consistentes com a luz natural e artificial | 3 |
| Projeto de iluminação | |
| Foram respeitadas as categorias de iluminância IESNA para diferentes espaços | 7 |
| Razão de luminância aprovada por um engenheiro | 3 |
| Ofuscamento refletido provocado pelas luminárias é limitado e foi aprovado por um engenheiro | 3 |
| **7.4 Conforto térmico** | **88** |
| Estratégias de conforto térmico | |
| Zonas de conforto térmico limitadas em galpões ou depósitos (<= 200 m$^2$ = 3; <= 500 m$^2$= 2; não se aplica) | 3 |
| Grandes salas de aula e auditórios com zoneamento térmico (<= 150 m$^2$ = 3; não se aplica) | 3 |
| Escritório com planta livre ou áreas de circulação com zoneamento (<= 50 m$^2$ = 3; <= 100 m$^2$ = 2; não se aplica) | 3 |
| Escritórios ou salas de reunião com zoneamento (<= 75 m$^2$ = 3; <=120 m$^2$ = 2; não se aplica) | 3 |
| Projeto de conforto térmico: aprovação de um engenheiro conforme as normas: | 6 |
| ANSI/ASHRAE 55-2010 = 6 pontos; ANSI/ASHRAE 55-2004 = 4 pontos | |
| **7.5 Conforto acústico** | **29** |
| Projeto de conforto acústico | |
| Banheiros afastados de áreas separadas por questões acústicas | 0,5 |
| Áreas ruidosas afastadas das áreas separadas por questões acústicas | 1 |
| Portas de entradas desencontradas ao longo de corredores | 0,5 |
| Perfurações que atravessam as paredes conforme a norma ANSI S12,60-2010/Part 1 | 0,5 |
| Paredes do piso ao teto entre áreas separadas por questões acústicas | 1 |
| Paredes que separam áreas silenciosas têm juntas com vedação acústica | 0,5 |
| Áreas de piso de alto impacto não ficam sobre áreas separadas por questões acústicas | 1 |
| Instalações mecânicas, hidrossanitárias e elétricas | 24 |
| Tabela 1: diretrizes de projeto da ASHRAE OU | |
| Tabela 5: limites de ruídos conforme a norma ANSI/ASA S12.60-2010 | |

## O PROCESSO DE AVALIAÇÃO E CERTIFICAÇÃO GREEN GLOBES

A Figura 6.3 ilustra o processo de avaliação e certificação Green Globes tanto no sistema Green Globes NC (Construções Novas) como no Green Globes CIEB. Para construções novas (NC), no início dos trabalhos, a equipe de projeto preenche um questionário *on-line*, que ajudará a seus membros determinar como o projeto está se saindo no sistema de certificação Green Globes NC

(Figura 6.3A). Ao término da elaboração do projeto, o GGA (Avaliador Green Globes) designado para o projeto revisa o questionário *on-line* e a documentação submetida pela equipe, orientando seus membros caso existam documentos ou questões adicionais que precisem ser tratados. A equipe de projeto também recebe uma previsão do número provável de Green Globes que o projeto receberá. Uma vez executada a obra, a equipe finaliza o questionário *on-line* e envia a documentação do projeto. O GGA confere o preenchimento do questionário e os documentos e, então, visita o projeto para a Etapa II da Avaliação, recomendando uma classificação Green Globes. O GBI notifica a equipe de projeto e o proprietário do prédio quanto à classificação final e prepara uma carta e, às vezes, placa, para o prédio, indicando a certificação final do projeto. No caso de projetos sobre edificações existentes, o processo de certificação é mostrado na Figura 6.3B.

O papel do GGA existe apenas no Green Globes e é o responsável pelas avaliações da Etapas I e II. O CGA realiza uma detalhada análise independente do projeto, revisando minuciosamente o projeto, e realiza uma visita ao terreno. A visita é composta por entrevistas de vários membros da equipe de projeto, revisões de todos os documentos mais importantes e conferências *in loco* das características e medidas de sustentabilidade selecionadas pela equipe de projeto. O GGA é um profissional de projetos com bastante experiência, com treinamento sobre o protocolo Green Globes e que já foi monitorado e assistido por outros GGAs antes de iniciar as avaliações de um projeto. No sistema LEED, do USGBC, a equipe de projeto completa a documentação *on-line* e a envia, por meio do LEED-Online, para que seja revisada por uma equipe que em momento algum teve contato direto com a equipe do projeto a ser analisado. Ao contrário do LEED, o sistema Green Globes exige que um GGA efetivamente visite a edificação, interaja diretamente com a equipe de projeto e examine pessoalmente suas dependências. Ao término dessa etapa, o GGA verifica os pontos obtidos e envia ao GBI qual o nível de certificação considera apropriado. Essas informações são então transmitidas aos líderes do projeto no relatório de certificação final.

Todas as categorias de avaliação ambiental do Green Globes podem apresentar critérios que uma equipe de projeto e entrega considerou não se aplicarem (NA) ao prédio. A previsão desses pontos não aplicáveis é uma característica importante do sistema, uma vez que garante que o protocolo padrão possa ser empregado a uma grande variedade de tipologias de edificações, zonas climáticas ou geográficas, assim como a prédios que tiverem itens de melhoria de desempenho ambiental vedados por códigos ou normas locais. Por exemplo, na Flórida, os prédios não têm caldeiras, e esses créditos

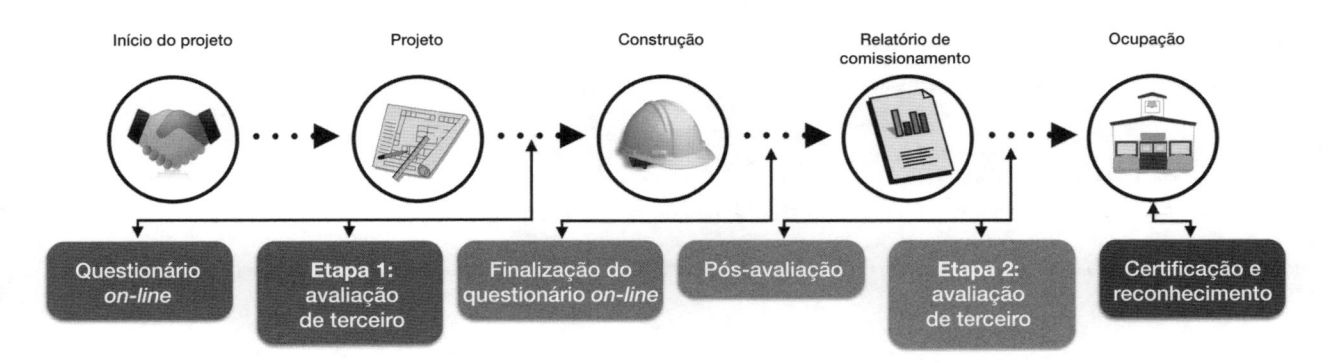

**FIGURA 6.3** (A) O processo de avaliação e certificação de um projeto Green Globes NC (Construções Novas), do início ao fim.

**FIGURA 6.3** (B) O processo de avaliação e certificação de um projeto Green Globes CIEB ou de edificação existente.

do Green Globes seriam considerados como "não aplicáveis" (NA), reduzindo a pontuação aplicável. Nessas situações, os pontos NA não contam. Dessa maneira, o número total de pontos que podem ser alcançados é ajustado de acordo com cada caso, e os níveis de certificação se mantém conforme os percentuais identificados. Essa abordagem é distinta daquela do LEED, pois foca o trabalho da equipe de projeto, em vez de tratar de questões que fogem ao escopo daquela intervenção.

As linhas do tempo para o processo de avaliação e certificação de um projeto Green Globes NC (Construções Novas) são mostradas na Figura 6.4. Em general, esse processo leva três ou quatro meses, mas esse período pode ser reduzido consideravelmente quando se mantém um controle rígido do processo de execução e os documentos foram preparados com diligência. A Figura 6.5 apresenta uma linha do tempo similar, para os projetos Green Globes CIEB.

## CREDENCIAIS DO PROFISSIONAL GREEN GLOBES

O sistema de certificação de edificações Green Globes oferece uma credencial similar à LEED AP (Accredited Professional) descrita no Capítulo 5. Essa credencial, a Profissional Green Globe (GGP), se baseia na formação e experiência do indivíduo e seu objetivo é treinar os profissionais do setor no sistema de certificação Green Globes, de modo que possam orientar as equipes de projeto ao longo das várias etapas do processo de certificação de um prédio. O Green Globes também tem uma segunda credencial, a Avaliador Green Globes (GGA), que certifica os avaliadores terceirizados e que é oferecida com base na formação, nas licenças profissionais e nas experiências relevantes ao setor. Essas duas credenciais e os requisitos para sua obtenção são apresentados na Tabela 6.5. Observe que há duas alternativas distintas para a qualificação GGA, dependendo de o avaliador analisar projetos NC (Construções Novas) ou EB (Edificações Existentes).

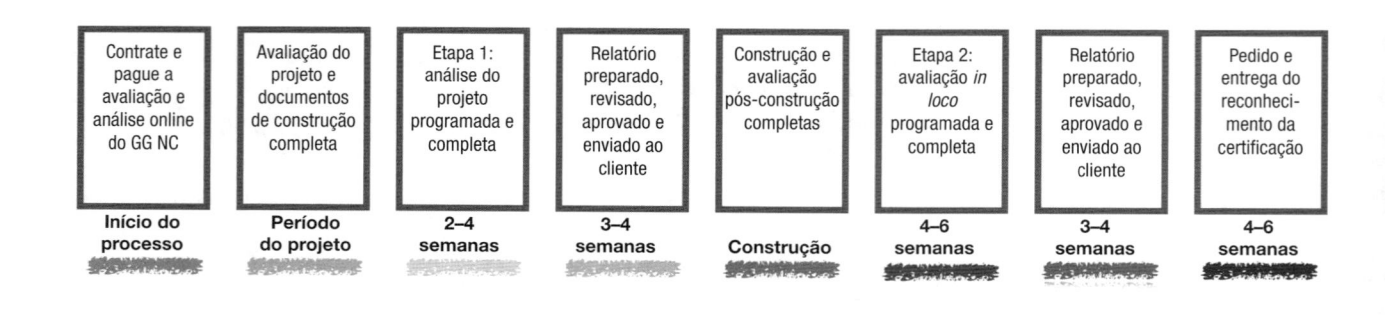

| Contrate e pague a avaliação e análise online do GG NC | Avaliação do projeto e documentos de construção completa | Etapa 1: análise do projeto programada e completa | Relatório preparado, revisado, aprovado e enviado ao cliente | Construção e avaliação pós-construção completas | Etapa 2: avaliação *in loco* programada e completa | Relatório preparado, revisado, aprovado e enviado ao cliente | Pedido e entrega do reconhecimento da certificação |
|---|---|---|---|---|---|---|---|
| Início do processo | Período do projeto | 2–4 semanas | 3–4 semanas | Construção | 4–6 semanas | 3–4 semanas | 4–6 semanas |

A linha do tempo leva entre quatro e sete meses, sem considerar o tempo de projeto e construção.

**FIGURA 6.4** A linha do tempo do processo de avaliação e certificação de um projeto típico Green Globes NC (Construções Novas).

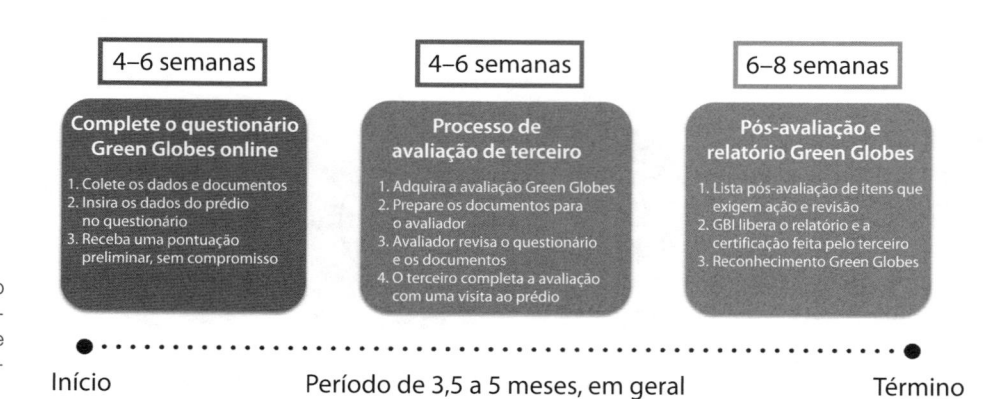

**4–6 semanas** — **Complete o questionário Green Globes online**
1. Colete os dados e documentos
2. Insira os dados do prédio no questionário
3. Receba uma pontuação preliminar, sem compromisso

**4–6 semanas** — **Processo de avaliação de terceiro**
1. Adquira a avaliação Green Globes
2. Prepare os documentos para o avaliador
3. Avaliador revisa o questionário e os documentos
4. O terceiro completa a avaliação com uma visita ao prédio

**6–8 semanas** — **Pós-avaliação e relatório Green Globes**
1. Lista pós-avaliação de itens que exigem ação e revisão
2. GBI libera o relatório e a certificação feita pelo terceiro
3. Reconhecimento Green Globes

Início — Período de 3,5 a 5 meses, em geral — Término

**FIGURA 6.5** A linha do tempo do processo de avaliação e certificação de um projeto existente usando-se o sistema Green Globes CIEB.

**TABELA 6.5**

**Qualificações necessárias para se candidatar às credenciais Profissional Green Globes (GGP) ou Avaliador Green Globes**

| Qualificações exigidas | Profissional Green Globes | Avaliador Green Globes CIEB | Avaliador Green Globes NC |
|---|---|---|---|
| Experiência na área | 5 anos | 10 anos no total, no mínimo, de experiência aplicável ao setor e diretamente relativa a edifícios comerciais. Cinco desses 10 anos de experiência devem ser relativos às áreas funcionais específicas listadas para cada designação de avaliador (CIEB ou NC) | |
| Categorias funcionais aplicáveis para experiência total no setor | Gestão predial/manutenção | | |
| | Arquitetura/projeto/engenharia/construção | | |
| | Inspeção/auditoria/avaliação de edificações | | |
| | Materiais/componentes/manufatura/análise energética/comissionamento | | |
| Categorias aplicáveis para experiência funcional específica | N/A | Gestão predial | Arquitetura/projeto |
| | | Operação/manutenção | Engenharia |
| | | Arquitetura/projeto | Construção |
| | | Engenharia/construção | Inspeção/auditoria |
| | | Inspeção/auditoria | Comissionamento |
| | | Comissionamento | |
| Titulação profissional | N/A | N/A | Arquiteto licenciado ou engenheiro licenciado |
| Educação | N/A | Licenciatura ou graduação superior em arquitetura, engenharia, gestão ou operação predial ou outro programa técnico ou de edificação relevante | Bacharelado ou graduação superior em arquitetura, engenharia ou outra área tecnológica, científica ou ambiental relevante |
| Prática em sustentabilidade de edificações | N/A | Envolveu-se com, pelo menos, três projetos nos quais os princípios de sustentabilidade foram aplicados às áreas de energia, água, terreno, recursos/materiais, emissões, ambiente interno, gestão predial | |

A atribuição da credencial GGP ou GGA exige que o candidato seja aprovado em um exame relacionado com seus conhecimentos sobre o sistema Green Globes NC ou CIEB. O GGA, além de avaliar o projeto NC ou CIEB, oferece suporte à equipe de projeto e esclarece áreas nebulosas que podem ser cobertas pelo processo de Solicitação de Interpretação de Crédito (CIR) do LEED.

## ESTUDO DE CASO

### PRÉDIO DE CIÊNCIAS DA SAÚDE, SAINT JOHNS RIVER STATE COLLEGE, SAINT AUGUSTINE, FLÓRIDA

O *campus* do Saint Johns River State College, localizado em Saint Augustine, Flórida, possui um plano de expansão gradual para as próximas décadas. Os objetivos de planejamento da faculdade exigem que todas as novas construções sejam projetadas de maneira ecológica, o que resultou que seu Prédio de Ciências da Saúde recentemente construído obtivesse a certificação Três Globos Verdes do sistema Green Globes do GBI (veja a Figura 6.6).

Já no início dos trabalhos, foi formada uma equipe de gestão do projeto integrado para ajudar na elaboração do programa de necessidades, priorização dos objetivos e criação de políticas efetivas que permitissem que os profissionais de projeto e construção se envolvessem profundamente com o desenvolvimento de uma edificação de alto desempenho. Foram especificados produtos ecológicos para o projeto e foi elaborado um plano de comissionamento que verificaria

**FIGURA 6.6** O Prédio de Ciências da Saúde, Saint Johns River State College em Saint Augustine, Flórida, recebeu a certificação três Globos Verdes do sistema Green Globes, do GBI. (Fotografia por cortesia de Glen Roberts, Saint Johns River State College)

a integridade das operações prediais antes e durante a ocupação. A área bruta do prédio é 2.973 m², e seu custo foi 8,5 milhões de dólares.

Reduziu-se o impacto no terreno e em seu entorno evitando-se afetar a área de manancial vizinha e implementando-se um plano de controle da erosão do solo. O efeito da ilha de calor do estacionamento foi reduzido com o plantio de árvores, que farão sombra às vagas em cinco anos, e com o uso de materiais de cobertura de cores claras, inclusive de uma membrana de monômero de etileno-propileno-dieno (EPDM) extremamente reflexiva. Para o escoamento superficial da água da chuva foram incluídos no projeto biodigestores, pisos permeáveis e uma bacia de retenção (veja a Figura 6.7). Plantas nativas foram utilizadas no paisagismo para minimizar a necessidade de irrigação e manutenção.

O estabelecimento de uma meta de consumo de energia foi o primeiro passo para melhorar a eficiência energética do prédio. Uma vez estabelecida a meta, várias abordagens eficientes de energia foram definidas para alcançar o objetivo. Essas abordagens incluem a correta orientação solar do prédio, o uso de aberturas de alto desempenho, o aumento da resistência térmica das paredes e janelas, a adoção da ventilação natural e a instalação de sensores de iluminação natural nos espaços periféricos a fim de aproveitar ao máximo os níveis lumínicos dos espaços quando estiverem ocupados. Sistemas de climatização muito eficientes, como um sistema de volume de ar variável, torres de arrefecimento, bombas de água fria secundárias e um resfriador de água extremamente eficiente, são controlados por sistemas de acionamento com frequência variável, para o desempenho energético ideal (veja a Figura 6.8). O resfriador de água fria contém apenas uma parte móvel, não sujeita à fricção, pois não tem rolamentos. Em vez disso, ao redor da própria água

**FIGURA 6.7** Os biodigestores que circundam o estacionamento reduzem o escoamento superficial da água da chuva em áreas de manancial próximas. (*Fonte*: D. Stephany)

**FIGURA 6.8** Um resfriador Smardt de alta eficiência foi instalado para substituir um equipamento obsoleto e resfriar todo o Saint Johns River State College. O resfriador foi projetado para atender à demanda futura quando da expansão do *campus*. (Fotografia por cortesia de Glen Roberts, Saint Johns River State College)

fria, minimiza a fricção e resulta em um desempenho energético de 0,576 kilowatt por tonelada. O BAS controla o sistema de climatização, incluindo todas as caixas de volume de ar variável a fim de otimizar a operação do sistema. Nas zonas com baixas cargas de resfriamento, o BAS ajusta o sistema de volume de ar variável para reduzir o fluxo de ar condicionado, resultando na redução do consumo de energia elétrica das bombas e dos ventiladores. Ventiladores com recuperação de energia foram utilizados para prétratamento do ar externo com a troca de calor e umidade com o ar da exaustão do prédio. Tubos solares foram empregados em alguns espaços internos do terceiro pavimento para ajudar na redução do consumo de energia sempre que não houver luz solar direta.

Foram estabelecidas metas para a eficiência do uso de água, e incluídos mictórios sem uso de água, bacias sanitárias e torneiras de baixa vazão e sistemas de irrigação que usam água coletada das superfícies das coberturas e do estacionamento, além da utilização de plantas tolerantes à ausência de água. Também foi utilizada uma tecnologia de pulsos eletromagnéticos para limpeza da água da torre de arrefecimento, que resultou em economia significativa de água (veja a Figura 6.9).

A equipe de projeto reduziu o impacto do prédio no meio ambiente especificando materiais duráveis, capazes de aumentar a vida útil da edificação e originados da região. Como exemplo, foram especificados pisos de concreto polido e tratado com *stain* no lugar de carpetes ou outros revestimentos de piso (veja a Figura 6.10). Sempre que possível, foram utilizados materiais de demolição ou com conteúdo reciclado. O projeto também previu áreas para reciclagem de lixo.

O prédio reduziu suas emissões atmosféricas eliminando o uso de produtos químicos que destroem

CONTROLADOR

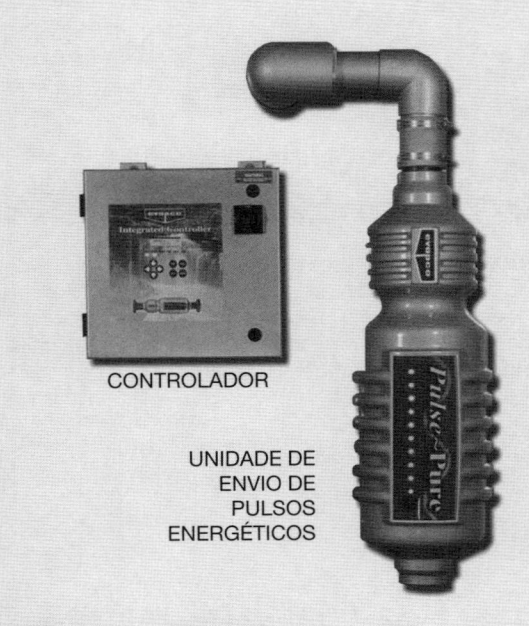

UNIDADE DE ENVIO DE PULSOS ENERGÉTICOS

**FIGURA 6.9** A tecnologia de pulsos eletromagnéticos é utilizada para tratar a água da torre de arrefecimento. Essa tecnologia ajuda a reduzir o acúmulo de sedimentos nos tubos, o desenvolvimento de micro-organismos e a corrosão, tudo sem o uso de qualquer produto químico. Esta solução também ajuda a reduzir o consumo de água e facilita o seu tratamento se comparado aos sistemas de tratamento químicos.

a camada de ozônio. A saúde humana foi levada em consideração ao se reduzir o emprego de produtos químicos nocivos e armazená-los com a ventilação adequada. Um plano de prevenção de pragas foi integrado ao projeto em adição a outro de controle da poluição que incluiu medidas adequadas para evitar o uso de gases e produtos químicos. Aproximadamente 80% dos espaços do Prédio de Ciências da Saúde contam com a iluminação natural (veja a Figura 6.11). Sensores de presença e iluminação natural foram incluídos para controlar o uso da luz diurna e a exposição solar. As taxas de ventilação elevadas e os controles térmicos com zoneamento ajudam a diminuir o risco de problemas com o conforto dos usuários. A acústica foi abordada com a especificação da classe de transmissão sonora apropriada para cada espaço.

A avaliação Green Globes realizada no Prédio de Ciências da Saúde resultou na obtenção de 71% dos pontos possíveis com três Globos Verdes, uma certificação similar ao LEED Ouro. A planilha de pontos deste projeto é apresentada na Tabela 6.6. Observe que esta avaliação foi realizada usando o Green Globes NC (Construções Novas), versão 1, que tem diferenças da versão 2, mais recente, descrita neste capítulo.

**FIGURA 6.10** Foram especificados pisos de concreto polido e tratado com *stain*, em vez de revestimentos muito menos duráveis. Além de serem muito bonitos e resistentes, reduzem a quantidade de materiais necessários à construção. (Fotografia por cortesia de Glen Roberts, Saint Johns River State College)

**FIGURA 6.11** Um depósito no terceiro pavimento do Prédio de Ciências da Saúde utiliza luz natural, que é direcionada para dentro do recinto por meio de tubos solares instalados na cobertura. (*Fonte*: D. Stephany)

**TABELA 6.6**

**Distribuição de pontos para a certificação Green Globes do Prédio de Ciências da Saúde**

|  | Descrição | Pontos |
|---|---|---|
| A. | Gestão do projeto – Políticas e práticas (50 pontos possíveis) | 45 |
| A.1 | Processo de projeto integrado | 20 |
| A.2 | Aquisições ecológicas | 10 |
| A.3 | Plano de comissionamento – Documentação | 15 |
| A.4 | Plano de respostas a emergências | 0 |
| B. | Terreno (115 pontos possíveis) | 95 |
| B.1 | Área de intervenção | 30 |
| B.2 | Minimização dos impactos ecológicos | 30 |
| B.3 | Melhoria dos elementos da bacia hidrográfica | 15 |
| B.4 | Melhoria da ecologia do terreno | 20 |
| C. | Energia (373 pontos possíveis) | 211 |
| C.1 | Desempenho energético do prédio | 30 |
| C.2 | Minimização da demanda energética | 95 |
| C.3 | Sistemas eficientes em energia | 66 |
| C.4 | Fontes de energia renovável | 0 |
| C.5 | Transporte eficiente em energia | 20 |
| D. | Água (81 pontos possíveis) | 67 |
| D.1 | Desempenho do consumo de água | 30 |
| D.2 | Características de conservação da água | 37 |
| D.3 | Minimização do tratamento da água fora do terreno | 0 |
| E. | Recursos, materiais de construção e lixo sólido (80 pontos possíveis) | 36 |
| E.1 | Sistemas e materiais com baixo impacto ambiental | 0 |
| E.2 | Materiais que minimizam o consumo de recursos | 12 |
| E.3 | Reúso de edificações existentes | 0 |
| E.4 | Durabilidade, adaptabilidade e desmontagem do prédio | 9 |
| E.5 | Reúso e reciclagem da construção/Lixo de demolição | 5 |
| E.6 | Facilidades para reciclagem e compostagem | 10 |
| F. | Emissões e efluentes (68 pontos possíveis) | 66 |
| F.1 | Minimização das emissões aéreas | 15 |
| F.2 | Minimização da destruição do ozônio | 25 |
| F.3 | Evitou-se a contaminação dos esgotos ou corpos de água | 3 |
| F.4 | Minimizou-se a poluição | 23 |
| G. | Ambiente interno (175 pontos possíveis) | 149 |
| G.1 | Ventilação | 42 |
| G.2 | Controle dos poluentes internos na fonte | 32 |
| G.3 | Iluminação | 30 |
| G.4 | Conforto térmico | 20 |
| G.5 | Conforto acústico | 25 |
|  | Gestão básica do projeto – Políticas e práticas (45/50 pontos) | 90% |
|  | Terreno (95/115 pontos) | 83% |
|  | Energia (211/373 pontos) | 57% |
|  | Energia (67/81 pontos) | 83% |
|  | Recursos, materiais de construção e lixo sólido (36/80 pontos) | 45% |
|  | Emissões e efluentes (66/68 pontos) | 97% |
|  | Ambiente interno (149/175 pontos) | 85% |
|  | Pontos totais (669/942 pontos) | 71% |

## RESUMO E CONCLUSÕES

O Green Globes é um sistema de certificação de edificações de uso alternativo nos Estados Unidos e pode ser empregado tanto em prédios novos como existentes. Difere do LEED de várias formas. Em primeiro lugar, tem uma categoria que confere pontos à gestão do projeto, dando créditos ao projeto integrado e às compras ecológicas. Também tem créditos para a condução de avaliações do ciclo de vida dos sistemas prediais durante o processo de projeto. Baseia-se em 1.000 pontos iniciais, ao passo que o LEED trabalha com 110. Nesse sistema, nos casos em que uma situação não se aplica, a base de pontos reduz-se proporcionalmente aos pontos não aplicáveis. Essa é uma característica importante do Green Globes inexistente no LEED. A avaliação do projeto é feita por um Avaliador Green Globes (GGA) terceirizado, que revisa os documentos de construção no final da etapa de projeto e faz recomendações à equipe de projeto quanto aos atributos sustentáveis do prédio. O GGA também visita a obra ao término de sua execução, para revisar a autoavaliação feita pela equipe de projetos, e confere a documentação de todos os créditos reivindicados. Essa inspeção física do prédio visa a garantir que o projeto *as built* esteja de acordo com a autoavaliação feita pelos projetistas. O avaliador também apoia a equipe de projeto e auxilia na resolução de dúvidas que não sejam diretamente abordadas pelo questionário do Green Globes e sistemas de suporte. O sistema de certificação Green Globes está em processo de revisão com objetivo de que a norma ANSI/GBI 01-2016 possa servir como modelo para esse processo de certificação de edificações sustentáveis.

# Parte III

# O projeto de edificações sustentáveis

Esta parte do livro aborda as principais categorias das questões cobertas pela maioria dos sistemas de certificação de edificações, incluindo o LEED (Leadership in Energy and Environmental Design) e o Green Globes. Essas categorias incluem terreno e paisagismo, sistemas energéticos, materiais e produtos, ciclo hidrológico e qualidade do ambiente interno. A Parte III contém os seguintes capítulos:

Capítulo 7: O processo de projeto de edificações ecológicas
Capítulo 8: O terreno e o paisagismo sustentáveis
Capítulo 9: Estratégias de edificações com baixo consumo energético
Capítulo 10: O ciclo hidrológico do ambiente construído
Capítulo 11: Fechando os ciclos de materiais
Capítulo 12: A pegada de carbono do ambiente construído
Capítulo 13: A qualidade do ambiente interno

O Capítulo 7 trata do sistema de entrega de edificações ecológicas de alto desempenho como um sistema de entrega de construções distinto, mas análogo aos sistemas de projeto e construção reconhecíveis individualmente. Uma marca registrada daquele é o elevado nível de coordenação e integração exigido dos membros da equipe de projeto e construção. Medidas adicionais, como o comissionamento e *charrette*, são necessárias para a implementação completa desse novo sistema de entrega de edificações. Os contratos de projeto baseados no desempenho oferecem incentivos financeiros para o uso de certas características de projeto sustentável, como basear alguns sistemas prediais na natureza e, portanto, permitir a redução do tamanho das instalações elétricas e hidrossanitárias a fim de diminuir o consumo e o custo energético. A documentação do processo de edificações ecológicas e a coleta dos dados de desempenho do sistema são necessárias para se demonstrar que o prédio cumpriu todos os requisitos para certificação.

O Capítulo 8 traça um paralelo entre as categorias de avaliação e certificação de edificações que incluem temas como a localização do prédio perto do transporte de massas, a implantação em um terreno outrora poluído que foi recuperado (em vez de em uma área virgem), a minimização da pegada ecológica no processo construtivo e outras medidas que visam a garantir que a edificação seja implantada com o menor impacto ambiental. Essa categoria também cobre a possibilidade de melhorar os ecossistemas como um componente do desenvolvimento dos prédios sustentáveis. O problema das ilhas de calor urbano e as medidas para reduzir as elevações de temperatura em áreas urbanas são considerados. A poluição luminosa – problema de saúde, segurança e meio ambiente – também é abordada, com técnicas para prevenir que o excesso de luz afete as áreas do entorno imediato.

O Capítulo 9 cobre questões energéticas, incluindo o projeto passivo, o desenho de vedações externas, a seleção de equipamentos, os sistemas de energia renovável, a eletricidade sustentável e as tecnologias emergentes, ou seja, tudo aquilo que pode contribuir para um perfil com redução de consumo energético pelo prédio.

O Capítulo 10 foca a minimização do consumo de água potável, a reciclagem e o reúso de água e as medidas para reduzir ao máximo os escoamentos superficiais de águas pluviais para fora do terreno. É apresentada uma estratégia para o projeto de um ciclo hidrológico efetivo da edificação. São descritas tecnologias que podem auxiliar no fornecimento de fontes alternativas de água quando a água potável não for imprescindível. Também é apresentada uma estratégia para a destinação das águas servidas dos prédios de alto desempenho para tratamento fora do terreno. Por fim, descreve-se o paisagismo eficiente no consumo de água e seu papel na estratégia hidrológica dos prédios sustentáveis.

A seleção dos materiais de construção ambientalmente sustentáveis é abordada no Capítulo 11, que cobre o uso de materiais com conteúdo reciclado, o uso dos componentes prediais, a energia incorporada devido ao transporte dos materiais e a minimização do lixo da construção. A definição do que seriam materiais de construção sustentáveis permanece sendo o maior desafio para os projetistas de prédios sustentáveis contemporâneos. Por exemplo, os materiais com conteúdo reciclável são, a princípio, insumos sustentáveis, mas muitos contêm lixo industrial e agrícola, assim não é sempre certo que a reciclagem desses produtos derivados para o uso no ambiente construído seja a melhor solução. Consequentemente, um dos objetivos desse capítulo é promover a compreensão da maior gama possível de questões e problemas relacionados aos materiais e produtos de construção. O capítulo também cobre o tópico da análise do ciclo de vida, um método para avaliação de recursos, lixo e efeitos sobre a saúde associados à vida útil completa de um produto ou material, desde sua extração como matéria-prima até seu descarte final.

O Capítulo 12 é uma das novidades desta edição e cobre a pegada de carbono do ambiente construído. Ele sugere uma abordagem aos cálculos de pegada de carbono do ambiente construído que incluem três fontes de carbono: (1) o carbono incorporado nos produtos e materiais empregados para construir o prédio, (2) o carbono operacional associado à energia consumida pelo prédio ao longo de seu ciclo de vida e (3) o carbono associado à energia do transporte que traz e leva os usuários diariamente ao prédio. No caso dos edifícios de escritórios, a pegada de carbono do transporte seria calculada para a energia dos sistemas de transporte pendular utilizados pela mão de obra.

A qualidade do ambiente interno é coberta no Capítulo 13. Os vários tipos de problemas de uma edificação relacionados à saúde são descritos. Também são explorados a seleção de matérias com baixas emissões; a proteção dos sistemas de calefação, resfriamento, ventilação e condicionamento do ar durante a construção; o monitoramento da qualidade do ar no interior; e questões sobre a saúde da força de trabalho da construção e dos futuros usuários do prédio. São cobertas outras questões relativas à qualidade do ambiente interno, como a qualidade da iluminação, o acesso à luz natural e às vistas e os ruídos. O tema da radiação eletromagnética na edificação é tratado, e são cobertas estratégias para se lidar com seus impactos na saúde humana. Também são abordadas as melhores práticas para a qualidade do ar no interior do prédio. Por fim são discutidas outras das melhores práticas e algumas listas de conferências que ajudam na obtenção de pontos nos protocolos de certificação de edificações e outras questões não cobertas por esses sistemas.

Em suma, a Parte III desta obra aborda as questões técnicas cruciais da construção sustentável e discute abordagens que podem ser empregadas para limitar o exaurimento dos recursos, as consequências negativas sobre o meio ambiente e os impactos sobre a saúde humana que tão frequentemente resultam da criação, operação e descarte do ambiente construído. As edificações futuras devem contribuir para a restauração e regeneração da capacidade ecológica, reciclagem da água e descarga de água potável, gerar a energia necessária para sua operação, contribuir para a saúde de seus usuários humanos e servir como fontes de matérias para as gerações futuras, em vez de serem meras "dores de cabeça" que são descartadas.

# O processo de projeto de edificações ecológicas

# 7

O movimento da edificação de alto desempenho está modificando tanto a natureza do ambiente construído como dos sistemas de entrega empregados para projetar e construir prédios de acordo com as necessidades dos clientes. O resultado tem sido a emergência do *sistema de entrega de edifícios sustentáveis de alto desempenho*, apresentado no Capítulo 1. Este sistema de entrega difere da prática convencional por inúmeros fatores: (1) seleção dos membros da equipe de projeto com base em sua experiência com edificações sustentáveis, (2) maior colaboração entre os envolvidos, (3) foco no desempenho do prédio integrado maior do que nos sistemas prediais, (4) forte ênfase na proteção ambiental durante o processo de construção, (5) considerações cuidadosas com a saúde dos trabalhadores e usuários durante todas as fases, (6) análise de todas as decisões em relação a suas implicações para os recursos e o ciclo de vida do imóvel, (7) necessidade adicional do comissionamento e (8) ênfase na redução do lixo de construção e demolição. Algumas dessas diferenças são resultado das exigências dos sistemas de certificação, outras fazem parte da cultura da edificação sustentável, em constante evolução.

Este capítulo descreve mais detalhadamente as distinções entre a prática convencional e o processo de geração de edificações sustentáveis, dando particular atenção ao processo extremamente colaborativo das *charrettes*, que provavelmente é uma das características mais marcantes das edificações sustentáveis contemporâneas. As novas ferramentas, como o Building Information Modeling (BIM), que gera representações tridimensionais do modelo vinculadas aos programas de modelagem de energia, iluminação natural e análise do ciclo de vida, estão aumentando a qualidade da colaboração e reduzindo os custos dos prédios ecológicos. Os *plugins* do BIM que criam documentos para a certificação de sustentabilidade também estão se tornando cada vez mais numerosos e colaborando para o desafio da criação de um ambiente construído de alto desempenho.

## SISTEMAS DE ENTREGA DE PRÉDIOS CONVENCIONAIS *VERSUS* SISTEMAS DE ENTREGA DE EDIFICAÇÕES SUSTENTÁVEIS

Os sistemas de entrega de construções contemporâneas dos Estados Unidos podem ser divididos em quatro categorias principais: (1) projeto, orçamento e construção isoladamente, (2) contratos de risco para o gerenciamento de uma obra, (3) contratos únicos de projeto e construção e (4) entrega de projeto integrada (IPD). Esses quatro sistemas serão descritos em linhas gerais nas seções a seguir e, então, comparados e contrastados com os sistemas emergentes de entrega de edificações sustentáveis de alto desempenho.

### Projeto, orçamento e construção isoladamente

O principal objetivo de um sistema de entrega de projeto, orçamento e construção isoladamente é fazer o construtor entregar o projeto ao proprietário com um baixo custo. A equipe de projeto é selecionada pelo proprietário e trabalha a fim de produzir os desenhos executivos que definem a localização, a aparência, os materiais e os métodos que serão empregados na criação do prédio e sua infraestrutura. Os construtores ou empreiteiros orçam o projeto, e o serviço é dado àquele que for qualificado e oferecer o melhor preço.

De modo similar, o construtor responsável seleciona subempreiteiros com base em orçamentos competitivos e confere um serviço específico – por exemplo, a montagem de uma estrutura de aço ou o levantamento das alvenarias – ao proponente qualificado que apresentar a melhor proposta. Embora o projeto em tese seja entregue ao proprietário pelo menor custo possível, são frequentes os conflitos entre as partes envolvidas (o proprietário, a equipe de projeto, o construtor, os subempreiteiros e os fornecedores de materiais), e tensões e problemas de comunicação costumam permear o processo, muitas vezes resultando em custos mais elevados devido a modificações no projeto, reparos e litígios judiciais. Embora alguns prédios de alto desempenho sejam construídos usando-se esse sistema de projeto e construção, o risco de conflitos e a falta de colaboração entre os envolvidos o tornam a alternativa menos desejável para a execução de um projeto.

## Contratos de risco para o gerenciamento de uma obra

Nos contratos de risco, o proprietário negocia separadamente com a equipe de projeto e o *construtor* ou *gerente de obra*, e este segundo atuará como seu preposto. Neste formato, o gerente da obra negocia com o proprietário seus honorários para os serviços de administração. Já nas etapas preliminares do processo, o gerente de obra costuma exigir a garantia de que o custo total da construção não excederá um preço limite, que é chamado de *preço máximo garantido*. O ideal é que o gerente de obra e a equipe de projeto sejam selecionados já no início do processo. Assim, o gerente de obra poderá auxiliar mesmo antes da execução, elaborando orçamentos e análises de viabilidade construtiva, fazendo engenharia de valor e preparando cronogramas para tornar o processo de projeto mais eficiente e produtivo e evitar que a obra tenha muitos problemas.

Trabalhando juntos, os envolvidos elaborarão um projeto executivo que atenda ao orçamento, ao cronograma e às exigências do proprietário, isto é, ao programa de necessidades, e que previna conflitos físicos entre os diversos sistemas da edificação, falta de informações e outras consequências decorrentes de má comunicação que geralmente ocorrem nos desenhos executivos feitos para sistemas de projeto, orçamento e construção isoladamente. Usando um processo de seleção de propostas comerciais, o gerente de obra escolhe os subempreiteiros com base em suas capacitações e a qualidade de seus serviços, em vez de apenas considerar o preço mais baixo. Assim, o nível de conflitos em uma obra será reduzido, em virtude das relações de trabalho mais estreitas entre as partes envolvidas. Além disso, as firmas de gerenciamento de obra que trabalham com contratos de risco entendem que os clientes atuais e do passado são a principal fonte para projetos futuros. Como consequência, a satisfação dos clientes se torna um dos principais objetivos.

## Contratos únicos de projeto e construção

Embora os contratos de risco reduzam a frequência e intensidade dos conflitos, ainda assim há a tensão clássica entre a equipe de projeto e o gerente de obra, ainda que em grau menor. Um *contrato único de projeto e construção* é um método de entrega de projeto no qual uma das entidades, projetista construtor, firma com o proprietário um único contrato para a prestação de serviços de projeto de arquitetura e engenharia e de construção.[1] Esse sistema, portanto, concentra toda a responsabilidade pelo projeto e construção em um profissional ou uma empresa. Em um típico contrato de projeto, orçamento e construção isoladamente, o proprietário contrata um arquiteto ou engenheiro para elaborar o conjunto de desenhos e especificações conforme um contrato de projeto e, então, seleciona um construtor por meio da oferta de propostas para a construção. Um contrato único de projeto e construção, todavia, estabelece com o proprietário uma só relação contratual com aquele que prestará os serviços de projeto e os de construção. Esse prestador de serviços pode ser uma empresa capacitada para o projeto e a construção ou um consórcio entre uma firma de projeto e outra de construção. Consequentemente, o sistema de contratação de projeto e construção tende a reduzir os conflitos típicos entre essas duas atividades, a reduzir o preço total para o cliente, a aumentar a qualidade, a diminuir o prazo total do processo e a facilitar a comunicação entre os membros de projeto. Essas características tornam essa estratégia muito adequada ao conceito de edificação sustentável. Em virtude da ênfase a um elevado nível de colaboração entre as fases de projeto e construção, há uma maior consistência com a abordagem de projeto necessária para se projetar prédios de alto desempenho.

## Entrega de projeto integrada

A entrega de projeto integrada é um sistema de entrega de construções relativamente novo, de meados dos anos 1990, quando um grupo de empresas de construção de Orlando, Flórida, almejava aumentar a produtividade e rapidez na entrega de projetos e reduzir os conflitos e o estresse típicos dos projetos de construção. Em maio de 2007, a Força-Tarefa de Definição do Projeto Integrado, composta por uma grande variedade de atores, como proprietários, arquitetos, construtores, engenheiros e advogados, trabalhou para definir o que seria um sistema de entrega de projeto integrada. Esse novo sistema de construção tira partido de várias outras ideias relativamente novas, como o processo integrado, a construção enxuta (*lean construction*), o BIM e outras tecnologias, que potencializam a boa colaboração em projetos de construção. Charles Thomsen, ex-presidente de 3D International, definiu a entrega de projeto integrada como:

> uma abordagem de contratos e processos de projeto e construção concebida para atender à intensa colaboração intelectual exigida pelos prédios do século XXI. A visão inspiradora do IDP é de uma equipe de projeto perfeitamente sincronizada e não dividida por interesses econômicos distintos ou por silos contratuais de responsabilidade, mas sim de um grupo de empresas com responsabilidades complementares a fim de colaborarem entre si para alcançar os objetivos do proprietário. A fim de dar suporte a essa visão, arquitetos, engenheiros, gerentes de obra e advogados estão elaborando processos de gestão e termos de contrato que buscam alinhar os interesses da equipe de projeto-chave com a missão de projeto, aumentar a eficiência, reduzir os resíduos e criar edificações melhores.[2]

Thomsem sugeriu que os principais ingredientes da entrega de projeto intregada são:

- Um relacionamento regrado por normas jurídicas
- Um comitê administrativo
- Um conjunto de incentivos
- Um ambiente de trabalho com erro zero
- Assistência ao projeto
- Um software colaborativo
- A construção ecológica
- Uma liderança integrada

O processo de entrega de projeto integrada visa a prazos de entrega mais curtos do que em outros sistemas de entrega de edificações, como o sistema de projeto, orçamento e construção isoladamente. O surgimento de programas de computador colaborativos oferece oportunidades para a melhoria do fluxo de documentos, comunicações e trabalhos, garantindo que todos os envolvidos com o projeto estejam utilizando o mesmo conjunto de documentos e colaborando para o mesmo objetivo. O *contrato de relações* é o documento-chave do processo de entrega de projeto integrada, pois define os relacionamentos entre os envolvidos. Em outras palavras, trata-se de um contrato único assinado pelo proprietário do prédio, projetista (arquiteto ou engenheiro) e construtor. Embora seja usual no Reino Unido e na Austrália, seu uso é relativamente novo no setor da construção civil norte-americano. Outros prestadores de serviço – por exemplo, os subempreiteiros – também podem ser partes do contrato, formando o que é chamado de *forma integrada de contrato* ou *contrato colaborativo tríplice*. Os contratos de relação de um processo de entrega de projeto integrada têm cláusulas de incentivo, de modo que qualquer economia que por ventura venha a ser obtida seja partilhada entre os membros das equipes e o proprietário do prédio. Para isso, é criado um pool de incentivos, cuja divisão dependerá da colaboração da equipe. Em relação a um edifício sustentável de alto desempenho, o processo de entrega de projeto integrada é uma ideia relativamente nova e, portanto, pouco testada. Contudo, muitos de seus aspectos-chave são compartilhados com as melhores práticas de edificações sustentáveis de alto desempenho, como o processo colaborativo integrado e a aplicação de tecnologia a fim de oferecer suporte ao desenvolvimento de prédios com desempenho realmente elevado. Além disso, o processo de entrega de projeto integrada tem muitas das características dos sistemas de entrega de construção que são muito mais compatíveis com os sistemas de certificação de edificações sustentáveis, como o LEED e o Green Globes. Tanto a construção enxuta como o BIM estão sendo fundidos nas edificações verdes de última geração e no processo de entrega de projeto integrada. Uma das mais antigas críticas à edificação sustentável é seu custo inicial mais elevado. A entrega de projeto integrada, junto com essas ferramentas, como o BIM e a construção enxuta, permite a produção de edifícios de alto desempenho que, ao mesmo tempo, têm custos iguais ou inferiores aos convencionais e que ainda atendam às prescrições dos códigos de obras.

## Sistema de entrega de edificações sustentáveis de alto desempenho

O sistema de entrega de edificações sustentáveis de alto desempenho, em evolução, é similar ao de outros sistemas de entrega, como os contratos de risco e os contratos únicos de projeto e construção, mas inclui responsabilidades adicionais para a equipe de projeto. Sua principal diferença é a exigência de uma melhor comunicação entre os membros da equipe de projeto. Consequentemente, a formação da equipe inicial, que envolve o maior número possível de interessados, garante que todos entendam os objetivos do projeto e suas especificações únicas. Esse sistema de entrega também exige qualificações especiais dos participantes, especialmente o entendimento do conceito da edificação sustentável e o compromisso com este aspecto e, no caso de projetos que serão certificados pelo LEED, Green Globes ou Living Building Challenge, uma grande familiaridade com esses sistemas e suas exigências. As equipes de projeto também devem ter experiência com o processo das *charrettes* e estar especialmente dispostas a lidar com uma grande variedade de envolvidos, inclusive alguns que não fazem parte tradicionalmente de projetos de edificação. Um exemplo seria a inclusão de membros da comunidade na *charrette* de projeto do prédio de uma empresa. Alguns projetos recentes têm envolvido servidores públicos que posteriormente terão de aprovar soluções inovadoras propostas por equipes de projetos.

Em virtude de sua natureza conflitiva, o sistema de entrega de projeto, orçamento e construção isoladamente é excepcionalmente difícil de ser utilizado em um projeto de edificação sustentável. O espírito de colaboração necessário para um projeto de edificação sustentável de alto desempenho raramente se desenvolve dentro de um clima de adversidade. O sistema de projeto e construção nas mãos de uma equipe integrada apresenta um potencial significativo de resultar em um prédio ecológico, pois, assim como no contrato de risco, é utilizado para minimizar relações conflitivas e simplificar as transações entre as partes. Contudo, ao contrário dos contratos de construção convencionais, os pesos e contrapesos criados pela interação transparente entre a equipe de projeto e o construtor praticamente inexistem. E, assim como ocorre com outros aspectos do desenvolvimento sustentável, a transparência é uma característica importante dos projetos de edificações sustentáveis. Apesar desse problema em potencial, vários projetos dessa natureza têm sido executados por meio de contratos de contratação e projeto com a mesma equipe. Entre os exemplos, podemos incluir o Orthopaedics and Sports Medicine Institute da University of Florida, em Gainesville, completado pela equipe de projeto e construção da URS and Turner Construction (veja a Figura 7.1).[3] A entrega de projeto integrada é um sistema relativamente novo, mas que, por sua grande ênfase na colaboração, parece ser extremamente compatível com a entrega de edificações sustentáveis.

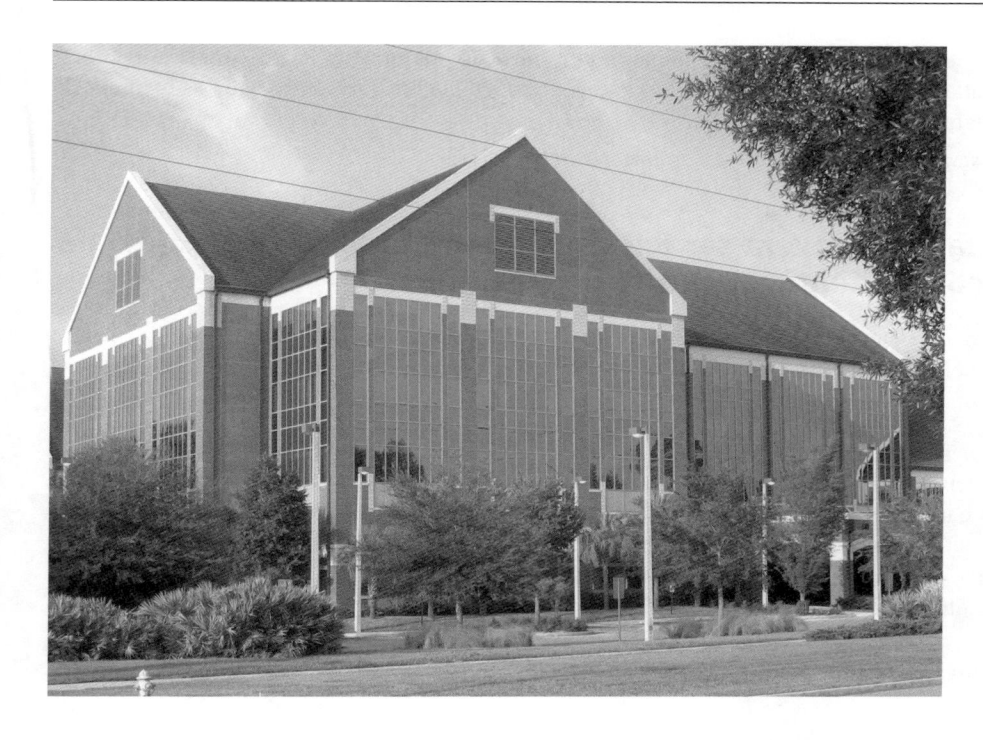

**FIGURA 7.1** A equipe de projeto do Orthopaedics and Sports Medicine Institute da University of Florida em Gainesville empregou o sistema de contratação de equipe integrada para projetar e executar a obra deste prédio certificado pelo LEED. (*Fonte*: T. Wyman)

## A EXECUÇÃO DO PROJETO DE UMA EDIFICAÇÃO SUSTENTÁVEL

Uma vez que o sistema de entrega de edificações sustentáveis de alto desempenho é radicalmente distinto dos sistemas convencionais, a equipe de projeto deve estar ciente dessas diferenças e de quando elas ocorrem no processo de projeto e construção. Assim que concluídos o programa de necessidades e o orçamento do prédio proposto pelo proprietário ou seu representante, a execução de um projeto de edifício sustentável de alto desempenho terá sete etapas:

1. *Estabelecimento de prioridades para o projeto da edificação* por parte do proprietário, mas com a colaboração da equipe de projeto.
2. *Seleção da equipe de profissionais:* a equipe de projeto e o gerente de obra, ou firma de projeto e construção.
3. *Implementação de um processo de projeto integrado*, orientando-se a equipe de projeto sobre esse sistema e como será posto em prática durante os processos de projeto e construção. Observe-se que processo de projeto integrado é diferente de entrega de projeto integrada. Esta segunda será abordada na seção "O Processo de Projeto Integrado" (p. 219).
4. *Condução de uma* charrette a fim de obter informações para o projeto com uma grande variedade de interessados, incluindo-se a equipe de projeto, o proprietário e os usuários do prédio, entre outros.
5. *Execução do processo de projeto*, que consiste em projeto preliminar, anteprojeto, o desenvolvimento do projeto, projeto executivo e documentação sobre as medidas de sustentabilidade de um prédio que passará por um sistema de certificação. Tudo isso se usando um processo de projeto integrado e envolvendo o uso completo do processo de projeto integrado no desenvolvimento das plantas, junto com uma intensiva interação interdisciplinar, a fim de maximizar as sinergias de projeto.
6. *Execução do projeto*, para incluir a implementação das medidas de sustentabilidade que abordam a proteção do solo e o controle de sua erosão, a minimização da interferência sobre o

terreno, a proteção da flora e da fauna, a minimização e a reciclagem dos resíduos da obra, a garantia da saúde do prédio e a elaboração dos documentos que comprovam as medidas de sustentabilidade adotadas.

7. *Comissionamento final e entrega ao proprietário.*

## Perguntas que devem ser feitas ao proprietário de um projeto de edificação sustentável de alto desempenho

A decisão de se obter um prédio sustentável de alto desempenho traz inúmeras questões a serem resolvidas pelo proprietário antes de passar ao projeto e construção do imóvel. Entre as questões se destacam:

- *O proprietário deseja que o prédio seja sustentável e certificado?* Embora o sistema LEED seja a certificação predominante para um prédio ecológico nos Estados Unidos, pode ser interessante uma abordagem filosófica e técnica totalmente diversa. Por exemplo, os protocolos de avaliação de edificações Green Globes e o Living Building Challenge são abordagens alternativas que podem ser uma boa escolha em certas situações. Em pelo menos um estado, a Flórida, um sistema de avaliação de edificações comerciais sustentáveis pode ser utilizado em vez da norma nacional.[4] O International Green Construction Code está sendo adotado por algumas jurisdições; como resultado, elas podem exigir construções sustentáveis de alto desempenho.[5]

- *Se o prédio almejar a certificação, qual de seus níveis será o objetivo (platina, ouro, prata ou certificado, no caso do LEED, ou de um a quatro globos verdes, no caso do Green Globes)?* O proprietário do prédio pode ter uma ideia pré-concebida do nível de certificação desejado, assim a tarefa da equipe de projeto será projetá-lo e executá-lo a fim de alcançar esse objetivo. Frequentemente os projetistas terão de abordar questões de relação de custo e benefício de diferentes níveis de certificação e realizar a análise do ciclo de vida para cada um dos níveis, no intuito de oferecer ao proprietário os dados necessários para a melhor decisão.

- *Se o prédio não precisa ser certificado, quais critérios de projeto deveriam ser seguidos pela equipe de projeto?* LEED e Green Globes oferecem uma estrutura consistente que contém virtualmente todos os critérios necessários para que o resultado seja uma edificação ecológica. Se nenhum desses protocolos servir de base, o proprietário terá de fornecer aos projetistas uma descrição detalhada dos critérios que deverão ser utilizados.

- *Quais são as qualificações relativas a edifícios de alto desempenho que a equipe de projeto e o gerente de obra deveriam ter?* No caso de um prédio projetado e executado pela mesma equipe, que formação e treinamento os profissionais de projeto e construção deveriam ter? Sem dúvida, é vantajoso para o proprietário contratar pessoas que tenham experiência com prédios sustentáveis. Caso se deseje uma certificação, será necessária uma quantidade significativa de documentos que atestem muitos aspectos do projeto. Por exemplo, se um dos créditos almejados é o conteúdo reciclado dos materiais utilizados no projeto, o gerente de obras deverá estar ciente da necessidade de obter informações com a maioria dos subempreiteiros quanto à quantidade de material reciclado existente nos produtos empregados no prédio e, então, de compilar dos dados de todos os subempreiteiros para determinar o percentual total de conteúdo reciclado no projeto.

- *Qual nível de investimento de capital, além do exigido por uma construção convencional, o proprietário terá de fazer para tornar o imóvel um prédio sustentável de alto desempenho?* E o proprietário está disposto a aceitar um investimento de capital mais alto em troca de custos operacionais inferiores? As edificações sustentáveis são projetadas especificamente para terem custos operacionais menores, mas, em geral, isso implica custos iniciais maiores. Uma análise do custo do ciclo de vida oferecerá uma composição de custos *versus* economias em uma base anual e indicará o ponto de equilíbrio, em anos, para que o investimento seja efetivado. Caberá ao proprietário decidir se o ponto de equilíbrio é satisfatório e se, com base nessas informações, o custo extra tem fundamento.

## Estabelecimento das prioridades e tomada das decisões-chave iniciais

Uma vez decidido a criar um prédio sustentável de alto desempenho, o proprietário deve estabelecer suas prioridades. Por exemplo, nas áreas áridas dos Estados Unidos, os problemas relacionados à falta de água podem priorizar o ciclo hidrológico do prédio (economia e reúso de água, coleta de água da chuva, tratamento de águas servidas e uso de água recuperada) no lugar de, por exemplo, um esforço excepcional para reduzir o consumo de energia. Outro proprietário pode optar pela implantação de um sistema intensivo e incomum de aproveitamento da iluminação natural e de seus controles, em virtude de seu potencial de economia de energia e dos benefícios à saúde, e, por outro lado, tomar medidas mínimas para a conservação da água.

Outras decisões a serem tomadas ou prioridades que podem ser estabelecidas referem-se ao investimento financeiro que o proprietário está disposto a fazer. As edificações sustentáveis normalmente envolvem sistemas que não costumam ser empregados em prédios convencionais, como os de coleta de água pluvial, implicando esforços adicionais de projeto. Muitos estados possuem leis que obrigam a adoção de diretrizes rigorosas para determinados custos ou consumos por metro quadrado do imóvel. Assim, medidas muito simples, mas interessantes em termos de custo, devem ser consideradas. Outros tipos de organizações podem ter créditos disponíveis para investir em alternativas de alto desempenho que, com o passar dos anos, poderão pagar pelo empréstimo. A Harvard University, por exemplo, tem um fundo rotativo de 12 milhões de dólares para ser investido em projetos de alto investimento com as dívidas contraídas pagas de acordo com as economias obtidas. O governo federal dos Estados Unidos exige que seja aplicada a análise do custo do ciclo de vida para justificar as decisões sobre os investimentos, exigência que favorece as escolhas por prédios de alto desempenho. Os investidores do setor privado têm uma liberdade consideravelmente maior, e suas decisões podem ser baseadas no custo do ciclo de vida, como faz o governo federal norte-americano, que exige a análise do custo do ciclo de vida. As edificações sustentáveis certificadas terão exigências adicionais quanto à documentação, ao comissionamento, às taxas para registro e certificação e outros custos extras que deverão ser previstos no orçamento.

## Seleção da equipe de projeto da edificação sustentável

Quando um proprietário decide por um prédio sustentável de alto desempenho, o primeiro passo é selecionar as equipes de projeto e construção. O processo de seleção em si começa da maneira tradicional, com o pedido de propostas ou de comprovações das qualificações para que se faça a seleção do arquiteto e gerente de obras e que devem especificar as qualificações adicionais exigidas do arquiteto, dos arquitetos de interiores, arquitetos paisagistas e engenheiros civis, de estruturas, elétricos e mecânicos. Um dos desafios é garantir que os arquitetos e gerentes de obras entendam quais são os objetivos e as metas do proprietário. A fim de ajudar nisso, o Comitê do Meio Ambiente do American Institute of Architects (AIA) preparou um guia para a elaboração de pedidos de propostas e comprovações de qualificação: "Writing the Green RFP".[6]

Uma vez analisadas as propostas e qualificações enviadas pelos arquitetos e firmas de gerenciamento de obras, o proprietário geralmente criará uma lista de três a cinco firmas em cada categoria e, então, agendará apresentações dos profissionais e empresas pré-selecionados. A seleção final se baseia em experiência, qualificações, trabalhos prévios e comprovação do conhecimento do programa de necessidades, das exigências do proprietário e do terreno, bem como da capacidade dos membros da equipe de trabalhar com outras equipes de projeto. O arquiteto e gerente de obras ou a firma contratada para projetar e construir o prédio devem ser selecionados antes que se iniciem quaisquer atividades projetuais, de modo que estejam inseridos em todas as etapas do processo. Evidentemente, é importante que o arquiteto e os engenheiros tenham conhecimento detalhado do conceito do que é uma edificação sustentável e se comprometam com a criatividade e o empenho necessários para que se produza um prédio excepcional. Ainda que o movimento das edificações de alto desempenho seja relativamente recente, muitos projetistas já trabalharam em um ou mais edifícios ecológicos. O conhecimento aprofundado dos protocolos de certificação, como LEED ou

Green Globes, é absolutamente indispensável caso o proprietário escolha que o objetivo é obter uma das certificações. Além disso, é importante observar que alguns arquitetos renomados têm experiência na criação de prédios de alto desempenho, mas que não foram submetidos a esses sistemas de certificação. Cabe ao proprietário, portanto, julgar se essas firmas, de fato, têm a capacidade de atender as suas exigências.

Se a certificação LEED ou Green Globes, por exemplo, for almejada, o gerente de obras (ou seus funcionários) deve estar muito familiarizado com os requisitos do sistema. O processo de certificação impõe enormes responsabilidades ao gerente de obras, sendo que a falta de experiência nessas normas pode comprometer a certificação do projeto.

## Papel do Profissional Acreditado Leed ou Profissional Green Globes no processo

A inclusão de profissionais do setor da construção civil que tenham utilizado os sistemas de certificação de edificações sustentáveis facilita a tomada de decisões e o fluxo de informações necessário para se transitar pelas complexas exigências desses sistemas. Tanto o US Green Building Council (USGBC) como a Green Building Initiative (proponente do sistema Green Globes) têm programas de treinamento e conferem titulações.

O USGBC oferece um treinamento seguido de teste, o qual, no caso de aprovação, torna o profissional um LEED Accredited Professional (LEED AP). Essa designação oferece ao proprietário do prédio um elevado grau de confiança de que as exigências dos programas de certificação do USGBC serão compreendidas e de que os inúmeros documentos exigidos para a certificação serão fornecidos. O exame LEED AP testa os conhecimentos sobre princípios de edificações sustentáveis, bem como sua familiaridade com as exigências do LEED. Pontos que o exame LEED AP cobre:

- Profunda familiaridade com o sistema LEED
- Conhecimentos do registro de projetos, de suporte técnico e do processo do LEED
- Comprovação de conhecimentos das normas e dos processos de projeto e construção
- Entendimento geral dos vários tipos de projeto mencionados pelo LEED
- Conhecimento das práticas e estratégias de projetos ecológicos e sustentáveis e dos créditos correspondentes no sistema LEED
- Familiaridade com os principais recursos e ferramentas de projetos ecológicos e sustentáveis[7]

Outro benefício de contar com um LEED AP na equipe de projeto é agregar um crédito para a certificação do projeto. Um ponto negativo do sistema atual de atribuição dessa credencial é que ela não exige conhecimentos aprofundados do processo de projeto e construção e/ou experiência profissional. Um desafio para o USGBC tem sido criar um processo de acreditação rigoroso que exija a renovação periódica do certificado ou a educação continuada para que se mantenham as credenciais profissionais sobre edificações sustentáveis e o sistema LEED.

De maneira similar, o GBI oferece treinamento e testes para formar Green Globes Professionals (GGPs Professional Green Globes), que têm conhecimentos detalhados do Green Globes, de seu processo de certificação e dos documentos exigidos. Assim como o LEED, o Green Globes atribui crédito para o prédio que tenha um GGP em sua equipe de projeto. Todavia, ao contrário do LEED Accredited Professional, o Green Globe Professional deve ser um profissional do setor da construção qualificado antes de prestar os exames para obter o título. O Green Globes também tem uma qualificação de alto nível, a de Green Globes Assessor (GGA – Avaliador Green Globes), que é para os avaliadores terceirizados que se especializarem na certificação do GBI. As exigências para se tornar um Green Globes Assessor são muito superiores àquelas para se tornar um Green Globes Professional. O Green Globes Assessor é quem, de fato, faz a certificação independente do edifício, auxilia a equipe de projeto ao longo do processo e, no fim, julga se a obra merece ser certificada e em que nível. O Capítulo 6 cobre as qualificações dos GGAs e GGPs em mais detalhes.

## O PROCESSO DE PROJETO INTEGRADO – IPD

Embora seja verdade que qualquer projeto de edificação exige um excelente trabalho em equipe, o nível de interação e comunicação necessário para garantir o sucesso de um projeto de um edifício sustentável é significativamente maior. A edificação sustentável é um conceito relativamente novo no setor da construção, e geralmente é preciso orientar todos os membros da equipe quanto às metas e aos objetivos do projeto em questões relacionadas à eficiência dos recursos, sustentabilidade, certificação, saúde da edificação, entre muitas outras. Essa orientação possui três propósitos: em primeiro lugar, atender ao seu objetivo principal que é de informar a equipe sobre todas as exigências para o projeto; em segundo lugar, tornar a equipe familiarizada com as prioridades do proprietário quanto aos aspectos de alto desempenho do projeto sustentável; em terceiro lugar, oferecer uma oportunidade para reforçar a coesão da equipe por meio de exercícios em grupo que visam à familiarização com o prédio, seu programa de necessidades e suas questões de sustentabilidade.

O projeto de edificações integradas, ou projeto integrado, é a denominação para os elevados níveis de colaboração e trabalho em equipe que diferenciam um projeto sustentável do processo de um projeto convencional. De acordo com o Departamento de Energia dos Estados Unidos, o projeto integrado é:

> um processo no qual disciplinas múltiplas e aspectos aparentemente não relacionados entre si são integrados de um modo que permite a realização de benefícios sinérgicos. O objetivo é alcançar um desempenho elevado e benefícios múltiplos a um custo inferior do que se teria com a mera combinação de todos os componentes. Esse processo, frequentemente, inclui a integração de estratégias de projeto sustentável em critérios de projeto convencionais sobre a forma, a função, o desempenho e o custo de uma edificação. Um dos pontos-chave para o sucesso do projeto integrado de uma edificação é a participação de diferentes especialistas como arquitetos em geral, engenheiros de instalações (sistemas de climatização, de eletricidade, hidrossanitários), profissionais de luminotécnica, arquitetos de interiores e paisagistas. Trabalhando juntos em momentos cruciais do processo projetual, esses participantes frequentemente podem identificar soluções extremamente interessantes para as necessidades de projeto que, de outra maneira, não seriam descobertas. Na abordagem do projeto integrado, o engenheiro mecânico calculará o consumo e o custo da energia já no início do projeto, informando aos projetistas a respeito das implicações da orientação solar, da configuração do prédio, da fenestração, das instalações prediais e das opções de iluminação para o uso energético.[8]

O processo de projeto integrado caracteriza-se pela forte colaboração desde o início do processo projetual. Em um projeto convencional, os membros da equipe começam a unir esforços no início da elaboração do partido; em um edifício sustentável que adota o projeto integrado, a colaboração começa antes, nos estudos preliminares, com todos os participantes contribuindo para a tomada de decisões durante todo o ciclo do projeto (veja a Figura 7.2). Quanto mais cedo for implementado o projeto integrado, maiores serão os benefícios (veja a Figura 7.3).

Em qualquer projeto de edificação há inúmeras áreas que permitem o projeto integrado: as vedações externas, o esquema de iluminação natural, as coberturas verdes, a minimização da poluição luminosa, a qualidade do ambiente interno, o ciclo hidrológico, etc. O protocolo Green Globes descreve em detalhes os requisitos para o projeto integrado em sua seção sobre a gestão de projeto, na qual uma equipe pode obter 20 pontos se demonstrar que efetivamente conseguiu implementar o projeto integrado. Além de apontar um coordenador para o projeto sustentável, a equipe deve demonstrar como interagiu mediante a documentação dos resultados da colaboração na forma de minutas das reuniões de estabelecimento de metas e listas dos itens nos quais a equipe resolveu em conjunto.[9]

Outro termo empregado para o projeto integrado é o *processo de projeto integrado*. Parte dos fundamentos para desenvolver o processo de projeto integrado foram lançados no Canadá, e talvez a definição mais detalhada dessa estratégia de trabalho tenha sido a resultante de uma oficina nacional sobre o tema realizada em Toronto em 2001:

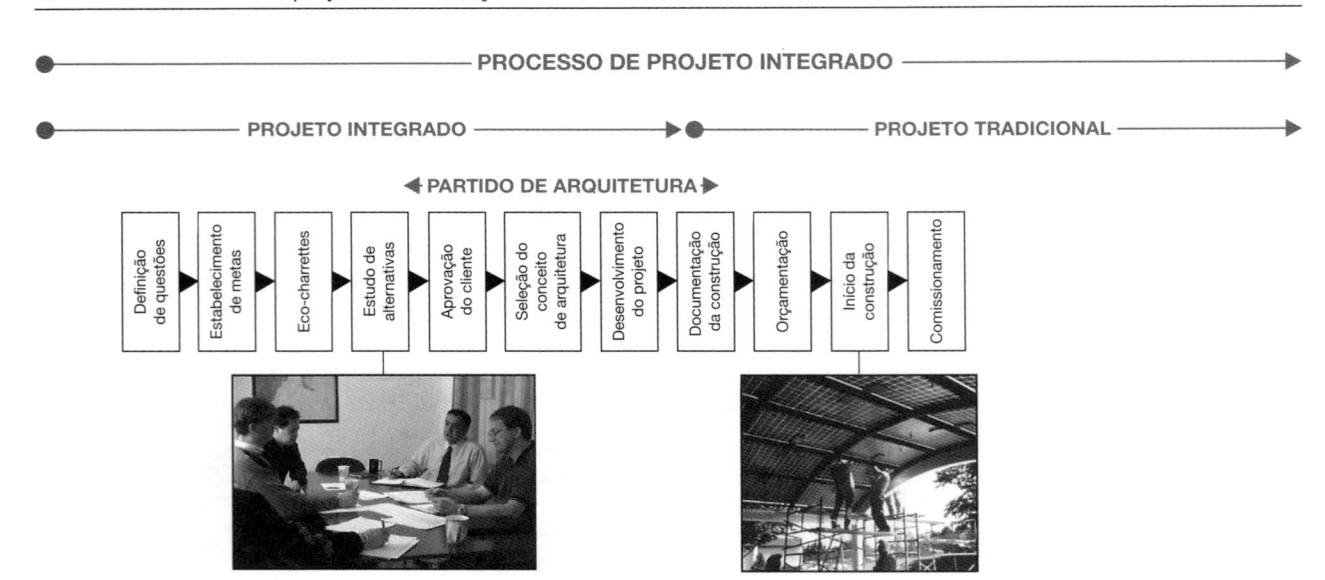

**FIGURA 7.2** No projeto sustentável, o projeto integrado se inicia muito antes do processo de desenvolvimento do projeto de arquitetura das edificações convencionais e envolve a interação com o proprietário a fim de definir e estabelecer metas antes que do anteprojeto, e essa abordagem continua ao longo da execução da obra e do comissionamento. (Diagrama por cortesia de Interface Engineering, Inc.)

O processo de projeto integrado (IDP) é um método para a criação de edificações de alto desempenho que contribuam para as comunidades sustentáveis. É um processo colaborativo que foca as etapas de projeto, construção, operação e ocupação de um prédio ao longo de todo o seu ciclo de vida. O IDP visa a permitir ao cliente e a outros interessados o desenvolvimento e a obtenção de metas e objetivos funcionais, ambientais e econômicos claramente definidos e desafiadores. O IDP exige uma equipe de projeto multidisciplinar que possua ou adquira as habilidades necessárias para abordar todas as questões de projeto derivadas dos objetivos estabelecidos. O IDP advém de estratégias holísticas dos sistemas prediais, trabalhando com níveis cada vez maiores de especificidade a fim de obter soluções integradas mais avançadas.[10]

Além dessa longa definição de processo de projeto integrado (IDP), também foram consideradas suas características principais:

- O trabalho interdisciplinar entre arquitetos, engenheiros, orçamentistas, técnicos em operação predial e outros atores relevantes desde o início do processo projetual.

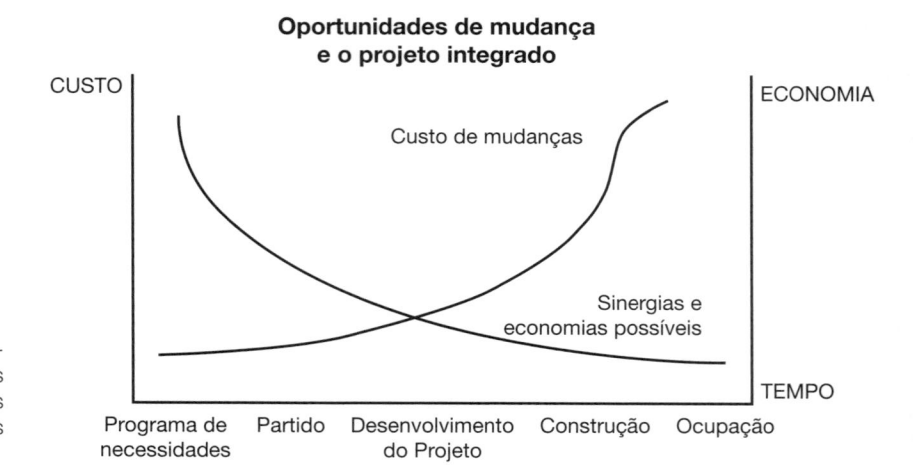

**FIGURA 7.3** Quanto mais cedo for implementado o projeto integrado, maiores serão as possibilidades de economia e mais baixo será o custo de se fazer modificações no projeto.

- Discussões sobre a importância relativa de questões de desempenho e o estabelecimento de consensos sobre elas entre o cliente e os projetistas.
- A inclusão de um especialista em energia para testar vários pressupostos de projeto por meio de simulações energéticas ao longo do processo e para oferecer informações objetivas sobre aspectos-chave do desempenho.
- A inclusão de especialistas variados (por exemplo, em iluminação natural, termoacumulação, etc.) para consultas da equipe de projeto.
- A articulação clara das metas e estratégias de desempenho atualizadas pela equipe de projeto ao longo do processo.
- Em alguns casos, um facilitador de projeto pode ser agregado à equipe para levantar questões de desempenho ao longo do processo e trazer à tona conhecimentos especializados.

Além disso, observou-se que pode ser útil lançar o processo de projeto integrado com adoção de uma *charrette*, que será descrita em detalhes na próxima seção deste capítulo.

Pode-se dizer que um projeto tradicional tenha três etapas:

1. O cliente e o arquiteto concordam com um conceito de projeto que inclua a volumetria geral do prédio, sua orientação, fenestração e, provavelmente, aparência genérica e materiais básicos.
2. Os engenheiros dos projetos complementares, das instalações prediais, se envolvem com o projeto dos sistemas a partir do conceito de projeto acordado na primeira etapa. O engenheiro civil e o arquiteto paisagista desenvolvem um conceito para o paisagismo, o estacionamento, a pavimentação e a infraestrutura com base no conceito de projeto e no desejo do cliente.
3. Cada fase do projeto (anteprojeto, desenvolvimento do projeto e projeto executivo) é executada empregando-se o mesmo padrão, com o mínimo de interação entre as disciplinas, uma colaboração interdisciplinar mínima ou inexistente e muita atenção dada à rapidez e à eficiência de execução de cada projeto complementar.

O resultado do projeto tradicional é um processo linear, sem colaboração, com poucos esforços para se estabelecerem objetivos além do cumprimento das necessidades básicas do proprietário. O prédio atende ao código de edificações, mas não é otimizado. Cada disciplina trabalha isoladamente, com o mínimo de comunicação interdisciplinar. Assim como ocorre no caso de todos os outros sistemas, a otimização de cada subsistema do projeto resulta em um edifício que não chega a ser excelente. O resultado mais provável não somente é um projeto abaixo do ideal, como também inclui uma variedade de possíveis problemas causados pela falta de uma boa coordenação entre as disciplinas.

Em contraste ao projeto tradicional, a essência do processo de projeto integrado é a otimização de todo o projeto de edificação. A necessidade de comunicação é intensa, ininterrupta e em todas as etapas do projeto, desde o projeto e a construção até o comissionamento, a entrega ao proprietário e a análise pós-ocupação. O projeto integrado começa antes do processo de projeto propriamente dito, com o estabelecimento de objetivos e metas por parte da equipe e a determinação das oportunidades para sinergia nas quais as decisões de desenho trazem benefícios múltiplos para o projeto. A sequência típica de eventos em um projeto integrado é:

- A equipe de projeto estabelece as metas de desempenho e as estratégias preliminares para o atingimento das metas de uma grande variedade de parâmetros, a fim de incluir o desempenho da energia, água, esgoto e paisagismo, as questões de ilha de calor urbano, a qualidade do ambiente interno e a geração do lixo de demolição e construção, entre outros. Os conhecimentos de engenharia e as possibilidades apresentadas devem influenciar a etapa de elaboração do conceito de arquitetura, evitando que o proprietário e arquiteto se comprometam com uma solução de projeto que não seja a ideal. O processo de projeto integrado também deve envolver todos os membros da equipe para que suas capacitações contribuam para o projeto de um prédio excelente. Os engenheiros mecânicos são mais qualificados do que os arquitetos, em virtude de suas formações, para trabalhar com a termodinâmica e as transferências térmicas, assim faz sentido que se envolvam com o projeto das vedações externas do prédio.

- A equipe de projeto minimiza as cargas de calefação e resfriamento e maximiza o potencial de iluminação natural por meio da orientação solar, da configuração do prédio, de um fechamento eficiente e da consideração cuidadosa da quantidade, do tipo e da localização das janelas. Uma grande variedade de tipos de cargas elétricas deve ser considerada em função do efeito do grande número de computadores, impressoras, sistemas de som e outros equipamentos. É preciso minimizar essas cargas e selecionar os equipamentos que tenham o menor consumo energético possível, de modo que o objetivo de se ter um edifício de alto desempenho não seja comprometido pelo negligenciamento desse consumo. Deve ser abordada a grande variedade de questões de qualidade do ambiente interno para se incluir a qualidade do ar e da iluminação, os ruídos, a luz natural, a temperatura, a umidade e os odores. Os projetistas também devem colaborar nas questões relativas ao terreno para minimizar o uso de sistemas naturais, utilizar árvores para calefação e resfriamento do prédio e incluir a coleta de água da chuva e os sistemas de uso das águas servidas e coletadas no projeto do ciclo hidrológico da edificação.
- A equipe maximiza o uso da energia solar e de outras formas de energia e o uso eficiente dos sistemas de climatização ao mesmo tempo em que mantém as metas de desempenho para a qualidade do ar do interior, o conforto térmico, os níveis e a qualidade da iluminação e o controle acústico.
- Os resultados do processo são diversas alternativas no projeto conceitual, empregando as simulações de desempenho energético, de iluminação natural e outras para testar as possibilidades e então selecionar qual será desenvolvida.

Quanto mais cedo o processo de projeto integrado (IDP) for instituído, maior será seu efeito. Os benefícios máximos ocorrem quando a decisão de empregar o IDP ocorre antes do início do processo de projeto e a equipe tem a oportunidade de estabelecer objetivos que orientarão o projeto. O resultado do IDP deve ser a compreensão absoluta das sinergias de projeto possíveis e a conexão dos objetivos do projeto com a edificação efetivamente resultante. Um processo realmente colaborativo usará esses objetivos como base para uma interação ampla e dinâmica entre os membros da equipe a fim de tirar partido do potencial de reduzir o consumo de recursos, limitar os impactos ambientais e devolver o terreno a seu potencial ecológico máximo. A Figura 7.4 é um esquema que demonstra como os objetivos de projeto podem ser utilizados juntos com o IDP para produzir uma ampla variedade de benefícios, tanto para o projeto como para o meio ambiente.

Outro termo relacionado ao projeto integrado é o *projeto da edificação como um todo*, um conceito defendido pelo National Institute of Building Sciences norte-americano e descrito como consistindo em dois componentes: uma abordagem de projeto integrado e um processo de equipe integrado.[11] O projeto da edificação como um todo tem sido adotado por um grupo de agências federais dos Estados Unidos como o conceito central das edificações sustentáveis de alto desempenho, e sua ênfase se encontra na colaboração e no desempenho do ciclo de vida. O conceito da colaboração ultrapassa a equipe de projeto, incluindo todos os interessados no processo, no qual a equipe de projeto e todos os envolvidos afetados trabalham juntos ao longo das fases a fim de avaliar o projeto em termos de custo, qualidade de vida, flexibilidade futura e eficiência; impacto ambiental como um todo; produtividade e criatividade e o efeito sobre os usuários da edificação. O projeto da edificação, da maneira descrita pelo National Institute of Building Sciences, baseia-se no conjunto de conhecimentos de todos os envolvidos ao longo do ciclo de vida inteiro do projeto, desde a definição da necessidade do edifício por meio de planejamento, projeto, desenho, construção, ocupação e operação. O processo não se conclui ao término da construção e entrega ao proprietário. Durante a operação, o prédio deve ser avaliado para que se certifique que tenha alcançado seus objetivos de alto desempenho. Além disso, ele deve ser comissionado periodicamente para manter seu caráter de alto desempenho ao longo de toda sua vida útil.

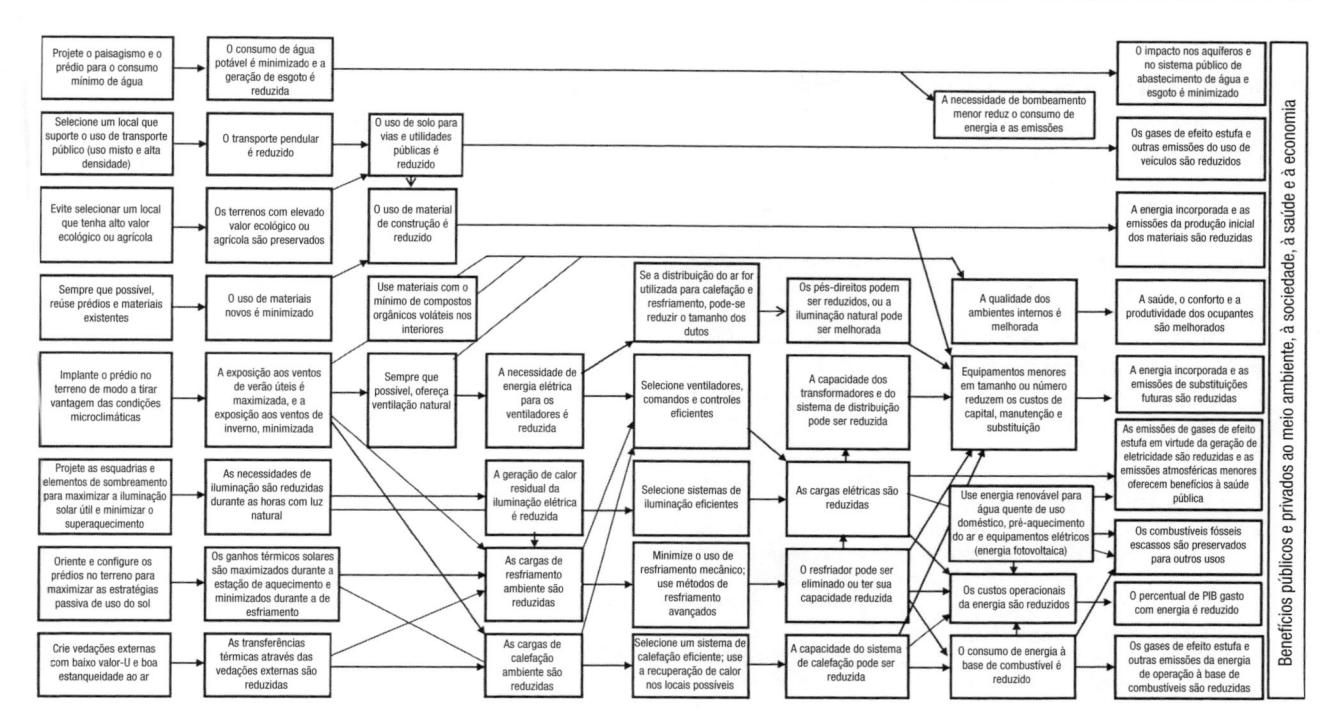

**FIGURA 7.4** Um IDP pode ajudar a se obter a sinergia de projeto e a estimular a colaboração interdisciplinar. O resultado podem ser estratégias sustentáveis, como as listadas na coluna bem à esquerda deste exemplo, se traduzindo em benefícios para proprietário e usuários, bem como para o ambiente mundial. (Ilustração por cortesia de Nils Larsson, Natural Resources Canada, and the United Nations Environmental Program)

## PAPEL DA *CHARRETTE* NO PROCESSO DE PROJETO

A criação de um edifício ecológico e sustentável implica que a maior variedade possível de interessados esteja envolvida no processo, pois as edificações, em última análise, afetam uma grande gama de pessoas e, de fato, inclusive, as futuras edificações. Como os artefatos mais importantes da sociedade moderna e em virtude de sua relativa longevidade, os prédios são importantes símbolos culturais e, portanto, afetam enormes números de pessoas todos os dias. Os pedestres são afetados, seja positiva ou negativamente, pela aparência de um edifício, que deriva de seu projeto, materiais, cores, localização e função. Os interessados em uma edificação variam bastante, conforme seu tipo e propriedade. Por exemplo, um prédio público, como uma biblioteca ou um prédio da administração municipal, afeta não somente os servidores que o usam diretamente, mas todas as pessoas do município, que, na qualidade de contribuintes, colaboraram para sua realização. No caso de um prédio empresarial, embora seu impacto não seja tão amplo, um proprietário sensato ainda assim se envolve com uma grande variedade de usuários, clientes, administradores municipais e cidadãos para obter o máximo de informações necessárias para seu projeto. O processo de coleta dessas informações é chamado de *charrette*, sobre o qual esta seção oferece uma visão geral do conceito. A seção seguinte trata sobre a inclusão detalhada da *charrette* no processo de projeto.

A palavra *charrette* é francesa e significa "pequena carroça". Este conceito tem suas raízes no ensino de Arquitetura na França, quando os inspetores universitários da École des Beaux-Arts da Paris do século XIX recolhiam os projetos dos alunos em carroças, literalmente arrancando os desenhos dos estudantes que ainda trabalhavam freneticamente quando chegava o horário estabelecido para a entrega de seus projetos. Hoje o termo é utilizado para designar uma seção de projeto em grupo. De acordo com o National Charrette Institute (NCI), há cinco princípios orientadores para uma *charrette* (veja a Tabela 7.1). Observe que esses princípios devem ser aplicados apenas a uma

**TABELA 7.1**

**Quatro princípios orientadores para uma *charrette* de ambiente construído**

1. *Envolver todos desde o início.* A identificação e solicitação dos interessados em contribuir para um projeto é de máxima importância, pois os participantes no processo de uma *charrette* desenvolverão um senso de propriedade em relação aos resultados. Quanto maior a variedade de contribuições, maiores as chances de sucesso do projeto e de aceitação pela comunidade. Também é importante observar que as pessoas ou organizações que podem de alguma maneira criar obstáculos ao projeto devem ser convidadas a participar.

2. *Trabalhar de modo cooperativo e cruzar as diferentes funções.* Todas as disciplinas envolvidas em um projeto devem trabalhar juntas e ao mesmo tempo, colaborando com os outros envolvidos a fim de gerar projetos alternativos sob a orientação de um facilitador. O nível de detalhes do projeto que surge da *charrette* será uma função entre o tempo disponível e a complexidade do projeto. Em geral, uma *charrette* para o projeto de uma edificação gera uma grande variedade de soluções e abordagens possíveis que não somente cobrem questões de sustentabilidade, mas também da função do edifício e de sua relação com a comunidade. No caso de projetos maiores e mais complexos, os participantes podem se dividir em grupos para tratarem de temas específicos e posteriormente se reunirem para que cada grupo compartilhe com os demais seus progressos e tome decisões sobre como proceder.

3. *Trabalhar em pequenos ciclos de avaliação.* Em um projeto de edificação, as soluções e medidas propostas são feitas em uma sessão de *brainstorming*, durante a qual os participantes, orientados por um facilitador, cobrem todos os aspectos do prédio, sua infraestrutura e sua relação com a comunidade. Esta abordagem gera um número muito maior de alternativas e envolve muito mais criatividade do que uma abordagem tradicional ao projeto. Isso é uma vantagem, pois são apresentadas muito mais ideias e opções. Não obstante, as informações também devem ser processadas de modo eficiente e rápido, para que sua contribuição seja útil ao processo de projeto. Os resultados das sessões de *brainstorming* devem ser resumidos ao máximo, as repetições devem ser eliminadas e as prioridades, estabelecidas. Por exemplo, certamente seria bom se todas as edificações tivessem células fotovoltaicas, mas atualmente poucos proprietários têm os recursos necessários para inclui-las. Os ciclos de avaliação entre as sessões de *brainstorming* iniciais e as decisões de projeto devem ser os mais rápidos possíveis, de modo que seja possível mais de uma iteração durante a *charrette*.

4. *Trabalhar os detalhes.* Quanto mais detalhes houver em uma *charrette*, melhor. As alternativas para a aparência do prédio, sua orientação, volumetria e instalações elétricas e mecânicas devem ser esboçadas o mais detalhadamente possível. O NCI recomenda que os problemas sejam trabalhados em diferentes escalas. As questões de escala maior, como drenagem, pisos externos e relações com outros edifícios e a rua, devem ser abordadas, bem como detalhes como localização da entrada, escolha de janelas e tipo de cobertura.

*charrette* de planejamento comunitário, e não para se referir especificamente ao projeto de uma edificação individual. Como consequência, os princípios que aqui apresentamos foram adaptados dos princípios orientadores do NCI.

O NCI também propôs um processo para *charrettes* em quatro etapas que, embora elaborado para o planejamento de uma comunidade, também se aplica a uma *charrette* de projeto de edificação. Essas etapas estão descritas em linhas gerais na Tabela 7.2.

Ao término da *charrette*, é responsabilidade da equipe de projeto traduzir os resultados em um relatório que possa ser utilizado para orientar o projeto do edifício. Deve ser feita uma revisão final do resultado das sessões de *brainstorming* para garantir que as medidas selecionadas para implementação respeitem o orçamento e outros critérios importantes. Talvez seja necessário estabelecer canais de comunicação com entidades ou grupos que não tenham participado da *charrette* para se certificar de que eles ajudem a otimizar os aspectos de alto desempenho do projeto. Por exemplo, Rinker Hall, um prédio com certificação LEED *Gold* da University of Florida, em Gainesville, está conectado a uma central de calefação e resfriamento. A equipe de projeto decidiu que o ponto Energy and Atmosphere (Energia e Atmosfera) do LEED para a eliminação do uso de hidroclorofluorcarbonetos (HCFC) somente seria justificável caso a universidade se comprometesse a adotar um programa de substituição de seus antigos resfriadores à base de HCFC por outros resfriadores eficientes com refrigerantes à base de hidrofluorcarbono. Outro ponto, para a manutenção dos espaços abertos, foi conseguido ao se obter uma carta da administração da universidade declarando que certos terrenos contíguos ao Rinker Hall ficariam desocupados durante todo o ciclo de vida do prédio. No setor privado, a cooperação dos servidores municipais pode ser necessária para que se obtenham pontos pela proximidade ao transporte de massas.

**TABELA 7.2**

**As quatro etapas de uma *charrette* para o ambiente construído**

1. *Início.* No contexto de um projeto de edificação, o início de uma *charrette* é muito simples, implicando a determinação dos interessados, seu envolvimento no processo, o estabelecimento de objetivos, a determinação de local, dia e horário para reunião ou reuniões e a notificação dos participantes.

2. *Pesquisa, estudo e conceitos.* Antes do começo da *charrette*, o proprietário do empreendimento, o facilitador e os membros da equipe de projeto devem discutir as informações necessárias para a sessão de trabalho em grupo. As orientações do proprietário, o programa de necessidades, os detalhes sobre o terreno, as informações sobre a infraestrutura e outros dados pertinentes devem ser registrados e preparados para a *charrette*. Podem ser necessárias informações sobre tecnologias específicas como, por exemplo, uma célula de combustível ser uma forte candidata para o projeto, quando será preciso coletar informações sobre o equipamento, questões relativas à sua conexão à rede, o combustível e suas emissões. Em certos casos, o processo de coleta de informações para a *charrette* pode evidenciar a necessidade do envolvimento de outras organizações no processo. No exemplo de uma célula de combustível, a concessionária de energia local poderia oferecer informações valiosas sobre qual seria a melhor maneira de inserir esse equipamento no projeto. O local de realização da *charrette* pode ser escolhido de modo a facilitar sua condução, sendo, em geral, melhor que se realize nas instalações do proprietário, se esse dispuser de um espaço com a área necessária. Uma grande sala com quadros negros ou brancos, um espaço para tripés de *flip charts* e um projetor com tela devem estar disponíveis.

3. *A charrette.* Em geral, a *charrette* deve ser conduzida por um facilitador familiarizado com o processo de edificações sustentáveis. Uma *charrette* de edifício típico pode ocorrer ao longo de vários dias e prosseguir em etapas até sua conclusão. O primeiro passo seria um esforço para informar todos os participantes sobre os requisitos do proprietário e o conceito de edificações sustentáveis de alto desempenho. O segundo passo seria revisar o programa de necessidades, as propostas de arquitetura já feitas, a implantação do prédio, o orçamento proposto para a construção e o cronograma de execução. O terceiro passo seria lançar os objetivos do projeto com respeito a seus aspectos de sustentabilidade de alto desempenho. O proprietário talvez almeje determinado nível de certificação – por exemplo, um certificado ouro do LEED – que afetará muitas das decisões tomadas. Após a conclusão dessas etapas e a equipe de projeto e os envolvidos terem entendido o contexto do projeto, poderá ser iniciada a *charrette* propriamente dita. O facilitador conduzirá uma sessão de *brainstorming* estruturado que se baseia nas informações do grupo sobre todos os aspectos do projeto, com ênfase especial na sustentabilidade do prédio. Durante a realização da *charrette*, a equipe deve manter uma planilha atualizada sobre como as decisões tomadas ao longo do processo estão afetando os pontos necessários para a certificação de sustentabilidade do edifício. Os aspectos econômicos de cada decisão também devem ser levados em consideração, e o gerente de obras deve garantir que haja dados suficientes para que se obtenha um orçamento preliminar que será submetido ao proprietário.

4. *Releia, revise e finalize.* Uma vez completa a *charrette*, a equipe de projeto revisa os resultados com o proprietário, efetiva ajustes ou mudanças apropriados e, então, elabora um relatório da *charrette* para guiar o processo de projeto de modo harmonioso.

*Fonte:* Adaptado do processo de *charrettes* em quatro etapas proposto pelo National *Charrette* Institute, disponível em www.charretteinstitute.org.

A versão final do relatório da *charrette* se tornou um dos documentos orientadores para o lançamento do partido de arquitetura e, em última análise, ajudou a guiar o projeto durante o seu desenvolvimento, durante a elaboração do projeto executivo e a execução da obra.

# EXIGÊNCIAS DE DOCUMENTAÇÃO DAS EDIFICAÇÕES SUSTENTÁVEIS

A certificação de um edifício sustentável com o uso de um dos grandes sistemas de certificação exige muita atenção na coleta de informações ao longo dos processos de projeto e construção. Os dois principais esquemas de certificação norte-americanos, o LEED e o Green Globes, têm diferentes abordagens sobre como os documentos são analisados, e a equipe de projeto deve analisar cuidadosamente as exigências para cada caso.

## Documentação exigida pelo LEED

No caso de um projeto cujo proprietário almeja a certificação do USGBC, é preciso documentar cuidadosamente todos os esforços para a obtenção de créditos. Como já dito, as exigências de documentação para as primeiras versões do LEED eram relativamente complexas e difíceis. Para o LEED-NC (Nova Construção) e outras tipologias LEED, os documentos exigidos, ainda que fossem bem menos complicados, não eram nada fáceis de conseguir. Contudo, o surgimento do LEED-Online, sofisticado portal da web para a postagem de documentos e a troca de informações, eliminou totalmente a necessidade de entrega de documentos físicos (papéis). Os documentos podem ser enviados em duas etapas: na de projeto e na de construção. A apresentação de documentos na fase de projeto relaciona-se aos créditos que estão praticamente completos durante o projeto e que não exigem qualquer outra comprovação durante a fase de construção. Por exemplo, o pré-requisito 1 da categoria Materials and Resources (MR) do LEED exige que seja reservado um espaço para coleta e armazenamento de recicláveis no prédio. A documentação exigida é um desenho que demostre essa área e a localização dos contêineres necessários para a reciclagem. Esse pré-requisito é completado durante o projeto e pode ser apresentado junto com outros créditos da fase de projeto para análise do USGBC via LEED-Online. A maioria dos créditos é documentada pelo menos parcialmente pelos modelos do LEED-Online que serão preenchidos para cada crédito que a equipe de projeto solicita para o prédio. Por exemplo, para demonstrar que o pré-requisito 1 do LEED-NC, Construction Activity Pollution Prevention na categoria Sustainable Sites, foi adequadamente atendido, o engenheiro civil ou outro responsável deve preencher modelo do LEED-Online, afirmando que o projeto atendeu o Documento EPA 832/ R-92-005 (setembro de 1992), *Storm Water Management for Construction Activities* da Agência de Proteção Ambiental dos Estados Unidos (EPA) ou as normas e códigos de controle da erosão e sedimentação local, conforme o que for mais exigente. Também deve ser fornecida uma breve lista das medidas de fato implantadas junto com uma descrição de como elas atendem ou superam as normas locais ou da EPA. O esforço para comprovar que esse pré-requisito foi atendido deve ser contínuo ao longo do processo total de projeto e construção para garantir que todos os documentos estejam prontos até o término da obra.

Outro exemplo de documentação necessária refere-se ao crédito 4 do LEED MR (Materials and Resources), Recycled Content. Este crédito é obtido se a equipe de projeto conseguir demonstrar que 10% do valor dos materiais não mecânicos ou não elétricos do edifício têm uma combinação de conteúdo reciclado pós-consumidor e pré-consumidor. Somente metade do conteúdo pré-consumidor pode ser incluída no cálculo. Para esse crédito, o arquiteto, proprietário ou outro responsável deve comprovar que esses requisitos foram atendidos e incluir detalhes sobre os produtos, por exemplo, o preço, o conteúdo pós-consumidor e pré-consumidor e o conteúdo reciclado total resultante para o projeto.

A equipe de projeto também deve decidir, no início do projeto, como as informações fluirão entre os vários envolvidos e quem compilará e fornecerá as informações para o modelo apropriado do LEED-Online. Para o crédito Materials and Resources, os cálculos fornecidos pelo modelo *on-line* devem demonstrar claramente que o requisito foi atendido indicando o produto ou material, seu valor e seu conteúdo reciclado pós-consumidor e pré-consumidor. O cálculo final deve comprovar que pelo menos 10% do valor total dos materiais do prédio (excluindo os sistemas mecânicos e elétricos) são de conteúdo reciclado, considerando-se a totalidade do conteúdo pós-consumidor e a metade do pré-consumidor de cada produto. Esse requisito pode se mostrar um desafio no caso de produtos como fachadas de vidro de alumínio e vidro nos quais pode haver conteúdo reciclado em parte dos componentes desse metal, mas não no vidro. Além disso, uma vez que o produto provavelmente será montado por um subempreiteiro local especializado em sistemas de janela, essa firma terá de pesquisar essas informações sobre os produtos utilizados. O construtor então compila as informações sobre o conteúdo reciclado para todos os produtos e obtém um panorama completo do conteúdo reciclado total do projeto. Por fim, ou o construtor ou o arquiteto apresenta esses dados junto com o modelo para materiais e recursos do LEED-Online.

Também se deve observar que o USGBC faz uma auditoria das solicitações, o que quer dizer que às vezes são exigidas muitas outras informações de apoio para verificar as afirmações inseridas no LEED-Online. Portanto, uma boa prática é garantir que se mantenha a documentação completa ao longo de todo o processo de projeto e construção e que todas as alegações estejam claramente expostas nos materiais comprobatórios.

O sistema de certificação de edificações sustentáveis LEED é coberto em detalhes no Capítulo 5.

## Documentação exigida pelo Green Globes

O Green Globes conta com um questionário *on-line* que a equipe de projeto deve utilizar para a orientação dos aspectos sustentáveis dos processos de projeto e construção. Uma análise cuidadosa do questionário deve alertar a equipe de que, por exemplo, reuniões devem ser realizadas e documentadas a fim de demonstrar que o projeto integrado realmente foi desenvolvido. Outro indicador do projeto integrado é a designação de um Profissional Green Globes (GGP) que tem atribuições como:

- Descrever a estrutura geral do projeto de sustentabilidade do prédio
- Transmitir as intenções do cliente ou usuário à equipe de projeto
- Desenvolver requisitos de desempenho mensuráveis para o projeto sustentável
- Auxiliar na avaliação de respostas contra os objetivos do projeto sustentável

Uma análise cuidadosa do questionário fornecerá à equipe de projeto informações valiosas sobre os documentos exigidos e mostrará que o Profissional Green Globes, que faz a auditoria da documentação do projeto em uma visita *in loco* ao término da construção, irá acompanhar se os documentos estão adequados.

## ESTUDO DE CASO

### THEATERHAUS, STUTTGART, ALEMANHA

O Theaterhaus apresenta alguns dos mais avançados sistemas de engenharia de edificações da Alemanha, um país no qual o projeto inovador é o padrão. Trata-se de um centro de cultura e artes na área de Feuerbach, em Stuttgart, que se tornou ponto de encontro para artistas e literatos discutirem e trabalharem juntos música, literatura, teatro e uma ampla variedade de outras belas artes. Além de ser um complexo de teatro e uma sala de concerto, o edifício serve como local para ensino de música, ponto de encontro de jovens e pavilhão esportivo (veja as Figuras 7.5-7.7). O Theaterhaus talvez seja o maior centro de teatro com ventilação natural do mundo e foi projetado com o duplo objetivo de atender às necessidades da comunidade artística e ser um modelo de edificação e construção ecologicamente responsivas. Na verdade, o prédio resultou da reciclagem de uso de uma edificação industrial conhecida como Rhein Stahlwerk, Siderúrgica do Reno, construído na parte leste de Feuerbach em 1923. Apesar do caráter industrial do prédio, logo foi reconhecido como uma obra de arquitetura e arte excepcional e, em 1986, foi tombado como monumento cultural de Stuttgart. Ao longo do processo de restauração e reciclagem de uso para se tornar um complexo cultural, as belas paredes de tijolo da antiga siderúrgica foram meticulosamente preservadas e se tornaram um ponto focal na entrada. A transformação da Rhein Stahlwerk no Theaterhaus resultou em uma área de piso total de 12.200 m$^2$, sendo 7.618 m$^2$ dedicados aos quatro espaços para apresentações. Cerca de 1 mil m$^2$ são destinados a uma organização chamada Musik der Jahrhundert, Música do Século, e 3 mil m$^2$ foram para a área administrativa. Na zona do teatro, o Salão 1 tem 750 m$^2$ e acomoda 1.050 espectadores; o Salão 2 acomoda 450; o Salão 3, 350; o Salão 4, o menor espaço para apresentações, acomoda 150. Também existem várias salas para ensaio distribuídas na zona do teatro. O orçamento do projeto e da obra, finalizada em 2003, foi 17 milhões de euros.

Além do espetacular esforço para restauração, que respeitou a fachada do prédio e sua estrutura interna, investiu-se muito trabalho no projeto de um sistema de climatização hipereficiente que resultou em um desempenho energético notável. A energia que seria necessária para circular o ar através do edifício foi reduzida em 90% por meio do uso de um sistema de ventilação natural que conectou os quatro espaços para teatro com o exterior. Uma grande chaminé para exaustão do ar foi colocada no alto do prédio, e seu formato e tamanho provocam um fluxo do ar através do prédio, tirando partido da estratificação do ar quente, ou seja, usando-se o chamado efeito chaminé. As grandes venezianas para a entrada de ar da fachada estão conectadas à chaminé por um percurso que in-

**FIGURA 7.5** Na entrada do Theaterhaus, em Stuttgart, Alemanha, um contêiner suspenso destaca-se, com o nome e logotipo do centro de teatro e artes.

**FIGURA 7.6** A bela alvenaria de tijolo da Rhein Stahlwerk da década de 1920 foi preservada na restauração e reciclagem de uso da siderúrgica em um centro cultural.

**FIGURA 7.7** O interior do Theaterhaus, logo após a entrada, revela a escada que conduz aos quatro salões de apresentação. Tentou-se ao máximo preservar o caráter industrial do prédio original.

clui um canal subterrâneo, que resfria o ar externo no verão e o aquece no inverno. O ar que sobe pela *chaminé* de exaustão provoca esse fluxo de ar, que, após passar pelo canal subterrâneo, flui através de cada um dos quatro teatros, atendendo a suas necessidades de calefação e resfriamento (veja as Figuras 7.8–7.13). No verão, não é necessário qualquer sistema para o resfriamento do ar que circula no interior, pois a fonte fria do solo é suficiente. No inverno, contudo, é necessária uma fonte de calefação, para impulsionar o transporte do ar aquecido que passa pelo canal subterrâneo nas temperaturas adequadas através dos espaços do prédio. No inverno também há um trocador de calor que transfere energia térmica do fluxo de ar da grande *chaminé* de exaustão para o ar que vem do exterior, colocando-o a uma temperatura entre 25°C e 28°C. Quando necessário, um aquecedor de apoio coloca o ar a cerca de 20°C antes que seja conduzido aos teatros. Se fluxos de ar mais fortes forem necessários, são utilizados ventiladores de apoio através do edifício. De modo similar, no verão, o ar externo, que pode chegar à temperatura de 32°C, é resfriado para 25°C antes de ser conduzido aos espaços internos. A empresa Transsolar Energietechnik Engineering GmbH, de Stuttgart, que projetou o sistema de climatização baseado na ventilação natural, prevê que, além da economia de 90% de energia consumida com ventilação, a demanda da calefação foi reduzida em cerca de 20%, e a do resfriamento, em 100%.

**FIGURA 7.8** O elemento-chave do sistema de ventilação natural do Theaterhaus é uma *chaminé* de 20 m que faz o fluxo de ar de fora do prédio passar através do interior e ser exaurido por ela pelo efeito chaminé. A *chaminé* foi um elemento agregado à edificação original, realçando seu caráter industrial e remetendo à antiga siderúrgica.

**FIGURA 7.9** As grelhas de tomada de ar externo do Theaterhaus estão localizadas na lateral do prédio. O ar é sugado para dentro do edifício, cruzando-o com o movimento gerado pela estratificação da temperatura e saindo pela *chaminé* no topo.

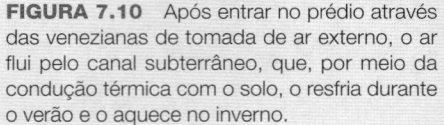

**230** PARTE III  O projeto de edificações sustentáveis

**FIGURA 7.10** Após entrar no prédio através das venezianas de tomada de ar externo, o ar flui pelo canal subterrâneo, que, por meio da condução térmica com o solo, o resfria durante o verão e o aquece no inverno.

**FIGURA 7.11** As grelhas de insuflamento localizadas sob os assentos dos teatros são os pontos por onde o ar flui para a calefação, a ventilação e o resfriamento dos ambientes. O principal modo de operação é a ventilação natural, com o fluxo de ar sendo induzido pela estratificação do ar quente que sobe em direção à *chaminé* de exaustão.

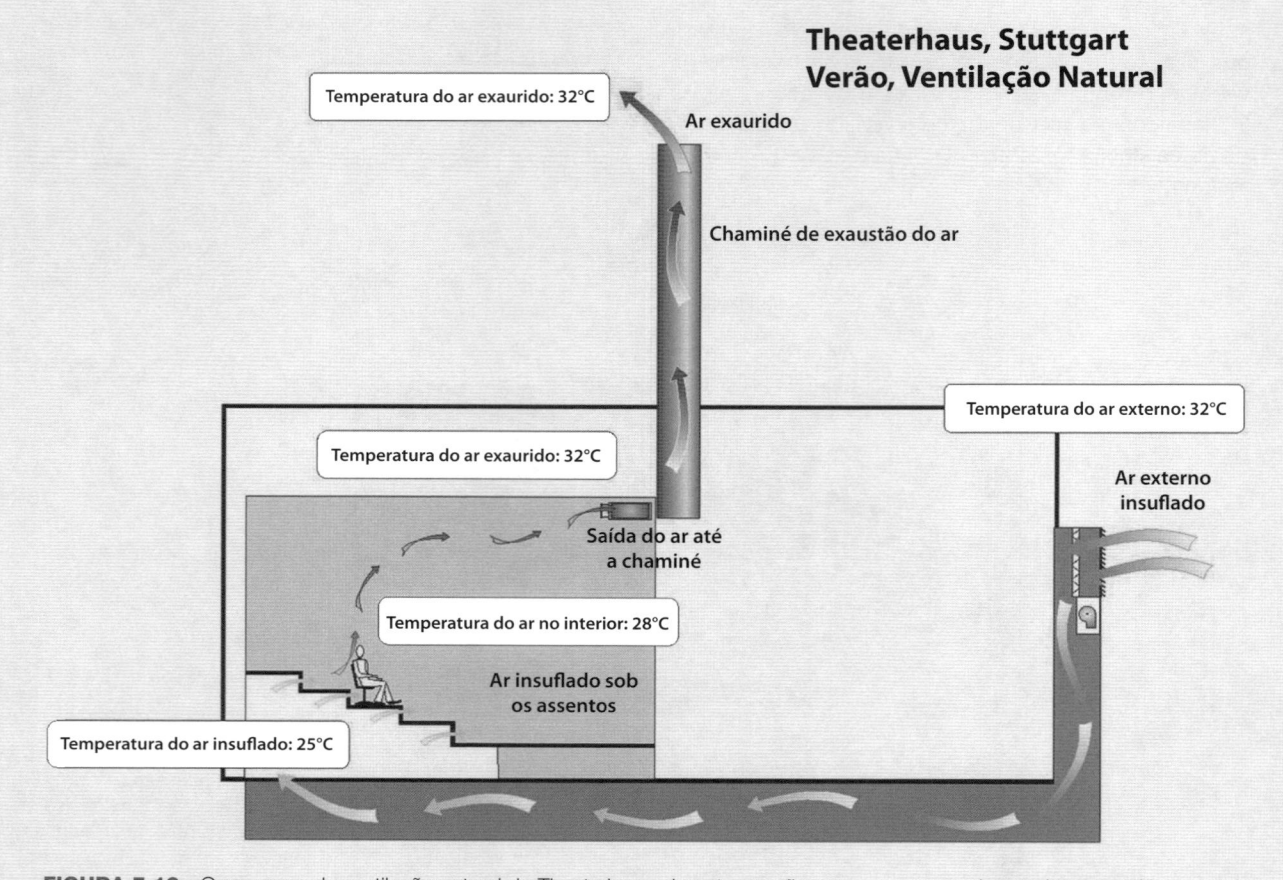

**FIGURA 7.12** O esquema de ventilação natural do Theaterhaus, durante o verão, traz o ar quente do exterior e o resfria por meio do contato com o solo em um túnel subterrâneo. O ar então se desloca para dentro dos teatros e é exaurido pela grande *chaminé* de 20 m localizada na cobertura do prédio. Quando o sistema de ventilação natural está ativo, o fluxo de ar inteiro é provocado pelo ar quente que sobe pela chaminé. (Ilustração por cortesia de Transsolar Energietechnik GmbH)

**Theaterhaus, Stuttgart
Inverno, Ventilação Natural**

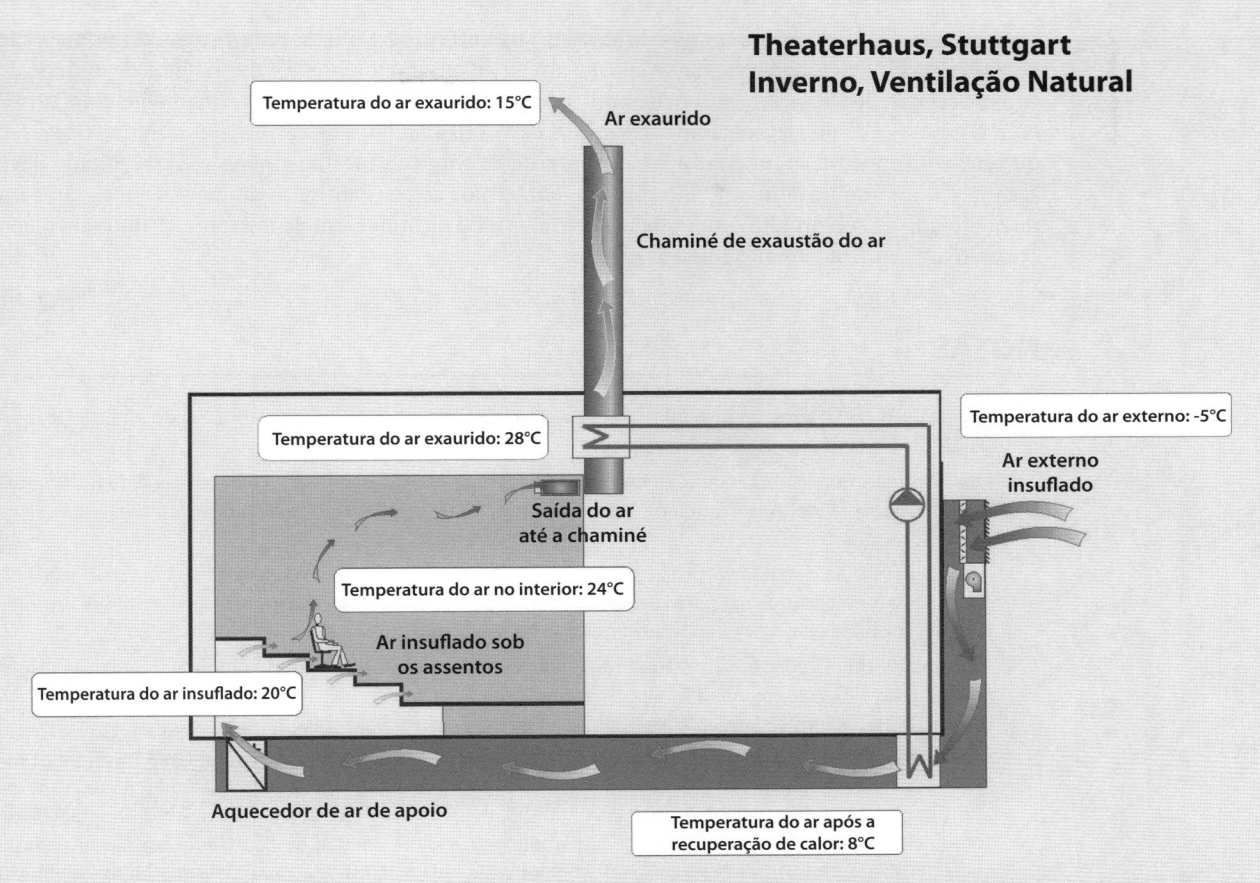

- Temperatura do ar exaurido: 15°C
- Ar exaurido
- Chaminé de exaustão do ar
- Temperatura do ar exaurido: 28°C
- Temperatura do ar externo: -5°C
- Ar externo insuflado
- Saída do ar até a chaminé
- Temperatura do ar no interior: 24°C
- Ar insuflado sob os assentos
- Temperatura do ar insuflado: 20°C
- Aquecedor de ar de apoio
- Temperatura do ar após a recuperação de calor: 8°C

**FIGURA 7.13** No modo de ventilação natural de inverno, o ar é conduzido do exterior através do túnel subterrâneo que, junto com um sistema de recuperação de calor, aquece o ar externo. Sempre que necessário, é utilizado um sistema de calefação adicional que eleva a temperatura do ar insuflado no teatro para 20°C. O sistema de recuperação de calor é empregado para transferir a energia do ar que sai das salas dos teatros para o fluxo de insuflamento do ar externo.

# RESUMO E CONCLUSÕES

As edificações sustentáveis e seu sistema de entrega são únicos uma vez que oferecem a seus proprietários não apenas edifícios de melhor desempenho como também um processo de elaboração aprimorado. Ao longo de um curto período, esse movimento conseguiu desenvolver vários elementos-chave que, sem dúvida, serão adotados pela edificação convencional. Entre os exemplos, podemos destacar a melhor colaboração entre os membros da equipe de projeto, o uso das *charrettes* para maximizar o aproveitamento das contribuições dos vários envolvidos já no início do processo projetual e o uso intensivo do comissionamento dos prédios como ferramenta para garantir que os proprietários e usuários recebam exatamente os edifícios que previam. De fato, esse sistema de criação e edificações se baseia no sistema de entrega de construções dos contratos de risco, mas há melhorias significativas nas áreas da colaboração e comunicação entre os membros da equipe de projeto. O sistema de entrega no qual uma mesma empresa se responsabiliza pelo projeto e pela construção também pode ser adaptado para a entrega de prédios sustentáveis, se for selecionada uma equipe familiarizada com as edificações sustentáveis e voltada para projetos e práticas de construção ecologicamente sustentáveis. A entrega de projeto integrada é um sistema de entrega de construções muito mais recente, mas muitos de seus atributos o tornam extremamente compatível com o processo de entrega de edificações sustentáveis. Em ambos os casos – nos contratos de risco de gestão de construção ou de projeto e construção a cargo da mesma empresa –, o resultado deve ser um produto muito superior, não somente em termos de seus atributos ambientais, mas também da qualidade de seu projeto e sua execução, em virtude da atmosfera de trabalho aprimorada que o conceito das edificações sustentáveis promove.

## NOTAS

1. A definição do sistema de projeto e execução por parte de uma mesma empresa é a do site do Design-Build Institute of America, www.dbia.org.
2. Um informe oficial sobre a entrega de projeto integrada escrito por Charles Thomsen (2011), da Construction Management Association of America pode ser encontrado em http://charlesthomsen.com/essays/IPD%20summary.pdf.
3. Até janeiro de 2016, havia 69 projetos de edificação sustentável da University of Florida certificados ou em processo de certificação para o sistema LEED do USGBC. Mais informações sobre esses projetos podem ser obtidas em www.facilities.ufl.edu/leed/index.php.
4. A norma Florida Green Building Coalition Green Commercial Building Designation Standard está disponível em www.floridagreenbuilding.org/standard.
5. Em 5 de julho de 2011, a Câmara Municipal de Scottsdale, Arizona, adotou o International Green Construction Code como o componente central de seu programa voluntário Commercial Green Building Program. Esse passo significativo torna mais fácil para os empreendedores de prédios comerciais e edifícios multifamiliares obter certificações de sustentabilidade. O código é flexível, pois permite adaptações de acordo com as condições geográficas e a qualidade de vida ambiental de Scottsdale, ao mesmo tempo que promove a uniformidade e consistência para cada cidade. Com a adoção de um código voluntário por parte do sistema de licenciamento e inspeção municipais, torna-se mais rápida a certificação para sustentabilidade, e, após a inspeção final do prédio, é emitido um Certificado de Ocupação com Sustentabilidade. Um relatório sobre isso pode ser encontrado em www.scottsdaleaz.gov/greenbuilding.
6. "Writing the Green RFP" pode ser obtido no site do Committee on the Environment do American Institute of Architects, www.aia.org/practicing/groups/kc/AIAS074658?dvid=&re cspec=AIAS074658. Esse guia também dá exemplos de pedidos de propostas sustentáveis e comprovação de qualificação de sustentabilidade e destaca a experiência de algumas pessoas que têm redigido este tipo de documento. Ele também contém as sessões "Sustainable Design Basics" e "Frequently Asked Questions (FAQs)".
7. Informações adicionais sobre o LEED Accredited Professional Exam e as exigências mais recentes podem ser obtidas no site do Green Building Certification Institute (GBCI), www. usgbc.org/credentials#-taking.
8. Conforme encontrado na seção Building Toolbox do Building Technology Program do US Department of Energy em http://energy.gov/eere/amo/toolbox-and-expertise.
9. Os pontos possíveis na categoria Gestão de Projeto do Green Globes podem ser encontrados em www.thegbi.org/files/training_resources/Green_Globes_NC_Technical_Reference_Manual.pdf.
10. A oficina nacional sobre processo de projeto integrado ocorreu em Toronto, Canadá, em outubro de 2001. Um excelente documento que descreve a visão canadense sobre o processo de projeto integrado é o "Integrated Design Process Guide", escrito por Alex Zimmerman em 2006 e disponível em www.aaa.ab.ca/aaa/AAA/AAA_ Professional_Development/04BII_CMHC_ARTICLES.aspx?WebsiteKey=a00e67d1-4685-4a29-8c7c-ae3e7d253f29.
11. O conceito de projeto de edificação como um todo e uma fonte de consulta, "The Whole Building Design Guide", podem ser encontrados em www.wbdg.org.

# O terreno e o paisagismo sustentáveis

# 8

O projeto do uso do solo e do paisagismo estão intimamente vinculados – e talvez ofereçam as melhores oportunidades para inovações na aplicação dos recursos necessários para a criação do ambiente construído. Os prédios, ainda que alterem o ecossistema natural, podem contribuir para o ecossistema e estabelecer uma sinergia com a natureza. É necessário um trabalho bem elaborado e executado por arquitetos, paisagistas, engenheiros civis e gerentes de obras para produzir um edifício que:

- Aproveite ao máximo o uso do terreno
- Esteja intimamente integrado com o ecossistema local
- Considere cuidadosamente a geologia, topografia, insolação, hidrologia e os padrões eólicos do terreno
- Reduza o máximo possível os impactos gerados pela construção e operação
- Empregue o paisagismo como um poderoso auxiliar aos sistemas técnicos

Os demais membros da equipe de projeto também devem ter voz nas decisões tomadas sobre o terreno. A implantação da edificação no lote, o tipo e a cor dos revestimentos externos, os materiais utilizados no estacionamento e nos pisos externos afetam a carga térmica do prédio e, consequentemente, o projeto dos sistemas de calefação e resfriamento projetados pelo engenheiro mecânico. A minimização do impacto da poluição luminosa exige que o engenheiro eletricista projete os sistemas de iluminação exterior com atenção para eliminar a iluminação desnecessária no entorno do edifício. Oferecer acesso ao transporte, incentivar o uso de bicicletas e de veículos com combustíveis alternativos (ou, ao menos proporcionar instalações para eles) garante que o contexto que vai além do prédio não seja negligenciado. A colaboração entre todos os membros da equipe de projeto das edificações sustentáveis de alto desempenho promove um sistema de entrega distinto, e é fundamental que o terreno e o tratamento paisagístico sejam utilizados da melhor maneira possível.

O terreno e os jardins também oferecem oportunidade para se ir além de apenas tornar ecológica a restauração do solo como parte integrante do projeto de edificação. Até o advento do movimento das edificações sustentáveis, pouca atenção era dada aos impactos da construção sobre o meio ambiente, em particular, o solo. Os prédios afetam a ecologia, biodiversidade, fecundidade e hidrologia do terreno, degradando-o. As abordagens de edificação sustentável contemporâneas pedem o reúso do solo, sua limpeza (no caso de contaminação) e o aumento da densidade a fim de reduzir ao mínimo a necessidade de ocupação de áreas virgens.

No contexto das edificações sustentáveis, o papel do arquiteto paisagista talvez deva ser redefinido, deixando de ser apenas um projetista de amenidades externas para o projeto e passando para o de integrador da natureza com o ambiente construído. Como os paisagistas provavelmente são os membros da equipe de projeto mais bem equipados para trabalhar com os sistemas naturais, também devem prestar consultoria ao restante da equipe sobre as relações entre os edifícios e os sistemas naturais.

Historicamente, nem sempre tem havido uma conexão reconhecível entre a arquitetura paisagística e o meio ambiente. Como observou Robert France em 2003 ao fazer uma crítica à arquitetura paisagística, "o desejo dos planejadores de deixarem suas marcas pessoais na paisagem e dos ecologistas de entender como funciona a natureza podem se contrapor a um desejo de preservar, proteger e restaurar a integridade ambiental".[1] Neste ponto da evolução do sistema de entrega de edificações sustentáveis talvez seja ainda mais útil para os membros da profissão reverem o termo *paisagista* ou *arquiteto paisagista* e considerarem um mais adequado – talvez "arquiteto ecológico". Atualmente não existe profissional em uma equipe de projeto convencional que tenha conhecimentos sobre edifícios, ecologia e fluxos de matéria e energia na interface entre homem e natureza. Os tópicos emergentes para o projeto de paisagismo incluem o aproveitamento da água pluvial, o tratamento das águas servidas, a produção de alimentos, a remediação de contaminantes e os sistemas passivos de calefação e resfriamento de edificações. As novas abordagens que incluem um papel robusto para os sistemas naturais dos prédios são tecnologias de ponta na edificação de alto desempenho e apontam para áreas nas quais seu projeto deva evoluir em determinado momento.

O uso apropriado do solo é uma das principais questões na edificação ecológica, inclusive porque um prédio projetado e construído de acordo com as mais rigorosas normas de sustentabilidade estará comprometido se seus usuários ou ocupantes precisarem dirigir distâncias muito grandes para chegar até ele. Outras questões fundiárias incluem a construção em terrenos ambientalmente sensíveis, em áreas sujeitas a enchentes, em áreas ainda não urbanizadas ou em terras agrícolas, em vez de se aproveitar os locais já afetados pelas atividades humanas. Um terreno contaminado que foi despoluído e novamente se tornou produtivo graças a um projeto de edificação tem a dupla vantagem de melhorar o meio ambiente local e de reciclar o solo, o que não ocorre quando se ocupa uma área virgem. As abordagens contemporâneas à sustentabilidade também exigem muito mais cuidado no uso do canteiro de obras. Em um projeto sustentável, a área de ocupação do terreno costuma ser minimizada, e o gerente de obras planeja o processo de construção a fim de evitar ao máximo a destruição de plantas e *habitats* animais com a compactação do solo. Também são enfatizados o controle da erosão e sedimentação e o planejamento detalhado dos sistemas a fim de diminuir ao máximo os fluxos de solo durante a construção. Aborda-se o risco da criação das chamadas ilha de calor urbanas (ou ilhas térmicas), provocado pelo uso de materiais termoacumuladores no edifício e no terreno. Da mesma maneira, o problema da poluição luminosa gerada pelos prédios é tratado no projeto de uma edificação sustentável de alto desempenho.

## ABORDAGENS AO USO DO SOLO E AO PAISAGISMO EM EDIFICAÇÕES ECOLÓGICAS

Para sua criação e seu funcionamento, as edificações exigem diversas categorias de recursos: materiais, energia, água e solo. A terra, evidentemente, é um recurso essencial e valioso, assim seu uso apropriado é uma das principais considerações no desenvolvimento de um prédio de alto desempenho. Existem várias estratégias ao uso do solo adequadas ao conceito de uma edificação sustentável de alto desempenho:

- Edificar em um terreno que já foi utilizado, em vez de em uma área valiosa do ponto de vista ecológico
- Proteger e preservar pântanos ou áreas de manancial e outros tipos de terreno que são elementos-chave dos ecossistemas existentes.
- Usar, para o paisagismo, plantas, árvores e gramíneas nativas, adaptadas e tolerantes à seca
- Usar terrenos descontaminados, sejam efetivamente poluídos, sejam com aspecto de contaminados
- Ocupar terrenos e imóveis subutilizados, isto é, áreas urbanas que antigamente possuíam edificações
- Reusar prédios existentes em vez de construir novos
- Proteger elementos-chave da natureza e integrá-los ao projeto de edificação tanto para criar amenidades como por motivos funcionais
- Minimizar os impactos da construção no terreno reduzindo ao máximo a área de ocupação do lote e planejando cuidadosamente as operações de construção.

- Minimizar os movimentos de terra e a compactação do solo durante a construção
- Aproveitar ao máximo o sol, os ventos dominantes e a folhagem do terreno no projeto solar passivo
- Preservar ao máximo o hidroperíodo natural do terreno
- Minimizar as áreas impermeáveis do terreno por meio da implantação apropriada do prédio, seus estacionamentos e outras áreas com pisos
- Usar tecnologias alternativas de gestão das águas pluviais, como coberturas verdes, pisos permeáveis, elementos de biorretenção e valas de drenagem, que ajudam a recarga dos aquíferos e do lençol freático do terreno ou da região
- Minimizar os efeitos de ilha de calor urbano no terreno por meio do uso de pisos e coberturas de cores claras, proteção solar e coberturas verdes
- Eliminação da poluição luminosa por meio do projeto cuidadoso dos sistemas de iluminação externa
- Máximo uso possível dos campos de despejo naturais no projeto de gestão de águas pluviais e minimização das bacias de retenção do tipo seco
- Uso de tecnologias de gestão da água pluvial, como o concreto permeável e o asfalto, nas superfícies pavimentadas

Essas estratégias cobrem uma grande variedade de possibilidades. Seu uso geral é integrar a natureza aos prédios, reutilizar os terrenos que já sofreram o impacto das atividades humanas e minimizar as perturbações causadas pelo projeto da edificação.

## QUESTÕES DE USO DO SOLO

A seleção de um terreno para se edificar geralmente encontra-se na esfera de ação do proprietário do edifício, mas muitas vezes pode ser afetada por informações fornecidas pelos membros da equipe de projeto. O Rinker Hall da University of Florida, em Gainesville, um prédio ecológico que obteve a certificação ouro do protocolo LEED do US Green Building Council (USGBC), originariamente havia sido programado para ser construído em um espaço aberto do *campus* que costumava ser uma área de recreação em contato com a natureza. Contudo, após conversas entre o grupo de usuários do projeto e os administradores da universidade, o edifício foi transferido para um lote já utilizado – no caso, como estacionamento. A população geral da universidade se beneficiou com essa mudança, pois não perdeu os benefícios ambientais do espaço aberto. Além disso, a nova localização do Rinker Hall se mostrou bem mais proeminente do que a original. Uma das medidas ecológicas mais importantes na implantação de um prédio novo é localizá-lo onde a necessidade de automóveis seja minimizada e os espaços abertos e as amenidades sejam conservados. Como consequência, são muito desejáveis as localizações urbanas relativamente próximas ao trânsito de massa. Em alguns casos, podem ser necessárias discussões adicionais com a prefeitura e a autoridade de trânsito local a fim de negociar a necessidade de linhas de ônibus até um local que poderia ser interessante para o edifício proposto.

Nesta seção, são tratadas várias questões relacionadas ao uso fundiário e à implantação: a perda das áreas rurais de alta produtividade, a construção em áreas sujeitas à inundação a cada 100 anos, o uso de terras que são *habitats* de espécies ameaçadas e o reúso de terrenos e imóveis descontaminados, subutilizados ou de minas de carvão abandonadas. Esses tópicos são abordados tanto no sistema de certificação LEED do USGBC como no Green Globes.

### A perda das áreas rurais de alta produtividade

Além de se preocupar com a perda dos ecossistemas, os esforços em prol das edificações sustentáveis consideram a perda de terras agrícolas que, ainda que sejam impactadas pelas atividades

**FIGURA 8.1** Nos Estados Unidos, perde-se 0,8 hectare por minuto de terras agropecuárias, sendo que os solos melhores e mais produtivos são os que desaparecem mais rapidamente. As fazendas contíguas a áreas urbanas, como as mostradas nesta imagem, são especialmente ameaçadas pelos empreendimentos urbanos e pela urbanização dispersa.

humanas, são um importante recurso renovável (veja a Figura 8.1). Entre as várias categorias de terras agrícolas, as mais importantes de preservar são as áreas rurais de alta produtividade. Para o Departamento de Agricultura dos Estados Unidos, *áreas rurais de alta produtividade* são:

aquelas nas quais se pode ter plantações com o menor custo possível e os menores danos à base de recursos. As áreas rurais de alta produtividade têm uma fonte adequada e confiável de umidade oriunda das precipitações ou da irrigação, temperaturas e estações de cultivo favoráveis. Seus solos têm acidez ou alcalinidade aceitável, conteúdos de sal e sódio aceitáveis e poucas rochas. Não têm erosão excessiva, alagam menos do que uma vez a cada dois anos durante a estação de cultivo e não ficam saturadas pela água por longos períodos. O lençol freático é mantido em uma profundidade suficiente durante a estação de cultivo, de modo a permitir a produção de plantações apropriadas à área. Sua declividade varia entre 0 e 5%. Para que possam ser classificadas como "de alta produtividade", devem atender a tais critérios e estar disponíveis para a agricultura. Terras destinadas a fins não agrícolas não podem ser classificadas como áreas rurais de alta produtividade.[2]

Nos relatórios do National Resources Inventory norte-americano de 2012 e 2015 elaborados pelo American Farmland Trust, foram feitas as seguintes observações sobre os impactos da urbanização sobre as terras agropecuárias:

- Entre 2002 e 2012, 18 milhões de hectares de solo foram urbanizados, um aumento de 59%.
- Entre 1982 e 2007, foram urbanizados 16,7 milhões de hectares de área rural, isto é, de plantações, pastos, florestas e terras anteriormente classificadas no Programa de Reservas para Conservação dos Estados Unidos. Isso representa uma área equivalente à dos estados de Illinois e New Jersey somados. Durante este mesmo período de 25 anos, todos os estados norte-americanos perderam áreas rurais de alta produtividade.
- Os estados com maiores perdas incluíram Texas (600 mil hectares), Ohio (322 mil hectares), Carolina do Norte (310 mil hectares), Califórnia (249 mil hectares) e Geórgia (229 mil hectares).
- Entre 2002 e 2007, três milhões de hectares rurais foram urbanizados – uma área quase igual a do Estado de Maryland. Isso equivale a uma taxa de conversão anual de 602 mil hectares.
- Nossas áreas de produção de alimentos estão cada vez mais no caminho do desenvolvimento imobiliário. Nos Estados Unidos, incrivelmente, 91% das frutas e 78% dos legumes e verduras são produzidos em áreas influenciadas por zonas urbanas.
- O problema é o uso perdulário do solo, não o desenvolvimento urbano propriamente dito. Entre 1982 e 2007, a população norte-americana cresceu 30%. Durante o mesmo período, as áreas urbanizadas aumentaram 57%.[3]

Os sistemas de certificação de edificações LEED-New Construction do USGBC, o Green Globes e o programa Sustainable Sites Initiative™ (SITES) abordam a questão de afastar os empreendimentos imobiliários das áreas rurais de alta produtividade. Em cada caso, esses protocolos priorizam a preservação desses valiosos recursos durante o processo de implementação de projetos sustentáveis.

## Propriedades ou terrenos virgens, descontaminados, subutilizados e minas de carvão abandonadas

*Terrenos virgens* são aqueles que sofreram pouca ou nenhuma intervenção das atividades imobiliárias e também podem ser definidos como propriedades rurais que não têm outra atividade além da agropecuária. Assim como a reciclagem em geral, a *reciclagem do solo* é um importante objetivo na criação de edificações sustentáveis de alto desempenho. A *reciclagem do solo* se refere ao reúso de terrenos impactados pelas atividades humanas em vez do uso de terrenos virgens. Há pelo menos três categorias identificáveis de áreas que podem ser recicladas: os imóveis ou terrenos descontaminados, os subutilizados e as minas de carvão abandonadas.

A Agência de Proteção Ambiental dos Estados Unidos (EPA) define os terrenos descontaminados como aqueles imóveis industriais ou comerciais abandonados, ociosos ou subutilizados em virtude de contaminação ambiental real ou possível.[4] Naquele país, a definição oficial de um terreno descontaminado, de acordo com a lei 107–118 (H.R. 2869), The Small Business Liability Relief and Brownfields Revitalization Act, sancionada em 11 de janeiro de 2002, é: "com algumas exceções e adições legais, o termo 'terreno descontaminado' se refere a uma propriedade, sua ampliação, reciclagem ou reúso cujo aproveitamento pode ser dificultado pela presença comprovada ou potencial de substância nociva à saúde humana, poluente ou contaminante". A palavra-chave na definição de EPA é "possível"; na definição da lei, "potencial". Edificações industriais desativadas muitas vezes são consideradas contaminadas em virtude das atividades que ocorreram no local – por exemplo, a eletrogalvanização ou o curtimento de couro. No entanto, em vários casos esses imóveis quase não estão poluídos, exigindo uma limpeza mínima. Em muitas cidades norte-americanas, os terrenos descontaminados hoje são imóveis valiosos em função de sua proximidade a uma ótima infraestrutura e mão de obra. As indústrias que no passado foram transferidas para áreas rurais, provocando o empobrecimento de comunidades de minorias étnicas com a perda de empregos, hoje estão retornando a antigas áreas industriais por motivos econômicos que as trazem para a cidade. Um ótimo exemplo da possibilidade de sucesso de uma boa estratégia de ocupação de áreas descontaminadas é a Chicago Brownfields Initiative, que, desde 1993, tem auxiliado na limpeza e transferência de 12 antigas grandes áreas industriais na cidade. Um aspecto interessante da estratégia de Chicago é a ênfase no retorno dessas zonas ao uso industrial, devolvendo empregos à cidade.[5]

Os sistemas de certificação LEED e Green Globes e o programa SITES conferem créditos para a construção em um terreno descontaminado. De acordo com uma decisão sobre um crédito do USGBC sobre terrenos descontaminados, a equipe de projeto pode considerar uma área que não tenha sido oficialmente declarada como contaminada pela EPA se conseguir convencer essa agência de que o terreno atende aos requisitos para tal classificação e a EPA concordar por escrito.

Os imóveis ou terrenos subutilizados, outra forma de propriedade urbana, se referem a prédios degradados ou obsoletos em lotes que não precisam estar contaminados (veja a Figura 8.2).

O Estado de Michigan, por exemplo, insere o termo *imóvel ou terreno subutilizado* no conceito de comunidade-núcleo, áreas que estão em declínio econômico e precisam de investimento para se tornarem novamente prósperas. Um edifício subutilizado pode ser uma antiga oficina mecânica que talvez tenha se tornado obsoleta por não contar com sistema de prevenção e combate a incêndio, ou por apresentar algum risco à saúde humana, como um sistema séptico, tanques de combustível ou amianto. Outro exemplo são habitações abandonadas. O Congresso para o Novo Urbanismo (CNU – www.cnu.org) ressalta que um *shopping center* abandonado ou parcialmente utilizado pode ser considerado um imóvel ou terreno subutilizado por ocupar uma área urbanizada que pode se tornar totalmente produtiva. Os *shoppings* se tornam decadentes por fatores diversos: mudanças populacionais, aumento do número de hipermercados, expansão das compras na Internet, mudanças demográficas e

**FIGURA 8.2** Os imóveis ou terrenos subutilizados são propriedades urbanas que não estão sendo bem aproveitadas ou que estão perdendo seu valor por motivos técnicos, econômicos ou sociais. Os centros comerciais lineares e abertos (*strip malls*) norte-americanos, como este, muitas vezes se tornam obsoletos, e seus inquilinos se transferem para estabelecimentos maiores ou locais mais lucrativos. Esses imóveis muitas vezes se tornam degradados, afetando a economia local e o valor dos outros imóveis e se tornando um desafio para a cidade.

incapacidade dos investidores de atualizar e modernizar as operações mais antigas. As mudanças no comércio também estão afetando os hipermercados, que cada vez se tornam maiores. Algumas das estratégias que as comunidades estão utilizando para lidar com esse tipo de propriedade são:

- *Reciclagem de uso*. Transformar hipermercados abandonados em escritórios, espaços para lazer ou indústrias leves.
- *Inversão de fachadas*. Inverter as frentes das lojas para que estejam voltadas para a rua, estabelecer em um shopping ou hipermercado o aspecto de rua comercial e gerar conexões com moradias do entorno com um planejamento que priorize os pedestres.
- *Demolir totalmente o prédio e reusar o terreno*. Os *shoppings* e hipermercados mais antigos estão sendo demolidos para dar lugar a novos empreendimentos comerciais.
- *Criar leis municipais que ajudem a prevenir o surgimento de novos hipermercados abandonados e a subutilização de imóveis e terrenos*. Algumas comunidades estão estabelecendo um tamanho máximo para os hipermercados ou exigindo que, antes de sua construção, seja criado uma conta bancária de garantia para cobrir futuros gastos com demolição.

Imóveis ou terrenos subutilizados e os descontaminados estão se tornando propriedades valiosas devido à boa infraestrutura nas áreas urbanas, à tendência de se morar em bairros mais centrais (em vez de subúrbios), pois estes muitas vezes oferecem melhor qualidade de vida, e aos incentivos fiscais, aos financiamentos especiais e a outras estratégias oferecidos por governos municipais ou estaduais. Além do acesso à infraestrutura e à mão de obra disponível para as empresas, as cidades também acabam tendo um aumento significativo na coleta de impostos, criando um cenário no qual todos saem ganhando. Embora os terrenos ou imóveis subutilizados não sejam explicitamente previstos pelo LEED-NC ou Green Globes, créditos e pontos são conferidos à edificação em um ambiente urbano de alta densidade.

Outra categoria de área degradada é a das minas de carvão abandonadas. Essas propriedades estão em antigas áreas de extrativismo como, nos Estados Unidos, no leste da Pensilvânia, onde minas de carvão por desbastamento e minas rasas compreendem uma área equivalente a três vezes o tamanho da cidade de Filadélfia e exigirão cerca de 16 bilhões de dólares para que sejam limpas. As águas superficiais dessas zonas têm pH baixíssimo e estão contaminadas com ferro, alumínio, manganês e sulfatos. Existe a possibilidade de se obter pontos no LEED-NC quando se adota em um projeto uma mina de carvão abandonada.[6]

## Construção em zonas sujeitas à inundação a cada 100 anos

É evidente que os edifícios não devem ser construídos em áreas sujeitas a enchentes, devido ao alto risco de desastres que podem resultar não somente no sofrimento humano como também em enormes impactos ao meio ambiente e aos recursos naturais provocados pelo ciclo da destruição e reconstrução. Esse é um problema tão vital que a Agência Federal de Gestão de Emergências norte-americana (FEMA) tem se envolvido profundamente com o mapeamento das áreas sujeitas a inundações e os seguros contra esses eventos. Para apoiar o Programa Nacional de Seguros contra Enchentes (NFIP), a FEMA tem conduzido um extenso programa de identificação e mapeamento de riscos e gerado diferentes mapas (Flood Hazard Boundary Maps, Flood Insurance Rate Maps e Flood Boundary and Floodway Maps), em que esses levantamentos cartográficos identificam diversas áreas sujeitas a enchentes. Uma delas é a *área especial de risco de enchente*, que pode ser definida como uma área de solo que seria inundada por uma enchente com a probabilidade de 1% de ocorrer em qualquer ano (antes chamada de *enchente de base* ou sujeita à *inundação a cada 100 anos*). A chance anual de 1% foi decidida após se considerarem várias alternativas. Esse padrão constitui um meio-termo razoável entre a necessidade de se criar restrições à edificação a fim de minimizar o risco de perda de vidas e propriedades e os benefícios econômicos que podem ser obtidos com a ocupação de planícies aluviais. Assim, é possível a ocupação de uma área especial de risco de enchente desde que ela cumpra as leis de gestão das planícies aluviais do município e da cidade, as quais também devem atender aos requisitos federais mínimos. Nos Estados Unidos, é obrigatória a contratação de seguro para empreender nessas áreas a fim de proteger o apoio e os investimentos federais ou com benefícios federais feitos para aquisição e/ou construção nas comunidades ocupantes dessas áreas de risco.[7]

Antes de continuar essa discussão, é importante atentar para o fato de que o termo *inundação a cada 100 anos* é enganoso. Não se trata de uma inundação que ocorrerá uma vez a cada 100 anos, e sim de um *alagamento* que tem, a cada ano, 1% de chance de ser igual ao anterior ou superior a ele. Assim, uma inundação a cada 100 anos pode acontecer mais do que uma vez ao longo de um período relativamente curto. A inundação a cada 100 anos, que é a norma empregada pela maior parte das agências estaduais e federais dos Estados Unidos, também é utilizada pelo NFIP como o padrão para a gestão de planícies aluviais e para determinar a necessidade de seguro contra enchentes. Uma edificação implantada dentro de uma área especial de risco de enchente em um mapa do NFIP tem 26% de chances de sofrer danos provocados por alagações durante a vigência de um contrato de financiamento de 30 anos.

Para a obtenção de pontos durante um pedido de certificação, LEED ou Green Globes, o terreno deve estar, pelo menos, 1,5 m acima do nível de uma planície aluvial ou sujeita à inundação a cada 100 anos.

## Erosão do solo e controle de sedimentos

*Sedimentos* são partículas de solo erodido que estão em suspensão, sendo transportadas, ou que foram depositadas pelo vento ou pela água. A *erosão* é o processo de deslocar e transportar as partículas do solo em virtude da ação da gravidade. Alguns dos princípios gerais e das melhores práticas que devem ser utilizados para o controle dos sedimentos e da erosão estão indicados na Tabela 8.1.

No caso das edificações sustentáveis de alto desempenho, deve-se tomar o cuidado para que a perda de solo seja mínima. O gerente de obras e os empreiteiros devem prestar atenção ao solo que se perde na forma de pó aerotransportado e junto com o escoamento superficial de água da chuva. Além disso, o sistema contemporâneo de entrega de edificações sustentáveis de alto desempenho exige que se tomem medidas para prevenir a sedimentação dos sistemas de gestão da água da chuva e dos corpos de água receptores. Um plano de controle da erosão e sedimentação é um dos pré-requi-

**TABELA 8.1**

**Princípios e melhores práticas para sedimentação e controle da erosão**

Projete de modo que a edificação esteja adequada ao contexto do terreno: sua topografia, solo, padrões de drenagem e vegetação natural.

Minimize a área de distúrbios provocados pela construção e a remoção de cobertura vegetal.

Remova o húmus, empilhando-o temporariamente e reutilizando-o quando o projeto de paisagismo estiver sendo executado.

Reduza o período de exposição das áreas sem cobertura vegetal ao programar a construção para que esses locais do terreno fiquem expostos somente durante a estação seca e pelo menor tempo possível.

Reduza a quantidade de área que ficará sem cobertura vegetal em qualquer momento.

Proteja o solo contra o impacto da chuva ou de seu escoamento superficial usando temporariamente vegetação, palha ou outro tipo de cobertura nas áreas expostas.

Proteja as áreas expostas da chuva ou de seu escoamento superficial. Previna que o escoamento superficial da água da chuva de outros lotes entre no terreno.

Inspecione e mantenha as práticas de controle de erosão e sedimentação que foram aplicadas.

Use faixas de vegetação para servirem como anteparo, palha ou outra cobertura protetora, sementes, elementos que tornem a superfície do solo mais rugosa, mantas de controle da erosão, vegetação permanente e cascalho ou brita.

Use coletores de silte, esteiras de fibra e toras de madeira; confira anteparos das valetas, coletores e bacias de sedimentos, bacias de retenção/detenção e filtros de silte para o controle dos sedimentos.

Sempre que ventos fortes puderem transportar o solo, use coletores de areia ou anteparos contra o vento para barrar o movimento do solo.

Ao restaurar ou substituir o solo, use terra nativa de uma fonte próxima, de modo que seu tipo, composição, micróbios e características hidrológicas sejam compatíveis com a região e adequados às plantas que serão utilizadas, especialmente a nativas ou adaptadas.

sitos para a certificação LEED-NC, o que significa que este plano é obrigatório para que um prédio seja considerado até mesmo para o nível mais básico de certificação. O Green Globes confere vários pontos para as medidas de controle da erosão e sedimentação. De maneira similar, o programa SITES também confere créditos para a minimização dos distúrbios ao solo durante a construção.

## PAISAGISMO SUSTENTÁVEL

O advento das edificações sustentáveis de alto desempenho está provocando mudanças notáveis na noção tradicional da paisagem construída. No sistema de edificação convencional, o projeto de paisagismo é deixado para depois e, em muitos casos, não é prioritário. Todavia, à medida que o orçamento de um projeto se torna menor perto do término de uma obra, os recursos disponíveis para o tratamento paisagístico provavelmente são reduzidos ao mínimo. O resultado desse pensamento tradicional é que os jardins têm baixa prioridade e são tratados como *desvinculados* do prédio, em vez de serem *parte* deles. Hoje, a função do paisagismo nos prédios de alto desempenho está em fase de transição: alguns projetos ainda o tratam do modo convencional, enquanto outros se dão conta do papel crucial do terreno para o desempenho dos prédios tanto individual como coletivamente. Entre esses novos papéis para o tratamento paisagístico estão o apoio à calefação e ao resfriamento, o controle das águas pluviais e mesmo a eliminação de outros sistemas para geri-las, o tratamento do lixo, o fornecimento de alimentos e a contribuição à biodiversidade.

O conceito de *paisagismo sustentável* é anterior ao movimento dos edifícios sustentáveis de alto desempenho. Essa expressão surgiu no vocabulário da arquitetura paisagística em 1988, quando o Council of Educators in Landscape Architecture definiu-a como a paisagem artificial que:

> "contribui para o bem-estar humano e, ao mesmo tempo, está em harmonia com o ambiente natural. Ela não esgota ou prejudica os outros sistemas. Ainda que as atividades humanas alterem os padrões naturais, o paisagismo sustentável trabalha com as condições naturais em sua estrutura e funções. Os recursos valiosos – água, nutrientes, solo, etc. – e a energia são conservados, e a diversidade de espécies é mantida ou aumentada" (Thayer, 1989, p. 101).

O movimento em prol da revisão do papel do paisagismo foi iniciado por John Tillman Lyle, com a publicação de seu livro de 1985, *Design for Human Ecosystems: Landscape, Land Use, and Na-*

*tural Resources*. Levou quase uma década, contudo, para que se falasse novamente sobre a questão das paisagens sustentáveis. Em 1994, surgiram dois volumes, por coincidência junto com o início do movimento norte-americano da edificação ecológica: *Gray World, Green Heart: Technology, Nature and the Sustainable Landscape*, de Robert Thayer, e outro livro de Lyle, *Regenerative Design for Sustainable Development*.

Em *Design for Human Ecosystems*, Lyle ponderou como a paisagem, o uso do solo e os recursos naturais poderiam ser configurados para que o ecossistema humano funcione das maneiras sustentáveis dos ecossistemas naturais. Ele sugeriu que os projetistas devem entender a ordem ecológica e como ela funciona em uma ampla variedade de escalas, da microscópica à global. O entendimento da ordem ecológica tem de estar vinculado aos valores humanos a fim de desenvolver soluções duradouras, benéficas e responsáveis.

Em *Gray World, Green Heart*, Thayer (1994) observou que a paisagem é o local onde "o conflito entre tecnologia e natureza é mais fácil de sentir". Um tratamento paisagístico sustentável, de acordo com Thayer, seria:

- Uma paisagem alternativa onde os sistemas naturais são dominantes
- Uma paisagem onde os recursos são renovados e a energia é conservada
- Uma paisagem que nos permite ver, entender e resolver a batalha entre as forças da tecnologia e da natureza
- Uma paisagem onde as funções vitais essenciais são realizadas, reveladas e celebradas
- Uma paisagem onde a tecnologia incorporada é sustentável, é a melhor entre as opções possíveis e pode ser considerada como parte da natureza
- Uma paisagem que refuta a lógica da descoberta, exploração, exaustão e abandono, e adota aquela na qual nos assentamos com firmeza, cuidamos da terra e prevenimos o empobrecimento ecológico
- Uma paisagem que responde à perda do lugar e se baseia nos recursos locais, na celebração das culturas locais e na preservação dos ecossistemas locais
- Uma paisagem que responde à visão de que a paisagem é irrelevante, tornando-a o pivô físico de nossa existência

Thayer admitiu que essa visão era utópica, mas sugeriu que era necessária para nos dar uma orientação. Ele foi adiante, listando as cinco características de uma paisagem sustentável que se baseiam na função e organização dos ambientes naturais:

1. As paisagens sustentáveis usam, antes de tudo, a energia renovável e horizontal[8] em taxas que permitem que se renove sem a desestabilização ecológica.
2. As paisagens sustentáveis maximizam a reciclagem de recursos, nutrientes e produtos derivados, e geram o mínimo de lixo ou de conversões de materiais em locais ou formas inúteis.
3. As paisagens sustentáveis mantêm a estrutura e o funcionamento local e não reduzem a diversidade ou estabilidade dos ecossistemas do entorno.
4. As paisagens sustentáveis preservam as comunidades humanas locais e atendem-nas, em vez de mudá-las ou destruí-las.
5. As paisagens sustentáveis incluem tecnologias que apoiam esses objetivos e tratam a tecnologia como secundária e subserviente, não como primária e dominante.

Como nota de cautela, Thayer (1994) também afirmou que "sem valores sustentáveis, as paisagens projetadas para serem sustentáveis serão mal-empregadas, se tornarão insustentáveis e fracassarão". A cultura contemporânea dos Estados Unidos não tem um senso de lugar nem o valoriza: ela é orientada para consumo, lucro e lixo. A criação de uma paisagem sustentável perante esses valores é um desafio, mas este é necessário pelo menos para lançar um contramovimento que valorize a natureza e os ecossistemas e ajude a aumentar a conscientização humana de seu papel na vida cotidiana (veja a Figura 8.3).

**FIGURA 8.3** (A) O projeto de paisagismo para o Space Life Sciences Laboratory da NASA no Kennedy Space Center, Flórida, é autossustentável e foi imaginado como um modelo de projeto de paisagismo ecológico, com mais de 6 mil m$^2$ de gramíneas e flores silvestres nativas. (B) A orientação do prédio reduz a carga de calor e minimiza a intervenção no terreno, limitando a ocupação da área de manancial. (Fotografias de Zamia Design, Inc.)

Em *Regenerative Design for Sustainable Development*, Lyle (1994) introduziu aos projetistas do ambiente construído o conceito de paisagem regenerativa, lembrando-lhes, como fizera John Dewey em 1916, que "a distinção mais notável entre as coisas vivas e as inanimadas é que as primeiras se mantêm pela renovação" (Dewey, [1916] 1944, p. 1). Lyle sustentava que a paisagem construída – aquela criada e construída pelos seres humanos – deveria ter a capacidade de sobreviver dentro dos limites dos fluxos de energia e materiais e, que, a fim de ser sustentável, deveria ser regenerativa, o que, no caso da paisagem, significa ser capaz de uma autorrenovação orgânica. As paisagens devem ser criadas usando-se o projeto regenerativo, isto é, o projeto que cria fluxos cíclicos de matéria e energia dentro da paisagem. De acordo com Lyle, um sistema regenerativo é aquele que permite a renovação contínua, por meio de seus próprios processos funcionais, da energia e dos materiais empregados em sua operação. Um sistema regenerativo tem as seguintes características:

- Integração operacional com os processos naturais e, por extensão, com os sociais
- Uso mínimo de combustíveis fósseis e produtos químicos antropogênicos, exceto nas aplicações de suporte
- Uso mínimo de recursos não renováveis, exceto quando o reúso ou a reciclagem futura for possível e provável
- Uso de recursos renováveis dentro de suas capacidades de renovação
- Composição e volume de lixos dentro da capacidade do ambiente de reassimilá-los sem danos

Lyle obteve uma experiência considerável com paisagens regenerativas como professor do Center for Regenerative Studies, que ele fundou na California State Polytechnic University, em Pomona, um centro de 4 mil m$^2$ onde os professores e alunos trabalharam com paisagens regenerativas e tecnologias a fim de resolver os problemas cotidianos de obter abrigo, alimentos, energia e água e lidar com os resíduos. Ele e seus alunos assumiram o que na época era uma pastagem compactada de frente para um grande aterro sanitário e criaram o que um ex-diretor do centro, Joan Stafford, descreveu como uma paisagem que "hoje produz grandes quantidades de exuberante e aromática lavanda, sálvia e alecrim brotando de solos rejuvenescidos" (Lyle 1999, p. v).

Em *Sustainable Landscape Construction: A Guide to Green Building Outdoors*, J. William Thompson e Kim Sorvig (2000) oferecem um conjunto de princípios para orientar o projeto e a construção do paisagismo de edifícios sustentáveis. Esses princípios estão descritos na Tabela 8.2. Em geral, são fáceis de entender e seguem a lógica do LEED, que aborda muitas dessas questões.

Algumas das inovações que estão surgindo com as edificações sustentáveis de alto desempenho da atualidade incluem a aplicação do paisagismo diretamente aos prédios na forma de cobertu-

**TABELA 8.2**

**Princípios da construção de paisagens sustentáveis**

*Princípio 1*: Mantenha os terrenos saudáveis. Certifique-se de que os terrenos biologicamente produtivos com ecossistemas saudáveis não são prejudicados pelo projeto da edificação. Deve-se prestar atenção especial para a instalação das utilidades públicas e a construção das vias, que podem ser especialmente nocivas aos sistemas naturais.

*Princípio 2*: Cure os terrenos feridos. O aproveitamento de imóveis ou terrenos descontaminados ou subutilizados ou de minas de carvão abandonadas reduz as pressões nos sítios biologicamente produtivos e pode resultar na restauração das propriedades degradas, gerando ecossistemas mais uma vez produtivos.

*Princípio 3*: Dê preferência aos materiais vivos e flexíveis. É melhor controlar a erosão dos terrenos íngremes com estruturas vivas do que com estruturas inorgânicas ou construções. Jardins verticais, estruturas artificiais que oferecem um sistema de apoio para um meio vivo, podem ser necessários, especialmente em terrenos muito íngremes. Os materiais vivos desses sistemas criam coberturas verdes que aumentam a área de vegetação do terreno e dão apoio à climatização e calefação.

*Princípio 4*: Respeite as águas da vida. Os corpos de água – inclusive os brejos ou as áreas de manancial – devem ser protegidos e, inclusive, restaurados. A água da chuva pode ser coletada em coberturas, armazenada em cisternas e utilizada em aplicações que não exigem água potável. A irrigação dos jardins deve ser mínima, e o tratamento paisagístico deve buscar ser duradouro e resistente a secas.

*Princípio 5*: Use menos pisos secos. A pavimentação destrói os sistemas naturais e deve ser minimizada. O ideal é que as águas pluviais sejam rapidamente infiltradas no solo através de pisos porosos de concreto, asfalto ou blocos. O efeito da ilha de calor urbana deve ser reduzido ao máximo por meio de um paisagismo apropriado.

*Princípio 6*: Considere a origem e o destino dos materiais. Minimize o impacto dos materiais do tratamento paisagístico analisando cuidadosamente sua energia incorporada e outros efeitos. Priorize os materiais reusados ou reciclados e evite os materiais tóxicos.

*Princípio 7*: Conheça os custos energéticos ao longo do tempo. A execução do projeto de paisagismo consome uma quantidade considerável de energia no uso de máquinas e na energia incorporada dos materiais. O consumo total de energia para todos os propósitos, incluindo a manutenção, deve ser minimizado.

*Princípio 8*: Aproveite a luz, mas respeite a escuridão. A iluminação do terreno deve ser projetada de tal modo que as plantas não sejam afetadas por esquemas lumínicos, e as luminárias devem ser eficientes no consumo de energia. A iluminação também não deve invadir áreas onde não é desejada. Lâmpadas de baixa voltagem, fibras óticas e sistemas solares também devem ser considerados.

*Fonte:* Thompson e Sorvig (2000).

ras verdes (ou vivas) e o uso de jardins verticais, especialmente em arranha-céus. Esses dois novos conceitos de paisagismo serão descritos nas seções a seguir.

## Coberturas verdes ou vivas

Uma *cobertura verde* ou *viva* nada mais é do que uma versão atualizada da antiga "cobertura de relva" empregada na Europa, que está sendo resgatada pelo movimento da edificação ecológica atual. Alguns profissionais também a chamam de *telhado verde*, uma denominação inadequada, uma vez que as coberturas verdes jamais possuem telhas. A área total das coberturas verdes nos Estados Unidos tem crescido em ritmo acelerado, e, em 2013, mais de 595 mil m² dessas coberturas já estavam instalados nos prédios, um aumento de 14% em relação ao ano anterior. Na década entre 2003–2013, a área das coberturas verdes norte-americanas se multiplicou por 10. Em 2015, 33 cidades dos Estados Unidos já tinham políticas públicas, programas de incentivos ou diretrizes para as coberturas verdes. Esse crescimento tem sido motivado, ao menos em parte, pela quantidade de prefeituras com políticas ou programas de incentivo para o uso de coberturas verdes. Com o passar do tempo, tem havido uma mudança das políticas prescritivas que especificam os detalhes técnicos das coberturas verdes, como o meio de cultivo, para políticas de desempenho focadas nos objetivos da gestão de águas pluviais. Além de seus benefícios ambientais, essas coberturas podem ter impactos econômicos muito positivos. Uma análise de custo e benefício conduzida pelo Departamento de Água da Filadélfia mostrou que um investimento de 2,4 bilhões de dólares na infraestrutura verde ao longo de 25 anos teria um impacto equivalente ao de um gasto de 8 bilhões de dólares no tratamento convencional da água da chuva. Assim, a cidade da Filadélfia criou um programa de Crédito Tributário para Coberturas Verdes que cobre até 25% do custo total da construção de uma cobertura verde de até 100 mil dólares (*Green Roofs*, 2014; Liu, 2015; Rugh e Liu, 2014). Uma grande variedade de prédios públicos e privados hoje tem coberturas verdes (veja a Figura 8.4). Em Dearborn, Michigan, a Ford Motor Company tem uma cobertura viva de 4 hectares em sua montadora de Rouge Center; os prédios públicos do condado de Anne Arundel, Maryland, também têm coberturas com gramíneas.

Portland, Oregon, vai muito além da maioria das jurisdições, em virtude do comprometimento financeiro da cidade com as coberturas ecológicas na forma de benefícios fiscais, subsídios, flexi-

**FIGURA 8.4** Um terraço-jardim na Prefeitura de Chicago contém mais de 20 mil plantas de mais de 150 espécies. (*Fonte*: Cidade de Chicago)

bilizações das normas do código de edificação e da variedade de prédios públicos e privados com jardins nas coberturas (Flaccus, 2002). Essa cidade oferece incentivos às coberturas vivas, pois se constatou que elas reduzem os gastos energéticos dos prédios em 10% e baixam as temperaturas de verão nas coberturas para 21°C. Além disso, conseguem diminuir o escoamento superficial da água da chuva em 90% e reduzir o fluxo dessa água por várias horas, consequentemente reduzindo a probabilidade de extravasão dos sistemas de esgoto pluvial e cloacal. Em uma cidade como Portland, que sofre com o problema crônico de transbordamentos, os quais, por sua vez, afetam os rios Willamette e Columbia, um alto número de coberturas verdes pode ajudar a mitigar a situação. As coberturas vivas também podem filtrar a poluição e os metais pesados trazidos com a água da chuva e ajudar a proteger o abastecimento de água da região.

Uma cobertura verde pode atender a muitas funções distintas: servir de elemento estético, ajudar o prédio a se mesclar com o ambiente natural e oferecer suporte à estabilização climática. É particularmente útil em áreas úmidas e com neve, e seu uso é mais limitado em climas áridos. Uma cobertura verde deve ser construída sobre uma estrutura resistente o suficiente, com um sistema de impermeabilização cuidadosamente instalado, pois é muito difícil localizar os pontos de vazamento após a colocação do meio de cultivo. A parte viva da cobertura é um sistema à base de compostagem, geralmente formado por um leito de palha em decomposição, no qual as plantas nativas ou introduzidas podem se enraizar. Naturalmente, uma cobertura viva exige cuidados constantes. Outra desvantagem é que ela pode estar sujeita ao risco de incêndio em climas quentes e secos. Por outro lado, uma de suas vantagens é que ela protege a impermeabilização do prédio dos danos provocados pela radiação ultravioleta e elimina a necessidade de lajotas ou telhas na cobertura. De acordo com o Living Systems Design Guild, as coberturas verdes geralmente são classificadas em extensivas ou intensivas:

*Sistemas extensivos de cobertura verde.* Coberturas verdes extensivas são definidas como aquelas com vegetação que exige pouca manutenção, é tolerante a secas e produz suas próprias sementes. Elas incluem musgos, flores do prado, capins e outras gramíneas que exigem pouca ou nenhuma irrigação, fertilização ou manutenção (veja a Figura 8.5). Os tipos de plantas adequados para um tratamento paisagístico extensivo são aquelas nativas, especialmente de locais secos e semissecos com vegetação rasteira ou superfícies rochosas, como os ambientes alpinos. Os sistemas extensivos podem ser instalados em coberturas planas ou em vertente, mas com inclinação máxima de 40%.

*Sistemas intensivos de cobertura verde.* Se houver uma capacidade de carregamento adequada, será possível criar verdadeiros terraços-jardim em muitas edificações. Esse tipo de cobertura ecológica pode incluir gramados, prados, arbustos, árvores, lagos e superfícies secas. São bem mais complexos e pesados do que os extensivos e, portanto, exigem uma manutenção muito maior.

Os sistemas intensivos de cobertura verde são formados por 6 a 10 componentes, como mostra a Tabela 8.3. O substrato de solo diferencia os sistemas extensivos dos intensivos. Os sistemas extensivos têm um substrato de solo de 10 a 15 cm de profundidade feito com um meio de cultivo formulado leve, enquanto nos sistemas intensivos, a mistura de solo pesado pode chegar entre 46 e 61 cm.

Uma conclusão óbvia, portanto, é que um sistema de cobertura verde é muito mais complexo do que uma cobertura convencional e exige significativamente mais pesquisa e planejamento. Além disso, essas coberturas custam o dobro das convencionais, ou seja, entre 107 e 162 dólares por metro quadrado (nos Estados Unidos). Contudo, o retorno sobre o investimento, em função da economia energética, pode ser bastante rápido, e os benefícios da menor infraestrutura de controle da água pluvial e da limpeza da água natural tornam as coberturas verdes uma opção atraente.

## Paisagismo vertical e jardins verticais

Geralmente se atribui ao projetista francês Patrick Blanc o desenvolvimento da ideia de um jardim vertical ou uma parede verde que tire proveito das

**FIGURA 8.5** Corte em perspectiva de um sistema extensivo de cobertura verde que oferece estrutura e drenagem. (Imagem por cortesia de American Hydrotech, Inc.)

**TABELA 8.3**

**Componentes dos sistemas de cobertura verde**

*Plantas.* Os sistemas extensivos de cobertura verde incluem aqueles com raízes superficiais, características de regeneração e resistência à radiação direta, seca, geada e vento. Os sistemas intensivos, contudo, têm uma variedade muito maior de tipos de plantas à sua disposição, devido à maior profundidade de seus solos.

*Composição do solo.* O meio de cultivo é uma mistura com formulação especial, leve, que retém a umidade e é enriquecida com matéria orgânica.

*Tecido geotêxtil (tela de filtragem).* O tecido geotêxtil previne que as partículas finas sejam lavadas do substrato, garantindo a eficiência da camada de drenagem.

*Camada de retenção da água.* Esta camada às vezes é empregada – geralmente na forma de uma manta de tecido – para conferir proteção mecânica e reter a umidade e os nutrientes. Os elementos de drenagem (perfis) retêm a água da chuva para os períodos de seca em sancas ou reservatórios na parte superior dessa camada.

*Camada de drenagem.* As coberturas verdes têm uma camada de drenagem para remover a água em excesso. Em sistemas extensivos e muito rasos, essa camada pode ser combinada com a camada de filtragem (o tecido geotêxtil).

*Barreira às raízes.* Essa é uma barreira mecânica que evita que as raízes afetem a eficiência da membrana de impermeabilização, caso esta não seja resistente às raízes.

*Membrana de impermeabilização.* Um sistema de cobertura verde pode consistir em uma membrana aplicada com líquido ou ser uma membrana em folhas, especialmente desenhada para isso.

*Camada de isolamento.* A camada isolante é opcional e previne que a água acumulada no sistema de cobertura verde dissipe o calor no inverno ou resfrie o ar no verão.

*Fonte:* Com base na descrição do site de Living Systems Design, www.livingsystemsdesign.net/

**FIGURA 8.6** Um jardim vertical na Universal City Walk da Universal City, Califórnia, gerou uma fachada com vegetação perene, mas sempre em transformação que alcança uma altura de 23 m. (Imagem por cortesia de Greenscreen) (Fotografia por cortesia de Greenscreen®)

superfícies verticais a fim de conferir às edificações certo nível de capacidade ecológica. Os arranha-céus normalmente não são considerados candidatos para o tratamento paisagístico. No entanto, Ken Yeang, um arquiteto malaio, tem defendido o que ele chama de paisagismo vertical para, ao menos em parte, tornar essas grandes estruturas mais ecológicas. Ele também propõe o paisagismo vertical para a redução do consumo energético afirmando que um aumento de 10% em área vegetal pode gerar uma economia de 8% na carga de resfriamento anual. Ele descreveu o paisagismo vertical como "tornar o arranha-céu verde" (Yeang, 1996), o que envolve a introdução de plantas e componentes de um ecossistema em níveis elevados em relação ao solo, além do tratamento paisagístico no terreno propriamente dito.

O paisagismo vertical cria um microclima na fachada de cada pavimento, pode ser empregado como uma barreira ao vento, absorve dióxido de carbono e gera oxigênio, além de melhorar o bem-estar dos usuários ao distribuir a vegetação por todo o prédio (veja a Figura 8.6). Essa estratégia também ajuda a criar um equilíbrio entre a enorme massa de concreto, vidro e aço e as plantas e o solo. Além desses benefícios, um paisagismo vertical que é bem integrado à edificação pode oferecer um alívio visual à arquitetura de superfícies que de outra maneira seriam desinteressantes e indefinidas. A fim de que o paisagismo vertical faça sentido, Yeang sugeriu que uma série de floreiras escalonadas e conectadas entre si integrassem o prédio. O uso de pérgolas verticais ou treliças também possibilita jardins verticais e a interação da paisagem do nível térreo com a cobertura. Contudo, uma vez que as velocidades do vento no nível de cobertura muitas vezes são o dobro daquelas do nível do solo, as plantas dos níveis mais altos podem exigir proteção, o que pode ser oferecido por brises que permitam aos jardins verticais serem vistos ainda que estejam protegidos do vento.

## MELHORANDO OS ECOSSISTEMAS

Um resultado desejável para qualquer projeto de edificação seria uma área de jardins e um ecossistema que fossem regenerados e aprimorados graças ao próprio prédio. A *Environmental Building*

**TABELA 8.4**

**Lista de verificação da *Environmental Building News* (*EBN*) para a melhoria do *habitat* de terrenos ocupados por prédios**

1. **Pesquisa e planejamento**
    Contrate um consultor qualificado especialista em paisagismo natural e restauração de ecossistemas.
    Teste os solos quanto à presença de contaminantes.
    Elabore um inventário dos ecossistemas existentes.
    Pesquise os ecossistemas que podem ter existido no terreno antes da chegada dos europeus.
    Elabore um inventário das práticas de gestão do paisagismo.
    Desenvolva um plano de restauração do ecossistema.
2. **Restauração do ecossistema**
    Reduza a área gramada.
    Elimine as plantas invasivas.
    Restabeleça os ecossistemas nativos.
    Certifique-se de ter uma vegetação com diversidade.
    Crie corredores de vida silvestre.
    Use a bioengenharia para o controle da erosão do solo.
3. **Promoção da vida silvestre**
    Selecione espécies de plantas nativas que atraiam a fauna.
    Encoraje os pássaros a "plantar" sementes das espécies de que gostam.
    Ofereça um paisagismo com frutas e legumes comestíveis.
    Crie áreas de transição.
    Estabeleça um programa de alimentação de pássaros, se quiser.
    Ofereça plataformas e casas para passarinhos.
    Proporcione casas para morcegos.
    Crie elementos com água.
    Evite o uso de produtos químicos no paisagismo.
4. **Apoio para que as pessoas possam aproveitar as áreas naturais e a vida silvestre**
    Crie áreas para a observação da vida selvagem.
    Ofereça acessos fáceis e convidativos para as áreas externas.
    Facilite a gestão de alimentadores e casas para passarinhos.
    Proporcione sinalização clara nos espaços públicos.
    Crie atrativos para que as pessoas usem as áreas externas.

*Fonte:* Extraído de *Environmental Building News* (fevereiro de 2001), pp. 8–12. A lista de verificação original oferece uma descrição detalhada de cada um dos pontos na tabela. *EBN* é uma publicação de Building Green, Inc., www.buildinggreen.com.

*News* (*EBN*) oferece uma lista de verificação para ajudar projetistas e proprietários a restaurar a vitalidade dos ecossistemas naturais (veja a Tabela 8.4). Embora esteja voltada principalmente para a presença de vida selvagem em um terreno, é muito útil para a restauração do ecossistema ou para regenerar ou reconectar os componentes do sistema.

## GESTÃO DE ÁGUAS PLUVIAIS

A transformação do ambiente natural por meio da ocupação com edificações afeta profundamente a quantidade e os fluxos de águas pluviais na superfície terrestre. A conversão das paisagens naturais com prédios e sua infraestrutura substituem superfícies antes predominantemente permeáveis por materiais permeáveis, consequentemente aumentando o volume e a velocidade dos fluxos horizontais de água. Além disso, essas mesmas atividades de construção podem modificar ou destruir ecossistemas, principalmente as áreas de manancial, que absorvem pulsos de água da chuva e o devolvem aos corpos de água e aquíferos de maneira controlada. Uma das

**TABELA 8.5**

**Lista de verificação da *Environmental Building News* (*EBN*) para a gestão de águas pluviais**

**Reduza a quantidade de águas pluviais geradas**

1. Minimize a área de impacto de uma intervenção.
2. Minimize as áreas impermeáveis conectadas entre si.
3. Não instale calhas, a menos que a água da chuva seja coletada para o uso.
4. Reduza as áreas pavimentadas por meio da concentração de edificações e de ruas mais estreitas.
5. Instale pisos permeáveis sempre que apropriados.
6. Quando possível, elimine meios-fios ao longo de acessos de automóveis e ruas.
7. Plante árvores, arbustos e coberturas vegetais no solo para promover a infiltração.

**Mantenha os poluentes fora das águas pluviais**

8. Projete comunidades com leiaute que permita a redução da dependência dos automóveis.
9. Crie áreas verdes nas quais as pessoas possam exercitar seus animais de estimação.
10. Faça um paisagismo de baixa manutenção.
11. Projete ruas com leiaute que facilite a limpeza.
12. Limite os terrenos comerciais e industriais muito poluentes.
13. Coloque avisos nos condutores abertos de águas pluviais para desencorajar as pessoas de lançarem lixo nesses locais.

**A gestão do escoamento superficial da água da chuva nos canteiros de obras**

14. Trabalhe apenas com empresas de escavação de reconhecida capacidade.
15. Minimize a área de impacto durante a construção.
16. Evite a compactação do solo.
17. Estabilize as áreas afetadas assim que possível.
18. Minimize as modificações nos taludes.
19. Construa barreiras temporárias à erosão.

**Elementos *in loco* permanentes para controle e tratamento das águas pluviais**

20. Sistema de captação de água nas coberturas.
21. Valas de filtragem com plantas.
22. Valas de drenagem com plantas, para o transporte da água da chuva.
23. Barreiras de inspeção para as valas de drenagem com plantas.
24. Bacias de infiltração.
25. Valetas de biorretenção (biovaletas).
26. Bacias de detenção secas com vegetação.
27. Bacia de retenção com vegetação.
28. Bacias de detenção construídas.
29. Sistemas de filtragem.

*Fonte:* Extraída de *EBN* (setembro/outubro de 1994), pp. 1, 8–13. A lista de verificação original oferece uma descrição detalhada de cada um dos pontos da tabela.

funções da edificação sustentável é tratar a gestão de águas pluviais protegendo os ecossistemas e a permeabilidade da paisagem, bem como considerando cuidadosamente como afetar o mínimo possível o hidroperíodo natural do terreno. A *Environmental Building News* oferece uma lista de verificação bastante útil para se lidar com as questões da gestão de águas pluviais (veja a Tabela 8.5).

## EMPREENDIMENTOS DE BAIXO IMPACTO

O *empreendimento de baixo impacto* (LID – *Low-impact development*) é uma estratégia relativamente nova que integra os sistemas ecológicos ao projeto de paisagismo a fim de gerenciar o escoamento das águas pluviais de maneira efetiva. As técnicas de LID minimizam o escoamento superficial para prevenir que os poluentes afetem negativamente a qualidade da água e podem reduzir o tamanho necessário das bacias de retenção e detenção tradicionais, resultando em economias em relação aos mecanismos convencionais de controle das águas da chuva. O LID pode ser aplicado a novas construções ou a reformas ou reciclagens de uso de empreendimentos existentes. O LID vem sendo aplicado a uma variedade de usos fundiários, desde contextos ultra-urbanos de alta densidade a empreendimentos de baixa densidade. Uma denominação alternativa que vem sendo empregada pela Agência de Proteção Ambiental dos Estados Unidos é infraestrutura verde ou ecológica.

Em geral, os termos *empreendimento de baixo impacto* (LID) e *infraestrutura verde* se referem a sistemas e práticas de intervenção no solo que usam processos naturais para infiltrar, evapotranspirar (devolver a água à atmosfera, seja pela evaporação, seja pelas plantas) ou reutilizar o escoamento superficial da água da chuva no terreno onde ela é gerada. O LID adota princípios como a preservação e recriação das características naturais da paisagem, minimizando a impermeabilidade, criando uma drenagem funcional e atraente do terreno e tratando as águas da chuva como um recurso, e não como um dejeto. Muitas práticas podem ser empregadas para implementar um LID, incluindo valas de drenagem (de biorretenção), valas de drenagem gramadas, coberturas verdes, a coleta de água da chuva em barris e os pisos permeáveis. Colocando-se esses princípios e práticas, a água pode ser gerida de modo que reduza o impacto de áreas construídas e promova o movimento natural da água dentro do sistema ou da bacia de drenagem. Aplicado à escala urbana, o LID pode preservar ou restaurar as funções hidrológicas e ecológicas da bacia de drenagem.

Outro conceito do empreendimento de baixo impacto (LID) no contexto urbano é o *projeto que usa a água pluvial de modo artístico*. Esta ideia se baseia nas premissas de que as técnicas de gestão de águas pluviais projetadas junto com os sistemas naturais podem oferecer amenidades ao terreno que sejam muito estéticas e, inclusive, incentivem a interação humana.

A abordagem do LID à gestão de águas pluviais é uma enorme mudança em relação às práticas convencionais, que historicamente desviam a água da chuva por meio de sistemas de condutos mecânicos a corpos de água naturais ou estações de tratamento de custos extremamente elevados. Em contraste, a abordagem de baixo impacto considera cuidadosamente a vazão, o volume, a frequência, a duração e a qualidade da descarga para permitir a recarga do lençol freático e do aquífero e a saúde geral dos sistemas ecológicos.

The Nature Conservancy descreveu seis princípios para um empreendimento de baixo impacto de sucesso, que apresentamos a seguir e devem ser empregados para orientar os projetos:

1. *Use características existentes e valiosas*. Identifique todas as características culturais e naturais que agregarão valor imediato à intervenção e trabalhe com elas: cercas vivas, árvores adultas, *habitats* de vida silvestre, córregos, o caráter rural ou arquitetônico e elementos históricos.

2. *Deixe que os recursos naturais trabalhem pelo projeto*. Use a drenagem natural, refletindo os sistemas e padrões existentes. Minimizar os distúrbios provocados pela construção e as mudanças na bacia de drenagem beneficiará o ambiente e reduzirá os custos.

3. *Aumente o valor do terreno com o uso de espaços abertos*. Aproximar as casas ou os prédios em um empreendimento permite a criação de espaços abertos e vistas panorâmicas. As conexões com os espaços abertos dentro da rede urbana maior podem oferecer amenidades naturais, resultando em valores de imóveis mais elevados.

4. *Reduza o trabalho da gestão de água no terreno*. Quando se limitam as superfícies impermeáveis, a quantidade de infraestrutura de controle da água pluvial pode ser profundamente reduzida. Prédios com áreas de ocupação no terreno menores, coberturas verdes, pisos permeáveis, e vias estreitas tornam as águas da chuva mais fáceis de gerir.

5. *Trate as águas pluviais perto das fontes*. Em vez do alto custo de se ter uma infraestrutura subterrânea, caixas de areia, tubulações e bacias de retenção, use as valas de drenagem gramada, que são naturais, baratas, exigem pouca manutenção e têm baixa tecnologia, para infiltrar o escoamento superficial da água da chuva.

6. *Economize dinheiro com paisagismo inteligente*. Não há dúvida de que um bom paisagismo aumente os valores imobiliários e de que um paisagismo inteligente também possa economizar dinheiro. Perde-se dinheiro com técnicas como a limpeza preliminar do terreno, o nivelamento

e as caras bacias de retenção, que apenas abordam um problema. Com uma paisagem multifuncional, é possível gerenciar o escoamento superficial da água da chuva, melhorar a qualidade da água, reduzir as contas de eletricidade, aumentar o valor do imóvel e economizar dinheiro em geral.

The Nature Conservancy também descreveu 10 medidas para implementação que ajudam na gestão do escoamento superficial e, ao mesmo tempo, criam uma paisagem com amenidades naturais. Essas técnicas não são significativas quando adotadas individualmente, mas podem ser muito efetivas como parte de uma estratégia de baixo impacto maior:

1. *Redução das superfícies impermeáveis.* Algumas técnicas para a redução das superfícies impermeáveis incluem diminuir o número de vagas e compartilhar o estacionamento com vizinhos sempre que possível, criar canteiros centrais e *cul-de-sacs* com tratamento paisagístico e reduzir os recuos frontais das edificações para diminuir a extensão das entradas de veículos.
2. *Preservação das árvores.* As árvores não somente aumentam o valor dos imóveis, como são excelentes elementos paisagísticos para tratarem a água da chuva. Funcionam como pequenos reservatórios que absorvem e armazenam grandes volumes de água e são excelentes para controlar o escoamento superficial na fonte, reduzindo a erosão do solo, reduzindo temperaturas, absorvendo dióxido de carbono e criando *habitats* para a vida silvestre. Um carvalho com tronco de 30 cm de diâmetro, por exemplo, pode interceptar cerca de 7 mil litros de água por ano, enquanto um bordo de 75 cm chega a coletar mais de 43 mil litros por ano.
3. *Redução da área de gramado e ampliação das áreas com outras plantas.* A grama exige muita irrigação, cortes, ventilação e produtos químicos e não é efetiva na absorção de água. Gramíneas nativas, arbustos, árvores e flores selvagens são excelentes para absorver a água pluvial. Assim como com as árvores, o aumento do tamanho das áreas plantadas pode resultar no aumento do valor do imóvel e, ao mesmo tempo, melhorar a biodiversidade.
4. *Biodigestores e valas de drenagem gramadas.* Os biodigestores auxiliam ao coletar o escoamento superficial da água da chuva e, então, filtrá-lo através de um meio de cultivo preparado com plantas adequadas. São ideais para canteiros centrais e estacionamentos ao longo das ruas. O ideal é uma profundidade de cerca de 15 cm, largura de 7,6 m e comprimento de 15,2 m.
5. *Calçamentos permeáveis.* Existe uma grande oferta de tipos de pisos externos permeáveis, incluindo blocos de concreto intertravados, blocos com grama, asfalto poroso e concreto poroso. Esses materiais permitem à água penetrar a superfície e chegar a um leito de pedra ou areia.
6. *Faixas de proteção e filtragem.* São barreiras colocadas entre superfícies como ruas ou estacionamentos e corpos de água ou ambientes aquáticos sensíveis. Essas áreas de transição contêm árvores, arbustos, gramas selvagens e outras espécies de plantas que removem particulados e outros poluentes da água pluvial que passa entre as superfícies impermeáveis e os corpos de água sensíveis. As faixas podem estar conectadas de modo a estabelecer uma rede de infraestrutura verde e criar oportunidades e benefícios para os corredores de vida silvestre. Elas às vezes são chamadas de *bens de uso comum para conservação*, e, assim como muitos outros componentes dos empreendimentos de baixo impacto, podem contribuir para aumentar o valor de uma propriedade.
7. *Valas de drenagem.* Uma vala de drenagem é uma leve depressão no solo plantada com árvores, arbustos, flores e outras plantas adequadas para reter o escoamento superficial da água da chuva oriundo das áreas impermeáveis. Esses elementos podem ser utilizados como protetores para coletar o escoamento das áreas com tratamento paisagístico antes que ele alcance um lago ou rio.
8. *Gestão da qualidade do solo.* Solos ativos podem resultar em água parada se sua superfície for impenetrável. Para evitar que os solos se tornem excessivamente compactos, deve-se prevenir a passagem de veículos fora das áreas de estacionamento ou sobre as raízes das árvores.
9. *Coberturas verdes.* As coberturas verdes podem absorver água pluvial, oferecer isolamento térmico, criar *habitats* para a vida silvestre e reduzir o efeito da ilha de calor urbana. [Este capítulo já discutiu o uso desses elementos em projetos de edificações sustentáveis de alto desempenho.]

**FIGURA 8.7** Projetado em parceria com a Secretaria da Habitação de Seattle, Washington, esse sistema de drenagem natural do bairro High Point no oeste da cidade trata cerca de 10% do abastecimento da bacia hidrográfica do Córrego Longfellow – uma das principais da cidade. O sistema de drenagem natural se inspira na natureza de várias maneiras, usando elementos como biodigestores para coletar e filtrar de modo natural a água da chuva, e lagos artificiais ou pequenas bacias de detenção para o excesso de água. (Fotografia de Stuart Patton Echols)

**FIGURA 8.8** O sistema de biorretenção de águas pluviais do Stata Center, um prédio projetado por Frank Gehry no *campus* do Massachusetts Institute of Technology, em Cambridge, Massachusetts, é uma bacia de detenção construída que segura o escoamento superficial a fim de reduzir o pico de fluxo a jusante. A vegetação e o meio de cultivo da bacia conseguem limpar o escoamento superficial e permitir alguma infiltração no lençol freático. (Fotografia de Stuart Patton Echols)

**FIGURA 8.9** O projeto do sistema de águas pluviais da cidade de Chambers, Washington, emprega uma longa trilha de água com vários tipos de tratamento de água. Entre eles se incluem uma lagoa de detenção e uma extensão com seixos rolados e plantas, na qual foram distribuídos pedaços de madeira para enfatizar o tema aquático. (Fotografia de Stuart Patton Echols)

**TABELA 8.6**

**Exemplos residenciais e comerciais de economias obtidas com empreendimentos de baixo impacto**

| Localização | Descrição | Economia obtida com o empreendimento de baixo impacto |
|---|---|---|
| Madera Residential Subdivision, Gainesville, Flórida | Empreendimento com 17,8 hectares e 80 lotes; usou valetas de drenagem naturais em vez de bacias de retenção | 40 mil dólares, ou 500 dólares por lote |
| Gap Creek Residential Subdivision, Sherwood, Alasca | Empreendimento com 52,6 hectares e 72 lotes; reduziu a largura das ruas e preservou a topografia natural e as redes de drenagem | 200.021 dólares, ou 4.819 dólares por lote |
| OMSI Parking Lot Commercial Development, Portland, Oregon | Estacionamento com 22,2 hectares; incluiu biodigestores e reduziu as tubulações e a infraestrutura da bacia urbana | 78 mil dólares, ou 5,2 mil dólares por hectare |
| Tellabs Corporate Campus Commercial Development, Naperville, Illinois | Empreendimento com 22,2 hectares de escritórios, minimizou a terraplenagem, preservou a topografia natural, eliminou a tubulação do sistema de esgoto pluvial e incluiu biodigestores | 564.473 dólares, ou 4.249 dólares por hectare |

10. *Barris de chuva e sistemas de captação de águas pluviais.* Um sistema de coleta de água da chuva pode ajudar a coletar e armazenar a água que cai sobre o telhado para uso futuro, reduzindo os fluxos de água pluvial e gastos com água.

As estratégias de projetos de baixo impacto sempre economizam dinheiro. A Tabela 8.6 apresenta quatro exemplos de projetos de baixo impacto e os benefícios de se adotar essa abordagem. As Figuras 8.7 a 8.9 ilustram vários exemplos.

## ATENUAÇÃO DA ILHA DE CALOR URBANA

Uma questão que não costuma ser considerada no projeto de implantação e tratamento paisagístico, mas é um problema que merece atenção nas edificações sustentáveis de alto desempenho, é o *efeito da ilha térmica* ou *de calor urbano*. As temperaturas nas cidades são significativamente mais elevadas do que nas áreas rurais de seus entornos: em geral, de 1°C a 6°C mais altas (veja a Figura 8.10). Como consequência, a necessidade de resfriamento dos prédios nas áreas urbanas será maior

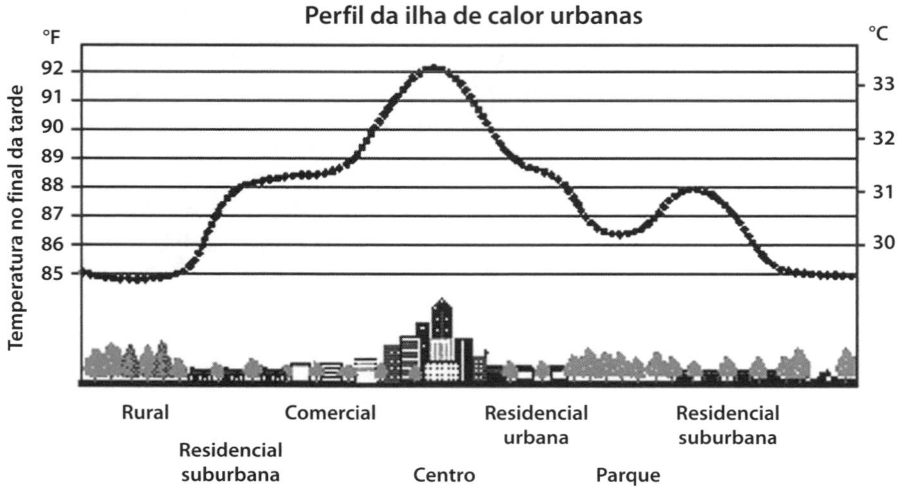

**FIGURA 8.10** A remoção das plantas nas áreas urbanas e sua substituição por prédios e infraestrutura urbana gera o efeito de ilha de calor urbana e resulta em temperaturas que, nas cidades, estão entre 1°C e 5°C mais altas do que nas áreas rurais vizinhas. (Ilustração de Bilge Çelik)

do que nas rurais. A energia extra exigida para atender às cargas de resfriamento mais altas resulta em mais poluição do ar, mais impactos na extração de recursos e mais gastos. Reduzir ou atenuar as ilhas de calor urbanas pode compensar esses efeitos negativos e resultar em um estilo de vida urbano mais agradável.

As ilhas de calor são causadas pela remoção das plantas e sua substituição por ruas de asfalto ou concreto, prédios e outras estruturas. Os efeitos de sombreamento das árvores e da evapotranspiração (o efeito do resfriamento natural) das plantas são substituídos por estruturas antropogênicas que armazenam e liberam energia térmica solar.

Conforme o site da USEPA sobre esse tema (www.epi.gov/hiri/), além de seus impactos energéticos negativos, as ilhas de calor urbanas são problemáticas pelas seguintes razões:

- Contribuem para o aquecimento global ao aumentar o consumo de combustíveis fósseis por parte das usinas energéticas
- Aumentam a poluição de ozônio no nível do solo, ao elevar a taxa de reação entre os óxidos de nitrogênio e os compostos orgânicos voláteis (VOCs)
- Afetam de modo negativo a saúde humana, especialmente de crianças e idosos, ao elevar as temperaturas e os níveis de ozônio no nível do solo

As ilhas de calor urbanas podem ser reduzidas com diversas medidas, entre elas:

- Instalação de coberturas extremamente reflexivas (ou com albedo elevado) e emissivas que refletem a energia solar de volta para a atmosfera
- Plantio de árvores para sombreamento perto das casas e dos prédios, a fim de reduzir a temperatura do ar nas superfícies e nos ambientes internos
- Utilização de materiais de construção de cores claras sempre que possível, para refletir, em vez de absorver, a radiação solar

A Agência de Proteção Ambiental dos Estados Unidos lançou o Urban Heat Island Pilot Project em 1998 para medir os possíveis benefícios da redução da ilha de calor urbana. Para a cidade de Sacramento, Califórnia, um estudo do Lawrence Berkeley National Laboratory[9] mostrou que:

- Redução de 26,1 milhões de dólares por ano no gasto energético da cidade, considerando-se uma alta adoção das medidas de redução
- Economia de 468 milhões de watts na energia de pico e de 83.600 toneladas de carbono por ano
- Melhoria na qualidade do ar causada pela diminuição do ozônio em 10 partes por bilhão
- Economia de 46% na energia para resfriamento e de 20% na energia de pico, aumentando-se o albedo da cobertura (sua reflexão) de dois prédios escolares

O sistema LEED oferece pontos para a atenuação das ilhas de calor urbanas na categoria Sustainable Sites (Terrenos Sustentáveis). Em áreas sem cobertura, o LEED confere crédito para o sombreamento ou a redução das ilhas nas superfícies impermeáveis do terreno, como estacionamentos, passeios e praças com pisos secos, assim como pela criação de uma cobertura verde ou com albedo elevado (alta refletividade). De maneira similar, o Green Globes atribui pontos em uma escala decrescente, dependendo do percentual da área de pisos secos e cobertura que incluem medidas para mitigação da ilha de calor urbana.

## COMO REDUZIR A INVASÃO E A POLUIÇÃO LUMINOSAS

Os sistemas de iluminação externos frequentemente emitem luz que, além de cumprirem sua função principal de iluminar os prédios e seus passeios e áreas de estacionamento, iluminam áreas fora do terreno. Essa condição às vezes é chamada de *invasão luminosa*, se vier de um imóvel vizinho. Essa luz indesejável cria inúmeros problemas, que variam de incômodos a riscos à segurança,

**FIGURA 8.11** O sistema de iluminação externa do Rinker Hall, um prédio com certificação Ouro do LEED-NC na University of Florida, em Gainesville, foi projetado a fim de minimizar a poluição luminosa. O resultado é uma agradável vista noturna do prédio, que dá qualidade à experiência dos pedestres. (Fotografia por cortesia de Gould Evans Associates e Timothy Hursley)

quando "cegam" pedestres e motoristas. A luz indesejável também pode prejudicar a vida silvestre e a saúde humana, pois pode interromper os ciclos de luz diurna normais que são necessários para o bem-estar, de uma pessoa média. Por exemplo, os criadores de galinha descobriram que a iluminação 24 horas por dia afeta o crescimento dos frangos. Luzes fortes também podem afetar os padrões migratórios das aves e dos filhotes de tartaruga marinha.

Outra condição negativa é a *poluição luminosa*, que impede a vista do céu noturno por parte da população em geral e dos astrônomos. A solução para a invasão luminosa e para a poluição luminosa é um projeto lumínico adequado. A localização, a altura de instalação e o direcionamento das luminárias exteriores devem ser levados em conta para garantir que a energia luminosa seja utilizada de modo eficiente e para seus propósitos almejados. A fim de prevenir a poluição luminosa:

- A iluminação dos estacionamentos e das ruas deve ser projetada de modo que minimize a transmissão da luz para cima
- A iluminação externa dos prédios e placas deve ser reduzida, ou apagada, sempre que não for necessária
- A modelagem computacional dos sistemas lumínicos externos deve ser utilizada para se projetar exatamente o nível e a qualidade da iluminação necessários para atender ao projeto sem perdas de luz para fora do lote e incômodos indesejáveis (veja a Figura 8.11)

## CERTIFICAÇÃO DE TERRENOS SUSTENTÁVEIS: THE SUSTAINABLE SITES INITIATIVE (SITES)

Os sistemas de avaliação e certificação de edificações sustentáveis, como o LEED e o Green Globes, focam o prédio como o objeto de análise. O terreno e sua localização costumam ser avaliados como parte da análise do edifício, e a ecologia do terreno, os padrões pluviais e o paisagismo, entre outros fatores, são considerados nesse processo. Entretanto, uma grande variedade de projetos não pode se candidatar à certificação por meio dessas ferramentas. Por exemplo, estacionamentos, pistas de atletismo, praças cívicas, ruas e jardins botânicos são apenas alguns dos tipos de projeto que envolvem construção, mas não necessariamente uma edificação. Além disso, as exigências de espaços abertos para os empreendimentos muitas vezes resultam em requisição de servidões de passagem, recuos no terreno, etc. O programa SITES foi criado para promover o uso e as práticas de gestão sustentáveis que podem ser aplicados a terrenos com e sem prédios, incluindo os tipos de projetos mencionados anteriormente que não costumam ser considerados pela certificação ambiental de acordo com a rotina dos projetos de edificação convencionais. O SITES é resultado de uma colaboração entre a American Society of Landscape Architects, a The United States Botanic Garden e o Lady Bird Johnson Wildflower Center. O USGBC também se envolve ativamente no desenvolvimento do SITES, e alguns dos créditos do SITES têm sido incluídos no LEED. De modo similar, o SITES tem adaptado alguns créditos do LEED na segunda versão do sistema, o SITES v2 Rating System.

O SITES está desenvolvendo ferramentas para aqueles que influenciam a ocupação do solo e práticas de gestão para auxiliá-los a abordar preocupações globais cada vez mais urgentes, como as mudanças climáticas, a perda de biodiversidade e o esgotamento dos recursos. Essas ferramentas podem ser utilizadas pelas equipes que projetam, constroem, operam e fazem a manutenção das paisagens, incluindo planejadores, arquitetos paisagistas, engenheiros, empreendedores imobiliários, construtores, equipes de manutenção, horticulturistas, servidores públicos, responsáveis por áreas de proteção ambiental e organizações que criam normas de edificação ou construção. Os principais objetivos do SITES (2009) são:

- Aumentar o valor das paisagens, destacando os benefícios econômicos, ambientais e ao bem-estar humano dos terrenos sustentáveis
- Conectar prédios e paisagens, para contribuir para a saúde ambiental e da comunidade
- Estabelecer *benchmarks* de desempenho para a sustentabilidade de terrenos
- Conectar pesquisas e práticas associadas aos materiais e às técnicas mais sustentáveis, para a construção e manutenção em terrenos
- Oferecer reconhecimento pelo alto desempenho do projeto, da execução e da manutenção em um terreno sustentável
- Encorajar a inovação

Como parte de um processo de três anos que envolveu os interessados, o SITES agregou uma grande variedade dos maiores especialistas dos Estados Unidos em sustentabilidade, projeto e ciência e ouviu a opinião pública de centenas de indivíduos e dezenas de organizações. A última versão desse esforço cumulativo foi lançada em 2012, na forma de uma ferramenta de certificação, o *SITES v2 Rating System for Sustainable Land Design and Development*. Desde 2012, 46 projetos já obtiveram a certificação SITES, incluindo o Lady Bird Johnson Wildflower Center, em Austin, Texas. As diretrizes e os *benchmarks* de desempenho do SITES oferecem quatro níveis de certificação baseados em um sistema de quatro estrelas que trabalha com uma escala de 200 pontos distribuídos entre 48 créditos. Um projeto deve alcançar todos os 19 pré-requisitos e, pelo menos, 100 pontos de créditos para que seja certificado da seguinte maneira:

| Nível de certificação (total de 200 pontos) | |
|---|---|
| Certificado | 70 |
| Prata | 85 |
| Ouro | 100 |
| Platina | 135 |

O sistema de certificação SITES v2 vem se destacando como um protocolo notável e especialmente importante por abordar projetos de construção que não incluem edifícios e para os quais não há um esquema de certificação. Além disso, ele oferece muitas áreas de pensamento avançado sobre o uso do terreno, e sua integração aos principais sistemas de certificação dos Estados Unidos melhorará significativamente as categorias terreno e paisagismo desses sistemas. Um índice do sistema de certificação SITES (em inglês), incluindo seus 19 pré-requisitos e 48 créditos, pode ser encontrado no material online disponível no site grupoa.com.br (acesse o site, encontre a página do livro e localize a área Material Complementar).

## ESTUDO DE CASO

### IOWA UTILITIES BOARD/CONSUMER ADVOCATE OFFICE

Prédio de nome extenso, mas um projeto espetacular que o torna uma das edificações sustentáveis de mais alto desempenho, o Edifício do Iowa Utilities Board/Consumer Advocate Office (IUB/OCA) obteve certificação platina do LEED. Ele possui 4.645 m² e tem um consumo energético incrivelmente baixo, de apenas 64,2 kWh/m²/ano, 60% inferior à média de consumo definida pelo padrão ASHRAE Standard 90.1–2004 (veja a Figura 8.12). No início do projeto, BNIM e os outros membros da equipe, junto ao proprietário, estabeleceram quatro objetivos visionários que orientariam o projeto do prédio, a fim de torná-lo o mais sustentável possível:

Objetivo Visionário 1: Minimizar o consumo energético
Objetivo Visionário 2: Servir como um projeto modelo
Objetivo Visionário 3: Ter alto desempenho com um orçamento modesto
Objetivo Visionário 4: Monitorar o desempenho do prédio

De acordo com os arquitetos, BNIM, o edifício foi projetado usando-se uma mescla de estratégias inovadoras com as abordagens convencionais, a fim de maximizar seu desempenho e, ao mesmo tempo, criar um forte apelo visual. Para conseguir essa proeza, os arquitetos focaram o projeto integrado e extensivas modelagens por computador de todos os aspectos do prédio para estudar todas as oportunidades disponíveis de eficiência energética. Importantes estratégias de projeto passivo foram a orientação e a volumetria ideais, junto com as vedações externas hipereficientes, o isolamento térmico contínuo e outras medidas que eliminam as pontes térmicas e ajudam a moderar as temperaturas e reduzir as cargas. Vários outros elementos de conservação de energia foram empregados, incluindo bombas de calor geotérmico, uma unidade de recuperação de calor e um arranjo fotovoltaico de 45 quilowatts instalado na cobertura. No projeto também foi incluído um sistema de aproveitamento da luz diurna que está integrado ao sistema de iluminação de baixo consumo do prédio (8,1 watts por m²) e equipado com dimmers automáticos e sensores de ocupação (veja as Figuras 8.13 e 8.14).

Os painéis de brises localizados no lado sul do edifício (hemisfério norte) bloqueiam o calor e o ofuscamento do verão ao mesmo tempo que permitem o

**FIGURA 8.12** O Edifício do IUB/OCA fica na área do Capitólio do Estado de Iowa, em Ames, Iowa, e inclui espécies nativas da pradaria como parte da restauração do terreno, resgatando as condições da área antes da intervenção. (Direitos autorais de Assassi, sob cortesia de BNIM)

## ESTRATÉGIAS DE ILUMINAÇÃO NATURAL

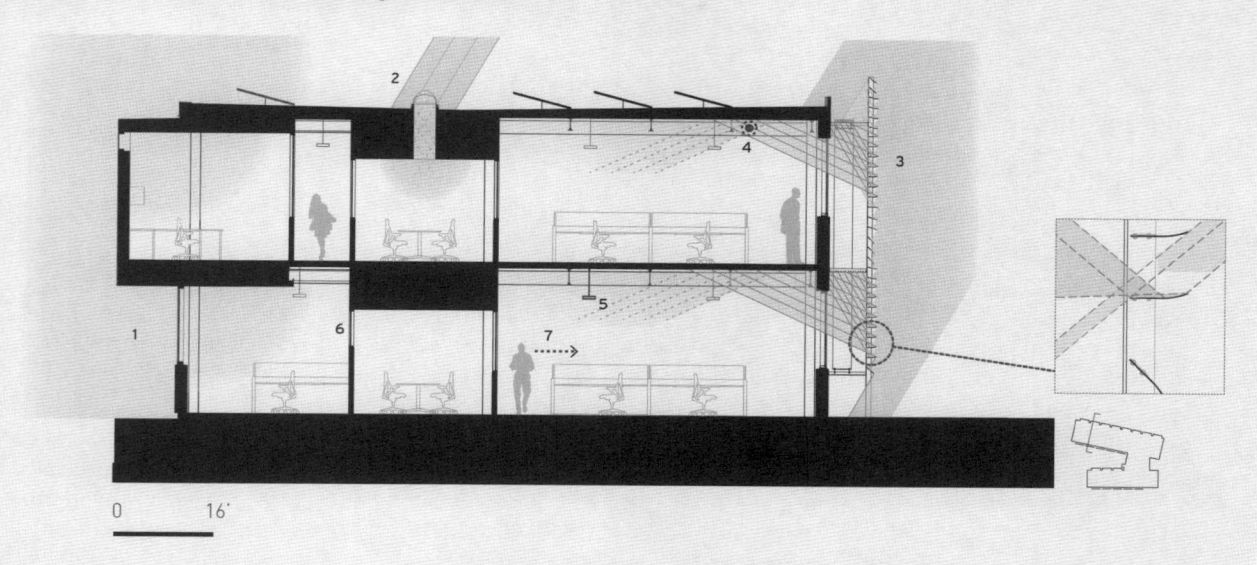

1 luz natural difusa do norte (hemisfério norte)
2 tubos de luz
3 brises de proteção e difusão da luz diurna
4 sensores de luz
5 iluminação artificial responsiva à luz diurna
6 janelas internas que permitem a penetração da luz natural no núcleo
7 vistas externas de todos os locais

Funcionamento dos brises reflexivos

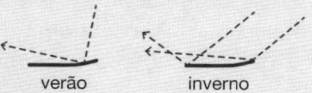

verão    inverno

**FIGURA 8.13** Um esquema de iluminação natural completo, porém simples, capta a luz diurna das fachadas norte e sul por meio de tubos solares na cobertura. Os escritórios e as salas de reunião, localizados no núcleo do prédio, também foram dotados de janelas, o que lhes permitiu a incidência da luz diurna. Junto com os sensores de presença e de luz natural, a estratégia de luminotécnica resultou em uma iluminação artificial mínima. Mais de 98% dos espaços de permanência prolongada têm iluminação natural adequada para as tarefas visuais de um escritório comum. (Direitos autorais de BNIM)

**FIGURA 8.14** O sistema de brises reflexivos funciona tão bem que permite que as lâmpadas possam ficar desligadas 98% do horário com luz natural. As janelas com caixilhos móveis oferecem controle local do conforto térmico e também são parte de um sistema de ventilação cruzada ativado pelo sistema de automação predial, que envia *e-mails* aos usuários quando as condições permitem a abertura das janelas. (Direitos autorais de Assassi, por cortesia de BNIM)

**FIGURA 8.15** Os brises da fachada sul do Edifício do IUB/OCA (hemisfério norte) contribuem para o projeto passivo ao controlar o ofuscamento e os ganhos térmicos ao mesmo tempo em que permitem a internalização da luz solar. (Fotografia sob cortesia de iub.iowa.gov)

ingresso controlado da luz solar durante o resto do ano (veja a Figura 8.15). A maior parte do prédio possui janelas com caixilhos móveis e 53% de todos os espaços ficam, no máximo, a 4,6 m de uma dessas aberturas. O sistema de automação predial monitora as condições externas. Quando as condições são adequadas para que as janelas possam ser abertas ou fechadas, o sistema envia *e-mails* aos usuários, instruindo-lhes. O sistema também desliga automaticamente as bombas de calor de cada zona assim que as janelas são abertas, reduzindo as perdas energéticas. Entre as muitas estratégias notáveis, focou-se muito a minimização das cargas elétricas dos equipamentos, que representam uma parcela cada vez maior do consumo energético de um edifício de escritório. Há dois tipos de tomadas disponíveis: um para equipamentos cruciais que precisam estar em operação ininterrupta, como computadores, e outro para os demais, que então fica conectado aos sensores de presença. Itens pessoais, como geladeiras e estufas portáteis, tiveram seu uso proibido no prédio. O sistema de automação predial controla e monitora o desempenho energético do edifício (veja a Figura 8.16).

Além do desempenho térmico, o edifício também apresenta excelentes resultados em outros aspectos de sustentabilidade. O consumo de água potável foi reduzido em 46% em relação aos modelos básicos. A integração do prédio com o transporte público e outros componentes dos sistemas de transporte multimodal resultou que aproximadamente 22% dos usuários acessam o local por meio de bicicletas, de transporte público ou a pé.

O estado de Iowa tem problemas significativos com enchentes e a qualidade da água. O Edifício do IUB/OCA foi uma oportunidade para demonstrar abordagens comprovadas de gestão de águas pluviais no terreno do projeto e nas áreas contíguas. Seu sistema pluvial é composto de uma série de elementos, incluindo um interceptor de água da chuva, bacia de infiltração, valas de drenagem, biodigestores e pisos permeáveis (veja a Figura 8.17). A água da chuva chega ao solo por meio de caixas de sedimentação de calcário que ajudam a controlar a erosão do solo e a reduzir a velocidade do escoamento. A água então se desloca através do prado nativo recém-restaurado e chega a bacias de infiltração plantadas com gramíneas nativas, que removem os poluentes suspensos. A ideia era desenvolver uma estratégia replicável que pudesse ser repetida por todo o estado. Os típicos campos em terraço de Iowa foram empregados como modelo para esse processo de controle do movimento da água, com o benefício adicional de se controlar as inclinações para reduzir o fluxo de água. A gestão da água dentro do prédio também foi importante. A seleção de sensores e aparelhos sanitários de baixa vazão reduz o consumo de água em 45% em relação a um prédio de escritórios convencional.

A conservação de materiais também foi uma das prioridades do projeto. Na medida do possível, todos os materiais atendem a pelo menos duas funções. O principal elemento das vedações externas são painéis de concreto pré-moldados, e o detalhamento cuidadoso eliminou as pontes térmicas das interfaces com a cobertura, a fundação e as aberturas. Uma inovação significativa foi o desenvolvimento dos detalhes que permitiram a instalação de uma pele isolante contínua que inicia na cobertura, envolve o prédio e desce até a parte de baixo das fundações. Os acabamentos do

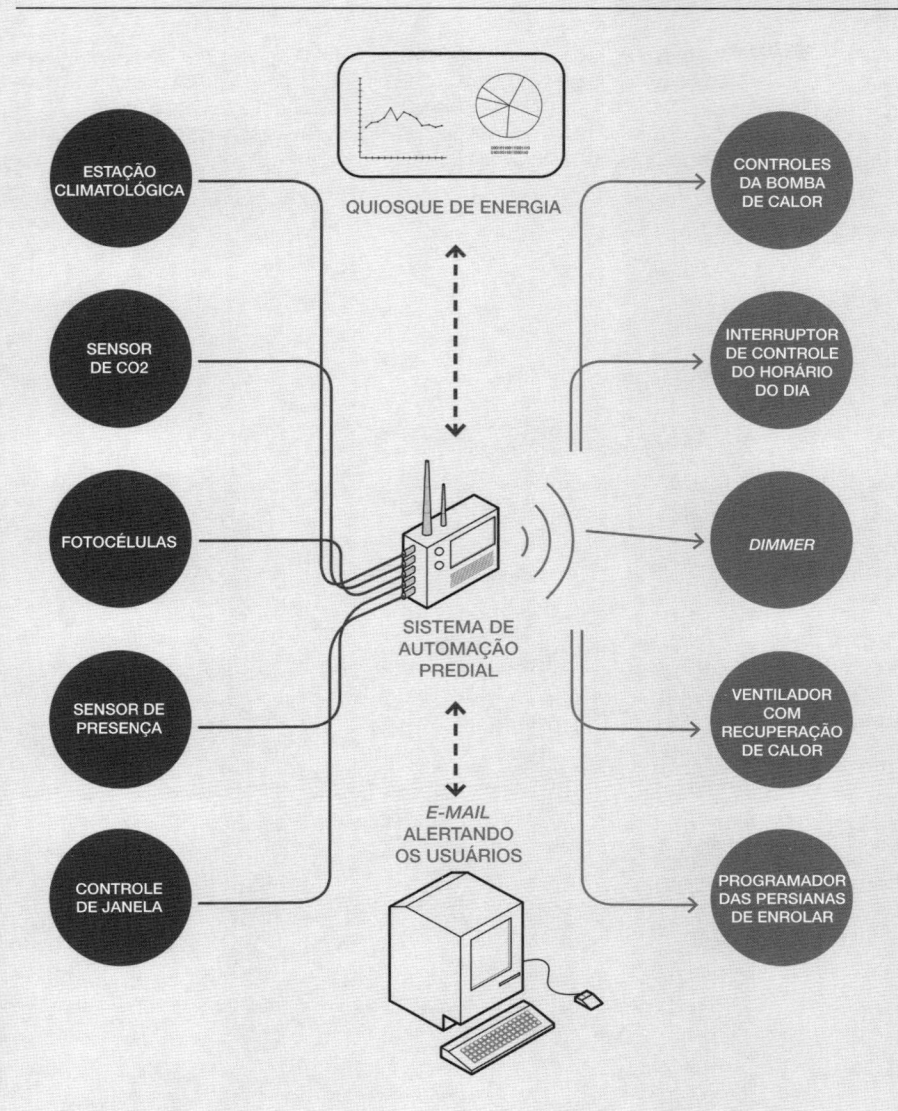

**CAPÍTULO 8** O terreno e o paisagismo sustentáveis    259

**FIGURA 8.16** Um dos objetivos visionários da equipe que projetou o prédio foi monitorar seu desempenho. O sistema de automação predial não somente mede o desempenho como também otimiza o consumo de energia ao controlar as persianas, o sistema de recuperação de energia, as bombas de calor e as cargas de tomada. Este sistema também notifica os usuários por meio de *e-mail* quando as condições são adequadas para a abertura das janelas com caixilhos móveis. (Direitos autorais de © BNIM)

interior não geram emissões atmosféricas, e os painéis pré-moldados foram jateados no interior, para ficarem à vista, eliminado a necessidade de grandes quantidades de outros materiais de revestimento, como painéis de gesso acartonado. Altos níveis de materiais com conteúdo reciclado (na ordem de 35% do valor total dos materiais) foram especificados e utilizados no projeto. Os resíduos da construção também foram cuidadosamente geridos, resultando na redução de envio aos aterros sanitários de cerca de 89% de seu volume (veja a Figura 8.18).

O Edifício do IUC/OCA foi escolhido como um dos Dez Melhores Projetos Ecológicos pelo Comitê do Meio Ambiente do American Institute of Architects em 2012 e tem tido sucesso em atingir seus objetivos visionários estabelecidos pela equipe de projeto.

## Estratégias para a água

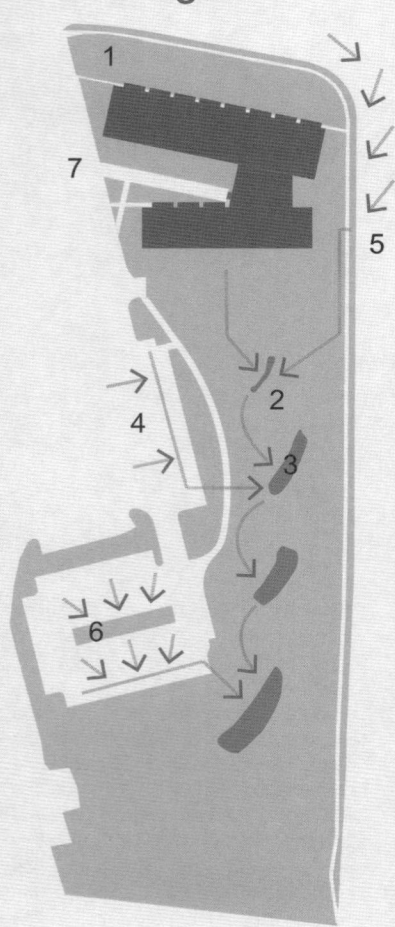

**FIGURA 8.17** Um sistema simples de gestão da água pluvial, porém altamente efetivo, replica o fluxo de água natural dos prados de Iowa. Um dos objetivos de incluí-lo no Edifício do IUC/OCA foi demonstrar como a água da chuva poderia ser gerida melhor a fim de melhorar os ecossistemas naturais nativos e evitar as enchentes. (Direitos autorais de BNIM)

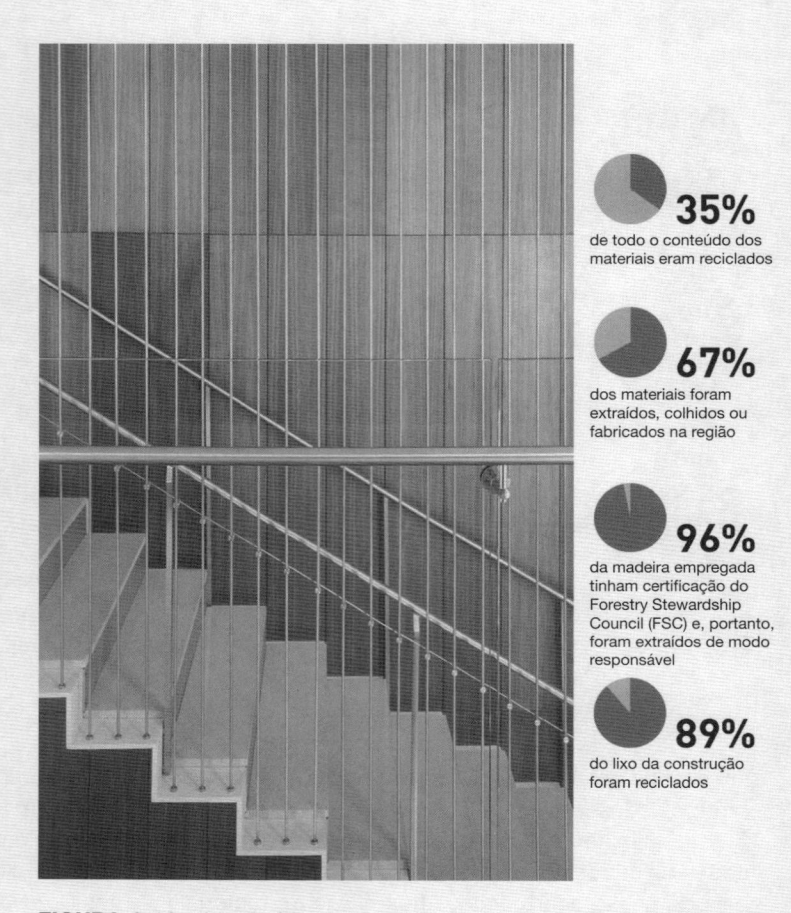

1. Vala de drenagem gramada
2. Bacia de sedimentação
3. Bacia de infiltração da água
4. Piso permeável
5. Desviador de chuvas para fora do terreno
6. Biodigestor
7. Estacionamento na rua (minimiza as superfícies impermeáveis)

**35%** de todo o conteúdo dos materiais eram reciclados

**67%** dos materiais foram extraídos, colhidos ou fabricados na região

**96%** da madeira empregada tinham certificação do Forestry Stewardship Council (FSC) e, portanto, foram extraídos de modo responsável

**89%** do lixo da construção foram reciclados

**FIGURA 8.18** A estratégia de materiais empregada no Edifício do IUC/OCA minimizou o consumo de recursos e a geração de lixo e promoveu a obtenção responsável de produtos para o projeto.

## RESUMO E CONCLUSÕES

Os recursos mais incríveis e, ainda assim, subutilizados para a criação de edificações sustentáveis de alto desempenho são sistemas naturais, os quais devem ser empregados de modo que não sejam meros componentes superficiais do projeto. Quando atingirem seu apogeu, os prédios ecológicos, sem dúvida alguma, terão uma integração muito maior dos ecossistemas com a edificação, e suas trocas de matéria e energia entre sistemas humanos e naturais serão benéficas a ambos. A necessidade de reduzir drasticamente o consumo energético das edificações e sua infraestrutura motivará os projetistas a entender melhor o processamento do lixo por campos de despejo naturais e bacias de detenção construídas, que contribuirão para sua sustentabilidade e dos sistemas humanos com os quais cooperam. Os sistemas naturais podem sombrear e esfriar os edifícios e, ainda assim, internalizar a luz solar para a calefação durante as estações apropriadas. Eles também podem oferecer calorias e nutrientes para as pessoas e consumir grandes volumes de água da chuva, permitindo a redução do tamanho dos sistemas convencionais de gestão pluvial.

A integração de alto nível entre os ecossistemas e o ambiente construído está lentamente se tornando realidade. No entanto, um futuro que traga um alto preço da energia inevitavelmente forçará mudanças em prol da descentralização das funções de processamento de lixo atualmente desempenhada por estações de tratamento de esgoto afastadas até as quais os dejetos precisam ser bombeados, muitas vezes ao longo de quilômetros de tubulações, e cuja energia é fornecida por uma série de estações elevatórias. Integrando-se os prédios com os ecossistemas, uma estrutura alternativa pode ser desenhada a fim de garantir um futuro com baixos consumos energéticos. Embora os projetistas de edificações sustentáveis da atualidade apenas se esforcem minimamente para usar os sistemas naturais para umas poucas amenidades, no futuro eles serão obrigados a ter conhecimentos muito mais profundos de ecologia e sistemas ecológicos, o que lhes permitirá conectar a natureza ao ambiente construído.

## NOTAS

1. France faz uma análise perspicaz de como a arquitetura paisagística deve mudar para poder participar do projeto ecológico. Ele aponta para a possibilidade do paisagismo como uma "arte funcional", principalmente na forma de lagoas de detenção que, além de serem agradáveis a nossos olhos, prestam inúmeros serviços, como o tratamento da água da chuva e da água servida. Ele acrescenta que a mudança para lagoas de detenção multifuncionais é uma história de sucesso para a arquitetura paisagística.
2. De acordo com a definição do Departamento de Agricultura dos Estados Unidos e a lista do site do American Farmland Trust, www.farmland.org.
3. O National Resources Inventory de 2010 e 2015, compilado pelo American Farmland Trust encontra-se em www.farmlandinfo.org/statistics#National Resources Inventory.
4. O site sobre terrenos descontaminados da Agência de Proteção Ambiental dos Estados Unidos é www.epa.gov/brownfields.
5. The Chicago Brownfields Initiative foi uma parceria entre instituições dos setores privado e público que promove a conversão de zonas industriais outrora contaminadas para usos produtivos.
6. The Eastern Pennsylvania Coalition for Abandoned Mine Reclamation tem um excelente site que descreve a extensão desse problema das minas de carvão abandonadas: www.orangewaternetwork.org.
7. Informações detalhadas sobre NFIP, SFHA e o mapeamento de áreas sujeitas a enchentes pode ser encontrado no site da FEMA, www.fema.gov/national-flood-insurance-program-flood-hazard-mapping.
8. De acordo com Robert Thayer (1989), a energia horizontal é aquela renovável, de baixa intensidade e muito dispersa, na forma de luz solar, vento, movimento da água pelas marés ou pela gravidade, bem como a energia fixada pelas plantas. A energia horizontal é limitada por sua localização e pela taxa de sua geração natural, e a paisagem deve existir dentro dos limites impostos por sua disponibilidade.
9. O Lawrence Berkeley National Laboratory tem um site dedicado aos problemas da ilha de calor urbana: http://eetd.lbl.gov/newsletter/nl08/eetd-nl08-5-meteorology.html.

## FONTES DE CONSULTA

American Farmland Trust. 1997. "Farming on the Edge: Sprawling Development Threatens America's Best Farmland." Available at www.farmland.org.

Campbell, Craig, and Michael Ogden. 1999. *Constructed Wetlands in the Sustainable Landscape.* New York: John Wiley & Sons.

Dewey, John. [1916] 1944. *Democracy and Education.* New York: Free Press.

Flaccus, Gillian. 2002. "Portland at Forefront of Eco-Friendly Roof Trend."

France, Robert. 2003. "Grey World, Green Heart?" *Harvard Design Magazine*, no. 18, 30–36.

Green Roofs. 2014. "Green Roofs for Healthy Cities: How Your Community Will Benefit from Adopting Green Roof Policies." Available at www.greenroofs.org.

Kures, Matt. May 2003. "Greyfields and Ghostboxes: Evolving Real Estate Challenges." *Let's Talk Business*, no. 81. Available at http://fyi.uwex.edu/downtowneconomics/files/2012/07/greyfields-and-ghostboxes.pdf.

Liu, Karen. April 2015. "Designing Green Roofs for Stormwater Management." *Construction Canada.* Available at www.constructioncanada.net/designing-green-roofs-for-stormwater-management/

Lyle, John T. 1985. *Design for Human Ecosystems: Landscape, Land Use, and Natural Resources.* New York: Van Nostrand Rheinhold.

———. 1994. *Regenerative Design for Sustainable Development.* New York: John Wiley & Sons.

———. 1999. *Design for Human Ecosystems: Landscape, Land Use, and Natural Resources.* Washington, DC: Island Press.

Powell, Lisa M., Erica S. Rohr, Michael C. Canes, Jacqueline L. Cornet, Emil J. Dzuray, and Lindsey M. McDougle. 2005. *Low Impact Development Strategies and Tools for Local Governments: Building the Business Case.* Report LID50T1, LMI Government Consulting, September. Available at www.lowimpactdevelopment.org/lidphase2/pubs/LMI%20LID%20Report.pdf.

Rugh, Clayton, and Karen Liu. September 2014. "Municipal Green Roof Incentives: Prescriptive versus Performance-Based Policies." *Stormwater: The Journal for Surface Water Quality Professionals.* Available at http://foresternetwork.com/daily/water/municipal-green-roof-incentives/.

Sustainable Sites Initiative. 2009. "Guidelines and Performance Benchmarks 2009." Available at http://old.sustainablesites.org/report/.

Thayer, Robert. 1989. "The Experience of Sustainable Design." *Landscape Journal* 8: 101–110.

———. 1994. *Gray World, Green Heart: Technology, Nature, and the Sustainable Landscape.* New York: John Wiley & Sons.

Thompson, J. William, and Kim Sorvig. 2000. *Sustainable Landscape Construction: A Guide to Green Building Outdoors.* Washington, DC: Island Press.

Yeang, Ken. 1996. *The Skyscraper Bioclimatically Considered.* London: Academy Editions.

# Estratégias de edificações com baixo consumo energético

# 9

De todos os desafios enfrentados pela criação de edifícios sustentáveis com baixo consumo energético, a redução significativa das pegadas de carbono e das demandas energéticas por parte do ambiente construído talvez seja o mais intimidante. Este capítulo aborda os prédios com baixo consumo energético; as estratégias para a redução da pegada de carbono serão apresentadas no Capítulo 12. Os impactos ambientais da extração e do consumo dos recursos energéticos não renováveis, como dos combustíveis fósseis e nucleares, são profundos. Os principais contribuidores às mudanças climáticas – os impactos causados pela mineração de carvão e urânio, a chuva ácida, os óxidos nitrosos, os particulados, a radiação, o descarte de cinzas e a armazenagem por longo prazo do lixo nuclear – são apenas algumas das consequências do consumo energético por parte do ambiente construído. O consumo de energia dos prédios nos Estados Unidos corresponde ao consumo energético dos automóveis, ou seja, cerca de 40% da energia primária é demandada pelas edificações, e o mesmo é consumido pelo transporte.[1] Na verdade, grande parte do consumo energético dos veículos também é afetada pela distribuição dos prédios nas cidades.

O ponto de virada ou declínio da produção de petróleo foi postergado do pico previsto de por volta de 2010 devido ao desenvolvimento da tecnologia de fraturamento hidráulico e, mais recentemente, do refraturamento.[2] Contudo, no final das contas, as reservas de combustíveis fósseis são finitas, pois nosso planeta tem tamanho limitado, e o ponto de virada certamente ocorrerá em uma data futura. Serão necessários consideráveis recursos financeiros e energia adicional para extrair os recursos combustíveis fósseis da terra. Ao mesmo tempo, as economias do mundo inteiro continuarão a crescer, e todas elas (especialmente os Estados Unidos) dependem de energia barata e abundante. H.T. Odum, o eminente ecólogo que fundou o ramo da ecologia conhecido como *ecologia de sistemas*, previu que, no ponto de virada, a energia necessária para extrair o petróleo seria maior do que o valor energético obtido.[3] Os otimistas com a tecnologia, que acreditam que sempre será encontrada uma solução da engenharia para resolver nossos problemas com energia, água ou materiais, ainda não conseguiram encontrar um substituto barato para a energia derivada dos combustíveis fósseis. No ambiente construído, para que se possa resistir a um futuro no qual a energia provavelmente será muito cara, serão necessárias reduções realmente grandes no consumo energético das edificações, acompanhadas por progressos tremendos no projeto passivo e na implementação de sistemas de energia renovável em larga escala.

Como ainda não chegamos no dia em que o preço da energia provavelmente subirá drasticamente como resultado da forte demanda internacional e da concorrência, ainda temos tempo para tomar algumas decisões muito importantes a respeito de como viver e criar edificações. O movimento da edificação ecológica e os esforços relacionados para melhorar o desempenho energético dos prédios estão tentando promover uma grande mudança na maneira pela qual estes são projetados. Deve ocorrer uma transformação profunda, envolvendo a reconsideração total de como projetar edificações. Os proponentes dessa mudança tão radical acreditam que os edifícios devam ser *neutros no consumo de energia*, ou até mesmo produzir *mais energia* do que consomem. De fato, os avanços no aproveitamento da energia solar, a refrigeração geotérmica, o resfriamento por radiação e outras abordagens radicais podem perfeitamente fazer com que os prédios, no mínimo, gerem toda a energia que consomem. Enquanto isso, precisamos aprender a reduzir o consumo energético de maneira profunda, talvez chegando a uma economia de 90% – um grande desafio, sem dúvida.

## QUESTÕES ENERGÉTICAS DAS EDIFICAÇÕES

A demanda energética dos Estados Unidos é impressionante: em 2015 foram consumidos 88 quads de energia primária nesse país. Um quad já é por si só uma quantidade de energia enorme, pois equivale a 1 quadrilhão (ou $10^{15}$) de BTUs. Os Estados Unidos, apesar de terem apenas 5% da população mundial, respondem por 20% do consumo total de energia primária (veja a Figura 9.1A). A *energia primária* é a melhor medida de consumo energético, pois é a energia das fontes de combustível, como carvão mineral, petróleo e gás natural, antes de ser convertida em eletricidade e outras formas *energia secundária* ou *in loco*. Em 2009, o consumo energético chinês superou o dos Estados Unidos, alcançando 120 quads em 2014 (veja a Figura 9.1B). É interessante observar que o consumo energético dos Estados Unidos vem diminuindo há quase 10 anos, e o da China, está estabilizando. Nos Estados Unidos, as edificações consomem 40% da energia, ou cerca de 8% da energia primária global (veja a Figura 9.2). Os prédios comerciais correspondem à menor fração de consumo energético (18%), mas esse valor é o que está crescendo mais rapidamente. Embora, à primeira vista, o transporte e a energia industrial pareçam não ter relação com a energia consumida pelas edificações, na verdade, eles estão conectados. O relacionamento entre os prédios e as distâncias entre eles são um dos maiores contribuintes para a energia despendida com o transporte. Além disso, uma parcela considerável da energia industrial é investida nos materiais e produtos de construção e infraestruturas, e é provável que a energia total, incluindo a energia incorporada dos

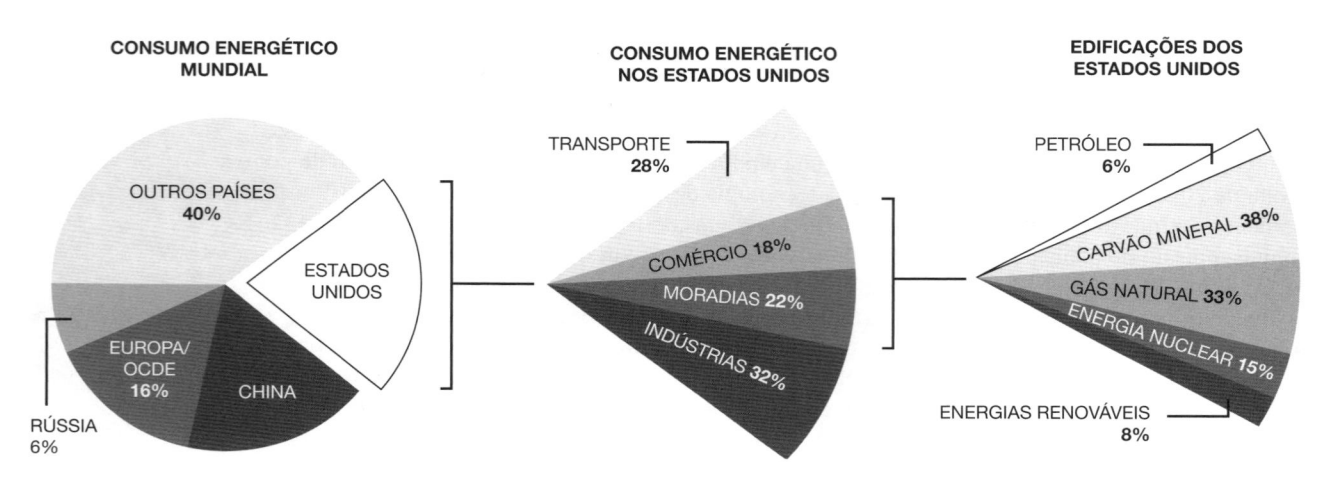

**FIGURA 9.1** (A) Padrões de consumo energético mundial, nos Estados Unidos e nas edificações desse país. (*Fonte*: US Energy Information Administration)

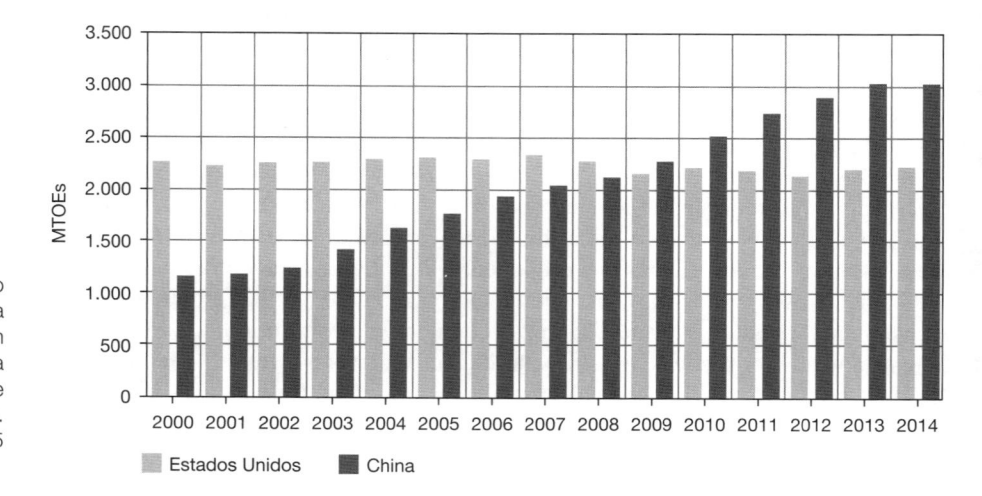

**FIGURA 9.1** (B) Comparação entre o consumo total de energia dos Estados Unidos e da China em 2000 e 2014. As unidades desta figura são milhões de toneladas de equivalentes de petróleo (MTOEs). Um quad de energia equivale a 25 MTOEs. (*Fonte*: Enerdata)

Consumo de energia primária por setor de uso final, 2009–2035 (quadrilhões de BTUs)

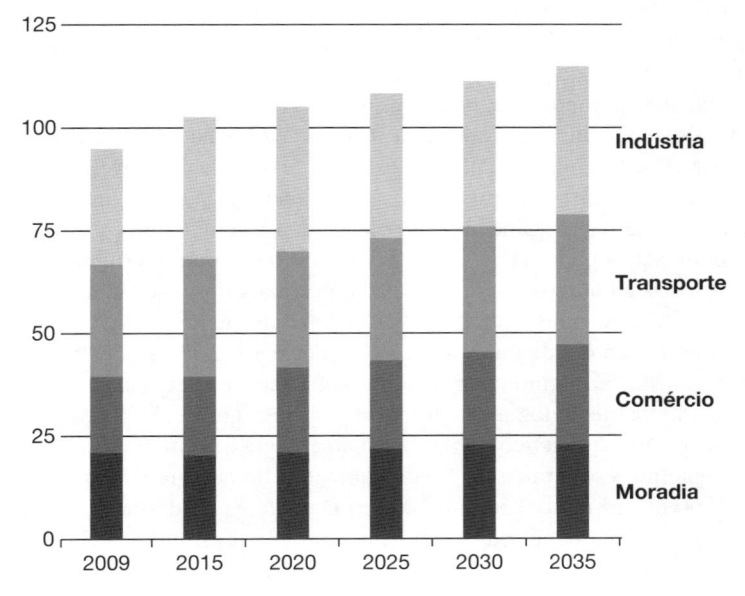

**FIGURA 9.2** Energia primária total consumida por setor de uso final entre 2009 e 2035, em quads. O consumo energético dos prédios nos Estados Unidos está crescendo, de cerca de 40% em 2009 para uma previsão de 48% em 2035. O consumo dos edifícios comerciais é o que mais cresce entre os quatro setores representados neste diagrama. (*Fonte*: US Energy Information Administration)

materiais e do transporte atribuíveis aos prédios, seja bem mais do que 60% da energia primária total. A energia consumida para dar suporte ao ambiente construído é dominada pelo carvão (33% da energia primária), mas o consumo de gás natural está crescendo rapidamente, e a energia nuclear também cada vez mais responde por uma fatia maior da geração de energia elétrica.

Uma boa notícia a respeito da energia é que o consumo *per capita* e por unidade de produção econômica está caindo e continuará em ritmo de queda no futuro próximo (veja a Figura 9.3). Contudo, o consumo energético total ainda assim cresce, em virtude do aumento da população e do crescimento econômico, um problema bastante complexo. Em primeiro lugar, os preços da energia afetam a produção econômica, e uma demanda mais alta eleva ainda mais os preços, novamente prejudicando a economia. Em segundo, a grande maioria do consumo energético é com combustíveis fósseis, que afetam a saúde humana. Por fim, uma maior produção energética significa mais emissões de gases de efeito estufa, contribuindo ainda mais para as mudanças climáticas. A fim de que

Consumo energético *per capita* e por dólar do produto interno bruto entre 1980 e 2035 (índice atribuído para 1980 = 1)

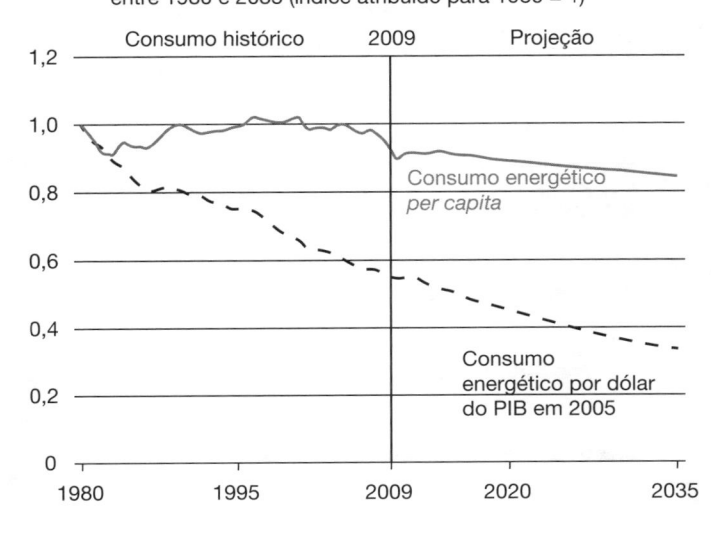

**FIGURA 9.3** Índice de consumo energético *per capita* e por dólar do PIB dos Estados Unidos entre 1980 e 2035 (estabeleceu-se como 1 o índice para 1980). (*Fonte*: US Energy Information Administration)

possamos vencer os desafios do futuro, o consumo energético *per capita* e do produto interno bruto (PIB) deverão diminuir muito mais rapidamente pelo desenvolvimento de processos de manufatura mais eficientes, pela reconfiguração de cidades para que se tornem mais compactas e pelo projeto de edificações de alto desempenho e reforma de prédios existentes para que consumam bem menos energia. Este último ponto é especialmente importante, pois mais de 99% do estoque imobiliário de um momento qualquer são compostos de prédios já prontos, ou seja, que não estão sendo construídos com as novas tecnologias e estratégias. A mudança para os sistemas de energia renovável, como a solar, eólica e da biomassa, também é importante porque eles são considerados parte de uma rede de produção limpa, sem os impactos negativos à saúde humana e às mudanças climáticas.

O consumo energético das edificações pode ser reduzido por meio do uso de um projeto melhor, que precisa ter o apoio de normas e códigos estaduais e nacionais mais rigorosos quanto ao consumo de energia. Prédios realmente eficientes em termos de consumo de energia são possíveis se usarmos estratégias passivas que levam em conta a orientação solar e a massa da construção para otimizar o aproveitamento da luz diurna e minimizar os ganhos térmicos, exceto quando estes forem desejados. Junto com as melhores tecnologias emergentes (veja a Figura 9.4), é possível obter reduções significativas no consumo energético. O consumo de energia dos prédios norte-americanos está baixando exatamente por essas razões e pela combinação do aumento dos preços da energia e das exigências legais (veja a Figura 9.5). Em 2003, o Departamento de Energia dos Estados Unidos (DOE) realizou um levantamento dos prédios, o Commercial Buildings Energy Consumption Survey (CBECS), que identificou que o consumo energético dos prédios, na média, era de 287 kWh/m$^2$ por ano. Desde este estudo, o consumo predial vem sendo reduzido por normas cada vez mais exigentes, como a versão de 2010 da Standard 90.1, *Energy Standard for Buildings Except Low-Rise Residential Buildings* da American Society of Heating, Refrigerating and Air-Conditioning Engineers (ASHRAE), que estabelece um teto para o consumo energético de um prédio comercial: 114 kWh/m$^2$/ano, uma redução de 60% em relação a 2003.

Os programas recentes da Alemanha indicam que os prédios podem ser projetados de modo que consumam níveis energéticos muito inferiores até mesmo àqueles dos mais ambiciosos prédios de alto desempenho dos Estados Unidos. Como parte de um programa piloto de 10 anos, um grupo de 23 prédios de escritório distribuídos pela Alemanha foi monitorado após construídos com o objetivo de utilizações inferiores a 100 kWh/m$^2$ de *energia primária* por ano. A energia secundária é

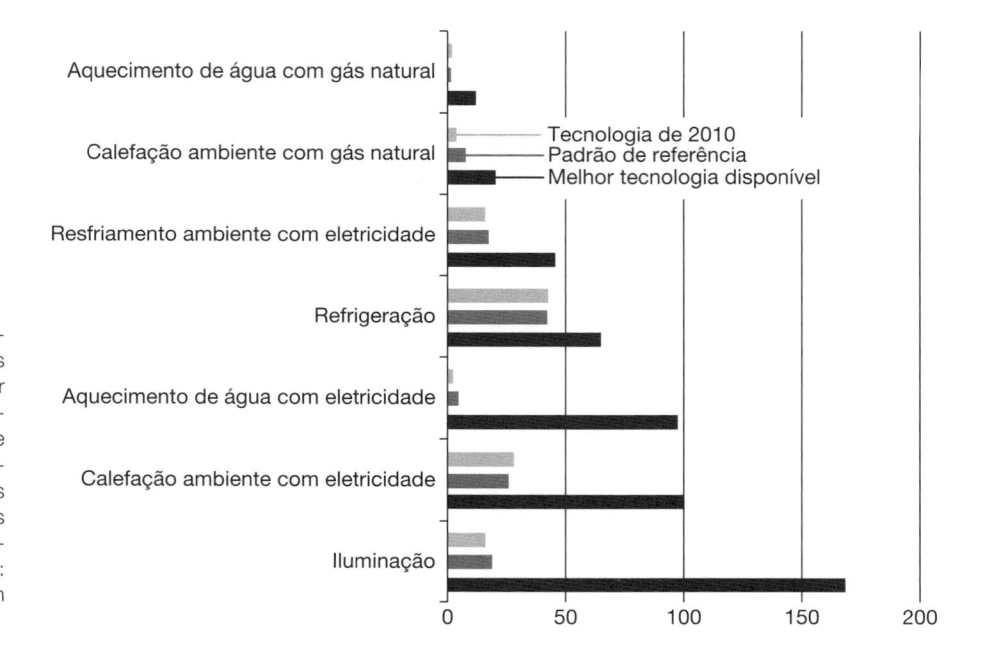

**FIGURA 9.4** O consumo energético das edificações pode ser reduzido significativamente empregando-se as melhores tecnologias disponíveis nos principais sistemas prediais que consomem energia. (*Fonte*: US Energy Information Administration)

Energia secundária (ou *in loco*), kWh/m²/ano

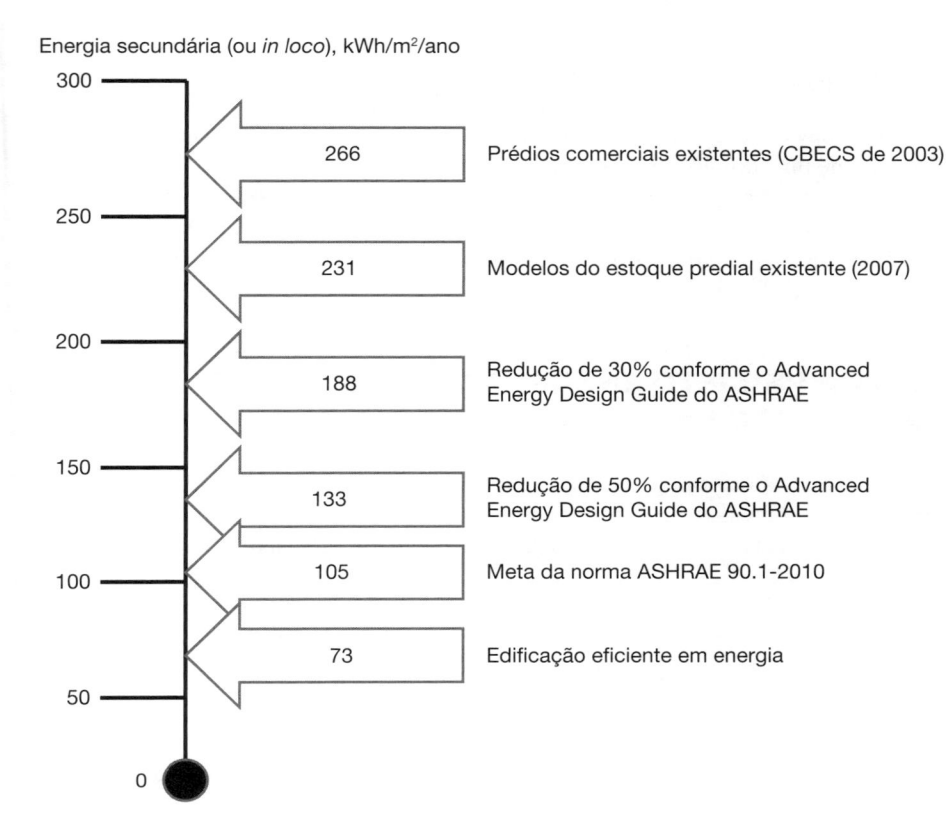

- 266 — Prédios comerciais existentes (CBECS de 2003)
- 231 — Modelos do estoque predial existente (2007)
- 188 — Redução de 30% conforme o Advanced Energy Design Guide do ASHRAE
- 133 — Redução de 50% conforme o Advanced Energy Design Guide do ASHRAE
- 105 — Meta da norma ASHRAE 90.1-2010
- 73 — Edificação eficiente em energia

**FIGURA 9.5** O consumo energético das edificações dos Estados Unidos tem caído rapidamente após o levantamento Commercial Buildings Energy Consumption Survey feito pelo Departamento de Energia dos Estados Unidos ter identificado que o consumo médio em 2003 era de 287 kWh/m²/ano. Desde então, normas como a ASHRAE 90.1-2010 estão baixando radicalmente a meta de consumo energético dos prédios, que hoje é de 114 kWh/m²/ano. (*Fonte*: US Department of Energy)

a energia na origem para a eletricidade entregue ao edifício (isto é, o valor energético do carvão mineral antes de ser queimado para gerar eletricidade). A eficiência de uma usina termoelétrica a carvão é baixa: apenas um terço da energia contida nessa fonte se torna energia elétrica. Consequentemente, a eletricidade consumida no prédio (chamada de energia *in loco* ou *energia secundária*) é multiplicada por um fator de três, para o cálculo da energia primária. Um edifício de escritórios dos Estados Unidos que atende ao código de edificação consome aproximadamente 252 kWh/m²/ano de energia secundária. Se considerarmos um prédio alimentado apenas com eletricidade nesse país, o valor equivaleria a 756 kWh/m²/ano. Para um prédio que obtém 80% de sua energia da eletricidade e o restante do gás natural, a energia primária seria de cerca de 656 kWh/m²/ano. Observe que os melhores prédios alemães hoje têm como meta de energia primária o consumo de apenas 100 kWh/m²/ano. Um prédio de alto desempenho e eficiente no consumo de energia localizado nos Estados Unidos teria de usar entre 1/5 e 1/7 da demanda convencional para o país para poder se equivaler às melhores práticas alemãs (Löhnert *et al.*, 2006). Até mesmo as melhores práticas dos Estados Unidos, que cortam o consumo energético em 50%, resultam em um edifício de escritórios típico que gastará pelo menos o dobro da energia primária de uma edificação equivalente na Alemanha, o que evidencia a necessidade de mudanças radicais na maneira pela qual se edifica na América do Norte.

Em uma situação ideal, um prédio ecológico consumiria pouquíssima energia, e as energias renováveis seriam as fontes da maior parte da energia necessária para aquecê-lo, resfriá-lo e ventilá-lo. Os edifícios sustentáveis da atualidade incluem uma ampla variedade de inovações, que estão começando a mudar o perfil energético das edificações convencionais. Muitas organizações estão comprometidas com o investimento em estratégias inovadoras que ajudem na criação de prédios com um desempenho com Fator 10, especialmente o governo federal dos Estados Unidos, que mais tem exigido análises do ciclo de vida como base para a tomada de decisões relativas à aquisição e construção de seus prédios. Alguns governos estaduais têm seguido o exemplo, especialmente o da Pensilvânia, de Nova York e da Califórnia. Outros, em contraste, como a Flórida, têm aprovado leis nas quais as decisões se baseiem apenas no custo de capital de uma estratégia em particular. Essa última abordagem, bastante míope, resultará em enormes gastos energéticos à medida que nos aproximarmos do ponto de virada.

Os defensores da edificação ecológica frequentemente observam que as estratégias utilizadas para aquecer, resfriar, ventilar e iluminar os prédios de alto desempenho permitem uma redução significativa do uso dos equipamentos mecânicos e o corte equivalente do investimento de capital do prédio. Esse é o resultado claramente ideal em que tanto os custos de capital como de operação são inferiores àqueles de um edifício convencional comparável. No entanto, há pouquíssimos desses prédios nas zonas climáticas típicas dos Estados Unidos, por diversas razões, inclusive por condicionantes impostos pelos códigos de obras. A análise do custo do ciclo de vida do desempenho de uma edificação é fundamental para que os projetistas possam usar sua criatividade para otimizar o consumo energético de um edifício.

## ESTRATÉGIA DE PROJETO ENERGÉTICO PARA UMA EDIFICAÇÃO DE ALTO DESEMPENHO

Ao longo da última década, surgiu um processo de projeto de edificações de baixo consumo energético que pode resultar em prédios cuja energia primária é de apenas 100 kWh/m$^2$/ano. A seguir listamos as 10 etapas envolvidas no projeto de sistemas energéticos com baixo consumo e reduzidas pegadas de carbono:

1. Use ferramentas de simulação energética ao longo de todo o processo projetual.
2. Otimize o projeto solar passivo do prédio.
3. Maximize o desempenho térmico das vedações externas do prédio.
4. Minimize as cargas internas do prédio.
5. Maximize a iluminação natural e a integre a um sistema de iluminação elétrica de alta eficiência.
6. Projete um sistema de climatização que minimize o consumo de energia.
7. Selecione aparelhos e motores de alta eficiência.
8. Maximize o uso de sistemas de energia renovável.
9. Colete e reaproveite a energia residual.
10. Adote estratégias inovadoras, como a refrigeração geotérmica e o resfriamento por radiação.

O projeto de um prédio eficiente em energia é uma tarefa complexa, e esses passos não podem ser executados em sequência – na verdade, eles fazem parte de um processo iterativo que começa com o projeto passivo. Algumas concessões inevitavelmente terão de ser feitas, muitas vezes em virtude das exigências do cliente ou do orçamento. O projeto adequado de uma edificação com consumo energético e pegada de carbono baixos deve ter custos operacionais muito reduzidos e o mínimo de aumento dos custos de capital, se houver. Em certos casos, uma estratégia de projeto passivo bem executada pode diminuir radicalmente os gastos com equipamentos de climatização, devido à redução das cargas de iluminação e climatização.

### Estabelecimento de objetivos para edificações de alto desempenho

O projeto da estratégia energética para um prédio de alto desempenho deve envolver o exame de objetivos e metas de energia com base em uma combinação da análise do desempenho de edificações convencionais comparáveis, da compreensão das melhores práticas para os edifícios de alto desempenho e de simulações energéticas para edificações. Os dois principais sistemas de certificação de edificações sustentáveis dos Estados Unidos, o Leadership in Energy and Environmental Design (LEED) e o Green Globes, adotam abordagens similares ao estabelecimento de metas energéticas. A última versão do LEED se baseia na norma ASHRAE Standard 90.1-2010, *Energy Standard for Buildings Except Low-Rise Residential Buildings*, nas orientações sobre como estabelecer o projeto de referência para o prédio e compará-lo com o projeto proposto. O projeto de referência geralmente é considerado como aquele que atende às exigências mínimas do código, sem esforços especiais para alcançar a eficiência energética. O Green Globes se baseia em diversas abordagens, inclusive na norma ASHRAE 90.1-2010, para a previsão do desempenho energético. Essas estratégias serão descritas com mais detalhes ainda neste capítulo. Como foi observado, os sistemas de certificação, como o LEED, se baseiam na ASHRAE 90.1-2010 para o estabelecimento de um conjunto de instruções que ditam como o projeto de referência será definido e como o projeto do prédio de alto desempenho (chamado de projeto proposto) será comparado a ele. O projeto de referência nada mais é do que uma versão do edifício sendo projetado, mas com esforços mínimos para reduzir seu consumo de energia abaixo das exigências do código de construção. O Apêndice G da norma ASHRAE 90.1-2010 descreve o método de classificação do desempenho, que é uma modificação do método de orçamentação energética. O projeto de referência é simulado para cada uma das quatro orientações solares, com a especificação dos conjuntos de componentes construtivos sem aberturas, limita a fenestração vertical e usa os sistemas de climatização definidos no Apêndice G. Essa abordagem usa o custo energético como a base para a determinação das economias, com o custo da energia se baseando nas taxas cobradas no momento pelas concessionárias locais ou os preços médios estaduais publicados, no caso dos Estados Unidos, pela Energy Information Administration do Departamento de Energia (www.eia.gov).

O Green Globes define várias opções para a determinação de metas e previsão do desempenho energético:

Opção A: Energy Star Target Finder
Opção B: ASHRAE 90.1, Apêndice G
Opção C: Emissões em equivalentes de dióxido de carbono do prédio ($CO_2e$)
Opção D: Quociente energético da edificação do ASHRAE (bEQ)

O *Energy Star Target Finder* é uma ferramenta *on-line* desenvolvida pela Agência de Proteção Ambiental dos Estados Unidos para o estabelecimento de metas de desempenho energético em um prédio.[4] Ele oferece um escore em percentil que prevê o desempenho comparado ao mesmo tipo de edificações no mesmo local. Para que obtenha a certificação Energy Star, um prédio deve alcançar 75% da meta, o que significa que ele tem de estar dentre as 25% melhores edificações de seu tipo, conforme a área específica, como previsto no banco de dados do Target Finder. Essa meta é o desempenho mínimo em termos de pontos do Green Globes (ou seja, resulta na obtenção dos 10 pontos mínimos entre os 100 que poderiam ser conferidos para a minimização do consumo energético). O número máximo, 100 pontos, é alcançado por prédios dentro do percentil 96 ou acima. A vantagem dessa abordagem é que a meta se baseia em prédios reais e que a edificação projetada é comparada a similares no entorno. Por outro lado, há a desvantagem de que o Target Finder apresenta uma lista limitada de tipologias de edificação. O Target Finder consegue levar em consideração prédios de uso misto. Um edifício de escritórios e apartamentos, por exemplo, pode ser analisado para se determinar a meta apropriada.

O *Building Energy Quotient* (bEQ) é um programa de certificação do consumo energético de edificações desenvolvido pelo ASHRAE. Similar ao Target Finder da Agência de Proteção Ambiental dos Estados Unidos e ao Energy Star Portfolio Manager, prevê e atribui pontos ao desempenho energético com base em uma comparação com prédios similares. Tanto pode ser utilizado para projetar o edifício como para melhorar seu desempenho energético pós-ocupação. Estes desempenhos são chamados, respectivamente, de desempenho conforme o projeto e desempenho em operação. Os pontos são conferidos com base no escore bEQ obtido no processo de modelagem.

A abordagem das *emissões em equivalentes de dióxido de carbono do prédio ($CO_2e$)* classifica o prédio a partir das emissões de $CO_2$ de outros prédios baseados no protocolo ANSI/GB01 Standard 01-2010, Green Building Assessment Protocol for Commercial Buildings. Ele emprega um modelo que converte a intensidade de consumo energético do prédio por metro quadrado anualmente para quilogramas de $CO_2e$.

## Simulação energética de uma edificação e de sua iluminação natural

A simulação energética de um prédio é uma ferramenta importante no projeto de uma edificação ecológica de alto desempenho. As ferramentas de simulação energética dos prédios contemporâneos permitem que sejam modelados com alto nível de detalhamento e operados conforme um padrão horário configurado para o ano inteiro. Essas ferramentas devem ser empregadas em uma etapa preliminar do processo projetual, quando as decisões sobre o formato, o número de pavimentos e a orientação solar ainda estiverem sendo tomadas. As ferramentas atuais permitem a integração de sistemas passivos e ativos e podem examinar com facilidade a inter-relação e vantagens e desvantagens de cada sistema de calefação e resfriamento, opções de paredes e coberturas, isolamento, iluminação, janelas e portas, elementos de proteção solar exterior e interior e claraboias. Talvez a ferramenta de simulação energética para um prédio completo mais conhecida seja a DOE-2.2, que hoje tem interfaces amigáveis e assistentes para acelerar o processo de simulação (veja www.doe2.com). A iluminação natural é um componente essencial a um prédio eficiente em energia, e a realização de simulações que a otimizem é importante para entender os ganhos e as perdas das opções de fenestração, dos sistemas de resistência térmica das vedações e do consumo energético da iluminação elétrica. Algumas ferramentas de simulação energética, como o Energy-10, permitem a avaliação integrada da iluminação, da calefação solar passiva, das estratégias de climatização de baixo consumo e do projeto dos fechamentos externos.[5] A iluminação natural também pode ser avaliada com um *software* sofisticado, como o Radiance (radsite.lbl.gov/radiance), desenvolvido pelo Lawrence Berkeley National Laboratory (LBNL). O Radiance contém bibliotecas de materiais, sistemas de janela, luminárias e móveis, para facilitar a análise de iluminação natural. A simulação oferece uma conferência quantitativa da previsão intuitiva da equipe de projeto a respeito das inter-relações dos sistemas prediais. As ferramentas típicas para a simulação energética de um prédio inteiro incluem o eQUEST (www.doe2.com/equest/), DOE-2.2 (www.doe2.com/) e o Energy-10.

A fim de avaliar se a modelagem de energia representa bem o desempenho atual dos prédios, o LBNL realizou um estudo com 21 edifícios com certificação LEED 2.0 ou LEED 2.1, sendo que a metade deles se localiza na área ao noroeste do Oceano Pacífico e a outra metade, em áreas dispersas dos Estados Unidos. Parte do estudo separou os prédios federais dos não federais e considerou apenas edificações que não fossem laboratórios. Um resumo desse estudo é mostrado na Tabela 9.1. Ele indica uma ampla variedade de resultados obtidos ao comparar os modelos com os desempenhos reais. Em certos casos, a modelagem é bastante precisa, em outros, nem um pouco. O real valor da modelagem é descobrir a importância relativa das mudanças às vedações externas de um prédio e a seus sistemas energéticos; fazer uma previsão precisa do desempenho energético da edificação não é tão importante. A modelagem das cargas de equipamentos elétricos (computadores, impressoras, faxes, fotocopiadoras, etc.) é famosa por ser imprecisa, pois o comportamento dos usuários é imprevisível. As cargas elétricas reais desses aparelhos são significativamente superiores às simuladas pelo modelo energético. Além disso, com o acréscimo contínuo de novos equipamen-

**TABELA 9.1**

Comparação entre os modelos energéticos de prédios com certificação LEED e seus prédios de referência associados em termos de consumo energético real

| Tipo de edificação | Prédio de referência modelado | Caso do LEED modelado | Economias do prédio de referência do LEED conforme a modelagem | Consumo de energia real* | Consumo de energia real comparado à modelagem† |
|---|---|---|---|---|---|
| Federal | 131 | 117 | 21% | 81 | 30% |
| Não federal | 105 | 61 | 42% | 57 | 7% |

*Fonte:* Adaptado de Diamond *et al.*, 2006.
*Nota*: Para este estudo, foram comparados nove prédios federais e oito não federais, excetuando-se laboratórios.
*Dezenas de milhares de BTU/m²/ano.
†Um valor negativo indicaria que o consumo energético real foi inferior ao consumo energético da modelagem.

tos elétricos aos prédios de escritórios, essas cargas tendem a aumentar com o passar do tempo. As questões das cargas de equipamentos e das técnicas para reduzi-las serão tratadas em uma seção posterior deste capítulo, denominada "A redução das cargas dos equipamentos elétricos".

## Como verificar o desempenho energético de uma edificação

O Protocolo Internacional de Medição e Verificação (IPMVP) oferece uma ideia geral das melhores práticas atuais para se verificar a eficiência energética, a eficiência no consumo de água e o desempenho das energias renováveis de edificações comerciais e industriais. Ele também pode ser empregado pelos operadores das edificações para avaliar e melhorar seu desempenho. As medidas de conservação energética cobertas pelo protocolo incluem medidas para a economia de combustível, medidas para a eficiência no consumo de água, o deslocamento de cargas e as reduções energéticas por meio da instalação ou da modernização de equipamentos e/ou da modificação dos procedimentos operacionais. O IPMVP é mantido com o patrocínio do Departamento de Energia dos Estados Unidos e é formado por uma coalizão internacional de proprietários/operadores de imóveis, investidores, concessionárias de energia e outros interessados.

O IPMVP foi publicado pela primeira vez em 1996 e continha metodologias compiladas por um comitê técnico composto de centenas de especialistas do setor, inicialmente dos Estados Unidos, Canadá e México. Em dezembro de 1997, 20 organizações nacionais de uma dúzia de países trabalharam em conjunto para revisar, ampliar e publicar uma nova versão do IPMVP. A versão de 2014, a mais recente, vem sendo adotada no mundo inteiro e se tornando o protocolo padrão para medição e verificação (M&V) em países tão diversos quanto a Romênia e o Brasil. O Volume 3 do IPMVP se aplica a novas construções, e seu propósito é oferecer uma descrição das melhores práticas para a verificação do desempenho energético de novas construções.[6] O IPMVP exige que o usuário desenvolva um plano de M&V que inclua a definição dos modelos de consumo energéticos empregados no prédio, a identificação das condições limites para medição, o estabelecimento dos dados de um ano-base, a definição das condições às quais todos os dados serão ajustados para comparação e o atendimento de várias outras exigências para o estabelecimento de um método padronizado para a comparação de informações. O ponto do LEED-NC (Novas Construções) que pode ser obtido para M&V exige que o IPMVP seja utilizado tanto para a medição do consumo de energia como o de água.

## ESTRATÉGIA DE PROJETO PASSIVO

Devido à complexidade do projeto dos sistemas energéticos para um prédio sustentável de alto desempenho, o ponto de partida deve ser a consideração completa do *projeto solar passivo* (ou simplesmente *projeto passivo*). O projeto passivo é o projeto dos sistemas de calefação, resfriamento, ventilação e iluminação que se baseia na luz solar, no vento, na vegetação e em outros recursos naturais existentes no terreno. O projeto passivo inclui o uso de todas as medidas possíveis para a redução do consumo de energia antes que se considere o uso de outra fonte energética externa qualquer além do sol ou do vento. Assim, ele define o caráter energético do prédio antes de levar em consideração os sistemas ativos ou mecânicos (resfriadores, caldeiras, circuladores de ar, bombas e outros equipamentos que consomem energia elétrica ou combustível). Randy Croxton, um dos pioneiros do projeto ecológico contemporâneo, descreve um bom projeto passivo como aquele que permite a uma edificação "retornar ao padrão natural".[7] Um prédio que foi bem projetado de modo passivo poderia estar desconectado de suas fontes de energia ativa e, ainda assim, ser relativamente funcional porque a sistema de iluminação natural, a calefação e o resfriamento passivos e a ventilação são bem atendidos com o efeito chaminé, a ventilação cruzada, as janelas com caixilhos móveis e os ventos dominantes no terreno. Um esquema de projeto passivo bem-sucedido cria uma edificação realmente responsiva ao clima e que conserva energia, além de ter inúmeros benefícios.

O projeto passivo apresenta dois aspectos principais: (1) o uso do terreno e da implantação de modo a reduzir o perfil energético do prédio e (2) o projeto do prédio em si – orientação, relação entre sua altura e largura, volumetria, fenestração, percursos de ventilação, entre outras medidas.

Contudo, um projeto passivo é complexo, pois depende de muitos fatores, como a latitude, a altitude, a insolação (radiação solar incidente), os graus-dia de resfriamento, os graus-dia de calefação,[8] os padrões de umidade, a velocidade e direção do vento ao longo do ano, a presença de árvores e de outras formas de vegetação e a presença de outros prédios. Um projeto passivo otimizado pode reduzir drasticamente os gastos com a energia necessária à calefação, ao resfriamento, à ventilação e à iluminação elétrica.

Alguns dos fatores que devem constar na elaboração de uma estratégia de projeto passivo são:

- *O clima local.* Altura solar e nível de insolação, velocidade e direção do vento, temperatura do ar e umidade ao longo do ano inteiro.
- *As condições do terreno.* Terreno, vegetação, condições do solo, lençol freático, microclima, relação com outros edifícios do entorno imediato.
- *A relação entre a altura e a largura do prédio.*
- *A orientação solar do prédio.* A orientação do eixo principal da edificação (leste-oeste), o leiaute dos cômodos, as aberturas.
- *A volumetria do prédio.* A capacidade dos materiais de termoacumulação, a fenestração, as cores.
- *Uso da edificação.* Horários de ocupação e perfil de uso.
- *A estratégia de iluminação natural.* Fenestração, elementos de sombreamento ou aproveitamento da luz natural (prateleiras de luz, claraboias, brises e persianas).
- *As vedações externas do prédio.* Geometria, isolamento, fenestração, portas, problemas de infiltração de ar, ventilação, massa termoacumuladora, cores utilizadas.
- *As cargas térmicas internas.* Iluminação, equipamentos, acessórios elétricos, pessoas.
- *A estratégia de ventilação.* O potencial de ventilação cruzada, o percurso de ventilação cotidiana, o potencial de efeito chaminé.

Assim como qualquer outro conceito, o projeto passivo pode ser aplicado de maneira inadequada ao projeto de uma edificação. Seu sucesso depende muito da ampla variedade dos fatores recém-listados, e sua aplicação difere muito dentre as diferentes regiões de um país. Por exemplo, o uso de uma massa termoacumuladora como estratégia de projeto passivo, uma excelente escolha nas altitudes extremas do Novo México, com sua luz natural abundante suas variações, não seria uma escolha apropriada em um clima quente e úmido com oscilações de temperatura geralmente pequenas ao longo do dia, como ocorre em Tampa, Flórida. A orientação ideal para uma edificação, a localização e os tipos de janelas, o uso da luz natural e muitas outras decisões devem se basear em um exame cuidadoso da situação encontrada em cada terreno.

## Formato, orientação e volumetria

A clássica abordagem passiva ao projeto de se implantar um prédio em seu terreno é colocar seu eixo mais longo na direção leste-oeste, minimizando as cargas solares nas elevações leste e oeste, particularmente durante o verão. A relação entre altura e largura é um indicador do formato geral do prédio. O projeto passivo dita que uma edificação no norte dos Estados Unidos, por exemplo, deve ter essa razão próxima a 1,0, ou seja, ela deve ter um volume praticamente cúbico. No caso dos prédios das latitudes mais quentes, ao sul, daquele país, essa razão aumenta, e eles se tornam mais longos e mais estreitos. A lógica por trás dessa mudança é que um edifício com elevações quadradas terá uma área de superfícies externas mínimas em relação a seu volume. Em climas mais frios, é importante minimizar a área de superfície através da qual o calor pode ser transmitido. Nesses locais, as diferenças de temperatura para calefação, em geral, são muito maiores do que para resfriamento. Assim, a área de pele total no prédio é mais importante nas situações de aquecimento. Os prédios longos e estreitos para climas mais quentes preferidos pelos especialistas em projeto passivo minimizam a relação relativa das superfícies leste e oeste, que estão sujeitas às maiores cargas solares. As janelas nas superfícies leste e oeste costumam ser minimizadas, a fim de eliminar ao máximo as possíveis cargas solares elevadas das manhãs e tardes. As paredes com orientação sul (no hemisfério norte) sofrerão uma carga solar variável ao longo do dia, e suas janelas são fáceis de proteger com o uso de beirais, elementos de sombreamento ou recuos nas aberturas.

A massa termoacumuladora é um importante aspecto do projeto passivo. Nos casos em que a calefação solar passiva é desejável, a geometria do prédio deve ser tal que permita o uso de materiais com alta capacidade de acumulação de calor e que tenham uma massa significativa para armazenar energia solar durante o dia. Exemplos desses materiais são tijolos, blocos de concreto, concreto armado ou concreto-massa e adobe, que podem ser empregados em pisos, coberturas e paredes a fim de absorver energia solar durante o dia e liberá-la à noite, quando as temperaturas internas começarem a cair. Para o resfriamento solar passivo, edificações em climas como o da Flórida devem ter o mínimo de massa para armazenamento de energia térmica e, em geral, devem ser leves e bem isoladas termicamente. Prevenir a transmissão da energia solar ao edifício é a estratégia correta para o resfriamento passivo. O projeto ideal, que consideraria tanto a calefação como o resfriamento passivo, poderia oferecer calefação no inverno e promover o resfriamento no verão. Esse tipo de projeto exige a consideração cuidadosa da orientação solar, fenestração, sombreamento e volumetria.

Como os grandes prédios comerciais e institucionais são complexos e muitas vezes apresentam condicionantes na implantação, é preciso tentar diferentes abordagens de projeto passivo por meio do uso de simulações computadorizadas para que se encontrem as soluções ideais. A integração do tratamento paisagístico também tem um excelente potencial de contribuição à calefação e ao resfriamento naturais, especialmente se sombreando as janelas durante o verão e permitindo a entrada de energia solar no inverno.

## Iluminação natural

O aproveitamento da luz diurna para a iluminação é uma das principais características de um prédio de alto desempenho. Além dos benefícios do fornecimento de quantidades substanciais de luz gratuita, está comprovado que a iluminação natural oferece ótimos benefícios físicos e psicológicos aos usuários de um prédio. Os primeiros estudos científicos completos sobre os benefícios da iluminação natural foram conduzidos pela Pacific Gas and Electric Company, na Califórnia, no final da década de 1990, para dois tipos genéricos de edificações: lojas e escolas ("Skylighting and Retail Sales", 1999). Comprovou-se que a iluminação natural em lojas aumenta as vendas por área de piso das lojas entre 30 e 50%, enquanto as taxas de aprendizado dos alunos foram de 20 a 26% superiores em salas de aula com luz natural, quando comparadas àquelas apenas com luz artificial ("Daylighting in Schools", 1999). Não há dúvidas de que a iluminação natural gera uma situação em que há somente ganhos, em virtude da economia nas contas de eletricidade e do aumento, conforme o estudo mencionado, do desempenho escolar. É muito provável que se possa dizer o mesmo dos escritórios. Embora isso ainda não tenha sido comprovado por métodos científicos, acredita-se que se possa esperar um aumento entre 10 e 15% na produtividade dos trabalhadores de escritórios como consequência da iluminação natural. Um acréscimo de 10% na produtividade dos empregados devido a menos adoecimentos e absentismo ou a uma sensação de bem-estar maior também significa economias muito superiores aos gastos com energia em um prédio de escritórios típico. Se as relações entre a iluminação natural e a saúde humana podem ser provadas com elevado nível de certeza, só isso já bastaria para provocar uma enorme transformação na maneira pela qual os edifícios são projetados e construídos. Atualmente, os efeitos sobre a produtividade e a saúde não são totalmente considerados na análise do custo do ciclo de vida dos prédios de alto desempenho. Todavia, se a ciência estudar essas especulações e os benefícios confirmados, a iluminação natural deixará de ser uma mera estratégia ecológica e passará a ter uso quase universal. (O Capítulo 15 aborda com detalhes as análises do custo do ciclo de vida em edifícios sustentáveis.)

O desenvolvimento de uma estratégia de iluminação natural efetiva pode, contudo, ser uma tarefa complexa, em função das concessões que devem ser feitas entre admitir luz natural e aumentar a carga de resfriamento do prédio. O custo de janelas, claraboias, prateleiras de luz e outros elementos que servem para transmitir e refletir luz, em vez dos elementos de construção mais convencionais nos quais a iluminação natural não é muito relevante, também deve ser levado em conta.

## TABELA 9.2
### Ideias-chave para avaliação da viabilidade da iluminação natural

*As janelas devem receber luz diurna direta.* Um terreno inserido em contexto urbano de alta densidade dificulta o uso da iluminação natural se não for possível ver o céu através dessas aberturas.

*As aberturas devem transmitir luz.* O forte desejo de se usar vidros muito escuros geralmente diminui a capacidade de iluminação natural, exceto em climas muito ensolarados.

*Instale controles ativados pela luz natural.* Para economizar energia, as luzes são dimerizadas ou apagadas por controles. Os controles automáticos em um prédio com iluminação natural podem ter outras aplicações que resultam em economias e benefícios (desligamento quando não há ocupantes ou em certos horários, etc.).

*Projete a luz diurna de acordo com a tarefa visual.* Se os usuários precisam de luz muito intensa, penumbra ou de um ambiente lumínico extremamente controlável, adapte o projeto para atender às suas necessidades específicas.

*Faça uma análise de viabilidade da luz diurna para cada parte do prédio.* Os espaços com orientação solar, vistas celestes, refletâncias do solo e projetos similares podem ser tratados juntos. Dentro de um único prédio, a viabilidade e a efetividade em custo da iluminação natural podem variar muito.

*Fonte:* Ideias extraídas de "Tips for Daylighting with Windows" (1997)

Felizmente, a experiência do uso da iluminação natural está crescendo em uma velocidade exponencial, junto com o próprio movimento da edificação sustentável. Como consequência, as informações obtidas com esses esforços estão se tornando disponíveis a um público maior de projetistas e proprietários de edificações. Uma lista da LBNL de ideias-chave para a avaliação da viabilidade da iluminação natural é mostrada na Tabela 9.2. Uma lista de verificação excelente para essa estratégia, fornecida pelo periódico *Environmental Building News* (EBN), é mostrada na Tabela 9.3.

## TABELA 9.3
### Lista de verificação para o uso da iluminação natural

**Iluminação natural em geral**

☐ Crie um esquema de iluminação natural que funcione sob as diferentes condições celestes esperadas para um local.

☐ Oriente o edifício com seu eixo principal na direção leste-oeste.

☐ Use cores claras nas superfícies internas.

☐ Planeje a iluminação elétrica de modo que complemente a natural.

☐ Instale controles de iluminação natural no sistema de iluminação elétrica.

☐ Faça o comissionamento dos controles de iluminação natural.

**Iluminação natural junto às paredes externas do perímetro**

☐ Zoneie as áreas de iluminação natural junto às paredes externas do perímetro.

☐ Projete janelas altas nas paredes externas do perímetro.

☐ Use prateleiras de luz nas janelas da elevação sul (hemisfério norte).

☐ Minimize a entrada dos raios solares diretos nos espaços de trabalho.

☐ Selecione as vidraças certas.

☐ Arranje os espaços internos de modo que otimize o uso da iluminação natural.

**Iluminação natural por meio da cobertura (zenital)**

☐ Crie aberturas zenitais para iluminação natural.

☐ Otimize o espaçamento das claraboias.

☐ Considere o aumento do desempenho das claraboias com o uso de rastreadores de luz natural.

☐ Use coberturas reflexivas em telhados do tipo *shed* (em dente de serra).

☐ Difunda a luz natural que entra no prédio por meio de aberturas zenitais.

**Iluminação natural do núcleo da edificação**

☐ Crie um átrio ou poço de luz central para permitir a iluminação natural no núcleo.

*Fonte:* "Daylighting: Energy and Productivity Benefits" (1999)

Os benefícios energéticos e à saúde gerados pela iluminação natural foram aproveitados ao máximo no projeto da Smith Middle School, em Chapel Hill, Carolina do Norte, uma escola secundária (veja a Figura 9.6). A estratégia permitiu o uso de sistemas de iluminação anidólica, que usa espelhos para direcionar a luz solar, capturar a luz da orientação sul (hemisfério norte) e transmiti-la até o fundo de salas de aula, ginásios, sala de informática e corredor central, oferecendo o máximo de iluminação

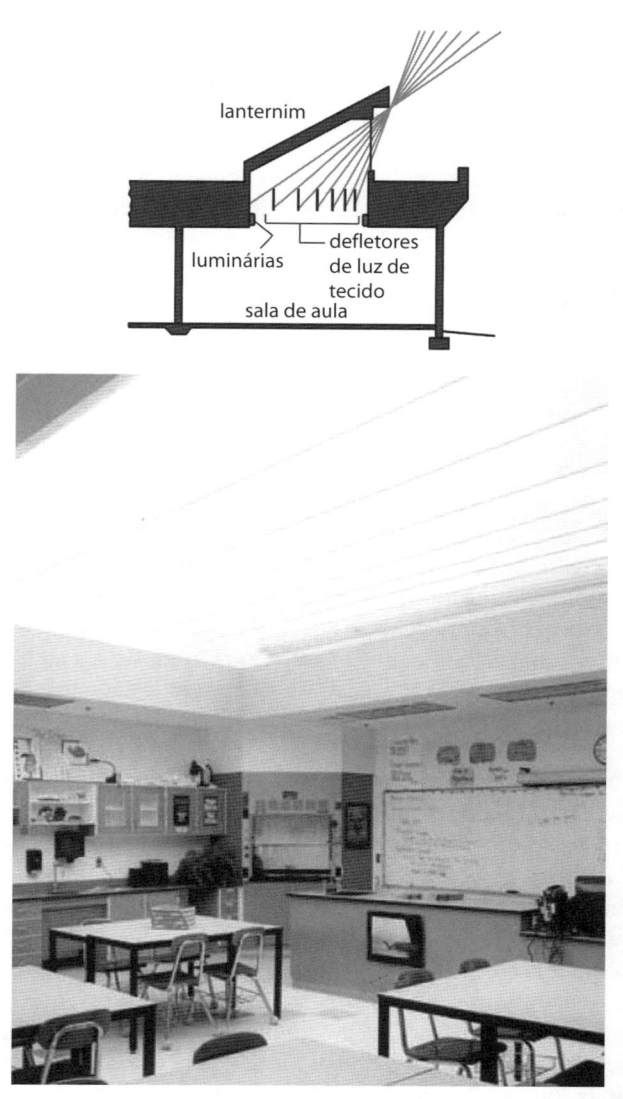

**FIGURA 9.6** A estratégia de iluminação natural da Smith Middle School em Chapel Hill, Carolina do Norte, emprega (A) lanternins voltados para o sul (hemisfério norte), com vidros de alta transmissividade e defletores de luz verticais, para oferecer uma luz natural ótima, mas controlada e sem ofuscamento, por toda a profundidade das salas de aula; (B) controles de iluminação integrados; (C) prateleiras de luz externas, com vidros de alta transmissividade no alto, para melhorar a iluminação natural, e vidros de baixa emissividade (fator-E) na parte de baixo, para melhorar a visão externa, mas controlar a entrada de calor. (*Fontes*: (A) Imagem por cortesia de Lighting Research Center/Rensselaer Polytechnic Institute; (B–C) Innovative Design)

natural com o mínimo de ofuscamento celeste. Nesta escola, a luz foi distribuída por meio de refletores de pano translúcidos e resistentes aos raios ultravioleta, que espalham os raios solares e evitam o ofuscamento. As janelas recuadas da fachada sul evitam o ofuscamento, ao incluírem tanto prateleiras de luz de alumínio anodizado como vidros duplos de baixa emissividade (valor-E). Essas prateleiras de luz refletem a luz solar na superfície do teto e a lançam no fundo das salas, enquanto os vidros de baixo valor-E reduzem os ganhos térmicos solares no interior. A estratégia de iluminação natural foi integrada com os controles do sistema de iluminação por meio de sensores de presença, da tecnologia passiva de infravermelhos e de interruptores de luz de acionamento manual. Para acender as luzes internas, três condições devem ser satisfeitas: o interruptor manual deve estar ligado, movimentos dos usuários devem ser detectados e o nível de iluminação na sala deve estar abaixo de um ponto pré-determinado. Uma vez atendidas essas condições, as luzes ligam, e um fotossensor regula a iluminação elétrica até uma potência mínima de 10%, em resposta ao nível de iluminação natural. Uma simulação energética indicou que a inclusão das tecnologias de iluminação natural torna a eficiência em energia possível por meio do dimensionamento de um sistema de resfriamento menor, resultando em economias e aumentando a qualidade dos ambientes internos. O consenso que se está formando é de que os ambientes de ensino aprimorados com variações sutis e naturais de intensidade, cor e direção da luz ao longo do dia são espaços mais saudáveis, resultando em produtividade mais elevada.[9]

## Ventilação passiva

A ventilação dos usuários de um prédio normalmente é conseguida com o uso de ventiladores, registros e controles para trazer ar externo para dentro do prédio e, ao mesmo tempo, remover uma quantidade equivalente de ar do interior para o exterior. Em projetos mais avançados, um ciclo economizador usa o ar do exterior para resfriamento, resultando em economias significativas. Também se pode usar ar de ventilação que use forças naturais para criar fluxos, em vez de sistemas mecânicos, o que reduz muito a energia gasta para a circulação do ar. A ventilação passiva pode ser obtida tanto com o uso do efeito chaminé, no qual o ar normalmente sobe em virtude de seu aquecimento, provocando um fluxo na direção mais ou menos vertical, ou um efeito Venturi, no qual o movimento do ar é induzido pela formação de uma zona de baixa pressão criada pelo fluxo do vento.

O Jubilee Campus da University of Nottingham, no Reino Unido, projetado por sir Michael Hopkins and Partners e construído em 1999, ainda possui uma das estratégias de ventilação mais avançadas dos prédios modernos. Coletores de vento foram utilizados de modo que posicionassem as chaminés de ar para otimizar a ventilação. Esses coletores giram automaticamente na direção do vento, criando uma sucção e promovendo a ventilação interna dos prédios. O ar fresco e limpo é coletado em um ponto alto e direcionado aos níveis dos pisos, onde começa a subir com o calor da luz solar, do corpo dos usuários e dos equipamentos. Esse padrão intricado de causa e efeito no ambiente também é refletido pelas escadas e pelos corredores do prédio. Rodas térmicas são utilizadas junto com os coletores de vento para trocar energia entre o ar da exaustão e o ar fresco que entra. As inovações desse projeto deram ao Jubilee Campus o prêmio de sustentabilidade do Royal Institute of British Architects de 2001. As Figuras 9.7 e 9.8 mostram o prédio com ventilação passiva do Jubilee Campus e ilustram seu padrão de ventilação.

Em um projeto de ventilação passiva típico da Europa, o primeiro determinante é a quantidade de ar necessário à ventilação. Na Inglaterra, o Chartered Institution of Building Services Engineers publica as normas e diretrizes que determinam essas taxas de ventilação:

- Salas de aula: 2 a 4 trocas de ar por hora
- Escritórios: 4 a 6 trocas de ar por hora

**FIGURA 9.7** Um coletor eólico (à direita) do Jubilee Campus da University of Nottingham, no Reino Unido. Este equipamento gira conforme o vento dominante, e seu cata-vento mostra a direção do fluxo de ar. O vento que passa no topo do coletor promove a convecção do ar através do coletor. (Fotografia por cortesia de Hopkins Architects e Ian Lawson)

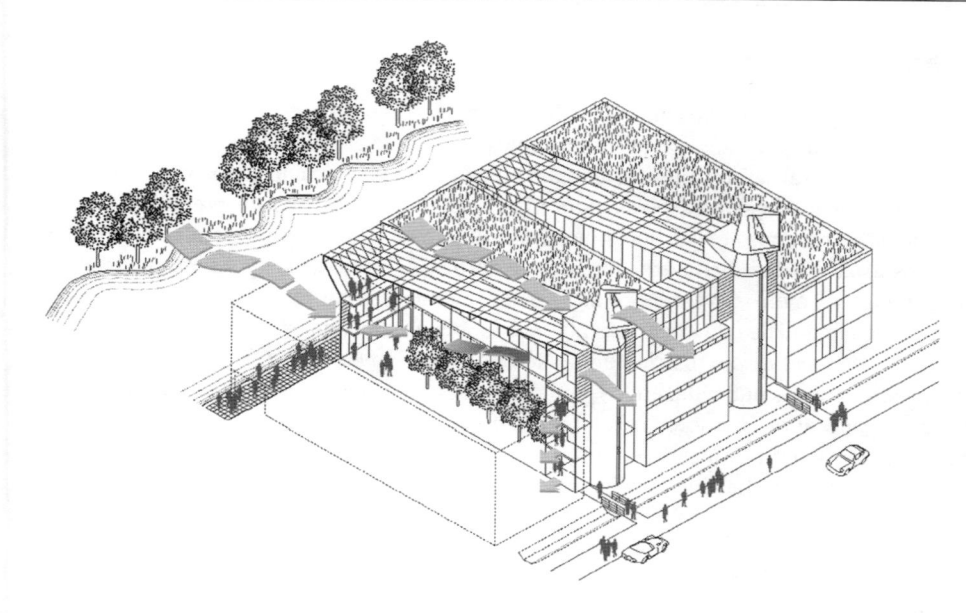

**FIGURA 9.8** Esquema da estratégia de ventilação natural do Jubilee Campus da University of Nottingham. O ar flui em um nível baixo nos fundos do prédio, sobe gradualmente e, então, sai através dos coletores de vento giratórios junto à elevação oposta. O efeito Venturi é induzido pelo vento que passa através dos coletores, que também têm cata-ventos no topo. (Ilustração por cortesia de Hopkins Architects)

- Teatros: 6 a 10 trocas de ar por hora
- Áreas de armazenamento: 1 a 2 trocas de ar por hora

A velocidade do vento no exterior, que geralmente varia entre 1 e 6 m/s na Inglaterra, é utilizada no projeto, e chega-se ao número de chaminés de ventilação passiva exigido para remover a quantidade calculada de ar para ventilação. Na base da chaminé, registros conectados ao sistema de gestão energética do prédio – e possivelmente a sensores de dióxido de carbono, umidade e/ou temperatura – controlam a taxa de ventilação. Difusores no nível do teto introduzem o ar de ventilação nos espaços de ocupação prolongada. Tubos solares que internalizam luz além de ar também são incluídos em algumas chaminés de ventilação.

Contrastando com a Europa, que tem uma grande variedade de exemplos de sistemas de ventilação passiva, esse conceito não tem tido grande sucesso nos Estados Unidos. Nesse país, um dos melhores exemplos é o Federal Building de San Francisco, Califórnia. A Figura 9.9 mostra uma simulação da dinâmica de fluidos computacional para esse prédio.

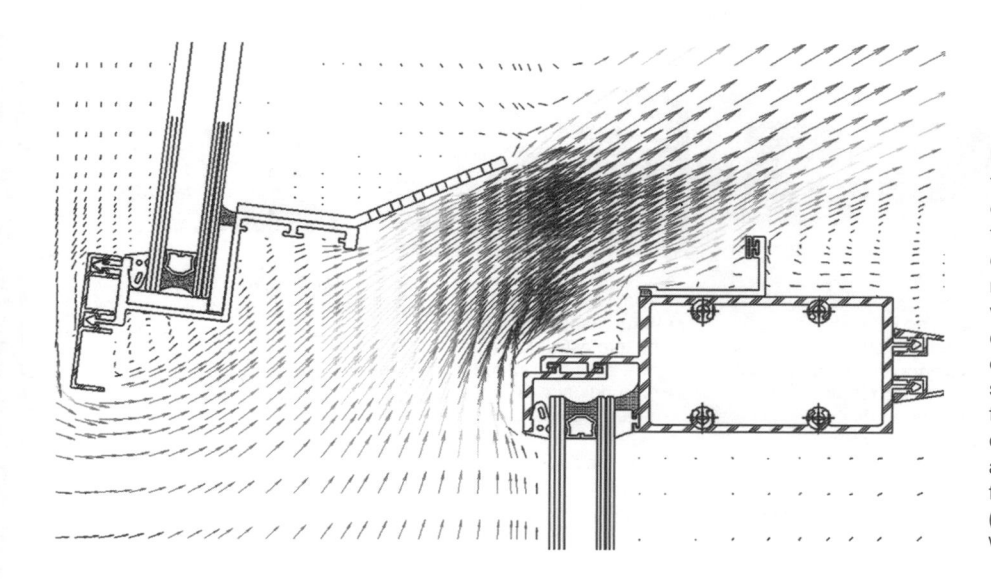

**FIGURA 9.9** O projeto dos sistemas de ventilação passiva exige o uso de ferramentas que não são tradicionais nos desenhos de prédios, como a modelagem da dinâmica de fluidos computacional do vento e dos fluxos de ar ao redor do Federal Building de San Francisco, Califórnia. A figura mostra uma simulação do projeto de um defletor de ar para as janelas do prédio que ajuda a acelerar os fluxos de ar, fazendo com que entrem profundamente nos espaços internos. (Ilustração por cortesia de Natural Works)

## Resfriamento passivo

Já se observou neste capítulo como os atuais prédios de escritórios alemães alcançam um desempenho energético muito superior ao de seus equivalentes de alto desempenho dos Estados Unidos. Assim, uma pergunta natural seria: Como os alemães conseguem obter um desempenho energético tão excepcional em seus prédios? A resposta é que eles vêm modificando alguns preceitos básicos das últimas décadas sobre como os edifícios deveriam funcionar. Por exemplo, em vez de isolar completamente os usuários das condições climáticas externas, os projetistas agora estão adotando interações moderadas por meio da ventilação natural, da iluminação natural e do resfriamento passivo. Este conceito, chamado de edificação enxuta (*lean building*), resulta em equipamentos menores para os sistemas de calefação e resfriamento. No contexto alemão, o resfriamento passivo é a interação de todas as medidas que reduzem os ganhos térmicos e tornam acessíveis os dissipadores de calor naturais – o ar noturno e o solo (veja a Figura 9.10).

As cargas térmicas são transferidas ao entorno imediato com algum retardo, e a armazenagem de calor na massa do prédio é significativa. A principal prioridade de projeto é restringir a amplitude e a dinâmica dos ganhos térmicos externos. Uma medida essencial para essa estratégia é limitar a quantidade de aberturas e, ao mesmo tempo, preservar a iluminação natural, assim a razão entre a área de aberturas de janela e a área de fachada é inferior a 43% nos 23 prédios alemães objeto do estudo mencionado anteriormente. Quase todos os prédios usam elementos de proteção solar externos reguláveis, e a transmitância da energia solar é mantida abaixo de 15%. O resfriamento é obtido com o uso da ventilação noturna, na qual a massa da edificação é refrigerada com trocadores de calor terra-ar, que são dutos metálicos subterrâneos através dos quais o ar é trazido para dentro do prédio, ou por lajes resfriadas com água bombeada em suas cavidades. O coeficiente de desempenho da ventilação noturna mecânica ou híbrida varia entre 4,5 e 14, sendo muito superior ao do resfriamento convencional.[10] Os trocadores de calor terra-ar têm coeficientes de desempenho extremamente elevados, variando entre 20 e 280. Observe que os melhores resfriadores mecânicos atuais, que são o cerne de muitos sistemas elétricos de condicionamento de ar, têm coeficiente de desempenho máximo de cerca de oito.

Com a eliminação dos sistemas de resfriamento convencional, o projeto tem os recursos para uma análise técnica para projetar um prédio enxuto apropriado a sua biorregião, ou seja, uma construção que transfira a energia interna diurna à estrutura e minimize o ingresso de energia térmica proveniente do exterior. Assim, mesmo que as condições externas variem, as internas permanecem dentro de uma zona de conforto bem-definida, atendendo às necessidades dos usuários (Löhnert *et al.*, 2006).

O resultado do uso dessa abordagem é uma enorme redução na capacidade de resfriamento que costuma ser exigida para um edifício de escritórios. Ao monitorarem essas edificações, os pesquisadores descobriram que o limite superior de temperatura desejável (25°C) foi ultrapassado em menos de 10% do horário comercial. Durante o verão de 2002 na Alemanha, que foi muito mais quente do que a média, os edifícios com ventilação natural excederam o critério de temperatura em

**FIGURA 9.10** As estratégias de resfriamento passivo evitam ganhos térmicos a fim de minimizar as cargas térmicas externas, reduzir ao máximo os ganhos térmicos internos gerados pelos usuários e equipamentos elétricos e usar a estrutura dos prédios para acumular ganhos térmicos residuais, que, então, são removidos por uma combinação entre ventilação natural, ventilação forçada e refrigeração geotérmica.

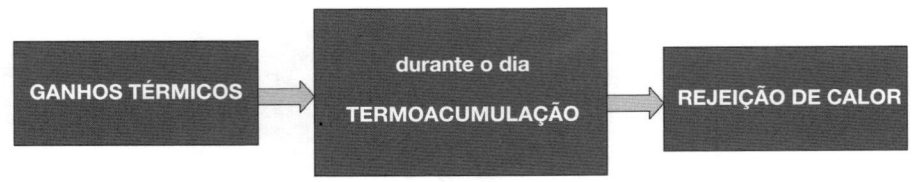

**GANHOS TÉRMICOS** → **TERMOACUMULAÇÃO** (durante o dia) → **REJEIÇÃO DE CALOR**

**Ganhos externos**
- orientação solar
- área de janelas
- propriedades das aberturas
- sistema de sombreamento
- condução térmica
- ventilação diária

**Ganhos internos**
- usuários
- conceitos de iluminação
- equipamentos de escritório

**Capacidade de acumulação térmica**
- projeto estrutural
- revestimentos internos
- profundidade de penetração da luz natural
- materiais de construção
- horários de funcionamento do prédio

**Ventilação diurna**
- ventilação natural
- ventilação forçada (mecânica)
- trocadores de calor com o solo

**Ventilação noturna**
- ventilação natural
- ventilação forçada (mecânica)

**Resfriamento das lajes**
- tubos verticais de resfriamento geotérmico
- radiêrs
- resfriadores

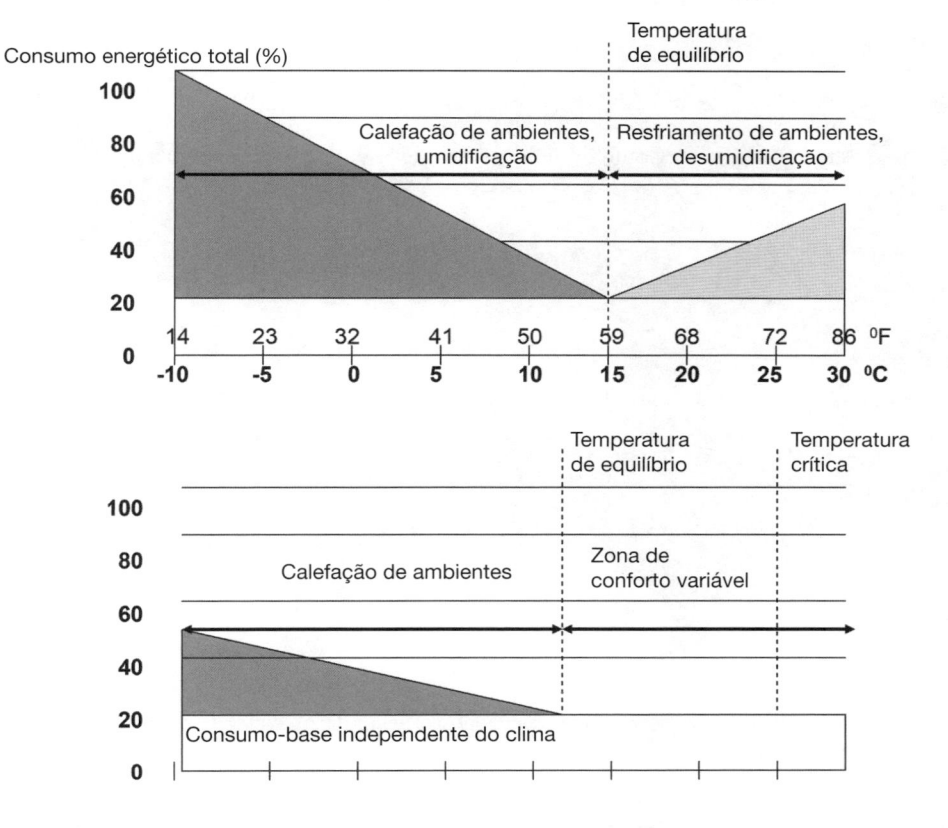

**FIGURA 9.11** Os prédios alemães de baixo consumo energético usam a ventilação e o resfriamento passivos para eliminar em parte ou totalmente a necessidade de refrigeração mecânica convencional. Estudos indicam que essa estratégia resulta em temperaturas internas que raramente excedem as condições ambientais aceitáveis para escritórios. Como consequência, é possível construir prédios que consomem apenas 100 kWh/m² de energia primária por ano, uma fração mínima do consumo das edificações ecológicas de alto desempenho norte-americanas.

apenas 5% do tempo, o equivalente a uma hora para cada 2,5 dias – um resultado impressionante (veja a Figura 9.11). Uma das desvantagens de se depender de uma estratégia de resfriamento passivo é que os equipamentos mecânicos instalados não terão como lidar com as condições meteorológicas extremas que ocasionalmente ocorrem.

## VEDAÇÕES EXTERNAS DA EDIFICAÇÃO

Uma vez considerado o projeto passivo para a minimização da necessidade das entradas energéticas externas, deve-se minimizar a transmissão de energia através da pele do prédio por meio de um fechamento estanque e com boa resistência térmica. As vedações externas do prédio devem controlar os ganhos térmicos solares, a condução térmica (ou seja, a transmissão direta do calor) e as perdas ou os ganhos térmicos provocados por má estanqueidade. Os três problemas principais da pele de uma edificação que precisam ser resolvidos são a resistência térmica das paredes, a seleção de janelas e o sistema de cobertura. Essas questões serão tratadas nas seções a seguir. (Os impactos ambientais da seleção de materiais serão abordados no Capítulo 11.)

### Sistemas de parede

A condutância térmica (ou *valor-U*) das paredes de um prédio é um fator importante em sua eficiência energética, pois as paredes geralmente são o componente dominante das vedações externas. Valores-U são medidos em W/m²-°C. Quanto menor for o valor-U de um sistema, maior será sua resistência à transferência térmica. Os valores-U máximos admissíveis costumam ser estipulados pelos códigos de energia e por normas técnicas, como a ASHRAE 90.1-2010. O valor-U máximo é uma função do número de graus-dia de calefação e graus-dias de resfriamento para as várias zonas climáticas de um país. A Figura 9.12 e a Tabela 9.4 mostram as zonas climáticas dos Estados Unidos. Esses valores de graus-dias são as medidas da quantidade de calor ou frio que provavel-

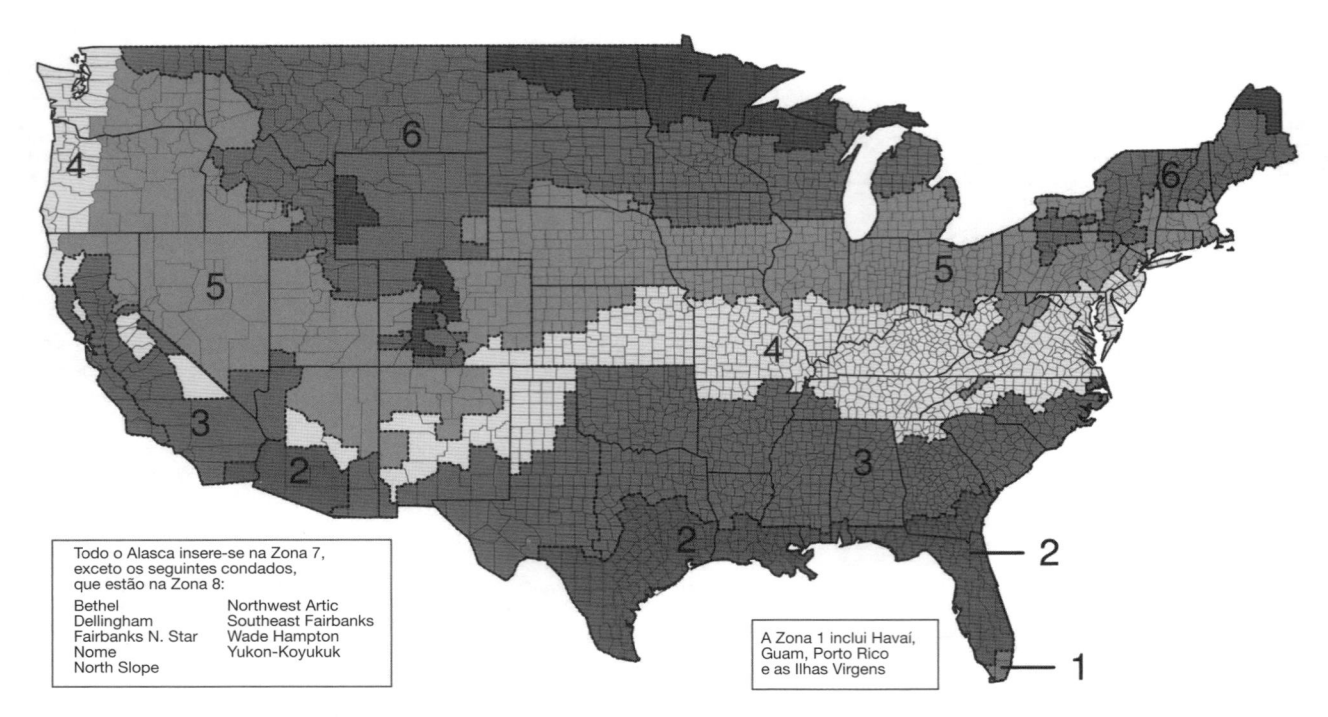

**FIGURA 9.12** Zonas climáticas dos Estados Unidos por condado, conforme o International Energy Conservation Code, o código energético do país. (*Fonte*: Pacific Northwest National Laboratory)

mente seria necessária para determinada região. Em geral, a resistividade térmica das paredes se torna mais importante à medida que um prédio norte-americano se aproxima do Norte. Duas outras considerações na seleção dos sistemas de parede são a massa térmica da superfície externa que recebe luz solar direta durante o dia e o local de instalação dos materiais isolantes em relação à fachada. Colocar um isolamento mais perto do exterior e instalar a massa termoacumuladora mais

**TABELA 9.4**

**Zonas climáticas dos Estados Unidos definidas de acordo com o número de graus-dia de resfriamento (CDD) e graus-dia de calefação (HDD)**

| Número da zona | Critérios térmicos | |
|---|---|---|
| | Graus Fahreinheit | Graus Celsius |
| 1 | 9.000<CDD 50°F | 5.000<CDD 10°C |
| 2 | 6.300 CDD 50°F ≤ 9.000 | 3.500<CDD 10°C ≤ 5.000 |
| 3A e 3B | 4.500 CDD 50°F ≤ 6.300 e HDD 65°F ≤ 5.400 | 2.500<CDD 10°C ≤ 3.500 e HDD 18°C ≤ 3.000 |
| 4A e 4B | CDD 50°F ≤ 4.500 e HDD 65°F ≤ 5.400 | CDD 10°C ≤ 2.500 e HDD 18°C ≤ 3.000 |
| 3C | HDD 65°F ≤ 3.600 | HDD 18°C ≤ 2.000 |
| 4C | 3.600<HDD 65°F ≤ 5.400 | 2.000<HDD 18°C ≤ 3.000 |
| 5 | 5.400<HDD 65°F ≤ 7.200 | 3.000<HDD 18°C ≤ 4.000 |
| 6 | 7.200<HDD 65°F ≤ 9.000 | 4.000<HDD 18°C ≤ 5.000 |
| 7 | 9.000<HDD 65°F ≤ 12.600 | 5.000<HDD 18°C ≤ 7.000 |
| 8 | 12.600<HDD 65°F | 7.000<HDD 18°C |

*Nota:* Os graus-dia de resfriamento (CDD) e os graus-dia de aquecimento (HDD) são definidos como as diferenças de temperatura média em relação a uma temperatura de base e somadas para o ano inteiro. CDD 50°F significa que a linha de base para o cálculo dos graus-dia de resfriamento é 50°F. Quando a temperatura diária média fica acima de 50°F, os graus-dia de resfriamento são calculados. Um dia com temperatura média de 75°F teria (75°F − 50°F) = 25 graus-dia de resfriamento. Esses valores são adicionados para o ano inteiro de determinada zona climática a fim de se estabelecer o número de graus-dia de resfriamento para essa zona. Os graus-dia de calefação se baseiam em uma linha de base de 65°F (18°C).

no interior cria as condições ideais para que se aproveite essa massa e se minimizem as cargas térmicas transmitidas para dentro do prédio que terão de ser removidas pelo condicionamento de ar. Em climas mais ao sul desse país, geralmente é importante projetar fachadas com elementos de proteção solar, que refletem a energia térmica do sol, ou são ventiladas, para deslocar a energia que é absorvida pela pele do prédio.

## Seleção de janelas

As janelas desempenham várias funções nas vedações externas de uma edificação. Elas trazem luz natural para os ambientes internos, permitem aos usuários ventilar os espaços (no caso das janelas com caixilhos móveis) e criam uma camada de resistência à transferência térmica. Elas devem ser instaladas de tal modo que se equilibre a quantidade de luz admitida ao prédio, controlando os ganhos de calor diretos dos raios solares e indiretos, por meio da condução. O desempenho de uma janela é uma combinação de diversos fatores: o *coeficiente de ganho térmico solar* (SHGC), a *transmitância visível* (VT) do vidro, a *condutância térmica* (valor-U) e a estanqueidade do sistema de janela à passagem do ar.

Os ganhos térmicos solares são determinados principalmente em função do local em que as janelas forem instaladas no prédio e dos tipos de vidro utilizados. O coeficiente de ganho térmico solar e a transmitância de luz visível são empregados para expressar o desempenho da radiação nas janelas de vedação externa. Esse coeficiente (SHGC), que tem um valor entre 0 e 1, é uma fração da luz solar que entra através da janela e se torna energia térmica – ele inclui tanto a radiação solar diretamente transmitida como a absorvida. Quanto menor for o SHGC, menos calor solar a janela transmitirá, através de suas vidraças, do exterior para o interior, e maior será sua capacidade de proteção solar. Em geral, as janelas voltadas para o sul (no hemisfério norte) em um prédio projetado para ter calefação solar passiva, devem ter elevado coeficiente de ganho térmico solar, para permitir os ganhos térmicos benéficos que o sol pode proporcionar durante o inverno. Por outro lado, as janelas orientadas para o oeste recebem altos níveis de energia solar de manhã e de tarde e, em geral, devem ter sistemas com coeficientes menores.

A transmitância visível, que varia entre 0 e 1, refere-se ao percentual de luz do espectro visível (entre 380 e 720 nanômetros) que é transmitido através das vidraças. Quando se deseja luz natural em um recinto, a escolha lógica será usar vidros com alta transmitância de luz visível. Contudo, vidraças com transmitâncias mais baixas podem ser úteis em edifícios de escritórios ou nos casos em que se busca reduzir o ofuscamento no interior. Uma típica chapa de vidro simples tem transmitância visível de 0,90, ou seja, admite 90% da luz visível.

A razão entre o coeficiente de ganho térmico solar e a transmitância de luz visível, conhecida como *relação ou razão entre ganho de luz e de calor solar*, oferece-nos uma ideia da eficiência relativa de diferentes tipos de vidro na transmissão da luz diurna, ao mesmo tempo em que se bloqueiam os ganhos térmicos. Quanto maior for essa razão entre luz e ganho térmico solar, mais iluminado será o recinto sem que se adicionem quantidades de luz excessivas. A Tabela 9.5 mostra valores médios de coeficiente de ganho térmico solar (SHGC), transmitância de luz visível (VT) e relação entre ganho de luz e de calor solar (LSG) para janelas típicas. A Figura 9.13 é um diagrama das características de uma janela moderna de alto desempenho e otimizada para climas frios. As janelas que são preenchidas com os gases argônio ou criptônio têm maior resistência térmica do que aquelas com ar. O argônio é inerte, relativamente abundante e mais barato do que criptônio, que oferece maior resistência térmica, mas é mais caro. As janelas com baixo coeficiente de ganho térmico solar (SHGC) eram utilizadas nos climas com temperaturas relativamente elevadas do norte da Flórida, como mostra a Figura 9.14.

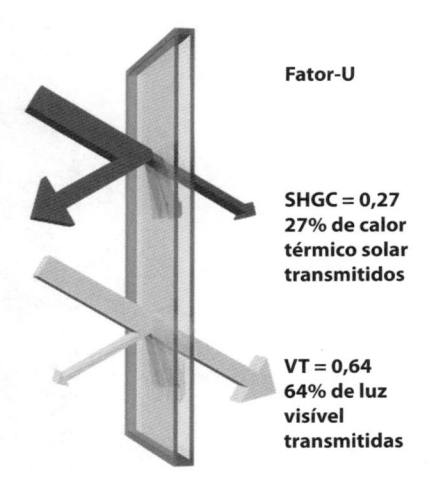

**FIGURA 9.13** Características de uma típica janela com folhas duplas com baixo coeficiente de ganho térmico solar (SHGC), baixo valor-E e preenchidas com argônio. Essas janelas muitas vezes são chamadas de *janelas com vidros de baixo valor-E espectro seletivos*, devido à sua capacidade de reduzir o calor térmico solar e, ao mesmo tempo, manter uma alta transmitância de luz visível. Esses revestimentos para janelas (ou outro tipo de abertura) reduzem as perdas térmicas e transmitem menos ganhos térmicos solares, tornando as janelas adequadas para climas com problemas tanto de calefação como de resfriamento. (Ilustração por cortesia de Efficient Windows Collaborative)

Fator-U

SHGC = 0,27
27% de calor térmico solar transmitidos

VT = 0,64
64% de luz visível transmitidas

**TABELA 9.5**

Valores típicos de coeficiente de ganho térmico solar (SHGC), transmitância de luz visível (VT) e relação entre ganho de luz e de calor solar (LSG) para um sistema de janela completo e no centro da vidraça (entre parênteses) para diferentes tipos de janelas

| Tipo de janela | Vidraça | SHGC | VT | LSG |
|---|---|---|---|---|
| Vidro simples | Incolor | 0,79 (0,86) | 0,69 (0,90) | 0,97 (1,04) |
| Vidro duplo | Incolor | 0,58 (0,86) | 0,57 (0,81) | 0,98 (1,07) |
| Vidro duplo | Cor bronze | 0,48 (0,62) | 0,43 (0,61) | 0,89 (0,98) |
| Vidro duplo | Película espectro seletiva | 0,31 (0,41) | 0,51 (0,72) | 1,65 (1,75) |
| Vidro triplo | Baixo valor-E | 0,37 (0,49) | 0,48 (0,68) | 1,29 (1,39) |

*Fonte:* "Solar Heat Gain Control for Windows" (2006)

Películas espectro seletivas ou com baixo valor-E são aplicadas em vidraças para controlar a quantidade de luz que passa através do vidro. Elas geralmente consistem em uma camada metálica com a espessura de apenas algumas moléculas. A espessura e a refletividade da camada de metal (a película com baixo valor-E) e a localização do vidro ao qual ela é fixada afetam a quantidade de ganhos térmicos solares no cômodo. As tecnologias dessas películas estão avançando rapidamente, e hoje já há janelas com baixos valores-E2 ou E3, ou seja, com duas ou três películas de prata, respectivamente, que melhoram muito o desempenho das janelas. Janelas com vidros de valor-E3 têm um coeficiente de ganho térmico solar incrivelmente baixo: 0,30 ou menos.

A aplicação de qualquer película com baixa emissividade (valor-E) equivale ao uso de uma chapa adicional de vidro. Essas películas reduzem de 5 a 10 vezes as transferências térmicas da

**FIGURA 9.14** Esquadrias e com vidros com baixo valor-E do Orthopaedics and Sports Medicine Institute da University of Florida, em Gainesville. Os vidros de alta tecnologia possibilitam o projeto de edificações que admitem a luz visível para a iluminação natural, mas refletem a radiação infravermelha. DOE-2.1 e as simulações de iluminação natural confirmaram que a iluminação natural e as esquadrias com vidros com baixo valor-E resultaram em maiores economias do que o foco somente na resistência térmica (o valor-R) das vedações externas. (*Fonte*: T. Wyman)

radiação de ondas longas. Quanto menor for o valor de emissividade (a medida da quantidade de transmissão térmica através da vidraça), mais o material reduzirá a transferência de calor do exterior para o interior. A maioria das películas com baixo valor-E também reduz um pouco mais a quantidade de luz visível transmitida através do vidro do que uma chapa de vidro incolor. Alguns valores típicos da emissividade de diferentes tipos de vidro são:

- Vidro incolor, sem película: 0,84
- Vidro com uma película dura com baixo valor-E: 0,15
- Vidro com uma película macia com baixo valor-E2: 0,10

Aumentar a área de janela a fim de maximizar o aproveitamento da luz diurna tem o efeito da substituição de uma parede com alta resistividade térmica por um vidro com resistividade muito menor, permitindo que os raios infravermelhos (o componente térmico da luz) ingressem no interior, além de elevar o risco de infiltrações ao redor da esquadria. Quando abrimos mão da luz natural em prol da otimização das vedações térmicas, o controle dos ganhos térmicos solares se torna extremamente importante. Antes do desenvolvimento das novas tecnologias de vidros e películas, 75 a 85% da energia infravermelha passavam através de uma chapa de vidro simples ou dupla.

Um sistema nacional de padronização das classes de janelas é importante para viabilizar comparações desses importantes componentes do fechamento de uma edificação. Nos Estados Unidos, o National Fenestration Rating Council (NFRC; www.nfrc.org) possui um sistema de classificação nacional para a medição do desempenho energético dos elementos de fenestração, incluindo janelas, portas, claraboias e outros componentes similares. O elemento-chave do sistema de classificação é um procedimento para determinar a transmitância térmica (o fator-U) de um produto. O procedimento de classificação do fator-U é suplementado por procedimentos para a classificação de produtos quanto ao coeficiente de ganho térmico solar (SHGC). Juntos, esses protocolos do NFRC formam o sistema de classificação do NFRC. Espera-se que esse sistema seja suplementado por procedimentos adicionais de classificação das características de desempenho energético, incluindo o desempenho energético no longo prazo e a resistência à condensação. O sistema de classificação do NFRC emprega simulações por computador e testes físicos feitos por laboratórios acreditados pelo conselho para estabelecer níveis de desempenho energético para produtos de fenestração e linhas de produtos (veja a Figura 9.15). O sistema é reforçado por um programa de certificação por meio do qual um fabricante de janela ou porta pode usar um selo que comprova que seus produtos possuem determinado nível de desempenho energético.

O EBN sugere a abordagem de seleção de janelas indicada na Tabela 9.6. O EBN também faz as seguintes recomendações adicionais:

- Use um *software* de modelagem, como o RESFEN ou o WINDOW, para otimizar o sistema de fenestração do prédio.
- No mínimo, selecione janelas com vidros duplos, baixo valor-E e preenchidas com argônio na maioria das zonas climáticas dos Estados Unidos.
- Em climas mais frios, selecione janelas de desempenho mais elevado, com vidros triplos, revestimentos com baixo valor-E e enchimento de um gás. Na Alemanha, janelas com vidros triplos são obrigatórias.
- Selecione diferentes tipos de janela, de acordo com a orientação solar e o clima. Para orientações leste ou oeste, nos casos em que os ganhos térmicos não são desejáveis, selecione janelas com baixo coeficiente de ganho térmico solar (SHGC). Contudo, se a calefação solar for desejável, janelas com alto SHGC no lado sul (hemisfério norte) podem ser interessantes. Nas janelas da orientação norte (hemisfério norte), o ideal é o máximo de resistência térmica, e o SHGC não é necessariamente importante.

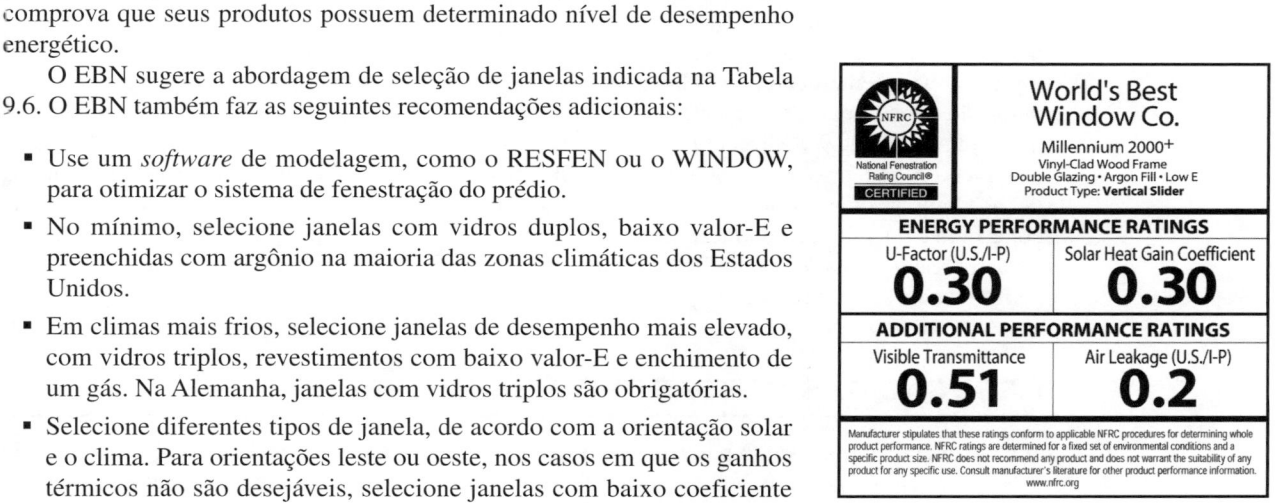

**FIGURA 9.15** O selo NFRC para janelas indica o fabricante, descreve o produto, oferece uma série de informações adicionais e inclui classificações de uma ou mais medidas de desempenho energético. (*Fonte*: National Fenestration Rating Council)

**TABELA 9.6**

Abordagem para a seleção de janelas com base no clima e nos ganhos térmicos solares

| | | Fator-U da janela como um todo | Coeficiente de ganho térmico solar da janela como um todo | Coeficiente de ganho térmico solar para orientações sul (hemisfério norte), quando os ganhos térmicos solares são desejáveis |
|---|---|---|---|---|
| Clima quente (vidros duplos ou triplos) | | 0,16–0,30 | 0,25–0,37 | 0,36–0,63 |
| | | Quanto menor, melhor | Quanto menor, melhor | Depende muito da localização |
| Clima frio | Vidros duplos | 0,27–0,39 | 0,42–0,55 | 0,42–0,63 |
| | Vidros triplos | 0,17–0,26 | 0,33–0,49 | 0,42–0,63 |

*Fonte:* A tabela original, na qual esta se baseia, está em "Choosing Windows: Looking through the Options" (2010).

### Seleção da cobertura: resistência térmica e cor

A cobertura de um prédio de alto desempenho é especialmente importante porque ela é a principal área de transmissão térmica, em virtude de ser uma área em geral grande e muito exposta ao sol. De acordo com Cool Communities (www.coolcommunities.org), uma ONG que defende o uso de medidas para a redução do efeito de ilha de calor urbana e tem sede em Rome, Geórgia, Estados Unidos, as coberturas de edificações como *shoppings*, depósitos e edifícios de escritórios podem chegar a 83°C no verão, o suficiente para afetar bairros inteiros. O uso de superfícies com albedo elevado (uma medida da refletividade da radiação solar) em uma cobertura pode reduzir a temperatura ambiente e manter toda a área mais fresca. Coberturas de cores claras têm albedo alto (alta refletividade), o que ajuda a reduzir a carga térmica sobre a edificação em si e seu entorno. Tanto a LBNL como o Florida Solar Energy Center estimam que os prédios com coberturas refletivas e cores claras consomem 40% menos energia do que edificações similares com coberturas escuras (Parker *et al.*, 2000).

O índice de refletância solar (SRI), que mede o quanto os materiais aquecem sob o sol, é utilizado para descrever de modo claro a quantidade de energia solar refletida pelos materiais de cobertura. Um prédio com telhas chatas de cor clara e SRI 54 refletiria 54% da energia solar incidente e seria muito mais fresco do que um com telhas chatas convencionais de cor escura. Os fabricantes já desenvolveram telhas brancas "autolimpantes", com um SRI ainda mais alto, que chega a 62%. Esse é um recurso útil, pois os custos com mão de obra para se manter a cor branca e a alta refletividade de uma cobertura convencional podem exceder os benefícios da economia com energia obtida; consequentemente, um telhado autolimpante reduz significativamente os gastos com manutenção e melhora o desempenho energético. A refletância dos materiais de cobertura comuns é mostrada na Tabela 9.7. Como se pode observar, as coberturas de cores escuras têm a tendência de absorver a radiação solar, assim podem ficar até 50°C mais quentes do que o ar que está logo acima delas. Como a transmissão do calor é uma função da diferença de temperatura, uma cobertura de cor escura e quente terá condução térmica proporcionalmente mais alta do que outra com cor clara e relativamente mais fria. A Figura 9.16 mostra a cobertura altamente reflexiva e com ótimo índice de refletância solar (SRI) de um prédio de Hollywood, Califórnia.

## REDUÇÃO DAS CARGAS TÉRMICAS INTERNAS

A excelência em um projeto passivo e no desenho de uma vedação de prédio de alto desempenho precisa ser combinada com esforços significativos para tratar as cargas térmicas internas. Isso se obtém, em parte, com uma boa estratégia de iluminação natural, que tem o benefício duplo de reduzir o consumo energético da iluminação e remover a carga térmica das luminárias sobre a carga de resfriamento total do prédio. As pessoas constituem uma fração significativa da carga térmica interna do prédio, mas geralmente podemos considerar que a redução do número de pessoas em uma edificação não seja uma estratégia viável. A redução das cargas térmicas de computadores, periféricos, copiadoras e outros equipamentos diversos é uma estratégia mais promissora, pois já se

**TABELA 9.7**

**Refletância dos materiais de cobertura e das temperaturas do ar sobre as coberturas**

| Material | Refletância solar (albedo) | Temperatura da cobertura acima da temperatura do ar (C°) |
|---|---|---|
| Revestimento branco brilhante (cerâmico, elastomérico) sobre superfície lisa | 80% | 8° |
| Membrana branca | 70%–80% | 8°–14° |
| Metal branco | 60%–70% | 14°–20° |
| Revestimento branco brilhante (cerâmico, elastomérico) sobre superfície rugosa | 60% | 20° |
| Revestimento de alumínio brilhante | 55% | 28° |
| Telha chata de alta qualidade | 35% | 33° |
| Telha chata comum | 25% | 39° |
| Telha chata marrom ou cinza | 20% | 42° |
| Telha chata vermelha | 18%–33% | 34°–43° |
| Telha chata escura | 8%–19% | 42°–48° |
| Telha chata preta ou outro material preto | 5% | 50° |

*Fonte:* Parker *et al.* (2000).

**FIGURA 9.16** Em um projeto de reforma, a cobertura deste ateliê de arte em Hollywood, Califórnia, recebeu o revestimento impermeabilizante SureCoat, um acabamento branco que também pôde ser aplicado aos sistemas mecânicos, conferindo a tudo alta refletividade (ou albedo). Uma pesquisa conduzida pelo Lawrence Berkeley National Laboratory e o Florida Solar Energy Center mostrou que coberturas com cores claras e altos índice de refletância solar (SRI) consomem 40% menos energia do que as escuras. (Todos os direitos reservados. SureCoat Systems)

comprovou que essas cargas correspondem a uma fração substancial do consumo de energia de um edifício. O aumento do diâmetro dos fios e cabos além do mínimo exigido pelo código traz o benefício de reduzir as cargas térmicas do sistema de fiação e diminuir proporcionalmente o impacto dessas perdas térmicas sobre o sistema de resfriamento do prédio.

## A redução das cargas dos equipamentos elétricos

Os projetistas de edificações de alto desempenho geralmente não examinam com cuidado uma das principais cargas internas, a carga dos equipamentos elétricos, que se refere aos acessórios conectados a tomadas pelo prédio inteiro e que não somente consomem uma quantidade significativa de energia como também aumentam as cargas de resfriamento, em virtude de suas emissões de calor. O Departamento de Energia dos Estados Unidos estima que as cargas de equipamentos elétricos de um escritório equivalham a 18% de sua carga elétrica total, sendo superadas apenas pelas cargas de climatização e iluminação. Em um estudo feito para seu novo edifício de escritórios de 622 $m^2$, a IDeAs $Z_2$, uma firma de consultores de engenharia de San Jose, Califórnia, estimou que a carga dos equipamentos elétricos consumiria mais de 40 mil kWh, por ano, ou seja, quase 75 kWh/$m^2$ a cada ano. Em muitos edifícios de escritórios, as maiores cargas de equipamentos elétricos são geradas por computadores de mesa (*desktops*), que costumam consumir cerca de 160 watts por unidade (Kaneda *et al.*, 2006). Uma alternativa que deve ser considerada para a redução dessa carga em especial é substituir tais equipamentos por *notebooks* projetados para terem eficiência energética a fim de maximizar a vida útil de suas baterias. Os *notebooks*, em geral, consomem 40 W, ou seja, apenas 25% da energia dos computadores de mesa. A economia de se fazer essa substituição dependerá, em grande parte, da energia necessária para o processamento de dados. No caso da firma IDeAs $Z^2$, que precisa de processadores de alta velocidade e muitos tipos de *software* para fazer funcionar seus programas de processamento de dados e geração de imagem, a diferença de custo entre um *desktop* e um *notebook* com velocidade de processamento equivalente era de cerca de 1.835 dólares. Uma análise indicou que o custo extra do uso de *notebooks* potentes seria maior do que o custo de se usar células fotovoltaicas para compensar a carga adicional. Em outras palavras, seria mais barato instalar sistema de painéis fotovoltaicos do que substituir os *desktops* por *notebooks*. Nos casos em que não são necessários computadores de alta capacidade, a diferença de custo e retorno do investimento será mais favorável.

## Cargas de equipamentos elétricos diversos

As cargas elétricas de impressoras, escâneres, copiadoras e aparelhos de fax também contribuem para aumentar o consumo de energia de um prédio. Os equipamentos com selo Energy Star custam entre 20 e 100% mais do que os demais, mas resultam em economias de energia de menos de 10%. Parece, então, que seja muito caro investir em equipamentos com o selo Energy Star. A IDeAs $Z^2$ concluiu, então, que a substituição imediata dos equipamentos existentes não seria interessante em termos de custo/benefício. Em vez disso, sua estratégia foi substituir os equipamentos velhos por outros com esse selo energético na medida do possível, fazendo uma avaliação individual da validade de cada troca. Ela também fez uma pesquisa sobre as máquinas de lavar pratos eficientes em energia e concluiu que, ao contrário das geladeiras, que funcionam ininterruptamente 365 dias do ano, elas têm uso ocasional e, portanto, as economias com energia resultantes da compra de máquinas de lavar pratos de alta eficiência seriam mínimas. Um último item que foi avaliado foi a máquina de café existente, que ficava no modo "quente" o dia inteiro (e, às vezes, também a noite inteira), aquecendo meia jarra de café. A empresa, então, comprou uma cafeteira que faz uma xícara de cada vez e não possui um sistema de aquecimento contínuo. A cafeteira antiga seria utilizada apenas junto com uma garrafa térmica em reuniões com muitas pessoas.

## O controle da carga de equipamentos elétricos

Várias estratégias de controle são empregadas para reduzir a carga dos equipamentos elétricos. Alguns aparelhos precisam ficar ligados 24 horas por dia, sete dias por semana, como é o caso dos aparelhos de fax, servidores principais e sistemas de segurança. Nesses casos, uma alta eficiência energética é um critério-chave na seleção. O controle de "cargas fantasma" nos equipamentos de escritório é outra estratégia importante para a conservação de energia. No caso de equipamentos que têm ciclos infrequentes, como os fornos de micro-ondas, a energia consumida durante as muitas horas no modo *standby* pode ser superior à gasta no uso efetivo. Um segundo grupo de itens, que inclui impressoras, plotadores e copiadoras, precisa ficar ligado apenas durante o horário de trabalho. Esses equipamentos costumam ter um longo tempo de acionamento, e seria inconveniente ligá-los apenas antes de cada uso, então não podem ficar desligados. Contudo, não há motivo para que eles continuem ligados quando um escritório está desocupado, mesmo que fiquem no modo de hibernação ou de suspensão. A IDeAs $Z^2$ descobriu que o caso mais grave foi o da plotadora a *laser*, que consumia 1.440 W durante as plotagens, 30 W no modo de economia de espera e 25 W quando colocada manualmente para o modo de hibernação. Curiosamente, a plotadora não tinha uma chave de desligamento. Assim, para garantir que essa máquina não fique ligada, o sistema de segurança automaticamente liga os circuitos elétricos que a alimentam quando começa o horário de trabalho e os desliga ao fim do dia. Em cada posto de trabalho há estabilizadores de energia com sensores de ocupação que desligam a eletricidade da iluminação sobre o plano de trabalho, os monitores, alto-falantes e outros periféricos necessários quando um usuário sai de sua mesa. Os computadores de mesa muitas vezes ficam ligados o dia inteiro, mas no modo de espera, quando não estão sendo utilizados. O modo de espera economiza energia e permite o acionamento mais rápido do que aquele necessário no modo de hibernação. Contudo, se houver interrupção no fornecimento de energia, os dados também serão perdidos. O modo de hibernação salva os dados no disco rígido, assim, no caso de um blecaute, não se perdem. Porém os computadores em hibernação levam muito mais tempo para serem religados. A IDeAs $Z^2$ está atualmente trabalhando com pesquisadores patrocinados pela Agência de Proteção Ambiental dos Estados Unidos e experimentando sistemas de computadores e sensores de ocupação individual a fim de determinar a melhor maneira de minimizar o consumo energético sem prejudicar significativamente o nível de produção ou atrapalhar a criatividade. Na IDeAs $Z^2$ também está se discutindo se seria inteligente desligar a energia que alimenta os computadores de uso pessoal automaticamente quando o prédio está desocupado. O argumento contra essa medida seria de que o risco de perda de um trabalho que não foi salvo no computador é muito maior do que o benefício de se economizar alguns watts. Entretanto, a maioria dos programas trabalha com o salvamento automático e periódico, o que reduz o risco de se perder uma quantidade significativa de trabalho. A IDeAs $Z^2$ está atualmente tentando determinar se o uso do sistema de segurança para desligar os circuitos de computador deveria também ser empregado para economizar com outras perdas fantasma.

### Fiação elétrica superdimensionada

Todos os circuitos perdem pequenas quantidades de energia por meio de suas resistências à passagem da eletricidade nos fios. O calibre dos fios e cabos recomendado pelos códigos se baseia em manter o calor gerado por essas perdas abaixo das temperaturas que poderiam prejudicar seus capeamentos isolantes. Se os cabos forem superdimensionados, sua resistência será menor, e as perdas térmicas também. A IDeAs $Z^2$ estimou as perdas de alguns circuitos e comparou o valor da eletricidade economizada com o custo adicional de aumento do diâmetro da fiação além das recomendações dos códigos de obras. No caso dos circuitos com carga elevada, o período de retorno do investimento seria de apenas quatro anos. Assim, todos os circuitos que possuem cargas grandes e contínuas foram superdimensionados para reduzir as perdas térmicas. Além da redução do consumo de energia elétrica de um circuito, esse aumento de calibre diminuiu as cargas de resfriamento do ar associadas a tais perdas.

A Tabela 9.8 apresenta um exemplo dos benefícios energéticos encontrados em um circuito de iluminação grande de Nevada. Com o aumento de um diâmetro de cabos – do American Wire Gauge #8 (AWG) para o AWG #6 –, foi possível se conseguir um retorno do investimento de apenas entre dois e três anos (Lindsay, 2009). A IDeAs $Z^2$ usou cabos superdimensionados no projeto de seu próprio edifício autossuficiente em energia que obteve a certificação platina do LEED (veja a Figura 9.17).

## SISTEMAS ATIVOS OU MECÂNICOS

Uma vez otimizado o projeto solar passivo do prédio, as cargas térmicas internas deverão ser minimizadas. A carga térmica de alguns edifícios será dominada pelas pessoas, ou seja, a maior parte dessa carga será em virtude do número de usuários no imóvel, assim pouco poderá ser feito para sua redução. Um prédio de salas de aula de uma universidade é um bom exemplo dessa situação. Nos demais casos, a carga interna pode ser dominada por equipamentos, iluminação e outros aparelhos elétricos. Nessa situação, equipamentos, luminárias, computadores e outros sistemas eficientes em energia po-

**TABELA 9.8**

**Exemplo das economias obtidas com o dimensionamento dos cabos de circuitos elétricos acima das exigências mínimas dos códigos de edificação**

|  | AWG #8 | AWG #6 |
|---|---|---|
| Tamanho dos conduítes | ¾ in | 1 in |
| Perda estimada (100% de carga, temperatura do condutor = 75°C) | 423 W | 272 W |
| Custo dos cabos* | 700 dólares | 800 dólares |
| Custo dos conduítes* | 182 dólares | 259 dólares |
| Aumento do custo |  | 177 dólares |
| Economia de energia |  | 604 kWh/ano |
| Economia em dólares, considerando-se o preço de 0,15 dólar/kWh, e período de retorno do investimento |  | 90,60 dólares/ano, 2,0 anos |
| Economia em dólares, considerando-se o preço de 0,11 dólar/kWh, e período de retorno do investimento |  | 66,45 dólares/ano, 2,7 anos |

*Os preços dos cabos e conduítes desses exemplos se baseiam naqueles obtidos com um grande fornecedor de Nevada em abril de 2009.

**FIGURA 9.17** O prédio de escritórios da IDeAs Z², em San Jose, Califórnia, é um edifício autossuficiente em energia que foi alcançado por meio de abordagens bem concebidas para reduzir a carga de equipamentos elétricos e superdimensionar a fiação. (Fotografia por cortesia de Integrated Design Associates, Inc.)

dem contribuir para uma redução significativa da carga de resfriamento. Os prédios de escritórios às vezes têm cargas dominadas pelos equipamentos se estes forem elétricos e muito numerosos, como computadores e copiadoras, e tiverem uma população relativamente baixa. Uma grande variedade de sistemas de climatização pode ser empregada para atender às necessidades dos usuários de um imóvel. O tipo de sistema selecionado é uma função do tamanho do prédio, das condições climáticas e do perfil das cargas. Um sistema de climatização típico terá uma parte com ar, que lança ar-condicionado aos espaços, e uma parte com fluído, que gera água fria ou quente para ser utilizada no sistema, assim equipamentos com o máximo de eficiência devem ser selecionados para todos os usos. As seções a seguir contêm informações sobre a seleção de alguns dos principais tipos de equipamentos de um sistema de climatização: resfriadores, componentes do sistema de distribuição do ar e sistemas de recuperação de energia.

## Resfriadores

Conforme a Divisão de Tecnologias de Energia Ambiental da LBNL, os resfriadores são os equipamentos que mais consomem energia nos prédios comerciais, correspondendo a 23% da carga energética total. Esses aparelhos também têm a característica lamentável de aumentar seu consumo energético durante o dia, contribuindo para a demanda de pico e forçando as concessionárias a construirem novas usinas para atender à alta demanda diurna. Consequentemente, os resfriadores são responsáveis por grande parte do custo das cargas de pico dos consumidores comerciais. Além desses problemas, a maioria dos resfriadores tende a ser superdimensionada durante o processo projetual. Os resfriadores operam sob potência máxima quando a demanda está no pico. No entanto, costumam funcionar sob potência parcial durante a maior parte do dia. Mesmo os aparelhos bem dimensionados funcionam a maior parte do tempo com potência baixa, parcial.

Atualmente há quatro tipos de resfriadores comuns (observe que uma tonelada equivale a 12 mil BTUs/hora de capacidade de resfriamento, ou a 3,4 kW):

1. Centrífugos, principalmente com tonelagem alta, acima de 300 ton (1 mil kW)
2. Rotativos (50–400 ton [170 a 1.360 kW])

3. Tipo rosca (até 50 ton [170 kW])
4. De movimento alternativo (até 150 ton [510 kW])

Os fabricantes têm trabalhado para produzirem resfriadores de alta eficiência que atendam às necessidades dos prédios ecológicos de alto desempenho. Por exemplo, o resfriador centrífugo Trane CVHE/F EarthWise recebeu o Prêmio de Proteção do Ozônio Estratosférico da Agência de Proteção Ambiental dos Estados Unidos. "Com o consumo estimado de 0,45 kWh/ton de resfriamento, o resfriador centrífugo EarthWise é um dos aparelhos mais eficientes nessa importante categoria de equipamentos de climatização."

A eficiência dos resfriadores pode ser aumentada em mais de 50% e sua confiabilidade também pode melhorar se forem combinadas novas tecnologias como o controle digital direto (DDC) e comandos de frequência variável (VFDs) com o aprimoramento de projetos, comissionamento e operação. A Califórnia costuma ser o estado norte-americano líder no desenvolvimento de normas de desempenho energético, e a última versão da norma California Title 24 Energy Efficiency Standards aumentou consideravelmente as exigências de eficiência dos resfriadores ("Chiller Plant Efficiency", 2010). Há vários tipos de resfriadores que podem ser considerados para uma edificação. Em geral, os resfriadores rotativos à água ou do tipo rosca têm os coeficientes de desempenho mais elevados. (O coeficiente de desempenho ou COP é a razão entre a potência de resfriamento entregue por um resfriador e a energia elétrica consumida.) Um COP de 3,0, por exemplo, indica que o resfriador fornece 3 kWh de resfriamento para cada 1 kWh de energia consumida (veja a Figura 9.18). Observe que um resfriador rotativo ou do tipo rosca a água tem coeficiente de desempenho superior a 6, um nível de desempenho muito elevado e mais do que o dobro daquele de um resfriador elétrico, a ar, cujo desempenho é de 2,5. Uma das desvantagens significativas dos resfriadores a água é a necessidade de se prever uma torre de arrefecimento para rejeitar a energia absorvida do prédio.

Os resfriadores de absorção tendem a ter um coeficiente de desempenho relativamente baixo, que costuma ficar abaixo de 1,0, indicando uma eficiência de fato muito ruim. Contudo, os resfriadores de absorção podem climatizar com o uso de energia térmica que, de outro modo, seria descartada.

Um resfriador rotativo a vapor pode ser empregado para enviar sua energia residual a um resfriador de absorção, gerando ainda mais resfriamento e, portanto, aumentando o coeficiente de desempenho do sistema como um todo. Os resfriadores de absorção também podem utilizar calor sob temperatura relativamente baixa para produzir água fria. Assim, eles funcionam bem com a energia térmica solar e o calor residual de alguns tipos de células de combustível, como as células de combustível a ácido fosfórico (PAFCs). A Tabela 9.9 descreve as características de um resfriador de alto desempenho, e a Tabela 9.10 oferece várias estratégias de projeto para que se obtenha um equipamento de baixo custo e alto desempenho.

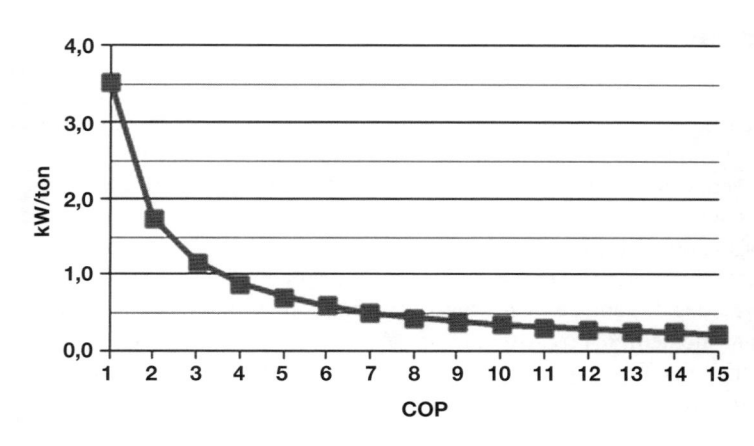

**FIGURA 9.18** *Coeficiente de desempenho (COP) e Kw/ton* são termos empregados para descrever o desempenho de sistemas de condicionamento de ar e resfriamento. O conceito do COP é similar ao da eficiência, exceto pelo fato de que pode ser superior a 1,0, em virtude da natureza do ciclo de refrigeração. Sendo mais específico, o coeficiente de desempenho é a razão entre energia de resfriamento e energia consumida, e não tem unidade de medida ou dimensão. Quilowatt/ton é o inverso de COP; ou seja, a energia necessária para produzir 1 ton (12 mil BTUs/h) de resfriamento. Um coeficiente de desempenho mais alto, ou um Kw/ton, indica um sistema extremamente eficiente. Um coeficiente de desempenho de seis ou mais representa um equipamento ou sistema de condicionamento de ar extremamente eficiente. Um COP de 6 corresponde a um valor de Kw/ton de 0,59 ou menos. Os sistemas mais eficientes da atualidade têm COPs de aproximadamente nove, o que corresponde a cerca de 0,40 kW/ton.

## TABELA 9.9

**Características de um resfriador de alta eficiência**

*Conceito de projeto eficiente.* A seleção de um conceito de projeto apropriado e que responda às condições de operação previstas é essencial para que se alcance a eficiência. Os exemplos incluem o uso de um sistema de bombas com fluxo variável em *campi* grandes e a seleção da quantidade, do tipo e da configuração dos resfriadores com base no perfil de carga esperado.

*Componentes eficientes.* Resfriadores, bombas, ventiladores e motores devem ser todos selecionados para serem eficientes tanto isoladamente como em conjunto. Entre os exemplos podemos citar os motores de altíssima eficiência, as bombas que têm alta eficiência sob condições de operação previstas, os resfriadores que são eficientes tanto com carga total como parcial e as torre de arrefecimento de corrente induzida.

*Instalação, comissionamento e operação adequados.* Um sistema de resfriamento que atenda aos dois primeiros critérios ainda assim pode desperdiçar muita energia – e não oferecer conforto aos usuários do prédio – se não for instalado ou operado corretamente. Por essa razão, seguir um processo de comissionamento que teste de modo funcional o sistema sob todos os modos de operação pode, até certo ponto, garantir que a eficiência potencial do conjunto será obtida.

*Fonte:* "Chiller Plant Efficiency" (2010)

## TABELA 9.10

**Estratégias de projeto para um sistema de resfriamento de alta eficiência**

1. *Melhore a eficiência dos equipamentos resfriadores.* Os três métodos para a melhoria da eficiência da carga dos equipamentos resfriadores são: especifique um resfriador que possa funcionar com temperaturas de água do condensador mais baixas, especifique um acionador de velocidade variável para o motor do compressor e selecione o número e tamanho dos resfriadores com base nas condições de funcionamento previstas.

2. *Projete sistemas de bombeamento eficientes.* O consumo energético dos sistemas de bombeamento pode ser reduzido se as bombas forem dimensionadas com base na queda de pressão real através de cada componente do sistema, bem como nas exigências efetivas do fluxo de água no pico, pela previsão precisa das perdas de pressão ao longo do sistema e, por fim, pela aplicação de um fator de segurança realista no total.

3. *Selecione de forma apropriada a torre de arrefecimento.* O dimensionamento apropriado das torres de arrefecimento é essencial para a operação dos resfriadores. As torres de arrefecimento muitas vezes têm dimensionamento insuficiente para a tarefa. Uma torre de arrefecimento eficiente deve ser especificada com base em critérios de dimensionamento realistas para a temperatura de bulbo úmido; uma torre com corrente induzida, se o espaço permitir; controles inteligentes; e sequências de operação que minimizem o consumo energético total.

4. *Integre os controles do resfriador ao sistema de gestão energética do prédio.* Embora os resfriadores modernos sejam controlados por computador e tenham inteligência suficiente para apoiar suas próprias operações, eles devem estar integrados ao sistema de gestão energética do edifício a fim de terem como funcionar de modo ideal em todo o sistema energético do prédio. Para conseguirem essa operação, os projetistas devem especificar um protocolo de comunicação "aberta", usar um sistema e convenções de interconexão entre duas redes de mesmo nível e idêntica tecnologia, medir a energia dos equipamentos de apoio e analisar os dados resultantes.

5. *Faça o comissionamento do sistema.* O comissionamento de um sistema resfriador – ou seja, testar sua funcionalidade sob todos os modos de operação previstos a fim de garantir do modo projetado – pode melhorar sua eficiência e confiabilidade e garantir aos proprietários que eles estão obtendo o nível de eficiência pelo qual pagaram.

*Fonte:* Adaptado de "Chiller Plant Efficiency" (2010)

## Sistemas de distribuição de ar

Outro dos vilões do consumo de energia nos edifícios atuais é o sistema de distribuição de ar composto de circuladores de ar, motores elétricos, dutos, difusores, registros e grades, trocadores de calor e umidade, caixas de controle e sistema de controle. O sistema de distribuição deve ser projetado com uma abordagem a mais parecida possível àquela do resfriador, para que tenha exatamente a capacidade necessária e trabalhe com a mesma eficiência em quaisquer condições de operação possíveis. De acordo com *Greening Federal Facilities* (2001), um guia desenvolvido nos Estados Unidos para os administradores de prédios federais usarem de modo mais sustentável suas instalações durante as operações de rotina e manutenção, as opções de projeto para aumentar a eficiência da distribuição do ar incluem: (1) os sistemas de volume de ar variável (VAV), (2) os difusores com volume de ar variável, (3) o projeto de duto sob pressão baixa, (4) os circuladores de ar de velocidade baixa, (5) o dimensionamento apropriado dos ventiladores com motores com comando de frequência variável e (6) os sistemas de ventilação com deslocamento positivo. Os motores com comando de frequência variável permitem que a velocidade dos motores equivalha à quantidade exata de ar necessário, o que gera enormes economias quando o sistema está operando abaixo da carga de pico.

## Sistemas de recuperação de energia

As exigências de ar fresco dos prédios significam que quantidades significativas de ar fresco têm de ser trazidas para dentro dele, enquanto aproximadamente a mesma quantidade de ar do interior é exaurida para fora. Nos Estados Unidos, a norma ASHRAE 62.1-2010, *Ventilation for Acceptable Air Quality*, determina a quantidade de ar fresco que é exigida para a operação de edificações. O custo energético dessa troca de ar pode ser considerável. Por exemplo, em um dia de verão com a temperatura de 32°C na cidade de Nova York, com umidade relativa do ar entre 80 e 90%, o ar quente e úmido é internalizado aos edifícios para fins de ventilação. Ao mesmo tempo, o ar do interior, a 22°C e 50% de umidade relativa, está sendo exaurido para a rua. É evidente, então, que seria útil ter aparelhos que pudessem baixar a temperatura do fluxo de ar externo durante o verão, usando-se o ar mais frio que está sendo exaurido, e, por outro lado, aquecer o ar do exterior que está entrando no prédio durante o inverno com o uso da energia térmica do ar quente que está sendo exaurido. Outra abordagem é simplesmente usar o ar externo diretamente para o condicionamento do prédio quando ele estiver nas condições ideais para esse propósito. Duas tecnologias, os economizadores de energia e os ventiladores com recuperação de energia (ERVs), foram desenvolvidas para usar o ar externo no condicionamento do ar interno e para trocar a energia entre o ar fresco que entra e o viciado que sai. Essas abordagens são descritas nas seções a seguir.

### Economizadores

Uma maneira bastante óbvia de economizar energia em um prédio típico é usar o ar externo para resfriar o edifício quando as condições externas estiverem apropriadas. O conceito é bastante simples: determine quando a temperatura e a umidade do ar do exterior estão dentro da faixa que o ar condicionado para o interior deveria estar, então direcione o ar exterior para substituir o fluxo de ar condicionado. Os dutos e registros do sistema serão projetados de modo que o ar de exaustão possa ser eliminado do prédio. Os resfriadores e as bombas de água fria poderão ser desligados, permitindo a economia de até 20 ou 30% daquela que normalmente seria despendida no resfriamento.

Infelizmente, os economizadores têm uma taxa de falhas operacionais bastante elevada. Os registros sofrem corrosão e acabam emperrando, os sensores de temperatura deixam de funcionar, os acionadores também, e as conexões sempre têm problemas. As estimativas sobre a taxa de avaria dos economizadores variam muito, mas há um consenso entre os especialistas, de acordo com Energy Design Resources, de que apenas 25% deles conseguem funcionar adequadamente após poucos anos. Os economizadores defeituosos, na verdade, podem acarretar desperdícios significativos de energia. Por exemplo, um sistema usado por erro no modo economizador no pico do verão, em um clima quente (como o da Flórida ou do interior da Califórnia), pode aumentar a carga de resfriamento em mais de 80%, em função das grandes quantidades de ar do exterior que devem ser resfriadas. Apesar desses problemas, os economizadores apresentam um potencial enorme se forem bem instalados, comissionados e mantidos ("Economizers", 2000).

### Ventiladores com recuperação de energia

Os sistemas de desumidificação com dessecante integrados de modo apropriado são um bom investimento nos projetos de edificações inovadoras de alto desempenho. Um ventilador com recuperação de energia é um trocador de calor e umidade que aplica a tecnologia do dessecamento em sua operação. Os ventiladores com recuperação de energia são aparelhos instalados entre os fluxos de ar que entra e que sai de um prédio, movendo energia e umidade entre essas correntes a fim de economizar quantidades consideráveis de energia. Além disso, a qualidade do ar do interior pode melhorar com taxas de ventilação mais altas, e os sistemas com dessecante podem contribuir para aumentar, de modo econômico, as taxas de aproveitamento do ar fresco. Sob condições de carrega-

**FIGURA 9.19** O ventilador com recuperação de energia fabricado por Greenheck, Inc., possui uma roda dessecante que gira entre os fluxos de ar que entram e saem, trocando energia e umidade e gerando enormes benefícios na conservação de energia. (Fotografia por cortesia de Greenheck, Inc.)

mento baixas, o ar externo utilizado para a ventilação e o ar da recirculação de um prédio devem ser mais desumidificados do que esfriados (veja a Figura 9.19).

Os *dessecantes* são materiais que atraem e retêm a umidade, e os sistemas de condicionamento de ar com dessecante oferecem um método de secagem do ar antes que ele entre um espaço climatizado. Com os altos níveis de ar fresco que hoje são exigidos para a ventilação de um edifício, a remoção da umidade é excepcionalmente importante. Os sistemas de desumidificação com dessecante estão se tornando muito populares em função de sua capacidade de remover a umidade da ventilação com ar externo e, ao mesmo tempo, permitir aos sistemas de condicionamento de ar convencionais lidar principalmente com uma temperatura controlada (cargas de resfriamento sensíveis).

O Air-Conditioning and Refrigeration Institute (ARI) desenvolveu uma norma para os ventiladores com recuperação de energia, a ARI 1060-2001, *Rating Air-to-Air Heat Exchangers for Energy Recovery Ventilation Equipment*, e os fabricantes desses equipamentos devem oferecer os dados de desempenho de seus produtos de acordo com essa normalização. Esses aparelhos consistem em uma roda de metal revestida com dessecante que gira entre os fluxos de ar fresco (que entra) e de ar exaurido (que sai). No verão, eles secam e resfriam a corrente de ar quente e úmido usando o ar fresco e seco que sai, economizando quantidades significativas de energia, especialmente porque a remoção da umidade é obtida por meio do dessecante, uma estratégia uma eficiente em termos energéticos.

## O ar de ventilação e sensores de dióxido de cabono

Ter um ambiente interno saudável é uma importante meta dos edifícios sustentáveis. Isso exige que ar fresco venha da rua para diluir o acúmulo dos componentes possivelmente tóxicos do ar no interior dos prédios. Esses componentes tóxicos incluem o $CO_2$ gerado pela respiração, o monóxido de carbono da queima incompleta de combustíveis, os compostos orgânicos voláteis dos materiais de construção, entre outros. A quantidade de ar externo exigida pela norma ASHRAE 62.1-2010 para entrar em um prédio é significativa, e ele deve ser aquecido ou resfriado antes de ser misturado ao insuflamento.

Os edifícios atuais dos Estados Unidos apresentam dois métodos básicos para oferecer ar fresco ou de ventilação a seus usuários. A primeira alternativa é projetar o sistema de modo que ofereça uma quantidade constante de ar fresco baseada em uma avaliação conservadora do número de usuários e das condições de funcionamento do prédio. Essa abordagem tem a vantagem de ser bastante simples, mas o problema é que, em um prédio com população variável, quantidades substanciais de energia serão perdidas para o condicionamento de ar fresco. Uma estratégia melhor seria determinar quantas pessoas estão na edificação e introduzir a quantidade apropriada de ar para ventilação com base no número de usuários. A concentração de $CO_2$ oferece um indicador de quantas pessoas estão no interior. A medição do $CO_2$ é utilizada como substituta para o índice de ventilação, quando se pretende avaliar a ineficiência da ventilação ou os problemas de distribuição do ar. À medida que o número de usuários no espaço ou o nível de atividade aumenta, também se eleva a concentração de $CO_2$. O aumento dessa concentração também está relacionado ao desconforto e à maior percepção de odores. Há sensores disponíveis para detectar a concentração de $CO_2$ nos cômodos, e esses dados podem ser utilizados como referência para a qualidade do ar no interior. A quantidade exata de ar para ventilação necessária para diluir o $CO_2$ a um nível apropriado que pode ser admitido no espaço se baseia na concentração de $CO_2$ medida. Prédios com populações que variam muito podem se beneficiar do uso dessa tecnologia de sensores, pois podem receber a quantidade exata de ar para ventilação que é necessária, e não as grandes quantidades que seriam exigidas sem esse sistema de detecção.

# SISTEMAS DE AQUECIMENTO DE ÁGUA

Em certos prédios, o aquecimento da água pode consumir grandes quantidades de energia. Em habitações e outros imóveis com cozinhas, cafeterias ou salas de ginástica a demanda de água quente é muito alta. Os aquecedores de água de passagem e os sistemas solares são opções para reduzir a demanda de água e serão descritas nas seções a seguir.

## Sistemas solares de aquecimento de água

Estima-se que, nos Estados Unidos, haja um milhão de sistemas solares de aquecimento de água instalados em moradias e 200 mil em prédios comerciais. Embora haja muitos tipos de sistemas distintos, sua tecnologia básica é muito elementar. A luz solar incide sobre a superfície absorvente de um coletor solar ou do próprio reservatório, aquecendo-a. Um fluido de transferência térmica ou a própria água potável que será consumida flui através de tubos conectados ao absorvedor de calor e retira a energia térmica dele. Sistemas com um ciclo à parte de fluido de transferência de calor devem utilizar um trocador de calor para aquecer a água potável. A água aquecida é armazenada em um reservatório pré-aquecido ou convencional até que seu consumo seja necessário. Caso o aquecimento não seja suficiente, será complementado com o uso de eletricidade ou um combustível fóssil em um sistema convencional de aquecimento de água. Com a redução da quantidade de calor que seria fornecida por um sistema de aquecimento convencional, os sistemas solares substituem diretamente o consumo das energias convencionais por uma renovável, reduzindo o gasto de eletricidade ou combustível fóssil em até 80%.

Os sistemas de aquecimento solar atuais são bastante confiáveis se empregados adequadamente ao tipo de clima e à carga de uma edificação. O mercado consiste em uma quantidade relativamente pequena de fabricantes e instaladores que oferecem equipamentos e projetos de qualidade. Uma forma de simplificar a seleção segura de equipamentos confiáveis é usar um programa de certificação de qualidade e desempenho nos sistemas solares de aquecimento de água instituída por uma associação voluntária da indústria desses sistemas e vários grupos de consumidores.

Os sistemas de aquecimento solar da água costumam ser mais econômicos em edifícios com sistemas de aquecimento de água de operação cara ou com operações como lavanderias ou cozinhas, que consomem grandes quantidades de água quente. Um consumo relativamente constante ao longo da semana e do ano (ou que é mais elevado durante o verão) também facilita a viabilidade econômica desses sistemas de aquecimento de água. Por outro lado, uma água dura (com muitos sais minerais) é um fator negativo, particularmente em certos tipos de sistemas de aquecimento solar de água, e pode desgastar o sistema prematuramente.

Ainda que os sistemas de aquecimento solar da água usem o mesmo método básico para coletar e transferir a energia solar, empregam muitas tecnologias diferentes. Eles podem ser ativos ou passivos, diretos ou indiretos, pressurizados ou não. Para fins de pré-dimensionamento, o sistema solar deve ter 1 $m^2$ de área de coletor para cada 50 litros de consumo de água quente, e o reservatório térmico deve ter 50 l/$m^2$ de área de coleta. Isso equivale a 4 $m^2$ de coletor para cada apartamento em habitações multifamiliares, e a 1 $m^2$ de coletor para cada cinco funcionários em um prédio de escritórios.

## Sistemas de aquecimento de água sem reservatório (aquecedores por passagem)

Os sistemas sem reservatório de água ou de passagem eliminam a necessidade de reserva de água ao fornecer energia no ponto de consumo para aquecer a água que está sendo utilizada. É claro que isso implica um gasto de energia elevado, seja eletricidade ou gás, no ponto de consumo, mas as perdas energéticas dos reservatórios são eliminadas. Ao contrário dos sistemas com reservatório, os equipamentos por passagem, em teoria, podem fornecer um suprimento infinito de água quente. A vazão máxima real de água quente será limitada pelo tamanho da resistência elétrica ou da potência do aquecedor a gás.

Os aquecedores de água *por passagem*, comuns há muito tempo no Japão e na Europa, começaram a surgir nos Estados Unidos há cerca de 30 anos. Ao contrário dos aquecedores convencionais, com reservatório, eles aquecem a água apenas à medida que é consumida, ou seja, conforme a demanda imediata. Uma unidade tem um aquecedor ativado pelo fluxo de água, quando uma válvula de água quente é aberta. Uma vez acionado, o aquecedor entrega um fornecimento constante de água quente. A saída do aquecedor limita o fluxo de água quente.

Os aparelhos por passagem e a gás geralmente aquecem mais litros por minutos do que seus equivalentes elétricos, mas, em ambos os casos, a vazão é limitada. Os aquecedores por passagem elétricos costumam consumir menos energia do que os sistemas elétricos por acumulação. Os aquecedores por passagem a gás, contudo, estão disponíveis apenas com luzes-piloto, o que reduz suas eficiências. Na verdade, a luz-piloto pode desperdiçar tanta energia quanto é economizada com a eliminação do reservatório.

Os aquecedores de água por passagem têm controles modulados ou fixos. O tipo modulado entrega água a uma temperatura constante, seja qual for a vazão. O tipo fixo agrega a mesma quantidade de calor, seja qual for a vazão e a temperatura da água de entrada.

## SISTEMAS A ENERGIA ELÉTRICA

Além dos sistemas de condicionamento de ar e climatização de um prédio, o sistema de iluminação e os motores elétricos são grandes consumidores de eletricidade. Grandes progressos vêm sendo feitos nas lâmpadas, luminárias e tecnologias de controle de iluminação, reduzindo radicalmente o consumo energético. Como os motores elétricos dos prédios acionam ventiladores, bombas e outros equipamentos, o uso dos motores mais eficientes pode resultar em economias de energia muito expressivas. As seções a seguir descrevem avanços nas tecnologias de iluminação e de motores que podem trazer economias de energia significativas nos edifícios.

### Sistemas de iluminação

A iluminação é um consumidor voraz de energia elétrica, correspondendo a cerca de 30% da energia elétrica das edificações dos Estados Unidos. Assim, um dos principais objetivos de todos os projetistas deve ser a redução da dependência da luz artificial e a otimização do uso da luz natural. Esses esforços devem resultar em uma estratégia combinada, ou seja, a iluminação natural e a elétrica integradas a fim de oferecer luz de alta qualidade e baixo consumo energético aos espaços de um prédio.

Para se especificar a iluminação, vários termos técnicos são utilizados para a seleção do sistema mais eficiente em energia e mais efetivo para um uso: eficácia luminosa, índice de reprodução de cores e temperatura da cor, por exemplo. Esses três termos serão definidos a seguir.

A *eficácia luminosa* é utilizada como medida da eficiência da luz e é medida em lúmens por watt (lm/W) ou fluxo luminoso por entrada de energia. É claro que uma eficácia mais alta significa um sistema lumínico mais eficiente em energia. As lâmpadas fluorescentes têm eficácias luminosas entre 80 e 93 lm/W, enquanto a tecnologia das lâmpadas de LED (diodos emissores de luz) tem eficácia máxima de 200 lm/W.

O *índice de reprodução de cores* (CRI) descreve como uma fonte luminosa afeta a aparência de um conjunto padronizado de faixas coloridas sob condições padronizadas. Uma lâmpada com CRI de 100 não distorcerá o aspecto das faixas coloridas em relação a uma lâmpada de referência, mas uma lâmpada com CRI de 50 prejudicará as cores significativamente. O índice de reprodução de cores minimamente aceitável para a maioria das aplicações internas é 70, mas níveis acima de 80 são recomendáveis.

A *temperatura da cor* influencia a aparência das luminárias e a "atmosfera" geral do espaço, sendo expressa em kelvins (K). Uma temperatura de cor baixa (como 2.700 K) oferece uma sensação cálida similar àquela produzida por uma lâmpada incandescente, 3.500 K fornece uma cor equilibrada e 4.100 K emite uma luz mais "fria", azulada. Recomenda-se padronizar a temperatura de cor de todas as lâmpadas de um recinto ou prédio.

## Lâmpadas fluorescentes

As lâmpadas fluorescentes ainda são empregadas na iluminação de muitos edifícios, pois são eficientes e podem ser facilmente controladas, ligadas e desligadas. As lâmpadas fluorescentes tubulares modernas têm bom índice de reprodução de cores e estão disponíveis em inúmeros estilos. Elas são classificadas conforme seu comprimento, forma (retas ou em U), diâmetro do tubo (por exemplo, T-8 ou T-5), vatagem, tipo de pino, tipo de acionamento (instantâneo ou não), índice de reprodução de cores e temperatura da cor. Quando especificamos um sistema lumínico, é importante que a lâmpada e seu reator sejam eletricamente compatíveis e que a lâmpada e sua luminária também combinem em termos estéticos.

Os diâmetros de lâmpadas fluorescentes são medidos em incrementos de 1/8 de polegada (0,3 cm) – por exemplo, as T-12s têm 12/8 in (3,2 cm) ou 11/2 in (3,8 cm) de diâmetro, e as T-8s, 1 in (2,5 cm). A Tabela 9.11 compara as lâmpadas fluorescentes tubulares mais comuns; observe que a eficácia luminosa (geração de lúmens por watt) é mais alta em lâmpadas de diâmetro menor.

As lâmpadas T-5 são desenhadas para substituir as lâmpadas fluorescentes T-8. Uma lâmpada T-5 funciona apenas com reatores eletrônicos e permite a dimerização. Ela tem eficácia luminosa de cerca de 93 lm/W, superior aos 89 lm/W que se conseguem com as T-8. A maioria dos fabricantes usa sistemas de revestimento internos para minimizar a depreciação da luz que se preveem ser de 5% ao longo da vida útil da lâmpada. Essa tecnologia tem permitido reduzir o conteúdo de mercúrio das lâmpadas para cerca de 3 mg, que, no passado era de 15 mg.

A questão da reprodução das cores nas lâmpadas fluorescentes é muito importante. Os bulbos modernos e eficientes usam fósforos de terras-raras para obter uma boa reprodução de cores. As lâmpadas T-8 e T-5 estão disponíveis somente com fósforos de alta qualidade com índices de reprodução de cores superiores a 80. Os reatores eletrônicos das luminárias para lâmpadas fluorescentes devem ser especificados. Esses aparelhos são bem mais eficientes em termos energéticos do que os magnéticos e eliminam o ruído e a oscilação da luz associados às lâmpadas fluorescentes mais antigas. Também são muito comuns os reatores eletrônicos dimerizáveis.

As luminárias devem ser selecionadas com base nas tarefas visuais que atenderão. As luminárias industriais com refletores e cores brancas são muito eficientes e boas para as áreas de montagem, mas, em geral, são inadequadas para usos em escritórios. As luminárias com lentes para lâmpadas fluorescentes (do estilo com lentes prismáticas) costumam resultar em um ofuscamento refletido muito forte em monitores de computador para que possam ser adequadas aos escritórios. Nas áreas com uso muito intenso de computadores, a prática usual é instalar luminárias parabólicas, que minimizam a luz com ângulo muito alto que pode causar o ofuscamento refletido dos monitores. Contudo, essas luminárias podem resultar em uma iluminação desagradável em recintos que tenham tetos e paredes escuros. Assim, se o pé-direito for superior a 2,7 m, devem ser empregadas luminárias pendentes com iluminação direta ou indireta. Com pés-direitos mais baixos, deve-se considerar o uso de luminárias com quebra-luzes semiespeculares.

As luminárias não devem ser selecionadas somente com base em sua eficiência. Uma luminária com eficiência muito alta pode ter desempenho fotométrico inferior. Os modelos mais efetivos geralmente não são os mais eficientes, mas lançam luz no local mais adequado e minimizam o ofusca-

**TABELA 9.11**

**Características das lâmpadas fluorescentes**

| Tipo de lâmpada | T-12 | T-12 ES | T-8 | T-5* |
|---|---|---|---|---|
| Vatagem | 40 | 34 | 32 | 54 |
| Lúmens iniciais | 3.200 | 2.850 | 2.850 | 5.000 |
| Eficácia luminosa (lúmens/watt) | 80 | 84 | 89 | 93 |
| Depreciação de lúmens† | 10% | 10% | 5% | 5% |

*Lâmpada T-5 de alta eficácia de um metro.
†Mudança dos lúmens iniciais para os lúmens de projeto.
*Fonte:* Philips; extraído de Greening Federal Facilities (2001)

mento. A classificação de eficiência da luminária (ou do rendimento) utilizada por alguns fabricantes facilita a comparação dos produtos. Como essa classificação inclui o efeito do tipo de lâmpada e reator além das propriedades óticas da luminária, é um melhor indicador da eficiência energética geral do que a simples eficiência da luminária. Uma luminária para lâmpada fluorescente T-8 com classificação de eficiência de 60 é boa; 75 é excelente, perto do máximo que hoje se pode obter.

### Iluminação com fibras óticas

A iluminação com fibras óticas utiliza cabos transmissores de luz alimentados por uma fonte luminosa que está em outro local. Um sistema de iluminação com fibras óticas consiste em um iluminador (a fonte de luz), um tubo com as fibras óticas e, geralmente, equipamentos para usos finais. Quando a luz incide na interface entre o núcleo e o revestimento do cabo, ocorre sua reflexão total, e a luz ricocheteia, sendo refletida ao longo das fibras do núcleo. Dois tipos de fibras são empregados: fios de pequeno diâmetro formando monocordoalhas ou fibras com núcleo sólido (um tipo de aplicação mais limitada). A fonte de luz geralmente é uma lâmpada halógena ou de halogeneto metálico.

A iluminação com fibras óticas, em geral, é eficiente em energia e fornece iluminação sobre uma área determinada. A única conexão elétrica necessária para o sistema é no iluminador. Não é necessário nenhum tipo de fiação ou conexão elétrica, seja no cabo de fibra ótica ou na própria luminária pontual. Esses sistemas de iluminação apresentam muitos benefícios e eliminam diversos problemas encontrados nos sistemas convencionais. Os comprimentos de onda infravermelha ou ultravioleta produzidos por determinada fonte luminosa são subprodutos indesejáveis, e os sistemas de fibras óticas podem filtrá-los, eliminando os efeitos prejudiciais desses comprimentos de onda. A iluminação com fibras óticas não exige a voltagem na luminária, é totalmente segura, não emite calor e praticamente elimina a necessidade de manutenção. Essa tecnologia de iluminação é especialmente interessante em ambientes comerciais, supermercados e museus, pois não emite calor ou radiação ultravioleta (veja a Figura 9.20).

### LEDs (diodos emissores de luz)

Os LEDS nos sistemas de iluminação estão evoluindo rapidamente, e hoje já há lâmpadas de LED brancas que podem ser utilizadas em inúmeras aplicações de edifícios. Os LEDs se baseiam em

**FIGURA 9.20** A eficiente iluminação com fibras óticas da Fiberstars, utilizada no escritório da Trammell Crow's, em Houston, Texas, consome pouca energia, é leve e muito segura, pois não conduz eletricidade. O fabricante desse sistema argumenta que cada uma de suas lâmpadas consome 68 W e substitui cerca de 400 W de lâmpadas halógenas. (Fotografia por cortesia de Fiberstars, Inc.)

semicondutores que emitem luz quando uma corrente elétrica passa por eles, convertendo eletricidade em luz sem praticamente nenhuma emissão de calor. Até o início da década de 1900, os LEDs eram fabricados nas cores vermelha, amarela e verde. A partir de então, começaram a ser desenvolvidos os de cor azul e, depois, branca.

Os LEDs têm eficácia luminosa de até 200 lm/W, enquanto as lâmpadas incandescentes têm eficácia de 52 lm/W. Atualmente, as lâmpadas fluorescentes lineares geram entre 80 e 93 lm/W, e as compactas, cerca de 65 lm/W. Os LEDs também são muito fortes e duráveis, podendo sofrer grandes impactos sem serem afetados. A temperatura de cor dos LEDs também melhorou, e hoje há opções disponíveis de cor branca quente (2.700–3.000 K) e branca neutra (3.500–4.000 K). O índice de reprodução de cores citado pelos principais fabricantes de LEDs é de, no mínimo, 80, que é o menor valor recomendado para aplicações internas. Com vida útil estimada de 50 mil horas, as lâmpadas de LEDs duram 20 vezes mais do que as incandescentes e duas ou três mais do que as fluorescentes. No entanto, os LEDs ficam mais fracos com o passar do tempo, e o fim de sua vida útil real – definida como o momento em que eles estão emitindo apenas 70% de seu fluxo luminoso inicial – é de cerca de 30 mil horas. Esse fenômeno de amortecimento é chamado de depreciação do LED e é causado pelo calor gerado na junção interna do LED. Nos Estados Unidos, o preço das lâmpadas de LED caiu pela metade entre 2009 e 2010, passando de 36 para 18 dólares por milhar de lúmens (quilolúmens, ou klm), e, em 2016, esse preço já era de apenas 2 dólares/klm. Algumas previsões dizem que, até 2020, a tecnologia dos LEDs estará presente em 70 a 80% de todas as aplicações de edificação (veja as Figuras 9.21 e 9.22).

## Controles de iluminação

O ideal é que os controles de iluminação compreendam um sistema integrado que desempenhe duas funções básicas:

1. Detecte a ocupação e ligue ou desligue as lâmpadas em resposta à presença ou à ausência de usuários.
2. Dimerize a iluminação ou apague e acenda as luzes a fim de compensar os níveis de luz diurna fornecidos pelo sistema de iluminação natural.

**FIGURA 9.21** Um sistema inteligente de iluminação com LEDs projetado por Color Kinetics e 4 Wall Entertainment ilumina o exterior do Hard Rock Hotel and Casino em Las Vegas, Nevada, reduzindo os gastos anuais com energia elétrica em 90%. (Fotografia por cortesia de 4Wall Entertainment)

**FIGURA 9.22** A iluminação com LEDs já está disponível em sistemas de iluminação com grelhas de 0,6 m por 0,6 m. (Fotografia por cortesia de Lunera Lighting, Inc.)

Pesquisas têm demonstrado que os sistemas de iluminação elétrica conectados à iluminação natural – como os sistemas de acendimento e desligamento automáticos ou de dimerização contínua – podem reduzir em até 50% o consumo de eletricidade dos edifícios de escritórios.

Há dois tipos básicos de sistemas de controle da iluminação natural: os de dimerização e os de acendimento. Os *dimmers* variam muito o fluxo luminoso a fim de oferecer o nível de luz desejado. Os controles de acendimento (comutadores) ligam ou desligam as lâmpadas individuais, conforme o desejo do usuário. Em uma luminária convencional com duas lâmpadas, pode haver até três tipos de acendimento: ambos os bulbos acesos, um aceso ou ambos desligados. A mesma estratégia pode ser empregada com luminárias para três ou quatro lâmpadas. Os sistemas com *dimmers*, que exigem reatores eletrônicos dimerizáveis, são mais caros do que os sistemas de acendimento comuns. No entanto, permitem maiores economias e não resultam nas mudanças abruptas de nível de iluminação características dos sistemas de acendimento com comutadores. Os sistemas com *dimmers* são mais adequados para escritórios, escolas e aquelas áreas nas quais o plano de trabalho é uma mesa. Eles podem ser utilizados com níveis elevados de iluminação natural (por exemplo, átrios e entradas) e onde tarefas visuais não críticas estão sendo realizadas (como cafeterias e corredores).

É claro que nenhum desses sistemas é apropriado para áreas sem iluminação natural. As zonas de controle da iluminação e o número de sensores precisam ser cuidadosamente projetados. Pelo menos um sensor é necessário para cada orientação solar de um prédio. A zona de controle de iluminação não deve superar a profundidade da edificação que é de fato iluminada naturalmente – cerca de 5 m distante das janelas, em plantas baixas convencionais de escritórios. As prateleiras de luz podem aumentar essa zona com luz natural, trazendo-a mais para dentro do interior.

Além das economias com energia, os sistemas de iluminação com *dimmers* oferecem duas outras vantagens em relação aos convencionais. Em primeiro lugar, os sistemas de iluminação convencionais costumam ser projetados para iluminar excessivamente os recintos, a fim de compensar a perda de 30% no fluxo luminoso que ocorre com o passar do tempo. Os sistemas com *dimmers*, contudo, automaticamente compensam esse fluxo reduzido, sempre gerando um nível lumínico constante. Em segundo, os controles de iluminação natural podem ser ajustados para fornecer o nível de iluminação desejado para cada espaço. Assim, quando há modificações no leiaute interno, é fácil ajustar os níveis lumínicos a fim de atender às necessidades de cada área, desde que o sistema seja zoneado corretamente e tenha a capacidade de iluminação adequada.

O custo dos controles de acionamento é bastante modesto, e esses sistemas devem ser considerados em todas as aplicações nas quais as mudanças de nível de iluminação podem ser toleradas. Os *dimmers*, contudo, custam cerca do dobro do preço e exigem reatores eletrônicos especiais para eles e, portanto, mais caros.

## Motores elétricos

Os motores elétricos são componentes importantes dos prédios modernos, pois acionam ventiladores, bombas e elevadores, entre muitos outros aparelhos. Mais da metade de toda a energia elétrica consumida nos Estados Unidos corresponde aos motores elétricos. Os motores costumam gerar despesas de eletricidade anuais entre quatro e 10 vezes seu preço de aquisição; assim, comprar modelos eficientes geralmente vale a pena. Por exemplo, um típico motor de funcionamento contínuo e 20 cavalos-vapor consome (em preços norte-americanos) quase oito mil dólares de eletricidade por ano, considerando-se 6 centavos de dólar por kWh, ou seja, cerca de nove vezes seu preço de compra. Melhorar a eficiência energética dos motores elétricos e equipamentos que acionam pode representar economias com energia e custos operacionais.

Os materiais de construção e o projeto mecânico e elétrico de um motor determinam sua eficiência final. Os motores eficientes em energia utilizam materiais de alta qualidade e têm projetos otimizados. Fios de cobre de grande diâmetro no estator e uma maior quantidade de alumínio no rotor reduzem as perdas por resistência dos motores eficientes. Uma configuração de rotor aprimorada e uma câmera de ar otimizada entre o rotor e o estator reduzem as perdas de carga por dispersão. Um ventilador de resfriamento com desenho otimizado também melhora muito o arrefecimento e minimiza as perdas em decorrência do vento. Laminações de aço mais finas e de mais alta qualidade tanto no rotor como no núcleo do estator permitem aos motores eficientes em energia funcionarem com perdas por magnetização substancialmente inferiores. Rolamentos de alta qualidade resultam em perdas por fricção reduzidas.

## ESTRATÉGIAS INOVADORAS PARA A OTIMIZAÇÃO DE ENERGIA

Há uma grande variedade de inovações nos sistemas de edificações, pelo menos em parte, devido à revolução provocada pela edificação ecológica. Aqui serão descritas quatro das abordagens mais inovadoras: (1) o resfriamento por radiação, (2) o resfriamento geotérmico, (3) os sistemas de energia renovável e (4) as células de combustível. Cada uma dessas estratégias de última geração pode ter efeito significativo no consumo energético se utilizada de modo apropriado em uma edificação.

### Resfriamento por radiação

Nos Estados Unidos, o resfriamento, em geral, é feito nos espaços climatizados por meio do uso de ar insuflado por ventiladores e distribuído por dutos. Como o ar tem capacidade térmica muito baixa, quantidades bastante elevadas de ar precisam ser entregues a um espaço para que se obtenha o efeito de resfriamento necessário. Além disso, o ar, por ser um meio compressível, consome um nível relativamente alto de energia para ser deslocado quando o comparamos com a água, que não é compressível, tem elevadíssima capacidade térmica e pode ser deslocada de modo comparativamente barato por bombeamento. É por esse motivo que, na Europa, o resfriamento por radiação costuma ser utilizado para a refrigeração ambiente. Esses sistemas utilizam água, que tem três mil vezes a capacidade de transporte energético do ar, como o meio de entrega de frio nos espaços. Na Alemanha, os sistemas de resfriamento por radiação se tornaram a norma.

Esses sistemas circulam água fria através de tubos que passam pelos elementos ou painéis nos tetos, nas paredes e nos pisos. A temperatura da água não difere significativamente da temperatura ambiente, assim é preciso que se tenha o cuidado de garantir que a temperatura da água circulada não alcance o ponto de orvalho do ar no espaço. Caso contrário, ocorrerá condensação, resultando em problemas de umidade. O custo de um sistema de resfriamento por radiação é aproximadamente o mesmo de um sistema com volume de ar forçado, mas as economias de seu ciclo de vida são 35% maiores. Além disso, a energia necessária para a circulação da água é somente 5% daquela que seria empregada para circular um volume de ar com capacidade térmica equivalente.

Há três tipos de sistemas de resfriamento por radiação (veja a Figura 9.23):

1. *Embutidos no concreto*. Tubos plásticos instalados dentro de pisos e lajes de cobertura de concreto.
2. *Em painéis metálicos*. Tubos metálicos conectados a painéis de alumínio.
3. *Grelhas de resfriamento*. Tubos plásticos embutidos em argamassa ou gesso.

O sistema com painéis metálicos é o mais usual em sistemas de resfriamento por radiação. Devido ao uso de metal, apresenta um tempo de resposta relativamente rápido quando ocorrem mudanças de condições. As grelhas de resfriamento geralmente são escolhidas para projetos de reforma, pois a malha de tubos plásticos utilizada para o resfriamento é fácil de instalar em paredes existentes de gesso ou argamassa. Como referência para o pré-dimensionamento do sistema, a taxa de transferência térmica total (radiação combinada com convecção) é de cerca de 11 W/m$^2$/°C de diferença de temperatura para os forros resfriados.

Vejamos cinco diretrizes de projeto para os sistemas de resfriamento por radiação:

1. O prédio deve ter boa capacidade hermética.
2. Em áreas úmidas, o ar fresco que entra deve ser desumidificado antes de chegar aos espaços climatizados.

**FIGURA 9.23** Os painéis de resfriamento por radiação oferecem uma solução de baixo consumo energético, consumindo apenas uma fração da energia de um sistema convencional baseado na circulação de ar dentro de tubos. (A) Uma instalação no teto falso, mostrando os painéis de resfriamento por radiação e a facilidade de acesso para manutenção. (B) Instalação de um sistema de resfriamento por radiação embutido em uma manta: as grelhas de tubos plásticos que transportam água fria são colocadas dentro de um forro de gesso acartonado. (Fotografias por cortesia de Juan Rudek, Karo Systems)

3. O resfriamento por radiação exige uma grande área de superfície, em função da diferença de temperatura relativamente pequena entre a superfície de resfriamento e o ar do cômodo.

4. As temperaturas programadas para a calefação e o resfriamento devem ser consideradas cuidadosamente a fim de obter o condicionamento ideal sem que surjam problemas de umidade. Por exemplo, em um sistema típico na Alemanha, durante a estação de resfriamento, a temperatura programada do recinto é de cerca de 27°C, com água fria ou quente entrando nos painéis de resfriamento por radiação a 16°C e saindo a 19°C. Para a calefação, a temperatura programada é de 20°C, com água quente entregue a 35°C e saindo dos painéis radiantes a 31°C.

5. Sensores de umidade devem ser utilizados para detectar quando a temperatura da água de abastecimento estiver se aproximando do ponto de orvalho, para ativar as válvulas que previnem o surgimento da condensação.

## Resfriamento geotérmico

Um método inovador para a redução do consumo de energia em um prédio é o resfriamento geotérmico, no qual as características do solo ou da água do lençol freático da área da edificação são utilizadas para propósitos de calefação e resfriamento. Há dois métodos principais para se aplicar o resfriamento geotérmico no condicionamento térmico de uma edificação: (1) direto e (2) indireto. No direto, a água do lençol freático é empregada em sistemas de resfriamento por radiação, e esfria-se o ar fresco através do contato dos tubos com o solo. O método indireto emprega bombas de calor junto com o solo ou a água do lençol freático a fim de transferir a energia térmica do prédio para o subsolo, ou vice-versa. É possível, por exemplo, usar a água do lençol freático a cerca de 16°C em um sistema de resfriamento por radiação e virtualmente eliminar a necessidade de uma central de água fria. As seções a seguir descrevem ambas as abordagens.

### Bombas de calor geotérmico

Os sistemas de aproveitamento da energia geotérmica usam o solo como a fonte quente no modo de calefação e como fonte fria no modo de resfriamento. O solo é uma fonte quente interessante quando comparado ao ar do exterior, em virtude de sua temperatura relativamente estável. Em muitos locais a temperatura do solo abaixo de 2 m não varia significativamente ao longo do clico anual. Por exemplo, em Louisiana, Estados Unidos, as temperaturas do ar externas podem variar entre mínimas de 0°C ou menos e máximas, no verão, de cerca de 33°C, enquanto a temperatura do solo em profundidades abaixo de 2 m jamais fica abaixo de 18°C ou acima de cerca de 25°C, tendo uma média de aproximadamente 20°C. Inúmeros métodos já foram desenvolvidos para conectar termicamente os sistemas de bomba de calor ao solo, mas os dois principais são os sistemas horizontais e os verticais. Esses sistemas dependem de como é distribuída a tubulação que está em contato com o solo.

O *sistema de tubos horizontais* usa dutos de plástico distribuídos em valas horizontais para fazer as trocas térmicas com o solo. Os tubos podem ser distribuídos nas valas em arranjos simples ou com canos múltiplos. A principal vantagem dos sistemas horizontais é o custo mais baixo, em função da menor necessidade de equipamentos e mão de obra especiais, junto com a maior certeza sobre as condições do solo subsuperficial. As desvantagens dos sistemas horizontais são a necessidade de uma área de solo muito extensa, o potencial limitado de trocas térmicas com o lençol freático e as oscilações mais elevadas da temperatura do solo em profundidades típicas.

Os *sistemas verticais* são mais comuns na escala comercial. Tubos de plástico em U são instalados verticalmente em furos de sondagem e colocados em valas rasas junto à superfície. Os sistemas verticais apresentam várias vantagens: exigem menos área de terreno, as temperaturas mais profundas do solo são mais estáveis e permitem trocas térmicas maiores com o lençol freático e essas técnicas são adaptáveis à maioria dos terrenos. Entre as desvantagens dos sistemas geotérmicos verticais estão os custos em geral mais elevados, os problemas de algumas formações geológicas e a necessidade de um instalador ou perfurador experiente. As exigências legais para se cavarem os furos de sondagem utilizados para esses sistemas de troca de calor geotérmico variam muito, dependendo da jurisdição. Uma advertência que se pode fazer aos projetistas é que às vezes as normas, os manuais de instalação ou as práticas locais exigem o grauteamento parcial ou total do furo no solo. Infelizmente, a condutividade térmica dos materiais que costumam ser utilizados para grauteamento é muito baixa quando comparada à da maioria das formações de solo naturais. Assim, a graute tende a agir como isolante, prejudicando a transferência térmica com o solo.

Além das bombas de calor geotérmico, os sistemas que usam tanto os corpos de água superficiais como os lençóis freáticos têm sido bem-sucedidos. Na verdade, em aplicações na escala comercial, se o lençol freático for suficientemente grande, essa opção deveria ser a primeira alternativa, pois costuma ser a mais barata.

### Bombas de calor geotérmico para ar fresco e água fria

Também é possível aquecer e resfriar o ar fresco insuflado em um prédio trazendo-o sob o solo, através de tubos de aço galvanizado de grande diâmetro (entre 1 e 2 m): são os chamados *trocadores de calor terra-ar*. Além disso, um lençol freático às vezes pode ser empregado como uma fonte de água fria, reduzindo ou eliminando a necessidade de sistemas mecânicos de água fria. Ambas as práticas estão se tornando costumeiras na Alemanha, onde os prédios muitas vezes são climatizados com o uso de um sistema geotérmico completo. Por exemplo, um *showroom* da Mercedes em Stuttgart, que tem 50 mil m², recebe todo o seu ar fresco do exterior à velocidade de 155 m/min através de um tubo de aço corrugado com 1,8 m de diâmetro cujo topo está 2 m abaixo do nível do solo (veja a Figura 9.24). A temperatura do solo nessa profundidade é de 16°C estáveis. No inverno, o ar frio externo é aquecido até alcançar aproximadamente a temperatura do solo, antes de ser introduzido na edificação. No verão, o ar quente externo é bem resfriado antes de ser lançado no interior do prédio.

Se as leis locais permitirem, o lençol freático poderá ser utilizado diretamente em um sistema de resfriamento por radiação. A temperatura da água é ajustada por meio de válvulas misturadoras ou do emprego de um sistema de bombeamento de calor relativamente pequeno para transferir energia térmica ao lençol freático. As águas freáticas são bombeadas no sistema de resfriamento por radiação e descarregadas de novo no solo com apenas alguns graus de diferença de temperatura.

Também é viável se projetar e instalar um sistema de bomba de calor geotérmico que condicione o ar fresco trazido para dentro do prédio e use o lençol freático para um sistema de resfriamento por radiação. Um sistema de climatização geotérmico bem desenhado pode proporcionar economias significativas, ao reduzir enormemente as necessidades de equipamentos, dutos e circuladores de ar.

**FIGURA 9.24** Um sistema de bomba de calor geotérmico, mostrando os tubos de entrada do ar, com 1,8 m de diâmetro sob o *showroom* da Mercedes em Stuttgart, Alemanha. O tubo de aço galvanizado, que tem 100 m de comprimento, durante o inverno aquece o ar frio pelo contato com o solo e, durante o verão, esfria o ar quente. O tubo está localizado em uma zona sob o prédio, na qual a temperatura é de 16°C constantes.

# SISTEMAS DE ENERGIA RENOVÁVEL

A energia renovável pode ser gerada *in loco* por três diferentes técnicas: energia solar (fotovoltaica), energia eólica e biomassa. Cada uma dessas estratégias tem suas próprias vantagens e desvantagens e diferentes níveis de complexidade. A Tabela 9.12 apresenta um resumo de cada uma delas.

## Energia fotovoltaica e sistemas fotovoltaicos integrados às edificações

As células fotovoltaicas são dispositivos que convertem a luz solar em eletricidade. Elas não têm partes móveis. O armazenamento da eletricidade convertida, se for preciso, é feito por baterias. Hoje já há centenas de milhares de arranjos fotovoltaicos gerando eletricidade no mundo inteiro. Uma tecnologia especialmente instigante é a dos sistemas fotovoltaicos integrados às edificações, que integra as células fotovoltaicas diretamente a componentes de edificação, como janelas com vidros semitransparentes e isolados termicamente, claraboias, telhas chatas flexíveis e telhas de metal onduladas. Os elementos fotovoltaicos podem ser fabricados de diferentes formas. Eles podem ser utilizados sobre as telhas e fachadas ou integrados a elas, fazendo parte do próprio sistema de vedações externas, ou podem ser utilizados como componentes de uma janela, claraboia ou elemento de proteção solar. Os laminados fotovoltaicos fornecem proteção climática duradoura. Seu período de vida útil é superior a 30 anos, mas hoje as garantias dos fabricantes são de 20 anos.

Os sistemas fotovoltaicos são de natureza modular, assim podem ser adaptados a situações variadas. Geralmente podem ser agregados, removidos e reusados em outros locais. Os módulos típicos consistem em laminados de vidro, revestimento plástico Tedlar® e células de silício com pequenas quantidades de boro e fósforo. Seu descarte ou sua reciclagem após o fim de sua vida útil não costuma trazer qualquer problema ambiental.

Há vários produtos de sistemas fotovoltaicos integrados à edificação muito atraentes, permitindo que as várias superfícies externas de um prédio, como coberturas, paredes, claraboias, brises e marquises, tenham dupla função: servir de vedações externas e coletar energia solar. A integração desses produtos no fechamento de um prédio cria uma grande área de coleta solar, permitindo à energia solar substituir boa parte da eletricidade que teria de ser comprada pela edificação. Além disso, o custo extra de um sistema fotovoltaico é compensado pelas economias obtidas com a redução do uso de componentes convencionais de vedação externa. Os arranjos fotovoltaicos podem ser integrados ao sistema de cobertura em telhas de diversos formatos ou mesmo metálicas – e todas elas substituirão telhas convencionais. Outra alternativa é a instalação de módulos fotovoltaicos sobre o sistema de cobertura. Também há sistemas de envidraçamento com células fotovoltaicas integradas, permitindo que aberturas com vidros inclinados ou horizontais coletem a energia solar. Esses sistemas de vidra-

**TABELA 9.12**

**Vantagens e desvantagens dos sistemas de energia renovável**

| Tipo de energia renovável | Vantagens | Desvantagens |
| --- | --- | --- |
| Energia solar (fotovoltaica) | As novas tecnologias permitem sua integração à fachada dos prédios | Mantém-se relativamente cara |
|  | O preço dos módulos fotovoltaicos está caindo à medida que aumenta a demanda | Possíveis problemas de medição com a concessionária de energia local |
| Energia eólica | O menor custo por kWh entre todas as fontes de energia renovável | Os geradores costumam ser grandes e ter má aparência |
|  |  | É necessária uma velocidade anual do vento relativamente alta |
| Biomassa | Permite o uso da vegetação local como combustível | Não há sistemas que possam ser utilizados na escala das edificações disponíveis para pronta entrega |
|  | Pode ser uma fonte de energia de baixo custo |  |

**FIGURA 9.25** A fachada com sistema fotovoltaico do Edifício Solaire, no Battery Park, cidade de Nova York. As células fotovoltaicas estão nas superfícies horizontais entre as janelas. (Fotografia por cortesia da Albanese Development Corporation)

ças são isolados termicamente e podem ser especificados a fim de oferecer o nível de transmissão de luz desejado para a iluminação natural, geralmente conforme o necessário por kW de capacidade.

As paredes-cortina também oferecem boas oportunidades para a integração de sistemas de conversão de energia solar. Uma boa variedade de produtos fotovoltaicos pode ser utilizada em lugar dos tímpanos e dos vidros de janela. Claraboias, brises e microbrises com células fotovoltaicas integradas têm se tornado cada vez mais comuns na Europa. Há sistemas desses tipos que são transparentes ou oferecem sombreamento parcial. Substituir esses componentes de construção convencionais por outros fabricados com células fotovoltaicas integradas é bastante simples. A aparência e coloração desses produtos variam conforme a aplicação e o tipo de tecnologia solar. Os coletores solares mais eficientes são de cor azul escuro ou preta, embora também haja alguns nas cores cinza escuro ou azul médio. Alguns fabricantes oferecem produtos com cores customizadas para grandes pedidos.

Dependendo do tipo de meio coletor, o arranjo fotovoltaico pode gerar aproximadamente de 50 a 100 kW por metro quadrado de coletor sob sol direto. Isso significa que geralmente é preciso um arranjo entre 10 a 20 $m^2$ para cada quilowatt de capacidade. A capacidade de geração de eletricidade por ano varia conforme a latitude e o clima, bem como a orientação da superfície do prédio na qual está instalado o sistema fotovoltaico. Esse valor varia entre 1.400 e 2.000 kWh por quilowatt da capacidade do sistema instalado. A Figura 9.25 mostra o sistema instalado na fachada do Edifício Solaire, um prédio residencial de luxo com 27 pavimentos construído no Battery Park, na cidade de Nova York.

## Energia eólica

A energia obtida do vento é a forma de conversão energética que mais rapidamente está sendo adotada, com crescimento anula estimado em 25%. Conforme o National Renewable Energy Laboratory do Departamento de Energia dos Estados Unidos, o custo da energia eólica para um prédio caiu de 40 centavos de dólar/kWh na década de 1980 para menos de 25 centavos/kWh atuais. Em 2002, os Estados Unidos mais do que dobraram a capacidade instalada desses sistemas, que era de 1.700 megawatts (MW) em 2001 e superou, então, os 4.200 MW. Em 2006, a geração eólica do país era de 10 mil MW. No final de 2014, outros 7 mil MW foram instalados, e o país passou a responder por 18% da geração de energia eólica do mundo. Nos últimos anos, essa tecnologia de conversão energética chegou a representar 30% de toda a capacidade instalada recentemente; e estima-se que hoje haja mais de 8.300 MW de potência nos projetos sendo executados. A American Wind Energy Association estima que, com o apoio do governo e das concessionárias, a energia eólica poderia fornecer pelo menos 6% da energia elétrica dos Estados Unidos até 2020. Essa associação estima que um dia 20% da demanda por eletricidade do país possam ser atendidos pela energia do vento. O Texas tem a maior geração de energia eólica dos Estados Unidos, com cerca de 12.400 MW em 2016, um valor que está crescendo mais de 1 mil MW por ano. Os motivos para isso foram a norma Texas Renewable Portfolio Standard, que vigorou entre 2005 e 2015, obrigando a instalação da energia eólica pelas concessionárias e os créditos tributários federais, que oferecem 0,015 dólar/kWh de compensação tributária para os 10 primeiros anos de operação de um projeto eólico.

Há pequenos aerogeradores (aqueles que produzem menos de 100 kW) adequados para uso na escala de um prédio, bem como programas inovadores que podem viabilizar economicamente a inclusão em um projeto de edificação (veja a Figura 9.26). Em 2015, um par de aerogeradores de eixo vertical foi instalado na famosa Torre Eiffel, em Paris. Eles estão instalados a cerca de 122 m acima do solo, dentro da estrutura metálica da torre, e foram pintados de modo que camuflasse sua aparência. Essas turbinas geram aproximadamente 10 mil kWh por ano, o suficiente para alimentar muitas das áreas acessadas pelos turistas na torre, inclusive os restaurantes, uma loja de lembranças e as exposições históricas (veja a Figura 9.27).

## Energia da biomassa

O termo *biomassa* se refere a qualquer matéria orgânica vegetal disponível com uma base renovável, incluindo plantas e árvores especialmente cultivadas para isso, outras colheitas agrícolas, resíduos e lixos dos alimentos e da agricultura, planta aquáticas, dejetos de animais, lixo orgânico municipal e outros resíduos. As tecnologias de manuseio, a logística de coleta e a infraestrutura são aspectos importantes da cadeia de fornecimento da biomassa.

Transferir parte dos 50 bilhões de dólares hoje gastos nos Estados Unidos na importação de petróleo e produtos derivados a áreas rurais teria um efeito extremamente positivo na economia em termos da criação de empregos (para plantio, colheita e uso) e no crescimento industrial do país (usinas de conversão de biomassa em energia térmica ou elétrica). David Morris, do Institute for Local Self-Reliance refere-se ao uso da biomassa como uma mudança parcial da "economia do hidrocarbono à economia do carboidrato".[11]

**FIGURA 9.26** Três turbinas eólicas (aerogeradores), cada uma com 29 m de diâmetro, fornecem entre 10 e 15% da eletricidade consumida pelo Bahrain World Trade Center, inaugurado em 2007 em Manama, Bahrain. (Cortesia de Atkins)

**FIGURA 9.27** Um dos aerogeradores da Torre Eiffel. (Cortesia de UGE International Ltd.)

## CÉLULAS DE COMBUSTÍVEL

As células de combustível são aparelhos que geram eletricidade em um processo que pode ser descrito como o inverso da eletrólise. Na eletrólise, a eletricidade é enviada a eletrodos para decompor a água em hidrogênio e oxigênio. Em uma célula de combustível, as moléculas de hidrogênio e oxigênio são reunidas a fim de criar água e gerar eletricidade. O princípio por trás das células de combustível foi descoberto em 1839, mas levou quase 130 anos para que a tecnologia começasse a ser aproveitada, primeiro no programa espacial norte-americano e, mais recentemente, em várias tecnologias e aplicações. As células de combustível forneceram energia elétrica para os circuitos eletrônicos a bordo dos foguetes espaciais *Gemini* e *Apollo* e água para os ônibus espaciais.

As células de combustível geralmente consistem em um eletrodo combustível (o anodo) e um eletrodo oxidante (o catodo) separados por uma membrana condutora de íons. Essas células devem pegar o hidrogênio como combustível, mas qualquer fonte rica em hidrogênio pode ser processada para extrair esse elemento químico para o uso na célula. Um aparelho chamado *reformador* é utilizado para processar combustíveis que não sejam o hidrogênio puro, extraindo deles esse elemento. O reformador reformula combustíveis como a gasolina, o metano, o diesel e o etanol, extraindo hidrogênio. Contudo, devido à sua complexidade, os reformadores ainda são muito caros. Algumas células de combustível com temperaturas mais altas conseguem processar algumas dessas fontes energéticas (metano, gasolina e etanol) diretamente, sem precisarem do reformador.

Há vários tipos de células de combustível, incluindo as com ácido fosfórico, as alcalinas, as com carbonato fundido, as de óxido sólido e as células de combustível a hidrogênio com membrana para troca de prótons (PEM). As células de combustível PEM são extremamente interessantes, pois operam sob temperaturas relativamente baixas (abaixo de 93°C), possuem alta densidade energética e podem variar rapidamente sua produção a fim de atender às mudanças de demanda energética. As células de combustível da geração atual duram entre um e seis anos antes de se exaurirem ou precisarem de recondicionamento geral. Essa tecnologia ainda é cara e depende de avanços para que um dia se torne economicamente viável. Além disso, como já dito, a menos que o hidrogênio esteja disponível como fonte energética, um reformador precisa ser utilizado para processar um produto rico nesse elemento químico – e esse é um componente extra muito caro e que complica bastante o uso desse sistema de conversão energética.

No caso das edificações e usinas de geração de energia elétrica, as células de combustível estão aos poucos se tornando viáveis economicamente. A possibilidade de que moradias e prédios comerciais as usem, especialmente nos Estados Unidos e em uma era de diminuição da regulamentação, é bastante elevada. Outra característica positiva é que o calor gerado por alguns tipos de célula de combustível pode ser aproveitado para a cogeração de energia térmica em sistemas prediais (veja a Figura 9.28).

Células de combustível especificamente projetadas para uso em prédios estão começando a surgir. A empresa Plug Power está desenvolvendo a GenSys, que gerará eletricidade usando o hidrogênio contido no gás natural ou no gás liquefeito de petróleo (GLP).[12] Na maioria das aplicações prediais, esse sistema tem três componentes principais:

1. Um reformador, que extrai hidrogênio do gás natural do gás liquefeito de petróleo
2. A célula de combustível, que obtém eletricidade do hidrogênio
3. Um condicionador de força, que converte a eletricidade da célula de combustível para o tipo e a qualidade de que o prédio necessita

## EDIFÍCIOS INTELIGENTES E SISTEMAS DE AUTOMAÇÃO PREDIAL

Em sua forma mais simples, um sistema de automação predial é um ou mais computadores com programas que controlam os equipamentos de consumo de energia a fim de garantir que o prédio opere de modo eficiente e efetivo.[13] Muitos sistemas de automação predial são integrados aos

**FIGURA 9.28** Um conjunto de cinco células de combustível do modelo PC25 PAFCs fabricadas pela UTC Power, Inc., fornecendo eletricidade para uma agência dos correios em Anchorage, Alasca. A PC25 gera cerca de 200 kW de energia elétrica usando como fonte o gás natural. O calor residual da PC25 pode ser aproveitado para calefação ou mesmo resfriamento (usando-se um resfriador no ciclo de absorção). (Fotografia por cortesia de UTC Power, Inc.)

sistemas de segurança e prevenção e combate a incêndio. Os prédios inteligentes, uma novidade mais recente, usam o conceito de troca de informações para criar um ambiente de trabalho que seja produtivo e flexível. Em cada zona do edifício, um sistema de automação e cabos de banda larga de alta potência conectam todas as telecomunicações, os componentes do sistema de climatização, os sistemas de segurança pessoal, proteção à vida e prevenção e combate a incêndio, a iluminação, a energia elétrica de emergência ou redundante e os sistemas de segurança patrimonial. O conceito do edifício inteligente é uma consideração importante nas edificações ecológicas em função da enorme demanda por responsividade e leiaute flexível, duas das funções dos prédios inteligentes.

Um levantamento dos proprietários de edificações conduzido pela Building Owners and Managers Association dos Estados Unidos identificou que havia 13 sistemas desejados pelos inquilinos nos edifícios inteligentes (veja a Tabela 9.13). Além dos itens dessa lista, hoje também há uma demanda pela possibilidade de uso das tecnologias sem fio que permitam a telecomunicação e conexão à Internet. Os sistemas de gestão de energia podem resultar em economias substanciais, na ordem de 10% do consumo energético de um prédio.

Os edifícios inteligentes da atualidade também usam DDCs para controlar a crescente variedade de aparelhos e sistemas de controle na climatização do prédio. Além dos sistemas de controle baseados na temperatura e umidade, os DDCs permitem a integração das informações sobre a qualidade do ar e os níveis de $CO_2$. Os sistemas digitais podem processar e armazenar informações, além de gerir inter-relações complexas entre componentes e sistemas. O controle dos sistemas de iluminação pode ser conseguido com sistemas DDCs que permitam o controle da luz por parte dos usuários, uma característica fundamental dos edifícios inteligentes.

**TABELA 9.13**

**Sistemas que costumam estar presentes em edifícios inteligentes**

Sistemas de fibras óticas

Cabeamento embutido para acesso à Internet

Fiação para redes de alta velocidade

Sistemas de rede local (LAN) e de redes amplas

Acesso a satélites

Rede de serviços digitais integrados

Fonte de energia elétrica redundante

Conduítes para eletricidade, dados e voz

Sistema de climatização eficiente em energia e com tecnologia de ponta

Sensor de acionamento automático no sistema de iluminação

Elevadores inteligentes que agrupam os passageiros conforme a designação de pavimento

Torneiras e bacias sanitárias com sensores para acionamento automático

Diretório da edificação computadorizado ou interativo

*Fonte*: Adaptada de "What Office Tenants Want" (2000)

## OS PRODUTOS QUÍMICOS QUE DESTROEM O OZÔNIO E ESTÃO PRESENTES NOS SISTEMAS DE CLIMATIZAÇÃO

Dentre os muitos sistemas prediais, os sistemas mecânicos utilizados para gerar frio e proteger contra incêndios são os que empregam a maior quantidade de produtos químicos que destroem a camada de ozônio. A remoção desses produtos dos equipamentos e materiais de construção e sua substituição por sistemas com novos produtos que não prejudiquem a camada de ozônio são prioritárias. Esta seção descreve a substituição dos frigorígenos ou refrigerantes dos sistemas de condicionamento de ar por tecnologias mais novas que não afetem a camada de ozônio.

Até 1986, os produtos químicos conhecidos como clorofluorcarbonetos (CFCs) eram comuns como refrigerantes utilizados em resfriadores, isto é, em equipamentos mecânicos empregados para gerar frio; e o CFC-11 e o CFC-12 eram os mais populares. Então, naquele ano, descobriu-se que seu lançamento na atmosfera era uma das principais causas da destruição da camada de ozônio, e logo foram assinados tratados internacionais exigindo sua eliminação gradual. O impacto dos CFCs sobre a camada de ozônio é indicado em termos de um valor chamado de *potencial de destruição de ozônio*. O potencial de destruição de ozônio é definido como tendo valor 1,0 para o CFC-11, o que significa que uma substância com valor 10,0 destrói o ozônio em um ritmo 10 vezes superior ao CFC- 11. Outros clorofluorcarbonetos (CFCs) comuns também têm potencial de destruição de ozônio 1,0. No caso dos hidroclorofluorcarbonetos (HCFCs), o potencial de destruição do ozônio varia entre 0,02 e 0,11 (ou seja, seu impacto é entre 10 e 50 vezes menor do que o provocado pelos CFCs).

Várias famílias de produtos químicos vêm sendo utilizadas para substituir os clorofluorcarbonetos (CFCs), como os hidroclorofluorcarbonetos (HCFCs) e os hidrofluorcarbonetos (HFCs). Embora os HCFCs sejam um grande avanço em relação aos CFCs, ainda têm potenciais de destruição de ozônio relativamente altos. Os HFCs, em contraste, não destroem o ozônio e, consequentemente, não têm qualquer impacto na camada de ozônio atmosférico. Todos os grandes fabricantes possuem equipamentos que contêm HFCs. O HFC-134a tem se tornado o frigorígeno dominante, substituindo o HCFC-123 e o HCFC-22 na maioria dos resfriadores projetados para uso em edificações. O HCFC-22 é atualmente utilizado em grande escala nos resfriadores com compressores de deslocamento positivo e em alguns resfriadores centrífugos com tonelagem maior. Esses usos são anteriores ao Protocolo de Montreal de 1987, que baniu o uso de produtos químicos que destroem o ozônio, mas que vêm sendo substituídos gradualmente dentro de um plano geral de eliminação dos HCFCs. Nos Estados Unidos, o HCFC-22 foi totalmente proibido para uso em novos equipamentos a partir de 1º de janeiro de 2010.

De acordo com a Carrier Corporation, o HFC-134a tem se mostrado um refrigerante ideal para aplicações em resfriadores, pois não tem moléculas de cloro e não contribui para a destruição do ozônio. O HFC-134a é um refrigerante extremamente eficiente em uso. Os resfriadores centrífugos atuais que utilizam o HFC-134a são 21% mais eficientes que aqueles vendidos há apenas seis anos e 35% mais eficientes do que os resfriadores instalados durante as décadas de 1970 e 1980. Nos Estados Unidos, como o HFC-134a é um refrigerante de pressão positiva, os pressurizadores que o usam devem estar adequados ao código de pressão da American Society of Mechanical Engineers, e todos os passos de sua construção devem ser inspecionados por seguradoras terceirizadas. Como resultado dessa testagem rigorosa e da tecnologia aplicada, as taxas de vazamento dos resfriadores podem ficar inferiores a 0,1% ao ano. Os resfriadores existentes, contudo, têm taxas de vazamento entre 2 e 15%. O HFC-134a também tem massa molecular inferior à dos CFCs e HCFCs do passado. Essa é uma característica importante, pois resulta em um produto com dimensões totais entre 35 e 40% menor, uma redução que ajuda a compensar o custo de construção e facilita o uso de tubulações conectoras menores. Essa vantagem tem gerado acréscimo de válvulas isolantes nas conexões dos tubos dos resfriadores, de modo que o HFC-134a possa ficar armazenado no próprio resfriador durante serviços de manutenção. Essa característica confere ao usuário final a opção de jamais precisar remover o refrigerante dos equipamentos após o carregamento, garantindo que de fato não haja emissões na atmosfera. Outra vantagem dos resfriadores com HFC-134a é seu tamanho muito menor, o que exige muito menos área de piso do que os resfriadores com CFC-11 que eles substituíram.

CAPÍTULO 9 Estratégias de edificações com baixo consumo energético

## ESTUDO DE CASO

# EDIFÍCIO UM DO RIVER CAMPUS, OREGON HEALTH AND SCIENCE UNIVERSITY, PORTLAND

Os edifícios hospitalares e de serviços médicos impõem desafios significativos, mas também criam oportunidades enormes às equipes de projeto das edificações de alto desempenho. Embora sejam geralmente muito mais complexos do que os outros tipos de edificação e tenham exigências especiais para o controle da dispersão de vírus e outros patógenos que podem resultar na transmissão de doenças, elas também têm o potencial de contribuir para a saúde e o bem-estar das pessoas, em virtude de seus projetos. Para ampliar seu *campus* principal em Portland, a Oregon Health and Science University solicitou ao escritório contratado um edifício de escritórios e bem-estar humano de 16 pavimentos e quase 40 mil m², que foi chamado de Edifício Um do River Campus. Além do centro de bem-estar, com seus dois pavimentos, o prédio acomoda inúmeros tipos de operações universitárias, incluindo áreas para pesquisa biomédica, clínicas, centro de cirurgia ambulatorial e espaços de ensino. Os consultórios médicos foram construídos sobre uma garagem subterrânea de três pavimentos (veja a Figura 9.29).

A equipe de projeto incluiu o escritório de Portland da empresa Interface Engineering, Inc., uma firma de engenharia multidisciplinar que elaborou os projetos de climatização, hidrossanitário, elétrico, de fornecimento e distribuição de energia de emergência, iluminação, segurança, energia, telecomunicações, transmissão de dados e sistemas de alarme de incêndio, além de todos os requisitos especiais de cada inquilino e o comissionamento básico. A equipe de projeto da Interface Engineering foi essencial para que o Edifício Um do River Campus obtivesse a certificação LEED Platina do US Green Building Council. A maneira como essa equipe de projeto conseguiu obter esse nível de certificação por meio de uma abordagem holística ao projeto dos sistemas técnicos oferece um excelente estudo de caso sobre como se pode criar um prédio com baixo consumo de energia.

## Orçamento do projeto

O projeto total foi inicialmente orçado em 145,4 milhões de dólares, com 30 milhões reservados para as instala-

**FIGURA 9.29** O Edifício Um do River Campus da Oregon Health and Science University, mostrado nesta fotografia em uma de suas etapas finais da construção, é um prédio que obteve certificação platina do LEED-New Construction 2.1. (Cortesia de Interface Engineering)

ções mecânicas, elétricas e hidrossanitárias do prédio. Contudo, a abordagem da Interface a esses projetos resultou em uma economia de quase 4 milhões nesse orçamento inicial de 30 milhões de dólares. O que foi realmente notável nesse projeto é que o consumo de energia foi reduzido em quase 60% em relação ao modelo de referência, ao mesmo tempo em que o custo de capital desses sistemas de instalações prediais foi reduzido em mais de 10%. O pensamento tradicional é que instalações prediais de alto desempenho são mais caras do que as alternativas que simplesmente atendem aos códigos de obras. No caso do Edifício Um do River Campus, a equipe de engenharia da Interface efetivamente "abriu um túnel na barreira dos custos", como Paul Hawken, Amory Lovins e L. Hunter Lovins sugeriram ser possível em seu livro *Capitalismo Natural* (1999).

### Estratégia: projeto integrado

Alcançar uma combinação entre consumo energético inferior e custo de capital em sistemas de energia também mais baixo na qual somente haja vantagens é uma estratégia difícil, mas que claramente pode ser alcançada. A Interface conseguiu chegar a esse "Santo Graal" dos projetos sustentáveis utilizando uma abordagem de projeto integrado. O projeto integrado que foi articulado para o projeto do Edifício Um do River Campus difere do convencional em dois aspectos-chave:

1. O estabelecimento de metas começou já no início do processo projetual, durante as fases de estabelecimento do programa de necessidades e de criação do conceito de arquitetura.
2. Toda a equipe de projeto se envolveu no processo muito antes do que geralmente ocorre, assim os engenheiros puderam contribuir para as decisões de arquitetura que afetam o consumo de água e energia, bem como a qualidade do ar do interior.

Nesse projeto isso significou que várias disciplinas puderam colaborar já no início do projeto para a cobertura verde, dos sistemas de energia fotovoltaica e coleta da água da chuva. Esta colaboração inicial começou com uma *charrette* ecológica, na qual os participantes e envolvidos, com diferentes experiências, ajudaram a estabelecer metas ambiciosas para o projeto. Uma das metas foi a redução de 60% no consumo de energia em relação àquele de um prédio comparável (veja a Tabela 9.14).

A tomada de decisões já no início do projeto permitiu à equipe de projeto focar a colaboração para garantir sua implementação. As abundantes chuvas de Portland e a grande área da cobertura do prédio significaram que as águas pluviais poderiam ser utilizadas para usos não potáveis, inclusive para completar o abastecimento da torre de arrefecimento. As temperaturas moderadas permitiram o uso do ar fresco para renovar o ar e pré-condicioná-lo durante a noite. Devido aos generosos créditos tributários de Oregon para sistemas de energia renovável e alternativa, a equipe também optou por usar um arranjo fotovoltaico na fachada sul (hemisfério norte) e um sistema de microturbinas eólicas no gerador central de energia. O projeto integrado também possibilitou à equipe de projeto descartar desde o início soluções que não seriam viáveis, como o uso de aerogeradores de eixo vertical instalados na cobertura.

### Detalhes – como a interface abordou o projeto das instalações

A equipe da Interface tinha dois princípios orientadores para o projeto das instalações prediais: (1) promover ao máximo a saúde dos usuários e (2) reduzir o consumo energético. Para isso, os engenheiros seguiram o lema básico da engenharia sustentável estabelecido por Amory Lovins: otimizar o sistema, não os sub-

**TABELA 9.14**

**As metas para os sistemas internos da equipe da Interface para o Edifício Um do River Campus**

| Carga | Código de energia de Oregon, em kBTUs/pé$^2$/ano* | Percentual | Meta, em kBTUs/pé$^2$/ano* |
|---|---|---|---|
| Calefação | 35 | 27 | 22 |
| Resfriamento | 10 | 7,7 | 5 |
| Ventiladores | 6 | 4,6 | 2 |
| Água quente | 30 | 23 | 28 |
| Iluminação | 30 | 23 | 15 |
| Equipamentos | 15 | 11,5 | 5 |
| Iluminação externa | 4 | 3 | 1 |
| Total | 130 | 100% | 78 |

*Milhares de BTUs por pé quadrado por ano

sistemas. Fazer algo diferente – ou seja, otimizar os subsistemas sem considerar o sistema como um todo – inevitavelmente produz resultados aquém do ideal. Quando se fala de edificações, o sistema inclui todos os componentes do prédio que afetam o consumo de energia: a massa e a orientação solar, suas vedações externas (resistência térmica, fenestrações, cobertura, infiltrações, sombreamento), suas cargas de equipamentos elétricos (computadores, impressoras, copiadoras e outros aparelhos conectados nas tomadas), seus sistemas de insuflamento de ar, o sistema de iluminação (luzes e controles), o sistema de climatização (ventiladores, motores, bombas, tubulações e seu diâmetro) e o leiaute. Em muitos casos, o projeto de um sistema eficiente em energia exige o desafio do pensamento tradicional. Por exemplo, os engenheiros mecânicos usaram tabelas que consideram um nível existente de perdas por fricção nos fluidos, como o ar e a água que circulam em tubos e dutos. Reduzir as perdas por fricção aceitáveis pode resultar no uso de tubos com diâmetro maior e dutos de seção transversal também mais generosa, ou em selecionar tubos mais lisos, com menor fricção por metro.

Já no início do projeto, a equipe analisou o perfil energético do prédio e trabalhou com os arquitetos a fim de otimizar suas vedações externas. A equipe utilizou o laboratório BetterBricks Integrated Design Lab, de Portland, para estudar o sombreamento ao longo do ano, incluindo seus efeitos sobre os prédios adjacentes. Como resultado, o Edifício Um do River Campus foi projetado de modo que suas janelas ficassem protegidas do sol no verão, mas o recebessem no inverno para aquecimento do interior. A partir do quarto pavimento, foram utilizados brises e painéis fotovoltaicos nas elevações para contribuir com o sombreamento.

As cargas dos equipamentos elétricos (como computadores e impressoras) foram analisadas a fim de garantir que a seleção desses componentes contribuísse para o alcance da meta de 60% de redução no consumo energético. De maneira similar, todos os ventiladores, aquecedores de água, bombas e motores foram escolhidos de modo que ajudassem para o alcance das metas de conservação de energia.

Modelos de dinâmica de fluidos computacional (CFD) foram amplamente empregados para explorar as abordagens à ventilação natural e a abordagem de distribuição do ar no prédio. Um modelo de CFD para o prédio completo permitiu à equipe determinar as pressões do vento em cada uma de suas faces e otimizar a estratégia de ventilação natural. Modelos de dinâmica de fluidos computacional também foram empregados para se tomar a decisão de usar um sistema de ventilação por deslocamento positivo do ar nas salas de exame de pacientes (veja a Figura 9.30). De modo similar,

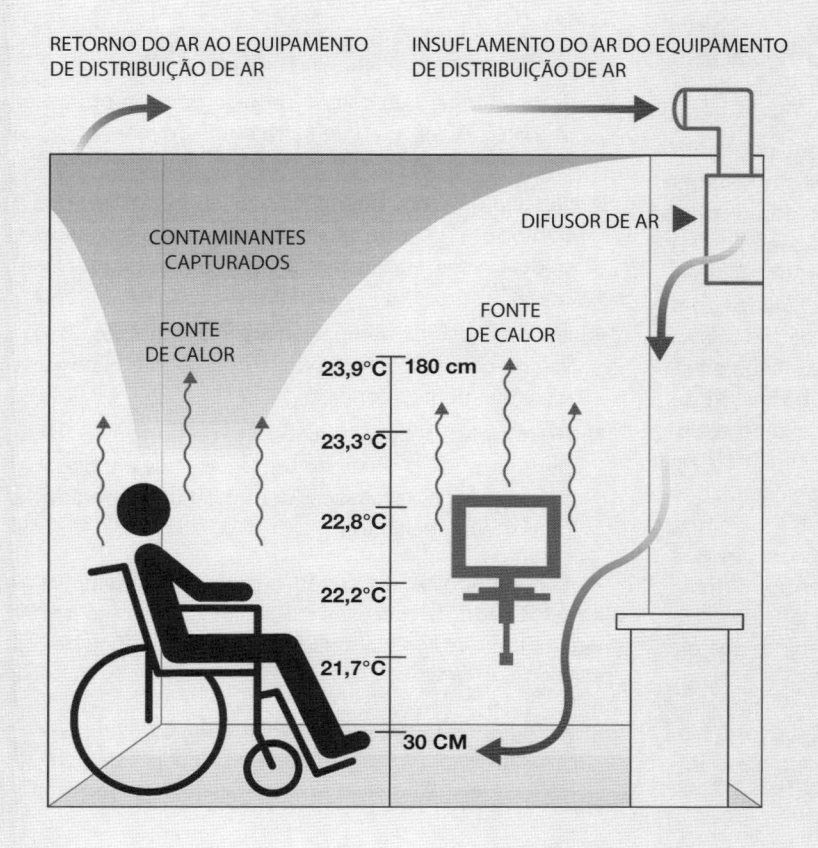

**FIGURA 9.30** A modelagem da dinâmica de fluidos computacional nas salas de exame de pacientes indicou o efeito cascata no ar do sistema de resfriamento descendo pelas paredes, acumulando-se junto ao piso e, então, subindo ao ser aquecido pelas pessoas, computadores e lâmpadas. (Cortesia de Interface Engineering)

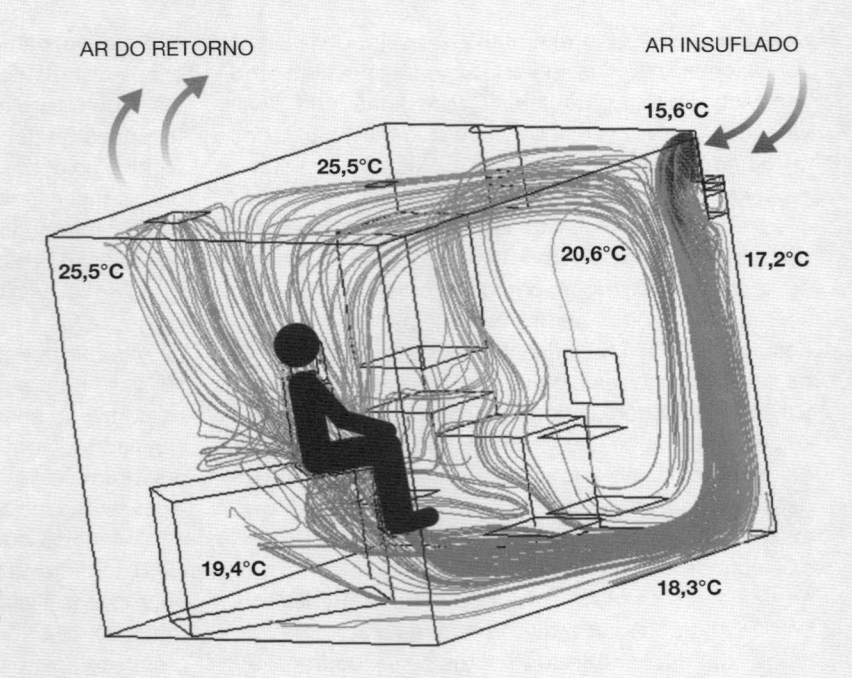

**FIGURA 9.31** Ao modelar as temperaturas nas salas de exame de pacientes, a equipe da Interface decidiu aumentar a temperatura do ar insuflado para 17°C, criando um ambiente mais confortável e com menos circulação de ar. (Cortesia de Interface Engineering)

a temperatura do ar insuflado nesses recintos foi selecionada com base na modelagem da CFD, permitindo que fosse mais alta do que a faixa usual, de 13° a 16°C. Além de reduzir os gastos com energia, isso permite o uso mais extensivo do ar externo tipicamente temperado no noroeste do Pacífico para o resfriamento do prédio (veja a Figura 9.31).

Em suma, a equipe da Interface, ao colaborar com os arquitetos do projeto, conseguiu projetar um sistema de climatização de tamanho reduzido. Como parte desse processo, os engenheiros também adotaram a estratégia de dimensionar com precisão o sistema de climatização, em vez de superdimensioná-lo para atender a fatores hipotéticos. Para isso, a equipe (1) eliminou fatores de segurança exagerados, (2) calculou as demandas de calefação e resfriamento utilizando a física básica, em vez de meramente aplicar as regras expeditas convencionais da climatização, (3) não pressupôs nada e certificou-se de tudo, (4) trabalhou de modo gradual, em vez de tentar obter tudo já no início, e (5) desafiou os códigos restritivos que aumentam os custos sem oferecer benefícios, fazendo solicitações bem-sucedidas aos órgãos oficiais.

O dimensionamento preciso é apenas um dos oito pontos de projetos articulados por Andy Frichtl, PE, o engenheiro responsável pelo Edifício Um do River Campus. Os outros sete pontos de projeto que ele defende são:

1. Transferência das economias obtidas com o sistema de climatização para outros aspectos importantes do projeto

2. Uso de recursos gratuitos, como o sol, o vento, a temperatura do solo e as águas freáticas para reduzir o consumo de energia do prédio

3. Redução da demanda de calefação e resfriamento por meio de um projeto de vedações externas de melhor qualidade, redução das cargas dos equipamentos elétricos e uso de equipamentos elétricos e outros aparelhos de maior eficiência

4. Transferência das cargas de pico para os outros momentos por meio de estratégias de reserva de energia

5. Desafio da prática convencional ao se enfatizar o conforto e a saúde dos usuários, o que também pode envolver o questionamento dos códigos de obras

6. Uso do condicionamento do ar por radiação, em vez da convecção, com consumo de energia significativamente inferior

7. Relativização dos padrões de conforto, ao se permitir que os níveis de temperatura e umidade programados oscilassem dentro de uma zona de conforto especificada

O resultado da aplicação dessas estratégias foi uma variedade de medidas de projeto eficientes em energia para que se alcançassem as metas de alto desempenho do projeto:

- Resfriamento por radiação no átrio e pavimento térreo, com a passagem da água coletada da chuva e do lençol freático através da laje de concreto

- Resfriamento por radiação, com o uso de tubos de arrefecimento a água (veja a Figura 9.32)
- Caldeiras e resfriadores de alta eficiência
- Circuladores de ar com volume de ar variável e ventiladores duplos e acionadores com frequência variável na maioria das bombas e dos motores
- Ventilação controlada pela demanda, usando-se sensores de presença e de concentração de $CO_2$ a fim de prevenir o excesso de ventilação e iluminação nos espaços que estiverem desocupados
- Sistemas de recuperação de calor, inclusive na exaustão geral e do laboratório
- Ventilação cruzada ou por efeito chaminé nas áreas do núcleo e dos consultórios e escritórios
- Transferências de cargas com o uso de um sistema de armazenagem de água fria e quente, a fim de reduzir as demandas de pico
- Luminárias e controles eficientes em energia, incluindo a iluminação natural sempre que possível
- Pré-resfriamento do ar durante a noite com o uso do ar externo
- Economizadores para o resfriamento gratuito, utilizando o ar externo sempre que as temperaturas da rua permitirem

Os tubos de arrefecimento são uma estratégia que pode ser revolucionária no condicionamento térmico dos prédios. Os sistemas de climatização que empregam essa tecnologia podem ter um terço do tamanho daqueles que usam o ar forçado como meio de transferência térmica. Embora sejam relativamente novos nos Estados Unidos, os sistemas de resfriamento por radiação constituem uma prática bastante comum na Alemanha. Eles podem funcionar de modo passivo, usando apenas o efeito da radiação para o resfriamento, ou contar com o apoio de um ventilador que envia ar através da viga, oferecendo resfriamento por convecção. O tamanho compacto dos tubos de arrefecimento permite entrepisos reduzidos, pois são eliminados os volumosos dutos tradicionais do sistema de climatização, e o espaço necessário para as casas de máquinas e os *shafts* pode ser reduzido. Embora essas vigas custem entre 328 e 820 dólares por metro linear, o resultado final é a diminuição da despesa com o sistema de climatização e custos também mais baixos nos elementos estruturais e arquitetônicos.

## Integração dos sistemas de iluminação natural e elétrica

Um sistema de iluminação projetado para um prédio de alto desempenho deve integrar a iluminação natural, as luminárias e os controles de iluminação para que se obtenha uma solução lumínica com baixo consumo de energia. A meta da equipe da Interface para o Edifício Um do River Campus era reduzir o sistema de iluminação típico (que costuma consumir 23% do consumo energético de um prédio), promovendo uma economia de 50% nesse gasto. No resultado final, os membros da equipe conseguiram chegar a uma redução de 45%, o que representou uma economia de 16% no consumo de energia total do edifício. Nas salas de exame de pacientes, o padrão do uso de duas luminárias fluorescentes com comprimento entre 0,3 e 1,2 m foi trocado pelo uso de uma única luminária de formato cupular, com diâmetro de 122 cm, emulando uma fonte de luz natural. Sensores de presença combinados com interruptores nas paredes ligam apenas a metade das lâmpadas das salas de exame; a outra metade é acionada automaticamente apenas quando necessário. Também foram especificados níveis de iluminação reduzidos nos corredores e outros espaços de passagem. Sempre que a luz natural é adequada, sensores de iluminação nos corredores desligam as lâmpadas normais e as de emergência. A iluminação externa foi significativamente reduzida com o uso de luminárias direcionais, que também eliminam a poluição luminosa. Na academia de ginástica, que tem pé-direito alto, os níveis de iluminação elétrica são automaticamente reduzidos à medida que a luz natural se torna disponível. Sensores de ocupação nas escadas ligam e desligam as lâmpadas, acompanhando os usuários que sobem ou descem e permitindo que a iluminação elétrica seja utilizada apenas durante o tempo

**FIGURA 9.32** Os sistemas de tubos de arrefecimento são componentes de cobre com aletas de alumínio através dos quais a água circula, oferecendo resfriamento ou calefação por radiação e induzindo o fluxo de ar por meio da convecção. (Cortesia de Interface Engineering)

mínimo necessário para a circulação. As salas do perímetro do prédio também são dotadas de sensores de presença e sensores de iluminação natural.

## Aplicações inovadoras da energia solar: sistemas fotovoltaicos integrados e aquecedor solar de ar

A equipe de projeto do Edifício Um do River Campus especificou o uso de brises no projeto da fachada sul (hemisfério norte) e utilizou a superfície desses elementos para instalar painéis fotovoltaicos (veja a Figura 9.33). Além de opção para uma energia renovável no prédio, nos Estados Unidos, as células fotovoltaicas são subsidiadas por generosos incentivos federais e de muitos estados, como créditos fiscais, incentivos para compensar a depreciação acelerada e, no caso do estado de Oregon, pelo Oregon Energy Trust. Esses painéis integrados ao edifício têm geração elétrica de 60 kW no pico e produzem 66 mil kWh por ano.

Nos 15º e 16º pavimentos, a fachada funciona como um aquecedor solar gigante, com 58 m de comprimento e 8 m de altura. Vidros com baixo teor de ferro ficam localizados a uma distância de 1,2 m em relação à pele da edificação. O ar entre a pele e o vidro é aquecido pela energia solar e, então, deslocado por unidades de distribuição para passar através de um trocador de calor, para ser utilizado no pré-aquecimento da água que alimenta as torneiras dos banheiros e das salas de exames de pacientes. A abordagem do projeto integrado usada pelas equipes permitiu a fusão entre a arquitetura e a engenharia a fim de criar esse sistema inovador de aquecimento de água. Esse sistema tem o benefício extra de servir como uma parede Trombe, aquecendo os espaços das clínicas e do laboratório no inverno e reduzindo o consumo total da energia de calefação. Além disso, ele praticamente não exige manutenção e não tem custos de substituição ao longo do tempo.

## Agradecimento

O estudo de caso do Edifício Um do River Campus foi utilizado com a permissão da Interface Engineering, Inc. Ele também é disponibilizado pela empresa em um livreto completo, "Engineering a Sustainable World", publicado em outubro de 2005.

**FIGURA 9.33** Os painéis fotovoltaicos do Edifício Um do River Campus foram instalados pela Benson Industries, um importante fornecedor de paredes-cortina e sistemas de revestimento externo de edifícios grandes. (Cortesia de Interface Engineering)

## PONTO PARA REFLEXÃO: PROMOVENDO A MODELAGEM ENERGÉTICA DE ÚLTIMA GERAÇÃO NAS EDIFICAÇÕES

Um dos elementos mais importantes para que se desenvolvam edifícios com baixíssimos níveis de consumo de energia e emissões de carbono serão simulações de modo preciso e dinâmico do desempenho energético de um prédio e o uso desse modelo para otimizar o projeto. O surgimento do BIM (modelagem de informações para edificações) como uma ferramenta para documentação das melhores práticas atuais de construção e projeto de edificações está trazendo consigo uma nova era, que permite a criação de modelos energéticos com *plug-ins* (*software* complementar) que usam os dados compilados e os desenhos para gerar modelos. Neste breve artigo, Ravi Srinivasan, um especialista internacional tanto no BIM como na modelagem de energia, discute essa nova tendência e os resultados incríveis que podem ser esperados com a fusão dessas duas ideias.

### Análise da energia dos prédios: o presente e o futuro

*Ravi Srinivasan, College of Design Construction and Planning, University of Florida, Gainesville*

Hoje a análise energética de um prédio é amplamente utilizada tanto em edifícios em fase de projetos como nos existentes. Há várias ferramentas de análise energética disponíveis para o desenvolvimento de modelos de consumo de energia que permitem uma maior eficiência. Contudo, a análise energética de uma edificação exige uma grande coleta de dados e o uso de modelos. É essencial deixar de lado informações arbitrárias e incorretas quando se usam essas ferramentas. É fundamental que se usem dados com qualidade nas ferramentas de análise energética para que essa seja correta. Isso se pode obter através da integração de mecanismos de controle da qualidade nos procedimentos. O risco da entrada de dados errados aumenta quando modelamos grandes prédios, pois envolve o uso cansativo de dados que muitas vezes são iterativos e repetitivos. Entre outras entradas para a modelagem, são importantes os valores de densidade das cargas dos equipamentos elétricos e os horários de ocupação do prédio. A *densidade das cargas dos equipamentos elétricos* se relaciona com o uso de energia por área de piso. Elas podem ser calculadas com o uso dos dados energéticos nominais dos equipamentos e por fatores de diversidade (ou uso). O *benchmarking* das densidades das cargas dos equipamentos elétricos não é tão fácil quanto parece. Um motivo para isso é que nem todos os equipamentos têm seus picos ao mesmo tempo, pois alguns podem estar no modo inativo. Somente algumas poucas normas, diretrizes e relatórios técnicos de edificações discutem essas densidades. À medida que profissionais que trabalham com simulações assumem um papel de tomada de decisão na equipe de projeto, eles tendem a se basear nas normas de energia e diretrizes para as densidades das cargas dos equipamentos elétricos. Contudo, os valores recomendados pelas normas e diretrizes variam, impondo um desafio para a tomada de decisões no início de um projeto, e essas discrepâncias podem levar a determinações irreais no consumo de energia. O *benchmarking* das densidades das cargas dos equipamentos elétricos permitirá o estabelecimento de metas para redução dessas cargas nos projetos de edificações novas e reformas. Nos Estados Unidos, foi feito um *benchmark* para as densidades das cargas de equipamentos elétricos das escolas de ensino fundamental em duas categorias – salas de aula com computadores e salas de aula sem computadores (Srinivasan *et al.*, 2011). Dezoito escolas de ensino fundamental, incluindo nove para as séries iniciais, duas para as intermediárias e sete para as finais, foram analisadas quanto às densidades reais de suas cargas de equipamentos elétricos. Além disso, para os mesmos prédios dos estudos de caso foram avaliadas quatro abordagens existentes – a do National Renewable Energy Laboratory, Commercial Energy Services Network, ASHRAE 90.1-1989, e California Title 24 – quanto às densidades das cargas dos equipamentos elétricos. Os resultados mostram estimativas exageradas ou minimizadas dessas densidades em relação àquelas reais, que foram calculadas.

De modo similar, a importância dos horários de funcionamento dos edifícios não pode ser subestimada. Qualquer mudança nos horários de operação afetará significativamente os resultados. Entre outros tipos de edificação, os centros de convenções são complexos de modelar com ferramentas de avaliação do consumo energético, em função tanto da diversidade de seus espaços como de seus padrões de ocupação. Para que fosse feita uma dessas análises, foram considerados os horários de operação do prédio com base no calendário de eventos do centro de convenções (Srinivasan et al., 2011). O modelo adaptado ajudou as horas de funcionamento da norma da ASHRAE para eventos, horários sem eventos, dias de entrada e dias de saída, e usou o calendário de eventos e os dados de ocupação real. Essa abordagem bem detalhada de replicar o calendário de eventos se mostrou efetiva na calibragem do modelo. A calibragem revelou que o modelo energético tinha uma variância de menos de 8% para a eletricidade. O modelo calibrado foi então utilizado para avaliar uma variedade de medidas eficientes em energia.

Embora haja várias ferramentas de análise energética disponíveis no mercado, não existe uma que tenha algoritmos atualizados que representem as tecnologias de ponta dos sistemas e controles prediais. Atualmente é o modelador que seleciona a ferramenta "certa", ou que melhor represente esses sistemas e controles. Sempre que possível, soluções são desenvolvidas para sistemas e controles não disponíveis. Essas soluções também são limitadas em termos da capacidade da ferramenta selecionada. Além do mais, a prototipagem rápida dos novos sistemas e controles prediais que usem ferramentas de análise energética atuais é trabalhosa, pois o código de simulação completo tem de ser executado, e não apenas parte dele. O argumento de Wetter (2011), do uso do Modelica, um sistema de modelagem baseado nos componentes (Mattson e Elmqvist, 1997), uma linguagem de fonte aberta, oferece uma solução a esse problema de modelagem inerente. O conceito por trás desse tipo de estratégia de modelagem é o uso de modelos orientados em objetos e baseados em equações que permitem o projeto e a análise dos sistemas de energia e controle dos prédios. Sua biblioteca Buildings library contém modelos de componentes dinâmicos e no estado estacionário que são aplicáveis à análise dos algoritmos de controle para a avaliação do desempenho energético.* Usando-se essa biblioteca, conseguimos fazer a prototipagem rápida e uma melhor representação dos sistemas avançados de energia e controle dos prédios. O Building Controls Virtual Test Bed (BCVTB), desenvolvido pelo Building Technologies Department do Lawrence Berkeley National Laboratory (LBNL), pode ser empregado para uma colaboração aprimorada. Esse teste permite a troca de dados entre programas de simulação como o EnergyPlus e o Radiance, possibilita a integração com sensores físicos que coletam dados em tempo real e acessa a biblioteca Buildings baseada no Modelica. Com o uso dessa plataforma, os fabricantes e usuários de simulações avançadas podem desenvolver novos sistemas de energia e controle de prédios. A plataforma BCVTB também pode ser empregada para atualizar os algoritmos de simulação que usam máquinas no estado simples. O LBNL conduziu algumas experiências para utilizar a potência da biblioteca Buildings, da BCTVB e da BEA. É notável a implementação do controle preditivo de modelos da central de água gelada Merced da University of California a fim de reduzir a demanda de pico (Haves et al., 2010). Com o uso de sensores físicos, esse controle preditivo de modelos prevê soluções ideais em tempo real. Os resultados mostram melhorias no desempenho do resfriador em relação à política de referência. Esse estudo também revelou a importância do desenvolvimento rápido de novos algoritmos de controle e de sua implementação em cenários reais, para melhorar o desempenho real.

Contudo, na esfera do projeto, construção e operação dos prédios atuais, ainda há um impasse quanto ao compartilhamento dos arquivos de projeto. Podemos nos lembrar de dois avanços notáveis na última década – as Industry Foundation Classes (IFCs), desenvolvidas pela International Alliance para a Interoperability, buscando descrever os dados das edificações e do setor da construção civil, e o Green Building XML (gbXML), originariamente desenvolvido pelo Green Building Studio para facilitar a transferência de propriedades de edificações salvas no sistema BIM para as ferramentas de análise de engenharia. Apesar desses avanços, essa transferência de dados ainda não se materializou completamente. Em outras palavras, os dados do gbXML exportados das ferramentas de BIM não são totalmente compatíveis para a execução de simulações energéticas de um prédio inteiro, como seria possível no desenvolvimento e na operação diretas de uma ferramenta de análise energética. Atualmente, o gbXML exportado por meio de um programa de BIM, como o Revit Architecture 2012, o Revit MEP 2012 e o ArchiCAD 10, pode ser importado diretamente das ferramentas de análise energética, como a Ecotect Analysis e a Trane Trace 700. Contudo, o gbXML exportado do *software* BIM não é robusto o suficiente para alimentar todas as entradas necessárias para a execução de uma análise energética sem o envolvimento adicional do projetista. Afinal, então, o que aconteceu com o objetivo da interoperabilidade? Já faz mais de uma década que o IFC e gbXML vêm sendo desenvolvidos, e ainda observamos essa desconexão parcial – um componente crucial para qualquer projeto e entrega integrados de edificação sustentável. Isso afeta profundamente a qualidade do processo de trabalho, desde o projeto até a análise, documentação, construção, mensuração e verificação. O que se exige é, em suma, não somente uma transferência homogênea e efetiva dos dados de projeto entre os membros da equipe de projeto como também uma abordagem unificada verso à sustentabilidade que lide não somente com a energia de operação do prédio como também com as informações relacionadas ao ciclo de vida da edificação como um todo, inclusive suas emissões, a energia incorporada, as emissões de carbono, o equilíbrio das energias renováveis (Srinivasan, *et al.* 2011), etc. Em vez de trabalhar isoladamente, essa abordagem unificada nos permitirá simular de modo efetivo e científico a sustentabilidade.

*Uma biblioteca de edificações que segue a biblioteca fluida Modelica (Casella *et al.*, 2006; Elmqvist *et al.*, 2003) está disponível para ser baixada em www.modelica.org/libraries/Buildings.

## RESUMO E CONCLUSÕES

Como seria de se esperar, a energia recebe mais ênfase nos sistemas de certificação LEED e Green Globes. Sem dúvida, o fundamental é melhorar o desempenho da edificação por meio da aplicação de técnicas de projeto passivo solar que usem os materiais, a fenestração e a orientação do prédio para maximizar a quantidade de energia livre que possa ser utilizada. O projeto solar passivo aborda climatização, iluminação natural e ventilação do prédio a fim de minimizar o emprego dos sistemas mecânicos e elétricos, especialmente daqueles alimentados por sistemas de energia não renovável. As outras medidas exigidas nas categorias energéticas dos sistemas de certificação de prédios ajudam a complementar o conceito de um prédio que é, ao mesmo tempo, eficiente em energia e responsável ambientalmente. A eliminação dos produtos químicos que destroem a camada atmosférica de ozônio é um objetivo muito importante de qualquer protocolo de certificação de sustentabilidade, e a redução do consumo energético contribui para reduzir a incidência de uma grande variedade de emissões das usinas de conversão de energia.

Uma novidade dos sistemas de certificação de edifícios é a incorporação de exigências rigorosas para o comissionamento, garantindo que o imóvel não somente funcione de acordo com seu projeto como também seja construído conforme os mais altos padrões de qualidade. Tanto o LEED quanto o Green Globes promovem o desenvolvimento das fontes de energia renovável em larga escala ao oferecerem a possibilidade de obtenção de créditos para o uso de energia obtidas nas usinas de energia renovável.

## Notas

1. A *energia primária* se refere à energia bruta na forma de petróleo, carvão mineral e gás natural que entra em um processo. Não se refere à eletricidade que sai da usina de conversão energética, que corresponde a apenas uma fração da entrada, ou seja, da energia primária.

2. *Fraturamento* é uma redução de fraturamento hidráulico. É o processo de perfurar camadas de xisto e usar uma mistura de água sob alta pressão e alguns produtos químicos para forçar o gás contido nessa rocha a ser liberado e capturado. O refraturamento refere-se a episódios de fraturamento repetidos, nos

quais o poço, que dura pouco tempo, é repetidamente sujeito ao fraturamento hidráulico após períodos de repouso. Já foram relatados casos de oito ou mais refraturamentos.

3. A ecologia de sistemas foi desenvolvida como uma teoria ecológica madura por H.T. Odum ao longo de cinco décadas, na University of Florida. O programa corrente de ecologia de sistemas do Department of Environmental Engineering da University of Florida foi descrito em www.ees.ufl.edu/research/area.asp?AID=3.

4. O site do Target Finder da Agência de Proteção Ambiental dos Estados Unidos é www.energystar.gov/buildings/service-providers/design/step-step-process/evaluate-target/epa%E2%80%99s-target-finder-calculator.

5. O conceito de Energy-10 foi desenvolvido pelo National Renewable Energy Laboratory e está disponível no Sustainable Buildings Industry Council licenciado pelo Midwest Research Institute.

6. A versão de 2014 do Protocolo do IPMVP, "Concepts and Practices for Determining Energy Savings in New Construction," Volume 3, Parte 1, além de outras referências ao IPMVP, está disponível no site da Efficiency Valuation Organization: www.evo-world.org/en/products-services-mainmenu-en/products-ipmvp- mainmenu-en.

7. Comunicação pessoal com o autor.

8. Um grau-dia de calefação (HDD) ou resfriamento (CDD) é uma medida do desvio do perfil térmico do terreno e da temperatura média de um prédio. Para calefação, a temperatura média é de 18°C; para resfriamento, a média utilizada nos cálculos é de 24°C. Por exemplo, um dia com temperatura média de 16°C resultaria em dois graus-dias de aquecimento (em graus Celsius) (18°C–16°C) por dia. O número de graus-dia de aquecimento ou resfriamento é um indicador do radicalismo do perfil de temperaturas de um terreno e de quanta energia será necessária para os sistemas de calefação ou refrigeração.

9. Uma descrição da iluminação natural e de outras estratégias empregadas para tornar o Rinker Hall um prédio de alto desempenho podem ser encontradas no site do Committee on the Environment (COTE) do American Institute of Architects (AIA): http://www2.aiatopten.org/hpb/energy. cfm?ProjectID=286.

10. O coeficiente de desempenho é uma medida do desempenho das bombas de calor e dos sistemas de condicionamento de ar. É definido como a razão entre a energia removida ou acrescentada ao sistema. Tanto a energia retirada como a acrescentada deve estar na mesma unidade de medida – por exemplo, BTUs por hora ou quilowatts. Ao contrário da eficiência, que tem valor máximo de 1, o coeficiente de desempenho pode e, de fato, deve ser muito maior do que 1. Por exemplo, os resfriadores rotativos eficientes podem ter coeficiente de desempenho de 7 ou mais. Outro termo relacionado é a taxa de eficiência energética sazonal (SEER), que descreve a razão de energia removida, em BTUs para watts de energia de entrada, e é utilizada para descrever o desempenho de sistemas de condicionamento de ar de escala residencial muito menores. Um equipamento de ar-condicionado com nível de eficiência em energia sustentável de 14 teria um coeficiente de desempenho equivalente de 4.

11. A Carbohydrate Economy Clearinghouse foi patrocinada pelo Institute for Local Self Reliance (ILSR) e abordou a grande variedade de temas associados à mudança para energias renováveis com biobase.

12. Informações sobre as aplicações das células de combustível podem ser encontradas em www.fuelcells.org.

13. Um excelente panorama dos sistemas de gestão energética está disponível em Energy Design Resources, na forma de um programa de necessidades, "Energy Management Systems".

## FONTES DE CONSULTA

"Building Simulation." 2002. Energy Design Brief, Energy Design Resources. Available at https://energydesignresources.com/resources/publications/design-briefs/design-brief-building-simulation.aspx.

Casella, F., M. Otter, K. Proelss, C. Richter, and H. Tummescheit. 2006. "The Modelica Fluid and Media Library for Modeling of Incompressible and Compressible Thermo-Fluid Pipe Networks." *Proceedings of the Fifth International Modelica Conference*, vol.1, pp. 531–640. Available at https://modelica.org/events/modelica2006/Proceedings/proceedings/Proceedings2006_Vol1.pdf.

"Chiller Plant Efficiency." 2010. Energy Design Brief, Energy Design Resources. Available at https://energydesignresources.com/resources/publications/design-briefs/design-brief-chiller-plant-efficiency.aspx.

"Choosing Windows: Looking through the Options." 2010. *Environmental Building News* 20(2): 1–14.

"Daylighting: Energy and Productivity Benefits." 1999. *Environmental Building News* 8(9): 1, 10-14.

"Daylighting in Schools: An Investigation into the Relationship between Daylighting and Human Performance: A Condensed Report." 1999. Conducted by the Heschong Mahone

Group for the Pacific Gas and Electric Company. Available at www.pge.com/includes/docs/pdfs/shared/edusafety/training/pec/daylight/SchoolsCondensed820.pdf.

Diamond, R., M. Opitz, T. Hicks, B. Vonneida, and S. Herrera. 2006. "Evaluating the Site Energy Performance of the First Generation of LEED-Certified Commercial Buildings." *Proceedings of the 2006 Summer Study on Energy Efficiency in Buildings*, LBNL-59853. Washington, DC: American Council for an Energy Efficient Economy Available at http://eetd.lbl.gov/node/51345.

"Economizers." 2000. Energy Design Brief, Energy Design Resources. Available at www.energydesignresources.com/resources/publications/design-briefs.aspx.

Elmqvist, H., H. Tummescheit, and M. Otter. 2003. "Object-Oriented Modeling of Thermo-Fluid Systems." In *Proceedings of the Third Modelica Conference*, pp. 269–286. November 2–3, Linköping University, Linköping, Sweden.

"Energy Management Systems." 1998. Energy Design Brief, Energy Design Resources. Available at www.energydesignresources.com/resources/publications/design-briefs.aspx.

*Greening Federal Facilities*, 2nd ed. 2001. DOE/GO-102001-1165. Washington, DC: Department of Energy. Available at www.nrel.gov/docs/fy01osti/29267.pdf.

Haves, P., et al. 2010. "Model Predictive Control of HVAC Systems: Implementation and Testing at the University of California, Merced Campus." Lawrence Berkeley National Laboratory Report. Available at http://escholarship.org/uc/item/3pt2d32h.

Hawken, P., A. Lovins, and L. H. Lovins. 1999. *Natural Capitalism*. New York: Little, Brown.

Kaneda, David, Scott Shell, Peter Rumsey, and Mark Fisher. 2006. "IDeAs $Z^2$ Design Facility: A Case Study of a Net Zero Energy, Zero Carbon Emission Office Building." Proceedings of Rethinking Sustainable Construction 2006, September 18–22, Sarasota, FL.

Lindsey, Travis C. 2009. "Energy Loss. Global Warming and Voltage Drop." *IAEI Magazine*, July–August. Available at http://iaeimagazine.org/magazine/2009/07/16/energy-loss--global-warming-and-voltage-drop/.

Löhnert, Günther, Sebastian Herkel, Karsten Voss, and Andreas Wagner. 2006. "Energy Efficiency in Commercial Buildings: Experiences and Monitoring Results from the German Funding Program Energy Optimized Building, ENOB." Proceedings of Rethinking Sustainable Construction 2006, September 18–22, Sarasota, FL.

Mattson, S. E., and H. Elmqvist. 1997. "Modelica—An International Effort to Design the Next Generation Modeling Language." Proceedings of the Seventh IFAC Symposium on Computer Aided Control Systems Design (April 28–30), Ghent, Belgium. Available at www.modelica.org/publications/papers/CACSD97Modelica.pdf.

Parker, D. S., J. E. R. McIlvaine, S. F. Barkaszi, D. J. Beal, and M. T. Anello. 2000. "Laboratory Testing of the Reflectance Properties of Roofing Material." FSEC-CR- 670-00, Florida Solar Energy Center, Cocoa, FL. Available at www.fsec.ucf.edu/en/ publications/html/FSEC-CR-670-00/.

"Skylighting and Retail Sales: An Investigation into the Relationship between Daylighting and Human Performance: A Condensed Report." 1999. Conducted by the Heschong Mahone Group for the Pacific Gas and Electric Company. Available at www.pge.com/includes/docs/pdfs/shared/edusafety/training/pec/daylight/RetailCondensed820.pdf.

"Solar Heat Gain Control for Windows." 2002. *EREC Reference Briefs*. Washington, DC: Office of Energy Efficiency and Renewable Energy, Department of Energy.

Srinivasan, R. S., W. W. Braham, D. E. Campbell, and C. D. Curcija. 2011. "Re(de)fining Net Zero Energy: Renewable Energy Balance in Environmental Building Design." *Building and Environment* 47: 300–315.

Srinivasan, R. S., J. Lakshmanan, E. Santosa, and D. Srivastav. 2011. "Plug-Load Densities for Energy Analysis: K–12 Schools." *Energy and Buildings* 43 (11): 32893294.

Srinivasan, R. S., J. Lakshmanan, and D. Srivastav. 2011. "Calibrated Simulation of an Existing Convention Center: The Role of Event Calendar and Energy Modeling Software." Proceedings of 2011 Building Simulation Conference, November 11–14, Sydney.

"Tips for Daylighting with Windows: The Integrated Approach." 1997. LBNL-39945, Lawrence Berkeley National Laboratory, Berkeley, CA.

Wetter, M. 2011. "A View on Future Building System Modeling and Simulation." In *Building Performance Simulation for Design and Operation*, J. L. M. Hensen and R. Lamberts, eds. London: Routledge.

"What Office Tenants Want: 1999 BOMA/ULI Office Tenant Survey Report." 2000. BOMA International Foundation.

# 10 O ciclo hidrológico do ambiente construído

Dos vários recursos necessários para o ambiente construído, talvez a água seja o que enfrenta o momento mais crítico. Em seu livro *The Bioneers*, Kenny Ausubel (1997) observou que os biólogos por vezes se referem a esse recurso como "a água de Cleópatra" porque, assim como todos os outros materiais no planeta, a água se mantém em um ciclo fechado. A água que você toma em um bebedouro talvez tenha sido utilizada pela rainha egípcia em seu banho. O corpo humano é 97% água, e a água é mais crucial para a sobrevivência do que os alimentos. Ela serve, no metabolismo humano, como um meio para a transferência de oxigênio em pequena escala, como um amortecedor para as mudanças rápidas, e em larga escala, que estão ocorrendo no planeta e como um absorvedor de choques na função celular, na escala microscópica. A água também desempenha um papel na maioria das tradições e religiões espirituais do mundo, desde o batismo da fé cristã aos rituais de suor dentro de recintos fechados dos nativos norte-americanos às tradições de purificação da fé Baha'i. A água é a fonte da vida tanto para os seres humanos como para as outras espécies, mas também tem poder destrutivo. Ela é empregada como uma metáfora para a verdade e um símbolo para a redenção e a lavagem dos pecados. A água serve como *habitat* para uma fração substancial dos organismos vivos da Terra, e os restantes dependem totalmente dela para sua sobrevivência.

Apesar do valor simbólico e prático da água, os recursos hídricos ao redor do planeta estão muito sobrecarregados. Em 28 de julho de 2010, a ONU passou uma resolução afirmando o direito de todas as pessoas à água limpa e segura e à sanitação.[1] Atualmente, cerca de dois bilhões de pessoas vivem em áreas com problemas hídricos, e três bilhões não têm água corrente a menos de um quilômetro de seus lares. A cada oito segundos uma criança falece por uma doença transmitida pela água, que seria prevenida se as famílias tivessem recursos financeiros adequados. O mundo está ficando sem água potável, e o futuro provavelmente será sombrio para as populações que não têm como pagar pela tecnologia e energia necessárias para gerar água limpa utilizando a água do mar ou de uma fonte poluída. Um relatório de 2009 feito pela McKinsey & Company relatou que, por volta de 2030, a demanda global pela água excederá o suprimento em mais de 40%, uma amostra das desgraças que a população enfrentará no futuro próximo. O relatório também previu que, da nova demanda que surgirá até 2030, cerca de 42% estarão em apenas quatro países: China, Índia, Brasil e África do Sul.

É importante observar a quantidade real de água necessária a uma população, pois isso define os limites de fornecimento e consumo para a região. Para a sobrevivência mínima, a Organização Mundial da Saúde (OMS) estima que entre 2 e 4,5 litros sejam necessários para a bebida e outros 41 l, para cozinhar e preparar alimentos. A Agência para o Desenvolvimento Internacional (Estados Unidos) afirma que cada pessoa precisa de 100 l de água por dia para manter uma qualidade de vida razoável. Nos Estados Unidos, o uso de água *per capita* por dia é de cerca de quatro vezes esse valor (400 l); mas, se considerarmos a água consumida para fins agropecuários e industriais, essa quantidade passa para aproximadamente 7 mil litros, um volume enorme de um recurso precioso e limitado.

Além dos problemas do suprimento da água, a saúde pública e a higiene também são questões importantes. As doenças transmitidas pela água (inclusive a diarreia, febre tifoide e cólera) são responsáveis por 80% das doenças e mortes nos países em desenvolvimento. Cerca de 15 milhões de crianças morrem anualmente com essas doenças. Os materiais tóxicos e o lixo bruto, inclusive os dejetos industriais, químicos, agrícolas e humanos, são lançados nos sistemas aquáticos na taxa de dois milhões de toneladas por dia. Cerca de 1,1 milhão de litros de lixo bruto é descarregado no Rio Ganges, na Índia, que também é uma fonte primária de água para muitos indianos. O tratamento da água servida é insuficiente na maior parte do mundo: na Ásia, apenas 35% da água são tratados; na América Latina, 14%.

## O ESGOTAMENTO DOS RECURSOS HÍDRICOS GLOBAIS

De toda a água que existe na Terra, apenas 2,75% são água doce; desse valor, três quartos, ou seja, cerca de 2% estão sequestrados ou presos nas geleiras e em coberturas de neve permanentes. Somente uma pequena fração da água do planeta, cerca de 0,01%, é de água superficial encontrada em rios e lagos e, portanto, de acesso imediato (veja a Tabela 10.1). O restante se encontra enterrada a grandes profundidades. Em certos casos, se essa água é removida, levará centenas de anos para que a fonte seja reabastecida. Em grande parte do mundo, a água fresca removida tanto das fontes superficiais como das subterrâneas está sendo consumida em um ritmo muito maior do que está sendo reabastecida. O oeste asiático tem os mais severos problemas de abastecimento de água do mundo, e mais de 90% de sua população sofrem sérios problemas com isso. Na Espanha, mais da metade de seus cerca de 100 aquíferos estão sobrecarregados. Nos Estados Unidos, a situação é melhor, mas não muito, e talvez isso não seja por muito tempo. No estado de Arizona, mais de 400 milhões de $m^3$ de água são removidos dos aquíferos a cada ano, o dobro da taxa de recuperação da chuva.

Talvez o caso mais famoso de exaurimento de uma fonte de água seja o do Mar de Aral, que, na década de 1960, começou a fornecer água para que as fazendas coletivas da União Soviética produzissem algodão. Antes, era uma fonte de peixes grandes, mas, no início da década de 1980, eles já haviam praticamente desaparecido. Nos anos 1990, o Mar de Aral cobria metade de sua área original, e seu volume de água havia reduzido em 75%. Assim, um grande lago, que outrora fora muito rico e profundo e tinha complexos ecossistemas, foi praticamente destruído em cerca de 40 anos devido às atividades humanas (veja a Figura 10.1).

## DISTRIBUIÇÃO DA ÁGUA E FALTA DE ÁGUA NOS ESTADOS UNIDOS

Nos Estados Unidos, crises hídricas estão acorrendo em praticamente todos os lugares. O importante sistema ecológico Apalachicola, de Panhandle, na Flórida, localizado na extremidade sul de uma complexa bacia hidrográfica que compreende os Rios Apalachicola, Flint e Chattahoochee, está sendo ameaçado devido a problemas distantes da Baía de Apalachicola, na qual o sistema flui. Na extremidade norte dessa bacia hidrográfica está Atlanta, Géorgia, uma cidade em crescimento que já tem 5 milhões de habitantes, retira quase toda sua água do Rio Chattahoochee e é complementada por comunidades rurais e de pescadores pouco populosas mais ao sul, ao longo da fronteira com o Alabama e em direção à Flórida. Uma seca de três anos, que terminou em 2009, resultou em uma guerra pela água travada entre três estados, que colocou os interesses urbanos de

**TABELA 10.1**

**Inventário da água sobre a superfície terrestre**

| Reserva | Volume (milhões de km³) | Percentagem do total |
|---|---|---|
| Oceanos | 1.370 | 97,25 |
| Calotas polares e geleiras | 29 | 2,05 |
| Lençóis freáticos | 9,5 | 0,68 |
| Lagos | 0,125 | 0,01 |
| Umidade do solo | 0,065 | 0,005 |
| Atmosfera | 0,013 | 0,001 |
| Lagos e rios | 0,0017 | 0,0001 |
| Biosfera | 0,0006 | 0,00004 |

*Fonte: Fundamentals eBook, www.physicalgeography.net/fundamentals/contents.html*

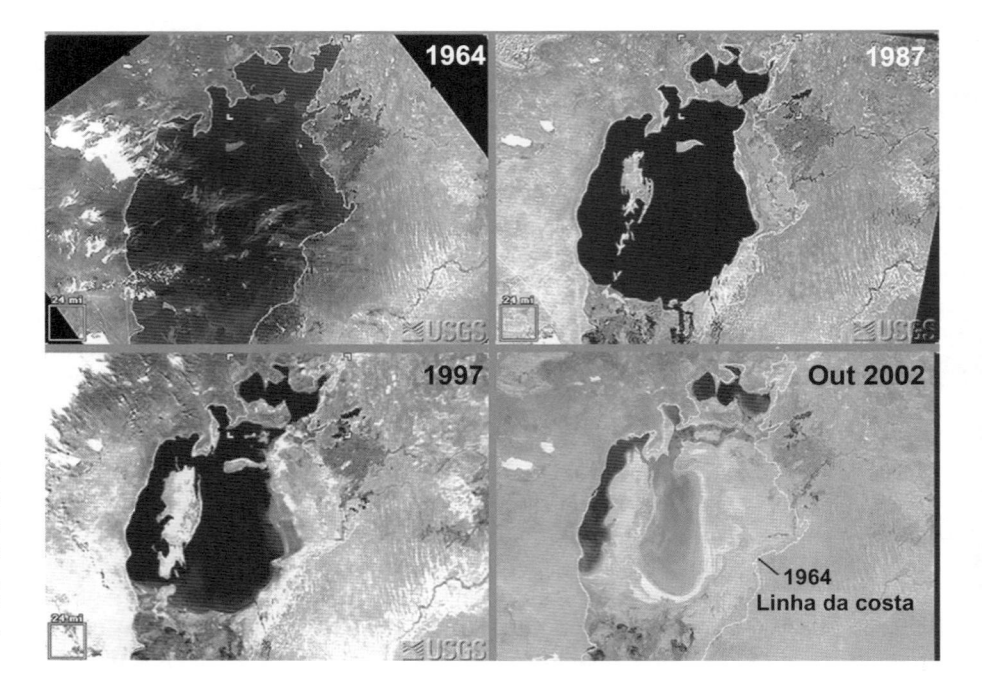

**FIGURA 10.1** O Mar de Aral praticamente desapareceu, e seus ecossistemas foram totalmente destruídos no período de 40 anos entre as décadas de 1960 e 1990, sendo vitimado pelas plantações de algodão e pela industrialização. (*Fonte*: US Geological Survey)

Atlanta contra as necessidades rurais de Geórgia. Esse conflito tem se repetido muitas vezes nos Estados Unidos (veja a Figura 10.2). Em outubro de 2007, o governador da Geórgia, Sonny Perdue, declarou o estado de emergência para o terço norte da Geórgia e solicitou ao presidente George W. Bush que a declarasse uma área de desastre ecológico. Na ocasião, os oficiais da Georgia advertiram que o Lago Lanier, um reservatório de 38 mil acres que abastece mais de 3 milhões de habitantes com água, tinha reservas para menos de três meses. Os reservatórios menores estavam com níveis ainda mais baixos. A disputa pela água limitada é controlada pelo Corps of Engineers do exército dos Estados Unidos, que libera mais de 1 bilhão de galões de água do Lago Lanier por

**FIGURA 10.2** O Lago Lanier, a nordeste de Atlanta, Geórgia, fornece água para sua fervilhante população de 5 milhões, competindo, entre outros, com os ostreicultores do Golfo do México, com uma fonte de água crítica e cada vez mais escassa. A fotografia mostra o Lago Lanier durante a estiagem de outubro de 2007, quando seu nível estava 4,4 m abaixo do normal. (Dick McMichael, dicksworld.wordpress.com)

dia. As liberações de água se baseiam em dois requisitos que o Corps of Engineers é obrigado a cumprir: o fluxo mínimo exigido por uma usina termoelétrica a carvão na Flórida e mandados de proteção de duas espécies de mexilhões em um rio da Flórida. Como consequência, as necessidades de Atlanta se contrapõem às necessidades de uma área predominantemente rural a jusante e à proteção de espécies naturais que sustentam a atividade econômica dos pescadores da Costa do Golfo. O governador Perdue solicitou a um juiz federal que reduzisse significativamente os fluxos do lago e reservasse mais água para os moradores do norte da Geórgia. Dramas similares já ocorreram várias vezes, e a guerra entre Flórida, Geórgia e Alabama continua.

As crises hídricas também são aparentes nas moratórias impostas a empreendimentos urbanos e planos de crescimento das cidades em função da falta de abastecimento ou da insuficiência no tratamento de esgoto. Uma moratória ao crescimento de Las Vegas, Nevada, que atualmente é um dos municípios que mais crescem nos Estados Unidos, já foi discutida várias vezes desde 2004. No Vale do Diamante, perto de Las Vegas, os níveis de água baixaram mais de 30 m durante as décadas de 1970 e 1980 e jamais foram recuperados (veja as Figuras 10.3 e 10.4).[2] Em janeiro de 2004, os vereadores de Emmitsburg, Maryland, aprovaram uma lei que estipulou uma moratória à ocupação de lotes que ainda não tivesse sido aprovada até que a capacidade de projeto máxima da estação de

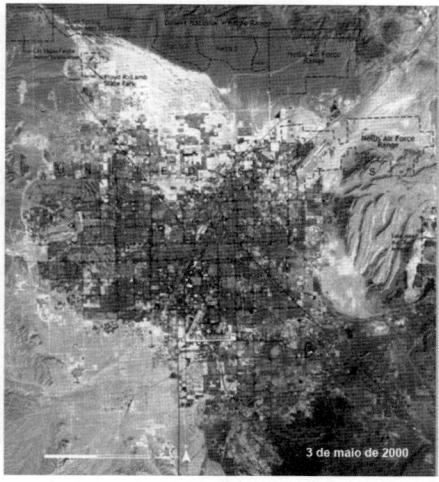

**FIGURA 10.3** O crescimento enorme de Las Vegas, Nevada, tem contribuído para o exaurimento de seus aquíferos em menos de 30 anos. A imagem de satélite de Las Vegas ilustra os padrões espaciais e as taxas de modificação resultantes da dispersão da cidade. (*Fonte*: United Nations Environment Programme)

**FIGURA 10.4** A maioria das áreas de Las Vegas, Nevada, exige irrigação para seus campos de golfe, clubes de campo e outras áreas paisagísticas necessárias para atrair as pessoas a essa região do Deserto de Mojave. (Paul Francis, www.lasvegasrealestatehome.com)

tratamento de esgoto da cidade, que é de 2 milhões de litros por dia, não seja excedida durante 180 dias consecutivos.[3]

A escala do consumo de água é colossal, mas tem estabilizado. Nos Estados Unidos, mais de 1.552 bilhões de litros para todos os usos eram extraídos por dia em 2010, e estima-se que o consumo para 2015 tenha sido o mesmo.[4]

A taxa de consumo de água é mais de 40 vezes a da gasolina, e alguns afirmam que um dia, no futuro não tão distante, a água será mais cara do que a gasolina. De fato, nos Estados Unidos, o preço equivalente da água engarrafada em uma loja de conveniência é de, pelo menos, 1,5 dólar por litro. As boas novas são que, em 1980, o consumo nos Estados Unidos era ainda mais elevado – 450 bilhões de galões por dia –, o que significa que o uso de água total e *per capita* tem diminuído, apesar de hoje haver 70 milhões a mais de habitantes e seu PIB ter dobrado. Assim, menos água é consumida em uma economia de 14 trilhões de dólares do que em uma economia de 6 trilhões. Embora o consumo direto das pessoas nas edificações não seja uma fração muito grande do consumo total nos Estados Unidos, a falta de água em muitas áreas do país está afetando o empreendimento imobiliário e a construção (veja as Figuras 10.5 e 10.6).

A agricultura é a causa de sérios problemas de abastecimento de água, pois é responsável por mais de 80% do consumo de água, e 60% da água de irrigação é desperdiçada em virtude de canais com vazamentos, evaporação e má gestão. Problemas similares ocorrem nas cidades de muitos países em desenvolvimento, com cerca de 40% da água de grandes cidades sendo desperdiçados em função de sistemas com vazamentos.

Os prédios respondem por cerca de 12% da utilização da água tratada. O ciclo hidrológico do ambiente construído, caracterizado pela entrada de água potável de alta qualidade e pela descarga de água servida e contaminada, é ineficiente, perdulário e ilógico. Em seu contexto mais amplo, o ciclo hidrológico do ambiente construído também inclui a irrigação das áreas paisagisticamente tratadas e a gestão da água da chuva (veja, no Capítulo 8, a discussão sobre a água pluvial, que está incluída no tópico geral dos terrenos de construção). Como foi destacado por Hawken, Lovins e Lovins (1999), a invenção da bacia sanitária, por Thomas Crapper, talvez tenha sido o início de uma tendência infeliz para a tomada de decisões a respeito do consumo de água nas edificações.[5]

**FIGURA 10.5** A demanda de água nos Estados Unidos está causando quedas significativas nos níveis de vários aquíferos de todo o país. O sul do Arizona é uma das muitas áreas que extraem quantidades enormes de água de seus aquíferos, causando recalque do solo. Essas áreas são vulneráveis à contaminação do escoamento superficial da água nos aquíferos de suas bacias hidrográficas. (*Fonte*: Arizona Department of Water Resources)

**FIGURA 10.6** Buracos no calçamento ou nas vias são um exemplo de recalque do solo provocado pela extração da água do lençol freático. Como as águas freáticas servem, em parte, como componentes estruturais das rochas, seu exaurimento resulta em vazios no solo e, em certo momento, colapsos, que às vezes são repentinos e imprevisíveis, impondo riscos significativos às pessoas e aos sistemas de infraestrutura urbana. (Fotografia por cortesia de Ildar Sagdejev)

Para poder dispensar os dejetos humanos gerados dentro dos prédios, os vasos sanitários diluem as fezes infestadas de doenças e a urina relativamente limpa em água potável de alta qualidade. Consequentemente, enormes quantidades de água são desperdiçadas, e uma fonte de fertilizante em tese útil é lançada nos sistemas de esgoto cloacal, se unindo aos dejetos industriais. O resultado final é um sistema complexo de estações de tratamento de esgoto que emprega muitos produtos químicos, gasta muita energia e polui. É indubitável a necessidade de uma profunda reanálise do sistema hidrológico do ambiente construído a fim de se usar melhor a água potável escassa e cara e reduzir os impactos e custos de se tratar os efluentes dos edifícios.

Neste capítulo, abordamos o modo como os edifícios de alto desempenho podem contribuir para reduzir a pressão nos cada vez mais raros recursos hídricos e para a melhoria da saúde dos ecossistemas locais. Também discutimos estratégias para a seleção de fontes de água, o uso das novas tecnologias nos aparelhos sanitários, a avaliação das estratégias alternativas de gestão do esgoto, a implementação da gestão sustentável das águas pluviais e a otimização do consumo de água nos jardins. Além disso, este capítulo cobre o tema de se estabelecer metas para o consumo de água e a modelagem desse consumo a fim de avaliar o progresso no alcance das metas.

## A TERMINOLOGIA DO CICLO HIDROLÓGICO

Antes de discutirmos a estratégia hidrológica dos prédios de alto desempenho, é importante definir termos comuns utilizados no contexto do ciclo da água do ambiente construído. A seguir apresentamos as definições dos conceitos mais importantes e que devem ser entendidos em qualquer discussão sobre o projeto de sistemas de água de edificações de alto desempenho.

**Ciclo hidrológico.** A circulação contínua da água entre os reservatórios do planeta, como o solo, os corpos d'água e a atmosfera. O ciclo hidrológico também é chamado de *ciclo da água*. A Tabela 10.1 mostra a distribuição da água na superfície terrestre e na atmosfera. O tempo de residência da água na superfície da Terra varia entre apenas um mês, para a umidade do solo, e 10 mil anos, no caso dos lençóis freáticos profundos (veja a Tabela 10.2).

**O ciclo hidrológico do ambiente construído.** O fluxo e armazenamento de todos os tipos de água nos terrenos afetados pela construção e infraestrutura. Os tipos de água incluem a água

**TABELA 10.2**

Tempo de residência típico da água encontrada em vários reservatórios naturais

| Reserva | Tempo de residência médio |
|---|---|
| **Águas freáticas: profundas (fósseis)** | **10 mil anos** |
| **Águas freáticas: rasas** | **100–200 anos** |
| Lagos | 50–100 anos |
| Geleiras | 20–100 anos |
| Rios | 2–6 meses |
| Cobertura de neve sazonal | 2–6 meses |
| Umidade do solo | 1–2 meses |

*Fonte: Fundamentals eBook, www.physicalgeography.net/fundamentals/contents.html*

potável, a água da chuva (ou pluvial), a água servida e a água reaproveitada que é usada, processada, armazenada e transportada com várias tecnologias que, no caso dos prédios de alto desempenho, aproveitam os sistemas naturais.

**Água potável.** Água segura para o consumo humano (isto é, que tem alta qualidade e baixo risco de ameaça). A água potável geralmente é obtida dos lençóis freáticos ou das fontes superficiais e, então, processada a fim de que sua qualidade seja elevada aos padrões de consumo humano.

**Águas freáticas.** Água que é encontrada no subsolo (ou lençol freático), em formações rochosas, como os aquíferos e o próprio solo. As águas freáticas são extraídas para o consumo humano por meio de poços rasos ou poços artesianos profundos. A água que infiltra no solo e reabastece o lençol freático é chamada de *água de recarga*.

**Água superficial.** Água coletada da superfície terrestre, ou seja, de rios, córregos, lagos, etc., e que serve como fonte de reabastecimento da água freática.

**Água fóssil.** Água do lençol freático profundo, que tem um longo tempo de residência, às vezes na ordem de milhares de anos. Embora essa fonte de água exista há muito tempo nos aquíferos subterrâneos, ela está sendo rapidamente exaurida em virtude de não ser imediatamente reabastecida e, portanto, ser um recurso que pode ser considerado não renovável. Nos Estados Unidos, o Departamento de Agricultura relatou que, em áreas de três dos maiores produtores de grãos do país – os estados produtores que extraem água do aquífero Ogallala, Texas, Oklahoma e Kansas –, o lençol freático baixou mais de 30 metros; como resultado, os poços artesianos estão secando em milhares de fazendas das Grandes Planícies do sul do país.

**Água da chuva com escoamento superficial.** Água que não infiltra no solo e, ou escoa até os corpos de água, ou reentra diretamente no sistema pluvial. Inclui a água da precipitação de chuva e neve, água da neve que derrete e água de inundações.

**Água pluvial.** Água da chuva, isto é, de precipitações líquidas, mas excluindo a água da neve, granizo e geada que ainda não entrou em um córrego, lago ou outro corpo de água.

**Aproveitamento de águas pluviais.** A coleta, o armazenamento e o consumo de água da chuva. A maioria dos sistemas usa as coberturas como área de coleta e um grande reservatório de aço galvanizado, fibra de vidro, polietileno ou ferrocimento. Quando a água for utilizada apenas para a irrigação de jardins, costuma ser necessária apenas a filtragem dos sedimentos. Quando a água está sendo coletada e armazenada para fins potáveis, são necessárias medidas adicionais para purificá-la e garantir que seja segura. O aproveitamento da água da chuva oferece vários importantes benefícios ambientais, inclusive a redução da pressão sobre as fontes limitadas e a redução do escoamento superficial e dos alagamentos. Ela também pode ser uma fonte de água de qualidade superior do que a das fontes convencionais. Após a purificação, a água pluvial costuma ser muito segura e ter alta qualidade.

**Água reaproveitada.** Água de uma estação de tratamento que foi tratada e pode ser usada para fins não potáveis, como irrigação, torres de arrefecimento, processos industriais, descarga de vasos sanitários e combate a incêndio. Em certas áreas dos Estados Unidos, a água reaproveitada é chamada de água para irrigação, mas seus usos podem ir muito além desse.

**Águas fecais.** Água que contém dejetos humanos. As águas fecais oriundas de pias de cozinha e máquinas de lavar pratos às vezes também são consideradas fecais por conterem óleo, gordura e restos de alimentos, que podem sobrecarregar os processos de tratamento e descarte.

**Águas servidas.** Águas de duchas, banheiras, lavatórios, máquinas de lavar roupa e bebedouros. As águas servidas também podem incluir a água de condensação de equipamentos de refrigeração e condicionamento de ar, de drenos de banheiras com água quente, de drenos de chafarizes, fontes e espelhos d'água e de drenos de reservatórios. As águas servidas contêm uma quantidade mínima de contaminantes e podem ser reutilizadas para certos fins paisagísticos. Embora o reúso desse tipo de água ainda seja discutido por autoridades da saúde pública, nunca se conseguiu relacionar a um caso de doença. Tanto as águas servidas como as fecais contêm patógenos (e os seres humanos deveriam evitar o contato com ambas), mas as fecais são consideradas um meio bem mais perigoso para a transmissão de doenças. Embora as águas servidas não sejam fecais, essas fontes de água não devem ser unidas às das fecais que se destinarão à irrigação: jardins e torneiras de estufas, fluxos de retorno abrandadores de água, drenos de piso e água para piscinas. Em prédios servidos exclusivamente por bacias sanitárias de compostagem (e que, portanto, não produzem águas fecais *strictu sensu*), pode ser útil incluir as águas servidas nas fecais tomando-se algumas precauções especiais para eliminar a matéria orgânica.

**Xerojardinagem.** Estratégia de paisagismo que foca o uso de espécies adaptadas e tolerantes à seca e, portanto, exigem uma quantidade mínima de água para sua manutenção ou mesmo dispensam a irrigação. A palavra deriva do vocábulo grego *xeri*, que significa seco. A estratégia também é chamada de paisagismo ambiental ou *enviroscaping*.

**Living Machine (Máquina viva).** Marca registrada e nome comercial de uma forma de tratamento de esgoto projetada para imitar as funções de limpeza das lagoas de detenção (pântanos). O sistema é uma estratégia de biorremediação intensiva que também pode ter subprodutos benéficos, como água de qualidade para reúso, cultivo de plantas ornamentais e produtos vegetais úteis para materiais de construção, geração de energia ou alimentação animal.

## A ESTRATÉGIA DO CICLO HIDROLÓGICO DAS EDIFICAÇÕES DE ALTO DESEMPENHO

Uma das questões-chave que o movimento da edificação sustentável está tentando incluir é a interação do ciclo hidrológico natural ao ambiente construído. O ciclo hidrológico do ambiente construído envolve o manuseio e consumo da água tanto no interior como no exterior dos edifícios. A água é importada para dentro do ambiente construído, para ser consumida e para outros usos, e então é exportada como água servida. A água usada dentro de um prédio pode ser a potável, oriunda de um sistema de abastecimento municipal, ou de um poço; a água da chuva armazenada em cisternas; ou, quando permitido, a água servida que foi reciclada dentro do próprio prédio. Fora da edificação, o ciclo hidrológico do ambiente construído pode ser extremamente complexo em virtude dos desafios de se manusear volumes por vezes muito grandes de água pluvial e de se fornecer água para a irrigação dos jardins. A água da chuva que cai no terreno pode ter diversos destinos. Em um terreno ainda não edificado ou baldio, a maior parte da água da chuva infiltra no solo, e o restante escoa até os córregos e outros corpos de água. Em um terreno já edificado, a situação pode ser a inversa, com uma quantidade de água relativamente pequena sendo infiltrada na terra. Os edifícios e pisos externos, como passeios e pavimentações de rua, cobrem o solo, impedindo a infiltração da água pluvial e gerando fluxos de água através de estacionamentos e vias públicas. A água da chuva deve ser coletada e conduzida aos sistemas de tratamento municipais que a recebem e processam ou a armazenam em bacias de retenção ou detenção.

Os projetistas de prédios de alto desempenho têm desenvolvido estratégias hidrológicas inovadoras para o ambiente construído que estão tendo impactos significativos no consumo de água. O foco dessas abordagens é triplo: (1) minimizar o consumo de água potável nos poços ou no sistema municipal de tratamento de esgoto, (2) minimizar a geração de águas servidas e (3) maximizar a infiltração de água da chuva no solo.

Essas estratégias, junto com o surgimento de várias tecnologias-chave, estão resultando em edifícios de alto desempenho com enormes reduções tanto em seus consumos de água como em seus perfis de geração de esgoto. Essas estratégias e tecnologias inovadoras serão descritas a seguir.

## Benefícios da eficiência em água

Reduzir o consumo de água em um prédio e repensar a estratégia de esgoto empregada para o ambiente construído podem aumentar radicalmente a quantidade de água disponível, melhorar a saúde humana e reduzir as ameaças aos sistemas ecológicos. Além desses benefícios, o Rocky Mountain Institute (www.rmi.org), uma ONG sem fins lucrativos que fornece vários serviços sobre questões de energia, água, empreendimento imobiliário e edificações sustentáveis, sugere que a eficiência em água pode ter outros benefícios tangíveis e calculáveis:

- *Economias de energia.* Economia ao se reduzir a energia necessária para transportar, processar e tratar a água do que o valor efetivo da água que é economizada.
- *Corte na geração de esgoto.* Reduzir o consumo de água também diminui a geração de esgoto, diminuindo os custos para os proprietários dos prédios. Os custos do tratamento das águas servidas são significativamente superiores ao custo da água potável.
- *Menores investimentos nas instalações prediais.* Projetar edifícios eficientes em água reduz os custos da água e da infraestrutura com as águas servidas.
- *Processos industriais.* As inovações relativas ao consumo de água nos sistemas de produção podem resultar em novos processos e abordagens.
- *Maior produtividade dos trabalhadores.* É sabido que as edificações que incluem medidas para a eficiência em recursos têm uma força de trabalho mais produtivas.
- *Risco financeiro reduzido.* A implementação da eficiência em água pode ser feita à medida que é necessária, reduzindo os custos e riscos dos prédios maiores.
- *Benefícios ambientais.* A redução do consumo de água resulta em menor impacto nos sistemas naturais.
- *Valor de relações públicas.* A proteção do ambiente é bem-vista pelo público em geral e pelos clientes.

O ciclo hidrológico e o consumo energético estão intimamente relacionados, com pouquíssimos impactos visíveis para o proprietário da edificação. Sistemas complexos e caros extraem água potável de fontes superficiais e lençóis freáticos e, então, bombeiam para tratamento e distribuição, exigindo grandes quantidades de energia que geralmente são subsidiadas, em virtude do baixo custo da água. De modo similar, os esgotos têm de ser bombeados através de um sistema extensivo de coletores públicos e estações elevatórias até as estações de tratamento, o que consome quantidades de energia relativamente grandes. (O termo *watergy* às vezes é empregado para descrever a relação íntima entre a água e a energia.) A boa notícia é que a redução do consumo de água traz inúmeros benefícios: não apenas a redução dos fluxos do sistema, mas também a diminuição do consumo energético total e da poluição associada com as fontes energéticas.

## Etapas para o desenvolvimento de uma estratégia hidrológica de alto desempenho

Os oito passos a seguir são lógicos e podem ser empregados para desenvolver uma estratégia hidrológica para edificações de alto desempenho:

1. *Selecione as fontes apropriadas de água para cada tipo de consumo.* A água potável deve ser utilizada apenas para aquelas aplicações que envolvem o consumo ou a ingestão humana. Além

da água potável, outras fontes incluem a água da chuva, a servida e a reaproveitada. Essas fontes alternativas podem ser empregadas em irrigação de jardins, combate a incêndio, torres de arrefecimento, sistemas de climatização com água fria ou quente, descarga de vasos sanitários e mictórios, entre outras aplicações nas quais o uso da valiosa água potável pode ser minimizado. Em cada caso, a disponibilidade de cada fonte de água alternativa deve ser analisada a fim de se determinar qual composição é a ideal para um projeto em particular e seu perfil de uso de água previsto.

2. *Para cada propósito, empregue tecnologias que minimizem o consumo de água.* Essa estratégia pode incluir uma combinação de aparelhos sanitários de baixa vazão (bacias sanitárias, mictórios, torneiras e duchas), aparelhos sanitários sem água (bacias sanitárias de compostagem, mictórios sem água) e controles (sensores de infravermelhos). No caso de torres de arrefecimento, a tecnologia eletromagnética livre de produtos químicos pode reduzir a escamação de tubos provocada pelos contaminantes biológicos e a corrosão, e ambos podem reduzir o desempenho do sistema. No caso do paisagismo, os sistemas de irrigação por gotejamento, extremamente eficientes, usam muito menos água e levam água às raízes das plantas com uma eficiência superior a 90%. Além disso, pode-se usar no esquema de paisagismo as espécies adaptadas e as nativas que forem tolerantes a secas, uma abordagem que muitas vezes consegue eliminar a necessidade de um sistema de irrigação.

3. *Avalie o potencial de um sistema duplo de manuseio da água servida.* Esse sistema separa a água levemente contaminada e oriunda de pias de cozinha, bebedouros, duchas, máquinas de lavar pratos e máquinas de lavar roupas do esgoto humano propriamente dito, ou seja, de fontes muito contaminadas, como as bacias sanitárias e os mictórios. Esse sistema duplo separa as águas servidas das fecais e, portanto, permite a reciclagem da água dentro do prédio.

4. *Analise a possibilidade de usar estratégias inovadoras de tratamento de esgoto.* Por exemplo, bacias de detenção construídas ou máquinas vivas podem ser empregadas no processamento de efluentes. Essas abordagens estão se desenvolvendo rapidamente e começando a aparecer em um número cada vez maior de projetos de edificações de alto desempenho, à medida que a prática de se usar a natureza em simbiose com os processos prediais torna-se mais refinada.

5. *Use o custo do ciclo de vida* para analisar o preço e os benefícios da adoção de práticas que reduzem o fluxo de água através do prédio e seus jardins e que vão além dos níveis exigidos pela legislação. Uma simples análise do custo do ciclo de vida que examine apenas o custo da água potável geralmente resulta em períodos de retorno do investimento longos, como 10 ou 20 anos. Contudo, se forem incluídas as reduções na geração de esgoto e os custos associados a seu tratamento, o retorno será acelerado. Uma interpretação dos custos mais liberal, como o custo energético real de se transportar a água e o esgoto, das emissões associadas à geração de energia e da melhoria na produtividade dos trabalhadores, assim como os benefícios ambientais em geral, também reduz o tempo de retorno do investimento inicial. Por fim, é razoável se esperar que o preço da água potável na maioria das regiões aumentará muito mais do que a inflação e, talvez, de um modo bem mais rápido. A inclusão desse fator na avaliação do custo do ciclo de vida (junto com os outros fatores de custos indiretos) costuma resultar em períodos de retorno similares aos de outras boas medidas de conservação energética (ou seja, sete anos ou menos).

6. *Faça um projeto de paisagismo que consuma o mínimo de água* em sua manutenção e conservação e considere a restauração dos sistemas ecológicos como uma parte importante do projeto da edificação.

7. *Projete estacionamentos, pisos externos, ruas e jardins de modo que maximize a infiltração da água da chuva.* Antes de os prédios estarem presentes nos terrenos, havia um ciclo hidrológico natural que circulava a água entre a atmosfera, o solo, os corpos de água e os sistemas ecológicos. A restauração do ciclo hidrológico natural pode beneficiar os sistemas naturais e reduzir a necessidade de uma infraestrutura cara e complexa para coletar, transportar e tratar a água do escoamento superficial.

8. *Inclua coberturas verdes* nos prédios para armazenar e processar de modo natural a água da chuva e contribuir para a recuperação da ecologia no terreno.

## O estabelecimento de metas no consumo de água

Os limites no consumo de água nas edificações são estabelecidos pelos códigos de obras que são, por sua vez, baseados nas leis. A Tabela 10.3 mostra o progresso dos níveis de consumo de água máximo nos aparelhos sanitários típicos dos prédios. Nos Estados Unidos, um dos marcos na legislação que trata do consumo de água potável é a Lei das Políticas Energéticas de 1992. Essa lei exige que todos os aparelhos sanitários utilizados nos Estados Unidos atendam a metas ambiciosas de redução no consumo de água, e, como resultado, os códigos de edificação demandam esses níveis extremamente baixos de consumo. Exigências adicionais para a eficiência em água em válvulas de enxágue utilizadas em cozinhas comerciais foram feitas pela Lei das Políticas Energéticas de 2005. Em 2007, a Califórnia aprovou uma lei que estabeleceu exigências ainda mais rigorosas para bacias sanitárias e mictórios, reduzindo o consumo de água das primeiras de 6 l por descarga para 4,8 l e o consumo de água dos mictórios de 3,8 l por descarga para 1,9 l.

Além das exigências legais e dos códigos, a Agência de Proteção Ambiental dos Estados Unidos (EPA) criou, em 2006, um selo de adoção voluntária, o WaterSense, exigindo que os aparelhos sanitários certificados por ela consumam, pelo menos, 20% menos água do que a exigência da Lei da EPA de 1992. O selo WaterSense é conferido com base em uma certificação feita por terceiro que comprove que o aparelho atenda às exigências do MPA (vja a Figura 10.7).

Um importante passo inicial para o desenho de uma estratégia que faça sentido é estabelecer metas para o consumo de água de um prédio que sejam mais exigentes do que aquelas dos códigos de obras. Se o conceito de Fator 10 descrito no Capítulo 2 for aplicado à questão do consumo de água, o uso de água potável – e, por inferência, na produção de esgoto – deve ser reduzido em 90% para que tenhamos um futuro sustentável. Isso significa que o consumo de água potável *per capita* nos lares dos Estados Unidos deverá ser reduzido de 380 l por dia para cerca de 40 l por dia. Para conseguir essa redução notável, é preciso que a água seja reusada e reciclada em taxas elevadas. Por exemplo, o consumo de água *per capita* é dividido de

**FIGURA 10.7** A Agência de Proteção Ambiental dos Estados Unidos (EPA) criou o selo WaterSense para estimular o desenvolvimento de tecnologias que superem as exigências impostas pela lei da EPA de 1992 em, pelo menos, 20%. (*Fonte*: Agência de Proteção Ambiental dos Estados Unidos)

**TABELA 10.3**

**Padrões de eficiência em água e as melhores tecnologias para aparelhos sanitários típicos de edificações**

| Tipo de aparelho | Unidades | Lei das Políticas Energéticas de 1992 | Lei das Políticas Energéticas de 2005 | WaterSense 2006 | Califórnia 2007 | Melhor tecnologia atual |
|---|---|---|---|---|---|---|
| Bacia sanitária, descarga | l/d | 6,0 | | 4,8 | 4,8 | 3,0* |
| Mictório | l/d | 3,8 | | 3,0 | 1,9 | 0,0/0,47† |
| Ducha | l/m a 450 kPa | 9,5/8,5 | | 7,6/6,8 | | 2,2/1,9 |
| | l/m a 410 kPa | | | | | |
| Torneira de cozinha | l/d a 450 kPa | 9,5/7,6 | | 7,6/6,1 | | 1,9 |
| | l/d a 410 kPa | | | | | |
| Aerador para substituição | l/d | 9,8 | | | | 1,9 |
| Torneira automática | l/c | 0,98 | | | | 0,34 |
| Válvulas de pré-enxague com pulverizador | l/d a 410 kPa | | 6,0 | | | |

Legenda: l/d = litros por descarga; l/m = litros por minuto; l/c = litros por ciclo; kPa = pressão em milhares de pascais
*Neste caso, a melhor tecnologia é a bacia sanitária com a menor descarga de água. As bacias sanitárias de compostagem não consomem água, mas costumam ter aplicação limitada.
†Para os mictórios, a melhor tecnologia é a dos mictórios sem água. Mictórios com fluxo ultrabaixo consomem apenas cerca de meio litro de água por descarga e podem ser selecionados nos casos em que um mictório sem água não é apropriado ou desejado.

modo praticamente homogêneo entre os usos externos e internos. Se somente água reciclada fosse consumida no exterior (para a rega dos jardins, por exemplo), o consumo *per capita* de água potável cairia para 190 l por dia. No interior de um prédio, quase a metade da água gasta é na descarga de vasos sanitários e mictórios, e o uso de apenas água reciclada para isso reduziria o consumo de água ainda mais, chegando-se a 85 l por dia. Essas medidas relativamente simples resultam em uma redução imediata, no Fator 4. Outras medidas, que incluem o uso de aparelho sanitário de baixa vazão e controles eletrônicos, podem levar à redução desejada, no Fator 10.

Recentemente surgiu uma abordagem alternativa ao uso das estratégias do fator 4 ou 10 para o estabelecimento do consumo de água nos prédios: a do *ambiente construído com consumo líquido zero*. Além de abordar a questão energética, a estratégia do consumo zero (ou da autossuficiência) aborda o consumo de água ao estabelecer limites ao consumo de água com base nas precipitações anuais e na água reciclada dentro do próprio prédio (Sisolak e Spataro, 2011).[6] Essa abordagem é chamada de abordagem do *consumo líquido zero de água* e é exigida para a certificação Living Building Challenge. Várias instalações militares dos Estados Unidos, como a Aberdeen Proving Grounds, em Maryland, e o Fort Hood, no Texas, estão participando de programas-piloto de consumo líquido zero de água. Como exemplo, se uma meta de consumo líquido de água zero fosse estabelecida como um critério para um prédio de Gainesville, Flórida, onde a precipitação pluvial média em um ano é de 0,91 m, cada metro de cobertura forneceria cerca de 935 l de água. No caso do Rinker Hall, um prédio da University of Florida, em Gainesville, que obteve certificação ouro do Leadership in Energy and Environmental Design (LEED) e possui três pavimentos e uma cobertura com 1.394 m$^2$, a quantidade da água coletada seria de quase dois milhões de litros por ano. A seção a seguir denominada "Como projetar o ciclo hidrológico da edificação de alto desempenho" analisará melhor a questão da modelagem e quantificação da água.

## A estratégia do abastecimento de água

A estratégia básica para o fornecimento de água a um prédio de alto desempenho é reduzir o consumo de água potável ao máximo possível. Portanto, os primeiros dois passos para a estratégia do ciclo hidrológico do edifício de alto desempenho que foram apresentadas há pouco também se aplicam ao abastecimento de água. Antes de tudo, deve-se avaliar a possibilidade do uso de fontes de água não potável para substituir a potável em muitas aplicações. Neste contexto, a água não potável inclui a da chuva, a servida e a reaproveitada. Uma vez feita essa análise da viabilidade do uso de cada uma dessas fontes não potáveis, o passo seguinte é garantir que o consumo tanto da água potável como da não potável seja minimizado. Existe no mercado um grande número de aparelhos sanitários com taxas de vazão bem abaixo das exigidas por leis como as norte-americanas. Os aparelhos sanitários sem água estão se tornando muito comuns e competitivos em termos de preço, uma vez que os fabricantes têm passado a oferecer mais alternativas. A lei da EPA de 1992 estabeleceu limites relativamente ambiciosos para o consumo de água pelos aparelhos sanitários. Contudo, o consumo dos prédios sustentáveis de alto desempenho normalmente excede muito essas exigências. Por exemplo, o LEED exige uma redução mínima de 20% no consumo de água potável em relação ao determinado por aquela lei.

## Aparelhos sanitários e controles

As seções a seguir descrevem os principais tipos de aparelhos atualmente em uso e suas alternativas de baixa vazão ou alta eficiência (*Greening Federal Facilities* 2001, seções 6.1–6.6). Observe-se que, nesse contexto, o termo *baixa vazão* se refere aos aparelhos que atendem à lei norte-americana da EPA (1992) e os de *alta eficiência*, àqueles que atendem às exigências atuais da EPA (Agência de Proteção Ambiental dos Estados Unidos) de usar 20% menos água do que a lei de 1992.

### Bacias sanitárias e mictórios

As bacias sanitárias respondem por quase a metade do consumo de água de um prédio convencional. De acordo com a Agência de Proteção Ambiental dos Estados Unidos, os norte-americanos gastam cerca de 18,2 bilhões de litros de água por dia nesses aparelhos. Conforme a Plumbing Foundation, a substituição de todas as bacias por modelos que usam 6 l por descarga economizaria cerca de 25 mil litros de água por pessoa por ano. Um programa de substituição geral de bacias sanitárias nos edifícios de apartamentos da cidade de Nova York concluiu que, em média, obteve-se uma redução de 29% no consumo total de água nos prédios estudados. Estima-se que, com o programa inteiro, no qual 1,3 milhão de bacias sanitárias foram substituídas, economizam-se entre 230 e 300 milhões de litros por dia. Contudo, há uma percepção comum de que as bacias sanitárias de baixa vazão não funcionam adequadamente. A razão é que várias das primeiras bacias de 6 l por descarga que foram adaptadas dos modelos de 16 l por descarga (em vez de serem projetadas para realmente funcionarem bem com menos água) tinham péssimo desempenho, e talvez alguns dos modelos atuais ainda tenham esse problema. Porém, os estudos mostram que a maioria das bacias sanitárias de 6 l por descarga funcionam bem.

Há várias tecnologias de bacias de 6 l disponíveis:

- *Bacias sanitárias por gravidade.* Usam basicamente o mesmo desenho das mais antigas, mas têm lados mais íngremes, permitindo a limpeza mais rápida durante o ciclo de descarga.
- *Bacias sanitárias com descarga dupla.* Têm dois acionadores para descarga: um para necessidades mínimas, como a urina, que usa 3,8 l por descarga, e o outro, para vazão máxima, de 6 l.
- *Bacias sanitárias com medidor de vazão.* Aproveitam as pressões criadas no ciclo de descarga para ajudar na descarga seguinte.
- *Bacias sanitárias assistidas por vácuo.* Usam o princípio inverso ao de uma bacia com medidor de vazão ao empregar um vácuo gerado pela descarga para remover a água servida.

Uma bacia sanitária de alta eficiência desse tipo consumiria 20% menos água do que aquela que usa menos de 4,8 l por descarga. Quando o desempenho da descarga é uma preocupação particular ou é preciso usar um modelo com conservação de água superior a 4,8 l por descarga, devem ser consideradas as bacias de descarga eletromecânica ou de descarga dupla. As bacias eletromecânicas usam sistemas mecânicos e elétricos, como bombas e compressores, para ajudar na remoção da água servida e consomem menos de 3,8 l de água por descarga.

Uma conservação de água ainda maior pode ser obtida em algumas aplicações limitadas, com bacias sanitárias de compostagem. Contudo, em virtude do tamanho dos tanques de compostagem, da falta de conhecimentos sobre o desempenho, de restrições legais e de investimentos iniciais mais elevados, esses aparelhos sanitários raramente são uma opção, exceto em certas aplicações únicas, como os parques nacionais. As bacias sanitárias de compostagem estão sendo utilizadas com muito sucesso, por exemplo, no Parque Nacional do Grande Cânion, no Arizona, Estados Unidos.

No caso dos mictórios, uma conservação de água bem superior ao padrão de 4,5 l por descarga pode ser obtida com o uso de mictórios de alta eficiência ou sem água. Esses aparelhos de alta eficiência consomem pelo menos 20% a menos de água do que aqueles que atendem às prescrições dos códigos de edificação, usando, em geral, cerca de 1,9 l por descarga, ou 50% menos água do que a exigência federal norte-americana. Os mictórios sem água usam um sifão especial com um óleo biodegradável leve que permite à urina e água passarem, mas evitam que os odores saiam para o banheiro. Eles não têm válvulas que possam estragar e, se entupirem, não transbordam. As economias de água e produção de esgoto que podem ser conseguidas são realmente incríveis. Por exemplo, a Falcon Waterfree Technologies cita uma economia líquida anual de 12.600 dólares em uma instalação com 75 mictórios, ou seja, de US$ 168 por aparelho instalado. O período de retorno do investimento nesse nível de economia é inferior a três anos, considerando-se o custo atual da água e do tratamento de esgoto, e será bem maior no futuro, quando aumentar a pressão para se otimizar o uso da água potável cada vez mais escassa (veja a Figura 10.8).

**FIGURA 10.8** Cada mictório sem água economiza cerca de 151.400 l de água por ano. (Cortesia de Sloan Valve Company)

## Duchas

A lei da Agência de Proteção Ambiental dos Estados Unidos de 1992 exige que as duchas gastem, no máximo, 9,5 l por minuto a uma pressão de 550 quilopascais (kPa). Antes dessa lei, as duchas norte-americanas usavam 11–27 l por minuto sob a mesma pressão de 550 kPa. Assim, um banho de chuveiro de cinco minutos nesses equipamentos hoje consome cerca de 47 l de água, enquanto nos mais antigos, eram entre 60 e 130 l. As duchas de alta qualidade, que usam entre 3,8 e 9,5 l por minuto, podem economizar muitos litros de água quando forem utilizadas para substituir as duchas convencionais. Também há disponíveis vários padrões de pulverizador e funções de massagem. As duchas atuais costumam ter jatos pulverizadores mais estreitos e misturar mais ar com a água do que as duchas convencionais, oferecendo lavagens que parecem usar um volume de água bem maior do que aquele que realmente é empregado.

Reguladores de vazão nos controles da ducha e os botões ou as alavancas de interrupção temporária que são incorporados reduzem ou interrompem o fluxo de água quando o indivíduo estiver se ensaboando ou usando um xampu, o que reduz ainda mais o consumo de água. Quando a vazão de água é reativada, ela vem com a mesma temperatura, eliminando a necessidade de remisturar a água quente com a fria. Os limitadores de vazão são discos que parecem arruelas e podem ser inseridos dentro de duchas existentes, tentando reduzir o consumo de água. Eles foram distribuídos de graça por muitos programas de conservação de água, mas, como resultam em uma pressão ruim na maior parte dos casos, não costumam ter boa aceitação. Economias de água permanentes são mais efetivas com a instalação de duchas bem desenhadas.

## Torneiras

As torneiras geralmente são encontradas em banheiros, cozinhas, lavanderias e oficinas. As torneiras de banheiro não precisam de mais de 5,7 l por minuto, e as de cozinhas residenciais raramente requerem mais de 9,5 l por minuto. Os modelos empregados em outros tipos de edifícios podem ter controles automáticos e temperaturas de mistura de água quente e fria pré-estabelecidas. No caso de cozinhas não residenciais, as torneiras podem incluir características especiais, como misturadores articulados ou controles ativados pelos pés. Os modelos de torneira mais antigos, com vazões entre 11 e 19 l por minuto desperdiçavam quantidades tremendas de água. Nos Estados Unidos, diretrizes federais exigiram então que todas as torneiras de lavatórios e cozinhas e as que fossem utilizadas para substituir as antigas (incluindo as com aerador) não consumissem mais de 9,5 l por minuto a 550 kPa.

Hoje, as torneiras automáticas daquele país não podem consumir mais de 0,95 l por ciclo. Elas geralmente têm botões de acionamento e descarregam uma quantidade pré-estabelecida de água antes de fecharem automaticamente. Para fins de conservação, a quantidade de água pré-estabelecida pode ser reduzida ajustando-se a válvula redutora. A Lei para os Norte-Americanos com Deficiências exige um ciclo mínimo de 10 segundos.

A pressão da água às vezes varia nos prédios, assim podem ser utilizadas torneiras com compensação de pressão para manter uma vazão de 9,5 l por minuto mesmo com a mudança da pressão da água. No caso das cozinhas, há equipamentos disponíveis que mantêm a pressão da água entre 8,3 e 9,5 l por minuto. Em banheiros, uma vazão de 1,9 a 4,7 l por minuto costuma ser adequada para fins de higiene pessoal.

Os controles de pé para torneiras de cozinha, além de economizar água, deixam as mãos do usuário livres. A mistura entre água quente e fria é pré-estabelecida, e a válvula do pé liga e desliga a torneira. Os sistemas de recirculação de água quente reduzem os desperdícios de água provocados pelos usuários seguintes que estejam esperando para que a água aqueça novamente. Para prevenir que esses sistemas de economia de água desperdicem muita energia térmica, os tubos de água quente devem ser bem isolados.

## Bebedouros

Os bebedouros podem ser automáticos ou não. Devido ao projeto dos sistemas de abastecimento de água, esses aparelhos variam muito em termos de vazão. Nos Estados Unidos, a fim de atenderem às exigências do programa WaterSense da Agência de Proteção Ambiental, os bebedouros automáticos são limitados a descarregar 0,95 l por ciclo, enquanto os modelos não automáticos, a 2,65 l por ciclo.

Os bebedouros independentes têm um sistema de refrigeração interna. Ajustar a temperatura de saída de água para 21°C, em vez dos típicos 18°C, por exemplo, resultará em economias significativas de energia. O isolamento dos tubos, do resfriador e do reservatório também economizarão eletricidade. Caso seja apropriado, a inclusão de um temporizador automático que desligue a unidade durante a noite e os fins de semana aumentará ainda mais a economia. Em alguns prédios são utilizados resfriadores remotos ou sistemas centrais para fornecer água fria a pontos múltiplos. As torneiras com sensores exigem fiação elétrica para conexão, corrente alternada ou a substituição regular de pilhas.

## Controles eletrônicos nos aparelhos sanitários

Os controles automáticos de torneiras, bacias sanitárias e mictórios podem reduzir muito o consumo de água e ajudar na prevenção de doenças transmitidas pelo contato com as superfícies do banheiro e dos aparelhos sanitários. Esses controles estão se tornando rapidamente populares em todos os tipos de instalações comerciais e institucionais, embora a motivação seja mais a higiene do que a economia de água ou eletricidade.

Os controles eletrônicos podem ser instalados nos aparelhos sanitários novos ou em muitos tipos de aparelhos já instalados. Embora a economia de água dependa muito do tipo de edificação e do controle utilizado, algumas instalações têm obtido economias de água na ordem de 70%. Esse tipo de sistema sob demanda também pode produzir economias proporcionais no aquecimento de água (em torneiras) e no tratamento de esgoto. Os controles eletrônicos para os aparelhos sanitários geralmente funcionam com um feixe contínuo de luz infravermelha. Nos controles de torneira, quando um usuário interrompe esse feixe de luz, um solenoide é ativado, acionando o fluxo de água. Em geral, recomenda-se o uso de sensores com luz infravermelha com feixe duplo ou multiespectro, pois eles funcionam melhor para muitos tipos de usuários. No caso de bacias sanitárias e mictórios, a descarga é acionada quando o usuário se afasta e o feixe de luz infravermelha é desbloqueado. Algumas marcas de torneiras automáticas têm temporizadores para impedir as tentativas de alterar o uso desses aparelhos ou para que eles funcionem com ciclos máximos, que costumam ser de 30 segundos. Dependendo da torneira, uma lavagem de mãos típica de 10 s de um aparelho eletrônico consumirá apenas 1 xícara de água (0,3 l).

Os controles eletrônicos também podem ser utilizados para outros fins nos banheiros. Os secadores de mãos operados com sensores são higiênicos e economizam energia, pois desligam automaticamente quando o usuário se afasta. Os dispensadores de sabonete também podem ter controles eletrônicos. As portas podem ter abertura automática, para reduzir ainda mais o contato com as superfícies do banheiro. Até mesmo as duchas às vezes estão sendo controladas com sensores eletrônicos – por exemplo, em prisões e quartéis. Os aparelhos eletrônicos são particularmente úteis em instalações para pessoas com deficiência física ou hospitais, reduzindo muito a necessidade de manipulação de misturadores e outros itens e evitando o risco de queimaduras provocadas pelo acionamento inadequado. Há três tipos de torneiras automáticas disponíveis: com o sensor instalado na parede atrás do lavatório, com o sensor embutido na torneira ou com o sensor instalado em um orifício pré-existente que era da entrada de água quente ou fria e o corpo da torneira colocado no furo central. No caso de instalações novas, a melhor solução costuma ser a primeira ou a segunda; se for uma reforma, talvez a última seja a única viável. Em centros esportivos nos quais os mictórios são muito utilizados, o conjunto inteiro do banheiro pode ser considerado apenas um aparelho sanitário. Pode haver um detector de trânsito, e os mictórios podem ter um sistema de descarga periódica baseado nesse movimento, e não no uso pessoal. Esse método pode reduzir o consumo de água significativamente. Podem ser utilizados controles computadorizados para coordenar o consumo de água e desviá-la, caso necessário, para um incêndio. Válvulas com termostato podem ser utilizadas com torneiras eletrônicas para que a água saia em uma temperatura pré-definida. A diminuição do consumo de água quente economiza uma quantidade considerável de energia. Um transformador de 24 volts instalado em uma fonte de alimentação de 120 volts e corrente alternada geralmente é utilizado nos controles eletrônicos (pelo menos nas novas instalações). O transformador deve ser aprovado por uma instituição como a Underwriters Laboratories, e, por questões de segurança, tanto o transformador como a válvula-solenoide devem ficar afastados em um *shaft*.

## Fontes de água não potável

### Aproveitamento de águas pluviais

Ao longo de toda a existência humana, a chuva tem sido considerada como uma fonte de água crucial para a sobrevivência. No caso das edificações, a chuva geralmente era coletada nos telhados de casas e outros prédios e conduzida a um reservatório ou cisterna. Com o surgimento de sistemas de água potável centralizados, os sistemas de aproveitamento da água pluvial praticamente desapareceram até o advento do movimento moderno das edificações sustentáveis de alto desempenho. A obra *The Texas Guide to Rainwater Harvesting* (2005), que fornece um excelente panorama da captação das águas pluviais, cita três fatores que estão motivando a retomada desses sistemas como uma fonte de água viável:

1. Os custos ambientais e econômicos cada vez maiores de se fornecer água por sistemas centralizados ou pela perfuração de poços.
2. As preocupações com a saúde quanto à fonte e ao tratamento das águas poluídas.
3. A percepção de que há eficiências em termos de custo associadas ao uso da água pluvial.

Os sistemas de água da chuva são apropriados quando um ou mais dos seguintes fatores está presente:

- O fornecimento de água do solo ou de um aquífero é limitado ou frágil. Sistemas de aquífero fracos são aqueles que, quando bombeados, podem ameaçar fontes e águas superficiais ecologicamente valiosas.
- As reservas de água do solo são poluídas ou têm muitos sais minerais, exigindo tratamento caro.
- O escoamento superficial da água da chuva é um problema sério.

Um sistema de aproveitamento da água da chuva captada costuma ter sete componentes-chave:

1. *Área de captação.* Na maior parte dos sistemas coletores, a área de captação é a cobertura do prédio. As melhores superfícies de cobertura para a captação da água pluvial não permitem o crescimento biológico (por exemplo, o desenvolvimento de algas, mofo ou musgo), são relativamente lisas, de modo que os poluentes depositados sejam rapidamente removidos pelo sistema de lavagem da cobertura, e têm um número mínimo de galhos de árvore sobre si. As telhas galvanizadas são o material de cobertura mais usual para a coleta de água da chuva.
2. *Sistema de lavagem da cobertura.* Evita que o pó e os poluentes que se acumularam na cobertura sejam levados para o reservatório. Ele é necessário para os sistemas utilizados como uma fonte de água potável, mas também é recomendado nos demais sistemas, pois mantém contaminantes potenciais fora do reservatório. Um sistema de lavagem da cobertura é projetado para desviar o fluxo inicial de água para fora da cobertura durante uma chuva.
3. *Filtragem antes do armazenamento da água.* Para manter particulados grandes, folhas e outros detritos fora do reservatório, uma peneira de aço inoxidável deve estar bem fixada em cada entrada que leva ao reservatório. Nas áreas sujeitas a muitos detritos de árvores, pode-se também instalar um sistema de proteção contra a queda de folhas nas calhas.
4. *Canalização da água da chuva.* Esse é o sistema de calhas, tubos de queda e tubos utilizados para levar a água da cobertura ao reservatório.
5. *Reservatório.* Este costuma ser o item mais caro de um sistema de captação e aproveitamento de águas pluviais. Os materiais mais comuns para o reservatório são aço galvanizado, concreto, ferrocimento, fibra de vidro, polietileno e madeira de lei (por exemplo, de sequoia ou cipreste). O custo e o ciclo de vida esperado varia consideravelmente, conforme o material selecionado. Esses tanques podem ser localizados em um pavimento de subsolo, enterrados no jardim ou mesmo instalados sobre o solo. É importante proteção contra a luz, para prevenir o desenvolvimento de algas. A capacidade do reservatório tem de ser dimensionada para atender à demanda prevista. Particularmente nos sistemas projetados como a única fonte de água, o tamanho do reservatório deve ser calculado com base nos registros das precipitações dos últimos 30 anos,

com um armazenamento que seja suficiente para atender à demanda durante os períodos do ano com chuva insuficiente ou inexistente (veja a Figura 10.9).

6. *Distribuição da água.* Em geral, é preciso transportar a água do reservatório ao ponto de uso, mas, às vezes, é possível usar um sistema alimentado por gravidade, desde que seus componentes sejam posicionados de modo apropriado.

7. *Sistema de tratamento de água.* A fim de proteger as tubulações e linhas de irrigação (especialmente na irrigação por gotejamento), a água deveria ser filtrada por meio de cartuchos de sedimentação para remover os particulados, especialmente até o tamanho de 5 micrômetros. No caso de sistemas de fornecimento de água potável, é necessário um tratamento adicional para garantir um suprimento seguro de água. Isso se consegue com a microfiltragem, esterilização ultravioleta, osmose reversa ou ozonização (ou uma combinação desses métodos). Em certos sistemas, níveis superiores de tratamento são obtidos apenas no próprio ponto onde a água é consumida.

Os sistemas de captação e aproveitamento de águas pluviais têm um potencial enorme de redução no consumo de água potável ao introduzirem uma fonte de água que já está prontamente disponível em muitas regiões (veja as Figuras 10.10 e 10.11). Apesar dessa vantagem, não há projetos ou abordagens prontos para a elaboração de um sistema de captação de águas pluviais; assim, atualmente, cada sistema projetado para um prédio é exclusivo. Os fatores que devem ser incluídos no projeto incluem o material e caimento da cobertura, o índice pluviométrico, os poluentes aéreos (como fumaça, pó e descarga de automóveis) e os detritos gerados por árvores e outros tipos de vegetação do entorno. Como consequência da ampla variedade de fatores que afetam o projeto de um sistema de captação de águas pluviais, eles tendem a não funcionar ou a serem pouco confiáveis, o que às vezes resulta na perda do interesse pela água da chuva como um substituto para a água potável. A criação de normas claras, projetos e componentes padronizados contribuiria bastante para a resolução desse problema e tornaria a implementação de tais sistemas uma prática padronizada.

### Sistemas de águas servidas

Costuma-se considerar que as águas servidas contêm a fração não humana do esgoto. A coleta de águas servidas envolve sua separação das águas fecais, que, como já definimos, é a água contaminada por dejetos humanos oriunda de bacias sanitárias e mictórios. As águas servidas geralmente são utilizadas para a irrigação de jardins, mas também podem ser aproveitadas para a descarga de vasos sanitários e mictórios.

**FIGURA 10.9** O sistema de captação de águas pluviais do Rinker Hall da University of Florida, em Gainesville, tem um reservatório de concreto moldado *in loco* (mostrado aqui durante sua construção) localizado sob a escada sul do prédio. A água da chuva é usada para a descarga dos vasos sanitários. (Fotografia por cortesia de Centex-Rooney, Inc.)

**FIGURA 10.10** A água da chuva é coletada em uma cisterna que consiste em 12 elementos: (1) um material não tóxico nem corrosivo, (2) calhas não tóxicas nem corrosivas, (3) um sistema de válvula desviadora do primeiro fluxo com inspeção e válvula de sangria, (4) filtros para detritos e sedimentos, (5) uma passagem de acesso fácil, mas trancada, (6) um reservatório projetado a fim de evitar a exposição direta à luz solar, (7) abastecimento automático de água do prédio com espaço para ventilação, (8) cisterna, (9) fornecimento de energia elétrica, (10) um relé de partida/parada da bomba e (11) uma válvula de contrafluxo. A bomba submersa se localiza dentro da cisterna ($H_2$Options, Inc.)

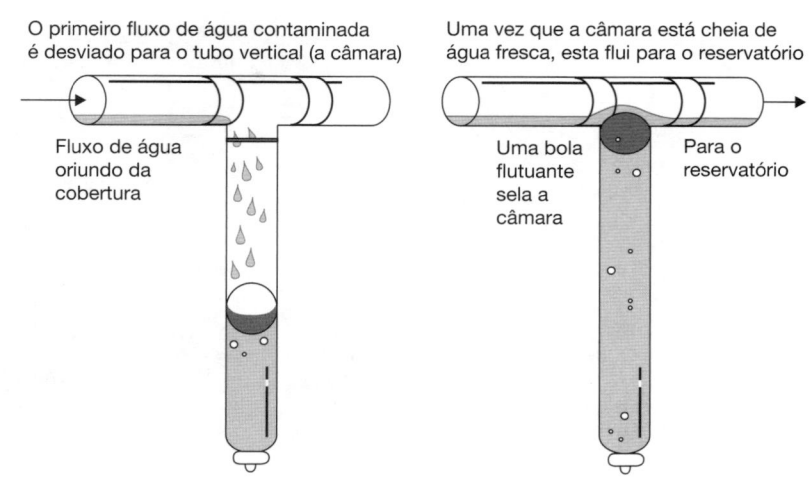

**FIGURA 10.11** O mais simples diversor de fluxo inicial é um tubo vertical que captura e redireciona os contaminantes lavados da cobertura. A água da chuva enche o tubo vertical, volta e então permite a passagem de água para o principal tubo de coleta após a retirada dos contaminantes em suspensão. (*Fonte*: Texas Water Development Board)

Os prédios dotados de sistemas de águas servidas devem ter sistemas de tubulação de esgoto duplos, um para cada tipo de água. As tubulações de águas servidas devem ser direcionadas para um local centralizado no qual um tanque de expansão colete e mantenha a água até que seja drenada ou bombeada para um sistema de irrigação ou para outro fim. Deve-se prever um ladrão para o sistema de coleta de águas servidas que descarregue diretamente na tubulação do esgoto. Se águas servidas excessivas encherem o sistema devido a um descompasso entre fornecimento e transbordamento pelo mau-funcionamento de um filtro ou de uma bomba, esse sistema de extravasão conduzirá o fluxo excessivo para o esgoto. Uma válvula de controle também deve ser incluída, de modo que as águas servidas possam ser derivadas para a tubulação de esgoto quando as áreas irrigadas se tornarem úmidas demais ou outras razões dispensarem o uso das águas servidas (veja a Figura 10.12).

As águas servidas não deveriam ser armazenadas por longos períodos antes de serem utilizadas. A decomposição do material orgânico na água pela ação de micro-organismos rapidamente consumirá todo o oxigênio disponível, e as bactérias anaeróbicas tomarão conta, gerando odores desagradáveis. Alguns sistemas de águas servidas são projetados com tubos de irrigação que permita um fluxo grande e repentino, em vez de liberar a água aos poucos assim que ela entra no tanque de expansão. Para um sistema desse tipo, será necessário reter a água durante certo tempo, mas não por mais de algumas horas. Se o sistema de águas servidas tiver um filtro, deverá ser de fácil limpeza ou autolimpante. A manutenção dos filtros é um dos principais problemas em muitos sistemas de águas servidas. Para uma proteção completa contra patógenos, a água servida deve fluir por gravidade ou ser bombeada até um campo de despejo abaixo do nível do solo (irrigação subsuperficial). Na Califórnia, exigem-se tubos de plástico perfurados – com diâmetro mínimo de 76 mm – embora, com a filtragem, tubos de irrigação por gotejamento de diâmetro menor possam ser empregados. As normas californianas exigem que uma água servida seja despejada a uma profundidade, de, no mínimo, 230 mm abaixo da superfície do solo. Alguns sistemas de águas servidas descarregam em canteiros, às vezes até mesmo instalados dentro de prédios. Alguns sistemas preparados para pronta entrega estão disponíveis para pedido postal, mas podem ser adaptados para condições específicas do solo e clima. Como regra geral, as águas servidas devem ser utilizadas para a irrigação subsu-

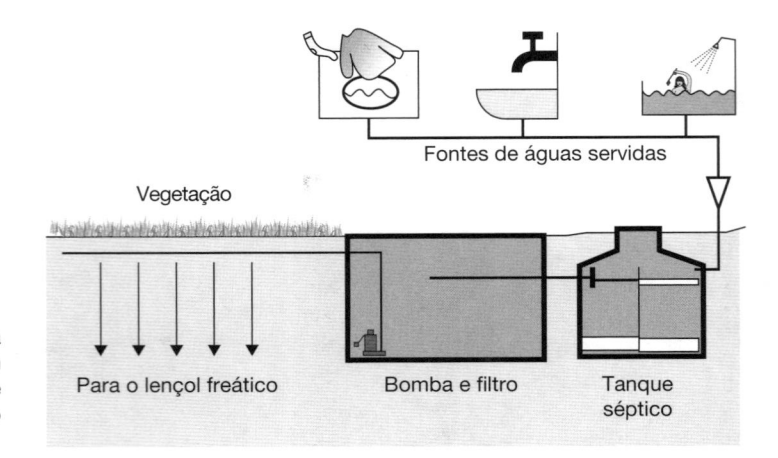

**FIGURA 10.12** Um sistema de águas servidas coleta a água de chuveiros, pias e máquinas de lavar roupas em um sistema séptico. A água é então filtrada, bombeada e aproveitada para a irrigação antes de ser absorvida pelo lençol freático. (D. Stephany)

perficial de grama, flores, árvores e arbustos, e não devem ser empregadas em hortas. Os sistemas de irrigação por gotejamento ainda não se mostraram efetivos para descarga de águas servidas, em virtude de entupimentos ou altos custos de manutenção.

### Água reaproveitada

Água reaproveitada ou reciclada é a água servida que foi tratada para o reúso. O uso de água reaproveitada para propósitos não potáveis pode reduzir drasticamente a demanda de água potável. Nos Estados Unidos, os sistemas de esgoto municipais reaproveitam cerca de 18 milhões de metros cúbicos de água por dia (cerca de 1% do consumo total de água fresca). O reaproveitamento da água industrial, todavia, é muito maior: 3,2 bilhões de metros cúbicos por dia.

Em áreas com falta crônica de água, a equipe de projeto deve conferir com a concessionária local de água para saber se há um programa que possa fornecer água reaproveitada no local do prédio. Nos Estados Unidos, os programas de água reaproveitada são populares na Califórnia, Flórida, Arizona, Nevada e Texas.

Existem muitos usos possíveis para a água reaproveitada: paisagismo; irrigação de campos de golfe ou agrícolas; elementos decorativos, como fontes e chafarizes; reabastecimento de torres de arrefecimento; reabastecimento de caldeiras; resfriamento; mistura de concreto; geração de neve e sistemas de combate a incêndio. Usar a água reaproveitada é mais fácil se o sistema for planejado já no início do projeto de uma edificação, mas grandes reformas ou mudanças em um sistema hidrossanitário também oferecem oportunidades para isso. No caso de certos usos, como a irrigação de jardins, as modificações que devem ser feitas na tubulação podem ser bem modestas. É importante notar, contudo, que o uso da água reaproveitada pode ser restringido por algumas leis estaduais ou municipais. Em locais como universidades ou bases militares, que muitas vezes têm suas próprias estações de esgoto, pode haver a oportunidade de modificá-la a fim de criar um sistema de reaproveitamento de água *in situ* (veja a Figura 10.13).

Para que um sistema de reaproveitamento de água possa ser utilizado em um prédio, ao menos uma das seguintes situações deve estar presente: (1) a água fornecida na rede pública é cara ou há a necessidade de se usar menos água potável; (2) as políticas públicas locais encorajam ou obrigam a conservação da água; (3) está disponível um efluente de alto padrão em uma estação de tratamento de esgoto; (4) o proprietário reconhece os benefícios ambientais do reúso da água.

As tecnologias variam com os usos finais. Uma estação de tratamento de esgoto moderna tem três etapas (primária, secundária e terciária), com cada estágio subsequente exigindo mais energia e produtos químicos do que o anterior. Em geral, é exigido o tratamento terciário ou o secundário avançado e costuma incluir uma combinação de coagulação, floculação, sedimentação e filtragem. A inativação dos vírus é obtida pela adsorção com carbono granular mais a cloração, ou pela osmose reversa, ozonização ou exposição aos raios ultravioleta. Sistemas duplos de água estão começando a aparecer em algumas partes dos Estados Unidos, onde o abastecimento é limitado ou a falta de água pode prejudicar a urbanização. Nesses casos, os edifícios terão duas redes de tubulação de água: uma

**FIGURA 10.13** (A) A água reaproveitada ou reciclada é uma água servida que foi limpa e redistribuída por meio de um sistema de tubos bem identificado por sua cor roxo brilhante. A água recuperada é utilizada quando o uso não exigir que ela seja potável. (B) É obrigatório o uso de aviso sempre que a água possa estar em contato com o público, a fim de prevenir o consumo humano. (*Fonte*: Cidade de Clermont, Flórida)

para água potável, a outra para água reaproveitada. A primeira dessas redes destina-se a todos os usos potáveis, a segunda, para os não potáveis. As tubulações e válvulas empregadas nos sistemas de água reciclada devem ter um código de cores, usando-se etiquetas ou fitas de cor roxa para minimizar a necessidade de identificação dos tubos ou os problemas de conexão cruzada durante a instalação dos sistemas. Também se recomenda o uso qualquer sinal de aviso em todos os hidrômetros, válvulas e aparelhos sanitários. (Observe que os sistemas de água potável geralmente têm códigos de cor azul, enquanto os de esgoto são verdes.) A água reaproveitada deve ser mantida a uma pressão 70 kPa inferior à da rede de água potável, a fim de evitar o contrafluxo e a sifonagem, no caso de uma conexão cruzada acidental. Embora seja viável usar-se aparelhos de prevenção de contrafluxo, por segurança, é imperativo que as tubulações de água reaproveitada e potável jamais sejam conectadas diretamente. Uma precaução adicional é manter as redes de água reaproveitada pelo menos 30 cm mais baixas do que as de água potável ou esgoto e afastadas horizontalmente a, no mínimo, 3 m.

Embora os preços da água variem muito nos Estados Unidos, a água recuperada custa muito menos do que a potável. Por exemplo, em Gainesville, Flórida, o preço da água potável em 2015 era de 1,12 dólar/m$^3$ *versus* os 0,08 dólar/m$^3$ da água reaproveitada. Diferenças de preço similares sempre ocorrem quando há água reaproveitada disponível.

### Estratégias de gestão das água servidas

A redução do consumo da água potável é relativamente simples quando comparada aos esforços necessários para mudar as estratégias de tratamento da água servida. As estações de tratamento de água são operações grandes, centralizadas e que consomem muitos produtos químicos para garantir a proteção da saúde pública. Contudo, os altos preços da energia do futuro e o aumento da resistência pública ao uso de produtos químicos estão motivando os proprietários de edificações a considerar outras opções para o tratamento de água. As principais abordagens atuais se baseiam na natureza, seja direta, seja indiretamente, para tais estratégias alternativas. Na abordagem direta, os efluentes dos prédios são tratados em campos de despejo superficiais ou subsuperficiais. Na abordagem indireta, elementos da natureza são trazidos para dentro do prédio e fechados em tanques e cubas através dos quais a água servida passa e é limpa por plantas, luz e bactérias. As seções a seguir descrevem duas abordagens ao tratamento da água servida baseadas em sistemas naturais: as bacias de detenção construídas e o conceito da Living Machine (máquina viva).

### Lagoas de detenção construídas

Um dos objetivos finais da edificação sustentável é a aplicação do projeto ecológico ao máximo, incluindo uma relação de sinergia entre os sistemas naturais, prédios e seres humanos que os ocupam. O uso da natureza para desempenhar tarefas que de outro modo seriam executadas por sistemas mecânicos e elétricos que consomem muita energia tem quatro vantagens únicas (Campbell e Ogden, 1999):[7]

1. A natureza consegue se automanter, autorregular e auto-organizar.
2. A natureza é alimentada pela energia solar e química armazenada nos materiais orgânicos.
3. Os sistemas naturais podem degradar e absorver compostos tóxicos e metálicos indesejáveis, convertendo-os em componentes estáveis.
4. Os sistemas naturais são fáceis de construir e operar.

O uso das lagoas de detenção para tratar a água servida dos prédios oferece exatamente esse tipo de oportunidade, pois tais sistemas ecológicos podem decompor o lixo orgânico, minimizar a necessidade de uma infraestrutura complexa e gerar nutrientes que beneficiam as espécies que estão prestando esses serviços. As bacias de detenção construídas podem ser consideradas como sistemas passivos para o tratamento da água servida. Eles imitam as bacias de detenção naturais por usarem os mesmos processos de filtragem para a remoção dos contaminantes da água servida (veja a Figura 10.14A). Além de remover os nutrientes orgânicos, têm a capacidade de remover as substâncias inorgânicas e, portanto, podem ser empregadas para tratar a água servida industrial, o chorume de aterros sanitários, a água servida da agropecuária, a drenagem de minas ácidas e o escoamento superficial da água de aeroportos. As bacias de detenção construídas também oferecem o benefício extra de serem uma amenidade ambiental e poderem se mimetizar com as paisagens naturais ou rurais. Além de tratarem a água servida, podem oferecer áreas para receber vazões repentinas de água da chuva e tratar esses escoamentos frequentemente contaminados (veja Lorion, 2001, para um excelente resumo sobre a tecnologia das bacias de detenção construídas).

As bacias de retenção removem os contaminantes da água por meio de diversos mecanismos, inclusive remoção de nutrientes e sua reciclagem, sedimentação, demanda de oxigênio biológica, precipitação de metais, remoção de patógenos e degradação de componentes tóxicos.

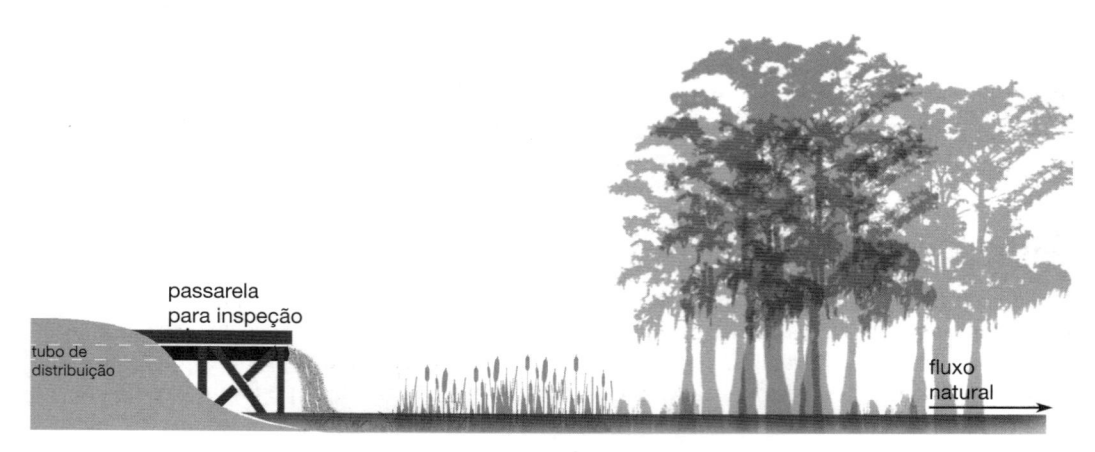

lagoa de detenção natural

**FIGURA 10.14** (A) Os campos de despejo ou as lagoas de detenção, às vezes chamados de "rins da natureza", são *habitats* naturais com características distintas de percolação do solo, vegetação e presença de vida selvagem. Eles desempenham um importante papel no ecossistema e, ao mesmo tempo, oferecem um processo de filtragem no qual os contaminantes do escoamento superficial da água da chuva são degradados antes de entrarem no lençol freático. A água servida pode ser propositalmente direcionada a lagoas de detenção naturais para a melhor relação entre custo e benefício para a economia convencional e o capital natural. (T. Wyman)

Inúmeros fatores específicos ao terreno devem ser levados em conta quando consideramos o uso de uma bacia de detenção construída para o tratamento da água servida: a hidrologia (lençóis freáticos, água superficial, permeabilidade do solo), as espécies de plantas nativas, o clima, as oscilações de temperatura sazonais, os solos locais, a temperatura do terreno e a área disponível. As bacias de detenção construídas são feitas tanto para terem fluxo superficial ou subsuperficial. Os sistemas de fluxo superficial (veja a Figura 10.14B) consistem em bacias rasas com plantas de pântano que conseguem tolerar solos saturados e condições aeróbicas. A água servida que entra no sistema superficial lentamente se move por meio de um fluxo laminar através da bacia, e então é descarregada limpa. Os sistemas subsuperficiais (veja a Figura 10.14C), nos quais a água servida flui através de um substrato como pedregulho, têm as vantagens de taxas de remoção de contaminantes mais elevadas em relação àquelas dos sistemas de fluxo superficial e têm contato limitado com os seres humanos e animais. Eles também funcionam especialmente bem em climas frios, devido às propriedades isolantes do solo. O custo é um fator importante quando se escolhe qual abordagem seria melhor para determinada situação. A vantagem das bacias de detenção construídas é que tanto os custos de capital como os de operação são muito mais baixos do que as estações de tratamento de água convencionais, com o benefício extra de reduzirem os impactos ambientais diretos e indiretos associados a extração, processamento e fabricação dos materiais de construção das estações de tratamento.

## Máquinas vivas (Living Machines)

Além do uso das bacias de detenção construídas para o tratamento da água servida do ambiente construído, a natureza pode ser incluída em um prédio para a decomposição dos materiais existentes no sistema. Embora haja várias abordagens similares, a mais famosa é a da Living Machine criada por John Todd (1999, Capítulo 8), um pioneiro no desenvolvimento dos sistemas naturais

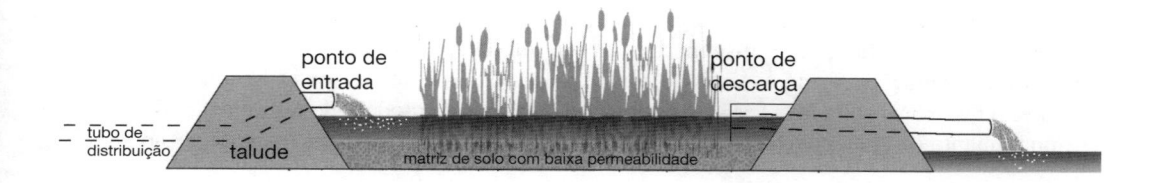

lagoa de detenção construída, com fluxo superficial

**FIGURA 10.14** (B) O fluxo superficial nas lagoas de detenção construídas imita as bacias de detenção naturais, pois a água flui como uma camada acima do solo. Plantas de pântano são selecionadas para oferecer áreas de fixação de micróbios, que são essenciais para a melhoria da qualidade da água. O ponto de descarga recebe água da célula e a direciona para outras células a jusante ou a um sistema de água natural. (T. Wyman)

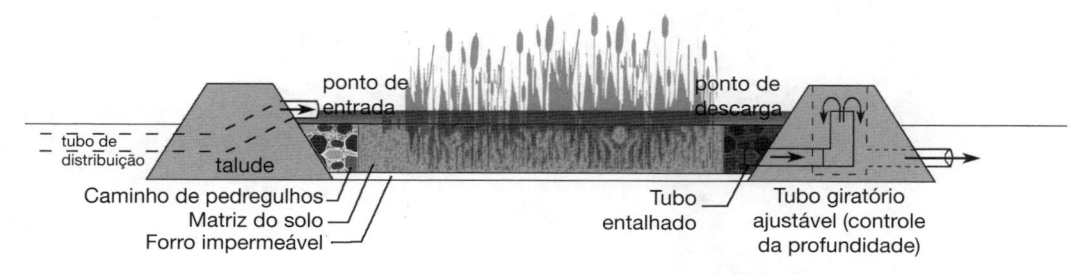

lagoa de detenção construída, com fluxo subsuperficial

**FIGURA 10.14** (C) As lagoas de detenção construídas e com fluxo subsuperficial lembram muito as estações de tratamento de água e devem iniciar e manter todo o fluxo superficial através do leito até o ponto de descarga onde a água é coletada no nível do leito. (T. Wyman)

de processamento da água servida. As máquinas vivas diferem das estações de tratamento de água convencionais por quatro motivos básicos:

1. Uma quantidade muito grande dos componentes de trabalho da máquina viva são organismos vivos, inclusive centenas de espécies de bactérias, plantas e vertebrados como peixes e répteis.
2. A máquina viva tem a capacidade de projetar sua ecologia interna em relação aos fluxos de energia e nutrientes aos quais está exposta.
3. A máquina viva pode se consertar sozinha quando afetada por tóxicos ou receber o choque da interrupção na fonte de energia ou nutrientes.
4. A máquina viva consegue se autorreplicar por meio da reprodução dos organismos dentro do sistema.

O conceito de máquina viva pode ser aplicado não somente a uma estação alternativa de tratamento de água servida alternativa, mas também a outros sistemas que podem gerar combustível, cultivar alimentos, restaurar os ambientes degradados e, inclusive, fornecer calefação e resfriamento para os prédios. Vários tipos bem-sucedidos de máquina viva já foram incluídos em edifícios. Um exemplo de máquina viva é aquele instalado no Lewis Center for Environmental Studies do Oberlin College em Oberlin, Ohio, que processa a água servida dos usuários desse prédio de 1.400 m$^2$ (veja a Figura 10.15).

## COMO PROJETAR O CICLO HIDROLÓGICO DA EDIFICAÇÃO DE ALTO DESEMPENHO

Projetar os sistemas de gestão de água, água servida e água pluvial para um prédio de alto desempenho é um grande desafio. Via de regra, o primeiro objetivo é minimizar o consumo de água potável. Para determinar se uma estratégia está funcionando bem e atende aos requisitos da maioria dos sistemas de certificação, cria-se um modelo de referência dos sistemas de água e esgoto que permitirá comparações. Tanto os tipos de aparelhos sanitários como as fontes alternativas de água (água pluvial, reaproveitada e servida) podem ser variados no modelo de referência a fim de determinar quanto de água potável foi economizado. A Tabela 10.4 mostra as taxas de vazão para os

**FIGURA 10.15** A máquina viva construída no Lewis Center for Environmental Studies, da Oberlin College em Oberlin, Ohio, contém organismos biológicos que decompõem os componentes da água servida em nutrientes que, então, são lançados a uma bacia de detenção construída dentro do prédio. (Fotografia por cortesia de Oberlin College)

aparelhos sanitários com descarga de água e para aqueles com fluxo de água. Os aparelhos sanitários com descarga, como diz o nome, usam uma quantidade fixa de água para seu funcionamento, enquanto os com fluxo de água usam uma quantidade que depende do tempo em que são utilizados. O consumo de água e as taxas de vazão mostrados na tabela são o ponto de partida para a determinação de quanta água o edifício usará. O passo seguinte para identificar a linha de base do prédio de referência será estabelecer a população e o tipo de usuário. Junto com a população, a relação entre homens e mulheres deve ser determinada para que se possa quantificar o consumo de água dos aparelhos. Em projetos que têm uma razão entre gêneros desconhecida ou em que a proporção entre homens e mulheres seja mais ou menos 50% cada, o melhor é fazer a modelagem com uma distribuição homogênea. O tipo de usuário classifica as pessoas que usam o sistema hidrossanitário do prédio. A principal diferença entre os tipos de usuário é em relação ao tempo, se integral ou temporário, ou alguém em visita à edificação. Um equivalente de tempo integral ocupa o prédio em um período equivalente a um dia de oito horas. A Tabela 10.5 mostra os padrões de uso diário típicos dos equipamentos sanitários com base no gênero e no tipo de ocupante.

## Exemplo de modelo de referência para sistema de água

A fim de entender melhor como gerar um modelo de referência para o sistema hidrossanitário, começaremos com algumas informações básicas. Para fins de exemplo, usaremos um prédio acadêmico projetado para ter, no total, 50 usuários do gênero masculino e 30 do feminino, ambos em tempo integral. Consideraremos que serão 300 visitantes (temporários) masculinos e 200 femininos por dia. O modelo de referência pressupõe que os aparelhos utilizados no edifício atendem às exigências da lei de 1992 da Agência de Proteção Ambiental dos Estados Unidos em relação às taxas de fluxo máximas para cada tipo de aparelho sanitário. O desempenho desses componentes

**TABELA 10.4**

**Consumo de água de vários tipos de aparelhos sanitários**

| Aparelho sanitário de descarga | Consumo de água (litros/descarga) |
|---|---|
| Bacia sanitária convencional, de baixa vazão | 6,05 |
| Bacia sanitária de alta eficiência, funcionamento por gravidade e descarga única | 4,85 |
| Bacia sanitária de alta eficiência, descarga única e assistida por pressão | 3,78 |
| Bacia sanitária de alta eficiência, descarga dupla (descarga total) | 4,85 |
| Bacia sanitária de alta eficiência, descarga dupla (descarga parcial) | 3,78 |
| Bacia sanitária de alta eficiência, descarga com espuma | 0,20 |
| Bacia sanitária sem água | 0,00 |
| Bacia sanitária de compostagem | 0,00 |
| Mictório convencional e de baixa vazão | 3,78 |
| Mictório de alta eficiência | 1,90 |
| Mictório sem água | 0,00 |
| **Aparelho sanitário de fluxo** | **Consumo de água (litros/descarga)** |
| Torneira de lavatório convencional e de baixa vazão | 8,33 |
| Torneira de lavatório de alta eficiência | 6,80 |
| Torneira de cozinha convencional e de baixa vazão | 8,33 |
| Torneira de cozinha de alta eficiência | 6,80 |
| Ducha convencional e de baixa vazão | 9,46 |
| Ducha de alta eficiência | 7,57 (máx.) |
| Torneira de tanque de baixa vazão | 9,46 |
| Fonte para lavagem de mãos de baixa vazão | 1,90 |
| Torneira convencional de baixa vazão e fechamento automático | 0,95 litro/ciclo |
| Torneira de alta eficiência e fechamento automático | 0,75 litro/ciclo (máx.) |

**TABELA 10.5**

Usos por dia dos aparelhos sanitários, conforme o gênero e tipo dos usuários da edificação

| Tipo de aparelho sanitário | Usos por dia | | | |
|---|---|---|---|---|
| Gênero, duração, tipo de uso | Equivalente a tempo integral | Aluno-visitante | Cliente do comércio | Residente |
| Bacia sanitária | | | | |
| Feminino | 3,0 | 0,5 | 2,0 | 5,0 |
| Masculino | 1,0 | 0,1 | 0,1 | 5,0 |
| Mictório | 2,0 | 0,4 | 0,1 | n/a |
| Torneira de lavatório | 3,0 | 0,5 | 0,2 | 5,0 |
| Uso comercial de 15 s; 12 s com controle automático; uso residencial de 60 s | | | | |
| Ducha | 0,1 | 0,0 | 0,0 | 1,0 |
| Uso comercial de 300 s; residencial de 480 s | | | | |
| Pia de cozinha | 1,0 | 0,0 | 0,0 | 4,0 |
| Uso comercial de 15 s; residencial de 60 s | | | | |

foi selecionado na Tabela 10.4, e o número de usos por pessoa por dia pode ser encontrado na Tabela 10.5. Cada tipo de aparelho deve ser modelado a fim de identificar um consumo total de água em litros por dia. Este valor é determinado identificando-se o produto da multiplicação do tipo de usuários apropriado pelo número de usos diários por pessoa e pela quantidade total de água consumida por uso do aparelho sanitário. Esse cálculo pode ser visto na Tabela 10.6. A coluna bem à direita indica o consumo de água por dia estimado para cada aparelho, que, então é somado tanto para os aparelhos sanitários de descarga como para os de fluxo.

Para modelar o consumo anual de água pelo prédio de modo preciso, o número de dias de trabalho deve ser multiplicado pelo consumo diário total de água (neste caso, 260 dias). Nesse exemplo, em particular, prevê-se que o consumo de água potável total por ano seja de 1,05 milhão de litros. Observe que a quantidade estimada de água para um sistema convencional pode ser utilizada para prever a quantidade de esgoto que também será gerada pelo mesmo prédio.

## Uso de uma estratégia com aparelho sanitário de baixa vazão

A estratégia mais simples para a redução do consumo de água potável nos prédios é adotar aparelhos sanitários que usem uma quantidade significativamente menor de água do que aqueles que apenas atendem às prescrições dos códigos de edificações. Por exemplo, enquanto um mictório que atende às prescrições do código norte-americano tem consumo máximo de 3,6 l por descarga, uma bacia sanitária de alta eficiência precisa consumir, no máximo, 1,8 por descarga; além disso, os mictórios sem água não consomem água alguma. A Tabela 10.7 mostra o mesmo cálculo do consumo de água de um prédio de referência com a modificação de terem sido instaladas bacias sanitárias e mictórios de alta eficiência em vez de seus correlatos convencionais. Os resultados dessa modificação indicam uma redução no consumo de água de quase 50%. Hoje é possível determinar a viabilidade desse tipo de reforma por meio da associação das economias obtidas tanto com o consumo de água quanto com o tratamento do esgoto.

## Uso da estratégia das fontes de água alternativas

Outra economia significativa no consumo de água potável pode ser obtida substituindo-se, sempre que possível, as demais fontes de água potável por fontes de água não potável. A Tabela 10.8 mostra o impacto de se incluir os sistemas de captação da água da chuva e uso de água servida. Nesse caso, estamos considerando que o tamanho do sistema de captação de água pluvial seja suficiente para fornecer a água não potável que será utilizada na descarga de mictórios e bacias sanitárias.

**TABELA 10.6**

Exemplo de um modelo de referência para o sistema hidrossanitário

| Tipo de usuário | Aparelho sanitário de descarga | Usos diários | Água potável (litros/descarga) | Número de usuários | Consumo de água total (litros) |
|---|---|---|---|---|---|
| Equivalente ao tempo integral | Bacia sanitária convencional de baixa vazão (uso masculino) | 1,0 | 6,05 | 50 | 303 |
| Equivalente ao tempo integral | Bacia sanitária convencional de baixa vazão (uso feminino) | 3,0 | 6,05 | 30 | 545 |
| Equivalente ao tempo integral | Mictório convencional de baixa vazão | 2,0 | 3,78 | 50 | 378 |
| Transitório | Bacia sanitária convencional de baixa vazão (uso masculino) | 0,1 | 6,05 | 300 | 183 |
| Transitório | Bacia sanitária convencional de baixa vazão (uso feminino) | 0,5 | 6,05 | 200 | 605 |
| Transitório | Mictório convencional de baixa vazão | 0,4 | 3,78 | 300 | 454 |
| | **Consumo total de água potável por aparelho sanitário de descarga (litros)** | | | | **2.468** |

| Tipo de usuário | Aparelho sanitário de fluxo | Usos diários | Água potável (litros/minuto) | Duração (segundos) | Número de usuários | Consumo de água total (litros) |
|---|---|---|---|---|---|---|
| Equivalente ao tempo integral | Torneira de lavatório convencional de baixa vazão | 3,0 | 8,33 | 15 | 80 | 500 |
| Equivalente ao tempo integral | Torneira de cozinha convencional de baixa vazão | 1,0 | 8,33 | 15 | 80 | 166 |
| Equivalente ao tempo integral | Ducha convencional de baixa vazão | 0,1 | 9,46 | 300 | 80 | 378 |
| Transitório | Torneira de lavatório convencional de baixa vazão | 0,5 | 8,33 | 15 | 500 | 522 |
| Transitório | Torneira de cozinha convencional de baixa vazão | 0,0 | 8,33 | 15 | 500 | 0 |
| Transitório | Ducha convencional de baixa vazão | 0,0 | 9,46 | 300 | 500 | 0 |
| | **Consumo total de água potável dos aparelhos sanitários de fluxo (litros)** | | | | | **1.570** |
| | **Consumo diário total de água potável (litros)** | | | | | **4.035** |
| | **Dias de trabalho por ano** | | | | | **260** |
| | **Consumo total de água potável por ano (litros)** | | | | | **1,05 milhão** |
| | **Geração total de esgoto por ano (litros)** | | | | | **1,05 milhão** |

Comparando-se o consumo de água potável desse cenário com o do modelo de referência, pode-se alcançar uma redução de 82% no consumo dessa água.

## REGRAS PRÁTICAS PARA ECONOMIA DE ÁGUA (HEURÍSTICA)

Com base nos três modelos mostrados nas seções anteriores, agora é possível desenvolver algumas regras expeditas para estabelecer metas no consumo de água potável. Para a estratégia dos aparelhos sanitários de baixa vazão, o uso desses equipamentos é radical, e o resultado é uma redução de cerca de 50% (ou do Fator 2) no consumo de água potável em relação às exigências dos códigos. Caso se combine a estratégia do uso de aparelhos de baixa vazão com a do uso de fontes alternati-

**TABELA 10.7**

**Modelo de água para um cenário com aparelhos sanitários de baixa vazão**

| Tipo de usuário | Aparelho sanitário de descarga | Usos diários | Água potável (litros/descarga) | Número de usuários | Consumo de água total (litros) |
|---|---|---|---|---|---|
| Equivalente ao tempo integral | Bacia sanitária de gravidade de alta eficiência, descarga simples (usuário masculino) | 1,0 | 4,85 | 50 | 242 |
| Equivalente ao tempo integral | Bacia sanitária de gravidade de alta eficiência, descarga simples (usuário feminino) | 3,0 | 4,85 | 30 | 436 |
| Equivalente ao tempo integral | Mictório sem água | 2,0 | 0,0 | 50 | 0 |
| Transitório | Bacia sanitária de gravidade de alta eficiência, descarga simples (usuário masculino) | 0,1 | 4,85 | 300 | 144 |
| Transitório | Bacia sanitária de gravidade de alta eficiência, descarga simples (usuário feminino) | 0,5 | 4,85 | 200 | 485 |
| Transitório | Mictório sem água | 0,4 | 0,0 | 300 | 0 |
| | **Consumo total de água potável por aparelho sanitário de descarga (litros)** | | | | **1311** |

| Tipo de usuário | Aparelho sanitário de fluxo | Usos diários | Água potável (litros/minuto) | Duração (segundos) | Número de usuários | Consumo de água total (litros) |
|---|---|---|---|---|---|---|
| Equivalente ao tempo integral | Torneira de lavatório de alta eficiência | 3,0 | 6,8 | 15 | 50 | 258 |
| Equivalente ao tempo integral | Torneira de cozinha de alta eficiência | 1,0 | 6,8 | 15 | 30 | 212 |
| Equivalente ao tempo integral | Ducha de alta eficiência | 0,1 | 6,8 | 300 | 50 | 644 |
| Transitório | Torneira de lavatório de alta eficiência | 0,5 | 6,8 | 15 | 300 | 974 |
| Transitório | Torneira de cozinha de alta eficiência | 0,0 | 6,8 | 15 | 200 | 0 |
| Transitório | Ducha de alta eficiência | 0,0 | 6,8 | 300 | 300 | 0 |
| | **Consumo total de água potável dos aparelhos sanitários de fluxo (litros)** | | | | | **734** |
| | **Consumo total de água potável por dia (litros)** | | | | | **2.040** |
| | **Dias de trabalho por ano** | | | | | **260** |
| | **Consumo total de água potável por ano (litros)** | | | | | **5,3 milhões** |
| | **Geração total de esgoto por ano (litros)** | | | | | **5,3 milhões** |
| | **Economia de água potável em relação ao modelo de referência** | | | | | **49,4%** |

vas de água, consegue-se uma economia de 50% no consumo de água potável. Consequentemente, é possível desenvolver estratégias de redução do consumo de água que superam o Fator 4 usando-se uma abordagem agressiva que inclua tanto as fontes de água alternativas como os aparelhos sanitários de baixa vazão, ou uma estratégia menos radical, de pelo menos o Fator 2, usando apenas a abordagem dos aparelhos sanitários de baixa vazão.

Como já foi mencionado neste capítulo, o conceito de consumo líquido de água zero (autossuficiência em água) está sendo seriamente considerado e, na verdade oferece uma abordagem sensata com base nas ideias-chave da sustentabilidade, ou seja, de que o uso dos recursos deveria

**TABELA 10.8**

**Modelo do sistema de água para uma combinação entre a estratégia do uso de fontes alternativas de água e a do uso de aparelhos sanitários de baixa vazão**

| Tipo de usuário | Aparelho sanitário de descarga | Usos diários | Água potável (litros/descarga) | Número de usuários | Consumo de água total (litros) |
|---|---|---|---|---|---|
| Equivalente ao tempo integral | Bacia sanitária de gravidade de alta eficiência, descarga simples (usuário masculino) | 1,0 | 0,0 | 50 | 0 |
| Equivalente ao tempo integral | Bacia sanitária de gravidade de alta eficiência, descarga simples (usuário feminino) | 3,0 | 0,0 | 30 | 0 |
| Equivalente ao tempo integral | Mictório sem água | 2,0 | 0,0 | 50 | 0 |
| Transitório | Bacia sanitária de gravidade de alta eficiência, descarga simples (usuário masculino) | 0,4 | 0,0 | 300 | 0 |
| Transitório | Bacia sanitária de gravidade de alta eficiência, descarga simples (usuário feminino) | 0,5 | 0,0 | 200 | 0 |
| Transitório | Mictório sem água | 0,4 | 0,0 | 300 | 0 |
| | **Consumo total de água potável por aparelho sanitário de descarga (litros)** | | | | **0** |

| Tipo de usuário | Aparelho sanitário de fluxo | Usos diários | Água potável (litros/minuto) | Duração (segundos) | Número de usuários | Consumo de água total (litros) |
|---|---|---|---|---|---|---|
| Equivalente ao tempo integral | Torneira de lavatório de alta eficiência | 3,0 | 6,81 | 15 | 50 | 257 |
| Equivalente ao tempo integral | Torneira de cozinha de alta eficiência | 1,0 | 6,81 | 15 | 30 | 53 |
| Equivalente ao tempo integral | Ducha de alta eficiência | 0,1 | 6,81 | 300 | 50 | 170 |
| Transitório | Torneira de lavatório de alta eficiência | 0,5 | 6,81 | 15 | 300 | 257 |
| Transitório | Torneira de cozinha de alta eficiência | 0,0 | 6,81 | 15 | 200 | 0 |
| Transitório | Ducha de alta eficiência | 0,0 | 6,81 | 300 | 300 | 0 |
| | **Consumo total de água potável dos aparelhos sanitários de fluxo (litros)** | | | | | **734** |
| | **Consumo total de água potável por dia (litros)** | | | | | **734** |
| | **Dias de trabalho por ano** | | | | | **260** |
| | **Consumo total de água potável por ano (litros)** | | | | | **19 mil** |
| | **Geração total de esgoto por ano (litros)** | | | | | **19 mil** |
| | **Economia de água potável em relação ao modelo de referência** | | | | | **81,8%** |

ser limitado àquilo que a natureza oferece. Se considerarmos que o prédio nos três modelos de uso de água das seções precedentes estivesse localizado em uma zona climática com 0,61 m de índice pluviométrico anual e que sua área de cobertura seja de 1.394 m², então 840 m³ ou 840 mil litros de água, estariam disponíveis para todos os usos. O modelo de referência mostra que é necessário 1,5 milhão de litros, e o resultado é que uma estratégia de consumo líquido de água exigiria uma redução de cerca de 20% no consumo de água, que equivale ao uso de aparelhos sanitários de alta eficiência do padrão WaterSense em todo o prédio.

## GESTÃO DE ÁGUAS PLUVIAIS

A gestão da água da chuva há muito tempo é um desafio para o ambiente construído. Substituir plantas e árvores que naturalmente consomem grandes volumes de água por prédios e cobrir solos porosos por superfícies impermeáveis resulta no problema de que grandes quantidades de água fluem horizontalmente sobre áreas de estacionamento e pavimentação, recolhendo, ao longo do caminho, particulados e produtos químicos. O resultado tem sido uma enorme dor de cabeça para as prefeituras, que têm sido obrigadas a construir enormes infraestruturas para a gestão da água da chuva, o que custa uma fortuna para contribuintes, além de afetar o meio ambiente. Os suprimentos de água são ameaçados pela água pluvial poluída, e a saúde dos ecossistemas nos quais a água da chuva é descarregada muitas vezes fica comprometida.

Um dos resultados de se adotar abordagens de construção sustentável tem sido o surgimento de esquemas inovadores e efetivos que tentam manter o ciclo hidrológico natural da área. Essa estratégia, às vezes chamada de *gestão sustentável de águas pluviais*, conforme o Escritório de Serviços Ambientais de Portland, "replica a natureza ao integrar a água da chuva ao prédio e seu terreno a fim de reduzir os efeitos nocivos da urbanização nos rios e córregos. Desconectar o fluxo dos esgotos pluviais e direcionar o escoamento superficial da água da chuva para sistemas naturais como canteiros de chuva e jardins de chuva reduz e filtra esse escoamento superficial".[8]

A gestão sustentável das águas pluviais reconhece que há uma relação entre os ambientes naturais e os construídos e os trata como componentes integrados da bacia hidrográfica. Em vez da abordagem tradicional de usar tubulações e sistemas de coleta extensivos e caros, essa solução foca a coleta *in loco* e o transporte da água da chuva de coberturas, estacionamentos, ruas e outros sistemas a fim de promover sua infiltração no solo. Os sistemas naturais com plantas reduzem o escoamento superficial e filtram a água, melhorando a interceptação e a evaporação da água da chuva através das raízes e folhas. A vegetação também reduz a velocidade desse escoamento e remove os poluentes da água. Estudos têm mostrado que essa abordagem pode reduzir o volume de escoamento superficial em até 65%. Ela também consegue remover 80% dos sólidos suspensos e metais pesados, bem como 70% dos nutrientes em excesso, como o fosfato e nitrogênio.

A gestão sustentável da água pluvial conecta componentes naturais, como valetas gramadas e bacias de infiltração, a elementos estruturais, como reservatórios, floreiras, pisos permeáveis e superfícies de concreto ou asfalto permeáveis. As Figuras 10.16 A–N[9] ilustram alguns dos componentes que podem fazer parte de um sistema sustentável de gestão da água pluvial.

O asfalto e o concreto impermeáveis são materiais particularmente interessantes, pois permitem que a água da chuva se infiltre rapidamente através das superfícies externas duras e vá para o solo. O asfalto permeável é feito com agregado graúdo e aglomerante asfáltico, usando pouquíssimo agregado miúdo. Como os agregados miúdos quase não estão presentes, a água percola pelos vãos criados. Uma grossa camada de pedregulho sob a superfície permite que a água chegue ao solo. O asfalto permeável é similar ao convencional, embora seja mais áspero e, por isso, seja chamado em inglês de *popcorn mix* ("mistura de pipoca"). O concreto permeável é feito com misturas especiais de cimento Portland, agregado graúdo e água. Em virtude da ausência de agregado miúdo, apresenta espaços vazios suficientes pare permitir a percolação rápida da água. Devido à falta de agregados miúdos, o concreto permeável tem superfície rugosa e lembra o concreto com agregado exposto.

A aplicação das estratégias de gestão da água pluvial (veja a Figura 10.17) com o uso das inúmeras tecnologias disponíveis oferece a melhor solução para minimizar o sobrecarregamento das estações de tratamento de água e otimizar a recarga dos lençóis freáticos e aquíferos.

**FIGURA 10.16** (A) Desconectar os tubos de queda pluvial das redes de esgoto pluvial previne que o escoamento superficial da água da chuva sobrecarregue esses sistemas, dispersando-o nas áreas com vegetação. (*Fonte*: City of Gresham, Oregon)

**FIGURA 10.16** (B) Barris de chuva coletam o escoamento da cobertura e o armazenam para usos posteriores que não requerem água potável. (Maxine Thomas, Florida Master Gardener/University of Florida – IFAS Extension Realtors)

**FIGURA 10.16** (C) Cisternas são similares aos barris de chuva, exceto pelo fato de serem mais permanentes e construídas com materiais mais duradouros. Elas podem ser instaladas sobre o solo ou enterradas e ter tamanhos entre 100 e 10 mil galões. (*Fonte*: Cidade de Portland, Oregon)

**FIGURA 10.16** (D) As coberturas verdes podem ser sistemas de coberturas extensivas. Essas coberturas costumam ser construídas com camadas de membrana de impermeabilização, material de drenagem e um solo leve, e são plantadas espécies com plantas superficiais. Essa aplicação é apropriada para coberturas convencionais que são planas ou têm pouco caimento. (*Fonte*: Cidade de Portland, Oregon)

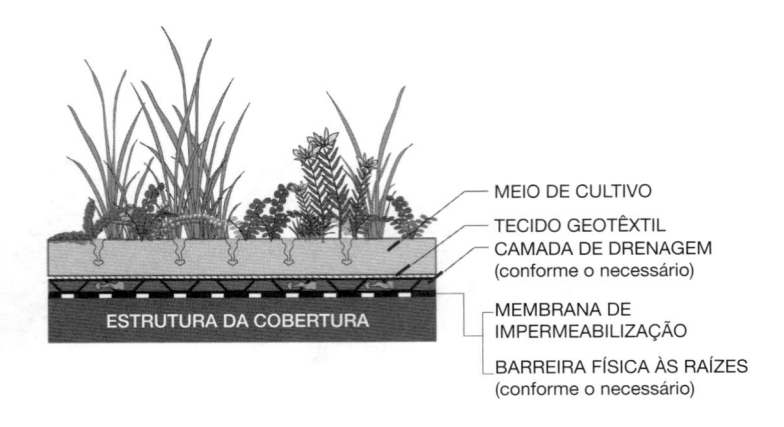

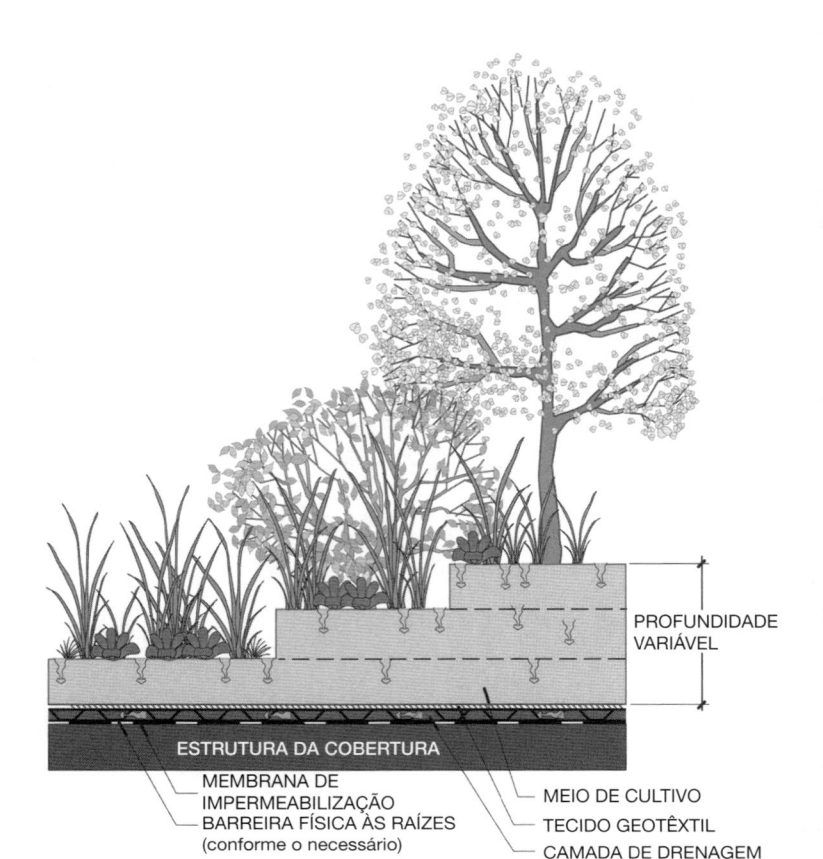

**FIGURA 10.16** (E) As coberturas verdes podem ser sistemas intensivos, com uma camada de solo mais espessa que permite raízes mais profundas e, portanto, o uso de plantas maiores do que nos sistemas extensivos. Algumas coberturas verdes têm pontos de acesso e passarelas para que os usuários do prédio possam desfrutá-las. (*Fonte*: Cidade de Portland, Oregon)

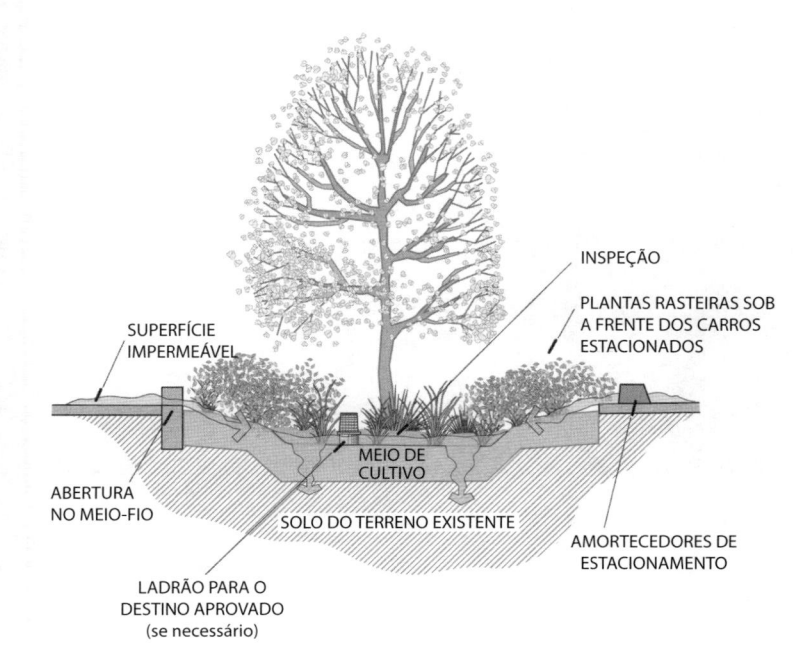

**FIGURA 10.16** (F) Biodigestores com plantas (ou valas de drenagem gramadas) são leves depressões no solo com plantas ou grama a fim de desviar e tratar o escoamento superficial da água da chuva. As plantas reduzem a velocidade da água e a filtram à medida que penetra no solo. (*Fonte*: Cidade de Portland, Oregon)

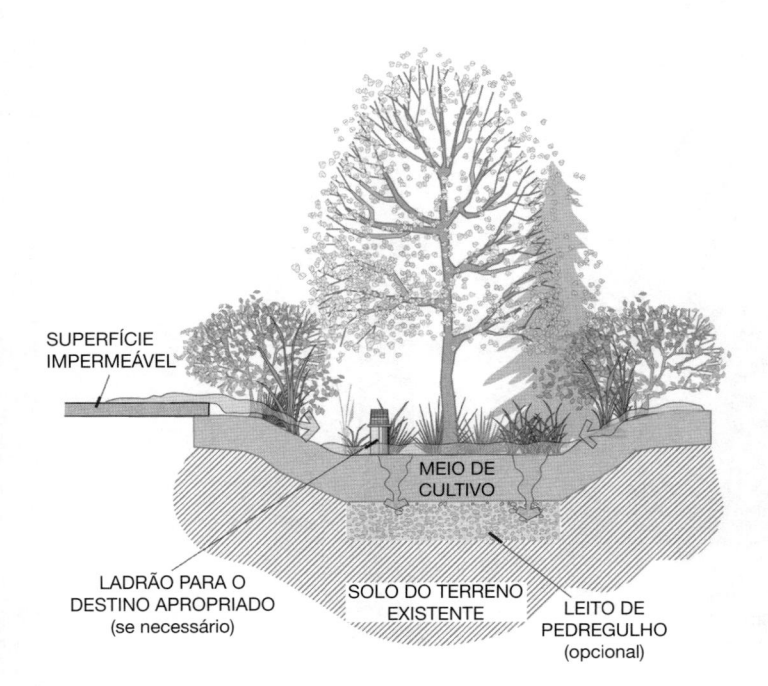

**FIGURA 10.16** (G) As bacias de infiltração com plantas também são chamadas de *jardins de chuva, bacias pluviais* ou *bacias de detenção*. A bacia é escavada ou feita com pequenos taludes e, então, recebe plantas para armazenar temporariamente o escoamento superficial da água da chuva até que ele seja infiltrado pelo terreno. Esses sistemas retêm a água temporariamente durante uma forte tempestade e, em geral, incluem um sistema de extravasão (um ladrão), por motivos de segurança. (*Fonte*: Cidade de Portland, Oregon)

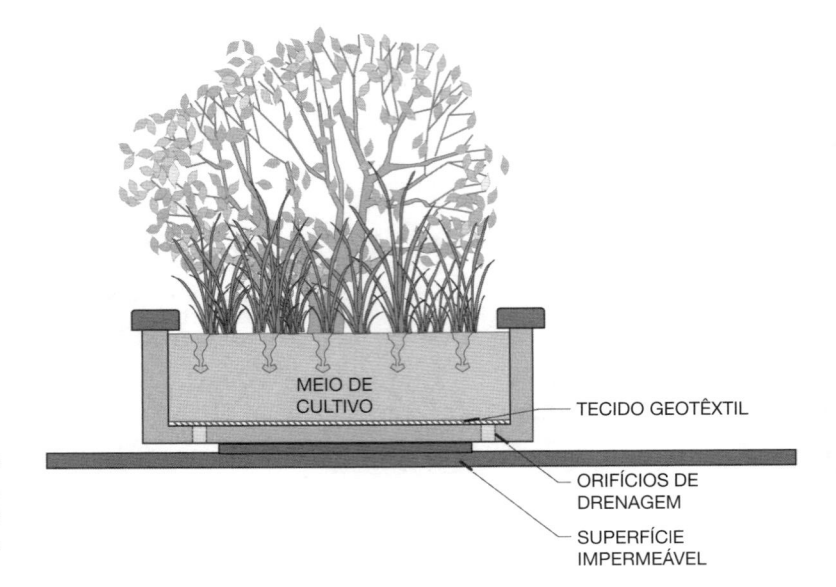

**FIGURA 10.16** (H) Floreiras são preenchidas com solo e plantas que absorvem a água da chuva. A água excessiva desce até o fundo do recipiente e é drenada por orifícios. (*Fonte*: Cidade de Portland, Oregon)

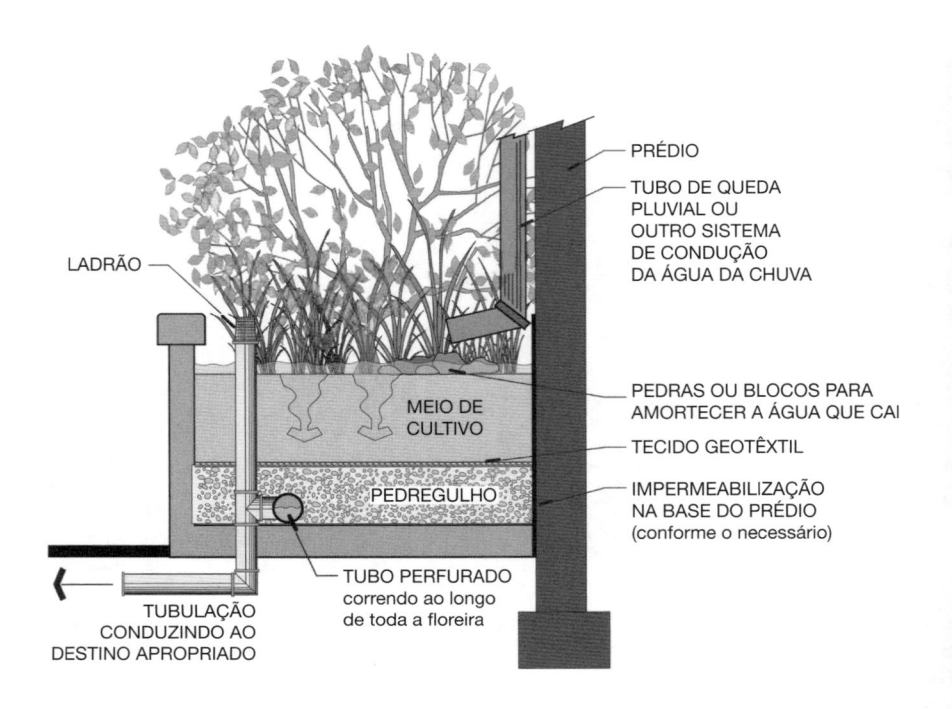

**FIGURA 10.16** (I) Floreiras com drenagem são utilizadas em áreas nas quais a água não tem como ser filtrada pelo solo. Elas são impermeabilizadas e preenchidas com pedregulho, solo e plantas, para absorver e filtrar a água da chuva. A água excessiva escapa por meio de um tubo perfurado que fica na base da floreira, ou por um sistema de extravasão (ladrão). (*Fonte*: Cidade de Portland, Oregon)

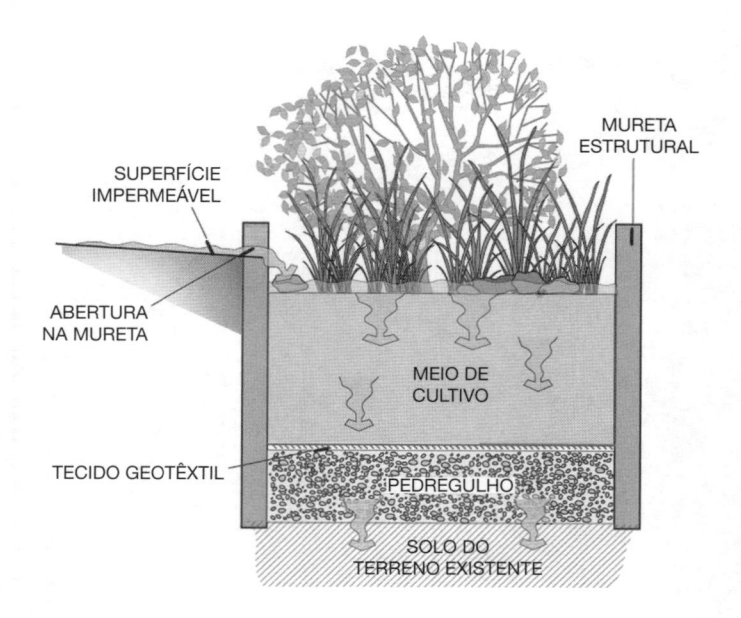

**FIGURA 10.16** (J) Floreiras permeáveis têm fundos abertos para permitir que a água da chuva absorvida pelo solo superficial seja infiltrada no solo. Os materiais e as dimensões variam conforme a aplicação. (*Fonte*: Cidade de Portland, Oregon)

**FIGURA 10.16** (K) Blocos de piso permeáveis ou com frestas permeáveis substituem as superfícies antes impermeáveis, permitindo que a água da chuva seja absorvida pelo solo. Eles costumam ser feitos de concreto pré-moldado, tijolo, pedra ou granito, são intertravados e têm suas juntas preenchidas com areia ou pedregulho fino. (Fotografia por cortesia de Holly Piza)

**FIGURA 10.16** (L) Um pavimento permeável feito de concreto ou asfalto pode ter agregado graúdo, criando vazios que permitem à água passar pelo sistema. (*Fonte*: Cidade de Fairway, Kansas)

**FIGURA 10.16** (M) Blocos ou grades com aberturas para grama têm suas juntas preenchidas com solo e uma gramínea, permitindo que a água seja absorvida. Essa opção aceita apenas a água que precipita (e não o escoamento superficial da água da chuva), assim é adequada para áreas com pouco trânsito ou estacionamento de veículos ocasional. Suas aplicações incluem pátios, passagens de pedestres, ruas de acesso em situações emergenciais, acostamentos de vias e acessos de veículos para residências. (Fotografia por cortesia de Western Interlock, Inc.)

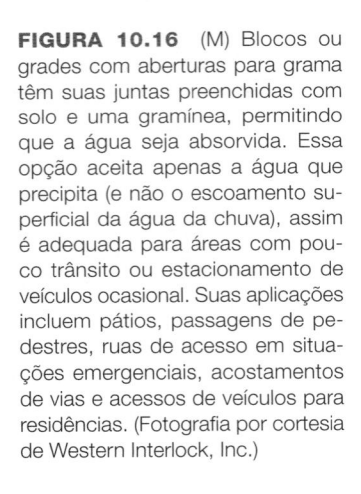

**FIGURA 10.16** (N) As valetas de biorretenção (ou biovaletas) são valas rasas ao longo das quais corre uma tubulação subterrânea perfurada. O tubo coleta a água da chuva de coberturas ou outras superfícies impermeáveis e a distribui no subsolo com o auxílio de um material de enchimento. (D. Stephany)

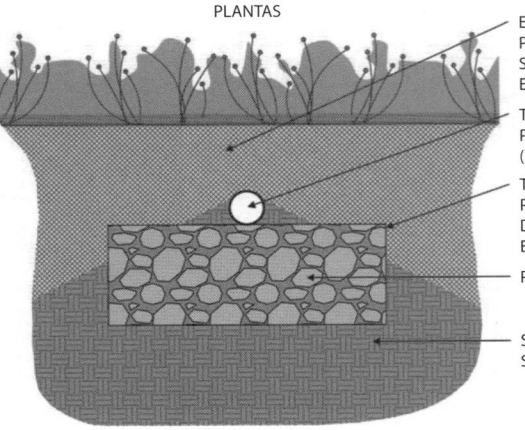

PLANTAS

ENCHIMENTO APROVADO E COM PROFUNDIDADE NECESSÁRIA PARA SUPORTAR AS PLANTAS ESCOLHIDAS E A INSTALAÇÃO DO TUBO

TUBO DE DISTRIBUIÇÃO E EXTRAVASÃO PERFURADO COM 15 CM DE DIÂMETRO (SEM CAIMENTO)

TECIDO GEOTÊXTIL EM VOLTA DO TUBO PERFURADO E DE TODO O MATERIAL DE INFILTRAÇÃO, SOBREPONDO-O EM 30 CM NAS BORDAS

PEDRAS DE TAMANHO UNIFORME

SUBLEITO NATURAL E NÃO COMPACTADO SOB A CAMADA DE PEDRAS DE INFILTRAÇÃO

**FIGURA 10.17** Vários componentes foram integrados nesse sistema de gestão sustentável da água da chuva em Portland, Oregon. Todos os condicionantes e benefícios têm de ser levados em conta quando se selecionam quais os componentes deverão ser utilizados em determinado terreno. (*Fonte*: Cidade de Portland, Oregon)

## EFICIÊNCIA DA ÁGUA NO TRATAMENTO PAISAGÍSTICO

Cerca de 30% do consumo residencial de água, ou seja, aproximadamente 121 l por pessoa por dia, são usados para usos externos, e a maioria disso – chegando a 110 l por pessoa – é empregada para manter jardins, apesar da ampla variação decorrente da região climática. A maior parte da água utilizada para esse fim é desperdiçada em virtude do excesso de irrigação. O uso de gramados que consomem muita água também cria uma grande demanda para irrigação. Nos Estados Unidos, por exemplo, os mais de 16 mil campos de golfe consomem 10,2 bilhões de litros de água por dia (Vickers, 2001, Capítulo 3).[10]

Várias formas de paisagismo sustentável estão surgindo após décadas de evolução. A mais conhecida é a *xerojardinagem*, que enfatiza o uso de plantas nativas tolerantes à seca e espécies de plantas e gramas adaptadas. (Observe que o termo *paisagismo consciente em termos de água* às vezes também é empregado como sinônimo de *xerojardinagem*.) São sete os princípios que podem ser utilizados em um jardim eficiente em água e bem projetado:

1. Planejamento e projeto adequados
2. Análise do solo
3. Seleção de plantas apropriadas
4. Áreas de gramado de fácil manutenção
5. Irrigação eficiente
6. Uso de palha para proteger as raízes das plantas
7. Manutenção apropriada

Talvez uma forma de paisagismo ainda mais sustentável do que a xerojardinagem seja o *paisagismo natural ou nativo*.[11] Usando princípios de paisagismo restaurativo, essa estratégia apoia-se no uso de plantas nativas que, uma vez estabelecidas, eliminam a necessidade de irrigação. Até mesmo os gramados, que são os consumidores de água onipresentes, podem ser substituídos pelas espécies autóctones, pois há milhares de plantas nativas. A restauração das paisagens nativas também tem outros benefícios. As espécies animais que vivem nas paisagens nativas são restabelecidas, a água da chuva é filtrada de modo efetivo e a natureza original da paisagem é restaurada. Em 1981, Darrel Morrison, um professor da University of Georgia e membro da American Society of Landscape Architects, definiu três características necessárias para o projeto de paisagismo natural:

1. Identidade regional (senso de lugar)
2. Riqueza e detalhes (biodiversidade)
3. Elementos de mudança

No início, a oposição ao paisagismo natural foi forte, pois muitos, após terem crescido acostumados a gramados ornamentais, tinham dificuldade de aceitar um paisagismo que parecia nativo e não convencional. Inúmeras pessoas foram, inclusive, processadas por tentarem implementar o paisagismo natural, sendo acusadas de violarem a legislação do paisagismo. Felizmente, hoje o paisagismo natural é muito mais bem aceito, e a beleza e estética dessa abordagem estão conquistando até os mais céticos. O paisagismo natural pode incluir jardins de borboletas, árvores nativas e arbustos que atraem pássaros, pequenos lagos, coberturas de solo nativas em lugar da grama e jardins compostos de plantas nativas. As plantas nativas apresentam várias vantagens ambientais que se enquadram dentro do conceito de edificação sustentável de alto desempenho: sobrevivem sem fertilizantes ou pesticidas sintéticos e raramente precisam de irrigação, fornecem alimentos e *habitat* para a fauna e contribuem para a biodiversidade (veja a Figura 10.18).

**FIGURA 10.18** O Environmental Nature Center em Newport Beach, Califórnia, tem um projeto de paisagismo que economiza água e apresenta uma seleção de diversas espécies nativas. As plantas autóctones utilizadas nos jardins praticamente eliminam a necessidade de irrigação e, além de ajudar na manutenção do ecossistema, conferem um caráter nativo ao terreno. (LPA, Inc./Costea Photography, Inc.)

**CAPÍTULO 10** O ciclo hidrológico do ambiente construído **357**

## ESTUDO DE CASO

# LOTT CLEAN WATER ALLIANCE, OLYMPIA, WASHINGTON

O novo Centro Regional de Serviços da estação de tratamento de esgoto de Olympia incentiva o envolvimento ativo da população no processo de tratamento das águas servidas. Esta instalação multiuso contém laboratórios de monitoramento da qualidade da água e escritórios, além de um centro de ensino e tecnologia (veja a Figura 10.19A–D). Um dos objetivos do prédio é criar um forte programa de inclusão da comunidade, enfatizando a conservação da água e, ao mesmo tempo, oferecendo água tratada da mais alta qualidade a quatro condados, cuja população totaliza cerca de 85 mil pessoas. Ao se aproximarem do edifício, os visitantes imediatamente são circundados pela água sendo processada – um arranjo que promove a educação da comunidade em vários níveis, desde a água tratada na praça de acesso ao museu interativo para crianças. Após a entrada na edificação, o centro de tecnologia continua transmitindo a importância da água e o processo por meio do qual as instalações atendem à demanda da região.

O sucesso deste projeto pode ser atribuído ao esforço colaborativo estabelecido desde o início entre o proprietário, a equipe de projeto, o gerente de obras e os funcionários e a administração do instituto, entre outros interessados. Os objetivos do projeto foram identificados com clareza e transmitidos a todos os envolvidos com o projeto. Alguns dos elementos ecológicos do projeto incluem os pisos de concreto polido, o uso de um terreno descontaminado, o uso de madeira reaproveitada, a iluminação natural nos escritórios e os brises que reduzem os ganhos solares.

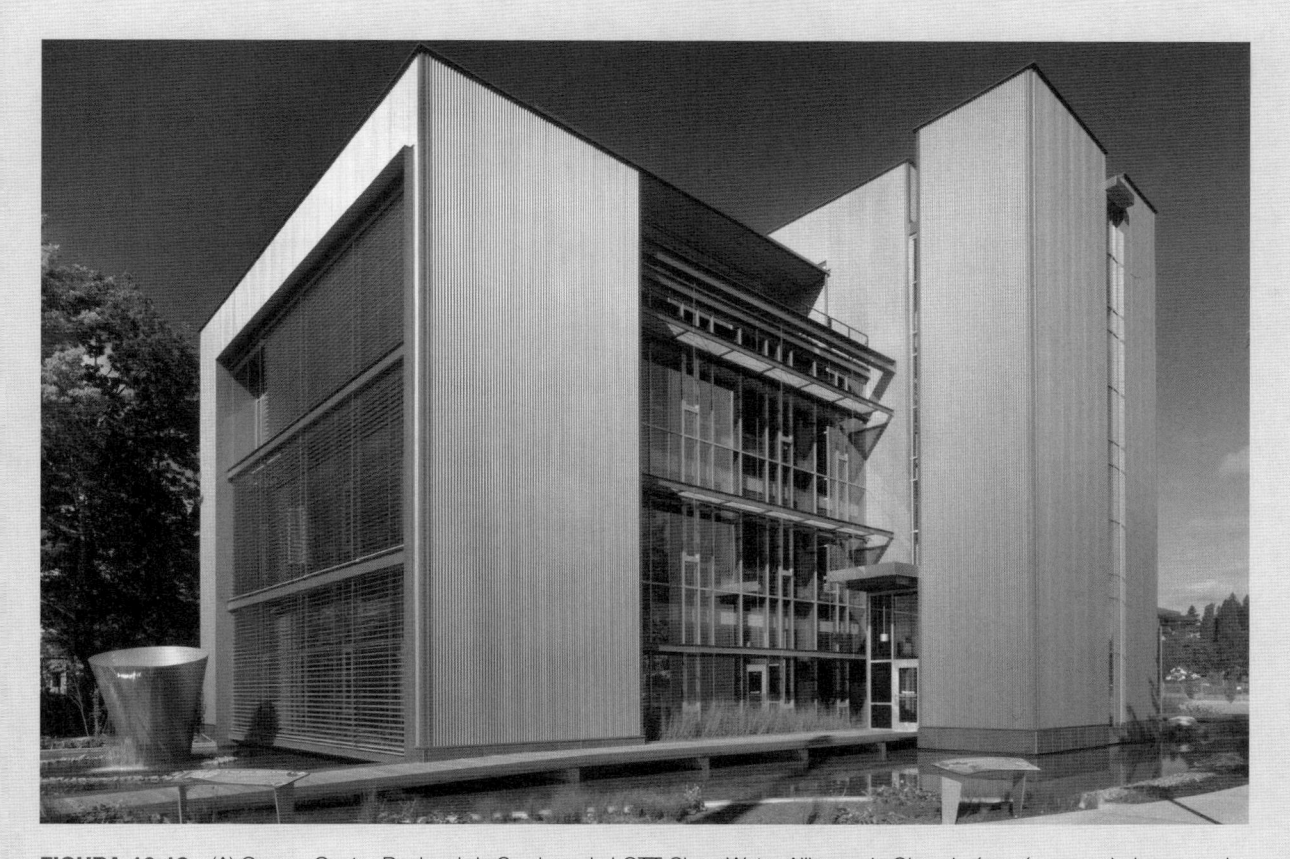

**FIGURA 10.19** (A) O novo Centro Regional de Serviços da LOTT Clean Water Alliance de Olympia é um ícone no bairro e recebe o público para educá-lo de modo prático sobre o tratamento de água. Um espelho de água tratada circunda dois lados do prédio, convidando os visitantes a se envolverem com o processo. (©Nic Lehoux)

**358** PARTE III  O projeto de edificações sustentáveis

**FIGURA 10.19** (B) Os visitantes entram no edifício por meio de uma ponte, que os coloca em contato direto com o espelho de água tratada. (© Nic Lehoux)

**FIGURA 10.19** (C) Os escritórios administrativos da LOTT Clean Water Alliance situam-se no coração do centro de tratamento de água da região. O público é bem-vindo e pode visitar os escritórios, o centro de tecnologia e o museu para crianças adjacente a fim de entender de maneira prática as questões relativas ao tratamento da água. (Susan Kelly)

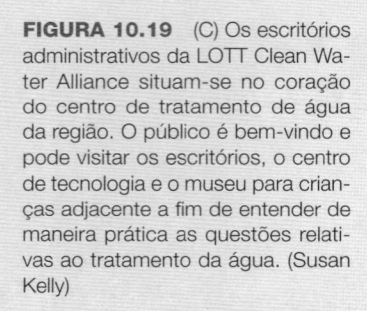

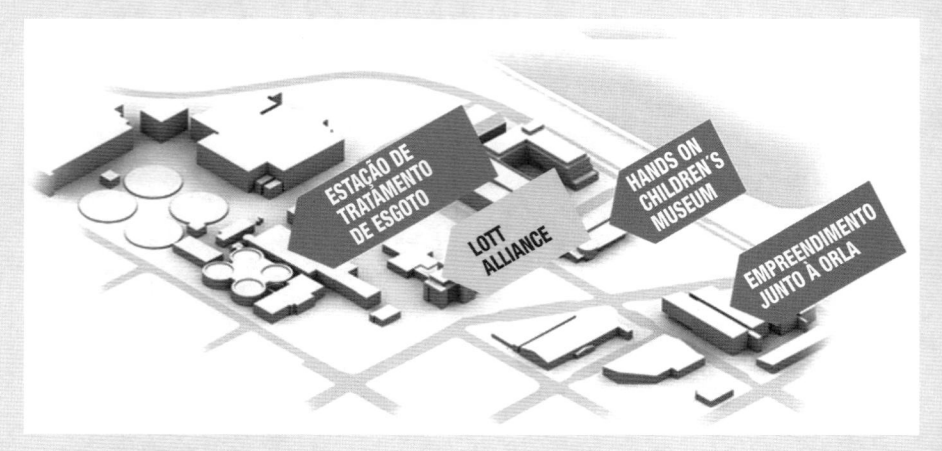

**FIGURA 10.19** (D) A iluminação natural dos escritórios e o uso de madeira recuperada são apenas dois exemplos das inúmeras características de sustentabilidade do projeto do prédio. (© Nic Lehoux)

# RESUMO E CONCLUSÕES

Grande parte da atenção dedicada ao projeto de edificações sustentáveis de alto desempenho tem focado o desempenho energético superior, pois há economias demonstráveis e fáceis de se documentar que podem ser utilizadas para justificar os investimentos feitos na conservação de energia. Porém, para o sistema hidrológico de um prédio, as economias com a conservação de água e o manuseio inovador da água servida (esgoto) não são tão fáceis de documentar, pois em muitos países a água é um recurso fortemente subsidiado, assim como o tratamento dos efluentes líquidos e da água da chuva. Contudo, é a água, e não a energia, que pode ser o recurso limitador do desenvolvimento, como já demonstraram várias proibições temporárias para construção que limitaram ou interromperam empreendimentos de construção ou urbanização até que o problema da falta de água ou de um sistema de tratamento de esgoto adequado fosse resolvido.

A água, na verdade, é um problema tão sério que equipes de projeto de muitas localidades deveriam considerar esforços extraordinários para reduzir o consumo da água potável a níveis excepcionalmente baixos. Muitas experiências recentes têm mostrado que o uso da captação da água da chuva, de água reaproveitada, de sistemas de reúso de água servida e de novas tecnologias de aparelhos sanitários sem água estão eliminando a necessidade de uso de água potável em equipamentos como os mictórios. Também há bacias sanitárias de alta eficiência que exigem cerca de metade da água necessária pelas bacias que atendem aos códigos de edificação e às normas de projeto hidrossanitário em vigor. Uma área que ainda precisa ser desenvolvida é a irrigação de jardins, que corresponde a cerca de 50% do consumo de água potável do ambiente construído de países como os Estados Unidos.

Se o setor da construção civil não fizer reduzir significativamente o perfil de consumo de água do ambiente construído, as interdições e proibições à construção, frequentemente instituídas por falta de água potável ou tratamento de esgoto, reduzirão o volume de seus negócios. Já está evidente que encontrar maneiras mais apropriadas de usar a água potável e tratar o esgoto resultará em uma situação na qual tanto a população como o setor da construção só terão benefícios.

# NOTAS

1. O texto da resolução pode ser encontrado em www.un.org/en/ga/search/view_doc. asp?symbol=A/RES/64/292.
2. Originariamente da seção de Cartas ao Editor da versão *on-line* (www.elytimes.com) de *Ely Times*, 7 de abril de 2004, mas não mais disponível.
3. De uma edição *on-line* de 31 de janeiro de 2004 de Emmitsburg.net (http://emmitsburg.net), uma fonte de informações na Internet sobre a área de Emmitsburg e sem fins lucrativos.
4. A US Geological Survey publica um relatório detalhado do consumo de água nos Estados Unidos a cada cinco anos e cobrindo o período anterior de mesma duração. O título do relatório de 2010 é *Estimated Water Use in the United States in 2005* e ele pode ser encontrado em: http://pubs.usgs.gov/circ/1405/.
5. No Capítulo 11, Hawken, Lovins e Lovins descrevem a lógica equivocada dos sistemas hidrossanitários (abastecimento de água e esgoto) dos prédios contemporâneos e sugere soluções que possam garantir a sustentabilidade do fornecimento de água potável do mundo.
6. Sisolak e Spataro também oferecem informações sobre abordagens ao consumo líquido zero de água nos Estados Unidos.
7. No início da década de 1970, a Agência de Proteção Ambiental dos Estados Unidos começou a investigar alternativas às estações de tratamento de água centralizadas e tecnicamente complexas; parte desse esforço foi a criação de um programa de tecnologias alternativas para encorajar o desenvolvimento de sistemas que empreguem os sistemas ecológicos para decompor seus próprios dejetos.
8. A definição de gestão sustentável de águas pluviais é de "A Sustainable Guide to Stormwater Management" e pode ser encontrada no site do Portland Bureau of Environmental Services em www.portlandonline.com/bes/index.cfm?c=34598. Portland, Oregon, tem muitos projetos de gestão sustentável das águas pluviais que ganharam prêmios, e seu site contém uma ampla variedade de recursos para sustentar a gestão de águas pluviais.

9. Figuras 10.16 A-N adaptadas do *Stormwater Solutions Handbook* desenvolvido pelo Escritório de Serviços Ambientais da cidade de Portland, Oregon.

10. Vickers também oferece inúmeras informações sobre a conservação de água em geral e informações técnicas e políticas sobre a redução do consumo de água potável.

11. Uma excelente fonte de informação sobre paisagismo natural é a ONG Wild Ones: Native Plants, Natural Landscapes. Informações e *downloads* gratuitos disponíveis em seu site www.for-wild.org.

## FONTES DE CONSULTA

Ausubel, Kenny. 1997. *The Bioneers: A Declaration of Interdependence.* White River Junction, VT: Chelsea Green.

Campbell, Craig S., and Michael H. Ogden. 1999. *Constructed Wetlands in the Sustainable Landscape.* New York: John Wiley & Sons.

*Greening Federal Facilities: An Energy, Environmental and Economic Resource Guide for Federal Facility Managers and Designers*, 2nd ed. 2001. DOE/GO-102001-1165. Washington, DC: Federal Energy Management Program, Office of Energy Efficiency and Renewable Energy, US Department of Energy. Available at www.nrel.gov/docs/fy01osti/29267.pdf

Hawken, Paul, Amory Lovins, and L. Hunter Lovins. 1999. *Natural Capitalism: Creating the Next Industrial Revolution.* Boston: Little, Brown.

Lorion, Renee. 2001. "Constructed Wetlands: Passive Systems for Wastewater Treatment." Technology Status Report for the US Environmental Protection Agency's Technology Innovation Office. Available at www.epa.gov/swertio1/download/remed/constructed_wetlands.pdf.

McKinsey & Company. 2009. *Charting Our Water Future: Economic Frameworks to Inform Decision-Making.* Available at www.mckinsey.com/client_service/sustainability/latest_thinking/charting_our_water_future

Sisolak, Joel, and Kate Spataro. 2011. *Toward Net Zero Water: Best Management Practices for Decentralized Sourcing and Treatment.* Cascadia Green Building Council. Available at http://living-future.org/ilfi/ideas-action/research/water/toward-net-zero-water.

*Stormwater Solutions Handbook.* 2011. City of Portland, Oregon. Available at www.portlandonline.com/bes/index.cfm?c=43110.

*Texas Guide to Rainwater Harvesting*, 3rd ed. 2005. Austin, TX: Texas Water Development Board, in collaboration with the Center for Maximum Potential Building Systems. Available at www.twdb.texas.gov/publications/brochures/conservation/doc/RainwaterHarvestingManual_3rdedition.pdf.

Todd, John. 1999. In *Reshaping the Built Environment: Ecology, Ethics, and Economics,* Charles J. Kibert, ed. Washington, DC: Island Press.

Vickers, Amy. 2015. *Handbook of Water Use and Conservation.* Amherst, MA: WaterPlow Press. Book details available at www.waterplowpress.com.

# Fechando os ciclos de materiais     11

A seleção de materiais e produtos para edificações sustentáveis de alto desempenho é um grande desafio para as equipes de projeto. Os atributos que tornam os materiais e produtos aceitáveis para a aplicação em prédios de alto desempenho incluem conteúdo reciclado, materiais de construção reusados, materiais obtidos no local ou na região e produtos de madeira certificada ou feita com recursos rapidamente renováveis. No entanto, não se tem conseguido chegar a um entendimento comum de como priorizar e combinar esses atributos em um sistema de tomada de decisões para a escolha de produtos. A boa notícia é que têm sido feitos progressos significativos na elaboração de uma abordagem de aceitação ampla para determinar a eficácia ambiental dos materiais e produtos utilizados na construção. O advento das *Declarações de Produto Ambiental* (EPDs) e *Declarações de Prédio Ambiental* (EBDs) promete superar os problemas do passado de como determinar os impactos tanto dos produtos como de edifícios inteiros com base em uma abordagem com aceitação comum. Em suma, uma declaração de produto ambiental (EPD) é o equivalente aos rótulos dos alimentos com valores nutritivos aos produtos e materiais de construção e é emitida por organizações independentes, garantindo a uniformidade, isenção e transparência no processo. Uma declaração de prédio ambiental (EBD) pode ser considerada a soma total das EPDs de todos os produtos e materiais de um prédio, e representa seu impacto total no meio ambiente. Alguns protocolos de certificação de sustentabilidade de prédios, especialmente o Deutsche Gesellschaft für Nachhaltiges Bauen, DGNB, incluem a análise de impacto ambiental da edificação inteira como parte do sistema de pontos para certificação. Historicamente, tem sido muito difícil o desenvolvimento do processo de determinação de impactos do ciclo de vida da totalidade dos materiais e do consumo energético de um prédio, pois ele depende de informações fornecidas por organizações independentes e implica uma enorme quantidade de dados. Além disso, por questões relacionadas à competitividade, alguns fabricantes resistem à participação em um esquema transparente de declarações de produto. Todavia, o velho hábito dos fabricantes de dificultarem o fornecimento de informações a organizações independentes está desaparecendo em virtude da atmosfera competitiva criada pelos primeiros promotores do processo geral de criação de edificações sustentáveis. Digno de nota, entre os primeiros a adotarem esse hábito, foi a InterfaceFLOR Corporation, fabricante de carpetes em placas que se comprometeu a obter declarações de produto ambiental em todos os seus produtos. Um dia, quando essas declarações de sustentabilidade estiverem disponíveis para todos os produtos que compõem um edifício, inclusive seus itens complexos (como circuladores de ar e sistemas de iluminação), as declarações de prédio ambiental efetivamente se tornarão possíveis. Atualmente, as declarações de produto ambiental apenas permitem a comparação entre produtos sendo utilizados para o mesmo propósito, por exemplo, entre sistemas estruturais de aço *versus* de concreto. As declarações de prédio ambiental permitirão a compensação entre os sistemas prediais, a fim de minimizar o impacto total. Por exemplo, os impactos de uma janela de vidros triplos com camadas de gás, e, consequentemente, isolamento térmico muito maior, poderão ser comparados com os efeitos de se reduzir o tamanho e a massa dos componentes dos sistemas de climatização, permitindo, portanto, uma abordagem holística na tomada de decisões sobre os produtos e materiais.

Além do advento desses dois tipos de declaração, outra tendência significativa é o surgimento de organizações independentes que produzem normas, conduzem testes e fornecem informações importantes para os sistemas de avaliação de edificações. Entre elas, podemos citar a Green Seal,

**FIGURA 11.1** Demolição parcial do Levin College da biblioteca de Direito da University of Florida em Gainesville para um projeto de ampliação do prédio. Os prédios realmente ecológicos do futuro deverão ser projetados para a desconstrução, a fim de otimizar o reúso e a recuperação de componentes e materiais de construção. (Fotografia por cortesia de M. R. Moretti)

a GreenGuard e a Forest Stewardship Council (FSC; www.fscus.org). Elas oferecem o equivalente a selos ecológicos (*ecolabels*) de produtos que atendem às exigências dos sistemas de certificação de edificações sustentáveis. O atendimento às normas dessas entidades muitas vezes é uma exigência para a obtenção de pontos nos sistemas de certificação de edificações nos Estados Unidos. Um segundo nível de organizações relacionadas com a indústria também está contribuindo para a atmosfera de transparência e facilitando o processo de seleção para uma grande variedade de materiais utilizados na construção. Essas organizações incluem o Carpet and Rug Institute (CRI) e a Sustainable Forestry Initiative (SFI). Embora às vezes recebam críticas por serem vinculados às indústrias, muitos desses grupos oferecem serviços úteis, além de estabelecer padrões elevados.

Outra questão muito importante na discussão do fechamento dos ciclos de materiais é o destino dos materiais de construção ao término de sua vida útil em um prédio. Os sistemas de certificação abordam a reciclagem e o reúso de materiais oriundos da demolição de prédios (veja a Figura 11.1) e a redução dos resíduos durante o processo construtivo. A desconstrução, ou seja, a possibilidade de desmontar um prédio para que seus componentes possam ser reusados, também está se tornando cada vez mais comum entre as exigências prioritárias relacionadas aos materiais.

Este capítulo aborda as questões dos materiais e produtos de construção ecológicos, os critérios para se definir quais produtos são ecologicamente não agressivos, a aplicação da análise do ciclo de vida na tomada de decisões sobre a seleção de materiais e o tema das declarações de produto ambiental e seu papel no projeto e na construção de edificações sustentáveis de alto desempenho. Será também tratado o papel das organizações normalizadoras independentes na avaliação e certificação dos prédios de alto desempenho. Por fim, o capítulo fornecerá informações sobre materiais e produtos específicos cujas novas tecnologias e abordagens estão se consolidando no apoio ao movimento da edificação sustentável.

## O DESAFIO DA SELEÇÃO DE MATERIAIS E PRODUTOS DE CONSTRUÇÃO

Historicamente, a seleção de materiais e produtos para uma edificação sustentável de alto desempenho tem sido a tarefa mais desafiadora para uma equipe de projeto. Na terceira edição de *Green Building Materials: A Guide to Product Selection and Specification*, um dos primeiros livros sobre o tema, Ross Spiegel e Dru Meadows definiram os materiais de construção sustentáveis como "aqueles que usam os recursos da Terra de modo ambientalmente responsável" (p. 27). Atualmente, contudo, ainda não há um consenso estabelecido sobre os critérios para os materiais e produtos que os caracterizariam como *ambientalmente preferíveis, ambientalmente responsáveis ou ecológicos*. Na verdade, terminologias alternativas estão surgindo na linguagem dos materiais e produtos ecológicos dos prédios de alto desempenho. Por exemplo, o termo *"produto preferível ambientalmente"* é comum e pode ser encontrado nas especificações do governo dos Estados Unidos para os materiais e produtos de construção. Como resultado, a questão do que é ou não ambientalmente preferível ainda está sendo discutida e é objeto de controvérsias. Por exemplo, algumas organizações promovem produtos ecológicos com base em uma lista limitada de atributos que escolhem como sendo importantes para esse fim. O FSC, representado nos Estados Unidos pelo SmartWood Program and Scientific Certification Systems, define como ecológicos os produtos de madeira obtidos de uma floresta controlada de modo sustentável. O Greenguard Environmental Institute, por sua vez, baseia-se nos níveis de emissões de produtos químicos que afetam a qualidade do ambiente interno para descrever o que constitui um produto ecológico ("Navigating the Maze", 2003). Como já comentamos, o advento das declarações de produto ambiental está mudando um pouco essa situação ao fornecerem, por meio de um processo transparente, informações verificadas por terceiros independentes quanto aos impactos dos produtos.

Sem dúvida, seria vantajoso para os produtos ecológicos ter uma certificação (ou rótulo ecológico) a fim de designá-los como sendo preferíveis com base em normas consensuais que abordem cada tipo de insumo da construção. As declarações de produto ambiental, ainda que ofereçam informações detalhadas sobre os produtos, não são certificados que atestam o quanto um produto é não agressivo ao ambiente ou ecológico. Os selos ecológicos, em contraposição, indicam quais são os produtos de uma classe que têm desempenho superior. Na Europa, vários selos ecológicos cobrem pelo menos alguns dos materiais de construção. O selo Blauer Engel da Alemanha (www.blauer-engel.de), o Cisne Nórdico (www.nordic-ecolabel.org) da Escandinávia e o selo da União Europeia (ec.europa.eu/environment/ecolabel) são programas para alguns tipos de produtos de construção. Por exemplo, a norma RAL-UZ-38 do Blauer Engel aborda os requisitos para a certificação de painéis de madeira. Infelizmente, a variedade de produtos cobertos por esses programas é muito limitada e, portanto, eles pouco contribuem para a identificação de quais produtos poderiam ser considerados ecológicos. Assim, as equipes de projeto devem se basear em seu bom senso para decidir quais materiais atendem aos critérios de um produto ambientalmente sustentável.

Um aspecto positivo é que há várias ferramentas disponíveis para auxiliar nesse processo, sendo a análise do ciclo de vida a mais familiar. Essa análise fornece informações sobre os recursos, as emissões e outros impactos resultantes do ciclo de vida do uso dos materiais, desde sua extração até o descarte, e inclui um alto grau de rigor e conhecimentos científicos no processo de avaliação. As análises do ciclo de vida também são importantes por que são a ferramenta utilizada para fazer as declarações de produto ambiental, que provavelmente se tornarão a abordagem mais aceita para a comparação de produtos no processo de tomada de decisões. Dois programas de análise do ciclo de vida disponíveis, Athena[1] e Building for Environmental and Economic Sustainability (BEES),[2] se aplicam aos projetos norte-americanos e podem oferecer às equipes de projeto um sistema para a seleção de materiais com base científica. Eles serão tratados mais adiante neste capítulo.

## Questões sobre a seleção dos materiais e produtos da edificação sustentável

Como já foi discutido, a determinação de como os materiais e produtos de uma edificação afetarão o ambiente é o problema central do movimento da edificação sustentável que ainda não foi resolvido. Até mesmo avaliar o valor relativo do uso de materiais reciclados em vez de materiais virgens – que deveria ser uma questão relativamente simples – pode trazer controvérsias. Uma escola de pensamento, entretanto, que chamaremos de *escola ecológica*, sustenta que manter os materiais sob o uso produtivo, como em um sistema ecológico, é fundamental, e que a energia e os outros recursos necessários para alimentar o sistema de reciclagem são secundários. Afinal de contas, a natureza não usa a energia *de modo eficiente*, mas a emprega de maneira *efetiva*, ou seja, relaciona a energia necessária às fontes energéticas disponíveis. Outra escola de pensamento, que podemos chamar de *escola da análise do ciclo de vida*, sugere que, se a energia e as emissões relacionadas à sua geração são maiores na reciclagem do que no uso de materiais virgens, então devemos utilizar os materiais virgens. A escola da análise do ciclo de vida também defende que atenção demasiada é dada aos resíduos sólidos, e as mudanças climáticas deveriam receber mais ênfase (Trusty e Horst, 2003).

De fato, nada é óbvio quando se trata do uso de recursos renováveis na construção. Considere o uso de florestas antigas. Embora essas florestas certamente sejam um recurso renovável, a extração de suas matérias-primas geralmente é vista com horror pelos grupos ambientalistas, e o movimento da edificação sustentável defende a proteção da biodiversidade desses ativos naturais tão belos e cada vez mais raros. Em vez disso, geralmente se concorda que a madeira deva vir de florestas plantadas e – o que é ainda melhor – de espécies que se renovam rapidamente. O sistema Leadership in Energy and Environmental Design (LEED) do US Green Building Council (USGBC) define uma classe de materiais conhecidos como *recursos de renovação rápida* como sendo aquela formada por espécies cujo ciclo de crescimento e colheita seja de, no máximo, 10 anos. Todavia, a estratégia de desviar o desmatamento de florestas antigas para outra fonte, a das florestas plantadas, que geram recursos de renovação rápida, também precisa ser questionada, pois pode exigir grandes quantidades de água, fertilizantes, pesticidas e herbicidas para permitir o ciclo de crescimento rápido e proteger o investimento financeiro do negócio, sem falar no fato de que as monoculturas vão contra a noção de biodiversidade e, assim, essas plantações de árvores não deveriam sequer ser chamadas de florestas. A própria definição de *recurso de renovação rápida* como sendo aquele com ciclo de até 10 anos é arbitrária, e há várias outras definições que também poderiam ser aplicadas.

Além de determinar quais materiais são ambientalmente preferíveis ou ecológicos, devemos decidir que produtos ou materiais terão baixo impacto ambiental. Muitos produtos de construção são selecionados para ajudar a reduzir o impacto ambiental total do prédio, não por seus baixos impactos ambientais. O uso de um ventilador com recuperação de energia, por exemplo – um aparelho relativamente complexo que contém dessecantes, isolamento, fiação, um motor elétrico, controles e outros materiais – contribui para um perfil energético excepcionalmente baixo para o edifício, mas não pode ser considerado ecológico, pois seus materiais constituintes não podem ser reciclados com prontidão. Atualmente, um dos maiores desafios do projeto de um prédio sustentável de alto desempenho é a seleção de materiais e produtos que baixem o impacto total do prédio, inclusive sobre seu próprio terreno. À medida que o tempo passar, espera-se o desenvolvimento de mais produtos que tenham baixo impacto ambiental e também sejam ecológicos por suas próprias naturezas – isto é, que possam ser desmontados em seus materiais constituintes recicláveis.

## DISTINÇÃO ENTRE PRODUTOS DE CONSTRUÇÃO SUSTENTÁVEIS E MATERIAIS DE CONSTRUÇÃO SUSTENTÁVEIS

Os termos que fazem referência a materiais e produtos empregado nos prédios de alto desempenho podem ser contraditórios e confusos. O termo *produto de construção (ou edificação) sustentável ou ecológico* geralmente se refere a um componente que tenha qualquer um dos inúmeros atributos que o torna preferível às alternativas. Por exemplo, um vidro de baixa emissividade (baixo valor-E) é um tipo de vidro espectro-seletivo que permite à luz visível atravessá-lo, mas rejeita uma parte substancial da energia infravermelha (que gera calor) do espectro da luz. Como produto, é preferível ao vidro flutuante comum utilizado em janelas, em virtude de seu desempenho energético. O termo *material de construção (ou edificação) sustentável ou ecológico* se refere aos materiais básicos que podem ser os componentes de um produto ou que são utilizados isoladamente em um prédio. Esses materiais têm impactos ambientais baixos quando comparados a suas alternativas. Como já observamos, um exemplo clássico de material de construção sustentável são os produtos de madeira certificados pelo FSC, pois são extraídos com o uso de práticas de florestamento sustentável. Sendo a madeira um recurso renovável, a floresta é gerenciada de modo que produza madeira em uma taxa recuperável, e a biodiversidade dos ecossistemas locais é protegida. Em suma, essa madeira atende a todos os critérios de um material de construção sustentável como matéria-prima do processo de produção. Entretanto, o processamento da madeira explorada de modo sustentável pode gerar resíduos significativos, exige grandes quantidades de energia e água e pode contribuir para a degradação do meio ambiente. Como consequência, embora essa matéria-prima possa ser ideal do ponto de vista ecológico, todo o ciclo de vida deve ser considerado na avaliação do desempenho ambiental completo de um produto.

A questão é que, dependendo de como são definidos, os produtos de construção sustentáveis talvez sequer sejam feitos com materiais sustentáveis. Por exemplo, o vidro de uma janela com baixo valor-E pode ser difícil ou impossível de reciclar, em função das películas utilizadas para criar a seletividade espectral, que são coladas ao vidro. Por outro lado, o vidro flutuante comum pode ser reciclado imediatamente. Assim, em relação a sua composição, esse material pode ser considerado mais ecológico do que o vidro com baixa emissividade. Esse exemplo ilustra a complexidade do processo de seleção de produtos e materiais para uso em edificações de alto desempenho.

## Materiais de construção sustentáveis

Os materiais e produtos de construção básicos vêm mudando ao longo do tempo, deixando de ser recursos relativamente simples, disponíveis na localidade, naturais e com processamento mínimo e se tornando uma combinação de produtos sintéticos e muito processados, especialmente no caso dos prédios comerciais e institucionais. A arquitetura vernacular – o projeto baseado no local do prédio – evoluiu para tirar partido dos recursos naturais, como a madeira, a pedra e uns poucos produtos de baixa tecnologia feitos com metal e vidro. Os edifícios atuais são executados com uma variedade muito mais ampla de materiais, incluindo polímeros, materiais compostos (ou compósitos) e ligas de metal. Um efeito colateral dessas práticas de construção e tecnologias de materiais em evolução é que nem os prédios nem seus produtos podem ser desmontados e reciclados com facilidade. Existe alguma controvérsia sobre os méritos relativos dos materiais elaborados com recursos naturais *versus* os dos produtos sintéticos obtidos de uma grande variedade de materiais que sequer existem na natureza. A maioria dos ecologistas, na verdade, concordaria que não há nada fundamentalmente errado com os materiais sintéticos. Poder-se-ia afirmar, por exemplo, que os plásticos recicláveis podem ser mais ambientalmente sustentável do que o algodão, cujo cultivo requer grandes quantidades de energia, água, pesticidas, herbicidas e fertilizantes. Não obstante, continua o debate no movimento da edificação sustentável contemporânea sobre a eficácia dos materiais sintéticos *versus* os materiais derivados da natureza.

## Produtos de construção sustentáveis

Uma falha grave do movimento da edificação sustentável atual é ausência de abordagem filosófica básica para a seleção dos materiais para um projeto. Como consequência, há muitas escolas de pensamento diferentes, muitas abordagens, e sobram controvérsias. Não é óbvio, por exemplo, se os produtos de construção feitos com resíduos comerciais, industriais ou rurais são, de fato, ecológicos. Muitos dos produtos de construção sustentáveis atuais contêm conteúdo reciclado dessas várias fontes.

Para lançar luz sobre este tópico, esta seção descreve três filosofias ou pontos de vista sobre o que constitui um produto de construção sustentável: o Passo Natural (Natural Step), as Regras Cardeais para uma Estratégia de Materiais de Ciclo Fechado e uma abordagem pragmática sugerida pela Environmental Building News (EBN).

### O Passo Natural e os materiais de construção

Uma abordagem filosófica ao projeto do ambiente construído é usar o famoso Passo Natural, uma ferramenta desenvolvida para avaliar a sustentabilidade como uma orientação para o projeto de materiais, produtos e edificações. O Passo Natural (www.naturalstep.org), que se fundamenta em quatro "condições do sistema" de base científica, foi desenvolvido na década de 1980 pelo dr. Karl-Henrik Robèrt, um oncologista sueco. Essas quatro condições são:[3]

1. *A fim de que uma sociedade seja sustentável, as funções e diversidade da natureza não serão sistematicamente sujeitas ao aumento das concentrações de substâncias extraídas da crosta terrestre.*

   Em uma sociedade sustentável, atividades humanas como a queima de combustíveis fósseis e a mineração de metais e minerais não deve ocorrer a uma taxa que eleve as respectivas taxas sistematicamente na ecosfera. Há limites nos aumentos das substâncias da crosta terrestre além dos quais os organismos vivos e ecossistemas são afetados negativamente. Esses problemas podem incluir um aumento nos gases de efeito estufa que acarretam as mudanças climáticas, a contaminação da água superficial e do solo e a toxidade por metais que pode causar distúrbios funcionais nos animais.

   Em termos práticos, essa condição exige que a sociedade implemente programas abrangentes de reciclagem de metais e minerais e reduza a dependência econômica nos combustíveis fósseis.

2. *Para que uma sociedade seja sustentável, as funções e a diversidade da natureza não serão sistematicamente sujeitas ao aumento das concentrações de substâncias produzidas pela sociedade.*

   Em uma sociedade sustentável, os seres humanos evitarão gerar aumentos sistemáticos em substâncias persistentes, como o DDT [dicloro-trifenil-tricloroetano], os PCBs [bifenis policlorados] e os clorofluorcarbonetos (CFCs), como o gás freon. Compostos orgânicos sintéticos, como o DDT e os PCBs, podem permanecer no meio ambiente por muitos anos, acumulando-se nos tecidos das plantas e animais, causando profundos efeitos insalubres nos predadores dos níveis superiores da cadeia alimentar.

   O gás freon e outros compostos químicos que destroem o ozônio podem aumentar o risco de câncer, devido ao aumento da radiação ultravioleta na troposfera. A sociedade precisa encontrar maneiras de reduzir a dependência econômica de substâncias antropogênicas persistentes.

3. *Para que uma sociedade seja sustentável, as funções e a diversidade da natureza não devem ser sistematicamente empobrecidas pelo deslocamento físico, excesso de extrativismo ou outras formas de manipulação do ecossistema.*

   Em uma sociedade sustentável, os seres humanos evitarão tirar mais da biosfera do que pode ser recuperado pelos sistemas naturais. Além disso, as pessoas evitarão sistematicamente agredir a natureza por meio da destruição do *habitat* das outras espécies. A biodiversidade, que inclui a grande variedade de animais e plantas encontrada na natureza, oferece os fundamentos dos serviços do ecossistema, que são necessários para suportar a vida neste planeta. A saúde e a prosperidade social dependem da duradoura capacidade da natureza de se renovar e transformar dejetos em recursos.

4. *Em uma sociedade sustentável, os recursos são usados de forma justa e eficiente de forma a atender às necessidades humanas básicas globalmente.*

   Atender à quarta condição do sistema é uma maneira de evitar a violação das três primeiras condições do sistema para a sustentabilidade. Considerando o empreendimento humano como um todo, precisamos ser eficientes em relação ao uso de recursos e à geração de lixo, para que possamos ser sustentáveis. Se um bilhão de pessoas não têm nutrição adequada enquanto outro bilhão tem mais do que precisa, há uma falta de justiça no que concerne ao atendimento das necessidades humanas básicas. Alcançar uma maior justiça é essencial para a estabilidade social e a cooperação necessária para fazer mudanças de larga escala dentro da estrutura lançada pelas três primeiras condições. Para conseguir essa quarta condição, a humanidade deve se esforçar para melhorar a eficiência técnica e organizacional ao redor do mundo e viver com menos recursos, especialmente nas áreas mais afluentes.

   Essa condição implica um meio melhor de abordar o crescimento da população humana. Se o consumo total de recursos por parte da população humana continuar crescendo, será cada vez mais difícil atender às necessidades humanas básicas, uma vez que os processos humanos que

**TABELA 11.1**

**A violação das condições do Passo Natural aplicada aos materiais de construção**

| Item | Violação exemplos | 1 | 2 | 3 | 4 |
|---|---|---|---|---|---|
| Item | Uso de metais e minerais menos abundantes (cobre, cromo, titânio) | | X | | X |
| Materiais duráveis | Uso de metais pesados (mercúrio, chumbo, cádmio) | | | | |
| | Uso de materiais sintéticos persistentes – cloreto de polivinila (PVC), hidroclorofluorcarbonetos (HCFC), formaldeído | X | X | X | X |
| | Uso de madeira de florestas tropicais e de árvores antigas que são derrubadas de modo não sustentável | | | | |
| | Uso de produtos à base de petróleo – solventes, óleos, películas plásticas | | | | |
| Materiais de consumo | Excesso de embalagem e de outros descartáveis | | X | X | X |
| Lixo sólido | Descarte, em um aterro sanitário, do lixo de construção e demolição, incluindo componentes tóxicos, como o chumbo e o amianto | X | X | X | X |

*Fonte:* Adaptado de Oregon Natural Step Construction Industry Group (2004)

visam à satisfação das necessidades humanas estão sistematicamente degradando a capacidade coletiva dos ecossistemas da Terra de atender a essas demandas.

A aplicação das condições do sistema à construção de um novo prédio, com o foco particular nos materiais de construção, gera uma matriz, como mostrado na Tabela 11.1. A matriz indica a relação entre as condições e vários dos principais tipos de materiais utilizados ou gerados na construção: materiais duráveis, de consumo e lixo sólido. Ela também mostra quais condições são violadas quando as práticas contemporâneas são empregadas.

Em termos práticos, a aplicação do Passo Natural ao uso de materiais de construção resultaria nas seguintes rotinas (adaptado de Oregon Natural Step Construction Industry Group (2004)):

1. Todos os materiais são não persistentes e não tóxicos e obtidos de fontes de materiais reusados, reciclados, renováveis ou abundantes (na natureza):
   a. *Reusado* significa reutilizado ou remanufaturado da mesma forma, como a madeira reusada, de modo sustentável.
   b. *Reciclado* significa que o produto tem 100% de seu conteúdo reciclados e pode ser reciclado inúmeras vezes, em um ciclo fechado e de modo sustentável.
   c. *Renovável* significa ser capaz de se regenerar da mesma maneira e um ritmo superior ao do consumo.
   d. *Abundante* significa que os fluxos humanos são pequenos quando comparados aos naturais – por exemplo, alumínio, sílica e ferro.
   e. Além disso, a extração de materiais renováveis ou abundantes vem sendo obtida de modo sustentável, usando energia renovável de modo eficiente e protegendo a produtividade da natureza e a diversidade das espécies.
2. O projeto e uso dos materiais no prédio atenderá aos critérios seguintes, em ordem de prioridade:
   a. A seleção de materiais e o projeto favorecem a desconstrução, o reúso e a durabilidade apropriados para a vida útil da edificação.
   b. O lixo sólido é eliminado sendo-se o mais eficiente possível.
   c. Quando a geração de lixo ainda assim ocorre, são encontrados reúsos para o lixo *in loco*.
   d. Para o que resta, são encontrados reúsos fora do terreno.
   e. Todo lixo sólido que não puder ser reusado é reciclado ou destinado à compostagem.

Em uma escala ao longo de todo o sistema – neste caso planetário –, o Passo Natural sustenta que, a menos que estejamos dispostos a comprometer seriamente a saúde humana, em determinado momento teremos de eliminar a extração de minérios e combustíveis fósseis para produzir energia e materiais. Além disso, o Passo Natural exige que um dia eliminemos os materiais sintéticos cuja concentração na biosfera está comprometendo não apenas a saúde humana, mas a própria saúde da biosfera em que vivemos. O Passo Natural também adverte contra a degradação da biosfera pelas atividades humanas, pois ela é a própria fonte dos recursos necessários para sustentar a vida. E, por fim, aborda os aspectos sociais da sustentabilidade ao observar que as necessidades humanas em todas as partes do mundo devem ser atendidas. Em suma, a mensagem do Passo Natural é reduzir a extração de recursos, aumentar o reúso e a reciclagem e minimizar as emissões que afetam tanto os ecossistemas como os sistemas humanos.

### Regras cardeais para uma estratégia de ciclo fechado de materiais de construção

Um produto de construção sustentável verdadeiro deve ser composto de vários materiais diferentes que também sejam sustentáveis. Como já foi comentado neste capítulo, muitos produtos de construção sustentáveis não são inerentemente ecológicos: por exemplo, as janelas de baixo valor-E, as lâmpadas fluorescentes T-8 e os ventiladores com recuperação de energia. Embora haja muitos argumentos sobre o que constitui um produto de construção sustentável, talvez a questão principal se relacione com o destino final do produto e seus materiais constitutivos. Considerando-se que a ecologia é o modelo ideal para os sistemas humanos e que se diz que na natureza nada se perde (não há lixo), uma conclusão natural é que o ciclo dos materiais de construção deve ser o mais fechado e livre de dejetos que as leis da termodinâmica permitirem. Uma estratégia de produtos e materiais de construção de *ciclo fechado* deve abordar vários níveis do uso dos materiais em sua implementação: o prédio, os produtos de construção e os materiais utilizados nos produtos do prédio e na construção. Em uma situação ideal, o sistema dos materiais do edifício deveria seguir as regras cardeais para uma estratégia de ciclo fechado de materiais de construção listadas na Tabela 11.2.

**TABELA 11.2**

**Regras cardeais para a estratégia de um edifício com ciclo fechado**

1. Os prédios devem ser desconstruíveis.
2. Os produtos devem ser desmontáveis.
3. Os materiais devem ser recicláveis.
4. Os produtos e materiais devem ser inofensivos na produção e no uso.
5. Os materiais dissipados durante a reciclagem devem ser inofensivos.

De acordo com as regras cardeais, é necessário o desmonte completo do prédio e de todos os seus componentes, de modo que os insumos materiais ao momento da construção possam ser recuperados e retornados ao uso produtivo no final da vida útil da edificação. Essas regras também estabelecem as condições ideias para os materiais e produtos utilizados no prédio. No entanto, é importante ressaltar que pouquíssimos materiais e produtos atuais seguem essas cinco regras, o que significa que o comportamento dos materiais está longe de seu estado ideal. A elaboração de um sistema de materiais, produtos e prédios que suporte o comportamento em ciclo fechado levará muito tempo. Não obstante, esse processo mental pode ser utilizado como o elemento-chave para a tomada de decisões sobre o desenvolvimento de novos produtos, materiais e tecnologias que apoiem o movimento da edificação sustentável de alto desempenho.

### Uma visão pragmática dos materiais de construção sustentáveis

Para que possamos assumir uma visão pragmática dos materiais de construção sustentáveis, é útil examinar os esforços contemporâneos para trabalharmos de modo mais direto com essas questões baseadas em nossa compreensão, capacidade e tecnologias atuais. Como já observamos em capítulos anteriores deste livro, a *Environmental Building News* (EBN) é uma excelente fonte de abordagens bem-pensadas para a maioria das questões relacionadas aos prédios de alto desempenho, e o tema dos materiais e produtos de construção não é uma exceção. Conforme a *EBN*, os produtos de construção ecológicos podem ser divididos em cinco grandes categorias:

1. Produtos feitos com materiais atraentes do ponto de vista ambiental
    a. Produtos de demolição

b. Produtos com conteúdo reciclado pós-consumidor
   c. Produtos com conteúdo reciclado pós-industrial
   d. Produtos de madeira certificada
   e. Produtos de renovação rápida
   f. Produtos executados com lixo de atividades rurais
   g. Produtos com processamento mínimo
2. Produtos que são ecológicos em virtude daquilo que não está lá
   a. Produtos que reduzem o consumo de material
   b. Alternativas às substâncias que destroem o ozônio
   c. Alternativas a produtos feitos de PVC e policarbonato
   d. Alternativas à madeira tratada com conservantes convencionais (autoclavada)
   e. Alternativas a outros componentes considerados nocivos
3. Produtos que reduzem os impactos ambientais durante a construção, renovação ou demolição
   a. Produtos que reduzem os impactos das novas construções
   b. Produtos que reduzem os impactos da renovação
   c. Produtos que reduzem os impactos da demolição
4. Produtos que reduzem os impactos ambientais da operação dos prédios
   a. Produtos de construção que reduzem as cargas de calefação e resfriamento
   b. Equipamentos que conservam energia
   c. Equipamentos com energia renovável ou células de combustível
   d. Equipamentos e aparelhos sanitários que conservam água
   e. Produtos de durabilidade excepcional ou com baixa necessidade de manutenção
   f. Produtos que previnem a poluição ou reduzem o lixo
   g. Produtos que reduzem ou eliminam tratamentos com pesticida
5. Produtos que contribuem para um ambiente interno seguro e saudável
   a. Produtos que não emitem poluentes significativos no edifício
   b. Produtos que bloqueiam a introdução, o desenvolvimento ou a dispersão de contaminantes no interior
   c. Produtos que removem os poluentes internos
   d. Produtos que alertam os usuários dos riscos à saúde dentro de um prédio
   e. Produtos que melhoram a qualidade da luz
   —"Building Materials: What Make a Product Green" (2012)

Essa visão pragmática dos materiais e produtos de construção é um ponto de partida útil, pois lida com a cadeia de suprimento contemporânea e com as tecnologias e práticas atuais. A questão, então, é: como evoluímos para nos aproximarmos do ideal de materiais e produtos de construção sustentáveis defendido pelo Passo Natural e pelas regras cardeais para uma estratégia de materiais de construção com ciclo fechado?

## Prioridades para a seleção de materiais e produtos de construção

Há três prioridades na seleção dos materiais de construção para um projeto:

1. Reduza a quantidade de materiais necessária, como é viável com os recursos energéticos e a água.

2. Reutilize materiais e produtos de prédios existentes, uma estratégia nova chamada de *desconstrução*. Trata-se do desmonte total ou parcial de edifícios existentes com o propósito de recuperar componentes para o reúso.
3. Use produtos e materiais com conteúdo reciclado em que os próprios sejam recicláveis, ou use produtos e materiais feitos de fontes renováveis.

### Rotas de reciclagem técnica e orgânica

Há duas rotas gerais para reciclagem: a técnica e a orgânica. A *rota de reciclagem técnica* é associada aos materiais sintéticos, isto é, aqueles que não existem na forma pura na natureza, ou seja, são inventados pelos seres humanos. Esses materiais incluem, entre muitos outros, metais, plásticos, concretos e compósitos de madeira artificial. Como já apontado, somente os metais e plásticos são totalmente recicláveis e, assim, podem manter suas propriedades ao longo de inúmeros ciclos de reprocessamento. Os materiais na categoria técnica ou sintética exigem grandes investimentos de energia, material e produtos químicos para sua reciclagem. Os materiais recicláveis por meio da *rota de reciclagem orgânica* foram descritos na seção anterior sob materiais renováveis. A compostagem é a rota de reciclagem orgânica mais conhecida. Esse processo é elaborado para permitir que a natureza recicle os materiais de construção e os retorne aos ecossistemas na forma de nutrientes. Embora seja teoricamente viável, a reciclagem orgânica ainda não foi tentada em grande escala nos Estados Unidos. Para que a rota orgânica funcione, seria necessário incluir produtos de uma grande variedade de aplicações, inclusive o lixo agrícola e os dejetos da limpeza de terrenos, bem como o lixo orgânico da construção.

### Estratégia geral dos materiais

Considerando-se que um prédio é, na verdade, necessário para determinada função, minimizar os impactos ambientais dos materiais de construção sugere a seguinte estratégia (em ordem geral de prioridade):

1. *Reúse as edificações existentes*. Modificando um prédio existente ou reusando ao máximo possível sua estrutura e seus sistemas, podemos minimizar o uso de materiais novos, com seus impactos associados de extração de recursos; o transporte; e o processamento de energia, lixo; entre outros efeitos. É claro que certas concessões devem ser feitas quando se considera o reúso de um edifício. Por exemplo, um prédio que historicamente é deficiente e precisaria de alterações significativas em suas vedações externas e instalações talvez implique uma geração significativa de lixo e exija quantidades enormes de novos materiais para que se possa fazer uma reciclagem de uso.
2. *Reduza o consumo de materiais*. O uso de uma quantidade mínima de materiais necessários para um projeto também reduz o impacto ambiental da adoção de produtos manufaturados de recursos virgens. Em um prédio típico, contudo, as oportunidades para *redução do consumo de materiais* são poucas e geralmente se concentram na eliminação de materiais que não são imprescindíveis. A rejeição de revestimentos para pisos em favor do concreto polido é um exemplo de diminuição de materiais, mas provavelmente impactará a estética. Os resíduos materiais provocados pelo manuseio e pelos processos de construção convencionais também contribui para o consumo desnecessário de materiais. Em geral, diminuir a quantidade de materiais utilizados é difícil em virtude dos códigos de obras, dos desejos dos usuários e, às vezes, da necessidade de inclusão de novos sistemas que estão se tornando o padrão em prédios sustentáveis de alto desempenho. Um exemplo de sistema novo e frequente em prédios ecológicos é a captação de águas pluviais, que exige reservatórios, tubulações, bombas, sistemas elétricos e controles e não costuma ser incluído em edificações convencionais. Felizmente, o desempenho dos prédios muitas vezes pode ser aprimorado pela introdução de mais sistemas e materiais, que podem compensar os impactos gerados pelo aumento da massa de materiais no projeto. O ciclo dos materiais e construção também pode ser aprimorado com a modificação dos prédios existentes de modo que adotem o projeto para a desconstrução como parte de sua estratégia

geral e pelo uso de materiais que terão valor futuro para a reciclagem. Esta última estratégia será tratada com mais detalhes neste capítulo, mais adiante.

3. *Use materiais obtidos de fontes renováveis.* Os materiais de fontes renováveis oferecem a oportunidade de ciclos de material fechados, por meio de um processo de reciclagem orgânica. A rota orgânica envolve a reciclagem por biodegradação – isto é, a compostagem ou digestão aeróbica/anaeróbica, seja pela própria natureza ou por um processo que simule a ação natural de decomposição. Essa abordagem se aplica a todos os produtos feitos de madeira ou outros materiais orgânicos, como juta, cânhamo, sisal, lã, algodão e papel. A reciclagem de recursos renováveis ou produtos orgânicos por meio da rota de reciclagem orgânica pode ser obtida com o uso de pouca ou nenhuma energia, materiais e produtos químicos. Observe-se, contudo, que alguns materiais são compósitos de materiais orgânicos e técnicos e, portanto, estariam na classe técnica para fins de reciclagem. Outros materiais emergentes, como os polímeros com ácido polilático (PLA), são sintéticos híbridos. O PLA é um polímero feito com ácido lático resultante da fermentação de amido de milho; ele é completamente renovável e utilizado em plásticos que são competitivos com os polímeros à base de hidrocarbonetos ou mesmo muitas vezes superiores. O PLA pode ser fabricado de modo que seja biodegradável em situações de compostagem controlada, então, embora seja um material sintético, pode ser reciclado por meio da rota orgânica.

4. *Reúse os componentes dos prédios.* O reúso de componentes intactos de edifícios obtidos com a desconstrução reduz os impactos ambientais dos materiais de construção, pois esses componentes exigem o uso mínimo de recursos para serem reprocessados. O avanço nas tecnologias de desconstrução de prédios existentes, em vez de sua demolição, significa que os componentes usados das edificações estão se tornando cada vez mais disponíveis. Da mesma maneira, as empresas especializadas na compra de componentes resultantes da demolição de prédios está se tornando muito comum. Um problema que ainda não foi resolvido, no entanto, é como "recertificar" a maioria dos produtos de edificação que já foram usados. Ainda assim, há grandes progressos no desenvolvimento de normas de reclassificação visual de alguns tipos de madeira dimensional (por exemplo, o cedro vermelho e o pinheiro amarelo, nos Estados Unidos).

5. *Use materiais recicláveis ou com conteúdo reciclado.* A fim de fechar o ciclo dos materiais na construção, todos os materiais devem permitir a reciclagem. Atualmente, isso ainda é um objetivo muito ambicioso, simplesmente porque pouquíssimos materiais de construção são recicláveis, e muitos outros que podem ser reciclados resultam em produtos de baixo valor. Por exemplo, o agregado de concreto reciclado pode ser utilizado como material de sub-base, mas não – ao menos não imediatamente, nos Estados Unidos – como agregado para concreto novo. Os metais e plásticos talvez sejam os únicos materiais totalmente recicláveis, ou seja, sem perda em suas propriedades básicas de resistência e durabilidade. Há uma grande variedade de materiais com conteúdo reciclado disponíveis para o mercado da edificação sustentável. Eles geralmente contêm dejetos pós-industriais ou pós-consumidor. O *lixo pós-industrial* se refere aos materiais reciclados dentro do processo de fabricação original. Por exemplo, durante a extrusão da madeira plástica feita com polietileno de alta densidade (HDPE), as lascas que se soltam durante o processo, podem ser recicladas e reinseridas no próprio plástico sendo utilizado no processo. O *lixo pós-consumidor* se refere aos materiais que são reciclados de uma casa ou empresa e geram novos produtos. A madeira plástica feita totalmente com HDPE de garrafas de leite recicladas pode ser considerada tendo 100% de conteúdo pós-consumidor reciclados. A reciclagem de lixo pós-consumidor é muito mais difícil do que a de lixo pós-industrial. Esse fato se reflete no sistema de certificação LEED – Construções Novas (LEED–NC), que considera o conteúdo pós-consumidor sendo o dobro do pós-industrial, para fins de pontuação.

6. *Use materiais produzidos no local.* Uma das etapas da análise do ciclo de vida é examinar os recursos e suas emissões associados ao transporte de materiais entre os vários locais de extração, produção de materiais, manufatura e instalação. Não há dúvida de que minimizar as distâncias de transporte, com o uso de materiais produzidos ou fabricados no local ou na região pode reduzir em muito os impactos ambientais totais dos materiais. A definição do que seria *local*, pode ser, todavia, um desafio. O protocolo de certificação LEED–NC estabelece em 806 quilômetros o raio no qual um produto é considerado local para fins de obtenção de pontos.

**FIGURA 11.2** Um exemplo típico dos novos materiais que estão surgindo para atender ao mercado da edificação sustentável é a placa de trigo prensada, feita de palha de trigo, que pode ser utilizada em móveis e serviços de marcenaria, como mostra este armário de um laboratório do Rinker Hall da University of Florida em Gainessville. (T. Wyman)

Outra dificuldade de se atribuir peso a produtos gerados no local é que as melhores tecnologias às vezes têm de ser desconsideradas. Um exemplo clássico é a introdução dos automóveis japoneses no mercado dos Estados Unidos no fim da década de 1970, quando a qualidade desses produtos e de sua mão de obra acarretou uma rápida desconsideração pelos carros americanos. O socorro subsequente do governo dos Estados Unidos à Chrysler Corporation em 1979–1980, junto com os preços mais altos da energia, forçou as companhias norte-americanas a repensarem seus produtos. No fim, foram realizadas mudanças fundamentais no projeto e na produção dos carros norte-americanos. Hoje, os carros fabricados nos Estados Unidos têm quase a mesma qualidade dos japoneses e superam muitos automóveis europeus em termos de qualidade. Em suma, os produtos que não são considerados locais podem ser muito melhores, resultar em impactos inferiores do ciclo de vida sobre o meio ambiente e encorajar melhorias nos produtos locais (veja a Figura 11.2).

O processo de seleção de materiais pode ser resumido da seguinte maneira: baseia-se nos três Rs – reduzir, reusar e reciclar –, significando que a *reciclagem* está sendo ampliada para abordar produtos e materiais com conteúdo reciclado ou de fontes renováveis.

## A ANÁLISE DO CICLO DE VIDA DOS MATERIAIS E PRODUTOS DE CONSTRUÇÃO

Como já comentado, a mais importante ferramenta hoje em uso para a determinação dos impactos dos materiais de construção é a análise do ciclo de vida, que pode ser definida como uma metodologia para avaliar o desempenho ambiental de um serviço, processo ou produto, inclusive um edifício, ao longo de seu ciclo de vida (Trusty e Horst, 2003). Compreende várias etapas, que são definidas pela Organização Internacional de Normatização (ISO) na série de normas 14.000, que trata dos sistemas de gestão ambiental.[4] Esses passos incluem a análise do inventário, a avaliação dos impactos ambientais e a interpretação desses.

Colocando em termos simples, trata-se de uma metodologia para análise do desempenho ambiental de um produto ao longo de todo o seu ciclo de vida, muitas vezes denominada análises *do berço-ao-túmulo* ou *do berço-ao-berço*. O desempenho ambiental geralmente é medido em termos de uma ampla variedade de efeitos possíveis, como:

- Exaurimento dos combustíveis fósseis
- Uso de outros recursos não renováveis
- Consumo de água
- Potencial de aquecimento global
- Destruição do ozônio estratosférico
- Criação do ozônio no nível do solo (*smog*)
- Nutrificação/eutrofização dos corpos de água
- Acidificação e deposição de ácidos (seca e molhada)
- Descargas tóxicas no ar, na água e na terra

A comparação desses efeitos para um prédio exige uma análise cuidadosa. Por exemplo, a energia total do ciclo de vida de um edifício é composta da energia incorporada investida na extração, manufatura, transporte e instalação de seu produto e materiais, além da energia operacional necessária para que a edificação funcione ao longo de sua vida útil. No caso do edifício médio, a energia operacional é muito maior do que a incorporada, podendo chegar a 5 ou 10 vezes o seu valor. Como consequência, o período operacional tem impactos energéticos muito maiores do que aqueles até o término da construção. Para outros efeitos, contudo, os impactos das etapas até a construção podem ser muito maiores. As descargas tóxicas durante a extração dos recursos e os processos de manufatura podem ser muito mais elevadas do que aquelas que ocorrem durante a operação do prédio. O resultado é que o projetista que usar as ferramentas de análise do ciclo de vida deve ter em mente todo o ciclo de vida do prédio, e não apenas as etapas que terminam com a execução da obra.

## Estimador de impacto ambiental Athena

O Estimador de impacto ambiental Athena (EIE) é uma ferramenta de análise de impacto ambiental que foca a análise de prédios inteiros ou seus conjuntos de componentes, como paredes, coberturas ou pisos. Ele foi criado e é mantido pela ONG Athena Institute e busca auxiliar os membros da equipe de projeto na tomada de decisões na seleção de produtos desde o início do projeto. O EIE tem caráter regional, o que vale dizer que o usuário pode selecionar o terreno do projeto de 12 locais diferentes da América do Norte. O estimador considera a manutenção dos materiais e sua substituição ao longo da vida útil prevista para o edifício e distingue entre os imóveis ocupados por proprietários e inquilinos, caso seja relevante. Se a simulação energética de um projeto estiver completa, poderá ser inserida no simulador EIE, para que se levem em conta os impactos do consumo de energia durante a operação e na geração dessa energia. O EIE tem um banco de dados de produtos genéricos que cobre 90 materiais estruturais e de vedações externas, podendo simular mais de mil combinações de conjuntos de componentes e modelar a estrutura e as vedações de mais de 95% dos edifícios existentes na América do Norte. O EIE gera os resultados de um prédio do "berço-ao-túmulo" e, de acordo com a região, em termos de fluxos detalhados com a natureza. Essa análise também oferece medidas resumidas do consumo de energia incorporada, do potencial de aquecimento global, das emissões de resíduos sólidos, dos poluentes aéreos e aquáticos e do consumo dos recursos naturais. Os gráficos e as tabelas resumidas mostram o consumo energético por tipo ou forma de energia, bem como as emissões por grupo de conjuntos de componentes e etapa do ciclo de vida. Uma ferramenta desse estimador também viabiliza comparações entre até cinco opções de projetos alternativos. Projetos similares com diferentes áreas de piso também podem ser comparados (Trusty, 2003).

A Tabela 11.3 mostra um arranjo típico de informações produzidas pelo EIE, versão 3.0. A informação dessa tabela não é significativa, a menos que seja comparada com estratégias alternativas. Por exemplo, o prédio representado é um edifício de escritórios de 18 pavimentos com cinco níveis de estacionamento subterrâneo, estrutura de concreto e parede-cortina externa. Uma alternativa

**TABELA 11.3**

**Exemplo dos resultados de uma análise do ciclo de vida**

| Componentes da edificação | Energia incorporada (GJ) | Lixo sólido (ton) | Poluição do ar* (índice) | Poluição da água* (índice) | Potencial de aquecimento global (toneladas de equivalentes de dióxido de carbono) | Uso ponderado dos recursos (ton) |
|---|---|---|---|---|---|---|
| Estrutura | 52.432 | 3.273 | 859,0 | 147,0 | 13.701 | 34.098 |
| Revestimento das fachadas | 17.187 | 281 | 649,8 | 24,7 | 5.727 | 2.195 |
| Cobertura | 3.435 | 145 | 64,8 | 5,8 | 701 | 1.408 |
| Total | 73.054 | 3.554 | 1.573,6 | 177,5 | 20.129 | 37.701 |
| Por metro quadrado | 2,36 | 0,11 | 0,05 | 0,006 | 0,65 | 1,21 |

*Os índices de poluição do ar e da água se baseiam na medida do volume crítico (método).
As estimativas de consumo de energia e de emissões não incluem a energia operacional.

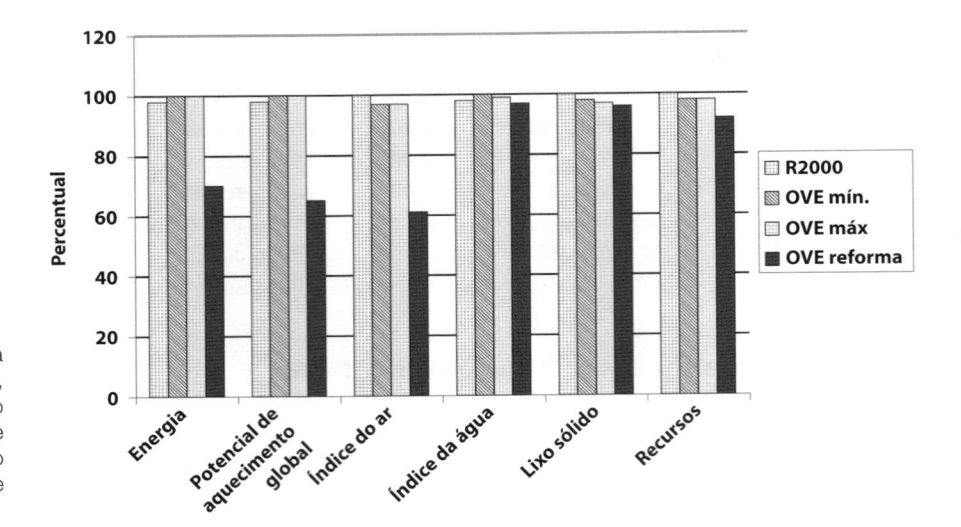

**FIGURA 11.3** Amostra de uma tela gerada pelo programa Athena EIE, versão 3.0, mostrando o consumo energético, vários impactos e o uso de outros recursos para uma comparação entre quatro produtos. (Cortesia de Athena Sustainable Materials Institute)

seria o uso de uma estrutura de aço com paredes de alvenaria. O propósito de se fazer essas comparações é determinar os sistemas prediais que teriam o menor impacto no ciclo de vida, dentro do orçamento para a obra. Um programa de análise do ciclo de vida do tipo do EIE resulta em uma gama muito complexa de resultados, como mostra a Figura 11.3.

## Edificar para a sustentabilidade ecológica e econômica

Como já discutimos, o BEES é outra das mais importantes ferramentas norte-americanas para uma análise do ciclo de vida de materiais e produtos de construção (específica para os Estados Unidos). Esta ferramenta foi desenvolvida pelo National Institute of Standards and Technology com o apoio do Programa de Aquisições Ecologicamente Benignas da Agência de Proteção Ambiental dos Estados Unidos. O BEES permite comparações dos produtos de construção para uma seleção de produtos preferíveis ambientalmente, e inclui tanto a análise como dados do custo do ciclo de vida (veja a Figura 11.4). O resultado é que o usuário obtém comparações de desempenho ambiental e econômico.

Além das medidas de desempenho típicas, o BEES fornece dados sobre os poluentes aéreos, a qualidade do ar do interior, a toxidade ecológica e a saúde humana para cada material ou produ-

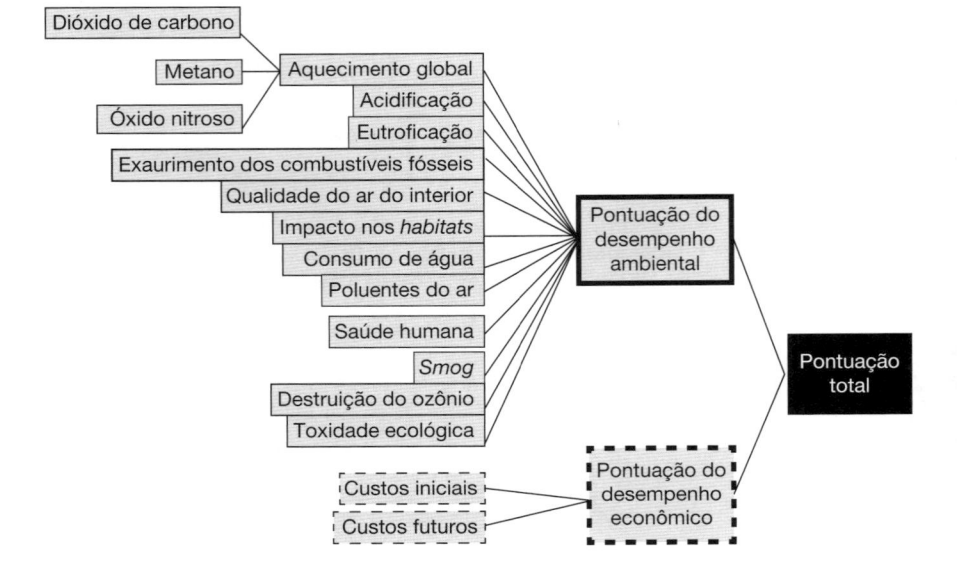

**FIGURA 11.4** O modelo BEES combina o desempenho ambiental com o econômico, gerando uma pontuação única para ser utilizada na comparação das opções de seleção de produtos. (*Fonte*: National Institute of Standards and Technology)

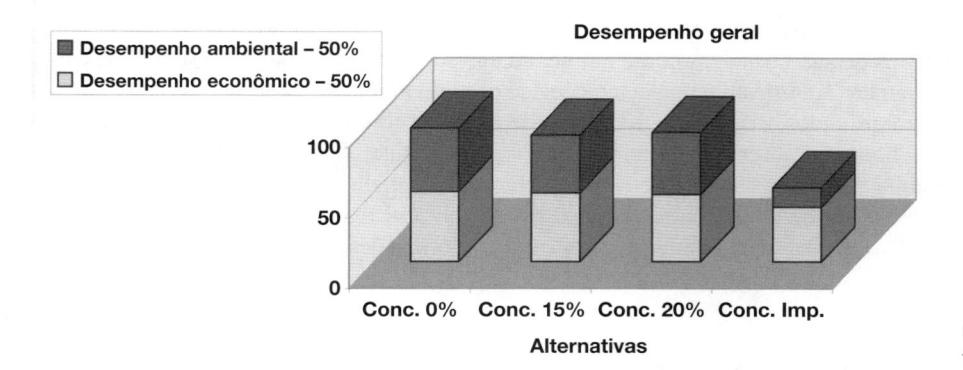

**Desempenho geral**

■ Desempenho ambiental – 50%
☐ Desempenho econômico – 50%

Nota: Os valores menores são melhores.

| Categoria | Conc. 0% | Conc. 15% | Conc. 20% | Conc. Imp. |
|---|---|---|---|---|
| Desempenho econômico (50%) | 50 | 49 | 48 | 39 |
| Desempenho ambiental (50%) | 45 | 41 | 44 | 14 |
| Soma | 95 | 90 | 92 | 53 |

**FIGURA 11.5** Exemplo de resultado do BEES 3.0 mostrando o desempenho ambiental comparado para o concreto com vários percentuais de cinzas volantes e para o concreto impermeável. O BEES é um programa livre disponibilizado pelo National Institute of Standards and Technology. (*Fonte*: National Institute of Standards and Technology)

to. O BEES pode comparar elementos do prédio para determinar onde os maiores impactos estão ocorrendo e quais elementos do prédio mais precisam de melhorias. O usuário atribui pesos às categorias, então combina o desempenho ambiental e econômico em um escore de desempenho único. Por exemplo, o usuário primeiro decide como ponderar o desempenho ambiental em relação ao econômico, atribuindo, por exemplo, pesos 50–50 ou 40–60. O usuário então seleciona entre quarto esquemas de ponderação diferentes quanto às medidas de desempenho ambiental. A última versão do BEES está disponível *on-line* (www.nist. gov/el/economics/BEESSoftware.cfm) e tem um banco de dados com mais de 200 produtos de construção, incluindo 80 produtos de marcas específicas. Por exemplo, para revestimentos de piso, há 18 produtos de marcas específicas e 17 produtos genéricos. Uma tela resultante da análise do ciclo de vida BEES é mostrada na Figura 11.5.

## DECLARAÇÕES DE PRODUTO AMBIENTAL

Uma declaração de produto ambiental apresenta dados ambientais quantificados para os produtos ou sistemas com base em uma análise do ciclo de vida que é conduzida com o uso de uma abordagem padrão definida pela ISO (Organização Internacional para Padronização). Especificamente, a abordagem da análise do ciclo de vida é definida pela norma ISO 14040, *Gestão Ambiental – Análise do Ciclo de Vida – Princípios e Estrutura*. Uma declaração de produto ambiental se baseia no resultado de uma análise do ciclo de vida e seu formato é regido pela ISO 14025, *Rótulo Ambiental e declarações – Declarações Ambientais do Tipo III – Princípios e Procedimentos*. A análise do ciclo de vida inclui informações sobre os impactos ambientais associados a um produto ou serviço, como a aquisição de matéria-prima; o consumo e a eficiência energética; o conteúdo dos materiais e as substâncias químicas; as emissões no ar, solo e água; e a geração de resíduos. Isso também inclui informações sobre o produto e a empresa. Uma declaração de produto ambiental é um conjunto de dados desenvolvido de modo voluntário que fornece informações prestadas por um terceiro, com garantia de qualidade e comparáveis em relação ao desempenho ambiental dos produtos baseados em uma análise do ciclo de vida. Trata-se de uma declaração dos ingredientes de um produto e dos impactos ambientais que ocorrem durante seu ciclo de vida desde a extração dos recursos até o descarte. Uma declaração de produto ambiental é similar ao rótulo com informações nutricionais que existe em uma caixa de cereal, mas, em vez dos nutrientes e das calorias, ela indica o consumo de matéria-prima; o consumo de energia; as emissões no ar, solo e água; o consumo de água e a geração de resíduos; entre outros impactos. Não é uma certificação, uma afirmação de sustentabilidade ou uma promessa: apenas mostra informações sobre o produto de modo consistente, certificado de acordo com uma norma pública e verificado por um terceiro confiável.

Embora hoje sejam importantes na arena da seleção de materiais e produtos das edificações de alto desempenho, as declarações de produto ambiental não são especialmente úteis se usadas isoladamente. Um número significativo de declarações de produto ambiental precisa estar disponível para cada classe de produtos – por exemplo, placas de forro – a fim de permitir uma comparação entre produtos. E, como foi observado anteriormente, o objetivo final é a comparação entre prédios inteiros que combinam essas declarações em uma declaração de prédio ambiental a fim de permitir a escolha mais vantajosa de um ou outro sistema. InterfaceFLOR é a empresa-líder nos Estados Unidos na emissão de declarações de produto ambiental e informações sobre suas placas de carpete de náilon GlasBac são mostradas nas Figuras 11.6 a 11.8.

| Camada | Componente | Material | Disponibilidade | Percentual da massa | Origem |
|---|---|---|---|---|---|
| Camada de proteção | Tecido de revestimento/fio | Náilon 6 reciclado pós-industrial e pós-consumidor | Material reciclado, abundante | 17% | Itália |
| Suporte | Base dos tufos | Poliéster | Recurso fóssil, limitado | 3% | Estados Unidos |
| Avesso | Látex | EVA (etil vinil acetato) | Recurso fóssil, limitado | 5% | Estados Unidos |
| | Enchimento | CaCO3 | Recurso mineral, não renovável, abundante | 15% | Estados Unidos |
| Estabilização | Fibra de vidro | Sílica | Recurso mineral, não renovável, abundante | 1% | Estados Unidos |
| Base estrutural | GlasBAc© | Copolímero de cloreto de polivinil | Etileno (recurso fóssil, limitado) e sal (recurso mineral, não renovável, abundante) | 10% | Estados Unidos |
| | | Diisononilftalato | Recurso fóssil, limitado | 10% | Estados Unidos |
| | | Esferas de vidro com alumina de cálcio, pós-industriais | Material reciclado, abundante | 39% | Estados Unidos |

**FIGURA 11.6** Tabela gerada pelo EPD para o carpete em placas GlasBac tipo 6 da InterfaceFLOR, mostrando a seleção de materiais. (InterfaceFLOR Commercial, Inc., declaração de produto ambiental para GlasBac, janeiro de 2011)

| Peso do fio | Unidade | Ciclo de vida total | Produção | | | Instalação | Uso | Fim da vida |
|---|---|---|---|---|---|---|---|---|
| Baixo (441 g/m²) | MJ | 132,04 | 120,67 | | | 2,68 | 6,56 | 2,13 |
| | | | Material primário | Material secundário | Processamento interno | | | |
| | | | 101,65 | 6,58 | 12,44 | | | |
| Médio (712 g/m²) | MJ | 144,64 | 132,95 | | | 2,85 | 6,56 | 2,28 |
| | | | Material primário | Material secundário | Processamento interno | | | |
| | | | 109,39 | 11,12 | 12,44 | | | |
| Elevado (949 g/m²) | MJ | 155,68 | 143,72 | | | 2,99 | 6,56 | 2,41 |
| | | | Material primário | Material secundário | Processamento interno | | | |
| | | | 128,23 | 3,05 | 12,44 | | | |

**FIGURA 11.7** Tabela gerada pelo EPD para o carpete em placas GlasBac tipo 6 da InterfaceFLOR, mostrando o consumo de energia primária. (InterfaceFLOR Commercial, Inc., declaração de produto ambiental para GlasBac, janeiro de 2011)

|  | Peso do fio | | | Unidade |
|---|---|---|---|---|
|  | 441 | 712 | 949 | gramas por metro quadrado |
|  | 13 | 21 | 28 | onças por jarda quadrada |
| Categoria de impacto PCR | Impacto | | | Unidade |
| **US TRACI** | | | | |
| TRACI, acidificação do ar | 1,7 | 1,9 | 2,1 | mol H + equiv. |
| TRACI, eutroficação da água e do ar | 0,003 | 0,003 | 0,003 | kg N - equiv. |
| TRACI, aquecimento global | 9,28 | 10,28 | 11,34 | kg $CO^2$ - equiv. |
| TRACI, destruição do ozônio | $1,2 \times 10^{-6}$ | $1,3 \times 10^{-6}$ | $1,4 \times 10^{-6}$ | kg CFC 11 - equiv. |
| TRACI, *smog* | $1,6 \times 10^{-5}$ | $1,8 \times 10^{-5}$ | $1,9 \times 10^{-5}$ | kg $NO^x$ - equiv. |
| **CML** | | | | |
| CML, destruição abiótica (elementos ADP) | $1,1 \times 10^{-5}$ | $1,1 \times 10^{-5}$ | $1,1 \times 10^{-5}$ | kg Sb - equiv. |
| CML, potencial de acidificação (AP) | 0,034 | 0,040 | 0,044 | kg $SO^2$ - equiv. |
| CML, potencial de eutroficação | 0,007 | 0,008 | 0,008 | kg fosfato - equiv. |
| CML, potencial de aquecimento global (GWP 100 anos) | 9,46 | 10,57 | 11,54 | kg $CO^2$ - equiv. |
| CML, potencial de destruição da camada de ozônio (ODP, estado estático) | $1,2 \times 10^{-6}$ | $1,3 \times 10^{-6}$ | $1,3 \times 10^{-6}$ | kg R11 - equiv. |
| CML, poluição fotoquímica, potencial de criação de ozônio | 0,005 | 0,006 | 0,006 | kg eteno - equiv. |

**FIGURA 11.8** Tabela gerada pelo EPD para o carpete em placas GlasBac tipo 6 da InterfaceFLOR, mostrando os impactos ambientais gerados pela análise do ciclo de vida do produto. (InterfaceFLOR Commercial, Inc., declaração de produto ambiental para GlasBac, janeiro de 2011)

## SISTEMAS DE CERTIFICAÇÃO DE MATERIAIS E PRODUTOS

Um dos meios de se selecionar materiais e produtos para edificações de alto desempenho é se basear em programas de certificação renomados, especialmente os sistemas de avaliação de edificações, como o LEED. Por exemplo, o FSC, que certifica produtos de madeira, o Green Seal, tintas com baixas emissões, e o CRI, carpetes com baixas emissões, garantem que os produtos atendem às normas e são mencionados nos sistemas de certificação de edificações sustentáveis. Assim como os selos ecológicos, a certificação de produtos feita pelos programas estabelecidos por organizações de boa reputação simplifica muito a busca por produtos não agressivos ao meio ambiente. A Figura 11.9 apresenta uma lista dos principais programas de certificação de materiais que geralmente se aplicam nos Estados Unidos. Esta lista é útil para distinguir as organizações de certificação e as normas que desenvolvem. A Green Seal é uma organização certificadora, enquanto Green Seal Standard 13 for Paints and Coatings é uma norma produzida pela Green Seal que especifica o conteúdo máximo de composto orgânico volátil (VOC) para determinadas classes de tintas e revestimentos. Green Seal é um certificador independente. O CRI, como foi criado pela indústria dos carpetes, não é considerado um certificador independente (um "terceiro"), mas um parcialmente dependente (um "segundo"). Ainda que não seja totalmente independente, esse instituto é tido como justo e confiável em relação a seus testes e certificados. A certificação própria (ou autocertificação) é aquela fornecida diretamente pelo fabricante, cujos dados não foram verificados por uma organização externa. Um exemplo seria uma planilha de dados sobre a segurança do material disponibilizada pelo fabricante para fins de atender às exigências impostas pelas autoridades de saúde e segurança dos trabalhadores em um canteiro de obras.

### Aspectos-chave dos principais programas de certificação de produtos

| | Programa | Organização administradora | Tipos de produtos | Níveis | Utilizado no LEED* | Tipo de norma ou certificação | Comentários (veja o texto do artigo para mais detalhes) |
|---|---|---|---|---|---|---|---|
| **Florestamento sustentável** | Forest Stewardship Council | Forest Stewardship Council (FSC) | Produtos de florestamento | Uma variedade de selos para produtos puros e com percentual de conteúdo reciclado | S | Certificação por terceiro de acordo com normas específicas da região | O único programa de florestamento que está no LEED; têm suas raízes no movimento ambientalista. É mais prescritivo do que o SFI. |
| | Susteinable Forestry Initiative | Sustainable Forestry Initiative (SFI) | Produtos de florestamento | Uma variedade de selos para produtos puros e com percentual de conteúdo reciclado | N | Certificação por terceiro | Sistema minucioso, mas menos prescritivo do que o FSC. Historicamente próximo da indústria do florestamento. |
| | American Tree Farm System | American Forest Foundation | Produtos de florestamento | Norma única para pequenos proprietários de terras dos Estados Unidos | N | Certificação por terceiro | Norma muito não prescritiva. Não confere selos aos produtos em si, mas o selo SFI se aplica. |
| | CSA Susteinable Forest Management System | Canadian Standards Association (CSA) | Produtos de florestamento | Norma única para áreas florestais específicas | N | Certificação por terceiro | Norma adotada pela indústria e pelo governo no Canadá. |
| **Certificações de emissões** | California Section 01350 | Departamento de Serviços de Saúde da Califórnia | Ampla variedade de produtos para interiores | n/d | S | Diretrizes para certificação nas quais outras certificações se baseiam | Elaborada para reduzir as concentrações de poluentes em salas de aula e escritórios. |
| | Greenguard | Greenguard Environmental Institute | Ampla variedade de produtos para interiores | Greenguard Indoor Air Quality, Greenguard for Children & Schools | S | Certificação por terceiro | Usa os métodos de testagem da ASTM. |
| | FloorScore | Scientific Certification Systems, Resilient Floor Coverings Institute | Pisos não têxteis | FloorScore | S | Certificação por terceiro | Baseada na especificação California Section 01350. Equivale ao Indoor Advantage Gold. |
| | Indoor Advantage | Scientific Certification Systems (SCS) | Ampla variedade de produtos para interiores | Indoor Advantage, Indoor Advantage Gold | S | Certificação por terceiro baseada em várias normas | A Indoor Advantage atende às exigências do LEED; a Indoor Advantage Gold também atende aos limites mais rigorosos da California Section 01350. |
| | Green Label | Carpet & Rug Intitute (CRI) | Carpetes, bases, adesivos | Green Label, Green Label Plus | S | Certificação por segundo | O Green Label Plus atende aos limites da California Section 01350. |
| **Energia** | Energy Star | Agência de Proteção Ambiental dos Estados Unidos e Departamento de Energia dos Estados Unidos | Vários produtos | n/d | S | Selo do governo baseado nos dados dos fabricantes | Programa popular com grande impacto. Normas moderadas que têm grande fatia do mercado. |
| **Normas e certificações com vários atributos** | Sustainable Choice | Scientific Certification Systems (SCS) | Carpetes; outros são esperados | Prata, Ouro, Platina | IP | Certificação por terceiro baseada tanto em consensos como em normas patenteadas | Similar à norma EPP do SCS, mas com considerações sociais. Respeitada como líder na área. |
| | Cradle to Cradle (C2C) | McDonough Braungart Design Chemistry (MBDC) | Ampla variedade de produtos | Biológico, Nutrientes Técnicos; Prata, Ouro, Platina | IP | Certificação por segundo baseada em normas patenteadas | Desenvolvida por líderes respeitados do setor, mas suas partes principais não são transparentes. |
| | SMaRT Consensus Sustainable Product Standards | Institute for Market Transformation to Sustainability (MTS) | Ampla variedade de produtos | Sustentável, Prata, Ouro, Platina | IP | Certificação por terceiro | Trabalha com auditores externos para averiguar o desempenho. |
| | NSF-140 Sustainable Carpet Assessment | NSF International | Carpetes | Bronze, Prata, Ouro, Platina | IP | Norma; exige certificação por terceiro | A California Gold Sustainable Carpet Standard foi fundida à NSF-140 Platinum. |
| | Sustainable Furniture Standard | Business and Institutional Furniture Manufacturer's Association (BIFMA) | Móveis | Prata, Ouro, Platina | N | Norma na qual a certificação por primeiro, segundo ou terceiro é possível | Norma ainda sendo desenvolvida; não possui um programa de certificação vigente. |
| | Green Seal | Green Seal | Ampla variedade | n/d | S | Certificação por terceiro | Usa várias normas da ASTM, dependendo do tipo de produto. |
| | Ecologo/ Environmental Choice | TerraChoice Environmental Marketing | Ampla variedade de produtos | n/d | S | Certificação por terceiro | Adotada pelo governo canadense. |

*S = citado na linguagem de créditos do LEED, N = não citado, IP = citado nas opções de inovação em projeto

**FIGURA 11.9** Programas de certificação disponíveis para a seleção de materiais para prédios de alto desempenho dos Estados Unidos. Muitos desses programas de certificação são mencionados pelos sistemas de certificação de edificações norte-americanos, como o LEED. (Adaptado de *Behind the Logos: Understanding Green Product Certification*, 2008)

# MATERIAIS E PRODUTOS DE CONSTRUÇÃO IMPORTANTES E EMERGENTES

Para muitos materiais de construção convencionais, progressos admiráveis estão sendo feitos para repensar sua extração e uso na construção. Talvez o esforço mais notável e bem-sucedido tenha sido a inclusão do florestamento sustentável como o critério-chave para os produtos de madeira utilizados na construção. O LEED-NC, por exemplo, oferece um ponto se, pelo menos, 50% dos materiais e produtos à base de madeira forem certificados de acordo com os princípios e critérios do FSC. Green Globes oferece pontos para produtos de madeira certificados pelo FSC, SFI, Canadian Standards Association Standard for Sustainable Forest Management (CAN/CSA Z809) ou American Tree Farm System. No caso dos produtos de metal, a ênfase é seu conteúdo reciclado, e organizações como o Steel Recycling Institute garantem que os benefícios dos produtos de suas empresas associadas sejam bem conhecidos.

Novas tecnologias estão sendo desenvolvidas para melhorar o desempenho ou mudar as características dos produtos de construção. No entanto, ainda há muitas abordagens diferentes ao desenvolvimento de produtos, em parte por que não há uma definição aceita por todos sobre o que seria um material ou produto de edificação sustentável. Assim, uma das maneiras mais efetivas de se acompanhar o progresso é examinar os produtos que estão surgindo para atender ao mercado.

As próximas seções abordam as questões atuais e o estado da maioria das classes de materiais de construção. Uma discussão abrangente sobre a ampla variedade de materiais e produtos de construção sustentáveis que já existem ou estão sendo desenvolvidos foge ao escopo deste livro. Portanto, os materiais aqui discutidos são aqueles considerados mais importantes em virtude da escala de suas aplicações na construção: madeira e produtos de madeira, concreto e produtos de concreto, metais e plásticos.

## Madeira e produtos de madeira

A madeira e seus produtos são materiais de construção muito importantes, especialmente pelo potencial de renovação. Estima-se que nos Estados Unidos ainda esteja coberta por árvores uma área equivalente a 302 milhões de hectares, ou cerca de um terço de seu território. Dessa área, 204 milhões de hectares são classificados como florestas produtivas capazes de gerar pelo menos 0,6 $m^3$ de madeira comercial por acre/ano. Aproximadamente 27 milhões de hectares pertencem à indústria madeireira, 118 milhões a proprietários individuais e outros 20 milhões contidos no Sistema Nacional de Florestas dos Estados Unidos estão disponíveis para o manejo florestal.[5]

Uma grande variedade de produtos de madeira é utilizada na construção, incluindo a madeira dimensional, os produtos de madeira de lei industrializada, o compensado, o OSB (aglomerado de partículas de madeira longas e orientadas) e os materiais compósitos com conteúdo de fibra de madeira. Os produtos de madeira empregados nas edificações sustentáveis de alto desempenho devem ser obtidos em florestas com manejo sustentável e apresentar rótulos que certifiquem esse fato. A principal organização que organiza as florestas sustentáveis no nível internacional é a FSC, cujos certificadores baseados nos Estados Unidos são o SmartWood Program (www.rainforest-alliance.org/forestry/certification) e os Scientific Certification Systems (www.scsglobalservices.com). O programa FSC se baseia em um conjunto de 10 princípios utilizado como base para qualificar as florestas segundo critério de sustentabilidade (veja a Tabela 11.4). O sistema de certificação LEED, do USGBC, atribui um ponto aos produtos de madeira certificada e aos recursos de madeira rapidamente renováveis, isto é, produtos de madeira de florestas plantadas. O princípio 10 do FSC aborda as práticas florestais necessárias para que esse tipo de floresta seja certificado.

O programa SFI é um sistema completo de princípios, objetivos e medidas de desempenho desenvolvido por administradores profissionais de florestas, conservacionistas e cientistas que combina o crescimento perpétuo e a colheita de árvores com a proteção de fauna, flora, solo e qualidade da água no longo prazo. No dia 1º de janeiro de 2007, o programa SFI se tornou um programa de certificação de florestas totalmente independente. O conselho diretor do SFI, formado por interessados de várias áreas, hoje é a única entidade organizadora dos Padrões SFI (SFIS) e de todos os aspectos do programa. A diversidade dos membros desse conselho reflete a variedade de interesses na comunidade florestal.

O SFI descreve as exigências para o atendimento do programa. A norma se baseia em nove princípios que abordam questões econômicas, ambientais, culturais e legais e se compromete com a melhoria contínua do manejo das florestas sustentáveis (veja a Tabela 11.5).

Apenas as companhias e organizações aprovadas em um processo de auditoria por uma entidade certificadora independente e acreditada podem solicitar a certificação do SFIS. As auditorias SFI são análises pragmáticas e rigorosas conduzidas por indivíduos extremamente qualificados e objetivos.

Dentre os principais protocolos de certificação em funcionamento nos Estados Unidos, somente o programa SFI tem uma separação rígida entre a criação de padrões e a acreditação pelas entidades certificadoras. Os protocolos reconhecidos internacionalmente – da ISO (Organização Internacional para Padronização) – exigem de modo explícito que essas funções sejam separadas. Até o dia de hoje, mais de 514 milhões de hectares já receberam a certificação independente do SFIS.[6]

Deve-se observar que há vários outros sistemas de certificação por terceiros para madeira gerenciada de modo sustentável, incluindo o American Tree Farm System e o CSA Sustainable Forest Management. O sistema de certificação Green Globes considera esse conjunto para atribuir créditos, enquanto o USGBC apenas se baseia no sistema do FSC.

**TABELA 11.4**

**Princípios do FSC para o manuseio de florestas**

*Princípio 1: Respeito às leis e aos princípios do FSC.* A gestão florestal deve respeitar todas as leis aplicáveis ao país em que ocorrem, bem como os tratados e acordos internacionais de que o país seja signatário, e cumprir os Princípios e Critérios do FSC.

*Princípio 2: Direitos e responsabilidades de propriedade, posse e uso.* A posse de longo prazo e os direitos de uso do solo e dos recursos florestais devem ser claramente definidos, documentados e estabelecidos legalmente.

*Princípio 3: Direitos dos povos nativos.* Os direitos legais e consuetudinários dos povos indígenas de propriedade, uso e gestão de suas terras, territórios e recursos devem ser reconhecidos e respeitados.

*Princípio 4: Relações com a comunidade e direitos dos trabalhadores.* As operações de manejo florestal devem manter e melhorar o bem-estar social e econômico de longo prazo dos trabalhadores florestais e suas comunidades locais.

*Princípio 5: Benefícios da floresta.* As operações de manejo florestal devem encorajar o uso eficiente de seus múltiplos produtos e serviços, a fim de garantir a viabilidade econômica e a ampla variedade de benefícios ambientais e sociais.

*Princípio 6: Impacto ambiental.* O manejo de florestas deve conservar a diversidade biológica e seus valores associados, os recursos aquáticos, os solos e os ecossistemas e as paisagens únicas e frágeis e, ao fazê-lo, manter as funções ecológicas e a integridade da floresta.

*Princípio 7: Plano de manejo.* Um plano de manejo – apropriado à escala e intensidade das operações – deve ser escrito, posto em prática e mantido atualizado. Os objetivos de longo prazo do manejo e os meios de se alcançá-los devem ser expressos de modo inequívoco.

*Princípio 8: Monitoramento e avaliação.* Deve-se fazer um monitoramento – apropriado à escala e intensidade do manejo florestal – a fim de avaliar a condição da floresta, seus produtos gerados, a cadeia de custódia, as atividades de gestão e seus impactos sociais e ambientais.

*Princípio 9: Manutenção de florestas de alto valor para a conservação.* As atividades de gestão nas florestas de alto valor para a conservação devem manter ou aprimorar os atributos que definem tais áreas. As decisões relativas a florestas com alto valor para conservação sempre serão consideradas dentro do contexto do princípio da precaução.

*Princípio 10: Plantações.* As plantações serão planejadas e gerenciadas de acordo com os princípios e critérios 1 a 9 e o princípio 10 e seus critérios. Embora as plantações possam fornecer uma enorme gama de benefícios sociais e econômicos, além de contribuir para a satisfação das necessidades globais em termos de produtos florestais, devem complementar o manejo, reduzir as pressões e promover a restauração e a conservação das florestas naturais.

*Fonte:* Forestry Stewardship Council em https://ic.fsc.org/the-10-principles.103.htm

**TABELA 11.5**

**Princípios do SFIS**

**1. Florestamento sustentável**

A fim de praticar o florestamento sustentável e atender às necessidades do presente sem comprometer a capacidade das gerações futuras de atender a suas próprias necessidades com a prática de uma ética de proteção do solo que integre reflorestamento e manejo, cultivo, cuidado e extração de árvores para produtos úteis e serviços ao ecossistema como a conservação da qualidade do solo, do ar e da água; do carbono; da diversidade biológica, dos *habitats* da fauna e da vida aquática; da recreação e da estética.

**2. Produtividade e saúde das florestas**

A fim de permitir a recuperação após a colheita e manter a capacidade produtiva da base florestal, bem como proteger e manter as florestas e a produtividade do solo no longo prazo. Além disso, para proteger as florestas de níveis indesejáveis (em termos econômicos ou ambientais) de pragas, doenças, plantas e animais exóticos e invasivos e outros agentes nocivos e, portanto, manter e melhorar a saúde e a produtividade de longo prazo das florestas.

**3. Proteção dos recursos aquáticos**

A fim de proteger os corpos de água e as matas ripárias e atender às melhores práticas de manejo florestal, para proteger a qualidade da água.

**4. Proteção da diversidade biológica**

Para manejar florestas de modo que proteja e promova a diversidade biológica, inclusive as espécies animais e vegetais, os *habitats* selvagens e os tipos de comunidade ecológica e natural.

**5. Estética e recreação**

Para manejar os impactos visuais das operações florestais e fornecer oportunidades de lazer para o público.

**6. Proteção de terrenos especiais**

Para manejar as terras que são importantes em termos ecológicos, geológicos ou culturais de uma maneira que leve em conta suas características únicas.

**7. Práticas responsáveis de obtenção de fibras na América do Norte**

A fim de usar e promover, entre outros proprietários de terra, práticas de manejo florestal sustentável que sejam tanto cientificamente confiáveis quanto econômica, ambiental e socialmente responsáveis.

**8. Cumprimento das leis**

A fim de cumprir leis, estatutos e regulamentos florestais e ambientais relacionados e aplicáveis nas esferas federal, estadual e municipal.

**9. Pesquisa**

A fim de apoiar o progresso da gestão florestal sustentável por meio da pesquisa, ciência e tecnologia aplicável às florestas.

**10. Treinamento e educação**

A fim de melhorar a prática do florestamento sustentável por meio do treinamento e da educação.

**11. Envolvimento da comunidade e responsabilidade social**

A fim de ampliar a prática do florestamento sustentável em todos os locais por meio do envolvimento comunitário, de práticas socialmente responsáveis e com o reconhecimento e respeito dos direitos dos povos indígenas e os conhecimentos tradicionais relacionados às florestas.

**12. Transparência**

A fim de ampliar o entendimento da certificação florestal (conforme a norma SFI 2015-2019 Forest Management Standard), por meio da documentação de auditorias de certificação e publicação das constatações.

**13. Melhoria contínua**

A fim de aprimorar continuamente a prática da gestão florestal e monitorar, medir e relatar o desempenho obtido para se alcançar o comprometimento com o florestamento sustentável.

*Fonte:* SFI (2015)

## Concreto e produtos de concreto

O concreto, um dos materiais mais usuais, mais antigos e mais conhecidos, tem um número altíssimo e cada vez maior de aplicações na construção. O concreto normalmente é composto de agregado graúdo (brita), agregado miúdo (areia), cimento, água e vários aditivos. Com relação aos prédios de alto desempenho, o concreto tem muitas características positivas: alta resistência, massa termoacumuladora, durabilidade e alta refletância; geralmente está disponível no local; pode ser utilizado tanto para acabamentos internos como externos; não emite gases nem afeta a qualidade do ar dos interiores; é fácil de limpar; e é resistente ao ataque de insetos e do fogo. O concreto pode ser projetado para ser permeável ou moldado em bloquetes de piso abertos, permitindo que a água infiltre diretamente para o solo e, portanto, aliviando a carga dos sistemas de coleta e tratamento de água pluvial.

A questão-chave do concreto é o dióxido do carbono ($CO_2$) emitido durante o processo de fabricação do cimento. Nessas emissões, o cimento, que compõe de 9 a 14% das misturas de concreto, só perde para os equipamentos que queimam carvão mineral. Para cada tonelada de cimento produzida, uma massa de $CO_2$ equivalente é gerada. Contudo, durante o ciclo de vida de um elemento de concreto, o cimento reabsorve cerca de 20% do $CO_2$ gerado durante a manufatura, reduzindo o impacto do $CO_2$ emitido anteriormente. Uma estratégia, que tem vários benefícios em potencial, é reduzir a quantidade de cimento na mistura do concreto. A poeira borralho e a escória de alto forno, ambas com propriedades cimentícias, podem substituir (ao menos parcialmente) o cimento, resultando em um concreto com desempenho superior. A primeira pode substituir diretamente mais de 30% do volume do cimento; a segunda, mais de 35%. Esses substitutos têm a vantagem do uso benéfico de um resíduo industrial e, simultaneamente, de reduzir a quantidade de $CO_2$ associada à produção do concreto. A poeira de borralho e a escória de alto forno também podem ser misturadas com o cimento durante o processo de fabricação deste, resultando em menos emissões de $CO_2$, menos consumo de energia e maior capacidade de produção.

As propriedades de reciclagem do concreto geralmente são satisfatórias. A caliça de concreto pode ser utilizada como sub-base para vias, calçadas e estacionamentos. Nos Países Baixos, por exemplo, o agregado de concreto reciclado substitui um terço do agregado virgem nas misturas de concreto. Em geral, o agregado de concreto reciclado tem alta demanda e valor relativamente elevado.

## Metais: aço e alumínio

Os metais, em geral, têm alto potencial de reciclagem, e a maioria de seus produtos empregados em aplicações típicas da construção tem conteúdo reciclado significativo. O desempenho dos produtos de metal em prédios pode ser excepcional, oferecendo alta resistência e durabilidade, com peso relativamente baixo. Além disso, os metais podem ser imediatamente reciclados e sua dissipação no meio ambiente, durante o processo de reciclagem, é não agressiva. Embora os impactos da análise do ciclo de vida e da energia incorporada associados aos metais possam parecer mais altos do que os das alternativas, a reciclabilidade inerente aos metais, sua durabilidade e sua baixa manutenção os tornam competitivos para aplicações em edifícios de alto desempenho.

A produção de aço atual inclui produtos de aço usados em ambos os processos produtivos ainda em voga. O forno a oxigênio básico (BOF) usa entre 25 e 35% de ferro velho para produtos que exigem estampabilidade – por exemplo, para-lamas de automóveis e latas –, enquanto o forno em arco voltaico (EAF) consome quase 100% de ferro velho para gerar produtos cujo principal requisito é a resistência – por exemplo, o aço estrutural e o aço para armaduras de concreto. O aço produzido no processo BOF geralmente tem conteúdo reciclado total de 32%, composto de 22,6% de conteúdo pós-consumidor e 8,4% de conteúdo pós-industrial. O aço produzido no processo EAF geralmente tem conteúdo reciclado de 96%, pós-consumidor de 59% e pós-industrial de 37%.[7] O aço reciclado consome apenas uma fração dos recursos e da energia do aço produzido do minério de ferro. Cada tonelada de aço reciclado economiza 1.134 kg de minério de ferro, 635 kg de carvão mineral e 54 kg de calcário. Para reciclar ferro velho, é preciso apenas um quinto da energia necessária para se produzir aço com minério de ferro. Os sistemas de reciclagem nos Estados Unidos estão muito bem estabelecidos, a ponto de que a reciclagem é mais determinada por questões econômicas do que ambientais.

A reciclagem do alumínio também traz benefícios ambientais. O alumínio reciclado consome apenas 5% da energia necessária para produção deste metal do minério de bauxita, também eliminando 95% da emissão de gases de efeito estufa que seriam gerados. Aproximadamente 55%

da produção de alumínio do mundo são alimentados por energia hidrelétrica, que, embora seja controversa em virtude de seus impactos ambientais, é considerada um recurso renovável. Reciclar 0,45 kg de alumínio economiza 3,6 kg de bauxita e 6,4 quilowatt-hora de eletricidade. A reciclagem do alumínio nos Estados Unidos é muito bem-sucedida e estabelecida, sendo cerca de 65% do alumínio reciclado no país. O conteúdo reciclado de uma lata de alumínio média é de 40%, e o avanço da engenharia significa que hoje 0,45 kg de alumínio produz 29 latas, contra 22 em 1972. Embora haja controvérsias sobre a validade de se reciclar latas de alumínio, a indústria afirma que elas podem ser recicladas com lucro por indivíduos e grupos. As taxas de reciclagem de alumínio em aplicação na construção variam de 60 a 90% na maioria dos países.[8] Os painéis de alumínio utilizados em prédios são resistentes à corrosão, leves e praticamente não exigem manutenção; o alumínio também é muito reflexivo, o que o torna extremamente útil como material para coberturas. O alumínio é amplamente utilizado em fiações elétricas, como parte de eletrodomésticos e em esquadrias, como janelas, sejam moldadas ou extrudadas.

## Plásticos

Com a madeira e os metais, os plásticos, compostos de cadeias de moléculas conhecidas como *polímeros*, são um dos principais constituintes dos materiais de construção, tanto na forma de materiais virgens como em conteúdos reciclados. Têm alto potencial de reciclagem, e a indústria tem desenvolvido método sistemático para designar e classificar as sete principais classes desses produtos. A The Society of the Plastics Industry, Inc. introduziu esse sistema em 1988 para facilitar a reciclagem da quantidade de plásticos cada vez maior entrando no mercado e, consequentemente, na produção de lixo. Grandes quantidades de plásticos pós-consumidor, em particular o HDPE (polietileno de alta densidade) e o PET (polietileno tereftalato), vêm sendo recicladas em uma variedade de produtos de edificação, como a madeira artificial ou plástica. Os produtos de construção são o segundo maior consumidor de plásticos nos Estados Unidos, perdendo apenas para as embalagens.

Atualmente, contudo, praticamente inexistem produtos de edificação de plástico que sejam aproveitados para outros usos finais, o que configura um sério problema, pois o comportamento em ciclo fechado é, naturalmente, desejável. Há, no entanto, algumas histórias de sucesso na reciclagem do plástico, sendo uma o desenvolvimento de processos que reciclam o HDPE em madeira plástica de alta qualidade, produto muito durável e resistente a apodrecimento, insetos e danos provocados pela água, além de apresentar um tempo de vida estimado em centenas de anos. O "Santo Graal" de qualquer esforço de reciclagem é o desenvolvimento de tecnologias que possam reciclar produtos de volta a seu uso original. A tecnologia da United Resource Recovery Corporation desenvolvida na Alemanha pode reciclar o PET em flocos de altíssima qualidade, que então podem ser utilizados para produzir as onipresentes garrafas de plástico transparente dos refrigerantes. As taxas de reciclagem do HDPE e PET nos Estados Unidos estão na faixa dos 20%, sendo a mais elevada para as classes comuns de plásticos utilizadas nos produtos para consumidores.

Os fabricantes de plásticos derivados do cloro ou que o empregam em sua produção estão sofrendo fortes pressões de grupos ambientais como o Greenpeace, em virtude dos vários impactos associados à sua fabricação e ao seu descarte. O PVC, um material muito comum na construção (utilizado em tubulações, revestimentos de parede, pisos e fios, entre outros) é o principal foco dessas ações. Até o momento, as taxas de reciclagem para o PVC estão entre as menores para as sete classes principais de plásticos cobertas pela Society of the Plastics Industry: menos de 1%. Nos Estados Unidos, o PVC está sendo defendido por sua indústria com base em seus méritos técnicos e econômicos, o que significa que não são esperadas mudanças fundamentais no produto ou em sua manufatura no futuro próximo. Em contraste, a indústria europeia do PVC está explorando mudanças fundamentais na produção e no descarte de seus produtos, posicionando o PVC para que seja considerado um produto ambientalmente responsável. De acordo com um relatório sobre a sustentabilidade e o PVC publicado pela Comissão das Comunidades Europeias de 2000, os principais problemas com o PVC são o uso de certos aditivos (chumbo, cádmio e ftalatos) e o descarte do lixo de PVC.[9] Conforme esse estudo, apenas 3% do lixo com PVC são reciclados; 17% são incinerados e os 80% restantes acabam nos aterros sanitários, sendo que essa produção de lixo chega a 3,6 milhões de toneladas por ano. Foram destacados também os riscos associados ao envio de PVC a um aterro sanitário, especialmente a perda de ftalatos do PVC macio, junto com os problemas causados pela incineração, ou seja, a geração de dioxinas, que são produtos químicos muito nocivos à saúde. Não há dúvidas de que a reciclagem de PVC deve ser aperfeiçoada e a reformulação do produto básico considerada para que se removam as barreiras à reciclagem. A reciclagem dos produtos com PVC enfrenta muitos dos mesmos problemas associados à de outros plásticos: o uso de aditivos como os plasticizantes, estabilizadores, *fillers*, retardadores de chamas, lubrificantes e colorantes, que são empregados para conferir propriedades específicas ao material.

Um desenvolvimento relativamente novo na indústria dos plásticos é a produção de polímeros de base biológica, como o PLA. Em 2002, a Cargill Dow Polymers (CDP) abriu uma grande unidade fabril em Blair, Nebraska, para fabricar um produto plástico com PLA, o primeiro de seu tipo, introduzindo uma tecnologia de polímeros baseada em um recurso renovável no lugar do petróleo, recurso não renovável. O produto é conhecido como NatureWorks PLA, que a CDP diz poder ser gerado com produtos agrícolas como a beterraba sacarina e o aipim. Para não ficar para trás, a Dow Chemical introduziu uma linha de produtos chamada polímeros BIOBALANCE, que são polímeros de poliuretano avançados projetados para serem utilizados na base de carpetes. Um dos componentes do poliuretano, o poliol, é derivado de recursos renováveis. Outro produto da Dow Chemical, o WOODSTALK, é fabricado com resina de poliuretano sem formaldeído e fibra da palha do trigo, também um recurso renovável. Trata-se de um material em placas que pode ser utilizado como alternativa para o MDF empregado em armários, móveis e prateleiras. O BioBase 501 é um isolante de espuma de poliuretano de células abertas, de baixa densidade e relativamente novo feito de soja. O componente de poliol do BioBase 501 é feito de SoyOl, o componente à base de soja que é utilizado na base de carpetes. Em adição aos exemplos anteriores, em Estocolmo, Suécia, um processo desenvolvido pelo Instituto Real de Tecnologia utiliza madeira para criar polímeros conhecidos como *hidrogéis à base de hemicelulose*. Além de serem produzidos com recursos renováveis, como produtos agrícolas e madeira, os polímeros de base biológica prometem ser recicláveis por meio de processos naturais.

## O PROJETO PARA DESCONSTRUÇÃO OU DESMONTAGEM FUTURA

É inegável que o estado atual da construção é perdulário e será difícil de mudar. Como já se observou no início do capítulo, fechar os ciclos de material na construção ainda é o maior desafio de todos os esforços pela construção ecologicamente sustentável. De modo mais específico, a escolha dos materiais e produtos de construção é, de longe, o maior desafio.

Os critérios para os materiais e produtos do ambiente construído deveriam ser similares àqueles dos produtos industriais em geral. Muitos dos materiais utilizados nas edificações, em especial os metais, são os mesmos que os empregados nos demais setores econômicos, mas os prédios têm um caráter distinto quando comparados aos demais produtos industriais. Os principais fatores que tornam particularmente difícil o fechamento dos ciclos de material neste segmento da economia são aqueles delineados na Tabela 11.6. A visão de um sistema de ciclo fechado para o setor da construção é, por necessidade, vinculada o máximo possível à de outras indústrias. Muitos materiais – mais uma vez, os metais – podem recircular em vários usos, enquanto outros, como os agregados e o gesso acartonado, são únicos à construção, assim seu reúso ou reciclagem ficaria restrito ao setor. O fechamento dos ciclos materiais para o ambiente construído será muito mais difícil em virtude dos fatores que fazem os ciclos de seus materiais significativamente distintos dos de outros setores econômicos.

A desconstrução é a desmontagem total ou parcial para facilitar o reúso dos componentes e a reciclagem dos materiais. O projeto para desmontagem é o esforço feito durante o projeto para maximizar esta possibilidade, ao contrário da demolição total ou parcial do prédio para permitir a recuperação dos componentes para reúso e dos materiais para reciclagem e redução da geração de lixo no longo prazo. Para ser efetivo, o projeto para desmontagem, uma ideia que surgiu no início da década de 1990, deve ser incluído na etapa de projeto.

**TABELA 11.6**

**Fatores que dificultam o fechamento de ciclos de materiais no ambiente construído**

1. Os prédios são projetados e construídos sob encomenda por um grande grupo de participantes.
2. Não há um único «fabricante» associado ao produto final.
3. Os agregados para uso em sub-bases e concreto, tijolos, blocos de adobe, aterros e outros produtos derivados de pedras e solo são comuns em projetos de edificações.
4. As conexões dos componentes de um edifício são definidas pelos códigos de obras a fim de atender a objetivos específicos (por exemplo, a carga de vento ou as exigências sísmicas), não para a facilidade de desmontagem.
5. Historicamente, os produtos de construção não são projetados para desmontagem e reciclagem.
6. Os prédios podem ter vidas úteis muito longas e superiores a de outros produtos industriais; consequentemente, os materiais têm um longo período de "residência".
7. Os sistemas prediais são atualizados ou substituídos em intervalos durante a vida útil do prédio, por exemplo: os acabamentos a cada 5 anos; a iluminação a cada 10 anos; os sistemas de climatização a cada 20 anos.

Experiências de projeto para desmontagem futura feitas na Robert Gordon University em Aberdeen, Escócia, incluíram uma grande variedade de abordagens para facilitar um ciclo de materiais superior: manutenção, identificação de materiais, simplicidade de técnicas de construção, exposição de conexões metálicas, independência entre estrutura independente e paredes internas e criação de componentes com ciclo de vida curto fáceis de acessar. As pesquisas indicam que o projeto para desmontagem deve ser implementado em três níveis do sistema completo de materiais nos prédios a fim de resultar em boas estratégias de projeto e construção: o nível dos sistemas ou do prédio, o nível dos produtos e o nível dos materiais. Existem vários exemplos para testar as diversas ideias dessa estratégia. Uma delas, um projeto de conjunto habitacional de Osaka, Japão, emprega uma estrutura de concreto armado para sustentar moradias construídas de modo independente que podem ser substituídas em ciclos de 15 anos sem a remoção da estrutura. Em última análise, o fechamento dos ciclos de materiais precisará da inclusão do desenho do produto e da desconstrução juntos em um processo que poderia ser chamado de projeto para *desconstrução e desmontagem*.

Philip Crowther (2002), da Queensland Technical University em Brisbane, Austrália, sugeriu 27 princípios dos projetos para desmontagem de prédios, que estão numerados na Tabela 11.7. Esta lista abrangente cobre uma ampla variedade de ideias sobre seleção de materiais, desenho de produto e desconstrução.

O trabalho de Crowther serve como um excelente ponto de partida para a discussão de uma abordagem completa ao desenvolvimento de um sistema bem pensado para o fechamento dos ciclos de materiais de construção. Um aspecto importante desses princípios é que eles talvez gerem tantas questões quanto respondem a outras. Um exemplo é o princípio 4, que pede que evitemos os materiais compósitos ou compostos. No contexto dos materiais, "compósito" pode significar muitas coisas distintas – por exemplo, materiais mistos (concreto, aço) ou materiais em camadas homogêneas (tubos de PVC, produtos de madeira laminada). Os compósitos podem ser perfeitamente aceitáveis sob certas condições, nas quais a reciclagem da mistura compósita é viável ou quando a possibilidade de se desmontar as camadas já foi prevista no desenho do produto. A questão é como desenvolver uma abordagem sistemática para determinar a aceitabilidade dos compósitos como materiais de construção dentro do contexto de aumento do reúso e da reciclagem.

A desconstrução oferece uma alternativa à demolição com dois resultados positivos: (1) é uma escolha ambiental melhor e (2) pode servir para a criação de novos negócios, para desmontar prédios, transportar componentes e materiais recuperados, remanufaturar ou reprocessar componentes e revender componentes e materiais usados. Os edifícios existentes, ainda que não tenham sido projetados para serem desmontados, na verdade já estão tendo seus materiais recuperados durante a demolição. Benefícios distintos podem advir do aumento das taxas de reciclagem dos materiais dos prédios da faixa de 20% a 70%, pois o lixo das atividades de demolição e reforma pode corresponder a até 50% do fluxo de lixo de um país. As políticas econômicas e não econômicas podem ajudar

**TABELA 11.7**

**Princípios do projeto para desmontagem aplicado a edificações**

1. Use materiais reciclados e recicláveis.
2. Minimize os tipos de materiais.
3. Evite materiais tóxicos e poluentes.
4. Evite materiais compósitos e faça produtos inseparáveis com apenas um material.
5. Evite o uso de acabamentos secundários.
6. Forneça uma identificação padronizada e permanente dos tipos de materiais.
7. Minimize os tipos de componentes.
8. Prefira as conexões mecânicas às químicas.
9. Use um sistema de edificação aberto e com partes intercambiáveis.
10. Use o projeto modular.
11. Use tecnologias de montagem compatíveis com as práticas convencionais de construção.
12. Separe a estrutura das vedações.
13. Permita o acesso a todos os componentes da edificação.
14. Projete os componentes de tamanho adequado ao manuseio em todas as etapas.
15. Possibilite o manuseio de componentes durante a montagem e desmontagem.
16. Preveja uma tolerância adequada para permitir a desmontagem.
17. Minimize o número de fixadores e conectores.
18. Minimize os tipos de conectores.
19. Projete juntas e conexões que resistam a montagens e desmontagens sucessivas.
20. Possibilite a desmontagem paralela.
21. Possibilite a identificação permanente de cada componente.
22. Use uma grelha estrutural padronizada.
23. Use subconjuntos de componentes pré-fabricados.
24. Use materiais e componentes leves.
25. Identifique de modo permanente o ponto de desmontagem.
26. Preveja e armazene materiais e componentes para substituição.
27. Armazene informações sobre o prédio e seu sistema de montagem.

*Fonte:* Crowther (2002)

**FIGURA 11.10** Uma das inovações do Rinker Hall na University of Florida em Gainesville foi incluir o projeto para desmontagem como um critério para projeto. Uma das características do projeto é o uso de conexões parafusadas nas estruturas de aço à vista, para permitir a remoção rápida. (Fotografia por cortesia de M.R. Moretti).

na mudança da demolição para a desconstrução, ao oferecerem incentivos financeiros e mais tempo para a desconstrução. Nos países em desenvolvimento, as práticas de desconstrução de prédios oferecem uma fonte de materiais de qualidade que pode ajudar na melhoria do padrão de vida e do potencial para novos negócios, que podem proporcionar oportunidades econômicas para os cidadãos.

Apesar de seus muitos benefícios, o projeto de prédios para desconstrução raramente tem acontecido nos Estados Unidos. O Rinker Hall da University of Florida em Gainesville provavelmente é o único prédio dos milhares certificados pelo LEED que foi projetado para ser desmontado, recebendo um crédito por inovação do USGBC (veja a Figura 11.10).

## ESTUDO DE CASO

### PROJETO DO EDIFÍCIO DE ESCRITÓRIOS XX, DELFT, PAÍSES BAIXOS

De acordo com o arquiteto Jouke Post, os edifícios de escritórios costumam ter vida útil de apenas 20 anos, em virtude das mudanças inevitáveis na tecnologia e na gestão corporativa. A demolição gera uma quantidade enorme de resíduos de materiais que não haviam alcançado sua expectativa de vida útil. O Edifício de Escritórios XX em Delft, Países Baixos, explorou uma solução para esse problema do lixo ao planejar uma vida útil da edificação inferior e prever a desconstrução e o reúso dos materiais desde o início do projeto (veja a Figura 11.11 A–F). O conceito de projeto semipermanente desafia os projetistas a pensarem em termos de realidade: um prédio de 20 anos em vez do tempo ideal de 100 anos para uma edificação típica com estrutura independente. Assim que sua vida útil terminar, o Edifício de Escritórios XX poderá ser desconstruído e seus materiais, reusados ou reciclados.

**FIGURA 11.11** (A) O Edifício de Escritórios XX, localizado no Parque Delftech, em Delft, Países Baixos, tem uma fachada retangular com vidraças do piso ao teto. As esquadrias de tamanho padrão serão reusadas assim que o prédio for desconstruído. (J. M. Post, XX Architecten)

**FIGURA 11.11** (B) Os pilares e as vigas, mostrados durante a construção. (J. M. Post, XX Architecten)

**FIGURA 11.11** (C) Os pilares e as vigas em um escritório finalizado ficam expostos e são conectados por parafusos e varetas de aço na parte inferior das vigas a fim de facilitar a construção e desconstrução. (J. M. Post, XX Architecten)

**FIGURA 11.11** (D) Persianas que vão do piso ao teto controlam a quantidade de luz diurna que entra no prédio. (J. M. Post, XX Architecten)

O ar da exaustão é transferido de volta para a unidade de manejo de ar e enviada através de um trocador de calor antes de ser liberada no exterior.

O ar aquecido pelo sol é transferido para fora com o ar do retorno da climatização.

O sombreamento e a iluminação natural são controlados pelas lâminas reguláveis das persianas.

**FIGURA 11.11** (E) Os dutos de papelão são baratos, práticos e recicláveis e estarão perto do término de sua vida útil no momento de desconstrução do Edifício de Escritórios XX. (D. Stephany)

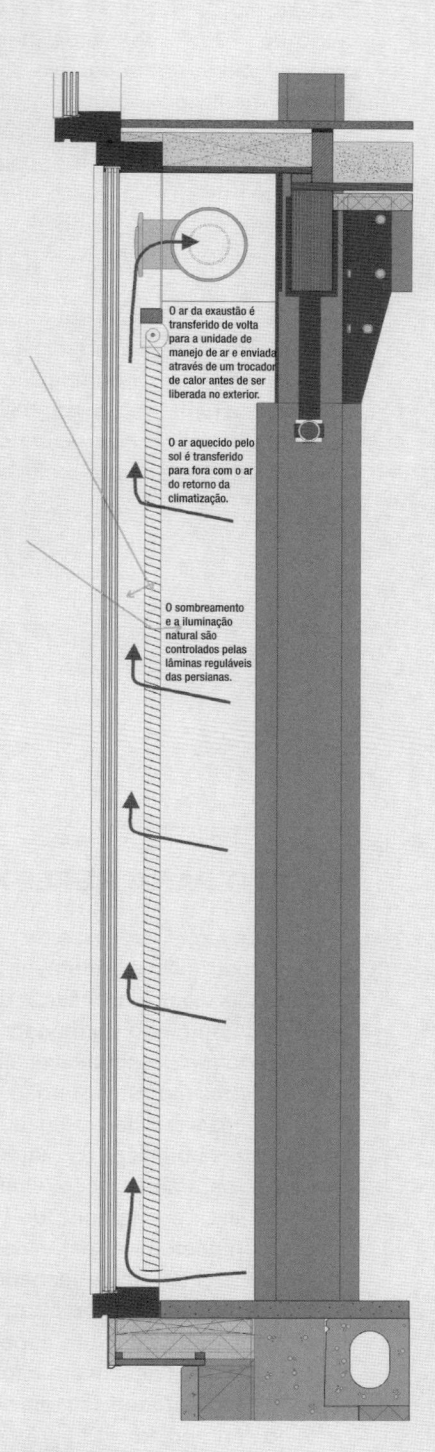

**FIGURA 11.11** (F) Uma tomada de ar entre a persiana e a janela cria uma zona de amortecimento térmico, resultando em economia de energia e maior controle climático. (J. M. Post, XX Architecten)

Esse prédio de dois mil metros quadrados foi construído em 1998 e tem uma planta baixa retangular simples, aberta e homogênea. A estrutura é formada principalmente por madeira laminada, que foi escolhida após uma análise do aço, alumínio, concreto, pedra, material sintético e papelão quanto a sua durabilidade, resistência, custo e reciclabilidade futura. Os pilares e as vigas aparentes foram conectados por banzos de aço e parafusos, para facilitar a construção e desconstrução.

A laje de piso consiste em uma laje de concreto com 20% de agregados reciclados. Entre os dois níveis do prédio, painéis sanduíche (600 cm × 3.500 cm) preenchidos com areia foram utilizados para melhorar a acústica. A cobertura é de concreto com fibras e um revestimento de betume reciclável. Originariamente, ela era firmada por pesos no padrão de dois XX, representado os números romanos, e é daí que veio o nome do prédio. A fachada consiste em estruturas de madeira fixadas à estrutura principal por mísulas, para facilitar a desconstrução. Essas estruturas têm janelas padronizadas com vidros triplos (de aproximados 2 × 5 m) fixadas a elas. Cada segmento da estrutura tem sua própria persiana de controle solar do piso ao teto. Esses elementos são perfurados e evitam que o calor entre no prédio, pois criam um sistema de fachada dupla ou de fachada do clima Mercartor. O retorno do ar é composto de tubos de papelão, que correm ao longo do perímetro do prédio. O projeto aproveita a energia térmica emanada pelos 80 usuários e seus equipamentos de escritório elétricos no lugar de um sistema de calefação.

## PONTO PARA REFLEXÃO: FECHANDO OS CICLOS DE MATERIAIS

A ideia de fechar os ciclos de materiais é fundamental à construção sustentável, mas provavelmente seja o mais difícil e desafiador de todos os conceitos que estão surgindo na mudança para um ambiente construído mais responsável em termos ambientais. Os prédios simplesmente não costumam ser feitos com materiais recicláveis ou reutilizáveis; em vez disso, busca-se otimizar os materiais, ao menor custo possível, para sua função. Como resultado, os prédios de alto desempenho do futuro provavelmente serão compostos de materiais e sistemas que têm um potencial de ciclos fechados muito superior ao das edificações sendo utilizadas hoje. Neste artigo instigante, Brad Guy, um especialista internacional sobre o tema da desconstrução, discute como tornar as práticas de materiais mais sustentáveis mais viáveis no curto prazo.

### Fechando os ciclos de materiais

*Bradley Guy, School of Architecture and Planning, Catholic University of America, Washington, DC*

Fechar os ciclos de materiais é um paradigma necessário para qualquer tentativa de minimizar os impactos do ambiente construído sobre o ambiente humano e ecológico, tanto atualmente como para as chances de sobrevivência das gerações futuras. Os fluxos de recursos nos Estados Unidos e no mundo inteiro que estão relacionados com os materiais do ambiente construído têm consequências em todo o espectro de recursos e em cada categoria de impacto ambiental. A mera produção do cimento é responsável por 5 a 7% das emissões dos gases de efeito estufa no mundo (Comissão Europeia, 2011). Embora a extração de madeira seja uma atividade com consumo de energia relativamente baixo, os efeitos do desmatamento e das mudanças do uso fundiário da urbanização têm significativo impacto global no uso do solo e nos recursos de madeira para as atividades de construção. E a lista continua para os impactos gerados pelo fornecimento de materiais ao ambiente construído. Essa "mochila ecológica" pode ser muito pesada em termos de massa relativa e de impactos ambientais proporcionais aos materiais obtidos. Alan Durning (1992) estimou que o produto médio no consumidor exige 16 vezes mais recursos do que a quantidade de material que estará no produto final. Isso sugere que, para cada quilograma de material de construção evitado, reduzido, reusado, remanufaturado ou reciclado, outros 16 kg de materiais terão sido poupados.

Nem de longe basta lutarmos por materiais de construção novos que sejam mais sustentáveis ou que tenham alto desempenho quando níveis de $CO_2$ mais altos do que o esperado foram relatados pelo Painel Intergovernamental sobre Mudanças Climáticas. As emissões de gases de efeito estufa atuais significam ameaças de longo prazo, e os prédios de operação eficiente chegarão tarde demais por apenas fornecerem benefícios completos após 10 ou 20 anos de vida. Embora as previsões de eficiência energética operacional costumem ser baseadas em modelos e sujeitas aos caprichos dos usuários e muitas vezes de serviços de manutenção deficientes, uma das poucas certezas na vida do prédio são os materiais que os compõem e os sistemas empregados para construí-lo. A outra certeza é que os impactos do uso dos materiais ocorrem em tempo real, e a degradação ambiental e as emissões causadas pela sua extração, fabricação, transporte e construção podem ser reduzidas no momento da concepção do prédio, por meio de escolhas feitas pelo proprietário, projetista, engenheiro e construtor, que têm os conhecimentos e tomam as decisões quanto aos resultados desde o início do processo. Para que tenhamos consideração pelas gerações futuras, eu também gostaria de dizer que é responsabilidade profissional e ética de qualquer arquiteto ou construtor considerar as consequências ao término da vida útil de seu projeto e seus materiais selecionados. Não fazê-lo seria como se posicionar no meio de uma cidade cheia de pessoas e dar um tiro de revólver para o alto: o projétil cairá em alguém.

Para cada quilograma de material cujo consumo foi evitado por meio do projeto efetivo e reúso dos edifícios e suas partes, um quilograma de matéria-prima será preservado. Alguns sugerem que isso não ocorrerá em virtude do paradoxo de Jevons, que sugere que a eficiência de consumo de um recurso tenderá a aumentar seu consumo. Mesmo que isso fosse verdade em áreas de finanças pessoais, pelo menos para o ambiente construído, a natureza dos prédios (relativamente estáticos e de longa vida útil) garante que os investimentos em material continuarão por algum tempo. As consequências do reúso de um prédio, do reúso de materiais e do projeto para a adaptação de edificações a fim de ampliar sua estrutura investida e o projeto para desmontagem no final da vida de seus sistemas estruturais e não estruturais são manifestações físicas em uma esfera também física.

O projeto para recuperação, reúso e reciclagem é um preceito fundamental do berço-ao-berço, do lixo zero, da responsabilidade estendida do produtor, etc. Toda a matéria se degrada, e não há uma máquina de movimento perpétuo para o fluxo de materiais. A fim de projetar para a reciclagem, deve haver um reciclador, e, para que ele funcione, deve haver um fluxo de materiais permitido pelo produtor de materiais, arquiteto e construtor. A fixação constante no paradoxo de que sem lixo não haveria reúso nem estrutura para reciclagem, e de que sem essa infraestrutura não temos como propor o projeto para a recuperação de materiais, não ajuda o nosso progresso. Muitos sistemas de edificação ecológica, por exemplo, têm desenvolvido projetos para adaptação e/ou desmontagem dentro de seus sistemas, como meio de usar as normas de construção sustentável como apoio ao mercado dessas práticas de projeto. Um desses protocolos de certificação é o Australia Green Star, que confere um crédito para o uso do projeto para desmontagem e para redução do consumo de materiais – por exemplo, o uso de menos aço em uma estrutura com desempenho equivalente. A versão atual do LEED para Centros de Saúde atribui pontos para o "projeto com flexibilidade", e a nova versão proposta do LEED para Interiores Comerciais propôs adicionar o projeto para flexibilidade. Em 2011, o Estado da Califórnia aprovou uma lei que exige que todo carpete vendido no estado tenha um sistema de responsabilidade estendida do fabricante. Essa política legal e a transformação voluntária no mercado que o LEED tem mostrado ser possível são ingredientes essenciais para a ampliação da vida dos materiais e sua manutenção no sistema social e econômico do fluxo de materiais. Uma vez extraído, nenhum material de construção deveria sair do ciclo econômico antes de alcançar o verdadeiro fim de seu valor utilitário ou energético, e os materiais de alto padrão jamais devem ser substituídos por materiais de padrão inferior.

O paradigma de projeto para o fechamento do ciclo de materiais está mudando lentamente e continuará a progredir à medida que as pessoas se conscientizarem mais sobre os limites dos recursos naturais. Em certos casos, essa será uma questão política. Os recursos locais, o reúso de terrenos desocupados e degradados, a reciclagem de prédios e a especificação de materiais de demolição representam os elementos básicos da conservação de recursos.

## RESUMO E CONCLUSÕES

Muitos materiais e produtos novos estão sendo desenvolvidos para atender ao movimento da edificação ecológica de alto desempenho. Porém, face às rápidas mudanças que estão ocorrendo na área, não há uma filosofia que articule com precisão os critérios para essa nova classe de produtos e materiais. Uma proposta é que a análise do ciclo de vida deva determinar o que seria a sustentabilidade em termos de materiais e produtos de construção, mas essas análises têm limitações, uma vez que não abordam adequadamente o comportamento dos materiais em ciclos fechados, que é o modo como a natureza se comporta. As análises do ciclo de vida abordam se um produto ou prédio pode ser desmontado e reciclado, ou a reciclabilidade dos produtos e materiais. Um material ou produto pode parecer muito benéfico de acordo com os dados de sua análise do ciclo de vida, mas não ser reciclável e ser poluente após seu uso. Essa análise, contudo, oferece-nos um excelente relato dos recursos e impactos ambientais de determinada decisão e permite comparações lado a lado de várias alternativas – por exemplo, uma estrutura de aço *versus* uma de concreto armado. Combinada com outros critérios, a análise do ciclo de vida nos oferece uma boa opção de avaliar se é adequado ou não chamar um produto ou material de sustentável ou ecológico. Neste ponto da evolução das edificações ecológicas de alto desempenho, uma das prioridades deve ser considerar tanto a produção como o destino dos materiais e produtos. E, como foi ressaltado nas regras cardeais para uma estratégia de materiais de construção de ciclo fechado, os produtos e materiais devem ser inofensivos em seu uso e na reciclagem antes que possam ser considerados verdadeiramente ecológicos.

## NOTAS

1. O Athena Environmental Impact Estimator pode ser adquirido *on-line* no Athena Sustainable Materials Institute, em www.athenasmi.org. Athena usa um banco de dados de materiais específico para cada localidade para fornecer informações sobre os sistemas inteiros de um prédio (por exemplo, um sistema de parede ou cobertura). Uma versão demonstrativa do Athena pode ser baixada do site.
2. BEES é um produto do Building and Fire Research Laboratory do National Institute of Standards and Technology. O BEES mede o desempenho ambiental dos produtos de construção utilizando a abordagem da análise do ciclo de vida especificada nas normas ISO 14.000. Está disponível em www.bfrl.nist.gov/oae/software/bees.html.
3. As informações da página 372 foram obtidas do site do Natural Step. Os quatro princípios básicos permanecem (www.thenaturalstep.org/our-approach/), mas a discussão detalhada já não está no site.
4. Uma descrição geral da ISO (Organização Internacional para Padronização) pode ser encontrada em seu site, www.iso.ch/iso/en/ISOOnline.frontpage. A ISO 14.000 é uma das muitas normas promulgadas por essa organização. A série ISO 14.040 pertence à família de normas ISO 14.000 que abordam a análise do ciclo de vida.
5. As estatísticas sobre o florestamento são do site da American Forest and Paper Association, www.afandpa.org.

6. A norma SFI pode ser encontrada em www.sfiprogram.org/files/pdf/2015-2019-standardsandrulessection-2-pdf/
7. Estatísticas de "2002: The Inherent Recycled Content of Today's Steel" disponíveis no site do Steel Recycling Institute, www.recycle-steel.org.
8. Os dados sobre alumínio são do International Aluminum Institute, em www.world-aluminium.org.
9. O "Green Paper: Environmental Issues of PVC" (2000) da Comunidade Europeia pode ser encontrado em http://ec.europa.eu/environment/waste/pvc/pdf/en.pdf.

## FONTES DE CONSULTA

"Behind the Logos: Understanding Green Product Certification." 2008. *Environmental Building News* 17 (1): 1–14.

"Building Materials: What Makes a Product Green?" 2012. *Environmental Building News* 21 (2): 1, 8–15.

Commission of the European Communities. 2000. "Green Paper: Environmental Issues of PVC." Available at http://ec.europa.eu/environment/waste/pvc/pdf/en.pdf.

Crowther, Philip. 2002. "Design for Disassembly: An Architectural Strategy for Sustainability." Doctoral dissertation, School of Design and Built Environment, Queensland University of Technology, Brisbane, Australia.

During, Alan T. 1992. *How Much Is Enough? The Consumer Society and the Future of the Earth*. Washington, DC: Worldwatch Institute.

European Commission. 2011. "Innovative Ways to Reduce $CO_2$ Emissions from Cement Manufacturing." DG Environment News Service, October 11. Available at http://ec.europa.eu/environment/integration/research/newsalert/pdf/258na1_en.pdf.

"Navigating the Maze of Environmentally Preferable Products." 2003. *Environmental Building News* 12 (11): 1–15.

Oregon Natural Step Construction Industry Group. 2004. "Using the Natural Step as a Framework toward the Construction and Operation of Fully Sustainable Buildings." Formerly available at www.ortns.org/documents/THSConstructionPaper.pdf.

Spiegel, Ross, and Dru Meadows. 2010. *Green Building Materials: A Guide to Product Selection and Specification*, 3rd ed. Hoboken, NJ: John Wiley & Sons.

Sustainable Forestry Initiative (SFI). 2015. SFI 2015-2019 Forestry Management Standard, The Sustainable Forestry Initiative. Available at www.sfiprogram.org/files/pdf/2015-2019-standardsandrules-section-2-pdf/.

Trusty, Wayne B. 2003. "Understanding the Green Building Toolkit: Picking the Right Tool for the Job." Proceedings of the U.S. Green Building Council Annual Conference, Pittsburgh, PA. Available at www.athenasmi.org.

Trusty, Wayne B., and Scot Horst. 2003. "Integrating LCA Tools in Green Building Rating Systems." Proceedings of the U.S. Green Building Council Annual Conference, Pittsburgh, PA. Available at www.athenasmi.org.

# 12 A pegada de carbono do ambiente construído

O principal desafio ambiental da atualidade são as mudanças climáticas, uma manifestação do desequilíbrio do ciclo de carbono biogeoquímico causado pelas atividades humanas. A principal causa das mudanças climáticas é o enorme aumento das emissões de gases carbônicos na atmosfera, especialmente o dióxido de carbono ($CO_2$), em virtude da queima de combustíveis fósseis em usinas de energia, transporte, sistemas energéticos prediais, produção de cimento e agricultura. Ao mesmo tempo, a Terra está perdendo sua capacidade de estabilizar as concentrações de $CO_2$, pois a biomassa, como as florestas, que absorve $CO_2$, está sendo destruída para dar lugar a empreendimentos imobiliários, campos e mineração. A combinação do rápido crescimento das emissões e a redução da capacidade de absorção de carbono está acelerando as concentrações atmosféricas de $CO_2$. O $CO_2$ e outros gases responsáveis pelas mudanças climáticas impedem a saída da energia solar, gerando o chamado efeito estufa, e, à medida que suas concentrações atmosféricas aumentam, as temperaturas globais médias da atmosfera também sobem. Antes do início da Era Industrial, por volta de 1780, o equilíbrio natural da emissão e absorção de $CO_2$ resultava em um regime de temperatura global relativamente estável, com o efeito das atividades humanas sobre o clima sendo reduzido. A crescente população humana e seu consumo energético têm afetado esse equilíbrio e, consequentemente, o clima da Terra já não é tão estável e as mudanças são mais evidentes.

O $CO_2$ liberado pelos processos de combustão tanto nas usinas geradoras de eletricidade que queimam combustíveis fósseis como nos automóveis é a principal fonte do aumento das emissões desse gás. Embora ele seja o principal contribuinte das mudanças climáticas, por causa da magnitude de suas emissões, também há efeitos significativos sobre as mudanças climáticas associados ao metano ($CH_4$) e a vários outros gases. Na verdade, neste sentido, o $CH_4$ é um gás muito mais prejudicial por massa do que o $CO_2$, mas está sendo lançado a uma taxa muito menor. À medida que a Terra aquece e a camada de gelo das florestas boreais do Ártico (a taiga) derrete, enormes quantidades de biomassa que estavam congeladas há milhões de anos estão sendo expostas ao ar. Essa biomassa então se decompõe e libera $CH_4$ e $CO_2$, contribuindo ainda mais para as mudanças climáticas. O processo da decomposição da biomassa no Ártico também está acelerado, porque, à medida que essa cobertura de gelo desaparece, suas propriedades de reflexão do sol se perdem. A biomassa exposta por esse processo é de cor mais escura e, portanto, absorve a energia do sol, aumentando ainda mais a taxa de decomposição. Outro contribuinte das mudanças climáticas é a perda da cobertura de neve e gelo do Polo Norte, da Groelândia e de outras regiões. De modo similar ao da biomassa sendo exposta sob a tundra, a energia solar está sendo absorvida pelo oceano muito mais escuro, em vez de ser refletida, aumentando ainda mais o acúmulo de calor na atmosfera. O fraturamento empregado na produção de gás natural também está tendo efeito, pois quantidades significativas de gás natural, que são em grande parte $CH_4$, estão sendo lançadas na atmosfera durante este processo. Outras fontes de emissões de $CH_4$ na atmosfera incluem o gado e as plantações de arroz. O resultado da confluência de todos esses impactos humanos é que as mudanças no clima terrestre estão acontecendo em um ritmo alarmante. Nove dos dez anos mais quentes entre os registrados ocorreram desde 2000, sendo o recorde em 2014.

Este capítulo trata a questão das mudanças climáticas e das contribuições do ambiente construído para o agravamento dessa situação. As mudanças climáticas representam uma ameaça sem precedentes aos seres humanos e às outras formas de vida em nosso planeta, e o principal contribuinte para as condições que causam esse problema está relacionado às edificações, à sua infraestrutura e aos recursos necessários para construí-las e operá-las. Cerca de 40% das emissões de carbono antropogênicas ou humanas estão associados à construção e operação do ambiente construído. Imagina-se que essas emissões aumentarão para pelo menos 50% até 2035. Outros 20% dessas emissões resultam da queima de combustíveis fósseis por parte de automóveis, caminhões, trens, aviões, etc. Uma vez que a energia e o carbono relacionados ao transporte são, em grande parte, resultantes da maneira como os prédios e suas infraestruturas são planejados, o transporte será incluído na discussão sobre as mudanças climáticas e o ambiente construído.

Os objetivos desse capítulo são (1) descrever o ciclo biogeoquímico do carbono global e como ele vem sendo afetado em sua estabilidade durante o período pós-industrial, (2) entender a conexão entre as concentrações de carbono atmosférico que aumentam rapidamente e as mudanças climáticas, (3) aprender a calcular a pegada de carbono do ambiente construído e (4) aplicar o conhecimento adquirido sobre a pegada de carbono do ambiente construído para ajudar a reduzir e reverter rapidamente as mudanças climáticas.

## OS IMPACTOS HUMANOS SOBRE O CICLO DE CARBONO BIOGEOQUÍMICO

Há diversos movimentos cíclicos e de larga escala de certos elementos químicos na Terra que têm efeitos profundos sobre os organismos vivos. O caminho e a taxa de movimentação desses elementos através dos compartimentos vivos (bióticos) e não vivos (abióticos) do planeta têm efeitos enormes sobre a vida na Terra. Esses movimentos de larga escala dos elementos químicos principais através da biosfera são chamados de *ciclos biogeoquímicos*. Os sete ciclos biogeoquímicos importantes que já foram identificados são o ciclo do carbono, da água, do oxigênio, do nitrogênio, do fósforo, do enxofre e das rochas. O *ciclo do carbono* é importante porque todas as formas de vida conhecidas contêm carbono e seus compostos. O $CO_2$, um importante componente do ciclo de carbono, regula a temperatura planetária, tornando possível a vida na Terra. Embora o $CO_2$ seja uma porção minúscula da atmosfera terrestre – apenas 0,4% –, responde por 63% da retenção de energia. A enorme capacidade que o $CO_2$ tem de reter energia contribui para o regime climático que dá sustentação à vida. As mudanças nos níveis de dióxido de carbono atmosférico afetam as temperaturas globais médias do planeta. Embora as concentrações desse gás na atmosfera tenham variado naturalmente há milhares de anos, os níveis atuais excedem aqueles medidos nos blocos de gelo formados há 420 mil anos e, na verdade, estão atingindo níveis não presenciados na Terra há vários milhões de anos. Essas concentrações continuam subindo em ritmo acelerado e estão prejudicando a relativa estabilidade do clima terrestre. Esse problema é chamado de *mudanças climáticas*, e sua causa principal está associada às atividades e tecnologias humanas que vêm lançando na atmosfera quantidades enormes dos denominados gases das mudanças climáticas, especialmente o $CO_2$.

O ciclo biogeoquímico do carbono apresenta dois comportamentos principais: os sistemas *ativos* (ou de ciclo mais rápido) e os sistemas de *ciclo lento*. O ciclo do carbono natural ativo, que compreende os movimentos do carbono entre a atmosfera, os oceanos e as biosferas terrestre e aquática, contém cerca de 41 bilhões de toneladas (41 gigatoneladas) de carbono. Como já foi comentado, é o impacto das atividades humanas no ciclo do carbono ativo que está afetando a atmosfera que era relativamente estável. O desequilíbrio resultante das atividades humanas está ilustrado na Tabela 12.1. O uso dos combustíveis fósseis, as mudanças no uso do solo (com a remoção da biomassa) e a produção de cimento aumentam as emissões de $CO_2$ em cerca de 7,0 gigatoneladas por ano. Os sistemas oceânicos e terrestres naturais absorvem cerca de 3,8 gigatoneladas desse aumento, deixando 3,2 gigatoneladas de excesso de $CO_2$ por ano para serem acumuladas pela atmosfera. Essas 3,2 gigatoneladas de adição por ano, que se somam ao ciclo de carbono ativo de 730 gigatoneladas, ainda que correspondam a apenas 0,5% do segundo valor anual, são importantes, pois não há mecanismos naturais capazes de absorver esse excesso em uma taxa que evite seu acúmulo (Painel Intergovernamental sobre Mudança Climática [IPCC], 2001).[1] Na verdade, os únicos sistemas capazes de absorver esse excesso são os mecanismos naturais de erosão e sedimentação associados à litosfera da Terra[2] (veja a Figura 12.1 e a Tabela 12.1). Contudo, esses mecanismos estão associados à parte lenta do ciclo de carbono e funcionam não em escalas de tempo curtas

**TABELA 12.1**

**Atividades humanas que contribuem para os desequilíbrios no ciclo global do carbono**

| Atividade humana | Gigatoneladas (bilhões de toneladas) de carbono por ano |
|---|---|
| Queima de combustíveis fósseis | 6,2 |
| Produção de cimento | 0,1 |
| Mudanças no uso do solo | 1,7 |
| *Subtotal do aumento do carbono atmosférico provocado pelos seres humanos* | **7,0** |
| Desmatamento | 1,9 |
| Perdas de oceanos | 1,9 |
| *Subtotal da remoção do carbono da atmosfera causada pelos seres humanos* | **3,8** |
| **Quantidade líquida de carbono anualmente acumulada na atmosfera** | **3,2** |

*Fonte:* Painel Intergovernamental sobre Mudanças Climáticas, 2013

(como anos ou décadas), mas em escalas de tempo geológicas de milhares de anos. A solução mais rápida para reduzir e reverter as mudanças climáticas é a diminuição das emissões humanas de carbono e a restauração da biosfera. Como o ambiente construído é a principal causa das emissões excessivas de $CO_2$, a solução está em reduzir radicalmente o consumo energético, bem como mudar para fontes de energia que tenham menores emissões de dióxido de carbono associadas. Trocar o carvão mineral pelo gás natural é um exemplo dessa segunda estratégia, pois reduziria as emissões de $CO_2$ pela metade para a geração da mesma quantidade de energia (veja a Tabela 12.2). Devido à enorme queima de combustíveis fósseis efetivada para sustentar os ambientes construídos, o transporte e a indústria, as concentrações de $CO_2$ passaram, dos níveis pré-industriais de 280 partes por milhão (ppm), para as mais de 400 ppm atuais, um aumento de 43% (veja a Tabela 12.3). Como se descobriu que as temperaturas atmosféricas médias acompanham as mudanças nas concentrações

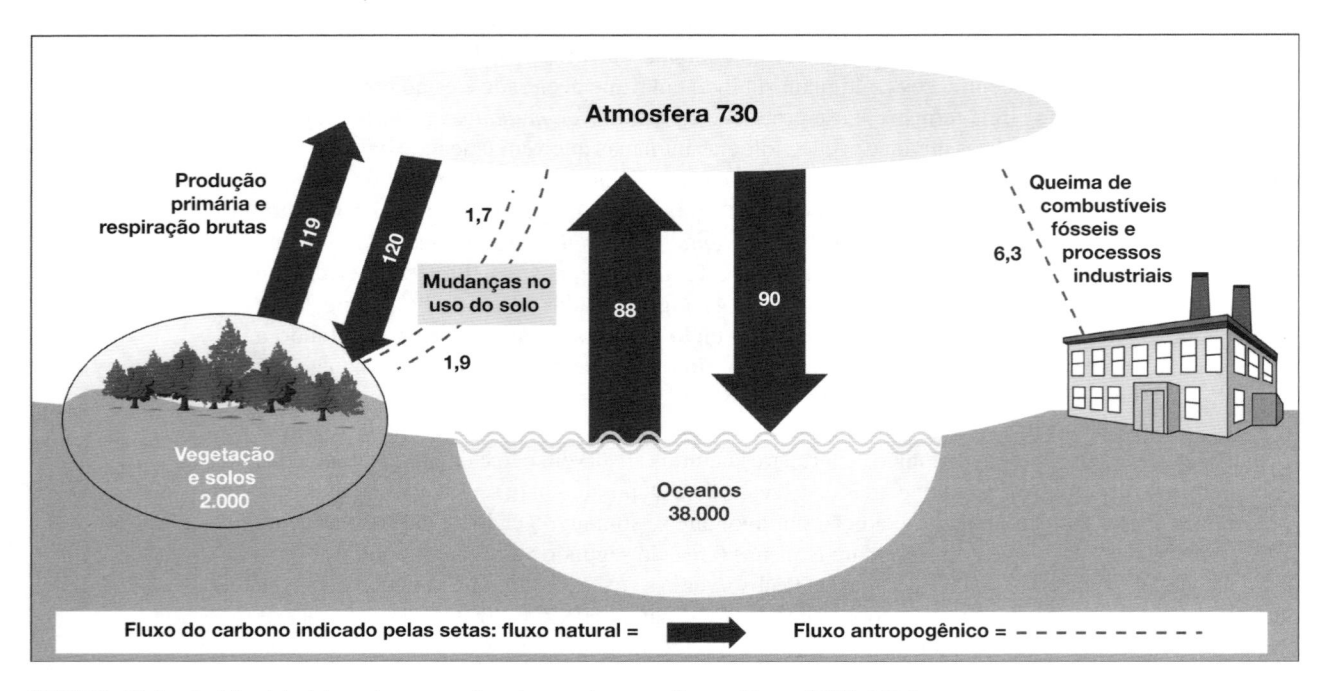

**FIGURA 12.1** O ciclo global do carbono, mostrando os estoques e fluxos. (*Fonte*: IPCC, 2001)

**TABELA 12.2**

Emissões de $CO_2$ dos combustíveis fósseis comuns

| Combustível | Libras de $CO_2$/milhões de BTUs | Quilogramas de $CO_2$/kWh |
|---|---|---|
| Carvão mineral (antracito) | 228,6 | 0,354 |
| Carvão mineral (betuminoso) | 205,7 | 0,318 |
| Carvão mineral (linhita) | 215,4 | 0,333 |
| Óleo diesel e óleo combustível para calefação | 161,3 | 0,250 |
| Gasolina | 157,2 | 0,243 |
| Propano | 139,0 | 0,215 |
| Gás natural (metano) | 117,0 | 0,181 |

*Fonte:* US Energy Information Agency, 2013

**TABELA 12.3**

Concentrações de gases de efeito estufa atuais e pré-industriais

| Gás | Fórmula química | Nível pré-industrial | Nível atual* | Aumento desde 1750 |
|---|---|---|---|---|
| Dióxido de carbono | $CO_2$ | 280 ppm | 400 ppm | 120 ppm |
| Metano | $CH_4$ | 700 ppb | 1.745 ppb | 1.045 ppb |
| Óxido nitroso | $N_2O$ | 270 ppb | 314 ppb | 44 ppb |
| Refrigerante CFC-12 | $CCl_2F_2$ | 0 | 533 ppt | 533 ppt |
| Refrigerante HCFC-22 | $CHClF_2$ | 0 | 206 ppt | 206 ppt |

*Concentrações em ppm (partes por milhão), ppb (partes por billhão) e ppt (partes por trilhão)
*Fonte:* IPCC 2007, 2013

de $CO_2$, é razoável se esperar que os aumentos muito grandes de temperatura resultarão dessas elevações significativas de concentração de $CO_2$.

## AS MUDANÇAS CLIMÁTICAS E O CICLO DO CARBONO

De acordo com a Administração Nacional Oceânica e Atmosférica dos Estados Unidos, www.coris.noaa.gov/glossary/#/search/main, o termo *mudanças climáticas* descreve as flutuações de longo prazo da temperatura, das precipitações, dos ventos e de todos os demais aspectos do clima terrestre. A Convenção-Quadro das Nações Unidas Sobre Mudanças Climáticas descreve o fenômeno como uma mudança do clima atribuível direta ou indiretamente às atividades humanas que alteram a composição da atmosfera global e que é observável quando se comparam períodos de tempo, além da variabilidade natural do clima.

A grande maioria dos cientistas vencedores do Prêmio Nobel acredita que há evidências muito fortes de que a temperatura média da superfície do planeta aumentará entre 4° e 6°C ao longo do século XXI. Os resultados prováveis serão mudanças rápidas nos níveis dos mares, redução significativa das colheitas, secas e furacões e ciclones mais violentos – tudo isso ameaçando a própria sobrevivência da espécie humana. Cada vez mais, as concentrações dos gases de efeito estufa gerados pelas atividades humanas, particularmente o $CO_2$, são a força propulsora do aumento das temperaturas médias. As concentrações de $CO_2$ hoje são superiores a 400 partes por milhão (ppm), contra as 280 ppm do início da Revolução Industrial, 225 anos atrás, no final do século XVIII. Os registros geológicos indicam que um nível médio de $CO_2$ de 450 ppm define o limite entre um planeta sem gelo, no qual os níveis de água eram 67 metros mais altos do que hoje, e um planeta com geleiras. Originariamente, os cientistas sugeriram que 350 ppm seria o limite máximo seguro para as concentrações de $CO_2$, um valor que já foi ultrapassado. A continuidade das posturas convencionais provavelmente aumentará os níveis de $CO_2$ da concentração corrente de 400 ppm para mais de 450 ppm entre 2030 e 2050. As Nações Unidas estão discutindo intensamente como limitar os aumentos de $CO_2$ até 550 ppm, um nível que, em tese, já seria catastrófico, e isso representa bem

### TABELA 12.4
### Duração na atmosfera e potencial de aquecimento global dos gases de efeito estufa

| Gás | Fórmula química | Vida (anos)* | Potencial de aquecimento global (GWP)† |
|---|---|---|---|
| Dióxido de carbono | $CO_2$ | Variável | 1 |
| Metano | $CH_4$ | 12 | 25 |
| Óxido nitroso | $N_2O$ | 114 | 298 |
| Refrigerante CFC-12 | $CCl_2F_2$ | 100 | 11.000 |
| Refrigerante HCFC-22 | $CHClF_2$ | 12 | 5.160 |

*A vida do dióxido de carbono é variável, pois cerca de 50% são removidos em um século e cerca de 20% fica retido na atmosfera durante milhares de anos.
†O potencial de aquecimento global do dióxido de carbono é definido como 1. O potencial de aquecimento global de 72 do metano significa que cada uma de suas moléculas é 72 vezes mais potente do que uma molécula de carbono em termos de acúmulo de energia. Embora o metano seja muito mais potente, sua concentração atmosférica é relativamente pequena.
*Fonte:* IPCC 2007, 2013

os inúteis esforços feitos para o controle dessas emissões. Ações claras, fortes e radicais serão necessárias para que se consiga parar e reverter as concentrações atmosféricas de $CO_2$ a fim de evitar os piores resultados das mudanças climáticas. É preciso observar que o $CO_2$ é, de longe, o gás de efeito estufa mais comum, mas há outros gases ainda mais prejudiciais a esse fenômeno, como o $CH_4$, que tem um impacto por molécula muito maior.

O termo *potencial de aquecimento global* (GWP) da Tabela 12.4 merece uma explicação adicional. O GWP de um gás de efeito estufa indica a quantidade de aquecimento que um gás provoca ao longo de determinado período (normalmente 100 anos). O GWP é um índice. O $CO_2$ tem valor 1, e o GWP (potencial de aquecimento global) de todos os demais gases de efeito estufa é quantas vezes mais aquecimento geram em relação ao $CO_2$. Um valor relacionado ao potencial de aquecimento global é o *multiplicador do gás de efeito estufa*, que deve ser utilizado para determinar o impacto dos outros gases em relação ao $CO_2$ (veja a Tabela 12.5). Ele é obtido por meio da combinação do potencial de aquecimento global com outros fatores, é utilizado para calcular o impacto nas mudanças climáticas gerado pelos gases que as causam e seu valor é em relação ao $CO_2$. O $CO_2$ é, de longe, o gás de efeito estufa mais significativo, em função de sua enorme quantidade presente nos vários compartimentos da biosfera e litosfera. Com respeito ao cálculo do multiplicador do gás de efeito estufa, um quilograma de $CH_4$ causa 21 vezes mais retenção de calor do que a mesma massa de $CO_2$; assim se diz que o $CH_4$ tem um multiplicador de 21. Uma maneira resumida de descrever isso é afirmar que, em termos de mudança climática, um quilograma de $CH_4$ é o *equivalente de dióxido de carbono* ($CO_2e$) de 21 kg. Usando-se essa metodologia, os efeitos de todos os gases das mudanças climáticas podem ser expressos em termos de $CO_2e$. t $CO_2$2e é frequentemente

### TABELA 12.5
### Multiplicador do efeito estufa de vários gases atmosféricos

| Gás atmosférico | Multiplicador do efeito estufa |
|---|---|
| $CO_2$ (dióxido de carbono) | 1 |
| $CH_4$ (metano) | 21 |
| $NO_2$ (óxido nitroso) | 310 |
| Refrigerante CFC-11 ($CCl_3F$) | 1.320 |
| Refrigerante CFC-12 ($CF_2Cl_2$) | 6.650 |
| Refrigerante HCFC-22 ($CHClF_2$) | 1.350 |
| Ozônio superficial | 100 |

*Nota:* O multiplicador indica quantos gramas de impacto de equivalente de $CO_2$ causado por cada grama do gás. Embora alguns gases tenham grandes multiplicadores, a enorme massa de $CO_2$ sendo emitido causa 99% do impacto nas mudanças climáticas e torna os demais gases pouco importantes para esse problema.

Emissões nos Estados Unidos dos gases que causam as mudanças climáticas, 1990–2012

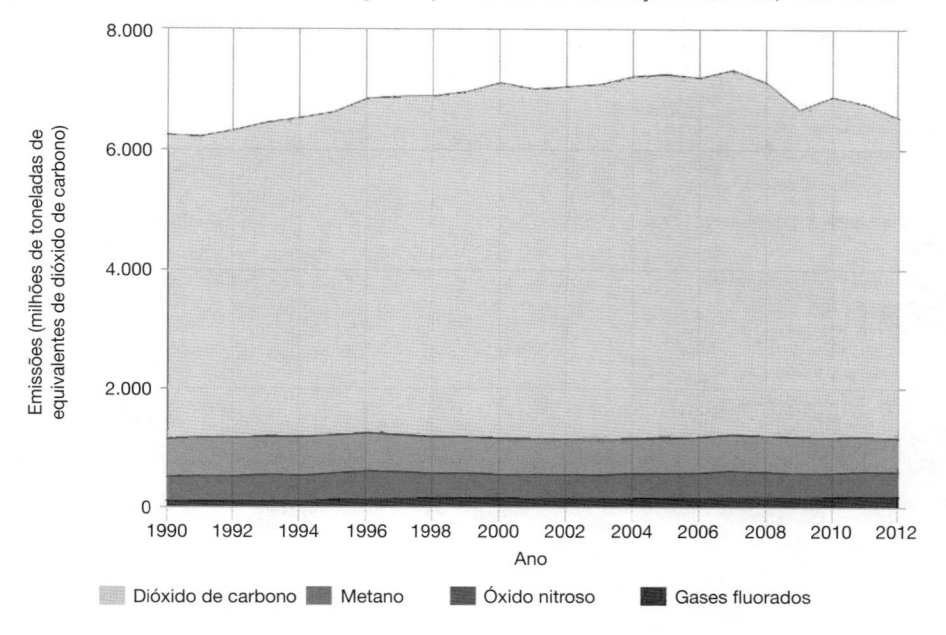

**FIGURA 12.2** Emissões nos Estados Unidos dos gases que causam as mudanças climáticas, por ano, entre 1990 e 2012. A quantidade de emissões de $CO_2$ tem sido cerca de 10 vezes maior do que de emissões de $CH_4$. (*Fonte*: Agência de Proteção Ambiental dos Estados Unidos, 2015)

utilizado para se referir à *tonelada de equivalentes de carbono*; Mt $CO_2$e indica megatoneladas (milhões de equivalentes de $CO_2$); Gt $CO_2$e é a gigatonelada (bilhões de toneladas de equivalentes de $CO_2$).

Com relação à escala das emissões de gases de efeito estufa, as descargas de $CO_2$ são, em geral, 10 vezes maiores do que o segundo gás que mais causa esse efeito, o $CH_4$ (veja a Figura 12.2). Enquanto as emissões de $CH_4$ praticamente estabilizaram entre 1990 e 2012, as emissões de $CO_2$ subiram em quase 6%.

O Painel Intergovernamental sobre Mudanças Climáticas (IPCC) foi estabelecido em 1988 pela Organização Meteorológica Mundial e as Nações Unidas a fim de avaliar, com uma base ampla, objetiva e transparente, as informações científicas, técnicas e socioeconômicas relevantes para o entendimento dos fundamentos científicos do risco de mudanças climáticas antropogênicas, seus possíveis impactos e as opções de adaptação e mitigação do problema. O Quinto Relatório de Análise (AR5) do IPCC, finalizado em 2013 e publicado em quatro etapas, foi o último relato feito à comunidade global. Conforme o AR5, as melhores estimativas para o aumento das temperaturas são entre 1,8° e 4,0°C até o final deste século. Como já comentamos, os ciclones tropicais (furacões e tufões) provavelmente se tornarão mais intensos, com velocidades de vento superiores e precipitações mais pesadas associadas aos mares tropicais mais quentes. Calor extremo, ondas de calor e precipitações intensas provavelmente se tornarão cada vez mais frequentes. Em todas as modelagens, projeta-se que o gelo marítimo do Ártico e da Antártida diminuirá. Algumas projeções mostram que, no final do século, o gelo marítimo do Ártico praticamente desaparecerá no final dos verões. De acordo com o AR5, é muito provável que a circulação no Oceano Atlântico será 25% mais lenta, em média, até 2100 (variando entre 0 e 50%). Apesar disso, estima-se que as temperaturas regionais do Atlântico subirão de modo geral, em virtude de um aquecimento ainda maior devido às emissões dos gases de efeito estufa. As concentrações atmosféricas de $CO_2$, cada vez maiores, levarão a uma acidificação crescente dos oceanos, com impactos negativos em todas as espécies que produzem conchas e em seus ecossistemas.

Os modelos utilizados pelo IPCC no AR5 projetam que, até o final deste século, o aumento médio e global dos níveis dos mares ficará entre 0,18 e 0,59 m acima da média entre 1980 e 1999. Além disso, o IPCC afirmou que as contribuições observadas nas geleiras continentais da Groelândia e da Antártida entre 1992 e 2003 "cresceriam de forma linear à da mudança de temperatura global média", e os limites superiores de mudanças na altura dos mares subiriam entre 0,1 e 0,2

**Percentis das Temperaturas Terrestres e Oceânicas entre Janeiro e Setembro de 2014**
Centro Nacional de Dados Climáticos do NOAA, Estados Unidos
Fonte dos dados: GHCN-M versão 3.2.2 & ERSST versão 3b

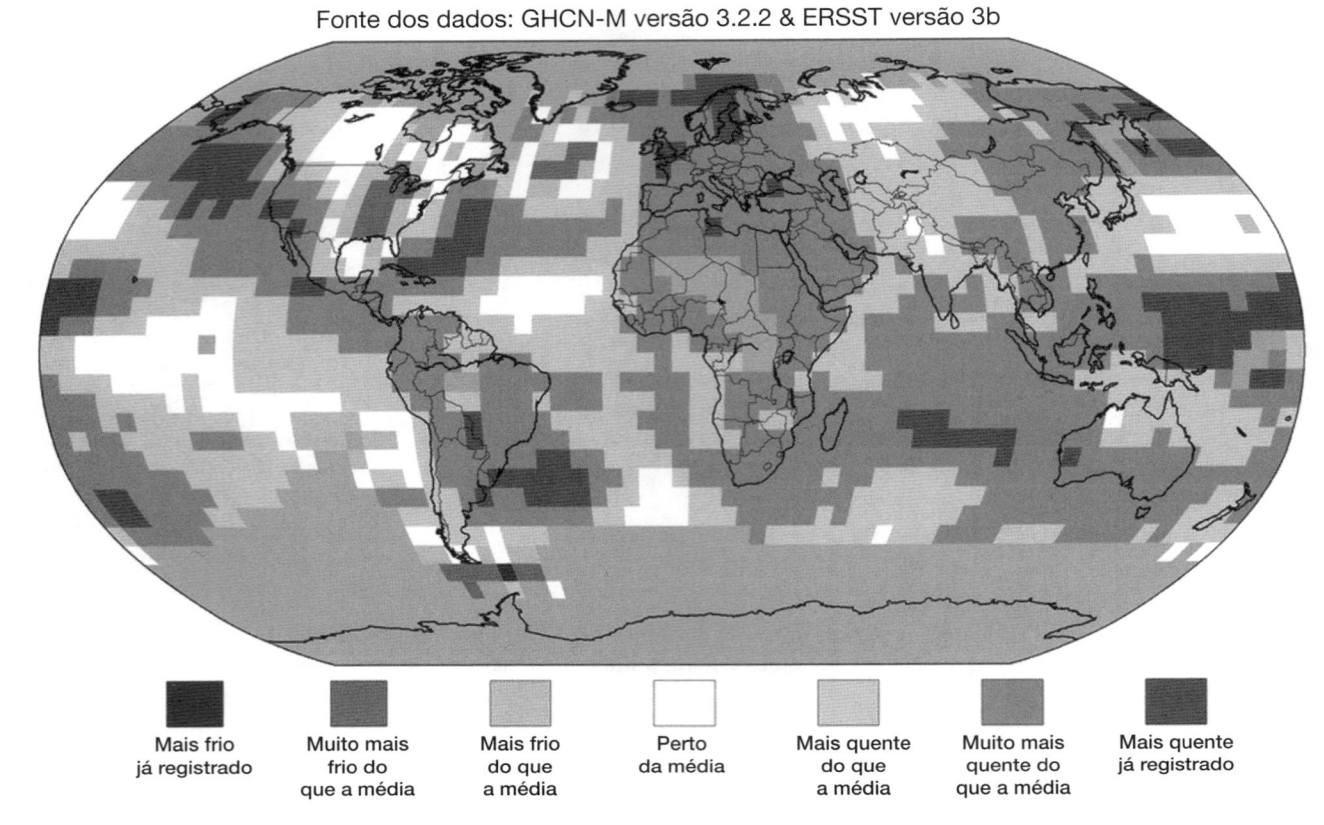

| Mais frio já registrado | Muito mais frio do que a média | Mais frio do que a média | Perto da média | Mais quente do que a média | Muito mais quente do que a média | Mais quente já registrado |

**FIGURA 12.3** As temperaturas globais do ar e da água para o período entre janeiro e dezembro de 2014 foram as mais altas já registradas. (*Fonte*: National Oceanic and Atmospheric Administration dos Estados Unidos (NOAA), 2015)

m. Em outras palavras, neste exemplo, o aumento do nível dos mares poderia chegar a 0,79 m. As temperaturas globais do ar e da água vêm crescendo constantemente e parecem estar acelerando, o que talvez seja um prenúncio de mudanças ainda mais radicais para o próximo século (veja a Figura 12.3).

Além do mais, poderão surgir mudanças na variabilidade climática, bem como na frequência e intensidade de alguns fenômenos climáticos extremos. É importante observar que a teoria dos sistemas mostra que o comportamento dos sistemas globais, como o clima, é não linear. Cada aumento de $CO_2$ não produzirá necessariamente uma mudança proporcional na temperatura global. No entanto, o caráter dinâmico e caótico do clima da Terra é tamanho que o clima pode "pular" de um regime de temperatura para outro em um período relativamente curto. Na verdade, os registros fósseis indicam que oscilações bruscas já ocorreram, com aumentos ou quedas de temperatura de quase 5,6°C em cerca de uma década. O risco das mudanças climáticas tem implicações profundas em todos os aspectos das atividades humanas no planeta. Temperaturas subindo, tempestades mais violentas, níveis dos mares mais elevados, geleiras derretendo, entre outros efeitos, deslocarão populações, afetarão o suprimento de alimentos, reduzirão a biodiversidade e reduzirão drasticamente a qualidade média da vida das pessoas. Os indivíduos que criam o ambiente construído, um dos principais consumidores de energia, devem reduzir radicalmente o consumo energético, especialmente dos combustíveis fósseis. Além de provocarem mudanças climáticas, certos produtos químicos empregados na construção e operação de edificações vêm diminuindo a camada de ozônio na atmosfera, uma faixa protetora que consiste em três moléculas de oxigênio ($O_3$) e fica localizada entre 16 e 40 quilômetros acima do solo, atenuando os efeitos da radiação ultravioleta,

**TABELA 12.6**

Gases que provocam as mudanças climáticas e costumam ser empregados em edificações típicas

| Gás halogênio* | Ciclo de vida (anos)† | Emissões globais (milhares de toneladas/ano) | Potencial de destruição de ozônio (ODP)‡ |
|---|---|---|---|
| Cloro | | | |
| CFC-12 | 100 | 130–160 | 1 |
| CFC-113 | 85 | 10–25 | 1 |
| CFC-11 | 45 | 70–110 | 1 |
| HCFCs | 1–26 | 340–370 | 0,02–0,12 |
| Halon 1301 | 65 | ~3 | 12 |
| Halon 1211 | 16 | ~10 | 6 |

*Os gases clorados são utilizados em refrigerantes, e os gases com bromo em sistemas de combate a incêndio.
†"Vida útil" se refere a sua duração na atmosfera.
‡O ODP do CFC-11 é, por definição, considerado como 1. Como tem um ODP de 12, o halon 1301 destrói o ozônio 12 vezes mais rapidamente do que o CFC-11.
*Fonte:* Conforme o site de mitigação climática do Programa Ambiental das Nações Unidas, em www.unep.org/climatechange/mitigation/

que é prejudicial. Em 1985, os cientistas descobriram um enorme buraco na camada de ozônio que fica sobre a Antártida, correspondendo à área continental dos Estados Unidos. Em 1999, o tamanho desse buraco já havia dobrado. A destruição da camada de ozônio é provocada pela interação dos halógenos – gases com cloro e bromo, como os clorofluorcarbonetos (CFCs) utilizados na refrigeração e em espumas insufladas e nos halógenos utilizados no combate a incêndio. A Tabela 12.6 mostra um resumo dos principais contribuintes para a destruição da camada de ozônio. Em um dos raros exemplos bem-sucedidos de cooperação internacional sobre o meio ambiente, o Protocolo de Montreal de 1987, as Nações Unidas conseguiram um acordo mundial para a futura proibição de produtos químicos que destroem essa parte da atmosfera. Considerando que o Protocolo de Montreal seja religiosamente respeitado pela comunidade internacional, estima-se que a camada de ozônio esteja totalmente restaurada por volta do ano 2050.

## MITIGAÇÃO DAS MUDANÇAS CLIMÁTICAS

O termo *mitigação das mudanças climáticas* se refere a estratégias ou ações que tentam limitar a escala e a velocidade das mudanças climáticas de longo prazo (Houghton, 2002). Muitas medidas distintas estão sendo testadas, inclusive a mudança para os sistemas energéticos de baixo carbono representados pelas tecnologias eólica, solar e nuclear; o projeto de áreas urbanas compactas com sistemas de trânsito de massa extremamente eficientes; e investimentos em ciclovias e ciclofaixas, entre vários outros. O problema, como já comentamos, é que a trajetória de aumento das concentrações atmosféricas de $CO_2$ é tão forte que será preciso um esforço internacional e coordenado para manter as concentrações dos gases do efeito estufa em níveis que não causem certas catástrofes.

Sabemos que os níveis de $CO_2$ na atmosfera aumentaram mais de 60% desde o início da Era Industrial, há 230 anos, passando de 280 para 400 ppm. Além disso, nos últimos 25 anos, os níveis de $CO_2$ aumentaram de 350 para 400 ppm, o que vale dizer que 42% do aumento do total de dióxido de carbono acumulado na atmosfera foram emitidos desde 1990. Essa aceleração não dá sinais de que esteja diminuindo, e, por volta de 2040, provavelmente atingiremos o nível crítico de 450 ppm, que é o divisor entre um planeta com geleiras, polos norte e sul cobertos com gelo e topos de montanha com neve e um planeta sem gelo.

Há uma ampla variedade de soluções possíveis para atenuar as mudanças climáticas, variando de opções não técnicas e comportamentais a soluções extremamente técnicas que removem o carbono da atmosfera e o armazenam em formações rochosas ou cavernas. Essa última abordagem aos gases das mudanças climáticas muitas vezes é chamada de *engenharia climática*. O armazenamen-

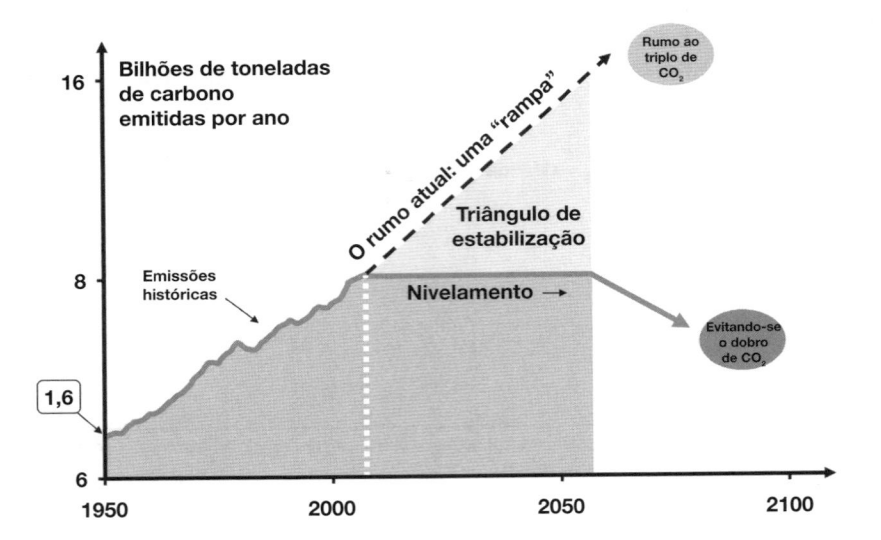

**FIGURA 12.4** A cunha ou o triângulo de estabilização climática representa a quantidade de carbono (cerca de 8 gigatoneladas) que deve ser impedida de entrar na atmosfera para prevenir os piores efeitos das mudanças climáticas. (*Fonte*: Carbon Mitigation Institute, 2011)

to de $CO_2$, seja por meios naturais, seja pela engenharia climática, é chamado de *sequestro de carbono*. As possibilidades naturais de sequestro do carbono excessivo que é emitido pelas atividades humanas incluem dois grandes ambientes de nosso planeta: o terrestre e o marítimo.

O Carbon Mitigation Institute (2011) descreveu oito grandes estratégias de mitigação do carbono, ou cunhas de estabilização, que aplicadas juntas e de modo amplo realmente poderiam reduzir, até o ano 2060, os níveis de $CO_2$ àqueles de 2000. Cada cunha de estabilização poderia reduzir as emissões humanas de carbono em uma gigatonelada por ano. Juntas, constituem a área triangular das Figuras 12.4 e 12.5, que representa o carbono adicional que será emitido se nada for feito para mitigar esse fenômeno e que corresponde a 200 gigatoneladas. Por volta de 2060, se nada for feito e as emissões de carbono continuarem aumentando, podemos esperar que o carbono atmosférico será o triplo da era pré-industrial, ou seja, terá aumentado de 280 ppm para quase 900 ppm. Se, por outro lado, as emissões pudessem ficar constantes (sem aumentar), o resultado seria a possibilidade de nos adaptarmos às mudanças climáticas sem sofrer seus efeitos mais drásticos. O triângulo da estabilização dessas figuras representa a quantidade de carbono que poderia minimizar os desastres na escala planetária e corresponde a cerca de uma gigatonelada por cunha no triângulo, ou seja, a oito bilhões de toneladas no total. A Tabela 12.7 descreve as oito cunhas do triângulo e as estratégias que teriam de ser postas em prática para reduzir as emissões de carbono sugeridas. É

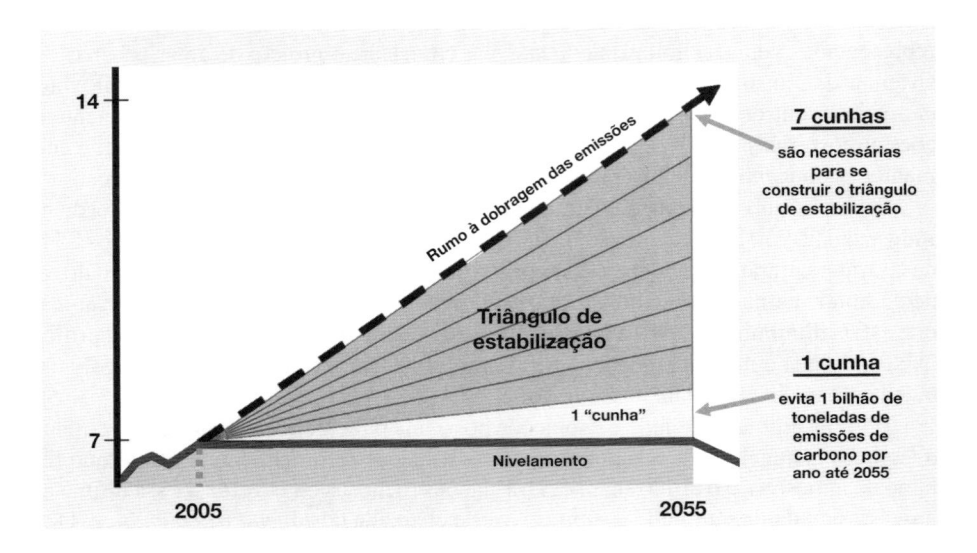

**FIGURA 12.5** O triângulo de estabilização tem oito cunhas, cada uma representando a prevenção de uma gigatonelada de carbono na atmosfera. (*Fonte*: Carbon Mitigation Institute, 2011)

**TABELA 12.7**

**A estratégia de estabilização climática proposta pelo Carbon Mitigation Institute**

| Cunha de estabilização | Estratégias na cunha de estabilização |
|---|---|
| Eficiência | 1. Dobre a eficiência de um bilhão de carros, de 12,8 para 25,6 km/l. |
| | 2. Diminua pela metade o número de quilômetros viajados por carro. |
| | 3. Use as melhores práticas de eficiência em todos os prédios residenciais e comerciais. |
| | 4. Gere eletricidade com a queima de carvão mineral com o dobro da eficiência atual. |
| Mudança de combustíveis | 5. Substitua 1.400 usinas termoelétrica a carvão por usinas a gás. |
| Coleta e sequestro de carbono | 6. Colete e sequestre as emissões de carbono de 800 usinas termoelétricas a carvão. |
| | 7. Produza hidrogênio com o uso de carvão a uma taxa de rendimento seis vezes superior à atual e armazene o $CO_2$ resultante. |
| | 8. Colete e sequestre o carbono de 180 usinas a combustível sintético. |
| Nuclear | 9. Dobre a capacidade nuclear global de hoje, para substituir a eletricidade gerada com carvão. |
| Eólica | 10. Aumente em 10 vezes a geração de energia eólica atual, tendo o total de dois milhões de grandes aerogeradores instalados. |
| Solar | 11. Instale 100 vezes a capacidade atual de geradores de eletricidade solar. |
| | 12. Use 40 mil $km^2$ de painéis fotovoltaicos (ou quatro milhões de aerogeradores) para produzirem hidrogênio para automóveis com célula de combustível. |
| Biomassa | 13. Aumente em 12 vezes a produção de etanol, criando plantações de biomassa com uma área equivalente a 1/6 do total da área cultivada do mundo. |
| Sumidouros naturais | 14. Elimine o desmatamento das florestas tropicais. |
| | 15. Adote lavouras de conservação em todos os solos agrícolas do mundo. |

Climate Mitigation Institute, 2011

importante observar que a Terra já está sofrendo impactos significativos do acúmulo de 400 ppm de carbono na atmosfera. O efeito de dobrar o nível de carbono em relação ao período pré-industrial, chegando-se a 560 ppm, poderia ser catastrófico.

As seções a seguir descrevem as principais estratégias de mitigação climática.

## Sistemas terrestres de sequestro do carbono

Os sistemas terrestres de sequestro do carbono incluem a vegetação, os solos e os sedimentos que captam e armazenam $CO_2$. Os sistemas terrestres conseguem armazenar porções significativas das emissões naturais de dióxido de carbono, mas as perturbações a esses sistemas, como a extração de madeira e o cultivo do solo, têm reduzido a capacidade da vegetação e do solo de funcionarem como drenos de carbono. É claro que algumas concessões terão de ser feitas se quisermos que a absorção de carbono pelas plantas e pelo solo se tornem uma estratégia importante de mitigação climática. Por exemplo, a recuperação de florestas antigas em áreas hoje ocupadas pela agricultura aumentaria significativamente o sequestro de carbono e traria outros benefícios, como o aumento dos *habitats* de vida selvagem e de áreas para lazer, mas isso afetaria a produção agrícola. Além disso, o sequestro terrestre de carbono não é muito confiável, pois incêndios, doenças, aumento de temperatura e outros incômodos podem reduzir a vegetação e impactar no armazenamento de carbono. O aumento das temperaturas globais está derretendo o pergelissolo das turfas e florestas boreais nórdicas. Na América do Norte, essas áreas armazenam cerca de metade do carbono terrestre. O degelo em larga escala emitirá quantidades enormes de $CO_2$ e $CH_4$ na atmosfera. O Alasca, por exemplo, tem, pelo menos, 10 gigatoneladas de carbono armazenado em seu solo que estariam sujeitas às emissões dos incêndios florestais e da decomposição causados pelo aquecimento global. Em suma, como o sequestro terrestre de carbono é incerto e não muito bem compreendido, não seria realista torná-lo a estratégia central de mitigação das mudanças climáticas, contudo poderia ser combinado com outras abordagens para uma solução que como um todo fosse efetiva (US Geologic Survey, 2013).

### Sequestro geológico do carbono

O armazenamento geológico de $CO_2$ coletado dos gases de combustão das usinas de geração de eletricidade à base de combustível fóssil envolveria enviá-lo, por meio de dutos, a uma profundidade de até 4 km, onde ele seria injetado em formações rochosas porosas, ou lançá-lo em outros tipos de sistemas subterrâneos, como minas exauridas ou reservatórios de petróleo. Essa estratégia é também conhecida como coleta e sequestro de carbono. Uma vez retido na formação rochosa, o $CO_2$ seria fechado por uma barreira impermeável, como água salgada, colocada dentro ou acima da rocha porosa. O Departamento de Energia dos Estados Unidos (2015) estimou que nesse país exista uma capacidade de armazenagem de dióxido de carbono para algo entre 900 e 3.400 gigatoneladas em formações rochosas profundas que contêm águas freáticas salobras. Outra alternativa possível para o armazenamento de $CO_2$ extraído de usinas de geração de energia seria o uso de depósitos de carvão e reservatórios de petróleo e gás, desde que não seja possível minerá-los. Embora a escala desses locais de sequestro seja enorme, há incertezas significativas sobre permanência, efetividade e custo dessas estratégias. Serão necessárias muitas pesquisas adicionais para entender melhor a viabilidade do sequestro de carbono geológico.

## COMO DEFINIR A PEGADA DE CARBONO DO AMBIENTE CONSTRUÍDO

A *pegada de carbono* geralmente é definida como a quantidade total de gases de efeito estufa produzida a fim de sustentar direta ou indiretamente as atividades humanas e costuma ser expressa em libras, quilos ou toneladas de equivalentes de $CO_2$ ($CO_2e$). Mudanças climáticas, flutuações de longo prazo na temperatura, nas precipitações atmosféricas, nos ventos e todos os outros aspectos do clima terrestre também resultam da *pegada de carbono global*. A pegada de carbono do ambiente construído é, de longe, a parcela dominante da pegada de carbono total em nosso planeta e resulta das emissões de carbono relacionadas à construção, operação e descarte, além das emissões de carbono dos meios de transporte que servem às edificações.

Para calcular a pegada de carbono do ambiente construído, as emissões de carbono podem ser classificadas como carbono operacional, carbono incorporado e carbono dos transportes.

O *carbono operacional* (OC) é aquele resultante da energia produzida para operar o ambiente construído com calefação, resfriamento, iluminação, transporte vertical (elevadores), cargas de equipamentos elétricos e outras funções que exigem eletricidade ou energia térmica. Essa categoria de emissões de carbono é a mais óbvia e a que tem sido mais estudada. Outra fonte de carbono operacional que não é tão bem conhecida ou analisada é a energia necessária para bombear água e esgoto que chegam ou saem dos prédios.

O *carbono incorporado* (EC) resulta do investimento inicial em energia feito para criar os materiais e produtos que compreendem o ambiente construído. Inclui a extração de recursos naturais, a manufatura de produtos, a instalação de produtos e materiais, a manutenção predial e o lixo das edificações.

O *carbono dos transportes* (TC), que corresponde a 20% das emissões de carbono nos Estados Unidos, é profundamente afetado pela distribuição dos prédios e pela disponibilidade de sistemas de transporte de massa que tenham baixas emissões de carbono por passageiro-quilômetro. É preciso incluir as emissões dos sistemas de transporte nos cálculos das quantidades de $CO_2$ atribuíveis às edificações.

Em suma, a pegada de carbono de um prédio é a combinação desses três componentes dividida por sua área construída.

Pegada de carbono (kg $CO_2e/m^2$) = [OC + EC + TC]/área construída

A próxima seção apresenta um método para o cálculo da pegada de carbono de um edifício. A abordagem descrita oferece uma boa estimativa de cada uma dessas três fontes de carbono associadas ao ambiente construído. O resultado desse esforço será permitir às equipes de projeto encontrar a melhor combinação de fatores para a minimização da pegada de carbono de um prédio. Essa abordagem também será utilizada para os esforços de planejamento urbano feitos para minimizar a parcela do transporte na pegada de carbono.

## A pegada de carbono incorporado

O investimento de energia na extração dos recursos materiais e na manufatura de produtos gera uma pegada de carbono que depende da fonte energética empregada na fabricação do produto. A quantidade de energia e carbono associada aos materiais e produtos que compõem o ambiente construído é bastante grande e pode equivaler a 5 a 20 anos de energia operacional, dependendo do tipo de edificação e de seu perfil energético. No caso das edificações sustentáveis de alto desempenho com baixo índice de consumo de energia, os anos de energia operacional que equivalem à energia incorporada do prédio podem ser muito mais longos, em virtude do consumo energético anual inferior. Na Alemanha, os sistemas de certificação Deutsche Gesellschaft für Nachhaltiges Bauen (DGNB) e Bewertungssystem Nachhaltiges Bauen für Bundesgebäude (BNB) têm provisões para a classificação dos prédios com base em sua pegada de carbono incorporada total por metro quadrado. O DGNB/BNB também possui uma ferramenta de análise do ciclo de vida (LCA). A massa total de todos os materiais de construção é inserida na ferramenta a fim de determinar o carbono incorporado por metro quadrado, bem como outros impactos. A equipe que está projetando o prédio pode testar várias formas de compensação desse ônus ambiental; por exemplo, usar mais isolamento térmico e sistemas de sombreamento para reduzir o tamanho das instalações mecânicas e reduzir as exigências de energia operacional anual para determinar se a pegada de carbono total pode ser baixada. A ferramenta contém dados históricos sobre os edifícios alemães, assim qualquer projeto novo pode ser comparado ao banco de dados para determinar como o projeto proposto está se saindo em relação à sua pegada de carbono. Embora esse nível de informações detalhadas ainda não esteja disponível para os Estados Unidos, tanto o Leadership in Energy and Environmental Design como o Green Globes têm provisões para comparar os impactos das alternativas dos sistemas de edificação, como os tipos de parede. De qualquer maneira, as emissões de carbono ao longo do ciclo de vida vêm sendo determinadas para uma ampla variedade de materiais, inclusive carpetes (veja a Figura 12.6). Esses dados estão sendo compilados em bancos detalhados, como o Inventário do Carbono e Energia (ICE) desenvolvido por pesquisadores da University of Bath, no Reino Unido. As informações apresentadas na Tabela 12.8 foram extraídas do ICE. Observe que a energia incorporada e o carbono incorporado dos materiais reciclados equivalem a cerca de um terço a um sétimo dos níveis dos materiais virgens. Isso vale para todos os materiais, sejam produtos de concreto, plástico, vidro, papel ou madeira.

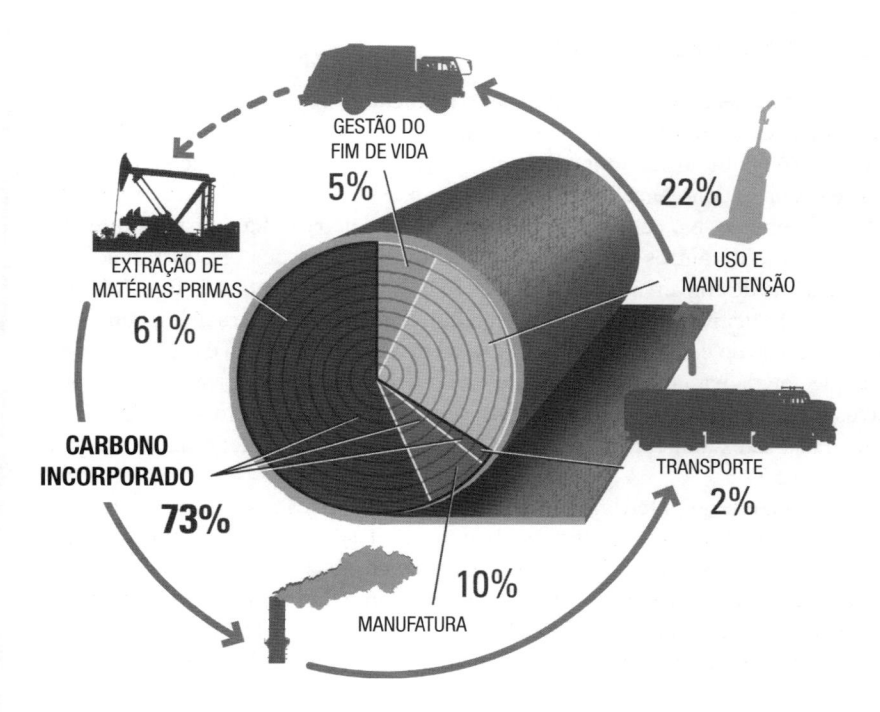

**FIGURA 12.6** O carbono incorporado no carpete é determinado examinando-se todo o ciclo de vida de seus materiais, da extração até a remoção. (Peter Harris/BuildingGreen, Inc.)

**TABELA 12.8**

Energia incorporada e carbono incorporado dos materiais de construção comuns, conforme indicado pelo Inventário de Carbono e Energia da University of Bath

| Material | Energia incorporada (MJ/kg) | Carbono incorporado (kg $CO_2$e/kg) |
|---|---|---|
| Alumínio virgem | 218 | 12,79 |
| Alumínio reciclado | 29 | 1,81 |
| Aglomerante asfáltico a 6% | 3,93 | 0,076 |
| Tijolo | 3,00 | 0,24 |
| Concreto com 0% de cinzas volantes | 0,55 | 0,076 |
| Concreto com 15% de cinzas volantes | 0,52 | 0,069 |
| Concreto com 30% de cinzas volantes | 0,47 | 0,061 |
| Tubo de cobre virgem | 57,0 | 3,81 |
| Tubo de cobre reciclado | 16,5 | 0,84 |
| Vidro | 15 | 0,91 |
| Tinta | 70 | 2,91 |
| Plásticos em geral | 80,5 | 3,3 |
| Aço virgem | 35,4 | 2,89 |
| Aço reciclado | 9,4 | 0,47 |
| Madeira para construção | 10 | 0,72 |

*Fonte:* Hammond e Jones, 2011

A pegada de carbono dos prédios pode ser reduzida significativamente por meio da criação de instalações que sejam duradouras, adaptáveis e exijam pouca manutenção. Na verdade, dobrar a vida útil de um prédio de 50 para 100 anos corta esse valor pela metade, um efeito notável. Sem dúvida, um bom planejamento, com um horizonte de longo prazo, garantirá que o redesenho frequente das áreas urbanas que exigem grandes números de prédios se torne desnecessário.

## A pegada de carbono operacional

A energia operacional é aquela necessária para abastecer o ambiente construído. Todos os sistemas industriais e os sistemas a energia elétrica que os sustentam têm pegadas de carbono. O $CO_2$ e outros gases de efeito estufa são emitidos ao longo do ciclo de vida das usinas de geração de energia elétrica, e seus impactos sobre as mudanças climáticas são expressos em equivalentes de $CO_2$ por quilowatt-hora (kWh) de geração. No caso da geração de energia elétrica, há emissões diretas e indiretas de $CO_2$, assim como de outros gases de efeito estufa. As emissões diretas são aquelas oriundas da operação da usina de conversão de energia; as indiretas vêm de outras fases do ciclo de vida, como a extração de combustível, seu transporte e processamento e a construção, manutenção e demolição da usina. A análise do ciclo de vida de uma usina geradora de energia é feita exatamente da mesma maneira que aquela para qualquer produto e se baseia na série de normas ISO 14.000. Em qualquer tipo de usina de geração de energia elétrica, seja com combustível fóssil, hidrelétrica, nuclear ou fotovoltaica, usa-se exatamente a mesma análise empregada para determinar a pegada de carbono (veja a Figura 12.7).

As usinas de geração de energia elétrica que queimam combustível fóssil representam, de longe, a maior pegada ecológica de todas as formas de geração. Isso ocorre em virtude das moléculas que contêm carbono e têm cadeias longas das quais os combustíveis fósseis são derivados. Uma usina termoelétrica a carvão, por exemplo, emitirá cerca de um quilograma de $CO_2$e por quilowatt-hora de energia gerada (1 kg $CO_2$e/kWh). As usinas a óleo combustível também contribuem significativamente para as emissões de carbono por quilowatt-hora de eletricidade

## Emissões de CO₂ do ciclo de vida das tecnologias de geração de eletricidade

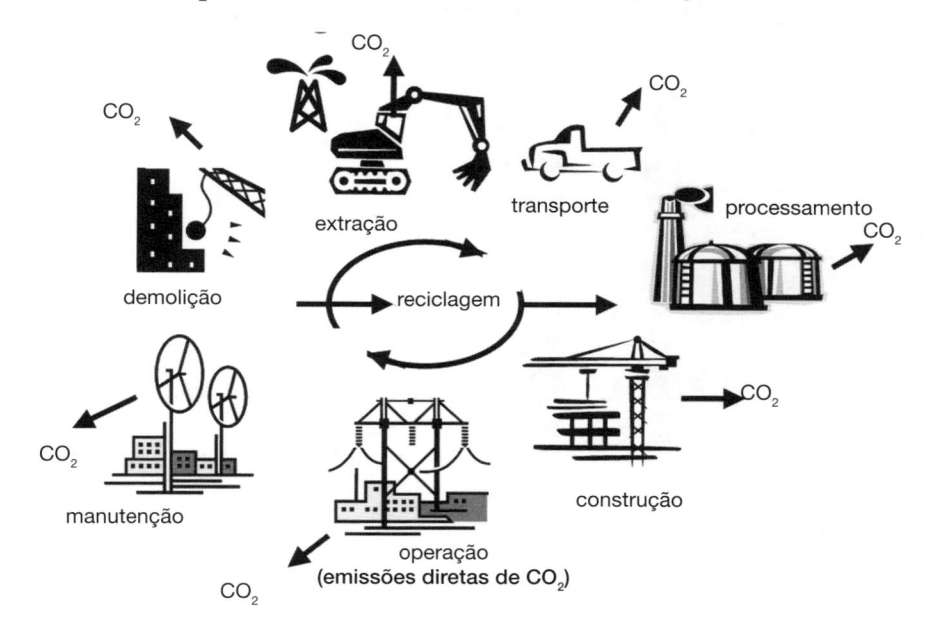

**FIGURA 12.7** A pegada de carbono de uma usina de geração de eletricidade inclui as emissões de todas as fases do ciclo de vida da extração e do transporte do combustível necessário para a usina, os materiais e produtos com os quais foi construída e todas as emissões associadas à extração e ao transporte desses recursos. A pegada de carbono também inclui a manutenção e a demolição da usina ao final de sua vida útil. (*Fonte*: Parliamentary Office of Science and Technology, 2006)

gerada, na ordem de 0,60 kg CO₂e/kWh. A geração de eletricidade com o gás, que está tendo uma fatia cada vez maior do mercado, contribui com cerca de 0,40 kg CO₂e/kWh. As formas renováveis de energia apresenta pegadas de carbono significativamente menores, como demonstram as Figuras 12.8 e 12.9. A biomassa tem uma pegada de carbono que varia de 25 a cerca de 80 g CO₂/kWh, enquanto as usinas hidrelétricas têm uma pegada muito pequena, de 10 g CO₂e/kWh ou menos. A energia nuclear tem a menor pegada de carbono de todas as formas de geração energética: de apenas 5 g CO₂ e/kWh ou menos. A geração fotovoltaica tem uma pegada de carbono menor, mas que surpreendentemente é bem mais elevada do que a da energia eólica ou hidrelétrica, variando entre 30 e 60 gramas (g) CO₂e/kWh (Parliamentary Office of Science and Technology, 2006).

### Pegadas de carbono atuais e do futuro

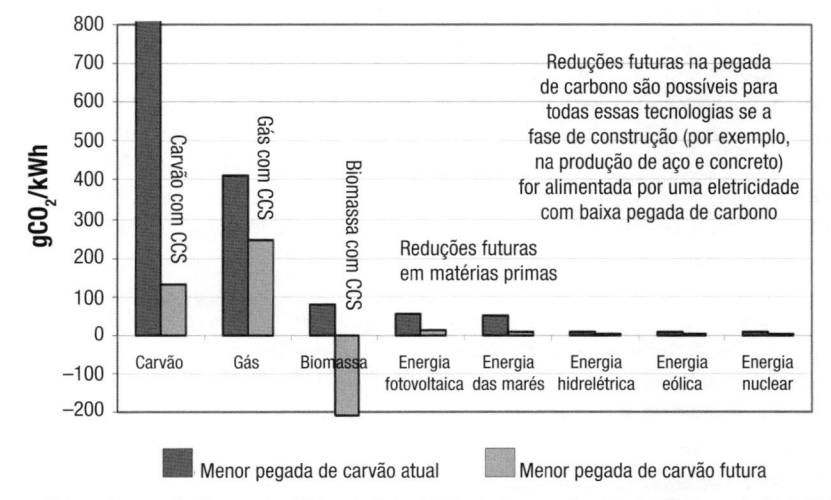

(Usinas de geração de energia elétrica do Reino Unido, da Europa, dos Estados Unidos e da Austrália)

**FIGURA 12.8** A pegada de carbono de várias tecnologias de conversão de energia elétrica. As tecnologias para coleta e sequestro de carbono que removem o dióxido de carbono dos gases de combustão estão sendo desenvolvidas, mas ainda não foram testadas e comprovadas em grande escala. As usinas a carvão não somente dominam a geração de energia elétrica, mas também produzem a maior quantidade de dióxido de carbono, ou seja, 1 kg CO₂e/kWh. As emissões dos sistemas de energia renovável variam entre 50 gramas (g) of CO₂e/kWh para os sistemas fotovoltaicos e 5 g CO₂e/kWh para os sistemas hidrelétricos e eólicos. As usinas nucleares também têm pegada de carbono relativamente pequena, de cerca de 5 g CO₂e/kWh. (*Fonte*: Parliamentary Office of Science and Technology, 2006)

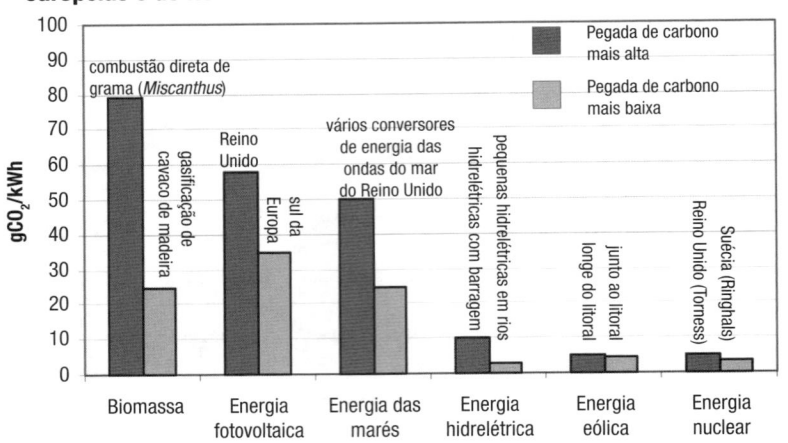

**FIGURA 12.9** Contribuições dos sistemas de energia renovável e de energia nuclear para as mudanças climáticas. A biomassa, emitindo cerca de 80 g $CO_2e$/kWh, tem apenas um décimo da contribuição para as mudanças climáticas que as usinas termoelétricas a carvão. Na extremidade inferior do espectro, a energia eólica e a nuclear emitem apenas 5 g $CO_2e$/kWh. (Fonte: Parliamentary Office of Science and Technology, 2006)

**Diversas pegadas de carbono das tecnologias "de baixo carbono" europeias e do Reino Unido**

## Pegada de carbono dos transportes

A localização dos prédios nas cidades e regiões onde se encontram depende das decisões tomadas pelos proprietários e pelo governo. Hoje está claro que a distribuição dos edifícios é responsável por parte das emissões de carbono e do consumo energético associados ao transporte. A Tabela 12.9 mostra dados de um estudo de caso conduzido pela *Environmental Building News* que determinou a quantidade de energia associada apenas o transporte pendular diário da força de trabalho que se desloca entre os prédios de escritórios dos Estados Unidos e seus lares. Este estudo revela que a energia despendida no transporte pendular até um prédio é significativamente maior do que a energia operacional do próprio prédio. A energia média das edificações seria 293 kWh/m²-ano, enquanto a energia com transporte seria de 381 kWh/m²-ano. Essa diferença se torna ainda maior no caso de prédios mais novos e que foram projetados de acordo com o código de obras, cuja energia operacional pode ser de 161 kWh/m²-ano, enquanto a energia gasta com o transporte para acessá-lo passaria para duas vezes mais do que a energia operacional. No caso das edificações ecológicas de alto desempenho, a diferença é ainda maior, pois tais prédios podem gastar apenas 100 kWh/m²-ano, e, nesses casos, a energia com o transporte seria quase quatro vezes esse valor.

Cada tipo de transporte tem uma diferente intensidade de energia e carbono, como mostram as Tabelas 12.10 e 12.11. Essas informações podem ser empregadas para se prever os impactos na pegada de carbono devido às mudanças nos sistemas de transporte e nas distâncias entre os vários serviços. A Figura 12.10 oferece uma ideia da relação entre quilômetros médios viajados e a densidade da população.

Um relatório da National Academy of Science, Engineering, and Medicine urge por uma mudança para o desenvolvimento urbano compacto a fim de reduzir as emissões de carbono (NAS, 2009). O relatório afirma que se 75% dos novos empreendimentos urbanos nos Estados Unidos fossem construídos com o dobro da densidade atual, o número de quilômetros viajados por veículo cairia em 25% e as emissões de gases de efeito estufa diminuiriam em 8% no ano de 2050. Um relatório da Brookings Institution confirmou essas conclusões com uma análise da pegada de carbono das áreas metropolitanas dos Estados Unidos em comparação ao país como um todo (Brown, Southworth e Sarzynski, 2008). O estudo chegou às seguintes conclusões:

1. *As grandes áreas metropolitanas são mais eficientes em energia e carbono do que as áreas não metropolitanas.* Apesar de acomodar dois terços da população e três quartos de sua atividade econômica, as 100 maiores áreas metropolitanas do país eram responsáveis por apenas 56% das emissões de carbono com o transporte em rodovias e edifícios residenciais em 2005.

2. *As emissões de carbono aumentaram mais lentamente nas áreas metropolitanas dos Estados Unidos do que no resto do país entre 2000 e 2005.* A pegada de carbono média *per capita* das 100 maiores áreas metropolitanas dos Estados Unidos cresceu apenas 1,1% durante um

## TABELA 12.9

**Energia associada ao transporte pendular até edifícios de escritórios, Estados Unidos**

| | Sistema Internacional de Unidades | Fonte |
|---|---|---|
| Distância média no transporte pendular nos Estados Unidos – somente ida | 19,6 km | Departamento de Transporte dos Estados Unidos, *Transportation Energy Data Book*, 26ª edição, (2007), Tabela 8.6 |
| Consumo médio de combustível nos veículos dos Estados Unidos – 2006 | 8,9 km/l | US EPA Light-Duty Automotive Technology and Fuel Economy Trends: 1975 Through 2006. |
| Dias úteis | 235 dias/ano | |
| Consumo de combustível anual | 1.030 l/ano | |
| Consumo anual de combustível por trabalhador que se desloca de automóvel | 9.890 kWh/ano | Considera 124 mil Btu/galão de gasolina, DOE Energy Information Administration data |
| Consumo de energia no transporte por empregado | 8.100 kWh/ano | Considera 76,3% de viajantes pendulares em carros com somente uma pessoa, 11,2% de veículos com uso compartilhado (2 pessoas por carro) e nenhum outro uso de energia (modais de transporte pendular do Departamento de Transporte dos Estados Unidos, *Transportation Energy Data Book*, 26a edição (2007), Tabela 8.14) |
| Ocupação média de um edifício de escritórios | 21,3 m²/pessoa | Administração Geral dos Serviços dos Estados Unidos |
| Consumo de energia para o transporte até um edifício de escritórios típico | 381 kWh/m² | |
| Consumo de energia de operação de um edifício de escritórios típico | 293 kWh/m²-ano | Inclui somente a energia *in loco* (secundária), não a energia na origem (primária). US DOE Energy Information Administration Commercial Building Energy Consumption Survey, dados de 2003, publicados em junho de 2006 |
| Consumo de energia operacional para edifícios de escritórios construídos de acordo com o código de obras | 161 kWh/m²-ano | Bruce Hunn, ASHRAE, comunicações pessoais |
| Consumo de energia no transporte que excede o consumo de energia para operação em um edifício de escritório típico | 30,20% | |
| Consumo de energia no transporte que excede o consumo de energia para operação em um edifício de escritório construído de acordo com o código ASHRAE 90.1-2004 | 137,00% | |

*Fonte:* "Driving to Green Buildings: The Transportation Energy Intensity of Buildings", 2007

## TABELA 12.10

**Intensidade energética de diferentes formas de transporte nos Estados Unidos**

| Tipo de veículo | Fator de carga (pessoas/veículo) | Consumo de energia (BTU/veículo-km) | Intensidade energética (Btu/passageiro-km) |
|---|---|---|---|
| Carros | 1,6 | 8.832 | 5.625 |
| SUVs | 1,7 | 11.982 | 5.625 |
| Táxis e micro-ônibus (resposta à demanda) | 1 | 24.058 | 23.010 |
| Táxis-lotação | 6,4 | 13.235 | 2.082 |
| Ônibus público | 8,7 | 61.584 | 6.948 |
| Linha aérea | 90,4 | 576.022 | 6.370 |
| Trem – Interurbano (Amtrak) | 17,9 | 83.584 | 4.440 |
| Metrô – leve ou pesado | 22,4 | 112.903 | 4.425 |
| Metrô – serviço pendular | 32,9 | 147.264 | 4.134 |

*Fonte:* US Department of Transportation 2007; "Driving to Green: The Transportation Energy Intensity of Buildings", 2007

**TABELA 12.11**

Emissões de carbono para vários modais de transporte

| Modal | Geração de $CO_2$ |
|---|---|
| Automóvel | 2,35kg por litro de gasolina ou 0,27 kg por passageiro-quilômetro* |
| Avião | 0,25–0,37 kg por passageiro-quilômetro |
| Trem (metrô e trem pendular) | 0,10 kg por passageiro-quilômetro |
| Trem (longa distância) | 0,12 kg por passageiro-quilômetro |
| Ônibus (urbano) | 0,19 kg por passageiro-quilômetro |
| Ônibus (interurbano) | 0,11 kg por passageiro-quilômetro |

*Considerando-se um rendimento de 8,5 km/l.
*Fonte:* US Department of Transportation 2007, "Driving to Green: The Transportation Energy Intensity of Buildings", 2007

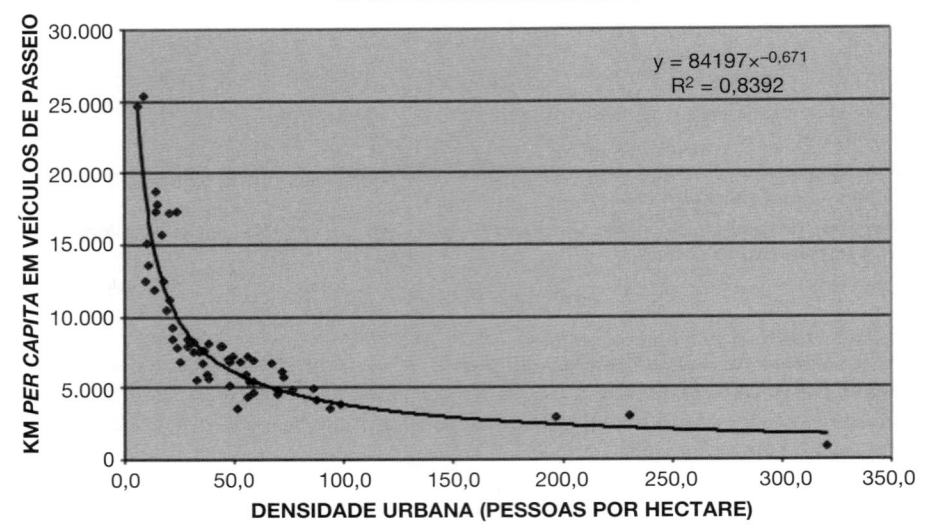

**FIGURA 12.10** Relação entre a densidade populacional e os quilômetros por dia viajados em média por automóvel. As viagens por veículo *per capita* diminuem com os aumentos de densidade populacional. (*Fonte*: Todd Litman, Victoria Transport Policy Institute; "Driving to Green: The Transportation Energy Intensity of Buildings")

período de 5 anos, enquanto a pegada de carbono nacional aumentou o dobro (2,2%) durante o mesmo período.

3. *As emissões de carbono per capita variam substancialmente conforme a área metropolitana.* Em 2005, as emissões de carbono *per capita* mais altas foram em Lexington, KY, e as mais baixas, em Honolulu. Em 2005, o morador médio de Lexington emitiu 2,5 vezes mais carbono no transporte e em sua moradia do que o morador médio de Honolulu (3,46 ton *versus* 1,36 ton). Essa variação é ainda mais impressionante quando ajustada para o produto econômico de uma área metropolitana, ou seja, o Produto Interno Brunto (PIB) – um indicador da intensidade de carbono. As pegadas de carbono variam de um valor de pico de 97,6 milhões de tonelada por dólar do PIB em Youngstown, OH, a um valor mínimo de 22,5 milhões de tonelada por dólar do PIB em San Jose, CA – uma diferença de mais de 400%. Examinar somente as pegadas de carbono do transporte rodoviário destaca um conjunto de baixos emissores localizados ao longo do corredor de Washington para Boston (veja o Apêndice A). Além de se beneficiarem do transporte ferroviário, essas cidades também tendem a ter as densidades populacionais mais altas e características das cidades mais antigas do noroeste dos Estados Unidos.

4. *Os padrões de desenvolvimento e o transporte ferroviário desempenham importantes papéis na determinação das emissões de carbono.* Muitas das cidades mais velhas e densas do noroeste e centro-oeste dos Estados Unidos e da Califórnia (por exemplo, Boston, Nova York, Chicago e San

Francisco) são baixas emissoras. Muitas áreas com baixas pegadas de carbono *per capita* também têm um uso considerável de trânsito ferroviário. Nova York, San Francisco, Boston e Chicago têm algumas das mais altas taxas de uso de transporte ferroviário do país por ano, variando entre 296 e 757 quilômetros *per capita*, e suas pegadas de carbono estão entre 1,5 e 2,0 ton de carbono *per capita* – um valor bem inferior à média de 2,2 ton das 100 maiores áreas metropolitanas.

5. *Outros fatores, como o clima, os combustíveis empregados para gerar eletricidade e os preços da eletricidade também são importantes.* Muitas áreas do nordeste dos Estados Unidos têm grandes pegadas de carbono residenciais devido à grande dependência de combustíveis para calefação intensivos em carbono, como o óleo combustível. As áreas quentes do sul frequentemente têm grandes pegadas de carbono residenciais devido à sua dependência do condicionamento de ar intensivo em carbono. A composição do combustível utilizada para gerar eletricidade é importante na pegada de carbono residencial. Por exemplo, a pegada de carbono da eletricidade residencial de Washington, DC, foi 10 vezes maior do que a de Seattle em 2005. Os combustíveis utilizados para gerar eletricidade em Washington incluem fontes intensivas em carbono, como o carvão, enquanto Seattle obtém sua energia primária principalmente de usinas hidrelétricas, uma fonte que praticamente não tem pegada de carbono.

Em geral, a pegada de carbono do transporte varia muito com a densidade urbana e a disponibilidade de outros modais de transporte além do automóvel. O transporte ferroviário é particularmente importante em função de sua baixa pegada de carbono tanto no transporte pendular como no de longa distância.

## COMO REDUZIR A PEGADA DE CARBONO DO AMBIENTE CONSTRUÍDO

É muito importante para o objetivo da construção sustentável que se reduza significativamente o consumo energético do ambiente construído e sua pegada de carbono correspondente. Conforme observado no Capítulo 9, a energia associada ao ambiente construído provavelmente fica na ordem de 65% do consumo energético total dos Estados Unidos, ou seja, é de 65 quads. Embora haja algumas diferenças nas fontes energéticas para edificação, transporte e indústria, a pegada de carbono do ambiente construído provavelmente é equivalente em percentual à da pegada de carbono humana total. Dos 100 quads de energia hoje consumidos por ano nos Estados Unidos, 40 quads são gastos com a operação de edificações e outros 25 quads com transporte, materiais e produtos de construção e bombeamento e tratamento de água. O consumo desses 100 quads de energia anuais gera 6.600 milhões de toneladas de equivalentes de $CO_2$ (MMT $CO_2$e), sendo que o ambiente construído contribui com 4.300 MMT $CO_2$e.

As mudanças climáticas são o problema mais grave do século XXI. Para reverter o curso em relação a isso, devemos focar nossas atividades no ambiente construído. Podemos citar algumas das várias estratégias possíveis para reduzir a pegada de carbono do ambiente construído:

1. Reduzir drasticamente o consumo de energia
2. Trocar as fontes de energia não renováveis pelas renováveis
3. Enfatizar as formas compactas de desenvolvimento
4. Mudar para o transporte de massa
5. Projetar edificações duráveis e adaptáveis
6. Restaurar os sistemas naturais
7. Projetar sistemas hidrológicos de baixo consumo de energia no ambiente construído
8. Projetar prédios que possam ser desconstruídos e cujo material possa ser reusado
9. Selecionar materiais de acordo com suas propriedades de reciclagem
10. Incluir a pegada de carbono dos prédios nos sistemas de certificação de edificações

A redução do carbono atmosférico exigirá um esforço coordenado por parte de todos os envolvidos. O projeto de edificações deve focar estratégias de longo prazo que reequilibrem as emissões de carbono na atmosfera antes de reduzir o carbono associado à construção e operação de prédios e à distribuição desses nas comunidades. Esse último ponto inclui o problema de como os prédios e sua localização determinam o consumo energético e as emissões de carbono e os sistemas de transporte. Além disso, devem ser planejados enormes esforços para restaurar a quantidade de biomassa no planeta a fim de ajudar na reabsorção do carbono, ou seja, no sequestro de carbono. Embora muitas soluções técnicas tenham sido propostas para reduzir e absorver o carbono atmosférico, até o momento nenhuma se mostrou efetiva para remover as enormes quantidades de carbono que seriam necessárias para a estabilização da atmosfera.

## NOTAS

1. Os relatórios de análise do IPCC são publicados a cada seis anos. O Fourth Assessment Report (AR4) foi publicado em 2007, e o Fifth Assessment Report (AR5), em 2013. Veja também IPCC (2013).
2. O Earth System Research Laboratory da National Oceanic and Atmospheric Administration descreve o desequilíbrio no ciclo do carvão provocado pelas atividades humanas na página Carbon Cycle Science: www.esrl.noaa.gov/research/themes/carbon/.

## FONTES DE CONSULTA

Brown, Marilyn A., Frank Southworth, and Andrea Sarzynski. 2008. "Shrinking the Carbon Footprint of Metropolitan America." Metropolitan Policy Program at the Brookings Institution. Available at www.brookings.edu/~/media/Files/rc/reports/ 2008/05_carbon_footprint_sarzynski/carbon-footprint_report.pdf.

Carbon Mitigation Institute. 2011. "Stabilization Wedges." Available at cmi.princeton.edu/wedges/.

EBN. 2007. "Driving to Green Buildings: The Transportation Energy Intensity of Buildings." *Environmental Building News* (16)9: 1, 11–16.

Hammond, G. and C. Jones. 2011. *Inventory of Carbon and Energy, Version 2*. Available at web.mit.edu/2.813/www/readings/ICEv2.pdf.old.

Houghton, R.A. 2002. "Terrestrial Carbon Sinks—Uncertain Explanations." *Biologist* 49(4): 155–160. Available at www.whrc.org/resources/publications/pdf/HoughtonBiologist.02.pdf.

International Carbon Bank and Exchange (ICBE). 2015. *Calculating Greenhouse Gases. International Carbon Bank and Exchange*. Available at www.icbe.com/emissions/calculate.asp.

Intergovernmental Panel on Climate Change (IPCC). 2001. *Climate Change 2001: The Scientific Basis. Intergovernmental Panel on Climate Change.* Available at www.ipcc.ch/ipccreports/tar/wg1/.

———. 2007. *Climate Change 2007: Synthesis Report (AR4)*. Available at www.ipcc.ch/report/ar4/syr/.

———. 2013. *Climate Change 2013: The Physical Science Basis. Intergovernmental Panel on Climate Change.* Available at www.ipcc.ch/report/ar5/wg1/.

———. 2014. *Climate Change 2014: Synthesis Report (AR5). Intergovernmental Panel on Climate Change.* Available at www.ipcc.ch/report/ar5/syr/.

National Oceanic and Atmospheric Administration (NOAA). 2015. Land and Ocean Temperature Percentiles, January 2014 to December 2014. NOAA National Climatic Data Center. Available at www.ncdc.noaa.gov/sotc/service/global/map-percentile-mntp/201401-201412.gif.

Parliamentary Office of Science and Technology. 2006. *Carbon Footprint of Electricity Generation*. Number 268, Parliamentary Office of Science and Technology. Available at www.parliament.uk/documents/post/ postpn268.pdf.

Transportation Research Board (TRB). 2009. *Driving and the Built Environment: The Effects of Compact Development on Motorized Travel, Energy Use, and $CO_2$ Emissions.* Transportation Research Board Special Study 298, National Research Council. Available at www.nap.edu/read/12747/chapter/1.

U.S. Department of Energy. 2015. *Carbon Storage Atlas*, 5th ed. Pittsburgh: National Energy Technology Laboratory. Available at www.netl.doe.gov/research/coal/carbon-storage/atlasv.

U.S. Department of Transportation. 2007. *Transportation Energy Data Book*, 26th ed. Oak Ridge, TN: Oak Ridge National Laboratory.

U.S. Energy Information Agency. 2013. Carbon Dioxide Emissions Coefficients. Available at www.eia.gov/environment/emissions/co2_vol_mass.cfm.

U.S. Environmental Protection Agency. 2015. National Greenhouse Gas Emissions Data. Available at www.epa.gov/climatechange/ghgemissions/usinventoryreport.html.

U.S. Geological Survey. 2013. *National Assessment of Geologic Carbon Storage Resources—Results*. USGS Circular 1386. Available at pubs.usgs.gov/circ/1386/pdf/circular1386.pdf.

# A qualidade do ambiente interno

# 13

Proporcionar uma excelente qualidade no ambiente interno tem sido um dos principais objetivos no projeto de edificações ecológicas de alto desempenho, junto com a eficiência energética e a restauração dos sistemas ecológicos. Os Centros para o Controle e a Prevenção de Doenças (Estados Unidos) definem a qualidade do ar de um escritório ou outro tipo de prédio. Embora a qualidade do ar do interior seja de fato muito importante, o movimento das edificações sustentáveis considera um número muito maior de fatores de saúde, segurança física e conforto. Além da qualidade do ar do interior, outros aspectos da qualidade do ambiente interno que costumam ser considerados são a qualidade da iluminação e a iluminação natural em vistas externas, acústica, controle de ruídos e vibrações, conforto térmico e seus controles, odores, radiação eletromagnética, monitoramento da água potável e ergonomia. Neste capítulo, discutiremos em primeiro lugar os problemas que têm motivado um interesse tão grande na qualidade do ambiente interno e na qualidade do ar do interior, em particular. Eles incluem a síndrome do edifício doente (SBS), as doenças relacionadas às edificações (BRI) e as evidências de que o mau desempenho em termos de iluminação, acústica e vibrações, entre outros fatores, estão afetando a saúde e a qualidade de vida das pessoas que usam ou vivem em certos prédios. A seguir, cobriremos as melhores práticas sendo empregadas para abordar essas questões e a inclusão dessas soluções no projeto de edificações de alto desempenho. As questões específicas da ventilação e das emissões dos materiais também serão abordadas e seguidas por uma discussão dos possíveis benefícios financeiros de se criar prédios com excelente qualidade do ambiente interno.

## A QUALIDADE DO AMBIENTE INTERNO: AS QUESTÕES

Entre todas as questões abordadas pela qualidade do ambiente interno, a que mais se destaca é a qualidade do ar. De acordo com o Conselho de Segurança Nacional e a Agência de Proteção Ambiental dos Estados Unidos (EPA), a qualidade do ar nos edifícios pode ser até 100 vezes pior do que aquela nos espaços abertos. Essa é uma questão especialmente importante por que os norte-americanos passam grande parte de seus dias em ambientes fechados – cerca de 90% do tempo, sendo 60% em suas residências. Os contaminantes químicos, como os compostos orgânicos voláteis (VOCs) e o radônio, além dos poluentes biológicos, como o mofo, as doenças transmitidas pelos animais de estimação e o pólen, tornam ambientes das diversas tipologias em tóxicos. Contudo, como já dissemos, a qualidade do ar não é o único fator que afeta a saúde e o desempenho dos trabalhadores nos edifícios de escritórios, dos estudantes e professores nas escolas, dos trabalhadores nas indústrias e das pessoas que frequentam, por exemplo, academias de ginástica, teatros e lojas. Existem muitos outros fatores que afetam a saúde das pessoas e estão sendo levados em conta e compondo os processos de projeto integrado. Na próxima seção, discutiremos algumas dessas contribuições à baixa qualidade do ambiente interno e os perigos que representam.

### Fatores ambientais internos

O ambiente interno de um prédio tem uma composição bastante complexa. A Tabela 13.1 lista os elementos de uma edificação que afetam o ambiente interno. Os fatores que impactam na qualidade do ambiente interno podem ser classificados como químicos, físicos ou biológicos. Os sistemas

**TABELA 13.1**

**Os elementos de um prédio que afetam a qualidade do ambiente interno**

| | |
|---|---|
| Operação e manutenção do prédio | Padrões de ventilação e desempenho |
| | Rotinas e horários de operação do sistema de ventilação |
| | Limpeza e administração dos espaços |
| | Manutenção dos equipamentos e treinamento dos operadores |
| Usuários do prédio e suas atividades | Atividades dos usuários: profissional, educacional, recreativa, doméstica |
| | Metabolismo: depende da atividade e das características dos corpos |
| | Higiene pessoal: banhos, higiene bucal e uso dos banheiros |
| | Condição de saúde dos usuários |
| Conteúdo do prédio | Equipamentos: calefação, ventilação e climatização, elevadores |
| | Materiais: emissões dos produtos do prédio e dos materiais utilizados para limpá-lo, mantê-lo e conservá-lo |
| | Móveis |
| | Equipamentos |
| Ambiente externo | Clima, umidade |
| | Qualidade do ar do interior: particulados e gases gerados pela combustão, processos industriais, metabolismo das plantas (pólen, esporos de fungos e bactérias) e atividades humanas |
| | Solo: partículas de pó, pesticidas, bactérias, radônio |
| | Água: produtos químicos orgânicos que incluem solventes, pesticidas, subprodutos de reações químicas de processos de tratamento |
| Fechamento do prédio | Vedações externas: emissões dos materiais, infiltrações, entrada de água |
| | Estrutura |
| | Pisos e paredes internas |

*Fonte:* Levin, 1999

sensoriais dos habitantes interagem diretamente em alguns fatores, como o nível sonoro, a luz, o odor, a temperatura, a umidade, o tato, as cargas eletrostáticas e os irritantes (SMACNA, 2009). Centenas de outras substâncias também podem ser nocivas aos habitantes, mas não são detectadas pelos sistemas sensoriais. Algumas delas, na verdade, podem ser mais perigosas do que as que são detectadas, com sua presença podendo ser determinada somente por meio de testes científicos. Os usuários podem estar expostos a altas concentrações dessas substâncias – como elementos radioativos, muitas substâncias tóxicas, carcinogênicos e microrganismos patogênicos – por longos períodos sem sequer desconfiarem disso.

Os problemas físicos dos ambientes internos são associados principalmente às instalações elétricas e mecânicas de um prédio. Eles incluem a transmissão de sons/ruídos, a qualidade da iluminação, as condições térmicas e os odores. Os fatores físicos, em geral, não são tóxicos, mas, no mínimo, perturbam os usuários e podem acarretar problemas de saúde após a exposição por longos períodos.

Há uma grande variedade de produtos químicos que podem contaminar o ambiente interno. Eles podem ser introduzidos com a pintura, instalação de carpetes ou produtos de limpeza. Os fatores químicos são classificados de acordo com a forma que eles assumem à temperatura ambiente: vapores, gases, líquidos ou particulados. Os particulados incluem as fibras inorgânicas, os particulados respiráveis (como o pó e a sujeira), os metais e uma variedade de materiais orgânicos. Como os particulados pequenos podem penetrar no fundo dos pulmões, eles são muito preocupantes. O tamanho e a densidade dos particulados determina o grau de penetração no sistema respiratório. O radônio, um gás radioativo de ocorrência natural que já foi relacionado a problemas de saúde, é uma preocupação em muitas regiões dos Estados Unidos; assim, medidas para atenuá-la são importantes para um ambiente interno de boa qualidade. Os contaminantes biológicos incluem bactérias, fungos, vírus, algas, partes de insetos e pó, que podem resultar em reações alergênicas ou patogênicas. Há muitas fontes para esses poluentes: pólens do exterior, vírus e bactérias dos seres humanos e pelo e partículas de pele dos animais de estimação, entre muitos outros.

### Transmissão sonora/de ruídos

O controle da transmissão de sons e ruídos nos prédios é um problema sério. Os ruídos dos sistemas de circulação de ar, iluminação, transformadores e outras fontes podem causar desconforto e, inclusive, problemas de saúde para os usuários de um edifício. Os projetistas e engenheiros muitas vezes sentem-se intimidados com o desafio de terem de lidar com a transmissão de sons e ruídos, pois trata-se de um conceito intangível em um mundo de elementos geralmente tangíveis: metais, tamanhos, cores, etc.

A premissa básica da criação de ambientes internos com desempenho acústico aceitável é garantir que os níveis sonoros em áreas particulares estejam dentro de uma faixa aceitável. Por exemplo, seria um erro instalar um ponto de pouso de helicóptero junto a uma biblioteca. É claro que as partes de um prédio nas quais os níveis de ruído devam ser baixos precisam estar separadas e isoladas daquelas que geram ruídos. Quando se trata de acústica, os projetistas podem facilmente prevenir problemas óbvios – por exemplo, cuidar para não implantar um auditório junto a resfriadores. Porém, problemas mais sutis às vezes são desconsiderados, como não isolar uma parede que divide um banheiro de um escritório.

Uma exigência menos óbvia para garantir uma boa qualidade do som no interior é eliminar ao máximo possível os sutis ruídos de fundo, os quais, ainda que nem sempre fiquem aparentes para os usuários de um prédio, podem ser irritantes e, às vezes, com o passar do tempo, prejudicam a moral e a produtividade. Os sistemas prediais podem gerar uma grande variedade de ruídos irritantes. Os reatores das luminárias fluorescentes com frequência emitem um zumbido quando não estão funcionando perfeitamente, e os sistemas de ventilação produzem uma variedade de ruídos desagradáveis, embora aparentemente seja impossível localizar suas fontes. As vibrações também são um incômodo típico dos sistemas de ventilação, mas, quando estes são isolados, o problema é resolvido de modo efetivo e barato. Os ruídos do ar nos dutos são mais problemáticos e muito mais difíceis de resolver. O ar, com alta velocidade dentro de um duto, pode criar assobios e vibrações difíceis de se eliminar. A solução é reduzir a velocidade do ar. Para manter a mesma qualidade do ar sob uma velocidade inferior, pode-se usar um duto com seção transversal maior. Ainda assim, essa solução pode ser difícil quando o duto é instalado em um pleno apertado ou em um *shaft* para os sistemas de calefação, ventilação e condicionamento do ar. A melhor resposta é abordar esse problema antes que ele surja, incluindo um especialista em acústica na equipe que estiver projetando o sistema de climatização.

Como já observamos, os níveis de ruídos elevados nos prédios comerciais podem acarretar problemas de motivação e perda de produtividade quando os usuários se tornam irritados e incomodados, o que os distrai de suas atividades. Outro grande problema relacionado à geração de ruídos é provocado pela exposição a níveis sonoros prejudiciais à saúde gerados por circuladores de ar, transformadores, luminárias, elevadores, máquinas e motores.

### Qualidade da iluminação

Os problemas associados à qualidade da iluminação são similares aos relacionados a ruídos, sendo a causa um sistema de apoio à edificação mal resolvido. Como exigência para um ambiente interno de alta qualidade, a iluminação provavelmente seja mais bem-entendida do que a acústica, mas, ainda assim, é frequentemente mal pensada nos projetos de edificação.

É de conhecimento geral que a luz solar é a melhor fonte luminosa para os olhos. Infelizmente, nos dias atuais, a maioria das pessoas passa a maior parte de seu tempo em interiores e longe da luz natural. Assim, o ambiente lumínico interno ideal em termos de saúde é aquele que permite a entrada de luz natural no interior ou cujo sistema de iluminação simula a luz diurna da melhor maneira possível. A iluminação natural tem uma distribuição espectral igual à das frequências luminosas visíveis combinada de modo a se tornar branca. Por outro lado, as fontes lumínicas artificiais são

**TABELA 13.2**

Características gerais da cor de sistemas de iluminação predial típicos

| Tipo de luz | Características da cor |
|---|---|
| Incandescente (filamento circundado com argônio) | Branca amarelada |
| Incandescente (filamento circundado por halogênio) | Branca |
| Fluorescente | Branca azulada |
| LED | Branca ou branca azulada |
| Vapor de mercúrio | Branca azulada |
| Halogeneto metálico | Branca com tom verde azulado |
| Vapor de sódio (alta pressão) | Branco âmbar |
| Vapor de sódio (baixa pressão) | Amarela |

limitadas pelas leis da física, assim são limitadas às frequências da luz visível que emitem. Uma lista das fontes de luz artificiais comuns e suas características gerais em termos de cores é mostrada na Tabela 13.2.

As lâmpadas incandescentes, particularmente as halógenas, têm a melhor reprodução de cores da luz natural. As lâmpadas fluorescentes e de vapor de mercúrio emitem luz branca com preponderância distinta das frequências azuis. Elas podem ser fabricadas de modo que emitam luz quente, mas a cor de uma lâmpada fluorescente nunca é natural e costuma resultar em uma atmosfera estéril e brilhante demais. As lâmpadas à base de sódio produzem uma luz amarelada e muitas vezes são utilizadas em exteriores.

Nos prédios comerciais, as principais fontes de luz artificial são as lâmpadas incandescentes, fluorescentes e de LED. As lâmpadas de vapor de mercúrio e de halogeneto metálico também são utilizadas em salas grandes ou com pé-direito alto. Nos prédios típicos, as lâmpadas da iluminação geral das áreas de escritório são de LED ou fluorescentes. As lâmpadas de LED são utilizadas em aplicações mais diretas, nas quais uma lâmpada tubular não é adequada – por exemplo, na iluminação de destaque. Tanto as lâmpadas de LED como as fluorescentes podem ser utilizadas com *dimmers*, como é o caso das luminárias embutidas de auditórios e salas de reunião. Contudo, o brilho das lâmpadas fluorescentes em ambientes de escritório pode ser irritante. As reclamações comuns causadas pelo excesso de luz fluorescente são olhos doloridos, dores de cabeça, desmotivação e queda na produtividade. Uma iluminação insuficiente também tem efeitos sutis no humor. Os olhos, como se sabe, sentem-se mais confortáveis com a luz solar (natural), que muda de intensidade e cor ao longo do dia. Como a luz artificial dos interiores praticamente não muda em cor e intensidade, há muitos efeitos adversos na saúde e bem-estar nos usuários. Este é um importante campo de estudo na área da qualidade do ambiente interno, mas ainda não totalmente entendido.

As lâmpadas que piscam também podem causar irritação e problemas de saúde. Lâmpadas com reatores – por exemplo, as fluorescentes, de vapor de mercúrio, de halogeneto metálico e sódio – tendem a piscar quando o reator está com algum problema. Isso pode facilmente irritar os olhos e causar dores de cabeça, afetando a produtividade. O ofuscamento é outro problema; contudo, ao contrário dos demais descritos aqui, não é uma consequência da luz artificial, mas envolve o posicionamento da fonte e do refletor. Janelas, tampos de mesa e monitores de computador – e até mesmo uma folha de papel brilhante – são superfícies reflexivas que podem causar ofuscamento desconfortável. Dependendo da intensidade da luz, o ofuscamento pode rapidamente levar a desconforto e dores de cabeça, especialmente quando lemos, digitamos ou olhamos para um monitor.

### Condições térmicas

O contexto climático no qual as pessoas estão trabalhando tem impacto profundo em como se comportam e desempenham tarefas. Mas, como as pessoas são diferentes, o que é absolutamente confortável para uma pessoa em um escritório pode ser muito desagradável para outra. Em geral, a faixa de conforto interno é considerada aquela perto do centro da carta psicométrica, sendo geralmente aceitas, no inverno, temperaturas entre 20°C e 24°C e umidade relativa do ar entre 30 e 60%; no verão, temperaturas entre 22°C e 27°C e umidade relativa do ar entre 30 e 60%. A *umidade relativa* é a quantidade de água no ar em relação à quantidade de umidade que o ar poderia suportar até ficar completamente saturado. Uma umidade relativa abaixo de 30% em qualquer estação é considerada baixa demais e acarretará desconforto. Em geral, níveis de umidade mais baixos podem ser tolerados no inverno, e níveis mais altos, no verão, mas os níveis de umidade relativa do ar fora da faixa de 30 a 60% costumam ser desconfortáveis em todas as estações.

A velocidade do ar, como já mencionado, é outra variável no clima interno que não é exatamente uma propriedade do ar. Ela varia muito, dependendo de onde a pessoa está em relação a respiros, portas, janelas e ventiladores. A velocidade do ar é um aspecto fundamental e necessário para a climatização. O objetivo dos projetistas dos sistemas de climatização é introduzir ar sob a mais alta velocidade onde seu efeito seja baixo ou inexistente sobre os usuários, o que costuma ser junto a tetos e paredes para, assim, que o ar entre em contato com as pessoas, sua velocidade já tenha reduzido bastante. O ar sob velocidade mais elevada provavelmente causa desconforto em ambientes internos frescos e, ao contrário, é bem-vindo em ambientes internos mais quentes.

## Odores

Os odores são uma das fontes de problemas ambientais internos comuns e desagradáveis. Resolver esse problema não é fácil, pois o sistema olfativo humano é extremamente complexo e não é bem entendido; além do mais, as fontes de produtos químicos que criam muitos desses odores também são obscuras. Até mesmo odores simples em escritórios são complexos e compostos por muitas substâncias. As fontes típicas de odores em um ambiente interno incluem fumaça do tabaco, odores do corpo humano e produtos de limpeza e higiene pessoal. Os gases que são liberados pelos materiais de construção são outra fonte. A diferença pronunciada nos níveis individuais de sensibilidade também complica a questão. Os visitantes de um escritório geralmente são muito mais sensíveis aos odores do que os usuários permanentes. Como as reações humanas são muito variadas, é praticamente impossível prever como uma pessoa ou um grupo irá reagir.

## Compostos orgânicos voláteis (VOCs)

Os compostos orgânicos voláteis (VOCs) são compostos que contêm carbono que evaporam imediatamente à temperatura ambiente e são encontrados em muitos produtos de limpeza, manutenção e construção feitos com produtos químicos orgânicos (à base de carbono). Tintas, colas, removedores de tinta, solventes, conservantes de madeira, aerossóis, produtos de limpeza, desinfetantes, odorizadores, combustíveis armazenados, produtos automotivos e até mesmo roupas lavadas a seco e perfumes são fontes de VOCs. Em um ambiente interno pode haver até 100 diferentes VOCs em concentrações variadas. Filtros com carbono podem ser utilizados para absorver os VOCs, necessitando de substituição com regularidade, pois os odores exaurem o carbono com certa rapidez. Há seis classes principais de VOCs:

1. Aldeídos (formaldeídos)
2. Álcoois (etanol, metanol)
3. Hidrocarbonos alifáticos (propano, butano, hexano)
4. Hidrocarbonos aromáticos (benzeno, tolueno, xileno)
5. Cetonas (acetona)
6. Hidrocarbonos halogenados (clorofórmio de metila, cloreto de metileno)

O formaldeído é muito reativo e pode ser encontrado nos três estados da matéria, sendo extremamente solúvel em água e podendo irritar as superfícies corporais que normalmente contêm umidade, como os olhos e o trato respiratório superior. O gás de formaldeído é pungente e fácil de se detectar, em virtude de seu odor em concentrações muito inferiores a uma parte por milhão, sendo talvez o produto mais comum em VOCs na construção e encontrado em produtos corriqueiros, como tintas, produtos para madeira e acabamentos de piso. Quando combinado com outros elementos químicos pode ser utilizado como cola ou ligante em inúmeros produtos. Isolantes em espuma, aglomerados, compensados de uso interno, placas de revestimento, alguns produtos com papel, fertilizantes, produtos químicos, vidros e embalagens podem conter quantidades significativas de formaldeído de ureia.

### Radônio

O radônio, um gás sem cor ou odor, é o produto da decomposição do isótopo de rádio que resulta da desintegração do urânio-238. Como é um gás inerte, em si ele á bastante inofensivo, mas, à medida que se decompõe, seus materiais resultantes, conhecidos como *filhas do radônio*, não o são. As filhas do radônio não são quimicamente inertes e formam compostos que se prendem aos particulados do pó que estão na atmosfera. Quando inaladas, essas partículas podem se alojar no sistema respiratório e causar danos em virtude da radiação de partículas alfa que emitem. A meia-vida das filhas é relativamente curta, e elas se desintegram em uma hora ou menos. Apesar disso, o radônio é uma preocupação séria, pois pode levar 10 ou 20 anos para que surjam os primeiros sinais de exposição a ele, e as consequências são sérias. A inalação de radônio é a segunda maior causa de câncer de pulmão nos Estados Unidos, e suspeita-se que mate entre 2 mil e 20 mil pessoas por ano. É considerado um dos problemas mais fatais na poluição do ar do interior.

Anthony Nero (1988), do Grupo de Radônio Ambiental Interno do Lawrence Berkeley National Laboratory, observou que o nível de radônio médio nos interiores representa uma dose de radiação três vezes maior do que a dose que a maioria das pessoas obtém nos raios-x e em outros procedimentos médicos ao longo de suas vidas (Meckler, 1991). Centenas de milhares de norte-americanos que vivem em casas com altos níveis de radônio estão expostos anualmente à mesma quantidade de radiação que pessoas que viviam nas proximidades da usina nuclear de Chernobyl em 1986 quando um de seus reatores explodiu. De acordo com a Agência de Proteção Ambiental dos Estados Unidos (EPA), o nível máximo aceitável de radônio é de 4 picocuries por litro (pCi/l) de ar. No Canadá, o Painel de Controle da Energia Atômica também estabeleceu o nível de 4 pCi/l para o público geral em habitações e outros ambientes não profissionais. Se esse valor for excedido, devem ser tomadas ações para reduzi-lo.

Em edificações, o radônio ocorre principalmente por meio da difusão do subsolo na estrutura. O gás radônio pode entrar no prédio por fissuras e aberturas, como as de tubulações de esgoto, fissuras no concreto, juntas entre paredes e pisos, paredes de tijolo furado ou paredes duplas com câmara de ar e outros similares. Contudo, se as fundações forem bem vedadas, a quantidade de radônio será mínima ou inexistente. Em virtude do processo de infiltração do radônio proveniente do solo, um edifício de pavimentos múltiplos terá concentrações desse gás inferiores a uma edificação térrea com fundações idênticas. As concentrações internas do radônio também estão diretamente relacionadas com a ventilação e a entrada de ar fresco. Em virtude das técnicas de conservação de energia e dos prédios resultantes, que são mais bem-vedados, as construções novas, na verdade, podem aumentar o problema da infiltração do radônio por meio da pressurização negativa.

### Amianto

O amianto é outra ameaça que pode ser mortal. Ao contrário do radônio, no entanto, os principais problemas com amianto já foram muito bem documentados, sendo um problema ambiental há muitos anos. Quando se descobriu que as partículas em filamentos do amianto podiam se acumular nos pulmões das pessoas, seu uso começou a ser abandonado. A exposição ao amianto já está claramente associada a câncer de estômago e de pulmão.

A palavra *asbestos*, que é sinônimo de amianto, se refere a um grupo de minerais à base de sílica que se encontram em fibras agrupadas. Introduzido na década de 1930 e amplamente utilizado nos Estados Unidos entre 1940 e 1973, o amianto compreende um grande número de materiais de ocorrência natural que são processados para que possam ser utilizados em construções, isolantes e materiais retardantes de fogo. Os materiais de construção empregados em interiores e que contêm amianto incluem isolantes térmicos de forros e paredes; isolantes de tubos, dutos, caldeiras e tanques; e materiais de revestimento, como placas de forro e piso e painéis de parede. Os materiais que representam maior ameaça são os que podem se esfarelar rapidamente ou gerar pó com a pressão das mãos. Um alto nível de liberação de amianto no ar geralmente ocorre durante serviços de manutenção, renovação e construção em geral – e é nesses casos que o produto se torna perigoso. Se o material não for alterado, seu risco à saúde humana é mínimo; o amianto se torna um perigo apenas quando suas fibras são liberadas no ar. A maioria dos especialistas concorda que se as superfícies com amianto não estiverem se deteriorando ou sofrendo abrasão (liberando fibras), é melhor deixá-las intocadas. A remoção desse material é muito cara e somente pode ser feita com segurança e trabalho de profissionais. Um processo inseguro de remoção do amianto pode causar mais males do que benefícios, por liberar mais partículas no ar que poderão contaminar o prédio por anos.

## Subprodutos da combustão

Os subprodutos da combustão são criados sob condições de combustão incompleta. Suas principais fontes que contribuem para a contaminação do ar do interior são os fornos a gás, madeira ou carvão vegetal; os aquecedores de ambiente a querosene e sem ventilação; as lareiras que recebem correntes descendentes de ar; e a fumaça do tabaco. Os principais subprodutos incluem o dióxido de carbono ($CO_2$), o monóxido de carbono (CO), o dióxido de nitrogênio ($NO_2$), o dióxido de enxofre ($SO_2$) e os particulados. Seus efeitos sobre a saúde são variáveis, conforme o tipo (Bas, 1993). Cada um desses subprodutos é descrito em mais detalhes a seguir.

*Dióxido de carbono.* O $CO_2$ é um gás sem cor, odor ou sabor. Embora seja um produto derivado da combustão, é relativamente inofensivo – afinal, também é um produto natural da respiração. Apesar de não ser tóxico, se a concentração de $CO_2$ for elevada, o resultado poderá ser desagradável e perigoso para usuários de um prédio. Por ser um produto natural da respiração, também pode ser um indicador da qualidade da ventilação e do ar do interior.

*Monóxido de carbono.* O CO é outro gás incolor, inodoro e insípido, mas não deve ser confundido com o $CO_2$. Os efeitos da exposição a um nível elevado de CO podem variar entre náusea e vômito, dor de cabeça e tontura e coma seguido de morte. Os efeitos à saúde de uma exposição a um baixo nível de CO ainda não foram claramente estabelecidos, mas sua toxidade é inegável. Os sintomas do envenenamento por CO, que incluem náusea, tontura, confusão e fraqueza, podem ser confundidos com aqueles da gripe. Os indivíduos anêmicos ou com problemas cardíacos são especialmente sensíveis à exposição a esse gás.

*Dióxido de nitrogênio.* O $NO_2$ concentrado é um gás marrom escuro com odor pronunciado. A exposição ao dióxido de nitrogênio pode causar irritação da pele e dos olhos, bem como de outras membranas mucosas. Estudos feitos com uma exposição controlada nos seres humanos e estudos epidemiológicos em lares com fogões a gás ilustram que, dependendo do nível de exposição, o $NO_2$ pode alterar o funcionamento dos pulmões e causar problemas respiratórios profundos. Em virtude de sua possível oxidação, já se comprovou que o $NO_2$ prejudica os pulmões diretamente. Os sintomas de exposição a ele incluem falta de ar, dores torácicas e sensação de queimadura ou irritação no peito. As pessoas com doenças respiratórias crônicas, como asma e enfisema pulmonar, podem ser especialmente sensíveis ao $NO_2$.

*Dióxido de enxofre.* O $SO_2$ é um gás incolor e de cheiro sufocante e é extremamente solúvel em água e, portanto, imediatamente absorvido pelas membranas mucosas. Uma vez inalado, o $SO_2$ é dissolvido e forma o ácido sulfúrico, ácido sulfuroso e íons de bissulfeto. Durante a respiração nasal normal, o $SO_2$ é absorvido principalmente pelos tecidos do nariz, e somente entre 1 e 5% dele chegam ao trato respiratório inferior. Contudo, quando uma pessoa respira pela boca – por exemplo, durante exercícios físicos pesados –, quantidades significativas de $SO_2$ podem chegar ao trato respiratório inferior, ainda que em concentrações menores. O principal efeito físico da exposição ao $SO_2$ é a bronquioconstrição, que começa mesmo com níveis consideravelmente menores desse gás nas pessoas asmáticas dos que nos indivíduos saudáveis. Essa constrição surge quase imediatamente quando o indivíduo é exposto, mas também diminui rapidamente quando a exposição termina. A intensidade da constrição está diretamente relacionada à quantidade de $SO_2$ por unidade de tempo que alcança o trato respiratório inferior e nem sempre depende do nível de exposição. O efeito do $SO_2$ também não aumenta com o passar do tempo.

*Particulados da combustão.* Os particulados produzidos pela combustão podem afetar a função respiratória de modo imediato. Quanto menores forem os particulados, mais profundamente penetrarão nos pulmões e, portanto, serão mais perigosos. Essas partículas podem transportar outros contaminantes ou irritantes mecânicos que interagem com os contaminantes químicos.

### Contaminantes biológicos

A umidade e as taxas de ventilação afetam significativamente as concentrações dos contaminantes biológicos. A umidade pode agir como local de proliferação para mofos, bactérias e ácaros. Os ácaros são a principal causa de alergias a pó caseiras. São encontrados em camas e travesseiros, especialmente quando os níveis de umidade são elevados. Uma umidade relativa do ar entre 30 e 50% em um interior é recomendada para que se mantenha uma boa saúde e se tenha conforto. Os contaminantes biológicos também se multiplicam em águas paradas, torres de arrefecimento, forros danificados pela água e superfícies nas quais o ar se condensa (como paredes com pontos de umidade). Além disso, os materiais orgânicos úmidos, como o couro, algodão, forros de móveis e carpetes, podem estar contaminados com fungos. As taxas de ventilação também têm efeito importante nas concentrações de poluentes biológicos aerotransportados. Uma ventilação baixa tende a gerar um meio favorável ao acúmulo de mofo, pó e fungos. Os equipamentos de climatização de um prédio desempenham um importante papel na manutenção das taxas de fluxo de ar adequadas.

### Síndrome da edificação doente e doenças relacionadas às edificações

Entre os muitos problemas associados à qualidade do ambiente interno identificados nos últimos anos, dois se destacam: a síndrome da edificação doente e as doenças relacionadas às edificações. Embora ambos os termos se refiram a problemas de saúde associados à qualidade do ar do interior, há uma diferença muito importante. A síndrome da edificação doente descreve uma série de sintomas percebidos pela maioria dos ocupantes de um prédio e para os quais não se conseguiu identificar a causa específica. Esse problema costuma ser diagnosticado quando os sintomas que afetam os usuários desaparecem quase imediatamente quando eles saem do local. Contrastando, as doenças relacionadas às edificações são sintomas de um mal diagnosticável que pode ser atribuído diretamente a um problema específico da qualidade do ar do interior.

A síndrome da edificação doente (também conhecida como *síndrome da edificação estanque*) é "a condição na qual pelo menos 20% dos usuários do edifício apresentam sintomas de doença há mais de duas semanas, e não se consegue identificar com precisão a fonte dessas doenças" (Bas, 1993). Grande parte dos prédios que sofrem desse problema são edifícios de escritórios modernos, que, em sua maioria, foram construídos nas últimas duas décadas e são muito estanques, têm ventilação mecânica e praticamente sem janelas de abrir. Os sintomas da síndrome da edificação doente podem incluir dor de cabeça, fadiga e sonolência, irritação dos olhos, do nariz e da garganta, sinusite e pele seca e com coceira. Esses sintomas podem ocorrer juntos ou separadamente. As reclamações mais comuns incluem sintomas similares aos de uma gripe ou infecções no trato respiratório. Alguns usuários relacionam a síndrome da edificação doente a dores da cabeça ocasionadas por estresse, tosses e à dificuldade de concentração, enquanto outros sofrem com irritações ou coceiras na pele (Bas, 1993).

O impacto econômico dessa doença pode ser tremendo, tornando-se o maior pesadelo do proprietário de um prédio. A Agência de Proteção Ambiental dos Estados Unidos (EPA) estima que os Estados Unidos gastem mais de 140 bilhões de dólares por ano com despesas médicas diretas atribuíveis a esse problema (Zabarsky, 2002).[1] Também se acredita que seja responsável por quedas acentuadas na produtividade e aumentos de taxa de absentismo. Edifícios abandonados ou com aluguéis que não são renovados podem ser resultados diretos da síndrome da edificação doente. Um exemplo dos elevados custos associados à síndrome da edificação doente é o Foro do Condado de Polk, comunidade no centro da Flórida. Localizado em Lakeland, ele que custou 37 milhões e foi inaugurado no verão de 1987. Devido a um caso severo de síndrome da edificação doente, foi fechado em 1992; seus usuários, incluindo alguns prisioneiros, tiveram de ser retirados e realocados. Após três anos e gastos extras de 26 milhões de dólares, o prédio foi literalmente reconstruído para corrigir seus problemas com mofos tóxicos, atribuídos a erros de projeto e construção.

A ampla variedade de condições associadas tanto à síndrome da edificação doente como às doenças relacionadas às edificações – incluindo a sensibilidade química múltipla, legionelose e reações alérgicas – são descritas nas seções a seguir.

## Sensibilidade química múltipla

A sensibilidade química múltipla, uma condição identificada há relativamente pouco tempo e que se relaciona com a qualidade do ar do interior, é marcada por uma sensibilidade a diversos produtos químicos mesmo que em concentrações baixíssimas (Agência de Proteção Ambiental dos Estados Unidos, 1991). Essa doença se caracteriza por reações severas a uma variedade de compostos orgânicos voláteis e outros compostos orgânicos que são liberados pelos materiais de construção e muitos produtos de consumo, reações que podem ocorrer após uma exposição sensibilizadora ou uma sequência de exposições. Deve-se observar, contudo, que atualmente se debate muito sobre a legitimidade dessa condição, sendo que alguns defendem que, de fato, trata-se de uma doença física, enquanto muitos acreditam que sua causa é psicossomática.

## Legionelose

Legionelose refere-se a duas doenças bacterianas importantes: a doença do legionário e a febre de Pontiac, ambas causadas pela bactéria *Legionella pneumophila*. Essas doenças não são contraídas por meio do contato interpessoal, mas por meio do contato com o solo e o ar ou da água com o ar, em interiores ou em exteriores. As bactérias conseguem sobreviver na água sob certas condições por até um ano. A *Legionella* prefere a água estagnada, que é encontrada nas bandejas de drenagem dos aparelhos de climatização e das torres de arrefecimento. Os ventiladores então transferem as bactérias, que são inaladas pelas vítimas sem qualquer suspeita. As fontes de *Legionella* em habitações e outros tipos de prédios também incluem banheiras de água quente, vaporizadores, umidificadores de ar e sistemas de calefação de ar forçado que estejam contaminados. As algas e outras formas de vida aquática podem promover o crescimento da *Legionella*, ao servirem de alimento para essa bactéria.

### Febre de Pontiac

Em julho de 1968, 95 de 100 pessoas que trabalhavam – ironicamente – em um edifício de saúde pública de Pontiac, Michigan, contraíram uma doença que se assemelhava a uma gripe. Na verdade, se o número de casos não tivesse correspondido a uma proporção tão elevada de empregados, a doença talvez tivesse sido diagnosticada como uma gripe. Todos os empregados relataram dores de cabeça, febre e dores musculares. Denominada Febre de Pontiac, a doença, em certo momento, foi relacionada a um sistema de climatização defeituoso. No entanto, foi apenas com a descoberta da doença do legionário, quase 10 anos depois, que a bactéria que causava a Febre de Pontiac foi finalmente identificada. Na verdade, esta febre é uma forma amena de legionelose e se caracteriza por uma alta taxa de ataque (90%) e um curto período de incubação (dois a três dias). A doença dura apenas entre três e cinco dias e não exige hospitalização. Os sintomas incluem aqueles apresentados pelos empregados em 1968, bem como calafrios, dor de garganta, náusea, diarreia e dor no peito. Muitas pessoas talvez jamais suspeitem que tenham contraído a Febre de Pontiac, pois estima-se que apenas 5 a 10% daqueles que buscam socorro médico façam exames laboratoriais.

### Doença do legionário

A doença do legionário é um tipo de pneumonia causada pela bactéria *Legionella*. Tanto a doença como a bactéria que a causam foram descobertas após uma epidemia durante uma convenção da Legião Americana em 1976, na Filadélfia, Pensilvânia. Essa doença se desenvolve entre 2 e 10 dias após a exposição à *Legionela*, e seus primeiros sintomas podem incluir falta de energia, náusea, dores musculares, febre alta (muitas vezes superior a 40°C) e dores no peito. Na sequência, muitos sistemas corporais – assim como o cérebro – podem ser afetados. A doença pode levar a óbito se a febre alta e os anticorpos não conseguirem vencê-la. As vítimas que sobrevivem às vezes têm sequelas físicas ou mentais permanentes. Os Centros para o Controle de Doenças dos Estados Unidos estimam que atinja entre 10 mil e 15 mil pessoas por ano no país; mas outros estimam que o número seja muito superior, podendo chegar a 100 mil casos por ano.

A doença do legionário é severa e atinge vários sistemas corporais, podendo afetar os pulmões, o trato gastrointestinal, o sistema nervoso central e os rins. Se caracteriza por uma baixa taxa de ataque (entre 2 e 3%), longo período de incubação (de 2 a 10 dias) e pneumonia severa. Ao contrário da Febre de Pontiac, exige a hospitalização. A maioria das vítimas são homens entre os 50 e 70 anos que fumam e/ou têm algum problema respiratório. O consumo de álcool, o diabetes e cirurgias recentes também contribuem.

### Reações alérgicas

As alergias são reações a uma forma de poluição do ar nos interiores que ocorrem quando o corpo reage a substâncias não tóxicas, como o pólen, percebendo-as como ameaças. O corpo, então, imitará os efeitos de uma doença real, estimulando a produção de leucócitos para combater o alérgeno. Uma pessoa geralmente não tem uma reação alérgica antes da segunda exposição a um alérgeno específico. A primeira exposição resulta na manifestação da alergia. Os alérgenos que causam uma resposta alérgica incluem agentes viáveis e não viáveis. Os agentes viáveis incluem as bactérias, os fungos e as algas. Os agentes não viáveis incluem o pó doméstico, partes de insetos e aracnídeos, pêlos de animais, partículas fecais dos ácaros, restos de mofo e seus esporos, pólens e excreções secas de animais.

Não é nada fácil evitar o contato com alérgenos, e eles constituem uma nova variação do problema da qualidade do ar do interior, uma vez que as reações dos usuários de um prédio a um alérgeno podem variar mais do que a outros fatores ambientais. O que pode levar um indivíduo a procurar um serviço de pronto socorro talvez não seja o mesmo para outra pessoa. Limpezas regulares para remover o pó, o uso de filtros de alta eficiência e a mudança periódica dos filtros podem ajudar a eliminar ou reduzir os contaminantes biológicos (Bas, 1993; Hays, Gobbell e Ganick, 1995).

## PROJETO INTEGRADO DA QUALIDADE DO AMBIENTE INTERNO

Sem dúvida, a complexidade dos diversos problemas da qualidade do ambiente interno exige uma abordagem integrada ao projeto de edificações para que se possa maximizar a qualidade dos espaços ocupados pelos seres humanos. The Whole Building Design Guide (www.wbdg.org) oferece-nos uma boa ideia geral do projeto integrado da qualidade do ambiente interno e sugere as seguintes medidas para isso:

- Facilite a qualidade do ambiente interno por meio de bom projeto, construção, operação e práticas de manutenção.
- Valorize as decisões estéticas, como a importância das vistas e da integração entre elementos naturais e artificiais.
- Proporcione um bom conforto térmico, com o máximo de controle individual da temperatura e ventilação.
- Forneça ventilação e entrada de ar externo em níveis adequados para uma boa qualidade do ar do interior.
- Previna as bactérias aerotransportadas, o mofo e outros fungos por meio de um projeto das vedações externas que gerencie de modo adequado as fontes de umidade do exterior e interior do prédio, e projete sistemas de climatização efetivos no controle da umidade do ar.
- Use materiais que não emitam poluentes ou que tenham baixa emissão.
- Garanta a privacidade acústica e o conforto por meio do uso de materiais absorventes de som e isolando os equipamentos.
- Controle os odores incômodos com o isolamento e a remoção de contaminantes e a seleção dos produtos de limpeza.
- Crie um ambiente luminoso de alto desempenho por meio da integração cuidadosa das fontes de luz natural e artificial.
- Forneça água de boa qualidade.

Essas importantes recomendações serão tratadas em mais detalhes nas seções a seguir.

## Facilite a qualidade do ambiente interno por meio de bom projeto, construção, operação e práticas de manutenção

A equipe de projeto pode contribuir para a qualidade do ambiente interno do projeto com a especificação de produtos e materiais, bem como com os projetos de iluminação artificial e natural, condicionamento de ar, ventilação e outros sistemas que têm impacto direto na qualidade ambiental do prédio. A especificação de materiais que contêm níveis baixos ou mesmo inexistentes de compostos orgânicos voláteis e de sistemas de entrada que removem produtos químicos e partículas de pó das pessoas que entram no prédio são exemplos de especificações de materiais e produtos que podem contribuir para uma boa qualidade do ambiente interno. O projeto de um sistema integrado de iluminação natural e artificial frequentemente envolve uma simulação por computador e a seleção de tipos de janelas adequados que possam tanto facilitar uma boa iluminação natural como minimizar os ganhos térmicos solares no prédio. A etapa de construção também é muito importante para garantir um ambiente interno de alta qualidade, pois as melhores práticas podem eliminar possíveis causas futuras de problemas ambientais internos. Um exemplo é o risco de contaminação dos circuladores de ar, dutos, difusores e grelhas que distribuem o ar através do prédio com pó e detritos gerados durante o processo construtivo. Boas práticas de construção podem eliminar essa possível ameaça à qualidade do ar. Sem dúvida, a fase de operação e manutenção é crucial para uma boa qualidade do ambiente interno no longo prazo, e os administradores prediais devem estar cientes das melhores práticas para manter a qualidade ambiental criada pelos projetistas.

## Valorize as decisões estéticas

Os projetistas têm a responsabilidade de garantir um alto nível estético nos prédios, que não somente contribui para o valor cultural das instalações ao longo do tempo como também promove a qualidade do ambiente interno. Como exemplo, as janelas de abrir, por muito tempo consideradas problemáticas em virtude da necessidade de coordenação de seu uso com a operação dos sistemas mecânicos, estão sendo retomadas para fornecer ventilação natural. Os prédios também estão sendo projetados atualmente para conectar as pessoas à natureza, e a disponibilização de boas vistas aos usuários muitas vezes é um dos objetivos da equipe de projeto.

## Proporcione um bom conforto térmico

O conforto térmico dos usuários é um dos principais objetivos dos projetos de edificações de alto desempenho e envolve a interação entre parâmetros como velocidade do ar, temperatura, umidade relativa do ar e temperatura radiante. Os primeiros três parâmetros são estabelecidos pelo sistema de climatização do prédio, enquanto a temperatura radiante, que é o resultado da radiação solar sobre a pele, é controlada pela seleção de janelas, elementos de sombreamento e outras abordagens que podem afetar a radiação solar que entra pelas janelas. A Norma (ASHRAE) 55-2010, *Condições Ambientais Térmicas para Ocupação Humana*, da American Society of Heating, Refrigerating and Air-Conditioning Engineers, é a base para o conforto térmico dos prédios de alto desempenho nos Estados Unidos. Oferecer aos usuários controles para o conforto térmico também é uma medida importante para os prédios de alto desempenho, pois a saúde e produtividade dos ocupantes depende, ao menos em parte, da capacidade de ajustes do ambiente para torná-lo confortável e, portanto, mais produtivo.

## Forneça níveis adequados de ventilação e entrada de ar do exterior

Os níveis de contaminação dentro dos prédios diminuem com o passar do tempo, dependendo do número de usuários, das atividades, dos materiais e produtos de construção e, o que é mais importante, da ventilação dentro do prédio. A Norma ASHRAE 62.1- 2010, *Ventilação para a Qualidade Aceitável do Ar do Interior*, estabelece a estrutura para o projeto de sistemas efetivos de isolamento nos prédios. Os níveis de $CO_2$ nos edifícios são uma referência importante para a medição dos níveis gerais de poluição do ar pois, à medida que os níveis de $CO_2$ sobem, o mesmo ocorre com outros contaminantes, como os particulados finos dos compostos orgânicos voláteis e uma ampla variedade de outros produtos químicos. Os projetistas recentemente aprenderam como otimizar os sistemas de ventilação dos prédios por meio do monitoramento dos níveis de $CO_2$ e então usá-lo como informação para o controle do sistema de ventilação, de modo que, à medida que os níveis de $CO_2$ aumentam e diminuem, as taxas de ventilação são ajustadas por sistemas de controle automático. Essa estratégia tem o benefício de fornecer uma ventilação precisa e de minimizar a energia necessária para condicionar o ar do exterior que está ingressando no prédio para condicionamento. Os profissionais que elaboram os projetos complementares também aprenderam como separar o sistema do ar da ventilação do sistema do ar de recirculação, a fim de ter um controle mais preciso das taxas de ventilação.

### Previna as bactérias aerotransportadas, o mofo e outros fungos

O mofo tem se tornado um grande problema dos sistemas que visam à qualidade do ambiente interno. É importante que as vedações externas do prédio sejam projetadas para prevenir a entrada de água pelo detalhamento cuidadoso e pela inclusão de barreiras à umidade no sistema de paredes externas. O controle da umidade por meio do sistema de climatização também é essencial para prevenir o desenvolvimento de mofo no edifício, especialmente em condições de cargas extremas, quando a umidade externa está muito elevada ou muito baixa. O mofo é medido pelo número de esporos por metro cúbico de ar, e é importante garantir que o nível de mofo no ar do interior seja inferior àquele do exterior e, em qualquer caso, não supere 700 esporos por metro cúbico de ar.

### Use materiais que não emitam poluentes ou que tenham baixa emissão

Os compostos orgânicos voláteis (VOCs) são produtos químicos sintéticos ou de ocorrência natural. Muitos, como o formaldeído, são incorporados aos materiais de construção para melhorar suas propriedades (por exemplo, tornar a tinta mais duradoura e acelerar sua secagem). Tolueno, xileno e benzeno são outros exemplos de VOCs sintéticos que são tóxicos e prejudiciais aos seres humanos e à saúde dos ecossistemas. Apesar dos benefícios que esses produtos oferecem, os VOCs representam uma ameaça à saúde dos usuários de um prédio e estão sendo eliminados nos edifícios sustentáveis de alto desempenho. Os produtos químicos utilizados no prédio – por exemplo, em materiais de limpeza e fotocopiadoras – devem ser armazenados em ambientes especiais que previnam sua migração aos espaços que os circundam. O controle do radônio também deve ser considerado nas áreas em que sua presença for identificada nos solos. Nos projetos de reforma, a remoção de amianto e tintas à base de chumbo deve ser feita de modo que evite a exposição de trabalhadores e futuros usuários.

### Garanta a privacidade acústica e o conforto

A transmissão de ruídos e sons através das edificações pode afetar tanto a saúde como o conforto dos usuários, assim devem ser feitos esforços significativos para minimizar a geração de ruídos e sua transmissão mediante o uso de materiais absorvedores sonoros; paredes, pisos e tetos que atenuem sons e ruídos; pelo isolamento acústico de circuladores de ar; e pelo projeto de sistemas de climatização que sejam silenciosos e não transmitam conversas entre espaços.

### Controle os odores incômodos com o isolamento e a remoção de contaminantes e a seleção dos produtos de limpeza

Alguns espaços dos prédios, como salas de fotocópia, armários para material de limpeza, depósitos e áreas destinadas ao fumo, devem ter pressão negativa e estar isolados dos demais recintos, além de possuir exaustão direta para o exterior. Essa estratégia previne a migração de produtos químicos e odores típicos desses espaços às áreas de ocupação prolongada do prédio.

## Crie um ambiente luminoso de alto desempenho

A iluminação natural traz benefícios enormes, pois contribui diretamente para a saúde humana, além de gerar economias de energia significativas para um sistema de iluminação integrado e bem projetado. Existe uma grande variedade de sistemas de iluminação de alto desempenho para fornecer luz de altas qualidade e eficiência.

## Forneça água de boa qualidade

O sistema de água do prédio deve ser projetado a fim de fornecer a qualidade de água apropriada para todos os propósitos. A água potável é necessária para consumo humano, pias, bebedouros, lavatórios e máquinas de lavar pratos, e sua qualidade deve ser monitorada para garantir que não contenha níveis inadequados de vários metais e bactérias. Uma água de boa qualidade, mas que não atende aos critérios de potabilidade, pode ser incorporada no edifício para vários usos, como a descarga de bacias sanitárias e mictórios e a irrigação dos jardins. Assim como ocorre com todos os aspectos de um prédio de alto desempenho, uma manutenção periódica garante que o sistema de água fornecerá a água com a qualidade necessária para as atividades.

## COMO ABORDAR OS PRINCIPAIS COMPONENTES DE UM PROJETO INTEGRADO DE QUALIDADE DO AMBIENTE INTERNO

Nas seções a seguir, trataremos do projeto dos principais subsistemas que afetam a qualidade do ambiente interno, incluindo a iluminação integrada, a iluminação natural e as vistas, o conforto térmico e seu controle, o conforto acústico, a radiação eletromagnética e o projeto dos sistemas de climatização de um prédio.

## O projeto integrado da iluminação natural, iluminação artificial e das vistas

Os sistemas de iluminação dos prédios são complexos, e seus projetos deveriam considerar a otimização do equilíbrio entre contribuir para a saúde humana e reduzir o consumo energético. Nos Estados Unidos, os sistemas de iluminação correspondem a cerca de 30% do consumo total de energia, um custo significativo e uma grande contribuição para as mudanças climáticas. Contudo, um bom projeto de iluminação é importante para a saúde humana, e oferecer um sistema inadequado é contraproducente, pois resultaria no aumento de doenças e absentismo e na redução da produtividade. A iluminação natural tem o efeito duplo de contribuir para a saúde humana e reduzir significativamente a energia gasta com a iluminação artificial. Uma importante consideração no projeto de um sistema de iluminação integrado é criar vistas externas para o desfrute dos usuários. A saúde e a produtividade são diretamente afetadas por sua capacidade de ver o mundo externo, especialmente a natureza, durante seu cotidiano de trabalho ou estudo. Este conceito foi articulado pela primeira vez por Edward O. Wilson (1988) em seu livro *Biophilia*, no qual ele sugeriu que os seres humanos anseiam por uma conexão com a natureza e que o aumento das possibilidades das pessoas que estão dentro de um prédio de se conectarem com o mundo exterior traz benefícios para sua saúde física e mental. A ideia é que os seres humanos se desenvolveram profundamente conectados com a riqueza da natureza e que ainda temos uma afinidade com ela arraigada em nossos genes. Mas nem todos os sistemas de iluminação natural oferecem vistas externas. Os prédios que usam clerestórios, lanternins ou claraboias para a iluminação diurna oferecem vistas do céu, mas

**FIGURA 13.1** Na Escola de Ensino Médio Hillside, em Salt Lake City, Utah, o exterior é internalizado. As paredes de vidro que estão presentes em todo o prédio oferecem não somente transparência e iluminação natural, mas proporcionam vistas excelentes nas áreas de uso comum (A), na biblioteca (B), nas salas de aula e nos conjuntos de escritórios. (GSBS Architects e Benjamin Lowry Photographer)

não da natureza no nível do solo. As janelas para visibilidade externa com peitoris baixos (ou que chegam ao piso) e que vão até próximo ao teto oferecem esse tipo de conexão visual com a natureza (veja a Figura 13.1).

O nível de conforto visual em um prédio depende tanto dos níveis de luz natural como dos de luz artificial. Em geral, essas duas formas de iluminação podem ser avaliadas separadamente, uma vez que a iluminação artificial deve ser fornecida nas situações em que a luz diurna é inexistente ou insuficiente (por exemplo, à noite ou nos dias nublados). Todavia, há um ponto de transição nas edificações sustentáveis modernas em que a iluminação artificial e a natural se complementam, conforme a disponibilidade de luz solar. Os sistemas modernos de controle de iluminação são capazes de controlar os níveis de luz artificial em resposta à disponibilidade da luz diurna, otimizando o uso de energia elétrica para iluminação dos prédios. Observe que os benefícios energéticos da iluminação natural são tratados no Capítulo 9.

**TABELA 13.3**

**Elementos que os arquitetos podem aproveitar para maximizar a iluminação natural nos prédios**

| | |
|---|---|
| Átrio | Uma área aberta que interconecta diversos pavimentos de um prédio |
| Telhado do tipo *shed* (ou em dente de serra) | Formado por uma série de elementos paralelos de formato triangular |
| Lanternim | Uma seção elevada da cobertura que inclui uma abertura envidraçada vertical (ou quase vertical) para iluminação |
| Claraboia | Abertura horizontal ou quase horizontal na cobertura, para a admissão de luz natural |
| Poço de luz | Um poço ou pátio interno que às vezes usa suas paredes para refletir a luz |
| Clerestório | Vidraça horizontal no alto de uma parede |
| Prateleira de luz | Superfície horizontal reflexiva que pode ser instalada em uma janela, ficando, em parte, externa e, em parte, interna |
| Heliostato | Espelho que acompanha o sol para refletir sua luz direta |
| Parede externa de vidro | Parede de vidro localizada no térreo para oferecer luz natural ao pavimento térreo e, às vezes, a um andar abaixo do nível do solo |
| Tijolo ou bloco de vidro | Elemento de vidro fixo embutido em uma parede, piso, passeio ou escada |

A luz natural é importante para a arquitetura há muito tempo e os motivos são óbvios. Antes do uso da eletricidade, a iluminação predial era feita com aberturas, janelas e vidraças, e havia um esforço de projeto significativo para usar a luz natural ao máximo. Há uma ampla variedade de elementos de arquitetura à disposição dos projetistas para a melhoria do sistema de iluminação natural (veja a Tabela 13.3 e as Figuras 13.2A–D). De acordo com o *Whole Building Design Guide*, um projeto de iluminação natural consiste em sistemas, tecnologias e arquitetura. A lista a seguir indica alguns dos componentes de um projeto de iluminação natural típico, embora talvez nem todos estejam presentes em cada caso:

- Formato da edificação a fim de otimizar o aproveitamento da luz natural
- Proporção entre área de janela e área de parede conforme o tipo de clima
- Vidraças de alto desempenho (vidros especiais)
- Projeto de fenestração otimizado para o aproveitamento da luz diurna
- Claraboias (passivas ou ativas)
- Tubos de luz
- Elementos de redirecionamento ou reflexão da luz natural
- Elementos de proteção solar
- Controles da iluminação elétrica para responder aos níveis de iluminação natural
- Projeto do interior otimizado para o aproveitamento da luz natural (como o projeto dos móveis, o planejamento espacial e os acabamentos dos cômodos)

Como ocorre com a maioria dos aspectos do projeto passivo, o projeto de sistemas de iluminação natural se inicia com o formato adequado do prédio. Em geral, para uma boa iluminação natural, as edificações devem ser orientadas no eixo leste-oeste, que maximiza as exposições solares norte e sul. É importante que a largura do prédio na direção norte-sul seja a mínima possível e em caso algum supere 18 m. As normas alemãs estipulam que, nos prédios de escritórios, os usuários devem estar a uma distância máxima de 15 m de uma janela externa, para que possam desfrutar a luz natural e as vistas.

Os controles da iluminação artificial integrados com a iluminação natural são importantes para o projeto dos sistemas de iluminação, pois ajudam a fornecer um nível constante de iluminação, usando a luz elétrica para compensar os níveis variáveis de luz solar. Esses tipos de controle consistem em fotocélulas que controlam *dimmers* ou o acionamento gradual das luminárias. Atualmente, os sensores de ocupação, que ligam e desligam as luzes em resposta à

**FIGURA 13.2** (A) Um clerestório lança luz natural difusa na Universidade Estadual Saint Johns River, em Saint Augustine, Flórida. (D. Stephany)

**FIGURA 13.2** (B) O telhado em *shed* da Escola de Ensino Fundamental Manassas, em Manassas Park, Virginia, um subúrbio de Washington, DC, foi orientado para permitir que a luz difusa entrasse no prédio. Este prédio também usa tubos solares para iluminar outros espaços internos durante os dias ensolarados (à esquerda, no alto da imagem). (© Prakash Patel, para VMDO Architects)

presença das pessoas no espaço, também são integrados com os controles de iluminação responsivos à luz diurna.

O projeto do sistema de iluminação natural deve considerar também o controle do ofuscamento, relacionado à luz solar direta que incide no interior. É claro que é importante maximizar a iluminação natural, mas isso não pode ser à custa de criar condições de trabalho desagradáveis em um espaço. Isso é particularmente importante no projeto da iluminação natural, pois o lado norte de um prédio (hemisfério sul), em geral, fornecerá a maior parte da luz diurna, e devemos cuidar para garantir que os raios de sol diretos sejam controlados por meio de elementos de proteção solar internos e externos, brises e persianas horizontais e verticais e prateleiras de luz.

**FIGURA 13.2** (C) Uma prateleira de luz permite a entrada da luz natural ao mesmo tempo que protege os usuários do ofuscamento direto. Esse elemento costuma ser instalado em janelas bastante altas. (Decorating with Fabric)

**FIGURA 13.2** (D) Um átrio na sede corporativa da EDS, em Plano, Texas, conecta vários pavimentos por meio do uso da luz natural. (*Fonte*: National Institute of Building Sciences)

Algumas considerações para o projeto de sistemas de iluminação natural são:

- Aumente o número de zonas periféricas com iluminação natural.
- Promova a profunda internalização da luz natural com a instalação de janelas até o alto da parede, ou com a instalação de lanternins ou clerestórios.

- Reflita a luz natural usando cores claras, para aumentar o brilho dos cômodos.
- Projete forros inclinados, para direcionar mais luz para o fundo do espaço. Evite a incidência de raios diretos de luz natural sobre superfícies utilizadas para tarefas visuais críticas.
- Filtre e aumente a difusão da luz natural com o uso de plantas, cortinas e persianas.
- Esteja ciente de que diferentes orientações solares exigem distintas estratégias de iluminação natural. Por exemplo, as prateleiras de luz, embora sejam efetivas no lado norte de um prédio (hemisfério sul), não o seriam nas elevações leste e oeste.

Em geral, vale usar um modelo computacional ou uma maquete para ajudar no projeto de um sistema integrado de iluminação elétrica e natural. Há pacotes de *software* específicos, como o Radiance e o Ecotect, para elaborar um projeto detalhado do sistema de iluminação. De modo similar, uma maquete convencional do prédio pode ser utilizada para testar diferentes estratégias de iluminação: qual o tipo de vidraça, a orientação solar e o ponto de equilíbrio entre a uso da iluminação natural e a economia de energia.

## Conforto térmico e controles

A Norma ASHRAE 55-2010, *Condições Ambientais Térmicas para Ocupação Humana*, define o conforto térmico como o estado mental dos seres humanos que expressa a satisfação com o ambiente que os circunda, descrevendo um estado psicológico e, em geral, ao fato de uma pessoa não estar sentido calor ou frio demasiados. O conforto térmico descreve a combinação de fatores ambientais que pode fornecer um bem-estar térmico. Por exemplo, de acordo com a Norma ASHRAE, sugere-se para escritórios uma temperatura de verão entre 23,5°C e 25,5°C e um fluxo de ar de 0,18 metro por segundo (m/s). No inverno, a faixa de temperatura recomendável é de 21,0°C a 23,0°C, e a velocidade do ar é de 0,15 m/s.

Nos Estados Unidos, é importante manter condições térmicas constantes nos escritórios, e até mesmo um desvio mínimo dessa zona de bem-estar pode ser estressante e afetar o desempenho e a segurança dos usuários. Os trabalhadores que já se encontram estressados toleram menos condições de desconforto. Em outros países, como a Alemanha, onde há uma enorme ênfase nos prédios de baixo consumo energético, a zona de conforto não é tão rígida e é aceita uma variação maior das condições de conforto.

Proporcionar o conforto térmico nos interiores é uma tarefa complexa, pois depende de quatro fatores ambientais e dois pessoais. Os fatores ambientais são temperatura, radiação térmica, umidade relativa do ar e velocidade do ar; os pessoais, vestimenta e metabolismo. Três dos quatro fatores ambientais – temperatura, umidade relativa do ar e velocidade do ar – são noções familiares. A radiação térmica é o efeito da radiação solar direta ou de outro tipo de radiação na pele e pode afetar as pessoas nos interiores em que há luz solar direta, sem elementos de sombreamento ou proteção contra o ofuscamento. O conforto térmico pode ser obtido por meio de uma grande variedade de combinações desses fatores. Por exemplo, é de conhecimento geral que a velocidade do ar pode atenuar os efeitos de uma temperatura mais elevada; assim, os ventiladores de teto podem gerar uma ventilação que torna uma temperatura mais alta tolerável. De modo similar, uma umidade mais baixa pode fazer com que temperaturas mais altas também sejam aceitáveis. Além dos quatro fatores ambientais observados, outros fatores, como a vestimenta, os níveis de atividade e os fatores pessoais (como a saúde individual), afetam o conforto térmico. O controle do conforto térmico é a habilidade dos usuários de ajustar conforme seu desejo ao menos um dos quatro fatores ambientais supracitados. Oferecer aos usuários de um edifício pelo menos certo nível de controle do conforto térmico é reconhecido como positivo para a saúde e produtividade dos ocupantes e é considerado uma medida significativa no projeto de edificações sustentáveis de alto desempenho.

O conforto térmico se baseia nas pesquisas sobre os quatro fatores ambientais conduzidas por Ole Fanger e outros na Kansas State University na década de 1970. Descobriu-se que o conforto percebido era uma interação complexa dos quatro fatores e que a maioria dos usuários se satisfaria com um arranjo ideal de valores. À medida que a gama de valores se desviava do ideal, um número cada vez menor de pessoas se sentia satisfeita. Essa observação poderia ser expressa em termos estatísticos como o percentual de indivíduos que expressavam insatisfação com as condições de conforto e o voto médio previsto. O índice do voto médio previsto prevê a resposta média de um grupo maior de pessoas que votam de acordo com a escala de sensações térmicas da ASHRAE.

Em geral, a regra é que se 80% de uma população concordam que as condições térmicas são de conforto, então a combinação dos fatores ambientais está oferecendo condições de conforto. Essa é a base para as recomendações da Norma ASHRAE 55-2010, *Condições Ambientais Térmicas para Ocupação Humana*, para combinações aceitáveis dos fatores ambientais.

A inclusão dos níveis de vestimenta e das taxas de metabolismo na determinação do conforto térmico também está incluída na ASHRAE 55. O nível de vestimenta (CLO) é um valor numérico que descreve o isolamento térmico proporcionado pela roupa e varia entre 0,5 e 1,5. Esse valor considera que o indivíduo esteja de pé. Se uma pessoa passa a maior parte do dia sentada, o valor CLO talvez tenha de ser aumentado, dependendo do tipo de cadeira utilizada. Os valores CLO são determinados pelo usuário médio para cada estação e recinto.

A taxa de metabolismo (MET) estima o nível típico de atividade dos usuários em determinado espaço. A MET é expressa em uma escala decimal e varia entre 0,7 e 8,7. O nível 0,7 representa que a pessoa está dormindo ou descansando, enquanto acima de 1,0 corresponde a uma atividade leve e de 2,0 representa atividade e perspiração moderadas. Quando os valores ultrapassam 1,0, a evaporação do suor se torna um fator no nível de conforto do indivíduo. Uma estimativa da taxa de metabolismo média dos usuários para um dado espaço é determinada para servir como um dado de entrada na análise do conforto térmico.

A última versão da ASHRAE 55-2010 aborda o uso de várias tecnologias novas para obtenção do conforto térmico que usam abordagens de baixo consumo energético (veja a Figura 13.3). O movimento do ar, em geral, está se tornando uma estratégia mais popular para o resfriamento dos usuários de um prédio, em vez de se reduzir a temperatura operacional, pois, dessa maneira, o consumo de energia é mais baixo. A Norma ASHRAE 55-2010 inclui um novo método para determinar o efeito de resfriamento do movimento do ar a uma velocidade acima de 1,64 m/s. Este método permite que os ventiladores de teto ou outros meios de aumento da velocidade do ar forneçam conforto sob temperaturas de verão mais elevadas do que antes se admitia. As novas determinações, baseadas em uma pesquisa baseada em um levantamento de campo, permitem aumentar a velocidade do ar para compensar, *grosso modo*, a necessidade de resfriá-lo quando faz calor. A Norma ASHRAE 55-2010 permite aumentos modestos na temperatura de operação além dos limites do valor médio previsto como uma função da velocidade e turbulência do ar, duas estratégias que aumentam a sensação de conforto com o uso da convecção para remover o calor em contato com a pele.

## Conforto acústico

A consideração do conforto acústico nos prédios geralmente fica no fim da lista de prioridades, tanto no projeto de construções sustentáveis como no de edificações convencionais. A acústica é muito importante para a saúde, o bem-estar e a produtividade das pessoas em escritórios, escolas e praticamente todo tipo de edificações. Oferecer um bom ambiente acústico para os usuários dos prédios ajuda a aumentar seu desempenho e a reduzir a incidência de doenças e dias de trabalho perdidos. O conforto acústico faz parte de um panorama maior do conforto no ambiente construído, que inclui não somente a acústica como outras questões, como o conforto térmico, a qualidade da iluminação, a disponibilidade de luz natural e outros fatores similares. Os ruídos sempre existem nos edifícios, e podem vir do trânsito na rua, de vozes nos recintos internos, de equipamentos mecânicos em espaços adjacentes, copiadoras, telefones ou muitas outras fontes. Para que se obtenha um ambiente com boa acústica, vários problemas devem ser abordados: (1) os ruídos externos, (2) os ruídos dos espaços adjacentes e (3) a falta do controle acústico no próprio recinto. Embora o ruído nos espaços talvez não prejudique a audição, a presença de ruídos distratores prejudica a concentração no trabalho ou estudo e diminui a produtividade dos usuários. O Center for the Built Environment da University of California, em Berkeley, conduziu avaliações pós-ocupação em 15 prédios ao longo de uma pesquisa com 4.096 entrevistados e descobriu que mais de 60% dos usuá-

**FIGURA 13.3** A versão de 2013 da norma ASHRAE 55 aceita várias abordagens para a obtenção do conforto térmico, como o aumento da velocidade do ar.

rios em cubículos de escritórios consideram que a acústica interfere em sua produtividade (Jensen e Arens, 2005) (veja a Figura 13.4). Sem dúvida, a acústica é uma grande preocupação para usuários e trabalhadores, e um projeto acústico inadequado pode resultar em um prédio com desempenho que compromete a saúde humana.

### Ponto de partida: a terminologia do controle de sons e ruídos

Nos Estados Unidos, a redução de ruídos é medida pela Classe de Transmissão Sonora (STC), que representa a diminuição, em decibéis (dBA), gerada por um componente de construção como uma parede ou janela. Observe que a escala de decibéis é logarítmica; assim, uma redução de 10 dBA no som entre dois espaços corresponde a uma diminuição de cerca de 50% no volume sonoro percebido. Por exemplo, um som de 40 dBA tem cerca de metade de um de 50 dBA. Com relação às classificações dos níveis de classe de transmissão sonora, uma parede com valor 20 oferece uma redução sonora de 20 dBA. Uma parede com classificação 20 e nível sonoro de 60 dB em um dos lados reduziria o nível sonoro para 40 dB no outro lado. Uma parede interna típica para uma casa

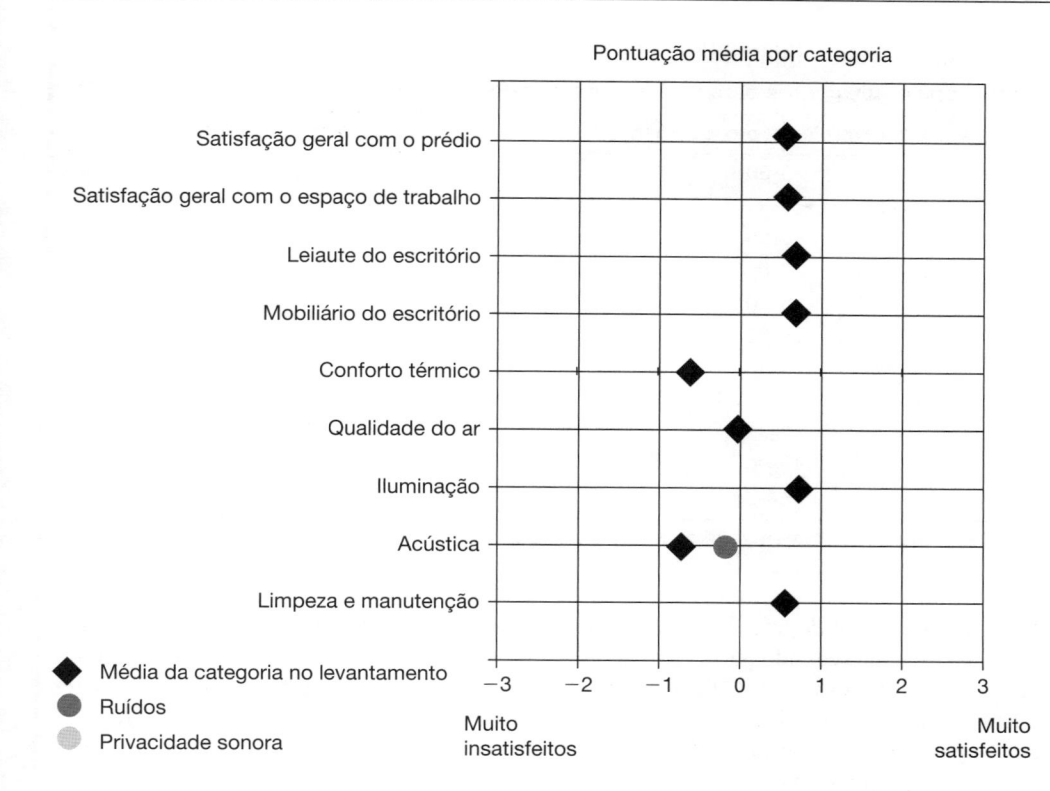

**FIGURA 13.4** Um levantamento conduzido pelo Center for the Built Environment da University of California em Berkeley indicou que, dos vários fatores que compõem o conforto do espaço de trabalho, os usuários estavam mais insatisfeitos com a acústica. (*Fonte*: National Institute of Building Sciences)

com chapa de gesso acartonado de ½ polegada (12 mm) em ambos os lados de seus montantes de madeira tem classe de transmissão sonora 33. A escala mais comum para se medir decibéis em um espaço é chamada de escala dBA. Alguns valores típicos da classe de transmissão sonora e seus efeitos são indicados na Tabela 13.4. Fora dos Estados Unidos, usa-se o índice de redução sonora, em vez da classe de transmissão sonora.

O *critério de ruído* é uma classificação para ruídos internos e outros ruídos oriundos de uma variedade de fontes, inclusive equipamentos de ar-condicionado. Quanto mais baixa for a classificação critério de ruído para um espaço, mais silencioso ele deverá ser. A Tabela 13.5 mostra diversos valores recomendados para o critério de ruído e os valores dBA para vários espaços edificados típicos.

**TABELA 13.4**

**Os efeitos da classificação STC (classe de transmissão sonora) através de um elemento de construção**

| STC | Nível sonoro |
|---|---|
| 25 | Uma conversa normal pode ser entendida com facilidade e clareza através da parede. |
| 30 | Uma conversa em voz alta pode ser entendida bastante bem; um diálogo normal pode ser ouvido, mas não é entendido. |
| 35 | Uma conversa em voz alta é audível, mas ininteligível. |
| 40 | Limite que garante a "privacidade". |
| 42 | Uma conversa em voz alta é audível como um murmúrio. |
| 45 | Uma conversa em voz alta é inaudível; 90% da população estatística não se incomodam. |
| 50 | Sons muito altos, como os de instrumentos musicais ou aparelhos eletrônicos, podem ser vagamente ouvidos; 99% da população não se incomodam. |
| 60 | Isolamento acústico superior: a maioria dos sons é inaudível. |

*Fonte:* North American Insulation Manufacturer's Association, "Sound Control for Commercial and Residential Buildings." Disponível em www.icsinsulation.com/specifications/general/Sound%20Control.pdf

**TABELA 13.5**

**Níveis de controle sonoro e de sons equivalentes para vários espaços fechados típicos**

| Tipo de espaço | Nível de controle sonoro recomendado | Nível sonoro equivalente (dBA) |
|---|---|---|
| Auditórios grandes | 25–30 | 35–40 |
| Igrejas | 30–35 | 40–45 |
| Fábricas | 40–65 | 50–75 |
| Escritórios privativos | 30–35 | 40–45 |
| Auditórios pequenos | 25–30 | 35–40 |
| Salas de aula | 25–30 | 35–40 |
| Bibliotecas | 35–40 | 40–50 |
| Moradias | 25–35 | 35–45 |
| Restaurantes | 40–45 | 50–55 |
| Salas de concerto | 15–20 | 25–30 |
| Quartos de hotel | 25–35 | 35–45 |

*Fonte:* Adaptada de "Comparing Noise Criteria", no site The Engineering Toolbox, www.engineeringtoolbox.com/noise-criteria-d_726.html

O *tempo ou período de reverberação* é um importante descritor do ambiente acústico de um espaço e é o tempo em segundo que leva para um som se desintegrar 60 dB abaixo de seu nível original. Espaços com tempos de reverberação acima de 2 segundos são caracterizados por superfícies duras. Nesses locais, a capacidade de ouvir uma conversa ou palestra é prejudicada pela presença de sons que passam uns pelos outros. Essas áreas também não podem ser utilizadas para concertos. Um espaço com longo tempo de reverberação é chamado de ambiente "vivo". Quando um som morre rapidamente dentro de um espaço, o ambiente é chamado de acusticamente "morto". O tempo de reverberação ideal depende muito do uso a que se destina o recinto. Por exemplo, uma conversa é mais nítida em um espaço "morto". A música pode ficar melhor dentro de um ambiente "vivo", pois nele as notas se mesclam, mas diferentes estilos musicais também exigirão tempos de reverberação distintos (veja a Tabela 13.6).

O tempo de reverberação é afetado pelo tamanho do recinto e pela quantidade de superfícies reflexivas ou absorventes dentro dele. Um espaço com superfícies muito macias absorverá o som, impedindo que seja refletido.

Isso geraria um espaço com tempo de reverberação curto. As superfícies reflexivas aumentam o tempo de reverberação dentro de um espaço. Em geral, espaços maiores têm tempos de reverberação também maiores do que os recintos menores. Portanto, um espaço mais amplo exige mais absorção para alcançar o mesmo tempo de reverberação que um espaço menor. A catedral Notre Dame de Paris, França, tem um tempo de reverberação superior a 8 segundos, assim é um bom espaço para se ouvir música de órgão de tubos, mas ali uma fala é praticamente inaudível.

**TABELA 13.6**

**Tempos de reverberação máximos recomendados para a fala e música**

| Faixa de tempo de reverberação (segundos) e aceitabilidade | | | | |
|---|---|---|---|---|
| Tipo de som | 0,8–1,3 | 1,4–2,0 | 2,1–3,0 | Tempo de reverberação ideal[†] (s) |
| Fala | Boa | Razoável/Ruim | Inaceitável* | 0,8–1,1 |
| Música contemporânea | Razoável/Boa | Razoável | Ruim | 1,2–1,4 |
| Música de coral | Ruim/Razoável | Razoável/Boa | Boa/Razoável | 1,8–2,01 |

*Com um sistema de som projetado e instalado de modo correto, os problemas de inteligibilidade da fala podem ser mitigados.
[†]O tempo de reverberação ideal pode ser um tanto subjetivo e mudar conforme muitas variáveis.
*Fonte:* Adaptada do antigo site ReverberationTime.com, que estava em www.reverberationtime.com

O tempo de reverberação também pode ser ajustado dentro de um espaço existente. Podem ser feitos testes para determinar o tempo de reverberação. Materiais absorventes podem então ser acrescentados ou removidos do espaço para que se alcance o tempo de reverberação desejado. Sempre que possível, é extremamente recomendável considerar o tempo de reverberação e outros aspectos da acústica ainda durante a elaboração do projeto. Analisar e modificar as propriedades acústicas de um ambiente já construído pode ser mais caro e comprometer a estética.

O *coeficiente de redução sonora* (NRC) é um índice com valor máximo igual a 1,0 que é determinado por testes de laboratório e utilizado para classificar o nível de absorção de um material. Esse padrão industrial varia entre 0 (perfeitamente reflexivo) a 1 (perfeitamente absorvente). As placas acústicas para forros devem ter coeficiente de redução sonora (NRC) de, pelo menos, 0,75. Embora pareçam similares, os termos coeficiente de redução sonora (CRS) e classe de transmissão sonora (STC) têm significados muito distintos. O STC é a atenuação sonora, em dBA, de um elemento do prédio, enquanto o NRC é a fração do som que é absorvida por um material.

## O problema dos ruídos externos e seu controle

Produzir um bom ambiente acústico interno exige bom planejamento e seleção do terreno para lidar com os possíveis problemas gerados por níveis elevados de ruídos externos. Em geral, locais que estão em áreas muito barulhentas, como aquelas perto de áreas industriais e rodovias, devem ser evitados, e a seleção de um terreno deveria incluir locais adequados para o propósito futuro do prédio. Por exemplo, é uma boa ideia implantar uma escola em uma área mais silenciosa, para que os níveis de ruídos externos sejam relativamente baixos e medidas extremas não sejam necessárias para reduzir a transmissão de ruídos no prédio. Se houver ruídos gerados por uma rodovia próxima, por exemplo, o edifício poderá ser projetado de modo que as áreas de permanência transitória, como depósitos, banheiros, depósitos para material de limpeza e casas de máquina fiquem no lado voltado para a fonte de ruídos. As áreas muito sensíveis, como as salas de aula, ficariam no lado silencioso da edificação. Taludes ou algumas soluções estruturais, como barreiras de concreto, podem ser necessários se houver mais de uma direção da qual ruídos significativos sejam gerados. A seleção dos componentes da edificação é importante para criar uma boa proteção acústica contra as fontes de ruído externas. As janelas, por exemplo, são uma consideração importante, pois, embora possam permitir a entrada da luz natural e o controle os ganhos térmicos e do ofuscamento, são vulneráveis à transmissão de ruídos e devem ser selecionadas com cuidados especiais quanto a seu desempenho acústico. As vidraças duplas ou triplas e com enchimento de gás inerte podem gerar a melhor solução para as situações em que há uma fonte de ruídos externa, mas se deseja o aproveitamento máximo da luz natural, por motivos de saúde e economia de energia.

## Exigências acústicas dos espaços internos

Cada tipo de espaço interno exige diferentes considerações e requisitos, dependendo do tipo de atividade ao qual se destina. Os escritórios individuais, por exemplo, exigem um espaço no qual se possa conversar sem ser ouvido nos espaços adjacentes e no qual as condições acústicas favoreçam a saúde e produtividade. Esses tipos de espaços geralmente têm problemas de transmissão sonora através das paredes internas, de níveis de ruído excessivos em seus interiores e de barulho oriundo do sistema de circulação de ar. Algumas das soluções recomendadas pelo *Whole Building Design Guide* são: estender as paredes de laje a laje; isolar as paredes internas para obter o valor de classe de transmissão sonora necessário para reduzir a transmissão dos ruídos dos espaços contíguos; e localizar escritórios e salas de reunião de modo que não fiquem adjacentes a casas de máquinas ou salas de equipamentos mecânicos.

As salas de aula são espaços projetados para o aprendizado, sendo que as modernas geralmente têm ambientes com equipamentos multimídia. Para que a comunicação verbal seja efetiva, é necessária uma boa acústica, o que significa que os níveis de ruído e a reverberação vertical devem ser relativamente baixos. Alguns tipos de ruídos que interferem com o processo do aprendizado são aqueles de fora da escola, como o trânsito na rua e a passagem de aviões; os ruídos nos corredores; em salas de aula adjacentes; gerados por equipamentos mecânicos e dutos; e os sons da própria sala de aula. O reconhecimento da necessidade de se ter um ambiente de aprendizado com desempenho acústico de alta qualidade resultou na publicação do American National Standards Institute, Inc. (ANSI)/Acoustical Society of America (ASA) S 12.60, *American National Standard Acoustical Performance Criteria, Design Requirements, and Guidelines for Schools*. Essa norma apresenta critérios de desempenho acústico, exigências para projeto e diretrizes para o projeto de salas de aula em escolas novas e outros espaços de aprendizado, e também estabelece níveis máximos de ruído de fundo e tempos de reverberação para os principais espaços de aprendizado (como as salas de aula):

- As exigências da norma ANSI/ASA S 12.60 para os ruídos de fundo estabelecem o padrão para o conforto acústico nos principais espaços de aprendizado nas escolas. O ruído de fundo é composto do barulho dos sistemas prediais, da transmissão do som externo e da transmissão do som dos espaços adjacentes. Um ruído de fundo excessivo pode prejudicar seriamente a comunicação.
- Em espaços de aprendizado principais com volumes internos de até 2 mil $m^2$, os níveis de ruídos de fundo em estado estacionário durante uma hora não devem exceder 35 dBA.
- Em espaços de aprendizado principais com volumes internos acima de 2 mil $m^2$, os níveis de ruídos de fundo em estado estacionário durante uma hora não devem exceder 40 dBA
- Se o período de uma hora mais ruidoso durante o qual as atividades de aprendizado acontecem é dominado pelos ruídos de transporte, os limites máximos são aumentados em 5 dB.

O controle dos níveis de ruídos de fundo dentro de um espaço envolve a consideração atenta dos diversos sistemas prediais. Todo o barulho do sistema de climatização, dos equipamentos elétricos, das luminárias e do sistema hidrossanitário deve ser considerado no projeto do controle acústico. De acordo com essa norma, é responsabilidade do arquiteto ou projetista especificar sistemas e métodos de instalação que atendam aos níveis de ruído de fundo exigidos pela norma. A execução do projeto de controle de ruídos é de responsabilidade do construtor. As mais importantes exigências quanto ao tempo de reverberação nos espaços de aprendizado principais são:

- O tempo de reverberação máximo para espaços de aprendizado principais com volumes internos superior a mil metros quadrados não deve exceder 0,6 s.
- Para espaços de aprendizado principais com volumes internos superiores a mil metros quadrados, mas inferiores a 2 mil $m^2$, o tempo de reverberação é 0,7 s.
- O tempo de reverberação em espaços com mais de 2 mil $m^2$ de volume interno não é especificado; contudo, são dadas diretrizes no Anexo C da norma.

### Mascaramento do som

O *mascaramento do som* é a introdução de sons de fundo não intrusivos em um ambiente de trabalho a fim de reduzir a interferência dos sons que distraem e de tornar a conversa dos trabalhadores próximos praticamente ininteligível. Implica elevar de modo controlado o som de fundo estável do recinto para minimizar a inteligibilidade da fala das pessoas que estão próximas, mas sem criar uma fonte de distração. Para um escritório, recomenda-se um nível de mascaramento de sons entre 40 e 45 dBA. Essa estratégia é frequentemente utilizada em escritórios com planta livre ou compartimentados nos quais o nível do som ambiente (ruído de fundo) é baixo demais e, como resultado, a privacidade fica comprometida. O mascaramento do som trabalha com sons gerados eletronicamente que são similares ao ruído de uma leve brisa e projetados por alto-falantes embutidos no forro. O som é distribuído de modo homogêneo na área sendo mascarada e pode ser regulado de acordo com as necessidades individuais de privacidade em uma área qualquer. Em um escritório com planta livre e sem forro, os alto-falantes podem ser instalados nos próprios móveis modulados ou mesmo em um piso elevado. O mascaramento do som apropriado pode ser utilizado para que se alcance uma privacidade aceitável nas conversas entre duas estações de trabalho contíguas. O ideal é que o som produzido seja suave e imperceptível, similar ao do ruído do sistema de ventilação. O nível de pressão sonora e o espectro devem ser considerados a fim de se obter um equilíbrio entre

**FIGURA 13.5** Um sistema de mascaramento do som em rede fabricado pela Lencore Acoustics Corporation inclui processadores de sinais digitais, geradores de ruídos eletrônicos, amplificadores, fiação, alto-falantes, controles e outros componentes para gerar, amplificar, distribuir e reproduzir o mascaramento do som de fundo sintetizado digitalmente e estabilizado. (Fotografia por Lencore Acoustics Corp. www.lencore.com)

o conforto acústico e um desempenho eficiente do mascaramento. Em muitos casos, a própria ventilação cria um mascaramento adequado. Em escritórios grandes e com pé-direito alto, as atividades constantes dos usuários e as conversas baixas podem criar um mascaramento apropriado. No entanto, em muitos casos, é necessário o uso de um sistema de áudio eletrônico para criar o mascaramento ideal do som (veja a Figura 13.5).

O uso do mascaramento eletrônico ainda não se tornou uma prática usual, embora a importância do mascaramento seja enfatizada nas diretrizes de projeto acústico no mundo inteiro. Uma possível razão é que pouquíssimos relatos de pesquisa tenham sido publicados nessa área, e os impactos do mascaramento eletrônico na saúde humana ainda não estão bem identificados. Contudo, em geral, devido aos níveis de ruído relativamente baixos desses sistemas, tendem a ficar dentro da faixa de ruídos normais de um escritório, não sendo considerados prejudiciais aos usuários.

## Radicação eletromagnética

A exposição à radiação eletromagnética é bastante comum e ocorre na forma de luz e calor, e – com a exceção da luz solar direta – os níveis de radiação naturais são relativamente baixos. Contudo, em virtude dos avanços da tecnologia, as fontes adicionais de radiação dos rádios estão afetando os seres humanos. A Figura 13.6 mostra fontes de radiação frequentes, distribuídas de acordo com suas faixas de frequência e seus efeitos sobre as pessoas (Bauer, Mösle e Schwarz, 2010). A radiação eletromagnética gerada pela tecnologia muitas vezes é chamada de *electrosmog* (*smog* eletromagnético) e pode ser definida como a radiação eletromagnética que resulta do uso tanto das tecnologias sem fio como da eletricidade nos sistemas de força dos prédios. As fontes mais comuns do *electrosmog* dos aparelhos sem fio são os telefones sem fio, as babás eletrônicas, os telefones celulares e suas torres e transmissores, e as redes sem fio. A Tabela 13.7 mostra a contribuição de vários aparelhos de telecomunicação no desempenho humano. A radiação de alta frequência, como a luz ultravioleta e os raios X, tem efeito ionizante que comprovadamente prejudica as células humanas. Também já está comprovado que outras faixas de frequência provocam calor e irritam os seres humanos, incluindo os campos eletromagnéticos causados, por exemplo, pelos sistemas de comunicação, como os de telefonia e computação. A exposição a esses tipos de radiação acarreta o aquecimento dos tecidos e, dependendo da intensidade e duração, aumenta a pressão sanguínea. Até o momento, os impactos de curto e longo prazo dessas fontes de radiação ainda é desconhecido, todavia, já está claramente

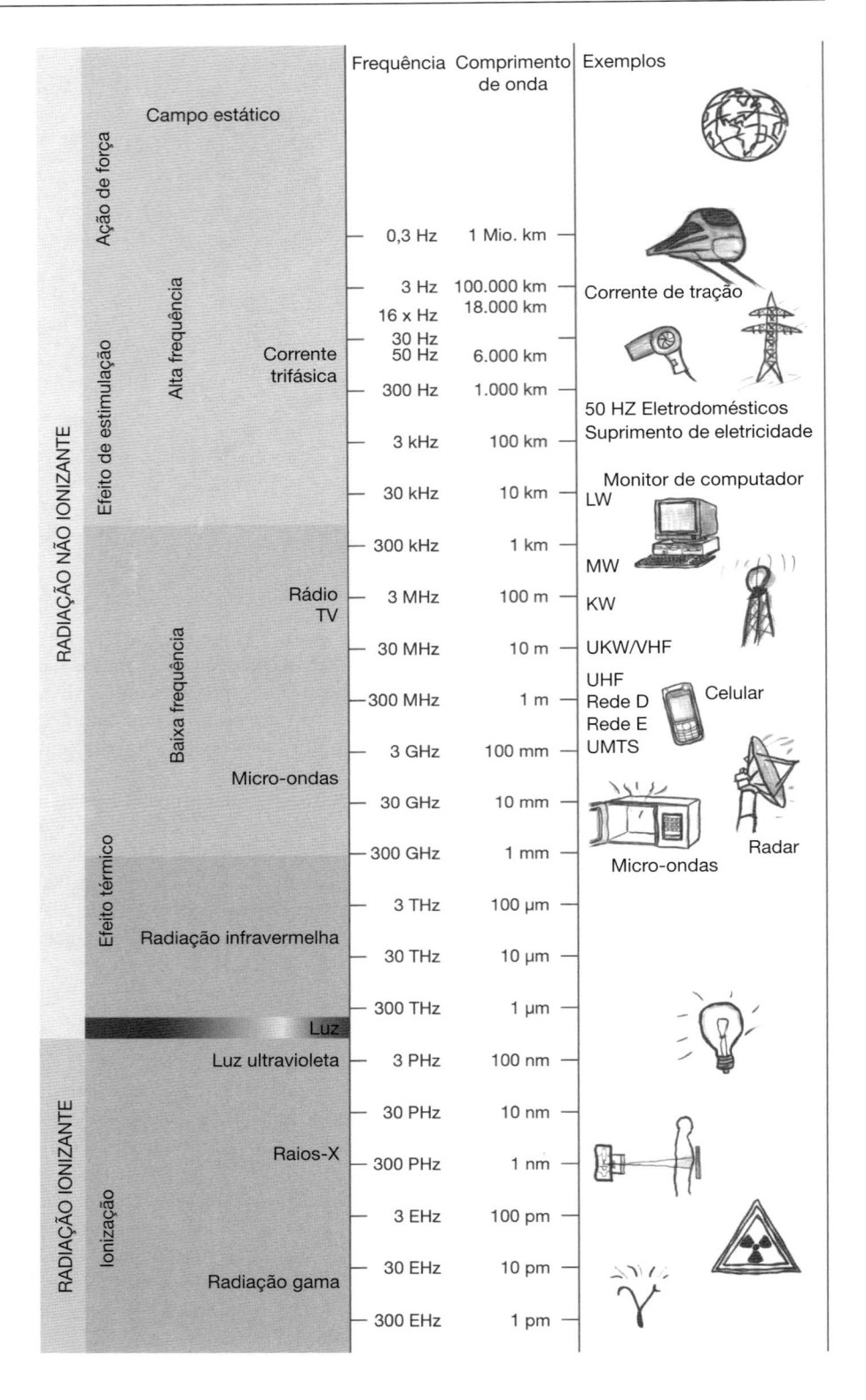

**FIGURA 13.6** Visão geral de diferentes fontes de radiação, com suas faixas de frequência correspondentes. (*Fonte*: Bauer, Mösle e Schwarz, 2010. Ilustração por cortesia de Drees & Sommer)

comprovado que altos níveis de radiação eletromagnética na faixa de frequência das comunicações podem ter impacto negativo nos padrões de sono, desempenho do cérebro, sistema imunológico e sistemas nervoso e celular. Com o desenvolvimento rápido das comunicações com telas sensíveis ao toque, as cargas eletromagnéticas sobre os seres humanos também vêm aumentando. Até que es-

**TABELA 13.7**

**Efeitos relativos da radiação eletromagnética dos sistemas de comunicação e equipamentos de computação utilizados em escritórios comuns**

| Equipamento de escritório | Baixo | Médio | Alto | Extremo |
|---|---|---|---|---|
| Monitor de computador | | X | | |
| Monitor de tela plana | X | | | |
| Teclado e mouse comum | | X | | |
| Teclado e mouse sem fio | | | X | |
| Bluetooth e redes locais sem fio (WLAN) | | | | X |
| Impressora | X | | | |
| Fax | X | | | |
| Fotocopiadora | X | | | |
| Lâmpada | | X | | |
| Notebook | | X | | |
| Telefone normal | | | X | |
| Telefone sem fio | | | | X |
| Computador de mesa | | X | | |
| Luminária de mesa | | | X | |
| Luminária de teto | | X | | |
| Luminárias direcionais | | | X | |
| Móveis de escritório | | | | |
| Cadeiras | X | | | |
| Mesas com estrutura metálica | | X | | |
| Prateleiras | X | | | |

*Fonte:* Bauer et al., 2010; Gustavs, 2008

tudos sobre os efeitos no curto e longo prazo estejam bem interpretados cientificamente, os prédios deveriam ser projetados com o princípio da precaução, adotando as recomendações dos painéis de especialistas internacionais e desenvolvendo estudos detalhados, em particular, de áreas críticas com cargas de radiação elevadas.

Os aspectos da radiação eletromagnética que devem ser considerados são a faixa de frequência, a intensidade do campo, a distância do emissor e o tempo de exposição. A intensidade de radiação é medida em watts por metro quadrado e diminui com o quadrado da distância do emissor. Isso significa que um emissor de alta capacidade que está mais longe, como uma torre de telefonia celular, pode ser menos prejudicial à saúde do que um emissor pequeno que está perto do corpo, como um telefone celular. A carga de radiação de um telefone celular junto ao ouvido é 100 vezes maior do que quando está a um metro do corpo. No caso das edificações sustentáveis de alto desempenho, deve-se considerar a redução das cargas de radiação eletromagnética, e equipamentos de trabalho, como sistemas de telefonia fixa e celular, devem ser levados em consideração, bem como outros aparelhos eletrônicos. A Tabela 13.8 mostra os valores críticos para a radiação eletromagnética em diferentes países ou locais. Observe que os países e as regiões listadas têm níveis admissíveis de radiação eletromagnética até mil vezes inferiores aos das recomendações internacionais. Em cada um dos casos, esses valores são significativamente inferiores aos 10–50 watts por metro quadrado recomendados pela Comissão Internacional sobre Proteção contra a Radiação Não Ionizante (ICNIRP). A Rússia, que raramente é considerado um país que tenha boas normas humanas ou ambientais, tem um dos limites para admissibilidade de radiação eletromagnética mais rigorosos do mundo: 0,02 $W/m^2$. Igualmente importante é o fato de que o problema da radiação eletromagnética ainda não foi reconhecido como sendo importante pela comunidade da edificação sustentável dos Estados Unidos. Contrastando com esse país, na Alemanha, o problema do *electrosmog* é levado muito mais a sério. A Figura 13.7 mostra um trabalhador de um escritório alemão com instrumentos de determinação dos efeitos da radiação na atividade cerebral e os efeitos dos esforços para neutralizar

**TABELA 13.8**
Valores críticos para radiação eletromagnética em diferentes países

| País/Região | Valor crítico para radiação eletromagnética (watts por metro quadrado) |
|---|---|
| Alemanha | 2–9 |
| Austrália/Nova Zelândia | 2 |
| Itália | 0,1 |
| Polônia | 0,1 |
| República Tcheca | 0,24 |
| Rússia | 0,02 |
| Salzburgo, Áustria | 0,001 |
| Suíça | 1/10 dos valores críticos do ICNIRP*. |

*Os valores críticos estabelecidos pelo ICNIRP são 10 W/m$^2$ para a exposição do público em geral e 50 W/m$^2$ para a exposição ocupacional na faixa entre 10 e 300 giga-hertz.
*Fonte:* Bauer et al., 2010

essa radiação. Uma pesquisa alemã indica que os moduladores de frequência podem ser efetivos para neutralizar a radiação eletromagnética irrelevante. A Figura 13.8 indica como os moduladores de frequência conseguem neutralizar a radiação eletromagnética superposta a uma linha de energia elétrica. A Figura 13.9 mostra como essa abordagem foi adaptada pelo Institut für Physikalische Raumenstörung em Berlim, Alemanha, para neutralizar uma radiação similar que afeta a atividade das ondas cerebrais.

**FIGURA 13.7** Um funcionário de um escritório na Alemanha equipado com um aparelho portátil de eletroencefalograma para determinar os efeitos de neutralizar a radiação dos equipamentos de escritório. (Fotografia por cortesia de Drees & Sommer)

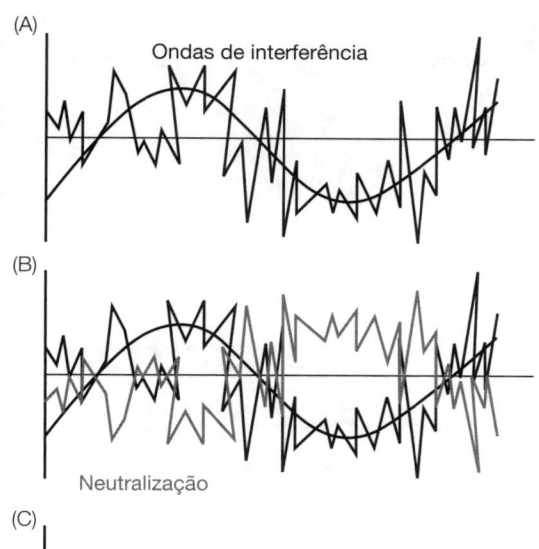

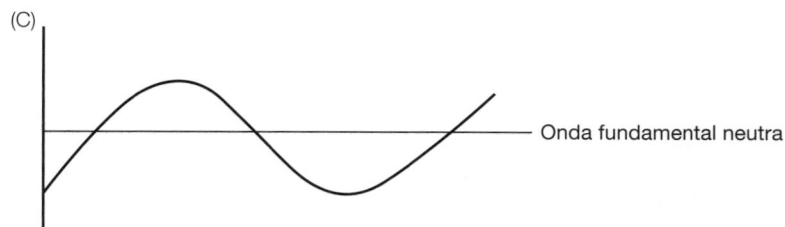

**FIGURA 13.8** (A) A radiação eletromagnética extrínseca é sobreposta a uma onda de eletricidade em corrente alternada. (B) É introduzida uma onda neutralizadora oposta à radiação eletromagnética extrínseca em magnitude e polaridade. (C) O resultado é uma onda limpa da qual a radiação eletromagnética foi removida. (Ilustração por cortesia do Institut für Physikalische Raumentstörung, Berlim, Alemanha)

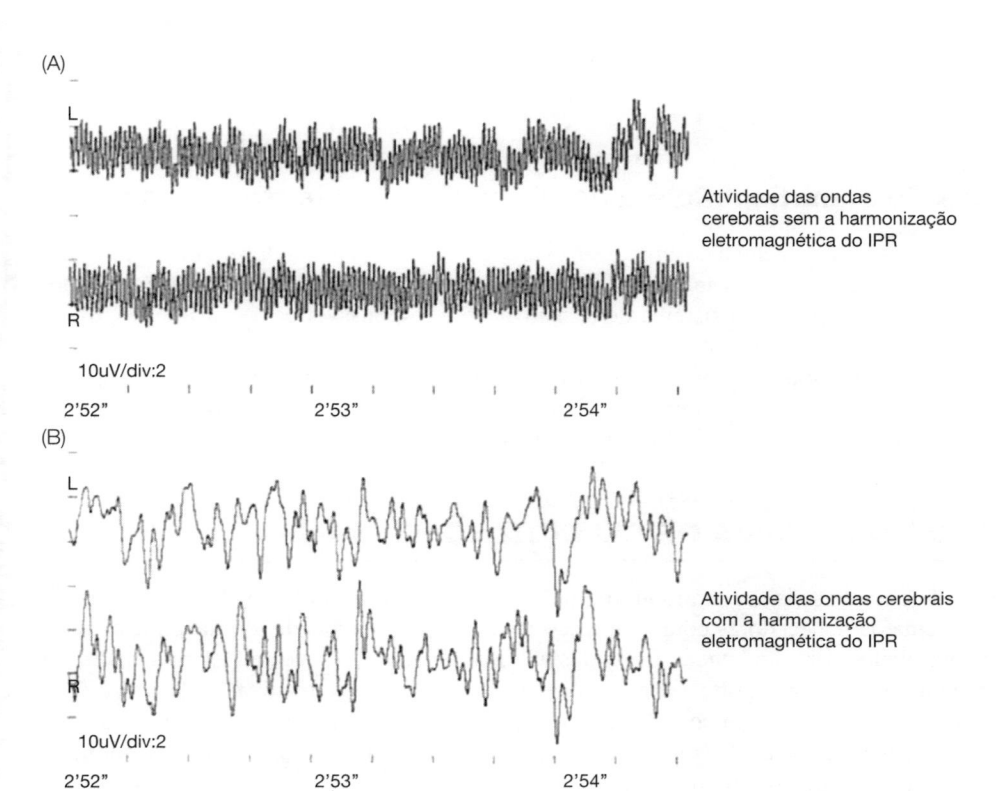

**FIGURA 13.9** (A) Os efeitos da radiação eletromagnética sobre a atividade das ondas cerebrais e (B) a atividade normal das ondas cerebrais após a neutralização da radiação eletromagnética pelos moduladores de frequência. (Ilustração por cortesia do Institut für Physikalische Raumentstörung, Berlim, Alemanha)

**FIGURA 13.10** ASHRAE 62.1-2013 é a versão atual da norma norte-americana que regula o projeto dos sistemas e taxas de ventilação predial.

### Sistemas de climatização e a qualidade do ambiente interno

O projeto adequado de um sistema de climatização predial talvez seja a abordagem mais importante para criar um ambiente interno saudável. Por outro lado, um sistema mal projetado quase sempre resulta em problemas futuros. O sistema de climatização é responsável pela distribuição, troca, filtragem e condicionamento de todo o ar de um prédio. Como o sistema de climatização desempenha um papel tão importante na qualidade do ambiente interno, é essencial que seja entendido e mantido de modo adequado. A próxima seção descreve as vantagens oferecidas por um sistema de climatização efetivo e os problemas causados por um sistema mal projetado.

## PROJETO DO SISTEMA DE CLIMATIZAÇÃO

Os sistemas de climatização variam muito de um prédio para outro, indo dos bastante simples, como um sistema de aquecedores com ventilação mecânica, a sistemas de última geração automáticos e controlados por computador. Em todos os casos, contudo, o sistema afetará a qualidade do ambiente interno, pois transporta e condiciona o ar. Um sistema de climatização de um edifício de escritórios é uma combinação complexa de equipamentos, com fontes de água fria e quente conectadas a circuladores de ar. A água fria e quente pode ser gerada no próprio edifício, por meio de resfriadores e caldeiras, ou obtida de uma usina central, que atende a várias edificações. Os

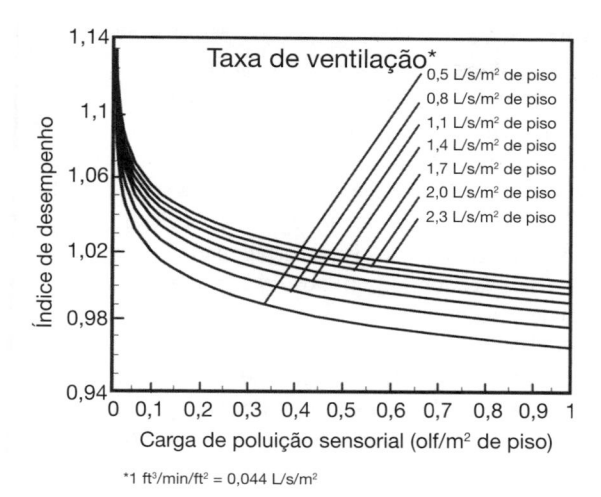

**FIGURA 13.11** O desempenho dos trabalhadores de escritório aumenta (eixo y) à medida que as taxas de ventilação também aumentam (a série de curvas) para níveis de poluição específicos (eixo x). A taxa de ventilação é dada em litros por segundo por metro quadrado (l/s/m$^2$) de área de piso. (Cortesia de SenseAir).

circuladores de ar são compostos de ventiladores, serpentinas de arrefecimento ou aquecimento e outros componentes dispostos em um grande contêiner que condiciona e circula o ar através do prédio. O *condicionamento do ar* significa que este é aquecido ou resfriado, limpo e umidificado, caso necessário, a fim de garantir que sejam atendidas as condições desejadas de temperatura e umidade nos vários espaços e zonas do prédio. O sistema de climatização total consiste em um ou mais circuladores de ar (dependendo do tamanho da edificação), cada uma responsável por condicionar uma zona específica do prédio. O sistema de climatização é responsável por garantir que um bom volume de ar externo para ventilação seja fornecido aos usuários. O ar externo da ventilação talvez seja a contribuição mais importante do sistema de climatização à qualidade do ar do interior. Em termos de qualidade do ar do interior, quanto mais alta for a taxa de ventilação, melhor será a qualidade do ar no prédio. Nos Estados Unidos a Norma ASHRAE 62.1-2010 regula o projeto dos sistemas de ventilação dos prédios (veja a Figura 13.10). Um estudo feito em 2000 por Wargocki, Wyon e Fanger mostrou que o chamado índice de produtividade baseado nas tarefas desempenhadas pelos trabalhadores de escritório aumentava à medida que as taxas de ventilação também aumentavam, resultando em um decréscimo nas cargas de poluição (veja a Figura 13.11).

## Controle climático

O controle climático é o objetivo geral do sistema de climatização e é o motivo pelo qual o sistema é instalado. Assim, é surpreendente saber que existe um nível enorme de insatisfação nessa área. Antes do advento do condicionamento de ar, quando as janelas de abrir (ou seja, com caixilhos móveis) eram a única maneira de ajudar a refrescar um espaço, os usuários aceitavam qualquer desconforto térmico como inevitável.

O estado do ar em um espaço é definido por suas propriedades psicométricas: temperatura, umidade relativa, entalpia e conteúdo de umidade. Duas dessas características já bastam para definir a qualidade do ar. As duas propriedades mais comuns que são controladas pelos sistemas de climatização são a temperatura e a umidade relativa do ar (ou conteúdo de umidade, uma vez que, na verdade, ambas são manifestações diferentes da mesma propriedade). O sistema de climatização deve manter o equilíbrio adequado de temperatura e umidade para que se preserve a qualidade do ambiente interno. Temperaturas na faixa de 18°C a 26°C e umidade relativa do ar entre 30 e 60% são consideradas a zona de conforto para a maioria da população.

O sistema de climatização deve ser capaz de controlar o fornecimento do ar, sejam quais forem as condições externas. Por exemplo, se uma tempestade de verão saturar o ar externo e, devido a este evento, aumentar o nível de umidade do ar que ingressa no sistema de climatização, este deve ter a capacidade de se adaptar e manter o nível adequado de umidade para o ar que ingressa no interior. O controle de umidade é um objetivo crítico do sistema de climatização, ainda que seja difícil de ser alcançado. Quando o ar fica seco demais, o desconforto é um problema; se a umidade for alta demais, o desconforto e a geração de contaminantes também se tornam problemáticos.

### Circulação do ar e geração de contaminantes

O sistema de climatização frequentemente pode ser a fonte de diversos contaminantes aerotransportados e ser um local para o desenvolvimento de muitos contaminantes biológicos, como o mofo, o fungo e seus esporos. Certos contaminantes do sistema podem ser contaminados mais facilmente do que outros, em particular os revestimentos de dutos porosos que são utilizados para o isolamento térmico e acústico. O sistema de climatização, por ser responsável pela umidificação e desumidificação, também pode causar níveis de umidade desagradáveis no ar. Altos níveis de umidade ajudam a acelerar a produção de contaminantes biológicos. O acúmulo de água no sistema de climatização, particularmente em locais próximos às bobinas do evaporador ou aos umidificadores, é um dos principais pontos de surgimento de contaminantes biológicos. O acúmulo de água dentro dos componentes do sistema de climatização às vezes é difícil de se detectar e muitas vezes tem custo elevado para ser eliminado. Se um sistema de climatização bem projetado estiver funcionado adequadamente, não deveria acumular água.

O sistema de climatização, quando se torna um circulador de contaminantes gerados tanto dentro quanto fora do prédio, prejudica a qualidade do ar do interior. A Norma ASHRAE 62.1-2010 define as exigências quanto à quantidade de ar externo de ventilação para que se remova o $CO_2$ gerado pelas pessoas. Infelizmente, a ventilação às vezes tem o efeito de introduzir novos poluentes do exterior. Essa Norma se baseia nos Padrões Nacionais de Qualidade do Ar Ambiente (NAAQS) dos Estados Unidos e oferece diretrizes a serem seguidas se o ar externo não atende ao padrão.

É preciso tomar cuidado para garantir que a fonte de ar externo de um prédio não seja desnecessária ou inadvertidamente contaminada por uma fonte poluente isolada. Os problemas na qualidade do ar do interior com frequência surgem quando as entradas de ar são posicionadas perto, por exemplo, de docas de carga e descarga ou outras fontes de poluentes possíveis. As entradas de ar devem estar afastadas das fontes de exaustão, de automóveis, de outros prédios, e devem estar elevadas o suficiente (em relação ao solo) para evitar a entrada de contaminantes do terreno, como o radônio (gás radioativo) e os pesticidas.

A circulação de contaminantes de fonte interna é outro grande problema nos edifícios. A causa mais provável da circulação desnecessária de contaminantes internos costuma ser o zoneamento inadequado. A maioria das edificações tem áreas designadas para propósitos específicos, e o sistema de climatização deve atender às necessidades de cada área. Alguns locais, como laboratórios e oficinas, têm maior necessidade de ventilação do que outros, como, por exemplo, os escritórios. Se o sistema de climatização não for bem zoneado, os contaminantes de uma área poderão afetar o ar de outra. Por exemplo, se uma área de um prédio estiver voltada para uma oficina de metalurgia na qual são feitas soldagens, mas o sistema de climatização continuar sendo utilizado como se fosse um escritório, os contaminantes serão dispersados a outras partes do prédio.

## EMISSÕES DOS MATERIAIS DE CONSTRUÇÃO

Todos os materiais têm emissões e, embora variem, todas contribuem para piorar a qualidade do ar. Muitas reclamações quanto à saúde têm sido relacionadas à instalação de novos materiais durante a construção ou reforma de um prédio. Talvez a maneira mais fácil de garantir uma excelente qualidade do ar do interior seja eliminar o uso de materiais que tenham efeitos adversos sobre a qualidade do ar do interior. A seleção de materiais adequada oferece um tipo de controle de qualidade que pode salvar milhões de reais em ajustes e diminuir as demandas judiciais. A Tabela 13.9 lista materiais aos quais devemos atentar em virtude de seus possíveis efeitos adversos à qualidade do ar do interior.

**TABELA 13.9**

**Materiais de construção particularmente preocupantes em virtude de seu impacto sobre a qualidade do ar do interior**

**Preparo do terreno e fundações**
Pesticidas de tratamento do solo
Impermeabilização das fundações

**Sistemas mecânicos**
Vedantes de dutos
Isolamento externo de dutos
Revestimento interno de dutos

**Vedações externas**
Conservantes de madeira
Agentes de cura
Compostos para esquadrias em geral
Isolamento térmico
Materiais de proteção contrafogo

**Acabamentos de interior**
Contrapiso ou base
Tela de suporte do carpete
Revestimentos de parede
Tintas, *stains*
Paredes internas leves
Placas de forro

*Fonte:* Adaptada de Hansen, 1991

A principal preocupação com os materiais de construção é o tipo de contaminantes que emitem. Outra preocupação é que certos materiais funcionam como absorventes de emissões de outros materiais ou contaminantes que entram no prédio, vindo de diferentes fontes. Por exemplo, muitos materiais de construção absorvem VOCs imediatamente e os liberam lentamente no ar. Na verdade, a maioria dos constituintes de materiais de construção nocivos à saúde são os VOCs, que, em geral, resultam de processos de fabricação e instalação. Em geral, contudo, a taxa de emissão será reduzida proporcionalmente ao tempo que o contaminante ficar exposto ao ar.

Devido ao aumento das preocupações com a qualidade do ar do interior, tanto os órgãos públicos como o setor privado estão promovendo o uso de materiais de construção com baixas emissões. A comunicação das exigências da qualidade do ambiente interno aos construtores e fornecedores é um passo importante no processo de criar um edifício saudável, mas ainda há debates sobre como incluir as exigências de emissões dos materiais nas especificações. O sistema de especificações MasterFormat desenvolvido pelo Construction Specification Institute (CSI) costuma ser empregado nos Estados Unidos para descrever os métodos e materiais de construção. O MasterFormat tinha 16 divisões até 2005, quando foi ampliado para 50 divisões. Cada uma cobre os principais aspectos ou sistemas de um prédio e é subdividida em seções que cobrem os subsistemas. Cada seção, por sua vez, tem três partes: Parte 1 (Geral), Parte 2 (Produtos) e Parte 3 (Execução). Uma sugestão para abordar a questão de como incluir os atributos ambientais exigidos é expandir esse formato de três partes para que tenha quatro partes em cada seção e inclua informações sobre as exigências de emissões dos materiais e outros atributos ambientais na nova Parte 4 (Atributos Ambientais).

Outra opção seria simplesmente introduzir toda uma seção na divisão geral (Divisão 1) do CSI MasterFormat que aborde todas as exigências ambientais do projeto, incluindo as emissões dos materiais. Essa abordagem está sendo adotada na Califórnia, com a criação da Seção 01350 – Requisitos Ambientais Especiais, que inclui as exigências quanto às emissões dos materiais.[2] Essa Seção cobre diretrizes para a seleção de produtos, protocolos para a testagem de emissões e normas para o desempenho atóxico de materiais de limpeza. Ela exige a apresentação de planilhas de segurança para cada material, e que ele seja testado de acordo com um laboratório de testes, conforme o *Guia Padrão para Determinações de Câmara Ambiental de Baixa Escala das Emissões Orgânicas dos Materiais e Produtos para Interiores* (D5116-97) da American Society for Testing and Materials. A Seção 01350 também fornece informações sobre os chamados produtos químicos preocupantes, que são os carcinogênicos, toxicantes do sistema reprodutivo e produtos químicos com Nível de Referência para Exposição Crônica (REL). Esses valores são níveis de concentração no ar que não apresentariam risco significativo à saúde dos indivíduos expostos indefinidamente a eles. Eles já foram estabelecidos para 80 substâncias perigosas; outras 60 estão sendo analisadas. A modelagem das concentrações totais de emissões aéreas deve mostrar que a concentração máxima no ar do interior de qualquer um dos produtos químicos preocupantes não deve exceder a metade do REL. A Tabela 13.10 lista alguns dos RELs dos compostos orgânicos voláteis comuns nos materiais de construção.

## Adesivos, vedantes e acabamentos

Adesivos, vedantes, calafetos, tintas e outros acabamentos são aplicados aos prédios na forma líquida ou molhada e precisam secar (curar). A emissão de compostos orgânicos voláteis (VOCs) é parte inerente desse processo. Os solventes utilizados na formulação desses materiais são a fonte da maioria dos VOCs emitidos durante a secagem e mesmo depois, durante a ocupação dos prédios.

### Adesivos e vedantes

Adesivos são materiais ou substâncias que fixam uma superfície a outra. Afetam uma grande variedade de materiais de construção e podem ser aplicados a pisos e revestimentos de paredes, ou ser um dos componentes de um material, como a madeira compensada ou aglomerada, painéis de parede móveis e estações de trabalho em um escritório. Os adesivos são aplicados em estado líquido ou viscoso e, então, curam se solidificando ou se tornando praticamente sólidos até atingir o poder de união. A maioria dos adesivos emite VOCs e apresenta mais riscos durante sua aplicação e cura.

## TABELA 13.10
**RELS crônicos para produtos orgânicos químicos associados à qualidade do ar do interior**

| Produto químico | Número de serviço abstrato do produto químico | REL (ppb) | REL (mg/m$^3$) |
|---|---|---|---|
| Benzeno | 71-43-2 | 20 | 60 |
| Clorofórmio | 67-66-3 | 50 | 300 |
| Etileno-glicol | 75-00-3 | 200 | 400 |
| Formaldeído | 50-00-0 | 2 | 3 |
| Naftaleno | 91-20-3 | 2 | 9 |
| Fenol | 108-95-2 | 50 | 200 |
| Estireno | 100-42-5 | 200 | 900 |
| Tolueno | 100-88-3 | 70 | 300 |
| Tricloroetileno | 79-01-6 | 100 | 600 |
| Xilenos | Variados | 200 | 700 |

*Nota:* ppb = partes por bilhão; mg/m$^3$ = microgramas por metro cúbico

Quando aplicados, os adesivos devem ser utilizados em áreas que receberão mais ventilação sob uma temperatura normal para o cômodo durante 48 a 72 horas, a fim de evitar o acúmulo de VOCs. O rótulo da embalagem ou outra informação sobre o uso dos adesivos sempre deve ser consultados para que se saiba quais precauções adicionais para o uso do produto.

Um método de caracterização dos adesivos em termos de sua influência quanto à qualidade do ar do interior é identificar a resina usada na base. As resinas podem ser naturais ou sintéticas. As resinas naturais, em geral, têm potencial de emissões baixo, mas nas sintéticas o potencial pode variar radicalmente. Hoje estão sendo desenvolvidos adesivos com emissões baixas ou inexistentes.

As vedações são aplicadas a juntas, frestas ou cavidades a fim de eliminar a penetração de líquidos, ar e gases. (Nota: Embora a indústria da construção diferencie entre vedações internas e externas, chamando as primeiras de *calafetos* e as segundas de *vedações* propriamente ditas, essa diferença é irrelevante para nossa discussão.) As vedações geralmente são selecionadas em função de sua flexibilidade e base de resina. Assim como os adesivos, as vedações podem ser perigosas durante a instalação e cura. Seu potencial de emissão está diretamente relacionado com o percentual das resinas de base e seus sólidos. Felizmente, esses produtos, que trazem grandes preocupações quanto a seu potencial de emissão de compostos orgânicos voláteis, são utilizados em pequenas quantidades nos espaços internos. Também há vedantes alternativos, à base de água, que são fabricados usando-se componentes atóxicos. Um desses produtos de uso interno é um vedante adesivo de vinil. Outro produto disponível é um vedante de látex acrílico para uso em juntas externas.

Os sistemas de certificação de edificações sustentáveis USGBC, LEED e Green Globes atribuem créditos para o uso de adesivos e selantes com baixas emissões. Para obter esse crédito, os adesivos, vedantes e *primers* de vedantes devem atender aos limites de conteúdo de VOCs da South Coast Air Quality Management District Rule 1168 (veja a Tabela 13.11).[3] Os adesivos em aerossol devem cumprir as exigências da norma Green Seal GS-36, *Norma para Adesivos Comerciais*.

## TABELA 13.11
**Produtos químicos nocivos à saúde existentes nos pigmentos**

| | | |
|---|---|---|
| Óxido de antimônio | Dióxido de titânio | Óxido de titânio rutile |
| Litopônio de cádmio | Amarelo cromo | Laranja de molibdato |
| Cromato de estrôncio | Cromato de zinco | Azul de ftalocianina |
| Azebre/azinhavre | Óxido de cromo | Verde de ftalocianina |
| Óxido de cromo hidratado | Pós de cobre | Óxido cuproso |

## Acabamentos

Os acabamentos abrangem uma ampla variedade de produtos, que incluem as tintas, os vernizes, *stains* e seladores. Os acabamentos são um dos mais importantes materiais componentes dos materiais de construção, móveis e acessórios, e sua função principal é protegê-los contra a corrosão, o desgaste e o dano. Secundariamente, também podem aumentar o valor estético dos materiais de construção. Todos esses produtos têm características similares. Exigem resinas e óleos para formar uma película e melhorar a adesão, aumentando a penetração no substrato. Todos precisam ter solventes (água ou produto orgânico), que confere viscosidade para facilitar a aplicação. Os solventes também melhoram a aderência, evaporando.

As tintas e os solventes sempre têm sólidos, que incluem pigmentos, para gerar as várias cores. A quantidade de sólidos é um bom indicador do potencial de emissão de VOCs no acabamento. A Tabela 13.12 lista os produtos químicos nocivos à saúde associados aos pigmentos particulares utilizados nas tintas. Lixar os acabamentos gera resíduos que podem prejudicar a qualidade do ambiente interno, como o pó de talco, sílica, mica e, acima de tudo, chumbo.

*Grosso modo*, os acabamentos à base de água geram poucas emissões quando comparados àqueles à base de solvente orgânico. A tendência atual é substituir acabamentos convencionais por alternativos à base de água, embora isso seja mais comum com as tintas. Pouquíssimos *stains*, seladores e vernizes têm sido adaptados com sucesso para que tenham baixas emissões de VOCs, pois, até o momento, essas alternativas não costumam ter desempenho tão bom quanto o de seus equivalentes tradicionais. Os produtos novos frequentemente exigem mais aplicações para que se obtenham resultados similares àqueles dos tradicionais. A seleção de cores das tintas alternativas

**TABELA 13.12**

**Exemplos de limites de VOCs em adesivos estabelecidos pela regra 1168 da South Coast Air Quality Management District (Estados Unidos)***

| Aplicações arquitetônicas | Limite de VOCs (gramas por litro, menos água) |
|---|---|
| Adesivos para carpetes internos | 50 |
| Adesivos para tela de suporte de carpetes ou acolchoados de tapete | 50 |
| Adesivos para pisos de madeira | 100 |
| Adesivos para pisos de borracha | 60 |
| Adesivos para contrapisos | 50 |
| **Aplicações especiais** | **Limite de VOCs (gramas por litro, menos água)** |
| Colagem de tubos e conexões de PVC (cloreto de polivinila) | 510 |
| Colagem de tubos e conexões de CPVC (cloreto de polivinil clorado) | 490 |
| Colagem com ABS (crilonitrilo-butadieno-estireno) | 325 |
| Cimento plástico | 250 |
| *Primer* adesivo para plásticos | 550 |
| **Aplicações específicas para substratos** | **Limite de VOCs (gramas por litro, menos água)** |
| Metal sobre metal | 30 |
| Plásticos esponjosos | 50 |
| Materiais porosos (exceto madeira) | 50 |
| Madeira | 30 |
| Fibra de vidro | 80 |
| **Vedantes** | **Limite de VOCs (gramas por litro, menos água)** |
| Arquitetônicos | 250 |
| Coberturas sem membrana | 300 |
| Pistas de rolamento | 250 |
| Revestimentos elastoméricos | 450 |

*Emendas feitas até 7 de janeiro de 2005
*Fonte:* Hays *et al.*, 1995

também é limitada. Embora existam tintas hipoalergênicas e sem conservantes, estas têm prazo de validade na lata (período de armazenagem) e seleção mais limitada de cores.

Também é importante ressaltar que os produtos à base de água podem ter baixo nível de compostos orgânicos voláteis (VOCs), mas contêm outros materiais nocivos. Ao contrário das tintas à base de solvente, as tintas à base de água exigem conservantes e fungicidas, como dissulfeto de arsênico, fenol, cobre e formaldeído. Esses aditivos são considerados produtos químicos nocivos, conforme o National Institute for Occupational Safety and Health dos Estados Unidos.

Os protocolos de certificação LEED e Green Globes conferem crédito para o uso de tintas e revestimentos com baixas emissões, se suas emissões de VOCs não excederem os limites de VOCs e componentes químicos das exigências feitas pela Norma GS-11 do Green Seal. Essa norma especifica o limite de VOCs de 150 g por litro de tintas não foscas para interiores e de 50 g por litro para as foscas.[4] Tem havido aumento do interesse pelo uso de tintas com conteúdo reciclado, e a Green Seal editou a Norma GS-43, *Norma Ambiental para Tinta Látex com Conteúdo Reciclado*, em 2006, estabelecendo o limite de VOCs de 250 g por litro. Embora tenham o atributo ambiental do conteúdo reciclado, as tintas que apenas atendem ao limite estipulado pela Norma não se qualificariam como sendo tintas de baixas emissões de acordo com a Norma GS-11.[5]

## AGLOMERADO E COMPENSADO

Os adesivos que contêm formaldeído de ureia são parte fundamental da composição da madeira compensada e aglomerada. Esses materiais emitem formaldeído de ureia após a sua fabricação e instalação. A taxa de emissão desse produto depende da temperatura e umidade do local de instalação.

### Aglomerado

O aglomerado é um material compósito (ou composto) feito de cavaco ou resíduos de madeira unidos entre si por meio de adesivos sob calor e pressão. Trata-se de um material relativamente barato e disponível em chapas de 1,2 × 2 m. A principal preocupação em relação à qualidade do ar do interior é a emissão de gases por parte do formaldeído. Cerca de 98% desses materiais contêm formaldeído de ureia. Os 2% restantes contêm fenol-formaldeído (PF). O aglomerado que contém fenol-formaldeído emite muito menos formaldeído do que aquele feito com formaldeído de ureia. O fenol-formaldeído é empregado em ambientes nos quais se estima haver muita umidade, especialmente banheiros e cozinhas.

O uso mais comum do aglomerado na construção é como material para o núcleo de portas, armários e diversos móveis, como mesas e sistemas de paredes pré-fabricadas. Ele também é utilizado em casas com estrutura de madeira, especialmente em contrapisos não estruturais. Geralmente se instala um piso acabado sobre o aglomerado. O aglomerado também é empregado como base para painéis. Uma vez que a chapa é coberta, o conteúdo de VOC é irrelevante, pois as emissões de formaldeído ficarão retidas durante todo o tempo em que a chapa assim permanecer.

Embora seja possível fabricar madeira aglomerada com emissões de formaldeído mais baixas, esse produto ainda é bastante preocupante em virtude da possibilidade de grandes áreas superficiais em relação ao volume de um espaço determinado. As emissões dos resquícios de formaldeído podem continuar durante vários meses ou anos. Diminuem com o passar do tempo, mas as taxas aumentam junto com a elevação da temperatura ou umidade. Estima-se que as taxas de emissão dupliquem a cada aumento de 7°C.

### Compensado

O compensado é composto de várias camadas finas de madeira distribuídas em ângulos alternados de 90°, de modo que fiquem permanentemente conectadas com adesivo. As superfícies externas são chamadas de faces; as camadas internas, de núcleo. O compensado, em geral, é classificado conforme a madeira utilizada: madeira de lei (dura) ou madeira macia (branca). Aproximadamente

80% de todo o compensado de madeira macia são utilizados em bases de parede ou cobertura, revestimento de paredes, fôrmas de concreto, forros e contrapisos. O compensado de madeira de lei é utilizado em móveis, armários, prateleiras e painéis de paredes internas.

O tipo de adesivo utilizado para conectar as camadas de uma chapa desempenha um papel crucial nos efeitos desse material sobre a qualidade do ar do interior. A área de superfície do compensado em relação ao volume do espaço é outro fator determinante para uma boa qualidade do ar do interior. O compensado para interiores costuma ser feito com resinas de formaldeído de ureia, e sua emissão de gases é aumentada pelos acabamentos ou pelas vedações utilizados em conjunto com o compensado. Tamanho, temperatura, umidade do espaço, área de superfície e acabamento do compensado podem afetar a concentração das emissões de formaldeído.

## Revestimentos de pisos e paredes

Carpetes, pisos flexíveis e revestimentos da parede podem ter componentes que emitem VOCs e, às vezes, usam adesivos que emitem VOCs no processo de instalação. Novos produtos com emissões baixas ou zero estão entrando no mercado para atender à indústria da construção. À medida que aumentar a concorrência e demanda, a qualidade dos produtos também melhorará e, ao mesmo tempo, diminuirão os preços, tornando esses produtos muito competitivos com os convencionais.

### Carpetes

De todos os materiais de construção, os carpetes são os que mais têm gerado discussões, o que é irônico, se consideramos que as emissões desse material são relativamente baixas quando comparadas às de outros materiais. Na verdade, a maioria das emissões associadas aos carpetes são oriundas dos adesivos utilizados para fixá-los. Assim, quando um carpete for selecionado, todo o sistema e as emissões de cada constituinte deverão ser avaliadas. Os componentes de um sistema de carpete são a fibra do carpete, a base, o adesivo e o acolchoado (que costuma ser utilizado apenas em usos residenciais).

A base de um carpete é empregada para manter as fibras no lugar, sendo que muitos possuem duas bases: uma para manter as fibras no lugar e a outra para aumentar a resistência e estabilidade do produto. A base secundária é feita de tecido, juta ou polipropileno fixado com látex de borracha de estireno-butadieno (SBR) ou um revestimento de polímero – como uma tinta polimérica, como o látex sintético. O látex SBR contém os produtos químicos estireno e butadieno, que são conhecidos por irritarem as membranas mucosas e a pele. Os adesivos de látex SBR são encontrados em bases primárias e secundárias e emitem quantidades pequenas, mas constantes, do subproduto 4-fenil cicloexano, o produto químico responsável pelo cheiro de "carpete novo" e uma possível fonte de reclamações de doenças relacionadas à ocupação dos prédios.

Os adesivos podem ser utilizados duas vezes nos sistemas de carpete comuns: para colar a base às fibras e/ou para colar o sistema de carpete para o substrato (contrapiso).

Uma parte opcional do sistema de carpete é o acolchoado ou a almofada que geralmente não influencia nos problemas de qualidade do ar do interior.

Há cinco tipos básicos de acolchoados: uretano assentado, poliuretano PRIME, borracha esponjosa, fibra sintética e juta com borracha. Há cinco tipos de materiais básicos para as fibras. A lã de ovelha é a única fibra natural, mas corresponde a menos de 1% do mercado dos carpetes. Os demais tipos – náilon, olefina, poliéster e polietileno tereftalato – são fibras sintéticas. Derivadas de produtos petroquímicos, as fibras sintéticas são mais fortes, mais resistentes e, em geral, mais caras do que a lã e também tendem a liberar menos fibras pequenas no ar do que a lã.

Tanto as certificações LEED-NC e Green Globes conferem crédito para o uso de sistemas de carpete com baixas emissões, se o sistema atender às exigências estabelecidas pelo programa Green Label Plus do Carpet and Rug Institute ou superá-las.[6]

### Pisos flexíveis

Os pisos flexíveis também são chamados de pisos elásticos ou pisos resilientes. São fabricados em rolos ou placas e são fixados a um substrato com o uso de um adesivo. Os pisos flexíveis podem ser compostos de vinil, borracha ou linóleo. Os pisos de vinil são feitos principalmente com resinas de PVC e plasticizantes, para que se tornem flexíveis; *fillers*; e pigmentos, para ter cor. Os pisos de borracha existem em duas formas básicas – com superfície lisa ou texturizada – e são feitos com uma combinação de borracha sintética (estireno-butadieno), pigmentos orgânicos que não desbotam, extensores, plasticizante a óleo e *fillers* minerais. O linóleo é um produto natural, orgânico e biodegradável. Seus componentes principais são o óleo de linhaça, resina de pinho, farinha de madeira, pó de cortiça, pigmentos, secantes e inibidores naturais de mofo. As placas de linóleo são duradouras, não engorduram, resistem à água e ao fogo e têm fácil manutenção.

Em geral, nenhum componente individual dos pisos flexíveis tem emissões de VOC elevadas. Os plasticizantes são a principal fonte das emissões. O uso de uma placa mais rígida e menos plástica é recomendado para evitar riscos. Observe-se, contudo, que as placas com baixas emissões às vezes são coladas com adesivo com emissões elevadas.

### Revestimentos de parede

Os revestimentos de parede são uma alternativa às tintas. A maioria dos materiais disponíveis não representa ameaça significativa à qualidade do ar do interior. Os três tipos de revestimentos de parede são feitos de papel, tecido ou vinil. O papel em si não afeta a qualidade do ar do interior, mas os adesivos empregados para sua instalação podem conter formaldeído. Contudo, a maioria dos adesivos de papel de parede é comprada em pó e misturada com água, assim suas emissões de VOCs são baixas ou inexistentes. Os revestimentos de tecido podem conter formaldeído, que, às vezes, é utilizado para evitar que o material desbote e melhorar sua resistência à água.

Os revestimentos de tecido também podem funcionar como sumidouros, ao absorver VOCs insignificantes em um edifício e reemiti-los. As duas maiores preocupações com os revestimentos de parede de vinil são as condições ambientais da localização do prédio e a construção das paredes que recebem o acabamento. Em climas temperados, quando a umidade não evapora imediatamente, as paredes revestidas de vinil podem criar mofo.

### Isolantes e placas de forro

Os produtos isolantes e as placas de forro acústicas podem contribuir com a contaminação por VOCs e particulados emitidos por várias fontes. Conforme a sua composição, esses materiais podem incluir uma variedade de adesivos e materiais fibrosos que, combinados, agravam o problema da qualidade do ar do interior.

#### Isolantes

A maior parte dos materiais de isolamento é feita de fibra de vidro, lã mineral e celulose (de madeira reciclada). Até o final da década de 1970, o amianto também era utilizado. A fibra de vidro e a lã mineral têm trazido preocupações quanto à qualidade do ar do interior em função das pequenas fibras que esses materiais liberam quando perturbados. A fibra de vidro é listada pela Agência Internacional de Pesquisa sobre o Câncer como um possível carcinogênico. Os isolantes com celulose geralmente são borrifados e considerados atóxicos. Nessa categoria de materiais, os isolantes espumosos têm recebido a maior parte da atenção por seus impactos sobre o meio ambiente e não sobre a qualidade do ar do interior. Apesar disso, há emissões de VOCs quando se fabrica ou pulveriza espuma sintética.

#### Placas acústicas para forros

Os forros acústicos suspensos estão entre os sistemas mais usuais dos prédios comerciais da atualidade. A maioria deles é feita com fibras minerais ou de madeira, que são umedecidas e comprimidas na espessura, tamanho e formato desejados. As placas, então, costumam receber uma tinta látex ainda na fábrica. A principal preocupação quanto aos efeitos do uso das placas acústicas para forros é o surgimento de micróbios nas fibras minerais ou de vidro expostas à umidade. Outro problema é que as placas porosas podem absorver VOCs e reemiti-los.

# BENEFÍCIOS ECONÔMICOS DE UMA BOA QUALIDADE DO AMBIENTE INTERNO

Os principais benefícios emergentes das edificações sustentáveis de alto desempenho parecem ser aqueles relacionados à saúde e produtividade dos usuários, com retornos sobre o investimento que podem chegar a ser 10 vezes maiores do que as economias de energia. Cada vez mais surgem evidências inequívocas sobre os efeitos de uma boa qualidade do ar do interior, apoiando os esforços de projeto e construção que geram uma qualidade excelente no ar do interior de um prédio. Mais recentemente, a variedade de problemas de saúde relacionados aos prédios tem deixado de ser somente quanto à qualidade do ar e passado para um espectro muito maior de efeitos à saúde humana, associados à qualidade da iluminação, ruídos, temperatura, odores e vibrações. Essa variedade de impactos mais ampla é chamada de qualidade do ambiente interno e inclui o tema da qualidade do ar do interior.

O impacto das edificações sobre a saúde humana é significativo e resulta de uma combinação entre o projeto, as práticas de construção e as atividades dos usuários. Um estudo realizado por Fisk e Rosenfeld em 1998 e atualizado em 2002 estimou que os problemas gerados a cada ano na qualidade do ar do interior nos Estados Unidos traziam prejuízos de 100 bilhões de dólares. A Tabela 13.13, adaptada do estudo de 2002, mostra os ganhos de produtividade estimados que podem ser obtidos com melhorias nos ambientes internos. Nos Estados Unidos, as pessoas passam cerca de 90% de seu tempo em interiores – em suas casas, locais de trabalho, escolas, *shopping centers*, academias de ginástica e inúmeros outros tipos de edificações. A qualidade do ar em alguns desses prédios frequentemente é citada como sendo pior do que aquela na rua. Esse ar de baixa qualidade pode ser atribuído a inúmeros fatores: edificações estanques, materiais que emitem gases poluentes em seus ambientes internos, má ventilação, mau controle da umidade, entre outros. Além disso, as práticas de construção ruins podem contribuir para problemas significativos da qualidade do ambiente interno. Por exemplo, dutos que foram armazenados e manuseados sem estarem cobertos e vedados podem estar contaminados com particulados que serão soprados dentro dos espaços internos durante a operação do prédio, possivelmente afetando a saúde dos usuários.

O movimento da edificação sustentável de alto desempenho tem sido extremamente bem-sucedido na inclusão das questões ambientais nos critérios dos prédios ecológicos, preocupando-se especialmente com a qualidade do ambiente interno das novas construções, assim hoje se espera que um prédio sustentável e de alto desempenho tenha excelente nível de qualidade no ambiente interno. O conjunto de protocolos LEED, em particular, aborda a qualidade do ambiente interno e atribui pontos para a inclusão de ao menos alguns dos principais contribuintes para esse fator, que geralmente são aqueles relativos à qualidade do ar e o controle individual da temperatura e umidade. O Green Globes, que está começando a competir com o LEED, aborda as mesmas questões, mas também inclui outros problemas importantes da qualidade do ambiente interno, como o conforto acústico dos usuários e seus vizinhos. Esse sistema de certificação aborda o ruído gerado por sistemas de condicionamento de ar e tubulações, prevenindo que o barulho de um prédio afete seus vizinhos, protegendo os usuários do ruído externo e atenuando os sons gerados pelo sistema estrutural.

As economias anuais atribuídas a um ambiente interno de alta qualidade são significativas e, inclusive, consideradas como superiores àquelas de redução nas contas de energia. Um estudo conduzido por Greg Kats (2003) da Capital E indicou que as economias com gastos de saúde e o aumento

**TABELA 13.13**

**Ganhos de produtividade estimados com as melhorias feitas ao ambiente interno**

| Fonte do ganho de produtividade | Força das evidências | Economias anuais ou ganhos de produtividade nos Estados Unidos (em bilhões de dólares) |
|---|---|---|
| Doenças respiratórias | Alta | 6–14 |
| Alergias e asma | Moderada a alta | 1–4 |
| Síndrome da edificação doente | Moderada a alta | 10–100 |
| Desempenho dos trabalhadores | Moderada a alta | 20–200 |
| Total | | 37–318 |

de produtividade ao longo de 20 anos seriam de cerca de 40 dólares por metro quadrado para prédios com certificação LEED prata, e de aproximadamente 60 dólares para aquelas com certificação LEED ouro ou platina. Os benefícios de produtividade e saúde dos prédios sustentáveis de alto desempenho, um resultado de se projetar ambientes internos de alta qualidade, dominam as discussões sobre os benefícios dessas construções. No caso dos prédios com certificação ouro ou platina, afirma-se que os benefícios de saúde e produtividade são quase 10 vezes superiores às economias de energia, que chegam a cerca de 6 dólares por metro quadrado. Esses resultados não são apenas impressionantes, como também surpreendem. Contudo, a base para essas assertivas raramente é científica. Esses resultados deveriam ser utilizados com extrema cautela na análise do custo do ciclo de vida ou em avaliações econômicas a fim de evitar o comprometimento de uma justificativa que seria bastante sólida.

## SAÚDE, BEM-ESTAR E PRODUTIVIDADE

Um dos principais atributos dos prédios sustentáveis de alto desempenho é que afetam diretamente os impactos negativos do ambiente construído sobre a saúde humana. Antes do início do movimento da edificação ecológica, havia uma pressão negativa e frequente quanto ao uso de estireno-butadieno-estireno (SBS), às doenças relacionadas às edificações (BRI) e a vários outros problemas associados ao projeto e à construção de prédios. Embora a saúde seja uma questão importante em todos os tipos de prédios, é particularmente relevante nos edifícios de escritórios, onde o bem-estar e a produtividade da força de trabalho afetam o destino da organização que possui ou aluga um espaço. Em uma empresa típica, os gastos com energia representam cerca de 1% dos custos operacionais totais; os gastos com aluguel, 9%; e os 90% restantes são custos com funcionários, sejam em salários, sejam em benefícios (veja a Figura 13.12). Como resultado, um pequeno aumento na produtividade da força de trabalho pode beneficiar significativamente o resultado de uma organização. Um prédio sustentável pode contribuir para reduzir o absentismo e os problemas de saúde das pessoas. Estudos têm mostrado consistentemente que o bem-estar e a produtividade dos indivíduos são muito afetados pelo projeto dos escritórios. Os fatores de saúde que devem ser considerados no projeto de espaços de trabalho incluem a qualidade do ar do interior, o conforto, a iluminação natural e a artificial, a biofilia, os ruídos e o leiaute dos interiores. Entre os fatores adicionais podemos citar a disponibilização de amenidades e serviços, o projeto ativo (ou seja, a provisão de oportunidades para exercícios físicos durante o dia de trabalho tanto no próprio local como na vizinhança),

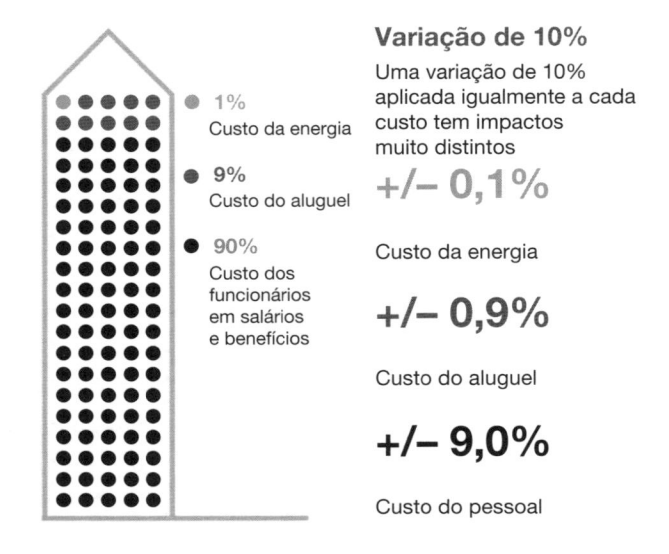

**FIGURA 13.12** A saúde e a produtividade são especialmente importantes em ambientes comerciais e escritórios, pois até mesmo uma modesta melhoria nesses fatores pode ter um impacto enorme no resultado da organização. Conforme este gráfico, uma melhoria de 10% no desempenho energético gera impacto de 0,1% nos custos, enquanto a mesma melhoria no desempenho humano produz uma economia de 9% nos custos com pessoal, o que corresponde aos gastos com aluguel de um prédio. (*Fonte*: World Green Building Council, 2015)

**Custos de operação típicos para uma empresa**

- 1% Custo da energia
- 9% Custo do aluguel
- 90% Custo dos funcionários em salários e benefícios

**Variação de 10%**

Uma variação de 10% aplicada igualmente a cada custo tem impactos muito distintos

+/− 0,1%
Custo da energia

+/− 0,9%
Custo do aluguel

+/− 9,0%
Custo do pessoal

o aspecto e a atmosfera dos espaços. Vários fatores de produtividade também são considerações importantes no projeto de edificações de alto desempenho e incluem permitir que os usuários possam controlar seus ambientes internos, aproveitando ao máximo a luz natural, e o projeto passivo, que oferece ar fresco e bom conforto térmico. A Tabela 13.14 lista a enorme variedade de fatores que devem ser considerados ao se projetar escritórios, focando a saúde, o bem-estar e a produtividade. As evidências de o quanto essa abordagem funciona são mensuráveis. Os indicadores são mostrados na Tabela 13.15, que também indica os resultados que afetam o desempenho financeiro da organização e como os impactos na produtividade podem ser determinados.

### TABELA 13.14
**O ambiente físico e seus fatores**

**Qualidade do ar do interior**
- Poluentes, incluindo VOCs
- $CO_2$
- Aroma
- Taxa de ventilação ou ar fresco
- Conteúdo de umidade

**Conforto térmico**
- Temperatura do ar do interior
- Temperatura radiante média
- Velocidade do ar
- Umidade relativa do ar
- Vestuário
- Atividade

**Iluminação natural e artificial**
- Quantidade
- Qualidade
- Ofuscamento
- Iluminação natural
- Tipo de tarefa visual

**Ruído e acústica**
- Ruído de fundo
- Privacidade e interferência
- Vibrações

**Leiaute interno e projeto ativo**
- Densidade dos postos de trabalho
- Espaços baseados nas tarefas e ergonomia
- Espaços para intervalo e elementos de socialização
- Projeto ativo

**Biofilia e vistas externas**
- Conexão com a natureza
- Vistas externas

**Aparência e atmosfera**
- Caráter do projeto e etos da marca, incluindo cores, formatos, texturas e arte
- Projeto sensível à cultura, ao gênero e a idade

**Localização e acesso às amenidades**
- Acesso às amenidades
- Transporte
- Qualidade do espaço público

*Fonte:* World Green Building Council

### TABELA 13.15
**Efeitos nos usuários resultantes de se projetar focando a saúde, o bem-estar e a produtividade**

**Efeitos na saúde dos usuários**

Os efeitos positivos de um ambiente interno de alta qualidade podem ser medidos por reduções em:
- dores de cabeça
- fadiga visual/problemas de visão
- irritação na pele
- infecções
- cansaço
- Transtorno Afetivo Sazonal (SAD)
- asma e problemas respiratórios
- estresse e depressão
- outras reclamações físicas
- outras queixas sérias

**Efeitos no bem-estar e na percepção do usuário**

A saúde é um importante elemento do bem-estar, mas o senso de bem-estar também é afetado por outras percepções:
- Saúde física percebida
- Saúde psicológica percebida
- Produtividade percebida
- Ambiente do escritório percebido
- Cultura organizacional percebida

**Efeitos organizacionais ou financeiros**

O ambiente do escritório pode ter impacto direto na produtividade ideal, que é afetada pela saúde e o bem-estar do empregado. A produtividade pode ser medida pela redução em:
- Absentismo
- Ausências por licença médica
- Rotatividade/retenção de funcionários
- Faturamento
- Gastos médicos
- Reclamações médicas
- Reclamações físicas
- Falta de eficiência na execução de tarefas e cumprimento de prazos de entrega

*Fonte:* World Green Building Council

**FIGURA 13.13** O WELL Scorecard para a certificação no nível ouro, mostrando a pontuação em cada um dos sete conceitos da coluna da esquerda. (*Fonte*: Well Building Standard)

## A certificação WELL Building Standard

A ênfase da comunidade da edificação sustentável sobre a saúde e o bem-estar humanos resultou no desenvolvimento de uma norma similar ao LEED, mas que foca unicamente a saúde e o bem-estar das pessoas. O WELL Building Standard (Figura 13.13) foca as pessoas no prédio e usa, como seus fundamentos, pesquisas científicas e médicas baseadas em evidências. Essa norma é empregada para medir, certificar e monitorar as muitas características do ambiente construído que impacta a saúde e o bem-estar humanos. Atualmente, o protocolo WELL Building Standard versão 1 está sendo testado em cerca de 800 mil $m^2$ de edificações (Well Building Standard, 2015). A Matriz de Características da norma Well Building Standard para três classes de projeto está disponível (em inglês) no material online no site www.grupoa.com.br (acesse o site, encontre a página do livro e localize a área do Material Complementar). Trata-se de um sistema abrangente que cobre 71 características que afetam a saúde e o bem-estar e são agrupadas nos sete conceitos: ar, água, nutrição, luz, aptidão física, conforto e mente. Algumas das características dos conceitos são consideradas como condicionantes, isto é, obrigatórias – por exemplo, atender aos padrões de qualidade do ar, proibir o fumo e reduzir os VOCs. Outras, como o controle da umidade, as janelas de abrir e a ventilação cruzada ou por efeito chaminé, são chamadas de otimizações, ou seja, não são compulsórias, mas contribuem para a certificação do projeto. As várias estratégias são marcadas em um Escore de Bem-Estar, no qual se atribui entre 0 e 10 pontos para cada conceito. A certificação exige, no mínimo, cinco pontos em cada um dos conceitos. Os níveis de certificação são prata, ouro e platina. O International Well Building Institute administra o WELL Building Standard e colabora com o Green Building Certification Institute, a entidade certificadora do LEED. Para que mantenha sua certificação, o prédio deve ser reavaliado a cada três anos, no mínimo.

## RESUMO E CONCLUSÕES

A qualidade do ambiente interno talvez seja a questão mais importante relacionada com a edificação sustentável, uma vez que afeta diretamente a saúde dos usuários de um prédio. Embora cubra uma grande variedade de efeitos, o LEED foca a qualidade do ar do interior, colocando uma ênfase muito menor na qualidade da iluminação e do desempenho acústico. O Green Globes, contudo, aborda uma gama maior de questões da qualidade do ambiente interno, como o conforto acústico e a iluminação, o que é um passo adiante na evolução das ferramentas de certificação de sustentabilidade de edificações. Como consequência dos esforços relativamente recentes para abordar a saúde das edificações, vários novos produtos estão surgindo, como tintas, carpetes, adesivos, móveis e produtos de madeira para móveis fixos ou não com emissões baixas ou nulas. Além do mais, está sendo prestada mais atenção às especificações dos equipamentos de climatização e controle da umidade dos espaços. A importante questão da infiltração da umidade e dos problemas oriundos, como o surgimento de mofo e bolor, também está sendo tratada pelo detalhamento arquitetônico adequado e pelo projeto correto dos sistemas de distribuição de ar em um prédio. A iluminação natural está, cada vez mais, recebendo maior ênfase em função de seus benefícios para a saúde e sua contribuição para reduzir o consumo de energia. LEED e Green Globes conferem pontos para as edificações que tiverem vistas excepcionais, valorizando o bem-estar dos usuários como um dos componentes da qualidade do ambiente interno. As versões futuras desses sistemas de certificação de edificações deveriam considerar o aumento da importância atribuída a sistemas prediais tranquilos e relativamente sem ruídos como um dos importantes aspectos para a saúde humana. E, para cobrir toda a variedade de questões da qualidade do ambiente interno, a iluminação deveria ser mais valorizada e receber mais consideração.

## NOTAS

1. Essas são perdas de produtividade mencionadas por Mary Beth Smuts, uma toxicologista que trabalha na Agência de Proteção Ambiental dos Estados Unidos, citada por Zabarsky (2002).
2. A última versão da Seção 01350 pode ser encontrada no site da CalRecycle: www.calrecycle.ca.gov/greenbuilding/specs/section01350/Block225Spec.pdf.
3. A última versão da Regra 1168 pode ser encontrada em: www.arb.ca.gov/DRDB/SC/CURHTML/R1168.PDF.

4. A norma Green Seal GS-11 está disponível no site da Green Seal: www.greenseal. org/Portals/0/Documents/Standards/GS-11/GS- 11_Paints_and_Coatings_Standard.pdf.

5. A Norma Ambiental da Green Seal para Tinta Latex com Conteúdo Reciclado (julho de 2013) pode ser encontrada em www.greenseal.org/Portals/0/Documents/Standards/GS- 43/GS-43_Ed1-1_ Recycled_Content_Latex_Paint.pdf.

6. Mais informações sobre o Programa de Testagem de Carpetes Green Label podem ser encontradas em www.carpet-rug.org/Documents/Factsheets/GLP-Fact-Sheet.pdf.

## FONTES DE CONSULTA

Bas, Ed. 1993. *Indoor Air Quality in the Building Environment.* Troy, MI: Business News Publishing.

Bauer, Michael, Peter Mösle, and Michael Schwarz. 2010. *Green Building: Guidebook for Sustainable Architecture.* Berlin: Springer Verlag.

Center for the Built Environment. 2007. *Acoustical Analysis in Office Environments Using POE Survey.* Berkeley, CA: Summary available at www.cbe.berkeley.edu/research/acoustic_poe.htm.

Fisk, W. J. 2002. "How IEQ Affects Health, Productivity." *ASHRAE Journal* 44 (5): 56, 58–60.

Fisk, W. J., and A. H. Rosenfeld. 1998. "Potential Nationwide Improvements in Productivity and Health from Better Indoor Environments." *Proceedings of ACEEE Summer Study '98* 8: 85–97.

Gustavs, Katharina. 2008. "Options to Minimize Non-Ionizing Radiation (EMF/RF/ Static Fields) in Office Environments," University of Victoria. Available at www.buildingbiology.ca/pdf/2008_low_emr_office_environments.pdf.

Hansen, Shirley. 1991. *Managing Indoor Air Quality.* Liliburn, GA: Fairmont Press.

Hays, S. M., R. V. Gobbell, and N. R. Ganick. 1995. *Indoor Air Quality Solutions and Strategies.* New York: McGraw-Hill.

Jensen, K., and E. Arens. 2005. "Acoustic Quality in Office Workstations, as Assessed by Occupant Surveys," *Proceedings of Indoor Air 2005*, Beijing, China, September 4–9.

Kats, Gregory H. 2003. "The Costs and Financial Benefits of Green Buildings." Report developed for California's Sustainable Building Task Force. Available at www.calrecycle.ca.gov/greenbuilding/design/costbenefit/report.pdf.

Levin, Hal. 1999. "Commercial Building Indoor Air Quality." Report prepared for the Northeast Energy Efficiency Partnerships. Available at www.buildingecology.com/articles/commercial-building-indoor-air-quality-introduction-to--the-problem/.

Meckler, M., ed. 1991. *Indoor Air Quality Design Guidebook.* Lilburn, GA: Fairmont Press.

North American Insulation Manufacturer's Association. 1997. "Sound Control for Commercial and Residential Buildings." Available www.icsinsulation.com/specifications/general/Sound%20Control.pdf.

Nero, A. V. Jr. 1988. "Controlling Indoor Air Pollution." *Scientific American* 258 (5): 42–48.

Sheet Metal and Air Conditioning Contractors' National Association (SMACNA). 1998. *Indoor Air Quality—A Systems Approach.* Chantilly, VA: Sheet Metal and Air Conditioning Contractors' National Association.

———. 2000. *Duct Cleanliness for New Construction.* Chantilly, VA: Sheet Metal and Air Conditioning Contractors' National Association.

———. 2009. *IAQ Guidelines for Occupied Buildings under Construction.* Chantilly, VA: Sheet Metal and Air Conditioning Contractors' National Association.

US Environmental Protection Agency (EPA). 1991. *Building Air Quality: A Guide for Building Owners and Facility Managers.* EPA/400/1-91/033 (September). Washington, DC: US Environmental Protection Agency.

Wargocki, P., D. P. Wyon, and P. O. Fanger. 2000. "Productivity Is Affected by the Air Quality in Offices." *Healthy Buildings* 1: 635–640.

Well Building Standard. 2015. *The Well Building Standard*, version 1.0. International Well Building Institute. Available at www.wellcertified.com/standard.

World Green Building Council. 2015. *Health, Wellbeing & Productivity in Offices: The Next Chapter for Green Building.* Available at www.worldgbc.org/files/6314/1152/0821/WorldGBC__Health_Wellbeing__productivity_Full_Report.pdf.

Wilson, Edmund O. 1984. *Biophilia.* Cambridge, MA: Harvard University Press.

Zabarsky, Marsha. 2002. "Sick-Building Syndrome Gains a Growing Level of National Awareness." *Boston Business Journal.* Available at www.bizjournals.com/boston/stories/2002/08/19/focus9.html.

# Parte IV
# Implementação do projeto da edificação sustentável

A Parte III desta obra ofereceu uma visão geral dos principais sistemas de uma edificação sustentável de alto desempenho: terreno e paisagismo, energia, água, materiais e qualidade do ambiente interno. O projeto adequado desses sistemas é o ponto de partida das edificações sustentáveis. Contudo, sem a execução cuidadosa da fase de construção do projeto e o comissionamento minucioso do prédio acabado, um projeto de edificação sustentável fica incompleto. A Parte IV deste livro aborda esses dois importantes aspectos de um projeto e como eles se encaixam no processo geral dessas edificações. Além disso, esta parte cobre os aspectos econômicos da edificação sustentável e apresente uma visão geral das possíveis justificativas desses prédios ao longo de sua vida útil, inclusive as economias com energia, água e tratamento de esgoto, os benefícios do comissionamento, das economias com a operação e manutenção e outras abordagens para se tratar dos aspectos econômicos das edificações sustentáveis. Esta parte conclui com uma visão geral do futuro da edificação sustentável e a variedade de direções nas quais esse movimento talvez evolua. Ela inclui os seguintes capítulos:

Capítulo 14: Operações de construção e comissionamento
Capítulo 15: Aspectos econômicos das edificações sustentáveis
Capítulo 16: A construção sustentável de última geração

O Capítulo 14 discorre sobre os principais aspectos da edificação sustentável que não são tratados separadamente no LEED (Leadership in Energy and Environmental Design) ou Green Globes, mas que merecem considerações adicionais. Os construtores ou engenheiros responsáveis por uma obra, que são quem, na verdade, executa o projeto, devem estar claramente cientes de suas responsabilidades. Portanto, a importância de se elaborar um plano de proteção do terreno, um plano de saúde e segurança da edificação e um plano de gestão dos resíduos de construção e demolição é abordada no Capítulo 14. Cada plano é uma ampliação, ou elaboração, dos requisitos atuais do sistema de certificação de edificações. O plano de proteção do terreno inclui as exigências do plano de controle da erosão e sedimentação encontradas na categoria Sustainable Sites do LEED e na categoria Site do Green Globes, bem como outras medidas projetadas para proteger a integridade biológica e física do terreno. O plano de saúde e segurança trata de questões durante a fase da construção e dos requisitos da qualidade do ar do interior e inclui medidas adicionais elaboradas para proteger os trabalhadores e os futuros usuários do prédio. O plano de gestão dos resíduos de construção e demolição é abordado na categoria Materials and Resources do LEED, que foi descrita no Capítulo 5. O comissionamento das edificações, que vem se destacando como uma etapa crucial na certificação dos prédios de alto desempenho feita por terceiros, também é minuciosamente analisado no Capítulo 14. O processo de comissionamento continua a se desenvolver, de seu papel original de testagem e calibragem dos sistemas de calefação, ventilação e condicionamento de ar a uma conferência mais completa de todos os sistemas prediais, incluindo, por exemplo, os acabamentos, e garantindo que o proprietário receba exatamente o prédio que foi previsto no projeto. O comissionamento está se tornando um serviço que ocorre durante todo o projeto, desde suas primeiras etapas, em vez de apenas uma atividade ao fim da obra. As análises econômicas iniciais dos prédios sustentáveis de alto desempenho indicam que as economias decorrentes do comissionamento das edificações são realmente impressionantes, superando inclusive as economias decorrentes dos benefícios financeiros dos gastos reduzidos com energia. Isso é um resultado incrível, e, se as análises futuras o confirmarem, essas descobertas transformarão muitos pressupostos fundamentais sobre as edificações. Por exemplo, se as economias oriundas do comissionamento fossem tão marcadas já no início da operação da edificação, o comissionamento contínuo também teria benefícios notáveis.

A análise econômica das edificações sustentáveis é abordada no Capítulo 15. O custo do ciclo de vida é a ferramenta-chave para a justificativa das decisões de se criar um prédio de alto desempenho. Estudos iniciais indicaram que os custos adicionais de um novo prédio com certificação LEED para Construções Novas eram cerca de 2% para a certificação prata ou ouro e que as economias totais ao longo de 20 anos, usando-se pressupostos financeiros conservadores, ficam na ordem de 500 a 700 dólares por metro quadrado para um investimento inicial extra de cerca de 40 dólares por metro quadrado, no caso de uma construção com custo básico de cerca de 1.400 dólares por metro quadrado. Alguns estudos relatam um período sobre o retorno do investimento simples de apenas um ano para um prédio sustentável quando todas as economias são consideradas – energia, água, emissões – bem como os benefícios à produtividade.

O futuro da edificação sustentável é tratado no Capítulo 16, o capítulo final desta obra. O LEED, como seria de se esperar, promove a edificação sustentável em determinada direção, pois o sistema de pontos para que se alcancem os vários níveis de certificação, embora geralmente se baseie no desempenho, tende a resultar em um número bastante limitado de resultados. Atualmente, apenas umas poucas tentativas estão sendo feitas para definir o que seriam os prédios sustentáveis "definitivos" – ou seja, aqueles que surgirão em 20 anos ou mais. O Living Building Challenge descrito no Capítulo 4 talvez esteja focando as vedações externas dos prédios mais do que qualquer outro protocolo de certificação. Este capítulo tenta remediar essa relativa falta de visão dos demais sistemas de certificação. Para isso, três possíveis estratégias futuras são descritas: uma baseada na tecnologia, uma segunda na arquitetura vernácula e uma terceira nos modelos do biomimetismo. Nenhuma dessas estratégias provavelmente trará a solução de longo prazo – é mais provável que o resultado seja uma síntese das ideias-chave das três abordagens. O ideal é que as futuras versões do LEED, do Green Globes e de outros sistemas de avaliação e certificação de edificações abram o caminho para a edificação sustentável e elevem os padrões para todos aqueles que estão envolvidos nesse movimento, dos proprietários aos fornecedores de materiais, projetistas e construtores.

# Operações de construção e comissionamento

# 14

O papel atribuído à equipe de construção de executar e tornar real o projeto de edificação sustentável é extremamente importante e não deve ser subestimado. Um construtor ou empreiteiro que oriente seus empregados e subempreiteiros para os propósitos do projeto pode fazer uma diferença enorme no resultado final. Diversos tipos de atividades de construção podem resultar em créditos atribuídos pelos sistemas de certificação de edificação LEED e Green Globes. Essas atividades incluem gestão de lixo, controle de erosão e sedimentação, redução da pegada de carbono nas operações de construção e qualidade do ar do interior. Além desses aspectos do projeto de edificação sustentável de alto desempenho, a equipe deve contribuir de outras formas que não são descritas especificamente nos sistemas de certificação. Exemplos incluem o manejo e a reserva de materiais melhores, o reúso de materiais do local, como a camada superficial do solo, rochas calcárias, asfalto e concreto, a medição do uso de eletricidade e água do local e a redução de atividades poluentes. É importante que o construtor ou empreiteiro administre as operações de construção para comunicar de maneira clara a todos os subempreiteiros e fornecedores envolvidos os aspectos e exigências particulares das edificações sustentáveis de alto desempenho. Este capítulo busca identificar como as operações de construção para esse tipo de edifício podem diferir das práticas convencionais. As áreas específicas abordadas são o planejamento de proteção do terreno, o manejo e a instalação de materiais, a gestão de lixo de construção e demolição, o controle da qualidade do ar interior durante a construção e o comissionamento predial.

## PLANEJAMENTO DA PROTEÇÃO DO TERRENO

Um *plano de proteção do terreno* é usado para minimizar distúrbios na ecologia do terreno e do solo durante as operações de construção. O construtor ou empreiteiro deve ter conhecimento sobre os possíveis impactos que podem resultar das atividades de construção para estabelecer e implementar efetivamente esse plano. Atualmente, LEED e Green Globes não têm exigências específicas para os componentes do plano; no entanto, não há dúvidas de que muitas atividades de construção podem impactar negativamente a ecologia e os solos do terreno. A abordagem dessas atividades no plano de proteção do terreno elevará o projeto de edificação sustentável de alto desempenho ao envolver empreiteiros e subempreiteiros no processo. Um plano de proteção inclui controle de erosão, de sedimentação e de poluição, redução de distúrbios no terreno e operações de gestão de construção *in loco*. A seguir, discutiremos esses tópicos em mais detalhes.

### Controle da erosão e sedimentação

Medidas de controle de erosão e sedimentação são importantes para reduzir a perda de qualidade do solo e a poluição de corpos de água do entorno. A erosão e a sedimentação ocorrem quando o vento ou a água carregam partículas do solo do terreno para outras localizações. Como resultado, pode haver o entupimento de sistemas de esgoto, a contaminação de terrenos contíguos e de corpos de água e, possivelmente, um caro processo de retrabalho e de limpeza no terreno e no entorno a fim de restaurá--los para as condições exigidas. Os projetos implantados em terrenos maiores do que um acre devem implementar o Plano de Prevenção à Poluição das Águas Servidas, do Sistema Nacional de Eliminação e Descarga de Poluentes da Agência de Proteção Ambiental dos Estados Unidos. Os projetos que almejam a certificação LEED devem estabelecer e desenvolver um plano de controle de erosão e sedimentação. As áreas com tendência à erosão são identificadas por projetistas e gerentes de obra, e, na sequência, cria-se um plano que controle o fluxo de água em caso de precipitação. Proteções nas entradas dos sistemas de drenagem pluvial, coletores de silte e de sedimentos são soluções temporárias que devem ser continuamente monitoradas devido aos possíveis danos causados pela atividade de construção. Se estes dispositivos de controle forem implementados em um projeto, será necessário um registro contendo inspeções diárias e semanais no local, junto com fotos e tomada de ações corretivas, se esses dispositivos forem danificados. A Figura 14.1 é um exemplo de dispositivo de controle de sedimentação temporário que previne a entrada no sistema pluvial de água que possa remover o solo evitando, assim, o seu entupimento. Dispositivos de controle de água mais permanentes podem incluir valetas de biorretenção, valas de drenagem gramadas e células de biorretenção. Informações sobre esses dispositivos podem ser encontradas no Capítulo 10. O controle da topografia pode controlar não apenas a direção do fluxo da água, mas também a velocidade mediante estratégias como percursos de fluxo mais extensos, gradientes menores e fluxos laminares (Centro Nacional de Educação e Pesquisa de Construção dos Estados Unidos [NCCER] 2011). O uso de fluxos laminares é uma estratégia que faz a água fluir em uma profundidade mais baixa ao longo de uma grande área para aumentar o atrito com a superfície e minimizar a erosão. A semeação também pode ser utilizada para estabilizar as condições do solo e reduzir o fluxo de água; dependendo das operações de construção, pode ser um meio temporário ou permanente para controlar o fluxo.

**FIGURA 14.1** Proteção na entrada do sistema de drenagem pluvial em um terreno recém-construído. Esse dispositivo deve ser monitorado continuamente durante a construção para assegurar seu funcionamento apropriado. (Don Thieman, CPESC, ASP Enterprises)

### Prevenção da poluição

O controle da poluição é uma responsabilidade diária do construtor ou empreiteiro e protege os trabalhadores e as áreas adjacentes ao terreno. A poluição pode ser qualquer coisa prejudicial, seja uma substância ou um efeito introduzido no meio ambiente na forma de um subproduto ou outra atividade. Ruídos, poeira, poluição do ar e luz são alguns tipos de poluição que podem resultar das atividades de construção e que devem ser amenizadas por medidas corretivas. Não há exigências do LEED nem do Green Globes quanto a um plano de prevenção de poluição da construção total; todavia, é importante identificar os efeitos das atividades de construção no curto e no longo prazo e as medidas apropriadas para reduzir os respectivos impactos. Essas medidas podem ser reativas, ou seja, a atividade da construção assume que ocorrerão problemas de poluição, ou proativas, nas quais esses problemas são inteiramente prevenidos. As estratégias estabelecidas para a redução da poluição na sua origem podem eliminar virtualmente o problema para aqueles envolvidos direta e indiretamente com o projeto. A Tabela 14.1 lista as origens genéricas da poluição junto com as medidas reativas e proativas para manejá-la no local da construção (NCCER 2011). Essas atividades podem ser incluídas no plano de proteção do terreno.

### Redução de distúrbios no terreno

O simples ato de construir uma edificação e/ou uma infraestrutura de suporte que fornecem energia, água, comunicações, calçadas e vias causa mudanças realmente significantes no terreno existente.

## TABELA 14.1
**Exemplos de medidas reativas e proativas para manejar a poluição no local da construção**

| Poluente | Fonte(s) | Medidas reativas (mitigação) | Medidas proativas (prevenção) |
|---|---|---|---|
| Luz | Operações noturnas<br>Operações de soldagem ou corte<br>Luzes temporárias que ficam ligadas à noite | Uso de anteparos ou redirecionamento de luminárias que foquem apenas o local de trabalho<br>Desligamento temporário das luzes ao fim do dia de trabalho | Cronogramas de revisão da construção para evitar operações noturnas<br>Uso de luzes menores que foquem diretamente os planos de trabalho |
| Ruídos e vibração | Operação de equipamentos | Organização dos turnos de trabalho para permitir que os trabalhadores tenham pausas<br>Cercas ou muros no perímetro para a barreira de som<br>Equipamentos de proteção pessoal para os trabalhadores | Cronograma de revisão da construção para evitar operações durante momentos sensíveis<br>Escolha de equipamentos com produção de ruídos mais baixa |
| Pó e partículas aerotransportadas | Operação de equipamentos<br>Erosão eólica de solos expostos | Equipamentos de proteção pessoal para os trabalhadores<br>Tratamento superficial dos solos expostos com água ou produtos químicos que combatam o pó | Diminuição dos distúrbios no terreno<br>Cobertura do solo exposto com semeação temporária ou permanente<br>Vegetação existente mantida intacta |
| Emissões de produtos químicos aerotransportados | Compostos orgânicos voláteis oriundos da emissão de gases de materiais sintéticos novos | Aumento dos índices de ventilação durante a instalação de equipamentos de proteção pessoal para os trabalhadores | Uso de produtos com níveis de compostos orgânicos voláteis mais baixos ou zero<br>Projeto para superfícies expostas<br>Uso de materiais pré-acabados |
| Poluição do solo e dos lençóis freáticos | Vazamentos de motores<br>Derramamentos acidentais no reabastecimento de combustíveis<br>Descarte impróprio | Planos/equipamentos de limpeza de vazamentos<br>Provisão de depósitos confinados para materiais nocivos<br>Medidas de controle de vazamentos como taludes, barreiras e placas absorvedoras | Reabastecimento de combustíveis centralizado<br>Treino (para os empregados) para prevenção de derramamentos<br>Manutenção de equipamentos apropriada<br>Uso de materiais não prejudiciais sempre que possível |
| Poluição da água da superfície (calor e contaminantes) | Vazamentos de motores<br>Derramamentos acidentais<br>Solo exposto sem medidas de controle de erosão | Medidas de controle de derramamentos<br>Barreiras físicas no perímetro<br>Planos/equipamentos de limpeza de derramamentos<br>Criação de bacias de detenção para armazenar água da chuva | Manutenção de equipamentos apropriada<br>Superfícies permeáveis ou com alta refletância solar<br>Semeação do solo exposto<br>Limitação dos distúrbios gerados pela construção<br>Bacias de infiltração |
| Esmagamento do solo nas ruas do bairro | Rodas de veículos | Postos de lavagem de veículos | Limitação dos distúrbios gerados pela construção<br>Manuseio de materiais fora do terreno. Entrega *just-in-time* |

Costuma-se dizer que "a edificação mais sustentável de todas é aquela que nunca foi construída". Do ponto de vista do sistema ecológico, é importante preservar ao máximo os sistemas biológicos e as funções ecológicas existentes no terreno. O construtor ou empreiteiro deve gerenciar os procedimentos para reduzir a pegada física de carbono no processo de construção. Uma maneira de abordar a construção de uma forma ambientalmente saudável é determinando primeiro se há qualquer espécie em perigo ou ameaçada no terreno ou em suas proximidades. Por definição, uma *espécie em perigo* é um animal ou espécie vegetal classificados pela regulação como correndo risco de extinção. Uma *espécie ameaçada* é qualquer animal ou planta que provavelmente entrará em risco de extinção em um futuro próximo. Para determinar se há espécies em perigo ou ameaçadas no terreno ou em suas proximidades, pode-se contatar o Serviço de Pesca e Vida Selvagem dos Estados Unidos, o Serviço Nacional de Áreas de Pesca Marinhas, agências estatais e centros de cultura indígena ou pesquisar na internet sobre a localização dessas espécies. Se existir esse risco, é importante conduzir inspeções visuais, pesquisas biológicas formais e uma avaliação ambiental conforme exigência da Lei da Política Ambiental Nacional Norte-Americana. Esses contatos e pesquisas indicarão se pode haver um possível problema e se os Requisitos da Lei de Espécies Ameaçadas para Atividades de Construção deveriam ser implementados. Apesar desse processo parecer uma tarefa complicada, abordar essa questão antes do início da construção prevenirá possíveis demoras no projeto.

Há muitas alternativas para reduzir os distúrbios no terreno durante a construção. Por exemplo, reduzir o número de vagas em estacionamentos no terreno, especificar áreas adicionais livres de trânsito, andaimes e materiais fora do terreno, permitir somente uma faixa de acesso de veículos à obra no perímetro do terreno e possuir uma política de controle de poluição rigorosa e ativa. Cercas e sinalização gráfica adequadas devem ser usadas para comunicar claramente os objetivos da construção e evitar danos aos equipamentos e às atividades de construção. O estabelecimento de penalidades contratuais pode ser utilizado para minimizar os distúrbios no terreno, prevenir danos à vegetação e proteger os sistemas ecológicos.

Identificar as responsabilidades e comunicar claramente as exigências específicas do terreno à equipe de projeto inteira melhorará muito os esforços para minimizar os distúrbios. A preservação da biodiversidade do *habitat* é importante, especialmente no caso de terrenos ainda não ocupados por construções. Reduzir os distúrbios no terreno também facilita sua restauração quando o projeto estiver completo.

## Conduzindo operações de construção ambientalmente ecológicas

Existem, do ponto de vista ambiental, inúmeras oportunidades para se aprimorar as operações em uma construção. Um centro de reciclagem de papéis, plásticos mistos e outros tipos de resíduos recicláveis, por exemplo, pode ser disponibilizado para os trabalhadores. Pode-se disponibilizar também recipientes para a coleta de baterias recarregáveis, resíduos de alimentos compostáveis e outros tipos de lixo. O construtor ou empreiteiro pode, posteriormente, reduzir os resíduos utilizando materiais de demolição e móveis de escritório, gabinetes e mesas para o escritório da obra. Os resíduos de papel podem ser reduzidos mediante o uso de uma impressora que imprima em ambos os lados da folha. Estratégias que evitem que os materiais sejam de propriedade direta do construtor ou empreiteiro, como o aluguel de cercas e barreiras de construção temporárias, a prevenção e o reúso dos materiais facilitam o processo de construção. Identificar as fontes dos resíduos de materiais e implementar procedimentos que os redirecionem dos aterros sanitários reduzirá o custo do descarte de lixo.

A eficiência de materiais não é a única prática que pode ser melhorada; outras técnicas incluem a redução do consumo de combustíveis e água e o uso de equipamentos com eficiência energética. Práticas que aumentam a eficiência e reduzem os resíduos devem ser incluídas no plano de proteção do terreno para que possam ser comunicadas com clareza e exigidas. A seguir, listamos alguns exemplos:

- Uso de *conference calls* e *webinars* para reduzir o tempo de transporte e os custos de combustível em reuniões. Em situações nas quais reuniões de progresso acontecem regularmente, pode ser vantajoso organizá-las em um local apropriado, com *webcams* estrategicamente colocadas para mostrar o progresso das operações de construção.
- Incentivo de um sistema de automóveis compartilhados para reduzir distúrbios no terreno e custos com combustíveis. Isso é particularmente útil para os subempreiteiros reduzirem o número de veículos no terreno e aumentar a flexibilidade do local de construção.
- Uso de veículos abastecidos com combustíveis alternativos em deslocamentos cotidianos pela cidade a fim de reduzir os custos com combustíveis.
- Monitoramento do consumo de água e energia para ajudar a identificar possíveis áreas de consumo excessivo, o que resultará em economias de custos que beneficiarão diretamente o

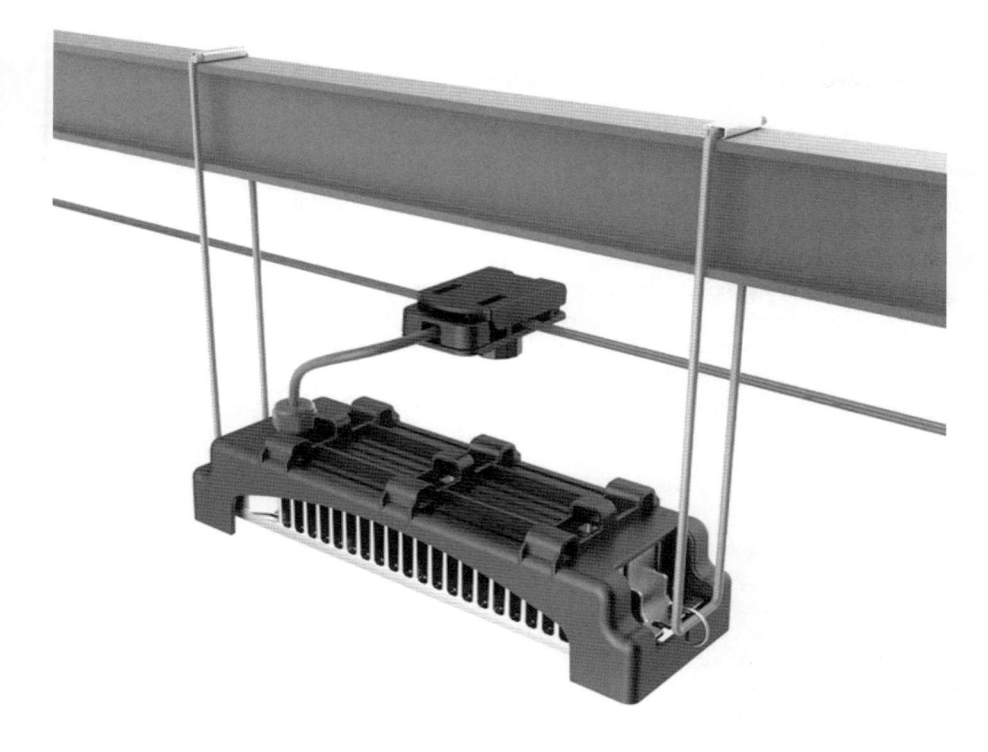

**FIGURA 14.2** Esses aparelhos de LED modulares e resistentes à água da Clear-Vu Lighting são instalados com fios de baixa voltagem alimentados por acionadores de LED remotos e fornecem grande economia de energia e de mão de obra nos locais de trabalho. (Clear-Vu Lighting LLC)

construtor ou empreiteiro ao aumentar as margens de lucro. Um exemplo de melhoria na eficiência energética é o uso da tecnologia de diodos emissores de luz (LEDs), como mostra a Figura 14.2. Dependendo da quantidade de iluminação de construção utilizada em um terreno, os LEDs podem ser uma opção por sua capacidade de reduzir o consumo energético em mais de 67% em comparação a lâmpadas incandescentes e de halogeneto metálico convencionais.

Ao implementar e executar um plano de proteção do terreno, o construtor assegura que os ecossistemas existentes estão protegidos e que a força de trabalho e a vizinhança foram levados em conta no processo de construção. Além disso, um plano de proteção do terreno é um sinal público de que as firmas de construção gerenciadoras do projeto estão plenamente comprometidas com o conceito de edificação sustentável de alto desempenho.

## GERENCIAMENTO DA QUALIDADE DO AR DO INTERIOR DURANTE A CONSTRUÇÃO

Os subempreiteiros talvez sejam os atores mais importantes em um projeto de construção de uma edificação. Em geral, no setor da construção, os empreiteiros em si pouco executam em uma obra, sendo mais comum o empreiteiro ou o gerente da obra organizarem e conduzirem um grupo diverso de subempreiteiros. Para que um projeto de edificação ecológica atenda a seus objetivos, os subempreiteiros devem estar cientes de como esse tipo de projeto difere de um convencional. Os projetos de edificação ecológica demandam uma atenção extrema para a saúde e a segurança dos trabalhadores e futuros usuários. A exposição crônica a riscos ocupacionais pode causar, no longo prazo, efeitos sérios na saúde da força de trabalho do subempreiteiro. Esses riscos incluem ruídos, poeira, produtos químicos e vibrações. Riscos imediatos do trabalho, como equipamentos móveis, trabalhos em terra instáveis e em lugares altos, também podem causar ferimentos ou mortes.

Uma área importante na qual a segurança geral da força de trabalho pode ser melhorarada é a qualidade do ar do interior durante a construção. Gerar e implementar um *plano de gestão da qualidade do ar do interior* é sempre uma boa prática que o construtor ou empreiteiro pode adotar

**TABELA 14.2**

**Passos para a gestão da qualidade do ar do interior durante a construção**

1. *Identifique as possíveis ameaças para a qualidade do ar do interior.* Esse passo é tipicamente associado ao tipo de tarefa de construção exigido para completar o trabalho. Identificar os riscos associados à instalação de produtos, materiais e sistemas específicos e avaliar as soluções em termos de custo/benefício para o projeto total.

2. *Inclua os objetivos de qualidade do ar do interior no orçamento e no projeto executivo.* Esses objetivos ajudarão a reduzir os riscos normalmente presentes.

3. *Assegure que todos os membros da equipe de projeto estejam familiarizados com as questões sobre a qualidade do ar do interior.* Assegure que eles tenham responsabilidades definidas para a implementação de boas práticas.

4. *Solicite o desenvolvimento e o uso de um plano de gestão da qualidade do ar do interior.* O propósito desse plano é prevenir os problemas residuais no ar do interior no prédio finalizado e proteger os trabalhadores no local de riscos indevidos à saúde durante a construção. O plano deve identificar medidas específicas a serem abordadas:

    **a.** Substâncias problemáticas, incluindo poeira da construção, vapores químicos, materiais que emitem gases e umidade. O plano assegurará que esses problemas não serão introduzidos durante a construção ou, caso sejam, serão eliminados ou terão o seu impacto reduzido.

    **b.** Áreas de planejamento, incluindo substituição de produtos e reservatórios de materiais, instalações seguras, monitoramentos regulares e limpezas minuciosas e seguras.

5. *Conduza inspeções e manutenções regulares das medidas de qualidade do ar do interior.* Isso inclui proteção ao sistema e à taxa de ventilação.

6. *Conduza reuniões de segurança, sinalize e estabeleça acordos com o subempreiteiro que comuniquem os objetivos do plano de qualidade do ar do interior.* O plano também é um ótimo lugar para prescrever comportamentos inaceitáveis para o proprietário e que representam um impacto potencialmente negativo para a qualidade do ar do interior no longo prazo, como tabagismo, consumo de tabaco de mascar e uso de roupas de trabalho contaminadas.

7. *Exija que os empreiteiros forneçam informações sobre substituições de produtos.* Essa informação deve ser suficiente para evitar a rotatividade das operações e da manutenção para manter e reparar apropriadamente os materiais de baixa emissividade e outros que são saudáveis no local.

*Fonte:* Adaptado de "Maintaining Indoor Environmental Quality (IEQ) during Renovation and Construction" do site do Centro de Controle de Doenças, www.cdc.gov/niosh/topics/indoorenv/ConstructionIEQ.html.

durante as atividades de construção e antes da ocupação. Esse plano auxilia na comunicação do plano específico que visa a proteger a qualidade do ar e estabelece o processo que deve ser seguido para que esse objetivo seja alcançado. As etapas típicas para o desenvolvimento e a execução de um bom plano de qualidade do ar do interior da construção são apresentadas na Tabela 14.2. Uma gestão apropriada do plano auxilia também na obtenção de créditos para a certificação de edificação sustentável LEED ou Green Globes. A Tabela 14.3 indica as medidas que os construtores podem adotar para assegurar uma boa qualidade do ar do interior no prédio ocupado e que deveriam ser inseridas em um plano de gestão da qualidade do ar do interior.

No desenvolvimento do plano, é essencial a inclusão de medidas tangíveis para melhorar as condições de trabalho. A Sheet Metal and Air Conditioning Contractors' National Association (SMACNA) produziu diversas diretrizes que podem ser utilizadas para ajudar no processo de garantir uma boa qualidade do ar durante e após a construção. A publicação da SMACNA, *IAQ Guidelines for Occupied Buildings under Construction* (2007), fornece uma estratégia abrangente para ser aplicada durante a construção, demolição ou renovação de espaços ocupados. O Capítulo 3 dessa norma foca medidas de controle e diretrizes a serem empregadas durante a construção. Essas áreas de interesse incluem (1) proteção dos sistemas de climatização do ar durante e após a instalação, (2) controle nas fontes, (3) interrupção dos caminhos de poluição, (4) limpeza dos espaços e (5) elaboração de cronogramas.

## Proteção dos sistemas de climatização

A instalação, sem cautela, dos componentes do sistema de climatização durante a construção pode representar uma ameaça à saúde da força de trabalho e dos futuros usuários do prédio. Poeira, compostos orgânicos voláteis e emissões dos equipamentos podem se infiltrar na edificação e circular pelas unidades de manejo de ar. Portanto, é importante armazenar e proteger da poeira, da umidade e dos odores

**TABELA 14.3**

**Medidas a serem implementadas pelos construtores para assegurar uma boa qualidade do ar do interior aos usuários do prédio**

- Mantenha os materiais de construção secos, especialmente madeiras, materiais porosos, isolantes, papéis e tecidos, para prevenir o crescimento de mofo e bactérias.
- Seque rapidamente os materiais danificados pela água em, no máximo, 24 horas. Devido à possibilidade do surgimento de mofo e bactérias, materiais que estiverem úmidos ou molhados por um período superior a 72 horas talvez devam ser descartados.
- Limpe imediatamente os derramamentos. Caso solventes, produtos de limpeza, gasolina ou outros produtos líquidos com odor ou potencialmente tóxicos sejam derramados no piso, devem ser limpados com urgência.
- Vede aberturas desnecessárias, em paredes, pisos e coberturas que separam os espaços climatizados (aquecidos ou resfriados) dos espaços não climatizados.
- Ventile quando for necessário. Algumas atividades de construção podem liberar grandes quantidades de gases para dentro de uma instalação; se o edifício for fechado por paredes, janelas e portas, o ar do exterior pode não fluir facilmente para remover esses gases. Durante algumas atividades de construção, sistemas de ventilação temporária devem ser instalados para a rápida remoção dos gases.
- Forneça ventilação complementar. Durante a instalação de carpetes, tintas, móveis e acessórios e outros produtos emissores de compostos orgânicos voláteis, forneça ventilação complementar por pelo menos 72 horas após a finalização do trabalho.
- Exija máscaras de segurança específicas para os trabalhadores que estiverem lidando com produtos que emitam compostos orgânicos voláteis (no interior e no exterior).
- Reduza a poeira da construção. Minimize a sua quantidade no ar e nas superfícies. Os exemplos incluem o uso de equipamentos de lixamento de gesso acartonado com aspirador de pó e o uso de aspiradores em vez de vassouras para limpar a poeira da construção dos pisos.
- Use técnicas de lixamento com água para sistemas de chapa de gesso acartonado.
- Evite o uso de equipamentos de combustão no interior.

*Fonte:* "Construction IAQ Management" (2002)

todos os equipamentos de climatização, incluindo os dutos, os circuladores de ar e outros componentes do tipo durante a construção. Essa proteção é realizada exigindo-se que os equipamentos sejam cobertos por um filme protetor no momento em que são entregues no terreno, como mostra a Figura 14.3A. Uma vez instalado, o sistema de climatização deve ser vedado, como mostra a Figura 14.3B, para prevenir a entrada de umidade e contaminantes. Para os propósitos de ventilação, o sistema deve ter filtros instalados com um Valor de Registro de Eficiências Mínimas (MERV) de 8 em todos os registros de retorno de ar e no lado da pressão negativa do sistema. Esses filtros devem ser substituídos sempre que estiverem sujos e, mais uma vez, antes da ocupação por filtros com MERV de 13.

## Controle da contaminação na fonte

A melhoria da qualidade do ar do interior pode ser alcançada mediante a mitigação dos níveis de contaminação em suas origens. Uma forma de fazer isso é estabelecer e monitorar uma linha de base da qualidade do ar do interior como descrita pelo *Protocolo EPA de Exigências Ambientais, Linha de Base para Qualidade do Ar do Interior e Materiais, para Pesquisa do Campus Triangle Park*, Seção 01445. Estas ações ajudarão a aumentar a conscientização sobre a qualidade do ar durante o projeto e a reduzir as descargas de emissões e de poluentes aerotransportados. Por exemplo, usar, sempre que possível, materiais com emissões baixas ou zero ajuda a reduzir a exposição a produtos químicos tóxicos, como compostos orgânicos voláteis. Em situações nas quais algum nível de formaldeído ou outros compostos orgânicos voláteis podem estar presentes, medidas de controle apropriadas, como isolamento e ventilação, são essenciais. No mínimo, oferecer equipamentos de proteção pessoal para os trabalhadores será importante quando necessário. Os trabalhadores podem resistir ao uso dos equipamentos por acreditarem que os projetos não são arriscados. O treinamento apropriado e políticas de obras são essenciais para assegurar que os materiais e produtos de construção sejam instalados com segurança. Sistemas de coleta de poeira para todos os equipamentos de corte e lixamento devem ser utilizados para proteger os trabalhadores e a qualidade do ar do interior do edifício.

**FIGURA 14.3** (A) Os dutos devem ser protegidos durante o armazenamento e antes da instalação. (B) As aberturas devem ser vedadas durante o processo de instalação para prevenir a contaminação. (Fotografias por cortesia de DPR Construction, Inc.)

## Interrupção dos percursos

A fim de manter a poeira baixa, as atividades de construção devem ser isoladas fisicamente das áreas limpas ou ocupadas. Isso pode ser realizado mediante o uso de barreiras temporárias como mantas plásticas, fitas adesivas e medidas de controle de entrada como capachos aderentes, como mostra a Figura 14.4. Quando usadas, as barreiras temporárias devem ser regularmente inspecionadas para identificar vazamentos ou rasgos reais ou potenciais que necessitem de reparação. As áreas finalizadas e limpas devem ser pressurizadas positivamente, com as áreas em construção pressurizadas e exauridas negativamente diretamente para o exterior. O uso frequente de aspiradores de alta eficiência para limpar a poeira da construção reduzirá a dispersão de possíveis contaminantes.

## Limpeza dos ambientes

A limpeza e a manutenção apropriadas devem ser realizadas regularmente em qualquer projeto de construção. A limpeza do local de construção consiste em mais do que apenas recolher resíduos de materiais ou varrer o piso; inclui também limpar e armazenar materiais porosos que costumam absorver líquidos e gases geralmente presentes naquele local. Materiais porosos incluem, entre outros, chapas de gesso acartonado, isolamentos e telhas de coberturas. Durante a construção, eles agem como absorventes de contaminantes, como formaldeído liberando-os lentamente ao longo do tempo. Os gases contaminantes são absorvidos de outros materiais que emitem gases, como móveis, adesivos, másticos, vernizes, tintas ou carpetes, ou são subprodutos de combustão, vapores de combustíveis e particulados de motores, compressores ou soldadores. Se possível, materiais porosos devem ser armazenados em áreas isoladas de materiais que emitem gases e checados com frequência para evitar níveis excessivos de umidade antes da instalação. Os materiais porosos podem também afetar a qualidade do ar do interior se estiverem molhados e mofados. Ao realizar a limpeza desses materiais, é melhor enxugá-los com tecido seco ou usar um sistema de aspiração de alta eficiência.

**FIGURA 14.4** Capachos aderentes são uma medida de controle para ajudar a reduzir a entrada de contaminantes em uma área limpa. (Fotografia por cortesia de D. Stephany)

## Elaboração de cronogramas

As atividades de construção podem ser sequenciadas para minimizar a poeira, o mofo, as emissões de gases e os detritos que podem contaminar materiais já instalados. Por exemplo, procedimentos de construção "molhados", como pintura e vedação, devem ser feitos antes de se armazenar ou instalar materiais porosos "secos". Além disso, aumentar os índices de troca de ventilação e de ar do exterior reduz os níveis de contaminação do ar do interior. Esse processo é conhecido como *arejamento do prédio* e é realizado após a finalização da construção. Para projetos LEED, a exigência é de um arejamento de no mínimo 14 mil pés cúbicos de ar do exterior para cada m² da área de piso do edifício antes de sua ocupação. A temperatura do ar fornecido para esses espaços internos deve ser de no mínimo 15,5°C e com não mais que 60% de umidade relativa do ar; de outra forma, podem ocorrer problemas como mofo ou danos aos equipamentos elétricos. Um arejamento de edificação típico requer cerca de duas semanas, dependendo da capacidade de climatização e das condições do ar do interior. Caso haja a intenção de ocupar o local antes da conclusão estimada do arejamento, o LEED exige um mínimo de 1.066 litros de ar do exterior para cada metro quadrado. Uma vez ocupada, é necessário um índice de ventilação mínimo de 91,5 litros por minuto por metro quadrado ao menos três horas antes da ocupação e que deve continuar durante a ocupação até que os 393 m³ de ar exterior exigidos sejam fornecidos. O cronograma também deve incluir a substituição de todos os filtros antes da ocupação.

Práticas de construção ruins no canteiro de obras podem lançar por terra até mesmo os melhores projetos de obras ao permitir que umidade e outros contaminantes se tornem possíveis problemas no longo prazo. Práticas preventivas no canteiro podem impedir problemas de qualidade do ar do interior residuais na edificação finalizada e diminuir os enormes riscos à saúde dos trabalhadores.

## GESTÃO DOS MATERIAIS DE CONSTRUÇÃO

A gestão de materiais melhora a sustentabilidade do projeto, com o potencial de reduzir gastos. Trabalhar com vendedoras automáticas no abastecimento de produtos e nas práticas de entrega pode reduzir os resíduos sólidos. O armazenamento apropriado dos produtos ajuda a prevenir danos e também diminui os custos de substituição e descarte caso ocorram. Encontrar usos alternativos para o acúmulo de materiais reduz os custos de descarte e pode também oferecer benefícios como créditos tributários.

## Aquisição e entrega de produtos

A aquisição de produtos envolve identificar e selecionar suas fontes, assim como comunicar as exigências e expectativas de entrega a essa fonte. O passo seguinte é assegurar que a entrega dos produtos atenda a essas exigências. Além disso, envolve o trabalho com o vendedor ou fornecedor para corrigir quaisquer problemas. A compra de produtos ecológicos pode exigir o uso de fornecedores diferentes dos que a companhia está habituada. Talvez haja a necessidade de estabelecer novas relações, responsabilidades e linhas de comunicação. O uso de alguns produtos pode incluir riscos devido a tempos de entrega que não são usuais, assim como o treinamento do subempreiteiro. São necessários esforços adicionais para abordar essas questões. A familiarização contínua com os produtos ecológicos selecionados reduzirá os riscos e elevará a sustentabilidade de um prédio.

Uma parte importante da entrega ecológica são os meios e métodos de transportes escolhidos para levar o produto ao local. Tipicamente, os materiais de construção são entregues por caminhões de plataforma ou basculantes. As distâncias, os tempos de entrega e as rotas devem ser analisados para assegurar que os materiais cheguem a tempo sem um consumo excessivo de combustível. Outra consideração é a embalagem usada para transportar e proteger o produto durante a entrega, sendo recomendável adotar embalagens que não sejam nocivas ao meio ambiente. Alguns fabricantes podem disponibilizar seus produtos em embalagens retornáveis ou reusáveis, o que resulta em menos materiais para aterros sanitários. Por exemplo, a entrega de pequenas quantidades de areia e agregados pode ser organizada em sacas retornáveis que são facilmente removíveis do caminhão de entrega mediante o uso de um guindaste, como mostra a Figura 14.5. Esses sacos permitem que múltiplos materiais sejam entregues ao mesmo tempo. Essa estratégia gera impactos de transporte mais baixos do que trazer materiais avulsos em caçambas, assim como também evita que esses materiais sejam contaminados *in loco* ou se dispersem para áreas indesejadas, minimizando, dessa forma, as atividades de limpeza. O poliestireno em placas ou pérolas também podem ser reusado, contanto que a saída de embarque da localidade aceite os materiais. Outros tipos de embalagens podem ser compostáveis ou biodegradáveis. Por exemplo, vários tipos de plásticos estão sendo feitos a partir de produtos vegetais como milho e amidos de soja e, talvez, possam ser compostáveis. Outros materiais para embalagem, como madeira e papelão corrugado, podem ser reciclados. Estrados (paletes) que já não têm como ser utilizados podem ser picados e utilizados para a proteção de raízes nos jardins.

**FIGURA 14.5** Um guindaste removendo de um caminhão materiais volumosos em sacas reusáveis de carga pesada para uso na construção. (Fotografia por cortesia de Custom Packaging Products)

## Armazenagem e depósito de produtos

Antes da instalação, é importante preparar espaços adequados para a armazenagem e o depósito dos produtos a fim de garantir sua proteção. Vários problemas podem surgir quando os materiais são armazenados na obra, incluindo danos provocados pelas condições ambientais, como mudanças de umidade ou temperatura, ou danos acarretados no manuseio de material, como esmagamentos ou perfurações. Outros problemas podem ocorrer do derramamentos de produtos químicos ou da absorção de contaminantes do ambiente.

A proteção dos produtos contra a umidade é, sem dúvida, importante para os materiais que absorvem água. Entre os exemplos, podemos citar o gesso acartonado, os carpetes, os forros acústicos e os isolantes. A exposição à umidade resulta no surgimento de mofo, em deformações nos materiais e danos aos adesivos. Também podem ser evitados danos com a cobertura (proteção) dos materiais, bem como com o empilhamento bem espaçado para permitir uma boa circulação do ar (veja a Figura 14.6). As instruções de manejo e armazenamento fornecidas pelos fabricantes devem ser seguidas.

Outra fonte de risco possível é a exposição à radiação ultravioleta (UV). Os produtos contendo plásticos devem ser protegidos da exposição a esses raios ou podem sofrer biodegradação. Quando expostos à radiação UV, plásticos rígidos se tornam frágeis, plásticos mais macios esmaecem e perdem sua integridade e produtos nos quais a cor é importante começam a desbotar. Para prevenir os danos, cobrir ou deixar esses materiais à sombra é de suma importância. A Tabela 14.4 faz um resumo dos problemas que podem ocorrer ao armazenar materiais e as medidas que devem ser tomadas para reduzir os riscos.

A entrega *just-in-time* é uma forma de minimizar tanto a necessidade de armazenar os materiais quanto os riscos de danificar os produtos. Trata-se de prática bastante comum em projetos envolvendo componentes grandes cujo armazenamento *in loco* seria difícil (NCCER 2011). Para esses projetos, exige-se planejamento e coordenação consideráveis, pois é comum que os componentes sejam fabricados sob medida. A entrega *just-in-time* também pode ser usada quando os condicionantes do cronograma forem imprecisos ou em situações nas quais os materiais sejam disponibilizados mais rapidamente. É melhor que certas commodities sejam entregues o mais próximo possível do momento da instalação, como, por exemplo, chapas de gesso, placas de forro, carpetes, carpetes em placa e isolamentos.

**FIGURA 14.6** Produtos e materiais de construção como as chapas de gessos mostradas aqui devem ser mantidos secos, cobertos e longe do chão para prevenir problemas futuros com mofo e com a qualidade do ar do interior. (Fotografia por cortesia de DPR Construction, Inc.)

**TABELA 14.4**

Possíveis riscos no armazenamento de materiais e medidas de mitigação

| Ameaças à integridade dos materiais | Medidas de mitigação |
| --- | --- |
| Umidade: | Armazenamento de produtos no interior que seja à prova de umidade |
|     Exposição à precipitação | |
|     Umidade relativa do ar excessiva | Posicionamento que permita a ventilação |
|     Absorção do contato com o solo | Prevenção de contato com o solo |
| | Cobertura adequada |
| | Ventilação/calefação ativas |
| Fotodegradação: | Armazenamento de produtos no interior |
|     Exposição à radiação ultravioleta | Cobertura adequada |
|     Armazenamento de produtos no interior | Canteiro de obras organizado |
| Segurança dos materiais | Armazenamento de produtos no interior |
| | Armazenamento fechado/protegido |
| Oscilação das temperaturas | Armazenamento de produtos no interior |
| | Ventilação/calefação ativas |
| Danos físicos: | Suporte adequado |
|     Pela equipe durante o manejo | Atenção às recomendações do fabricante sobre organização/proteção |
|     Pela equipe durante o armazenamento | |
|     Orientação/suporte impróprios | |
| Contaminação: | Cobertura adequada |
|     Exposição a derramamentos. | Ventilação ativa |
|     Exposição à poeira | Vedação de aberturas |
|     Absorção de contaminantes de materiais dos arredores | Limpeza antes da instalação |
| | Armazenamento de itens absorventes separados de possíveis contaminantes |

*Fontes:* Green Professional Skills Training, 2011; NCCER, 2008

A prevenção de danos não é a única ação necessária para o armazenamento de materiais. Os materiais em si podem exigir atenção antes de serem instalados. Por exemplo, pode ser necessário desempacotar os que contêm componentes sintéticos ou adesivos para que seus gases sejam emitidos antes da instalação. Essa ação previne uma possível contaminação do ar do interior por tecidos, espumas, compósitos de madeira, adesivos e materiais de acabamento que podem precisar emitir gases.

## GESTÃO DE RESÍDUOS DE CONSTRUÇÃO E DEMOLIÇÃO

A gestão de resíduos de construção e demolição tira proveito das oportunidades de redução de fontes, reúso de materiais e reciclagem. A redução na fonte é mais relevante para projetos de novas construções e grandes reformas, uma vez que envolve coeficientes de resíduos reduzidos nos pedidos de materiais, mais cuidado na redação dos contratos (atribuindo responsabilidades de gestão de lixo por empreiteiros), engenharia de valor no projeto da edificação e seus componentes. Durante a reforma e a demolição, os componentes do edifício que ainda têm valor funcional podem ser reempregados no projeto atual, armazenados para o uso em projetos futuros ou vendidos no mercado de materiais de demolição, que está sempre em crescimento (veja a Figura 14.7). A reciclagem e a venda de materiais podem ser realizadas sempre que a coleta das quantidades suficientes for possível e houver demanda no mercado. A diferença em cada oportunidade deve ser analisada a fim de enviar o envio de materiais aos aterros sanitários. Ao fazer isso, o primeiro passo é identificar as áreas na qual as atividades de construção geram resíduos de construção e demolição.

**FIGURA 14.7** Um exemplo de separação adequada do lixo para aumentar a possibilidade de reúso dos materiais. (WasteCap Resource Solutions, Milwaukee, WI)

## Geração de resíduos e opções para redirecionamento e reúso de materiais

De acordo com o último estudo da Agência de Proteção Ambiental dos Estados Unidos, os resíduos provenientes dos processos de construção e demolição totalizaram mais de 122,5 milhões de toneladas nos Estados Unidos em 1998, das quais cerca de 70 milhões resultaram do trabalho comercial por si só (Franklin Associates, 1998). Com base em uma taxa de geração de resíduos de construção e demolição de aproximadamente 0,45 tonelada *per capita* anualmente em um típico país desenvolvido, o total atual de geração de resíduos nos Estados Unidos provavelmente fica em torno de 154 milhões de toneladas. A geração de resíduos varia de cerca de 19,5 kg por metro quadrado em novas construções e reformas a 757 kg por metro quadrado em demolições. Em diversos projetos de construção, materiais recicláveis como madeira, concreto, alvenaria, metais e chapas de gesso equivalem a quase 75% do total do fluxo de lixo, o que possibilita um reaproveitamento de resíduos significativo. À medida que os aterros sanitários, que recebem os resíduos de construção e demolição, vão atingindo sua capacidade, a criação de novos aterros se torna cada vez mais desafiadora, e conforme mais aterros sanitários municipais excluem esses tipos de resíduos, os preços de descarte continuarão a aumentar. Os resíduos – e custos – de construção podem ser administrados como qualquer outra parte do processo, causando impactos ambientais positivos nos recursos da água e do solo. Há muitas oportunidades para reduzir os resíduos de construção e demolição; e os gerentes de construção têm a responsabilidade de administrar esses resíduos ao longo de todo o projeto. O manejo de tais atividades de maneira sustentável reduzirá posteriormente o impacto ambiental do prédio.

A produção *in loco* de componentes prediais gera uma grande quantidade de detritos. A probabilidade de reúso desses detritos é muito menor em um canteiro de obras do que em qualquer oficina fora do local ou em uma fábrica centralizada na qual produtos semelhantes são produzidos regularmente. A opção de obter componentes prediais ou módulos de fora do local de obras também permite que os materiais sejam entregues apenas quando houver necessidade, em vez de armazenados no local, o que pode representar um obstáculo para o trabalho de construção. A pré-fabricação de componentes prediais e módulos pode incluir paredes, equipamentos de cozinha, escadas, sistemas de dutos, elementos de concreto pré-moldado, prateleiras e móveis, e cômodos inteiros que podem ser içados no lugar, dentre outros sistemas especializados. Se for possível, os materiais já devem ser encomendados no tamanho adequado para reduzir o tempo de construção e a geração de resíduos no local.

A aquisição de materiais a granel geralmente evita resíduos das embalagens, assim como os custos por unidade. Em condições ideais, os restos de materiais diminuem se o armazenamento apropriado for respeitado; todavia, o abastecimento ineficiente, por vezes, resulta em produtos e materiais em excesso no local. Os projetos de construção sustentáveis não devem encomendar mais materiais do que o necessário para um trabalho, prevenindo, assim, a poluição. Prestar atenção no uso de materiais pode resultar na possibilidade de encomendá-los em quantidades precisas em projetos futuros. Em alguns casos, se os materiais de construção forem fabricados especialmente para o projeto e tiverem sido protegidos, os fabricantes irão comprá-los de volta de um canteiro de obras e estocá-los novamente em seus depósitos.

A coordenação adequada entre os vários subempreiteiros é importante para identificar o escopo do trabalho, assim como o manejo e armazenamento apropriado de materiais e a separação de resíduos. Sem dúvida, a comunicação com subempreiteiros ajudará a prevenir possíveis retrabalhos, assim como danos físicos aos sistemas instalados. Uma boa comunicação também é especialmente importante quando os acabamentos incluídos no projeto têm alta exposição ao tráfego de pedestres ou estão localizados em áreas apertadas. O retrabalho gera resíduos, aumenta os custos do projeto e amplia o prazo de conclusão da obra.

Os projetos de reforma exigem a remoção de materiais existentes, em demolição ou desconstrução, antes do início da nova construção. A demolição é a destruição completa de um prédio, estrutura ou espaço existente, resultando em uma mistura de materiais de difícil separação. A desconstrução é a construção ao inverso, quando a edificação e seus componentes são desmontados com a finalidade de reusá-los ou facilitar a reciclagem. A demolição não é necessariamente mais interessante em termos de custo/benefício do que a desconstrução se materiais e componentes valiosos forem recuperados de modo a compensar o tempo adicional necessário para a última. Nos dois cenários, antes da desconstrução ou da demolição, uma auditoria deve gerar um inventário dos materiais que podem ter valor e devem ser recuperados, como janelas, portas e tijolos, sendo esses materiais removidos de forma a preservar sua integridade. Uma opinião de fornecedores de materiais de construção reusados pode ser interessante. Esses fornecedores são contatados nos Estados Unidos e no Canadá por meio da Building Materials Reuse Association. Em outros casos, refugos de materiais aproveitáveis podem ser doados a instituições de caridade, como Habitat for Humanity. Universidades, faculdades e escolas técnicas das localidades também podem ter interesse para atividades de ensino e treinamento.

Caso os materiais não possam ser imediatamente desconstruídos, ainda pode haver valor na reciclagem de materiais demolidos. O processo de reciclagem exige a demarcação de áreas no local de construção para armazenamento, corte, reciclagem e descarte de materiais. Essa ação envolve procedimentos para separar subprodutos de construção cujos resíduos possam ser nocivos (por exemplo, tintas, solventes, óleos e lubrificantes) e descartá-los de acordo com os regulamentos federais, estaduais e municipais. Determinar esse tipo de área não só aumenta a quantidade de materiais de construção e demolição não enviada a aterros sanitários, como cria uma primeira impressão visível de um projeto ecológico para aqueles que acompanham o processo de construção.

Outra alternativa é processar detritos de demolição específicos e usá-los para o aterro do próprio lote. Uma variedade de materiais pode ser utilizada, incluindo concreto, tijolos, alvenaria de blocos de concreto e materiais biodegradáveis e compostáveis. Esses materiais podem ser esmagados e usados como sub-base ou em campos de drenagem para gestão de águas pluviais.

## COMISSIONAMENTO

Uma das grandes contribuições do sistema de entrega de edificações sustentáveis de alto desempenho é a exigência como norma do comissionamento predial. Essa prática surgiu porque um nível básico de comissionamento é exigido para obter a certificação LEED – New Construction do US Green Building Council (USGBC) e é extremamente recomendado para o Green Globes. O comissionamento predial confere ao proprietário um nível de certeza sem precedentes de que o prédio funcionará conforme o projeto, com uma alta confiabilidade e custos de operação reduzidos. O sucesso do comissionamento culminou na formação de companhias especializadas na técnica com departamentos de comissionamento predial em firmas de engenharia cujo propósito é servir ao mercado de edificações ecológicas. Os serviços de comissionamento podem ser executados de duas formas: (1) inspeção de instalação e (2) teste de desempenho. A inspeção de instalação identifica como componentes específicos são instalados no local antes dos equipamentos a serem acionados; essa inspeção utiliza uma lista de verificação com desenhos de construção, especificações e exigências de fabricantes. As áreas de não conformidade podem ser documentadas com fotos e relatórios para facilitar a resolução. A Figura 14.8 mostra um exemplo de defeito encontrado pela autoridade de comissionamento durante a inspeção de instalação. A testagem de desempenho (ou funcional) acontece com todos os componentes de um sistema instalados. A finalidade é verificar que o sistema como um todo esteja operando adequadamente sob condições de carga parcial e completa. A testagem de sequência de operação é usada para simular todos os modos em que se espera que um edifício opere, incluindo acionamentos, desligamentos, modulação de capacidade e operações de emergência. Os alarmes são verificados para assegurar que estejam funcionando adequadamente, e as conexões elétricas e de tubulação com outros equipamentos são inspecionadas para que sua instalação e o funcionamento estejam apropriados.

**FIGURA 14.8** O comissionamento de inspeção de instalação identificou a conexão inadequada de uma flange de bomba. Esse equipamento é exposto a uma vibração significativa, o que pode afrouxar parafusos que não estão conectados e torqueados adequadamente. (Fotografia por cortesia de John Chyz, Cross Creek Initiative, Inc.)

Estudos sobre os efeitos do comissionamento predial indicam que ele pode reduzir os custos da operação do prédio em uma margem maior que as medidas de conservação de energia. Um relatório feito por Greg Kats, do Capital E (2003), apontou que o comissionamento predial gera economias de 8,47 dólares por metro quadrado em operações e manutenção, em comparação a economias de energia de 5,79 dólares por metro quadrado. É inquestionável que o comissionamento é uma ferramenta poderosa para assegurar que os objetivos do projeto – reduzir o consumo de recurso e os impactos ambientais – estejam sendo realizados no processo de construção; contudo, o comissionamento predial é um serviço complementar, o que significa que se soma aos custos iniciais ou de construção do projeto de edificação. Infelizmente, durante os exercícios de redução de custos, agora prática comum durante o projeto, essas taxas adicionais estão sujeitas a cortes, apesar dos seus benefícios.

Duas organizações fortemente empenhadas e comprometidas em melhorar o comissionamento predial são o Associated Air Balance Council (AABC) Commissioning Group (ACG) e a Building Commissioning Association (BCA) (veja a Figura 14.9). De acordo com a BCA, "a proposta básica do comissionamento predial é fornecer a confirmação documentada de que os sistemas prediais funcionem em conformidade com o conjunto de critérios estabelecidos nos documentos do projeto para satisfazer às necessidades operacionais do proprietário. O comissionamento de sistemas existentes pode exigir o desenvolvimento de novos critérios funcionais a fim de abordar as necessidades de desempenho dos sistemas atuais do proprietário."[1] O ACG estabeleceu uma diretriz de comissionamento e um programa de certificação para agências que ofereçam o serviço. O processo definido nessa diretriz pode se aplicar a qualquer sistema de edificação, e as mesmas etapas de planejamento, organização, verificação de sistemas, testagem de desempenho funcional e documentação das tarefas do processo de comissionamento que se aplicam aos sistemas mecânicos do prédio podem ser aplicadas aos sistemas elétricos, de controle, de telecomunicação e outros.

## Princípios do comissionamento predial

Cada vez mais os governos federais e estaduais estão exigindo o comissionamento de suas instalações; de fato, diversas organizações governamentais também publicaram diretrizes de comissionamento predial. Por exemplo, o

**FIGURA 14.9** Logotipos do (A) AABC Commissioning Group e (B) da Building Commissioning Association. ((A) Logotipo por cortesia de AABC Commissioning Group. Reproduzido sob permissão. (B) Cortesia do BCA)

US General Services Administration's Public Buildings Service publicou o *The Building Commissioning Guide* (2005), e o Programa Federal de Gestão de Energia publicou o *The Continuous Commissioning Guidebook for Federal Managers* (Liu, Claridge e Turner, 2002). O primeiro fornece uma estrutura geral e um processo para o comissionamento predial, desde o planejamento de projeto até a ocupação, enquanto o último estabelece o comissionamento como um processo contínuo na resolução de problemas operacionais nas edificações. Outra publicação, *New Construction Commissioning Handbook for Facility Managers*, foi preparada para o Escritório de Energia de Oregon pelo Portland Energy Conservation, Inc. (2000), como parte de um programa regional envolvendo quatro estados do noroeste dos Estados Unidos. Sua meta é tornar o comissionamento predial uma prática padronizada.

## Princípios do comissionamento predial

De acordo com a BCA, o processo de comissionamento predial é controlado e coordenado por um comissionante. Os 10 elementos essenciais do comissionamento predial realizados por ele são:

1. O encarregado do processo de comissionamento é um representante do proprietário e luta por seus interesses, além de fazer recomendações sobre o desempenho dos sistemas comissionados.
2. O comissionante deve ter experiência adequada para desempenhar as tarefas de comissionamento, assim como experiência prática recente no comissionamento de sistemas de edificação, desempenho e interação de sistemas prediais, procedimentos de operações e manutenção, e processos de projeto de edificação e construção.
3. O escopo do comissionamento deve ser definido claramente no contrato e no plano de comissionamento.
4. Os papéis e o escopo de todos os membros da equipe de construção no processo de comissionamento devem ser definidos claramente nos contratos dos consultores de projeto e engenharia, no contrato de construção, nas condições e especificações gerais, nas divisões das especificações que cobrem o trabalho a ser comissionado e nas especificações para cada sistema ou componente para o qual o suporte de um fornecedor é solicitado.
5. Um plano de comissionamento deve ser feito para descrever como o processo será realizado e identificar quais sistemas serão comissionados, o escopo do processo de comissionamento, os papéis e as linhas de comunicação de cada membro da equipe e um cronograma estimado. O plano de comissionamento é um documento único que reflete critérios específicos identificados nos contratos e nos documentos de contrato.
6. Para novas construções, o comissionante deve avaliar a instalação de sistemas para problemas de comissionamento ao longo de toda a construção.
7. As atividades e descobertas de comissionamento são documentadas exatamente da forma como ocorrem, imediatamente distribuídas e incluídas no relatório final.
8. Um programa de testagem funcional composto por procedimentos de testagem relatados em repetição é realizado e indica os resultados aguardados e efetivos. [O programa de inspeção de instalação deve ser realizado de maneira semelhante.]
9. O comissionante deve fornecer contribuições construtivas para as deficiências do sistema.
10. É produzido um relatório de comissionamento que avalia as condições de operação de cada sistema, as deficiências descobertas e as medidas tomadas para corrigi-las, deficiências operacionais não corrigidas e aceitas pelo proprietário, procedimentos e resultados de testes funcionais, documentação de todas as atividades de comissionamento, e uma descrição e um cronograma estimados para as testagens postergadas.

## Maximizando o valor do comissionamento predial

Como já foi observado, comissionar tem um enorme potencial de gerar economias para o proprietário da edificação. Para assegurar que o valor máximo seja obtido para o comissionamento predial, a BCA recomenda que o escopo da estratégia inclua também estas sete etapas:

1. Antes do projeto, busque assistência ao avaliar certas exigências do proprietário, como conservação energética, qualidade do ar do interior, treinamento, operações e manutenção.
2. Durante cada fase do projeto, analise os documentos de construção para conferir se está havendo conformidade com os critérios do projeto, problemas de licitação nas exigências de comissionamento, preocupações com instalações e coordenação e facilitação de operações e manutenção.
3. Analise as solicitações de equipamentos para atender às exigências de questões de comissionamento.
4. Revise e verifique os cronogramas e procedimentos para *start-ups* de sistemas.
5. Assegure-se de que o treinamento do pessoal de operação está sendo conduzido de acordo com os documentos do projeto.
6. Assegure-se de que os manuais de operações e manutenção estão de acordo com os documentos do contrato.
7. Dê assistência ao proprietário na avaliação do desempenho dos sistemas antes que a garantia do contrato de construção expire.

## Comissionamento dos sistemas de climatização

O processo de comissionamento predial atual tem suas origens na ciência de testagem, calibragem e pesagem (TAB). Por mais de 40 anos, as normas desenvolvidas pela AABC vêm sendo usadas para verificar se os sistemas de climatização de um prédio estão operando conforme projetados. A agência TAB é uma organização independente contratada para verificar se circuladores de ar, ventiladores, bombas, amortecedores, sistemas de recuperação de energia, aquecedores de água e outros componentes estão funcionando adequadamente; se as taxas de fluxo de água quente e fria são as projetadas; e se os fluxos de ar estão ajustados adequadamente para que as quantidades de ar insuflado, ar de recirculação e ar de ventilação em cada espaço também estejam conforme o projeto. Com o movimento da edificação sustentável de alto desempenho, a AABC expandiu suas atividades e nomenclatura para cobrir o comissionamento mediante o desenvolvimento da ACG. Embora o comissionamento dos sistemas de climatização ainda seja a atividade mais comum desse tipo de serviço (assim a evolução inicial de TAB para comissionamento foi bastante fácil de entender), os fornecedores de comissionamento atualmente são chamados para desempenhar o "comissionamento total do prédio" e abordar uma gama muito maior de sistemas de edificação. Na Tabela 14.5, vemos as atividades-chave do comissionamento segundo a definição da ACG.

**TABELA 14.5**

**Atividades-chave do comissionamento de sistemas de climatização como funções da fase de projeto**

| Fase | Atividades-chave do comissionamento |
|---|---|
| Estudo preliminar | O comissionamento é estabelecido como uma parte integral do projeto. O proprietário seleciona o comissionante. O escopo do comissionamento é desenvolvido. O comissionante analisa a intenção do projeto. |
| Projeto | Avaliação do projeto para assegurar que ele pode ser comissionado. As especificações de comissionamento definindo as responsabilidades do empreiteiro são definidas. A autoridade produz o plano de comissionamento. O cronograma do projeto é estabelecido. |
| Construção | O comissionante avalia as solicitações do empreiteiro e avalia o processo de comissionamento. O comissionante atualiza o processo de comissionamento. Coordenação continuada do processo. Executa e documenta conferências de verificação no sistema. Executa e documenta os equipamentos e o *start-up* dos sistemas. Executa e documenta as atividades de testagem, calibragem e pesagem. |
| Aceitação | O comissionante realiza testes funcionais de desempenho para todos os sistemas de climatização. Treina os funcionários de operação e manutenção do prédio para as operações correntes efetivas e a manutenção de todos os sistemas. Fornece a documentação completa de todos os sistemas de climatização. |
| Pós-aceitação | O comissionante corrige quaisquer deficiências e realiza todos os testes solicitados. Executa qualquer teste "intempestivo" solicitado. Atualiza a documentação sempre que solicitado. |

*Fonte:* ACG, 2005, p. 18

## Comissionamento de sistemas não mecânicos

Apesar do comissionamento dos sistemas mecânicos ser crucial para o comissionamento predial, o processo de comissionamento deve incluir todos os sistemas da edificação: todos os componentes elétricos; sistemas de telecomunicação e segurança; aparelhos sanitários; sistemas de captação de águas pluviais; sistemas de águas servidas; controles de água eletrônicos; itens como acabamentos, portas, ferragem de portas, janelas, componentes de marcenaria e placas de forro; e qualquer outro componente que conste nas ilustrações e nas especificações do prédio. As seguintes tarefas são recomendadas para o processo de comissionamento de sistemas não mecânicos:

- Certifique-se de que haja uma seleção de produtos adequada durante o projeto e a avaliação da intenção de projeto.
- Certifique-se de que as especificações de produtos sejam claras, conduzindo uma análise da especificação.
- Certifique-se de que o construtor ou subempreiteiro selecione um produto aceitável durante a análise de solicitação.
- Certifique-se de que construtor ou subempreiteiro instale o produto adequadamente.
- Certifique-se de que, mediante a análise da documentação, a documentação da operação e manutenção adequada seja fornecida, assim os funcionários do prédio possam manter adequadamente o item.
- Certifique-se, mediante verificação, de que os funcionários do prédio recebam treinamento adequado para operar e manter o item.
- Certifique-se de que o plano de operação e manutenção aborde todos os itens, por meio de sua revisão.
- Certifique-se de que a qualidade do ar do interior do prédio atenda aos objetivos do projeto.

Quanto mais envolvidos esses processos, maior é a necessidade de uma equipe de comissionamento diversa cujos membros possam manejar a variedade de sistemas incluídos. Os membros envolvidos no processo de projeto podem ser diferentes daqueles que testam os sistemas quando a construção está concluída. Por exemplo, os membros da equipe de comissionamento engajados durante o projeto podem ser especialistas em trabalho multidisciplinar e ter um entendimento total do processo. Esse conhecimento pode incluir experiência na seleção de produtos e garantia de documentação completa para dar suporte a uma direção clara para todas as decisões do projeto. A Figura 14.10 mostra um exemplo de como o conhecimento detalhado de sistemas pode ajudar a detectar futuros problemas operacionais e tornar isso parte do processo de comissionamento.

**FIGURA 14.10** O comissionante identificou condensação no exaustor do boiler e gotejamento em uma saída para o exterior e sugeriu a realocação das saídas elétricas para prevenir corrosões futuras, assim como o aumento da segurança. (Fotografia por cortesia de John Chyz, Cross Creek Initiative, Inc.)

## Custos e benefícios do comissionamento predial

O comissionamento predial fornece uma grande variedade de vantagens; e quanto mais cedo esse procedimento for implantado no projeto e no processo de construção, maiores serão seus benefícios. O ideal é que o comissionante seja contratado no início do empreendimento, junto com a equipe de projeto e o engenheiro da obra. O comissionante fornece uma série de contribuições à equipe e garante que, ao longo de todo o processo de projeto e construção, questões relacionadas ao comissionamento sejam incluídas. A seguir, são listados alguns benefícios resultantes da inclusão de serviços de comissionamento prediais de um comissionante independente:

- Redução de custos de operação devido a um aumento de cinco a dez por cento na eficiência energética atribuída ao comissionamento predial.

## TABELA 14.6

**Economias energéticas atribuídas ao comissionamento predial para vários tipos de edificação**

| Tipo de edificação | Economia em dólares | Economia energética |
|---|---|---|
| Escritório de 11 mil m² | 12.276/ano | 279.000 kWh/ano |
| Escritório de 2.200 m² | 7.630/ano | 130.800 kWh/ano |
| Fábrica de alta tecnologia, com 6 mil m² | 12.000/ano | 336.000 kWh/ano |

*Fonte:* Escritório de Energia de Oregon, 1997

- Aumento da produtividade de empregados e usuários devido à melhoria da qualidade do ar do interior.
- Aprimoramento dos documentos de construção devido à participação do comissionante no processo de avaliação de cada fase do projeto e à possibilidade de muitas reduções nos pedidos de modificação.
- Redução de erros nos pedidos de equipamentos devido à revisão contínua das exigências dos equipamentos pelo comissionante.
- Redução de erros na instalação de equipamentos devido às revisões do processo pelo comissionante durante a construção.
- Redução das falhas de equipamentos durante a operação do prédio devido a testagem, calibração e relatórios feitos pelo comissionante.
- Disponibilização da documentação completa dos sistemas ao proprietário.
- Uma edificação funcionando plenamente desde o primeiro dia de operação.

O Escritório de Energia de Oregon fornece informações sobre os benefícios do comissionamento predial para economias energéticas para diversos tipos de edifícios. Esses benefícios estão listados na Tabela 14.6.

O preço do comissionamento depende do tamanho do projeto, de sua complexidade e do nível de comissionamento selecionado pelo proprietário (veja a Tabela 14.7). Prédios com sistemas de climatização, de controle simples e poucas áreas estariam no nível mais baixo de faixa de custo de comissionamento para vários níveis de custos de construção, enquanto os com os mesmos sistemas mais complexos estariam em níveis mais elevados. Desta forma, os benefícios do comissionamento para edificações mais complexas são muito maiores do que para aquelas com sistemas relativamente simples.

## TABELA 14.7

**Custos dos serviços de comissionamento feitos por um terceiro**

| Custo da construção (em milhões de dólares) | Total do custo do comissionamento* | Nota |
|---|---|---|
| 5 | 2%–4% | Os custos incluem deslocamento moderado, mas a complexidade do prédio, o número de visitantes do terreno e outros fatores podem vir a afetar o preço. |
| 10 | 1%–3% | |
| 50 | 0,8%–2,0% | |
| >50 | 0,5%–1,0 | |
| Projetos complexos (laboratórios) | Acrescentar 0,25%–1% | |

*Como percentagem do custo de construção
*Fonte:* Escritório de Energia de Oregon, 1997

**TABELA 14.8**

Custos do comissionamento durante as fases de projeto e construção de sistemas típico

| Fase | Sistema comissionado | Total do custo de comissionamento |
|---|---|---|
| Projeto | Todos | 0,1%–0,3% |
| Construção | Climatização e controles | 2,0%–3,0% do total do custo mecânico |
| | Sistemas elétricos | 1,0%–2,0% do total do custo elétrico |
| | Sistemas de climatização, controles e sistemas elétricos | 0,5%–1,5% do total do custo de construção |

*Fonte:* Escritório de Energia de Oregon, 1997

Vale ressaltar que a Tabela 14.7 não separa os custos do comissionamento fundamental, exigido pelo LEED, daqueles do comissionamento avançado, que é opcional. O comissionamento fundamental pode ser feito por um funcionário encarregado da firma de projetos na equipe de construção, contanto que não esteja diretamente envolvido, e esses custos, às vezes, estão incluídos nas taxas de projeto para minimizar orçamentos. O Escritório de Energia de Oregon fornece mais um ponto de vista sobre os custos de comissionamento, como mostra a Tabela 14.8. É importante observar que os valores de comissionamento na fase de projeto incluem os custos do comissionante e do arquiteto, sendo os referentes ao primeiro de aproximadamente 75%, e os do arquiteto, de 25%. Do mesmo modo, para a fase de construção, os custos adicionais são cobrados para que os engenheiros possam comparecer a reuniões, criar listas de verificação e participar das testagens. Esses custos não estão listados na Tabela 14.8 e correspondem de 10 a 25% dos honorários do comissionante. Pode haver também custos adicionais para que o arquiteto avalie o plano de comissionamento e compareça a reuniões, que podem variar de 5 a 10% dos honorários do comissionante.

## PONTO PARA REFLEXÃO: COMISSIONAMENTO DE EDIFICAÇÕES SUSTENTÁVEIS

Todo prédio é, virtualmente, um projeto exclusivo e único, o que inclui o projeto dos sistemas mecânicos e elétricos complexos e seus sistemas de controle. A consequência dessa sofisticação e complexidade é que as edificações de alto desempenho precisam ser cuidadosamente ajustadas e calibradas para garantir que operem conforme projetadas. O processo de comissionamento tem se mostrado inestimável ao fornecer um alto grau de garantia de qualidade para prédios com sistemas de energia e climatização sofisticados e tornou-se uma prática normatizada para a certificação da edificação sustentável. Como resultado desse sucesso, o processo de comissionamento está se estendendo a outros sistemas prediais, como as vedações e até mesmo os acabamentos internos. Esta reflexão feita por John Chyz, da Cross Creek Initiative, aborda o importante e crescente papel do comissionamento na produção de instalações de alto desempenho.

### O papel do comissionamento em edificações sustentáveis de alto desempenho

*John Chyz, Managing Director, Cross Creek Initiative, Gainesville, Flórida*

Em *The Domestication of the Human Species* (1991), Peter J. Wilson defende que assentar-se em um ambiente construído foi a inovação mais radical e abrangente já realizada durante o desenvolvimento humano, causando um efeito central na psicologia humana e nas relações sociais. Então, não é de se estranhar que a trajetória da evolução da inteligência humana de Moore tenha resultado nas noções de sustentabilidade, de redução das pegadas de carbono e na definição de uma relação saudável entre os seres humanos e o mundo natural. Coincidentemente, essa linha de raciocínio é paralela aos recentes passos rumo à elevação da saúde do corpo humano – dietas orgânicas, exercícios e medicina alternativa. Os ambientes construídos, além de serem essencialmente fabricados com os próprios blocos básicos da natureza, criam barreiras visuais e limites entre o exterior, o interior e diversos grupos sociais e as atividades definidas pelos usuários da casa, e servem muito bem como representações físicas da interatividade humana.

Os ambientes sustentáveis construídos, especificamente, são possíveis pela implementação bem-sucedida da crescente variedade de estratégias que evoluiu desse movimento ambientalmente consciente que visa a tornar o planeta "mais verde". Esses esforços, entre outros aspectos, focam a conservação de água e energia, a seleção criteriosa de materiais, a minimização dos distúrbios no solo e a atenção a ambientes internos saudáveis. Medidas de garantia de qualidade e controle durante o projeto e a construção de novas instalações são de crescente importância para a entrega bem-sucedida de edificações sustentáveis de alto desempenho, além da otimização constante dos prédios existentes. Uma edificação sustentável pode ser cuidadosamente projetada e executada para um desempenho energético superior, porém, pouco de sua característica sustentável trará resultados se os sistemas mecânicos não forem corretamente instalados, programados e ajustados. Um dos maiores desafios que o setor da construção encara hoje é a coordenação de serviços. A complexidade e a sofisticação crescentes dos sistemas prediais têm determinado uma resposta do mercado por meio de produtos extremamente especializados e profissionais treinados para projetá-los, instalá-los, resolver problemas e mantê-los. Apesar da noção antiga de que a maioria dos protocolos de entrega atuais e amplamente implementados, incluindo estruturas de comunicação para projetos novos e reformas, é efetiva em traduzir a visão e os objetivos do proprietário em um edifício sustentável plenamente funcional, há evidências na área que demonstram o contrário. A verdade é que novas edificações são erguidas por empreiteiros individuais instalando seus respectivos sistemas. Ao funcionarem, esses sistemas e subsistemas raramente são testados como uma unidade, como um todo que respira, que é vivo. Essa abordagem é análoga a uma situação em que os fabricantes de carros projetam, fazem protótipos e produzem um veículo novo e, então, o entregam a mim ou a você (o motorista), sem testá-lo. Utilizando a mesma analogia, todos sabemos que veículos utilizados exigem ajustes e trocas de óleo periódicas, e o mesmo deve ocorrer com prédios existentes. De fato, pode ser surpreendente para alguns a descoberta de que, na falta de um processo de retrocomissionamento, não há outros protocolos normatizados pela indústria para "ajustar" um prédio existentes que não seja a execução de uma auditoria energética. Essencialmente, faz-se essa auditoria para identificar onde um "veículo pode economizar custos com combustível" e quanto custará para implementar essas medidas que obterão a melhoria desejada de quilômetros viajados por litro de combustível.

Nós, da Cross Creek Initiative, comissionamos mais de 930 mil $m^2$ de prédios comerciais, que vão das instalações acadêmicas da nova universidade a unidades de saúde existentes. Um breve estudo desses projetos demonstrou uma quantidade espantosa de problemas de deficiência que foram encontrados e posteriormente corrigidos. A lista a seguir identifica os problemas mais frequentes:

- Derramamentos nas vedações/pressurização do prédio
- Observações visuais (instalações incorretas, danos, drenagem, falta de equipamentos)
- Problemas de acessibilidade/manutenção
- Problemas de engenharia (sub/superdimensionamento)
- Insuflamento inadequado do ar do exterior e falta de monitoramento do $CO_2$
- Otimização/calibragem/programação sequenciais
- Controle/*status*/defeito em motores de frequência variável
- Controle de desligamento/tempo de uso na posição manual
- Rotulação incorreta/conflito entre documentos
- Problemas com o sistema de gestão predial/do terreno (fiação incorreta)

Torna-se rapidamente evidente que esses tipos de problemas, quando encontrados coletivamente, não apenas geram mais custos e desperdícios anuais em energia a proprietários, mas também podem comprometer a saúde e o conforto do usuário, assim como a segurança geral.

O maior banco de dados sobre estudos de caso de relações de custo/benefícios do comissionamento do mundo foi montado por Evan Mills e sua equipe no Laboratório Nacional de Lawrence Berkeley em 2004 e atualizado em 2009. Os resultados da meta-análise decorrente foram impressionantes. Dos dados obtidos de 643 prédios em 26 estados, o custo normalizado mediano para entregar o comissionamento foi de 3 dólares por $m^2$ para prédios existentes e 12 dólares por $m^2$ para projetos de novas construções. De acordo com Mills, isso representa uma média de 0,4% do custo total da construção. Pela retificação das 10 mil deficiências descobertas, foi atingida uma média de economia de energia de 13% para projetos de construção novos e de 16% para prédios existentes, com períodos de retorno de investimento de 4,2 anos e 1,1 ano, respectivamente. Além disso, as equipes que implementaram um processo de comissionamento abrangente usufruíram quase o dobro da média total de economias energéticas. No que diz respeito às emissões de gás de efeito estufa e utilizando o mesmo estudo, Mills sustenta que o custo médio de carbono conservado equivale a cerca de 25 dólares por tonelada para projetos e a 110 dólares por tonelada para prédios existentes – valores positivos em relação aos preços atuais de mercado das compensações de carbono (cerca de 10 a 30 dólares por tonelada).

Talvez os números mais impressionantes do estudo extrapolem aqueles do estoque de prédios comerciais nos Estados Unidos. Aplicando-se à escala nacional a mediana das economias com energia derivadas do grupo de controle, chega-se a economias de energia projetadas de 30 bilhões de dólares em 2030, o equivalente a aproximadamente 340 megatoneladas de $CO_2$ por ano. Por incrível que pareça, o tamanho atual do setor de comissionamento que atende aos prédios existentes chegou a apenas cerca de 200 milhões de dólares por ano. De acordo com Mills, se cada prédio existente nos Estados Unidos fosse comissionado novamente a cada cinco anos, o setor do comissionamento rapidamente cresceria a 4 bilhões por dólares por ano, exigindo de 1.500 a 25 mil profissionais em tempo integral.

Em vez de apenas agir como um instrumento para a obtenção de economias com energia, um processo de comissionamento de edificação bem executado talvez possa ser descrito como uma estratégia de gestão de risco. Garante que os proprietários de prédios recebam prédios que atendam a suas expectativas dentro do orçamento especificado, além de comprovar aos elaboradores de políticas de ação que suas iniciativas atingiram com precisão os objetivos estipulados. Além do mais, o processo de comissionamento serve para detectar e retificar problemas que futuramente seriam bem mais caros de sanar para os proprietários do ponto de vista de operação, manutenção, segurança e litígios judiciais.

Em resposta ao déficit programático que afeta o setor do projeto, construção e manutenção de edificações e tendo em vista a importância crucial de se acertar quando se trata da entrega de edificações sustentáveis de alto desempenho, o processo de comissionamento de edificações não somente se tornou um componente crucial do setor, como também apresenta aos proprietários uma oportunidade única de economizar energia e reduzir as emissões de carbono e, ao mesmo tempo, melhorar a saúde e o conforto dos usuários. Se o processo de comissionamento com qualidade fosse abraçado pelo setor do projeto, construção e manutenção de edificações do país inteiro (Estados Unidos), o potencial de criação de empregos, liderança ambiental, economia e melhoria na saúde dos usuários seria, no mínimo, significativo.

## RESUMO E CONCLUSÕES

O sucesso de um projeto de edificação sustentável de alto desempenho depende, em parte, de como a etapa de construção é conduzida. O engenheiro responsável pela obra deve ter várias responsabilidades específicas para garantir que o processo incorpore a sustentabilidade, ou seja, que preserve o meio ambiente, que seja eficiente em termos de recursos e que resulte em um prédio saudável. Ao proteger a vegetação e outros componentes do ecossistema, mantendo a mínima pegada ecológica possível das operações de construção e minimizando a sedimentação e erosão do terreno, o construtor pode atender ao primeiro desses objetivos: proteger o meio ambiente. O objetivo da eficiência em recursos pode ser atendido com a redução de resíduos de construções e demolições, por meio do planejamento e da execução de um plano de gestão de resíduos. A qualidade do ar do interior pode ser melhorada para os futuros ocupantes da edificação, protegendo-se os dutos desde a montagem até a instalação; armazenando-se adequadamente os materiais para evitar o ingresso de umidade, mofo e bolor; e ventilando-se e arejando o edifício antes de sua ocupação. Deve ser instituído um programa de treinamento minucioso para os empreiteiros, e as exigências específicas para a construção de um prédio sustentável devem estar integradas a outros programas de treinamento padrão, como as relativas à segurança na construção. Por fim, o comissionamento é um importante componente do processo de entrega dos prédios sustentáveis de alto desempenho com benefícios enormes sob a forma de redução dos custos de operação e manutenção. Uma variedade de empresas oferece os serviços de comissionamento de edificações que apoiam o movimento de edificações sustentáveis de alto desempenho. O retorno econômico do comissionamento dos prédios é muito alto, sendo superior, de acordo com alguns relatos, ao das economias com energia.

Para que o comissionamento seja realmente efetivo, deve ser periódico, ao longo de todo o ciclo de vida do prédio, pois os sistemas complexos tendem a fugir às especificações e mesmo a deixar de funcionar. O sistema de edifícios sustentáveis de alto desempenho tem dado destaque à disciplina relativamente nova do comissionamento de prédios em termos de seu valor para o projeto de edificações. O retorno sobre o investimento feito com o comissionamento torna importante considerar um comissionamento amplo nos projetos de edificação sustentáveis.

## NOTAS

1. Conforme descrito no site do BCA: www.bcxa.org/membership/essential-attributes/.

## FONTES DE CONSULTA

ACG. 2005. "ACG Commissioning Guideline". ACG. Disponível em www.commissioning.org/commissioningguideline/ACGCommissioningGuideline.pdf.

"Construction IAQ Management: Job Site Strategies for Ensuring a Healthy Building", 2002. *Environmental Building News*, 11(5).

Franklin Associates. 1998. *Characterization of Building-Related Construction and Demolition Debris in the United States*. US Environmental Protection Agency Report No. EPA530R-98-010. Washington, DC: Agência de Proteção Ambiental dos Estados Unidos. Disponível em http://nepis.epa.gove/Exe/ZyPDF.cgi/100013H9.PDF?Dockey=10001H9.PDF

Green Professional Skills Training. 2011. *Construction Management: Green Professional Skills Training*. Nova York: Urban Green Council.

Kats, G.H. 2003. "Green Building Costs and Financial Benefits." Publicado para Massachusetts Technology Collaborative. Disponível em http://community-wealth.org/content/green-building-costs-and-financial-benefits.

Liu, Mingsheng; Claridge, David E.; e Turner, W. Dan. 2002. *The Continuous Commissioning Guidebook for Federal Managers*. Preparado pelo Energy Systems Laboratory for the Federal Energy Management Program. Washington, DC: Federal Energy Management Program, US Department of Energy. Disponível em http://eber.ed.ornl.gov/CommercialProducts/ContCx.htm

National Center for Construction Education and Research (NCCER). 2008. *Your Role in the Green Environment*. Upper Saddle River, NJ: Pearson/Prentice Hall.

———. 2011. *Sustainable Construction Supervisor Trainee Guide*. Upper Saddle River, NJ, Prentice Hall.

Oregon Office of Energy. 1997. *Commissioning for Better Buildings in Oregon*. Salem, OR, Oregon Office of Energy. Disponível em www.oregon.gov/ENERGY/CONS/BUS/comm/docs/commintr.pdf?ga=t

Portland Energy Conservation, Inc. 2000. *New Construction Commissioning Handbook for Facility Managers*. Preparado para o Oregon Office of Energy. Portland, OR: Portland Energy Conservation, Inc. Disponível em www.oregon.gov/energy/cons/bus/comm/docs/newcx.pdf

Sheet Metal and Air Conditioning Contractors National Association (SMACNA). 2007. *IAQ Guidelines for Occupied Buildings during Construction* (2nd ed.). ANSI/SMACNA 008–2008. Chantilly, VA: Sheet Metal and Air Conditioning Contractors National Association.

US General Services Administration. 2005. *The Building Commissioning Guide*. GSA Public Buildings Service (April). Washington, DC: General Services Administration. Disponível em www.wbdg.org/ccb/GSAMAN/buildingcommissioningguide.pdf

Wilson, Peter J. 1991. *The Domestication of the Human Species*. New Haven, CT, Yale University Press.

# 15 Aspectos econômicos das edificações sustentáveis

O mercado das edificações ecológicas ou sustentáveis nos Estados Unidos continua a crescer, tanto em termos de tamanho como em participação no mercado. No Green Outlook 2011, a McGraw-Hill Construction relatou que a fatia de mercado da edificação sustentável, incluindo moradias e demais tipologias, quadruplicou em apenas três anos, de 10 bilhões de dólares em 2005 para 42 bilhões em 2008, e provavelmente para 55 a 71 bilhões em 2011. Em 2010, estimou-se que as novas construções não residenciais representaram entre 28 e 35% do volume total, 50% a mais do que nos dois anos anteriores. A McGraw-Hill Construction previu que, em 2015, a escala das construções sustentáveis não residenciais seria de 120 a 150 bilhões de dólares, o que corresponderia de 40 a 48% do volume total não residencial. Um crescimento similar está ocorrendo em reformas de prédios, com a McGraw-Hill Construction prevendo que, em 2015, esse mercado equivaleria a 14 a 18 bilhões de dólares. O que realmente é bastante notável – e até mesmo surpreendente – nesse crescimento é que ele ocorreu apesar do forte desaquecimento da construção civil devido à grande recessão norte-americana de 2008 a 2010. Os três setores com a maior taxa de crescimento e penetração são os edifícios para educação, saúde e escritórios. Os dados sobre edificações sustentáveis apresentados pela McGraw-Hill Construction indicam que há diversas fortes tendências atuais de mudança em direção às edificações sustentáveis.

Em primeiro lugar, quanto maior for o projeto de construção, mais provável que seja de um prédio de alto desempenho. Assim, uma vez que os projetos do setor da saúde costumam ser maiores do que a média, o número de projetos sustentáveis para essa área está crescendo muito rapidamente. Mais de 70% dos projetos com orçamento de, no mínimo, 50 milhões de dólares estão incluindo a certificação LEED do US Green Building Council (USGBC) em seus programas de necessidades. Em segundo, nos Estados Unidos, as escolas de todos os níveis (do ensino fundamental às universidades) estão se transformando em edifícios sustentáveis de alto desempenho, e a atividade da construção sustentável no setor educacional equivalia a algo entre 13 e 16 bilhões de dólares em 2010. Essa taxa de rápido crescimento provavelmente está sendo promovida por uma combinação de exigências estaduais e municipais que exigem que as escolas sejam certificadas como edificações sustentáveis. Em terceiro lugar, um número significativo de administrações federais, estaduais e municipais está exigindo que os prédios públicos também sejam sustentáveis e de alto desempenho. Nos Estados Unidos, até o ano de 2010, pelo menos 12 entidades federais, 33 estaduais e 384 municipais já haviam feito essa exigência.

Neste capítulo, cobriremos o aspecto empresarial dos prédios sustentáveis de alto desempenho; suas questões econômicas, incluindo como estimar uma grande variedade de economias e benefícios desses prédios; e a gestão dos custos de capital (custos iniciais) extras que frequentemente acompanham um projeto de edificação sustentável. Por fim, discutiremos a questão de como vencer a barreira do custo extra, o que sugere que as sinergias criadas em tornar um edifício ecológico podem ser tão significativas que talvez se obtenham importantes reduções de custo de capital.

## ABORDAGEM GERAL

O entendimento dos aspectos econômicos de uma edificação é importante para qualquer projeto de construção, mas é crucial nos prédios sustentáveis de alto desempenho, pois a justificativa dessa abordagem pode incluir uma análise bem mais complexa do que aquela feita para construções

**TABELA 15.1**

**Aumento no custo inicial de 33 prédios que obtiveram a certificação LEED – Construções Novas**

| Certificação LEED – Construções Novas | Tamanho da amostra (n° de prédios) | Aumento no custo inicial |
|---|---|---|
| Platina | 1 | 6,50% |
| Ouro | 6 | 1,82% |
| Prata | 18 | 2,11% |
| Certificada | 8 | 0,66% |
| Média | — | 1,84%. |

*Fonte:* Kats, 2003a

convencionais. Os prédios de alto desempenho podem gerar benefícios para seus proprietários em muitas categorias distintas: energia, água, esgoto, saúde e produtividade dos usuários, operação e manutenção, conservação predial, emissões, etc. Para abordar quais benefícios podem ser atingidos, a equipe de projeto precisa saber como quantificar os efeitos de suas decisões por meio de ferramentas de simulação ou das melhores pesquisas disponíveis e evidências obtidas em outros projetos.

Este capítulo trata das justificativas econômicas e empresariais das edificações de alto desempenho e das abordagens de quantificação dos diversos benefícios obtidos com o investimento em prédios que podem beneficiar o meio ambiente.

Um relatório enviado à Força-Tarefa da Edificação Sustentável da Califórnia afirma que 2% de investimento extra para a obtenção de um prédio de alto desempenho gerariam, ao longo do ciclo de vida útil, economias 10 vezes superiores aos pequenos investimentos extras (Kats, 2003b). Por exemplo, um investimento adicional de 100 mil dólares em um prédio de 5 milhões geraria, pelo menos, 1 milhão em economias ao longo de um ciclo de vida de 20 anos. Essa é uma afirmação realmente incrível e, se for provada, mostrará que os prédios de alto desempenho têm vantagens incontestáveis. Acredita-se que os prédios sustentáveis de alto desempenho impliquem um custo de capital ou construção acima do que os convencionais – na ordem de 2%, ou seja, cerca de 20 a 50 dólares por metro quadrado a mais (Kats, 2003a). O capital adicional exigido é proporcional, em média, ao nível de certificação LEED – Construções Novas que se almejar (veja a Tabela 15.1).

Uma análise dos benefícios financeiros dos edifícios sustentáveis de alto desempenho concluiu que vantagens significativas poderiam ser atribuídas a esse tipo de entrega, e que havia uma correlação entre a certificação LEED obtida e o retorno financeiro. A Tabela 15.2 indica que, para um prédio de alto desempenho típico, o valor líquido total atual das economias com energia ao longo de um ciclo de vida útil de 20 anos é de cerca de 58 dólares por metro quadrado, com outras economias notáveis em virtude de menores emissões (12 dólares), água (5 dólares) e economias de operação e manutenção resultantes do comissionamento (85 dólares). Essa tabela também mostra ganhos com a produtividade e economias com despesas de saúde de cerca de 370 dólares para os prédios com certificação LEED certificado ou prata, e de 550 dólares para aqueles com certificação LEED ouro ou plantina. O valor líquido total atual das economias por metro quadrado mostrado na tabela representa a soma dos valores líquidos atuais por ano, para se fazer comparações com investimentos em atributos de sustentabilidade. É claro que os benefícios em termos de produtividade e saúde nos prédios sustentáveis de alto desempenho dominam essa discussão, e, no caso dos edifícios com certificação LEED ouro ou platina, afirma-se que essas economias sejam quase 10 vezes superiores à redução nos gastos com energia. No entanto, é importante se ressaltar que, embora esses argumentos costumem ser aceitos por aqueles que trabalham com o projeto e a construção de prédios de alto desempenho, a maioria das declarações em termos de produtividade e saúde se baseia em informações anedóticas e não em pesquisas científicas. O valor líquido total atual por metro quadrado da economia obtida pelos edifícios com certificação LEED certificado ou prata, para uma vida útil de 20 anos, é de 490 dólares; para aqueles com certificação ouro ou prata, 670 dólares. A magnitude desses benefícios é muito impressionante quando se considera que, em média, o aumento no custo de construção varia entre cerca de 15 dólares por metro quadrado (para

**TABELA 15.2**

**Valor de várias categorias de economia obtidas pelas edificações certificadas pelo LEED, do USGBC**

| Categoria | Valor líquido total atual/m² para 20 anos de vida útil (em dólares)* |
|---|---|
| Energia | 58 |
| Emissões | 12 |
| Água | 5 |
| Resíduos – apenas da construção, 1 ano | 0,3 |
| Comissionamento da operação e manutenção** | 85 |
| Aumento de produtividade e ganhos de saúde (LEED certificada ou prata) | 37 |
| Aumento de produtividade e ganhos de saúde (LEED ouro ou platina) | 555 |
| Reduzindo-se os gastos adicionais para tornar o prédio sustentável | (40) |
| Valor líquido atual total em 20 anos (LEED certificada ou prata) | 490 |
| Valor líquido atual total em 20 anos (LEED ouro ou platina) | 675 |

*O valor líquido atual total corresponde às economias líquidas por ano, considerando-se a taxa de desconto (o valor do dinheiro no tempo). O valor apresentado é a soma dos valores líquidos atuais totais para todo o período de 20 anos e corresponde às economias do ciclo de vida total.
**O comissionamento da operação e manutenção garante que o prédio seja construído e utilizado de acordo com o projeto, resultando em custos de operação e manutenção substancialmente inferiores.
*Fonte:* Kats, 2003a

prédios com certificação LEED certificada) e aproximadamente 95 dólares por metro quadrado (para prédios com certificação LEED platina).

Uma análise de dois edifícios-protótipo construídos pelo Pacific Northwest National Laboratory do Departamento de Energia dos Estados Unidos e pelo National Renewable Energy Laboratory (NREL) comparou os custos e benefícios de se investir em edifícios de alto desempenho. Um prédio de referência, com 1.858 m², que custou 2,4 milhões de dólares e atendeu às exigências da Standard 90.1-1999 da American Society of Heating, Refrigerating, and Air-Conditioning Engineers (ASHRAE) foi modelado usando-se dois programas de simulação de energia, o DOE-2.1e e o Energy-10, e comparado com um prédio de alto desempenho, que custou 47.210 dólares a mais (ou seja 2% extras) para a construção de seus elementos de economia de energia. A Tabela 15.3 resume os resultados desse estudo. As características listadas na tabela são aquelas para as quais foi feito um investimento adicional para que se obtivesse uma versão de alto desempenho do prédio-protótipo do NREL:

- O comissionamento do edifício, como já foi observado, pode gerar economias significativas ao garantir que as instalações estejam funcionando conforme projetadas.
- O uso do paisagismo natural e da gestão da água pluvial resulta em economias, em virtude da eliminação de alguns elementos da infraestrutura e da facilidade de se manter as plantas nativas.
- Pisos elevados e paredes móveis geram economias ao melhorar a flexibilidade de um prédio, reduzindo os gastos com reformas.

**TABELA 15.3**

**Comparação de custos e economias para prédios-protótipo do NREL**

| Elemento | Custo adicional (dólares) | Economia anual (dólares) |
|---|---|---|
| Medidas para a eficiência energética | 38 mil | 4,3 mil |
| Comissionamento | 4,2 mil | 1,3 mil |
| Paisagismo natural e gestão da água pluvial | 5,6 mil | 3,6 mil |
| Pisos elevados, paredes móveis | 0 | 35 mil |
| Mictórios sem água | (590) | 330 |
| **Total** | 47,2 mil | 44,5 mil |

*Fonte:* Departamento de Energia dos Estados Unidos (2003)

Os resultados dessa comparação são notáveis e indicam que as economias anuais geradas pela versão de alto desempenho equivalem a aproximadamente o custo de construção extra, ou seja, o período de retorno de investimento é de pouco mais de um ano.

Os custos de capital adicionais frequentemente associados aos prédios de alto desempenho são uma função de vários fatores. Em primeiro lugar, esses prédios geralmente incluem sistemas que não costumam estar presentes em edifícios convencionais, como a estrutura de captação de água da chuva, os controles de iluminação integrados à iluminação natural e os ventiladores com recuperação de energia. Além disso, uma certificação de sustentabilidade (honorários, compilação de informações, preparação de documentos, gasto com consultores) pode aumentar significativamente os custos de um projeto. Por fim, muitos produtos de edificação sustentáveis custam mais do que seus equivalentes convencionais, geralmente por serem novos no mercado e ainda terem uma baixa demanda. Nessa última categoria, há muitos materiais não tóxicos, como tintas, adesivos, revestimentos de piso, linóleos e placas de palha prensadas utilizadas em móveis, entre muitos outros produtos de edificação sustentáveis, que estão surgindo para atender ao mercado dos prédios de alta eficiência. Por outro lado, é possível se conseguir reduções de custo em alguns sistemas prediais dos edifícios ecológicos. Por exemplo, os sistemas de climatização podem ser reduzidos como consequência de um melhor projeto das vedações externas. Contudo, muitos componentes adicionais de economia de energia, como os ventiladores com recuperação de energia, os motores de alta eficiência, os sistemas de acionamento de frequência variável para os equipamentos de climatização com volume de ar variável e os sensores de dióxido de carbono, contribuem para o aumento do capital inicial.

Como acontece em todos os outros tipos de projeto, entender os aspectos econômicos da situação e incluí-los no processo de tomada de decisão tem importância crucial. Como já descrito, a abordagem clássica utilizada na análise dos aspectos econômicos dos prédios de alto desempenho é a análise do custo do ciclo de vida, que inclui a consideração tanto do custo inicial (às vezes chamado de *custo de construção* ou *custo de capital*) como os custos de operação (utilidades públicas e manutenção). Esses dois principais fatores de custo são combinados em um modelo que considera o valor do dinheiro ao longo do tempo, o custo do dinheiro emprestado, a inflação e outros fatores financeiros, que são combinados em um valor único, o valor líquido total atual dos custos anuais; a seleção de alternativas se baseia em uma avaliação dessa quantidade. Em certos casos, devido a exigência legais, somente o custo de capital é considerado. Por exemplo, o Estado da Flórida permite que sejam tomadas decisões quanto à compra de edificações com base apenas nos custos de capital, enquanto o governo federal dos Estados Unidos exige que seja utilizada uma abordagem do custo do ciclo de vida. Desenvolver um edifício de alto desempenho para o setor público na Califórnia pode ser um grande desafio. Assim, é crucial encontrar mecanismos criativos para investir em construções de qualidade mais elevada. Um mecanismo possível é a criação de um sistema de financiamento que atenda aos proprietários ou usuários e que possa ser pago com as economias obtidas no prédio com o passar dos anos.

## A JUSTIFICATIVA COMERCIAL DOS EDIFÍCIOS SUSTENTÁVEIS DE ALTO DESEMPENHO

A promoção dos prédios de alto desempenho no setor privado deve incluir uma justificativa pela qual eles façam sentido em termos econômicos. Em uma tentativa de abordar essa questão, em 2003 o USGBC publicou uma brochura, "Making the Business Case for High Performance Green Buildings" (USGBC, 2003), que trata das vantagens que um negócio pode obter ao optar por um prédio sustentável em vez de um convencional.[1] O estudo de caso apresentado nessa publicação ainda hoje é válido.

Conforme o USGBC, os prédios sustentáveis de alto desempenho:

1. *Recuperam os custos iniciais mais elevados, se houver.* Usando o projeto integrado, conseguem reduzir os custos iniciais, e os investimentos mais altos decorrentes em tecnologia e controles trazem benefícios rápidos.
2. *São projetados para serem efetivos em custos.* Os proprietários estão tendo economias significativas com energia, geralmente entre 20 e 50%, bem como em manutenção predial, paisagis-

mo, água e esgoto. O processo de projeto integrado, marca registrada dos prédios sustentáveis de alto desempenho, contribui para a redução desses custos operacionais.

3. *Aumentam a produtividade dos funcionários.* Mais iluminação natural, vistas agradáveis, melhor controle acústico e outras características subjetivas que melhoram a qualidade do ambiente de trabalho podem reduzir o absentismo, melhorar a saúde das pessoas e aumentar a produtividade.

4. *Melhoram a saúde e o bem-estar dos usuários.* Ambientes internos melhores podem se traduzir em melhores resultados na contratação e retenção de empregados.

5. *Reduzem os litígios judiciais.* Focar a eliminação dos fatores relacionados aos prédios doentes e os problemas específicos, como o mofo, pode reduzir a incidência de pedidos de compensação e litígios.

6. *Agregam valor para os inquilinos.* O melhor desempenho predial pode reduzir a rotatividade de pessoal e os custos com manutenção e energia, consequentemente contribuindo para melhorar o resultado final. Além disso, os custos operacionais serão significativamente inferiores para os inquilinos.

7. *Aumentam o valor dos imóveis.* Uma estratégia-chave do sistema de certificação LEED-NC (Construções Novas) é diferenciar os prédios ecologicamente sustentáveis no mercado, com o pressuposto implícito de que menores custos operacionais e uma melhor qualidade do ambiente interno significarão propriedades valorizadas no mercado imobiliário. Um prédio que tem a placa LEED-NC sugerirá desempenho operacional superior e impactos positivos na saúde dos usuários, assim compradores estarão dispostos a pagar mais pelo mesmo. Esse investimento em atributos ou características de sustentabilidades, por sua vez, aumenta a demanda por mais edifícios sustentáveis de ato desempenho.

8. *Aproveitam os programas de incentivos.* Muitas regiões dos Estados Unidos – por exemplo, Oregon, Nova York, Pensilvânia e Massachusetts – têm programas que oferecem incentivos financeiros e regulatórios para o desenvolvimento de prédios sustentáveis. O número desses programas tende a crescer e pode incluir, entre outros, prazos menores para a aprovação dos projetos e tributos sobre a propriedade.

9. *Beneficiam a comunidade.* Os prédios sustentáveis enfatizam o melhor aproveitamento das áreas urbanizadas, a reciclagem, o uso de bicicletas, a recuperação de imóveis e de terrenos contaminados, melhoram a economia local e reforçam as comunidades. As empresas estarão contribuindo para a qualidade de vida geral da comunidade e desfrutarão melhor reputação.

10. *Alcançam resultados mais previsíveis.* O sistema de entrega de prédios sustentáveis inclui a melhoria nos processos de tomada de decisão, o projeto integrado, a modelagem por computador dos sistemas energéticos e lumínicos e do custo do ciclo de vida, garantindo que o proprietário receberá um produto final de qualidade previsivelmente mais elevada. As melhores práticas que estão surgindo nesta era também permitirão uma previsão mais precisa dos resultados.

Além desses 10 fatores, há vários outros benefícios que podem ser associados a esses prédios, sendo muitos deles sociais; como menciona Kats (2003a), eles podem auxiliar na resolução de questões problemáticas, como:

- Aumento das contas de energia elétrica
- Aumento dos problemas relacionados com as redes públicas de eletricidade, como a disponibilidade e qualidade da energia
- Possíveis problemas de falta de água e descarte de resíduos
- Pressão federal para reduzir a emissão de certos poluentes
- Aquecimento global
- Aumento da incidência de alergias e asma, especialmente em crianças
- Saúde e produtividade dos trabalhadores
- Efeito do ambiente escolar sobre a capacidade de aprendizado das crianças
- Aumento dos custos com operação e manutenção dos prédios públicos

**TABELA 15.4**

**Alguns dos benefícios da edificação ecológica para as empresas**

| Benefícios empresariais | Reformas e renovações | Edifícios novos |
|---|---|---|
| Economias com gastos operacionais | — | 13,6% |
| Ao longo de um ano | 8,5% para os proprietários (10,5% para os inquilinos) | — |
| Ao longo de 10 anos | 16% para os proprietários (15% para os inquilinos) | — |
| Aumento do valor do imóvel | 6,8% | 10,9% |
| Melhoria no retorno sobre o investimento | 19,2% | 9,9% |
| Aumento da ocupação | 2,5% | 6,4% |
| Aluguel mais alto | 1% | 6,1% |

*Fonte:* As informações na tabela foram citadas em MHC, *Green Outlook* 2011, e atribuídas a dois estudos anteriores feitos pela MHC, *Green Building Retrofit and Renovation*, SmartMarket Report (2009); e *Commercial and Institutional Green Building*, SmartMarket Report (2008).

Há também vários benefícios que se aplicam especialmente aos proprietários dos imóveis comerciais. A MHC fez um levantamento dos inquilinos de edifícios de escritórios em 2006 e descobriu que, em média, estavam dispostos a pagar 16% a mais por espaços de escritório sustentáveis. Alguns benefícios adicionais às empresas foram citados pela McGraw-Hill em enquetes conduzidas em 2008 e 2009 (veja a Tabela 15.4).

## ASPECTOS ECONÔMICOS DA EDIFICAÇÃO SUSTENTÁVEL

Há duas escolas de pensamento sobre as questões econômicas das edificações sustentáveis. Uma sustenta que os custos de construção desses prédios deveriam ser os mesmos que os dos convencionais, ou inferiores. O argumento para essa linha de pensamento é que, por meio do projeto integrado e da redução dos sistemas mecânicos necessários à climatização de um prédio eficiente em energia, os gastos com uma construção de alto desempenho podem ser mantidos similares àqueles dos convencionais. O prédio do Banco ING, no sul de Amsterdã, Países Baixos, finalizado em 1987, é um exemplo de construção de alto desempenho que custou cerca de 1.500 dólares por metro quadrado, incluindo o terreno, o edifício e seus móveis e acessórios. Naquela época, esse preço era igual ou inferior ao de outros prédios de bancos do país.[2] Essa façanha impressionante foi conseguida com o projeto de um edifício de arquitetura complexa, com 5 mil m$^2$, paredes de tijolo inclinadas e planta irregular, em S, com jardins e pátios e uma garagem subterrânea de 3 mil m$^2$. O prédio se insere em uma área de uso misto e alta densidade imobiliária circundada por lojas, escritórios e moradias. Se todos os edifícios de alto desempenho pudessem ser produzidos com esse nível de qualidade arquitetônica e custos similares ou inferiores aos das edificações convencionais, seria plenamente justificável o uso dessas construções avançadas.

Em contraste, a segunda escola de pensamento dita que os prédios sustentáveis de alto desempenho inevitavelmente terão custos de capital mais elevados, mas, quando analisados os custos totais da edificação ao longo de seu ciclo de vida, as vantagens serão comprovadas. Os gastos extras com investimento de capital ocorrem porque os prédios de alto desempenho incluem tecnologias e sistemas que inexistem nas construções convencionais, algumas complexas e caras. Quando tentamos analisar o custo do ciclo de vida das várias alternativas que podem resultar em um prédio sustentável de alto desempenho, duas categorias de custos podem ser identificadas – os custos tangíveis e os intangíveis:

- *Custos tangíveis* são aqueles facilmente documentáveis, porque o proprietário recebe faturas periódicas: a eletricidade, o gás natural, a água, o esgoto e a coleta de lixo.
- Os *custos intangíveis* são aqueles mais difíceis de serem documentados, para os quais é necessário fazer suposições para que sejam quantificados. Exemplos de custos intangíveis são a redução nos gastos com manutenção, o aumento do conforto, saúde e produtividade dos trabalhadores, a melhor qualidade do ambiente interno e a redução das emissões.

Uma análise do custo do ciclo de vida que considera apenas custos tangíveis costuma ser aceitável como justificativa para as estratégias alternativas que implicam a substituição de gastos operacionais por investimentos de capital. É muito mais difícil justificar a inclusão de custos intangíveis em uma análise de custo do ciclo de vida, pois os dados desses custos não são verificáveis com o mesmo nível de rigor daqueles com custos tangíveis. Se os resultados de uma análise de alternativas para um prédio de alto desempenho estiverem sujeitos a uma revisão rigorosa pelos tomadores de decisões financeiras, então os custos tangíveis deverão dominar a análise. Contudo, se houver uma maior flexibilidade no processo de tomada de decisão, os custos intangíveis justificáveis poderão ser empregados na análise.

Quatro pontos-chave devem ser considerados quando se tenta justificar os prédios de alto desempenho com base em suas questões econômicas:

1. *As economias primárias do ciclo de vida de um prédio de alto desempenho serão resultado de um desempenho energético superior.* Em alguns tipos de prédios, os sistemas mecânicos ou de climatização talvez realmente possam ser reduzidos em função da diminuição das cargas externas obtida com o emprego de estratégias de projeto passivo superiores e do projeto de um sistema de vedações externas com alta resistividade térmica. Uma redução significativa nos equipamentos de climatização também pode refletir na diminuição do tamanho e dos custos dos sistemas elétricos. No entanto, no caso de edifícios dominados pelas cargas térmicas internas (pessoas e equipamentos), o sistema de climatização talvez não mude de tamanho quando comparado ao de um edifício convencional. Um prédio com iluminação natural certamente exigirá níveis de iluminação elétrica muito menores durante o dia, mas talvez ainda assim precise de um sistema completo de iluminação artificial durante a noite. Como resultado, embora haja economias operacionais significativas, o sistema de iluminação natural não reduzirá a necessidade de luz artificial, e, em alguns casos, talvez torne complexo o projeto do sistema de iluminação convencional.

2. *As economias ao longo do ciclo de vida podem ser facilmente demonstradas nas medidas de conservação de água e esgoto,* pois essas utilidades, assim como a energia, são bem conhecidas. À medida que os gastos com água e esgoto aumentarem, especialmente em áreas com pouca água, em alguns casos, suas economias ao longo do ciclo de vida se aproximarão da escala das economias com energia.

3. *As economias obtidas com uma boa qualidade do ambiente interno podem ser superiores às outras.* Por exemplo, em um prédio de escritórios típico, as economias de energia máximas poderão chegar a 10 dólares/$m^2$ por ano, enquanto a melhoria de 1% na produtividade dos empregados signifique de 14 a 30 dólares/$m^2$. Embora essas economias sejam muito superiores à de qualquer outra categoria, é difícil justificar sua inclusão em uma análise do ciclo de vida, a menos que o proprietário do imóvel esteja especialmente interessando em incluir essa informação na análise.

4. *As economias oriundas de fatores materiais são muito difíceis de demonstrar.* Em muitos casos, os materiais sustentáveis ou não prejudiciais ao ambiente são, na verdade mais caros – às vezes, muito mais caros – do que as alternativas. Por exemplo, as chapas de fibra de trigo comprimidas utilizadas em móveis atualmente chegam a custar até 10 vezes mais do que a alternativa, que seria o compensado.

## MEDIÇÃO DOS BENEFÍCIOS DAS EDIFICAÇÕES SUSTENTÁVEIS

A análise do custo do ciclo de vida de um projeto de edificação sustentável pode abordar questões de custos tangíveis e intangíveis, seja individualmente ou de modo geral, incluindo todos os fatores de custo. Os benefícios gerais que podem ser incluídos na análise do custo do ciclo de vida e a variedade de benefícios que podem ser esperados (nos custos tangíveis) ou justificados (nos custos intangíveis) serão descritos a seguir.

## Medição da economia com energia

Os prédios sustentáveis consomem uma quantidade de energia significativamente inferior à dos prédios convencionais e geram parte de sua eletricidade *in loco*, usando fontes de energia renovável ou alternativa. Em um levantamento feito pela Capital E com 60 edificações com certificação LEED, Greg Kats, em 2003, concluiu que esses prédios gastavam em média 28% menos energia do que suas contrapartes convencionais e geravam, em média, 2% de sua energia *in loco* com painéis fotovoltaicos, reduzindo, portanto, o consumo de energia baseada em combustíveis fósseis em cerca de 30%. A redução do consumo energético proporciona um segundo benefício que é a redução nas emissões dos gases do aquecimento global, que também pode ser considerada como um benefício em termos de custos.

A análise das vantagens energéticas de um prédio sustentável de alto desempenho exige o uso de uma ferramenta da simulação energética, como a DOE-2.2 ou a Energy-10. Uma série de alternativas pode ser testada para determinar a melhor combinação possível para o edifício em particular e sua localização. Uma análise do custo do ciclo de vida também é gerada para fornecer informações sobre os custos e o tempo de retorno do investimento, que então, são empregadas junto com os dados sobre economia de energia para a otimização do desempenho energético. Com o uso dessa abordagem, os custos iniciais e os operacionais são combinados a fim de fornecer uma imagem completa do desempenho energético do prédio ao longo de um tempo de vida útil previsto.

A estimativa das economias de energia para um projeto em particular se baseia no uso de um caso de referência que atenda à norma mínima. O caso dos edifícios-protótipos de dois pavimentos do NREL serviu de ilustração no início do capítulo para a discussão dos custos e benefícios dos edifícios ecológicos de alto desempenho. O prédio de dois pavimentos, 1.858 m$^2$ e custo básico que atende aos requisitos do Padrão 90.1-1999 do ASHRAE foi modelado com o uso do DOE-2.1e e do Energy-10, para simular as várias medidas que melhorariam seu desempenho de modo significativo. Os resultados dessa comparação estão nas Tabelas 15.5 e 15.6.

## Medição da economia com água e esgoto

As reduções no consumo de água geram benefícios significativos tanto no uso desse insumo como na consequente geração de esgoto. A Tabela 15.7 apresenta uma amostra da Falcon Waterfree Technologies, LLC, dos impactos financeiros para a redução do consumo de água com o uso de aparelhos sanitários sem água. Esse exemplo indica que as economias obtidas por cada mictório sem água são de 161 a 192 dólares anuais. Embora o custo de um mictório sem água (cerca de 300 dólares) seja muito superior ao de um mictório convencional, os custos de instalação são muito menores, pois não é necessária a conexão a uma fonte de água para a descarga. Consequentemente, as economias registradas nesta tabela são para sistemas com custos de instalação muito similares.

De fato, alguns estudos relatam que os custos de instalação dos mictórios sem água são inferiores aos dos mictórios convencionais.

Outro conjunto de exemplos das economias obtidas com mictórios sem água é mostrado na Tabela 15.8 para diferentes tipos de ocupação, como um edifício de escritório, um restaurante e

**TABELA 15.5**

Comparação de desempenho energético de um prédio que atende à norma Standard 90.1-1999 do ASHRAE com um prédio sustentável de alto desempenho (valores em dólares)

|  | Custo energético anual do prédio de referência | Custo energético anual do prédio de alto desempenho | Redução percentual |
|---|---|---|---|
| Iluminação | 6.100 | 3.190 | 47,7 |
| Refrigeração | 1.800 | 1.310 | 27,1 |
| Calefação | 1.800 | 1.280 | 28,9 |
| Outros | 2.130 | 1.700 | 20,1 |
| **Total** | 11.800 | 7.490 | 36,7 |

*Fonte:* Adaptada do Departamento de Energia dos Estados Unidos (2003)

## TABELA 15.6
**Custos, parâmetros econômicos e consumo de energia: comparação entre um prédio de referência e um de alto desempenho**

| Parâmetro | Prédio de referência (em dólares) | Prédio de alto desempenho (em dólares) |
|---|---|---|
| Custo inicial da construção | 2,4 milhões | 2,44 milhões |
| Custo anual da energia (dólares) | 11.800 | 7.490 |
| Redução no consumo energético em relação ao prédio de referência | – | 36,7% |
| **Parâmetro econômico** | | |
| Retorno do investimento simples (anos) | – | 8,65 |
| Custo do ciclo de vida | 2,59 milhões | 2,57 milhões |
| Redução no custo do ciclo de vida em relação ao prédio de referência | – | 0,85% |
| Razão entre economia e investimento | – | 1,47 |
| **Consumo energético anual** | | |
| Milhões de BTUs | 730 | 477 |
| Redução em relação ao prédio de referência | – | 34,6% |

*Fonte:* Adaptada do Departamento de Energia dos Estados Unidos (2003)

## TABELA 15.7
**Economias anuais com o uso de mictório sem água em vez de mictórios convencionais**

| Pressupostos | 75 unidades | 100 unidades | 200 unidades |
|---|---|---|---|
| População total do imóvel | 1.500 | 3.000 | 5.000 |
| Percentual de homens | 55% | 50% | 60% |
| Número de homens | 825 | 1.500 | 3.000 |
| Número de mictórios | 75 | 100 | 200 |
| Usos/dia/pessoa | 3 | 3 | 3 |
| Litros/mictório convencional | 11,4 | 11,4 | 11,4 |
| Preço da água/mil litros (em dólares) | 9,47 | 9,47 | 9,47 |
| Preço do tratamento de esgoto/1 mil galões (em dólares) | 2,50 | 2,50 | 2,50 |
| Dias de operação/ano | 260 | 260 | 260 |
| **Economia anual com água** | | | |
| Economia em galões | 7.306.942 | 13.285.350 | 26.570.700 |
| Economia em dólares | 4.826 | 8.775 | 17.550 |
| **Economia anual com tratamento de esgoto** | | | |
| Economia em galões | 7.306.942 | 13.285.350 | 26.570.700 |
| Economia em dólares | 4.826 | 8.775 | 17.550 |
| **Economia total com água e tratamento de esgoto (em dólares por ano)** | **9.652** | **17.550** | **35.100** |
| **Comparação do custo de operação anual** | | | |
| Mictório convencional (em dólares)* | 5.625 | 7.500 | 15.000 |
| Mictório sem água (em dólares)** | 3.217 | 5.580 | 11.700 |
| **Economia de operação total (em dólares)** | **2.408** | **1.650** | **3.300** |
| **Economia total por ano (em dólares)**\*** | **12.060** | **19.200** | **38.400** |
| **Economia anual por mictório (em dólares)** | **161** | **192** | **192** |

*Economia total com água (3 usos/dia × 260 dias/ano × número de usos × preço da água).
**Economia total com tratamento de esgoto (3 usos/dia × 260 dias/ano × número de usos × preço do tratamento de esgoto).
***Economia total com água e tratamento de esgoto mais economias do custo de operação.
*Fonte:* Falcon Waterfree Technologies, LLC

## TABELA 15.8
**Economias previstas com o uso de mictórios sem água em vez de mictórios convencionais em vários tipos de ocupação: edifícios existentes *versus* edifícios novos**

| Tipo de edificação | Número de homens | Número de mictórios | Usos/dia | Litros/ descarga | Dias/ano | Economia de água/litro |
|---|---|---|---|---|---|---|
| Escritório pequeno | 25 | 1 | 3 | 11,4 | 260 | 220 mil |
| Escritório novo | 25 | 1 | 3 | 3,8 | 260 | 73.800 |
| Resturante | 150 | 3 | 1 | 11,4 | 360 | 204 mil |
| Restaurante novo | 150 | 3 | 1 | 3,8 | 360 | 68.100 |
| Escola | 300 | 10 | 2 | 11,4 | 185 | 126 mil |
| Escola nova | 300 | 10 | 2 | 3,8 | 185 | 42 mil |

*Fonte:* "Big Savings from Waterless Urinal" (2008)

uma escola, para prédios existentes e novas construções. A abordagem básica indicou que esses exemplos podem ser extrapolados para várias outras alternativas, incluindo a captação de águas pluviais, os sistemas de tratamento de águas servidas, os aparelhos sanitários com vazão mínima e as bacias sanitárias de compostagem. As reduções nos gastos com água e provavelmente esgoto podem ser utilizadas para a realização de análises do custo do ciclo de vida que avaliarão o desempenho financeiro das alternativas *versus* a prática convencional.

## Cálculo dos benefícios à saúde e à produtividade

A quantificação dos benefícios humanos nas análises de custo do ciclo de vida deve ser feita com cuidado e de modo conservador. Embora haja muita informação sobre os benefícios que os prédios de alto desempenho trazem à saúde e produtividade, raramente são compilados de modo científico. Portanto, não se pode dizer que sejam tão confiáveis quanto as informações sobre os custos tangíveis. Ainda assim, alguns dos principais benefícios que vêm sendo citados são impressionantes. A seguir, alguns exemplos:

- Um artigo de William J. Fisk (2000) do Departamento do Ambiente Interno do Lawrence Berkeley National Laboratory sugere que enormes economias e ganhos de produtividade podem ser obtidos com a melhoria da qualidade do ambiente interno nos Estados Unidos, estimando entre 6 e 14 bilhões de dólares as economias com a diminuição das doenças respiratórias; entre 1 e 4 bilhões, com a redução de alergias e asma; entre 10 e 30 bilhões na redução das doenças relacionadas à síndrome da edificação doente; e entre 20 e 160 bilhões os ganhos diretos mas não relacionados com a saúde no desempenho dos trabalhadores.

- Os benefícios que a iluminação natural traz à saúde e ao desempenho humano podem gerar retornos financeiros significativos – se puderem ser quantificados. Um estudo do desempenho dos estudantes em escolas com iluminação natural indicou melhorias radicais nos resultados das provas e no progresso do aprendizado. O estudo Iluminação Natural em Escolas, feito no Condado de Orange, Califórnia, pelo Heschong Mahone Group (1999a), identificou que os alunos em salas de aula com luz diurna tinham resultados melhores 20% mais rapidamente na matemática e 26% na leitura em relação aos estudantes com os menores níveis de iluminação natural. Esse estudo também analisou alunos em Seattle, Washington, e Fort Collins, Colorado, onde a melhoria no resultado dos testes foi entre 7 e 18%.[3]

- No estudo *Iluminação Zenital e Vendas em Lojas*, o Heschong Mahone Group (1999b) comparou as vendas em lojas com iluminação zenital com as sem essa estratégia e descobriu que as primeiras tinham um volume de vendas 40% superior.

Uma abordagem razoável para determinar como incluir as economias em saúde e o aumento da produtividade nas edificações sustentáveis foi sugerido em um relatório feito pela Força-Tarefa da

Edificação Sustentável da Califórnia (Kats, 2003a). Nesse relatório, os autores recomendaram que se atribuísse um ganho de 1% de produtividade e saúde aos prédios que obtiveram certificação LEED-NC certificado ou prata, e um ganho de 1,5% nos prédios com os níveis ouro ou platina. Esses ganhos foram estimados de modo conservador usando-se informações sobre as melhorias no desenvolvimento humano (veja a Tabela 15.9). As economias equivalem de 600 a 700 dólares por empregado por ano, ou cerca de 30 dólares/m$^2$ para cada ganho percentual, e de mil dólares por empregado por ano, ou seja, uma economia entre 40 e 50 dólares/m$^2$ para um ganho percentual de 1,5%.

## Cálculo dos benefícios da redução de lixo sólido

As emissões atribuídas à operação dos prédios são impressionantes, e as edificações de alto desempenho podem reduzir esses impactos de maneira radical. De acordo com o 2011 Buildings Energy Databook, os edifícios nos Estados Unidos são responsáveis por 48% das emissões de dióxido de enxofre do país, 20% das de óxido nitroso e 36% das de dióxido de carbono. Além disso, geram 25% do lixo sólido, consomem 24% da água potável, produzem 20% do esgoto e cobrem 15% do solo (Departamento de Energia dos Estados Unidos, 2011). Os resíduos de construção e demolição nos Estados Unidos correspondem a 160 milhões de toneladas por ano, ou seja, a 0,5 ton *per capita* por ano. É possível converter as emissões evitadas em benefícios atribuíveis aos prédios de alto desempenho ao se calcular os custos sociais das emissões que podem ser quantificados das seguintes maneiras:

- Dióxido de enxofre: entre 100 e 7.500 dólares por tonelada
- Óxido nitroso: entre 2.300 e 11.000 dólares por tonelada
- Dióxido de carbono: entre 6 e 11 dólares por tonelada

Para o prédio-protótipo do NREL, as Tabelas 15.10 e 15.11 oferecem um resumo dos benefícios que podem ser obtidos como resultado das reduções de energia e emissões.

A inclusão dos benefícios das reduções máximas de emissões tem impacto significativo sobre o período de retorno do investimento. O período do retorno do investimento para a economia de energia diminui de 8,7 para 6,0 anos quando os custos sociais das emissões evitadas são incluídos.

As economias da geração de menos lixo sólido também podem ser incluídas no cálculo do custo do ciclo de vida. No caso dos prédios de alto desempenho, as reduções de lixo sólido resultam de três fatores. O primeiro é a redução dos resíduos de construção e demolição, abordado pelos sistemas de certificação como o LEED-NC do USGBC. Por exemplo, o LEED-NC atribui um ponto para que se evite, pelo menos, 50% do envio desse fluxo aos aterros sanitários, e dois pontos para se desviar 75% ou mais desses resíduos. O segundo é que os prédios de alto desempenho abordam a geração do lixo sólido por parte dos usuários da edificação ao exigir a alocação de espaços no prédio para a coleta e o armazenamento de recicláveis. O LEED-NC considera essa reserva de espaço como pré-requisito para que se obtenha a certificação, o que a torna uma exigência obrigatória. O terceiro fator é que os prédios de alto desempenho abordam o uso de conteúdo reciclável e o reúso dos materiais de construção, criando, portanto, incentivos

**TABELA 15.9**

**Melhorias no desempenho humano associadas aos atributos das edificações sustentáveis**

| Atributo das edificações sustentáveis | Melhoria de produtividade |
|---|---|
| Maior controle da ventilação por parte dos inquilinos | 0,5%–34% |
| Maior controle da temperatura e iluminação por parte dos inquilinos | 0,5%–34% |
| Controle da iluminação | 7,1% |
| Controle da ventilação | 1,8% |
| Controle térmico | 1,2% |

*Fonte:* Compilada pelo autor com base em Kats (2003a)

**TABELA 15.10**

Resumo das economias com energia expressas em dólares e BTUs e obtidas pelo protótipo do NREL

|  | Prédio de referência | Prédio de alto desempenho |
|---|---|---|
| Área (metros quadrados) | 2 mil | 2 mil |
| Custo total do prédio (dólares) | 2,4 milhões | 2,44 milhões |
| Aumento do custo | NA | 40 mil |
| Consumo de energia anual (BTU) | 730 milhões | 477 milhões |
| Custo anual da energia (dólares) | 11.800 | 7.490 |
| Redução no consumo de energia | NA | 34,6% |
| Redução no gasto com energia | NA | 36,7% |
| Retorno do investimento simples | NA | 8,7 anos |
| Retorno do investimento simples, considerando-se a redução do gasto com energia e a redução das emissões | NA | 6,0 anos |

NA = Não se aplica
*Fonte:* Departamento de Energia dos Estados Unidos (2003)

**TABELA 15.11**

Emissões evitadas e benefício anual com o protótipo do NREL: comparação entre o caso de alto desempenho e o caso de referência

| Tipo de emissão | Toneladas de emissões evitadas por ano | Benefício anual (dólares) |
|---|---|---|
| Dióxido de enxofre | 0,16 | 1.090 |
| Óxido nitroso | 0,08 | 800 |
| Dióxido de carbono | 10,7 | 107 |
| **Total** | **10,94** | **1.997** |

*Fonte:* Departamento de Energia dos Estados Unidos (2003)

e demandas para que se fechem os ciclos de materiais e se reduza o envio de lixo sólido a aterros sanitários. O LEED-NC confere um ponto para 5% e dois pontos para 10% de reúso dos recursos. No caso do conteúdo reciclado, um ponto é atribuído se 5% dos materiais tiverem conteúdo pós--consumidor reciclado, ou dois pontos se esse índice for de 10%. Como alternativa, o LEED-NC atribui um ponto para 10% de conteúdo reciclado pós-consumidor mais a metade do conteúdo pós-industrial, e dois pontos para 20% de conteúdo reciclado pós-consumidor mais a metade do conteúdo pós-industrial.

Os benefícios finais de se evitar que resíduos da construção e demolição sejam enviados a um aterro sanitário podem ser imediatamente calculados. Em um projeto de construção convencional nos Estados Unidos, gera-se uma taxa de cerca de 32 kg de lixo por metro quadrado. As economias reais são uma função da taxa de redirecionamento de resíduos. A Tabela 15.12 divide por itens as economias obtidas com o redirecionamento de lixo da construção como uma função da taxa de redirecionamento e do preço de descarte no aterro sanitário, ou seja, o custo do descarte.

## Cálculo dos benefícios e custos do comissionamento de uma edificação

Uma das marcas registradas dos prédios de alto desempenho é que, uma vez terminada sua construção, todos os seus sistemas são cuidadosamente conferidos e validados por meio de testes. Assim, como consequência do movimento da edificação de alto desempenho, o comissionamento de prédios se tornou uma nova profissão. Os comissionadores envolvem-se com o projeto desde o come-

**TABELA 15.12**

**Economias obtidas desviando-se o lixo de construção que seria enviado ao aterro sanitário pelo protótipo do NREL (dólares)***

| Taxa de redirecionamento de dejetos | Cobrança do aterro sanitário: 50 dólares/ton | Cobrança do aterro sanitário: 75 dólares/ton | Cobrança do aterro sanitário: 100 dólares/ton |
|---|---|---|---|
| 0% | 0 | 0 | 0 |
| 50% | 1.750 | 2.625 | 3.500 |
| 75% | 2.625 | 3.938 | 5.250 |

*Considerando-se uma taxa de geração de lixo de 32 kg/m² para as várias taxas de redirecionamento de dejetos e as diferentes cobranças dos aterros sanitários.
*Fonte:* Departamento de Energia dos Estados Unidos (2003)

ço, junto com os membros das equipes de projeto e construção. E, embora o comissionamento de fato aumente o custo de um prédio, o valor desse serviço é fundamental, pois garante que o edifício terá o desempenho para o qual foi projetado. Os custos de comissionamento de prédios típicos são demostrados na Tabela 15.13. Os benefícios dessa atividade são de difícil quantificação, mas a prática geral atribui a ela 10% de economia de energia. No caso do edifício-protótipo do NREL, que foi utilizado como exemplo neste capítulo para a estimativa das economias de energia, o período de retorno do comissionamento é inferior a quatro anos.

## Cálculo dos custos e benefícios com manutenção, reparos e despesas diversas

Na tentativa de minimizar o custo do ciclo de vida, os prédios de alto desempenho são projetados especificamente para terem seus custos com manutenção reduzidos, mas também podem ter custos inferiores em outras áreas. Alguns exemplos de características de projeto que podem oferecer esses benefícios econômicos adicionais são apresentados na lista a seguir (adaptados do Departamento de Energia dos Estados Unidos).

### Materiais duráveis

- Sistemas de iluminação fluorescente com lâmpadas de vida longa – 10 mil horas, em vez de lâmpadas incandescentes de mil horas. As lâmpadas de LED têm um potencial enorme, de vida útil de 50 mil horas, e seu custo de fabricação está rapidamente diminuindo.
- Concreto com escória de alto forno e cimento de escória, que tem durabilidade mais elevada do que a do concreto convencional.
- Tintas de baixa emissividade e maior durabilidade comparadas às tintas convencionais.
- Materiais de cobertura de cores claras, com vida útil superior à de materiais de cobertura convencionais
- Pisos de concreto polido, com vidas úteis muito longas e custos de manutenção baixos em relação aos do carpete e de outros acabamentos de piso

**TABELA 15.13**

**Custos de comissionamento de prédios novos típicos**

| Escopo do comissionamento | Custo |
|---|---|
| Prédio inteiro | 0,5%–1,5% do custo de construção |
| Climatização e sistemas de controle | 1,5%–2,5% do custo dos sistemas mecânicos |
| Sistemas elétricos | 1,0%–1,5% do custo dos sistemas elétricos |
| Recomissionamento de prédios existentes | 1,83 dólar/m² |

*Fonte:* Adaptada de Portland Energy Conservation, Inc. (1997). 1997. Portland, OR, Portland Energy Conservation, Inc.

**Capacidade de reparo**

- Carpete em placas e com conteúdo reciclado, substituíveis em áreas desgastadas.
- Sistemas mecânicos e elétricos projetados para maior facilidade de reparo e substituição em virtude de alterações no leiaute e arranjo físico de equipamentos, tubulações, condutos, painéis de eletricidade e controle e outros componentes.

**Custos variados**

- Projeto de edificações com áreas para reciclagem que reduzem os custos do descarte de lixo.
- Projeto de paisagismo sustentável, que reduz a necessidade de irrigação, fertilizantes, herbicidas e pesticidas.
- Gestão de águas pluviais com o uso de bacias de detenção construídas evitando o envio de esgoto para a rede pública.

Os benefícios financeiros de sistemas de manutenção e reparo aprimorados devem, é claro, ser quantificados caso a caso, e pode ser difícil calculá-los porque não há um banco de dados desse tipo de informação disponível. A Tabela 15.14 fornece um exemplo de como apresentar as economias para as entradas do projeto de paisagismo sustentável e a gestão de águas sustentável que estão listadas sob o título "Custos Variados", mencionado anteriormente para os edifícios-protótipo do NREL, que foram utilizados neste capítulo para ilustrar as economias com energia. As duas estratégias dos edifícios-protótipo do NREL relacionadas ao terreno são o projeto de paisagismo sustentável e a gestão de águas sustentável.

*Projeto de paisagismo sustentável.* Uma mistura de gramíneas nativas e flores selvagens de climas quentes é utilizada para criar uma "campina". Esta estratégia é comparável ao paisagismo tradicional com a grama azul (*Poa pratensis*), que exige uma quantidade substancialmente maior de manutenção e uso de produtos químicos.

*Gestão de águas pluviais.* Um sistema integrado de gestão de águas pluviais combina uma área de estacionamento porosa, com brita por exemplo, com um sistema de coleta de água da chuva, no qual a água é armazenada para a irrigação de jardins nativos. Essa área permeável de estacionamento com brita é uma pesada estrutura portante que permite a infiltração da água da chuva no piso poroso (reduzindo o escoamento superficial da água) e sua condução a um sistema subterrâneo de coleta pluvial. A água pode ser utilizada para abastecer água fresca à rede pública para usos que não exigem potabilidade. Este sistema sustentável é comparado a uma área convencional de estacionamento com asfalto convencional e um sistema pluvial comum, com tubos corrugados e sem reservação de água.

Embora o sistema específico de gestão sustentável da água da chuva utilizado no protótipo aumente o custo total de construção em pouco mais de 3 mil dólares (cerca de 0,1% do custo to-

**TABELA 15.14**

**Comparação econômica das práticas de paisagismo e gestão de águas pluviais para os edifícios-protótipo do NREL**

| | Aumento do custo inicial de construção | Aumento do custo inicial de construção para cada 100 m$^2$ | Aumento total do custo inicial de construção | Economia anual para cada 100 m$^2$ | Economia total | Retorno do investimento simples (anos) |
|---|---|---|---|---|---|---|
| Gestão sustentável de águas pluviais (em dólares) | 3.140 | 169 | 3.140 | 30,45 | 566 | 5,6 |
| Projeto de paisagismo sustentável (em dólares) | 2.449 | 131 | 2.440 | 163,55 | 3.040 | 0,8 |

*Fonte:* Adaptada do Departamento de Energia dos Estados Unidos (2003)

tal), economiza mais de 500 dólares por ano na manutenção, pois exige menos mão de obra para tapar buracos na pavimentação e realizar outros serviços de manutenção em um estacionamento. O período resultante de retorno do investimento é inferior a seis anos. A adoção do paisagismo sustentável mostra uma relação econômica ainda mais favorável: o aumento do custo é de aproximadamente 2.500 dólares, mas isso se paga em menos de um ano quando se consideram as economias de operação e manutenção de cerca de 3 mil dólares obtidas evitando-se despesas de manutenção, irrigação e uso de produtos químicos.

## GESTÃO DO CUSTO INICIAL

Em muitas organizações, especialmente governos estaduais e locais, o custo inicial (ou investimento de capital) é o principal fator na tomada de decisões em um projeto, pois a legislação não estabelece o investimento máximo para um tipo específico de prédio. Na Flórida, o custo de construção de uma escola nova, por vaga de aluno, limita-se a aproximadamente 22 mil dólares para as de ensino fundamental e a cerca de 30 mil dólares para as de ensino médio. Para muitos outros possíveis clientes de edificações sustentáveis, existe uma situação similar, na qual os tomadores de decisão são extremamente limitados aos orçamentos da construção. Lidar com essas circunstâncias exige considerações cuidadosas quanto às estratégias de produção de um prédio de alto desempenho, pois uma análise do custo do ciclo de vida pode ser difícil. A lista a seguir, adaptada de Syphers Sowell, Ludwig e Eichel (2003), apresenta recomendações para a gestão dos custos iniciais dos projetos de edificações de alto desempenho:

1. Certifique-se de que os tomadores de decisões mais importantes apoiam o conceito.
2. Estabeleça um objetivo bem claro já no início do processo. O ideal é que a opção pelo projeto sustentável seja feita antes da solicitação de propostas, de modo que reflitam o objetivo da sustentabilidade e, portanto, permitam mais flexibilidade na tomada de decisões. Certas medidas de sustentabilidade que podem gerar economias (como o planejamento da implantação) também devem ser previstas já no início.
3. Faça contratos e pedido de propostas que descrevam claramente suas exigências de sustentabilidade. Por exemplo, especifique se o objetivo é obter uma certificação prata do LEED.
4. Selecione uma equipe que tenha experiência com empreendimentos sustentáveis. A contratação de uma empresa de projetos de instalações que tenha experiência com a sustentabilidade pode significar uma economia de 10% no custo de construção dos sistemas mecânicos, elétrico e hidrossanitário. Procure membros de equipe que tenham um histórico de resolução criativa de problemas.
5. Encorage os membros da equipe a se qualificarem e a desenvolverem fontes de informações sobre materiais, produtos e componentes sustentáveis, a obterem informações técnicas e sobre os preços dos sistemas avançados.
6. Use um processo de projeto integrado. Não torne os componentes da sustentabilidade meros apêndices posteriores ao projeto. Integre todas as medidas de sustentabilidade possíveis no orçamento básico. Estabeleça um projeto integrado que possa levar a economias financeiras. Investir 3% do custo total do prédio durante o projeto pode gerar, pelo menos, economias de 10% na construção, por meio de simplificações no projeto e menos mudanças nos pedidos.
7. Entenda como funciona o comissionamento e a modelagem de energia. Para minimizar os custos iniciais, use uma abordagem amostral no comissionamento.
8. Procure incentivos e descontos no preço da energia oferecidos por estados, municípios e empresas de utilidades públicas.
9. Eduque os tomadores de decisão, sem sobrecarregá-los com informações técnicas, mantendo seu foco nos objetivos. Respeite o senso de aversão a riscos que eles têm.
10. Administre com cuidado seu tempo. Selecione um ou dois membros da equipe para coordenar as pesquisas sobre produtos e sistemas sustentáveis. Estabeleça um prazo de entrega específico para os resultados das pesquisas e dê ao administrador dessa função o poder de finalizar as buscas.

Algumas das estratégias de projeto e construção para redução dos custos iniciais estão listadas a seguir (Departamento de Energia dos Estados Unidos, 2011).

- *Otimize a implantação e orientação.* Uma estratégia óbvia para reduzir os custos iniciais é adotar técnicas de orientação solar e implantação que permitam a coleta da radiação para a iluminação e calefação no inverno e o sombreamento com o uso da vegetação ou outras características do terreno para reduzir a carga de resfriamento no verão. O aproveitamento total das técnicas passivas de calefação e resfriamento pode resultar em sistemas de climatização e custos iniciais menores.

- *Reúse/renove prédios mais velhos e use materiais reciclados.* O reúso dos prédios, bem como o uso de materiais, móveis e acessórios reciclados, economiza matéria-prima virgem e reduz a energia necessária para produzir materiais novos. O reúso das edificações (reciclagem de uso) também pode reduzir o tempo e, consequentemente, a despesas associadas ao planejamento do terreno e à obtenção de alvarás.

- *Reduza o tamanho do projeto.* Um projeto que é eficiente em termos de espaço, mas ainda assim é adequado para atender aos objetivos e requisitos do prédio, geralmente reduz os custos totais, embora seu custo por área possa ser mais elevado. Usar totalmente a área de piso interna e, inclusive, mudar ou transferir certos espaços solicitados para o exterior, pode reduzir consideravelmente os custos.

- *Elimine acabamentos e elementos desnecessários.* Um exemplo para a eliminação de itens desnecessários é deixar de instalar painéis ornamentais, algumas portas (quando a privacidade não for necessária) e forros. Em certos casos, a remoção de itens desnecessários pode criar novas oportunidades para os projetistas. Por exemplo, eliminar forros pode permitir uma penetração mais profunda da iluminação natural e reduzir o pé-direito que, por sua vez, pode reduzir o tamanho total do prédio.

- *Evite superdimensionar a estrutura e gerar lixo de construção.* A engenharia de valor e as técnicas estruturais avançadas reduzem o consumo de materiais, sem prejudicar o desempenho estrutural. Projetar minimizando o lixo da construção (por exemplo, usando materiais de tamanho padronizado ou modulado a fim de evitar cortes) também minimiza os custos de mão de obra para o corte de materiais e descarte de resíduos.

- *Explore na totalidade o projeto integrado, incluindo a otimização dos sistemas de energia.* Como discutido anteriormente, o projeto integrado frequentemente permite que os equipamentos de climatização tenham tamanho menor. Modeladores eletrônicos como DOE-2 permitem que o desempenho energético de um prédio em desenvolvimento seja estudado e que o dimensionamento dos sistemas mecânicos seja otimizado. O uso de janelas para iluminação natural e janelas com caixilhos móveis para a ventilação natural pode reduzir e necessidade de luminárias e de resfriamento mecânico, reduzindo, portanto, os custos iniciais. Além dos sistemas relacionados com a energia, o projeto integrado também pode reduzir os custos de construção e diminuir o prazo de entrega da obra. Por exemplo, ao envolver o construtor desde as primeiras sesões de planejamento do projeto, a equipe de projeto pode identificar múltiplas maneiras de acelerar o processo de construção.

- *Use abordagens de gerenciamento do lixo de construção.* Em alguns locais, os custos de descarte de resíduos podem ser muito elevados pela redução da disponibilidade de aterros sanitários. Por exemplo, na cidade de Nova York, o custo do descarte de lixo é superior a 82 dólares por tonelada. Nesses casos, o uso de uma empresa para reciclar o lixo da obra também diminuirá o custo da construção, pois a reciclagem de resíduos não costuma implicar custos para o construtor, e, portanto, reduz os gastos com descarte.

- *Reduza a infraestrutura do terreno.* Os custos podem ser reduzidos se uma área de terreno menor for afetada e menos infraestrutura for construída. A infraestrutura pode ser reduzida por meio do planejamento cuidadoso do terreno, do uso da drenagem natural em vez de uma rede de coletores pluviais, da minimização de calçadas de concreto impermeáveis, da redução do tamanho das ruas e dos estacionamentos (por exemplo, implantando o projeto próximo a sistemas de transporte público), do uso do paisagismo natural em vez dos gramados tradicionais e da redução de outras infraestruturas artificiais no terreno. Por exemplo, os custos de preparação do terreno e infraestrutura para a área ambientalmente sensível da Ilha Dewees, junto à costa de Charleston, Carolina do Sul, ficaram 60% abaixo da média local, pois não foram empregadas superfícies impermeáveis nas ruas, nem o paisagismo convencional.

Um excelente estudo sobre os custos de construção para os prédios sustentáveis foi realizado por Lisa Fay Matthiessen e Peter Morris, da Davis Langdon, uma firma de consultoria em custos (2004). Seu relatório sugere que não há diferenças estatísticas entre prédios sustentáveis de alto desempenho com certificação LEED-NC (Construções Novas) para orientação e os edifícios convencionais; ou seja, o custo por metro quadrado fica dentro da mesma média tanto para os prédios convencionais quanto para aqueles de um tipo de programa similar. A maioria das edificações com certificação LEED-NC examinada pelo autor não exigiu fundos adicionais, e, quando necessários, foram acarretados por certas características específicas extraordinárias, como conjuntos de painéis fotovoltaicos. Os fatores que influenciam o custo de um prédio sustentável são:

- *Situação demográfica.* A localização de um projeto, se ele é rural ou urbano, gera oportunidades e problemas para a obtenção dos pontos do LEED-NC. Por exemplo, pontos por transporte e desenvolvimento urbano estão imediatamente disponíveis nos contextos urbanos, enquanto as inovações na gestão de águas pluviais são mais prováveis em áreas rurais.
- *Ambiente e cultura comerciais.* Em certos locais, como a Califórnia, os construtores e terceirizados estão muito mais familiarizados com uma certificação como o LEED-NC e, portanto, tendem menos a perceber um projeto como arriscado, o que reduz os custos.
- *Normas, padrões, códigos e iniciativas municipais e regionais.* Nos estados norte-americanos de Oregon e Pensilvânia, onde tem havido um apoio governamental significativo para a edificação ecológica, os custos costumam ser bem menores, porque os prédios ecológicos têm mais chances de serem considerados como o convencional.
- *Objetivos e valores do projeto.* Uma declaração clara de que o proprietário está comprometido com o conceito de edificação sustentável motivará os membros da equipe de projeto e garantirá que as características de sustentabilidade do prédio sejam incluídas desde o início o projeto, o que reduz custos.
- *Clima.* Os períodos de retorno do investimento das características de conservação de energia variam conforme a localidade, pois os custos da energia também variam conforme a região geográfica. Além disso, alguns aspectos do projeto passivo podem ser difíceis de obter em climas muito quentes e úmidos ou muito frios. Como resultado, sistemas ativos mais complexos e mais caros são necessários para que se atendam às exigências do proprietário.
- *Momento de implementação.* A adoção total das características de sustentabilidade desde o início do projeto e a garantia de sua integração detalhada no projeto resultará em custos inferiores.
- *Tamanho do prédio.* Edificações maiores e mais complexas costumam ter custos mais altos em sistemas maiores e mais complexos, simplesmente pela escala do projeto.
- *Sinergias.* A seleção de sistemas que têm benefícios múltiplos gerará custos inferiores. Por exemplo, um paisagismo bem integrado pode incluir a gestão de águas pluviais e da proteção solar, sendo projetado de modo que não exija irrigação, economizando na infraestrutura e operação.

Matthiessen e Morris (2004) também notaram que uma metodologia orçamentária bem desenvolvida pode contribuir muito para a redução dos impactos dos custos construtivos. Os autores recomendaram adotar as seguintes medidas em cada etapa do projeto e da construção a fim de manter a construção do prédio sustentável dentro do orçamento:

- Estabelecer objetivos, expectativas e atribuições para as equipes
- Incluir objetivos específicos no programa

- Alinhar o orçamento com o programa de necessidades
- Manter o que foi planejado durante o projeto e a construção

A integração dos objetivos dos prédios sustentáveis ao projeto, com a participação especializada e o comprometimento da equipe de projeto e o planejamento detalhado, talvez sejam os elementos-chave para se manter os custos alinhados com o orçamento. Nesse sentido, os projetos de prédios sustentáveis não são diferentes de nenhum outro projeto bem organizado e bem administrado, exceto quanto à inclusão, por parte da equipe, dos conhecimentos sobre o conceito da edificação ecológica e seus requisitos. Até o momento, observa-se que a curva de aprendizado para que se obtenha o conhecimento necessário para fazer um edifício sustentável, e que o treinamento e o contato com esse tipo de projeto, oferecem os fundamentos para que se possam abordar outros projetos similares.

## CRIANDO UM TÚNEL ATRAVÉS DA BARREIRA DO CUSTO

A abordagem de projeto preferida para se criar um prédio de alto desempenho às vezes é chamada de *projeto integrado*, e é tratada em detalhes no Capítulo 7. O pressuposto fundamental do projeto integrado é que, ao reunir as várias disciplinas de projeto e forçá-las a saírem de seus "silos", torna-se possível uma grande variedade de sinergias. Uma das mais citadas é a do projeto dos sistemas energéticos do prédio, na qual arquitetos e engenheiros mecânicos colaboram no detalhamento das vedações externas, o que resulta em equipamentos de climatização menores. A abordagem atual do projeto de edificações não promove a sustentabilidade, pois os diversos projetistas, arquitetos e engenheiros otimizam seus próprios sistemas projetados, o que costuma resultar em um prédio com desempenho abaixo do ideal. Além disso, as estruturas de remuneração dos profissionais de projeto fazem com que a maximização do custo e da complexidade possa resultar em honorários mais altos, o que, sem dúvida, é uma desmotivação quando se trata da elaboração de prédios com desempenhos superiores. Consequentemente, é um desafio reunir as sinergias que gerarão edifícios realmente de alto desempenho, exigindo mudanças nas posturas e nos contratos de projeto.

Amory Lovins (1997), do Rocky Mountain Institute, descreveu os efeitos de se gerar sinergias de projeto integrado como "criar um túnel através da barreira do custo", pois o resultado poderia ser uma redução drástica nos custos de capital, ou iniciais. Um exemplo citado por Lovins foi o projeto de um processo industrial para uma fábrica do fabricante de carpetes Interface, que existia em Xangai, China. O projeto inicial para esse processo exigia uma potência de 95 cavalos-vapor para o bombeamento de água. Quando Jan Schilhan, da Interface, examinou o projeto, descartou os pressupostos que os engenheiros geralmente adotam para o dimensionamento das tubulações, fazendo-as maiores em diâmetro, o que, consequentemente, reduziu radicalmente o atrito interno, pois a velocidade do fluido também foi radicalmente diminuída. Como a fricção é proporcional à quinta potência do diâmetro do tubo, dobrar essa dimensão resulta em uma redução de 86% no atrito para a mesma vazão. Além disso, ao contrário das práticas de projeto comuns, Schilhan fez um leiaute de tubos com o mínimo de joelhos e comprimentos de tubo, pois cada desvio e metro adicional de tubo resultam em perdas de fricção. Esse redesenho reduziu a energia dispendida para bombeamento dos 92 cv originais para 7 cv, ou seja, uma melhoria de 92% ou no Fator 12. O resultado dessas modificações não só foi uma diminuição significativa no consumo de energia, como representou grande redução no custo de capital, em virtude dos tubos bem mais simples, do menor número de conexões e de um sistema elétrico menor, mais do que compensando o custo levemente superior de se adotar tubulações de maior diâmetro (Hawken, Lovins e Lovins, 1999).

Muitos dos pressupostos arraigados na mentalidade dos engenheiros e arquitetos frequentemente resultam em práticas de projeto ruins, que persistem durante décadas ou mesmo gerações. Romper esses paradigmas é importante se quisermos prédios superiores e com custos inferiores. O segredo, de acordo com Lovins, é o uso da engenharia sistêmica, na qual todos os benefícios de uma tecnologia são considerados não somente, por exemplo, para que se reduzam gastos. Os motores elétricos de alta eficiência, por exemplo, têm 18 benefícios, e as "superjanelas" chegam a ter

10 benefícios em relação às convencionais, incluindo uma melhor iluminação natural, o conforto radiante, a não condensação e o desempenho acústico. Os prédios têm amplas oportunidades para sinergias e reduções de custo, muitas das quais ainda inexploradas. Uma área que está pronta para ser explorada é a integração dos prédios com os ecossistemas locais e nas formações geológicas. As árvores têm enorme capacidade de armazenamento de água e podem controlar de modo seletivo a insolação incidente nos prédios, dependendo da época do ano. Suas folhas barram e absorvem a radiação solar durante o verão, e, quando as folhas caem no outono, permitem a penetração do sol durante os dias de inverno. As coberturas verdes dos prédios fornecem isolamento térmico, reduzem o efeito da ilha de calor na cidade, armazenam água da chuva e substituem a pegada ecológica retirada pelo prédio. A integração das plantas nas edificações contribui para uma experiência mais saudável para os usuários, como sugeriu a hipótese da biofilia (veja o Capítulo 2). Conectar um prédio ao solo ou lençol freático pode ajudar a melhorar os sistemas de calefação e climatização e, ao mesmo tempo, reduzir o consumo de energia. Os campos de despejo naturais e as bacias de detenção construídas também podem trazer benefícios ao ambiente construído por meio do tratamento do esgoto e da água pluvial, o que significa custos de capital menores.

Lovins (1997) sugeriu quatro princípios para ajudar a criar esse túnel na barreira do custo:

1. *Aproveite os benefícios múltiplos de gastos individuais.* Com a desconstrução (desmontagem futura) dos prédios, por exemplo, pode ser possível melhorar mais espaço a custos menores e proporcionalmente reduzir os impactos ambientais. Uma iluminação de alta eficiência reduz a necessidade de energia e diminui a carga térmica dentro de um espaço e pode estar conectada a sensores de presença e de luz natural.

2. *Trabalhe de cima para baixo para transformar as perdas compostas em economias.* Em vez de focar a potência do ventilador necessária para insuflar o ar através de um duto, prestar mais atenção à redução das perdas por fricção dentro dos dutos por meio de um leiaute melhor, à redução do comprimento dos dutos, à eliminação de curvas desnecessárias e ao aumento da seção transversal dos dutos resulta em uma potência muito inferior para os ventiladores, equipamentos menores e mais baratos e operações mais silenciosas. Dar mais um passo abaixo, projetando sistemas que aqueçam ou resfriem somente o setor 1,8 m inferior de um espaço, que é a zona onde os usuários realmente estão, reduz ainda mais o consumo de energia. Essa é a estratégia conhecida como *ventilação por deslocamento de ar* ou *efeito chaminé* (descrita no Capítulo 9), e, ao distribuir o ar por um pleno sob o piso, ela pode ajudar a reduzir as dimensões entre pisos. Reduzir essa altura também implica diminuir a altura total dos prédios e gastos com materiais.

3. *Siga a sequência correta.* Se as questões são saúde e produtividade, pensar como as pessoas usarão o espaço e como elas terão acesso a luz natural, vistas e, preferivelmente, áreas verdes, e maximizar a quantidade de luz natural que incide em seus espaços de trabalho devem ser as considerações mais importantes. Os sistemas de iluminação devem ser projetados somente após os principais fatores humanos serem considerados. O resultado é um ambiente interno melhor e custos energéticos mais baixos.

4. *Otimize o sistema completo, não apenas suas partes.* Esse é o lema da engenharia de sistemas integrais, um esforço colaborativo entre arquitetos e engenheiros para projetarem juntos e com criatividade o edifício e suas instalações. Na Alemanha, por exemplo, as disciplinas de projeto têm colaborado para criar prédios que tenham projetos passivos admiráveis, eliminando totalmente a necessidade de sistemas de resfriamento e resultando em edifícios que consomem um sétimo da energia gasta por um prédio convencional nos Estados Unidos. Essa colaboração representa a essência do projeto integrado e da ideia de se criar um túnel através da barreira do custo.

## RESUMO E CONCLUSÕES

Os prédios de alto desempenho têm benefícios potenciais enormes: para seus proprietários, para o meio ambiente e para a sociedade em geral. A capacidade de expressar e justificar com clareza esses benefícios em uma análise econômica é um fator importante para determinar se o edifício em seu projeto e construção será convencional ou de alto desempenho. Continua crescente a quantidade de informações que uma equipe de projeto pode usar para desenvolver um modelo econômico que aborde os custos tangíveis e intangíveis. Os custos tangíveis, como com energia, água e tratamento de esgoto, são de mensuração bastante direta e incluem uma análise econômica. Os custos intangíveis, como a saúde humana e os ganhos de produtividade, além das economias resultantes do comissionamento dos prédios, não são de justificação tão direta. Assim, é preciso cuidado para incluí-los na análise de custos.

## NOTAS

1. Disponível na seção para membros do site do USGBC, www.usgbc.org/Docs/Member_ Resource_Docs/makingthebusinesscase.pdf.
2. Uma excelente descrição do prédio do Banco ING Bank pode ser encontrada em Weizsäcker, Lovins e Lovins (1997). Esse livro influenciou muito os prédios de alto desempenho, pois sugeriu que uma redução de 75% no consumo era necessária para se obter a sustentabilidade e, além disso, que as tecnologias para apoiar essa redução já existiam. Um conceito derivado, o Fator 10, sugere que a sustentabilidade de longo prazo exigiria uma redução de 90% no consumo de recursos.
3. O Heschong Mahone Group, que se especializou na eficiência energética dos prédios, publicou vários relatórios icônicos sobre a correlação entre iluminação natural e desempenho dos estudantes. O grupo posteriormente se fundiu com o TRC, e seus relatórios estão disponíveis no site da empresa, www.trc.com.

## FONTES DE CONSULTA

"Big Savings from Waterless Urinal." 1998. *Environmental Building News* 7(2), 1–14.

Fisk, William J. 2000. "Health and Productivity Gains from Better Indoor Environments and Their Relationship with Building Energy Efficiency." *Annual Review of Energy and the Environment* 25: 537–566.

Hawken, Paul, Amory B. Lovins, and L. Hunter Lovins. 1999. *Natural Capitalism.* New York: Little, Brown.

Heschong Mahone Group. 1999a. *Daylighting in Schools: An Investigation into the Relationship between Daylighting and Human Performance.* A report for the Pacific Gas and Electric Company. Fair Oaks, CA: Heschong Mahone Group. Available at h-m-g.com/downloads/Daylighting/schoolc.pdf.

———. 1999b. *Skylighting and Retail Sales.* Report for the Pacific Gas and Electric Company. Fair Oaks, CA: Heschong Mahone Group. Available at www.pge.com/includes/docs/pdfs/shared/edusafety/training/pec/daylight/RetailDetailed820.pdf.

Kats, Gregory H. 2003a. *The Costs and Financial Benefits of Green Buildings.* Report developed for California's Sustainable Building Task Force.

———. 2003b. *Green Building Costs and Financial Benefits.* A report written for the Massachusetts Technology Collaborative.

Lovins, Amory B. 1997. "Tunneling through the Cost Barrier: Why Big Savings Often Cost Less than Small Ones." *Rocky Mountain Institute Newsletter* 13(2): 1–4.

Matthiessen, Lisa Fay, and Peter Morris. 2004. *Costing Green: A Comprehensive Cost Database and Budgeting Methodology.* Davis Langdon Associates. Available at www.usgbc.org/resources/costing-green-comprehensive-cost-database-and-budgeting-methodology

McGraw-Hill Construction. 2010. *Green Outlook 2011: Green Trends Driving Growth.* New York: McGraw-Hill Construction.

Syphers, Geof, Arnold Sowell Jr., Ann Ludwig, and Amanda Eichel. 2003. "Managing the Cost of Green Buildings." In the "White Paper on Sustainability," a supplement to *Building Design and Construction.* Available at http://archive.epa.gov/greenbuilding/web/pdf/bdcwhitepaperr2.pdf.

US Department of Energy. 2003. *The Business Case for Sustainable Design in Federal Facilities.* Washington, DC: US Department of Energy. Available at http://evanmills.lbl.gov/pubs/pdf/bcsddoc.pdf.

———. 2011. *2011 Buildings Energy Databook.* Washington, DC: US Department of Energy. Available at http://buildingsdatabook.eren.doe.gov.

US Green Building Council (USGBC). 2003. *Making the Business Case for High Performance Green Buildings.* Washington, DC: US Green Building Council.

von Weizsäcker, Ernst, Amory B. Lovins, and L. Hunter Lovins. 1997. *Factor Four: Doubling Wealth, Halving Resource Use.* London: Earthscan.

Portland Energy Conservation, Inc. 1997. *What Can Commissioning Do for Your Building?* Portland, OR: Portland Energy Conservation, Inc.

# 16 A construção sustentável de última geração

O movimento da edificação sustentável de última geração continua se desenvolvendo muito rapidamente nos Estados Unidos e em outros países e está transformando todo o processo de concepção do ambiente construído, do projeto à construção e operação. Nos Estados Unidos, a edificação sustentável está começando a dominar o mercado dos prédios comerciais e institucionais, com estimativas de que, em 2015, quase 50% das novas edificações nesse setor sejam ecologicamente sustentáveis. Esse movimento está influenciando não apenas novas construções, mas também reformas e renovações de prédios existentes, produtos de construção, ferramentas de projeto e formação dos profissionais do ambiente construído.

Nos Estados Unidos, para todos os propósitos práticos, o sistema de certificação de edificações sustentáveis LEED do US Green Building Council (USGBC) define o que constitui um edifício sustentável de alto desempenho. Embora o LEED venha tendo um enorme sucesso no mercado, restam duas questões: "qual é o objetivo final dos protocolos de certificação como o LEED e o Green Globes?" e "será que eles evoluirão com o passar do tempo a fim de melhorar os prédios que já sendo feitos e os usam como diretriz?". Em função do sucesso de seu sistema de certificação, o USGBC está focando quase exclusivamente a implementação do conjunto de produtos LEED para novas construções e edificações existentes e trabalhando em outras ferramentas de certificação LEED que cubram áreas importantes, como a saúde e o comércio. Consequentemente, ainda falta uma visão do que constituiria um prédio de alto desempenho da próxima geração. A ausência de visão de longo prazo está dificultando o progresso em direção a um ambiente construído verdadeiramente sustentável.

Neste capítulo final, serão tratadas as edificações sustentáveis de alto desempenho de última geração e as do futuro com o propósito de estimular o pensamento dos objetivos de longo prazo do movimento. A primeira seção aborda a questão emergente da sobrevivência passiva, um novo tema da construção abraçado pela comunidade da edificação ecológica após o advento do furacão Katrina, em 2005. Embora ainda não esteja sendo incluído nos novos edifícios, esse tema está sendo muito debatido e se insere perfeitamente na nova abordagem filosófica geral que embasa as edificações sustentáveis de alto desempenho. A segunda seção contém vários estudos de caso das mais recentes edificações sustentáveis, a fim de ilustrar as melhores práticas que estão sendo empregadas. Esses prédios, é claro, apontam para o futuro e o que talvez seja o padrão emergente. No entanto, o futuro é incerto, e muitas direções distintas podem ser imaginadas. Isso significa que nem todas podem ser tratadas em detalhes neste capítulo. Na quarta seção do capítulo, chamada de "Os desafios", são propostas três abordagens principais para o projeto das futuras edificações ecológicas: uma baseada na história, a outra, na tecnologia, e a terceira, na ecologia. Essas abordagens representam os principais atrativos para as estratégias dessa arena, embora o resultado provável seja um híbrido dessas estratégias completamente diferentes, mas com chances de sucesso iguais.

## A RESILIÊNCIA

Os recentes e severos eventos climáticos estão provocando uma mudança de mentalidade que resultará em prédios com capacidade de auxiliar a sobrevivência humana em desastres naturais ou provocados pelos seres humanos. Durante a onda de calor de 1995 em Chicago, a morte de mais de 700 pessoas em suas casas ou apartamentos foi atribuída às altas temperaturas, sendo que, em muitos apartamentos, as temperaturas permaneciam acima de 32°C, mesmo à noite. O número de fatalidades poderia ter sido bem mais alto caso houvesse um blecaute durante a onda de calor. Dez anos após a onda de calor de Chicago, em agosto de 2005, a cidade de New Orleans foi atingida pelo furacão Katrina, que resultou na morte de milhares de pessoas, em sofrimentos indescritíveis, enormes deslocamentos de moradores e profundos impactos econômicos na região. As temperaturas no estádio Louisiana Superdome chegaram a 42°C, criando condições críticas dentro do próprio prédio no qual as pessoas foram abrigadas imediatamente após a passagem do furacão.

*Sobrevivência passiva* era um termo utilizado para descrever como os prédios deveriam ser projetados e construídos para ajudar na sobrevivência de seus usuários no evento de desastres. Em um editorial publicado na edição da *Environmental Building* de novembro de 2005, Alex Wilson definiu a sobrevivência passiva como "a capacidade de um prédio de manter condições que sustentassem a vida caso amenidades como energia elétrica, combustível para aquecimento ou água ficassem indisponíveis por um longo período".[1] O termo *sustentabilidade passiva* foi utilizado pela primeira vez pelos militares para descrever as medidas tomadas para que os veículos militares pudessem resistir a ataques. Este conceito foi incluído em um conjunto de propostas chamado de *Princípios de New Orleans*, que resultou em uma conferência sobre reconstrução que ocorreu em Atlanta em novembro de 2005.[2] Uma dessas propostas foi "Use a sobrevivência passiva: casas, escolas, prédios públicos e bairros devem ser projetados e construídos ou reconstruídos para servirem como refúgios habitáveis no evento de uma crise ou interrupção do fornecimento dos serviços de energia, água ou esgoto". O termo *resiliência* geralmente tem substituído sobrevivência passiva no vocabulário das edificações sustentáveis, uma adaptação de um conceito da ecologia para ser utilizado no projeto do ambiente construído. O Resilient Design Institute (www.resilientdesign.org) define resiliência como "a capacidade de se adaptar a condições instáveis e de manter ou reobter a funcionalidade e vitalidade frente ao estresse ou incômodo. É a capacidade de se recompor após um distúrbio ou uma interrupção". O instituto define o projeto resiliente como "o projeto intencional de prédios, paisagens, comunidades e regiões em resposta a essas vulnerabilidades".

As mudanças climáticas, a probabilidade de temperaturas mais elevadas e furacões mais violentos e mais frequentes deveriam ser suficientes para a adoção da sobrevivência passiva como critério de projeto. Os geradores de apoio dificilmente conseguirão fornecer a eletricidade necessária para manter a ventilação e o condicionamento do ar por longos períodos; consequentemente, os prédios precisam ter diversas características-chave de projeto para garantir a sobrevivência passiva. Dentre essas características-chave podem ser mencionadas: evitar cargas de resfriamento, a possibilidade da ventilação natural, um fechamento térmico de alta eficiência, o projeto passivo para ganhos solares e a iluminação natural.

A maior parte dos esforços de resiliência preliminares abordou o problema muito real das regiões sujeitas a furacões, que parecem estar aumentando em virtude das mudanças climáticas. Os mesmos princípios básicos se aplicam a áreas que possam estar sujeitas a condições de invernos severos, como nevascas ou chuvas de granizo, nas quais as ênfases estão passando a ser a adoção de sistemas de calefação resilientes, seja por meio do projeto passivo solar, seja com o uso de recursos energéticos locais, como a madeira. Uma chuva de granizo que atingiu o leste do Canadá em 1998 deixou quatro milhões de pessoas sem eletricidade, retirou 600 mil de suas casas e provocou 28 fatalidades. As pessoas que vivem em locais mais frios também devem considerar as estratégias de sobrevivência passiva em seus ambientes construídos. Os terremotos ainda não foram abordados na bibliografia incipiente sobre a sobrevivência passiva, embora, à princípio, os prédios projetados para resistir a tais eventos já devessem resistir à falta do fornecimento de utilidades públicas e ter uma capacidade extra de sobrevivência passiva. É evidente, então, que diferentes regiões, dependendo do clima e dos riscos naturais típicos do local, usarão abordagens distintas para a sobrevivência passiva.

A resiliência também deve incluir a infraestrutura. Caixas d'água devem ser distribuídas por toda a comunidade e sob as ruas para garantirem o fornecimento para consumo e combate a incêndio no caso de uma emergência. Sistemas de controle e comunicação mais importantes, como os de semáforos e da iluminação viária, devem ter backups com energia solar. A infraestrutura de coleta e tratamento de esgoto também pode ser planejada para uso normal e de sustentabilidade passiva.

Uma questão ainda não respondida é exatamente o quanto um projeto teria de ser resiliente para atenuar os efeitos de ataques terroristas. Qualquer área de um país poderia estar sujeita a esses efeitos. Ataques direcionados à infraestrutura de utilidades públicas poderiam ser mitigados pela adoção da sobrevivência passiva como um critério de edificação. Os impactos de ataques biológicos e nucleares também poderiam ser amenizados, ao menos por algum tempo, mediante essa estratégia, embora os sistemas que vedariam o prédio e protegeriam os usuários de agentes biológicos aéreos ou da radioatividade provavelmente não seriam adotados pelas construções convencionais. A enorme variedade de ataques possíveis torna inviável o projeto de edificações para todas as eventualidades. Todavia, para ataques direcionados contra a infraestrutura, os prédios certamente poderiam receber características-chave que ajudariam os usuários a ter um lugar seguro, temperaturas razoáveis, ventilação e água potável – elementos mais importantes para a sobrevivência.

A lista de medidas que poderiam ser incluídas em uma estratégia para a sobrevivência passiva ou o projeto resiliente é incrivelmente similar à lista das medidas das edificações sustentáveis típicas (veja a Tabela 16.1). Aliás, um argumento que apoiasse a inclusão dessas medidas aos prédios poderia ser considerado um argumento a favor da edificação ecológica.

**TABELA 16.1**

**Lista de verificação para o projeto da sobrevivência passiva nos prédios**

1. *Crie prédios resilientes a tempestades*. Projete e construa prédios que resistam de modo razoável a tempestades e enchentes previsíveis.
2. *Limite a altura das edificações*. A maior parte dos prédios altos não tem como ser utilizada sem energia elétrica pela dependência dos elevadores e do condicionamento de ar, assim recomenda-se uma altura máxima entre seis e oito pavimentos.
3. *Crie vedações externas de alto desempenho*. Um fechamento térmico bem isolado e dotado de janelas de alto desempenho ajudará a manter uma temperatura interna razoável.
4. *Minimize as cargas de resfriamento*. As cargas térmicas podem ser minimizadas com o projeto adequado da orientação solar do prédio, dos beirais, elementos de sombreamento e aberturas com alto desempenho.
5. *Use a ventilação natural*. As estratégias de ventilação natural, como o uso do efeito chaminé – mesmo em edifícios que normalmente teriam sistema de ar-condicionado –, poderiam fornecer ar fresco para os usuários.
6. *Adote a calefação passiva solar*. Em climas nos quais o aquecimento pode ser uma questão de sobrevivência, a massa termoacumuladora e as paredes de armazenagem térmica podem ser utilizadas para ajudar a fornecer energia térmica para aquecimento.
7. *Use a iluminação natural*. As mesmas estratégias de iluminação natural utilizadas para os prédios sustentáveis também podem fornecer luz no modo de sobrevivência passiva.
8. *Configure os equipamentos de calefação para operarem com a energia fotovoltaica*. Os equipamentos de calefação a gás ou óleo geralmente dependem da energia elétrica para seu funcionamento e, às vezes, precisam ser configurados para aceitar a energia elétrica de um sistema fotovoltaico ou possuir um inversor para fornecer eletricidade em corrente alternada.
9. *Use a energia fotovoltaica*. Um sistema fotovoltaico pode fornecer eletricidade durante blecautes e, com o armazenamento em baterias, também durante a noite. Observe que os painéis precisam ser instalados em um local protegido de ventos fortes e detritos que possam ser arremessados contra eles.
10. *Use um sistema de aquecimento solar de água*. Os sistemas térmicos solares conectados a bombas alimentadas com energia fotovoltaica podem fornecer água quente durante blecautes na rede pública.
11. *Se for apropriado, considere o uso de um sistema de aquecimento a lenha*. Especialmente em áreas rurais, salamandras ou fogões a lenha, lareiras ou fogões a pellets podem ser alternativas pouco poluentes que fornecem aquecimento.
12. *Armazene água no local e considere o uso de um reservatório de água da chuva*. A falta de água por períodos extensos pode ser resolvida com esse reservatório. Armazenar a água na cobertura do prédio pode fornecer a pressão necessária para a sua distribuição, sem uso bombas.
13. *Instale bacias sanitárias de compostagem e mictórios sem água*. Os aparelhos sanitários que não dependem de água para a descarga têm uma vantagem clara no caso de situações de calamidade.
14. *Crie uma área para produção de alimentos no terreno*. Um espaço pode ser reservado para árvores e arbustos frutíferos, que fornecerão alimentos.

*Fonte:* Wilson, 2006

# O "ESTADO DA ARTE" NAS EDIFICAÇÕES SUSTENTÁVEIS DE ALTO DESEMPENHO: ESTUDOS DE CASO

Entre todos os prédios de alto desempenho dos Estados Unidos, já certificados ou em processo de certificação, há vários que podem ser considerados como o "estado da arte" nessa prática, como o Edifício Federal de San Francisco, Califórnia, e os aspectos que os colocam entre os melhores prédios de alto desempenho da atualidade serão descritos a seguir.

## ESTUDO DE CASO

### O EDIFÍCIO FEDERAL DE SAN FRANCISCO, CALIFÓRNIA

O Edifício Federal de San Francisco tem 18 pavimentos e é chamado por seu proprietário, a Administração Geral de Servios (GSA), de "um modelo de excelência", e com razão. Instalado em um terreno com 1,2 hectare ao sul do bairro Market Street, na esquina das Seventh e Mission Streets, ele está a uma caminhada de apenas 10 minutos do centro. É uma torre esbelta e translúcida, com 18 m de largura e 71 m de altura e 55.742 $m^2$ de área útil. Trata-se de um complexo do governo federal dos Estados Unidos que acomoda a Administração da Seguridade Social, o Departamento do Trabalho, o Departamento dos Serviços de Saúde e Humanos e o Departamento da Agricultura. O projeto esteve a cargo de Thom Mayne, da Morphosis Architects, que colaborou com o escritório de Los Angeles da Ove Arup, encarregado dos projetos estruturais e dos sistemas mecânicos; com Horton Lees Brogden, de Culver City, Califórnia, responsável pelo projeto da iluminação natural e elétrica; e com o Departamento de Tecnologias da Edificação do Lawrence Berkeley National Laboratory, autores da modelagem do sistema de ventilação natural. O Smith Group, de San Francisco, atuou como arquiteto gerente de obras e executou o planejamento dos espaços internos para as agências que ocuparam o prédio. O objetivo do projeto era um espaço de alta qualidade para o serviço público com um orçamento de 144 milhões de dólares. A *alta qualidade*, nesse contexto, significava que os espaços de trabalho deveriam ser eficientes, seguros e flexíveis a modificações.

O Edifício Federal de San Francisco consiste em vários componentes, porém a torre de 18 andares é o elemento dominante no conjunto (veja a Figura 16.1). Um prédio mais largo e de apenas quatro pavimentos, localizado junto à base sudoeste da torre, acomoda a Administração da Seguridade Social, uma agência com um grande trânsito de pedestres e que tem uma entrada à parte para o público. Trabalhando em estreita conexão com a comunidade local etnicamente diver-

**FIGURA 16.1** O Edifício Federal de San Francisco, Califórnia, projetado pela Morphosis Architects, é um prédio muito inovador no qual foi utilizada uma espetacular estratégia de projeto passivo junto com sistemas de controle ativo. Todos os componentes do edifício foram otimizados para conectá-lo a seu entorno nos sistemas de resfriamento, ventilação e iluminação. (Petros Raptis)

sa – rica mistura de filipinos, mexicanos, vietnamitas e outras minorias –, a equipe de projeto elaborou uma praça seca que funcionasse como ponte para a comunidade local, qualificando o espaço público e acomodando o significativo fluxo de pedestres na área. A pele do prédio avança sobre a área, cobrindo uma creche, e uma cafeteria independente circunda o local (veja a Figura 16.2). A creche pública e a cafeteria são usadas pelos empregados do prédio e pela comunidade local, oferecendo uma solução arquitetônica com responsabilidade social. O projeto respondeu ao pedido dos moradores locais de não ter um bloco gigantesco que projetasse sombras excessivas sobre os prédios de dois e três pavimentos da área de funções diversas, que lhe conferem um caráter eclético, apresentando desde indústrias leves e residenciais (especialmente lares para idosos e quitinetes) a ateliês de artistas.

### Excelência em iluminação natural

A iluminação nos edifícios de escritórios dos Estados Unidos é o maior consumidor de energia dessa tipologia, respondendo por até 40% do consumo energético total. Assim, minimizar o uso de iluminação elétrica pode trazer benefícios econômicos e ambientais significativos. A laje de piso pouco profunda – de apenas 20 m –, o uso de aberturas de laje a laje e o pé-direito de 4 m criaram condições perfeitas para uma iluminação substancial e que incide profundamente dentro dos espaços. Ao contrário da prática usual, o perímetro do prédio tem escritórios com planta livre e divisórias de apenas 1,32 m de altura, minimizando a quantidade de luz natural barrada. O núcleo do edifício acomoda salas de reunião e escritórios fechados, com painéis de vidro incolor para permitir a boa entrada da luz natural. Quando havia necessidade de privacidade nesses espaços internos, usou-se vidro fosco. A parte sudeste da torre de 18 pavimentos foi coberta com painéis perfurados que giram, controlando a luz e oferecendo vistas da cidade. O sistema de iluminação contém sensores com informações para ajudar a reduzir o uso da luz elétrica à medida que a iluminação natural aumenta e desliga as lâmpadas quando não há usuários em um ambiente. A iluminação sobre os postos de trabalho fica acesa apenas quando há pessoas presentes. As estratégias de iluminação no Edifício Federal de San Francisco geraram uma redução de 26% no consumo de energia elétrica utilizada para este sistema.

### Estratégia de ventilação natural

Como foi observado no Capítulo 9, está se tornando prática usual na Alemanha usar a ventilação natural para o resfriamento de prédios de escritórios, mesmo nos dias do pico do verão. O resultado é que os edifícios de escritório de ponta alemães consomem menos de 100

**FIGURA 16.2** A pele de metal perfurado plissada que cobre parte do Edifício Federal de San Francisco ajuda no direcionamento dos fluxos de ar através do prédio e cria uma estética bonita e interessante, tanto no pavimento térreo como na cobertura. (Fotografia por cortesia de Jenna Hildebrand)

kWh/m² de energia primária por ano, cerca de 20% do consumo dos prédios norte-americanos que atendem às prescrições de códigos de edificação. Prédios que adotam estratégias de resfriamento passivas com base na ventilação natural são raros nos Estados Unidos, especialmente quando de grandes dimensões. O Edifício Federal de San Francisco abrange o resfriamento e a ventilação passivos, tirando partido das correntes de ar entre 9°C e 18°C que o circundam e usando-as, com o auxílio de alguns elementos do prédio, para permitir e promover a profunda penetração e circulação do ar do exterior. Uma combinação entre aberturas para ventilação controladas por computador e instaladas no nível do piso e a operação dos usuários das janelas permite o aproveitamento dessas brisas, viabilizando um ambiente interno confortável e saudável. As correntes de ar entram pelas aberturas na fachada noroeste e saem pela sudeste (veja a Figura 16.3). Os escritórios com planta livre são projetados para não impedir o fluxo de ar ao longo do piso, e mesmo os escritórios fechados e as salas de reunião têm paredes que não tocam o piso, gerando um percurso para o ar que cruza o prédio de um lado ao outro (veja a Figura 16.4). À noite, as correntes de ar refrescam a estrutura de concreto, gerando uma fonte fria para o dia seguinte.

A fachada sudeste é coberta por uma "pele", ou seja, uma malha de controle solar de metal perfurado que também ajuda a direcionar o fluxo de ar entre a fa-

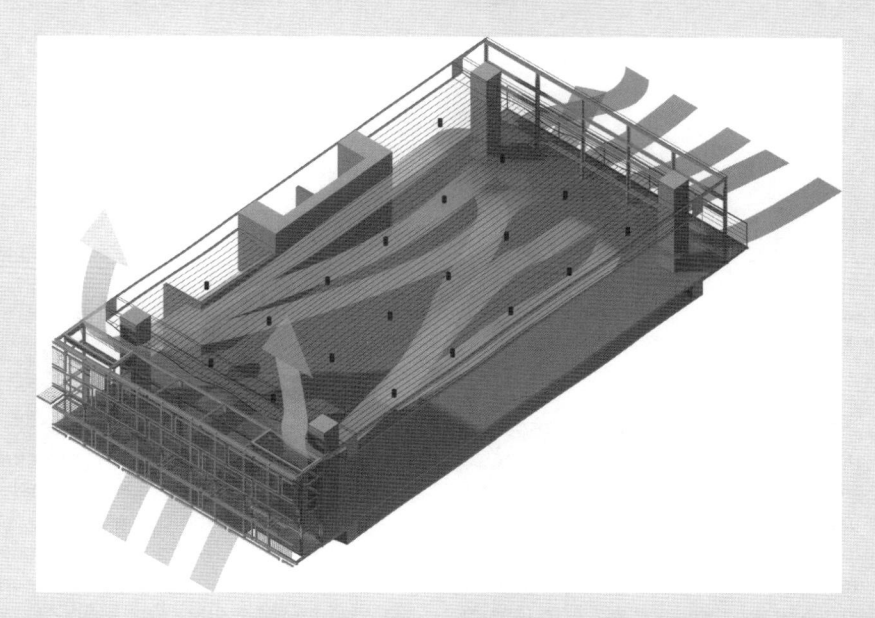

**FIGURA 16.3** O Edifício Federal de San Francisco é resfriado e ventilado com o uso de aberturas em fachadas opostas, fazendo com que o ar externo cruze o prédio. (Ilustração por cortesia da Morphosis Architects)

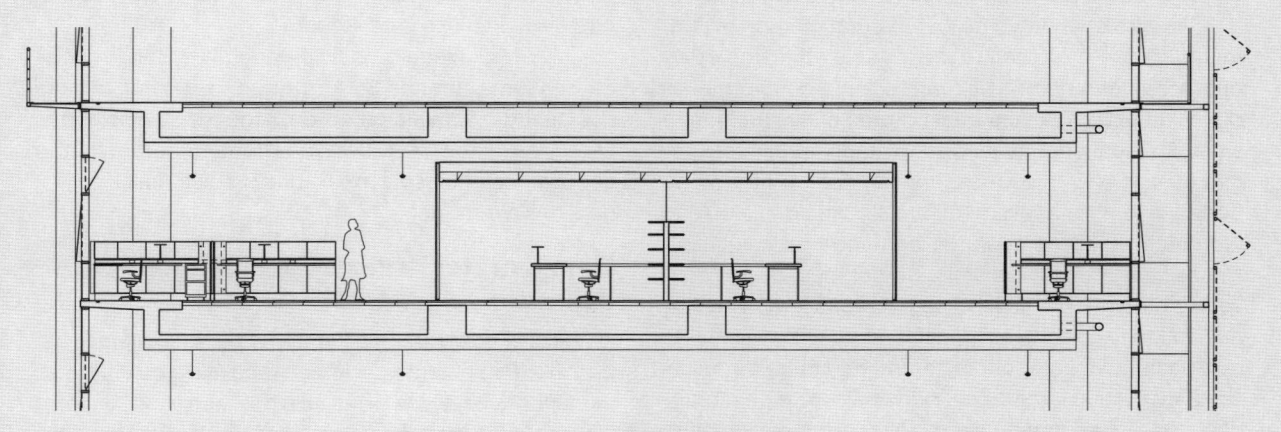

**FIGURA 16.4** Este corte mostra uma sala de reunião do Edifício Federal de San Francisco. O ar flui de um lado a outro do prédio ao longo de um trajeto que atravessa os espaços internos. (Desenho por cortesia da Morphosis Architects)

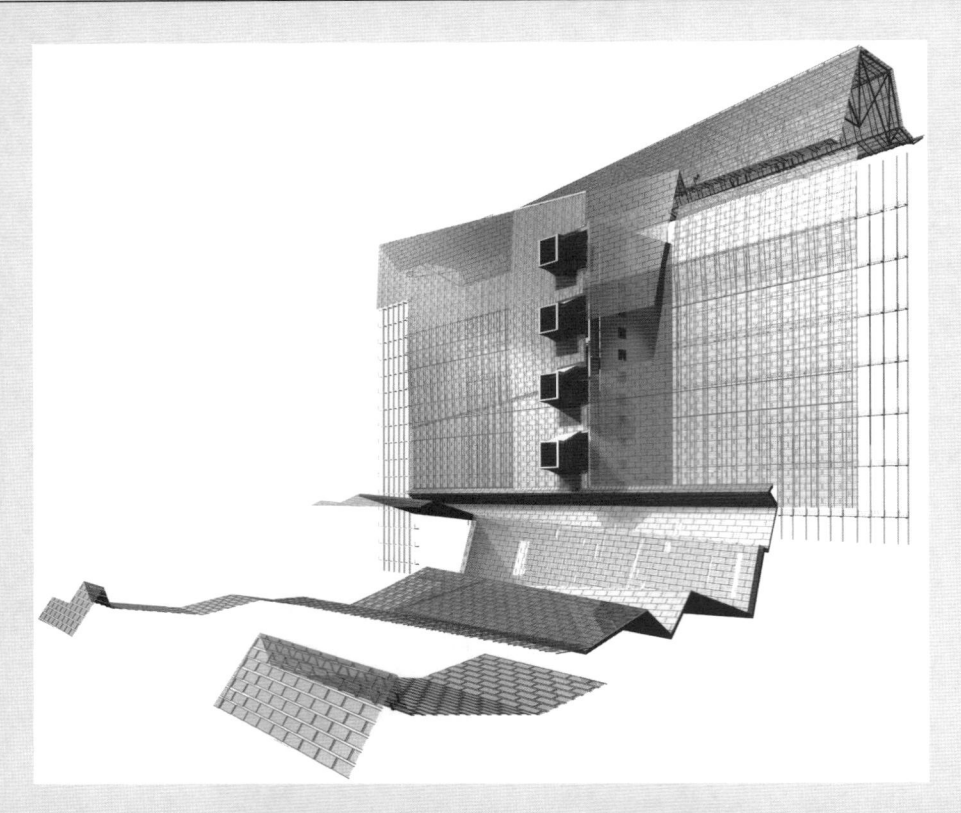

**FIGURA 16.5** A pele perfurada do Edifício Federal de San Francisco controla a entrada de luz e ar. O resultado, como observou o arquiteto Thom Mayne, é que o prédio "veste" seu sistema de climatização. (Ilustração por cortesia da Morphosis Architects)

chada do prédio e esse anteparo, criando uma queda de pressão que induz a saída do ar quente de dentro do edifício (veja a Figura 16.5). As paredes estreitas e cegas dos lados nordeste e sudoeste contêm as escadas de incêndio, minimizando os ganhos térmicos nessas laterais. Os pavimentos mais baixos do prédio exigem um pouco de resfriamento mecânico, assim um inovador sistema de distribuição de ar sob o piso, combinado com bombas de calor convencionais, é empregado para atender às exigências dessas zonas.

A estratégia de ventilação natural oferece resfriamento para o prédio entre meados de abril e de outubro (hemisfério norte). Novembro e março são meses de "meia estação", nos quais o prédio opera em uma situação ideal com as janelas fechadas e sem calefação ativa. Durante os meses mais frios do hemisfério norte (dezembro a fevereiro), um sistema de calefação hidrônico atende a qualquer demanda de calefação. Nesse caso, o calor é distribuído por meio de um convector tubular com aletas integrado às vidraças externas ao longo de toda a extensão do edifício. Estima-se que essa solução economize um volume substancial do dinheiro público federal, principalmente pela redução dos sistemas mecânicos. No verdadeiro espírito da construção sustentável, as economias obtidas com a redução dos sistemas mecânicos ativos, que consomem muita energia, foram direcionadas para um investimento no projeto de uma fachada inteligente, permitindo o emprego da ventilação passiva como estratégia de resfriamento. Como descreveu Thom Mayne, da Morphosis: "o fechamento externo do novo prédio é uma pele metabólica sofisticada e desenvolvida como resposta direta às condições lumínicas e climáticas. Em lugar de uma casa de máquinas convencional, o prédio, na verdade, 'veste' o condicionamento de ar como se ele fosse uma jaqueta".

Espera-se que o Edifício Federal de San Francisco consuma apenas 85 kWh/$m^2$/ano, contra a meta nacional da Administração da Seguridade Social dos Estados Unidos de 173 kWh/$m^2$/ano, e contrastando com o consumo usual médio dos prédios desse órgão, de 218 kWh/$m^2$/ano.

## Uma estratégia flexível e inovadora para o interior

O Edifício Federal de San Francisco também oferece espaços extremamente flexíveis e reguláveis conforme as mudanças climáticas e o desejo dos inquilinos. Um piso elevado e um sistema de mobiliário reconfigurável permitem que as estações de trabalho sejam distribuídas

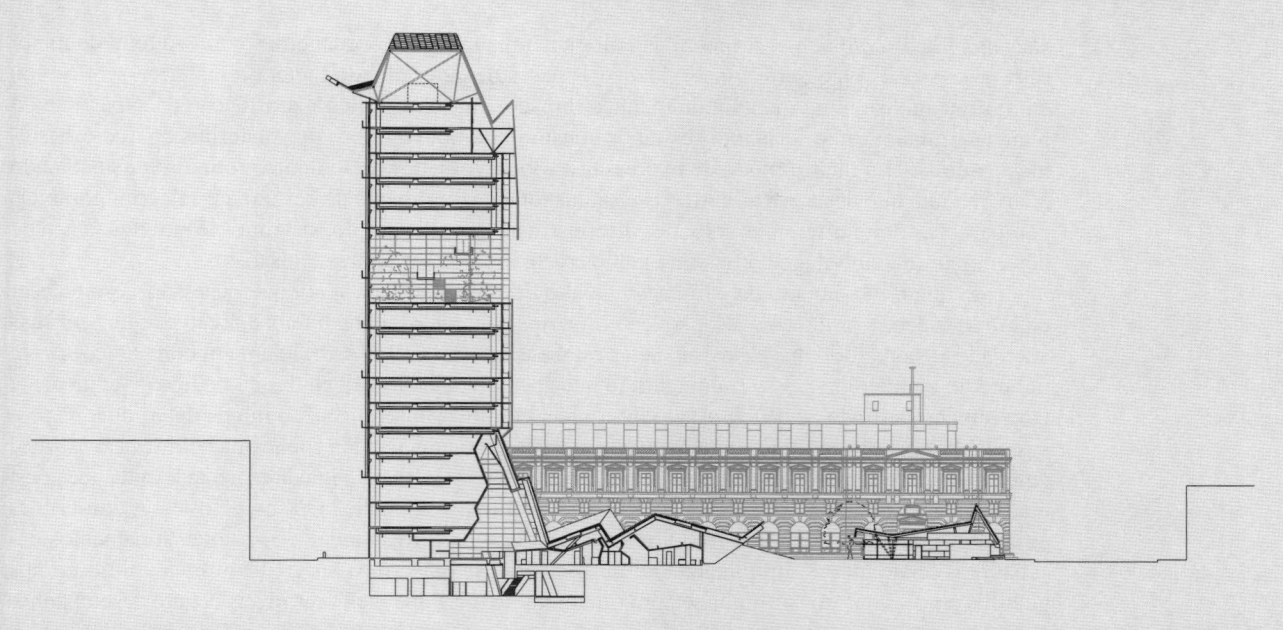

**FIGURA 16.6** Corte no centro do Edifício Federal de San Francisco, mostrando o jardim aéreo, que começa no 11º pavimento. (Desenho por cortesia da Morphosis Architects)

em grelhas ou como unidades independentes. Cada pavimento é modulado e subdividido pela circulação e áreas de apoio. O projeto do prédio também promove a colaboração e o trabalho em equipe, pelo leiaute inovador do sistema de transporte vertical. A partir do terceiro pavimento, o elevador para a cada três níveis em um patamar intermediário, no qual há um vestíbulo com escadas para os pavimentos imediatamente acima e abaixo. Um grupo de elevadores também foi reservado para o uso dos usuários com problemas de locomoção. As áreas de circulação e espera resultantes promovem a socialização, incentivando a troca de ideias e informações. Um jardim aéreo interno, de três níveis, começa no 11º pavimento, tem tratamento paisagístico e diferentes tipos de assentos, criando um espaço para reflexão e descanso muito convidativo e com belas vistas (veja a Figura 16.6). Em suma, é um adicional impressionante a um prédio que, por si só, já era fantástico.

## ARTICULANDO METAS DE DESEMPENHO PARA OS FUTUROS PRÉDIOS SUSTENTÁVEIS

Uma das principais questões dos prédios ecológicos é esclarecer os objetivos e as metas de alto desempenho. Isso pode ser expresso de variadas maneiras corretas – nessa seção serão descritas quatro delas. Uma opção é aplicar a abordagem do Fator 10 aos prédios e focar a redução do consumo de recursos na criação e operação de edifícios usando apenas um décimo das quantidades convencionais e, portanto, alinhando esse movimento a outros setores e instituições que estão almejando a um comportamento sustentável.[3] Uma segunda opção é expressar o impacto do prédio em termos de sua *pegada ecológica*[4], sendo a unidade de medida a área de terreno, que indica os impactos gerados pelas pessoas de diferentes países com base em seus estilos de vida. O mesmo conceito poderia ser aplicado às edificações, com os impactos expressos em hectares por metro quadrado de prédio. Os materiais utilizados na construção poderiam ser medidos, em parte, por suas *mochilas ecológicas*.[5] A mochila ecológica, uma terceira abordagem, é a massa total de materiais processados para gerar uma unidade de massa de determinado metal ou material, sendo esta, em última análise, uma maneira de medir o impacto em termos da transformação da superfície do planeta – uma questão séria, pois estamos consumindo hoje o dobro dos materiais do que os sistemas naturais. Um quarto modo de expressar os objetivos é por meio do uso rotineiro da análise do ciclo de vida, que descreve as entradas e saídas totais na produção de certo material, com possíveis comparações entre diferentes soluções de construção – por exemplo, sistemas de parede – a fim de determinar qual abordagem consome menos recursos e tem menores emissões.

Para que o movimento da edificação de alto desempenho faça sentido, é necessário estabelecer objetivos específicos e razoáveis, para que os vários envolvidos tenham uma direção a seguir em suas atividades. Na maioria dos casos, as metas estabelecidas no LEED se baseiam em comparações com um prédio de referência, isto é, um edifício que apenas atende às exigências do código de edificação. Para projetar partindo-se de um estado futuro ideal rumo à situação atual, a fim de determinar os passos que devem ser cumpridos para a mudança necessária, uma técnica conhecida como *backcasting* é empregada na prática do desenvolvimento sustentável. Essa estratégia imediatamente levanta questões: qual é o ideal futuro para os prédios sustentáveis de alto desempenho? Que aspectos essas edificações teriam? No que diferiam dos edifícios sustentáveis atuais? Responder a esses questionamentos desafiadores (e até mesmo intimidantes) é fundamental, se quisermos progredir rumo a um futuro nos quais os prédios que construímos se aproximam muito mais dos melhores níveis de alto desempenho.

## OS DESAFIOS

Chrisna du Plessis (2003), uma renomada arquiteta pesquisadora e líder de projeto sobre o desenvolvimento sustentável do Conselho de Pesquisa Científica e Industrial, um instituto nacional de pesquisa sobre edificações de Pretória, na África do Sul, identificou três grandes desafios que enfrentamos na definição do futuro ambiente construído:

1. Dar o novo salto tecnológico
2. Reinventar o setor da construção
3. Repensar os produtos da construção

### Dar o novo salto tecnológico

No futuro, não há dúvida de que a tecnologia desempenhará um poderoso papel para apoiar e inclusive acelerar as mudanças. Em sua forma mais simples, a tecnologia nada mais é do que a ciência aplicada – ou seja, usar descobertas da ciência e da matemática básica para fins práticos, em uma situação ideal, para o benefício das pessoas e dos sistemas naturais. Sem dúvida, a tecnologia é uma faca de dois gumes: junto com seus muitos benefícios costuma haver uma grande variedade de impactos. O desafio é promover tecnologias cujos benefícios sejam enormes e os impactos pequenos. Para o ambiente construído, estão surgindo três abordagens genéricas:

1. Visão vernacular
2. Abordagem da alta tecnologia
3. Modelos biomiméticos

Cada uma delas é acompanhada de abordagens tecnológicas. Até mesmo a visão vernacular, que foca o reaprendizado das lições da história, trata do desenvolvimento de tecnologias que dão suporte à implementação atual daquelas lições aprendidas com tanta dificuldade.

#### Visão vernacular: reaprender com o passado
A arquitetura vernácula insere a sabedoria cultural e o conhecimento profundo do local dentro do ambiente construído. Inclui a tecnologia, ou ciência aplicada, que vem evoluindo com tenta-

tivas e erros ao longo de muitas gerações e por todo o planeta à medida que as pessoas projetam e constroem os melhores *habitats* possíveis com os recursos que estão disponíveis. Com respeito às edificações de alto desempenho, o projeto vernacular é o que mais se aproxima dos recursos de projeto ecológico hoje disponíveis.

Dois exemplos contrastantes de arquitetura vernácula são os estilos tradicionais do Estado da Flórida e do sudoeste norte-americano. A arquitetura popular da Flórida ergue as casas e os prédios do solo, criando fluxos para a circulação do ar no entorno e através das edificações e abrindo-as para a ventilação e a climatização passivas geradas pelos ventos dominantes. A casa dos *crackers*, os moradores brancos e pobres dessa região, surgiu no início do século XIX e é muito adequada para o clima seco e úmido da região, se inspira no *chickee* dos índios *seminole*, uma construção coberta, mas com laterais abertas, na qual o piso, uma plataforma elevada 0,9 m em relação ao solo frequentemente úmido, era utilizado para fazer refeições e dormir. As coberturas de telhas galvanizadas desses prédios são de grande durabilidade e refletem a forte radiação solar diária para longe. Esses prédios são leves e repelem a energia: em vez de absorvê-la, a refletem, ajudando a manter as temperaturas internas moderadas.

Os prédios da arquitetura *cracker* moderna, embora mantenham a aparência de seus predecessores (com telhas de metal, cúpulas e varandas), empregam tecnologias modernas para atender às necessidades das empresas e dos lares contemporâneos. Assim como acontece com boa parte da arquitetura vernácula atual, parte das características originais, como o uso da ventilação passiva, é inútil, em virtude da dependência, ao longo do ano inteiro, dos sistemas de calefação, ventilação e condicionamento do ar. A arquitetura *cracker* geralmente se limita a prédios menores, uma vez que é difícil de ser aplicada a edificações grandes, pois as coberturas tendem a se tornar grandes demais e, para os edifícios de escritórios modernos, as varandas deixam de ser interessantes (veja a Figura 16.7).

A arquitetura de adobe, prevalecente no sudoeste dos Estados Unidos e no México, baseia-se nos solos locais e nos prédios relativamente pesados de tijolo de barro e palha não cozidos. A grande massa termoacumuladora do edifício lhe permite aproveitar, para calefação e resfriamento, as grandes oscilações diárias de temperatura que prevalecem nas áreas desérticas altas. Durante o dia, a massa térmica absorve a radiação solar, armazenando-a para uso posterior, mas também oferece uma resistência térmica suficiente para manter a temperatura interna em um nível moderado. À medida que as temperaturas nos desertos e nas montanhas despenca no final da tarde, a energia acumulada na pesada estrutura de tijolos é emitida por radiação e convecção para os espaços internos (veja a Figura 16.8).

Essas duas formas históricas de arquitetura vernácula, além de tirarem partido da experiência local com os padrões climáticos diários e sazonais e os recursos naturais dos terrenos, usam materiais locais como madeira de pinho na Flórida e terra e palha no sudoeste dos Estados Unidos. Adotar materiais locais e regionais hoje é um critério valorizado pelos sistemas de certificação como o LEED. Dessa maneira, adotar uma abordagem vernacular é um excelente início para a incorporação de características de projeto energético passivo em um prédio, pois implica o uso do terreno e do projeto estrutural para ajudar na calefação e no resfriamento. Felizmente, há centenas de exemplos de arquitetura vernácula no mundo inteiro que podem ser utilizados como base para o projeto de edificações atuais de alto desempenho. O desafio é usar a sabedoria do passado de modo que atenda às exigências dos prédios modernos e dos códigos de edificação atuais e, ao mesmo tempo, preservar os aspectos culturais, ambientais e de materiais que são positivos no projeto vernacular.

## Abordagem da alta tecnologia

Contrastando com a visão vernacular, que usa a sabedoria histórica e o conhecimento da cultura para projetar prédios, a abordagem da alta tecnologia geralmente segue o rumo das tendências atuais na sociedade. A sociedade contemporânea, especialmente no mundo desenvolvido, tem um caso de amor com a tecnologia. A postura prevalente é de que todos os nossos problemas, inclusive a falta de recursos e os dilemas ambientais, podem ser resolvidos simplesmente por meio do desenvolvimento de novas tecnologias. Para os edifícios, a abordagem da alta tecnologia foca o desenvolvimento de novas tecnologias de conversão energética, como a fotovoltaica e as células de combustível, e a descoberta de soluções técnicas para como usar as fontes de energia renováveis de modo mais efetivo. Exemplos típicos dessa abordagem incluem as janelas com películas espectro-seletivas e vidros duplos ou triplos separados por câmaras com gases inertes; os sistemas de recuperação de

**FIGURA 16.7** Exemplos de arquitetura vernácula do norte da Flórida. As antigas casas do estilo *cracker* eram prédios leves, com estrutura de madeira, paredes externas revestidas de madeira e telhados de metal. As estratégias passivas dessas construções ajudavam a refletir a radiação solar e facilitar a ventilação cruzada; elas ficavam elevadas em relação ao solo, para se protegerem das enchentes. As versões modernas adaptam os materiais e as estratégias energéticas dos modelos vernaculares para gerar edificações híbridas que incluem janelas de alto desempenho, paredes com revestimentos compósitos e sistemas de condicionamento de ar eficientes em energia. (A) Casa Geiger, Micanopy, Flórida (1906). (B) Pequeno edifício de escritórios no estilo vernacular *cracker* em Gainesville, Flórida (1996). (C) Interior da Casa de Campo do Jardim Botânico de Kanapaha, um edifício no estilo *cracker*, mas de maior tamanho (929 m$^2$) perto de Gainesville, Flórida (1998). (Fotografias por cortesia de (A) Ron Haase, (B) Jay Reeves e (C) M. R. Moretti).

**FIGURA 16.8** Exemplos da arquitetura de adobe do Novo México, Estados Unidos. (A) Já por volta de 350 d.C., os *anasazi*, os mais antigos habitantes do Novo México de que temos conhecimento, começaram a construir em alvenaria sobre o solo, com fundações visíveis na base de suas moradias junto a um penhasco, no Parque Nacional de Bandelier. (B) Comunidades chamadas de *pueblos* floresceram entre 1250 e 1300 e apresentavam complexos arranjos de prédios interconectados de adobe de vários níveis e coberturas planas. (C) Um prédio de escritórios moderno em Santa Fe, Novo México, preserva o estilo e a função da arquitetura de adobe tradicional.

energia que incluem dessecantes para reter tanto o calor como a umidade; e os materiais que incluem lixo pós-industrial e pós-consumidor. Os prédios comerciais e industriais contemporâneos estão equipados com uma grande variedade de tecnologias de telecomunicação e computação que seria um desafio até para a mais avançada das abordagens de projeto vernacular, simplesmente em função da necessidade de remoção dos vários níveis de energia gerados pelas ferramentas dos locais de trabalho atuais. Na verdade, seria possível argumentar que a tecnologia da edificação deveria ser cuidadosamente combinada às tecnologias empregadas pelos usuários das edificações.

A abordagem de alta tecnologia da edificação sustentável de alto desempenho é uma evolução das práticas atuais. Com o passar do tempo, os profissionais do ambiente construído, apoiados pelo acúmulo de experiências e pesquisas e o desenvolvimento de sistemas e produtos melhores, puderam projetar prédios que são muito mais eficientes em recursos do que as construções sustentáveis da atualidade e que tinham impactos muito menores em sua construção e operação. Portanto, as caraterísticas-chave dos edifícios sustentáveis de alto desempenho ideais se baseiam em fazer melhorias graduais (e não radicais) nas seguintes tecnologias existentes:

- *Energia*. Os melhores prédios de alto desempenho atuais consomem apenas um décimo da energia de seus equivalentes convencionais e usam somente energia renovável gerada fora do terreno ou convertem toda sua energia de fontes renováveis no terreno. O projeto passivo, assistido por modelagens de computação, garante o uso ideal da ventilação natural; massas termoacumuladoras; orientação, implantação; projeto das vedações externas; elementos de paisagismo; e iluminação natural para minimizar o consumo de eletricidade e de outros tipos de energia, de modo que o prédio seja independente caso haja uma desconexão das fontes energéticas externas.[6] O paisagismo é cuidadosamente integrado no projeto, para ajudar no resfriamento e aquecimento da edificação.

- *Água*. O prédio de alto desempenho ideal consome apenas 10% da água potável dos edifícios contemporâneos e utiliza as águas servidas, recicladas ou da chuva para usos não potáveis. As águas servidas são recicladas, para usos não potáveis no prédio, ou são processadas por bacias de detenção construídas ou máquinas vivas (*Living Machines*) e, então, descarregadas novamente na natureza em um estado tão limpo como entraram na edificação.

- *Materiais*. Todos os materiais empregados em um prédio de alto desempenho ideal são reciclados; os componentes da construção podem ser desmontados e seus materiais facilmente separados e reciclados; os prédios são desconstruíveis, capazes de serem desmontados, e seus componentes reusados ou reciclados. A regra de ouro para os materiais utilizados na construção seria eliminar aqueles que não são recicláveis, isto é, que são utilizados apenas uma vez e então se tornam lixo. A aplicação efetiva Fator 10 no consumo de materiais de construção resultaria em uma redução de 90% na extração de materiais e pode ser obtida com o aumento radical da conservação de materiais pela desconstrução, recuperação, reciclagem e reúso de materiais. O aumento da durabilidade ou longevidade do ambiente construído também auxiliaria na obtenção deste desempenho Fator 10. Contudo, isso pressupõe que as melhorias no projeto tornariam os edifícios muito mais valiosos à sociedade como artefatos culturais, e sua remoção por motivos econômicos seria muito mais improvável.

- *Interface dos sistemas naturais*. O prédio de alto desempenho ideal está integrado aos sistemas naturais com tal sinergia que esses serviços e nutrientes naturais são trocados de modo mutuamente benéfico. Os sistemas naturais permitem a coleta e o armazenamento da água da chuva, ajudam no resfriamento e aquecimento, fornecem amenidades, oferecem alimentos e decompõem o lixo da escala do prédio individual a escalas menores e à escala biorregional. O prédio é projetado cuidadosamente para aproveitar os ativos naturais do terreno, os ventos dominantes e o microclima do local.

- *Projeto*. Os prédios de alto desempenho ideais são projetados com o uso de princípios bem desenvolvidos, embasados na ecologia. Uma versão robusta do projeto ecológico é adotada para garantir a integração do prédio com seu terreno e seus ativos naturais. A arquitetura, o paisagismo e a engenharia são executados em um processo integrado e de forma complementar. A equipe de profissionais de construção trabalha de modo colaborativo, com honorários baseados na qualidade do projeto e da construção e no desempenho do prédio. Esses mesmos profissionais trabalham para minimizar a complexidade do edifício e maximizar sua adaptabilidade e flexibilidade.

- *Saúde humana*. Todos os aspectos da qualidade do ambiente interno no prédio de alto desempenho ideal são abordados com atenção, incluindo a qualidade do ar, os ruídos, a qualidade da iluminação e o controle da temperatura e da umidade. As taxas de ventilação são otimizadas a fim de fornecer os níveis exatos de ar fresco que promovem a saúde. Somente materiais com emissões zero são permitidos.

## O modelo biomimético

Popularizada por Janine Benyus em seu livro publicado em 1997, *Biomimicry: Innovation Inspired by Nature*, a ideia de usar os desenhos e processos naturais como base para a criação dos bens e serviços humanos tem forte apelo quando se trata de considerar as edificações de alto desempenho. Ela define o biomimetismo como "... a emulação consciente do gênio da vida". Uma estratégia biomimética, baseada no biomimetismo ou na inspiração ou imitação da natureza, é um conceito relativamente recente, mas que pode fornecer muitas das respostas às questões para o prédio de alto desempenho ideal. O biomimetismo, em última análise, trata de observar a natureza e, então, basear os materiais e sistemas de energia nesses aspectos. Considere, por exemplo, que conchas marinhas similares à cerâmica são produzidas a temperaturas ambientes na água, com materiais disponíveis no meio ambiente, sem gerar lixo, e resultam em produtos elegantes com desenho perfeito para sua função de proteger seus habitantes. Agora compare as cerâmicas criadas com a tecnologia humana, que são produzidas a temperaturas elevadíssimas, consomem enormes quantidades de energia e geram emissões no ar e na água, além de lixo sólido. Além disso, os materiais e recursos necessários para a produção das cerâmicas frequentemente têm de ser transportados por grandes distâncias, o que aumenta o consumo de energia associado a eles.

Muitos outros exemplos de biomimetismo podem ser adaptados a abordagens tecnológicas seguras e adequadas: a habilidade da natureza de converter luz solar em energia química via fotossíntese, a capacidade fenomenal de armazenamento e transmissão de informações dos nervos e das células, os materiais incrivelmente leves e fortes na natureza, os adesivos poderosos, dentre muitos outros. Na verdade, o pensamento "fora da caixa" de Chrisna du Plessis descreve um ambiente construído futuro fantasioso e baseado em uma implementação evoluída do biomimetismo. Nele, todos os componentes dos prédios têm base biológica e são criados com proteínas, com coletores de energia solar embutidos nas partes voltadas para o sol. A estrutura é forte, leve e conectada com adesivos potentes e baseados naqueles utilizados pelos mexilhões para se fixarem às rochas em águas frias e escuras. A temperatura e a umidade são reguladas por membranas que permitem que a energia e umidade entrem e saiam dos espaços ocupados, com nanoprocessadores embutidos controlando os movimentos. Assim como todos os componentes, as membranas se autorreparam, autorregulam e autolimpam. Os resíduos das atividades e funções dos habitantes do edifício são processados por máquinas vivas (*Living Machines*), que os decompõem em nutrientes que serão utilizados em hortas, também projetadas para serem autorreprodutivas e diversas, minimizando o ataque de pestes. Ao término de sua vida útil, o prédio inteiro poderá ser "digerido", com os componentes orgânicos encaminhados para outros usos, e os minerais e outros materiais inorgânicos, recolhidos para reciclagem e reúso.

## Reinventando o setor da construção

O setor da construção civil, que, em seu sentido mais amplo, incluiria o projeto, a construção, a operação, a renovação e o descarte do ambiente construído, deve passar por mudanças radicais para superar os desafios futuros. Os prédios têm se tornado *commodities*, com poucos elementos que os diferenciam entre si de maneira séria e com poucos esforços para torná-los (como acontecia no passado) artefatos culturais da existência humana. O pedido usual no setor é que os custos de investimento inicial sejam baixos. Assim, um projeto de qualidade recebe pouquíssima atenção, os materiais e sistemas empregados têm desempenho medíocre, é priorizado um processo de construção rápido e ao menor custo possível e, ao término de sua vida útil, o costume é demolir o prédio e enviar seu entulho para um aterro. Não se dá atenção às implicações desse comportamento, seja para os sistemas ecológicos, seja para a sociedade. Os proprietários desejam edifícios que têm custos de construção mínimos e que são projetados apenas para cumprir suas funções, sem se importar, ou pouco se importando, com suas características estéticas. Mudar a mentalidade desse conjunto de atores é um desafio enorme e, para isso, as seguintes mudanças devem ocorrer:

- *Tecnologia.* Precisam ser desenvolvidas tecnologias que minimizem o consumo de recursos e o impacto do ambiente construído.
- *Políticas de ação.* É uma questão de política de ação para que os edifícios sejam construídos com foco nos seus custos do ciclo de vida, e não somente considerando os custos iniciais.
- *Incentivos.* Desenvolvimento pelos governos de incentivos financeiros para construções de alto desempenho, como a revisão prioritária das secretarias e ministérios relacionados à construção com a aprovação acelerada de projetos com esses objetivos e reduções em taxas ou impostos por um certo período.
- *Educação.* Todos os profissionais da indústria devem ser educados e treinados quanto às necessidades, ao projeto e às abordagens de se criar prédios sustentáveis de alto desempenho: proprietários, arquitetos, engenheiros, paisagistas, arquitetos de interiores, gerentes de obra, construtores, fabricantes e fornecedores de materiais e produtos, companhias seguradoras, corretores de imóveis, comissionadores e outros envolvidos no processo. Isso também é necessário para os operários e aprendizes que atuam na construção de edifícios.
- *Honorários profissionais dos projetistas com base no desempenho dos prédios.* O modelo de contratação e remuneração dos serviços de projeto e construção precisa ser revisto a fim de ser direcionado a incentivos às equipes para que superem os objetivos e as metas reduções de consumo de recursos e impactos ambientais. Isso inclui metas para o consumo de água e energia, a salubridade dos prédios, os resíduos de construção, a proteção das características naturais do terreno e outros que contribuem para o desempenho da edificação.
- *Processo de construção.* O processo físico da construção deve ser modificado para garantir que as atividades envolvidas na execução do prédio tenham o mínimo impacto possível; isso inclui ações como a redução do lixo da obra e a reciclagem ou o reúso dos resíduos, o entendimento e a implementação de métodos efetivos de controle do solo e da erosão, a proteção da flora e da fauna no terreno durante o processo construtivo, a minimização da compactação do solo durante a construção e o armazenamento dos materiais a fim de protegê-los de desperdícios e do risco de surgimento futuro de problemas no ambiente interno.

## Repensando os produtos da construção

Como já foi afirmado em diversos trechos deste livro, os prédios consomem quantidades enormes de recursos e podem causar inúmeros impactos negativos a seus usuários. Além dos recursos necessários para construir e operar os edifícios individualmente, há uma grande variedade de impactos adicionais que são consequência das decisões sobre como distribuir os prédios em bairros e cidades. Por exemplo, o zoneamento espacial dos prédios por tipologia ou uso (residencial, comercial, industrial, governamental, cultural, etc.) significa que as pessoas serão obrigadas a utilizar seus automóveis para se deslocarem entre prédios de diferentes funções. O norte-americano médio faz, no mínimo, oito deslocamentos de automóvel por dia, e muitos deles apenas para socialização. Os conceitos de novo urbanismo ou desenvolvimento de bairros tradicionais buscam reverter essa tendência ao misturar os tipos e usos de edificação e desenhar ruas e bairros para o movimento de pedestres. Um objetivo geral é que todas as necessidades diárias possam ser acessadas com uma caminhada de 10 minutos a partir do local onde o indivíduo more.

Outros sérios impactos resultam do próprio estoque de edificações. Nos Estados Unidos, os edifícios e as casas, em geral, têm grandes áreas e consomem enormes quantidades de energia, água e materiais nas respectivas construções e operações. A extração de recursos para sustentar o setor da construção é enorme, sendo que algumas pessoas estimam que 90% de todos os recursos extraídos nesse país são destinados para o ambiente construído. Os prédios consomem dois terços de toda a eletricidade e entre 35 e 40% da energia primária. Três perguntas importantes devem ser respondidas quando se propõe uma nova edificação:

1. O prédio é realmente necessário, ou já existe um espaço adequado construído?
2. O prédio poderia ser menor?
3. Há um prédio construído que possa ser reciclado para o novo uso?

## RENOVAÇÃO DO PROJETO ECOLÓGICO

Como observado no Capítulo 3, o projeto ecológico contemporâneo tem vínculos muito fracos com a ecologia. Embora virtualmente qualquer definição de prédio sustentável de alto desempenho faça referência ao projeto ecológico, até hoje são poucas ou inexistentes as evidências da ecologia aos projetos. Para que essa situação possa ser corrigida, é crucial que seja desenvolvido um novo e abrangente conceito do projeto ecológico. Além de considerar a ecologia de uma maneira muito mais profunda no projeto da edificação, é imperativo analisar o potencial de aplicação da ecologia industrial. Estabelecida como disciplina em 1988, a ecologia industrial busca aplicar a teoria ecológica à produção industrial. Muitas das questões e dos problemas enfrentados por um sistema industrial para automóveis e aviões também são enfrentados pelos envolvidos com o projeto e a construção de edificações. Consequentemente, a experiência na aplicação da produção ecológica e industrial será muito útil na concepção de prédios sustentáveis de alto desempenho.

Com a colaboração de arquitetos, ecologistas e ecologistas industriais, a possibilidade de aproveitar a teoria ecológica corrente na criação de edifícios foi explorada com mais profundidade para determinar quais aspectos da teoria ecológica e ecologia industrial seriam aplicáveis aos prédios (Kibert, Sendzimir e Guy, 2002). Essa colaboração ofereceu inúmeras ideias sobre como a ecologia e a ecologia industrial podem contribuir para o projeto, a construção e a operação das edificações. A seguir, estão resumidos temas e itens que apresentam o resultado dessa colaboração:

### Geral

1. Maximize a eficiência da segunda lei (efetividade) e otimize a eficiência da primeira lei (eficiência) da energia e dos materiais (Kibert *et al.* 2002, Capítulo 3).[7]
2. Assim como nos sistemas naturais, a indústria deve obedecer ao princípio da energia máxima (Kibert *et al.* 2002, Capítulo 2).[8]
3. Tenha ciência de que a capacidade de prever os efeitos das atividades humanas sobre os sistemas naturais é limitada.
4. Integre as atividades industriais e da construção às funções do ecossistema, de modo que possa sustentar ou aumentar a resiliência da sociedade e da natureza.
5. Crie uma interface entre os prédios e a natureza.
6. Adapte a intensidade do projeto e dos materiais aos ritmos da natureza. No ambiente construído, passe da etapa "das plantinhas" à etapa da "árvore" em terrenos que não são afetados com frequência. Uma edificação do tipo "plantinha" (mínima, que é substituída de modo fácil e barato) pode ser muito mais adaptativa a terrenos frequentemente afetados por enchentes, tempestades ou incêndios.
7. Considere os impactos do ciclo de vida dos materiais e prédios sobre os sistemas naturais.
8. Insista para que a indústria assuma sua responsabilidade quanto aos efeitos do ciclo de vida de seus produtos, com a responsabilidade de recebê-los de volta.
9. Aborde o consumo do ambiente construído, integrando-o com as funções produtivas.
10. Aumente a diversidade e adaptabilidade das funções do usuário nos prédios por meio de experiências e educação.

11. Explore os processos educacionais fora do meio acadêmico que instruem por meio do "aprender fazendo", envolvendo todos os atores do processo para que testem diferentes meios como o ambiente construído é produzido, implantado, desconstruído e resgatado.
12. Reduza as demandas por informações dos produtores e consumidores por testagens e melhorias dos meios pelos quais os materiais, projetos e processos são certificados como "sustentáveis". Isso pressupõe o desenvolvimento de uma ecologia de construção baseada na natureza e em suas leis.
13. Garanta que as análises de sistemas examinem a função, os processos e a estrutura dos sistemas de diferentes perspectivas e em diferentes escalas de análise.
14. Integre o pensamento ecológico em todos os processos de tomada de decisão.
15. Siga o princípio da precaução, para pressionar e controlar a tomada de decisões do governo.

## Materiais

1. Mantenha os materiais em uso produtivo, o que também implica envolver os prédios no uso produtivo.[9]
2. Use somente materiais renováveis e biodegradáveis ou o equivalente disso, como os materiais industriais recicláveis.
3. Lance os materiais criados pelo sistema industrial somente dentro da capacidade de assimilação do ambiente natural.
4. Elimine os materiais tóxicos em seu uso ou que emitam componentes tóxicos em sua extração, fabricação ou descarte. Priorize os materiais que não são bem abordados por questões econômicas – os de consumo intermediário (tintas, lubrificantes, detergentes, alvejantes, ácidos e solventes) utilizados para gerar riqueza (prédios).
5. Elimine os materiais que poluem as "informações" – por exemplo, aqueles que imitam o estrogênio.
6. Minimize o uso e a complexidade dos compósitos e dos inúmeros materiais em um prédio.
7. Lembre-se de que nem todos os materiais sintéticos são nocivos e de que nem todos os materiais naturais são inócuos. A natureza tem muitos poluentes que são prejudiciais à saúde: as fibras naturais, como o algodão, não são necessariamente superiores aos materiais sintéticos, como o náilon.
8. Reconheça que os impactos da extração de materiais naturais podem ser altos, como ocorre com produtos agrícolas; ou no florestamento, no qual o uso de pesticidas, as distâncias de transporte, a energia de processamento e o uso de produtos químicos são fatores significativos.
9. Padronize os plásticos e outros materiais sintéticos baseados na reciclagem e o potencial de sua reciclagem e reúso.
10. Use combustíveis fósseis para produzir materiais sintéticos, não para gerar energia, e recursos energéticos renováveis como a fonte de energia primária.
11. Reconheça que não é possível classificar ou comparar os materiais com base em apenas um único parâmetro.

## Projeto

1. Modele os edifícios com base na natureza.
2. Faça as edificações serem parte da paisagem ecológica.
3. Projete os prédios para que sejam desconstruíveis, utilizando componentes reusáveis e que, no final da vida útil, sejam recicláveis.
4. Projete os prédios e selecione os materiais com base no uso previsto e, então, meça os resultados do projeto.

5. Inclua a adaptabilidade nos edifícios, tornando-os flexíveis para usos múltiplos.
6. Faça economias reais, integrando a produção, o reúso e o descarte.
7. Foque a excelência do projeto e da operação, de modo que a ecologia seja um dos componentes críticos. Focar exclusivamente a ecologia a trivializa, tornando-a um movimento marginal.
8. Invista em um projeto que melhore a função do prédio e, ao mesmo tempo, minimize o consumo de energia e a quantidade de materiais. Isso reduzirá o tempo e os esforços necessários para identificação e otimizará os materiais ecológicos.
9. Revise os projetos levando em conta os grandes efeitos globais sobre o meio ambiente, como o aquecimento global e a destruição da camada de ozônio: passo este fundamental.
10. Permita a experimentação no projeto da edificação ecológica, a fim de produzir estruturas que, assim como a natureza, obedeçam ao princípio da potência máxima.
11. Certifique-se de que os arquitetos tenham uma formação básica e intensa na arquitetura.
12. Use contratos de projetos com remuneração baseada no desempenho para desenvolver prédios mais ecológicos e aperfeiçoar a prática dos arquitetos.

## Ecologia industrial

1. Faça as mudanças necessárias para criar um ecossistema industrial ambientalmente responsável e inteligível aos membros do setor da construção.
2. Foque os clientes e principais envolvidos no sistema. Isso é necessário em função dos limites de tempo, conhecimentos e recursos. Os principais interessados incluem o sistema educacional e as seguradoras.
3. Faça que o novo paradigma do setor seja a colaboração entre os atores, e não o acúmulo individual de conhecimentos técnicos.
4. Reduza o consumo. Isso é mais importante do que aumentar a eficiência da produção como o agente de mudanças na ecologia industrial.
5. Inclua a engenharia ecológica na ecologia industrial.

## Ecologia da construção

1. Certifique-se de que a ecologia da construção equilibre e sincronize as escalas espaciais e temporais e os fluxos naturais.
2. Reconheça que as corporações líderes na produção de materiais de construção ecológicos novos são "mutantes" ou "revolucionárias" e que talvez estejam criando uma forma de concorrência, sendo que talvez este fato esteja sendo utilizado para lhes dar vantagens.
3. Esteja ciente de que a edificação ecológica provavelmente só é implementada de modo incremental, em virtude da resistência e das possíveis rupturas com a produção e os sistemas regulatórios existentes.

## Outras questões

1. Ensine mais ecologia a autoridades, servidores públicos e entidades que elaboram os códigos de obras.
2. Estabeleça padrões de desempenho para que os prédios e a construção substituam os padrões prescritivos existentes. Os padrões de desempenho precisam incluir provisões de uso de materiais ecológicos.
3. Considere o setor dos seguros como um dos principais envolvidos no ambiente construído, uma vez que a ameaça das consequências severas do aquecimento global fará com que ele promova a edificação ecológica.

4. Baseie-se em certificações somente como ponto de partida; não se baseie totalmente nelas para informações sobre os produtos.

## A ÚLTIMA GERAÇÃO

Para fechar este último capítulo do livro, é importante refletir sobre o quanto o movimento das edificações ecológicas de alto desempenho já avançou e o estágio da última geração de edifícios construídos. As seções a seguir descrevem as áreas nas quais os prédios ecológicos de alto desempenho têm tido progresso significativo ao longo da última década com a última geração dessas edificações. Essas áreas incluem:

- O desenvolvimento de normas para a edificação ecológica
- O conceito de ambiente construído com consumo líquido de energia zero (autossustentável)
- O sistema de certificação Living Building Challenge (LBC)
- O surgimento das declarações de produto ambiental (EPDs)
- O cálculo de carbono no ambiente construído

### Normas de edificação de alto desempenho

Os prédios sustentáveis de alto desempenho têm evoluído significativamente desde o desenvolvimento do BREEAM – Building Research Establishment Environmental Assessment Method – no Reino Unido, em 1990, e a versão beta do LEED, em 1998. Um dos desafios tem sido tornar a abordagem do prédio sustentável disponível a todas as edificações, e não apenas ao crescente número de organizações que a vêm implementando. De acordo com o USGBC, o LEED aborda os 25% mais importantes prédios de alto desempenho. Ao desenvolver uma norma de edificações sustentáveis de alto desempenho que usa um processo acreditado pelo American National Standards Institute (ANSI), o USGBC, colaborando com a American Society of Heating, Refrigerating and Air-Conditioning Engineers (ASHRAE) e a Illuminating Engineering Society of North America, possibilita que os requisitos das edificações sustentáveis sejam incluídos nos códigos de obra e, portanto, os demais 75% das construções sejam envolvidos. O nome da norma baseada no LEED é ASHRAE 189.1–2014, *Norma para o Projeto de Edificações Sustentáveis de Alto Desempenho Exceto Prédios Residenciais Baixos*. Se essa norma fosse incorporada pelos códigos de obras, permitiria que o USGBC e outras organizações de edificações ecológicas elevassem ainda mais o padrão dos prédios de alto desempenho. Também estabeleceria um padrão mínimo para comparações de projeto, construção e operação de prédios sustentáveis, a fim de tornar essas edificações prática convencional. Essa norma se aplica a edifícios comerciais novos e a grandes renovações, se baseia na certificação LEED incluindo medidas prescritivas retiradas de cinco de suas categorias principais: terrenos, eficiência em água, energia e atmosfera, materiais e recursos e qualidade do ambiente interno. Uma segunda norma, a ANSI/GBI 01–2016, *Protocolo de Análise de Edificação Sustentável para Edifícios Comerciais*, também foi desenvolvida usando o processo de desenvolvimento das normas ANSI e baseada no sistema de certificação Green Globes.

Além das duas normas mencionadas, um código de obras completo e baseado no sistema LEED foi desenvolvido e está sendo cada vez mais apoiado. O esforço pela criação foi do *International Green Construction Code* (IgCC) iniciado em 2009, com última versão lançada em 2015. O propósito dessa iniciativa foi desenvolver um código modelo focado em prédios comerciais novos e existentes que aborde o projeto e desempenho de edificações sustentáveis. Entre as jurisdições que já adotaram o IgCC, podemos citar Fort Collins, Colorado; Richland, Washington; Kayenta Township, Arizona; e o Estado de Rhode Island. O IgCC oferece um Índice de Desempenho com Energia Zero, que exige que os edifícios usem, no máximo, 51% da energia admissível pelo International Energy Conservation Code de 2000. Entre algumas das provisões do IgCC estão:

- Economia de água de 20% além do padrão federal dos Estados Unidos para bacias sanitárias em residências.
- Novas exigências para a identificação e remoção de materiais que contêm amianto.
- Regulamentação do uso do solo, incluindo novas determinações quanto ao risco de enchentes, limitações de empreendimentos em áreas não urbanizadas, uso de gramados e exigências mínimas de envio de lixo a aterros sanitários.
- Esclarecimento, perante o proprietário, das responsabilidades do profissional de projeto registrado para evitar possíveis conflitos quanto às exigências municipais e estaduais.
- Maior consistência das normas do setor para sistemas de climatização.

A questão a ser feita quando da adoção por códigos de sistemas de certificação de edificações como o LEED é se ainda faz sentido manter a organização que criou o sistema de certificação. A secretaria de obras de cada jurisdição teria a tarefa de avaliar os projetos quanto ao cumprimento dos códigos e das normas de edificação ecológica. A resposta provável é que organizações como o USGBC desenvolverão sistemas para análise e certificação de edificações sustentáveis da próxima geração para aprimorar o fechamento dos prédios e manter o ritmo de progresso do movimento das últimas três décadas. Além disso, as normas e os códigos de edificação ecológica não oferecem a certificação em si, que talvez continue tendo valor para o proprietário do prédio, e somente uma organização de sistema de certificação como o USGBC pode oferecer este serviço.

## O ambiente construído com consumo líquido zero

Um poderoso movimento focado no conceito do consumo líquido zero está emergindo e estabelecendo metas para o consumo de recursos baseadas em uma das ideias-chave da sustentabilidade, que sugere que os seres humanos deveriam sobreviver com uso de recursos locais fornecidos pela natureza. No caso da energia, o conceito principal é o projeto e a construção de edifícios conectados à rede pública de eletricidade, mas alimentados por uma fonte fotovoltaica e projetados para gerar, no mínimo, a mesma quantidade de energia que consomem ao longo dos anos. Esses prédios costumam ser chamados de *edifícios com consumo de energia líquido zero*, ou seja, prédios autossuficientes em energia. O National Renewable Energy Laboratory Research Support Facility, apesentado no Capítulo 1, é um excelente exemplo de edifício de escritórios desta modalidade, gerando pelo menos tanta energia quanto consome em um ano. Um segundo conceito de energia zero que está surgindo é o do *consumo líquido de água zero*, que exige que os usuários de um prédio dependam da água reciclada e da água que precipita no terreno para suprir 100% de sua necessidade de água. O Exército dos Estados Unidos é um dos maiores proponentes desse conceito e define uma instalação com consumo líquido de água zero como aquela que "limita o consumo de recursos de água fresca e retorna a água à bacia hidrográfica e às águas superficiais na mesma quantidade e qualidade ao longo de um ano" (Department of the Army, 2007, p. 1).[10] O Exército norte-americano também está envolvido em uma iniciativa de consumo líquido zero que aborda o lixo. A Diretriz da União Europeia de 2010 sobre o Desempenho Energético dos Prédios exige edificações com consumo líquido "quase" zero em todas as novas construções até 2020, sendo que o prazo limite para o setor público é 2018.[11] A California Energy Commission está recomendando que o Estado exija o consumo de energia zero em construções residenciais até 2020 e em comerciais até 2030 (Energy Upgrade California, 2011). O Living Building Challenge determina o consumo líquido zero tanto para água como para a energia nos prédios certificados por seu protocolo. Esse conceito também está sendo estendido para incluir emissões líquidas zero, emissões de carbono líquidas zero, consumo líquido de solo zero e, inclusive, consumo líquido zero de materiais.

## O Living Building Challenge

Em termos de nível de exigência ou grau de dificuldade, o líder do setor é o Living Building Challenge (LBC – Desafio do Prédio Vivo), um produto do Cascadia Green Building Council que une os esforços pela construção sustentável da região Noroeste do Pacífico dos Estados Unidos com iniciativas similares da Colúmbia Britânica, no Canadá. O LBC exige, entre outras medidas bastante rigorosas, consumo líquido de energia e água zero e o tratamento de todo o esgoto no próprio terreno. Além disso, ao contrário de outros sistemas de certificação, que atribuem diversos níveis de certificação, o prédio é aprovado pelo LBC ou não, caso não consiga atender a pelo menos um dos imperativos especificados nas exigências. A outra característica notável do LBC é que o prédio efetivamente deve demonstrar, por sua operação, que atende a todos os imperativos. A certificação somente é obtida após um ano de funcionamento em que seja demonstrado que o prédio atingiu suas metas. A natureza ambiciosa do Living Building Challenge (LBC) e seus requisitos rigorosos o tornam o padrão máximo dos sistemas de certificação de edificações, fornecendo uma abordagem impressionante e desafiadora que outros sistemas de certificação talvez queiram emular nos próximos anos. Uma descrição detalhada do LBC pode ser encontrada no Capítulo 4.

### Declarações de produto ambiental (EPDS)

A emergência das declarações de produto ambiental (EPDs), por meio dos quais entidades independentes fazem uma análise ambiental descomprometida, pública e transparente dos materiais e produtos destinados à construção, é um passo significativo para o desenvolvimento de um ambiente construído mais sustentável. Ao criar o equivalente a um rótulo de informações nutricionais, estabelece-se uma nova etapa para a concorrência entre os produtores para desenvolver os produtos menos agressivos ao meio ambiente. Um dos primeiros a adotar as declarações de produto ambiental (EPDs) em seus produtos foi a InterfaceFLOR Corporation, um fabricante de carpetes em placa. O uso generalizado dessas declarações também permite análises do ciclo de vida em que se examinam os materiais de construção em termos de consumo de energia e se encontram a relação ideal entre os ganhos e as perdas. Empresas como a InterfaceFLOR veem as declarações de produto ambiental como ativos, e não como um problema, pois permitem uma comunicação mais completa dos valores corporativos a seus clientes, mentalidade especialmente importante e útil à medida que os processos de certificação de edificações ecológicas avançam para uma era na qual a maioria dos projetos de construção e renovação incluirá prédios ecológicos. Mais informações sobre as declarações de produto ambiental e sua importância podem ser encontradas no Capítulo 11.

### O cálculo do carbono no ambiente construído

Dos 100 quadrilhões de BTUs consumidos por ano nos Estados Unidos, cerca de 65%, ou 65 quads (1 quad = 1 quadrillhão de BTUs), são utilizados no ambiente construído, e esse número, como percentagem da energia total e em termos absolutos, continua a crescer. O sistema energético é alimentado principalmente pela queima de combustíveis fósseis e, como consequência, um aumento em seu consumo também tende a elevar a pegada de carbono dessa atividade. As consequências possíveis das mudanças climáticas são tão catastróficas que o cálculo do carbono começa a ser realizado, e as equipes de projeto logo serão julgadas quanto ao que o prédio minimiza do carbono total investido em seus materiais de construção associado à sua energia operacional ao longo de sua vida útil. À medida que as consequências das mudanças climáticas se tornam mais aparentes, se tornará cada vez mais provável a adoção de medidas rigorosas para o controle das emissões dos gases de efeito estufa. Em virtude da escala das emissões no ambiente construído, esse é um objetivo provável para normas mais rígidas, ou mesmo draconianas. Um efeito interessante do movimento pelo consumo líquido de energia zero apresentado anteriormente é que um prédio que usa a energia renovável para todas as suas necessidades energéticas tem, na verdade, uma pegada de carbono líquida zero de sua energia operacional. O reúso dos prédios existentes e materiais retirados de demolições é outra medida que tem sido identificada como positiva para a redução da pegada de carbono das edificações, pois este reúso praticamente não emite carbono. Quanto mais duradouro for um prédio, menor será seu carbono incorporado por unidade de tempo. O Capítulo 12 descreve mais detalhadamente as práticas de cálculo de carbono e como ele está afetando o projeto de edificações ecológicas contemporâneas de alto desempenho.

## ESTUDO DE CASO

### ARRANHA-CÉUS SUSTENTÁVEIS

Ao longo da última década, duas disputas ferozes nas maiores cidades do mundo ganharam notoriedade: dos prédios que tentam ser os mais altos do mundo e daqueles que desejam ser os mais sustentáveis. Recentemente, essas competições vêm convergindo para uma única batalha, qual cidade tem o arranha-céu mais sustentável do mundo. Inúmeras edificações gigantescas que têm o título de sustentáveis estão surgindo em países tão distantes entre si como China, Estados Unidos e Indonésia. A pergunta que não quer calar é: será que essas estruturas enormes são realmente ecológicas ou se trata de apenas outro caso de uma jogada de *marketing*? Como podem essas edificações enormes, quase que totalmente revestidas de vidro, ser outra coisa que não enormes monstros no consumo de energia?

Os arranha-céus, como uma classe de prédio, concentram empresas e outras atividades em áreas metropolitanas densas, e são uma necessidade porque o preço do solo é absurdamente alto nas grandes metrópoles. Hoje, o metro quadrado de terreno custa cerca de 24 mil dólares em Nova York, Sydney, Paris e Moscou. Em Hong Kong o preço dobra (cerca de 50 mil dólares/metro quadrado); em Cingapura e Londres, o valor é intermediário, em torno de 35 mil dólares/metro quadrado. Para que seja denominado arranha-céu, um prédio deve ter, pelo menos, 150 m de altura, o que significam 40 e 50 pavimentos. A altura dos arranha-céus tem dobrado e até quadruplicado ao longo da última década, de modo que, hoje, consideram-se várias classes de arranha-céus. Um arranha-céu *superalto* é aquele que tem, pelo menos, o dobro da altura mínima para que seja chamado de arranha-céu, ou seja, tem mais de 300 m de altura. Os prédios que têm o dobro da altura dos superaltos, ou seja, que alcançam mais de 600 m, são classificados como *mega altos*. Os arranha-céus mais altos do mundo, que aliás são os únicos dois nesta categoria, são o Burj Khalifa, em Dubai, com seus 828 m, e o Tokyo Skytree, de 634 m. A Torre de Jedá, na mesma cidade saudita, com seus 1.000 m de altura, se tornará a mais alta do mundo quando for inaugurada, após 2020. Contudo, nenhuma dessas três edificações foi projetada com o uso de estratégias de sustentabilidade. Arranha-céus sustentáveis que se tornaram famosos são a Torre da Pertamina Energy (Jacarta, 99 pavimentos), o One World Trade Center (Nova York, 99 pavimentos), a Torre de Xangai (Xangai, 128 pavimentos) e a Torre do Rio da Pérola (Guangzhou, China, 71 pavimentos).

Nas próximas seções, examinaremos os melhores arranha-céus sustentáveis do mundo, analisando vários estudos de caso internacionais e, na sequência, examinaremos o avanço do projeto de arranha-céus ecológicos na cidade de Nova York, um dos mais efervescentes centros de construção de grandes prédios ecológicos.

### Arranha-céus sustentáveis do mundo

Talvez os maiores progressos do desenvolvimento dos arranha-céus realmente sustentáveis estejam ocorrendo no cenário internacional, com uma ampla variedade de novos projetos que combinam propostas ousadas de arquitetura com abordagens de ponta. As seções a seguir descrevem os atributos sustentáveis significativos desses prédios, e a Tabela 16.2 contém estatísticas sobre três exemplos internacionais.

### A Torre da Pertamina Energy

Os arranha-céus sustentáveis estão surgindo em um ritmo cada vez maior. Uma torre sustentável recentemente anunciada para a empresa pública de energia da Indonésia, a Pertamina, está sendo construída, e

**TABELA 16.2**

**Arranha-céus internacionais selecionados**

| Nome do prédio | Ano de construção (término) | Nº. de pavimentos | Altura | Certificação |
|---|---|---|---|---|
| Torre da Pertamina Energy | 2020 | 99 | 530 m | Em construção |
| Torre de Xangai | 2015 | 128 | 632 m | LEED Ouro |
| Torre do Rio da Pérola | 2011 | 71 | 309 m | LEED Platina |

**FIGURA 16.9** A Torre da Pertamina Energy, um arranha-céu superalto, com 99 pavimentos e 530 m de altura projetado pela Skidmore, Owings e Merrill, está sendo construída em Jacarta, Indonésia, com conclusão prevista para 2020. (Fotografia por cortesia de SOM Architects)

estima-se que seu término será em 2020. Será um prédio com 99 pavimentos e 530 m de altura, da categoria dos arranha-céus superaltos e com consumo de energia líquido zero. Sua área de piso de 540 mil metros quadrados acomodará dois mil trabalhadores. A firma de arquitetura Skidmore, Owings e Merrill (SOM), que está projetando a Torre da Pertamina Energy, afirmou que esse é o primeiro caso de um arranha-céu cuja energia será a principal consideração de projeto. A torre se baseia nas fontes de energia geotérmica, solar e eólica e terá um gerador de energia central e independente da rede pública. Um funil de vento, no topo do prédio, foi criado girando-se e afunilando-se a edificação à medida que esta se eleva e permite o uso de turbinas eólicas para converter a energia cinética dos fortes ventos existentes nessa altura em eletricidade que alimentará o edifício. O uso extensivo de células fotovoltaicas inseridas na fachada do prédio fornece ainda mais energia. O consumo zero implica baixo gasto energético, e a Torre da Pertamina Energy terá um sofisticado sistema de brises que bloqueiam a luz solar direta, mas permitem a iluminação natural. O gerador de energia central do prédio emprega a energia geotérmica, recurso abundante na Indonésia, como a principal fonte de energia renovável. O sistema de condicionamento do ar utiliza o resfriamento por radiação para mover o "frio" ao redor das instalações, numa abordagem bem mais eficiente do que o de ar insuflado. O prédio também tem consumo líquido de água zero e recicla o lixo. Ainda que no papel o prédio almeje ser sustentável, a questão crítica é como será seu desempenho durante o funcionamento e como a performance real aparecerá na modelagem por computador que prevê seu consumo energético. Um estudo de caso mais detalhado sobre a Torre da Pertamina Energy pode ser verificado no Capítulo 1.

### A Torre de Xangai

O segundo prédio mais alto do mundo, perdendo apenas para o Burj Khalifa de Dubai, e também a construção mais alta da China, a Torre de Xangai tem 128 andares, 632 m de altura e foi concluída em 2015 na área da cidade conhecida como Nova Área de Pudong. Projetado pelo escritório Gensler, o prédio é uma espécie de pilha de nove cilindros, cada um levemente girado sobre aquele abaixo, gerando um aspecto de espiral retorcida. Além de conferir à Torre de Xangai uma estética ímpar, o projeto reduz as cargas eólicas em

**FIGURA 16.10** A Torre de Xangai, projetada por Gensler e finalizada em 2015, é um arranha-céu mega-alto e sustentável com 128 pavimentos e 632 m de altura. (Fotografia por cortesia de Tony Wasserman)

24% na ocorrência de tufões, com o importante benefício extra de reduzir seu esqueleto estrutural em 25% em relação aos prédios convencionais. Um laboratório com túnel aerodinâmico em Toronto, Canadá, fez extensas modelagens desse prédio de 4,2 bilhões de dólares para determinar os efeitos dos ventos em redemoinho que atingem os 610 metros do prédio. A torre tem uma fachada composta por uma camada dupla de vidro temperado e isolado, admitindo a luz natural ao mesmo tempo que reduz os ruídos externos. As fontes de energia geotérmica fornecem e dissipam calor para a calefação e o resfriamento. A estrutura do prédio inclui 270 aerogeradores de eixo vertical (VAWT) na parte superior do arranha-céu, fornecendo cerca de 350 mil kWh de eletricidade por ano. Um sistema de captação da água da chuva reduz o consumo de água potável. A Torre de Xangai acomoda, dentro de sua caixa de vidro triangular, 16 mil pessoas por dia em lojas, escritórios, cafeterias, jardins, restaurantes e um hotel de luxo.

## A Torre do Rio da Pérola, Guangzhou, China

Um dos exemplos atuais mais incríveis de arranha-céus sustentáveis em funcionamento é a Torre do Rio da Pérola, em Guangzhou, China, projetada por Skidmore, Owings e Merrill (SOM). Completada em 2011, tem 71 pavimentos e 309 m de altura, sendo um arranha-céu superalto. Localizado no distrito profissional de Guangzhou, está entre outros arranha-céus, contudo, se destaca no entorno como um prédio ultrassustentável projetado desde o início com o objetivo de ter consumo de energia líquido zero, tendo como conceito original do projeto que seus sistemas energéticos renováveis gerassem, ao longo de um ano, toda a energia consumida. Por vários motivos técnicos, a Torre do Rio da Pérola não conseguiu atingir esse objetivo ambicioso, mas, ainda assim, recebeu a certificação LEED Platina. Uma das conquistas mais incríveis da equipe de projetistas é que se prevê que o prédio consumirá cerca de 40% menos energia do que uma torre construída segundo a norma ASHRAE Standard 90.1–2007, base para a análise do desempenho energético durante o projeto. Uma das características mais importantes do projeto energético são os dois pares de aerogeradores de eixo vertical localizados nos 25° e 50° pavimentos. Esses rotores conferiram o benefício extra de reduzir a pressão diferencial entre os lados do edifício a sotavento e a barlavento, resultando em economias significativas no uso de aço estrutural. O prédio foi orientado para tirar partido dos ventos dominantes do sul e para coletar a energia solar e eólica disponível. Painéis fotovoltaicos incluídos na cobertura de vidro e nos brises instalados nas fachadas mais estreitas (a leste e a oeste) oferecem exposição máxima para a geração de energia solar

**FIGURA 16.11** A Torre do Rio da Pérola, de 71 pavimentos e 309 metros de altura, projetada por SOM e finalizada em 2011. (Fotografia por cortesia de Brad Wilkins)

e proteção dos usuários contra o ofuscamento solar. A combinação de aerogeradores de eixo vertical com painéis fotovoltaicos resultou na geração anual de duas fontes de 32 megawatts de eletricidade, que atende à parte da carga do prédio.

Uma ampla variedade de tecnologias integradas foi empregada para otimizar o desempenho energético do prédio e incluiu um sistema de ventilação por deslocamento do ar através de um piso elevado, uma fachada dupla com cavidade de 23 cm e painéis de resfriamento por radiação, que também contêm um sistema de LEDs que respondem à luz diurna. Os pisos dos escritórios são resfriados por água fria que circula em tubos de cobre nos painéis de forro e pelo sistema de ventilação por deslocamento do ar. A fachada dupla ajuda a aumentar o desempenho energético do prédio e, ao mesmo tempo, atenuar os efeitos dos ruídos externos. Também gera benefícios à saúde, ao proteger os usuários dos problemas crônicos como o ar poluído das cidades grandes chinesas. O resfriamento por radiação permitiu o uso mínimo de dutos, reduzindo a altura entre pisos em cerca de 30 cm, e resultou no acréscimo de cinco pisos no prédio sem aumentar sua altura total, um bônus enorme para o proprietário do imóvel.

## Os arranha-céus sustentáveis da cidade de Nova York

A cidade de Nova York recentemente começou um mapeamento por cada uma de suas quadras do consumo de energia criando um banco de dados que revela a variação do desempenho dos arranha-céus sustentáveis mais proeminentes de Manhattan. A Tabela 16.3 resume alguns dos atributos-chave dos arranha-céus considerados mais sustentáveis da cidade. A enorme variação no Índice de Consumo Energético (EUI) entre esses prédios é impressionante e indica a tendência dos prédios mais novos de consumirem mais energia do que os antigos. Parte desta elevação de consumo, particularmente no caso da Torre do Bank of America (BOA), deve-se às suas atividades, aos numerosos pavimentos com computadores e outros equipamentos eletrônicos tão comuns em edifícios mais recentes. Não obstante, o EUI do Edifício Empire State, com um consumo de apenas 74,6 kWh/m$^2$/ano, é realmente incrível para qualquer prédio, sendo resultado de uma reforma recente que evidencia como se pode economizar energia com as estratégias de conservação nos prédios urbanos.

## O Edifício Empire State

O Edifício Empire State (veja a Figura 16.12) é um ícone da engenharia. Completado em 1931, recentemente passou por profunda renovação para se tornar mais sustentável, com foco principal na eficiência energética. Como se trata de um prédio histórico, enfrenta os mesmos dilemas de muitas edificações mais antigas: em determinado momento, seus espaços deixam de ser interessantes para inquilinos de primeira classe, e o proprietário começa a ter dificuldade de competir com imóveis mais novos. Em 2010, o prédio foi reformado de acordo com o Clinton Climate Initiative Cities Program e o C40 Cities Climate Leadership Group, uma iniciativa climática das cidades dos Estados Unidos. A renovação foi extremamente bem-sucedida e superou expectativas, resultando em uma economia de energia 5% maior dos 2,4 milhões garantidos pela Johnson Controls, empresa contratada para a reforma dos sistemas energéticos. O investimento de 550 milhões de dólares será pago com a energia economizada ao longo do contrato. O edifício recebeu a certificação LEED Ouro para Prédios Existentes do USGBC e a etiqueta Energy Star. O sucesso desse projeto teve um impacto enorme em prédios similares nos Estados Unidos, e o modelo foi replicado em 70 edifícios comerciais de Nova York, New Jersey, San Francisco e na estação Union Station, em Chicago. O que é incrível é que o Edifício Empire State consome uma quantidade de energia significativamente menor do que outros prédios com certificados LEED, tendo um índice de apenas 74,6 kWh/m$^2$/ano.

A modernização do Edifício Empire State focou oito áreas-chave: a instalação de isolamento térmico atrás de todos os radiadores, a reforma dos resfriadores, novos controles no sistema de gestão predial, novos medidores em todo o prédio e um sistema de gestão energética para os inquilinos baseado na web. Os 68 elevadores do prédio foram modernizados e hoje são 30% mais eficientes, o sistema de iluminação também

**TABELA 16.3**

**Arranha-céus selecionados na cidade de Nova York**

| Nome | Ano em que foi completado | Nº de pavimentos | Altura básica | EUI* (kWh/m$^2$/ano) | Certificação |
|---|---|---|---|---|---|
| Edifício Empire State | 1931 (reformado em 2010) | 102 | 449 m | 74,6 | LEED Ouro – Prédios Existentes |
| Torre Hearst | 2006** | 46 | 182 m | 81,3 | LEED Ouro |
| Edifício do New York Times | 2007 | 52 | 319 m | 152,8 | Nenhuma |
| Torre do Bank of America | 2009 | 55 | 366 m | 211,2 | LEED Platina – Núcleo e Vedações Externas |
| Edifício One World Trade Center | 2015 | 104 | 541 m | Sem dados | LEED Ouro*** |

* EUI – Índice de Consumo Energético – é uma medida para comparação do consumo de energia. As unidades são quilowatt-hora por metro quadrado por ano. Os dados são do levantamento de consumo de energia feito em 2013 na cidade de Nova York.
** A Torre Hearst foi construída no terreno do antigo Edifício Hearst, de 1926 e que foi demolido.
*** A certificação LEED ainda não foi conferida, mas se estima que o Edifício Empire State receberá a certificação Ouro.

**FIGURA 16.12** O Edifício Empire State, de 80 anos, passou por uma grande renovação para se tornar sustentável, iniciada em 2010 e terminada em 2014. O resultado é uma história de sucesso notável em termos de consumo energético e economias, atrativo para inquilinos de primeira classe e modelo de reforma energética para muitos outros grandes prédios urbanos. (Fotografia por cortesia de Jiuguang Wang)

foi atualizado, adotando lâmpadas de LED em todos os pontos. Estima-se que o corte geral no consumo de energia seja de 38%, gerando economias anuais de 4,4 milhões de dólares. Se extrapolarmos esses dados e os compararmos com os do estoque imobiliário dos Estados Unidos, as economias se mostram impressionantes, bem como os impactos nas emissões de carbono. Os prédios nos Estados Unidos contribuem com 40% do total das emissões de carbono, índice que chega a 80% em cidades populosas, como Nova York.

### A Torre do Bank of America

O local de partida da corrida pelo título do arranha-céu mais sustentável do mundo foi na cidade de Nova York, com a construção da Torre do Bank of America (BOA), completada em 2009 (veja a Figura 16.12). Embora tenha recebido a certificação LEED Platina por suas muitas características de sustentabilidade documentadas (como seus materiais ecológicos, sua excelente qualidade do ar e sua eficiência superior no consumo de água), o desempenho energético do pré-

**528** PARTE IV   Implementação do projeto da edificação sustentável

(A)

**FIGURA 16.13**   A Torre do Bank of America, um arranha-céu com certificação LEED Platina — Núcleo e Vedações Externas, concluído em 2009. (Ryan Browne, Cook+Fox Architects)

dio não era nada notável, consumindo mais energia do que o Edifício Empire State, de 80 anos de idade. Um crítico afirmou que a torre ficava na 53ª posição da lista dos edifícios de escritórios de Nova York em termos de consumo de energia por metro quadrado, e que isso era um mau exemplo para os prédios ecológicos. O contrassenso entre ter recebido a certificação LEED Platina e ter um desempenho energético inferior, inicialmente, criou um problema de credibilidade para o movimento da edificação ecológica, mas também indicou a necessidade de que fossem implementadas melhorias mínimas no desempenho energético, algo não obrigatório no LEED até 2009. Contudo, como muitas vezes acontece, havia outro aspecto. A Torre do Bank of America foi certificada usando-se o protocolo LEED para Núcleo e Vedações Externas, que foi projetado para edificações comerciais nas quais a arquitetura de interiores e outros aspectos dos projetos de escritórios, lojas e operações financeiras ficam a cargo dos clientes que alugarão os espaços após a entrega da obra. Nessas modalidades do LEED, o empreendedor não tem uma ideia precisa dos perfis de consumo energético dos inquilinos; consequentemente, a modelagem de energia foca os sistemas de base do prédio a partir de estimativas do consumo dos inquilinos feitas por meio de informações disponíveis. No fim, o prédio foi ocupado por empresas com enormes quantidades de computadores e servidores que funcionam 24 horas por dia, sete dias por semana em salas de corretagem que ocupam um terço da área, uma característica de uso fora do controle da equipe que projetou o edifício. Uma das dificuldades de fazer a análise do desempenho energético dos prédios em geral, e dos arranha-céus em particular, é a normalização do desempenho energético, a fim de permitir comparações. Alguns prédios funcionam 24 horas por dia enquanto outros apenas 12. E há ainda os que acomodam funções intensivas no consumo energético, como salas de corretagem com muitos computadores, que elevam demasiadamente o dispêndio de energia. Comparar o desempenho de prédios de um local específico, como a cidade de Nova York, já é bastante difícil; comparar o desempenho de imóveis em cidades diferentes, como Nova York e Miami, então, é um grande desafio. Provavelmente a análise mais precisa da Torre do Bank of America é que ela, de fato, apresenta inúmeros atributos ecológicos, mas um desempenho energético talvez abaixo do esperado. As versões mais recentes do LEED, como a 3 (2009) e 4 (2013), abordam esse problema e exigem, pelo menos, um nível mínimo de melhoria no desempenho energético para todos os prédios sustentáveis certificados.

O caso da Torre do Bank of America também destaca deficiências no processo de modelagem de energia, base a partir da qual os pontos são atribuídos ao quesito da energia. No LEED, os pontos da energia são extremamente importantes para que se obtenha certificações como Ouro ou Platina. Nesse prédio, a modelagem de energia havia previsto um desempenho superior, e o resultado é que o projeto ganhou 50 pontos, dois a mais do que os 48 pontos mínimos para a obtenção do nível Platina. Na maioria dos protocolos, como LEED e Green Globes, receber determinada certificação, como a LEED Platina que a Torre do Bank of America recebeu, se baseia, em parte, em simulações de computador, e não no desempenho real do prédio. Nesse caso, fica claro que houve um grande descompasso entre o desempenho verdadeiro e a simulação por computador utilizada para a atribuições dos pontos da certificação. Uma das principais características dos arranha-céus é que tendem a consumir mais energia por metro quadrado à medida que se tornam mais altos. A necessidade de ter elevadores para acesso a níveis mais altos e a maior movimentação vertical da água e dos materiais, naturalmente, geram mais consumo energético.

## One World Trade Center (Torre da Liberdade)

O One World Trade Center (veja a Figura 16.14), em Nova York, geralmente chamado de Torre da Liberdade, é o prédio mais alto do Hemisfério Oeste, com 541 m de altura, e o edifício mais caro do mundo: 3,8 bilhões de dólares. É uma das sete torres projetadas para substituir as torres gêmeas do World Trade Center, destruídas nos ataques de 11 de setembro de 2001. Quando seu projeto começou, em 2006, o One World Trade Center foi planejado para se tornar o arranha-céu mais ecológico do mundo, com o objetivo de receber a certificação LEED Platina do USGBC. Os projetistas aproveitaram muito a luz natural para iluminar os interiores, e lâmpadas de LED foram empregadas como a base do sistema de iluminação. Enfatizou-se o uso responsável da água, com a seleção de aparelhos sanitários de baixíssimo consumo de água e a construção de dois reservatórios de 94.600 litros no 57º pavimento, para a coleta de água da chuva que apoiaria o sistema hidrossanitário. Embora os detalhes específicos do desempenho energético do prédio não tenham sido disponibilizados, os projetistas especificaram que o prédio teria uma eficiência energética excepcional. A espinha dorsal desse sistema teria um centro com nove células de combustível projetadas para gerar, com grande eficiência, eletricidade a partir do gás natural e ajudar na calefação e no resfriamento do edifício. As células do prédio atenderiam ao One World Trade Center e às torres Três e Quatro, fornecendo 10% da eletricidade do One World Trade Center e 30% das outras torres. Contudo, no outono de 2012, o furacão Sandy atingiu a área metropolitana de Nova York e despejou 757 milhões de litros de água nos pavimentos inferiores do terreno, destruindo as células de combustível. O processo de certificação do prédio ainda não foi completado devido aos problemas com as células de combustível. Apesar disso, o One World Trade Center ainda é um arranha-céu excepcionalmente ecológico. Hoje, o USGBC lista o One World Trade Center como um provável candidato ao LEED Ouro. Ainda existe a possibilidade de que as células de combustível sejam substituídas e o edifício atinja todos os seus objetivos originais de projeto.

## O Edifício do The New York Times

O Edifício do New York Times, de 52 pavimentos e 139 mil metros quadrados (veja a Figura 16.15), é um projeto de Renzo Piano. Embora não tenha uma certificação formal como prédio sustentável, apresenta muitas qualidades ecológicas que certamente o tornam um prédio de alto desempenho. Entre as características, estão o sistema de fachada-cortina dupla, persianas automáticas, o sistema de iluminação dimerizável, o sistema de distribuição de ar sob o piso e o sistema de cogeração de energia elétrica e térmica. O sistema de fachada-cortina com pele dupla é composto por camadas de vidro e silicato cerâmico com um acabamento reflexivo. Esse imenso painel cerâmico age como um anteparo de controle solar e contribui para a estética do prédio. O sistema de esquadrias consiste em uma vedação externa de vidros com baixa composição de ferro e cor leitosa que vão do piso ao teto, permitindo uma generosa iluminação natural do prédio. O sistema de persianas automáticas está programado para responder à posição do sol e a dados de iluminação enviados por sensores distribuídos no prédio. Tendo essas informações, os sistemas de controle movem as persianas, erguendo-as ou abaixando-as de modo a

**FIGURA 16.14** O One World Trade Center, em Nova York, 94 pavimentos e 541 metros de altura, concluído em 2014 e projetado por Daniel Libeskind e David Chiles, da Skidmore, Owings e Merrill. (SOM Architects)

**FIGURA 16.15** O Edifício do The New York Times é um prédio ecológico que não buscou uma certificação de sustentabilidade. Foi projetado por Renzo Piano e finalizado em 2007. (Figura A: Kevin Prichard. Figura B: Renzo Piano.)

evitar o ofuscamento excessivo e a permitir que a luz natural entre onde não há luz solar direta. Um dos principais objetivos da equipe de projeto foi reduzir significativamente o consumo de energia para iluminação, que pode corresponder a até 44% do gasto total com eletricidade em um arranha-céu, obtidos com o projeto do sistema de fachada-cortina com pele dupla integrado às persianas automáticas e com um sistema de iluminação com controles que otimizam a coleta de luz natural, usando a artificial como complemento. Todos esses três sistemas trabalham juntos, maximizando o aproveitamento da luz diurna e minimizando o consumo de eletricidade do sistema de iluminação. Como parte do sistema de iluminação, o edifício tem 18 mil luminárias, todas controladas por computador e programadas para oferecer a quantidade precisa de luz necessária a cada espaço de acordo com o momento.

O prédio tem um sistema de distribuição de ar sob o piso para economizar energia, melhorar o conforto térmico e a qualidade do ar do interior. O sistema de circulação de ar distribui ar condicionado sob o piso, lançando-o por difusores distribuídos pelos espaços, fornecendo ar sob baixa velocidade aos espaços, lentamente enchendo-os com ar condicionado e possibilitando o máximo de flexibilidade quando é necessária a reconfiguração dos espaços de escritório. A combinação de fachada de alto desempenho, aproveitamento da luz natural, sistema de iluminação integrado e sistema de distribuição do ar condicionado sob o piso resultaram em redução de 24% no consumo de energia em relação ao nível de referência estabelecido pelo código.

Outra característica importante do Edifício do New York Times é sua usina de cogeração de energia elétrica e térmica, que fornece 40% da energia necessária para o funcionamento do prédio. Essa usina consiste em dois geradores a gás natural que produzem até 1,5 megawatt de eletricidade. O calor residual produzido pelos geradores é coletado e convertido em energia útil para a calefação, no inverno, e o resfriamento, com o uso de resfriadores de absorção, no verão. O sistema foi projetado de tal maneira que a cogeração é a principal fonte de energia do prédio, e a rede pública de eletricidade serve apenas como apoio.

## A Torre Hearst

A Torre Hearst (veja a Figura 16.16) apresenta várias características únicas como edifício ecológico. Recebeu a certificação LEED Ouro – Construções Novas, e se tornou, em 2006, a primeira torre de escritórios sustentável da cidade de Nova York. Em 2012, recebeu nova certificação, mas desta vez como um prédio LEED Platina sob o protocolo LEED Prédios Existentes: Operações e Manutenção. Durante a demolição do prédio original de seis pavimentos que havia no terreno, a equipe de projeto determinou a separação e reciclagem de 90% dos materiais utilizados na construção anterior de 1926. A Torre Hearst também é famosa por ter sido projetada por *Sir* Norman Foster, da Foster and Partners. A estrutura do edifício é um sistema de grelha externa diagonal, ou seja, é uma malha de triângulos de quatro pavimentos distribuídos na fachada, conferindo ao prédio seu aspecto único e resultando na economia de 1.814 toneladas de aço e gerando uma economia de 20% em relação a uma estrutura de um prédio convencional. O edifício também apresenta o uso extensivo de vidro de baixa emissividade, que barra quantidades significativas de calor e energia infravermelha da luz natural, mas permite a entrada da luz. A Torre Hearst tem um sistema extremamente integrado de iluminação natural com artificial, com sensores instalados por todo o prédio para detectar a quantidade de luz natural em todos os momentos e fornecer iluminação elétrica complementar. Um sistema de sensores de presença também está conectado ao sistema de iluminação, para detectar a ocupação humana, controlando as lâmpadas com base na ocupação do espaço. O resultado dessas características de economia de energia é uma redução de 26% no consumo em relação a um prédio de referência. A torre também foi equipada com um sistema de captação

**FIGURA 16.16** A Torre Hearst, projetada por *sir* Norman Foster, recebeu o crédito de ser o primeiro arranha-céu ecológico da cidade de Nova York e foi inaugurada em 2006, (Justin Wilcox).

de águas pluviais armazenadas em um reservatório de 52,5 mil litros no porão do prédio, usadas para apoiar o sistema de condicionamento de ar e irrigar os jardins internos e externos. O projeto minimizou a quantidade de paredes internas para otimizar a passagem da luz natural através dos espaços, com as paredes internas existentes recebendo acabamentos em cores claras, para melhorar ainda mais a difusão dessa luz.

A classificação LEED Platina conferida ao edifício em 2012 foi um resultado do compromisso da Hearst Corporation de manter e melhorar os atributos ecológicos do imóvel. Os dados indicam que o consumo de energia diminuiu em 40% e que o envio de lixo a aterros sanitários foi reduzido em 82%. Este foi o primeiro edifício de escritórios da cidade de Nova York a adotar um programa de compostagem que processa 100% de seu lixo orgânico. O sistema de captação e reciclagem da água da chuva se tornou um caso de sucesso, e os dados indicam que o consumo de água anual foi reduzido em 30%.

## PONTO PARA REFLEXÃO: OS FRACTAIS E A ARQUITETURA

O projeto ecológico é, sem dúvida, o motivador da construção sustentável e dos prédios ecológicos. Atualmente, no entanto, ele ainda não está bem definido, o que significa que o projeto de edificações ecológicas tem definições inseguras. Kim Sorvig, um professor e pesquisador da Escola de Arquitetura e Planejamento da University of New Mexico, em Albuquerque, e coautor, com Bill Thompson, do livro *Sustainable Landscape Construction* (2000), criou a noção de arquitetura fractal como uma ponte para o projeto ecológico. Suas reflexões sobre a transição entre os ambientes construídos e naturais são citadas a seguir.

### Processos, geometrias e princípios: o projeto em um futuro sustentável

*Kim Sorvig, Professor Pesquisador Titular, Escola de Arquitetura e Planejamento, University of New Mexico, Albuquerque*

© Kim Sorvig, utilizada com permissão

Sustentabilidade é integrar os sistemas construídos com os vivos. Para que esses dois processos ou entidades possam ser integrados, cada um deve ser bem entendido separadamente. Estou convencido de que o aprofundamento de nossos conhecimentos, não somente de ecologia, mas também de edificação, é uma evolução natural do projeto sustentável.

O entendimento atual das características inerentes aos sistemas construídos é detalhado e pragmático, mas frequentemente não conseguimos questionar princípios importantes. Por outro lado, o entendimento que os projetistas têm dos sistemas ecológicos é genérico e muitas vezes romântico. Em ambas as áreas, as relações entre os processos (o uso de um prédio, o ciclo de vida de uma bacia hidrográfica) e as geometrias permanecem desconsideradas, com formatos e padrões projetados por meio do hábito, ou seja, sem serem repensados. Existe a necessidade urgente de entender, com fatos e concisão, as principais características dos sistemas construídos e dos naturais, usando as diferenças entre eles de modo criativo.

As principais características que pertencem à maioria dos projetos sustentáveis podem ser chamadas de processos, geometrias e princípios. O futuro do projeto sustentável talvez esteja menos nas inovações técnicas e mais em projetistas resolvendo os conflitos entre as características mais importantes dos sistemas naturais e as dos empreendimentos humanos.

A construção não cria suas matérias-primas, mas configura as substâncias existentes em unidades e as reúne, formando estruturas. Isso é tão óbvio que muitas vezes é desconsiderado, mas tem um efeito crítico sobre os processos e a geometria da construção.

Os processos essenciais da construção são o corte e a montagem, além da moldagem e o uso de fôrmas. Nos sistemas naturais, paralelos diretos com esses processos de configuração (especialmente o corte e a montagem) são raros. Os processos de fazer tijolos e então construir um arco com eles é radicalmente distinto do processo pelo qual uma erosão cria um arco de pedra. A construção é um sistema controlado, dominado por uma força selecionada (por exemplo, uma lâmina de serrote), com a exclusão de forças indesejáveis (usando-se apoios e fixadores para evitar movimentos não planejados).

A geometria da construção se baseia em seus próprios processos: o corte e a montagem são mais eficientes quando usamos formas euclidianas regulares e suaves. Essas formas também se prestam à medições e a cálculos fáceis.

A configuração da forma em sistemas geológicos e biológicos é radicalmente distinta daquela dos processos de construção. Os processos da natureza são o crescimento, a decomposição, a deposição e a erosão, todos totalmente diferentes dos processos de montagem da construção. Os processos naturais são parte de um sistema "aberto", com muitas forças interagindo, mas nenhuma dominando por muito tempo.

O entendimento matemático da geometria da natureza é recente, e os projetistas estão apenas começando a considerá-lo. Resultando dos processos de crescimento e decomposição, as formas características na natureza são chamadas de fractais. Resultam de forças múltiplas que interagem repetidamente ao longo do tempo. Não importa em que escala sejam observadas ou por quanto tempo: suas formas permanecem similares entre si (como variações infinitas do mesmo tema). Aqui há dois pontos importantes:

1. Os fractais representam uma estabilidade dinâmica de longo prazo entre as muitas forças de um sistema, sem que nenhuma dessas domine (isso é virtualmente uma definição da biodiversidade e saúde).
2. Os fractais são a geometria ideal para executar o que os sistemas naturais fazem – coletar, transportar e distribuir recursos; filtrar e reciclar dejetos, etc.

A construção é, em última análise, a criação de ambientes dos quais as forças das mudanças climáticas e ecológicas são excluídas (temporariamente). Cada edificação está, até certo ponto, em conflito com os processos e as formas da natureza. A construção otimiza umas poucas funções selecionadas; os sistemas naturais parecem otimizar a diversidade. A construção visa ao desempenho estrutural; os sistemas naturais auto organizam a estabilidade por meio da mudança. Ambos exigem a eficiência de recursos, mas a atingem de modos distintos.

Reconhecer as principais características dos sistemas construídos e vivos pode nos ajudar a gerar novas estratégias de sustentabilidade e a avaliar as existentes. Uma estratégia está tornando os sistemas construídos mais fractais ou naturalistas na forma: o biomimetismo (sendo simplistas). As edificações cíclicas, a estabilidade com a mudança e a integração literal da paisagem com os prédios são outras estratégias.

As geometrias sustentáveis, acredito, serão a próxima evolução para o projeto. Edificações eficientes em energia e materiais que tenham os mesmos velhos formatos e as mesmas antigas localizações dificilmente serão suficientes. O futuro do projeto sustentável está na interface entre os prédios e as paisagens, onde as formas necessárias para as estruturas humanas tocam as formas essenciais aos sistemas vivos. A preocupação dos projetistas com a aparência – com prédios que chamam a atenção visual e privilegiam um aspecto maquinista em relação ao naturalismo – sem dúvida não está ajudando.

Devemos aplicar nossas habilidades visuais para entender como a forma e a função interagem, não apenas na arquitetura, não somente na natureza, mas nas fronteiras entre as duas.

Kim Sorvig está trabalhando sobre esse tema em um novo livro, que talvez se chame *Scenery and Survival: Why Humans Evolved a Sense of Environmental Beauty and Why It Matters Today*.

## RESUMO E CONCLUSÕES

Descrever as características do prédio sustentável de alto desempenho do futuro é um passo fundamental e crucial para progressos reais nesta área. Três possíveis abordagens foram descritas neste capítulo: a visão vernácula, a abordagem da alta tecnologia e o modelo biomimético. Cada uma, ou uma combinação das três, talvez consiga responder a algumas das questões hoje enfrentadas pelos profissionais envolvidos com o movimento da edificação ecológica de alto desempenho, que, por ser relativamente novo, está muito limitado pela base de conhecimentos restrita, pela disponibilidade limitada de tecnologias apropriadas e pela ausência de uma visão clara do futuro. Uma teoria robusta do projeto ecológico é urgente, pois, em última análise, é sobre isso que tratam os prédios ecológicos de alto desempenho: desenvolver um ambiente humano que funcione em uma relação benéfica mútua com seus entornos naturais e que troque matéria e energia de modo simbiótico.

## NOTAS

1. Wilson também observou que as exigências da sobrevivência passiva e as características de projeto sustentável de muitos prédios ecológicos eram incrivelmente similares.
2. Os princípios de New Orleans podem ser encontrados em www.usgbc.org/ShowFile.aspx?DocumentID=4395.
3. O Fator 10, que agora faz parte de uma política da União Europeia, está influenciando mudanças em um sistema de produção e consumo sustentável, ao estabelecer uma meta de 90% na redução do consumo de recursos.
4. Uma pegada ecológica é a área de terreno, em acres ou hectares, que uma pessoa ou atividade precisa para funcionar em uma base contínua. O termo também pode ser aplicado ao ambiente construído, para o qual uma medida como a pegada ecológica para cada 100 m$^2$ de área construída é uma possível medida para a comparação dos impactos da edificação. O termo foi popularizado por Wackernagel e Rees (1996).
5. A mochila ecológica de um material é a massa total de materiais que deve ser deslocada para extrair uma unidade de massa daquele material e é expressa como uma razão ou proporção. Esse termo foi cunhado pelo Wuppertal Institute, em Wuppertal, Alemanha, para chamar a atenção aos movimentos de massa dos materiais que estão mudando a superfície do planeta. Historicamente, temos dado atenção aos impactos dos materiais tóxicos, como o DDT e os PCBs, que são nocivos mesmo quando falamos de microgramas. O conceito da mochila ecológica observa a outra extremidade do espectro de materiais – a escala dos movimentos de materiais em megatoneladas, necessários para a extração de recursos. O resultado final é que tanto os microgramas de materiais tóxicos como as megatoneladas de materiais menos nocivos devem ser considerados com respeito a seus impactos.
6. "Ter independência" é uma expressão usada por Randy Croxton, da Croxton Collaborative, de Nova York, para descrever um prédio bem pensado e projetado de modo passivo para fornecer calefação, resfriamento e iluminação a seus usuários, garantindo sua operabilidade apesar de estar desconectado das fontes energéticas externas - por exemplo da rede pública de eletricidade.

7. Os sistemas naturais estabelecem uma equivalência entre suas fontes de energia e sua qualidade ao primeiro uso energético (a efetividade), e, então, maximizam a eficiência do sistema. Os sistemas humanos, por outro lado, tendem a focar apenas a eficiência e a negligenciar a qualidade da energia e, portanto, gastam energia de alta qualidade (por exemplo, eletricidade) em necessidades de um edifício que seriam mais bem servidas por uma energia de baixa qualidade (como uma fonte térmica de temperatura média). A qualidade é uma medida da flexibilidade das aplicações para uma fonte de energia em particular. A eletricidade pode ser utilizada para alimentar motores elétricos e gerar potência para mover veículos, enquanto o calor de temperatura média (abaixo do ponto de ebulição da água) tem aplicações e flexibilidade limitadas. Quando mais baixa for a temperatura da fonte térmica, menor a qualidade da energia. Usar a eletricidade para o aquecimento da água tem um nível de efetividade baixíssimo, pois é usar uma energia de qualidade em uma aplicação que poderia empregar fontes energéticas de baixa qualidade.

8. O princípio da potência máxima foi uma hipótese do eminente ecologista H. T. Odum, o fundador do ramo da ecologia conhecido como *ecologia de sistemas*. Em sua forma mais simples, o princípio estabelece que os sistemas naturais dominantes são aqueles que bombeiam mais energia.

9. Como muitas vezes se afirma no campo da edificação ecológica, não há lixo na natureza: todos os materiais são mantidos em uso produtivo. É claro que isso é uma supersimplificação e, a rigor, nem é verdadeiro.

10. O site da iniciativa de consumo líquido zero do Exército dos Estados Unidos é www.army.mil/asaiee.

11. Veja https://ec.europa.eu/energy/en/topics/energy-efficiency/buildings/nearly-zero-energybuildings.

## FONTES DE CONSULTA

Benyus, Janine M. 1997. *Biomimicry: Innovation Inspired by Nature.* New York: William Morrow.

Department of the Army. 2007. *Installation Management Water Portfolio,* p. 1. Avaiable at http://army-energy.hqda.pentagon.mil/programs/docs/Water_Portfolio_FinalApril_2011.pdf.

du Plessis, Chrisna. 2003. "Boiling Frogs, Sinking Ships, Bursting Dykes and the End of the World as We Know It." *International Electronic Journal of Construction,* Special Issue on Sustainable Construction (May). Available at www.researchgate.net/publication/228970724_Boiling_Frogs_Sinking_Ships_Bursting_Dykes_and_the_End_of_the_World_as_We_Know_It.

Energy Upgrade California. 2011. *California Energy Efficiency Strategic Plan: January 2011 Update.* Sacramento, CA: Energy Upgrade California, p. 2. Available at www.energy.ca.gov/ab758/documents/CAEnergyEfficiencyStrategicPlan_Jan2011.pdf.

Kibert, Charles J., Jan Sendzimir, and G. Bradley Guy, eds. 2002. *Construction Ecology: Nature as the Basis for Green Building.* London: Spon Press.

Sorvig, Kim, and Robert Thompson. 2000. *Sustainable Landscape Construction.* Washington, DC: Island Press.

Wackernagel, Mathis, and William Rees. 1996. *Our Ecological Footprint.* Gabriola Island, BC: New Society Publishers.

Wilson, Alex. 2005. "Passive Survivability." *Environmental Building News* 14(12): 2.

———. 2006. "Passive Survivability: A New Design Criterion for Buildings." *Environmental Building News* 15(5): 1, 15–16.

# Guia de consulta rápida para o LEED 3.0

| Guia de consulta para o LEED v3.0 | Commercial Interiors (Interiores Comerciais) | Core & Shell (Núcleo e Fechamento) | Healthcare (Hospitais e Similares) | New Construction (Construções Novas) | Retail: New Construction (Comércio: Construções Novas) | Schools (Escolas) |
|---|---|---|---|---|---|---|
| **Total de pontos possíveis** | 110 | 110 | 110 | 110 | 110 | 110 |
| **Sustainable sites (SS)** | 21 | 28 | 18 | 26 | 26 | 24 |
| Construction activity pollution prevention | | Pré-req | Pré-req | Pré-req | Pré-req | Pré-req |
| Environmental site assessment | | | Pré-req | | | Pré-req |
| Site selection | 5 | 1 | 1 | 1 | 1 | 1 |
| Development density and community connectivity | 6 | 5 | 1 | 5 | 5 | 4 |
| Brownfield redevelopment | | 1 | 1 | 1 | 1 | 1 |
| Alternative transportation | | | | | 10 | |
| Alternative transportation—Public transportation access | 6 | 6 | 3 | 6 | | 4 |
| Alternative transportation—Bicycle storage and changing rooms | 2 | 2 | 1 | 1 | | 1 |
| Alternative transportation—Low-emitting and fuel-efficient vehicles | | 3 | 1 | 3 | | 2 |
| Alternative transportation—Parking capacity | 2 | 2 | 1 | 2 | | 2 |
| Site development—Protect or restore habitat | | 1 | 1 | 1 | 1 | 1 |
| Site development—Maximize open space | | 1 | 1 | 1 | 1 | 1 |
| Stormwater design—Quantity control | | 1 | 1 | 1 | 1 | 1 |
| Stormwater design—Quality control | | 1 | 1 | 1 | 1 | 1 |
| Heat island effect—Nonroof | | 1 | 1 | 1 | 2 | 1 |
| Heat island effect—Roof | | 1 | 1 | 1 | 1 | 1 |
| Light pollution reduction | | 1 | 1 | 1 | 2 | 1 |
| Site master plan | | | | | | 1 |
| Joint use of facilities | | | | | | 1 |
| Tenant design and construction guidelines | | 1 | | | | |
| Connection to the natural world—Places of respite | | | 1 | | | |
| Connection to the natural world—Direct exterior access for patients | | | 1 | | | |

*(continua)*

| Guia de consulta para o LEED v3.0 | Commercial Interiors (Interiores Comerciais) | Core & Shell (Núcleo e Fechamento) | Healthcare (Hospitais e Similares) | New Construction (Construções Novas) | Retail: New Construction (Comércio: Construções Novas) | Schools (Escolas) |
|---|---|---|---|---|---|---|
| **Water efficiency (WE)** | 11 | 10 | 9 | 10 | 10 | 11 |
| Water use reduction—20% reduction | Pré-req | Pré-req | Pré-req | Pré-req | Pré-req | Pré-req |
| Minimize potable water use for medical equipment cooling | | | Pré-req | | | |
| Water-efficient landscaping | | 4 | 1 | 4 | 4 | 4 |
| Innovative wastewater technologies | | 2 | | 2 | 2 | 2 |
| Water use reduction | 11 | 4 | 3 | 4 | 4 | 4 |
| Water use reduction—Measurement and verification | | | 2 | | | |
| Water use reduction—Building equipment | | | 1 | | | |
| Water use reduction—Cooling towers | | | 1 | | | |
| Water use reduction—Food waste systems | | | 1 | | | |
| Process water use reduction | | | | | | 1 |
| **Energy and atmosphere (EA)** | 37 | 37 | 39 | 35 | 35 | 33 |
| Fundamental commissioning of building energy systems | Pré-req | Pré-req | Pré-req | Pré-req | Pré-req | Pré-req |
| Minimum energy performance | Pré-req | Pré-req | Pré-req | Pré-req | Pré-req | Pré-req |
| Fundamental refrigerant management | Pré-req | Pré-req | Pré-req | Pré-req | Pré-req | Pré-req |
| Optimize energy performance | | 21 | 24 | 19 | 19 | 19 |
| Optimize energy performance—Lighting power | 5 | | | | | |
| Optimize energy performance—Lighting controls | 3 | | | | | |
| Optimize energy performance—HVAC | 10 | | | | | |
| Optimize energy performance—Equipment and appliances | 4 | | | | | |
| On-site renewable energy | | 4 | 8 | 7 | 7 | 7 |
| Enhanced commissioning | 5 | 2 | 2 | 2 | 2 | 2 |
| Enhanced refrigerant management | | 2 | 1 | 2 | 2 | 1 |
| Measurement and verification | 5 | | 2 | 3 | 3 | 2 |
| Measurement and verification—Base building | | 3 | | | | |
| Measurement and verification—Tenant submetering | | 3 | | | | |
| Green power | 5 | 2 | 1 | 2 | 2 | 2 |
| Community contaminant prevention—Airborne releases | | | 1 | | | |

*(continua)*

| Guia de consulta para o LEED v3.0 | Commercial Interiors (Interiores Comerciais) | Core & Shell (Núcleo e Fechamento) | Healthcare (Hospitais e Similares) | New Construction (Construções Novas) | Retail: New Construction (Comércio: Construções Novas) | Schools (Escolas) |
|---|---|---|---|---|---|---|
| **Materials and resources (MR)** | 14 | 13 | 16 | 14 | 14 | 13 |
| Storage and collection of recyclables | Pré-req | Pré-req | Pré-req | Pré-req | Pré-req | Pré-req |
| PBT Source reduction—mercury | | | Pré-req | | | |
| Building Reuse | 2 | | | | | |
| Building reuse—Maintain existing walls, floors, and roof | | 5 | 3 | 3 | 3 | 2 |
| Building reuse—Maintain 50 percent of interior nonstructural elements | | | 1 | 1 | 1 | 1 |
| Construction waste management | 2 | 2 | 2 | 2 | 2 | 2 |
| Sustainably sourced materials and products | | | 4 | | | |
| Materials reuse | 2 | 1 | | 2 | 2 | 2 |
| Materials—Furniture and furnishings | 1 | | | | | |
| Recycled content | 2 | 2 | | 2 | 2 | 2 |
| Regional materials | 2 | 2 | | 2 | 2 | 2 |
| Rapidly renewable materials | 1 | | | 1 | 1 | 1 |
| Certified wood | 1 | 1 | | 1 | 1 | 1 |
| PBT source reduction—Mercury in lamps | | | 1 | | | |
| PBT source reduction—Lead, cadmium, and copper | | | 2 | | | |
| Furniture and medical furnishings | | | 2 | | | |
| Resource use—Design for flexibility | | | 1 | | | |
| Tenant space—Long-term commitment | 1 | | | | | |
| **Indoor environmental quality (EQ)** | 17 | 12 | 18 | 15 | 15 | 19 |
| Minimum indoor air quality performance | Pré-req | Pré-req | Pré-req | Pré-req | Pré-req | Pré-req |
| Environmental tobacco smoke (ETS) control | Pré-req | Pré-req | Pré-req | Pré-req | Pré-req | Pré-req |
| Hazardous material removal or encapsulation | | | Pré-req | | | |
| Minimum acoustical performance | | | | | | Pré-req |
| Outdoor air delivery monitoring | 1 | 1 | 1 | 1 | 1 | 1 |
| Increased ventilation | 1 | 1 | | 1 | 1 | 1 |
| Construction IAQ management plan—During construction | 1 | 1 | 1 | 1 | 1 | 1 |
| Construction IAQ management plan—Before occupancy | 1 | | 1 | 1 | 1 | 1 |
| Low-emitting materials | | | 4 | | 5 | 4 |
| Low-emitting materials—Adhesives and sealants | 1 | 1 | | 1 | | |
| Low-emitting materials—Paints and coatings | 1 | 1 | | 1 | | |

*(continua)*

| Guia de consulta para o LEED v3.0 | Commercial Interiors (Interiores Comerciais) | Core & Shell (Núcleo e Fechamento) | Healthcare (Hospitais e Similares) | New Construction (Construções Novas) | Retail: New Construction (Comércio: Construções Novas) | Schools (Escolas) |
|---|---|---|---|---|---|---|
| Low-emitting materials—Flooring systems | 1 | 1 | | 1 | | |
| Low-emitting materials—Composite wood and agrifiber products | 1 | 1 | | 1 | | |
| Low-emitting materials—Systems furniture and seating | 1 | | | | | |
| Indoor chemical and pollutant source control | 1 | 1 | 1 | 1 | 1 | 1 |
| Controllability of systems—Lighting and thermal comfort | | 1 | | | 1 | |
| Controllability of systems—Lighting | 1 | | 1 | 1 | | 1 |
| Controllability of systems—Thermal comfort | 1 | | 1 | 1 | | 1 |
| Thermal comfort—Design and verification | | | 1 | | | |
| Thermal comfort—Design | 1 | 1 | | 1 | 1 | 1 |
| Thermal comfort—Verification | 1 | | | 1 | 1 | 1 |
| Daylight and views—Daylight | 2 | 1 | 2 | 1 | 1 | 3 |
| Daylight and views—Views | 1 | 1 | 3 | 1 | 1 | 1 |
| Enhanced acoustical performance | | | | | | 1 |
| Mold prevention | | | | | | 1 |
| Acoustic equipment | | | 2 | | | |
| **Innovation and design process (ID)** | 6 | 6 | 6 | 6 | 6 | 6 |
| Integrated project planning and design | | | Pré-req | | | |
| Innovation in design | 5 | 5 | 4 | 5 | 5 | 4 |
| LEED accredited professional | 1 | 1 | 1 | 1 | 1 | 1 |
| Integrated project planning and design | | | 1 | | | |
| The school as a teaching tool | | | | | | 1 |
| **Regional priority (RP)** | 4 | 4 | 4 | 4 | 4 | 4 |

1. Pré-req.: Pré-requisito.
2. Como ainda se usa o protocolo LEED em inglês, optou-se por manter sem tradução os itens deste Apêndice.

# B Conversões de unidades

| Multiplique | Por | Para obter | Multiplique | Por | Para obter |
|---|---|---|---|---|---|
| **Comprimento** | | | | | |
| Polegadas (in) | 0,025 | Metros (m) | Metros (m) | 39,370 | Polegadas (in) |
| Metros (m) | 100,0 | Centímetros (cm) | Centímetros (cm) | 0,010 | Metros (m) |
| Quilômetros (km) | 1.000,0 | Metros (m) | Metros (m) | 0,001 | Quilômetros (km) |
| Milhas (mi) | 1,609 | Quilômetros (km) | Quilômetros (km) | 0,622 | Milhas (mi) |
| Polegadas (in) | 2,540 | Centímetros (cm) | Centímetros (cm) | 0,394 | Polegadas (in) |
| Jardas (yd) | 0,914 | Metros (m) | Metros (m) | 1,094 | Jardas (yd) |
| Pés (ft) | 0,305 | Metros (m) | Metros (m) | 3,281 | Pés (ft) |
| Centímetros (cm) | 0,394 | Polegadas (in) | Polegadas (in) | 2,540 | Centímetros (cm) |
| Pés (ft) | 30,480 | Centímetros (cm) | Centímetros (cm) | 0,033 | Pés (ft) |
| Metros (m) | 3,281 | Pés (ft) | Pés (ft) | 0,305 | Metros (m) |
| **Área** | | | | | |
| Hectares (ha) | 10.000,0 | Metros quadrados (m$^2$) | Metros quadrados (m$^2$) | 0,0001 | Hectares (ha) |
| Acres (ac) | 0,405 | Hectares (ha) | Hectares (ha) | 2,471 | Acres (ac) |
| Acres (ac) | 43.560,0 | Pés quadrados (ft$^2$) | Pés quadrados (ft$^2$) | 0,000023 | Acres (ac) |
| Jardas quadradas (yd$^2$) | 0,836 | Metros quadrados (m$^2$) | Metros quadrados (m$^2$) | 1,196 | Jardas quadradas (yd$^2$) |
| Milhas quadradas (mi$^2$) | 2,590 | Quilômetros quadrados (km$^2$) | Quilômetros quadrados (km$^2$) | 0,386 | Milhas quadradas (mi$^2$) |
| Jardas quadradas (yd$^2$) | 0,836 | Metros quadrados (m$^2$) | Metros quadrados (m$^2$) | 1,196 | Jardas quadradas (yd$^2$) |
| Pés quadrados (ft$^2$) | 0,093 | Metros quadrados (m$^2$) | Metros quadrados (m$^2$) | 10,764 | Pés quadrados (ft$^2$) |
| Polegadas quadradas (in$^2$) | 645,150 | Milímetros quadrados (mm$^2$) | Milímetros quadrados (mm$^2$) | 0,0016 | Polegadas quadradas (in$^2$) |
| Pés quadrados (ft$^2$) | 929,000 | Centímetros quadrados (cm$^2$) | Centímetros quadrados (cm$^2$) | 0,0011 | Pés quadrados (ft$^2$) |
| Polegadas quadradas (in$^2$) | 6,452 | Centímetros quadrados (cm$^2$) | Centímetros quadrados (cm$^2$) | 0,155 | Polegadas quadradas (in$^2$) |
| **Volume** | | | | | |
| Acres-pé (ac-ft) | 1233,5 | Metros cúbicos (m$^3$) | Metros cúbicos (m$^3$) | 0,0008 | Acres-pé (ac-ft) |
| Jardas cúbicas (yd$^3$) | 0,765 | Metros cúbicos (m$^3$) | Metros cúbicos (m$^3$) | 1,308 | Jardas cúbicas (yd$^3$) |
| Pés cúbicos (ft$^3$) | 0,028 | Metros cúbicos (m$^3$) | Metros cúbicos (m$^3$) | 35,315 | Pés cúbicos (ft$^3$) |
| Pés cúbicos (ft$^3$) | 28,317 | Litros (l) | Litros (l) | 0,035 | Pés cúbicos (ft$^3$) |
| Galões norte-americanos (gal) | 3,785 | Litros (l) | Litros (l) | 0,264 | Galões norte-americanos (gal) |
| Polegadas cúbicas (in$^3$) | 16,387 | Milímetros cúbicos (mm$^3$) | Milímetros cúbicos (mm$^3$) | 0,061 | Polegadas cúbicas (in$^3$) |
| Pés cúbicos (ft$^3$) | 7,481 | Galões norte-americanos (gal) | Galões norte-americanos (gal) | 0,134 | Pés cúbicos (ft$^3$) |

*(continua)*

| Multiplique | Por | Para obter | Multiplique | Por | Para obter |
|---|---|---|---|---|---|
| **Temperatura** | | | | | |
| Graus Celsius (°C) | (+17,78) × 1,8 | Graus Fahrenheit (°F) | Graus Fahrenheit (°F) | (–32) × 0,556 | Graus Celsius (°C) |
| **Massa/Peso** | | | | | |
| Quilogramas (kg) | 1.000 | Gramas (g) | Gramas (g) | 0,001 | Quilogramas (kg) |
| Quilogramas (kg) | 2,205 | Libras (lb) | Libras (lb) | 0,454 | Quilogramas (kg) |
| Toneladas curtas (americanas) (ton) | 2000,0 | Libras (lb) | Libras (lb) | 0,0005 | Toneladas curtas (americanas) (ton) |
| Toneladas métricas (ton) | 2240,6 | Libras (lb) | Libras (lb) | 0,00045 | Toneladas métricas (ton). |
| Toneladas curtas (americanas) (ton) | 0,907 | Toneladas métricas (ton) | Toneladas métricas (ton) | 1,102 | Toneladas curtas (americanas) (ton) |
| Toneladas curtas (americanas) (ton) | 0,893 | Toneladas longas (Reino Unido) (ton) | Toneladas longas (Reino Unido) (ton) | 1,120 | Toneladas curtas (americanas) (ton) |
| Toneladas métricas (ton) | 0,984 | Toneladas longas (Reino Unido) (ton) | Toneladas longas (Reino Unido) (ton) | 1,016 | Toneladas métricas (ton) |
| Gramas (g) | 0,0353 | Onças (oz) | Onças (oz) | 28,350 | Gramas (g) |
| **Pressão/Força** | | | | | |
| lb/in$^2$ (psi) | 6,895 | Quilo Pascal (kPa) | Quilo Pascal (kPa) | 0,145 | lb/in$^2$ (psi) |
| Libras-força (lbf) | 4,448 | Newton (N) | Newton (N) | 0,225 | libras-força (lbf) |
| kg/cm$^2$ | 14,220 | lb/in$^2$ (psi) | lb/in$^2$ (psi) | 0,070 | kg/cm$^2$ |
| kg/m$^2$ | 0,205 | lb/ft$^2$ (psf) | lb/ft$^2$ (psf) | 4,883 | kg/m$^2$ |
| **Energia** | | | | | |
| Megawatts-hora (MWh) | 1.000,0 | Kilowatts-hora (kWh) | Kilowatts-hora (kWh) | 0,0010 | Megawatts-hora (MWh) |
| Kilowatts-hora (kWh) | 3.415,0 | Unidades térmicas britânicas (BTU) | Unidades térmicas britânicas (BTU) | 0,00029 | Kilowatts-hora (kWh). |
| Watts-Horas (Wh) | 3,415 | Unidades térmicas britânicas (BTU) | Unidades térmicas britânicas (BTU) | 0,293 | Watt-hora (Wh) |
| Toneladas-hora de refrigeração | 12.000,0 | Unidades térmicas britânicas (BTU) | Unidades térmicas britânicas (BTU) | 0,000083 | Toneladas-hora de refrigeração |
| **Potência** | | | | | |
| Watts (W) | 3,412 | BTU/hora | BTU/hora | 0,293 | Watts (W) |
| Quilowatts (kW) | 1.000,0 | Watts (W) | Watts (W) | 0,001 | Quilowatts (kW) |
| Toneladas de refrigeração | 12000,0 | BTU/hora | BTU/hora | 0,000083 | Toneladas de refrigeração. |
| Cavalos-vapor (hp) | 33000,0 | Pés libra-força/min | Pés libra-força/min | 0,00003 | Cavalos-vapor (hp) |
| Cavalos-vapor (hp) | 0,746 | Quilowatts (kW) | Quilowatts (kW) | 1,341 | Cavalos-vapor (hp) |
| **Velocidade/Vazão** | | | | | |
| Pés cúbicos por minuto (cfm) | 0,472 | Litros por segundo (l/s) | Litros por segundo (l/s) | 2,119 | Pés cúbicos por minuto (cfm) |
| Pés por minuto (fpm) | 0,508 | Centímetros por segundo (cm/s) | Centímetros por segundo (cm/s) | 1,969 | Pés por minuto (fpm) |
| Pés por minuto (fpm) | 0,305 | Metros por minuto (mpm) | Metros por minuto (mpm) | 3,281 | Pés por minuto (fpm). |
| Galões por minuto (gpm) | 0,063 | Litros por segundo (l/s) | Litros por segundo (l/s) | 15,853 | Galões por minuto (gpm)l |
| Pés por segundo (ft/s) | 0,305 | Metros por segundo (m/s) | Metros por segundo (m/s) | 3,281 | Pés por segundo (ft/s) |
| Milhas por hora (mph) | 1,610 | Quilômetros por hora (km/h) | Quilômetros por hora (km/h) | 0,621 | Milhas por hora (mph) |

# Glossário

**Absorção sonora** é a parcela da energia sonora que atinge uma superfície e não retorna.

**Água de processo** é aquela utilizada para processos industriais e sistemas de edificação, como torres de arrefecimento, caldeiras e resfriadores. O termo também pode se referir à água utilizada em processos operacionais, como a produção de gelo, lavagem de pratos e de roupas.

**Água potável** é aquela que atende aos padrões das agências oficiais em termos de potabilidade e é aprovada para o consumo humano. Fornecida por redes municipais de água ou obtida em poços artesianos.

**Água reciclada** é a água servida que foi tratada para o reúso.

**Água servida** é a água consumida ou utilizada por habitações, comunidades, fazendas ou instalações industriais, entre outros, que contém matérias dissolvidas ou suspensas.

**Águas fecais** são águas servidas oriundas de vasos sanitários e mictórios. As águas servidas de pias de cozinha (especialmente quando forem dotadas de triturador de alimentos), duchas e banheiras também são consideradas águas fecais por alguns códigos de edificação.

**Águas servidas ou águas cinza** águas descartadas não tratadas por uma edificação, que não entraram em contato com o esgoto sanitário e, portanto, têm baixo conteúdo orgânico. Incluem águas utilizadas em banheiros, bem como por máquinas de lavar roupa e tanques. Não incluem a água gerada por pias de cozinha ou máquinas de lavar pratos, que apresentam conteúdo orgânico.

**Albedo ou refletância solar** representa a capacidade de um material de refletir a luz natural e varia em uma escala de 0 a 1. A refletância solar da tinta preta é 0, e a da tinta branca (dióxido de titânio), 1.

**Análise do berço-ao-berço** é uma estrutura para o projeto de processos de manufatura que utilizam energias renováveis, no qual os materiais fluem em ciclos seguros, regenerativos e fechados.

**Análise do ciclo de vida (LCA)** é um estudo dos impactos ambientais e impactos potenciais associados a um produto, processo ou serviço.

**Análise do custo do ciclo de vida (LCC)** é uma metodologia de medição utilizada para avaliar o desempenho econômico de um produto ou sistema ao longo de sua vida útil. Leva em consideração custos de operação, despesas com manutenção e outros fatores econômicos.

**Aproveitamento do lixo** atividade de gestão que viabiliza a utilização do lixo sem processos de incineração ou envio a aterros sanitários. O reúso e a reciclagem são alguns exemplos.

**Ar de exaustão** é o ar que é removido de um espaço e descarregado para o exterior do prédio por sistemas de ventilação natural ou mecânica.

**Ar insuflado** é o ar lançado em um espaço por um sistema de ventilação mecânica ou natural. É composto pela combinação de ar externo e ar recirculado.

**Áreas virgens ou não urbanizadas** são terrenos nos quais não há construções, como campos, florestas e pastagens.

**Autoridade comissionante (CxA)** é o indivíduo designado para organizar, conduzir e revisar a execução das atividades de um processo de comissionamento. A autoridade comissionante facilita a comunicação entre o proprietário, projetista e empreiteiro para garantir que sistemas complexos sejam instalados e funcionem de acordo com os requisitos do projeto.

**Avaliação do risco** é a análise da composição de um produto que determina se sua formulação, artigo ou produto químico constituinte representa risco pela exposição e as condições de uso previstas.

**Bacia de detenção construída** é um sistema artificial projetado a fim de simular as funções naturais de uma bacia de detenção que dão sustentação aos sistemas ecológicos e purificam a água.

**Bacias sanitárias de compostagem** contêm excrementos, papel higiênico, um aditivo de carbono e, às vezes, resíduos alimentares, e controlam sua compostagem. (Às vezes são chamadas de *bacias* ou *vasos sanitários biológicos, secos* ou *sem água.*)

**Biodiversidade** é a variedade de vida em todas as formas, níveis e combinações, incluindo-se a diversidade genética, de espécies e de ecossistemas.

**Biomassa** são materiais vegetais obtidos de árvores, gramíneas ou plantações que podem ser convertidos em energia térmica a fim de gerar eletricidade.

**Biomimetismo** é uma disciplina de projeto emergente que busca soluções de projeto sustentável inspirando-se na natureza. Às vezes também é chamado de *projeto biomimético*.

**Bomba de calor geotérmico ou bomba de calor de aproveitamento da energia geotérmica (de fonte subterrânea ou submersa)** é um sistema de calefação e/ou resfriamento central que bombeia calor para dentro ou fora do solo ou da água. Utiliza a terra ou água como fonte quente (no inverno) ou fria (no verão). *Veja também* **Sistema de bombas geotérmicas.**

**Building information modeling (BIM)** é o processo de geração e gestão de dados de um prédio durante seu ciclo de vida. Ele também se refere ao *software* que gera uma representação tridimensional da edificação e permite o uso de *plug-ins* que podem fazer modelagens de consumo de energia, estudos sobre iluminação natural e avaliações do ciclo de vida dos sistemas prediais.

**Building Research Establishment Environmental Assessment Method (BREEAM)** é o principal sistema de certificação de edificações do Reino Unido.

**Cadeia de custódia (COC)** é o procedimento de acompanhar um produto de sua colheita ou extração até seu uso final, incluindo todos os estágios sucessivos de processamento, transformação, manufatura e distribuição.

**Calefação na escala do bairro (ou distrito)** é a distribuição de energia térmica de uma ou mais fontes, como o calor residual de uma usina, a diversas edificações.

**Candela** é uma unidade de medida de intensidade luminosa. Uma/um candela é a intensidade luminosa, em determinada direção, que uma fonte que emite radiação monocromática com $540 \times 10^{12}$ Hz de frequência e tem intensidade radiante de 1/683 watt por estereorradiano naquela direção. *Veja também* **Lúmen**.

**Captação de águas pluviais** é a coleta de água da chuva para aplicações potáveis, não potáveis, industriais ou de irrigação.

**Carga de eletrodomésticos** é a carga elétrica de um eletrodoméstico ou outro aparelho elétrico que normalmente é conectado a uma tomada, como um computador, uma impressora ou um carregador de telefone.

**Certificados de Energia Renováveis (RECs)** são *commodities* comerciáveis que comprovam que uma unidade de eletricidade foi gerada de uma fonte energética renovável. RECs são vendidos separadamente da eletricidade em si e, portanto, permitem a compra dos atributos da energia sustentável para um projeto de edificação ecológica.

*Charrette* é uma seção colaborativa na qual uma equipe de projeto encontra uma solução a um projeto ou problema de projeto. Sua estrutura pode variar, conforme a complexidade do problema ou resultado desejado e os profissionais trabalhando no grupo. As *charrettes* podem ocorrer ao longo de sessões múltiplas, nas quais o grupo se divide em subgrupos. Cada subgrupo então apresenta seu trabalho ao grupo inteiro, como base para diálogos futuros. As *charrettes* podem servir como maneira de gerar soluções rápidas e, ao mesmo tempo, integrar os talentos e interesses de um grupo diversificado de pessoas.

**Ciclo de vida do berço-ao-portão** é o ciclo de vida parcial de um produto, desde a extração de seus recursos (berço) até o portão da fábrica, antes que ele seja enviado ao consumidor. Este ciclo de vida inclui os estágios do produto do suprimento das matérias-primas ao transporte e à manufatura. Neste caso, o processo de construção e as etapas do fim da vida útil são omitidos.

**Ciclo de vida do berço-ao-túmulo** é o ciclo de vida inteiro do produto, da extração de seus recursos ("berço") até a etapa de descarte ("túmulo"). Este ciclo de vida inclui as etapas do produto, do processo de construção, do uso e do fim da vida útil.

**Classe de Transmissão Sonora (STC)** é uma classificação de valor único para a atenuação acústica de sons aerotransportados através de uma divisória, parede interna ou outro elemento de construção, como uma parede externa, cobertura ou porta, com medições em laboratórios de testes de acústica de acordo com a prática industrial aceita. Uma classificação STC mais elevada viabiliza uma atenuação sonora maior através do componente de construção.

**Climatização** inclui calefação, resfriamento, ventilação e condicionamento de ar pelo uso de equipamentos, sistemas de distribuição e terminais que condicionam o ambiente interno de um prédio.

**Clorofluorocarbonetos (CFCs)** são hidrocarbonos que no passado eram utilizados como refrigerantes e destroem a camada de ozônio da estratosfera. Os CFCs tiveram seu uso banido por acordos internacionais, como o Protocolo de Montreal de 1987.

**Cobertura verde ou ecotelhado** é um sistema de cobertura que pode incluir uma impermeabilização, um sistema de proteção contra raízes, um sistema de drenagem, um meio filtrante, um meio de cultivo leve e plantas. Esses sistemas podem ser compostos de módulos com camadas de drenagem, meio filtrante, meio de cultivo e plantas já preparados em placas móveis e conectáveis, ou cada um dos componentes pode ser instalado separadamente.

**Coeficiente de Absorção Sonora** descreve a capacidade de um material de absorver o som e é expressa como fração de um som incidente. O coeficiente de absorção sonora é específico para cada frequência e varia entre 0,00 e 1,00. Por exemplo, um material pode ter um coeficiente de absorção de 0,50 a 250 Hz e de 0,80 a 1.000 Hz. Esses coeficientes indicam que ele absorve 50% do som incidente a 250 Hz e 80% do som incidente a 1.000 Hz. A média aritmética dos coeficientes de absorção em frequências médias é o coeficiente de redução sonora.

**Coeficiente de desempenho (COP)** é uma medida da entrada de energia em um sistema em comparação à sua saída. Quanto mais elevado for o COP, mais eficiente o sistema será.

**Coeficiente de Redução de Ruído (NRC)** é a média aritmética dos coeficientes de absorção sonora de um material a 250, 500, 1.000 e 2.000 Hz. Os fabricantes muitas vezes publicam o NRC nas especificações dos produtos, particularmente no caso de placas acústicas para forros e painéis para absorção de ruídos de parede.

**Cogeração de energia elétrica e térmica (CHP)** ou simplesmente cogeração é a conversão tanto de eletricidade como de calor a partir de uma única fonte de combustível.

**Comissionamento (Cx)** é o processo de verificação e documentação de que um prédio e todos os seus sistemas e componentes foram planejados, projetados, instalados, testados, operados e mantidos de acordo com as exigências do projeto.

**Componentes da edificação** são os elementos e sistemas de um prédio.

**Compósito de madeira** consiste em partículas de madeira ou planta ou fibras aglomeradas por uma resina ou um aglomerante sintético. Entre os exemplos podemos citar o aglomerado, o MDF, o OSB, a chapa de fibra de trigo e a placa de palha.

**Compostos orgânicos voláteis (VOCs)** são os diversos compostos orgânicos liberados na atmosfera pelas plantas, pela vaporização de produtos à base de óleo e que são quimicamente reativos e se envolvem na química da produção de ozônio da troposfera.

**Comprehensive Assessment System for Building Environmental Efficiency (CASBEE)** é o principal sistema de certificação de edificações utilizado no Japão.

**Conforto térmico** existe quando os usuários expressam satisfação com o meio ambiente térmico. É um estado psicológico, não sendo possível atribuir a ele nenhum valor numérico.

**Conteúdo de base biológica de um produto** é a porção de um material ou produto derivada de plantas e outros recursos agrícolas, marinhos ou florestais renováveis.

**Conteúdo reciclado pós-consumo** é um material descartado por edificações e instalações habitacionais, comerciais, industriais e institucionais que é incorporado a produtos novos. Esse processo inclui o retorno de materiais da cadeia de distribuição.

**Conteúdo reciclado pré-consumo** é um material que foi desviado do fluxo de lixo durante um processo de manufatura. Não se inclui a reutilização de materiais gerados em um processo de retrabalho, retificação ou refugo e que são capazes de serem reaproveitados dentro do mesmo processo que os gerou.

**Conteúdo reciclado** é a proporção, por custo ou peso, de material reciclado em um produto ou embalagem. Somente os materiais reciclados antes e depois do consumo são considerados como tendo conteúdo reciclado.

**Controles de iluminação responsíveis à luz natural** são fotossensores utilizados em conjunto com interruptores e *dimmers* para controlar a quantidade de luz artificial em relação à quantidade e qualidade de luz natural.

**Critérios de conforto** são condições de projeto específicas que levam em conta a temperatura, a umidade e a velocidade do ar tanto em um interior como em seu exterior, bem como as vestimentas sazonais e as atividades esperadas para esse ambiente.

**Custos indiretos** são os itens de despesa que não são considerados como custos de construção diretos. Entre os exemplos, podemos citar os custos de financiamento e os honorários pagos aos arquitetos, engenheiros e advogados.

**Custos tangíveis** são os custos de solo, materiais, trabalho e maquinaria utilizados para construir um prédio. Também denominados *custos de construção diretos*.

**Decibel ponderado (dBA)** é um nível de pressão sonora medido com uma ponderação de frequência convencional que dá uma ideia de como o ouvido humano ouve os componentes do som de diferentes frequências nos níveis de audição típicos de uma conversa.

**Desconstrução**   é o desmonte e a remoção de forma sistematizada de uma edificação ou suas partes a fim de salvar e coletar os componentes com o propósito de reusar e reciclar os materiais obtidos ao seu valor máximo, ou seja, é a desmontagem de um prédio com a intenção explícita de recuperar os materiais de construção para reusá-los de maneira segura e econômica.

**Desempenho energético de um edifício convencional**   é o custo de consumo de energia anual de um projeto de edificação que será utilizado como padrão de referência para avaliação e certificação de um projeto de desempenho superior, conforme definido pelo ANSI/ASHRAE/IESNA 90.1-2007, Apêndice G.

**Desenvolvimento sustentável**   é aquele que atende às necessidades do presente sem comprometer a capacidade das gerações futuras de atender a suas próprias necessidades.

**Deutsche Gesellschaft für Nachhaltiges Bauen (DGNB), ou Associação Alemã para a Edificação Sustentável**   é tanto o principal sistema de certificação de edificações para sustentabilidade utilizado na Alemanha como o nome da organização que o promove.

**Ecologia**   é o estudo das condições de vida dos organismos interagindo entre si e com o meio, seja orgânico ou inorgânico.

**Economizador de ar**   é um sistema encontrado nos sistemas de calefação, ventilação, condicionamento de ar e distribuição de ar que tira partido de condições climáticas favoráveis a fim de reduzir a climatização mecânica ao introduzir o ar externo mais fresco na edificação.

**Economizador**   *Veja* **Economizador de ar.**

**Ecossistema**   é uma unidade básica da natureza que inclui uma comunidade de organismos e seu meio ambiente não vivo, que são conectados por processos biológicos, químicos e físicos.

**Ecotelhado (ou telhado verde)** *Veja* **Cobertura verde.**

**Edificação existente**   é um prédio ou parte dele que já foi ocupado ou aprovado para ocupação pelas autoridades locais.

**Edificação sustentável de alto desempenho**   é o termo mais específico para definir o resultado desejado para um projeto de um edifício ecológico e seu processo de construção.

**Edificação sustentável**   é um edifício projetado por meio de um processo holístico e colaborativo considerando o consumo de recursos em seu ciclo de vida, os impactos ambientais, a saúde dos usuários e os ecossistemas locais.

**Efeito de ilha de calor**   se refere à absorção do calor por superfícies construídas - pisos externos, pavimentações e edifícios - e sua radiação a áreas do entorno. Particularmente em áreas urbanas, podem incluir a exaustão de veículos, condicionadores de ar e equipamentos urbanos. Também chamado de *efeito de ilha de calor urbana* ou *efeito de ilha térmica*.

**Eficiência térmica**   é uma medida da eficiência de se converter um recurso como um combustível em energia e trabalho útil. O trabalho útil e a produção de energia são divididos pelo valor mais alto do combustível utilizado.

**Elementos não estruturais (ou não portantes)**   são aqueles instalados em uma edificação ou sistema de edificação, mas que não integram seu sistema estrutural e não transferem cargas. Incluem: (1) elementos de arquitetura, como um peitoril, divisórias, paredes internas, forros, acessórios, sistemas de revestimento de fachadas e laminados; (2) componentes de instalações prediais e sistemas mecânicos; (3) elementos do sistema elétrico; (4) componentes variados, como placas de sinalização e móveis fixos.

**Emissão de gases**   em uma edificação se refere à emissão de compostos orgânicos voláteis (VOCs) de produtos sintéticos e naturais.

**Emissividade**   é a razão entre a radiação emitida por uma superfície e a emitida por um corpo negro na mesma temperatura.

**Energia fotovoltaica**   é a eletricidade gerada pelas células fotovoltaicas que convertem luz solar em eletricidade.

**Energia geotérmica**   é a energia elétrica gerada pela água quente ou o vapor do solo.

**Energia *in loco* ou energia secundária**   é a quantidade de energia térmica e elétrica consumida por uma edificação e refletida nas contas das concessionárias.

**Energia incorporada**   é a energia total de todos os tipos necessária para produzir bens ou serviços e considerada investimento energético no produto ou na atividade. Para edificações, é o investimento total em energia para suas respectivas construções e inclui a energia incorporada de todos os materiais que compõem um prédio, além da energia necessária para construí-lo e instalar todos os seus produtos e materiais.

**Energia na origem ou energia primária**   é a quantidade total de energia de uma fonte bruta necessária para operar um prédio. Inclui as perdas por transmissão, distribuição e produção para uma avaliação completa do consumo de energia de uma edificação.

**Energia renovável gerada no local**   energia renovável gerada na edificação ou no respectivo terreno e utilizada por ela, por meio do sol, vento, água, centro da Terra ou biomassa; é gerada por equipamentos como turbinas eólicas, painéis solares fotovoltaicos, coletores solares perfurados, aquecedores solares, microusinas hidrelétricas, células de combustível e bombas de calor geotérmico.

**Energia renovável não gerada no local**   é uma energia sustentável gerada pela rede pública ou outra fonte fora do terreno de uma edificação, não havendo um sistema físico de energia renovável no local ou diretamente conectado à edificação.

**Energy Star Rating**   é um selo norte-americana do desempenho energético de um prédio em comparação com o de edificações similares, conforme determinado pelo Energy Star Portfolio Manager. Este desempenho varia em uma escala de 1 a 100, sendo que a pontuação 50 representa o desempenho de um prédio médio, enquanto 75 seria um desempenho muito bom.

**Entalpia**   é a energia total de um sistema, a soma de sua energia interna com o produto de sua pressão e volume.

**Entulho de construção e demolição**   inclui lixo e produtos recicláveis gerados pela construção e reforma, demolição ou desconstrução de edificações existentes. Não inclui os dejetos oriundos da limpeza de um terreno, como solo, vegetação e rochas.

**Equivalente ao tempo integral (FTE)**   representa um usuário regular da edificação que passa 40 horas por semana no prédio projetado. Usuários de meio expediente (ou horário não integral) e em horas extras têm seus valores de FTEs baseados em suas horas de atividade por semana divididas por 40.

**Equivalente de dióxido de carbono ($CO_2e$)**   é uma medida utilizada para comparar o impacto de vários gases de efeito estufa com base em seu potencial de aquecimento global (GWP). O $CO_2e$ equivale ao efeito de aquecimento integrado ao tempo de uma unidade de gás de efeito estufa relativo àquela do dióxido de carbono ($CO_2$). O potencial de aquecimento global é um índice para a estimativa da contribuição relativa ao aquecimento global das emissões atmosféricas de uma unidade de massa de um gás de efeito estufa particular em relação à emissão de uma unidade de massa de $CO_2$. Esses valores de potencial de aquecimento global são adotados com base em um horizonte de 100 anos: 1 para o $CO_2$, 23 para o metano ($CH_4$) e 294 para o óxido nitroso ($N_2O$). *Veja também* **Potencial de aquecimento global**.

**Eutrofização**   é o aumento dos nutrientes químicos de um ecossistema como o nitrogênio e o fósforo frequentemente encontrados em fertilizantes. Os nutrientes agregados estimulam o crescimento excessivo das plantas, promovendo a superpopulação de algas ou ervas daninhas, fatores que reduzem o oxigênio no solo e na água, a qualidade da água e dos peixes que são alimentos para outras populações de animais.

**Florestamento sustentável** é a prática da gestão de recursos florestais a fim de atender às necessidades humanas de produtos florestais no longo prazo e, ao mesmo tempo, preservar a biodiversidade das áreas florestais. Seu principal objetivo é restaurar, melhorar e sustentar toda uma variedade de valores florestais, levando em conta fatores econômicos, sociais e ecológicos.

**Formaldeído de ureia** é uma combinação de ureia e formaldeído utilizada em algumas colas que pode emitir formaldeído à temperatura ambiente.

**Formaldeído** é um composto orgânico volátil de ocorrência natural encontrado em pequenas quantidades nos animais e nas plantas, mas que é cancerígeno e que causa irritações para a maioria das pessoas quando em altas concentrações, provoca dores de cabeça, tonturas, perda da memória, entre outros sintomas. Quando presente no ar em níveis superiores a 0,1 parte por milhão, pode causar lacrimação, sensação de ardência nos olhos, no nariz e na garganta, náusea, tosse, aperto no peito, sibilo, irritação na pele e reações asmáticas e alérgicas.

**Formulação de produto** é qualquer combinação ou mistura de dois ou mais produtos químicos se a combinação não ocorre na natureza e não é, no todo ou em parte, o resultado de uma reação química.

**Gases de efeito estufa** absorvem e emitem radiações em comprimentos de onda específicos dentro do espectro da radiação infravermelha térmica emitida pela superfície da Terra, por nuvens e pela própria atmosfera. O aumento da concentração dos gases de efeito estufa é uma das causas principais das mudanças climáticas globais.

**Green Associate** é uma credencial oferecida pelo US Green Building Council, certificando que uma pessoa tem conhecimentos sobre os fundamentos da edificação sustentável. A aprovação no exame Green Associate é um requisito para se tornar um LEED (Leadership in Energy and Environmental Design) Accredited Professional (LEED AP).

**Green Building Certification Institute (GBCI)** é uma organização independente e sem fins lucrativos que analisa os pedidos de certificação Leadership in Energy and Environmental Design (LEED) do US Green Building Council e credencia candidatos aos títulos de Green Associate ou LEED AP.

**Green Building Initiative (GBI)** é uma organização sem fins lucrativos cuja missão é acelerar a adoção de práticas de edificação que resultem em edificações comerciais e residenciais eficientes em energia, mais saudáveis e ambientalmente sustentáveis com abordagens ecológicas, seguras e práticas.

**Green Globes Associate (GGA)** é um membro da equipe de projeto que fez e foi aprovado em curso sobre o pedido de certificação Green Globes. Os GGAs apoiam equipes no processo de certificação Green Globes.

**Green Globes Professional (GGP)** é um especialista na certificação Green Globes que presta consultoria a clientes durante o processo de certificação.

**Green Globes** é um programa de orientação e certificação de edificações ecológicas que oferece a prédios comerciais uma maneira efetiva, prática e economicamente viável de progresso rumo à sustentabilidade e ao desempenho ambiental como um todo.

**Green-e** é um programa estabelecido pelo Center of Resource Solutions para promover os produtos de eletricidade sustentável e oferecer a consumidores dos Estados Unidos um método rigoroso e de reconhecimento nacional para a identificação desses produtos.

**Halons** são substâncias utilizadas em sistemas de combate a incêndio e extintores que destroem a camada de ozônio da atmosfera.

**Hidroclorofluorcarbonetos (HCFCs)** são refrigerantes que causam danos significativamente menores à camada de ozônio estratosférica do que os clorofluorcarbonos.

**Hidrofluorcarbonetos (HFCs)** são refrigerantes que não afetam a camada de ozônio estratosférica, mas que podem ter alto potencial de aquecimento global. Não são considerados ambientalmente sustentáveis.

**Iluminação natural ou diurna** é a entrada controlada da luz natural em um espaço que é utilizado para reduzir ou eliminar a iluminação elétrica.

**Índice de Refletância Solar (SRI)** é a medida da capacidade de um material de rejeitar o calor solar e é indicada por uma pequena elevação da temperatura. O preto padrão (refletância 0,05, emitância 0,90) apresenta SRI 0; e o branco padrão (refletância 0,80, emitância 0,90), SRI 100. Uma superfície preta padrão, por exemplo, tem aumento de temperatura de 50°C sob o sol direto, enquanto em uma superfície branca padrão essa elevação é de 8,1°C. Computado o aumento máximo de temperatura de determinado material, o SRI pode ser calculado por meio da interpolação dos valores para o branco e o preto. Os materiais com valores de SRI mais elevados são as melhores opções para pisos que não devem aquecer demasiadamente.

**Invasão luminosa** é a luz obstrutiva e indesejada em virtude de seus atributos quantitativos, direcionais ou espectrais. Pode causar irritação, desconforto, distração ou perda de visibilidade.

**Irrigação por gotejamento** distribui água para irrigação do terreno sob baixa pressão e por meio de redes e ramais subterrâneos. A água é distribuída pelos ramais ao solo por uma rede de tubos ou emissores perfurados, sendo um tipo de microirrigação de alta eficiência.

**Janela panorâmica** é a parte de uma janela externa, entre 76 e 229 cm em relação ao nível do piso, que permite a visibilidade do exterior.

**Lagoas de detenção** são áreas naturais ou artificiais que são inundadas ou saturadas por água superficial ou de lençol freático com uma frequência e duração suficiente para sustentar, e que em circunstâncias naturais efetivamente ocorrem, a prevalência da vegetação tipicamente adaptada para viver em um solo saturado. As lagoas de detenção são geralmente pântanos, charcos e áreas similares.

**LCA** *Veja* **Análise do ciclo de vida.**

**LCC** *Veja* **Custo do ciclo de vida.**

**LEED Accredited Professional (ou Profissional Acreditado LEED)** é uma credencial obtida após ser aprovado no exame administrado pelo Green Building Certification Institute, comprovando conhecimentos especializados sobre o sistema de certificação LEED.

**LEED** ou Leadership in Energy and Environmental Design, é um sistema de certificação de edificações sustentáveis de reconhecimento internacional desenvolvido pelo US Green Building Council e administrado pelo Green Building Certification Institute.

**Lei das Respostas Ambientais, Compensações e Responsabilizações Completas (CERCLA)** é uma lei dos Estados Unidos mais conhecida como Lei da Resposta Completa ou Superfund Act. Aprovada em 1980, a CERCLA aborda depósitos de lixo abandonados ou antigos e sua contaminação taxando as indústrias químicas e do petróleo e atribuindo poderes às autoridades federais para que respondam a emissões de substâncias contaminantes.

**Lei de Conservação e Recuperação de Recursos (RCRA)** é uma lei norte-americana que tratou das instalações físicas ativas na época de sua promulgação (1976) e das futuras a fim de conferir à Agência de Proteção Ambiental dos Estados Unidos a autoridade para controlar resíduos perigosos a partir de critérios do "berço-ao-túmulo" (consultar termo neste Glossário), incluindo sua geração, transporte, tratamento, depósito e descarte. Alguns resíduos que não são prejudiciais à saúde também são abrangidos pela RCRA.

**Lúmen** é uma medida do poder luminoso percebido pelos olhos humanos, ou seja, a luz visível emitida por uma fonte. 1 lúmen = 1 candela × estereorradiano (ou radianos quadrados). *Veja também* **Candela**.

**Luminárias externas com quebra-luz completo** têm as bordas inferiores de seus quebra-luzes até o nível inferior do bulbo ou abaixo dele, de modo que toda a luz gerada seja refletida para baixo.

**Lux** é a unidade de iluminância ou emitância luminosa do Sistema Internacional de Unidades que mede a potência luminosa por área. É a intensidade da luz percebida pelo olho humano que passa através de uma superfície ou incide sobre ela. Um lux = 1 lúmen por metro quadrado. *Veja também* **Lúmen**.

**Materiais de construção com fibras agrícolas** são fabricados com produtos agrícolas. Entre os exemplos podem ser citados o aglomerado, o MDF, o compensado, o OSB, a chapa de fibra de trigo e a placa de palha.

**Materiais de demolição (ou materiais reusados)** são materiais ou produtos de construção descartados ou não utilizados que têm valor, removidos na forma inteira de uma edificação ou terreno e que, com reprocessamento mínimo, podem ser substitutos diretos para novos materiais ou produtos.

**Materiais de renovação rápida** são produtos agropecuários que levam, no máximo, 10 anos para crescer e serem utilizados de maneira sustentável.

**Materiais manufaturados na região** são empregados em produtos acabados dentro de um raio de 800 km do terreno do projeto (critério adotado pela certificação LEED), sendo que sua produção não inclui a montagem *in loco*, construção ou instalação de componentes acabados.

**Materiais regionais** são matérias-primas extraídas ou colhidas dentro de um raio de 800 km de distância do terreno do projeto (critério adotado pela certificação LEED).

**Material reciclado** é um material que foi reprocessado de materiais recuperados por meio de um processo de manufatura e transformados em um produto ou componente para inclusão em um produto.

**Material recuperado** é um material que seria descartado como lixo ou utilizado para a recuperação de energia (por exemplo, incinerado para gerar eletricidade), mas que, em vez disso, foi recolhido e recuperado para um processo de reciclagem ou manufatura, evitando o uso de matéria-prima virgem.

**Medição líquida** é um sistema de contagem que permite que geradores *in loco* enviem fluxos de energia elétrica gerada em excesso à rede pública. Essa corrente compensa em parte ou totalmente aquela originada da rede.

**Medidas de conservação de energia** são instalações ou modificações de equipamentos ou sistemas voltados para redução do consumo e custo de energia.

**Medidores individuais** são utilizados para determinar as parcelas de energia consumidas por uma edificação pelos respectivos usuários finais ou subsistemas específicos (exemplos: sistemas de iluminação e climatização).

**Mictórios sem água** são mictórios secos, que usam um projeto hidráulico avançado e um fluido menos denso que a água para manter as condições de sanidade.

**Minimum Efficiency Reporting Value (MERV)** é a classificação de filtragem conforme definida pela norma ASHRAE Standard 52.2-1999 e varia de 1 (baixíssima eficiência) a 16 (muito alta).

**Modelo de simulação energética ou modelo energético** é uma representação gerada pelo uso de programas de computador do consumo de energia previsto para uma edificação. Permite a comparação entre o desempenho energético e das medidas em eficiência de energia propostas com o convencional.

**Módulos de construção** são unidades de construção pré-fabricadas ou produzidas em uma oficina, transportadas para o terreno e montadas em grandes componentes volumétricos ou como elementos substanciais de uma edificação.

**National Pollutant Discharge Elimination System (NPDES)** é um programa de licenças que controla a poluição aquática regulando as fontes pontuais que descarregam poluentes nas águas nos Estados Unidos. Os emissores industriais, municipais e de outros tipos devem obter licenças se suas descargas forem diretamente para as águas superficiais.

**Níveis de dióxido de carbono ($CO_2$)** são as concentrações de dióxido de carbono. São indicadores da efetividade da ventilação dentro dos prédios. Concentrações de $CO_2$ maiores do que 700 ppm acima das condições de $CO_2$ existentes no exterior das edificações geralmente indicam uma ventilação inadequada.

**Ofuscamento** é qualquer fonte de luz excessivamente brilhante dentro do campo visual que gera desconforto ou perda da visibilidade.

**Ozônio ($O_3$)** é uma molécula com três átomos de oxigênio poluente e que forma uma camada da atmosfera. Geralmente não é emitido diretamente na atmosfera, mas ao nível do solo. O ozônio é o produto de uma reação química na presença da luz solar entre óxidos de nitrogênio e ($NO_x$) e compostos orgânicos voláteis. A camada de ozônio é uma camada absorvente de radiação ultravioleta na atmosfera que estava sendo destruída por cloro sintético e gases que contêm bromo. O principal objetivo do Protocolo de Montreal de 1987 foi a proteção da camada de ozônio.

**Pegada de carbono** são as emissões de gases de efeito estufa geradas por uma organização, evento, produto ou pessoa.

**Pensamento sistêmico** é uma estrutura para se entender as inter-relações de um sistema mais do que seus componentes individuais e para o entendimento de padrões de mudança. Aborda os fenômenos em termos holísticos e não em partes. Em relação ao ambiente construído, o pensamento sistêmico é a abordagem que tem por objetivo integrar essas relações para o projeto de uma edificação.

**Permeabilidade** é o percentual de área superficial de um piso que é permeável e permite que a água alcance o solo abaixo.

**Pé-vela (fc)** é a quantidade de luz incidente sobre a área de um pé quadrado emitida por uma fonte luminosa de um/uma candela à distância de um pé (30,48 cm). Equivale a 1 lúmen por pé quadrado, podendo ser medido horizontal e verticalmente por um medidor de candelas ou fotômetro. 1 fc equivale a 510,764 lux. *Veja também* **Lúmen; Lux.**

**Plano de gestão da qualidade do ar interno de uma construção** delineia as medidas necessárias para minimizar a contaminação do ar do interior de uma edificação durante sua construção e descreve os procedimentos necessários para arejá-la e remover os contaminantes do ar interno antes de sua ocupação.

**Plantas nativas (ou autóctones)** são vegetais que crescem e vivem naturalmente em uma região. A ventilação natural ou passiva é fornecida por aberturas de entrada de calor ou vento na fachada, cobertura ou outro componente da edificação, a fim de criar um movimento de ar de baixa energia.

**Poeira de borralho** é o resíduo sólido derivado de processos de incineração e que pode substituir o cimento Portland no concreto. Também chamada de *cinzas volantes*.

**Poluição luminosa** é a luz gerada pelas edificações e por seus espaços externos que causa ofuscamento, é direcionada para o alto (em direção ao céu) ou para fora do terreno da edificação, desperdiçando energia e criando problemas de orientação para algumas espécies, como as tartarugas marinhas.

**Potencial de aquecimento global (GWP)** é um índice que descreve as características radioativas dos gases de efeito estufa misturados e que representa o efeito combinado dos tempos distintos que esses gases permanecem na atmosfera, bem como sua efetividade relativa em absorver a radiação infravermelha. Esse índice aproxima o efeito de aquecimento integrado pelo tempo de uma unidade de massa em um gás de efeito estufa na atmosfera de hoje, em relação ao dióxido de carbono, cujo GWP é 1.

**Potencial de destruição de ozônio (ODP)** é um número que se refere ao nível de destruição do ozônio provocado por uma substância. O ODP é a proporção do impacto sobre ozônio gerado por um produto químico em comparação ao impacto de uma massa similar de CFC-11. Portanto, o ODP do CFC-11 é definido como sendo 1,0. Outros clorofluorcarbonetos e hidroclorofluorcarbonetos têm ODPs que variam entre 0,01 e 1,0, com os halons chegando a 10. O tetracloreto de carbono tem um ODP de 1,2; o clorofórmio de metila, 0,11, enquanto os hidrofluorcarbonetos têm ODP zero, por não conterem cloro.

**Preço de descarte no aterro sanitário**  são as taxas cobradas pelos depósitos de lixo, geralmente medidas por tonelada de lixo descartado.

**Produto de base biológica**  é um produto comercial ou industrial que usa pelo menos 50% (por peso) de substâncias geradas biologicamente, incluindo (mas não se limitando a isso) os materiais com celulose, como a madeira, a palha e outras fibras naturais, e os produtos cultivados, como a soja e o milho.

**Produtos pré-fabricados**  são produtos compostos por peças e sistemas prontos para a montagem e instalação rápida *in loco*.

**Produtos pré-montados**  são os produtos montados em uma fábrica ou oficina antes de serem entregues ou vendidos.

**Projeto biomimético**  Veja Biomimetismo.

**Projeto de edificações sistêmico ou holístico**  é aquele que considera uma edificação como um sistema, e não como um conjunto de componentes, e usa estratégias de projeto integrado para otimizar o potencial das instalações para seus usuários.

**Projeto ecológico**  transforma a matéria e energia com o uso de processos que são compatíveis e sinérgicos com a natureza e modelados em sistemas naturais.

**Projeto integrado**  é um processo de projeto que inclui a participação ativa e continuada dos usuários e membros da comunidade, representantes das autoridades, técnicos de edificações, empreiteiros, orçamentistas, engenheiros civis, mecânicos, elétricos e estruturais, especialistas em especificações e consultores de muitos campos especializados. É especialmente importante para a solução de problemas de projeto complexos, como a otimização das vedações externas para controlar as transferências térmicas, a iluminação natural e o controle de ruídos. Os melhores prédios são aqueles que resultam de uma colaboração contínua e organizada de todos os atores ao longo do ciclo de vida da edificação. (Adaptado de Whole Building Design Guide, www.wbdg.org.)

**Projeto regenerativo**  é um sistema de tecnologias e estratégias baseado no entendimento do funcionamento interno dos ecossistemas e que gera projetos para reforçar, em vez de exaurir, os sistemas e recursos básicos que dão suporte à vida.

**Projeto restaurativo**  é uma abordagem de projeto que combina a restauração de terrenos poluídos, degradados ou danificados para um estado de saúde aceitável por meio da intervenção humana, com projetos biofílicos que reconectam as pessoas à natureza.

**Qualidade do ambiente interno**  é a natureza da qualidade total do ambiente interno de uma edificação resultado de uma ampla variedade de efeitos, como a qualidade do ar, a qualidade da iluminação, a iluminação natural, a acústica, os ruídos, as vibrações, os odores, o conforto térmico e a radiação eletrodoméstica.

**Qualidade do ar do interior**  é a qualidade do ar de um espaço interno que afeta a saúde e o bem-estar dos usuários de edificações. Ela é considerada aceitável quando não houver contaminantes conhecidos em concentrações prejudiciais e a maioria considerável (80% ou mais) dos usuários não expressar insatisfação.

**Razão de caracterização de risco (RCR)**  é a estimativa da quantidade ou probabilidade de efeitos adversos (ou seja, toxidade) que existe sob condições de exposição definidas. É calculado como: RCR = dosagem da exposição/dosagem dos efeitos não adversos, com valores de RCR < 1,0 indicando que o risco é adequadamente controlado.

**Refletância solar**  Veja **Albedo**.

**Refrigeração na escala do bairro (ou distrito)**  distribui água fria a diversos prédios, principalmente para condicionamento do ar e geralmente fornecida por uma usina específica de resfriamento alimentada por calor residual.

**Remediação**  é o processo de limpar um sítio - solo ou lençol freático - contaminado por meios físicos, químicos ou biológicos. **Energia renovável**  é a energia de fontes que não são exauridas pelo consumo. Entre os exemplos, podem ser citadas a energia solar, eólica, hidrelétrica (desde que de pequenas usinas, com baixo desnível), geotérmica, das marés e dos sistemas de maré.

**Resinas de fenol-formaldeído**  são utilizadas como ligantes em produtos, inclusive alguns produtos de edificação. Essas resinas têm a propriedade de unir firmemente o formaldeído a sua matriz, prevenindo a emissão de gases durante as operações de construção típicas.

**Responsabilização pelo carbono**  é o processo de medir a quantidade de equivalentes de dióxido de carbono ($CO_2e$) que uma entidade, atividade ou instalação está lançando à atmosfera.

**Reúso**  é usar um objeto, material ou recurso novamente, seja para seu propósito original ou similar, sem alterar significativamente sua forma física.

**Reverberação**  é um fenômeno acústico que ocorre quando o som persiste em um espaço fechado em virtude de sua reflexão ou dispersão repetida pelas superfícies do recinto ou seus objetos.

**Risco**  é a probabilidade de que uma formulação de produto, artigo ou elemento químico seja tóxico ou inaceitavelmente prejudicial à saúde, segurança humana ou ecológica com a exposição e as condições de uso previstas.

**Set points**  são as metas de operação para os sistemas de energia de um prédio e para a qualidade do ar de seu interior.

**Sistema com volume de ar variável (VAV)**  é um sistema de calefação, refrigeração, ventilação e condicionamento de ar que permite o controle da temperatura do ar por meio da variação do insuflamento de ar condicionado em diferentes zonas da edificação, de acordo com suas necessidades de climatização. A temperatura de insuflamento do ar pode ser constante ou variada.

**Sistema de automação predial (BAS)**  é o nome geralmente dado aos sensores, controles e computadores que controlam os sistemas energéticos de um prédio, como sua iluminação, climatização e ventilação, com o objetivo de minimizar o consumo de energia.

**Sistema de bombas geotérmicas**  é um sistema de calefação e resfriamento para interiores que conta com o apoio da energia elétrica. Utiliza a terra ou um corpo de água, lagoa ou lago como fonte térmica e dissipadora de calor. Os componentes desse sistema incluem uma bomba de calor, bomba hidrônica, um trocador de calor no solo ou na água e um subsistema de distribuição.

**Sistema estrutural**  é o sistema portante de uma edificação que transfere cargas ao solo, à estrutura de suporte por meio de componentes ou elementos estruturais conectados entre si.

**Sistemas térmicos solares**  coletam ou absorvem a luz solar por meio de coletores para aquecer a água, que então é direcionada ao sistema de aquecimento de água da edificação. Esses sistemas podem ser utilizados para aquecer água para uso residencial ou comercial (exemplos: água para banho e de piscinas).

**Sólidos suspensos totais (TSS)**  são as partículas que são pequenas ou leves demais para que possam ser removidas da água pluvial por meio da sedimentação por gravidade. As concentrações de sólidos suspensos costumam ser removidas com filtragem.

**Superfícies impermeáveis**  são superfícies construídas com materiais que não permitem que a água seja absorvida ou atravessada. Como exemplos podem ser mencionados os estacionamentos, as faixas de rolamento das vias, as calçadas e as praças com pisos secos.

**Superfícies permeáveis**  são materiais sustentáveis que permitem a absorção da água da chuva e a retenção de elementos sólidos em suspensão e outros poluentes em potencial.

**Sustentabilidade ecológica** escola de sustentabilidade que foca a capacidade dos ecossistemas de manterem suas funções e processos essenciais, preservando totalmente a biodiversidade no longo prazo.

**Tarifa especial para o fornecimento de energia renovável (solar)** é um mecanismo de incentivo para estimular o investimento em energia renovável que remunera um valor por quilowatt-hora superior àquele cobrado pela concessionária de energia.

**Taxa de evapotranspiração (ET)** é a quantidade de água perdida por uma superfície verde em unidades de profundidade de água. Expressa em milímetros por unidade de tempo.

**Tempo de reverberação (TR)** é uma medida da quantidade de reverberação em um espaço e equivale ao tempo necessário para que o nível de um som estável se desintegre ou baixe para 60 decibéis após o término do som. A taxa de desintegração depende da quantidade de absorção do som no ambiente, da sua geometria e da frequência do som. A TR é expressa em segundos.

**Terreno contaminado recuperado** é uma área cujo uso pode ser dificultado em virtude da presença ou do risco de presença de uma substância, um poluente ou um contaminante prejudicial à saúde humana.

**Transmitância de luz visível (VLT)** é a razão de luz transmitida total em relação à luz incidente (a quantidade de luz do espectro visível – entre 380 e 780 nanômetros –, que passa através de uma superfície de vidro dividida pela quantidade de luz que incide sobre ela). Quanto maior for o valor da VLT, mais luz incidente passará através do vidro. (VLT também é abreviado como Tvis.)

**Tratamento terciário** é a forma mais profunda de tratamento de águas servidas e inclui a remoção de produtos orgânicos, sólidos e nutrientes, além da melhoria de suas características biológicas e químicas.

**Umidade relativa** é a razão da densidade parcial do vapor de água aerotransportada em relação à densidade de saturação do vapor de água à mesma temperatura e pressão total.

**Valor material total (TMV)** é o custo faturado dos materiais e produtos que foram recebidos pela construtora e serão instalados de modo permanente no projeto executado, sem considerar o lucro, os custos gerais indiretos ou com mão de obra. Para se estabelecer o TMV, uma alternativa é considerá-lo como 45% do custo total da construção. O TMV é utilizado para se calcular o percentual de conteúdo reciclado ou reusado dos materiais em um projeto de edificação de alto desempenho.

**Valor-R** indica a resistência térmica de um material. O valor-R de um isolante térmico depende do tipo de material, sua espessura e densidade. Quanto maior o valor-R, maior é sua efetividade como isolante. No cálculo do valor-R de uma instalação em várias camadas, os valores-R das camadas individuais são somados.

**Valor-U (ou transmitância térmica)** é a taxa de transmissão térmica por unidade de tempo para uma área de elemento de construção e a camada de ar que o toca.

**Veículos eficientes em energia** têm de alcançar uma pontuação verde de, no mínimo, 40, conforme o guia de certificação de veículos do Conselho Norte-Americano para uma Economia Eficiente em Energia.

**Ventilação controlada pela demanda (DCV)** é um controle de ventilação automático baseado na medição dos níveis de dióxido de carbono.

**Ventilação híbrida** combina os modos de ventilação mecânica e natural.

**Ventilação** é o processo de fornecer ou remover ar em um espaço para fins do controle dos níveis de renovação de ar, da umidade ou da temperatura.

**Vida útil** é o tempo de uso que se espera ou prevê para uma edificação.

*Watergy* se refere à relação entre a água e a energia e pode ter dois significados, sendo o primeiro a quantidade de energia exigida por unidade de água para a respectiva extração, tratamento e distribuição uma fonte de água (por exemplo, a água de um lençol freático, recuperada ou coletada da chuva). É a energia exigida por unidade de água para deslocar, tratar e descartar a água servida. A unidade de medida é em $kWh/m^3$ de água ou água servida (por exemplo, para um poço artesiano com 50 m de profundidade, a *watergy* costuma ser entre 0,4–0,5 $kWh/m^3$. Para o tratamento e descarte convencional de água servida, são necessários 0,5–1,0 $kWh/m^3$). O segundo significado de *watergy* é a água necessária para produzir uma unidade de energia a partir de uma fonte específica. Neste cenário, um kWh de energia exigiria 212 litros de água para sua produção se a fonte for uma usina hidrelétrica com elevado potencial hidráulico. Em uma usina termoelétrica a carvão, cada kWh demandaria dois litros de água para sua produção.

**Xerojardinagem** é um método de paisagismo que torna desnecessária a irrigação rotineira. Para reduzir a evaporação, adota plantas adaptadas a secas, que consomem pouca água, com a modificação do solo, tirando partido da compostagem e da proteção das raízes das plantas com o uso de palha.

**Zona climática dos Estados Unidos** é qualquer uma das oitos principais zonas demarcadas de modo mais ou menos preciso por linhas de latitude que dividem os Estados Unidos com base no clima para fins de cálculos de consumo energético e seleção das medidas prescritivas de conservação de energia térmica.

# Índice

## A

Abordagem da alta tecnologia, 511
Acidificação, 65–67
Adesivos, limites de VOCs, 445
Aglomerado (madeira aglomerada), 448
Água da chuva:
    captação, 326–327, 334–337
    definição, 326–327
Água reciclada, 337–339
Água(s):
    coletada, 326–327
    destruição das fontes, 320–321
    distribuição, 321–323
    do solo, 324–326
    eficiência, benefícios, 327–329
    estratégia de abastecimento, 331–332
    falta, 321–326
    fecais, 326–327
    fóssil, 326–327
    metas de consumo, 329–330
    modelo de referência, 344
    modelo, 344
    não potável, fontes, 334–335
    orçamento, 345–348
    potável, 324–326
    questões, 320–325
    redução no consumo, 344–345
    servidas, 326–327
    superficial, 326–327
Água, uso eficiente no tratamento paisagístico, 355–356
Águas pluviais, 247–248, 345–348
Amenidade ambiental, 12–13
Análise do–berço–ao–berço, 108–111
Análise do ciclo de vida (LCA), 23–24, 61–62, 372–375
ANSI/GBI Standard 01–2010, 208
ANSI/SA Standard S 12.60, 436
Aparelhos sanitários, 331–332
Aquecimento de água, 292–294
Ar de ventilação, 291–293
Architecture 2030 Challenge for Products, 7–8
Architecture 2030 Challenge, 7–8
Arranha–céus sustentáveis, 522–532
ASHRAE Standard 189.1–2009, 520
ASHRAE Standard 55–2010, 430
ASHRAE Standard 62.1–2016, 290–291, 520
ASHRAE Standard 90.1–2010, 3–5, 266
Athena Environmental Impact Estimator (ATHENA – Estimador de Impacto Ambiental), 373–374
Audubon House, 72–74
Australian Green Building Council, 138–139
Ausubel, Kenny, 320
Avaliação e certificação de edificações, 127

## B

Bacias de detenção construídas, 339–340
Bacias sanitárias:
    assistidas por vácuo, 332–333
    com descarga dupla, 332–333
    de alta eficiência, 332–333
    de compostagem, 332–333
    em geral, 331–332
    por gravidade, 332–333
Barreira do custo, criando um túnel, 498–499
Bebedouros, 333–334
Benefícios à saúde e produtividade, medição, 489–491
Benyus, Janine, 104–106
Biodiversidade, 66–67
Biofilina, 58–59
Biomateriais (materiais biológicos), 113–114
Biomimetismo, 56–57, 104–106
*Bioneers, The*, livro 320
Bombas de calor geotérmico:
    diretas, para ar fresco e água fria, 301–302
    em geral, 300–301
Braungart, Michael, 108–111
BRICS, países, 43
Bringezu, Stefan, 103–104
Brundtland, Relatório da Comissão, 44–45
Building Commissioning Association (BCA), 472–474
Building Energy Quotient (Quociente Energético da Edificação – bEQ), 269
Building for Environment and Economic Sustainability (BEES), 374–375
Building Information Modeling (BIM), 17–18, 23
Building Research Establishment Energy and Environmental Assessment Method (BREEAM), 4–5, 133–137

## C

Cadeia de obrigação, 45–46
Camada de ozônio, 307–308
Campus da Apple 1–4
Capacidade de carregamento, 57–58
Carbon Mitigation Institute, 402
Carbono, 403–408
Carbono, cálculo, 18–20, 521–522
Carbono, ciclo, 395, 397
Carbono, sequestro, 402
Carpete, 449
Casa Branca, tornando–a sustentável, 73–74
Células de combustível, 305–307
*Charrette*, 223–225
Chyz, John, 478
Ciclo hidrológico:
    alto desempenho, 327–328
    ambiente construído, 327–328
    definição, 324–326
    edificações hipereficientes, 7–8
    estratégia, 328–330, 342–343
    terminologia, 324–326
Classe de Transmissão Sonora (STC), 432
Climatização e acústica, 443
Climatização, sistemas, 475
    cálculo dos benefícios, 476, 493–494
    sistemas não mecânicos, 476
$CO_2$:
    concentrações, 40–42
    sensores, 291–293
Cobertura:
    seleção, 283–285
    verde, 242–246
Cobre, preços, 43
Coeficiente de Redução de Ruído, 435
Cole, Ray, 145–149
Comissionamento:
    custos e benefícios, 476
    descrição, 471–472
Comissionante, 471–472
Commercial Buildings Energy Consumption Survey (CBECS), 266
Comprehensive Assessment System for Building Environmental, 4–5
    Eficiência (CASBEE), 136–139
Concreto e produtos de concreto, 381–382
Conforto acústico, 431
Conforto térmico, 430
Conselho dos Governos do Triângulo J na Carolina do Norte, 15–16
Construção sustentável:
    de última geração, 502
    definição, 9–10, 43
    princípios, 9–10
Construção, operações, 462
Controle da erosão e sedimentação, 459–460
Controle de sedimentos, 239–240
Controle de sons e ruídos, 431
Controle dos aparelhos sanitários, 331–332
Controle na fonte contaminante, 464–465
Controles eletrônicos para aparelhos sanitários, 334–335

COP. *Veja* Resfriadores, coeficiente de desempenho
Cowan, Stuart, 84–86, 97–99
Crowther, Philip, 385
Croxton Collaborative, 72–73
Croxton, Randy, 72–73
Cunha de estabilização, 402
Custo do ciclo de vida (LCC), 14, 61–62
Custos iniciais, gestão, 496

## D

Daly, Herman, 101–103
Declaração de Prédio Ambiental (EBD), 361
Declaração de Produto Ambiental (EPD), 361, 375–377, 521–522
Desconstrução, 384
Desenho biofílico, 107–108
Desertificação, 62–65
*Designing with Nature*, 96–98
Desmatamento, 62–65
Deutsche Gesellchaft fur Nachhalitge Bau (DGNB), 4–5, 141–145
Diminuição dos distúrbios no terreno, 459–460
Diretriz europeia sobre veículos no final de seu ciclo de vida, 43–44
Doença do Legionário, 421
Doenças relacionadas à edificação, 419–420
Duchas, 332–333

## E

Eco–eficiência, 59–61
Ecologia da construção, 55–56
Ecologia de sistemas, 263
Ecologia industrial, 54–55
Economia ecológica, 56–58
Economias de consumo de água e geração de esgoto, 488–489
Economizadores, 291–292
Ecossistemas, melhoria, 246–247
Edificação de alto desempenho:
  benefícios, medição, 487–488
  definição, 10–11
  estabelecimento de objetivos/metas, 268
  estratégia de projeto energético, 268
  fundamentos lógicos, 14
  história, nos Estados Unidos, 71–72
  justificativa econômica, 485
  novos rumos, 75–77
  questões econômicas, 487
Edifício de Escritórios XX, 387–390
Edifício Federal de San Francisco, 85, 505–510
Edifícios inteligentes, 306–308
Efeito da ilha de calor urbana, 252–253
  áreas com cobertura, 253–254
  áreas não cobertas, 253–254
  mitigação, 252–253
  redução, 252–253
Eficiência dos combustíveis, 6–7
Emissões dos materiais de construção, 443–444
Emissões, cálculo dos benefícios de sua redução, 491–492
Empire State, edifício, 525–527
Empreendimento de baixo impacto, 251–252
Empreendimento sustentável, 7–8, 54–55
Energia fotovoltaica, 302–304

Energia líquida zero, 19–21
Energia Primária, 266
Energia renovável, 302–303
Energia secundária (*in loco*), 267
Energia:
  biomassa, 304–305
  desempenho mínimo, 266–268
  desempenho, otimização, 266–268
  economias, cálculo, 488–489
  eólica, 303–305
  estabelecimento de objetivos/metas, 268–269
  estratégia de projeto, 268
  incorporada, 61–63
  problemas nas edificações, 264–268
  simulação, edificações e iluminação, 270–271
  sistemas de recuperação, 290–291
  sistemas renováveis, 302–303
  ventilador com recuperação de energia (ERV), 291–292
Energy Star Target Finder, 269
Engenharia climática, 402
Entrega do projeto integrado, 213–214
Environmental Building News, 95–96
Equidade distributiva, 46–47
Equivalentes de dióxido de carbono ($CO_2e$), 398
Erosão do solo, 239–240
Esgoto, 324–326, 339
Espécies ameaçadas, 239–240
Ética da sustentabilidade, 44–54
Eutroficação, 65–67

## F

Fator 10, 61–63, 267
Fator 4, 61–63
Fator 5, 61–63
Febre de Pontiac, 421
Fechamento da edificação. *Veja* Vedações externas de uma edificação
Fiação elétrica superdimensionada, 287–288
Fibras óticas. *Veja* Iluminação, fibras óticas
Fontes de água não potável, 334–335
Forest Stewardship Council (FSC), 381–382
Fractais, 531–532
Fuller, R. Buckminster, 87–88

## G

Gehry, Frank, 3–4
Georgescu–Roegen, Nicholas, 111–112
Gestão adaptativa, 104–105
Gestão dos materiais de construção, 467–468
Gestão dos resíduos de construção e demolição, 470
Googleplex, 3–4
Graus–dia de aquecimento, 279–281
Grayfields, 237–238
Green Building Certification Institute (GBCI), 157–159
Green Globes, 130–131, 185–207
  Assessor (GGA), 124–125, 202–203
  estrutura, 188–189
  ferramentas, 186–189
  níveis, 185–186
  processo de avaliação e certificação, 200
  Professional (GGP), 124–125, 202–203

Green Star, 4–5, 138–143
Guy, Bradley, 390

## H

Harvard University, 1
Hawken, Paul, 112–114
Hipótese da biofilia, 58–59

## I

Iluminação natural, 273–277
Iluminação:
  com fibras óticas, 295–296
  controles, 296–299
  diodos emissores de luz (LEDs), 295–297
  fluorescente, 294–295
  sistemas, 293–294
Imóveis ou terrenos urbanos descontaminados, 236–239
Imóvel ou terreno subutilizado, 336–338
Índice de Refletância Solar (SRI), 284–285
Insolação, 12–13
Insolação, 12–13
International Green Construction Code (IgCC), 1–2
International Institute for a Sustainable Built Environment (iiSBE), 71–72
Invasão luminosa, 166–165
Iowa Utilities Board/Consumer Advocate Office, 255–256
IPCC. *Veja* Painel Intergovernamental sobre Mudanças Climáticas
Isolamento, 450

## J

Japan Sustainable Building Consortium, 136–137
Jubilee Campus, edifício, 276–277
Justiça entre gerações e a cadeia de obrigações, 45–46

## K

Kats, Greg, 472–474
Kay, James, 102–104
Kellert Stephen, 59–60
Kroon Hall, 114–117

## L

Land Ethic, The, 51–52
Leadership in Energy and Environmental Design (LEED):
  Accredited Professional (LEED–AP), 156
  credenciais, 156–157
  Credential Maintenance Program, 157
  decisões sobre como interpretar os créditos (CIR), 160
  estrutura, 154–155
  Fellow program, 157
  história, 4–5, 152–153
  histórico, 152–153
  níveis de certificação, 152, 161
  *online*, 160
  pedido de certificação, 161
  pré–requisitos, 157–159
  processo de certificação, 159–161
  processo, 157
  recursos, 161
  registro, 160

requisitos mínimos do programa, 157–159
sistema de avaliação e certificação de edificações, 151–154
taxas, 161
versão 3, 124–125
versão 4, 124–125, 157
LEDs. *Veja* Iluminação, LED
LEED Accredited Professional (LEED–AP), 156
Legionelose, 421
Lei das Políticas Energéticas de 1992 (EPAct 1992), Estados Unidos, 329–330
Lei das Políticas Energéticas de 2005 (EPAct 2005), Estados Unidos, 329–330
Lewis Environmental Center, Oberlin College, 12–13, 99–101
Limites termodinâmicos da reciclagem, 110–113
Living Building Challenge (LBC), 130–131, 512
Living Machine (Máquina Viva), 341–342
Lixo sólido, medição dos benefícios de sua redução, 491–492
Local Government Sustainable Buildings Guidebook, 94–95
LOTT Clean Water Alliance, 356–358
Lovins, Amory, 112–114
Lovins, L. Hunter, 112–114
Lyle, John, 91–93

## M

Madeira compensada, 448
Madeira, 379
Manutenção e reparos, cálculo dos benefícios e custos, 493–494
Mascaramento do som, 436
Materiais biológicos (biomateriais), 113–114
Materiais de construção com ciclo fechado, 11–12
  regras cardeais, 368
Materiais:
  ciclos fechados, 361
  com baixas emissões, 443–444
  com base ecológica, 384
  emissões, 443–444
  intensidade por unidade de serviço (MIPS), 58–59
  madeira certificada, 379
  reúso, 384
  sistemas de certificação, 376–377
McDonough, William, 19–20, 94, 108–111
McHarg, Ian, 91–92
Medição e verificação, 270–271
Metais, aço e alumínio, 382
Metal, exaurimento das reservas, 68–69
Mictórios:
  de alta eficiência, 332–333, 342–343
  em geral, 342–343
  sem água, 342–343
Minas de carvão abandonadas, 236–239
Mitigação das mudanças climáticas, 401
Mochila ecológica, 58–59
Modelo biomimético, 515
Motores elétricos, 298–299
Mudanças climáticas, 62–64
Multiplicador do gás do efeito estufa, 398
Mumford, Lewis, 90–91

## N

*Natural Capitalism*, 112–114
*Nature of Design, The*, 98–100
Neutra, Richard, 89–91
New York Times, edifício do, 529–531
Nível de vestimenta (CLO), 431
Normas para prédios de alto desempenho, 520
NREL Research Support Facility (RSF), 22–23

## O

Odum, H.T., 263
One World Trade Center, 527–529
Orr, David, 98–101
OWP–11, 76–80

## P

Painel Intergovernamental sobre Mudanças Climáticas (IPCC), 483
Paisagens sustentáveis, 240–244
  categoria, 233
Paisagismo vertical, 245–246
Passo Natural, 60–61
Pedidos de Proposta, 217–218
Pegada de carbono:
  do transporte, 403–404
  no ambiente construído, 394, 403–404
Pegada ecológica, 57–58
Peterson, Gary, 104–105
Pisos resilientes, 449
Placas de forno, 450
Plano de proteção do terreno, 462
Plásticos, 383
Poluição luminosa, 166–165, 253–255
Ponto de virada da produção de petróleo, 263
Potencial de aquecimento global (GWP), 398
Prédios com energia líquida zero, 19–21, 520–521
Princípio da Precaução, 47–48
Princípio da Reversibilidade, 48–49
Princípio do poluidor–pagador e responsabilidade do produtor, 48–49
Princípios de Hannover, 94
Princípios de projeto, 102–104
Processo de projeto integrado, 218–219
Produção de lixo e opções para evitá-la, 471
Produtos Ambientalmente Preferíveis (EPP), 361–363
Produtos químicos disruptores do sistema endócrino, 66–68
Produtos químicos nos interiores e controle de poluentes na fonte,
  amianto, 418
  fatores físicos:
    transmissão de sons/ruídos, 415
    qualidade da iluminação, 415
    mofo e fungo, 419–420
    odores, 417
    condições térmicas, 416
    radônio, 418
    compostos orgânicos voláteis (VOCs), 417, 447
  materiais de construção:
    adesivos, acabamentos e vedantes, 445
    descrição, 419
    dióxido de carbono, 419
    dióxido de enxofre, 419
    dióxido de nitrogênio, 419
    monóxido de carbono, 419
    particulados da combustão, 419
  produtos derivados da combustão: 445
Produtos químicos que destroem a camada de ozônio, 307–308
Projeto ecológico: 14
  benefícios, 86
  contemporâneo, 86–87, 93
  definição, 85
  padrões, 108
  perspectiva histórica, 97–99
  renovação, 100–101, 517
Projeto integrado, 10–11
Projeto integral de edificações, 10–11
Projeto para desconstrução e desmontagem, 385, 391–392
Projeto para o ambiente (DfE), 56–57
Projeto passivo:
  estratégia, 270–271
  formato, 272–273
  orientação, 272–273
  resfriamento, 277–280
  ventilação, 273–278
  volumes, 272–273
Projeto regenerativo, 91–93, 95, 117–118
Projeto sustentável: avaliação e certificação, 127–130
  *charrette*, 223–224
  definição, 10–11
  equipe, 216–217
  exigências de documentação, 225–226
  história, 71–76
  materiais, 364
  movimento, 68–70
  organizações, internacionais, 71–72
  organizações, U.S., 69–72
  problemas do proprietário, 215–216
  processo de projeto, 211, 213–214
  produtos, 364
  sistema de entrega, 213–214
  tendências e barreiras, 16–17
Proteção da natureza, 51–52
Proteção dos direitos do mundo não humano, 50–51
Proteção dos vulneráveis, 50–51
Protocolo Internacional de Medição e Verificação (IPMVP), 270–271

## Q

Quads de energia, 264
Qualidade do ambiente interno (IEQ):
  benefícios econômicos, 451
  produtos de construção e armazenamento de materiais, 469
  projeto integrado, 422
Qualidade do ar do interior:
  plano de gestão da construção, 462–463
Qualidade do ar durante a construção, 462–463

## R

Radiação eletromagnética, 437
Reações alérgicas à poluição do ar no interior, 422
Reciclagem:
  limites termodinâmicos, 110–113
  rota orgânica, 370–371
  rota térmica, 370–371

Recursos do solo, 11–12
Recursos rapidamente renováveis, 364
Redução da carga de equipamentos elétricos, 284–288
Redução da carga interna, 284–286
Redução do consumo de materiais, 370–371, 391–392
Reed, Bill, 117–119
Rees, William, 57–58
Regras cardeais para a estratégia de materiais de construção com ciclo fechado, 365, 368
Regras de Ouro para o Projeto Ecológico, 103–104
Regras Gerais de Gestão para a Sustentabilidade, 101–103
Resfriador(es), 287–289
Resfriamento radiante, 299–301
Resiliência, 502–503
Respeito pela natureza, 51–52
Reúso/reciclagem:
 edificação, 384
 materiais, 384
Revestimentos de paredes, 450
Rinker Hall, 44–45
River Campus One, 309–315
Robèrt, Karl–Henrik, 101–102
Rocky Mountain Institute (RMI), 10–11

## S

SBTool, 143–145
Schmidt–Bleek, Friedrich, 58–59
Seleção de janelas, 281–284
Sensibilidade química múltipla, 421
Simbiose industrial, 54–55
Simulação energética de uma edificação, 270–271
Síndrome da Edificação Doente (SBS), 419–420
Sistema de energia renovável, 302–303
Sistemas de distribuição de ar, 289–290
Sistemas de parede, 279–281
Sistemas elétricos, 293–294
Solaire, edifício, 11–13
Sorvig, Kim, 531–534
Srinivasan, Ravi, 314–315
Substâncias tóxicas, 66–68
Sustainable Building Technical Manual, 94–95
Sustainable Forestry Initiative (SFI):
 descrição, 379–380
 princípios do programa, 381–382
Sustainable Sites Initiative, 254–256

## T

Tempo de reverberação, 434
Terras agrícolas mais produtivas: definição, 235–236
Terras agropecuárias mais produtivas:
 definição, 235–236
 perda, 235–236
Terrenos que não foram urbanizados anteriormente, 236–239
Thayer, Robert, Theaterhaus, 226–231
Theis, Christopher, 93
Todd, John, 341–342
Torneiras, 333–334
Torre de Xangai, 523–524
Torre do Bank of America, 527–529
Torre do Rio da Pérola, 524–525
Torre Hearst, 530–531
Torre Pertamina Energy, 24–33, 523–524
Transparência corporativa, 8–9
Transparência, 17–18

## U

U.S. Green Building Council (USGBC), 1
Uso do solo, 234–235
Uso sustentável do solo, 11–12

## V

Valor–U, 279–280
Van der Ryn, Sim, 84–86, 97–99
Vedações externas de uma edificação, 279–280
Ventilação passiva, 276–277
Vidro de baixa emissividade (baixo valor–E), 276–277, 281–282
Village Homes, loteamento, 10–11
Visão vernácula, 511
von Weiszäcker, Ernst, 61–62

## W

Wackernagel, Mathis, 57–58
WaterSense, selo, 330–331
WELL Building Standard, 454–455
Wells, Malcolm, 91–93
Wheelright, Peter, 93
Wilson, E.O., 58–59
Wright, Frank Lloyd, 89–90

## X

Xerojardinagem, 326–327
Xerox Corporation, 43

## Y

Yeang, Ken, 96

## Z

Zonas de inundação a cada 100 anos, 238–239